제16판

국 제 법

[이론·판례 및 문제해설]

정 영 진

이 재 민

황 준 식

신 조 사

제16판 머리말

2016년 하반기 이후 국내외 정세가 전혀 예측하지 못한 방향으로 진행하고 있다. 우리가 얼마나 혼돈의 시대에 살고 있는지 다시 한 번 실감하고 있다. 브렉시트, 美 트럼프 행정부의 출범, 미·중 간 갈등 고조 등 대외적 변화와 함께 국내 정국상황 급변에 따른 우리 국내적 혼란 역시 전례 없는 수준에 이르고 있다.

우리의 주변국과의 관계도 새로운 차원에서 전개되고 있다. THAAD 배치를 둘러싸고 관련국가들 간에 복잡한 움직임이 나타나고 있으며, 위안부 합의를 둘러싼 대내외적 논란도 전개되고 있다. 미국의 트럼프 행정부가 새로운 국제질서를 구상해가는 과정에서 중국과 북한에 어떠한 전략으로 임할 것인지에 대해서도 비상한 관심이 모아지고 있으며 러시아 역시 시리아 내전, 크림반도 문제 등을 통해 스스로의 길을 가고 있는 듯하다. 국제사회의 강도 높은 제재에도 불구하고 북한은 여전히 핵실험과 탄도미사일 실험을 추진하고 있다.

국제사회의 경기침체가 지속되자 모든 국가들이 보호무역주의를 공공연히 천명하고 있고, 이미 체결된 자유무역협정도 폐기하거나 개정을 요구하는 상황에 이르고 있다. 어떻게든 외국 상품의 수입을 줄이고 자국 상품의 구매를 촉진하기 위한 다양한 아이디어를 모색하고 있다. 그 영향으로 우리나라는 1961년 이후 처음으로 2년 연속 수출이 줄어들었다. 그야말로 한치 앞을 내다볼 수 없는 상황이 전개되고 있다고 하여도 과언이 아니다.

각국이 자국 이기주의에 경도되는 상황이 지속될수록 국제사회의 '법적 지배(Rule of Law)'의 중요성은 더욱 부각된다. 역설적이지만 국제사회의 위기 관리자로서 국제법의 역할은 이러한 혼란기에 더욱 강조될 수밖에 없다. 또한 미국, 중국, 일본 등 주변 강대국의 우리나라에 대한 압박이 강화될수록 이를 버텨내기 위한 '창과 방패'는 결국 국제법에서 찾을 수밖에 없다. 실로 앞으로 우리나라의 사활은 국제법 전문가와 전문인력의 양성과 구축에 달려 있다. 우리 주변에서 국내법에 대한 무지가 개인과 회사를 위기로 이끌 듯 국제법에 대한 무지는 국가를 나락으로 빠뜨린다.

이 책으로 국제법을 공부하는 학생들도 2017년 초반부터 전개되는 이러한 국제환경을 염두에 두고 이 과목에 접근하게 되면 보다 생동감 있고 흥미로운 공부를 이어갈 수 있을 것이다. 그리고 이러한 생동감과 흥미는 주요 사항을 이해하고 암기하는 데에도 큰 도움이 될 것이다.

2017년 3월 제16판을 발행하며 다시 한 번 여러 독자분들께 깊은 감사의 말씀을 드린다. 독자들의 지속적인 관심과 참여로 벌써 16판에 이르게 되었다. 이번 개정판에서도 수험생들이 시험과목으로서 국제법을 공부하는 데 조금이라도 실질적 도움을 줄 수 있도록 최선을 다하였다. 시험과목으로서 국제법을 마스터하기 위해서는 무엇보다 '정리'와 '체계화'가 중요하다는 것이 편저자들의 변치않는 생각이다. 처음에는 어렵고 복잡하게 보일 수도 있으나 천천히 그 원리와 원칙을 이해하다 보면 조금씩 정리와 체계화가 이루어지는 것을 느낄 수 있을 것이다. 편저자들과 같이 수험생들도 국제법이 단지 지루한 과목이 아니라 흥미로운 과목임을 느낄 수 있으리라 기대해 본다.

이번 개정판을 준비함에 있어서도 신조사 여러 선생님들의 헌신적인 도움이 결정적이었다. 신조사 이명재 사장님은 깊은 통찰로 개정판의 방향성을 제시하여 주셨다. 송일근 주간님, 이종은 부장님은 개정 작업이 순조롭게 진행될 수 있도록 열과 성을 다하여 주셨다. 정대의·김은혜·김태연 선생님은 여러 번거로운 실무적인 작업을 꼼꼼하게 챙겨주셨다. 모든 분들께 다시 한 번 깊은 감사의 말씀을 전해드린다. 모쪼록 이 책으로 공부하는 학생 및 수험생들이 소기의 성과를 거둘 수 있기를 진심으로 기원한다. 국제법에 좀 더 친숙해지고 익숙해지는 그 첫걸음을 이 책이 제공할 수 있기를 고대하며 제16판 머리말에 갈음하고자 한다.

2017년 2월
편저자 **정영진, 이재민, 황준식** 씀

차 례

제 1 부 이론 · 판례

제 1 장 국제법의 일반이론

제 2 장 국제법의 법원(연원)

제 3 장 국제법의 주체

제 4 장 개 인

제 5 장 국제법의 객체

제 6 장 국가관할권 및 그 면제이론

제 7 장 국가책임론

제 8 장 국제분쟁의 평화적 해결

제 9 장 무력분쟁의 규제

제 2 부 문제 및 해설

주요참고문헌 및 약어

[국내문헌]
한국국제경제법학회, 국제경제법, 박영사(2012)
김대순, 국제법론(제17판), 삼영사(2013) (순)
김대순, EU법론, 삼영사(1995)
김명기, 국제법원론(상)(하), 박영사(1996) (기)
김문달·김태천, 국제법(제4판), 법문사(1994) (김, 김)
김영석, 국제법, 박영사(2010) (김영석)
김정건, 국제법(전정증보판), 박영사(1998) (김)
김정균·성재호, 국제법(개정판), 박영사(2006) (김, 성)
김찬규·이영준, 국제법개설, 법문사(1994)
노명준, 국제환경법론, 박영사(1997)
박노형, WTO체제의 분쟁해결제도연구(개정판), 박영사(1996) (박〈Ⅰ〉)
박노형, GATT의 분쟁해결사례연구, 박영사(1995) (박〈Ⅱ〉)
법무부, UR협정의 법적 고찰(상)(하)(1994)
법무부, 국제환경법과 무역(1995)
법무부, 미국통상법연구(1996)
서울국제법연구원 편, 국제판례연구, 제1집, 박영사(1999)
서울국제법연구원 편, 국제판례연구, 제2집, 박영사(2001)
서헌제, 통상문제와 법(제2판), 율곡출판사(1994) (서〈Ⅰ〉)
서헌제, 국제경제법(제2판), 율곡출판사(1998) (서〈Ⅱ〉)
碩岩 배재식박사고희기념회, 국제인권법의 실천제도, 박영사(1998)
오기평, 국제기구정치론(전정판), 법문사(1992)
외교통상부 오윤경 외 20인, 현대국제법, 박영사(2000)
유병화 외 2인, 국제법 Ⅰ, 법문사(2003) (유)
유병화 외 2인, 국제법 Ⅱ, 법문사(2003) (유)
이병조·이중범, 국제법신강(제9판), 일조각(2007) (이, 이)
이상돈, 국제거래법, 중앙대학교출판부(1992)
이상윤, 국제경제법(2판), 중앙경제사(1996)
이영준, 국제환경법론, 법문사(1995) (준)
이한기, 국제법강의(신정판), 박영사(1997) (이)
정인섭, 신국제법강의(제4판), 박영사(2013)
정인섭 외 13인, 국제법, 한국방송통신대학교 출판부(2007)
정인섭 외, 국제법판례100선(제3판), 박영사(2012) (정, 정, 이)
최승환, 국제경제법(제3판), 법영사(2006)
최재훈·정운장, 국제법신강, 신영사(1996) (최)
Michael K.Young저, 왕상한 역, 미국통상법과 대외정책분석, 법문사(1997)
강인수 외 7인, 국제통상법, 박영사(1998)

[일본문헌]
山本草二, 國際法(新版), 有斐閣(1994)(山本)
寺澤一外 2人, 標準 國際法(新版), 青林書院(1995)
田畑茂二郎外 1人編, 國際法(3版), 有信堂(1996)
波多野理望外 1人編, 國際司法裁判所-判決と意見(제1, 2권), 國際書院(1996)
丹宗信外 2人, 國際經濟法(新版), 青林書院(1993)
松下萬雄, 國際經濟法(2版), 有斐閣(1996)
坂元茂樹, 國際法, 法學書院(1997)
香西 茂 외 2인, 國際法, 東信堂(1998)

[미국문헌]
Anthony Aust, *Modern Treaty Law and Practice,* Cambridge출판사(2007)
I. Brownlie, *Priciples of Public International Law*(6th ed.), Clarendon Press(2003)(Brownlie)
R. Jennings & A. Watts(eds.), *Oppenheim's International Law*(9th ed.)(1992)(Oppenheim)
L. Henkin et al., *International Law*(3rd ed.), West Publishing Co.(1993)(Henkin)
P. Malanczuk, Akehurst's Modern *Introduction to International Law*(7th ed.), Rout-ledge(1997)(Akehurst)
M. N. Shaw, International Law(4th ed.), Cambridge University Press(1997)(Shaw)
B. Simma, *The Charter of the United Nations: A Commentary,* Oxford University Press(1994)(Simma)
S. Rosenne, *The World Court*(5th ed.), Martinus Nijhoff Publishers(1995)
P. Hamilton et al.(eds.), *The Permanent Court of Arbitration: International Arbitration and Dispute Resolution*, Kluwer Law International(1999)
Peter H. F. Bekker(eds.), *Commentaries on World Court Decisions*(1987-1996), Martinus Nijhoff Publishers(1998)
W. M. Reisman et al., *International Law in Contemporary Perspective*(1999)(un-published manuscript)
Raj Bhala & Kevin Kennedy, *World Trade Law,* Lexis Law Publishing(1998)
D. Harris, *Cases and Materials on International Law*(5th ed.), Sweet & Maxwell (1998)
M. J. Trebilcock et al., *The Regulation of International Trade*(2nd ed.), Routledge(1999)(Trebilcock)
J. H. Jackson, *Lagal Problems of International Economic Relations*(3rd ed.), West Publishing Co.(1995)(Jackson)
J. H. Jackson, *The World Trading System*(2nd ed.), MIT Press(1997)

제 1 부 이론·판례

제1장 | 국제법의 일반이론

제1절 국제법의 개념 / 제2절 국제법의 역사 / 제3절 국제법과 국내법과의 관계

제1장과 제2장은 국제법 전 영역 중에서 가장 근본적인 철학적 배경을 설명하고 있다. 국제법에 대한 법철학적 입장은 자연법론(객관주의)과 실증주의(주관주의)로 크게 분류할 수 있다. 국제법질서는 중앙집권적인 국내법질서와는 달리 개별국가의 주권평등을 기초로 하여 성립된 분권적 체계이므로 국가를 강제적으로 규율하는 강행규범보다는 국가들의 합의에 의해서 만들고 변경되는 임의규범이 주종을 이룬다. 따라서 실증주의(주관주의)적인 설명이 전반적으로 우세한 것이 현실이다. 그러나 법질서는 근본적으로 법적 안정성이 중요하므로 객관적인 법질서를 중시하고 국가의 무제한적인 자유의사를 제약하는 객관주의적 이론과 조화를 이루는 것이 필요하다. 본장에서는 이러한 기본인식을 바탕으로 특히 국제법과 국내법의 관계를 잘 이해하여야 한다.

제1절 국제법의 개념

Ⅰ. 국제법의 의의와 명칭

1. 국제법의 의의

1) 국제법은 '국제사회의 법' 또는 '국제공동체의 법'이다. 과거 국제법을 주권국가 간의 법이라고만 한정적으로 해석한 때도 있었으나, 이는 현대 국제사회의 주요한 행위주체인 국제기구나 개인을 배제하므로 오늘날 국제법을 '국가들 사이의 법'이라고 정의하는 것은 현실을 제대로 반영하지 못한다.

2) 그러나 여전히 국제법은 '주로' 국가 간 관계를 규율하는 법이라고 할 수 있다(정인섭 외). 2017년 현재 전 세계에는 모두 196개의 국가가 존재하고 있다. 국제법은 이들 국가들 간 권리와 의무를 '주로' 규율하는 법체계이다. 국제사회에서 국가만이 포괄적인 국제법적 주체성을 지니고 있으며, 국제기구나 개인은 국가에 비해 제한적이고 불완전한 주체이기 때문이다.

2. 국제법의 명칭

1) 국제법이란 용어는 로마인과 외국인 간 및 외국인 상호간의 관계를 규율하는 로마법상의 'jus gentium'(유스 겐티움: 萬民法)에서 유래되었는바, 오늘날 law of nations(영어), droit des gens(불어), Völkerrecht(독어) 등으로 번역될 수 있다.

참고 만 민 법

로마인 상호간에만 적용되는 'jus civile'(유스 키빌레: 市民法)와 구별되는 '만민법'은 로마인과 외국인 간, 그리고 외국인 상호간의 관계를 규율하는 로마의 국내법이었다. 따라서 만민법은 오늘날의 국제법과 동일한 개념은 아니다.

2) 17세기 중엽 영국의 실정법학파의 효시라 할 수 있는 즈우치(R. Zouche)가 'jus gentium' 대신에 '間'의 의미를 살리기 위하여 16세기의 F. Vitoria 가 사용했던 'jus inter gentes'라는 라틴어를 사용하자고 주장하였다.

3) 이후 1780년 J. Bentham 은 「도덕과 법의 일반원칙 서설」(Introduction to the Principles of Morals and Legislation)에서 최초로 라틴어인 'jus inter gentes'를 'international law'로 영역하여 사용하였다.

4) 동양권에서는 1864년 미국인 W. Martin 이 H. Wheaton 의 「Elements of International Law」를 번역하여 '만국공법'(萬國公法)이라는 용어를 사용했는데, 이 용어가 당시 동양사회에서 널리 사용되었다.

5) 1873년 미국인 Woolsey 의 국제법 서적(Introduction to the Study of International Law)이 일본에서 「국제법」으로 번역된 이후, 차츰 '국제법'이라는 용어가 일반화되었다(정인섭 외).

참고 기타 용어

이 외에도 ICJ판사로서 활동한 바 있는 제섭(P. C. Jessup)은 '국제공법, 국제사법' 등 국경을 초월하는 제 행동과 사건을 규율하는 모든 법을 포괄하여 'transnational law'(초국내법)라는 용어를 사용하였으며, Verdross와 Schwarzenberger 등은 유럽공동체와 같이 그 구성국가에 대하여 법적 구속력을 가진 규범을 제정할 수 있는 소위 초국가적 조직의 법을 'supernational law'(초국가법)라고 하였다.

Ⅱ. 국제법의 법적 기초(Legal Foundation of International Law)

1. 국제법의 내면적 성질(국제법도 '법'인가?)

1) 국제사회에는 국내사회에서와 같은 중앙집권적 입법기관, 집행기관 및 사법기관이 존재하지 않는다. 이런 점을 들어 국제법은 진정한 법이 아니라는 주장이 제기되기도 했다. 그러나 오늘날 적어도 이론적으로 그런 주장을 하는 학자는 없다고 해도 과언이 아니다.

2) 국내법적인 기준으로 국제사회의 실행을 보면 오스틴(J. Austin)과 같은 국제법 부인론자들의 주장이 전혀 근거가 없지는 않다. 국제사회의 입법기관으로는 UN 총회를, 집행기관으로는 UN 안전보장이사회를, 사법기관으로는 국제사법재판소(ICJ)를 들

수도 있겠으나 UN은 개별국가들보다 상위에 있는 최고기구가 아니라 국가들이 모여서 만든 국제기구에 불과하므로 상대적으로 제한적인 기능밖에 행사하지 못하는 것이 현실이다.

■ UN총회 결의는 법적 구속력이 없다. UN안보리의 '결정'은 구속력이 있으나 상임이사국의 거부권 행사로 효율적인 기능을 발휘하지 못하는 경우가 많다. 또한 UN의 주요기관으로서 국가 간 분쟁을 재판하는 ICJ의 경우 그 판결이 법적 구속력은 있으나 집행에는 현실적 한계가 있다고 할 수 있다. 왜냐하면 판결의 집행은 안전보장이사회를 통하여 이루어지나 안전보장이사회의 상임이사국은 거부권을 행사하여 자국에 불리한 판결의 집행을 막을 수 있기 때문이다.

■ 국제법의 외면적 성격으로서 권력의 분권성(중앙집권적 기구가 없음), 주체의 소수성(국가의 수가 많지 않음), 효력의 임의성(강행규범이 별로 없고 대부분 임의규범이어서, 국가 간 별도 합의를 통해 기존 법규를 얼마든지 바꿀 수 있음), 내용의 추상성(국제법상 의무가 대체로 추상적임), 제재의 집단성이라는 5개를 열거하는 학설도 있다(이, 이). 그러나 이러한 성격은 상대적일 뿐이며 국제법의 성격은 수시로 변모, 발전하고 있다.

3) 20세기 이후 국제법 질서도 서서히 국내법과 유사하게 고도의 법질서로 발전, 진보해 가고 있다(유럽연합과 같은 초국가적 주체의 등장, 국제 강행규범의 발달 등).

참고 국제법부인론자들

1) 국제법이 법이 아니라는 주장은 일찍이 홉스(T. Hobbes), 푸펜도르프(S. Pufendorf) 등이 주장한 바 있었다. 특히 푸펜도르프는 자연법이 유일한 법이라고 생각하였기 때문에 조약이나 관습에 입각하고 있는 국제법은 법이 아니라고 하였다.
2) 특히 19세기 초엽에 영국의 오스틴(J. Austin)은 법을 제재에 의해 뒷받침되는 주권자의 명령(a command issued by a sovereign backed by a sanction or punishment)이라고 정의함으로써 제재에 의해 뒷받침이 되지 않는 국제법은 실정도덕(positive morality)에 불과하다고 하여 국제법의 법으로서의 성격을 부인하였다.

■ 상기의 유명한 국제법부인론자 이외에도 (i) 국제법은 국가를 강제할 권력기반이 없다는 이유로 국제법을 부인한 스피노자(B. Spinoza), (ii) 신헤겔학파에 속하며 Hegel의 절대주권이론과 자기구속설의 입장에서 국제법을 단지 대외적 국내법(Ausseres Staatrecht)에 불과하다고 본 라손(A. Lasson)과 빈더(J. Binder), (iii) 국제법을 국가의 대외공법에 불과하다고 본 Zorn부자, Kaufmann 등 독일의 Bonn학파, (iv) 국제사회에는 상위권력이 존재하지 않기 때문에 국제관계규칙은 경험적인 독특한 규칙에 불과하다고 본 헝가리의 소믈로(Somlo) 등이 있었다.

2. 자연법론(naturalism)과 실정법론(positivism)

1) 국제법 이론에는 자연법 이론과 실정법 이론이 대립하여 왔다. 자연법이론은 국제법의 시조인 네덜란드의 그로티우스(Hugo Grotius) 이래 형이상학적인 보편이성으로부터 국제법의 근거를 찾고자 했다. 반면 실정법 이론은 18세기 후반부터 20세기

초반까지 국제법의 주류로 대두된 이론으로 조약과 관습 등 경험적으로 확인 가능한 실정적 국가행위에서 국제법의 근거를 찾는 이론이다.

2) 실정법 이론은 국가의 주권과 국가 간 합의를 강조하였다. 자유주의 정치철학의 영향을 받아 국가를 마치 국내법 질서에서의 개인과 유사하게 취급한 것이라고 볼 수 있다.

3) 이러한 전통적인 국가중심적 패러다임은 제2차대전 이후 국제기구와 개인, NGO의 부각으로 인해 흔들리게 되었다. 특히 개인의 인권보호를 최고의 지상과제로 삼고 있는 국제인권법의 발달은 전통적인 국가중심주의에 대한 커다란 도전이라고 할 수 있다.

참고 학설 대립 정리(이, 이)

1) 자연법론적 접근방법(객관주의적 접근방법)

㈎ 자연법설: 그로티우스(Grotius), 안질로티(Anzilotti) 등은 국제법이 법적 구속력을 가지는 것은 자연법의 요청에 유래하는 것이라고 한다.

㈏ 법적 확신설: 뒤기(Duguit), 셀(Scelle), 그라베(Krabbe) 등은 국제법이 법으로서 구속력을 가지는 것은 인간의 법에 대한 의식 내지 확신 속에 있다고 한다. 특히 뒤기와 셀의 이론을 사회학적 이론이라고 한다. 법적 확신설은 국가의 의사에 기초하지 않으므로 실정법주의와는 배치된다.

㈐ 근본규범설(법단계설): 켈젠(Kelsen), 페어드로스(Verdross)는 규범만이 구속력의 근거가 되는 것이며, 규범의 타당성은 상위의 일반규범으로부터 나오는 것이고 이 일반규범의 정점에 있는 근본규범을 자연법적인 공리인 Pacta sunt servanda(합의는 준수해야 한다)의 원칙이라고 한다(이).

2) 실정법론적 접근방법(의사주의적 접근방법)

㈎ 자기제한설: 옐리네크(G. Jellinek)는 국제법이 법적 구속력을 가지는 것은 국가가 국제법의 구속에 스스로 동의한 것에 유래한다고 한다. 이 설은 관습에 대하여 묵시적 합의이론(pactum tacitium)을 전개한다. 이 견해에 의하면 국제법의 지위는 매우 주변적이다.

㈏ 공동의사설: 트리펠(H. Triepel)은 국제법이 국가의 단독의사에 우월한 다수국가의 공동의사이기 때문에 법적 구속력을 가진다고 한다.

제2절 국제법의 역사

근대 국제법은 자연법에 의존하여 생성된 것이었고, 자연법은 보편타당한 성격을 갖고 있으며 유럽 각국 법제의 초석이 되어 온 로마법과의 융합을 이루어 '국제법의 근대적 체계'를 확립하였다(김, 성). 그 후의 국제법의 역사는 크게 보아 자연법론과 실증주의의 부침의 역사라고 볼 수 있다.

Ⅰ. 국제법의 기원

첫째, 로마인은 전술한 바와 같이 시민법(jus civile)과 만민법(jus gentium)을 갖고 있었다. 만민법은 시민법에 비하여 그 원칙이 간명하고 보편적이어서 자연법사상과 자연스럽게 연결되었고 만민법과 자연법은 동의어로 사용되기도 하였다.

둘째, 중세의 대표적 학자인 Thomas Aquinas는 자연법과 신법(神法)을 동일시하였고, 그 결과 이러한 자연법에 반하는 실정법은 구속력이 없다고 하는 주장도 있었다.

참고 콘솔라토 델 마레(Consolato del Mare)

14세기의 해상의 관례를 법전화한 것인데, 적선중의 중립화(中立貨), 그리고 적화(敵貨)를 수송하는 중립선의 포획을 금지하여 중립국 상업에 극히 유리한 원칙을 규정하였다. 이는 국제법인 중립해상통상자유원칙 혹은 유럽중상주의국가의 해상법에 지대한 영향을 주었다.

Ⅱ. 국제법 이론의 형성기

1. 초 기

1) 비토리아(1480~1546년), 수아레즈(1548~1671년), 젠틸리(1552~1608년) 등이 초기 국제법 형성에 밑바탕을 마련하였다.

2) 비토리아는 자연이성이 민족 간에 뿌리박힌 것이 국제법이라고 보았다. 수아레즈는 스콜라 학파에 속하여 자연법적 법이론을 전개하였다. 젠틸리는 국제법을 신학으로부터 분리한 학자로서 자연법적 타당성을 바탕으로 실증주의적 경향도 보였다.

2. 그로티우스(Hugo Grotius: 1583~1645년)

1) 네덜란드 출신의 학자로서 국제법의 시조라고 불린다(Shaw). 그는 공해상에서의 해양자유론을 주창한 것으로 특히 유명하다. 기본적으로 인간 이성을 중시하는 자연법에 기초하고 있지만 국가의사에 의한 법(jus voluntrarisu)도 인정하였다.

2) 또한 그로티우스는 전쟁을 정당한 전쟁과 부당한 전쟁으로 구별하였다. 그가 말한 정당한 전쟁은 방어적 전쟁, 청구권 집행을 위한 전쟁, 불법을 응징하는 전쟁 등 세 가지이다(유).

3) 그로티우스시대는 보댕(J. Bodin: 1530~1596년)의 '주권론'이 득세하고 Westphalia 조약이 체결되는 등 봉건적 분립상태가 이미 중앙집권적 국가권력에 자리를 양보하는 시

기임에 유의하여야 한다.

3. 후 기

그로티우스 이후의 국제법학은 Grotius 의 사상에 포함된 자연법적 및 실정법(의사)적 제 계기의 발전에 따라 자연법학파(Naturalists), 실정법학파(Positivists), 절충학파(Eclecticists), 즉 그로티우스학파(Grotians) 등 세 가지로 분류된다.

(1) 자연법학파

㈎ 대표적인 학자는 푸펜도르프(S. Pufendorf: 1632~1694년)인데, 그는 국제사회에는 국가보다 상위의사가 부재하므로 실정 국제법은 없다고 보고, 그로티우스의 의사법 부분을 제외함으로써 국제법은 자연법의 일부라고 보았다.

㈏ 푸펜도르프는 국제법 부인론자로 분류되는 학자임에 유의하여야 한다(이).

(2) 실정법학파

㈎ 실정법학파의 시초는 그로티우스와 함께 근대국제법의 태두라고 일컬어지는 영국인 즈우치(R. Zouche: 1590~1660년)라고 볼 수 있다(Shaw).

㈏ 그러나 18세기의 학자들은 자연법과 완전히 절연한 것은 아니며 이런 의미에서 19세기의 실증주의와 구별된다(유).

(3) 그로티우스학파

대표적인 학자는 독일인 볼프(C. Wolff: 1679~1754년)와 스위스인 바텔(E. Vattel: 1714~1767년)인데, 특히 바텔은 자연법주의와 법실증주의와 결합을 시도한 최초의 학자였다. 바텔은 국가주권 또는 국가의 평등권을 국가의 기본권의 하나로 정립함으로써 국제법을 근대적 국제법사상으로 변화시키는 데 결정적으로 기여하였다.

Ⅲ. 국제법의 전개

1. 19세기의 국제법

자연법적 국제법의 조락(凋落)이 오고 그 대신 실정 국제법이 지배적 지위를 차지하게 되면서 19세기 말에 들어서는 실정법주의가 융성하였다.

참고 실정법주의의 공헌

1) 개별국가의 의사가 극히 존중되어 국가주권이 앙양되었으며,
2) 조약체결권이 민주적 변화를 겪으면서 국가의 대외관계도 국민과 이해관계가 있다는 견지에서 국민의 모든 이해관계사항을 의회를 통한 국가의사로서 결정했다는 점이다(이, 이).

2. 20세기의 국제법

특히 인권의 국제적 보장문제가 제2차대전 후 국제법의 중요한 과제가 되고 있다.

(1) 제1차대전 전후부터 제2차대전 전까지

㈎ 제1, 2차 헤이그평화회의에서 보는 것처럼 전쟁법의 실정적 발달현상을 들 수 있는데, 이는 1914년의 제1차대전까지는 국제분쟁의 무력적 해결이 합법적인 것으로 허용되고 있었다는 것을 의미한다.

㈏ 세력균형에 입각하고 있는 위와 같은 무차별전쟁관은 제1차대전의 참화를 겪은 후에 집단적 안전보장(collective security)론을 기초로 한 국제연맹의 창설로 근본적인 수정의 길에 접어들었다.

㈐ 국제연맹체제 하에서는 여전히 합법적 전쟁의 길이 열려 있었으므로 이 간격을 메우기 위해 국제연맹의 테두리 밖에서 1928년 부전조약(General Treaty for the Renunciation of War)이 체결되었다.

(2) 제2차대전 이후

㈎ 국제사회의 구조측면에서 제2차대전 이후 종래의 동질적 국제사회에서 구미선진국, 공산주의제국(소련의 해체로 이에 대한 중요성이 상대적으로 감소하였으나 국제사회에서 여전히 무시할 수 없는 구성인자이다) 및 개발도상국(신생국)이라는 정립체제로 변모하였다.

㈏ 국제연맹의 뒤를 이어 국제연합(United Nations)이 탄생하였는데, 이를 중심으로 국제사회의 제도화와 조직화가 촉진되었다.

㈐ 종래의 전쟁은 말할 것도 없고 더 나아가서 국제법상 전쟁에 이르지 않는 무력사용까지도 금지되었다.

㈑ 1947년 설치된 유엔의 보조기관인 국제법위원회(International Law Commission: ILC)를 중심으로 국제관습법 및 새로운 국제법 규범의 성문법전화작업(codification)이 활발하게 이루어지고 있다.

㈒ 과학기술의 발달과 국제사회의 연대성의 강화로 인하여 국제법에서 새로운 분야가 등장하였다. 국제인권법, 우주법, 국제환경법, 국제경제법 등이 그것이다.

㈓ 국제법에서 전통적 분야인 해양법, 전쟁법 등도 양적·질적으로 크게 변모하였다.

㈔ 국가들 간 새로운 결합형태인 유럽공동체법의 발달을 들 수 있다. 종래의 국제기구론에 포괄되지 않는 측면이 적지 않아 심도 있는 연구가 필요한 분야이다.

참고 실증주의와 의사주의와의 관련성

19세기 이래 발흥한 실증주의는 경험적으로 증명할 수 있는 사실을 중시하는 철학사조로서 이는 국제법 연구에도 크게 영향을 미쳤다. 실증주의에 의하면 조약과 관습은 주권국가의 의사와 합의에 의해 형성되므로 국제법에서 의사주의와 실증주의는 논리적으로 동일한 의미를 갖고 있다고 본다.

제3절 국제법과 국내법과의 관계

Ⅰ. 의 의

국제법과 국내법의 관계는 국제법 이론의 가장 근본적인 문제로서 다양한 학설대립과 각국의 관행을 잘 살펴두어야 한다.

Ⅱ. 학 설

국제법과 국내법의 관계라는 주제는 보통 일원론과 이원론이라는 양 극단의 대립으로 설명된다.

1. 이원론(dualism)

(1) 대표론자

트리펠이 최초로 주장하였으며 안질로티(D. Anzilotti), 오펜하임(Oppenheim), 라반트(P. Laband) 등이 이에 동조하였다.

(2) 내 용

㈎ 국제법과 국내법은 (i) 법원, (ii) 주체, (iii) 성립형식, (iv) 규율대상, (v) 적용형식면에서 전혀 별개의 법체제이므로 상호간에 아무런 영향을 끼치지 않는다.

㈏ 국제법은 그 자체로 국내법의 일부를 이룰 수 없으며, 국내적으로 적용되는 경우 그것은 국내법으로 **'변형'**(transformation)되어 '국내법으로서' 적용될 뿐이다. 이러한 이원론의 변형이론에 따를 경우 국내법질서에서 국제법과 국내법 사이의 우선순위 문제는 발생하지 않는다.

㈐ 이원론에 따르면 국제법과 국내법이 충돌하는 경우 국내법원은 국내법을 적용하기만 하면 된다.

㈑ 이원론의 이념적 배경은 실증주의로 볼 수 있으며 국가주권에 대한 강조를 그 특징으로 한다(Akehurst).

(3) 비 판

㈎ 현실 사회에서 국제법에 저촉되는 국내법으로 인해 문제가 생길 경우 국가는

사실상 국제의무위반의 책임을 지게 된다. 즉, 국제법과 국내법이 상호간에 아무런 영향이 없다고 보기 어렵다.

㈏ 국제관습법의 경우 대부분의 나라에서 변형 절차없이 그대로 적용되고 있다는 현실에 맞지 않는다.

2. 일원론(monism)

국내법우위의 일원론은 국제법을 국가의 대외공법으로 보는 견해로서 19세기 독일관념철학의 산물이다. 그러나 이는 국제법부인론의 다른 표현이라 할 것이어서 별도로 다루지 않기로 한다. 따라서 일반적으로 일원론이라 함은 **국제법우위의 일원론**을 의미한다(유).

(1) 대표론자

주로 Wien 학파에 속하는 켈젠, 페어드로스, 쿤츠(J. L. Kunz) 등이 주장하는 견해이다. 또한 Guggenheim, Lauterpacht, Scelle 도 일원론자에 속한다.

(2) 내 용

㈎ 국제법과 국내법은 하나의 단일한 체계라고 한다. 국제법은 이른바 위임의 우위(Delegationsprimat)를 통해 모든 국내법질서의 타당근거가 된다. 즉, 국내법은 국제법에 의해 위임된 부분적 질서이다(이, 이). 따라서 국제법 규범은 국내법에 자연스럽게 그대로 수용(incorporation)되어 적용된다.

㈏ 국제법의 근거를 국가의 의사가 아닌 객관적인 질서에서 구하려는 견해이다. Kelsen 의 규범주의, Scelle 의 사회학적 이론 등과 일맥상통한다. 이 이론은 기본적으로 국제주의와 평화주의에 입각한다(정인섭).

3. 등위이론(theories of co-ordination) (Brownlie)

1) 등위이론은 전술한 이원론과 일원론의 양 학설 모두 실제 관행을 적절하게 반영하지 못한다고 비판하며 국제법체제와 국내법체제가 동시에 작용하는 공동의 평면이 존재한다는 가정 자체를 부정한다. G. Fitzmaurice, Rousseau 등의 주장이다.

2) 동 이론에 따르면, 국제법과 국내법은 서로 다른 평면에서 작동하기 때문에 양 체제는 '체제로서' 충돌하지는 않으며 국제법과 국내법은 각 체제 내에서 최고법이라고 한다.

3) 다만 '의무'의 충돌, 즉 어느 국가가 국내법평면에서 국제법이 요구하는 대로 행동하지 못하는 경우는 있을 수 있다. 이 경우 국내법이 무효화되는 것이 아니라 국제법평면에서 국가의 책임이 발생한다.

4) 등위이론은 이론보다 국제실행을 중시한다.

4. 결 론

이원론과 일원론 등 이론적 접근은 국내법원과 국제사회의 법적 현실을 제대로 설명해주지 못하는 한계가 있다. 따라서 일원론과 이원론 중 무엇이 옳고 그르다고 이야기할 수 없다. 상당수 국가들은 순수한 일원론과 이원론의 중간에 위치하고 있다고 볼 수 있다(정인섭). 국제법과 국내법의 복잡한 관계를 이해하기 위해서는 실제 국제법원의 판례와 각국 국내법 체계 등 관행을 구체적으로 살펴보아야 한다.

Ⅲ. 관 행

국제법과 국내법의 관계에 대해서는 크게 '국제법질서에서 국내법의 지위'와 '국내법질서에서 국제법의 지위'로 나누어 살펴보아야 한다.

1. 국제법질서에서 국내법의 지위

(1) 국제법상 의무의 우월

국제법질서에서는 국제법이 국내법에 우선하는 것으로 인정되고 있다. 국가는 조약 등 국제법상 의무이행을 위해 국내법적 조치를 다해야 하며 국내법을 이유로 국제법적 의무위반을 정당화할 수 없다. 즉, 국제법적 질서라는 차원에서는 국제법이 국내법에 우선한다.

㈎ 국제의무의 이행확보의 책임: 조약을 체결한 국가는 조약을 이행하기 위해 모든 필요한 국내법적 조치를 취해야 할 의무가 있다.

■ 조약법협약 제26조(pacta sunt servanda)는 당사국은 발효된 조약을 성실히 이행할 의무를 진다고 규정하고 있다.

㈏ 국내법 원용의 금지: 국제재판소의 판례는 국가가 국내법을 이유로 국제법적 의무위반을 정당화할 수 없다는 원칙을 분명히 하고 있다. 정부의 변경이 국제의무 불이행을 정당화할 수 없는 것도 이와 유사한 맥락이라고 볼 수 있다(제3장의 정부의 승인 참조). 상설국제사법재판소(PCIJ) 및 그 뒤를 이어 활동하고 있는 국제사법재판소(ICJ)에서는 국내법을 원용하여 국제법위반을 정당화할 수 없다는 원칙을 수차례에 걸쳐 확인하였다. 다만 이 원칙은 국제법원에서 원용되고 적용되는 원칙이라는 점에 유념하여야 한다.

■ 1969년 비엔나조약법협약 제27조(국내법과 조약의 준수)에 의하면 어느 당사국도 조약의 불이행을 정당화하기 위하여 자국의 국내법규정을 원용할 수 없다고 규정하고 있다.

■ 그러나 조약법협약 제46조(조약의 무효)에서 일정한 경우에 국내법을 이유로 조약을 '무효화'하는 것은 허용하고 있음을 유의. 상세 사항은 '제2장 제2절 V. 조약의 무효' 참조.

판례 **국제법의 우선적용을 인정한 국제 판례**

(1) PCIJ의 폴란드령 상부실레지아에서의 일부 독일인의 이익에 관한 사건 판례(1926년)
폴란드가 그 영역 내의 일정한 독일인의 재산을 국유화함에 있어 폴란드의 국내법을 적용한 것은 독일에 대한 폴란드의 조약의무위반이라고 판시하였다. 그 구체적인 판시내용은 (i) 국내법의 정립이나 적용이 국제의무에 합치되지 않으면 당해국가에 국제책임이 발생하고, (ii) 조약에 의한 개인의 권리, 이익의 보호는 국제법의 일반원칙에 의하여 인정된 것이어야 하며, (iii) 이론상 국제법에 있어서도 권리남용에 의해 조약위반이 성립됨을 인정하나 그 입증책임은 주장자에게 있다는 것이다.

(2) PCIJ의 **호르죠**(Chorzow)**공장사건 판례**(1926, 1928년)

문제가 된 공장의 소유권에 관하여 폴란드의 '국내법원이 국제법원의 판결에 배치되는 판결을 내림으로써 국제법원의 판결을 간접적으로 무효화할 수 없다'고 판시하였다.

(3) PCIJ의 **단찌히법원의 관할권에 관한 권고적 의견**(1928년)

폴란드는 조약의 규정을 '국내법에 편입하지 못했다는 구실로, 즉 국내법의 결여를 이유로 그 국제의무의 불이행을 변명할 수 없다.'

(4) PCIJ의 **상부 사보이 및 젝스자유지역사건 판례**〔일명 '자유지대'(Free Zone)사건 또는 비관세지역(Free Zone) 사건〕(1932년)

국제법이 국가 상호간의 권리·의무를 결정짓는 표준이 되므로 프랑스는 '자기의 국제의무의 범위를 제한하기 위하여 국내법을 원용할 수 없다'고 판시하였다. 이는 또한 제2장 조약법에서 설명하는 사정변경의 원칙과도 관계가 있다(Switzerland v. France).

(5) WTO의 **중국 지재권보호제도 분쟁**(China-Measures Affecting the Protection and Enforcement of Intellectual Property Rights(WT/DS362/R) (March 20, 2009))

조약의 당사국은 자신의 국내법을 이유로 해당 조약에 대한 위반을 정당화할 수 없다는 것은 국제법의 확고한 기본 법리 중 하나이다. 이러한 원칙은 WTO 분쟁해결절차에서도 지속적으로 확인된 바 있다. 이 이슈를 다룬 최근의 대표적인 사례는 중국 지재권 분쟁이다. 이 분쟁에서 중국은 자신의 WTO TRIPS 협정(Agreement on Trade-Related Aspects of Intellectual Property Rights) 위반을 자국 형사법과 형사법 관련 제도를 원용하며 정당화하고자 노력하였으나 패널은 이러한 중국의 입장을 기각하였다. 특히 중국은 형사사법제도 운용과 관련한 각 회원국의 고유한 주권을 언급하며 여기에 대하여 WTO가 자신의 기준을 적용하며 개입하는 것은 부당하다는 입장을 견지하였으나, 패널은 이러한 중국의 입장을 기각하였다.

㈐ 국제법을 위반한 국내법의 효력: 국제법 체제 내에서는 국제법이 국내법에 우선한다는 원칙이 확립되어 있으나, 국제재판소가 국내법의 "국내적 무효"까지 선언할 수는 없다. 국내법의 국내적 무효는 국가의 국내적 관할권에 속하는 문제이기 때문이다(순)(PCIJ 의 메멜기본법 해석사건(1932년), ICJ 의 바르셀로나 전력회사사건(1970년)). 또한, 국내법상의 위법이 반드시 국제법상의 위법을 의미하지는 않으며, 국제법상의 위법이 반드시 국내법상의 위법을 의미하지도 않는다(정인섭)(ICJ 의 Elettronica Sicula S.p.A(ELSI) 사건(1989년)).

㈑ 뉘렌베르크 군사법정의 예에서 볼 수 있듯이, 개인도 국제형사법원에 국제범죄를 이유로 기소될 경우 자국 국내법을 준수하였다는 이유로 국제법의무불이행을 변명할 수 없다.

㈒ 참고로, 유럽공동체법(EU Law) 우위의 원칙은 국제법의 국내법에 대한 우위의 증

거나 사례로 반드시 볼 수는 없다. 유럽재판소의 판례에 따르면, 유럽공동체법은 개별 회원국의 국내법적 차원에서도 그 자체로서 헌법보다 우월한 것으로 해석되기 때문이다(순).

(2) 국제재판에서의 국내법의 지위

㈎ 국내법의 적용범위의 결정

a) 일국의 국내법이 타국의 주권행사에 영향을 주는 경우 그 국내법은 국제적 성격을 띠게 되는데, 이때 국제재판에서는 국제법 고유의 기준에 의하여 국내법의 적용범위를 결정한다.

b) 대표적인 예가 Nottebohm 사건에서 외교적 보호권행사를 위한 국적결정시 국제법 고유의 기준인 '진정결합' 기준을 적용한 것이 그것이다.

㈏ 사실로서의 국내법: 국제법의 적용을 임무로 하는 국제재판소는 원칙적으로 국내법을 단순히 '사실'로서만 간주한다. 국내법은 사실에 지나지 않으므로 국제재판소로서는 해당 국내법을 해석하고 적용하여야 할 의무도 권한도 없다. 다만 특정 국내법은 해당 국가가 어떠한 조치를 취하고 있다는 상황을 보여주거나 국가 관행을 입증하는 대표적인 증거로 원용될 뿐이다.

참고 국제재판과 국내법

그러나 사실로서의 국내법이 국제재판에서 중요한 역할을 하지 않는다는 의미는 전혀 아니다. 외교적 보호권의 행사와 관련하여 국적의 진정성(Nottebohm사건)이나 국내구제절차 완료 여부를 판단하기 위하여 국내법을 원용하는 경우가 있다. 예컨대 1970년 바르셀로나 전력회사사건에서 문제가 된 것 중의 하나가 외교적 보호권행사의 전제가 되는 회사의 국적을 결정하는 것이었는바, 국제법 하에서 별도의 회사법을 규율하는 법이 존재하지 아니하므로 ICJ는 국내회사법의 해석관행을 원용하였다.

2. 국내법질서에서 국제법의 지위

국가마다 국제법의 국내적 지위가 다르다. 그리고 국제법상 조약과 국제관습법은 동등한 효력을 갖고 있음에도 불구하고, 한 국가의 법질서에서 조약과 국제관습법이 서로 다른 대우를 받기도 한다. 각국의 헌법과 판례, 이론 등을 잘 구별해서 기억해야 한다. 특히 영국, 미국, 한국에서 국제관습법과 조약이 각각 어떻게 적용되는지 유의해야 한다.

(1) 영 국

㈎ 국제관습법

a) 원 칙: (i) 일부 예외적인 판례가 없는 것은 아니지만, 일반적으로 영국은 국제관습법이 common law 의 일부를 형성하며, 자동적으로 영국 국내법의 일부를 형성한다는 입장이다. (ii) 국제관습법에 관한 한 편입이론(doctrine of incorporation), 즉 일

원론을 채택하고 있는 것이다.

b) 제한 및 예외: 의회제정법(판례 포함)우위의 원칙이 적용되며(Mortensen v. Peters 사건), 따라서 국제관습법과 의회제정법이 충돌하는 경우 영국 법원은 의회제정법을 우선적용하게 된다.

판례 Mortensen v. Peters 사건(1906년)

〈사건개요〉 노르웨이 선박의 선장인 덴마크인 Mortensen이 영국영토로부터 3해리 이상 떨어진 Moray Firth에서의 어업을 규제하는 영국법률을 위반하였다는 이유로 유죄판결을 받자 그 위치(당시 국제관습법상 영해는 3해리)에 있는 외국인에게 영국법을 적용하는 것은 국제법 위반이며 동 법률은 영국영토 밖의 외국인에게는 적용되어서는 안 된다고 주장하였던 사건이다.

〈판례요지〉 스코틀랜드고등법원의 판례로 의회제정법(Act of Parliament)이 common law (영국 국내법상 common law의 효력이 있는 국제관습법도 포함)보다 우월하다는 것을 명백히 하였다.

c) 영국 법원은 국가승인, 정부승인, 외교관 지위, 영토의 범위, 전쟁상태 존재 여부 등의 사안에 있어서 판단이 필요한 경우, 외무장관의 확인서(certificate)를 결정적인 증거로 간주하여 영국행정부의 외교적 사실 판단을 그대로 받아들이고 있다(순).

㈏ 조 약: 왕권에 대한 의회의 견제전통에 입각하여, 조약에 대해서는 국제관습법규와는 달리 원칙적으로 영국의회를 통하여 국내적으로 입법화되어야 당해 조약이 국내법으로 적용될 수 있다(변형이론).

㈐ 국제법과 국내법의 충돌에 대한 조정: 영국은 국제관습법과 조약을 불문하고 제정법우위의 원칙이 인정되고 있다는 것은 전술한 바와 같으나 실제로는 합치의 추정(presumption)이라는 해석이론과 통치행위(political question, act of state)이론 등에 의하여 국내법에 대한 국제법의 우위가 어느 정도 확보되고 있는 실정이다.

(2) 미 국

㈎ 국제관습법

a) 명문의 규정이 아닌 대법원의 판례(파켓트 하바나 사건 등)를 통해 국제관습법이 미국법의 일부임을 선언하고 있다. 즉, 편입이론이 적용된다.

판례 Paquete Habana 사건

국제법은 국내법의 일부이며(international law is part of our law) … 정당한 관할권을 가진 법원에 의해서 확립되고 적용되어야 하는 것이다.

※ Paquete Habana 사건에서 말하는 "국제법"은 국제관습법을 의미한다.

b) 그런데 미국 내부의 국내법적 효력에 있어서는 국제관습법이 기존 법률이나 판례보다는 하위의 효력을 갖는 것으로 판시되고 있어서 '연방헌법이 의회나 대통령의 국제관습법규 위반을 금지하지 않는 것'으로 이해되고 있다(순).

참고 미국내 논의동향

최근 수정주의적 입장을 전개하는 일부 미국 학자들(Curtis Bradley, Jack Goldsmith 등)은 국제관습법이 미국 국내법상 연방법의 일부라는 이론을 비판하면서 아무런 국내법적 근거 없이 형성된 국제관습법을 정당한 미국법의 일부로서 보기 어렵다는 주장을 전개하고 있어 미국 학계에서 치열한 논쟁이 벌어지고 있다.

(나) 조 약

a) 미국헌법 제6조 2항은 '조약은 헌법 및 법률과 함께 미국의 최고법'이라고 규정하여 원칙적으로 편입이론(doctrine of incorporation)을 채용하고 있다.

■ 연방국가인 미국은 연방정부와 주정부 간의 권한이 문제시된다. 미대법원은 Missouri v. Holland 사건(1920년)에서 조약체결 권한이 연방에게 있기 때문에 조약을 통한 연방의 광범위한 입법권이 인정된다고 선언한 바 있다.

b) 그러나 그 국내적 효력은 미국법원이 결정하는 '자기집행적 조약'(self-executing treaty)과 '비자기집행적 조약'(non-self-executing treaty)과의 구별에 의존한다. 전자는 국내입법조치 없이 곧바로 국내적으로 적용될 수 있는 조약인 반면, 후자는 국내입법조치에 의해서만 국내적으로 적용될 수 있는 조약이다.

참고 자기집행적 조약

미국에서 자기집행적 조약과 비자기집행적 조약을 구분하는 이론의 시초는 미연방대법원의 1829년 Foster v. Neilsen 사건에 있다. 그러나 이 판결문에서 "자기집행적"이라는 표현 자체는 아직 쓰이지 않았다(순). 대표적인 판례로는 세이 후지(Sei Fuji v. State of California)사건(1957년)에서 캘리포니아 대법원이 행한 판결이 있다. 동 사건에서 대법원은 유엔헌장의 인권관련 규정이 개인의 제소권리를 창설하려는 강행적 성격과 명확성을 결여하고 있다고 보아 비자기집행적이라고 판단하였다. 미법원은 그간 범죄인인도, 영사권리, 최혜국대우 등은 자기집행적 조약이라고 보았다. 인권조약은 대부분 비자기집행적 조약으로 간주된다.

일반적으로, 미국 법원이 자기집행성을 판단하는 기준은 우선 조약당사국, 즉 미국의 의도(의사)이다. 의도가 불분명할 경우 대통령의 성명서, 상원이 비준동의시 첨부한 선언 등을 참조할 수 있다. 둘째, 조약의 취급 주제에 달려 있다(예산 지출을 필요로 하는 조약, 형법규정 관련 조약, 미국의 영토나 재산의 처분 관련 조약, 기타 의회가 주로 규제하던 주제에 관한 조약은 비자기집행적 조약으로 판단되기 쉽다). 아울러, 조약 내용이 구체성과 명확성을 결여하면 비자기집행적 조약으로 판단되기 쉽다(정인섭).

한편 이와 관련하여 우리 대법원은 최근 통상협정의 직접적용성을 부정하는 취지의 판결을 내린 바 있어 이 문제에 대한 최근의 사례를 제시하고 있다(대법원 2009.1.30. 선고 2008두17936 판결). 즉, 대법원은 중국산 세라믹 타일에 대하여 우리 무역위원회가 부과한 반덤핑 관세 부과 조치에 대한 분쟁에서 사인(私人)이 직접 WTO 협정을 근거로 우리 국내법원에 소를 제기할 수 없다는 취지의 판결을 내린 바 있다.

c) 헌법에서 언급된 정식조약(상원의 2/3 찬성에 의한 조언과 동의를 얻어 체결된 조약)은 연방법률과 동등한 가치를 가진다. 상하 양원의 단순과반수 승인에 의거하여 체결되는 "의회-행정부협정"(congressional-executive agreement)도 정식조약과 마찬가지이다. 그러나 대통령이 의회의 개입 없이 단독으로 체결하는 "단독 행정협정"(sole executive agreement)의 효력 순위에 대해서는 학설대립이 있다(순)(미국 조약의 종류에 대해서는 제2장 참조).

㈐ 국제법과 국내법의 충돌에 대한 조정: 판례법상 연방헌법은 조약의 상위에 있으며, 연방법률과 조약과의 효력관계에 있어서는 양자가 동위에 있으며, '후법우선의 원칙'이 적용된다.

참고 차밍 벳시(Charming Betsy) 원칙

미국법원은 연방법의 해석에 있어서 이른바 "Charming Betsy" 원칙을 적용해왔다. 이 원칙은 국내법의 해석에 다소 불확실한 측면이 있는 경우 가능한 합리적인 범위 내에서 국제법을 위반하지 않는 방향으로 법을 해석해야 한다는 것이다.

(3) 기타 주요 국가들의 실행

대부분의 국가들이 국제관습법에 대해서는 자국법의 일부로 보는 수용적 태도를 보이고 있으나 조약에 대해서는 헌법 규정과 관행이 상당한 차이를 보인다(그러나 이미 언급한 바와 같이 가장 출제빈도가 높은 중요한 것은 영국, 미국, 한국의 관행임을 유의).

㈎ 독 일

a) 독일기본법(독일연방헌법) 제25조는 일반적 국제법규는 연방법의 구성부분이다. 그것은 '법률에 우선하며'라고 규정하고 있는데, 이때 일반적 국제법규는 국제관습법만을 의미한다고 보고 있다(김).

b) 독일기본법 제59조 2항은 연방의 정치적 관계를 규율하거나 또는 연방의 입법사항에 관계되는 조약은 연방법률의 형식으로 연방의 입법에 대하여 권한있는 기관의 동의 또는 협력을 필요로 한다고 함으로써 매우 독특한 헌법규정을 두고 있다. 독일의 조약 적용을 완화된 이원론이라고도 부른다(순).

■ 상기의 동의법률을 변형법률, 조약법률 등으로 부른다고 한다(순).

c) 따라서 조약이 연방법률의 형식에 의하여 국내법질서의 일부분이 되는 것이므로 당

해 조약법률은 다른 일반법률과 마찬가지로 선행하는 연방법률에만 우선하는 데 그친다.

참고 영국과 독일식의 변형이론의 비교(순)

(i) 영국의 변형절차는 조약체결 후의 사후변형절차이나 독일의 변형절차는 조약체결 이전의 사전변형절차이다. (ii) 영국의회는 이행입법을 통하여 조약의 내용을 수정할 수 있으나 독일의회는 조약의 원문에 변형을 가할 수 없고 가부의 투표만을 한다. (iii) 영국의 변형절차는 조약체결 후의 사후변형절차인 까닭에 의회를 통한 사후적인 입법이 없는 한 국내법질서에서 상기 조약은 효력이 발생할 여지가 전혀 없으나 독일에서는 변형절차가 사전적인 절차이기 때문에 동의법률에 기초하여 국제적으로 조약이 체결되면 사후적인 국내적 절차 없이 즉시 국내법질서의 일부가 된다.

(나) 프랑스

a) 현행 제5공화국헌법 제55조는 '적법하게 비준되거나 승인된 조약 또는 협약은 다른 당사국에 의한 적용을 조건으로 공포된 때로부터 법률에 우선한다'고 규정함으로써 상호주의를 조건으로 국내법에 대하여 그 선후를 불문하고 조약의 우위성이 확인되어 있다.

b) 그러나 이러한 강력한 조약우위의 헌법규정에도 불구하고 실제 프랑스 국내재판소들은 국내법에 대한 조약의 우위를 인정하는 데 있어서 매우 인색하다(순). 따라서 헌법규정만으로 어떤 국가를 순수이론적 의미의 일원론적 국가로 분류하는 것은 한계가 있다.

(다) 네덜란드

a) 벨기에, 네덜란드, 룩셈부르크 등 소위 베네룩스(Benelux) 3국의 경우 조약은 국내법과의 선후를 불문하고 우위가 인정된다는 조약 우위의 전통이 확립되어 있다.

b) 그 중에서도 네덜란드의 헌법규정은 조약이 국내법은 물론 헌법에 대해서까지 우위에 있다고 선언하고 있어서 특별한 관심의 대상이 되어 왔다.

c) 현행 네덜란드헌법 제93조에 의하면 조약의 규정은 그 내용이 모든 사람에게 구속력이 있을 수 있는 한 (즉, 직접효력이 있는 조약일 경우) 그 조약의 규정은 네덜란드에서 현재 시행중인 법령(헌법 포함)에 우선한다.

(라) 기타 국가

a) 일 본: 성실한 준수를 강조한 일본헌법의 취지로 보아 조약은 적어도 법률에 우선하는 효력이 있다(이).

b) 이탈리아는 독일과 비슷한 헌법계보에 속하는 나라로 분류되는바, 이탈리아헌법 제80조는 이탈리아의 국내법에 변화를 초래하는 조약은 국내적으로 변형절차를 밟아야 한다고 규정하고 있다.

(4) 한국헌법과 국제법

㈎ 현행헌법 제6조 1항은 '헌법에 의하여 체결·공포된 조약과 일반적으로 승인된 국제법규는 국내법과 같은 효력을 가진다'고 규정하고 있다. 이때 일반적으로 승인된 국제법규가 국제관습법만을 의미하는지가 문제되나 다수설은 국제관습법만을 의미하는 것으로 해석하고 있다.

㈏ 위 조약과 국제관습법은 특별한 국내입법절차 없이도 국내적인 효력을 당연히 갖는 것으로 보고 있다.

㈐ 조약은 헌법보다 하위의 효력을 가지며 법률과 동위에 있다고 해석된다. 특히 헌법 제60조 1항에 열거된 종류의 조약들은 국회의 비준동의를 거치므로 법률과 동등한 효력을 갖는 데 반해, 비준동의를 거치지 않는 조약에 대해서는 대다수의 학자들이 법률보다 하위의 효력(즉, 명령·규칙의 효력)을 갖는 것으로 보고 있다. 그러나 국회 동의를 받은 조약은 법률과 동등하고 국회 동의 없이 체결된 조약은 시행령에 해당한다고 기계적으로 구분하는 것은 타당하지 않으며 모든 조약은 국내법률과 같은 효력을 지닌다고 해석함이 타당하다는 학설이 지금은 유력하게 제기되고 있다(정인섭). 이러한 해석론이 우리나라 및 주요국의 조약실무와 부합하기도 한다. 조약의 국내법적 효력과 관련된 헌법재판소 판례를 보면, 이 문제에 대해 명확한 결정을 내렸다고 보기는 어려우나 한일어업협정과 같이 국회 동의를 거친 조약뿐만 아니라 국회 동의를 거치지 않고 가입한 조약도 국내법률과 같은 효력을 지니고 있다는 판결을 내린 바 있다(정인섭). 한편, 대법원은 전라북도 급식조례사건(대법원 2005.9.9. 선고 2004추10 판결)에서 국회의 동의를 얻어 체결, 공포된 GATT 1994 협정 및 정부조달협정은 국내법률과 동일한 지위를 가지므로 지방자치단체가 제정한 조례가 이에 위반하는 경우에는 그 효력이 없다는 취지의 판결을 내린 바 있다.

㈑ 국제관습법의 경우는 학설이 다양한데, 법률동위설(권영성), 개별국제법규에 따라 다르다는 설(김철수), 법률보다 하위이며 기존 판례보다는 우위라는 설(순) 등이 주장되고 있다.

참고　우리나라 헌법 제60조

1항: 국회는 상호원조 또는 안전보장에 관한 조약, 중요한 국제조직에 관한 조약, 우호통상항해조약, 주권의 제약에 관한 조약, 강화조약, 국가나 국민에게 중대한 재정적 부담을 지우는 조약 또는 입법사항에 관한 조약의 체결·비준에 대한 동의권을 가진다.

2항: 국회는 선전포고, 국군의 외국에의 파견 또는 외국군대의 대한민국 영역 안에서의 주류에 대한 동의권을 가진다.

Ⅳ. 기타 문제

1) 국제재판소는 국제법은 법원의 직권으로 인지하여야 하는 것이지만 국내법에 관한 문제는 당사국들의 주장이 있는 경우에 고려하는 것이 원칙이다.

2) 국제재판소는 국내법원에 의한 국내법의 해석은 국제재판소를 구속한다고 보고 있다(Brownlie).

Ⅴ. 특수문제 — 유럽공동체법과 회원국의 국내법과의 관계

1. 문제의 제기

유럽공동체법은 조약 등 기존의 국제법과는 다른 '하나의 새로운 법질서'로 파악되고 있으며 유럽사법법원의 판례에 의하여 발전되어 왔다.

2. 유럽공동체법의 직접효력

(1) 유럽공동체설립조약

㈎ 1963년의 Van Gend en Loos 사건에서 유럽사법법원은 'EEC 조약 제12조는 회원국의 국내법체계상 직접적 효력을 가지며, 이러한 규칙들은 사적 당사자들에게도 직접 적용된다'고 판시하였다.

㈏ 동 법원은 조약규정이 직접효력을 갖기 위한 요건으로 명확성, 무조건성, 이행조치의 불필요성이라는 세 가지 요건을 제시하고 있다.

(2) 이차적 법원

㈎ 규칙(regulation: 명령이라고도 함): 규칙도 직접효력이 인정되는 것이 원칙이지만 위 직접효력의 요건을 갖추지 못한 규칙에 대하여는 직접효력이 인정되지 않는다.

㈏ 지침(directive: 준칙이라고도 함)과 결정(decision): 가장 논란이 많은 것은 지침과 '회원국'에 대한 결정이 과연 직접효력을 가질 수 있는가의 여부인바, 1970년의 Franz Grad 사건에서 유럽사법법원은 지침과 '회원국'에 대한 결정도 직접효력이 있는 규정을 포함할 수 있다고 판시하였다.

참고 직접효력의 문제

EC조약 제189조상 규칙과 '개인이나 법인'에 대한 결정은 직접효력을 갖는 것이 원칙이나, 지침과 '회원국'에 대한 결정에 대하여는 종래 논란이 있어 왔다.

3. 유럽공동체법의 우위

유럽사법법원은 1964년 Costa v. ENEL 사건 판결에서 공동체법은 '국내적 차원'에서 회원국의 헌법보다는 우월하다는 공동체법의 우위의 원칙을 확립하였다.

제2장 | 국제법의 법원(연원)

국제법의 법원이란 제1장에서 설명한 국제법의 타당근거라는 뜻으로 이해되기도 하나 일반적으로는 국제법의 존재형식 또는 인식자료라는 의미로 이해되고 있다. 이러한 국제법의 법원이론(法源理論)은 19세기에 풍미한 실증주의적 배경 하에서 탄생하였다. 즉, 동 이론은 종래 우월적 지위를 차지하고 있던 자연법이론을 배제하고 조약이나 관습과 같은 실증적인 국제실행을 국제법의 원천으로 보고 있는 이론이다(Henkin).

이와 같은 법원이론을 연구할 때는 국제사법재판소규정 제38조를 항상 염두에 두어야 할 것이다. 왜냐하면 동 규정은 국제법의 법원 자체를 직접적으로 규정한 것은 아니지만 동 규정이 국제법의 법원에 관한 연구의 기초가 되기 때문이다.

동 규정은 조약과 관습만을 인정하는 실정법학파와 자연법만을 중시하는 자연법학파의 태도를 절충하여, 조약과 관습뿐만 아니라 법의 일반원칙도 포함하는 절충주의적 입장을 취한 것이라 볼 수 있다. 제2장의 내용은 전반적으로 출제빈도가 높은 부분이므로 전체적으로 잘 숙지하고 있어야 한다.

제1절 개 설

Ⅰ. 법원의 의의 및 종류

1. 국제법의 법원의 의의

1) 국제법의 법원(法源)이란 국제법의 타당근거라는 뜻으로 이해되기도 하나 일반적으로는 국제법의 존재형식 또는 인식자료라는 의미로 이해되고 있다.

2) 법원은 형식적 법원과 실질적 법원으로 구분되는데, 형식적 법원이란 법의 제정절차 내지 방식을, 그리고 실질적 법원이란 법을 발견할 수 있는 자료 내지 증거를 의미한다(순). 그러나 국제법에는 국내법과 같은 헌법적 입법기제(基劑)가 존재하지 않으므로 형식적 법원은 의미가 없고 다양한 실질적 법원만이 문제가 된다(Brownlie).

2. 법원의 종류

1) 일반적으로 국제법의 대표적인 법원은 조약과 국제관습법이며 그 외의 여러 종류의 법원들이 논의되고 있으나 아직 법원의 지위에 이르지는 못하였다. 국제법의

법원의 종류를 살피기 위해서는 우선 국제사법재판소(ICJ)규정 제38조를 검토하여야 한다. 왜냐하면 동 규정은 ICJ 의 재판준칙을 규정하고 있는 것에 불과하지만 실제로는 국제법의 법원에 대한 연구의 출발점으로 간주되고 있기 때문이다(순).

참고 국제사법재판소(ICJ)규정 제38조

1항: 재판소는 본 재판소에 회부된 분쟁을 국제법에 따라 재판하는 것을 임무로 하며, 다음을 적용한다.

a) 분쟁국에 의하여 명백히 인정된 규칙을 확립하고 있는 일반 또는 특별 국제조약
b) 법으로 수락된 일반관행의 증거로서의 국제관습
c) 문명국에 의하여 인정된 법의 일반원칙
d) 법칙결정의 보조수단으로서의 판례 및 각국의 가장 우수한 국제법학자들의 학설. 다만, 제59조의 규정에 따를 것을 조건으로 한다.

2항: 이 규정은 당사자가 합의하는 경우에 재판소가 형평과 선에 따라(ex aequo et bono) 재판하는 권한을 해하지 아니한다.

2) 동 규정은 조약, 국제관습 및 법의 일반원칙을 ICJ 의 재판준칙으로 열거하고 있다. 이러한 태도는 국제법 창조자로서의 '국가'의 의사를 존중하면서도, 한편 '인류 일반의 법적 경험이나 관행'도 무시하지 않는 그로티우스학파(Grotian School)나, 또는 절충학파(Eclectic School)의 입장을 채택하고 있는 것이라 볼 수 있다(김, 성).

3) 그러나 여기에서 유의할 점은 상기 ICJ 규정 제38조 1항은 ICJ 의 재판준칙에 불과하므로 동 규정에 열거된 요소가 당연히 법원성을 갖는 것은 아니라는 점이다. 실제로 법의 일반원칙에 대해서는 그 법원성 여부에 대하여 학설이 대립하고 있다.

4) 이 외에 법원성이 인정되지 않고 다만 재판준칙으로서 열거되어 있는 '판례와 학설'이 있다.

5) 그런데 최근에는 위 ICJ 규정상의 재판준칙은 1921년의 상설국제사법재판소(PCIJ)의 규약을 그대로 답습한 것이므로 현대국제사회의 발전내용을 제대로 반영하고 있지 못하다는 비판이 유력하다(유). 이들은 특히 국제기구나 지역공동체(EU)의 결의, 규칙, 결정 등은 경우에 따라 조약이나 관습법보다 더 중요한 법원이 되는 경우가 있다고 주장한다.

6) 제38조 2항에 언급된 형평과 선은 법원이 아니다. 이는 오로지 당사자들이 합의하는 경우에 조약과 관습 등의 법원을 대신하여 재판소가 적용할 수 있는 원칙에 불과하다.

Ⅱ. 법원 상호간의 효력관계

1. 원 칙

조약과 국제관습법은 원칙적으로 동등한 지위에 있다. 조약이 성문법이라서 우선 적용된다거나 또는 강한 효력을 보유한 것으로 착각하기 쉬우나 그렇지 않다. 조약과 국제관습법은 원칙적으로 효력의 차이가 없다. 따라서 이들 상호간의 우열은 특별법우선의 원칙, 후법우선의 원칙에 따라 결정된다. 다만, 조약이든 국제관습법이든 그것이 강행규범(jus cogens)을 담고 있는 경우에는 절대적 우위가 인정된다(제2절 'V. 조약의 무효' 참조).

2. 후법우선의 원칙이 타당한 경우

일반적으로 당사자가 동일하며 대상분야가 동일한 경우에는 후법우선의 원칙이 적용된다.

3. 특별법우선의 원칙이 적용되는 경우

1) 비엔나 조약법협약은 특별법우선원칙(principle of lex specialis)에 대해서 언급하지 않고 있다. 서로 다른 조약 사이에 혹은 조약과 관습법 사이에 특별법우선원칙이 적용될 수 있는가, 혹은 특별법우선원칙을 관습법 내지 법의 일반원칙으로 볼 수 있는가에 대해서는 논란의 여지가 많다(순).

2) 그러나 유엔헌장 제103조는 다른 어떤 조약보다도 유엔헌장이 우선한다는 것을 명시하고 있어 특별법우선원칙이 항상 지켜지는 것은 아니다.

참고　조약과 관습

국제법 학습에서 조약과 관습의 관계를 제대로 이해하는 것이야말로 가장 기본적인 것이다(용어의 사용면에서 국제법에서는 '관습'과 '관습법'을 구별하지 않고 사용한다는 점에 유의하여야 한다). 전술한 조약과 관습과의 효력의 우열관계에 대한 논의는 양자가 서로 양립하지 않을 경우에 적용되는 것이며 양자간 관계에 대한 논의 중 일부에 지나지 않는다. 첫째 그 생성과정을 보면 다수의 다자조약의 내용이 이후 국제관습이 되는 경우가 있는가 하면 국제관습의 내용을 국제조약으로 구체화시키는 경우도 적지 않아 양자는 그 생성과정에서부터 밀접한 관련을 맺고 있다. 둘째 그 적용과정에서도 양자는 보완적인 경우가 적지 않다. 특히 현대국제사회는 조약의 홍수 속에 살고 있다고 해도 과언이 아니어서 상당수의 국제문제에 대하여 이를 규율하는 해당조약이 존재하는 경우가 적지 않다. 그런데 해당 문제를 규율하는 조약과 관습이 모두 존재하고 있을 때 조약이 그 당사자나 규율방식에 있어서 관습의 특별법의 지위에 있는 것으로 간주되는 경우가 많다.

제2절 조 약

Ⅰ. 조약의 개념

1. 조약의 정의

1) 조약이란 명칭 여하를 불문하고 국제법 주체들이 법적 구속력을 적용받도록 문서로 작성된, 국제법의 규율을 받는 국제적 합의이다.

■ 1969년 조약법협약은 국가 간의 문서로 된 합의만을 조약으로서 다루고 있으나 그렇다고 해서 국제기구가 체결한 조약의 효력이나 문서화되지 않은 국가 간 구두합의의 효력이 부인되지는 않는다.
■ 1986년 비엔나 조약법협약은 국제기구와 국가, 또는 국제기구 상호간 체결하는 조약에 대해 적용된다.
■ PCIJ의 동부그린란드 사건 (1933, 덴마크 v. 노르웨이)에서는 국가 고위 관료간 구두합의도 국가를 구속한다고 확인하였다.
■ 조약은 법적 구속력을 갖는다는 점에서 전혀 그러한 구속력이 결여된 소위 "신사협정(Gentlemen's Agreement)"과 구별된다.

참고 조약과 신사협정(순)

조약과 신사협정은 체결주체의 국제법적 체결능력이 아니라 법적 구속력 부여의 의도에 의해 구별된다. 신사협정은 법적 구속력이 없는 정치적·도덕적 합의를 가리킨다. 1992년 남북기본합의서는 북한의 지위와 상관없이 '조약으로서의 의도'가 없으므로 조약이 아닌 신사협정으로 볼 수 있다. 1975년 헬싱키 최종의정서는 UN에 등록될 자격이 없음을 명시하였다. 어떤 합의문서가 그 문서의 해석에 대한 분쟁을 ICJ 강제관할권으로 해결하도록 규정하고 있다면 이는 조약으로 볼 수 있을 것이다. ICJ는 '조약' 해석의 기능을 수행하기 때문이다(카타르와 바레인 간 해양경계 및 영토문제 사건. ICJ, 1994).

2) 조약법협약은 명칭 여하를 불문한다고 명시하고 있으나 가장 일반적인 용어로 '조약'(treaty)을 사용하고 있다. 협약(convention)은 대체로 입법조약의 성격을 띤 다자조약을 의미하며, 협정(agreement)은 대체로 약식조약이나 덜 중요한 조약의 명칭으로 쓰이는 경우가 많다.

■ 조약은 그 명칭이 조약이든 협약, 헌장, 협정, 선언이든 간에 효력과는 무관하다.

3) 또한 Concordat는 종교문제에 관하여 교황청이 다른 나라와 체결하는 조약을 나타내는 고유한 용어이다.

4) 국제법 주체 중에는 국가가 가장 대표적인 것이지만, 국제기구가 체결한 조약

도 현대사회에는 증가하고 있다.

5) 1969년 및 1986년 Vienna 협약은 '문서'로 체결한 조약만을 그 적용대상으로 하고 있다.

참고 비엔나협약이 다루지 않는 사항

1969년 비엔나협약은 발효일인 1980년 1월 27일 이후에 체결된 조약에만 적용되며, 조약법의 기본법인 것은 사실이지만 아직 법전화되지 않은 측면이 있다. 예컨대, (i) 전쟁의 조약에 대한 효과, (ii) 구두합의의 법적 구속력 등이 그것이다. 이렇게 비엔나협약이 규율하지 않은 부분에 대해서는 관습법이 계속하여 규율한다. 따라서, 구두합의는 조약법협약상의 조약은 아니나 1933년 PCIJ의 '동부그린란드 사건' 판례 등에 의하여 그 법적 구속력이 인정되어 왔다.

2. 분　류

(1) 당사자의 수에 의한 분류

㈎ 보편조약(universal treaty): 모든 국제법 주체를 당사자로 한 조약이며 모두 입법조약이다. 보편국제법은 아직 조약의 형태로는 존재하지 않는다.

㈏ 일반조약(general treaty): 다자조약(multilateral treaty)이라고도 하며 대부분의 국제법 주체를 당사자로 하는 조약이다. 예를 들면 국제연합헌장, 1949년 Geneva 협약 등이다.

㈐ 특별(특수)조약(special treaty): 두 당사자 간에 체결되는 경우와 특정 소수 당사자 간에 체결되는 경우가 있는데, 전자를 특히 양자조약(bilateral treaty)이라 부른다.

(2) 성질에 의한 분류

㈎ 입법조약(law-making treaty): 당사자의 이해관계가 동일방향을 지향하고 있는 성질의 조약이다. 예컨대, 국제연합헌장, 1928년 부전조약 등은 이에 속한다.

㈏ 계약조약(contractual treaty): 당사자의 이해관계가 역방향의 성질을 가진 조약이다. 예를 들어 영토할양조약, 강화조약 등은 계약조약이다.

참고 입법조약

트리펠(Triepel)은 조약을 입법조약과 계약조약으로 구별하면서 오직 입법조약만이 국제법의 법원이라고 주장하였다. 그러나 오늘날 국제법에서는 입법조약이든 계약조약이든 상관없이 모두 국제법의 법원이라고 보는 것이 일반적이다. 또한 다자조약은 대부분 입법조약이고 양자조약은 대부분 계약조약이지만, 다자조약이 계약조약의 성격을 가질 수도 있고 반대로 양자조약이 입법조약의 성격을 가질 수도 있으므로 '다자조약은 입법조약이다'라든가 '양자조약은 계약조약이다'라는 말은 모두 옳지 못하다.

참고 입법부적 조약의 원용사례(순)

입법적 조약 개념이 인정된다면 국가의 주권평등 원칙이 침해당한다고 볼 수 있으나 일부 조약은 사실상 입법부적 조약이라는 주장이 제기되고 있는데 그 근거로 인용되는 사례들은 다음과 같다.

(a) Aaland Islands 사건

국제연맹이사회가 구성한 임시 국제법률가 위원회는 Aalands 제도의 비무장화를 규정한 1856년 협약이 그 당사자 여부를 불문하고 누구든지 준수해야 한다고 주장하였다.

(b) UN 근무중 입은 손해배상에 대한 ICJ의 권고적 의견 (일명 베르나돗테 사건)

ICJ는 UN헌장의 객관적 국제법인격이 비회원국에 의해서도 인정되어야 한다고 선언하였다.

(c) Hans Kelsen은 UN헌장 제2조 6항(비회원국들의 유엔헌장 원칙 준수 보장)이 비회원국들에게도 의무를 부과하는 조항이라고 주장하였다.

(d) 대다수의 국가가 형성시킨 강행규범을 포함하는 조약은 비당사국에도 적용된다는 주장이 있다.

이러한 일부 사례 혹은 주장에도 불구하고 입법적 조약은 현재 일반적으로 받아들일 수 없다고 본다(순).

(3) 개방성 유무에 의한 분류

㈎ 개방조약: 조약의 원가입당사자 이외의 제3당사자의 가입이 허용되는 조약을 말한다.

㈏ 폐쇄조약: 조약의 원체약당사자 이외의 제3당사자의 가입이 허용되지 않는 조약이다.

(4) 국내적 직접적용성에 따른 분류

㈎ 자기집행조약(self-executing treaty): 재판소나 행정기관에 의하여 국내적으로 적용되기 위하여 특별한 입법을 필요로 하지 않는 조약을 말한다.

㈏ 비자기집행조약(non-self-executing treaty): 국내적용을 위하여 별도의 입법조치가 있어야 하는 조약을 말한다.

(5) 이행의 계속성 여부에 의한 분류

조약은 그 내용의 이행이 일시적인가 계속적인가에 따라 처분적 조약과 영속적 조약으로 나뉜다(김). 처분적 조약이란 한 번의 이행으로 그 목적이 달성되는 조약으로 국경획정조약을 예로 들 수 있다. 반면에 영속적 조약이란 계속적 이행을 요하는 조약으로 통상조약, 동맹조약 등을 들 수 있다(제3장의 조약승계 참조).

(6) 조약체결절차에 따른 분류

정식조약과 약식조약으로 나뉘는데, 전자는 모든 절차를 다 거치는 것이고, 후자는 조약문의 인증과 조약의 구속을 받겠다는 동의표시라는 두 개의 절차를 '서명'이라는 하나의 절차만으로 체결하는 간단한 형식의 조약이다. 약식조약의 예는 휴전협정이나 미국의 행정협정 등을 들 수 있다.

3. 조약법의 법원(法源)

1) 조약법협약은 상당수가 오랫동안 관습법으로 적용되어 온 것을 성문화한 것이다.
2) 1969년 조약법에 관한 Vienna 협약은 조약법의 가장 중요한 법원이다.

■ 다음에 기술하는 'Ⅱ. 일반적인 조약체결절차' 이하 조약법 설명의 대부분의 내용은 동 협약의 내용을 기초로 한 것이다.

3) 1986년 Vienna 협약은 국제기구가 참여한 조약에 관하여 규율하는 조약법이다. 동 협약은 적용대상이 국제기구라는 점을 제외하고는 1969년 조약법에 관한 Vienna 협약과 그 내용이 거의 동일하다.

이하에서는 1969년 및 1986년 조약법에 관한 Vienna 협약을 '협약' 또는 '조약법 협약'이라고 부르기로 한다.

참고 **1969년 조약법에 관한 비엔나협약의 적용범위**(Sir Ian Sinclair, the Vienna Convention on the Law of Treaties(1984))

1) 동 협약은 국가 간에 체결된 조약에만 적용된다(국가와 국제기구, 또는 국제기구 사이에 체결된 조약은 상기 1986년 비엔나 협약이 적용된다).
2) 동 협약은 국가 간에 문서로 체결되고 국제법에 의하여 규율되는 조약에만 적용된다.
3) 동 협약은 조약의 승계, 국가책임 및 적대행위 발생이 조약에 미치는 효과와 관련된 문제에 대하여는 규율하지 않고 있다.
4) 동 협약은 소급 적용되지 않는다(즉, 동 협약발효 후에 체결된 조약에 대해서만 적용된다).
5) 동 협약의 많은 조문들은 대상조약이 달리 규정하고 있지 않은 경우 또는 당사자 간에 달리 합의하지 않은 경우 또는 다른 의도가 입증되지 않는 경우에 적용된다는 잔여규칙(residual)의 형식으로 표현되어 있다(즉 체약당사자들의 자율성을 존중하는 사상이 반영되어 있다고 볼 수 있다).

■ 주의할 것은 예컨대 미국은 동 협약에 가입하지 않고 있으나 동 협약의 상당수의 조약이 국제관습을 반영하고 있어 미가입국에 대해서도 동 협약이 적용되는 경우가 적지 않다는 점이다. 또한 동 협약의 전문에도 밝히고 있지만 동 협약에 의하여 규율되지 않는 문제에 대해서는 여전히 국제관습법이 적용된다.

Ⅱ. 일반적인 조약체결절차

1. 개 관

조약의 일반적 체결절차는 (i) 조약본문의 채택과 인증, (ii) 조약의 구속을 받겠다는 동의 및 이 결정의 국제적 통보, (iii) 조약의 효력발생, (iv) 조약의 등록 및 공고의 4단계로 나누어 볼 수 있다.

2. 조약본문의 채택과 인증

(1) 조약문의 교섭 및 채택

㈎ 조약문안은 관계자들이 교섭하여 문안을 구성하고 채택함으로써 마련된다.

㈏ 조약문(text of a treaty)은 제목(title), 전문(preamble), 본문(main parts)으로 구성되어 있다.

㈐ 조약문의 언어는 양자조약의 경우에는 양국의 언어를 사용하면 되나 유엔에서 체결되는 조약은 원칙적으로 영어, 불어, 러시아어, 중국어, 스페인어, 아랍어의 6개 국어로 되어 있다.

㈑ 조약본문은 그 작성에 참가한 모든 국가의 동의에 의해 채택된다. 그러나 국제회의에서는 다른 특별한 규정이 없는 경우에 참석, 투표하는 국가 및 국제기구의 3분의 2 다수결에 의하여 채택한다.

참고 전권위임장

국가를 대표하여 조약을 체결할 권한은 각 국가 국내법에 따라 결정될 문제이나 대체로 국가원수나 정부수반이 그러한 권한을 갖고 있다. 그러나 조약체결권자는 그러한 권한을 전권대표(plenipotentiary)에게 위임할 수 있다. 전권대표는 자국 국가원수 또는 외교장관으로부터 전권위임장(full powers)을 받아 이를 회의장 또는 교섭장소에서 제시함으로써 조약본문의 교섭, 채택, 인증, 또는 구속받겠다는 동의표시를 할 수 있는 국가의 대표로 간주된다. 국가원수, 정부수반, 외교장관은 전권위임장이 없더라도 조약체결과 관련된 모든 행위에 있어서 당연히 자국을 대표하는 것으로 간주되며, 외교공관장(대사)은 전권위임장이 없더라도 파견국과 접수국간 조약본문을 '채택'하는 데 있어서 국가의 대표로 간주된다. 국제기구에 파견된 대사 역시 전권위임장이 없어도 그 국제기구에서 만드는 조약본문을 채택하는 데 있어서 국가의 대표로 인정된다(순).

(2) 조약문의 인증(authentication of the text)

㈎ 조약본문을 채택하고 그 조약문을 진정하고 최종적인 것으로 확정짓는 절차다.

㈏ 조약문의 인증은 보통 조약체결권자의 전권위임을 받은 대표가 하는 것이 보통이다.

㈐ 조약문의 인증은 보통 전권위원의 '서명'에 의하는데, 때로는 정부의 승인을 조건으로 하는 서명(조건부 서명: signature ad referendum), 또는 차후에 정식서명을 필요로 하는 가서명(initialing)에 의하기도 한다.

가서명은 양국 간 합의에 의해 조약문안이 일응 성립하였음을 실무적으로 확인하기 위한 것으로서 우리나라의 경우 일반적으로 조약문안 타결 이후 법제처 심사 등 국내법적 절차를 진행하기 위해 가서명을 실시한다.

㈑ 국제회의에서는 조약원문을 담고 있는 최종의정서(Final Act)에 서명한다.

참고 총의제도

총의제도(consensus rule)는 1960년대 외기권우주의 평화적 이용위원회(COPUOS)에서 발전되어 온 의결방법으로 참석국가가 많고 이해관계가 복잡하여 다수결 결정이 어렵거나 소수자의 협력이 필요한 경우 일정한 타협을 통해 투표(의결)에 부치지 않고 의장이 선언을 한 후 이의가 없으면 그대로 결정된 것으로 하는 방법이다(유).

3. 조약의 구속을 받겠다는 동의(consent to be bound by the treaty)

(1) 의 의

교섭국이 조약내용에 관한 합의의 성립을 최종적으로 확인하는 행위를 말한다(이, 이).

(2) 동의표시방법

(i) 정식조약은 조약문의 채택 및 인증을 위한 서명과는 별도로 구속을 받겠다는 동의를 표시하는 두 단계의 절차를 요하는 조약이며, 약식조약은 이들 절차를 하나의 서명으로 동시에 행하는 간단한 절차의 조약이다.

(ii) 따라서 약식조약은 동의표시방법이 '서명'(혹은 조인(調印)이라고도 함)(signature)이며, 반면에 정식조약은 비준, 조약의 의미를 갖는 문서의 교환, 수락, 승인, 가입 등 다양한 방법이 체약 당사국의 선택에 의하여 활용된다. 물론 이러한 선택에 결정적 변수로 작용하는 것은 체약 당사국의 국내법이 어떠한 방식을 요구하는지 여부이다. 가령 우리나라의 경우 정식조약에 요구되는 동의표시방식은 헌법 제60조 1항에 따라 국회의 비준동의를 획득한 후 대통령이 실시하는 비준만이 유일하다.

참고 정식확인행위

1986년 Vienna협약은 국제기구가 국제적 차원에서 조약의 구속을 받겠다는 동의를 표시하는 방법으로 정식확인행위를 규정하고 있는데, 이는 국가의 비준에 해당되는 국제적 행위이다.

㈎ 비준(ratification): (i) 전권위원이 서명한 조약을 교섭국의 조약체결권자(우리나라의 경우 대통령)가 재검토하고 조약내용에 관한 합의를 최종적으로 확인하는 행위로서 정식조약의 구속을 받겠다는 동의표시방법 중 대표적인 것이다. (ii) 비준은 조약문을 인증하는 서명과는 별도의 법률행위이다. 일반적으로, 비준을 마친 후 비준문서를 당사자간에 교환하거나(양자조약) 특정 기탁자에게 비준문서를 기탁하는 절차(다자조약)를 거친다. (iii) 서명을 했다고 해서 반드시 비준을 해야 할 법적 의무가 있는 것은 아니다. 비준을 하느냐, 마느냐는 국가가 최종적으로 결정할 사항이다. (iv) 비준이 현대 국제사회에서 불필요한 제도라는 주장도 있으나, 의회가 비준 동의라는 형태로 조약 형성과정에 참여할 수 있으므로 민주주의 원칙에 기여하는 측면이 있다. (v) 조건부 비준 또는

부분적 비준은 비준의 거절 또는 새로운 조약내용의 제안이 될 것이다.

㈏ 조약의 의미를 갖는 문서의 교환(exchange of instruments constituting a treaty): 교섭국이 조약내용에 관한 합의의 성립을 최종적으로 확인하는 행위의 한 방법으로 이는 최근 대두한 국제관행이 성문화된 제도이다(이, 이).

㈐ 수락(acceptance), 승인(approval): 수락과 승인은 제2차대전 후에 도입된 새로운 절차로서 국제관행상 확립된 제도이다. 이 절차는 국제법상으로는 비준과 아무런 법적 차이가 없으나 해당국 국내법상으로는 입법기관의 동의가 면제되는 등 차이가 있을 수 있다.

㈑ 가입(accession): 개방조약에서 이미 조약문이 인증되어 있는 경우 제3자가 인증절차를 별도로 하지 않고 그 조약의 절차조항에 따라 구속을 받겠다는 동의를 표시하고 그 조약의 당사자가 되는 일방행위를 말한다(유).

(3) 동의표시기관

동의표시기관의 문제는 국내헌법 내지 국제기구 내부에서 그 조약체결권을 어느 기관이 갖느냐의 문제이다. (i) 대통령제 국가인 미국은 대통령이 조약체결권을 가지나 상원의 "조언과 동의(advice and consent)"(출석의원의 3분의 2 이상)를 받아야 한다. 이러한 연유로 미국에서는 국회 동의가 불필요한 약식조약의 개념이 발달하였다. (ii) 중요한 것은 우리나라 헌법인데 제73조는 대통령의 조약 체결·비준권을 인정하고 있다. 다만 헌법 제60조에 따라 상호원조 또는 안전보장에 관한 조약, 중요한 국제조직에 관한 조약, 우호통상항해조약, 주권의 제약에 관한 조약, 강화조약, 국가나 국민에게 중대한 재정적 부담을 지우는 조약 또는 입법사항에 관한 조약의 체결·비준에 대해서는 국회의 동의를 받아야 한다.

판례 **카타르와 바레인 간 해양경계획정 및 영토문제 사건(ICJ, 2001년)**

ICJ는 이 사건에서 서명되었으나 비준되지 않은 조약도 서명 당시에 당사자들의 이해에 대한 정확한 표현(accurate expression of the understanding of the parties at the time of signature)을 보여줄 수 있다고 언급하였다. 즉, 비준을 요하는 조약이 아직 비준에 이르지 못했다고 하여 법적 중요성이 전혀 없다고 할 수는 없을 것이다(순).

4. 조약의 효력발생시기

1) 특별한 규정이 없는 한 조약의 효력발생시기는 비준서의 교환(exchange) 또는 모든 협상국의 비준서 기탁(deposit) 일자라고 볼 수 있다.

2) 조약의 구속을 받겠다는 동의표시는 보통 비준서의 교환 또는 기탁에 의하여 행하므로 조약은 보통 조약의 구속을 받겠다는 동의표시 후에 효력이 발생하는 것이 원칙이다.

3) 조약의 효력발생시기는 보통 종결조항(final clauses)에 규정되어 있는데, 종결

조항은 성질상 조약문의 채택과 동시에 효력이 발생한다.

4) 약식조약은 일반적으로 서명을 한 후에 발생하며, 각서가 교환된 경우에는 그 때에 효력이 발생한다.

5) 조약에 서명했거나 구속받기로 동의한 국가는 조약발효 이전에도 그 조약의 대상과 목적을 훼손하는 행위를 삼가야 한다(조약법협약 제18조).

5. 조약의 등록 및 공고

1) 등록제도는 제1차대전 전에 전개된 비밀외교를 지양할 목적으로 미국의 Wilson 대통령이 '평화 14원칙'에서 공개외교를 주장한 것이 채택된 것이다.

2) 국제연맹규약은 제18조에 등록의무를 규정하고 등록하지 않은 조약은 강제력을 부인하는 규정을 두었으나(즉 등록이 효력요건이었다), 국제관행은 그 효력을 부인하지는 못하고 PCIJ 에 대하여 주장할 수 없는 정도에 그쳤다.

3) 유엔헌장은 제102조에 국제연맹시대의 관행을 성문화하였다. 즉, 등록의무는 부과하되 강제력을 부인하는 대신 유엔기관에 대하여 원용할 수 없다는 규정을 두었다.

4) 등록의무는 유엔회원국에만 적용되고 비회원국은 등록할 수 있으나 이는 의무적인 것은 아니다(기).

5) 그러나 등록은 조약의 효력발생요건이 아니다. 1945년 10월 24일 이전에 체결된 조약은 등록하지 아니해도 국제연합의 기관에 대해 원용할 수 있다(기).

Ⅲ. 조약적용 대상국의 확장노력: 유보

오늘날 국제사회는 다양한 다자조약을 통해 국제법을 확대 발전시키고 있다. 따라서 다자조약에 가능한 한 많은 국가들이 참여하는 것이 바람직하다. 서로 다른 정치적·사회적·역사적 배경을 가진 많은 국가들이 유연하게 다자조약에 참여할 수 있도록 촉진하는 제도에는 '개방조약'제도와 '유보'제도 두 가지가 있다. 개방조약제도는 다시 지연서명과 가입으로 나뉠 수 있다. 특히, 조약의 유보는 출제빈도가 매우 높으므로 상세하게 파악해 둘 필요가 있다.

(1) 개방조약

㈎ 지연서명: 지연서명(deferred signature)이란 개방조약에서 당초 교섭에는 참가하였으나 서명을 하지 않은 국제법 주체에 대하여 조약문이 확정된 후 일정기간에 서명을 하면 원래 서명일자에 서명한 것으로 소급효과를 인정하는 제도이다(유). 가입과 다른 점은 지연서명은 서명에 불과하며 구속을 받겠다는 동의표시는 아니라는 점이다.

㈏ 가입(본장 제2절 조약의 구속동의 표시방법 부분 참고)

(2) 조약의 유보(reservation)

(가) 의 의: 표현, 명칭 여하를 불문하고 조약의 서명, 비준, 수락, 승인, 가입시에 국가가 자국에 대하여 조약의 일부조항의 효력을 "배제 또는 변경"하기 위하여 행하는 문서에 의한 "일방적"선언을 말한다. 기본적으로 유보는 다자조약에 친한 제도이다.

■ 유보와 관련된 모든 행위는 별도의 합의가 없는 한 문서로(in writing) 진행되어야 한다.

참고 해석선언

해석선언(interpretative declaration)은 원래 조약의 특정규정이나 관련사항의 적용에 대해 자국의 입장을 명확히 선언하는 것으로서 조약의 일부조항의 효력을 배제 또는 변경하기 위한 것이 아니므로 유보와 구별된다(예를 들어, UN해양법협약은 유보를 금지하는 대신 해석선언을 인정하는 규정을 두고 있다). 실제로 국가들은 유보를 의도하면서도 해석선언이라고 표현하는 경우도 있어 둘을 구별하기가 용이하지 않다는 문제가 있다. Belilos v. 스위스 사건(1988년)에서 유럽인권재판소는 스위스가 유럽인권협약에 대해 행한 해석선언이 (동 협약에서 허용되지 않는) 유보에 해당한다고 판시한 바 있다(순).

(나) 연혁 및 취지: 유보의 관행은 19세기 후반에 시작되었으며, 오늘날 다자조약의 발달과 국제관계의 복잡성에 수반하여 널리 행해졌다. 유보제도는 법공동체를 확장하기 위한 것인데, 당해 조약의 통일성을 저해하는 부정적인 측면도 있다.

(다) 유보의 분류: (i) 조항의 유보(협의의 유보)는 특정조항의 적용을 배제하는 것이다. (ii) 적용영역의 유보는 일정한 영역에 그 적용이 배제되는 것이다. (iii) 시간적 유보는 적용시기에 제한을 두는 것이다.

(라) 유보와 양자조약: 유보제도는 양자조약에는 친하지 않은 제도이다. 1977년 미국과 파나마간에 서명된 파나마운하조약은 미국 상원이 붙인 유보를 파나마정부가 수락함으로써 양자조약에도 유보가 붙은 예외적인 사례가 되었으나 원칙적으로 유보제도는 다자조약의 범위확대를 위한 제도로 보아야 하며, 양자조약에서 유보를 붙이는 것은 사실상 새로운 조약내용의 제안으로 보아야 할 것이다.

(마) 유보의 제한

a) 유보는 조약체결에 탄력성을 부여하여 조약의 적용범위를 확대시켜주는 긍정적인 측면도 있지만 조약내용의 통일성을 저해하고 조약의 진정한 목적달성을 저해하는 위험성도 내포하고 있는 제도이다. 따라서 20세기 초반부터 국제사회는 유보제도를 어떻게 적용할 것인가를 두고 많은 논란을 거듭해왔다.

(ㄱ) 채택된 조약의 완전성을 중시하는 견해: 이 견해에 따르면 다른 모든 당사국의 묵시적 또는 명시적 동의가 있어야 비로소 유보가 인정되고 유보선언국이 그 조약의 당사국으로 인정받을 수 있다. 즉, 하나 또는 그 이상의 국가가 그 유보를 반대하면

유보선언국은 그 조약의 당사자가 될 수 없다는 것이다.

(ㄴ) 조약의 보편적 적용을 중시하는 견해: 이 견해는 조약이 최대한 보편성을 가지고 널리 적용되어야 하기 때문에 어느 국가가 선언한 유보에 대해 일부국가들의 반대가 있더라도 유보선언국은 반대하지 않은 국가와의 관계에서 그 조약의 당사국으로 인정될 수 있다고 본다. 반면, 반대한 국가는 유보선언국을 그 조약의 당사자로 간주하지 않을 수 있다.

이와 관련하여 ICJ 는 1951년 제노사이드협약의 유보에 관한 권고적 의견에서 '양립성의 원칙'을 적용하여 조약의 보편적 적용을 중시하는 입장을 채택하였다.

판례 제노사이드협약의 유보사건(Reservation to the Convention on Genocide, 1951년)

〈사건개요〉 1948년 집단살해(genocide)의 방지 및 처벌에 관한 협약의 제9조(ICJ의 강제관할권) 및 제12조(협약의 비자치영토에의 적용)에 대하여 일부 당사국이 붙인 유보에 대해 타 당사국의 일부는 이를 수락하고 다른 일부는 이에 이의를 제기하자 유엔총회가 이에 관한 ICJ의 권고적 의견을 요청하였다. 여기서 ICJ는 유명한 '양립성의 원칙'을 도입하였다.

〈판례요지〉 ICJ는 유보와 유보에 대한 반대가 어떤 제한 안에서 이루어질 수 있는지를 검토하였다. 구체적으로 (i) 일부 당사국들이 유보에 반대하는 경우 유보선언국은 여전히 그 유보를 유지한 상태로 그 협약의 당사국으로 간주될 수 있는가? (ii) 간주될 수 있다면 유보국과 유보반대국 사이에서 유보의 효과, 그리고 유보국과 유보수락국 사이에서 유보의 효과는 각각 무엇인가?에 대한 의견을 제시하였다. 첫 번째 질문에 대하여 ICJ는 제노사이드협약이 그 특성상 각 국가의 개별적 이익이 아닌 인도주의적 공통이익을 추구하는 것이므로 동 협약의 대상과 목적에 양립하는 유보는 허용되어야 한다고 보았다. 즉, 일부 국가가 반대하더라도 '협약의 대상과 목적에 양립하는 유보'라면 그 유보국은 당사국으로 간주될 수 있는 것이다. 두 번째 질문에 대하여 ICJ는 유보반대국은 유보국을 협약의 당사국이 아닌 것으로 간주할 수 있으며 유보수락국은 유보국을 협약의 당사국으로 간주할 수 있다고 답변하였다.

b) 조약법협약상의 유보의 제한: 1969년 조약법협약은 제노사이드협약의 유보에 관한 ICJ 의 권고적 의견을 반영하여, 유보의 일반적인 자유를 인정하면서도 다음과 같은 세 가지의 예외(유보를 할 수 없는 경우)를 두고 있다.

(ㄱ) 조약규정에 의해 아예 유보가 조약에 의해 금지된 경우에는 유보를 할 수 없다(협약 제19조 (a)항).

(ㄴ) 조약규정에 의해 일정한 유보만을 허용하는데 문제의 유보가 거기에 해당하지 않는 경우에 유보를 할 수 없다(협약 제19조 (b)항).

(ㄷ) 조약의 대상 및 목적과의 양립성(compatibility with the object and purpose): 조약에 유보를 제한하는 규정이 없더라도 문제의 유보가 조약의 대상 및 목적과 양립하지 않으면 유보를 할 수 없다(협약 제19조 (c)항).

■ 이 외에도, 강행규범에 해당하는 내용은 유보할 수 없다. 조약법협약에는 이런 규정이 없으나 강행규범 자체의 성질에 기인한 것이라 볼 수 있다.

■ 국가가 허용되지 않는 유보를 행하는 경우, 그 국가를 아예 조약의 당사자로 인정하지 말아야 하는지, 아니면 그 유보만을 부인한 채 조약의 당사자가 된 것으로 보아야 하는지에 대해서는 여전히 논란이 있다(순).

(바) 유보의 효과

a) 제한적 효력: 유보는 그 내용에 따라 조약의 효력을 제한한다.

b) 상대적 효력: 일반적으로 유보는 유보국과 유보에 동의한 타방 당사국과의 사이에서만 효력을 가지며, 상호원용이 가능하다.

참고 유보의 상호원용

예를 들어, 어떤 다자조약을 체결함에 있어서 A국이 다른 국가에 대한 재정지원의무조항을 적용하지 않겠다는 유보를 선언했고 B국은 아무런 유보도 붙이지 않은 채 조약을 체결하면서 A국의 유보에 동의했다고 가정하자. A국은 유보에 따라 당연히 B국에 대해 재정지원을 해야 할 의무가 없다. 그런데 유보는 상호원용이 가능하므로 B국도 A국에 대해서는 재정지원을 하지 않아도 무방하다.

참고 조약법협약 제20조의 내용(유보의 수락과 반대)

1항: 조약이 명시적으로 허용한 유보에는 타 체약국의 수락이 필요 없다.

2항: 협상국의 숫자, 조약의 대상이나 목적에 비추어 조약의 완전성 유지가 필수적일 경우 모든 당사국이 수락해야 유보가 효력을 가진다.

3항: 국제기구 설립조약의 유보는 해당 기구의 권한 있는 기관의 수락이 필요하다.

4항: 위에 해당하지 않는 경우

(가) 유보를 수락한 국가는 유보국을 조약당사국으로 인정하게 된다.

(나) 유보반대국과 유보국 사이에서는, 반대국이 달리 분명한 의사표시를 하지 않는 한 그 국가들 사이에 조약 발효가 배제되는 것은 아니다.

(다) 유보선언을 포함하는 조약 비준(수락, 가입)행위는 최소 한 개의 체약국이 수락하는 즉시 효력을 가진다.

5항: 유보에 대해 타 당사국이 그 유보를 통보받은 후 12개월이 경과한 날과 그 타 당사국이 조약에 대한 동의를 표명한 날 중 늦게 도래하는 날짜까지 이의를 제기하지 않으면 유보를 수락한 것으로 본다.

■ 유보를 반대하더라도 그것이 반드시 유보국과 유보반대국 사이에 조약 자체가 발효하는 것을 방해하지는 않는다. 유보반대국이 자국과 유보국과 사이에서 조약 발효를 명시적으로 반대하지 않는 경우, 유보가 달린 해당 조약 규정이 두 국가 사이에서 "적용"되지 않을 뿐이다(순).

㈔ 유보에 관한 철회 및 통지(협약 제22조, 제23조)

a) 조약에서 달리 규정되지 않는 한 유보는 언제든지 철회될 수 있으며(철회에 대해서는 타국의 동의가 필요 없음), 유보반대도 언제든지 철회될 수 있다. 유보의 철회나 유보반대의 철회는 타방이 그 통지를 수령한 때에 그 타방에 대해 효력을 발생한다.

b) 유보, 유보의 명시적 수락, 그리고 유보에 대한 반대 등은 체약국들과 조약의 당사자가 될 자격이 있는 기타 국가들에게 (서면으로) 통지되어야 한다.

Ⅳ. 조약의 준수, 적용 및 해석

1. 조약의 준수

1) 모든 조약은 당사국을 구속하며 당사국은 이를 성실히 이행하여야 한다(조약법협약 제26조).

2) 어느 당사국도 조약의 불이행을 정당화하기 위하여 자국의 국내법의 규정을 원용할 수 없다(동 협약 제27조). 그러나 조약체결권에 관한 국내법규정의 위반이 명백하고 본질적으로 중요한 자국의 국내법규정에 관련되어 있는 경우에는 조약의 무효를 주장할 수 있다(동 협약 제46조).

2. 조약의 적용

(1) 시간적 범위(동 협약 제28조)

조약의 효력은 별도의 합의 또는 규정이 없는 한 원칙적으로 소급되지 않는다(불소급의 원칙). 1952년 ICJ 는 암바티엘로스사건에서도 조약불소급의 원칙을 확인하였다.

(2) 영토적 범위(동 협약 제29조)

조약의 효력은 별도의 합의 또는 규정이 없는 한 원칙적으로 각 당사국의 모든 영역에 적용된다.

(3) 동일사항에 대한 신·구조약의 적용(동 협약 제30조)

(i) 조약 자체에서 우선관계에 관한 명시적 규정을 두고 있으면 거기에 따르고, (ii) 신·구조약의 '당사자가 동일하다면 신법우선의 원칙'에 따라 구조약은 신조약과 양립하는 범위 내에서만 적용되며, (iii) 신·구조약의 당사자가 일부 다른 경우, 두 조약의 공동당사자 사이에서는 신조약이, 오로지 신조약만의 당사자 사이에서는 신조약이, 오로지 구조약만의 당사자 사이에서는 구조약이, 그리고 두 조약 모두의 당사자인 국가와 어느 한 조약만의 당사자인 국가 사이에서는 양쪽 모두의 당사자로 되어 있는 조약이 적용된다. 다만, 이상의 그 어떤 경우에도 유엔헌장 제103조를 능가할 수 없다.

(4) 특수문제 — 조약과 제3국

㈎ 원칙 — 조약의 상대성의 원칙(동 협약 제34조): 조약은 제3국에 대하여 그 동의 없이는 의무 또는 권리를 창설하지 아니한다. 다만 협약은 '국제관습법' 형성을 통하여

제3자를 구속하는 것을 배제하지는 않고 있다(동 협약 제38조).

참고 입법적 조약(legislative 또는 law-making treaties)

조약은 그것이 입법적(law-making) 조약으로 분류되든 계약적 조약으로 분류되든 관계없이 오로지 조약 당사자에 대해서만 구속력을 가진다. 조약법협약 제34조도 이러한 점을 확인한 것이다.

(나) 제3국에 의무를 설정하는 조약(동 협약 제35조): (i) 조약의 당사자들이 합의하고 제3자가 '서면으로 명시적'으로 수락을 하는 경우에 한하여 조약규정은 제3자에게 의무를 발생시킨다고 규정하고 있다. 즉, 제3국의 명시적 동의가 있어야 한다. (ii) 의무의 취소 또는 변경은 조약의 당사국과 제3국의 동의를 얻은 경우에만 할 수 있다.

(다) 제3국에 권리를 부여하는 조약(동 협약 제36조): (i) 조약의 당사자들이 제3국이나 모든 국가에 대하여 권리를 부여하는 것으로 합의하였고, 제3국이 이에 동의하면 제3국에 대하여 권리가 발생한다. 이 경우는 의무를 설정하는 것과는 달리 제3국의 동의가 추정된다. (ii) 의무의 취소 또는 변경과는 달리 제3자의 동의 없이 취소 또는 변경할 수 없는 것으로 합의된 경우에 한하여 당사자 마음대로 취소 또는 변경할 수 없는 것이기 때문에 원칙적으로 취소 또는 변경할 수 있다.

참고 운하의 자유항행에 관한 조약

수에즈 운하에 관한 콘스탄티노플 조약과 파나마 운하에 관한 헤이폰스포트 조약은 조약 비당사국의 선박에 대해서도 운하의 자유항행을 인정하고 있다. 그러나 대부분의 학자들은 이 경우 제3국(비당사국)이 일종의 반사적 이익을 가질 뿐이라고 해석하고 있다(이).

3. 조약의 해석

(1) 조약해석의 주체

(가) 당사자에 의한 해석: 1차적으로 조약 당사국이 각기 해석의 권한을 가지고 있음은 분명하다.

(나) 국제재판소에 의한 해석: ICJ 와 같은 국제재판소는 조약해석이 분쟁해결에 필요한 경우 조약을 해석하게 된다. 조약해석에 대한 분쟁이 생길 경우에 아예 ICJ 로 회부하는 규정을 그 조약에 둘 수도 있다.

(다) 국제조직에 의한 해석: 국제조직의 기본조약에서 그 국제조직의 기본조약의 해석권한을 국제조직의 기관에서 부여하는 경우가 있다. 예컨대, IMF 나 IBRD 의 경우 설립협정의 유권적 해석기관으로 이사회를 지정하고 있다.

(2) 조약해석의 원칙

㈎ 종래의 학설

a) 객관적 해석방법: 조약 당사국의 의사는 조약문에 반영되어 있다고 생각하여 그 용어의 통상적 의미내용에 따라 해석해야 한다는 입장이다.

b) 주관적 해석방법: 조약 당사자의 의사는 반드시 조약문에 충분히 반영되는 것이 아니라고 하여 그 교섭시의 제 사정도 고려하여 종합적으로 해석해야 한다는 입장이다.

c) 목적론적 해석방법: 객관적 해석의 약점을 시정하려고 하는 방법인데 조약의 취지·목적에 비추어 가장 적절하고 실효적인 해석을 선정해야 한다는 것이다. 이를 '실효성의 원칙'(principle of effectiveness)이라고도 하는데 조약 제정자들이 어떤 법규정을 제정할 때는 그것이 적용되도록 제정하였다는 가정 하에 조약을 해석해야 한다는 원칙이다(유). 다만 동 원칙은 보충적이다.

㈏ 조약법협약상의 조약해석의 기준

a) 일반원칙(동 협약 제31조)

참고 조약법협약 제31조: 해석의 일반원칙

1항: 조약은, 조약문의 문맥 속에서 조약의 용어에 부여되는 통상적 의미에 따라 그리고 조약의 대상과 목적에 비추어, 성실하게 해석되어야 한다(A treaty shall be interpreted in good faith in accordance with the ordinary meaning to be given to the terms of the treaty in their context and in the light of its object and purpose).

㈀ 문언주의(文言主義), 즉 객관적 해석방법을 원칙으로 하고 있으나 조약의 대상 및 목적에 비추어 실효성의 원칙의 범위 내에서 목적론적 해석을 할 수 있는 여지를 인정하고 있다(동 협약 제31조 1항).

㈁ 협약상의 '문맥'이라고 하는 것은 전문 및 부속서를 포함한 본문에 부가하여, 조약체결에 관련된 당사국 간에 행해진 합의 및 작성된 문서로 구성된다고 규정하고 있다(동 협약 제31조 2항). 또한 문맥 이외에도 조약체결 후에 당사국 간에 행해진 합의나 관행 및 관련 국제법규칙을 고려해야 한다(동 협약 제31조 3항).

b) 보충적 해석수단(동 협약 제32조): 그러나 일반원칙에 의한 해석을 할 때 조약의 의미가 불명확하거나 명백히 불합리한 경우 '조약 준비문서(travaux préparatoires)'와 '체결시 제반 사정'을 보조적 해석수단으로 사용할 수 있다. 준비문서란 협상 당시 채택된 기록문이나 자료를 의미한다.

■ 조약 준비문서와 체결시 제반 사정은 해석의 일반원칙이 아니라 보충적 해석수단이므로 상기 조항에 나열된 요건이 충족되는 경우에 한하여 예외적으로 적용되는 방식임에 유의.

Ⅴ. 조약의 무효

비엔나협약은 국가들이 억지스런 주장으로 조약을 무효화시키는 상황을 방지하기 위해 동 협약의 규정에 의해서만 무효가 인정된다고 하였다(Akehurst). 즉, 협약상 8가지 사유 외에는 무효사유가 될 수 없다(동 협약 제42조).

1. 서 론

(1) 분 류

협약은 조약의 무효원인으로 여덟 가지의 사유를 '한정적'으로 열거하고 있으며 무효사유는 개념상 상대적 무효사유와 절대적 무효(당연무효)사유로 구분된다.

㈎ 상대적 무효: 상대적 무효사유는 (i) 조약체결권에 관한 국내법규정의 위반, (ii) 국가의 동의표시권한에 관한 특별제한의 위반, (iii) 착오, (iv) 사기, (v) 국가대표의 부패 등 다섯 가지이다.

㈏ 절대적 무효: 절대적 무효사유는 (i) 국가대표에 대한 강박, (ii) 국가에 대한 강박, (iii) 강행규범의 위반 등 세 가지이다.

(2) 절대적 무효와 상대적 무효의 차이

㈎ 절대적 무효의 경우에는 당사자뿐만 아니라 다른 어떤 당사자도 조약의 무효를 주장할 수 있다.

㈏ 절대적 무효의 경우에는 유효한 조항과 무효한 조항으로 분리하여 처리할 수 없으며 언제나 조약 전체가 무효가 된다.

㈐ 절대적 무효의 경우에는 피해국가의 사후 동의 또는 묵인으로 인해 무효사유가 치유되지 않는다(순). 즉, 절대적 무효에 해당하는 조약은 당사국들이 합의해서 계속 유지시키는 것이 법적으로 불가하다.

▩ "상대적 무효"와 "절대적 무효"라는 용어 자체가 조약법협약에서 사용되는 것은 아니다. 여덟 가지의 사유의 구체적 내용과 문구를 보고 그렇게 개념적으로 구별하는 것이다.

2. 무효원인

(1) 위헌조약의 효력(동 협약 第46조)

협약에 의하면 '조약의 구속을 받겠다는 국가의 동의가 조약체결권에 관한 국내법규정을 위반하여 표시되었다는 사실은 이러한 위반이 분명하였고, 또 근본적으로 중요한 국내법규정에 관한 것이 아니면 그 국가 동의를 무효화하기 위하여 원용될 수 없다'고 규정하고 있다.

(2) 대표자의 권한 유월(동 협약 第47조)

협약에 의하면, '… 동의를 표시할 대표의 권한이 특별한 제한을 받는 경우, 그 대표가 그 제한을 지키지 않았다는 사실은 그러한 제한이 이미 다른 교섭국이나 교섭 국제기구에 통보된 경우가 아니면 표시된 동의를 무효로 하기 위하여 원용될 수 없다'고 규정하고 있다.

(3) 착오(동 협약 제48조)

(i) '국가나 국제기구가 조약을 체결할 당시 존재하는 것으로 생각한 사실이나 상황에 착오(사실의 착오만 규정)가 있었고 이 착오가 구속을 받겠다는 동의의 본질적 기초가 되었다면 그 동의를 무효로 하기 위해 이 착오를 원용할 수 있다. 그러나 자기 자신의 행위로 착오를 조장하였거나, 또는 주변정황을 종합적으로 감안시 착오 사실을 충분히 할 수 있었거나 또는 인지하였어야만 하는 경우에는 이 무효사유는 적용되지 않는다. (ii) 대표적인 판례로는 ICJ 의 프레아 비히어사원사건이 있다.

판례 프레아 비헤어사원사건(Temple of Preah Vihear Case, Cambodia v. Thailand, ICJ, 1962년)

〈사건개요〉 1904년 프랑스(당시 캄보디아의 보호국)와 태국 간에 체결된 국경조약에 따라 1907년 설치된 국경위원회가 작성한 지도에 따라 당해 사원이 캄보디아 영역에 속하게 되었는데, 이후 캄보디아와 태국 간에 영유권분쟁으로 발전하게 되었다.

〈판례요지〉 ICJ는 태국이 부정확한 지도의 효력을 인정하지 않으려면 부정함이 판명된 후 합리적 기간 내에 그 뜻을 표명했어야 함에도 불구하고 그렇게 하지 않았으므로 묵시적으로 승인한 것으로 보아야 한다고 판시하면서 태국의 착오를 인정하지 않고 캄보디아의 주장을 받아들였다. 이 사건에서 태국은 ICJ의 강제관할권수락에 관한 착오도 주장하였으나 역시 본질적 착오가 아니라는 이유로 착오를 인정하지 않았다.

(4) 사기(동 협약 제49조)

(i) '어떤 국가가 교섭에 참가한 다른 국가의 기만적 행동에 의하여 조약체결을 하게 되었을 때 기만을 당한 국가는 구속을 받겠다는 동의를 무효화하기 위하여 사실을 원용할 수 있다.' (ii) 사기는 상호신뢰를 저버리고 고의로 착오를 유도하였기 때문에 착오보다 그 제재가 더욱 강하다.

(5) 국가대표의 부패(동 협약 제50조)

(i) '국가의 동의의 표시가 직접 또는 간접적으로 다른 교섭국에 의한 그 대표의 매수를 통하여 이루어진 경우에… 매수를 원용할 수 있다.' (ii) 뇌물은 대표자를 좌우할 정도이어야지 단순한 선물 등은 문제가 안 된다. 또한 뇌물에 대한 협약상 규정은 서명만으로 조약에 구속받는 '약식조약'을 전제로 한 규정이다.

(6) 강 박

㈎ 국가대표에 대한 강박(동 협약 제51조): (i) 협약에 의하면 '조약의 구속을 받겠다

는 동의가 그 국가대표나 국제기구의 대표를 겨냥한 강박을 행사하여 얻은 것이면 아무런 법률효과도 없다'고 규정하고 있다. (ii) 여기에서의 강박의 개념은 넓게 해석되어 대표개인에 대한 물리적 폭력이나 위협뿐 아니라 대표의 사생활 폭로나 그 가족에 대한 협박 등도 포함된다. (iii) 한국과 일본의 1905년 을사보호조약은 국가대표인 자연인에 대한 강박이므로 이는 시대를 초월하여 절대적 무효가 되는 것으로 보는 것이 다수설이다.

㈏ 국가에 대한 강박(동 협약 제52조): (i) 협약에 의하면 '유엔헌장에 담겨진 국제법 원칙에 위반하여 무력사용이나 위협으로 체결한 모든 조약은 무효'라고 규정하고 있다. (ii) 경제적·정치적 강박에 의하여 체결된 조약(이른바 불평등조약)도 무력행사와 마찬가지로 다루자는 주장도 있으나 법적 안정성을 저해하므로 소극적으로 해석된다.

(7) 강행규범(동 협약 제53조)

㈎ 의　의: (i) 국제강행규범에 위반되는 조약은 무효이다. 협약에 의하면 '일반국제법의 강행규범(jus cogens: peremptory norm)이란 그로부터의 어떠한 일탈도 허용되지 않으며 그 후에 확립되는 동일한 성질의 일반국제법규에 의해서만 수정될 수 있는 규범으로서, 국가들로 구성되는 국제공동체 전체에 의해서 수락되고 승인된 규범을 말한다'고 규정하고 있다(동 협약 제53조). (ii) 조약법협약은 판정기관으로 국제공동체 전체를 언급하고 있으나 동시에 강행규범의 존재 및 해석과 적용에 관한 분쟁을 최종적으로 ICJ 의 강제적 관할에 두도록 규정하고 있다(동 협약 제66조<a>).

㈏ 연　혁: 임의규범(jus dispositivum)과 강행규범(jus cogens)의 구별은 로마법에 그 기원을 두고 있으나 국내법과는 달리 국제법에서는 강행규범을 알지 못하였으며 국제법은 본질상 임의규범이라고 관념하여 왔다(임의규범은 법적 구속력이 없다는 뜻이 아니라 당사자 간 별도의 다른 합의에 의해 배제·수정할 수 있는 규범이라는 뜻이다). 주권국가들이 새로운 합의(조약)를 통해 새로운 국제법을 만들어서 기존의 규범을 얼마든지 배제·변경할 수 있다고 보았기 때문이다. 강행규범과 유사한 일정한 국제적 기준에 대한 논의는 오래 전부터 존재해 왔으나 그것이 국제법상 확실한 인정을 받은 것은 역사상 최근의 일이다(순).

㈐ 국제실행

a) 바르셀로나 전기·전력회사사건(ICJ, 1970): 이 사건의 주요 논점은 외교적 보호권과 관련된 회사의 국적 문제였으나(제4장 제2절 참조), ICJ 는 부수의견을 통해 국가의 의무 중 국제공동체 전체에 대한 의무(대세적 의무, obligations *erga omnes*)와 개별 타국에 대한 의무를 구별하였다. 그러나 일부학자들은 대세적 의무와 강행규범이 완전히 동일한 개념인지에 대해 의문을 제기하고 있음에 유의해야 한다(순).

b) 테헤란 주재 미국 외교영사직원사건(ICJ, 1980): 사건 개요는 제6장 참조. 이 사건도 강행규범을 인정한 판례로 가끔 원용되고 있으나, ICJ 는 외교공관의 불가침성이

강행규범인지의 문제를 회피한 것으로 판단된다(순).

c) 제노사이드협약의 유보에 대한 권고적 의견(ICJ, 1951): 강행규범 개념이 직접 원용되지는 않았으나 학자들은 ICJ 가 이를 인정한 것으로 해석하고 있다(순).

d) 과거 ILC(국제법위원회)의 국가책임협약 초안은 국가에 의한 국제범죄 개념을 포함하고 있었는데 이는 강행규범에 포함되는 내용으로 해석될 수 있었다.

참고 강행규범 개념에 대한 논쟁

강행규범이 새로운 법적 연원(법원)을 구성하는가, 강행규범이 국제법에 새로운 다수결원칙을 도입한 것인가에 대한 논쟁이 있다(순).

강행규범이 새로운 법원을 구성한다고 보는 입장에서는 강행규범이 기존의 조약이나 관습이 아닌 새로운, 더 높은 수준의 별도의 법원이라고 주장하나 이에 반대하는 입장은 기존의 관습 혹은 조약에 의해 창설된다고 본다. 이에 따라 강행규범도 그 규범의 형성에 동의하지 않은 집요한 불복자(제3절 국제관습 참조)에게는 적용될 수 없다고 본다. 이에 반하여 국가공동체 다수에 의해 받아들여진 강행규범은 소수의 반대자에게도 예외없이 적용된다는 주장도 있다. 이론적 측면과는 별개로, 사실상 대다수의 국가가 강력하게 옹호하는 강행규범을 반대하고 거부하기는 현실적으로 매우 어려울 것이다(순).

3. 무효의 효과

협약상 무효의 효과문제로 주로 논의되는 것은 무효화절차에 따라 조약의 무효가 확정된 경우에 당해 조약을 무효원인이 발생한 당시부터 무효라고 볼 것인가 여부의 문제이다.

(1) 소급효원칙(동 협약 제69조)

㈎ 절대적 무효 또는 상대적 무효사유를 불문하고 협약상의 무효절차를 거친 조약은 원칙적으로 그 무효원인이 발생한 당시부터 무효이다.

㈏ 그러나 예외적으로 무효가 원용되기 전에 성실히 실행된 행위는 그 조약이 무효라는 이유로 위법화되지는 않는다. 다만 이러한 예외도 사기, 국가대표의 부패, 강박의 경우에 귀책사유가 있는 당사자에게는 인정되지 않는다.

(2) 강행법규의 경우의 특례

㈎ 강행법규가 조약체결 이전에 이미 존재할 수도 있고, 조약체결 이후에 새로운 강행법규가 출현할 수도 있다.

㈏ 조약법협약은 조약체결 이전에 이미 존재하는 강행법규를 위반한 조약은 소급하여 무효라고 규정한다. 반면, 새로운 강행법규가 출현하는 경우 조약은 그때부터 종료된다고 볼 수 있을 것이다. 따라서 새로운 강행법규의 출현시기부터 무효화되며 이론상 소급효가 적용되지 않는다.

참고 조약의 가분성의 원칙(동 협약 제44조)

1) 원 칙: 조약이 무효가 되면 절대적 무효나 상대적 무효를 불문하고 원칙적으로 조약 전체가 무효가 된다. 이 원칙은 조약의 종료에도 적용되는 원칙이다.

2) 예 외: 당해 규정이 내용적으로 독립되어 있는 경우를 고려하여 협약은 의무적 분리와 임의적 분리를 인정하고 있다. 다만 절대적 무효사유의 경우에는 조약의 가분성은 인정되지 않는다.

㈎ 의무적 분리: 사유가 특정 부분에만 관련이 있는 경우로서 (i) 당해 조항이 그 적용에 관련하여 그 조약의 잔여 부분으로 분리될 수 있으며, (ii) 당해 조항이 다른 당사자가 조약 전체를 수락한 동의의 본질적 기초가 되지 않고, (iii) 조약의 나머지 조항만을 이행하는 것이 부당하지 않을 경우에 당해 조항을 의무적으로 분리하여 처리하여야 한다.

㈏ 임의적 분리: 무효원인으로서 사기나 대표자의 부패를 주장하는 경우에는 당해 조항만을 임의적으로 분리하여 무효를 주장할 수 있다.

Ⅵ. 조약의 종료(소멸)

1. 의 의

1) 조약의 종료(termination)란 일단 하자 없이 발효한 조약이 그 후 특별한 사정의 개입으로 그 효력을 상실하는 것을 말한다(순). 따라서 조약의 종료는 조약의 무효와는 달리 장래를 향하여 그 실시력과 구속력을 상실하는 것이며 소급효가 운위될 여지가 없다.

2) 조약의 종료사유도 절대적 종료사유(당연 종료사유)와 상대적 종료사유(종료 원용사유)로 나눌 수 있는바, 신강행법규의 출현만이 그에 위반하는 기존의 조약을 자동적으로 종료시키며 조약의 중대한 위반, 후발적 이행불능, 사정변경원칙 등 기타의 사유들은 피해 당사국에게 조약의 종료 또는 탈퇴 또는 정지를 위한 원용권만을 발생시킬 뿐이다.

참고 종료, 폐기, 탈퇴

조약의 종료는 조약의 체결 당시에 하자가 있는 조약의 무효와 조약 그 자체는 소멸시키지 않고 조약의 효력을 정지시키는 정지(suspension of operation)와는 구별되어야 한다. 그러나 조약의 종료는 경우에 따라서 폐기 또는 탈퇴라는 용어로 사용되기도 한다. 폐기(denunciation)란 보통, 양자조약에서 일방 당사국이 조약을 종료시키려는 의사를 일방적으로 표명하는 경우를 말하며, 탈퇴(withdrawal)란 다자조약으로부터 이탈하는 경우에 사용된다. 탈퇴의 경우는 조약 자체는 유효하나 탈퇴한 당사국에 대해서는 조약이 종료된 것이다.

■ 비엔나조약법협약은 '조약의 중대한 위반'과 '사정변경원칙'의 개념을 명확히 하였다는 점에서 큰 발전을 이루었다고 볼 수 있으며, 강행규범 개념을 조약 종료사유로

도입한 점도 주목할 만하다(순).

2. 종료규정이 있는 경우(동 협약 제54조〈a〉)

조약의 종료 또는 당사국의 탈퇴는 유효기간의 만료 또는 해제조건의 성취 등과 같이 조약의 규정에 따라 발생할 수 있다.

3. 당사국들의 동의에 의한 경우(동 협약 제54조〈b〉)

조약의 종료 또는 당사국의 탈퇴는 모든 당사국의 동의가 있으면 언제든지 발생할 수 있다.

4. 폐기·탈퇴의 경우(동 협약 제56조)

1) 조약의 종료, 폐기 또는 탈퇴에 관한 규정을 두지 않을 경우 타방 당사국의 동의 없이 폐기 또는 탈퇴가 가능한가가 문제된다.

2) 협약은 (i) 당사국이 폐기·탈퇴의 가능성을 인정할 의도를 갖고 있었다는 것이 증명되는 경우(유엔헌장은 국제연맹과는 달리 탈퇴규정을 두고 있지 않지만 관련기록에 의하면 그 의도가 인정된다), 또는 (ii) 폐기 또는 탈퇴의 권리가 조약의 성질로 보아 추론될 수 있는 경우(동맹조약 등은 성질상 폐기 또는 탈퇴의 권리가 추론되나 강화조약이나 국경획정조약은 성질상 인정되지 않는다)에 폐기 또는 탈퇴가 가능하다.

3) 묵시적 폐기·탈퇴권을 행사할 때는 최소 12개월의 예고기간을 두도록 규정하고 있다.

4) 이러한 일방적 행위에 의하여 당사국의 수가 조약발효에 필요한 수 이하로 감소하더라도 조약은 종료되지 않는 것이 보통이다(동 협약 제55조).

5. 신조약을 체결한 경우(동 협약 제59조)

1) 조약의 모든 당사국이 동일한 사항에 관하여 새로운 조약을 체결하였을 때, 다음과 같은 경우에 전 조약은 종료된 것으로 간주된다. (i) 당사국들이 그 사항에 관해서는 후의 조약에 의하여 규율하기로 의도하였음이 신조약으로부터 나타나거나 또는 달리 입증되는 경우, (ii) 신조약과 구조약이 동시에 적용될 수 없을 만큼 상호 양립할 수 없는 경우이다.

2) 당사국의 의도가 조약의 정지에만 있다는 것이 명백한 경우에는 전 조약은 운용만을 정지하는 데 그친다.

6. 중대한 위반에 의한 종료(동 협약 제60조)

1) 상대방의 과실이 있는 의무불이행은 보통 조약의 정지를 가져오는 데 그치는 것이나 '조약위반이 중대한 경우'(material breach)에는 조약의 종료를 주장할 수 있다.

2) 조약법협약상 조약의 중대한 위반에 해당하는 것으로는 '협약상 용인되지 않는 조약의 이행거부' 및 '조약의 목적달성에 불가결한 규정의 위반'이 있다.

3) 일방 당사국에 의한 양자조약의 중대한 위반의 경우, 타방 당사국에는 전부 또

는 일부의 조약의 정지나 조약의 종료를 원용할 권리가 발생한다.

4) 그러나 일방 당사국에 의한 다자조약의 중대한 위반의 경우 조약을 종료시킬 수 있는 사유는 매우 제한적이다.

5) 즉, 조약법협약 제60조 2항에 의하면 (i) 위반국 이외의 타방 당사국들은 전원합의에 의하여 자신들과 위반국 간, 또는 모든 당사국 간 조약의 정지나 조약의 종료를 원용할 수 있고, (ii) 위반에 의하여 직접적으로 특별한 영향을 받는 당사국은 자국과 위반국간의 관계에서 조약의 전부 또는 일부의 정지를 원용할 수 있으며, (iii) 일방 당사국에 의한 조약규정의 중대한 위반이 그 조약상 의무의 계속적인 수행에 관한 모든 당사국의 지위를 근본적으로 변경시키는 경우, 위반국을 제외한 모든 당사국은 개별적으로 조약의 전부 또는 일부의 정지를 원용할 수 있다.

■ 1971년 ICJ는 Namibia 사건에 관한 권고적 의견에서 남아공이 조약(위임통치령)의 중대한 위반을 하여 나미비아에 대한 위임통치가 종료되었다고 보았다.

■ 조약의 중대한 위반이 있더라도 피해당사국이 조약의 유효성을 명시적 혹은 묵시적으로 인정한 경우 그 위반을 근거로 조약의 종료, 탈퇴 또는 정지를 원용할 권리를 상실한다(협약 제45조).

■ 인도주의적 성격의 조약에 규정된 개인의 보호 관련조항에 대해서는 상기 '중대한 위반에 의한 종료'가 적용되지 않는다. 특히, 그러한 조약상 보호받고 있는 개인에 대한 복구(reprisal) 금지를 규정한 조항에 대해서는 중대한 위반에 의한 종료가 적용되지 않는다(협약 제60조 5항).

7. 후발적 이행불능(동 협약 제61조)

1) 조약체결 이후 어느 당사자에게도 책임지울 수 없는 예상치 못한 사건의 발생으로 조약이 이행불능의 상태에 빠졌을 때에는 이를 근거로 조약의 종료를 주장할 수 있다.

2) 따라서 이행불능상태가 자국의 의무위반에 기인하여 초래된 경우에는 위반국은 이행불능을 주장하지 못한다.

■ 후발적 이행불능은 사정변경원칙의 특별 적용으로 볼 수도 있을 것이다(순).

8. 사정변경의 원칙(동 협약 제62조)

(1) 의 의

사정변경의 원칙(principle of rebus sic stantibus)은 조약을 체결한 기초가 된 상황이 "근본적으로" 변하는 경우 일정한 "엄격한" 요건 하에서 조약의 종료를 주장할 수 있다는 원칙이다(유). 이는 국내법 질서에서는 찾아보기 힘든 원칙이다.

(2) 국제판례

㈎ 1932년 PCIJ 의 자유지역(Free Zone)사건 판결에서 사정변경의 원칙에 기초한 프랑스의 자유지역철폐 주장은 배척하였지만 원칙 자체는 인정하였다.

(나) 1974년 ICJ 의 어업관할권사건(Fisheries Jurisdiction Case) 판결은 아이슬랜드의 사정변경의 원칙 주장에 대하여 근본적 변경이 아니라는 이유로 동 원칙의 적용을 거부하였지만 원칙 자체는 인정하였다.

(다) 1985년 이란-미국 청구재판소(Iran-U.S. Claims Tribunal)는 퀘스테크(Questech) 회사사건에서는 사정변경의 원칙을 적용하여 계약의 종료를 인정하였다.

(라) 1997년 ICJ 는 가브치코보-나기마로스사건(제5장 제3절 하천 부분 참고)에서 헝가리의 사정변경 주장을 기각하였으나 원칙의 존재 자체는 인정하였다. 재판부는 조약법협약의 문구에서도 알 수 있듯이 사정변경의 원칙은 오직 예외적인 경우에만 원용 가능하다고 말하면서 사정의 근본적 변경이 예측불가능한 것이었을 것, 조약체결 당시 그 사정의 존재가 조약에 대한 동의의 본질적 기초를 이룰 것 등의 요건을 재확인하였다.

(3) 협약상의 요건

(가) 원 칙: 조약체결 당시 당사자가 예측하지 못했던 중대한 사정변경(fundamental change of circumstances)이 발생한 경우에도, 다음의 두 가지 추가요건을 갖추지 않는 한 조약의 소멸을 주장하지 못한다.

(나) 조약체결 당시의 사정이 당사국의 동의의 본질적 기초를 이루고 있으며(이른바 행위기초이론), 사정변경으로 인하여 이행해야 할 조약상 의무의 범위에 급격한 변화가 발생한 경우에는 조약의 소멸을 주장할 수 있다.

(다) 예 외: 위의 모든 요건이 갖추어진 경우에도 (i) 국경선획정조약의 경우와, (ii) 자기 자신의 국제의무위반으로 사정의 변경을 야기한 당사자의 경우에는 사정변경을 원용하여 조약의 소멸을 주장할 수 없다.

■ 사정변경원칙의 적용이 인정되어도 조약이 자동소멸하거나 무효가 되는 것은 아니며, 이를 원용할 수 있는 권리가 발생할 뿐이다.

■ 사정변경의 원칙에 해당되더라도 이를 원용하려는 국가가 조약의 유효성을 명시적 혹은 묵시적으로 인정한 경우에는 그 사정변경을 근거로 조약의 종료, 탈퇴 또는 정지를 원용할 권리를 상실한다(협약 제45조).

9. 신 강행규범의 출현(동 협약 제64조)

신 강행규범이 출현한 경우에는 그 규범에 저촉하는 현재의 조약은 무효가 되어 종료한다. 주의할 점은 새로운 강행규범의 출현은 후발적 원인이므로 조약의 무효원인이 아니고 종료원인이라는 점이다.

참고 조약의 종료의 특수문제

1) 외교·영사관계의 단절(동 협약 제63조): 외교·영사관계의 단절은 외교 또는 영사관계의 존재가 조약의 적용을 위하여 불가결한 경우가 아니고서는 조약관계에 영향을 주지 아

니한다.

2) 전쟁의 발발: 현재로서는 적대행위로 인한 무력분쟁의 발생이 반드시 분쟁당사국 간의 조약을 자동적으로 종료하게 하지는 않는다고 해석되지만 조약법협약은 이 문제에 대하여 침묵하고 있다.

Ⅶ. 무효와 종료 등의 절차

1. 무효 등의 통보(동 협약 제65조)

1) 무효·종료·탈퇴 또는 정지를 원용하기 위해서는 타방 당사국에 당해 조약에 대해 취할 조치의 제안 및 그 이유를 제시하여 통고하여야 한다.

2) 통고 후 3개월 내에 상대국이 이의를 제기하지 아니하면 통고국은 제안조치를 문서에 의해 시행할 수 있다.

2. 분쟁의 해결

이의가 제기된 경우에, 당사국은 유엔헌장 제33조에 열거된 모든 수단에 의하여 해결을 추구하여야 하며 이의제기일부터 12개월 내에 분쟁이 해결되지 않을 경우 다음과 같은 방법에 의해 분쟁을 해결한다.

(1) 강행규범에 관한 분쟁(동 협약 제66조⟨a⟩)

강행규범의 적용 또는 해석에 관한 분쟁은 일방 당사국의 제소에 의하여 ICJ 의 관할권이 성립한다. 즉, ICJ 의 강제적 관할권이 인정되는 것이다. 다만 당사국들이 합의하여 중재재판에 회부할 수도 있다.

(2) 기타 원인에 의한 분쟁(동 협약 제66조⟨b⟩)

기타의 원인에 대해서는 협약의 부속서, 즉 강제적(의무적) 조정절차를 이용한다. 다만 조정위원회는 권고를 할 수 있을 뿐이다.

참고 UN헌장 제33조 1항

'그 계속이 국제평화와 안전의 유지를 위태롭게 할 우려가 있는 그 어떤 분쟁의 당사자들도 먼저 교섭, 사실심사, 중개, 조정, 중재재판, 사법적 해결, 지역적 기구 또는 지역적 협정의 이용, 또는 기타 당사자들이 선택하는 평화적 수단에 의한 해결을 구하여야 한다.'

Ⅷ. 조약의 개정 및 수정

1) 조약은 당사자의 합의로 개정된다. 협약은 모든 당사국들에게 적용되는 조약의 변경을 개정(amendment)으로, 일부 당사자들 사이에만 적용되는 조약의 변경을 수정

(modification)으로 각각 구별하고 있다.

2) 협약은 특별히 다자조약에 관해서 규정하고 있는바, 다자조약의 개정은 보통 개방협정에 의하여 이루어지며 반대하는 국가는 기존조약의 당사자로 남아 있고 개정조약은 새로운 조약에 동의를 한 당사자들에게만 적용된다.

3) 따라서 조약의 개정은 모든 당사자들의 동의가 필요한 것이 아니며, 개정조항이나 개정을 위한 협정에서 정하는 다수결 등에 따라 개정된다.

■ 유엔헌장 제27조 3항의 해석관행에 의하여 기권은 안전보장이사회의 결의채택을 저해하지 않는 것으로 인정되었는바, 이러한 것을 조약의 '묵시적 개정'이라고 한다.
■ 조약 개정 후 당사자가 된 국가가 달리 의사표시를 하지 않는 한, 개정된 조약에 동의하지 않은 기존 당사국과의 관계에 있어서는 개정 전의 조약이 적용된다.

제3절 국제관습법

Ⅰ. 의 의

국제관습법이란 일반적 국제관행과 법적 확신의 결합에 의하여 성립되며 조약과 함께 국제법의 가장 중요한 법원이다. 국제사법재판소규정 제38조 1항 b 호는 국제관습법이란 법으로 인정된 일반관행이라고 정의하고 있다.

Ⅱ. 구속력의 근거(본질)

1. 의사주의(묵시적 합의론)

법이란 주권국가의 의사에서 나온다는 법실증주의(의사주의)에 입각한 이론에서는 관습이란 국가들간의 묵시적 합의에 의하여 성립된다고 한다. 법실증주의자들은 조약은 명시적 합의로, 관습법은 묵시적 합의로 성립된다고 주장함으로써 합의이론의 일관성을 유지하고자 한다.

2. 객관주의

이 견해는 전술한 묵시적 합의이론이 국제관습의 성립요건으로서 주관적 요소를 중시하는 데 반하여, 국가들의 실행이라고 하는 객관적 요소에 초점을 맞추고 있다. 즉 관습법은 국가의 의사와는 관계없이 규범형성을 의도하지 않는 법주체들의 행위가 모여서 자발적으로 형성된다는 것이다(유).

Ⅲ. 성립요건

국제관습법의 성립요건으로는 일반관행이라는 객관적 요건과 법적 확신이라는 주관적 요건 두 가지를 들 수 있다.

1. 일반관행(객관적 요건)

(1) 개 념

일반관행이란 동일한 형태의 실행이 반복, 계속되어 일반성을 갖게 된 것을 말한다(constant and uniform usage). '실행'에는 국가적 실행과 국제조직의 결의나 실행도 포함된다.

판례 스코티아호사건(1871년)

1) 여러 국가의 국내법 채택에 의한 관습법성립을 인정한 판례로는 스코티아(Scotia)호사건(1871년)이 있다.

〈사건개요〉 채색된 등을 켜지 않고 백색등만을 켜고 항해하던 미국선박 Berkshire호와 채색된 등을 켜고 항해하던 영국선박 Scotia호가 충돌하여 Berkshire호가 침몰하자 Berkshire호의 선주가 Scotia호의 과실로 충돌이 발생하였다고 주장하면서 미국법원에 침몰로 인한 손해배상을 청구한 사건이다.

〈판례요지〉 이 사건의 핵심은 해양에서의 충돌방지를 위해 채색된 등을 켜고 항해하도록 의무화하고 있는 영국법이 국제관습법으로 변하여 그 구속력이 Berkshire호에 미치는가의 여부였는바, 미연방대법원은 비록 한 국가(영국)의 제정법이라도 이 법의 원칙이 거의 전체 주요 해양국가들에 의해 채택, 수용되는 경우 동법은 국제관습법으로 변화됨을 지적하면서, 원고인 Berkshire호의 선주에게 패소판결을 내렸다.

2) 국제조직 내부의 행위와 관련하여 주목할 판례는 1971년의 Namibia사건에 관한 ICJ의 권고적 의견인데, 동 의견은 안보리 상임이사국의 기권은 거부권의 행사로 볼 수 없다고 보았다.

(2) 속성관습법

㈎ 국제관습법의 성립요건으로 일반관행이 필요하다는 견해에 대한 유력한 반론이 있는바, 그것이 바로 속성관습법, 인스턴트관습법(instant customary law) 또는 야생관습법에 관한 논의이다.

㈏ 동 이론에 따르면 국제관습은 법적 확신에 의하여 즉시 성립되기 때문에 별도의 요건으로서 일반관행, 즉 선례의 누적은 불필요하다고 한다.

㈐ 법적 확신의 확인은 유엔총회 등 국제기구의 결의, ILC 의 조약화작업 등을 통해서 이루어지는데, 1986년의 니카라과사건에서 ICJ 는 유엔회원국이 총회에서 결의채택에 일반적 동의를 하는 것은 법적 신념의 형성에 기여하지만 국제관습법의 성립요건으로 국가실행과 법적 확신이라는 두 가지 요건이 여전히 필요하다는 점을 재확

인하였으므로, 아직 속성관습법론은 이론에만 머무르고 있다고 볼 수 있다.

판례 **니카라과사건(Case Concerning Military and Paramilitary Activities in and against Nicaragua, 1986년)**

〈사건개요〉 1979년 니카라과에 좌익혁명정부가 성립되어 주변의 중미제국에서 반정부게릴라활동이 활성화되었다. 반면에 니카라과에서는 영역 내외에서의 콘트라반군의 공세가 활발하였다. 니카라과정부는 이러한 반혁명활동 등이 미국의 지원에 의한 것이라고 하여 미국의 행동을 국제법위반으로 ICJ에 제소하였다.

〈판례요지〉 ICJ는 미국이 선택조항에 따른 관할권수락시 다자조약에 대한 유보를 하였다는 이유로 UN헌장이 아니라 국제관습법에 근거하여 논리를 전개하였는바, (i) 국제관습법의 성립요건으로 국가실행과 법적 확신이라는 두 가지 요건을 재확인하였다. 재판소는 미국의 (ii) 집단적 자위권주장에 대하여 '무력공격'(armed attacks)이라는 요건이 충족되지 못했다는 이유로 이를 배척하였다. 또한 동 사건에서 ICJ는 (iii) 순수한 인도적 지원을 넘어선 무력행사(humanitarian intervention)는 불간섭원칙(non-intervention)에 배치된다고 판시하였다.

판례 **북해대륙붕사건(1969년)**

ICJ는 북해대륙붕사건에서 관습법형성의 기본요건으로서 국가의 관행, 특히 그 관습법에 특별한 영향을 받는 국가들의 관행이 광범위하고 사실상 한결같아야 하며(extensive and virtually uniform) 법적 확신이 개입되어야 한다는 점을 제시하면서 기간의 길고 짧음은 문제시되지 않는다고 밝히고 있다(제5장 제3절 Ⅱ 참고).

(3) 특별관습법(지역적 관습법)

국제사법재판소규정 제38조 1항 b 호는 특별관습법을 언급하고 있지 않지만 특별관습법을 배제하는 취지는 아니다.

판례 **지역적 관습을 인정한 판례**

(1) 인도통행권사건(1960년)
원고인 포르투갈은 인도영토통행권을 주장하기 위하여 지역적 관습을 주장하였고, 피고인 인도는 두 나라만의 관행으로는 특별관습법이 성립될 수 없다고 반박하였다. 이에 대하여 ICJ는 국가의 수가 반드시 둘 이상일 필요는 없다고 하면서 특별관습법을 인정하였다.

(2) 비호권사건(1950년)
ICJ는 지역관습이 실제로 가능함을 인정하였다.

(3) 영국-노르웨이 어업분쟁사건(1951년)
ICJ는 직선기선제도에 관한 특별국제관습법의 성립을 인정하였다(제5장 3절 Ⅱ 참고).

2. 법적 확신(opinio juris: 주관적 요건)

(1) 개 념

법적 확신이란 어떤 실행이 국제법상 의무(legal obligation)라는 신념을 가지고 행동하는 것으로서 국제관습법성립의 심리적·주관적 요인이다. 법적 확신을 통해 일정한 행동이 선례를 바꿀 수도 있다.

(2) 국제판례

관행이라는 사실의 존재 자체만으로 국제관습의 성립을 인정하려는 판례도 없지는 않으나, 1969년의 북해대륙붕사건에서 ICJ 는 당사국으로서는 그러한 관행이 국제예양이 아니라 국제법상의 권리·의무로서 부과되었거나 적어도 그것이 국제법상 허용된 것이라는 판단 아래 행해져야 한다고 보았다.

미국의 일부 학자들은 법적 확신이라는 요소를 비판하면서 국가는 법적 확신이 아니라 단순히 국가이익의 극대화를 위해 행동할 뿐이며 일정한 조건하에서 우연히 관습법을 준수하는 것으로 보일 뿐이라고 비판하기도 한다(Jack Goldsmith and Eric Posner, 「The Limits of International Law」). 이러한 비판론은 궁극적으로 국제관습법의 존재를 부정하는 결론에 도달한다.

(3) 입증의 문제

법적 확신은 주관적 요소이기 때문에 법적 확신과 관련된 핵심적인 문제는 입증의 문제, 특히 입증책임의 문제라고 볼 수 있다(Brownlie).

참 고　국제관습법 개념의 모순

국제관습법을 일반적 관행과 법적 확신의 결합으로 이해하는 일반적 개념에 대해서는 몇 가지 문제점이 제기되고 있다. 예를 들어, 관행에 법적 확신이 결합되어야 그것이 관습법이 된다는 말은 해당 관행이 이미 법으로서 존재하고 인식되어야 한다는 역설에 봉착한다. 즉, 이미 관습법으로 효력을 갖는 관행만이 법적 확신을 받을 수 있으므로 새로운 관습법의 창설은 이론적으로 불가능해진다는 것이다. 또 다른 문제로는, 국가들의 법적 확신을 추정하려면 그 근거는 국가관행에서 찾아야 하므로 결국 국가관행과 법적 확신이라는 두 가지 요소의 구별은 무의미해질 수 있다는 것이다. 또한, 관습법의 창설에 반대하지 않으면 관습법의 적용을 받는다는 일반적인 이론은 국가주권의 제약이 함부로 추론될 수 없다는 원칙과 상충하는 측면도 있다. (Michael Byers)

Ⅳ. 입증문제

(i) 일반적으로 관습법의 존재를 주장하는 측이 입증책임을 지게 된다.

(ii) 그러나 실제 분쟁에서 국가의 심리적 요소를 증명한다는 것은 매우 어려운 문제이므로 많은 경우에 있어서 일반관행이 입증되면 법적 확신의 존재도 존재하는

것으로 추정하는 것이 ICJ 의 태도다. 1959년 Interhandel 사건이나 1960년 인도통행권사건에 관한 ICJ 의 판례가 그러한 입장을 취하였다. 따라서 법적 확신의 존재 여부는 이를 부정하는 국가가 입증하여야 한다. (iii) 그런데 로터스호사건(PCIJ)이나 북해대륙붕사건(ICJ) 등 소수의 판례에서 국제재판소는 예외적으로 법적 확신의 존재에 대한 더욱 적극적인 입증을 요구하기도 하였다. (iv) 잘 알려지지 않은 특별(지방)관습법은 이를 원용하는 측에서 그 관습법이 다른 분쟁당사국에 법적 구속력이 미침을 입증하여야 한다(ICJ의 비호권사건).

V. 효력범위

조약이 제3국의 권리·의무를 창설하지 않으며 체약국에 한해서만 적용되는 것과는 달리, 국제관습법은 일반적으로 모든 국가에 미친다(김, 김).

1. 의사주의적 입장(묵시적 합의이론)

이 이론에 따르면 조약은 명시적 합의이고 관습은 묵시적 합의일 뿐이다. 따라서 관습법규의 효력은 그것을 묵시적으로 승인한 국가에 한정된다. 이 이론은 마치 서로 다른 조약들이 서로 다른 국가들에 적용되듯이 서로 다른 관습법들이 서로 다른 묵시적 당사국들에 적용되고 있기 때문에 국가관행이 다양하게 나타난다고 설명한다. 그러나 이 이론은 신생국이 관습법에 구속받는 이유를 설명하지 못한다(Akehurst).

2. 객관주의적 입장

관습법규는 국가에 의한 승인이나 수락과는 관계없이 국가를 구속한다는 주장이다. 이 견해는 다수국가의 장구한 관행에 의하여 설정된 관습규범은 다른 국가의 태도 여하에 불구하고 구속한다는 논리이다(Kelsen, Basdevant). 이 이론은 관습법이 묵시적 형태의 조약이 아니라 별도의 법형식이라는 점을 강조하고 있다.

참고 집요한 불복이론(지속적 반대자 이론)

국제관습법의 효력범위와 관련하여서는 이른바 집요한 불복이론/지속적 반대자 이론(persistent objection)이라는 것이 있는바, 이는 관습법을 그 형성기부터 명시적으로 일관되게 반대해 온 국가에 대해서는 그 관습법이 적용되지 않는다는 이론이다. 1951년 영국-노르웨이 어업분쟁사건에서 인정된 바 있다. 물론 이러한 이론은 소위 강행규범에는 적용되지 아니한다. 강행규범은 기본적으로 국가에 대하여 그 준수 여부에 대한 선택권을 부여하지 않기 때문이다.

Ⅵ. 관습법의 법전화(성문화)

1. (성문)법전화(codification)의 의미

국제관습규칙을 체계적으로 분류, 정리하여 성문규칙의 법전으로 바꾸는 것이다(유). 유엔헌장(제13조)과 ICJ 규정은 '국제법의 점진적 발달'(progressive development of international law)과 '국제법의 법전화'(its codification)를 구별하고 있다. 전자는 '국제법에 의하여 규제되지 않은 문제, 또는 이에 관한 법이 국가의 관행에 있어서 아직 충분히 발달되지 않은 문제'에 대하여 조약안을 준비하는 것이고, 후자는 '이에 광범한 국가의 관행, 선례 및 학설이 존재하고 있는 분야에 있어서의 국제법규의 보다 정확한 정식화 및 체계화'를 시도하는 것이다.

■ UN헌장 제13조 1항 a(총회의 임무중 연구선도 및 권고의 대상): 정치분야의 국제협력 증진 및 국제법의 점진적 발달과 그 성문화의 장려.

2. 법전화의 역사

1) 18세기에 이미 벤담(Bentham)은 「국제법의 원리」(Principle of International Law)에서 국제법의 성문법전화를 주장하였다.

2) 1815년 비엔나국제회의에서 국제하천, 외교관의 등급 등에 관한 국제법규를 채택한 바 있다.

3) 1899년 및 1907년의 헤이그평화회의에서 성문법전화를 본격적으로 시도하였다. 특히 전시법분야에서 많은 결실을 맺었다.

4) 1930년 국제연맹의 주최로 Hague에서 개최된 국제법전편찬회의는 평시법분야, 즉 국적, 영해 및 외국인의 손해에 대한 국가책임의 문제를 토의했으나 국적문제에 관해 '국제법의 저촉에 관한 조약'을 채택하는 데 그쳤다.

5) 1947년 유엔총회에 의해 국제법위원회가 설치되었다.

6) 1949년 '조약법에 관한 보호에 관한 4개의 Geneva 협약'이 체결되었다.

7) 1958년 해양에 관한 4개의 Geneva 조약이 체결되었다.

8) 1961년 '외교관계에 관한 Vienna 협약'이 1963년 '영사관계에 관한 Vienna 협약'이 체결되었다.

9) 1969년 '조약법에 관한 Vienna 협약'이 체결되었다.

10) 1977년 위 전쟁희생자보호에 관한 Geneva 협약에 관한 '2개의 추가의정서'가 각각 채택되었다.

11) 1982년 '해양법협약'이 채택되었다.

12) 1986년 위 1969년 조약법에 관한 Vienna 협약과 유사한 '국제조직의 조약법협약'이 채택되었다.

3. 국제법위원회(International Law Commission: ILC)

1) 국제법위원회(ILC)는 1947년 11월 21일 헌장 제22조(총회의 보조기관설치)에 근거하여(유엔총회의 결의로) 총회의 보조기관으로 설치되었다.

2) 국제법위원회는 임기 5년의 34명의 위원으로 구성되어 있으며, ILC 에서 작성된 협약안이 협약으로 채택되기 위한 정족수는 위원회의 단순다수결과 총회에서의 3분의 2 이상의 다수결을 요한다.

3) ILC 는 주제가 선정되면 특별보고자(special rapporteur)를 선임하며, 특별보고자는 유엔사무국의 도움을 받아 구체적인 보고서를 작성한 다음, 이 보고서를 기초 토의를 하여 초안을 작성한다.

4. 국제법위원회 이외의 성문법전화 기관

유엔국제상거래법위원회(UNCITRAL), 외기권우주의 평화적 이용위원회(Committee on the Peaceful Use of Outer Space: COPUOS), 기타 수시적 국제회의(예: 유엔해양법협약).

제4절 법의 일반원칙

ICJ 규정 제38조 1항 c 호의 '법의 일반원칙'(general principles of law)은 재판준칙의 하나로서 조약 및 관습 다음으로 규정되어 있는데, 법의 일반원칙의 의미 및 그 법원성을 둘러싸고 많은 논의가 있다.

Ⅰ. 법의 일반원칙의 의미

다수설은 문명제국의 국내법(특히 국내사법)에서 공통적으로 인정되고 있는 일반원칙으로 이해하고 있다(이, 이).

Ⅱ. 법의 일반원칙의 법원성

1. 긍 정 설

1) 페어드로스에 의하면, 국제사법재판소규정 제38조 1항 c 호는 자연법을 국제법에 도입한 것으로 보고 그 법원성을 인정한다.

2) 위 제38조 규정의 연혁에 비추어 보거나, 규정 제38조 1항이 '재판소의 임무는 제기된 분쟁을 '국제법'에 따라 해결하는 것으로 다음을 적용한다'고 규정한 다음, '법

의 일반원칙'을 나열한 점에 비추어 그 법원성은 당연히 긍정된다고 한다(유).

2. 소 극 설

1) 소극설은 주로 법실증주의자들에 의하여 주장되는 견해로서 법의 일반원칙은 국내법에 불과할뿐더러, 국가간의 구속력의 근거는 명시적 합의(조약) 또는 묵시적 합의(국제관습법)에 국한된다고 할 것이므로 법의 일반원칙은 법원이 아니라고 한다.

2) 국제사법재판소규정 제38조는 재판규범으로서 법의 일반원칙을 규정한 것에 불과하며, 이는 제38조 2항에 따라 '형평과 선'에 의하여 재판을 한다고 하여 당해 '형평과 선'을 국제법이라고 할 수는 없는 것과 마찬가지라고 한다.

Ⅲ. 법의 일반원칙의 기능

법의 일반원칙은 국제법규의 흠결로 인한 재판불능(non liquet) 방지와 법관의 자의적 판단 방지라는 두 가지 기능이 있다.

Ⅳ. 적용순위

법의 일반원칙은 당사자의 합의에 의한 청구가 없어도 ICJ 의 규정상 당연히 적용되며, 이 원칙의 적용순위는 조약과 관습의 다음이 된다.

Ⅴ. 법의 일반원칙의 구체적 적용례

1) 지금까지의 재판소가 적용한 몇 가지의 원칙을 분석, 정리하면 첫째는 기판력의 원칙, 선결적 항변의 원칙 등과 같이 절차규칙, 둘째는 신의성실의 원칙, 권리남용의 금지 및 불법행위에 대한 배상책임과 같이 일반적인 성격을 띤 실체규칙에 관한 일반원칙을 포함한다.

2) 그러나 PCIJ 및 ICJ 판결에서 중요한 역할을 수행하지 못해 중요성이 다소 약해지고 있다.

판례 법의 일반원칙을 적용한 사례

(1) 연체이자의 원칙
PCA는 러시아배상금사건(1912년)에서 채권자가 채무자에게 원금변제의 연기를 허용하는 경우에 연체이자에 대한 유보를 하지 않으면 그 권리가 소멸한다고 하였다.

(2) 대위의 원칙
PCIJ는 마브로마티스사건(1924년)에서 대위의 원칙을 인정하였다.

(3) **의무위반에 대한 배상책임**

PCIJ는 호르조공장사건(1928년)에서 어떠한 약정위반도 배상의무를 수반하는 것이 국제법의 원칙이며, 법의 일반적 개념이라고 하였다.

(4) **신의성실의 원칙**

역시 호르조공장사건에서 재판소는 자기의 불법행위에 의하여 상대방의 의무이행이 방해되었을 경우에는 그 불이행을 책할 수 없는 것이 일반적으로 승인된 원칙이라고 판시하였다.

(5) **형평의 원칙**

PCIJ의 허드슨 판사는 뮤즈강수로변경사건(1937년)에서 영미법상의 형평법의 원리를 일반원칙으로 적용할 수 있다고 하였다.

(6) **권리남용금지의 원칙**

ICJ의 알바레즈 판사는 영국-노르웨이어업사건(1951년)에서 각국이 자기 영해의 범위 및 그 기산방법을 자유로이 결정할 수 있으나 권리남용 등에 해당하지 않아야 한다고 판시하였다.

(7) **금반언(estoppel)의 원칙**

ICJ는 프레아 비히어사원사건과 노테봄사건에서 금반언의 원칙을 적용하였다.

참고 국제법의 일반원칙(general principles of international law)

법의 일반원칙과 구별하여야 할 개념으로서 국제법의 일반원칙이 있다. 이는 합의의 원칙, 국가주권의 평등, 합의의 법적 구속력, 국내문제불간섭, 해양자유 등 여러 국제법규에서 발견되는 추상적인 원칙들을 가리키는 개념으로서 그 연원이 조약이든 관습이든 혹은 법의 일반원칙이든 상관없다. 국제법의 일반원칙들 중 일부는 최근에 강행규범이라는 이름으로 주목받고 있다(Brownlie).

제5절 판례와 학설 — 보조수단

I. ICJ규정

ICJ 규정 제38조 1항 d 호는 재판소로 하여금 재판상의 판결과 가장 우수한 학자의 학설을 무엇이 법의 규칙인가를 결정하기 위한 보조수단(subsidiary means)으로서 사용할 것을 규정하였다.

Ⅱ. 의 의

1) 판례는 국제판례, 국내판례를 모두 포함한다. 특히 ICJ 의 판결 및 권고적 의견, 중재재판의 판결, 그리고 유럽사법재판소(ECJ)의 판결이 중요하다. 판례의 기능으로 법규인정의 기능, 법규형성의 기능, 교섭의무명령의 기능을 드는 학자도 있다(이).

2) 학설은 국제법 발달의 초기보다는 상대적으로 영향력이 감소하였으나 ILC 의 의견과 같이 공신력 있는 기관을 통한 학자 및 전문가의 공통된 의견 개진은 상당한 영향력을 갖는다.

Ⅲ. 법 원 성

통설, 판례는 법원성을 부정한다.

제6절 형 평

Ⅰ. 의 의

형평은 실정법규의 기계적 적용이 현실적 필요와 사회적 상당성·합리성에 부합하지 않는 경우 분별 있는 법적용을 위해 적용되는 기준이다.

Ⅱ. 형평 개념의 구별

형평이라는 개념은 여러 가지의 의미를 지닐 수 있는데 ICJ 규정 제38조 2항에 나온 '형평과 선'은 국제법원의 판례에서 종종 이용되는 형평원칙과 다른 개념임을 유의해야 한다. 두 가지 개념의 형평 모두 독자적 법원(法源)이 아니다.

1) 국제판례에서의 형평: 북해대륙붕사건에서의 형평성 원칙, 영국-아이슬란드 어업관할권사건에서의 형평성 있는 해결원칙, 부르키나 파소-말리사건에서의 국경수역 획정상 형평원칙(실정법 내의 형평) 등 대다수 국제판례의 형평 개념은 제38조 2항의 형평이 아니라 제38조 1항 (c) 법의 일반원칙에 포함된다(Brownlie). 경우에 따라서는 국제관습법에 속하는 개념으로 인정되기도 하였다.

2) ICJ 규정 제38조 2항: ICJ 규정 제38조 1항은 조약, 관습법, 법의 일반원칙, 판결과 학설 등을 재판소의 준거법으로 나열하고 있으며, 이어 2항에서 "이 규정은 당사자가 합의하는 경우에 재판소가 형평과 선에 따라(ex aequo et bono) 재판하는 권한을

해하지 아니한다"라고 규정하고 있다.

여기서 형평과 선은 당사국의 동의 하에 실정법을 배제한다는 것으로서 equity contra legem(실정법규에 반하는 형평)에 해당한다.

■ 두 가지가 구별되는 개념임은 분명하지만 아직 그 용어법이 완전히 확립된 것은 아니어서 일부 국제법 관련문서에서는 둘을 동의어로 사용하는 경우도 있다 (Brownlie).

Ⅲ. 형평과 선에 따른 재판권한

1) PCIJ 와 ICJ 의 판례 중에는 제38조 2항이 적용되어 형평과 선에 따라 내려진 판결이 없다.

2) PCIJ 와 ICJ 에서 제38조 2항의 형평과 선에 따른 재판은 당사자들의 명백한 동의에 의해서만 가능하다. 이는 해당 분쟁에서 올바른 결론을 도출하기 위하여 재판부에 전적으로 재량권을 부여하는 것이다.

제7절 국제기구의 결의

Ⅰ. 국제기구결의의 의의

국제기구의 합의체적 기관이 행하는 일방적 법률행위를 대체로 결의(resolution)라는 용어로 표시한다. 국제기구의 일방행위 중 가장 발달되어 있는 형식은 유럽공동체의 입법행위 중 규칙(regulation)과 지침(directive)이다. 따라서 이들을 제외하면, 국제기구의 일방행위인 결의에는 권고(recommendation)와 결정(decision)이 가장 일반적이다(유).

Ⅱ. 법적 성질

주로 유엔총회 결의의 법적 성질을 중심으로 검토되어 왔으며, 속성관습법의 인정 여부에 관한 논의와도 관련이 있다.

1. 국제조직의 결의

1) 유엔총회의 권고적 결의는 원칙적으로 법적 구속력을 갖지 않는다. 그러나 전원일치나 압도적 다수로 채택된 것이 있는데(예컨대, 식민지독립부여선언, 우호관계원칙선언, 천연자원에 대한 영구주권선언 등), 이들에 대해

서는 법적 구속력을 인정하여야 한다는 주장이 제3세계의 국가들에 의하여 주장되고 있다. 이들 중에는 기존의 국제관습법을 확인하거나 국제관습법 형성에 기여하는 경우가 많으며, 새로운 조약 형성에 지대한 영향을 미치기도 한다.

2) ICJ 의 판례 중에도 1975년의 서부사하라지위에 관한 권고적 의견(유엔의 제국과 제인민에 대한 식민지독립 부여에 관한 선언) 및 1971년의 Namibia 사건에 관한 권고적 의견 등에서 유엔총회의 결의에 법적인 구속력을 인정할 수 있는 여지가 있다는 입장을 밝힌 바 있다(제4장 제6절 Ⅳ의 인민자결권 부분 참고).

3) 그러나 현재는 조약·관습과 같은 hard law 적인 의미에서의 법적 구속력은 인정될 수 없다는 것이 다수의견이다.

2. 결 정(決定)

국제기구는 또한 일정한 경우에 법적 구속력을 갖는 일방행위를 할 수 있다. 이에는 UN 총회의 예산 등 내부의 운영에 관련된 결정(자기규범적 결정)과, 유엔안전보장이사회의 강제조치결정권 및 당해 사건에 관한 ICJ 의 판결(타인규범적 결정) 등을 들 수 있다(유). 그러나 이들은 대부분 설립협정 자체에서 이미 규정하고 있는 권한의 행사라는 점에서 '국제기구의 결의의 법원성'이라는 전통적인 논의의 범위를 벗어나는 것이다.

참고 연성법(soft law)

1) 의 의: 국가에 대한 구체적이고 직접적인 의무부과가 아직 어려운 분야에서 먼저 권고적 지침으로서의 기능을 하는 국제규범을 가리킨다.
2) 생성배경: 국제환경법, 국제경제법, 국제인권법 등과 같은 새로운 분야에서 자국의 주권에 대한 구체적인 제한을 피하려는 국가들의 자발적인 협력을 이끌어내기 위한 입법노력의 산물이다.
3) 유 형: 국제사회에서 soft law는 실로 다양한 형식을 띠게 된다. 때로는 결의, 선언, 가이드라인, 지침 등 다양한 명칭을 띠게 되며, 때로는 조약의 형식을 취하는 경우도 있다. 조약의 형식을 띠는 경우 그 규정내용이 매우 막연하여 조약의 당사자들에게 구체적인 권리·의무를 부여하는 것으로 보기 힘든 상황이 대부분이다.
4) 법적 성질
   ㈎ 조 약: 기후변화협약, 1966년의 '경제, 사회, 문화적 권리에 관한 규약'(A규약)과 GATT 제4부(무역과 개발) 등을 들 수 있는바, 이들은 그 의무가 추상적으로 되고 있거나 목표달성을 위한 추가적인 조치를 요구하는 데 그치고 있거나 또는 의무는 구체적이나 많은 예외를 인정하는 경우 등으로 일반적인 조약에 상응하는 법적 구속력은 인정되지 않는다.
   ㈏ 결의(선언 등): 후자의 예로는 천연자원의 영구주권결의, 국가 간 우호협력관계에 관한 선언과 리우선언 등을 들 수 있는바, 이러한 국제기구의 결의들의 법적 구속력은 전술한 국제기구의 결의 부분 참조.
5) 결 어: soft law는 법이 창조되는 중요한 전 단계이고, 관습법의 형성에 불가결한 "법적 신념"이 국제사회의 각 국가간에 축적되고 있음을 보여주는 유력한 증거로서 '응고과정에 있는 법'이라고도 불린다. soft law는 엄밀한 의미에서 국제입법과정의 산물은

아니지만 준입법과정에 속한다고 보는 것이 국제법질서의 현상에 대한 현실적 인식이 라고 볼 수 있다(이).

제8절 유럽공동체의 입법행위

Ⅰ. 유럽공동체 입법행위의 일반론

1. 유럽공동체 입법행위의 의의

유럽공동체의 법원은 일차적 법원과 이차적 법원으로 나누어 볼 수 있다. 일차적 법원이란 EC 의 설립조약과 부속조약들이다. 예컨대, 1951년 ECSC 설립조약, 1957년 EC 설립조약(로마조약)과 Euratom 설립조약, 1986년 단일유럽법(Single European Act), 1992년 마스트리히트조약(EU 조약), 1997년 암스테르담조약, 2007년의 리스본 조약 등이 그것이다(정인섭 외).

반면에 이차적 법원이란 위 일차적 법원에 기초하여 EC 입법기관에서 직접 제정하는 법규정으로서 EC 의 공동체 입법행위(legislative act)라고 한다. 또한 이차적 법원에는 유럽사법법원(ECJ)의 판결도 포함되는 것으로 이해되고 있다. 이는 국가간 체제의 다자조약체결과는 달리 객관적 입법기관이 제정하는 규범이라는 점에서 국내입법절차와 상당히 근접하고 있다.

2. 유럽공동체의 입법기관

유럽공동체의 입법권한은 기본적으로 이사회와 위원회에 있다. 의회는 주로 권고적이고 감독적인 권한을 행사하는데, 그렇다고 의회가 공동체 입법과정에서 완전히 배제된 것은 아니며 입법과정에 대한 일정한 참여권을 갖고 있다.

3. 공동체 입법행위

이사회와 위원회는 로마조약에 근거하여 규칙(regulation), 지침(directive), 결정(decision), 권고(recommendation), 의견(opinion)을 발할 수 있다. 이러한 공동체 입법행위 중 규칙·지침·결정은 법적 구속력이 있으나, 권고와 의견은 법적 구속력이 없다.

4. 법적 성질

일차적 법원이든 이차적 법원이든 모든 공동체법이 회원국 국내법보다 우선한다는 '공동체법 우위의 원칙'이 적용된다. 이 원칙을 명시적으로 직접 규정한 조항은 없으나 ECJ 의 판례에 의해 일관되게 확립되어 왔다. 또한, 공동체법은 국제법도 아니고 국내법도 아닌 독자적 법질서를 형성한다고 본다(정인섭 외).

Ⅱ. 법원성 있는 2차적 법원

1. 규 칙

규칙(regulation)은 일반적으로 적용되며 도달할 결과뿐만 아니라 그 도달방법도 규정되어 있으므로 모든 요소에 있어서 법적 구속력을 가지며, 회원국 내에서 별다른 입법조치 없이 직접 적용된다(유).

2. 지 침

지침(directive)은 도달할 결과에 대해서만 법적 구속력을 가진다. 따라서 회원국들은 그 도달방법의 선택에 있어서 자유를 가진다.

3. 결 정

결정(決定, decision)은 일반적이 아니라 개별적으로 적용되며 도달할 결과 및 그 방법에 있어서 모두 법적 구속력을 가진다. 따라서 규칙과는 일반적으로 적용되느냐 개별적으로 적용되느냐 하는 점만 다를 뿐 나머지 점은 동일하다. 결정은 이유를 명시하여 대상자에게 통보하여야 한다.

Ⅲ. 법원성 없는 2차적 법원

1957년 로마조약 제189조는 위 법원성 있는 이차적 법원 이외에 법적 구속력이 없는 권고(recommendation)와 의견(opinion)을 규정하고 있는데, 이들은 법적 구속력이 없는 관계로 완전한 입법행위는 아니나 실제로 EC 의 정책을 형성하고 집행하는 데 중요한 영향을 미치고 있다.

Ⅳ. 유럽연합의 발전

2007년 12월 13일 서명된 리스본 조약은 유럽연합의 통합을 더욱 가속화하고 유럽이사회 상임의장(흔히 EU 대통령이라고 번역되기도 함) 및 외교 안보정책 고위대표(흔히 EU 외무장관이라고 번역되기도 함)를 선출하는 것을 그 골자로 하고 있다. 이 조약은 2009년 12월 1일 발효하였고, 그 결과 그간 유럽연합의 법인격을 구성하고 있던 European Communities 가 European Union 으로 바뀌게 되었다(이전에 불리워지던 European Union 은 일반적인 명칭이었으며 법적인 명칭은 아니었음). 이에 따라 각종 국제기구에서 국제법적 법인격을 갖는 유럽연합의 명칭도 이 시점부터 European Union 으로 바뀌게 되었다. 가령 WTO 에서도 이 시점을 기준으로 유럽연합의 공식 명칭이 EC 로부터 EU 로 변경되었다.

제3장 | 국제법의 주체

제1절 국 가 / 제2절 국제기구

국제법의 대표적인 주체로는 역시 국가를 들 수 있으며, 국제기구도 상대적으로 제한적이기는 하나 점차 활발한 국제법의 주체로서 활동하고 있다. 개인의 국제법적 주체성은 가장 불완전하며 개인은 오로지 특정 영역에서만 제한적인 국제법 주체성을 보유할 뿐이다. 그러나 국제인권법의 발전으로 인해 개인의 권리는 현대국제법의 가장 중요한 분야라고 할 수 있을 것이다. 본서에서는 설명의 편의상 개인문제를 별도의 장으로 떼어 내어 검토한다. 여기서는 국가승인과 정부승인, 국가의 권리(자위권과 국내문제불간섭), 그리고 국제기구(UN 중심)의 권한과 의사결정 등을 중점적으로 파악해야 할 것이다.

제1절 국 가

Ⅰ. 국가의 성립과 승인

1. 국가의 성립요건

1) 국가가 성립하기 위해서는 국민, 영토, 정부, 주권 내지 독립이라는 네 가지 요소가 필요하다(유).

2) 국가의 권리와 의무에 관한 몬테비데오협약 제1조는 국가의 자격요건으로서 (i) 항구적 인구, (ii) 한정된 영토, (iii) 정부, (iv) 다른 국가들과 관계를 맺을 수 있는 능력이라는 네 가지를 열거하고 있다. 주권 내지 독립이라는 요소를 다른 국가들과 (외교)관계를 맺을 수 있는 능력으로 표현하고 있는 것으로 볼 수 있다(김, 김).

3) 국가가 성립하면 국내법상으로 법인격을 당연히 취득한다. 국제법상의 법인격이 인정되기 위한 요건은 국가의 승인 부분을 참고.

참고 정부 없는 영토

정부 없는 영토는 국제법상 국가는 아니나 무주지(terra nullius)도 아니다. 1975년 ICJ의 서부사하라사건에 관한 권고적 의견에서 사회적·정치적 조직을 가진 종족의 영토는 무주지가 아니라고 하였다.

2. 국가의 승인(recognition of state)

(1) 의 의

기존국가가 새로 성립한 국가를 국제법주체로 인정하는 단독행위이다. 국가의 승인은 신생국이 성립되는 경우에 있게 된다. 신생국이 성립되는 경우로 분리·독립, 분열(secession), 합병(fusion, uniting), 신국가 수립 등이 있다. 병합(annexation)의 경우는 신생국이 성립되지 않으므로 국가승인 대상이 아니다.

참고 승 인

국가의 승인에 앞서, 국제법에서 '승인'이 일반적으로 가지는 의미를 생각해 볼 필요가 있다. 원칙적으로 어떤 국가의 행위가 국제법의 기준에 부합한다면 굳이 타국의 승인이 없더라도 그 자체가 적법하다. 즉, 타국의 승인은 원칙적으로 행위의 적법성의 요건이 아니다. 하지만 국제법은 그 본질적인 특성상 객관적으로 적용되어야 할 기준이나 원칙이 무엇인지 불확실한 영역을 많이 포함하고 있다. 이런 경우 타국의 승인(혹은 그 반대로 '항의')은 불분명한 영역에서의 적법성 여부 판정에 상당한 의미가 있는 보충적 역할을 할 수 있게 된다(Brownlie). 그러므로 국제법에서는 '승인'행위가 여전히 중요한 판단요소로 간주되고 있다.

(2) 연 혁

국가승인제도는 미국 및 라틴아메리카 여러 각국이 독립하기 시작한 18세기 말에서 19세기 초에 발달하였다.

(3) 법적 성질

㈎ 창설적 효과설

a) 내 용: 승인의 본질을 창설적으로 보는 견해로서 신국가는 국제법 형성에 참가하지 않았으므로 승인에 의해서만 사실적 존재가 법적 존재로 승격한다고 한다.

b) 비 판: (i) 미승인국의 영토와 독립도 침해되어서는 안 된다는 점을 설명할 수 없다. (ii) 미승인국은 전쟁에 돌입하여도 중립의무 등 불법행위를 하지 않을 의무가 있다는 점을 설명할 수 없다. (iii) 미승인국의 영토는 선점의 대상이 될 수 있다는 난점이 있다. (ⅳ)그 밖에 법률만능주의라는 비판과 제국주의적 이론이라는 반론이 있다.

㈏ 선언적 효과설

a) 내 용: 승인의 본질을 확인적 내지 정치적인 제도로 보는 견해로서 국가는 국내법으로 성립하기만 하면 기존국가의 주관적 승인 여부에 관계없이, 즉 객관적인 국제법 자체의 작동으로, 국제법적 주체성이 인정된다고 보는 견해이다. 1933년 국가의 권리와 의무에 관한 몬테비데오협약 제3조는 국가의 정치적 존재는 타국의 승인과 무관하다고 규정하고 있다.

b) 비 판: (i) 신국가가 분리·독립할 때 승인이 없다면 기존국가와 법적 지위상의 혼란이 초래된다. (ii) 사회적 현상인 국가의 성립과 국가의 승인제도를 혼동하고 있다.

㈐ 소 결: (i) 오늘날에는 일반적으로 국가승인이란 상대적으로 법적인 의미보다는 정치적인 의미를 띠는 제도로 인식하고 있다(선언적 효과설). (ii) 또한 국가승인은 재량적 단독행위로서 기존국가는 승인의무가 없다.

■ 즉, 신생국을 승인해야 할 법적 의무는 없다.

(4) 요 건

㈎ 국내법상으로 국가가 성립할 것과 대상국가가 국제법 준수의 의사와 능력을 가져야 한다.

■ 국가승인의 요건은 결국 국가성립의 요건을 의미하는 것인데 국제법 준수 의사와 능력은 국가성립의 결과이므로 국가성립 자체의 요소라고 보기 어렵다는 강한 비판도 있다(Brownlie).

㈏ 아직 국가로서의 요건, 즉 승인의 요건을 갖추지 못한 채 덜 분리독립된 신생국에 대해 국가승인을 하는 것은 이른바 '상조(尙早)의 승인(premature recognition)'으로서 이는 본국에 대한 내정간섭으로 받아들여질 소지가 있다.

참고 스팀슨주의(Stimson Doctrine)

불승인주의라고도 하는 것으로 1932년 당시 미국무부장관이었던 Stimson은 부전조약에 위반하는 방법으로 성립한 만주국을 승인하지 않을 목적으로 동 원칙을 주장하였다. 이 원칙은 미국의 정책을 표시한 것에 불과하며, 국제법상 일반원칙은 아니다.

참고 불승인의무

스팀슨주의는 일반국제법규가 아니었으나 1970년 UN총회에서 채택된 국가간 우호관계 및 협력에 관한 국제법원칙 선언 등에서는 무력의 위협 또는 무력 사용으로 초래된 어떠한 영토취득도 합법적인 것으로 승인되어서는 안 된다고 천명하였다. 현대국제법은 UN헌장상의 무력사용금지 원칙을 하나의 강행규범으로 인정하고 있으므로 그 논리적 귀결로서 '무력에 의한 영토취득'에 대해서는 승인해서는 안 된다는 '불승인의무'가 국제법상 확립된 원칙이라고 할 수 있다(김대순).

(5) 방 법

㈎ 법률상 승인과 사실상 승인

a) 법률상 승인(de jure recognition): 모든 승인요건을 갖춘 경우에 행하는 것으로

승인이란 보통 법률상 승인을 말한다.

b) 사실상 승인(de facto recognition): (i) 그 대상이 되는 실체의 실효성에 비추어 법률상의 승인과 사실상의 승인으로 구별할 수 있다. 사실상 승인은 사실상의 국가(정치적으로 보아 잠정적인 실체)에 대한 승인을 말한다. 법률상 승인과 마찬가지로 법률적 행위이다. 그러나 일반적으로 보아 사실상 승인과 법률상 승인의 구별은 (국가승인이 아니라) 정부승인의 경우에 주로 발생한다고 할 수 있다. (ii) 법률상 승인과의 차이는 효과면에 있는 것이 아니라 그 성격이 일시적이고 잠정적이며, 외교 및 조약관계도 비공식적이라는 데 있다. (iii) 따라서 승인은 일반적으로 철회할 수 없으나 사실상 승인은 철회할 수 있다는 특징이 있다.

참고 사실상 승인과 상조의 승인

양 제도는 혼동하기 쉬우나 상조의 승인은 국가승인방법의 일종이 아니라 국가승인의 요건을 갖추지 않아 법적으로는 무효인 데 반하여, 사실상 승인은 그 법적 효과가 인정되는 승인방법의 일종이라는 점에서 존재의 평면을 달리한다.

㈏ 명시적 승인과 묵시적 승인

a) 명시적 승인: 승인의사를 명시하는 방법으로 국가의 일방행위로 행하는 선언, 통고 등을 들 수 있으며 국제회의의 결의로서 행하기도 한다.

b) 묵시적 승인: (i) 묵시적 승인은 승인의 의사를 간접적으로 표시하는 것으로 신생국과 외교사절의 교환, 포괄적인 양자조약의 체결, 신생국의 국기의 승인 등의 방법으로 행해진다. (ii) 영사의 파견, 접수는 묵시적 승인이 되지 않으나, 신생국이 파견한 영사에게 인가장(exequatur)을 발급하거나 또는 자국 영사의 인가를 요구하는 것은 묵시적 승인으로 인정된다. (iii) 그러나 다자조약에 함께 가입하거나 국제회의에 함께 참석하는 행위, 범죄인의 인도, 반란단체와의 교섭, 보상금 지급, 임시사절의 파견 및 접수, 통상교섭행위나 통상대표부 설치 또는 무역사절단 교환, 비자 발급, 주요 현안에 대한 공식 또는 비공식 접촉 유지, 불승인의사를 명백히 한 상태에서의 양자조약 체결 등은 묵시적 승인에 해당하지 않는다(순).

㈐ 개별적 승인과 집단적 승인

a) 개별적 승인: 개별적 승인은 개별국가가 행하는 것이다.

b) 집단적 승인: 다수의 국가가 일반적으로 국제조직을 매개로 하여 신국가에 대하여 집단적으로 행하는 승인이다(이, 이).

c) 신생국의 유엔 가입은 기존 회원국들에 의한 집단적 승인인가에 대하여 논란의 여지가 있으나 국제기구 가입과 국가승인은 별개의 문제라고 보며, 국제기구 가입은 위에서 언급한 다자조약 가입처럼 묵시적 승인으로 인정되지 않는다(순).

㈑ 무조건승인과 조건부승인: 승인은 무조건적인 것이 보통이나, 때로는 조건부승

인(부담부승인)을 하는 경우도 있다. 그러나 후자의 경우 그 조건이 이행되지 않아도 승인의 효력 자체에는 아무런 영향이 없다.

(6) 효 과

(가) 특 성: 국가승인의 효과는 상대성, 소급성(Luther v. Sagor Case), 철회불가능성(사실상의 승인은 예외)이라는 세 가지 특징이 있다. 여기서 소급성의 의미는 특정 국가가 국제법상 국가성립의 요건을 모두 충족한 이후 다른 국가가 이 국가를 승인하였다 하더라도 그 승인의 그 법적 효과는 실제 그러한 요건을 충족하였던 과거의 시점으로 거슬러 올라간다는 의미이다. 이는 논리필연적 원칙이라기보다는 영미법원의 판례를 통해 국내법률적용과 관련 분쟁 해결의 편의에 주안점을 두고 도입된 개념이다.

■ 외교관계의 단절은 승인의 철회를 의미하는 것은 아니다.

(나) 일반적 효과: 국가승인으로 피승인국은 국제법적으로 국가성립이 확인되며(선언적 효과설의 입장), 보통 외교관계를 수립하고 조약을 체결하는 등 국제법상의 권리·의무관계를 설정할 수 있게 된다.

(7) 승인의 국내법상 효과

(가) 전술한 승인의 법적 효과에 관한 제반논의는 국제법적 차원에서의 논의에 불과하며, 국내법상으로 국가승인에 어떠한 효과를 부여할 것인지는 별개의 문제이다. 승인의 국내법상 효과에 대한 논의는 국가승인, 정부승인 모두 동일하게 적용되므로 편의상 이곳에서 설명한다.

(나) 이 문제에서 핵심적인 사항은 국가승인과 정부승인을 막론하고 일 국가의 행정부가 취한 고도의 정치적인 외교판단에 그 국가의 사법부가 기속되는지의 여부이다.

(다) 원칙적으로는 행정부가 행한 고도의 외교적 판단을 사법부가 수용하는 것이 바람직하다. 이는 결국 어떤 국가 또는 정부에 대한 '자국행정부의 승인행위의 존재여부'에 따라서 그 국가의 사법부가 당해 재판에 관련되어 있는 국가 또는 정부의 국내법상의 취급을 달리하는 것이므로 국내법상의 효과와 관련해서는 국제법상 효과와 관련하여 논의되는 창설적 효과설과 유사한 결과가 된다.

(라) 대체적으로 보아 영국과 미국의 사법부는 행정부의 외교행위를 존중하는 전통을 갖고 있으므로 창설적 효과설에 근거하고 있다고 볼 수 있다. 다만 미국의 법원은 일부영역에 있어서 독자적인 판단을 하는 경우도 있는데, 제소권을 제외한 다른 문제들에 대해서는 대체로 선언적 효과설에 따라 국무부의 승인행위가 없는 국가나 정부에 대해서도 일반적으로 승인받은 국가나 정부와 유사한 취급을 하기도 한다.

3. 정부의 승인(recognition of government)

(1) 의 의

㈎ 국내법상 비합법적 수단에 의해 교체된 정부에 대해 타 국가가 신정부를 그 국가의 대외적 대표기관으로 인정하는 단독행위를 말한다(이, 이).

㈏ 국가는 정부변경에도 불구하고 계속 존재한다(국가계속성의 원칙). 따라서 정부가 변경되어도 국가의 국제법적 주체로서의 지위는 변함이 없으며 기존 정부에 귀속되던 권리와 의무와 국가책임도 그대로 지속된다.

■ 제2차대전 이후 수립된 독일과 이탈리아의 신정부가 과거 나치정부와 파시스트정부의 불법행위에 대해 배상한 것도 이 때문이다.
■ 마찬가지로, 반란단체가 기존 정부를 전복한 경우, 그 신정부(반란단체)는 기존 정부의 권리와 의무와 국가책임을 그대로 승계한다.

㈐ 정부승인은 그 국가의 대표자격자가 누구인가에 관하여 이를 인정할 것인가 하는 문제이므로 국가승인과는 다르다.

(2) 요 건

㈎ 일반적 사실상의 정부: 신정부가 승인을 받으려면 국가의 전 영역에서 현실적으로 자주적 권력을 행사하고 있어야 한다.

■ 정부승인은 일반적 사실상의 정부에 대해서만 행해지고 교전단체의 승인은 지방적 사실상 정부에 대해서 행해진다(기).

㈏ 국가를 대표할 의사와 능력: 국가를 대표할 의사와 능력을 가진다는 것은 그 국가가 신정부의 수립 이전부터 갖고 있던 국제법상의 권리·의무(채무)를 계승하여 이행하는 것이다.

참고 토바르주의와 에스트라다주의

정통적인 헌법절차에 의한 정부변경 절차를 거치지 않은 경우 승인하지 않겠다는 입장을 정통주의(합헌주의)라 할 수 있으며, 그러한 요건을 요구하지 않고 쿠데타, 혁명 등에 의해 수립된 타국 신정부를 그대로 인정해주는 것을 사실주의라고 부를 수 있다. 정통주의는 'Tobar주의' 또는 'Wilson주의'라고도 하며, 사실주의는 'Jefferson주의' 또는 'Estrada주의'라고도 한다. 사실주의(에스트라다주의)는 내정간섭을 방지하려는 것으로서 해당 국가의 실효적인 정부로서 사실상 확립되었으면 그 정부의 정통성이나 합법성을 따지지 않고 정부승인을 해주는 것이다.

참고 티노코 양허(Tinoco Concessions) 중재사건(영국 V. 코스타리카, 1923년)

코스타리카에서 쿠데타로 잠시 정권을 잡았던 티노코정권이 물러나고 다시 구정부가 통치권을 회복하면서 티노코정권이 외국인과 체결한 모든 계약을 무효화하는 법률이 제정되었다. 영국정부는 티노코정부를 승인하지 않은 상태였다. 상기 법률로 영국과 코스타리카 간의 분쟁이 발생하고 이를 해결하기 위해 중재재판이 열리게 되었다. 중재재판관 태프트(Taft)는 정부 불승인이 사실상 주권의 확립 여부가 아니라 정통성이나 합법성에 의해서 이루어졌다면 그 불승인의 법적 효과는 증거로서의 가치를 일부 상실하게 된다고 지적하였고 티노코정부는 사실상 정부로서의 요건을 갖추었다고 인정하였다. 결국 사실상의 정부가 확립되었다면 타국의 불승인에 무관하게 그 정부의 행위는 국가를 구속하므로 티노코 정권의 계약체결은 여전히 코스타리카를 구속한다고 하였다. 티노코 중재판결은 정부나 국가승인의 창설적 효과설이 아닌 선언적 효과설을 인정한 것이며 또한 간접적으로 사실주의를 확인한 판결이라고 볼 수 있다.

(3) 방법 및 효과

방법 및 효과는 국가승인과 거의 동일하다. 효과면에서 국가승인과 차이가 나는 점은 정부승인의 효과로서 국가의 대표자격이 인정된다는 것과 구 정부의 조약상의 권리·의무가 승계된다는 점이다.

(4) 정부승인제도의 타당성

㈎ 전통적인 견해는 국가승인제도에 대한 정부승인제도의 인정근거로서 국가계속성의 원칙을 들고 있다. 그러나 국가계속성의 원칙의 의미는 국가의 구성요소 중의 하나인 정부요소의 존재를 긍정하는 것이므로 동 원칙이야말로 정부승인제도의 존재이유를 상실하게 하는 유력한 논거라는 견해가 있다(유).

㈏ 정부승인제도는 결국 국가의 독립성을 저해하는 내정간섭의 여지가 있으므로 이를 인정해서는 안 된다는 멕시코의 외무장관 Estrada 의 비승인주의에 입각한 견해가 유력하며 현재의 국가실행도 미국과 영국을 포함하여 상당수의 국가들이 명시적 정부승인제도를 이용하지 않고 있다.

4. 교전단체의 승인(recognition of belligerency)

(1) 의 의

본국정부 또는 제3국이 내란중 반도가 지방적 사실상의 정부(local de facto government)를 수립한 경우에 이들 반도를 국제법상의 전쟁주체로 승인하는 행위를 말한다.

■ 교전단체의 승인의 법적 성질은 창설적이며 재량적인 것으로 보는 것이 일반적이다(이, 이).

(2) 제도적 취지

㈎ 본국정부로서는 면책, 제3국으로서는 자국민의 권익보호에 동 제도의 취지가 있다.

㈏ 반도와 중앙정부 사이의 투쟁을 '국제법상의 전쟁에 준하는 것'으로 취급하여 그 잔학성을 감소하려는 데 또한 그 취지가 있다.

(3) 요 건

㈎ 무력반란이 발전되어 내란이 국제전쟁의 수준에 달해야 한다.

㈏ 합법정부를 상대로 싸우는 반란군이 지방적 사실상의 정부를 수립하여야 한다(유).

■ 외국에 의한 승인은 본국정부에 대한 내정간섭의 소지가 있기 때문에 신중하여야 한다.

(4) 승인방식

㈎ 본국정부는 체포된 병사에 대하여 포로대우 등을 행함으로써 묵시적으로 승인하는 것이 보통이다.

㈏ 외국의 경우는 중립선언의 형식으로 명시적 승인을 하는 것이 보통이다.

(5) 효 과

㈎ 본국정부와 교전단체 사이에는 포로의 대우 등 전쟁법이 적용된다.

㈏ 외국은 양자에 대하여 중립국으로서의 권리·의무를 갖는다.

■ 1949년 Geneva 협약 제3조에 의하면 당사국의 국내에서 국제적 성질을 띠지 않는 무력분쟁에 조약의 일부가 적용된다고 규정하고 있으므로 교전단체의 승인 이전에도 전쟁법이 일부 적용된다.

5. 기타의 승인

(1) 반란단체의 승인(recognition of insurgency)

반란단체의 승인은 반란군이 아직 교전자 지위에 이르지 못한 경우 전쟁법규의 적용 등을 위하여 인정된 제도이다.

(2) 민족해방운동의 승인(recognition of national liberation movement)

㈎ 식민지해방의 권리는 민족자결권의 한 측면으로서 민족해방운동의 승인은 1960년 유엔총회결의 1541 등 수차에 걸친 결의와 다른 국제기구들에 의하여 광범위하게 인정된 제도이다(유).

㈏ 1993년 9월 자치권을 획득한 PLO 와 1990년 독립한 SWAPO 가 대표적이다.

Ⅱ. 국가의 형태

국가를 분류하는 기준으로 가장 중요한 것은 국가의 구성요소 중 네 번째 요소인 외교능력(대외주권)이다. 특히 각종의 국가결합에 의하여 외교능력의 유무 및 향유정도에 있어서 차이가 난다.

1. 국가의 결합형태

(1) 보호관계(protectorate)

보호국과 피보호국이라는 종속적 결합으로 보호조약에 의하여 보호국이 피보호국의 외교권을 행사한다.

(2) 주종관계

종주국(suzerain)과 종속국(vassal state)이라는 종속적 결합이나 보호관계와는 달리 주종관계가 종주국의 국내법에 의하여 정하여진다.

(3) 국가연합

국가연합(confederation)이란 둘 이상의 국가들이 구성국들 간의 평등을 기초로 국제법상 국가의 자격을 보유한 채 결합한 것이다(유).

참고 CIS

CIS(Commonwealth of Independent States)는 독립국가연합 또는 주권국가연합이라고도 불리며, 1991년 12월 8일 소련연방해체를 계기로 형성되었다. 독립국가연합의 출범은 국제적 협정을 통하여 이루어졌으며, CIS헌장 제1조는 회원국의 독립된 지위를 인정하고, 연합은 국가가 아니라고 명시하고 있다.

(4) 연방국가

㈎ 연방국가(federal states)는 국가연합과는 달리 구성국이 조약 또는 헌법에 의하여 사실적으로 결합하는 것이다(김, 김). 보통 연방 자신이 완전한 외교능력을 가지며, 구성국은 이를 갖지 않는다.

㈏ 연방국가는 그 구체적인 모습이 매우 다양하다. 연방국가로 분류될 수 있는 국가로는 미국, 브라질, 나이지리아, 스위스, 유고, 캐나다, 독일, 인도 등이 있다.

(5) 영연방(British Commonwealth of Nations)

㈎ 영국을 포함한 Commonwealth 의 구성국으로 성립되는 국가집단으로 특수한 국가결합의 형태이다(김, 김).

㈏ 연방국이 아닌 것은 분명하며 결성조약이나 일정한 중추기관도 없으므로 국가연합도 아니다.

㈐ 1926년 Balfour 보고서에서 새로운 체제를 다지고, 1931년 12월에 선언된 'Westminster 조례'에 의거하여 영국의 왕관을 공통의 상징으로 하여 결합된 국제법상 특수한 국가형태이다.

㈑ 구성국들 상호간에는 외교사절을 파견, 접수하는 것이 아니라 고등판무관(High Commissioners)을 파견한다.

㈒ 영연방의 모든 국민은 각기 자국국적과 영연방시민의 지위를 가진다.

㈓ 조약을 체결할 경우에 타 연방 각국에 사전통고할 의무가 있다.

(6) 특수국가

㈎ 영세중립국: (i) 원칙적으로 타 국가와의 조약에 의해 영구적으로 타 국가 간의 전쟁에 중립을 지키고 평시에도 자발적으로 전쟁에 휩쓸려 들어갈 위험한 행동을 하지 않을 의무를 지는 국가이다. (ii) 대표적인 영세중립국인 스위스는 1815년 비엔나 회의(Congress of Vienna) 의정서에 의하여, 오스트리아는 1955년의 중립에 관한 연방헌법과 이에 대한 여러 나라의 승인에 의하여 영세중립화되었다. (iii) 그 외에 바티칸 시국과 라오스가 영세중립국으로 거론되고 있으며, 벨기에와 룩셈부르크는 제1차대전 후 영세중립성을 상실했다.

■ 스위스는 유엔의 가입이 영세중립의무와 상치된다는 이유로 유엔에 가입하지 않고 ICJ규정 당사국이 되는 데 그쳤으나, 2002년 UN에 가입하였다. 오스트리아도 유엔에 가입하였다.

㈏ 바티칸시국(로마교황청): (i) 바티칸(Vatican)시국은 1929년 라테란(Lateran)조약에 의하여 영세중립국이 되었다. (ii) 외교사절을 파견, 접수하고 종교상의 문제에 관한 조약인 Concordat를 체결하는 등 완전한 국가이다.

Ⅲ. 국가의 기본적 권리 · 의무

1) 국가의 기본적 권리·의무가 무엇이냐에 대하여 학자들마다 다양한 견해가 존재하지만 현재까지 국제사회에서 가장 권위 있는 국제문서는 비록 법적 구속력은 없으나 1970년 UN총회에서 컨센서스에 의하여 채택된 '국제연합헌장에 따른 국가간의 우호관계 및 협력에 관한 국제법원칙선언'(Declaration on Principles of International Law Concerning Friendly Relations and Cooperation among States in Accordance with the Charter of the United Nations)이다.

2) 상기 1970년 선언은 UN 헌장의 목적(제1조)과 원칙(제2조)의 내용을 기초로 하여 작성되었으며 다음과 같이 7개의 원칙으로 구성되어 있다. (i) 무력행사의 금지, (ii) 분쟁의 평화적 해결의무, (iii) 국내문제불간섭의무, (iv) 국제협력의무, (v) 인민(민족)의 평등 및 자결권(equal rights and self-determination of peoples), (vi) 주권평등, (vii) 국제의무의 성실한 이행.

3) 본서에서는 종래의 표준적인 교과서에서 중시하고 있는 국가의 주권, 평등권, 자위권 및 국내문제불간섭의무에 대하여만 설명하기로 한다.

■ ICJ는 니카라과사건에서 자위권과 국내문제불간섭의무를 국제관습법상의 원칙으로 보고 있다.

1. 주 권

(1) 의 의

(가) 주권(sovereignty)이란 보통은 '대내적으로 최고이고 대외적으로 독립된 국가권력'을 의미한다(이, 이).

(나) 주권과 평등권의 주요한 파생적 원리로 영토와 자국민에 대한 원칙적인 배타적 관할권, 불간섭의무, 조약상의 의무가 국가의 동의에 의존한다는 것 등을 예시할 수 있는바, 이들 원칙들이 국제법의 근간이 되는 원칙들이다(Brownlie).

(다) 19세기에는 헤겔의 주권론에 영향을 받은 옐리네크에 의하여 정교화된 전통적인 주권론이 풍미하였다. 그 후 제1차대전 후 주권을 국제법에 의해 제한하려는 움직임이 뚜렷해져 갔다.

(2) 제 한

(가) 주권도 무제한적인 것은 아니며 국제법적 제한을 받는다.

(나) 국제조직의 다수결제도가 있는 경우에도 그 다수결에 반대한 회원국이 그 조직을 탈퇴할 수 있는 경우에는 주권을 침해하는 것은 아니다.

(다) 국제판결에 구속되는 것도 강제관할권이 없는 상황에서 당사국 스스로 그 재판절차에 참가한 것이므로 주권을 침해한다고 볼 수 없다.

(라) 프랑스헌법은 상호주의 유보하에 국제법에 의한 주권제한을 인정하고 있고, 독일은 무조건적으로 국제법에 의한 주권제한을 인정하는 헌법규정을 두고 있다.

2. 평등권(right of equality)

(1) 의 의

모든 국가가 평등하게 국제법상 권리·의무를 향유할 수 있는 권리를 말하는 것으로 국제법에서의 평등, 법 적용에서의 평등, 법 정립에서의 평등을 내용으로 하며 유엔헌장 제2조 1항에서도 규정되어 있다.

(2) 평등권과 국제조직

(가) 국제조직에서는 불평등한 대표제나 투표권을 인정하는 경우가 많은데, 이는 종래의 형식적·절대적 평등에서 실질적·상대적 평등으로 발전해 가는 것을 입증한다(이, 이).

(나) 예컨대, 유엔의 경우는 안전보장이사회의 상임이사국이 되는 자격과 거부권향유 등에서 극명하게 드러나며, 유엔전문기관 중에서도 IMF, IBRD 는 할당자금에 따라 투표권을 갖는다.

(3) 평등권과 주권면제이론

주권평등원칙에 기초한 이론으로 대표적인 것이 주권면제이론이다(김, 성)(주권면제 부분 참고).

3. 자위권(right of self-defense)

참고 유엔헌장 제51조(Article 51)

본 헌장의 어떠한 규정도 국제연합회원국에 대하여 무력공격이 발생한 경우(if an armed attack occurs against a Member of the United Nations) 안전보장이사회가 국제적 평화와 안전의 유지에 필요한 조치를 취할 때까지는 개별적 또는 집단적 자위의 고유의 권리를 저해하지 않는다(Nothing in the present Charter shall impair the inherent right of individual or collective self-defense). 이 자위권의 행사로서 회원국이 취한 조치는 즉시 안전보장이사회에 보고되어야 한다. 또 이 조치는 안전보장이사회가 국제적 평화와 안전의 유지 또는 회복을 위하여 필요하다고 인정하는 행동을 언제든지 취할 수 있는 헌장에 따른 권능과 책임에 대하여 아무런 영향을 주지 않는다.

(1) 의 의

㈎ 정당방위(self-defense, légitime défense)라고도 하며, 급박 또는 현존하는 위법한 무력공격에 대하여 부득이 필요한 한도 내에서 비례적 무력조치를 행함으로써 국가 또는 국민을 방위하는 실력행위를 말한다.

■ 종래에는 긴급피난(상대방의 위법행위가 없더라도 자국의 안전, 생명 보호 등을 위해 취하는 부득이한 조치)도 자위권에 포함시켜 논의하였으나 오늘날은 유엔헌장 제51조에 의거 상대국의 무력행사에 대해서만 자위권이 인정된다. (과거 긴급피난의 대표적 사례로 인용된 것은 1807년 덴마크 함대 사건이다)

㈏ 자위권은 국내사회에서와 같이 자력구제가 금지되고 나서야 비로소 의미를 갖게 되는데, 유엔헌장은 제2조 4항에 의하여 모든 무력행사를 금지하였으므로 자위권은 무력행사에 대한 위법성 조각사유로서 새로운 법적 의미를 갖게 되었다(김, 김). 오늘날 국제법상 자위권 행사의 기본근거는 유엔헌장 제51조이며 그와 함께 캐롤라인호 사건에서 언급된 내용들도 합리적인 범위 내에서 자위권의 요건으로 원용되고 있다.

참고 캐롤라인호사건(The Caroline, 1837년)

1) 사건경위: 캐나다에 반란이 일어났을 때 반군집단이 "캐롤라인"이라는 미국선박을 이용하여 무기 등을 운반하려고 하였는데, 이 사실을 알게 된 영국 정부가 위 선박이 기항하고 있는 미국 항구로 영국군을 파견하여 그곳에서 문제의 미국 선박을 방화하여 나이아가라 폭포 속으로 추락시킨 사건이다. 이로 인하여 약간의 미국인 사상자도 발생하였다. 미국은 영국이 영토를 침범했다고 항의하였으나 영국은 급박한 침해를 방지하기 위해 부득이 취한 정당방위라고 주장하였다. 이 사건은 결국 영국의 사과로 해결되었다.
2) 의 의: 종래 자위권에 관한 대표적인 사건으로 인용되어 왔으며, 오늘날 예비적(예방적) 자위권 내지 집단적 자위권을 논의할 때에도 자주 원용되고 있다. 당시의 미국 국무장관 D. Webster는 영국에 보낸 항의서한에서, 자위행위가 정당화되는 경우는 "오직 자

위의 필요성이 급박하고, 압도적이며, 그리고 다른 수단을 선택할 여지와 숙고할 여유를 허용하지 않는"(instant, overwhelming and leaving no choice of means, and no moment for deliberation) 경우에 한한다고 밝혔다. 이러한 정의에 비추어 볼 때 이 사건에서 영국이 미국 내의 사인집단의 위법행위에 대하여 군사적 행동을 취한 것은 정당한 자위권 행사로 보기 힘들다는 것이 미국측 주장의 핵심이었다.

(2) 유엔헌장과 자위권

㈎ 자위권개념의 확대: 유엔헌장은 제51조에서 자위권을 '고유의 권리'로 용인하고 있을 뿐만 아니라 개별적 자위권과 함께 집단적 자위권도 인정함으로써 자위권 개념을 확대하고 있다. 국제관습법상의 자위권개념을 배제한 것은 아니다(김, 김).

㈏ 개별적 자위권행사의 통제: 유엔헌장상 적법한 무력행사인 자위권행사는 남용의 여지가 많기 때문에 헌장은 다음과 같은 제한사유를 두었다(기).

a) 행사사유의 제한: 헌장은 자위권행사의 사유를 '무력공격(armed attack)이 발생'한 경우에 한정시키고 있다. 그러나 무력공격의 정의는 헌장에 나와 있지 않다.

■ 자위권의 요건으로서 UN헌장상의 제약 외에 필요성과 비례성이라는 요건도 국제판례에서 제시되고 있다(니카라과사건).

b) 행사시기의 제한: 자위권의 행사는 '안전보장이사회가 국제평화와 안전의 유지에 필요한 조치를 취할 때까지'만 인정된다.

c) 행사 적부의 제한(즉각적 보고의무): 자위권을 행사함에 있어서 유엔 회원국이 취한 조치는 즉시 안전보장이사회에 보고하지 않으면 안 된다. 이로써 안전보장이사회는 자위권행사의 요건을 구비했느냐의 여부를 객관적인 입장에서 판단하게 된다.

㈐ 예방적 자위권: 자위권행사 사유와 관련하여 자위권행사는 '무력공격'이 현실적으로 발생한 경우에만 허용되는가, 아니면 무력공격이 확실히 임박한 경우에도 허용되는가가 문제된다. 특히 핵무기 및 여타 대량살상무기의 등장으로 이러한 논쟁이 가열되었다.

a) 부정설: 유엔헌장상의 무력행사의 일반적 금지의 원칙상 자위권행사의 요건은 엄격하게 제한하여야 한다는 입장으로 Brownlie, Henkin 등이 주장하였다.

b) 긍정설: Bowet, McDougal 등이 주장한 견해로 현실적으로 무력공격을 받는 경우에만 자위권행사가 용인된다면 무력공격을 받아 대응능력을 상실한 국가에게는 자위권이 무의미해진다는 것이다.

■ 예방적 자위권행사의 대표적인 실례로는 '쿠바봉쇄사건'(1962년)이 있다. 이 문제를 둘러싸고 Henkin과 McDougal의 유명한 논쟁이 있었다.

㈑ 집단적 자위권

a) 의 의: 유엔헌장은 종래의 개별적 자위권 외에도 집단적 자위권이라는 개념을

인정하였다. 집단적 자위권은 밀접한 관계에 있는 피침략국과 공동방위를 약속한 국가가 피침략국에 대한 무력공격을 격퇴하기 위하여 군사적 지원을 실시하는 권리이다(김, 김).

b) 연 혁: 집단적 자위권의 개념은 유엔헌장의 기초가 된 덤버튼 오크스안에는 원래 없었던 것으로 샌프란시스코회의 전에 남미 여러 국가의 제안에 의하여 체결된 체플테펙협정(Act of Chapultepec)에서 등장한 개념이다.

c) 필요성: (i) 집단적 자위권은 다수국가가 자위권행사에 참여함으로써 개별적 자위권을 보강한다는 의미를 갖고 있다. (ii) 또한 유엔헌장 제53조에 규정된 지역적 협정에 의한 강제조치는 안전보장이사회의 사전허가를 얻어야 하므로 급박한 경우에 집단적 자위권 개념은 지역적 협정체제를 보완하는 의미를 갖고 있다. (iii) 마찬가지로 집단적 자위권은 유엔헌장 제7장에 의하여 집단적 강제조치가 취해지기까지는 집단적 강제조치를 보완하는 의미를 갖는다(이, 이).

d) 요 건: ICJ는 니카라과사건에서 국제관습법상 집단적 자위권의 요건을 살펴본 결과, 첫째, 피침략국이 공격을 받았다고 선언해야 하며 (다시 말해, 다른 나라가 자의적으로 무력공격의 존재 여부를 판단해서 집단적 자위권을 행사할 수 없음), 둘째, 피침략국의 요청(request)이 있어야 집단적 자위권을 행사할 수 있다고 판시하였다.

e) 집단적 자위권논쟁: (i) 미국의 Vietnam 전쟁 개입에 관하여 법적 논쟁이 있었는 바, 미국정부는 유엔헌장 제51조의 집단적 자위권을 원용하며 합법성을 주장하였으나, 이에는 유력한 반론도 있다(유). (ii) 니카라과사건에서 미국은 집단적 자위권을 주장하였으나, ICJ는 이를 받아들이지 않았다. (iii) 9·11테러 이후 아프가니스탄 및 이라크 공격에 대해 미국은 자위권을 내세웠으며 NATO는 집단적 자위권을 원용하여 미국을 지지하였다. (ⅳ) 2013년 여름 이후 미일 안보조약에 기한 일본의 집단적 자위권 행사 문제가 국제사회의 주요 쟁점으로 대두하였다. 특히 이 문제는 2015년 일본 정부가 집단적 자위권 행사 가능성을 공식화함에 따라 향후 이를 둘러싼 주변국가간 논란은 지속될 전망이다. 물론 주권국가인 일본이 자신들의 고유한 권리인 "자위권"을 행사하는 것은 그 형태가 개별적 자위권이든 집단적 자위권이든 국제법이 허용하는 것으로 보아야 할 것이다. 그러나 집단적 자위권 문제가 단지 엄격한 요건 하에서 피침략국을 지원하는 개념이라는 전통적인 적용범위를 넘어 특정 국가와 함께 지역적 안전보장 내지 공동방어망의 구축이라는 모습으로 확대되는 모습을 띠게 된다면 이는 자위권의 범위를 넘어 헌장 7장상 유엔 안보리에 부여된 고유의 권한을 침해하는 성격을 가질 수도 있다.

참고 비국가 주체에 대한 자위권행사

전통적인 자위권행사의 상황은 한 국가가 다른 국가로부터 무력공격을 받는 경우였다. 그렇다면, 9·11테러처럼 비국가단체(테러조직)에 의한 공격에 대해서도 자위권을 적용할 수 있는지가 문제된다. UN헌장 제51조에는 무력공격의 주체가 국가여야 한다는 규정이 없다. 9·11테러 직후 채택된 UN 안보리 결의 1368호는 UN헌장에 따른 개별적 또는 집단적 자위권을 인정한다는 문구를 포함하고 있다. 그러나 ICJ는 팔레스타인 장벽사건에 대한 권고적 의견(2004년)에서 "헌장 제51조는 국가가 타국을 무력으로 공격하는 경우"에 자위권이 존재한다고 언급하였다. 이에 대해 ICJ 일부 재판관은 이러한 서술에 반대하는 개별의견을 첨부하기도 하였다. 일반적으로 헌장 제51조상 무력공격의 주체가 반드시 국가에 국한되어야 한다고 볼 근거는 없다고 본다(김대순).

4. 국내문제불간섭의무

(1) 의 의

㈎ 주권의 대내적 측면을 국내관할권이라고 부를 수 있는데, 이에 대응하여 어느 국가도 타국의 관할권 내에 속하는 사항, 즉 국내문제에 대해서 간섭해서는 아니 될 의무가 부과되는바, 주권, 영토적 보전과 정치적 독립의 논리적 귀결이다(Jennings).

■ 국내문제의 개념 속에 국가의 대외문제까지도 포함하는가에 대하여 다수의견은 대외문제까지도 포함하는 것으로 보고 있다.

㈏ 동 의무는 국가 간에 적용되는 것과 UN 과 개별회원국 간에 적용되는 것으로 대별할 수 있는바, 우리에게 익숙한 UN 헌장 제2조 7항은 후자에 대한 헌장상의 근거에 지나지 않는다는 점에 유의하여야 한다.

■ 회원국 상호간의 불간섭의무의 헌장상의 근거는 일반적으로 제2조 1항(주권평등)인바, 간섭의 형태가 무력(armed force)의 사용일 경우에는 추가적으로 헌장 제2조 4항도 위반하게 된다.

(2) 국내문제의 상대성

㈎ 국내문제와 국제문제 사이의 경계설정은 본질적으로 상대적인 문제로서 국제관계의 발전에 달려 있다(1923년 PCIJ 의 '튀니지-모로코 국적법사건').

㈏ 국내문제는 점차로 실정법으로 규율되기 시작하여 국가의 고유한 전속영역으로부터 상대적 법영역으로 변화되기 시작하였다. 그러나 각각 주권을 보유한 독립국들로 구성되는 동위적 국제질서 하에서 국내문제가 완전히 소멸하지는 않을 것이다(이, 이).

㈐ 전통적 국제법학자들이 주장하는 국내관할사항으로는 정부형태를 비롯한 헌법상의 문제, 관세문제, 외국인의 출입국과 이민문제, 국적문제 등이 있다.

■ 그러나 이러한 전통적인 '국내관할사항'들 중, 관세는 GATT/WTO체제 하에서 이미 일정한 제약 하에 놓이고 있으며 국적문제도 노테봄사건에서 보듯이 국제법적 판단에 좌우되는 측면이 존재하고 있음을 유의해야 한다. 즉, 국내문제도 국제사회의 체

계화 내지 국제협정의 정치화로 인하여 점차 국제문제로 변해가고 있다.

(3) 불간섭의무

㈎ 간섭의 의의: (i) 강제적 개입, 즉 무력으로 위협하거나 이를 행사하는 것만을 간섭으로 보는 견해도 있으나, 이러한 견해에 의할 경우 유엔체제에서는 무력사용이 일반적으로 금지되어 있다는 점에서 불간섭의무에 대한 논의가 불필요해진다. (ii) 따라서 간섭이란 '1국 또는 복수의 국가가 정당한 권리 없이 타국의 국내문제에 그 의사에 반하여 무력적·정치적 또는 경제적 압력의 방법으로 자국의 의사를 강요하는 행위'라고 본다(이, 이).

㈏ 적법한 간섭: UN 헌장 및 국제관습법상 무력행사는 원칙적으로 금지되므로 적법한 간섭이 되기 위해서는 일차적으로 무력행사금지원칙에 위반되어서는 안 된다.

a) 자위권행사를 위한 간섭, 조약에 기한 간섭, 권리남용에 대한 간섭, 정통정부의 요청에 의한 간섭 등은 적법한 간섭으로 본다(기).

b) 특히 논란이 되는 것은 인권보호를 위한 인도적 간섭(humanitarian intervention)이다. 또한 2006년 이래 유엔은 이 개념을 더욱 발전시켜 "박해받는 인민들에 대한 국제사회의 보호책임(Responsibility to Protect: 일명 R2P)"을 적극 주창하기에 이르렀다. 이 개념은 2000년대 후반 전개된 리비아 내전사태에 대한 서방국가들의 반군지원의 법적 근거로 원용되기도 하였다. 인도적 간섭 및 R2P 개념에 대해서는 어느 정도 국제사회의 공감대가 형성되어가고 있으나 구체적 사안이 과연 그러한 국제사회의 개입을 허용할 단계에 진입하였는지 또는 이러한 국제사회의 개입이 일부 국가에 의하여 남용되는 것은 아닌지에 관해서는 여전히 논란이 있다(제9장의 무력간섭 부분 참고).

(4) UN과 불간섭의무

㈎ 연 혁: UN 헌장 제2조 7항의 원형은 국제연맹규약 제15조 8항인바, 동 규정에 의하면 분쟁당사국의 일방이 그들 사이의 분쟁이 국제법상 오로지 그 당사국의 국내관할권에 속한(solely within the domestic jurisdiction of that party) 사항에 관하여 발생한 것이라고 주장하고, 연맹이사회가 그렇게 인정한 경우에는 연맹이사회는 그 취지를 보고하고 또한 그 분쟁의 해결에 관한 아무런 권고도 하지 않아야 한다.

㈏ 유엔헌장

a) 규 정

참고 유엔헌장 제2조 7항

'본 헌장의 어떠한 규정도 본질상 어느 국가의 국내관할권에 속하는 사항에 간섭할(to intervene in matters which are essentially within the domestic jurisdiction of any state) 권한을 국제연합에 주지 않으며, 또 그러한 사항을 본 헌장에 기인하여 해결하도록 회원국에 대하여 요구하지도 않는다. 단 이 원칙은 제7장에 규정된 강제조치의 적용을 방해하는

것은 아니다.'

---

b) 해석론

㈀ 판단권자: 국제연맹규약은 연맹이사회가 결정하는데, 유엔헌장은 아무런 규정을 두지 않았다. 그러나 유엔을 최종적인 판단기관으로 보아야 할 것이다.

㈁ 범 위: 불간섭원칙의 적용범위가 명백하지 않지만 UN 은 동 규정을 탄력적으로 해석하는 방편으로 '국제적 관심사'(matters of international concern)라는 개념을 안출하여 그 개입범위를 확대하고 있다.

■ 헌장 제55조 및 제56조가 규정하고 있는 인권보호와 경제적·사회적 협력의 문제는 유엔의 목적에 비추어 헌장의 불간섭원칙의 적용이 제한되는 것으로 해석해야 할 것이다(이, 이).

㈂ 한 계: 동 조항 단서의 '제7장에 규정된 강제조치'의 개념이 문제된다. 그러나 동 조항의 입법취지에 비추어 강제조치에서 제39조의 권고와 제40조의 잠정조치는 제외하는 것이 타당하다.

참고 국제연맹규약 제15조 8항과 유엔헌장 제2조 7항의 차이

1) 유엔헌장은 '본질적으로'(essentially)라는 표현을 사용하여 유보영역이 확대된 듯한 인상을 준다. 그러나 관행은 그렇지 않다(유).
2) 연맹규약은 분쟁해결과 관련된 문제만을 다루고 있는 데 반해서 유엔헌장은 모든 영역에 걸친 일반규정으로 유보영역이 확대된 듯한 해석을 할 수 있다.
3) 전술한 바와 같이 판단기관이 명시되어 있지 않으며 객관적 판단기준으로서 '국제법'도 삭제되어 있다.
4) 유엔헌장은 연맹규약과는 달리 강제조치분야는 제외한다고 명시하고 있다.

---

5. 기타의 권리 · 의무

기타 국가의 권리로서는 명예권, 외교적 보호권을, 의무로서는 국제법준수의무(조약준수의무), 국제협력의무 등을 들기도 한다.

Ⅳ. 국가승계(국가상속)

1. 국가승계의 의의

1) 일정한 영역에 대한 통치권이 하나의 국가로부터 타 국가로 인계되는 것을 국가승계(succession of states: 국가상속)라고 한다(이). 승계협약초안 제2조에 의하면 국가승계란 영토의 국제관계책임이 일국에서 타국으로 대체되는 것을 말한다.

2) 무주지 선점과는 달리 이미 정치적 및 법적인 실체를 갖춘 국가가 계승되는 것이므로 일정한 권리와 의무의 계승은 인정된다.

3) 또한 정부승계와는 달라서 국가승계의 경우는 그 지역에 대한 영역주권의 주체의 실체(동일성)가 완전히 변동한 경우이다(이). 만일 일부 지방에서 반란이 일어나 국가 전체를 장악하면 정부승인·정부승계의 문제가 되고 일부지역만을 장악하여 분리되면 국가승인·국가승계의 문제가 발생한다.

4) 국가승계에 관련된 국제법의 상태는 매우 혼란스러우며 확립된 원칙이 별로 없어서 국가간의 개별적 합의에 따라 해결되는 것이 일반적이다. 따라서 이하에 나오는 복잡한 설명을 확고히 성립된 법원칙으로서 암기하기보다는 국제법적 논의의 기반으로서만 생각해야 할 것이다. 그러나 반드시 기억하고 있어야 할 개념으로는 물적 조약의 승계에 관한 논의, 조약경계이동원칙, 백지출발원칙, 기득권 존중원칙에 대한 논의 등이 있다.

2. 법 원

(i) ILC 의 주도로 1978년 조약의 국가승계에 관한 비엔나협약(Vienna Convention on Succession of States in Respect of Treaties: 1996년 발효)과 (ii) 1983년 국가재산·문서·부채의 국가승계에 관한 Vienna 협약(Vienna Convention on Succession in Respect of State Property, Archives and Debts: 미발효)이 채택되었다. (iii) 그러나 이 두 조약은 국가 실행에 의해 지지받지 못하는 실패작으로 간주되고 있다(Akehurst). 따라서 국가승계와 관련된 국제법을 이해하기 위해서는 단순히 상기 조약을 참고하는 것만으로는 부족하며 여러 학설과 관행을 포괄적으로 검토하여야 한다.

3. 조약의 승계

(1) 처분적(혹은 물적) 조약의 승계

㈎ 많은 학자들은 국경획정, 비무장지역 설정, 외국 통행권 보장 등을 내용으로 하는 처분적(dispositive) 조약은 영토에 붙어 있는 것으로서 국가승계로 인한 주권 변경의 영향을 받지 않고 반드시 승계되는 것이 원칙이라고 본다(군사기지협정은 해당하지 않음).

㈏ 하지만 이러한 처분적 조약의 승계원칙에 대해서는 유력한 반론이 있다(Brownlie). 이 반론에 의하면 '국정획정조약'의 승계는 거의 국제관습법화되어 있으나 국경조약을 제외한 나머지 처분적 조약의 승계원칙은 증거도 불충분할 뿐만 아니라 국가들의 관행도 애매모호하다는 것이다.

㈐ 따라서 국경조약의 승계는 확고한 원칙으로 제시될 수 있으나, 물적 조약의 승계원칙이라는 포괄적 원칙은 아직 논란의 여지가 있다고 보아야 할 것이다.

참고 '입법조약'의 승계

특정한 분야에 대한 포괄적인 행위규범을 설정하는 입법조약의 경우 의무적 승계를 주장하는 학설도 있으나 확립된 원칙이라고 보기는 어렵다. 다만, 국가실행은 신생국가들에게 조약의 가입조항 내용에 상관없이 입법조약에 참가(가입)할 선택권을 인정하고 있다.

(2) 국가승계의 유형별 조약승계

국가승계의 유형에 따른 조약승계의 설명방식은 위험성을 내포하고 있다(Brownlie). 국가승계의 유형은 사실관계로서, 반드시 그 자체가 법적 카테고리를 구성하는 것은 아니다. 따라서 승계유형에 따라 일률적으로 일정한 원칙을 연결시켜 파악하는 것은 어색하고 비합리적인 결과를 낳을 수도 있다. 국가승계유형과 조약승계 사이의 법적인 연관성을 완전히 부인할 수는 없으나, 이하 설명하는 승계유형별 구분방식은 구체적인 현실 케이스에서 여러 법적인 상황(예를 들어 관련 당사국의 승인이나 부인)을 충분히 고려하여 적용되어야 한다.

㈎ 영토의 일부 이전(transfer of part of territory): 새로운 국가의 탄생은 없고 한 국가의 일부영토가 다른 나라에게 할양되는 경우, 승계되는 영토에서 기존국가의 조약은 더 이상 적용되지 않고 승계한 국가의 조약이 적용된다. 이를 이른바 '조약경계이동의 원칙'(moving-frontiers rule)이라고 한다.

㈏ 신생독립국: 식민상태에서 벗어난 신생국들은 식민모국의 조약으로부터 완전히 자유롭다. 이를 백지출발의 원칙(clean slate rule)이라고 한다(다만 위에서 설명한 국경조약의 승계 및 일반국제법을 성문화한 조약의 승계는 백지출발 원칙의 예외가 된다).

참고 신생국의 조약승계

1) 신생독립국은 선행국의 조약을 승계해야 할 의무는 없으나 선행국이 가입하고 있던 조약에 승계 통고(notification)만으로 당사자가 될 수 있다.
2) 조약승계협약과는 별도로 논의되어 온 전통적인 신생독립국의 조약승계방식으로는 조약소멸을 원칙으로 하는 방법(니에레레방식: Nyerere Doctrine 또는 탕가니카방식)과 조약의 승계를 원칙으로 하는 방식(잠비아방식: Zambia Formula)이 있다. 전자는 독립 후 일정기간 내에 승계에 관해 합의되지 못한 조약은 원칙적으로 자동소멸한다는 것이고 후자는 국제관습법을 기준으로 한 조약승계 심사결과 명시적인 소멸의 의사표시가 없는 한 일응 승계를 인정하는 방식이다.

㈐ 분리독립(secession): 원래의 국가는 지속되고 일부 영토가 분리독립하여 새로운 국가가 탄생하는 경우로서 신생독립국과 마찬가지로 백지출발의 원칙이 적용된다. 조약승계협약은 탈식민과정을 겪은 신생독립국과 일반적인 분리독립을 구별하여 신생독립국에만 백지출발원칙을 적용하고 일반적인 분리독립은 조약의 승계를 인정하

고 있으나, 이것은 국제관행과 불일치하는 것으로서 통설과 관행에 따르면 분리독립의 경우에도 신생독립국처럼 백지출발원칙이 적용된다.

㈑ 합병(merger 또는 uniting of states): 두 개 이상의 국가가 결합하여 새로운 국가(승계국)를 성립하는 합병의 경우 당사자들의 합의에 의하여 승계되는 것이 원칙인데, 이 경우 원칙적으로 조약은 합병 이전에 적용되었던 지역(합병된 개별국가 각)에서만 효력을 지속한다(조약승계협약 제31조 1항·2항).

(3) 국제인권조약승계의 문제

㈎ 국경조약 등의 물적 조약이 영토 자체에 붙어 있는 조약이듯 국제인권조약도 거주자 개개인에게 붙어 있는 조약이라고 말할 수 있다면 물적 조약이 승계되듯이 승계될 수 있을 것이다. 인권은 국제강행법규의 성격을 많이 포함하고 있다는 점과 개인보호에 만전을 기해야 한다는 점을 들어 국제인권조약도 당연히 승계되어야 한다는 주장이 일고 있다.

㈏ 이 문제가 국제사회에서 심도 있게 논의 중인 것은 사실이지만 아직 국제인권조약의 자동승계가 확립된 원칙이라고 보기는 어렵다.

4. 국가재산 · 문서 · 부채의 승계

국가재산등에 관한 승계협약은 조약승계협약상의 승계유형 중 분리독립을 분리독립과 분열로 다시 나누었는바, 분열은 기존의 국가는 소멸한다는 점에서 분리독립과 구별된다.

(1) 국가재산

㈎ 승계지역에 있는 선행국의 공공재산은 자동승계되는 것이 국제관습법상 고전적인 원칙이다. 국가재산 등의 승계에 관한 협약은 국가재산을 '승계시 선행국법률에 의해 그 국가의 소유인 재산, 권리, 이익'이라고 규정한다.

㈏ 승계유형과 무관하게 승계지역의 국가부동산은 승계국에 이전된다.

(2) 국가문서

국가문서는 특수한 성격의 국가재산이므로 국가재산의 승계와 유사하다. 즉 영토의 일부이전 시에는 합의에 따라, 그 외의 경우에는 자동승계된다(순).

(3) 국가부채

관행은 합의에 의존하고 있는데 승계국에 적대적으로 쓰인 적대적 채무(hostile debts)는 승계되지 않는다는 견해도 있다.

㈎ 국가부채란 국가 전체를 위해 중앙정부가 부담하는 채무이나 승계지역의 지방정부가 부담한 채무나 중앙정부가 승계지역을 위해 부담한 채무도 승계되는 것이 국가관행이다.

㈏ 채권국인 제3국은 채무자의 변경을 꺼리는 것이 보통이다. 승계협약(제36조)은 국

가승계가 채권국의 지위에 영향을 미치지 않는다고 규정한다.

참고 신생독립국의 승계문제

국가승계에 관한 두 개의 협약은 신생독립국이 합의에 의하여 국가승계문제를 해결하는 것을 부인하지 않고 있으나 이 경우에도 당사자들간의 합의는 부와 천연자원에 대한 영구주권원칙을 침해해서는 안 되며, 그 이행에 있어서 신생국의 근본적인 경제적 균형에 위험을 초래해서는 안 된다는 제한을 두고 있다. 따라서 이는 후술하는 개인의 기득권승계 여부에 대하여 부정론의 유력한 논거가 되고 있다.

5. 개인의 권리의 승계

(1) 서 설

개인의 권리의 승계와 관련된 문제로는 기득권존중의 원칙, 국유화, 외국인보호, 국가책임 등이 있으므로 관련지어 검토할 필요가 있다. 승계국의 국민이 된 사람은 승계국의 법에 종속된다. 따라서 논의의 여지가 있는 것은 외국인의 기득권보호 문제이다.

(2) 기득권존중의 원칙

㈎ 선행국이 외국인과 체결한 양허계약은 승계국이 반드시 승계해야 한다는 원칙, 즉 외국인의 기득권존중 원칙이 일부 학자들에 의해 주장되고 있다.

㈏ PCIJ 는 1926년 폴란드 상부실레지아의 독일인 권리에 관한 판결에서는 기득권존중 원칙이 국제법의 원칙이라고 판시한 바 있다. 그러나 학설은 기득권존중 원칙에 대해서 의견이 대립되어 있다. 기득권존중 원칙에 대한 비판론에 따르면 다른 여러 종류의 계약 중 굳이 양허계약만 특별대우를 받아야 할 이유가 없다고 한다. 실제로 기득권존중 원칙의 주창자들도 그 원칙이 제한적으로만 적용되어야 한다고 하며, 사실상 기득권존중원칙이 국제법의 원칙이라고는 보기 어려운 듯하다(Brownlie).

(3) 소 결

제3세계와 공산권국가들은 위의 기득권판례는 자신들의 참여가 없었을 뿐만 아니라 서구 여러 국가의 주장처럼 기득권이 인정된다면 신생국이 진정한 의미의 독립을 달성할 수 없다고 비판하였다. 두 개의 승계협약이 부와 천연자원에 대한 영구주권을 보장하고 있어서 이 문제에 대해서는 일단 제3세계의 입장이 우위에 서 있다.

6. 국적의 승계

국적은 인권과도 관련된다. 국적 부여는 국내문제이나 승계 시 국제법적 문제가 발생한다. 협약상 규정은 없으나 승계대상지역의 주민은 승계국의 국적을 취득하는 것이 일반적이다. 선행국이 여전히 존속하는 경우 주민들에게 국적선택권을 부여한 사례가 많다. 이러한 국적의 자동승계가 일반적으로 확립된 원칙인가에 대해서는 학설이 대립하고 있다.

■ 다만, 1961년 무국적자 감소협약과 1995년 ILC 실무그룹의 예비결론은 국가들에게 무국적자의 발생을 방지해야 할 의무가 있다는 점을 지적하고 있다.

7. 국제기구 회원국의 지위: 유엔을 중심으로

1) 영토의 일부 이전의 경우는 새로운 국가가 탄생하는 것이 아니기 때문에 별도로 유엔에 가입할 필요가 없으나, 신생독립국 분리·독립 및 분열의 경우는 별도로 유엔에 가입하는 것이 원칙이다.

2) 그러나 합병의 경우 이론적으로는 별도로 가입하여야 할 것이나, 이집트와 시리아가 통일아랍공화국을 형성했을 때나 남예멘과 북예멘이 예멘공화국을 형성했을 때에도 별도의 유엔가입절차를 밟지 않았다. 물론 이 경우에는 선행국들이 모두 유엔 회원국이었다.

참고 통일독일과 CIS의 경우

(1) **통일독일**

1972년 동·서독은 양국 간 기본조약을 체결한 뒤 유엔에 모두 가입하였고, 1990년 10월 3일 서독이 동독을 합병이 아니라 병합(흡수)하는 방식을 통하여 통일을 달성하였다. 그리고 별도의 국가승인이나 유엔가입절차 없이 서독이 독일(Germany)로 행동하였다.

(2) CIS

구 소련의 경우는 일부 구성공화국들의 분리·독립이 결국 분열에까지 이른 경우이다(순). 구소련 당시에도 우크라이나와 백러시아는 유엔회원국이었으므로 별론으로 하고 우선 러시아연방은 구소련의 유엔회원국지위뿐만 아니라 상임이사국의 지위까지 승계받았고, 나머지 공화국들은 각기 별도의 국가승인과 유엔가입절차를 거쳐 유엔에 가입하였다.

8. 국가책임의 승계

국가가 저지른 국제위법행위에 대한 국가책임은 국가주권 자체와 밀접한 연관을 갖는 '인적'(personal) 성격을 지니므로 승계되지 않는다는 것이 다수설이다. 타국의 국제위법행위에 대한 청구권 역시 마찬가지이다. 국가가 소멸하면 국가책임이나 국가책임에 대한 청구권도 소멸한다는 것이다. 그러나 승계국이 선행국 불법행위의 승계를 인정하면 금반언원칙이 적용되어 국가책임이 승계될 수도 있다(Lighthouses Arbitration Case). 또한 국가책임을 지고 있는 국가가 자발적으로 분열되거나 합병하여 선행국을 소멸시킨 경우는 국가책임 소멸원칙을 적용하는 것이 부당하므로(Brownlie) 좀더 합리적인 검토가 요구된다.

판례 **Brown 청구사건**(1895년)
미국시민인 Brown은 남아프리카공화국으로부터 재판거부(denial of justice)를 당하였는데 이 문제가 해결되기 전에 영국이 남아프리카공화국을 합병하였다. 이와 관련하여 열린 중재재판에서 미국은 영국을 상대로 Brown에 대한 손해배상을 요구하였으나 중재법원은 영국이 남아프리카의 국가책임을 승계하지 않는다고 결정하였다.

제2절 국제기구

EU를 국제기구에 포괄시킬 수 있느냐에 대하여 이는 전혀 성질을 달리하는 지역공동체라고 하는 견해(유)도 있으나 일단 이곳에서 설명하기로 한다.

Ⅰ. 국제기구의 성립과 발전

1. 국제기구의 성립

1) 보통 국제기구는 설립헌장에 의해 성립하며, 정식조약이 보통이나 GATT와 같이 약식조약도 있다.

2) 또한 설립헌장의 개정은 매우 엄격하게 규정하고 있는 것이 보통이어서 유엔의 경우 헌장개정은 유엔총회 회원국 수의 3분의 2의 다수결로 채택된 다음, 안전보장이사회 상임이사국을 포함한 총회원국 3분의 2의 비준을 받아야 한다(헌장 제108조).

2. 국제사회의 조직화

(1) 국제하천위원회 및 행정연합

국제기구는 19세기 중반의 Rhein강 위원회와 Danube위원회 등 하천위원회에서 발전하였으며, 1865년 국제전신연합(International Telegraph Union)을 시초로 각종 행정연합이 발전하였다.

(2) 국제연맹시대

제1차대전 후 국제연맹이라는 보편적인 국제기구가 설립되었을 뿐만 아니라 PCIJ, ILO 등도 설립되어 활동하였다.

(3) 국제연합시대

제2차대전 후 국제연합과 16개의 전문기구 등 국제기구의 설립이 활발하였다.

Ⅱ. 국제기구의 법인격과 관할권

1. 법 인 격

1) 국제기구의 법인격은 국내적 법인격과 국제적 법인격으로 나눌 수 있는데, 전자는 국제기구가 특정국가 내에서 그 국내법률관계상 누리는 권리·의무이고, 후자는 국제기구가 국제관계에서 권리·의무를 담당하고 법률행위를 수행할 수 있는 능력이다.

2) 법인격의 내용으로서 조약체결권, 특권면제, 국제책임 등을 드는 것이 보통이다.

3) 국내적 법인격은 유엔헌장 제104조 및 WTO 설립협정 제8조를 비롯한 대부분의 국제기구의 설립헌장에서 규정하고 있지만, 국제적 법인격을 명시한 국제기구는 UN 해양법협약상의 국제심해저기구가 거의 유일한 예라고 볼 수 있다.

4) 따라서 국제적 법인격이 실무상 보다 중요한바, 국제적 법인격을 인정한 대표적인 판례로는 1949년 ICJ 의 '유엔 근무 중 입은 손해배상사건'에 관한 권고적 의견이 있다.

판례 **UN 근무 중 입은 손해배상사건(Reparation for Injuries Suffered in the Service of the U.N., 일명 Bernadotte 백작사건, 1949년)**

〈사건개요〉 제2차대전 후 1948년 팔레스타인전쟁 시 UN조정관 베르나도테 백작 등이 공무수행 중 예루살렘 시내의 유태인 지구에서 피살된 사건으로, 국제기구인 UN이 UN헌장에 명문규정이 없음에도 불구하고 UN 공무수행 중 피해를 입은 직원을 위하여 가해국에 대하여 국가책임청구의 일환으로 손해배상청구권을 행사할 수 있느냐에 관하여 UN총회가 ICJ에 권고적 의견을 요청하였다.

〈판례요지〉 ICJ는 자기 직원에 대한 직무적 보호권을 행사할 수 있고, 직원을 대신하여 가해국정부에 대해 제소권의 행사 등 묵시적 권능(implied power)을 향유한다고 선언하였다.

2. 관할권(competence)

1) 위와 같이 국제기구에 국제적 법인격이 인정된다고 하여도 전문성의 원칙의 제한을 받게 된다는 점에서 포괄적인 법인격을 갖고 있는 국가와는 다르다.

2) 그러나 기능적인 전문성의 원칙(principle of speciality)의 한도 내에서는 설립헌장에 명시되지 않은 권한도 행사할 수 있다는 입장에서 묵시적 관할권(implied power) 이론이 논의된다.

참고 묵시적 관할권이론(principle of implied power)

1) 의 의: 미국의 대법원판례에서 유래된 이론으로서 국제조직의 설립조약에 명시되어 있지 않더라도 국제조직의 그 목적달성을 위한 기능을 효과적으로 수행할 수 있도록 목적달성을 위해 꼭 필요한 모든 권한을 인정해야 한다는 원칙이다(이, 이).

2) 비 판: 이 이론을 확장하게 되면, 설립헌장에서 의도하고 있던 기관간의 권한분배가 모호해지거나 국제기구의 관할범위가 지나치게 확대될 우려가 있다. 따라서 이에 대해서는 적절한 한계설정이 중요하다.

묵시적 권한이론은 명시적 규정을 보충하는 것이지 명시적 규정에 저촉할 수는 없다(이).

Ⅲ. 국제기구의 기관과 운영

1. 기관의 구성

(1) 정부대표로 구성된 기관

㈎ 국가 간 체제(inter-state)적 성격을 띠고 있는 기관으로서 보통은 모든 회원이 참가하는 전체기관(plenary organ)과 일부 회원만이 참가하는 한정기관(restricted organ)으로 나누어져 있다.

㈏ 전체기관의 의사가 한정기관의 의사에 우선하는 것이 원칙이나, 유엔총회와 안전보장이사회의 관계처럼 한정기관의 의사가 우선하는 경우도 있다.

(2) 국제공무원으로 구성된 기관

㈎ 국제기구는 국제공무원으로 구성된 국제기관(international organ)을 반드시 한 개 이상 구비하고 있는데, 국제공무원은 출신국으로부터 독립하여 국제기구를 대표한다.

㈏ 국제공무원은 회원국의 영토에서 그 기능수행과 관련하여 특권과 면제혜택을 누리며, 국제기구는 외교적 보호권에 비견되는 직무보호권을 행사하여 이들을 보호한다.

㈐ 예컨대, ILC, UN 및 WTO 사무국, EU 의 위원회 및 사법법원 등은 국제기관이다. 그러나 EU 의 이사회는 정부 간 기관이다.

(3) 국제사회의 세력집단대표로 구성된 기관

㈎ ILO 총회는 정부대표, 고용주대표, 노동조합대표로 구성되어 있다.

㈏ EU 의회의 교섭단체의 구성은 정치적 그룹별로 되어 있다.

㈐ EEC 경제사회위원회는 경제사회생활의 여러 분야 대표들로 구성된다.

2. 의사결정

(1) 전원일치제

국제연맹(절차문제를 제외한 내용문제), OECD 이사회, 아랍국가연맹이사회, COMECON 이사회 등의 표결은 만장일치제이다.

(2) 다수결제(majority rule)

㈎ 단순다수결: 유엔의 경제사회이사회 및 신탁통치이사회, ILO, ICAO 등 보편적 국제조직의 이사회에서 가장 많이 채택하는 방식이다.

㈏ 특별다수결: 유엔총회의 중요문제에 관한 표결은 3분의 2의 다수결을 요한다.

㈐ 가중다수결: IMF, IBRD 등 출자액에, EU 의회는 인구 수에 가중치를 두고 있다.

(3) 거 부 권

유엔안전보장이사회의 실질문제에 관한 표결은 5개의 상임이사국의 동의를 포함한 9개 이사국의 찬성투표를 필요로 한다. 안전보장이사회는 상임이사국 5개국, 비상임이사국 10개국을 합하여 모두 15개 국가로 이루어져 있다. 이 중 상임이사국 중 1국의 반대만 있어도 실질문제는 결정할 수 없다.

Ⅳ. 유 엔

1. 연 혁

1) 1943년 모스크바외상회의(미, 영, 소)에서 세계적 국제조직 설립필요성을 확인하였다.

2) 1944년 덤버튼 오크스(Dumbarton Oaks)회의에서 유엔헌장의 모체를 만들었다. 다만 안전보장이사회에서 거부권 인정 여부 및 신탁통치제도는 유보되었다.

3) 그러나 1945년 2월 얄타회담에서 상임이사국에 거부권을 부여한다는 등 일단의 양해가 이루어졌다.

4) 1945년 4월부터 샌프란시스코회담이 개최되어 1945년 6월 26일 유엔헌장이 서명되었다.

참고 유엔헌장의 언어와 발효

유엔헌장은 전문 및 111개의 조문으로 구성되어 5개 언어(중어, 불어, 노어, 영어, 스페인어)로 작성되었으며, 헌장은 5개의 상임이사국과 서명국의 2분의 1의 비준서기탁으로 효력을 발생하였는데 원가맹국은 51개국이었으며, 1946년 1월 10일 London에서 제1차 유엔총회가 개최되었다.

2. 목적과 원칙

(1) 목적(헌장 제1조)

유엔의 목적은 전문과 헌장 제1조에 규정되어 있는데, (i) 국제평화와 안전의 유지(제1항), (ii) 우호관계의 촉진과 평화의 강화(제2항), (iii) 국제협력의 달성(제3항) 및 (iv) 각국의 행동을 조화하는 데 중심이 되는 것(제4항)이다.

(2) 원칙(헌장 제2조)

(i) 주권평등의 원칙(제1항), (ii) 회원국의 신의성실한 헌장의무준수(제2항), (iii) 분쟁을 평화적으로 해결(제3항), (iv) 유엔헌장의 목적과 양립하지 않는 무력행사를 금지(제4항), (v) 회원국들의 유엔행동협력(제5항), (vi) 비회원국의 유엔원칙준수 확보(제6항), (vii) 유엔은 각국의 국내문제에 대해 간섭해서는 안 된다(제7항).

3. 회 원 국

(1) 가입(admission)

가입과 혼동되기 쉬운 개념으로 대표권 인정문제가 있는바, 전자는 회원국 지위취득의 문제이며, 후자는 회원국의 대표성 문제라는 점에서 구별된다. 대표권 인정문제는 1971년 유엔총회에서 중국을 대표하는 정부가 누구이냐의 문제로 현실화되었다.

㈎ 실질적 요건(헌장 제4조 1항): 헌장상의 의무를 수락하고, 또한 이 기구에 의하여 의무를 이행할 능력과 의사가 있다고 인정되는 평화애호국에 개방된다.

㈏ 절차적 요건(헌장 제4조 2항): 안전보장이사회의 권고에 따른 총회의 결정에 의한다. 헌장에는 규정되어 있지 않으나, 이들에 선행하는 절차로는 안전보장이사회의 보조기관인 가입심사위원회가 가입권고결의안 초안을 안전보장이사회에 제출한다.

a) 이 경우 안전보장이사회의 권고는 실질문제(절차사항 이외의 문제)에 해당하여 거부권이 인정되는 사안이므로 상임이사국 전부를 포함한 9개국의 찬성이 있어야 한다.

b) 이 경우 총회의 결정은 중요문제에 해당하여 총회에 출석하여 투표한 회원국의 3분의 2의 찬성이 있어야 한다.

▩ 1991년 제46차 유엔총회에서 남·북한은 동시에 가입하였다.

(2) 탈퇴(withdrawal)

연맹규약과는 달리 유엔헌장은 탈퇴에 관하여 규정하고 있지 않으나 '정당한 이유가 있고 부득이한 경우'에는 탈퇴할 수 있다는 견해가 일반적이다. 1965년 인도네시아는 말레이시아의 안보리 이사국 진출에 대한 불만으로 탈퇴했다가 다시 복귀한 적이 있다.

(3) 제명(expulsion)(헌장 제6조)

회원국이 헌장상 원칙을 집요하게 위반한 경우에는, "가입"의 경우와 같은 절차적 요건 하에서 제명할 수 있다.

(4) 권리 및 특권의 정지(헌장 제5조)

가입의 경우와 같은 절차적 요건 하에서 총회는 안전보장이사회가 취하는 강제조치의 대상이 된 회원국의 권리 및 특권을 정지시킬 수 있으며, 그 회복은 안전보장이사회가 단독으로 할 수 있다.

■ 2년 간 분담금을 연체한 회원국은 투표권을 행사할 수 없으나 불가피한 사유로 연체한 경우 총회가 투표권을 허락할 수 있다(헌장 제19조).

4. 기 관

6개의 주요기관이 있다.

(1) 총회(General Assembly: GA)

㈎ 구 성: 모든 회원국으로 구성되며 각국은 각각 5명 이하의 대표를 출석시킬 수 있고 총회의 의장은 매 회기마다 선출된다.

㈏ 권 한

a) 안전보장이사회의 우위가 인정되는 문제: 총회는 분쟁이나 사태를 포함한 거의 모든 문제에 대하여 토의할 수는 있으나, 분쟁 또는 사태에 관하여는 안전보장이사회가 이를 취급하고 있는 동안에는 권고할 수 없다(헌장 제12조). 즉, 이 경우 토의는 할 수 있겠으나 권고는 할 수 없는바, 국제평화와 안전의 유지에 관해서는 안전보장이사회의 우위가 인정되는 것이라 할 수 있다.

■ 헌장 제10조: 총회는 헌장 범위에 드는 어떠한 사안 혹은 헌장상 기관들의 권한과 기능에 관련된 어떠한 사안에 대해서도 토의할 수 있으며 제12조에 규정된 바를 제외하면 그러한 사안에 대해 회원국이나 안전보장이사회 혹은 그 양측 모두에 권고를 할 수 있다.
■ 헌장 제12조 1항: 안전보장이사회가 분쟁이나 사태에 대해 헌장상 자신에게 부여된 기능을 수행하고 있는 동안에는, 안전보장이사회가 별도로 요청하지 않는 한 총회가 그 분쟁이나 사태에 대해 어떠한 권고도 할 수 없다.

b) 총회가 단독으로 처리할 수 있는 문제: 안전보장이사회를 배제하고 단독으로 처리하는 문제는 비교적 적다. 예컨대, 안전보장이사회 비상임이사국의 선거(헌장 제23조), 경제사회이사회 이사국 및 신탁통치이사회 이사국의 선거(헌장 제61조, 제86조), 보고의 심의(헌장 제15조, 제88조), 예산승인 및 각 회원국에 대한 경비의 할당(헌장 제17조) 등이 있다.

c) 안전보장이사회의 권고를 요하는 문제(공동결정사항): 가입(헌장 제4조 2항), 제명(헌장 제6조), 권리와 특권의 정지(헌장 제5조), 사무총장임명(헌장 제97조), 국제연합회원국이 아닌 국가의 국제사법재판소규정의 당사국으로 결정(헌장 제93조 2항) 등이 있다.

■ 사무총장은 안전보장이사회의 권고로 총회가 임명한다(헌장 제97조). 국제연합 비회원국은 안전보장이사회의 권고에 의하여 총회가 각 경우에 결정하는 조건으로 ICJ규정의 당사국이 될 수 있다(헌장 제93조 2항).

d) 그 외에 총회는 군축과 군비통제(disarmament and the regulation of armament)를 규율하는 원칙과 관련하여 회원국이나 안전보장이사회에 권고할 수 있다. 또한 회원국, 안전보장이사회, 또는 분쟁 당사국인 비회원국이 회부하는 국제평화와 안전 관련 문제를 토의할 수 있으며, 헌장 제12조의 경우를 제외하면, 관련국가나 안전보장이사회에 권고를 할 수도 있다. 단, 행동(action)이 필요한 문제는 토의 전이나 토의 후에 안전보장이사회에 회부되어야 한다(헌장 제11조 1항·2항).

e) 총회는 국제평화와 안전을 위태롭게 할 사태에 대해 안전보장이사회의 주의를 환기할 수 있다(헌장 제11조 3항).

f) 또한 총회는 국가간 우호관계를 해칠 우려가 있는 사태에 대해(제12조의 제약 한도 내에서) 평화적 조정을 위한 조치를 권고할 수 있고, 안전보장이사회나 UN 의 다른 기관으로부터 보고서를 받아 검토하는 권한도 있다.

g) 총회는 국제법의 점진적 발전(progressive development)과 성문화(codification), 그리고 경제·사회·문화·교육에 대한 국제적 협력 촉진 및 인종과 성별, 언어와 종교 등에 상관없이 모든 이들의 인권과 기본적 자유 실현 등을 위해 연구하고 권고할 수 있다(헌장 제13조).

㈐ 의 결: 총회의 의결정족수는 중요문제 여부에 따라 달라지는 데 반하여, 안전보장이사회는 절차사항인가의 여부에 따라 달라진다.

a) 총회의 결의는 중요문제에 관해서는 출석하여 투표하는 국가의 3분의 2의 다수결에 의한다. 헌장이 규정하고 있는 것으로는 (i) 평화와 안전(분쟁의 평화적 해결)에 관한 권고, (ii) 안전보장이사회 비상임이사국의 선거, (iii) 경제사회이사회 및 신탁통치이사회의 이사국 선거, (iv) 회원국의 가입·제명·권리와 특권의 정지, (v) 신탁통치제도 운영문제, (vi) 예산문제 등이 있다(헌장 제18조 2항).

■ ICJ재판관의 선출에 대해서는 제8장의 ICJ 부분 참고.

b) 기타 문제에 관한 결정은 출석, 투표하는 국가의 과반수에 의한다. 3분의 2 다수로 결정되는 중요한 문제 중 헌장에 명시된 것 외에 추가적으로 포함될 중요사항은 무엇인가의 문제도 기타문제에 해당한다(헌장 제18조 3항).

■ 유엔총회 결의는 구속력이 없는 권고 결의이다. 다만, 유엔 내부조직이나 절차상 문제 등 유엔기관에 대해서만 구속력이 있다.
■ 회원국은 투표에 참석하더라도 찬성 또는 반대의 의사표시를 하지 않는 기권(abstention)을 할 수 있다. 이러한 기권이라는 표결 관행에 대해서는, (투표에 참여하지 않는 것이 아니라) 투표에 참여하여 기권하는 것이므로 과반수의 의미가 왜곡될 수 있다는 비판도 있다(순).

㈑ 회 기: 총회는 연례정기총회와 특별총회로 열리는데 특별총회는 안전보장이

사회나 회원국 과반수의 요청으로 사무총장이 제기한다(제20조).

(2) 안전보장이사회(Security Council)

㈎ 구 성: 15개국, 즉 5개 상임이사국과 10개 비상임이사국으로 구성된다. 상임이사국은 미, 러, 영, 불, 중의 5대국으로 헌장에 명시되어 있으며, 비상임이사국은 유엔의 목적에 공헌한 정도와 공평한 지리적 분포를 감안하여 임기 2년으로 매년 5개국씩 총회가 선출한다(헌장 23조 제2항). 우리나라는 2012년 10월 19일 총회 선거를 통해 '96~'97년에 이어 두 번째로 비상임이사국으로 선출되어 2013년 1월부터 2년간 임기를 수행한 바 있다. 안전보장이사회 이사국은 각각 한 명씩의 대표를 두며 이사회의 항시적 기능을 유지하여야 한다. 정기회의에는 이사국 정부인사나 기타 특별히 지정된 자가 이사국 대표로 참석할 수 있다. 회의는 UN 본부가 아닌 곳에서도 개최 가능하다.

■ 비상임이사국은 '계속해서(연이어)' 재선될 수는 없다.

㈏ 권 한

a) 국제평화와 안전에 대한 주된 책임: 유엔헌장 제24조는 국제평화와 안전의 유지에 관한 주된 책임(primary responsibility, 1차적 책임)을 안전보장이사회에 맡기고 있다. 또한 전술한 바와 같이 헌장 제12조는 이 문제에 대한 안전보장이사회의 총회에 대한 우위를 명시하고 있다. 또한 UN 회원국들은 안전보장이사회의 결정(decision)을 이행할 의무가 있다(헌장 제25조).

b) 대표적인 권한: 군사참모위원회의 지원 하에 군비통제안을 작성하여 권고하는 임무(헌장 제25조), 유엔헌장 제6장의 평화적 분쟁해결임무, 헌장 제7장의 강제조치, 헌장 제8장의 지역안보문제, 헌장 제12장 중 전략기지에 대한 신탁통치문제 등이 있다.

c) 전술한 바와 같이 총회와 안전보장이사회의 공동결정의 권한으로 되어 있는 것도 있다.

■ 주의할 점은 안전보장이사회의 비상임이사국의 선거에 안전보장이사회는 전혀 관여할 수 없고, 총회의 전속적 권한으로 되어 있다는 점이다.

㈐ 의 결

a) 절차사항: 안전보장이사회의 절차사항에 관한 결의는 단순한 9개 이사국의 찬성으로 성립한다.

b) 실질사항(절차사항 이외의 문제): 상임이사국의 거부권 문제.

㈀ 실질사항(절차사항 이외의 문제)의 경우는 요건이 가중되어 5개 상임이사국 전부를 포함한 9개국의 찬성을 요하므로 상임이사국에 거부권(veto power)이 부여되어 있다고 볼 수 있다.

㈁ 위 상임이사국의 거부권은 특정사항이 절차사항인가 아니면 실질사항인가를 결정하는 선결문제에도 미친다. 이를 이중거부권이라고 한다.

■ 상임이사국의 기권은 거부권의 행사로 보지 않는 관행이 형성되어 왔으며, 이같은 관행은 ICJ의 Namibia사건에서도 인정되었다. 안보리 회의의 결석(불참)도 거부권으로 보지 않는다(1950년 한국전쟁 당시 소련대표가 안보리를 보이콧하며 불참하고 있던 상태에서 결의안이 통과되었으며, 이후 그 어떤 상임이사국도 안보리를 보이콧하려고 시도하지 않았다)(순).

㈂ 분쟁당사국은 표결에 참가할 수 없다. 즉, 상임·비상임이사국을 불문하고 이사국이 분쟁의 당사국인 경우는 기권해야 하지만 주의할 점은 이는 분쟁의 평화적 해결(헌장 제6장 및 제52조 3항)의 경우에 국한된다는 점이다.

㈃ 이는 분쟁의 평화적 해결에 관한 것이라는 제한은 있지만 비상임이사국은 물론 상임이사국도 위 결의에 참가할 수 없으므로 상임이사국의 거부권행사가 제한되는 경우라 말할 수 있다.

■ 위 표결의 제한은 '분쟁'(dispute)에 한하는 것이며 '사태'(situation)의 당사자는 표결에 참가할 수 있다. 이 점에서 분쟁과 사태를 구별할 실익이 있다.
■ 안전보장이사회가 다루는 문제에 특별한 이해관계가 있는 회원국은 안보리이사국이 아니더라도 표결권 없이 토론에 참가할 수 있으며, 특정 분쟁의 당사국은 UN회원국이 아니더라도 표결권 없이 토론에 참석토록 초청될 수 있다.

참고 거부권남용의 방지책

1) 소총회제도(제8장의 총회의 권한확대 부분 참고).
2) 평화를 위한 단결결의(제8장의 총회의 권한확대 부분 참고).
3) 결석 및 기권을 거부권의 행사로 보지 않는 관행 등이 있다.

■ 소총회는 일명 중간위원회라고도 부르는데, 총회의 보조기관으로서 특별위원회의 하나이다. 거부권제도의 병폐로 인한 안전보장이사회의 기능의 상실을 방지하려는 의도에서 총회를 상설기관화한 것이다.

(3) 경제사회이사회(Economic and Social Council)

안전보장이사회의 관여 없이 총회에서 선출되는 54개의 이사국으로 구성되며, 임기는 3년이다. 경제사회이사회는 경제·사회·문화·교육·보건 등에 대해 연구와 보고, 권고하며 인권과 기본적 자유의 촉진을 위해 권고할 수 있다. 경제사회이사회는 UN 전문기관(specialized agencies)들과 관계를 맺으며 활동한다(후술). 총회와 마찬가지로 회원국들에 대해 구속력 있는 결정을 채택할 수는 없다(순).

(4) 신탁통치이사회(Trusteeship Council)

1994년 마지막 신탁통치지역이 사라짐으로써 신탁통치이사회의 활동은 중단된 상태다. 종래 상임이사국은 자동적으로 신탁통치이사회의 이사국이었다.

(5) 국제사법재판소(International Court of Justice: ICJ)

분쟁의 평화적 해결부분 참고.

(6) 사무국(Secretariat)

(가) 사무총장

a) 임 명: 사무총장은 안전보장이사회의 권고에 따라 총회가 임명한다(헌장 제97조). 이 사안은 절차사안이 아니라는 것은 분명하나(상임이사국의 거부권 적용), 헌장 제18조 2항상의 중요사항은 아니므로 총회는 출석하여 투표하는 회원국의 과반수로 선출한다.

b) 임 기: 유엔사무총장의 임기는 헌장상 명문의 규정이 없으나, 총회결의에 의해 5년으로 정해졌으며, 관행상 한 차례 연임할 수 있다. 따라서 최장 10년 간 봉직할 수 있다.

c) 권 한: 일반적으로 유엔과 국제연맹이 구별되는 중요한 특징 중의 하나로 사무총장 권한의 강화를 들고 있다. 특히, 사무총장은 국제평화와 안전을 위태롭게 하는 사항에 대하여 안전보장이사회의 주의를 환기시킬 수 있다.

■ 사무총장은 안전보장이사회의 동의를 얻어 안전보장이사회가 다루는 국제평화와 안전유지 관련 사안을 총회에 통보해 줄 수 있으며 안전보장이사회가 그 사안에 대한 활동을 중단하는 즉시 총회에 알려줄 수 있다(제12조 2항).

(나) 직 원: 직원들은 국제공무원으로 전술한 바와 같이 그 독립성, 특권·면제가 인정되며 유엔은 이들에 대하여 직무보호권을 행사할 수 있다(국제책임론 부분 참고).

참 고 국제연합과 국제연맹의 차이점

1) 성립과정: LN(The League of Nations)은 베르사유평화회의의 산물인 데 대하여, UN(The United Nations)은 전쟁 계속 중에 창설되었다. 따라서 UN은 LN과는 달리 중립국의 의견을 구하지 않고 51개 연합국만을 원가입국으로 하여 설립되었다.

2) 강대국의 가입: LN에는 미, 소 양국이 가입하지 않았으나, UN에는 이들이 가입국으로 되어 있다.

3) 조 직: LN의 주요기관은 총회(Assembly), 이사회(Council), 사무국(Permanent Secretariat)인 데 반하여, UN의 주요기관은 총회, 안전보장이사회, 경제사회이사회, 신탁통치이사회, 국제사법재판소(ICJ), 사무국으로 3개의 기관이 추가되었으며 다수의 전문기구를 갖고 있다.

■ PCIJ와 ILO는 국제연맹의 주요기관이 아니라 외곽기관이었다.

4) 가 입: LN은 총회의 결정으로 가입이 인정되었으나, UN은 안전보장이사회의 권고에 의한 총회의 결정으로 가입이 인정된다.

5) 탈퇴 및 제명: LN에는 탈퇴에 관한 규정이 있었으나, UN에는 탈퇴에 관한 규정이 없다. 또 제명의 요건과 절차에 있어서도 UN은 LN과 달리 안전보장이사회의 권고와 총회의 결정을 요한다.

6) 안전보장이사회의 결의의 효력: LN이사회는 권고적 성질을 가진 결의를 하는 데 불과했으나, UN안전보장이사회는 평화에 대한 위협, 평화의 파괴, 침략행위에 대한 결정과 ICJ의 판결불이행국에 대한 조치의 결정에 대하여는 구속력 있는 결의를 할 수 있다.
7) 다수결의 원칙: LN에서는 총회나 이사회의 표결방식은 원칙적으로 전원일치제를 채택하고 있었으나, UN은 다수결의 원칙을 채택하고 또 5대 강국에게 거부권을 부여하고 있었다.
8) 지역주의: LN은 지역적 협정을 부정하지 않는다는 소극적인 태도를 취한 데 불과했으나, UN은 지역적 협정이나 기관의 존재를 인정하고 이를 적극적으로 이용하도록 했다.
9) 분쟁해결제도: LN은 국제분쟁을 해결함에 있어 총회(Assembly)와 이사회(Council)에 동등한 권한을 인정하고, 총회는 물론 이사회도 권고적 권한만을 가지는 데 그친다는 점에서 UN과 비교된다(제8장 제1절 V 이하의 '국제연맹의 분쟁해결제도' 참고).

5. 보조기관 및 전문기관

(1) 보조기관

㈎ 의 의: 보조기관은 헌장규정에 따라 일방행위에 의하여 창설된 기관이다. 보조기관은 전문기관과는 달리 법인격이 없는 유엔의 하부기관에 지나지 않는다.

㈏ 근 거: 유엔보조기관의 일반적인 근거규정은 헌장 제7조 2항이다. 그 외에도 헌장 제22조는 총회의 보조기관설립 근거규정이고, 헌장 제29조는 안전보장이사회의 보조기관설립 근거규정이다.

▩ 총회의 보조기관으로는 ILC(국제법위원회), UNCTAD(유엔무역및개발회의), UNDP(유엔개발계획), UNCITRAL(국제상거래법위원회) 등이 있다. 안전보장이사회의 보조기관으로는 회원가입심사위원회와 군사참모위원회가 유명하다. 경제사회이사회도 보조기관을 둘 수 있다는 견해도 있으나 일반적으로 보조기관은 총회와 안전보장이사회가 설치하고 경제사회이사회는 개별 국제기구들과 제휴관계에 있다. 이를 전문기관이라고 부른다.

(2) 전문기관(혹은 전문기구, specialized agencies)

㈎ 의 의: 전문기구란 헌장 제57조에 따라 경제, 사회, 문화, 보건 등 국제사회의 전문분야별로 독립된 국제조약에 의하여 설립된 별도의 (즉, 부속기관이 아닌) 법인격을 갖춘 국제기구이다(유).

㈏ 특별협정: 전문기관은 경제사회이사회와 협정을 체결한 제휴기관으로서 이 협정은 유엔총회의 승인을 받아야 한다.

㈐ 종 류: 2016년 1월 현재 모두 19개의 전문기관이 있다. 우리가 흔히 접하는 IAEA 와 OECD 및 WTO 는 유엔의 전문기구가 아니다. 19세기부터 활동한 기관은 3개가 있다.

a) UPU(만국우편연합: Universal Postal Union): 1874년 설립되었다.

b) ITU(국제전기통신연합: International Telecommunication Union): 1865년 국제전신연합으로 발족하여 1934년 현재의 명칭으로 바꾸었다.

c) ILO(국제노동기구: International Labor Organization)

d) FAO(UN 식량농업기구: Food and Agriculture Organization of the United Nations)

e) UNESCO(UN 교육과학문화기구: United Nations Educational, Scientific and Cultural Organization)

f) ICAO(국제민간항공기구: International Civil Aviation Organization)

g) IMF(국제통화기금: International Monetary Fund)

h) IMO(국제해사기구: International Maritime Organization)

i) WHO(세계보건기구: World Health Organization)

j) WMO(세계기상기구: World Meteorological Organization): 1878년의 국제기상기구의 후신으로 1950년 발효한 세계기상협약에 의거 설립되었다

k) IBRD(국제부흥개발은행: International Bank for Reconstruction and Development)

l) IFC(국제금융공사: International Finance Corporation)

m) IDA(국제개발협회: International Development Association)

n) MIGA(다자간 투자보장기구: Multilateral Investment Guarantee Agency)

o) ICSID(국제투자분쟁해결센터: International Centre for Settlement of Investment Disputes)

p) WIPO(세계지적소유권기구: World Intellectual Property Organization)

q) IFAD(국제농업개발기금: International Fund for Agricultural Development)

r) UNIDO(UN 공업개발기구: United Nations Industrial Development Organization)

s) UNWTO(국제관광기구: UN World Tourism Organization. 세계무역기구와 혼동하지 않도록 주의)

■ 위의 기구 중 IBRD, IFC, IDA, MIGA, ICSID는 세계은행그룹(World Bank Group)으로 불리고 있다.

■ 참고로, IAEA는 UN전문기관은 아니지만 UN과 밀접한 관련을 맺으며 UN의 후원을 받고 있다.

Ⅴ. 유럽연합

1. 지역공동체

지역공동체는 일정한 지역의 독립국가들이 경제적·문화적·역사적·지역적 동질성을 기초로 국가의 지위를 보유한 채 경제적·사회적 통합과 정치적 연합을 통해 실체적 결합을 달성한 특수한 법공동체이다(유).

유럽연합(EU)으로 대표되는 지역공동체는 실질적 결합이라는 점에서 기능적 결합을 구성하는 일반국제기구 내지 정부 간 기구와는 다르다(유).

참고 EU와 EC

EEC는 로마조약에 의해 EURATOM과 함께 1958년 1월 1일 발족된 경제공동체를 말하며 EU 발족 전까지 통상 쓰여온 EC는 European Communities로서 1967년 Merger Treaty에 따라 EEC, ECSC, EURATOM의 집행기관이 단일화된 후 이들 3공동체를 통칭하는 말이다. EU는 마스트리히트조약에 따라 EC(3공동체를 총칭하는 복수의 EC), 공동외교안보정책, 내무사법협력을 망라하는 새 통합체로서 1993년 1월 1일부로 발족한 것을 말하며, 동 조약은 1958년 성립된 EEC를 단수의 EC, 즉 European Community로 개칭하였다. 이에 따라 그 동안 경제, 통상분야의 법적 주체는 EC(3공동체를 총칭하는 복수의 EC)인 반면 일반적인 명칭으로는 EU를 사용하여 적지 않은 혼란이 초래되었다. 그러나 2007년 12월 체결된 리스본조약이 2009년 12월 1일 발효하며 경제, 통상분야의 법적 주체 역시 EU로 바뀌게 되어 더 이상 혼란은 없게 되었다. WTO에서도 2009년 12월 1일자로 회원국 명칭이 EC에서 EU로 개정되었다.

2. 유럽공동체의 역사

유럽공동체(EC)라고 하면 하나의 단일공동체를 생각하기 쉽지만, 1992년 Maastricht 조약 이후에도 기술적으로는 여전히 세 개의 공동체가 따로 존재하고 있다.

(1) 제1기

㈎ ECSC의 설립: 1950년 Shuman 선언의 제의에 따라 1951년 ECSC(유럽석탄·철강공동체: European Coal and Steel Community)가 설립되었다. 여기에는 제의를 한 프랑스를 포함하여 독일, 이탈리아, 벨기에, 네덜란드, 룩셈부르크 등 6개국이 참가하였다.

㈏ EEC와 Euratom의 설립: 1957년 Roma에서 EEC(유럽경제공동체: European Economic Community)와 Euratom(유럽원자력공동체: European Atomic Energy Community)을 창설하는 Roma 조약을 체결하였다.

㈐ 통합조약(Merger Treaty)의 체결: 1965년 유럽공동체의 단일이사회와 단일위원회를 설립하는 조약이 체결되었다.

㈑ 유럽공동체의 확대: 1972년 영국, 아일랜드, 덴마크가 EC에 가입하고 이후 꾸준히 회원국이 증가하여 현재 EU 회원국은 28개국으로 증가하였다.

(2) 제2기 — 1986년의 단일유럽법(Single European Act)의 내용

㈎ 유럽정치협력(European Political Cooperation)의 제도화: 외교, 정치, 안보분야의 협력을 위하여 그간 공동체 밖에서 진행되어 온 유럽정치협력(European Political Cooperation)을 공동체와는 별개의 법적 기구로 제도화시킨다.

㈏ 공동체설립조약의 개정: (i) 1992년 말까지 EEC의 역내시장(Internal Market)을 완성시킨다. (ii) 일정소송에 관한 한 유럽재판소를 상소심으로 하고 그 아래에 1심

재판소(Court of First Instance)를 설치할 수 있는 권한을 이사회에 부여한다.

(3) 제3기 — 1992년 마스트리히트(Maastricht)조약의 내용

㈎ 유럽연합(European Union)의 창설과 기본구조: 마스트리히트조약은 유럽연합을 창설한다고 선언하고 있으며, 그 기본구조는 기존의 세 공동체(European Communities), 공동외교·안보정책(a Common Foreign and Security Policy), 사법·내무분야에서의 협력(Cooperation in the Fields of Justice and Home Affairs) 등의 세 기둥(일명 3주체제(three-pillar system))으로 구성된다.

㈏ 세 공동체(European Communities) — 제1기둥

a) 경제 및 통화연합: 유럽연합은 자본자유화를 실시(제1단계)한 다음, 1994년부터 유럽통화기구를 설립(제2단계)하며, 1999년부터는 유럽중앙은행이 설립되어, 단일통화가 통용되고 있다(제3단계).

b) 유럽연합의 시민권규정을 도입하였다.

c) 유럽의회의 권한을 획기적으로 강화하였다.

참고 ECSC의 소멸

3공동체 중 ECSC는 더 이상 존재하지 않게 되었다. ECSC의 설립조약은 50년의 유효기간을 설정하여 채택되었기 때문에 발효 50주년이 되는 2002년 7월 23일에 공식적으로 종료된 것이다. 이에 따라 ECSC의 자산은 전체 EU 예산으로 이전되었으며 유럽의 석탄·철강 문제는 EU위원회(Commission)가 산업정책·에너지 및 국제무역 정책 차원에서 담당하게 되었다.

㈐ 공동외교·안보정책 — 제2기둥: 종전의 유럽정치협력 차원을 넘어서 공동방위를 위한 공동방위정책의 형성까지도 포함한다.

㈑ 사법·내무분야에서의 협력 — 제3기둥

■ 마스트리히트조약은 유럽연합조약이라고도 한다.

참고 보충성의 원칙(principle of subsidiarity)

EU가 활동하는 데 있어서 중대한 제한이 바로 마스트리히트조약에서 공식승인한 이른바 '보충성의 원칙'(principle of subsidiarity)이다. 동 조약(제G조 5)에 의하여 개정된 EC 제3b조는 보충성의 정의규정인데, '공동체는 보충성의 원칙에 따라, 제안된 행동의 목표를 회원국들이 충분히 달성할 수 없고, 따라서 제안된 행동의 규모나 효과로 인하여 공동체가 더 잘 달성할 수 있는 경우에만, 그리고 그 범위 내에서만 행동을 취한다'고 규정하고 있다.

참고 니스조약

2001년 채택된 니스조약은 EU/EC 기구의 개혁을 단행하였으며 회원국 간 협력을 제고하

였다. 위원회 구성, 이사회 내 표결방식, 유럽사법재판소 관련규정의 개정 등이 포함되어 있으며 2003년 발효되었다.

3. 유럽연합의 주요기관

(1) 개 관

이사회(Council), 위원회(Commission), 유럽의회(European Parliament)를 크게 보아 집행기관이라 볼 수 있다. 또한 사법기관으로는 유럽사법법원이 있다.

(2) 위원회(Commission)

㈎ EU 의 위원회는 국제공무원으로 구성된 국제기관이다.

㈏ EU 위원회는 입법안 및 정책을 제안하고 집행하는 데 있어서 주도적 역할을 담당하며, 대외관계에 있어서 EU 를 대표한다.

(3) 이사회(Council)

이사회는 각 회원국의 각료급 대표로 구성된 최고의 입법 및 정책결정기관이다.

㈎ 각 회원국은 1명의 정부대표를 파견한다. 사안에 따라 단순다수결, 가중다수결, 만장일치제 등을 취하여 의결한다.

㈏ 이사회는 공동체설립조약의 이행에 필요한 한도 내에서 입법권을 행사하며, 회원국의 경제정책을 조정하고 위원회에 권한을 위임하는 것이 주요 기능이다.

(4) 유럽의회(European Parliament)

㈎ 연 혁: 1979년 직접·보통선거에 의하여 처음으로 구성되었으며, 5년마다 선거를 실시한다.

㈏ 구 성: 회원국의 인구규모를 고려하여 의석수를 배분하며, 선출된 의원들은 국가별로 대표단을 구성하는 것이 아니라 정치그룹별로 구성한다.

㈐ 권 한: 종래 유럽의회는 주로 감독기관으로 평가되었지만 마스트리히트조약에 의하여 유럽의회는 더 이상 단순히 '자문적·감독적' 권한을 행사하는 기관이 아니다(순).

a) 공동체입법에서의 참여: 유럽의회는 국내입법부에 상응하는 완전하고 주된 입법기구는 아니지만 공동체입법에 참여하는 절차가 보장되어 있다(후술하는 EU의 입법절차 참조).

■ 입법에 참여할 수 있을 뿐 EU의 지침 및 규칙제정권은 여전히 인정되지 않는다. 간접법안제출권은 법문상으로는 인정되지만 위원회가 이에 응할 의무가 없어 그 실효성은 의문이다.

b) 집행기관의 감독권한: 위원회에 대하여 불신임의결을 할 수 있는데, 유효투표수의 3분의 2와 재적과반수의 찬성을 얻어야 한다.

c) 예산에 관한 권한: 비강제적 예산, 즉 유럽공동체의 운영에 관계되는 예산부문에 대한 통제권은 유럽의회에 있으며, 강제적 예산, 즉 EU 법적용의 자동적 결과로 성립하는 예산에 대해서는 이사회에 수정안을 제출할 수 있는 권한만 부여되어 있다.

d) 기 타: EC 의 국제협정체결에의 참여권, 신회원국의 가입에 대한 동의권 등이 부여되어 있다.

(5) 유럽사법법원(European Court of Justice)

㈎ 조 직: 각 회원국에서 한 명의 재판관을 내도록 하여 현재 재판관은 27명이며, 임기는 6년이다. 또한, 8명의 법률고문관(Advocat General)이 있다.

■ Advocat General은 프랑스사법제도에서의 특유한 제도로서 법원에 독립적인 논증으로 의견을 제시할 수 있으나, 법원이 이에 구속되는 것은 아니다.

㈏ 기 능: (i) 유럽재판소는 '공동체설립조약의 해석과 적용에 있어 법이 준수되도록 확보하는 것을 임무'로 한다. (ii) 유럽재판소가 공동체법의 직접효력의 원칙에 관한 이론적 기초를 최초로 분명히 밝힌 것은 1963년의 Van Gend en Loos 사건이다. '유럽공동체법과 회원국 국내법과의 관계'의 문제로 논의된다.

㈐ 기 타

a) 제1심법원: 1986년 단일유럽법(SEA)에서 제1심법원의 설치가 규정되어, 1989년에 설치되었다. 유럽사법법원과 마찬가지로 임기 6년의 27명의 재판관으로 구성된다. 제1심법원은 개인이 제기하는 모든 소송에서 1심 관할권을 갖게 되었다.

■ Roma조약은 일정한 경우를 제외하고는 원칙적으로 개인의 당사자적격을 인정하지 않았었다.

b) 소송의 유형: 직접소송(direct actions), 즉 처음부터 유럽재판소에 직접 제기되는 소송과 선결적 소송(preliminary rulings), 즉 회원국 재판소가 판결을 구하기 위해 유럽재판소에 부탁해 온 사건이 있다.

4. 유럽연합의 입법절차

EC(舊 EEC)를 중심으로 진행된다. 과거의 ECSC 는 EC 와는 역순의 입법과정을 보유하고 있었다.

(1) 개 관

예외는 있으나 대체로 EC 의 입법과정은 위원회·이사회·유럽의회 제3자의 상호관계를 중심으로 하여(특히 입법과정에서의 의회의 역할을 기준으로 하여) 협의절차(consultation procedure), 협력절차(co-operation), 공동결정절차(co-decision procedure) 및 동의절차(assent procedure) 등 네 가지로 구분된다. 이들을 통하여 EU 의 2차적 법원이 탄생한다.

(2) 협의절차

일반적인 입법과정으로 위원회가 제안을 하고, 유럽의회의 의견을 구한 뒤, 이사회가 최종결정을 내린다.

(3) 협력절차: EC 제189c조 절차

단일유럽법에 의하여 EC 설립조약에 새로이 도입된 제도로서 위의 협의절차는 의회가 단 한 번 의견제시를 할 수 있을 뿐이나 협력절차는 두 번의 의견제시기회를 부여하였다.

(4) 공동결정절차: EC 제189b조 절차

마스트리히트조약에 의하여 EC 설립조약에 새로이 도입된 제도로서 의회와 이사회에 의한 진정한 공동의사결정으로 이행하는 데 그 목표를 두고 있다. 따라서 의회의 입법에의 관여 정도가 가장 극명하게 드러난다.

(5) 동의절차

이사회는 위원회의 제안에 기초하여 의회의 동의(assent)를 얻어야만 공동체행위를 할 수 있다. 이는 마치 국내법질서에서의 의회의 동의절차와 비슷하다.

제4장 | 개 인

제1절 객인의 국제법 주체성 / 제2절 국 적 / 제3절 외국인 / 제4절 범죄인의 인도 / 제5절 난민의 보호 / 제6절 국제인권법 / 제7절 국제형사법 / 제8절 국제테러리즘

근대 국제법은 국가의 주권 개념에 기초하였다. 그러나 국가공동체라는 관념이 싹트고 인권에 대한 인식이 부각되면서 현재 국제법은 커다란 변화를 겪고 있다고 볼 수 있다. 즉, 개인은 과거 국제법에서 국가라는 주체의 보호와 규제 대상인 객체에 불과했으나 이제 제한적이나마 일정한 국제법적 주체성을 인정받게 되었다.

본장에서는 특히 국적, 외국인 보호, 범죄인인도, 난민의 비호, 그리고 국제법상 인권보호제도 등을 중점적으로 살펴보아야 할 것이다.

제1절 개인의 국제법 주체성

Ⅰ. 문제의 제기

개인이 국제법의 객체가 된다는 점에는 이론이 있을 수 없으나, 개인이 국제법의 주체가 될 수 있느냐에 관해서는 많은 논의가 있었다.

Ⅱ. 견해의 대립

1. 부 정 설

개인은 국제법을 정립, 적용할 권한이 없으므로 국제법의 주체가 될 수 없다고 본다.

2. 긍 정 설

개인의 국제법적 주체성을 매우 포괄적으로 인정하려는 견해도 일부 있다. 그러나 통설은 국제법상 소송당사자 능력이나 일정한 청구권이 인정되는 경우에 한해서 제한적인 국제법적 주체성이 인정된다는 이론이다. 어쨌든 개인은 결코 국제법을 정립(입법)하는 능력은 없다는 점에는 의문의 여지가 없다.

Ⅲ. 권리 · 의무의 내용

1. 권 리

(1) 조약상 권리

우호통상항해조약 등에서는 개인의 권리에 관한 규정이 많이 있다.

(2) 국제소송권

㈎ 국제포획법원: 1907년 제2차 헤이그평화회의에서 설치가 예정된 법원이나 비준되지 못하였다.

㈏ 중미사법법원: 1907년 설립되어 1918년까지 존속한 법원으로 개인의 제소권이 실정국제법으로 인정된 최초의 사례이다.

㈐ 혼합중재법원: 전승국 국민의 패전국에 대한 전쟁손해에 기초한 청구권을 처리하기 위한 것으로, 예컨대 제1차대전 후 베르사유조약에 기초한 혼합중재법원 등이 존재하였다.

㈑ 유럽사법재판소: 개인이나 법인은 자기에게 직접적으로 관계 있는 결정, 규칙 기타 조치의 위법, 무효를 다투며 유럽사법재판소에 제소할 수 있다.

㈒ 심해저분쟁재판부: 유엔해양법협약상의 심해저분쟁재판부에는 개인이나 법인도 직접 제소할 수 있다.

㈓ 기 타: 유엔공무원들은 유엔행정법원에, 유럽연합공무원들은 유럽연합사법법원에 소송을 제기할 수 있다. 다만 ICSID(국제투자분쟁해결센터)에서는 조정과 중재재판을 수행하는 것이며, 사법소송은 다루지 않는다.

(3) 국제조직에 대한 청원권

㈎ 신탁통치지역주민의 청원권: 신탁통치지역주민의 주장은 직접 유엔에 청원할 수 있다.

㈏ 노동단체의 신고권: ILO 헌장에 의하면 노동단체는 국제노동사무국에 노동조건위반사실을 신고할 수 있다.

㈐ 인권위원회에의 청원권: 국제인권규약 B 규약은 협약상의 권리침해를 받은 개인이 인권위원회에 청원을 제기할 수 있도록 하고 있다.

2. 의 무

조약상 의무, 해적행위금지의무, 전쟁법규준수의무, 침략전쟁 및 무력행사금지의무, 집단살해금지의무, 중립국인의 중립준수의무 등이 있다.

제2절 국 적

Ⅰ. 의 의

개인은 국적을 기준으로 하여 국민과 외국인으로 나누어진다. 국적이란 개인과 국가를 연결하는 법률적 유대이다. 국적은 국가의 외교적 보호권행사의 기준이 된다.

참고 자연인의 국적 및 회사의 국적

(1) 자연인의 국적
ICJ는 Nottebohm 사건 판결에서 국가가 국민에 대해 외교적 보호권을 행사하려면 그 개인과 국적국 사이에 '진정한 연관성'(genuine linkage)이 있어야 한다고 판시하였다.

(2) 회사의 국적
ICJ는 Barcelona Traction 사건 판결에서 회사 자신이 자산을 방어할 수 없고 회사의 설립등기국가인 캐나다가 외교보호권을 행사할 수 없는 경우에 한해서 지배주주의 국적국가인 벨기에가 그 국민의 이익을 위하여 외교보호권을 행사할 수 있을 뿐이라고 판시하여 1차적으로는 형식적 기준을, 2차적으로는 실질적 기준을 제시하였다.

판례 바르셀로나 전기 · 전력회사사건(The Barcelona Traction Light and Power Co. Ltd., 1970년)

〈사건개요〉 스페인에 소재하고 있는 상기회사는 설립준거법이 캐나다법이고, 회사주식의 대부분은 벨기에 국민의 소유였는데 일정한 사유로 인하여 회사가 완전히 스페인화되었다. 이에 대하여 벨기에 정부는 동사의 자국민 주주가 스페인의 국제위법행위에 의해 입은 손해를 배상받고자 이 사건을 ICJ에 제소하였다.

〈판례요지〉 (i) 외교적 보호권행사의 요건으로서의 국적 결정: 판결의 주요 요지는 벨기에 정부가 동 회사와 관련하여 자국민 주주의 손해에 입각하여 스페인을 상대로 외교적 보호권을 행사할 수 있는가에 관한 것이었다(외교적 보호권은 제7장 국가책임 부분 참조). 법원은 회사의 국적은 회사의 설립준거법 내지 본점소재지 소속국이라고 판시하여 벨기에의 외교적 보호권에 기한 배상청구주장을 배척하였다. (ii) 법원은 국가의 의무를 국제공동체 전체에 대한 의무(대세적 의무)와 개별 타국에 대한 의무로 구별한다는 언급을 하였다.

Ⅱ. 국적의 취득 · 상실

1. 기본원칙

1) 국적의 결정은 각 국가의 국내문제인 것이 원칙이다.

2) 그러나 각국의 국적법은 국제법의 한도 내에서 유효하다고 볼 수 있다. ICJ는 노테봄사건에서 개인과 국적국 사이의 진정한 연관(genuine linkage)이 있어야 한다고 판시하였다.

3) 국제법상 모든 개인에게 반드시 국적을 부여해야 하며, 오직 한 가지 국적을 부여해야 한다. 즉 무국적과 이중국적을 방지해야 한다.

판례 노테봄사건(Nottebohm Case, Liechtenstein v. Guatemala,1955년)

〈사건개요〉 독일국적의 노테봄은 과테말라에 건너가 거기에서 생활근거를 두고 상업 등에 종사하였으며, 1939년 제2차대전이 발생한 1개월쯤 뒤에 리히텐슈타인에 특별귀화를 하여 동국의 국적을 취득하였는데, 1941년 과테말라는 연합국측에 참전하여 독일과 교전관계에 돌입하였다. 1943년 과테말라당국은 노테봄을 여전히 독일국적을 가지는 적국민으로 간주하여 체포하고 재산몰수절차도 개시하였고, 이후 노테봄은 석방되었으나 1949년 과테말라는 전쟁에 의해서 발생한 사항의 청산에 관한 법률을 제정하여 노테봄의 재산을 몰수하고 말았는바, 리히텐슈타인이 괴테말라를 상대로 노테봄 재산 등의 반환 등을 구하는 소송을 ICJ에 제기하였다.

〈판례요지〉 ICJ는 귀화신청 당시 노테봄은 리히텐슈타인에 거주하지 않았고, 장기체제도 하지 않았고 귀화 후에도 과테말라에 바로 돌아온 점 등에 비추어 노테봄과 리히텐슈타인의 현실적 결합은 매우 희박하므로 리히텐슈타인은 외교적 보호에 필요한 진실하고도 실효적 국적국가라고 볼 수 없다고 판시하였다. 즉, 국적은 '진정한 연관성(genuine linkage)'을 바탕으로 해야 한다는 것이다.

2. 국적의 득실사유

(1) 취득사유

㈎ 취득사유에는 출생·귀화·복적 및 국가영역의 변경이 있다.

㈏ 특히, 출생의 경우 우리나라와 같이 혈통주의(속인주의)를 취하는 나라와 미국과 같이 출생지주의(속지주의)를 취하는 나라로 나뉘어 있으나 보통 이들을 절충한 입법이 다수이다.

참고 한국의 국적법

1) 1998년에 개정된 국적법은 종전의 부계혈통주의를 포기하고 '양계혈통주의'를 인정하였다. 즉, 부모 중 어느 한쪽이라도 우리 국적을 가지면 그 자녀는 우리 국민이 될 수 있다.

2) 2010년에 개정된 국적법은 우수 외국인재의 귀화요건을 완화하고 복수국적(이중국적)을 제한적으로 허용하였다. 주요 개정내용은 아래와 같다(동 개정안 일부 조항은 즉시 발효하였으나 전체적으로 2011년 1월 1일 발효).

- 우수 외국인재의 경우 국내 거주기간에 관계없이 귀화할 수 있도록 함.
- 결혼이민자, 우수 인재, 해외 입양인, 해외장기 거주 후 국내영주귀국 동포 등에 대해 "대한민국 내에서 외국국적을 행사하지 않겠다는 서약"을 하면 복수국적 유지를 허용함.
- 원래 만 20세 전에 복수국적자가 된 자는 만 22세 전에, 만 20세 이후에 복수국적자가 된 자는 그 때부터 2년 내에 하나의 국적을 선택하여야 하는데, 그 중 대한민국 국적을 선택하려는 사람의 경우 현행법(기존법)상으로는 외국국적을 포기해야 하나, 개정안에 의하면 '외국국적을 행사하지 아니하겠다는 서약'을 하면 복수국적 유지를 허용함.
- 다만, 원정출산의 경우에는 현행법과 동일하게 외국국적을 포기한 경우에만 우리 국적을 선택할 수 있음(복수국적 유지 불가능).
- 국적선택명령제도 도입(복수국적자가 국적선택기간 내에 선택을 하지 아니한 경우, 현행법상 우리 국적을 자동상실하게 되나, 개정안에서는 법무부장관이 국적선택명령을 한 후 1년 내에 국적을 선택하지 아니하면 대한민국 국적을 상실하는 것으로 함).
- 대한민국 국적의 상실결정제도 도입(복수국적자가 국가안보, 외교관계 등에서 대한민국 국적자로서 현저히 부적합한 행위를 한 경우에는 법무부장관이 우리 국적의 상실을 결정할 수 있음).

■ 상기 개정 국적법에서는 이중국적자라는 용어 대신 복수국적자라는 용어를 사용하고 있으며, 복수국적자는 국내법 적용에 있어서 대한민국 국민으로만 처우받음(법무부 보도자료 참고).

---

(2) 상실사유

상실사유에는 이탈(cession), 박탈(deprivation), 국가영역의 변경이 있다.

3. 국적의 저촉

1) 국적의 저촉에는 적극적 저촉과 소극적 저촉이 있는바, 전자는 이중국적의 경우이고, 후자는 무국적의 경우이다.

2) 특히 문제되는 것은 이중국적(복수국적)의 경우이다. 이중국적자는 그의 일방국적국에 의해 손해를 받는 경우는 타방국적국에 의한 외교적 보호를 받을 수 없으나, 제3국에 있는 경우에는 단일국적인으로 취급되어 외교적 보호를 받는다.

■ 제3국에서 이중국적자는 재류국에서 인정하는 일방국가의 외교적 보호를 받는다(기).

3) 무국적자는 외교적 보호를 받을 수 없다.

■ 무국적자 발생을 최소화하기 위한 국제적 노력에 의해 무국적자 지위협약(1954년

발효)과 무국적자 감소협약(1975년 발효)이 만들어졌다.

4. 외교적 보호권(right of diplomatic protection)

(제7장 국가책임론 부분 참고)

제3절 외 국 인

Ⅰ. 의 의

자국국적을 보유하지 않은 자를 말하며 이는 전혀 국적을 갖지 않은 무국적자와 외국국적을 가진 자로 구분된다(이, 이).

Ⅱ. 출 입 국

입국의 조건 등은 국가가 자유로이 정하는 국내문제에 속한다. 즉, 국가는 외국인의 입국을 허용할 국제법상 의무가 없다(순). 출국에는 자발적 출국과 강제적 출국으로 나뉘는데, 강제적 출국에는 추방과 범죄인의 인도를 들 수 있다.

■ 추방(expulsion)은 주권의 행사로 인정되지만, 추방의 이유를 제시해야 하는가에 대해 국제법은 다소 모호한 태도를 취하고 있다. 1966년 시민적·정치적 권리에 관한 국제규약(소위 B규약)은 추방은 법적 결정에 의해서만 이루어져야 하며 그에 대해 자기변호의 기회가 있어야 한다고 규정한다(제13조). 국가안보나 공공질서의 이유가 아니라 외국에 대한 보복수단으로 그 국가 소속 외국인들을 추방할 수 있는지에 대해 일반국제법이 그것을 금지하고 있는지 불확실하다. 아울러, 추방된 외국인의 소속국가는 그 사람을 받아들일 의무가 있다는 것이 일반적 견해이다(순).

■ 한편, 외국인은 언제나 자유로이 출국할 수 있다. 법률상 근거가 없는 자의적 출국금지는 허용되지 않는다(정인섭).

Ⅲ. 외국인의 대우와 보호

1. 외국인의 대우와 보호의 기준

1) 국가는 영토내 외국인에 대해 국제법상 일정한 기준에 따라 대우를 해야 한다. 이 기준의 내용에 대해서는 '국제최소기준론'(국제적 표준론)과 '내국민대우기준론'(국내

적 표준론)이 대립하고 있다.

2) 일반적으로 선진국들은 국제최소기준론을, 후진국들은 내국민대우기준론을 주장하고 있다. Calvo 독트린은 내국민대우론의 전형으로서 외국인이 내국민보다 더 많은 보호를 받아서는 안 된다는 입장이다(제7장에서 다룰 Calvo 조항은 이러한 입장에 바탕하여 아예 외교적 보호권제도 자체를 배제하는 것으로서 용어에 약간 차이가 있음을 주의)(순).

3) 우리나라 헌법 제6조는 "외국인은 국제법과 조약이 정하는 바에 의하여 지위가 보장된다"고 규정하고 있다. 여기서 "국제법"이 정하는 바가 무엇인지 명확한 정의가 없으므로 우리나라 헌법 조항이 국제최소기준론인지 내국민대우기준론인지는 단정하기 어렵다.

2. 외국인의 권리와 의무

(1) 권 리

기본적 인권은 국적에 상관없이 영토내 모든 사람에게 인정되어야 한다. 그러나 정치적 권리 등은 주지 않을 수 있고 일정한 직업의 향유를 배제할 수도 있다. 내란이나 전시와 같은 특수 상황에서는 국제최소기준론을 적용하지 않는다는 점이 판례에서 확인되고 있다(순).

(2) 의 무

외국인은 속지주의 원칙상 원칙적으로 재류국의 관할권에 따라야 하나, 일반적으로 외국인에게는 병역의 의무와 교육의 의무가 없다. 그러나 이중국적자의 경우 강제징집에 문제가 없는 것으로 본다(순).

3. 국유화(nationalization; expropriation)의 경우

1) 종래 선진국의 기득권과 관련하여 논란이 있었으나, 현재에는 일정한 조건을 갖추어 단행하는 외국인재산의 국유화(수용)는 국제법상 국가의 주권적 권리로 인정되고 있다(Brownlie).

2) 외국인재산 국유화의 적법요건으로 공익의 원칙, 무차별원칙, 보상의 원칙, 상대방 국유재산 존중원칙 등 네 가지가 주장되어 왔으나 핵심은 보상의 원칙의 내용이다.

참고 보 상

1) 종래 보상의 원칙은 1938년 미국무장관 Hull이 제시한 충분(adequate), 실효(effective), 신속한(prompt) 보상이 주장되어 왔다.
2) 1962년 천연자원의 영구주권에 관한 UN총회의 결의에서는 '적절한 보상'(appropriate compensation)이 제시되었으며, 1974년 '국가의 경제적 권리·의무헌장'에서도 받아들여졌고 Texaco중재판결(1978년)에서도 원용되었다.
3) 1987년 이란-미국청구재판소는 Amoco사건에서 적법한 수용에 대해서는 수용 당시의

가치만을 보상하면 족한 데 반하여 불법한 수용에 대해서는 일실손해까지 보상하여야 한다고 판시하였다.

4) 외국인재산의 수용 또는 국유화시 보상을 해야 한다는 점에 대해서는 이견이 없는 것으로 보인다. 그러나 선진 자본수출국은 충분한(adequate) 보상을 요구하며 분쟁은 최종적으로 '국제적으로' 해결되어야 한다고 주장하는 반면, 제3세계 국가들은 적절한(appropriate) 보상과 국유화국의 국내법에 의한 분쟁해결을 내세운다. UN 총회결의인 1974년 국가의 경제적 권리·의무헌장은 제3세계국가들의 의견을 반영하고 있다.

참고 간접수용관련 참고사항

간접수용 개요

- 간접수용(indirect expropriation)이란 투자 유치국 정부의 제반 입법/행정/사법 조치(measure)로 인하여 외국인 투자자의 예상 투자수익 회수의 감소 또는 실패가 발생하는 경우 과연 이것이 국제법상 또는 투자협정상 "수용"에 해당하는지 여부와 관련되는 문제이다.
- 이는 외국인 투자기업 등 외국인 사유재산의 국유화 또는 몰수를 기본으로 하는 직접수용과 대비되는 개념이다.

  ▪ 사실 간접수용 문제가 최초로 대두된 사건은 1926년의 Chorzow Factory Case임. 이 사건에서 상설국제사법재판소(PCIJ)는 폴란드 정부의 직접수용 대상이 되지 않았던 독일계 공장에 대해서도 사실상 수용에 준하는 피해를 입었음을 확인하고 수용에 해당하는 것으로 판결한 바 있다.

  ▪ 간접수용을 개념적으로 "사실상 수용(de facto expropriation)" 또는 "수용에 준하는(tantamount to expropriation)조치"로 정의하는 것이 동 개념을 보다 용이하게 이해하는 방안이기도 하다.

  ▪ 간접수용이든 직접수용이든 일단 수용으로 확정되면 조치 시행국은 보상(compensation)의 의무를 부담하게 된다. 따라서 간접수용 및 직접수용 문제는 특정 조치가 수용에 해당하는지 여부에 관한 일종의 선결문제와 연관되는 것이며 보상의 정도 및 방법과 연관된 것은 아니다.

  ▪ 간접수용은 정부 규제 정책과 관련한 다양한 분야에서 발생할 수 있다.

- 그러나 국제법이나 투자협정에서 "수용"이라고 할 경우 흔히 직접수용만 의미하는 것으로 이해되었으나 외국인 투자영역의 다양화와 외국 투자자의 기대이익의 다변화에 따라 1990년대이후 투자 유치국 정부 정책 도입 또는 변경이 이루어지면서 외국인 투자자가 "눈에 보이지 않는" 또는 "예상치 못한" 투자 손실을 입은 경우 이것이 수용에 해당하는지 여부에 관하여 당사자 간 대립이 심화되는 실정이다.

  ▪ 이러한 경우까지 광범위하게 수용으로 간주하여 보상이 필요함을 주장하는 외국인 투자자와 이러한 결과적 손실은 정부 정책의 파생적 효과에 불과한 일종의 상업상 위험으로 국제법상 또는 관련 투자협정상 수용에 해당하지 않고 따라서 보상이 필요하지 않다는 투자 유치국간 입장대립이 심화되고 있다.

간접수용 관련 주요판례

(1) Case Concerning Certain German Interests in Polish Upper Silesia(Germany v. Poland), 1926 PCIJ (ser. A) No. 7 (May 25, 1926).

- 간접수용의 판단에 있어서는 단순히 형식적인 수용조치의 존재/부존재에 관한 기계적 접근이 아닌 정부 조치에 따라 실제 사업상의 손실이 초래되었는지 여부에 관한 실질적 접근이 중요하다.

2) Oscar Chinn Case(U.K. v. Belgium), 1934 PCIJ (ser. A/B) No. 63 (December 12, 1934)

- 일국 정부가 외국계 기업에 대하여 단순히 호의적인 배려로 혜택을 부여하는 것은 "부여된 권리"가 아니므로 해당 정부가 이를 철회하여도 수용의 문제는 발생하지 않는다. 또한 정부가 외국계 기업과 경쟁관계에 있는 자국 기업에 대하여 합법적인 수단을 통해 특별한 혜택을 부여하는 정책을 채택하는 것은 부당하지 아니 하다.

(3) Barcelona Traction, Light & Power Co.(Belgium v. Spain), 1970 ICJ 3 (February 5, 1970)

- 간접수용 여부 확인에 있어 핵심적인 문제는 직접수용의 규제를 회피하기 위하여 "악의적(in bad faith)"으로 "위장된 조치(disguised measure)"가 채택되었는지 여부이다.

(4) Elettronica Sicula S.p.A.(U.S. v. Italy), 1989, ICJ 15, 71 (July 20, 1989)

- 영업상의 손실이 투자 유치국 정부 조치가 아닌 자신의 사업상의 실책에 기인하는 경우 간접수용의 문제는 발생하지 않는다.

(5) Sea-Land Service, Inc. v. Iran, 6 Iran-U.S. C1. Trib. Rep. 149, 166(1984)

- 간접수용 해당 여부 판단에 있어 중요한 기준의 하나는 투자 유치국 정부의 특정 조치가 문제가 된 외국계 기업의 운영에 "고의적으로 개입"하기 위한 의도로 채택되었는가 하는 점이다.

제4절 범죄인의 인도

Ⅰ. 의 의

범죄인의 인도(extradition)는 외국에서 그 국가의 형법 및 기타 형사법규를 위반한 범죄인이 자국 내로 도망해 온 경우, 그 외국의 청구에 응하여 해당 범죄인을 체포하여 외국에 인도하는 절차를 의미한다(최).

■ 범죄인인도 부분에서는 특히 자국민불인도 원칙, 인도 범죄의 종류(상당한 중죄, 이중범죄 원칙), 유용성의 원칙(최소중요성의 원칙), 특정성원칙, 정치범불인도의 원칙 등 주

요 원칙들에 유의해야 한다.

Ⅱ. 법 원

범죄인인도에 관한 보편적인 다자조약은 없다. 그러나 1933년의 Montevideo 조약 및 1957년 범죄인인도에 관한 유럽협약 등 몇 가지 지역적 다자조약은 존재한다.

■ 1988년 한국은 국내법으로 '범죄인인도법'을 제정, 시행하고 있으며, 한국 최초의 범죄인인도조약은 1990년 오스트레일리아와 체결한 양자조약이며, 1998년 6월에는 한·미 범죄인인도조약이 체결되었다. 최근 우리 국민과 관련한 다양한 형태의 범죄인 인도 업무가 진행되고 있어 앞으로 그 중요성은 점차 높아지고 있는 것으로 볼 수 있을 것이다.

Ⅲ. 인도의무 여부

해외도피 범죄인의 인도의무는 국제법상 확립되어 있지 않으므로, 원칙적으로 국가는 국제법상 범죄인을 인도할 의무가 없다. 별도의 범죄인 인도조약이 부재하거나 (국제법적 관점에서) 또는 국내법상 근거가 없는 경우 (국내법적 관점에서) 해당 범죄인을 체포하여 외국에 인도할 국제법적 의무가 없다는 의미이다.

Ⅳ. 인도요건

1. 주체에 관한 요건

(1) 인도주체

인도주체는 인도청구국과 피청구국(인도국)이며, 개인이나 사적 단체는 인도청구할 수 없다.

(2) 인도청구의 경합

㈎ 동일범죄인에 대한 동일범죄는, 인도청구국 중에 범죄지 소속국이 있는 경우에는 범죄지 소속국에 인도해야 하며, 범죄지 소속국이 없는 경우에는 먼저 청구한 국가에 인도해야 한다.

㈏ 동일범죄인에 대하여 상이한 범죄가 있는 경우에는 범죄의 경중에 따라 중한 죄로 청구한 국가에 인도해야 한다.

2. 객체에 관한 요건

(1) 범죄의 장소

인도 대상이 되는 범죄는 타국영역에서 범한 죄에 한한다. 그러나 구성요건의 일부가 타국에서 발생한 경우에는 인도 대상 범죄이다.

(2) 범죄인의 국적

㈎ 자국민 불인도의 원칙: 대륙법계 국가는 대체로 자국민의 해외인도를 거부하는 입장인 반면, 영미법체계 국가들은 자국민의 해외인도를 허용하는 입장이다. 우리나라의 범죄인인도법은 대한민국 국민을 "인도하지 아니할 수 있다"고 규정한다. 즉, 임의적 거절사유에 해당하므로 상황에 따라 인도할 수도 있다. 한미간 범죄인인도조약은 단지 국적만을 이유로 인도를 거절할 경우 피청구국은 청구국의 요청에 따라 기소해야 한다고 규정하고 있다.

㈏ 국적의 결정시기: 오늘날 다수의 인도조약은 범죄행위시를 국적의 결정시기로 보고 있다

㈐ 인도 범죄의 종류: (i) 상당한 중죄(serious crimes)이어야 한다. 일반적으로 중죄에 해당하기 위해서는 그 법정형이 1년 이상의 징역에 해당해야 한다. (ii) 청구국과 피청구국에서 다같이 범죄를 구성하는 행위여야 한다. 이를 '이중범죄(double criminality)'의 원칙 또는 '쌍방범죄성'의 원칙이라 한다.

㈑ 인도의 제한

a) 유용성의 원칙: 유용성의 원칙이란 범죄인 인도제도의 취지는 범인을 실제로 처벌하기 위한 것이므로 인도가 이러한 처벌의 목적에 유용해야 한다는 것이다. 그러므로 해당 범죄에 대하여 시효가 완성하였다든지, 집행유예의 범죄의 경우는 인도할 필요가 없다. 아울러 설사 유죄가 확정되더라도 단기간의 처벌만 가능한 범죄(가령, 6개월 미만의 구금으로만 처벌가능한 범죄) 등은 인도대상에서 제외되는 것이 일반적이다(이 맥락에서 이는 최소중요성의 원칙이라고도 불리운다).

b) 정치범: (후술한다)

V. 인도절차와 처벌

1) Eichmann 사건과 같이, 범인을 외국에서 불법체포(납치)하여 법정에 세운 경우에도 국내법원은 그 과정의 합법성을 묻지 않고 재판관할권을 행사한 사례가 있다. 이를 국제관행으로 형성되었다고 보는 견해도 있으나, 이에 대해 그 국가가 재판관할권을 행사할 수 없다는 반론도 있다(순).

2) 청구국에 인도된 범죄인은 청구원인이 된 특정범죄에 대해서만 처벌된다. 이를 '특정성 원칙'이라고 한다. 인도청구서에서 밝힌 죄명보다 중한 죄로 처벌하지 못하는 것은 물론이고 그보다 경한 죄로도 처벌할 수 없다. 단, 인도국에게 새로 추가된 범죄에 대해 충분한 증거를 보내고 인도국이 그 새로운 범죄에 대한 재판에 동의하면 인도받은 범죄인을 재판·처벌할 수 있다(순).

Ⅵ. 정치범불인도의 원칙

1. 의 의

1) 범죄인인도에 있어서 보통범죄인은 인도의 대상이 되지만 정치범죄인은 인도의 대상에서 제외된다는 원칙이다.

2) 이는 국제법상 확립된 원칙이다.

2. 연 혁

(1) 프랑스혁명

정치범불인도의 원칙(principle of non-extradition of political criminals)은 프랑스혁명 이후에야 비로소 탄생한 원칙으로서 프랑스혁명의 격변기 속에서 확립되었다.

(2) 벨기에의 범죄인인도법

1833년 벨기에가 처음으로 국내법전화한 이래 19세기 후반에는 국제법상 일반적인 원칙으로 고양되었다.

(3) 세계인권선언

㈎ 제14조 1항: '사람은 누구를 막론하고 박해를 피하여 타국에 피난할 권리가 있다.'

㈏ 제14조 2항: '이 권리는 순수한 비정치적 범죄나 국제연합의 목적과 원칙에 위반하는 경우에는 원용할 수 없다.'

3. 정치범죄의 정의

정치범죄의 정의는 권력획득을 위한 조직적 운동뿐 아니라 정치적 박해로부터 해방되기 위한 행위 등도 포함한다. 실제로 정치범죄의 적극적인 정의가 어렵기 때문에 정치범죄에 속하지 않는 행위(즉, 정치범불인도의 예외)를 판별하는 측면에서 더 많은 논의가 이뤄진다(순).

4. 정치범불인도의 예외

(1) 상대적 정치범죄

상대적 정치범죄는 살인과 같은 보통범죄의 요소를 포함하고 있는 정치범죄인데, 벨기에의 경우 가해조항 등을 두어 상대적 정치범죄인을 인도하고 있다.

■ 가해조항(attentat clause): 1856년 벨기에는 범죄인인도법을 개정하여 '국가원수 및 그 가족의 신체에 대한 침해는 그것이 살인을 구성할 경우에 정치범죄로 인정되지 않는다'고 규정하였는바, 이를 벨기에조항이라고도 한다.

(2) 반사회적 범죄

모든 국가의 정치적 질서를 부인하는 무정부주의자 등의 행동은 불인도의 대상이 되지 않는다.

(3) 국제범죄

전쟁범죄, 해적행위, genocide, 테러행위와 같은 국제범죄는 정치범불인도의 원칙이 적용되지 않는다(기).

참고 1970년 항공기불법납치억제협약(일명 헤이그협약)상의 범죄인인도규정(제8조)

체약국들 사이에 범죄인 인도협정이 체결되어 있지 않더라도 동 협약을 범죄인인도의 법적 근거로 활용할 수 있다고 규정하고 있다. 1971년 '민간항공기의 안전에 대한 불법적 행위의 억제를 위한 몬트리올협약'도 동일한 취지의 조항을 두고 있다.

참고 범죄인인도법(1988년 제정, 2005년 개정)상 인도거절사유

제7조(절대적 인도거절사유) 다음 각 호의 어느 하나에 해당하는 경우에는 범죄인을 인도하여서는 아니 된다.

1. 대한민국 또는 청구국의 법률에 의하여 인도범죄에 관한 공소시효 또는 형의 시효가 완성된 경우
2. 인도범죄에 관하여 대한민국 법원에서 재판계속중이거나 재판이 확정된 경우
3. 범죄인이 인도범죄를 행하였다고 의심할 만한 상당한 이유가 없는 경우. 다만, 인도범죄에 관하여 청구국에서 유죄의 재판이 있는 때에는 그러하지 아니하다.
4. 범죄인이 인종·종교·국적·성별·정치적 신념 또는 특정 사회단체에 속함 등을 이유로 처벌되거나 그 밖의 불이익한 처분을 받을 염려가 있다고 인정되는 경우

제8조(정치적 성격을 지닌 범죄 등의 인도거절) ① 인도범죄가 정치적 성격을 지닌 범죄이거나 그와 관련된 범죄인 경우에는 범죄인을 인도하여서는 아니 된다. 다만, 인도범죄가 다음 각 호의 어느 하나에 해당하는 경우에는 그러하지 아니하다.

1. 국가원수·정부수반 또는 그 가족의 생명·신체를 침해하거나 위협하는 범죄
2. 다자간 조약에 의하여 대한민국이 범죄인에 대하여 재판권을 행사하거나 범죄인을 인도할 의무를 부담하고 있는 범죄
3. 다수인의 생명·신체를 침해·위협하거나 이에 대한 위험을 야기하는 범죄

② 인도청구가 범죄인이 행한 정치적 성격을 지닌 다른 범죄에 대하여 재판을 하거나 그러한 범죄에 대하여 이미 확정된 형을 집행할 목적으로 행하여진 것이라고 인정되는 경우에는 범죄인을 인도하여서는 아니 된다.

제9조(임의적 인도거절사유) 다음 각 호의 어느 하나에 해당하는 경우에는 범죄인을 인도하지 아니할 수 있다.

1. 범죄인이 대한민국 국민인 경우
2. 인도범죄의 전부 또는 일부가 대한민국 영역 안에서 행하여진 경우
3. 범죄인이 인도범죄외의 범죄에 관하여 대한민국 법원에 재판이 계속중인 경우 또는 형의 선고를 받고 그 집행을 종료하지 아니하거나 면제받지 아니한 경우
4. 범죄인이 인도범죄에 관하여 제3국(청구국이 아닌 외국을 말한다. 이하 같다)에서 재판을 받고 처벌되었거나 처벌받지 아니하기로 확정된 경우

5. 인도범죄의 성격과 범죄인이 처한 환경 등에 비추어 범죄인을 인도함이 비인도적이라고 인정되는 경우

제5절 난민의 보호

Ⅰ. 의 의

난민이란 협의로 정치적 난민을 지칭하며 정치적 사상·인종·종교·국적 등을 이유로 국적국으로부터 박해를 받거나 박해를 받을 현저한 우려가 있어 외국에 거류하며 국적국으로의 송환을 희망하지 않고 외국의 비호를 구하는 사람을 말한다. 광의로는 재해나 경제적 이유에 의한 일반적 난민도 포함한다(이, 이).

■ 국제문서에서 말하는 난민의 정의에 관계없이 본국 밖에서 보호를 구하는 사람을 피난민(displaced persons)이라고 부르는데 난민개념의 확대경향으로 난민과 피난민의 전통적 구별은 모호해져 가고 있다. 최근에는 전 세계적으로 국제난민보다 숫자가 더 많은 국내피난민(internally displaced persons)의 보호에 대한 국제적 관심도 고조되고 있다(순).

Ⅱ. 연 혁

1. 제1차대전 이후

1921년 국제연맹은 '고등판무관실'(High Commissioner's Office)을 설치하였으며, Nansen이 고등판무관으로 임명되어 난민에게 여행증명서를 발급하였다(Nansen's Passport).

2. 제2차대전 이후

1) 1948년 세계인권선언을 비롯해, 1966년의 'B'규약 등에서 난민의 국제적 보호에 관한 규정을 두었다.

2) 그러나 가장 중요한 것은 1951년 '난민지위에 관한 협약'과 1967년의 '난민의 지위에 관한 의정서'이다

■ 국제조직적 차원에서는 UNRRA, IRO를 거쳐 유엔난민최고대표(UN High Commissioner for Refugees: UNHCR)를 임명하여 난민의 보호에 임하고 있다.

■ 유엔난민최고대표(이 최고대표가 이끄는 조직 전체를 가리켜 유엔난민기구, 즉 UN Refugee organization이라고 부르기도 함)는 1950년 유엔총회에 의해 창설되었으며, 전

세계적인 난민보호조치를 조정하고 지휘한다.

Ⅲ. 난민의 요건

1. 자격요건

1951년의 난민협약 및 1967년의 의정서에 의하면, 난민의 개념요소는 (i) 박해로 인한 공포, (ii) 국적국 또는 상주국 이외의 지역에 있는 자이다. 난민협약상 난민은 협의의 난민, 즉 정치적 난민만을 대상으로 한다.

2. 자격결정

1) 원래 난민의 자격부여 여부는 개별국가의 재량사항이었으나 난민협약상 유엔난민최고대표는 난민의 국제적 보호와 난민협약의 이행감독을 맡고 있으므로 이러한 한도에서 국가의 권한이 제한된다.

2) 그러나 이들이 자격결정을 내림에 있어 상호협조하는 것이 중요하다.

3. 자격배제

위의 요건을 구비하더라도 전쟁범죄인·중죄인(serious non-political crime)·반국제연합행위자의 경우에는 난민자격이 부여되지 않는다.

Ⅳ. 난민의 국제적 보호

1. 난민의 비호

(1) 비호의 의의

㈎ 본국의 추적이 미치지 않는 외교사절공관·외국군대병영·외국군함 등에 들어온 정치적 난민에게 망명을 허용하고, 그 본국에의 인도를 거절하는 것을 말한다. 이러한 국가의 권리를 비호권이라 한다.

㈏ 전통적으로 비호권이라고 하는 것은 국가의 권리이며 개인이 외국에 대하여 요구할 수 있는 권리가 아니다.

■ 1948년 세계인권선언과 이를 명확화하기 위한 1967년의 '영토 내 비호선언'을 해석하는 데 있어서 개인에게 비호권을 인정할 여지도 있다는 견해도 있다(이).

(2) 비호의 인정

㈎ 영토적 비호(territorial asylum): 오랜 관행을 거쳐 국제관습법화되었다.

㈏ 외교적 비호(diplomatic asylum): 일부 중남미국가들이 외교공관에서의 정치적 난민을 비호할 수 있다고 주장하나, ICJ비호권사건에서 이를 부인하였다.

판례 **외교적 비호 관련 판례**

(1) **콜롬비아-페루 간 비호사건**(일명 '비호사건' '망명권 사건')(the Asylum Case, Colombia v. Peru, 1949년)

〈사건개요〉 페루주재 콜롬비아대사는 페루에서 혁명을 시도하다 실패한 페루 정치인 Torre가 자국 공관 내로 도피하자 공관 영내에서 동인을 비호하였다. 그 후 콜롬비아 대사는 페루정부에 대하여 Torre를 국외로 망명시킬 수 있도록 허가해 달라고 요구하였으나 불응하자 ICJ에 제소한 사건이다.

〈판례요지〉 ICJ는 외교공관의 비호권이 인정되는 남미의 특별관습법의 존재를 인정하기 어렵다는 이유로 Torre의 비호는 종료되어야 한다고 판시하였다.

(2) **하야 데 라 토레사건**(일명 '토레사건')(the Haya de la Torre Case, Colombia v. Peru, 1951년)
콜롬비아는 위 ICJ판결에 근거한 페루의 인도요구를 거절하고 동 판결을 이행할 구체적인 방법을 ICJ에 요청하였는바, ICJ는 어떠한 방법으로 비호상태를 종료시킬 것인가의 문제는 ICJ의 관할사항이 아니라는 이유로 콜롬비아가 Torre를 인도할 의무가 있는 것은 아니라고 판시하였다.

2. 난민의 일반적 보호

중요한 쟁점만 언급한다.

(1) 입국허가

국가는 외국인에게 입국을 허용해야 할 국제법상 의무가 없으므로 난민도 해당 국가로부터 입국허가를 얻어야 한다.

(2) 추방금지와 강제송환금지

'합법적으로 체약국영토 안에 있는 난민'은 국가안보나 공공질서상의 이유가 아닌 한 원칙적으로 추방할 수 없다(난민협약 제32조). 또한, 입국의 적법, 부적법에 관계없이 생명이나 자유가 위협받는 영역의 국경에 난민을 송환해서는 안 된다는 강제송환금지(논 르풀르망(non-refoulement))를 규정하고 있다(제33조). 두 원칙은 이미 국제관습법화되었다는 주장도 있다(순).

참고 **'비호권'과 '추방금지 및 강제송환금지'**

난민에 대한 '비호권'과 '추방금지 및 강제송환금지'는 각각 국가의 권리와 의무로서 다음과 같은 차이가 있다. (i) 전자는 영토주권에 근거한 국가의 특권이나 후자는 주권을 제한하는 원리로서 위반시 법적 비난을 받는다. (ii) 전자는 국가의 권리일 뿐 개인의 권리가 아니나, 후자는 송환당하지 않을 개인의 권리 즉, 인권을 내포한다. (iii) 전자는 피보호 개인의 개인적, 직업적 발전까지 향유할 수 있게 해주나 후자는 개인이 해당 국가에서 잠시 체류하는 것을 허락하는 것에 지나지 않는다(순).

제6절 국제인권법

Ⅰ. 개 관

현대국제사회의 가장 중요한 특징 중의 하나는 인권이 국내문제(domestic question)라는 관념에서 국제법상 보호대상으로 발전하였다는 점이다. 그 결과 인권을 과거와 같이 단순히 국내문제라든지, 불간섭의무의 대상이 된다고는 말할 수 없게 되었다.

제2차대전 후 승전국들은 두 가지 측면에서 인권문제에 접근하고 있다. 하나는 유엔과 유엔회원국들을 위한 행동지침으로서 인권에 관한 일반원칙을 고안해 내는 것과 국제법이 개인에게 국제법상의 의무를 부과하는 방안과 직결되는 국제형사법의 발전을 들 수 있는바, 후자에 대하여는 절을 달리하여 살피기로 한다.

참고 주권과 인권

(1) 근대국제법은 주권개념을 그 기저로 한다. 그리하여 국가간의 모든 관계는 합의에 의해서만 성립되고 국가는 그 동의 없이는 여하한 구속도 받지 않는다는 것을 철칙으로 하고 있다. 법실증주의적 합의이론에 균열이 생긴 것은 국제공동체의 관념이 싹트면서부터이다. 이러한 여건의 변화는 과거 국제법의 기저이던 국가주권개념에 큰 변화를 일으키게 되고, 이에 따라 등장하게 된 것이 인권에 관한 관념이라고 할 것이다. 현 국제법질서에서의 인권의 위치는 다음과 같은 네 가지로 요약될 수 있다. (i) 한 국가 내에서의 인권문제는 이제 전적으로 그 국가의 국내문제만은 아니게 되었다는 것, (ii) 인권을 존중해야 할 국가의 의무는 자국민에 대해서뿐만 아니라 외국인에 대해서도 똑같이 적용된다는 것, (iii) 다수의 인권의무가 지금은 국제관습법으로 승격되었다는 것, 그리고 (ⅳ) 인권에 대한 존중은 그 대부분이 '대세적 의무'(obligations erga omnes)로 되었다는 것이 그것이다(김찬규).

(2) 전통국제법에서 개인을 보호하는 대표적인 제도로는 두 가지가 있다. 자국민을 보호하는 '외교적 보호권'과 외국인을 보호하는 '비호권'이 그것인데, 이 두 가지는 모두 개인의 권리가 아니라 국가자신의 권리이다. 즉, 전통국제법에서 개인의 보호는 주로 국가의 권리를 통해서 성취되었던 것이다. 그러나 국제인권법의 발전으로 인해 국제법에서도 개인 자신의 권리인 '인권'이 논의되는 단계에 이르렀다.

Ⅱ. 유엔과 인권의 국제적 보호

유엔의 인권보호체제는 총회, 안전보장이사회, 사무총장, 경제사회이사회 같은 주요기관과 UN 인권최고대표(UN High Commissioner for Human Rights) 등의 제도적 활동, 인권규범의 정립, 그리고 인권의 국제적 증진 및 각종 보호활동 등으로 이루어진다.

1. UN기관의 활동

(1) 총회와 안전보장이사회

총회는 결의를 통해 국제적인 인권침해를 고발하기도 하고 각종 인권관련 회의를 주최하거나 국제인권규범을 채택하기도 한다. 안전보장이사회는 대규모 인권침해가 국제평화의 위협이나 파괴에 해당한다고 보고 이에 대해 헌장 7장의 강제조치를 채택하는 경향을 보이고 있다(백진현).

(2) 경제사회이사회

경제사회이사회는 인권문제를 가장 직접적으로 다루는 기관이다. 경제사회이사회는 결의를 통해 1946년에 '인권위원회'(Commission on Human Rights)를 설립하였으며, 1947년 인권위원회의 결의에 의해 '차별방지 및 소수자보호 소위원회'(Sub-Commission on Prevention of Discrimination and Protection of Minorities)가 설치되었다. 인권위원회는 후술하는 UN 인권이사회로 대체되었다.

(3) UN인권최고대표

UN 인권최고대표는 1993년 비엔나 세계인권회의에서 논의되기 시작되어 같은 해 총회결의에 의해 신설되었으며 UN 인권조직강화와 관련기관활동의 총괄조정 및 인권증진보호를 위한 국제협력 강화를 임무로 한다.

(4) UN인권이사회(UN Human Rights Council)

UN 인권이사회는 2006년 3월 15일 총회결의에 의해 설립되었으며 제네바에 위치한다. UN 인권이사회는 기존의 인권위원회(Commission on Human Rights)를 대체하는 것으로서 총회의 보조기관이다. 임기 3년의 47개 회원국으로 구성되며 총회에서 비밀투표로 선출한다. 기존 인권위원회의 기능과 책임이 인권이사회로 이전되었다.

참고 인권이사회의 국별 정례인권검토(UPR)

1) 개 요: 유엔인권이사회는 192개 모든 유엔 회원국의 인권상황을 4년마다 검토(review)하는 제도를 도입한바, 이를 UPR(Universal Periodic Review)이라고 한다.
   - 과거 인권위원회(Commission on Human Rights)가 인권을 정치화해 특정 국가를 공개 비난한다는 논란이 지속됨에 따라, 모든 국가를 대상으로 인권상황을 점검

2) 운영 절차
   ■ 2008-2011년간(4년 주기) UPR회의를 연간 3회 개최
   - 2주간 16개국, 1년에 16×3=48개국, 4년에 48×4 =192개국 검토
   - 국별 UPR은 총 3시간(1시간은 수검국, 2시간은 각국 발언) 진행
   ■ UPR회의 기본자료는 △수검국 정부가 작성한 국가보고서 △인권협약기구 등의 관찰 및 의견 △NGO 등 여타 주체가 작성한 보고서
   ■ UPR은 47개 인권이사국으로 구성된 실무그룹(주재: 인권이사회 의장)에서 진행되며, 인권이사국이 아닌 옵저버 국가도 참여 및 발언 가능

- 단, 정부대표 外 참석자(국회 대표, 국가인권위, NGO 등)는 참관은 가능하나 발언은 불가

※ 각국 UPR시 인권이사국 중 3개국을 추첨으로 선출해 간사국(Troika)을 구성, 각 UPR 회의 보고서 준비, UPR 심의 전 사전 질의서 접수 등을 담당

■ UPR 결과를 담은 실무그룹 보고서에 수검국의 최종입장(권고사항 수락/거부)이 첨부된 최종보고서가 차기 인권이사회 본회의에서 채택됨.

- 다만, 인권이사회가 수검국에 대해 권고사항을 강제할 수는 없다는 한계가 있음.

※ 우리나라는 2008.5.7, 북한은 2009.12.7 UPR 실시 (외교통상부 홈페이지 설명자료 참조)

참고 인권의 연혁적 발전과정

1) 제1세대 인권: 1945년에서 50년대 말까지 시민적, 정치적 자유가 강조되었다.
2) 제2세대 인권: 1960년에서 70년대 중반까지 경제적, 사회적, 문화적 권리가 강조되었다.
3) 제3세대 인권: 1970년대 중반부터 80년대 말까지 평화의 향유권, 건강한 환경의 향유권, 자결권 등이 강조되었다. 이러한 권리는 결속(solidarity)과 형제애(brotherhood)에 기초한 초국경적 협력을 통해서만이 달성될 수 있다(순). 이러한 제3세대 인권은 특정국가 국민의 지위를 벗어나 세계시민의 지위로 나아가는 경향을 반영한 것이지만 그 중 자결권은 본질상 국가의 성립을 지향하고 있다는 점에서 독특하다.

2. 유엔헌장의 규정

유엔헌장은 인간의 기본권에 관한 원칙규정만을 가지고 있다.

(1) 일반적 규정

㈎ 전 문: '기본적 인권과 인간의 존엄과 가치와 남녀 및 대소 각국의 평등권에 관한 신념을 재확인하고…'라고 규정하고 있다.

㈏ 제1조 3항: 유엔의 목적의 하나로 '…사람의 인권과 기본적 자유를 존중하도록…'이라고 규정하고 있다.

(2) 개별적 규정

㈎ 제13조 1항 b 호: 총회는 '…인권과 기본적 자유를 실현하도록 원조할 것'이라고 규정한다.

㈏ 제55조 a 호: 유엔은 '…모든 사람을 위한 인권 및 기본적 자유의 보편적 존중과 준수'를 촉진하여야 한다고 규정한다.

㈐ 제56조: 모든 회원국은 제55조의 목적을 달성하기 위하여 유엔과 협력하여 공동적 또는 개별적 행동을 취할 것을 서약한다.

■ 제1차대전 직후에는 국내의 소수자보호를 위한 국제적 노력이 활발하였다.

3. 세계인권선언

(1) 배 경

㈎ 1946년 경제사회이사회의 보조기관으로 인권위원회(Commission on Human Rights)가 설치되었다.

㈏ 1947년 총회의 지도 하에서 경제사회이사회와 인권위원회의 노력으로 세계인권선언문이 작성되고, 이는 1948년 제3차 유엔총회의 결의로 채택되었다.

■ '집단살해의 방지와 처벌에 관한 조약'(Genocide조약)은 세계인권선언의 채택일 바로 전날에 유엔총회에서 채택되었다.

(2) 내 용

㈎ 세계인권선언은 전문과 30개의 조항으로 구성되어 있는데, 경제적·사회적·문화적 권리보다는 서구적 인권인 시민적·정치적 권리에 더 많은 비중이 실려 있다(순).

㈏ 특기할 점은 민족자결권에 관한 언급이 없다는 점이다.

(3) 법적 구속력

㈎ 동 선언은 원칙적으로 유엔총회의 권고적 결의에 불과하다.

㈏ 그러나 반대 없이 채택된 유엔총회의 결의는 국제관습법의 존재를 확인한 것이기 때문에 법적 구속력이 있다는 반대견해도 있다(제2장 국제법의 법원 부분 참고).

참고 UN의 인권규범 정립

세계인권선언(1948년 채택)과 국제인권규약(A규약과 B규약, 1966년 채택)은 이른바 국제인권장전(International Bill of Human Rights)을 이루게 되었다. 이 외에도 UN이 주도한 대표적인 인권규범으로서 인종차별철폐협약, 여성차별철폐협약, 고문방지협약, 아동권리협약 등을 들 수 있다.

4. 국제인권규약

(1) 배 경

㈎ 유엔인권위원회는 세계인권선언이 유엔총회에서 채택되자 국제인권규약의 준비에 전력을 기울였다.

㈏ 1966년 유엔총회는 '경제적·사회적 및 문화적 권리에 관한 규약' 일명 국제 '사회권'규약 또는 'A'규약과, '시민적 및 정치적 권리에 관한 규약' 일명 국제 '자유권'규약 또는 'B'규약을 채택하고, 다시 '시민적 및 정치적 권리에 관한 선택의정서' 일명 'B'규약의정서를 채택하였다.

■ 북한은 1981년 'A'규약과 'B'규약에만, 한국은 1990년 'B'규약의정서를 포함한 3개의 협약 모두에 각각 가입하였다.

참고 'B'규약 제2선택의정서

1990년 사형의 폐지를 목표로 하는 국제인권 B규약의 제2선택의정서가 채택되었다. 이 의정서는 B규약 제6조(생명권보장)를 구체화한 것으로서, 사형의 폐지를 명시적 목표로 삼는 '보편적·지구적' 차원의 조약으로서는 최초의 문서이다(순). 이 의정서는 1991년 7월 11일 발효하였다.

(2) 주요내용

㈎ 'A'규약은 노동의 권리, 노동조건의 보장, 노동조합의 결성, 사회보장을 받을 권리, 교육을 받을 권리 등 헌법상 사회권적 기본권의 보장에 관한 것이다.

㈏ 'B'규약은 생명권의 보장과 사형제도의 원칙적인 금지, 고문의 금지, 공정한 재판을 받을 권리 등 헌법상 자유권적 기본권, 정치권적 기본권 및 청구권적 기본권의 보장에 관한 것이다.

(3) 특 징

㈎ 'A'규약, 'B'규약 모두 제1조에서 민족자결권을 규정하고 있는바, 이는 세계인권선언과 명확한 대조를 이룬다. 이는 신생독립국의 입김이 그만큼 강하게 반영됐다는 증거이다.

㈏ 'A'·'B'규약 모두 집단적 인권인 민족자결권에 관한 규정을 규정하고 있으나, 'A'규약이 지적재산권보호에 관한 매우 원칙적인 규정을 둔 것을 제외한다면, 재산권에 관한 언급은 없다.

㈐ 기타 주목할 만한 점은 세계인권선언에는 규정되어 있는 비호권규정이 없다는 것과, 세계인권선언에서 규정하지 않고 있던 전쟁선전 및 증오선동의 금지, 아동의 권리, 소수민의 권리 등이 'B'규약에 포함되어 있다는 점이다(최).

(4) 'A'규약과 'B'규약의 차이점

㈎ 'A'규약상의 인권은 향후 달성을 목표로 하는 프로그램식 규정이 주를 이룸에 반하여 'B'규약상의 인권은 즉각적으로 실행됨을 목표로 하고 있다.

㈏ 'A'규약은 일정한 경우에 경제적 권리에 관한 개발도상국들의 외국인에 대한 차별대우를 인정하고 있다.

㈐ 'A'규약은 'B'규약과는 다르게 조약의 이행감독체제의 주요수단인 국가간 고발제도(inter-state complaint machinery)와 개인의 국가고발제도를 도입하지 않았다.

(5) 인권규약의 이행감독체제

㈎ A 규약의 이행감독체제

a) 독립적 위원회의 설치: 인권위원회(Human Rights Committee)의 설치를 규정한 B 규약과 달리, A 규약은 유엔사무총장에 대한 국가보고서 제출만을 규정하고 있을 뿐 그 구체적 절차나 기구를 규정하고 있지 않았으나, 경제사회이사회의 1985년 결의

를 통해 독립적인 경제적·사회적·문화적 권리위원회(이하 A 규약위원회)가 설치되었다. 이는 원래의 규약에는 없는 이행보장기구가 별도의 근거를 통해 설치, 운영되고 있다는 점에서 매우 특이한 사례이다(정인섭). A 규약위원회는 경제사회이사회의 보조기관이다.

b) A 규약위원회의 임무: 공식임무는 A 규약과 관련된 경제사회이사회의 임무수행을 지원하는 것으로서 국가보고서의 심사가 그 기본임무이다.

■ 2008년 A규약에 대한 선택의정서가 채택되어 A규약위원회에 대한 개인의 국가고발제도를 도입하였다. 그러나 이 선택의정서는 아직 발효하지 못하고 있다.

㈏ B 규약의 이행감독체제: B 규약 제28조는 인권위원회(Human Rights Committee)의 설치를 규정하였다.

a) 국가의 보고의무: 보고서는 유엔사무총장에게 제출하여야 하며 모든 당사국은 제출의무를 진다. 이 보고서는 인권위원회(Human Rights Committee)에서 심사하여 관계기관에 주의를 환기시킨다.

b) 국가 간 고발제도: 국가 간 고발제도를 규정한 B 규약 제41조를 수락한 국가들 상호간에만 활용되는 제도에 지나지 않는다. 이 절차는 우호관계를 깨뜨릴 우려 때문에 거의 활용되지 못하고 있다.

c) 개인의 국가고발제도(B 규약선택의정서): B 규약선택의정서를 수락한 국가에 의해 B 규약상의 인권이 침해되었다고 주장하는 개인은 국내적 구제수단을 다한 후에 인권위원회(Committee)에 서면으로 청원할 수 있으며 위원회는 이를 검토한 다음 당사국에 주의를 환기시킨다. 이에 대해 당사국은 6개월 이내에 설명서를 인권위원회에 제출하여야 한다.

■ 인권위원회는 총회와는 간접적인 관계에 지나지 않기 때문에 위원회의 일반적 의견은 경제사회이사회에 제출된다.

5. 기타 주요 인권협약의 이행보장제도

(1) 인종차별철폐협약(1969년 발효)

㈎ 인종차별철폐협약상의 기구로서 인종차별철폐위원회를 두었다.

㈏ 모든 당사국에게 적용되는 국가보고서 제출 및 국가 간 통보절차와 수락국 사이에서만 적용되는 개인청원제도를 규정하고 있다.

(2) 여성차별철폐협약(1981년 발효)

㈎ 여성차별철폐협약상의 기구로서 여성차별위원회를 두었다.

㈏ 위원회에 대한 국가보고서 제출의무를 규정하고 있으며, 당사국 간 분쟁발생시 ICJ 에 대한 제소가 가능하다. 동 협약의 선택의정서는 개인청원제도를 규정하고 있다.

(3) 고문방지협약(1987년 발효)

㈎ 협약상의 기구로서 고문방지위원회를 두었다.

㈏ 모든 당사국에 대한 의무로서 국가보고서제출의무를 규정하고 있으며, 선택적 제도로서 직권조사기능, 국가 간 고발, 개인청원제도를 규정하고 있다. 이 중 직권조사기능은 선택적 배제방식을 도입한 점이 특이하다.

(4) 아동권리협약(1990년 발효)

㈎ 아동권리협약상의 기구로서 아동권리위원회를 두었다.

㈏ 위원회에 대한 국가보고서 제출의무를 규정하고 있다.

(5) 장애인권리협약(2008년 발효)

㈎ 장애인의 평등한 권리향유를 보장하기 위한 협약으로서 장애인권리위원회를 설치하고 있다. 회원국은 이 위원회에 대한 국가보고서 제출의무가 있다.

㈏ 장애인권리협약과 함께 발효한 동 협약 선택의정서는 개인의 국가고발제도(청원)를 규정하고 있다.

Ⅲ. 지역적 인권보장

1. 유럽인권협약

(1) 연혁적 발전

㈎ 유럽평의회(Council of Europe: 유럽심의회라고도 한다)는 1950년 세계인권선언을 고려하여 시민적 및 정치적 권리를 내용으로 하는 유럽인권협약을 체결하였다.

■ 유럽인권협약은 가장 성공적인 인권보호체제를 창설하였으나 여전히 각 당사국의 판결이행을 완벽히 강제하지는 못하고 있으므로, 초국가적(supranational) 체제를 도입한 것은 아니라고 본다(순).

㈏ 유럽인권협약의 가장 최근의 발전은 1994년에 채택된 제11의정서이다. 이것은 종래 유럽인권위원회와 유럽인권재판소를 대신하여 하나의 단일 상설재판소를 수립하기 위한 것인데, 1998년 11월 1일에 발효되었다(Shaw).

■ 경제적·사회적 권리보호에 관해서는 1961년 유럽사회헌장에서 규정하고 있다.

(2) 실시조치

기존에는 유럽인권위원회에 의한 심사 및 조정과 유럽인권재판소를 통한 개인제소 등이 있었으나 제11의정서의 발효에 의해 이러한 이중적 절차가 폐기되고 유럽인권재판소로 담당기관이 일원화되었다. 개인은 국내구제를 완료한 뒤 곧장 유럽인권재판소에 제소할 수 있다.

2. 미주인권협약

1) OAS, 즉 미주국가기구도 1969년 유럽인권협약과 비슷한 San Jose 인권협약을 체결하였다.

2) 유럽과 마찬가지로 인권위원회와 인권법원이 설치되어 있는데, 자유권적 기본권의 보장에 초점이 맞추어져 있으며 개인의 출소권은 부인된다.

3. 아프리카인권헌장

1) 아프리카인권헌장은 유럽이나 미주인권협약과는 달리 시민적·정치적 권리와 함께 경제적·사회적·문화적 권리와 다양한 인민의 권리를 규정하고 있다.

2) 특히 집단의 권리를 인정함으로써 인민의 자결에 대한 권리규정을 포함하고 있으며 개발의 권리와 일반적으로 만족할 만한 환경에 관한 권리도 규정되어 있다.

3) 즉, 제3세대 인권을 규정하고 있는 특징이 있다. 다만 인권법원은 설치되어 있지 않다(Shaw).

Ⅳ. 인민자결권

(1) 의 의

인민자결권(self-determination)은 모든 민족이 외부로부터의 간섭 없이 그 정치적 지위를 결정하는 권리를 갖는다는 것으로서 18세기의 계몽기 자연법학자의 학설에 기초를 두고 있으나 제2차대전 이후의 탈식민지화과정에서 실정법상의 권리로 확립되었다.

(2) 국제실행

㈎ 유엔헌장 제1조 2항은 유엔의 목적의 하나로서 '인민의 동권 및 자결원칙의 존중에 기초하여 여러 국가 간의 우호관계를 발전시키는 것'을 들고 있다.

㈏ 1955년 유엔은 국제인권규약의 기초작업에서 그 공통 1조로서 '모든 인민은 자결의 권리를 갖는다'는 규정을 두기로 결정하였고 이는 1966년 협약에서 반영되었다.

㈐ 1960년 총회는 규약 제1조와 동일한 문언으로 자결권을 규정하는 '식민지독립부여선언'을 채택하였다.

㈑ 1970년 총회가 채택한 '우호관계선언'에도 자결권조항을 두고 있다.

(3) 법적 권리 여부

ICJ 도 1971년의 나미비아 사건과 1975년의 서부사하라 사건의 권고적 의견에서 자결을 법적 권리로 본다는 견해를 표명함에 따라 1970년대 들어서는 '식민지'의 독립달성을 위한 권리로서의 자결권(외적 자결권)은 국제법적 권리로서 명확하게 확립되었다고 볼 수 있다.

판 례 서남아프리카사건과 서부사하라사건

(1) **서남아프리카사건**(International Status of South-West Africa(일명 '나미비아사건', 1971년))

〈사건개요〉 유엔은 식민통치국이 다수를 점하던 국제연맹과는 달리 처음부터 위임통치제도를 개선한 신탁통치제도를 확립하였는바, UN총회는 신생국들의 독립을 위해 창립 벽두부터 줄기찬 노력을 경주하여 1950년, 1951년, 1956년 등 ICJ에 권고적 의견을 요청하여 세 차례에 걸쳐 남아연방의 서남아프리카점거에 대한 불법성을 확인하였으나 실효를 거두지 못하였다. 1962년, 1966년에 국제연맹이사국인 에티오피아와 라이베리아가 남아연방을 상대로 ICJ에 제소하였으나 동 재판소는 전자는 관할권 긍정, 후자는 관할권부정 등 상호모순되는 판결을 내림으로써 ICJ에 의한 해결도 요원하였다. 결국 1960년대 말엽에는 UN안보리가 이에 개입하여 유엔헌장 제25조를 통한 구속력 있는 결의를 채택하는 한편, 1971년 안보리는 ICJ에 대하여 '1970년 안전보장이사회 결의 276호에도 불구하고 남아연방이 나미비아에 대하여 계속적으로 점거한 행위에 대한 법적인 의미'에 관한 권고적 의견을 요청하였다.

〈판례요지〉 ICJ는 권고적 의견에서 남아연방의 계속적인 서남아프리카에 대한 점거는 불법이며, 각국은 이러한 불법적인 점거를 용인하지 않을 의무를 부담하며, UN의 비회원국도 같은 의무를 부담한다고 선언하였다. 그 후 남아연방의 지배 하에 있던 서남아프리카라고 불리어 오던 Namibia는 1989년 11월 실시된 총선에 의하여 스와포(SWAPO)당이 승리함으로써 100여 년의 식민통치를 벗어나 1990년 3월 21일 정식으로 독립하였다.

(2) **서부사하라사건**(Status of Western Sahara, 1975년)

〈사건개요〉 19세기 후반 이래 서부사하라지역을 식민지로 지배하였던 스페인이 동 지역을 독립시키려 하자 인근국가인 모로코는 자국이 스페인의 서부사하라 식민지화 이전에 그 지역에 대한 주권을 행사했다고 주장하고, 모리타니아는 스페인이 식민지화할 당시 그 지역은 후에 모리타니아가 되는 모리타니아 실체의 일부라고 주장하였다. 이에 UN총회가 ICJ에 권고적 의견을 요청하였다.

〈판례요지〉 ICJ는 스페인이 식민화할 당시 서부사하라에는 정치적, 사회적으로 조직화되어 있었으며, 인민을 대표하는 족장이 있는 유목민족이 거주하고 있었으므로 무주지역이 아니어서 선점의 대상이 아니라고 하였다. 다음으로 양 국가가 서부사하라에 영토주권을 행사할 만큼 충분한 법적 유대 등이 존재하지 않으므로 결국 서부사하라는 UN총회결의에 의하여 동 지역을 독립시키는 데 아무런 지장이 없으며, 서부사하라 인민의 자결권을 제한하지 않는다고 판시하였다.

(4) 자결권의 보편적 적용 여부

외적 자결권 외에도 내적 자결권, 즉 '이미 독립된' 국가의 인민도 스스로를 대표하는 정부를 가질 권리를 가진다고 볼 수 있느냐가 문제되는바, 냉전종식 후의 지역분쟁의 배경이 되고 있어 비판의 대상이 되고 있다. 그러나 ICJ 는 1995년의 동티모르사건에서 자결원칙을 '현대국제법의 가장 중요한 원칙의 하나'라고 판시하였다.

판례 **동티모르사건(Case Concerning East Timor, 1995년)**

〈사건개요〉 인도네시아는 포르투갈로부터 독립한 동티모르를 강제로 점령하여 자국영토로 편입한 후 동티모르해역에 대하여 오스트레일리아와 대륙붕경계획정조약을 체결하였는데, UN의 적법한 시정국인 포르투갈이 오스트레일리아의 위와 같은 행위가 동티모르민족의 민족자결권과 그 천연자원에 대한 주권적 권리 등을 침해했다는 이유로 ICJ에 제소한 사건이다.

〈판례요지〉 ICJ는 인도네시아의 행위가 불법한 것인지의 여부 등이 핵심인 본 사건에서 인도네시아를 배제한 채 판결을 할 경우 결국 인도네시아의 관할권에 관한 동의 없이 재판을 하는 결과가 되므로 본 사건에 대하여 ICJ의 관할권은 존재하지 않는다고 하였으나 설시과정에서 동티모르민족이 민족자결권(self-determination)을 갖는다는 점을 확인하였다는 점에서 중요한 판례라고 할 수 있다.

제7절 국제형사법

Ⅰ. 개 념

1. 의 의

국제형사법은 특정 국제범죄에 관하여 국제법이 직접 나서서 구성요건·가벌성·양형 등을 정하고 그 위반사항에 대하여 국제적인 형사재판소가 범죄자를 재판하는 체제를 가리킨다. 대표적인 예로는 국제형사재판소(International Criminal Court: ICC)가 있다. 이 재판소는 네덜란드 헤이그에 소재하고 있다. 국제형사재판소의 관할권에 속하는 국제범죄들은 물론 개별 국가의 국내형법으로도 대부분 처벌가능하다. 이러한 국제범죄에 해당하는 것은 집단살해(genocide), 반인도범죄(crimes against humanity), 전쟁범죄(war crimes), 침략범죄(crimes of aggression) 등이 있다. 그러나 이들 범죄의 심각성과 보다 철저한 처벌 필요성에 비추어 국제사회가 개별 국내법에만 맡겨두지 않고 국제사회가 국제법을 동원하여 이러한 범죄를 저지른 "개인"을 처벌하고자 하는 것이다.

2. 구별할 개념

1) 국내법 규범으로서의 국제형사법을 의미하는 것으로 국제형사법 또는 국제형법이 사용되는 경우가 있는바, 이는 본절의 국제형사법과는 개념을 달리한다.

2) 이는 개인의 국제범죄에 대하여 그 구성요건 등이 모두 내국 형법에서 실질적으로 결정되고, 다만 범죄의 성립요소 중의 어느 하나가 외국성을 띠는 것에 불과한 것이다.

3) 따라서 이는 본절에서 말하는 국제형사법의 연구대상이 아니며 이러한 의미의 국제형법에 대한 국제법의 관여영역은 범죄인 인도나 국제사법공조와 같은 절차면에 국한된다.

Ⅱ. 국제법위반의 범죄

1. 의 의

개인이 국제법에 기하여 내국형법의 개재 없이 직접적으로 의무를 부담하고, 그 위반에 대하여 국제재판소에 의한 형사책임을 추급당하는 경우를 말한다.

2. 유 형

1) 제2차대전 후의 뉘른베르크재판소의 설치를 위한 조례에서 종래의 통상의 전쟁범죄 외에 평화에 대한 범죄, 인도에 대한 범죄를 추가로 인정하고 있다.

■ Nürnberg법원의 지위에 관한 London협정은 국가기관을 구성하는 자연인을 처음으로 그 처벌의 대상으로 삼았다는 점에서 국제형사법의 발달의 이정표가 되었다. 이러한 범죄자들은 자신의 행위가 국가행위(act of state)이기 때문에 면제를 받아야 한다는 주장을 펼칠 수 없다는 의미이다.

2) 제노사이드협약상의 집단살해나 아파르트헤이트협약상의 인종차별도 이러한 유형의 범죄로 분류되고 있다.

3) UN 안보리는 구유고슬라비아 국제형사재판소(ICTY), 르완다 국제형사재판소(ICTR)를 안보리의 '보조기관'으로 설치하여 유고와 르완다에서 각각 벌어진 잔혹행위 책임자에 대한 재판을 진행하고 있다.

4) 관할권이나 적용규범, 재판소 인적 구성 등에 있어서 국제적 요소와 국내적 요소가 혼합되어 혼합 형사재판소 또는 국제화된 형사재판소로 볼 수 있는 임시형사재판소도 다수 설치되고 있다(시에라리온, 동티모르, 코소보, 캄보디아)(순).

3. 국제형사재판소(ICC)

(1) 연 혁

㈎ Genocide 협약(1948년)은 국제형사법원의 설립을 예정하고 있었으나 냉전과 국제관할권을 인정하기를 거부하는 국가들의 반대로 이의 설립은 계속 지연되어 왔다.

㈏ 1990년대 초반 유고 및 르완다의 전범특별재판소가 설치되면서 상설 ICC 설립 움직임이 다시 활기를 되찾은 후, 1994년 ILC 는 상설국제형사재판소설립규정초안을 채택하였고, 1998년 7월 로마 외교회의에서 ICC 설립규정(Rome Statute of the International Criminal Court)이 채택되었다. 이는 Genocide 협약채택과 세계인권선언 이후 50년 만의 일이다. 2002년 4월 11일, 10개국이 동시에 비준서를 기탁함에 따라 총 비준국가는 60개국을 넘게 되었고(66개국), 그 결과 ICC 협약은 2002년 7월 1월 발효하였으며 18명의 판사가 선출되어 봉직하고 있다. 현재 우리나라의 정창호 판사가 ICC 재판관으로 활동하고 있다.

■ 미국은 ICC 설립규정에 서명하였으나 2002년 부시 행정부는 이 서명을 취소하고 동 규정에 참여할 의사가 없음을 분명히 하였다. 서명을 취소한다는 유례없는 행위의 의미에 대해 많은 논란이 있었다.

■ ICC는 UN에 부속된 기관이 아니라 별개의 독립된 상설 국제기구이다.

(2) 주요내용

㈎ ICC 설립규정은 형사실체규범도 포함하는 국제형사절차규범으로서 전문, 13부, 128조로 구성되어 있다.

㈏ 재판소의 구성: 소장단(the Presidency), 전심부(Pre-Trial Division), 1심부, 항소부, 검사실, 사무국으로 구성되고 판사는 임기 9년에 18명이다.

㈐ 관할대상범죄: ICC는 국제공동체 전체에 대해 우려(concern)가 되는 가장 심각한 범죄 네 가지에 대해 관할권을 가진다. 단 그 중 침략범죄는 아직 요건이 확정되지 못했다.

a) 집단살해죄(the crime of genocide): 1948년 제노사이드협약상의 정의를 그대로 사용한 것으로서, 제노사이드는 '인도에 반하는 죄'의 한 특별유형이지만 별도 취급하고 있다(순). 민족적·종족적·종교적 특정그룹을 말살하려는 의도 하에 이루어지는 범행으로서 살인, 심각한 정신적·신체적 상해, 출산방해, 아동의 강제이동 등이다.

b) 인도에 반하는 죄(crimes against humanity): 민간인에 대한 광범위하거나 조직적인 공격으로 살인, 말살, 인구의 강제이전 또는 추방, 강제임신, 강제매춘 등 성적 범행, 인종분리(apartheid) 등의 범죄이다.

■ 참고로, 인도에 반하는 죄에는 "광범위하거나 조직적인 공격"으로서 행해져야 한다는 요건이 있으나, 제노사이드(집단살해죄) 조항에는 그러한 요건이 나와 있지 않다.

c) 전쟁범죄(war crimes): 특히 계획적이거나 "정책적으로 또는 대규모적인 범행"의 부분으로 저질러진 고의적 살해, 고문, 생체실험을 포함한 비인간적 대우, 정당한 군사적 목적 이외의 광범위한 민간재산 손괴, 금지무기 사용 등의 범죄이다. 국제적 무력충돌뿐만 아니라 비국제적 무력충돌에서 야기되는 행위도 포함된다.

■ 제124조에 의하면, 신규 가입국은 자국민에 의한 또는 자국내 발생한 전쟁범죄에 대해 7년 간 ICC 관할권을 수락하지 않는다는 선언을 할 수 있다.

d) 침략범죄(the crime of aggression): 침략범죄의 정의 및 관할권행사조건은 규정

발효 시에서 7년 경과 후에 규정의 개정을 통해 정하기로 하였다. 2010년 개최된 ICC 재검토회의에서 침략범죄의 관련 내용이 일단 채택되었다(후술 "2010년 ICC 로마규정 재검토회의" 참고).

■ 당사국총회는 각 범죄의 보다 명확한 해석과 적용을 위해 당사국 3분의 2 다수결로 '범죄구성요소'(Elements of Crimes)를 채택할 수 있다(순).

(라) ICC 설립규정(로마규정)의 당사국이 되면 ICC 의 관할권을 수락하는 것이 되며(자동관할권), ICC 는 '범죄발생지국' 또는 '피고인 국적국'이 규정당사국인 경우에 해당 범죄에 대한 관할권을 갖는다.

(마) ICC 절차의 개시: 규정당사국이 검사에게 회부하는 경우, 유엔안보리가 UN 헌장 제7장에 의거하여 검사에게 회부하는 경우, 검사가 직권으로 수사를 개시하는 경우 등 3가지 방법이 있다. 이중 안보리가 회부하는 경우에는 범죄발생지국 혹은 피고인 국적국이 당사국이어야 한다는 전제조건이 필요 없다. 따라서 사실상 안보리의 회부는 ICC 의 보편관할권을 인정한 효과를 갖는다(김대순).

(바) 형 벌: 형벌은 30년 이하의 유기징역과 무기징역을 규정하고 있고 사형은 포함되어 있지 않으며 벌금형 및 몰수형이 부가형으로 규정되어 있다. 집행은 ICC 의 선고를 받은 자를 받아들일 의사를 표명한 국가의 명단 중 ICC 가 지정한 국가에서 이뤄지며 징역과 수형자의 처우에 대해서 널리 수락된 국제조약상의 기준에 합치하여야 하고 내국수형자보다 유리하지도 불리하지도 않아야 한다(최태현).

(사) ICC 의 준거법은 우선적으로 설립규정, 범죄구성요소, 그리고 ICC 절차증거규칙이며 다음으로는 적용 가능한 조약 및 국제무력충돌관련 국제법의 원칙과 규칙이다. 그러한 차선의 준거규정이 없는 경우 각국의 법체계에서 ICC 가 도출하는 법의 일반원칙을 적용한다(순).

참고 ICC규정의 중요 원칙들

ICC규정에서 몇 가지 중요한 원칙들을 정리하면 다음과 같다(오윤경 외).

1) 관할권은 범죄성립 당시 18세 이상의 자연인에 대하여만 행사된다.
2) 다루는 사건은 ICC규정 발효 이후의 범죄이다. 따라서 '구 유고 국제형사재판소' 또는 '르완다 국제형사재판소'에서 다루는 범죄, 또는 캄보디아의 크메르 루즈의 범죄행위 등은 ICC에서 다룰 수 없다.
3) ICC 관할 범죄에는 공소시효가 없다.
4) 군지휘관과 민간인 상관은 자신의 통제 하에 있는 자의 범죄에 대해 일정 책임을 부담한다. 아울러, 상부의 명령을 실행했다는 이유만으로 형사책임이 면제되지 않는다. 한편, 정신병·정당방위·긴급피난 등의 경우에는 형사책임이 조각된다.
5) 국가원수 등 공적 지위에 의한 면제를 인정하지 않고 있다.
6) 보충성의 원칙이 적용되므로 국내법원이 우선적 관할권을 가지며 개별국가가 진정으로

수사 또는 기소할 의사 또는 능력이 없을 경우에만 ICC가 관할권을 갖는다. 해당 국가가 수사나 기소 대신 진상위원회 등의 비사법적 방식을 택하는 경우에는 ICC가 관할권을 행사할 수 있다고 본다.

7) 일사부재리 원칙이 적용된다. ICC에서 이미 유죄를 받았거나 무죄방면된 행위에 대해 다시 ICC에서 재판받지 않으며, 다른 재판소에서도 재판받지 않는다. 다른 재판소에서 재판받은 경우 동일한 행위에 대하여 ICC의 재판을 받지 않는다. 다만, 다른 재판소의 재판이 ICC로부터 그 범죄자를 보호하기 위한 것이거나 국제법상 적법한 규범에 따른 제대로 된 공정한 재판이 아닌 경우에는 일사부재리 원칙이 적용되지 않는다.

8) 국제사회 전체에 대해 충분히 중대한 사안이 아닌 경우에도 ICC가 다루지 않는다.

9) 재판소는 헤이그에 설립되며 임기 9년의 18명의 재판관으로 구성되고, 연임은 불가하다. 재판소의 공식언어는 UN의 6개 공용어(영, 불, 중, 러, 서반아어, 아랍어)이나, 재판 실무언어는 영어와 불어이다.

참고 2010년 ICC 로마규정 재검토회의(침략범죄 정의 채택 등)

2010년 5.31-6.11 간 우간다에서 열린 로마규정 재검토회의(Review Conference)에서는 그동안 합의되지 못했던 침략범죄(crime of aggression) 관련 개정안이 채택되었다. 그러나 아래 설명하는 바와 같이 개정안 발효 전까지는 적용되지 않음을 유의해야 한다.

(1) 침략범죄의 정의

침략범죄는 국가의 정치적 또는 군사적 행동을 실질적으로 통제하거나 지휘하는 자에 의한 침략행위의 계획, 준비, 개시 및 실행으로서 UN헌장의 명백한 위반(manifest violation)을 구성하는 행위를 말한다. 여기서 말하는 '침략행위'는 타국의 주권, 영토적 완전성 또는 정치적 독립에 위배되거나 기타 UN헌장에 위배되는 국가의 군사력 사용(use of armed force by a State)을 의미하며, 선전포고의 존재 여부와는 상관없다. 보다 구체적으로는 "1974년 침략의 정의에 대한 UN총회 결의"의 내용을 받아들여 다음과 같은 행위를 침략행위로 규정하고 있다.

- 타국 영토에 대한 무력 침략, 그로 인한 군사적 점령, 무력에 의한 병합
- 타국 영토에 대한 공습(bombardment)
- 군사력에 의한 항구 또는 연안의 봉쇄
- 타국 군대에 대한 공격
- 타국의 동의 하에 그 타국 내 자국군대 주둔 시, 그 동의 조건을 위반하는 군대의 이용 또는 합의된 주둔 시한을 넘긴 지속적 주둔
- 타국의 군대가 자국 영토를 이용하여 제3국에 대한 침략행위를 하도록 허용하는 행위
- 무장집단, 비정규군, 용병 등으로 하여금 상기 행위를 하도록 타국에 파견하는 행위

* 상기 정의에서 말하는 '명백한 위반'은 행위의 성격, 중대성, 규모 등 제반 사항을 종합적으로 고려해야 한다는 양해사항도 함께 채택되었다.

* 군사력 사용의 '위협(threat)'은 침략범죄의 정의에 포함되지 않는다.

(2) 침략범죄에 대한 관할권행사 요건

가) 재검토회의에서는 UN안보리에 의한 회부뿐만 아니라 당사국에 의한 회부와 검사

의 직권기소도 모두 인정하기로 하였다.

- UN안보리가 UN헌장 제7장에 따라 침략행위의 존재를 결정하여 ICC에 회부하는 경우 다른 관할범죄와 마찬가지로 해당 침략행위 국가가 ICC 당사국인지 여부는 무관하다.
- UN안보리가 침략행위의 존재에 대해 결정(determination)을 내리지 않는 경우, 당사국에 의한 회부 또는 검사 직권기소로 수사할 수 있다. 이러한 당사국 회부 또는 검사 직권기소는 ICC의 관할권 일반 원칙에 따라 해당 범죄가 비당사국에서 발생하거나 비당사국 국민이 범행을 저지른 경우에는 적용되지 않는다.

* 침략행위로 보이는 상황이 발생하는 경우, 검사가 직권기소를 하기 위해서는 먼저 안보리의 침략행위 존재 결정이 있는지 확인 후 UN사무총장에게 이 상황을 통보한다. 그 후 6개월내 침략행위 존재에 대한 안보리의 결정이 없으면 전심부의 허가를 얻어 검사가 직권으로 수사를 개시할 수 있다.

- ICC의 침략범죄 관할권을 인정하지 않겠다고 선언한 당사국에는 ICC가 관할권을 행사할 수 없다.

나) 동 재검토회의에서 채택된 상기 개정안이 30개 당사국에 의해 비준된 후 1년이 경과한 시점 또는 2017.1.1 이후 당사국이 결정하는 특정 시점 중 늦은 시점부터 침략범죄에 대한 ICC의 관할권이 발생하는 것으로 하였다. 다시 말해, 적어도 2017년 이전까지는 상기 설명한 침략범죄가 적용되지 않는다.

(3) 기타 사항

금번 재검토회의에서는 특정한 독성무기 사용을 전쟁범죄에 포함시켰으며, 전쟁범죄 관할권 면제조항(제124조)도 계속 유지하기로 하였다. 아울러, 그간 ICC의 성과와 현황을 평가하는 차원에서 피해자에 대한 ICC의 영향, 보충성 원칙, ICC와의 협력 등에 대한 결의안과 선언도 채택하였다(ICC 웹사이트 참조).

참고 ICC와 범죄인의 인도(surrender)

1) 당사국들은 ICC규정과 각자의 국내법에 따라 ICC의 체포 및 인도 청구에 응해야 한다(ICC규정 제89조).
2) 어떤 범죄자에 대해 다른 나라와 ICC의 인도 청구가 경합되는 경우에 대해서도 일정한 규정을 두고 있는데, 언제나 ICC의 인도청구가 우선하는 것은 아니다(제90조).
3) ICC는 피청구국이 외교면제와 국제협정을 위반하면서까지 범죄인을 인도하라고 요청할 수는 없다(제98조).
4) 일반적인 범죄인인도에서 적용되는 특정성의 원칙이 적용된다. 그러나 ICC라는 기구와 대상 범죄의 특성상, 쌍방가벌성 및 자국민불인도의 원칙, 정치범불인도의 원칙 등은 규정되어 있지 않다(순).

참고 북한 인권결의(2014년 12월 18일, UN총회에서 채택)

1) 북한 인권결의가 2014년 11월 18일 유엔총회 제3위원회에서 채택된 데 이어 2014년 12월 18일 UN총회 본회의에서도 채택되었다. 이번 유엔총회 결의는 북한상황에 대한 국제형사재판소

(ICC) 회부 검토 등 강화된 내용을 포함하고 있으며 회원국의 압도적인 지지로 채택되었다.
2) 유엔은 이번 결의에서 북한의 인권침해를 인도에 반한 범죄로 규정하고 책임 규명을 위해 적절한 조치를 취할 것을 요구하였다.
3) 한편, 유엔 안보리는 2014년 12월 22일 처음으로 '북한상황'을 의제로 채택하고, 북한인권 문제에 대한 논의를 시작하였다.

(외교부 홈페이지 참고)

제8절 국제테러리즘

이 문제는 국제법의 여러 분야에 걸쳐 있어 매우 종합적인 사고를 요하는 문제영역이다. 특히 2001년 9월 11일 미국에 대한 테러사건과 관련하여 그 중요성을 더하고 있다.

Ⅰ. 테러리즘의 개념

1) 국제테러리즘의 국제법상 확립된 일반적 정의는 없다. 이에 따라 국제 테러리즘 일반을 규율하는 국제협약도 아직 부재한 형편이다. 각종 국제협정 등에서 협정의 대상이 되는 행위에 대하여 개별적 정의를 두고 있을 뿐이다. 그러나 일응 국제테러리즘이란 그 목적이 정치적이고 그 행위는 폭력의 위협이나 사용이라고 정의할 수 있다(기).

2) 국제사회에서 테러리즘의 정의가 이렇게 곤란한 이유는 어느 한 국가 입장에서의 테러분자(terrorist)가 다른 국가에서는 민족해방전사(freedom fighter)일 수 있기 때문이다.

3) 한편 테러리즘의 개념 정의가 더더욱 어려운 이유는 때로는 테러행위가 전통적인 무력 공격 방식이 아닌 새로운 형태로 이루어질 수도 있기 때문이다. 예컨대 2014년 11월 미국의 소니 픽처스는 김정은 암살을 다룬 코미디 영화 '인터뷰'를 제작한 후 사이버 공격을 받아 데이터 파괴 및 정보유출의 피해를 입게 되었다. 2014년 12월 19일 미국 연방수사국(FBI)은 소니 픽처스 해킹 사건 배후에 북한 정부가 있다고 공식 발표하였고, 미국 정부는 북한에 대한 제재조치를 취하였다. 이와 같이 점차 사이버 공격도 테러리즘의 새로운 형태로 인식되고 있는 분위기이며, 이러한 공격행위가 국가에 대하여 진행되는 경우 이에 대한 자위권 행사 등도 가능하다는 입장이 정립되고 있는 듯한 모습이다.

Ⅱ. 테러리즘의 대처방법

예컨대, 2001년 1월 네덜란드에 설치된 스코틀랜드 법원에서 언도된 로커비사건의 판결에서(팬암기 폭발테러사건이 스코틀랜드의 로커비 지역 상공에서 발생하였다는 이유로 국제합의에 의하여 특별히 설치된 법원에서 영국의 스코틀랜드 출신 판사들에 의하여 스코틀랜드 법이 적용됨) 리비아인에 대하여 유죄평결이 내려졌는바, 이는 테러범 개인에 대한 형사처벌을 추구하는 것인 반면 당시에 미국 연방지방법원에서 진행 중이던 희생자들의 유족들에 의한 리비아에 대한 손해배상사건소송은 테러행위에 관여한 리비아 자체에 대한 국가책임을 추구하는 것이다(개정된 미국 주권면제법은 테러리즘에 관여한 국가에 대한 미국 내 소송에서 해당국가는 주권면제를 향유할 수 없다는 조항을 두고 있다).

1. 개인에 대한 형사처벌

1) 테러범죄인 개인에 대하여 형사책임을 묻는 것으로 개별적인 국제적 및 지역적 협정에 의하여 어느 정도 성과를 거두고 있다.

2) 테러범죄인에 대한 형사책임의 추구는 이를 관할하는 국제형사재판소가 부존재하므로(신설된 국제상설형사재판소의 관할대상범죄도 아님) 현재에는 국내법원에 의해서 형사처벌을 추구할 수밖에 없다. 이 경우 관할권을 갖고 있는 국가 간의 범죄인 인도가 중요한 문제로 등장할 수 있다.

2. 국가책임의 추구

개인에 대한 형사처벌과 별도로 국가책임을 추구할 수 있는바, 실제로는 후자가 그 책임추구방법 등과 관련하여 국제법상 더욱 큰 논란의 대상이다.

Ⅲ. 개인에 대한 형사처벌(국제적 · 지역적 입법노력)

국내입법동향을 보면, 미국의 1984년 국제테러규제법을 위시하여 영국과 프랑스는 테러에 관한 특별법을 제정하였고, 독일은 특별법이 아니라 1976년 형법의 일부개정을 통하여 이를 규제하고 있다.

1. 항공기납치억제를 위한 입법

1) 1963년 도쿄협약

2) 1970년 헤이그협약

3) 1971년 몬트리올협약

2. 중요인물 및 인질억류방지를 위한 입법

1) 1973년 외교관을 포함한 국제적 보호인물에 대한 범죄방지·처벌협약

2) 1979년 인질억류방지국제협약

3. 폭탄테러 및 테러에 대한 재정지원을 억제하기 위한 협약

1) 1998년 폭탄테러억제를 위한 국제협약(2001년 5월 발효)

2) 2000년 테러에 대한 재정지원억제를 위한 국제협약(2002년 4월 발효)

4. 지역적 입법노력

1976년 테러리즘억제에 관한 유럽협약이 있으며 1971년에 미주에서도 유사한 협약이 체결된 바 있다.

Ⅳ. 국가책임의 추구

1. 의무위반국의 국가책임(제7장 국가책임론 참고)

모든 국가는 자국영역 내에서 국제테러행위가 발생하지 않도록 상당한 주의(due diligence)를 베풀어야 할 의무가 있다. 테러의 피해자는 외국인인 경우가 많은데, 테러가 발생할 경우 외국인의 국적국은 재류국에 대하여 상당한 주의의무위반을 이유로 국가책임을 추궁하기 위하여 외교적 보호권을 행사할 수 있다.

■ 피해자의 국적국이 외교적 보호권을 행사하는 것은 국가책임을 추궁하는 것이다. 반면에 재류국에 체류하고 있는 가해자 개인에 대한 형사처벌이 문제되는데, 이 경우 재류국의 형사관할권행사의 근거인 영토주의원칙을 제한적으로 적용함으로써 범인인 가해자를 피해국에 인도하는 것이 타당하다는 견해가 있다(장).

2. 테러지원국의 국가책임

1) 국제사회에서 가장 논란이 많은 이슈가 바로 일국가가 테러행위를 조직적으로 지원하는 경우에 동 국가에 대한 국가책임을 추구하는 것이다. 이러한 테러지원국에 대해서는 독립국가 여부, 승인 여부에 상관없이 국가책임을 물을 수 있다.

2) 국제재판 등 평화적 수단을 이용하여 국가책임을 추구하는 경우에는 후술하는 제7장 국가책임법의 영역에서 자연스럽게 해결될 수 있으나 피해국가가 무력적 방법에 의하여 테러지원국의 국가책임을 추구하는 경우는 신중한 검토를 요한다.

Ⅴ. 국가책임 추구 방법의 논란

1) 테러지원국에 대한 대응방법으로 피해국이 무력행사를 하는 것이 국제법상 허용되느냐가 문제되는바, 상황에 따라 그 법적 평가에 상당한 차이가 있다.

2) UN 헌장에 의하면(특히 제2조 3항 분쟁의 평화적 해결 의무 및 제4장 무력행사의 금지) 회원국의 무력행사는 일반적으로 금지되나 제51조에 의하여 개별적 및 집단적 자위권의 행사는 국가의 고유의 권리로서 일정한 제한 하에서 허용된다. 따라서 테러행위의 피해국은 테러지원국에 대하여 UN 헌장 제51조에 기초하여 자위권 발동의 일환으로 무력행사를 할 수 있는 여지가 있다.

■ 2001년 9월 11일 미국에 대한 테러사건과 관련, 미국의 기본입장은 동 테러가 알카에다 테러조직에 의하여 자행되었고 아프간의 탈레반정권이 동 조직에 대해 조직적으

로 각종 물적·인적 지원을 하여 동 테러를 조장했으므로 국제법의 국가책임법상 알카에다조직의 테러행위를 탈레반정권에 귀속시킬 수 있고 따라서 동 정권에 대하여 국가책임을 물을 수 있으며, 국가책임을 추궁하는 방법과 관련하여 위 테러행위가 미국에 대한 무력공격에 해당하므로 미국은 자위권발동의 일환으로 탈레반정권에 대한 무력행사를 할 수 있다는 것이었다.

■ ICJ는 팔레스타인 장벽에 대한 권고적 의견(2004년)에서 국가의 자위권은 다른 "국가"에 대해서만 행사된다는 언급을 하였는데 이러한 제한적 해석에 대해서 특별한 근거를 제시하지는 않았다. 이에 대해, 이렇게 자위권행사의 대상을 비국가적 주체를 제외한 국가로 한정지어야 할 명확한 법적 근거가 없다는 반론도 강하게 제기되고 있다.

3) 그러나 자위권(self-defense)의 발동에 의한 무력행사는 언제나 상대국가에 대한 침략행위(aggression)라는 논란을 불러일으킬 수 있는 이른바 동전의 양면의 관계에 있으므로 UN 헌장 제51조상의 핵심요건인 '무력공격이 발생한 경우'(if an armed attack occurs)의 해석이 중요한 문제가 된다. 기존의 미국은 테러행위에 대한 대응책으로 UN 헌장 제51조에 의한 자위권행사를 자주 원용하여 왔는바, 가장 악명높은 것은 1986년 독일에서 발생한 폭탄테러사건으로 사망자 중 미국인 1명이 포함되자 이에 대한 대응으로 리비아를 배후로 지목하여 공중폭격을 감행한 사건이다.

■ ICJ는 니카라과사건에서 무력공격(armed attack)을 매우 좁게 해석하였다(제3장의 자위권 및 국내문제불간섭의무 참조). 니카라과가 행한 엘살바도르 좌익게릴라세력에 대한 무기지원 등 간접적인 간섭만으로는 미국이 주장하는 (엘살바도르를 위한) 집단적 자위권의 기초가 되는 무력공격으로 볼 수 없다고 판시하였다(집단적 자위권의 국제관습법상 존재 자체는 인정함).

4) 9·11테러에 대한 미국의 자위권행사(아프간 공습)는 일반적으로 긍정적으로 평가하는 분위기이다. UN 안전보장이사회는 상기 테러행위가 무력공격에 해당한다는 명시적인 표현은 사용하지 않았으나 미국은 UN 헌장 제51조에 의한 자위권을 원용할 수 있다고 수차례 확인한 바 있다. 또한 미국이 회원국의 일원인 NATO 도 일회원국에 대한 비회원국으로부터의 무력공격은 전회원국에 대한 무력공격으로 간주한다는 NATO 설립헌장 제5조를 처음으로 원용함으로써 미국의 자위권행사의 정당성을 제고하였다.

5) 이에 반하여 대량살상무기 은닉을 이유로 2003년 4월 개시된 미국의 이라크 공격은 정당한 자위권행사에 해당하는지에 관하여 논란이 끊이지 않았다. 미국은 이라크의 대량살상무기에 대하여 일종의 예방적 자위권을 행사한 것으로 주장하였으나 실제 대량살상무기도 없는 것으로 나타났을 뿐 아니라 이와 관련하여 UN 안전보장이사회의 승인도 없었으므로 그 법적 성격이 논란이 된 것이다.

제5장 | 국제법의 객체

종래의 이원적 구조에 따르면 국가영역에는 절대적 주권이 미치고, 그 외의 국제공역에는 어떠한 관할권도 미치지 아니하였다. 그러나, 이들 양 영역에 대해 각종 국제법적 규제와 제도가 도입되면서 단순한 이분법적 분류는 더 이상 통하기 어렵게 되었다. 예컨대, 배타적 경제수역에서는 연안국의 광범위한 관할권이 인정되는 동시에 타국은 자유로운 항행권을 누릴 수 있다.

본장에서는 해양법, 특히 내수, 영해, 배타적 경제수역과 대륙붕, 공해에서의 권리와 의무에 대해 관심을 기울일 필요가 있다.

제1절 국가영역

Ⅰ. 국가영역의 구성요소

국가영역은 국가의 구성요소 중 하나이다(제3장 참조). 국가영역은 일반적으로 영토, 영해, 영공으로 구성된다.

Ⅱ. 국가영역의 범위와 개념

국가의 영역주권이 미치는 범위는 어디인가? 영토에 대해서는 거의 절대적인 주권이 미친다고 볼 수 있다. 그러나 후술하는 바와 같이 해양과 하늘에 대해서는 별개의 국제법적 원칙과 제도가 적용되고 있으므로 주권이 미치느냐, 아니냐라는 식의 단순한 질문으로는 다양한 공간의 특성을 이해할 수 없다. 특히, 국가간 입장이 첨예하게 대립하는 해양영역에 대한 국제법 규범을 제시하고 있는 1982년 UN 해양법협약을 상세하고 정확하게 이해하여야 한다.

제2절 영 토

Ⅰ. 국 경 선

1) 영토관할권의 한계를 표시하는 선이 국경선(land boundaries)인데, 그 획정원리로 특히 19세기 초 'Thalweg(탈베크) 원칙'과 'Uti Possidetis(현상유지)원칙'이 주목을 요한다.

2) 전자는 항행이 가능한 하천의 경우에는 주된 수로의 중앙선이 국경선으로 된다는 원칙이고, 후자는 남미가 스페인 식민지통치 하에 있을 당시 행정구역을 기준으로 이후 남미 제국 각국의 국경선을 설정한다는 것이다. 이 원칙은 1960년대 이후 독립한 아프리카 국가들의 국경선 획정에도 아울러 적용되었다.

Ⅱ. 영토의 취득

1. 개 관

1) 전통적인 견해에 의하면 영역취득의 형태에는 할양(cession), 선점(occupation), 시효(prescription), 정복(subjugation), 첨부(accretion) 등이 있다. 그러나 영역취득의 전통적인 다섯 개 방식 이론은 서구 중심주의적 편견이 반영된 다소 구시대적인 이론으로서 영역취득과 관련된 승인, 묵인 등 다양한 원칙의 상호작용을 반영하지 못하며, 특히 신생국의 영역취득을 설명할 수 없는 등 부적절한 이론이다(Brownlie). 특히, 현대국제법상 정복은 오늘날 무력사용 금지 원칙에 따라 국가영토 취득 방법으로 인정될 수 없다.

2) 선점과 시효는 상당기간 해당 영역에 대하여 국가의 주권적 행위가 있었다는 증거를 요한다는 점에서는 유사하나, 후자는 무주지가 아닌 일국가의 주권 하에 있는 영역을 대상으로 한다는 점에서 구별된다(Shaw).

참고 시제법이론과 결정적 시일(critical date)이론

이들은 모두 영역취득이론의 일종이다.

1) 시제법이론: 취득 당시에 유효했던 국제법규에 입각하여 판단하는 것이며, 현행법의 소급적 적용은 원칙적으로 인정되지 않는다는 이론이다.
2) 결정적 시일(critical date)이론: 영역분쟁의 해결에 있어 critical date 이후의 상황은 고려하지 않는다는 이론으로서 이는 분쟁의 존재가 명백하게 된 단계에서 당사국이 자기의 입장을 유리하게 할 목적으로 행한 행위에 대해서는 증거력을 부인하는 것이다. 물론 해당 분쟁에 이용하기 위한 것이 아닌 행위나 선언은 critical date 이후에라도 증거로서 받아들여질 수 있다. 또한 법원이 반드시 critical date를 선정해야 하는 것도

아니고 다양한 의의를 갖는 복수의 critical dates를 정할 수도 있다. 망끼에-에끄레오 사건에서는 critical date가 정해지지 않았으며 아르헨티나-칠레 국경 중재사건의 재판부도 해당 사건에서 critical date가 별 의미 없다는 이유로 날짜에 상관없이 모든 증거를 검토하였다(Brownlie).

2. 선 점

(1) 의 의

선점(occupation)이란 무주지역(terra nullius)을 타국에 앞서 국가가 영유의사를 갖고 실효적으로 지배함으로써 성립하는 영역취득의 방법이다(김, 김).

(2) 선점이론의 현대적 기능

오늘날 선점이론이 갖는 의미는 과거의 선점에 대한 국경분쟁이나 또는 섬의 귀속에 관한 분쟁이 발생한 경우 그 영역권의 역사적 정당성을 확인하는 수단으로 이용된다는 점이다(김, 김).

(3) 요 건

㈎ 선점의 주체: 선점의 주체는 국가이므로 사인이 실효적 점유를 한다고 하더라도 국제법상 선점은 아니다.

㈏ 선점의 객체: 선점의 객체는 현실적으로 어느 국가에도 속하지 않는 무주지여야 한다.

㈐ 실효적 점유

a) 실효성 있는 계속적 지배를 하는 것을 말한다.

b) 표주(標主)를 꽂는다든가 또는 국기를 꽂는 것만으로는 실효적 점유가 있다고 볼 수 없다.

c) 그러나 상대적인 접근가능성과 거주가능성에 비추어 상황에 따라 적절한 정도의 실효적 지배만 있으면 족하다는 것이 판례의 태도이다.

■ 이러한 판례로는 팔마스섬사건, 클리퍼튼섬사건, 동부그린란드사건 및 에리트리아-예멘사건(1998년 PCA의 중재판정) 판례가 있다.

㈑ 선점의 의사: 자국의 영토로 하려는 의사를 가진 점유(즉, 자주점유)여야 한다. 이 요건은 국가의 주관적 의도이므로 이론상 많은 문제점을 안고 있으며 Palmas Island 사건이나 망끼에-에끄레오사건에서는 국가주권의 객관적 표현에 더 큰 중요성을 두었다(Brownlie).

㈒ 선점의 통고 여부: 견해가 대립되고 있으나 선점에 의한 영역취득, 즉 주권의 확대는 시원적인 권원에 의거한 것이므로 타 국가에 대한 통고를 영역취득의 조건으로 볼 수 없다(김)〈반대: (이), (이, 이)〉.

(4) 대표적 판례

㈎ 1928년 Palmas Island 중재판결(Max Huber가 중재함)과 1933년 PCIJ의 Eastern Greenland 사건 판결: 이들 판례에 의하면 실효적 점유는 평화적이어야 하고, 실제적이어야 할 뿐만 아니라 주권에 대한 적법한 권원을 갖기에 충분하여야 하며, 계속적이어야 한다(김).

판례 선점 관련 판례

(1) **팔마스섬사건**(Palmas Island Arbitration, U.S. v. Netherlands, 1928년)

〈사건개요〉 1898년 미국은 스페인과의 전쟁으로 동국으로부터 필리핀을 할양받은 후(파리조약), 필리핀군도와 인도네시아(당시의 네덜란드령 동인도제도)의 중간에 위치한 팔마스섬의 영유권을 주장하였다. 미국은 위 파리조약에 의한 필리핀군도의 승계자로서 스페인의 팔마스섬 '발견'에 근거하여 영유권주장을 하였고, 네덜란드는 스페인의 동 섬에 대한 발견 이후 200여년간 동 섬에 대하여 평화적 그리고 계속적인 주권을 행사하였다고 반박하여 결국 동 분쟁은 상설중재법원(PCA)에 회부되었다.

〈판례요지〉 상설중재법원의 유명한 Huber재판관은 19세기의 시제법에 입각하여 발견은 미성숙권원에 불과하며 선점이 영토주권에 대한 권원이 되기 위해서는 발견 이외에도 실효적 점유가 필요하다고 판시하였다. 미국은 또한 근접성(contiguity)의 원칙에 입각하여 영유권을 주장하였으나 동 원칙이 실정 국제법화되었다고 볼 수 없다는 이유로 미국의 주장을 배척하였다. 참고로 재판부는 이 사건의 결정적 시기(critical date)를 파리조약의 체결과 발효시점으로 보았다.

(2) **동부그린란드사건**(Eastern Greenland Case, Denmark v. Norway, 1933년)

〈사건개요〉 덴마크와 노르웨이는 동군연합(同君聯合)이었는데, 1814년 노르웨이가 스웨덴에 할양되었고 1905년에 이르러 노르웨이가 독립하였는바, 동국은 1931년 7월 10일 그린란드의 동부지역 등에 대한 선점을 선언하였다. 덴마크는 동 지역이 자국영토라고 선언하고 노르웨이의 선점조치의 불법성을 다투며 PCIJ에 제소하였다.

〈판례요지〉 PCIJ는 비록 선점실효도는 경미하였으나 동군연합(同君聯合) 이래 동 지역을 지배하여 왔음은 인정되며('상징적 지배'의 인정), 1931년(critical date)까지 타국이 이보다 우세한 주장을 한 바 없다는 이유로 덴마크의 주장을 인용하였다. 또한 동 재판소는 1919년 노르웨이의 외무장관이 그린란드 전체에 대한 덴마크의 영유권문제에 관해 이의를 제기하지 않겠다는 구두약속을 하였는바, 이러한 구두합의도 법적 구속력이 있다고 판시하였다.

㈏ 1975년 ICJ의 Western Sahara에 관한 권고적 의견: 유효한 선점이 되기 위해서는 무주지역이어야 한다.

제3절 해 양 법

Ⅰ. 개 설

1. 기본원리

1) 전통적으로 해양법은 그로티우스적 전통에 따라 특정국가의 전속적 이용을 부정하고 모든 국가가 자유롭게 이용할 수 있다는 전제에 서 있었다.

2) 그런데 해양국가에 유리한 공동자산(commonage)의 전통은 연안국가(coastal states)의 관할권 확대로 인하여 그 근본이 동요되어 갔다.

2. 해양법의 법원

(1) 제1차 및 제2차 해양법회의

1958년의 제1차 해양법회의에서 ILC 가 준비한 초안에 기초하여 다음과 같은 4개의 Geneva 협약이 체결되었고, 제2차 회의는 별 성과를 거두지 못하였다.

㈎ 영해 및 접속수역(The Territorial Sea and the Contiguous Zone)

㈏ 공해(The High Seas)

㈐ 공해상의 어업 및 생물자원의 보존(Fishing and Conservation of the Living Resources of the High Seas)

㈑ 대륙붕(The Continental Shelf)

(2) 제3차 해양법회의

㈎ 연 혁

a) 1967년 Malta 대표 Pardo 의 제의에 의하여 촉발되어 1968년 '국가관할권 밖에 있는 심해저 및 해상의 평화적 이용에 관한 위원회'라는 특별위원회가 설치되었으며, 1973년부터는 동 위원회가 주축이 되어 제3차 유엔해양법회의가 시작되었다.

b) 약 10년 뒤인 1982년에 총 320개의 조문과 9개의 부속서로 구성된 유엔해양법협약문이 채택되었으며, 1993년 11월 16일 가이아나(Guyana)가 60번째 국가로서 유엔해양법협약을 비준함으로써 동 비준서의 기탁일로부터 1년 후인 1994년 11월 16일 해양법협약이 발효하게 되었다.

c) 1982년 유엔해양법협약체결 당시 미국을 중심으로 하는 많은 선진국들은 동 협약 제11편 국제심해저개발제도에 불만을 품고 협약체결을 거부하였는데, 협약발효 전인 1994년 7월 28일에는 자신들의 입장이 대폭적으로 반영된 '1994년 이행협정'을 체결하여 당초 의도한 해양법질서에 중대한 수정을 가하였다.

㈏ 1982년 유엔해양법협약의 특색

a) 연안국의 관할권확대: 영해 12해리, 접속수역 24해리, 군도수역, 배타적 경제수역설정, 대륙붕의 확대.

b) 국제사회의 연대성 강화: 내륙(무해안)국가의 권익보호, 국제해협의 통행자유 강화, 공해방지 강화, 국제심해저, 분쟁해결의 제도화.

Ⅱ. 국가관할권에 종속되는 바다

1. 국내수역(internal waters: 내수)

(1) 의 의

㈎ 영해기준선 안쪽에 위치한 모든 수역을 의미한다. 이는 하천(river), 호수(lake), 운하(canal), 내해(inland sea), 항(port), 만(bay)으로 구분된다.

㈏ 군도수역도 위 정의에 포함되는 수역이나 특수한 법적 지위를 갖고 있으므로 항을 달리하여 검토한다.

(2) 법적 지위

㈎ 관습법에 의하면 국내수역은 국가영토와 동일시되고 있다. 따라서 무해통항권 등이 인정되지 아니한다.

㈏ 내륙국가(land-locked state)와 연안국가(coastal state)와의 관계가 문제되는데, 해양법협약에 의하면 내륙국가는 통과권을 가지고 통과국가(transit state: 내륙국가가 바다에 진출하기 위하여 통과해야 하는 국가)는 자기의 정당한 이익을 수호할 권리가 있다고 규정하고 있다.

(3) 하 천

㈎ 의 의: 국내하천과 국제하천으로 나눌 수 있는데, 국제법적으로 문제되는 하천은 국제하천이다. 국제하천은 2개국 이상의 영토를 흐르는 강으로서 항행이 가능한 것을 말한다.

㈏ 항행적 이용(navigational use): (i) 조약체결에 관한 최초의 시도인 1815년의 비엔나회의 최종의정서는 모든 국가의 선박에 대한 국제하천에서의 항행자유원칙을 일반적으로 인정하였다. (ii) 1919년 Versailles 조약의 정신을 이어받아 1921년에서는 '국제관계가 있는 하천수로에 관한 협약(일명, Barcelona 국제하천협약)을 체결하였는바, 이 국제조약에서 지금까지 발전해 온 국제하천의 항행자유 및 평등대우원칙이 포괄적으로 성문화되었다(유).

㈐ 비 항행적(경제적) 이용(non-navigational(economic) use)

a) 서 언: 국제하천은 전술한 운송수단으로 제공되는 것 이외에도 관개사업이나 수력발전 등 경제적 목적으로 많이 활용되는바, 상류국과 하류국 사이에 그 이용을 둘러싸고 국제분쟁이 발생하는 경우가 많이 있다.

b) 국제하천 이용에 관한 학설: (i) 하천 이용의 무제한성을 주장하는 하몬주의(Harmon Doctrine)와 타 유역국과의 협의와 협력 없이는 당해 하천의 수자원을 이용할 수 없다는 공동유산설(theory of community of interests in the waters)로 크게 대립하고 있다. (ii) 이러한 극단적인 견해의 중간적 위치를 갖는 제한적 영역주권설도 설득력 있게 제기되고 있다.

참고 하몬주의

1895년 미국이 Rio Grande강의 상류에 댐을 건설하려 하자 멕시코는 하류국에 거주하는 멕시코주민의 기득권을 주장하면서 댐건설을 반대하였다. 1905년 미 법무부장관 J. Harmon은 미국이 자국영토 내에서 주권을 행사하고 있는 이상 국제법상 미국이 멕시코와 Rio Grande강 하천수를 함께 사용해야 할 의무가 없으며 유로변경으로 인해 멕시코에 피해가 발생하더라도 배상할 필요가 없다고 선언하였다. 그러나 미국은 1905년 말 하몬주의를 철회하고 '고도의 형평과 국제예양의 원칙'에 따라 협상을 제의하여 결국 양국 간의 조약체결로 분쟁을 해결하였다(이, 이).

c) 법전화: 1997년 5월 UN 총회는 '국제수로의 비항행적 이용에 관한 협약'을 채택하였는바, 확립된 국제관습법을 성문화한 것도 있고 국제법의 점진적 발달을 반영한 것도 있다.

판례 국제수로의 비항행적 이용

(1) **라누호 중재사건**(국가책임 부분 참고)(the Lake Lanoux Arbitration, 1957년)

〈사건개요〉 프랑스와 스페인간의 국경지역에서 프랑스측에 위치한 라누호에서 프랑스로 유입되는 캐롤(Carol)강은 다시 스페인영역으로 유입한다. 프랑스는 라누호의 물을 프랑스령 아리에주(the Ariège)강으로 유로를 변경시켜 수력발전소를 건설하려 하자 스페인이 이에 반대하여 양국 사이에 분쟁이 발생하였다.

〈판례요지〉 재판정은 국제법원칙상 상류국은 하류국의 이익을 침해하지 않는 범위 내에서 국제하천수를 이용할 수 있다고 밝히고, 국제하천수의 이용을 둘러싸고 유역국 사이에 발생하는 분쟁을 해결하는 가장 좋은 방법은 관계국 사이에 이해를 조정하여 합의하는 것이며, 당사국은 모든 연락과 협상을 성실하게 받아들여야 할 의무가 있으며 상류국은 하류국의 이익을 합리적으로 고려해야 한다고 천명하고, 프랑스의 수력발전이 캐롤강의 수위를 변경하는 것이 아니므로 프랑스의 유로변경식 수력발전소건설은 합당하다고 재정하였다.

(2) **가브치코보-나기마로스사건**(Gabčíkovo-Nagymaros Project, Hungary v. Slovakia, 1997년)

〈사건개요〉 헝가리와 체코슬로바키아는 1977년 다뉴브강 유역에 수력발전소를 건설하고 항행여건을 개선할 목적으로 한 공동개발을 위하여 양자조약(일명 부다페스트조약)을 체결하여 공동개발에 들어갔으나 1989년 헝가리정부가 경제적, 환경적 이유를 들어 동 국가의 Nagymaros에 건설하기로 한 댐(lock)건설을 포기한다는 성명을 발표하자 1991년 체코슬로바키아가 헝가리와의 공동개발에 대한 대안으로 다뉴브강의 수로를 일방적으로 변경하고 이를 위한 댐을 건설하는 것을 포함한 'Variant C'방안을 추진하였다. 이에 헝가리정부는 1992년 위 조약을 종료한다고 발표하였으며 체코도 댐의 가동을 시작하였다.

1993년 헝가리와 슬로바키아(위 조약상의 체코슬로바키아의 지위를 승계함)는 특별합의(special agreement)에 기초하여 ICJ에 제소하였다. 이 사건을 일명 '다뉴브강의 문제'(Problems of the River Danube)라고도 한다.

〈판례요지〉 ICJ는 헝가리의 행위에 대하여 부다페스트조약이 계속 존속하고 있음을 전제로 헝가리가 동 조약상 의무를 이행하지 않고 있는 것이며, 슬로바키아의 행위에 대하여도 'Variant C'를 실제로 집행하는 것은 위 조약상 의무를 위반한 것이라고 판시하면서 양국 간 협상을 권고하였다. 따라서, 동 판결은 조약법과 국가책임법의 법논리를 둘러싼 치열한 공방을 담고 있다. ICJ는 향후 양국간 협정 속에 위 조약의 관련조항을 통해 새로이 발전된 환경법의 원칙들을 수용하도록 제안하였다는 점에서 국제환경법적으로도 중요한 의미가 있는 판례라고 볼 수 있다.

(4) 기 타

호소, 내해, 항, 만.

참고 만(灣; bay)

1) 만 입구에 직선을 그어 영해기선으로 삼을 수 있는 요건(해양법협약 제10조)

— 만의 해안이 모두 한 국가에 속해야 한다.

— 만입 수역의 면적이 만 입구를 지름으로 하는 반원보다 커야 한다.

— 섬이 존재하여 만에 둘 이상의 입구가 있는 다입만구(multi-mouth bay)는 각각의 입구를 연결하는 선 길이의 합계와 같은 길이의 선상에 반원을 그려서 측정하며, 만입 내부에 위치하는 섬은 만입 수역의 일부로 간주한다.

— 만의 자연적 입구가 24마일을 넘지 않아야 한다.

■ 만의 직선 입구선은 일반적인 기선제도와는 다른 별도의 개념이다(Brownlie). 제7조 직선기선이 적용되어 종전에 내수가 아니었던 수역이 내수에 포함되면 무해통항권이 그 내수에도 계속 인정되지만, 만은 제7조가 아닌 제10조에 의해 내수가 되므로 무해통항권이 인정되지 않는 것으로 본다.

2) 역사적 만

— 캐나다 허드슨 만, 러시아 피요르트 만, 호주 스펜서 만, 남미3국 폰세카 만 등.

— 해양법 원칙에 의해서가 아니라 역사적 권리에 의해 내수로 간주할 수 있는 수역.

— 1962년 UN사무국 연구에 따르면, 관습법상 역사적 만을 주장하기 위해서는 '상당한 기간 동안' 내수로 주장되어 왔고 연안국이 효과적으로 그 권리를 행사해 왔으며 타국의 묵인을 얻어야 한다(Akehurst). 역사적 만의 요건에 대해서는 해양법협약이나 관습법상 명확한 규정이 없다.

2. 군도수역(archipelagic waters)

(1) 의 의

㈎ 군도국가의 외곽을 직선으로 연결하여 구성되는 내측의 수역을 말한다. 군도국가(archipelagic state)와 도서국가(island state)의 차이는 군도국가는 필리핀, 인도네시아와 같이 몇 개의 비슷한 섬을 중심으로 많은 작은 섬들이 둘러싸고 있는 것이고, 도서국가는 일본이나 영국과 같이 하나의 주요섬을 중심으로 주위에 작은 섬들이 있는 것이다.

㈏ 군도수역은 국내수역 밖에 위치하고 영해 안쪽에 위치하는 수역이다. 일반적인 경우에는 영해기준선 안쪽에 위치하는 것은 모두 국내수역이나 대양상의 군도국가에 있어서는 영해기준선 안쪽으로 군도수역과 국내수역이 있게 된다.

(2) 연 혁

제3차 해양법회의에서 성문화된 새로운 해양제도이다. 따라서 해양법협약상 공해는 내수, 영해, 배타적 경제수역, 군도수역에 포함되지 않는 해양의 모든 부분으로 변하였다.

(3) 군도기선

㈎ 군도국가는 군도의 최외곽도서와 만조시 수면에 출현하는 암초를 연결하는 직선군도기선을 설정할 수 있다.

㈏ 직선군도기선 하나의 길이는 100해리를 초과하지 못하나 총기선 수의 3% 내에서 최대 125해리 직선을 설정할 수 있다.

㈐ 군도의 내측수역과 육지의 비율을 1 대 1과 9 대 1 사이의 범위 내에서 기선을 설정할 수 있다.

㈑ 군도기선은 영해기준선의 의미를 갖고 있다.

(4) 법적 지위

㈎ 군도국가의 관할권은 수심이나 육지에서의 거리와 관계 없이 군도수역, 해저 및 지하와 그 상공에 미친다.

㈏ 그러나 동 관할권은 이웃국가들의 전통적인 어업권, 해저케이블, 기타 조약상의 권리를 인정해야 한다는 제한이 있다.

㈐ 군도해로통항권(right of archipelagic sea lane passage): 군도수역과 그에 접속된 영해의 지정된 해양항로와 항공로에서 '외국 선박과 항공기'는 계속적이고 신속한 통과의 권리를 갖는다. 이 군도해로통항권은 연안국(군도국)이 정지시킬 수 없는 등 국제해협의 통과통항권규정이 준용된다.

3. 영해(territorial sea)

(1) 의 의

영해의 해안 또는 군도수역에 접속한 일정범위의 수역으로서, 국제법에 정해진 조건에 따라 연안국이 영토관할권에 준하는 배타적 관할권을 행사하는 수역이다. 해협도 영해의 일종이나 특수성이 있기 때문에 별도로 검토한다.

(2) 영해기준선

㈎ 통상기선(normal baseline): (i) 원칙적인 기준선인데, 연안국의 공인된 대축척해도에 기재되어 있는 해안의 간조선(干潮線) 또는 저조선(低潮線; low-water line)을 말한다. (ii) 대륙연안과 마찬가지로 섬도 원칙적인 기준선은 저조선이다. 밀물과 썰물의 차이가 있는 경우에는 19년간의 썰물수준 또는 낮은 썰물수준을 평균하여 표시한다.

㈏ 직선기선(straight baseline): 영해의 폭은 원칙적으로 통상기선인 저조선으로부터 측정되지만, 예외적으로 보조적 기준선인 직선기선방법이 적용된다.

판례 직선기선

(1) 영국-노르웨이 어업분쟁사건(Anglo-Norwegian Fisheries Case, 1951년)

이 사건은 영국과 노르웨이간에 직선기선문제를 둘러싸고 과거 반세기간 존재하였던 분쟁으로서, 법원은 노르웨이의 주장이 이유 있다고 판시하였다. 법원은 영해의 범위를 결정하는 측정방법으로서는 통상기선방법을 택하는 것이 원칙이나, 노르웨이 영해에는 직선기선방법이 적당하다고 하였다.

(2) 1982년 해양법협약

㈎ 위 ICJ판결의 영향을 받아 1958년 영해 및 접속수역에 관한 Geneva협약 제4조는 직선기준선제도를 인정하였다.

㈏ 1982년 해양법협약은 Geneva협약을 이어받아 예외적으로 직선기선을 그을 수 있다고 규정하였다.

참고 한·중·일 직선기선

한국과 중국, 일본 모두 1996년을 전후해 자국의 영해 관련법령을 정비하고 직선기선 기점을 발표하였다. 참고로 중국은 1958년 영해선언에서 자국의 모든 기선은 직선기선으로 하겠다고 선언하였으며 1996년 영해기선 선언을 통해 산둥반도 이남 지역에 대해 상세한 직선기선 기점을 발표하였는데 산둥반도 북측의 발해만 근처에 대해서는 자국의 기점을 공표하지 않고 있다.

㈐ 기선 내 수역의 법적 지위: (i) 기선 내 수역은 국내수역으로서의 지위를 갖기 때문에 외국선박은 무해통항권을 갖지 않는다. (ii) 그러나 직선기준선을 설치함으로써 국내수역에 새로 편입되는 수역에는 무해통항권이 계속 적용된다.

(3) 영해의 폭

㈎ 3해리설: 18세기 초에는 연안포대의 착탄거리가 3해리였으므로 빈켈스호크는 착탄거리설에 입각하여 영해 3해리를 주장하였다.

(나) 해양법협약: 1958년 영해 및 접속수역에 관한 Geneva 협약에서도 그 폭을 결정하지 못하였으나, 1982년의 해양법협약에서는 영해의 폭을 측정기선으로부터 12해리까지라고 명시적으로 규정하였다.

(다) 서로 마주보는 국가 또는 인접국가 간 영해의 경계획정에 대해 해양법협약 제15조는 양국 간 달리 합의하지 않는 한 각국은 중간선 밖으로 영해를 확장할 수 없다고 규정하고 있다.

■ 해양법협약 제15조: 양국 간 달리 합의하지 않는 한 양국의 영해기선상의 중간선 밖으로 영해를 확장할 수 없다. 다만, 역사적 권원이나 그 밖의 특별한 사정에 의하여 다른 방법으로 경계를 획정할 필요가 있는 경우에는 적용하지 아니한다.

(4) 영해의 법적 지위

(가) 내 용: (i) 연안국은 주권적 권능으로서 영해에 대하여 경찰권, 연안어업권, 연안무역권, 해양환경보호권, 해양과학조사권 등의 권한을 배타적으로 행사할 수 있다. (ii) 이와 같이 국제법은 영해에 대해 연안국의 주권을 인정하는 한편, 해상교통로의 확보를 위해 제3국에게 통항의 권리(무해통항)를 인정하고 있다. (iii) 또한 연안국은 재판관할권을 제한적으로 행사하고, 타국의 해저전선·관선부설을 보장하여야 한다.

(나) 무해통항권(right of innocent passage)

a) 의 의: 평시에 영해에서 모든 국가의 선박에 인정되는 무해통항의 권리를 말하며 연안국은 이를 인정할 의무가 있다. 무해통항권은 군도수역이나 해협에서도 인정된다.

b) 연 혁: (i) 무해통항권은 오래 전부터 관습법으로 인정되어 온 것이었는데, 1921년 Barcelona 규약 제2조에서 처음으로 성문화되었다. (ii) 그 후 1958년 영해 및 접속수역에 관한 Geneva 협약에서 상세히 규정하였다. (iii) 이어서 1982년 해양법협약에서 더욱 상세한 규정을 두고 있다.

c) 무해와 통항의 의미: (i) 무해란 연안국의 평화, 공서 또는 안전보장을 해하지 않으며 또한 국제법 및 기타 법규에 합당함을 말하며, (ii) 통항이란 단순히 영해를 횡단하는 목적으로, 또는 내수(또는 정박지나 항의 시설)에 들어가기 위해 또는 그로부터 나오기 위해 진행하는 목적으로 계속적이고 신속하게 영해를 통과하는 항행을 말한다.

■ 해양법협약은 무기사용, 항공기의 선상발진, 어로활동 등 유해통항의 예를 열거하고 있다.

d) 적용대상: (i) 해양법협약은 '모든 선박에 적용될 규칙'으로 무해통항권을 열거하고 있으므로 원칙적으로 연안국이나 비연안국을 불문하고 모든 국가의 선박, 즉 어선·공선·특수선박·잠수함은 무해통항의 권리를 갖는다고 볼 수 있다. (ii) 다만, 잠수함은 영해를 통과하는 경우 수중이 아니라 수면상으로 국기를 게양하고 항행한다는

조건으로 무해통항권을 갖는다(통과통항권과 비교). (iii) 문제는 군함의 무해통항권이 인정되는가의 여부인바, 여전히 견해의 대립이 있다. 해양법협약상 별도의 규정이 없으므로 군함의 무해통항권이 당연히 인정되어야 한다는 주장도 있으나 군함의 특수성에 비추어 일정한 제한(사전허가 또는 사전통고)이 필요하다는 주장도 제기된다. 우리나라의 경우, 영해및접속수역법 시행령 제4조에서 "외국의 군함 또는 비상업용 정부선박이 영해를 통항하고자 할 때에는" 3일 전 외교부장관에게 통고하도록 하여 사전통고제를 시행하고 있다.

e) 연안국 및 외국선박의 권리·의무: (i) 연안국은 통항로지정권과 분리통항방법설정권 및 법령제정권을 갖고 외국선박은 이를 준수할 의무가 있다. (ii) 반면에 연안국은 무해통항방해금지, 위험사실공시, 외국선에 대한 과징금지의무가 있다.

f) 무해통항권의 제한: 연안국은 자국의 이익을 보호하기 위하여 외국선박의 무해통항을 무차별원칙에 근거하여 제한할 수 있으나 특정수역에서의 일시적 정지에 그쳐야 한다.

판례 코르푸해협사건(Corfu Channel Case, U.K. v. Albania, 1949년)

〈사건개요〉 1946년 10월 22일 영국군함이 알바니아 본토와 Corfu섬 사이에 있으며 알바니아 영해에 속하는 코르푸해협을 통과시 기뢰에 부딪혀 손상을 입은 사건이 발생하였고 이에 대하여 영국은 알바니아가 계획적으로 기뢰를 부설하였다는 의심을 품고 알바니아의 동의를 얻지 않은 채, 같은 해 11월 12일과 13일에 걸쳐 동 수역의 기뢰를 제거한 사건이다.

〈판례요지〉 (i) 1946년 10월 22일의 폭발에 관한 알바니아의 책임: 이 사건에서 ICJ는 기뢰를 알바니아가 부설하지 않고 유고슬라비아가 부설하였다 할지라도, 제3국에 의한 부설을 알바니아가 승인한 사실에 비추어 위험을 알고 있었음이 분명하며, 항행에 대한 위험을 알면서도 영국군함에 접근하여 경고하지 않은 것은 부작위에 의한 책임을 면할 수 없으므로, 알바니아는 국제관습법상의 무해통항권 침해에 따른 손해배상책임이 있다고 판시하였다.
(ii) 폭발시의 영국함대의 통행 및 그 후의 소해행위: 첫째, 폭발 당시에 있어서의 영국군함의 무해통항권에 관하여는 무해통항의 요건에 적합하고 있으므로 알바니아의 주권을 침범하였다고 볼 수 없다는 것이다. 둘째, 그 후의 소해행위, 즉 기뢰제거행위에 관해서는 이러한 행동은 연안국의 의사에 반해서 행해진 것이며, 무해통항권의 행사로서 정당화되지 않는다고 판시하였다. 나아가 영국은 이러한 행동이 자위권의 행사라고 주장하였으나, 영역주권의 존중은 국제관계에 있어서 불가분의 기초이며, 국제법 존중을 확보하기 위하여 영국의 행동은 알바니아의 주권을 침해한 것이라고 판시하였다.

■ 보론: 본 판결은 ICJ가 행한 최초의 판결로서 전술한 쟁점 이외에도 여러 가지 면에서 중요한 의의를 갖고 있는 판결이다. 첫째로는 '국제재판의 관할권'에서 다루어질 것이나 사건 당시 UN 비회원국이었던 알바니아를 재판의 당사자로 인정하는데 있어서 묵시적 관할권(관할권 확대)개념이 원용되었고, 둘째로는 본 사건이 환경오염에 관한 국제분쟁은 아니지만, 법원은 '타국의 권리에 반하는 행위를 위해 자국영

역이 사용되는 것을 고의로(knowingly) 허용해서는 아니 된다'는 국제의무에 입각하여 위와 같이 판시함으로써 초국경적 환경오염피해에 대한 방지의무를 국제관습법의 하나로서 선언한 유명한 '트레일제련소사건'과 함께 자주 인용된다.

㈐ 재판관할권

a) 상업용 공선(公船)과 상선(商船): (i) 선박의 외부사건과 내부사건으로 구분되는데, 외부사건은 연안국이 관할권을 갖는다는 데 의견이 일치되어 있고, 내부사건은 원칙적으로 선박기국(船舶旗國)에 관할권이 있다(프랑스주의). (ii) 연안국이 내부사건에 관하여 형사재판관할권을 행사하기 위해서는 범죄결과가 연안국에 영향이 미칠 경우, 범죄가 연안국의 평화 또는 영해질서를 해할 성질인 경우, 선장 또는 선박기국 영사가 연안국 지방당국에 원조를 요청한 경우, 마약의 불법수송을 진압하기 위해 필요한 경우 등에 한정된다. (iii) 그러나 이러한 재판관할권 제한은 일종의 예양에 기초한 것이므로 연안국은 이러한 네 가지 사항 외에도 형법을 적용할 수 있는 궁극적 법적 권리를 보유한다. (iv) 연안국의 내수를 떠나 영해를 통과중인 외국선박에서 범죄가 발생한 경우에는 내수에서 발생한 것과 동등하게 취급하여 형사관할권을 행사할 수 있다고 본다. (v) 민사집행관할권의 경우, 외국선박에 타고 있는 '사람'에 대해 민사관할권 행사(영장송달, 강제집행 등) 목적으로 영해를 통과중인 외국선박을 정지시킬 수 없다고 본다. (vi) 선박충돌이나 해난구조 문제가 아닌 한, 영해를 통과중인 외국선박에 대해 연안국은 민사소송 차원의 나포 또는 강제집행을 하지 않아야 할 법적 의무를 부담한다(순).

b) 비상업용 공선(公船) 및 군함: (i) 선박 중 비상업용 목적에 종사하는 선박은 연안국의 관할권으로부터 면제되고, 군함도 연안국의 관할권으로부터 면제된다. (ii) 군함이 연안국의 법령을 위반하더라도 연안국이 그 군함을 처벌할 수 없고 즉시 퇴거요청을 할 수 있을 뿐이다.

4. 국제해협

(1) 의 의

㈎ 1982년 해양법협약에서는 명시적으로 정의하고 있지는 않지만, 일응 2개의 해양을 연결하는 자연적 수로를 말한다(이, 이).

㈏ 해협은 국내해협과 국제법의 규율을 받는 국제해협으로 나뉘는데, 후자는 통행이 자유로운 두 개의 바다를 연결하는 해협으로 국제항행에 이용되어야 한다.

(2) 연 혁

㈎ Corfu 해협사건에 관한 판결: ICJ는 해협의 성격을 결정짓는 것은 국제통행에서의 중요성이나 대체수로 존재 여부가 아니라 두 공해를 연결하는 지리적 성격이라고 보았다.

㈏ 1982년 해양법협약: (i) 영해의 폭을 12해리로 확장하는 대가로 국제항행용 해협에서의 자유통항을 인정해야 된다는 선진해양국의 강력한 주장이 받아들여져 무해통항권보다 훨씬 강력한 권한인 통과통항권이라는 제도가 안출되었다. (ii) 국제해협은 기존의 특별조약으로 규율되는 해협을 제외한다면, 무해통항해협과 통과통항해협으로 그 법적 체제가 이원화되었다.

(3) 법적 지위

국제해협의 법적 지위는 무해통항해협, 통과통항해협, 특별조약해협으로 나눌 수 있다.

a) 무해통항권이 적용되는 해협

㈀ 국제해협에는 원칙적으로 통과통항권(후술)이 적용되어야 하지만 그 해협이 섬과 본토에 의하여 형성되어 있는 경우 유사한 편의가 있는 통과항로가 그 섬의 바다 쪽 외부에 있으면 통과통항권을 적용하지 않고 무해통항권을 적용한다.

㈁ 공해/EEZ와 외국의 영해 사이에 있는 해협의 경우에도 무해통항제도가 적용된다.

㈂ 이러한 무해통항권은 정지될 수 없다(제45조 2항).

b) 통과통항권이 적용되는 해협

㈀ 의 의: (i) 모든 국가의 선박과 항공기에 인정되는 권리로서 국제항행용 해협의 일방수역인 공해 또는 배타적 경제수역과 타방수역인 공해 또는 배타적 경제수역의 사이를 오로지 계속적이고 신속하게 통행하기 위한 목적으로 해협을 통과하는 권리를 말한다. (ii) 해협국의 내수에는 통과통항권이 인정되지 않는 것이 원칙이나, 종래 내수가 아니었던 수역이 직선기선의 설정으로 내수가 된 수역도 통과통항권이 인정된다.

㈁ 적용대상 해협: (i) 통과통항(transit passage)이 적용되는 해협은 해협의 양쪽 해안이 동일국가에 속하든 2개 이상의 국가에 속하든 상관없으며, 공해나 경제수역의 일부와 공해나 경제수역의 다른 부분간에 국제항행에 사용되는 해협이다. (ii) 즉, 통과통항권이 인정되기 위해서는 통행이 자유로운 두 개의 바다를 연결하는 해협이어야 하며, 국제항행에 사용되는 해협이어야 한다. (iii) 해협이 연안국 본토와 섬에 의하여 형성되어 있는 경우에는 유사한 편의의 통과항로가 그 섬의 바깥 바다 쪽에 있으면 통과통항을 적용하지 아니한다.

㈂ 해협국 및 외국선박(항공기)의 권리·의무: (i) 해협국은 통항로지정권 및 분리통항방법설정권 및 법령제정권 등이 있으며, 외국선박·항공기는 이에 따라야 한다. (ii) 반면에 해협국은 통항로 및 위험사항을 공시하여야 하며, 외국선박(항공기)의 통과통항을 방해하거나 일시적으로 정지시킬 수 없다.

■ 외국선박은 통과통항중 해협국의 사전허가 없이 어떠한 조사나 측량활동을 해서는 안 된다.

참고 무해통항권과 통과통항권과의 차이

1) 무해통항은 영해, 비국제항행해협 및 군도수역에서 인정되나, 통과통항은 국제항행용 해협에서만 인정된다.
2) 무해통항에서는 항공기의 상공비행이 허용되지 않으나, 통과통항에서는 상공비행이 인정된다.
3) 무해통항에서는 잠수함은 수면상 부상하여 국기를 게양하고 항행하여야 하나, 통과통항에서는 명시적 제한규정이 없으므로 잠수항행이 허용된다고 본다.
4) 무해통항에서는 안보상의 이유로 특정수역에서 외국선의 항행을 일시적으로 정지시킬 수 있으나, 통과통항에서는 일시적으로도 정지할 수 없다.
5) 무해통항권을 상실하게 되는 유해통항행위의 사유가 통과통항권을 보장받지 못하게 되는 비통과통항행위의 사유(해양법협약상 직접적으로 명시된 규정은 없다)보다 훨씬 많다.
6) 무해통항에서는 연안국이 유해통항을 방지하기 위해 영해 내에서 필요한 조치를 취할 수 있으나, 통과통항에서는 비통과통항을 금지할 수 있는 규정이 없으므로 연안국이 통항을 정지할 수 없다.

c) 특별조약상의 해협: Magellan 해협, 터키해협(Bosphoros 해협, Dardanelles 해협), Gibraltar 해협, Tiran 해협.

참고 대한해협

대한해협은 최단거리 23.5해리이며 한·일 양국은 각각 3해리의 영해를 두고 있으므로 해협에 공해대가 존재한다. 이러한 경우에는 통과통항제도가 적용되지 않으며 공해자유원칙에 따라 통항이 가능하다.

5. 접속수역(contiguous zone)

접속수역, 배타적 경제수역, 대륙붕을 공해에 대한 주권의 확장으로 설명하고 있는 학자도 있다(이, 이).

(1) 의 의

관세, 재정, 출입국, 위생의 네 가지 특정사항을 규제하기 위해 연안국의 관할권행사가 인정된 영해에 접속한 공해의 특정수역을 말한다.

(2) 연 혁

18세기 영국의 Hovering Act 에서 유래된 제도로서 1958년 영해 및 접속수역에 관한 Geneva 협약에서 최초로 명문화된 후 1982년 해양법협약에서도 역시 이에 관한 규정을 두었다.

(3) 범 위

접속수역의 폭은 영해의 폭을 측정하는 기선으로부터 24해리를 초과할 수 없으며, 영해의 폭을 차감한 잔존수역이다.

(4) 법적 지위

접속수역은 영해 밖의 수역으로서 영해와 같은 주권은 행사할 수 없으며, 특정사항, 즉 관세·재정·위생 및 출입국에 관해서만 연안국이 관할권을 갖는다.

6. 배타적 경제수역(exclusive economic zone: EEZ)

(1) 의 의

영해를 넘어서 그에 인접한 200해리 이내(200해리의 측정의 출발점은 역시 영해기준선이다)에서 그 해저·지하·상부수역의 자원개발 및 보존, 그리고 공해방지에 관한 연안국의 배타적 권한이 인정되는 수역이다.

(2) 연 혁

㈎ 1945년 9월 미국의 트루먼 대통령이 대륙붕선언(Truman 선언)을 하자 자원관할권 수역을 확대하려는 연안국의 움직임이 활발해졌다.

㈏ 1970년대 후반에 들어서 많은 국가가 자국의 경제수역을 선포하고 나섰고, 마침내 1982년 해양법협약에서는 배타적 경제수역을 처음으로 성문화하였는바, 대륙붕제도가 1958년 Geneva 협약 당시부터 존재해 온 것과 비교된다.

■ 종래 우리나라는 한일어업협정(1965. 6. 22)에 규정된 바와 같이 어업(전관)수역도 유지하고 있었으나 현재 경제수역에 흡수되었고 1982년 해양법협약에서도 어업수역에 관한 규정은 없다. 또한 우리나라는 1996년 말 200해리의 배타적 경제수역을 선포하였다.

(3) 법적 지위

UN 해양법상 연안국은 EEZ 에서 주권적 권리(생물 및 무생물자원 개발, 해수·해류·해풍 에너지 등 경제적 개발활동)와 관할권(인공섬·시설 및 구조물 설치, 해양과학조사, 해양환경 보호)을 가진다. 여기서 주권적 권리에는 아무런 수식어가 없는 반면, 관할권에는 "UN 해양법협약의 관련규정에 규정된 바와 같이"라는 제약이 붙어 있음을 유념해야 한다(순). 한편, EEZ 에서는 공해자유도 일부 인정되고 있으므로 EEZ 는 영해와 공해의 특성을 모두 갖는 중간적 법제도라고 할 수 있다(이,이).

㈎ 항해의 자유: 배타적 경제수역은 공해의 자유를 전제로 하는 수역이기 때문에 제3국의 항해, 비행, 해저 cable 및 pipeline 설치가 인정된다.

㈏ 자원관할권

a) 자원관할권이란 생물자원 및 비생물자원에 대한 개발, 탐사이용권을 모두 지칭하는 것이나 주로 어업권에 관한 것이다.

b) 해양법협약에 의하면, 연안국이 포획하고 남는 어업자원은 지리적 불리국(예컨대, 내륙국가(land-locked state)), 개발도상국, 전통적 이해관계국 등에 배정하고 이동성 어업자원의 보존은 지역기구나 관계국 합의로 해결하도록 하고 있다.

■ 연안국은 EEZ의 생물자원 개발을 위한 주권적 권리행사에 있어서 위반 선박에 대한 승선, 검색, 나포 및 사법절차를 할 수 있으나 세 가지 제한이 있다. 첫째, 선박과 승무원은 보석금이나 보증금 예치 후 신속하게 석방되어야 하고, 둘째, 어업법령 위반에 대해 (관련국과 달리 합의되지 않는 한) 금고나 다른 형태의 체형이 포함되어서는 안되며, 셋째, 외국선박 나포시 기국에 신속히 통고해야 한다(순).

㈐ 인공섬 등의 설치 및 사용권: (i) 연안국은 EEZ 에서 인공도 등의 구조물의 설치 및 사용에 대한 배타적 권리를 가진다. (ii) 연안국은 필요한 경우 인공도 등의 주위에 안전수역(safety zone)을 설치할 수 있는바, 이는 외연의 각 점으로부터 500m 를 초과할 수 없다.

㈑ 환경보호권: '해양환경의 보호와 보존' 부분 참고.

㈒ 해양과학조사권: '해양과학조사' 부분 참고.

판례 M/V Saiga호사건(세인트 빈센트-그레나딘 v. 기니, 1999년)

기니 정부는 자국 관세법률을 위반했다는 이유로 세인트 빈센트-그레나딘 소속의 Saiga호를 나포하고 선장을 소추한바, 이 사건에서 ITLOS(국제해양법재판소)는 연안국은 인공섬과 시설물에 대해서는 법령을 적용할 관할권이 있으나 그 외 EEZ에서는 관세법률을 적용할 권한이 없다고 보아 기니가 해양법협약을 위반하였다고 판결하였다(순).

참고 한일어업협정

1) 배 경: 1996년 한국과 일본의 EEZ선포로 한반도는 각국의 EEZ로 둘러싸이게 되었다. 일본은 1998년 1월 23일에 1965년 한일어업협정의 종료를 통고하여 통고 1년 후인 1999년 1월 22일에 동 협정은 종료하게 되었다. 1998년 신한일어업협정이 체결되어 1999년 1월 22일 발효하였다.

2) 내 용

㈎ 새로운 한일어업협정의 주요 골격: EEZ로 간주되는 수역에서는 해양법협약상의 EEZ어업체제를 실시하고 기타 지역은 중간수역으로 하여 EEZ 어업체제실시가 유보되었다. EEZ의 경계가 확정되지 않았으므로 협정상 'EEZ로 간주되는 수역'은 어업협정의 필요에 따라 실제 EEZ보다 좁게 잡은 영역이다. 중간수역에서는 기국주의만 적용된다. 신한일어업협정은 EEZ의 경계확정이 없는 상황에서 양국 간 권리충돌의 방지 및 어업질서유지를 위한 양국간 협력체제를 구축하게 되었다.

㈏ 수역의 법적 지위와 설정 기준: 대한해협구역은 1978년 한일 양국 간 북부대륙붕협정상의 대륙붕 경계를 편의상 원용하여 양국 간 EEZ 간주수역을 나누었다. 동해 주변지역과제주도 남부지역은 모두 한일 각국의 EEZ 간주수역과 중간수역으로 구별되어 있다.

㈐ 어업질서

a) EEZ 간주수역의 어업질서: 각국의 EEZ 간주수역에서는 어업에 관한 주권적 권리행사가 인정되며 다만 상호 입어를 허용한다. 각국은 타방 체약국에 허용할 어

획할당량과 어획조건을 결정한다.

b) 중간수역에서의 어업질서: 중간수역에서는 어업에 관한 주권적 권리가 제한되므로 타방의 국민 및 어선에 대하여 자국의 어업관련법령을 적용하지 않으며 기국주의만 인정된다. 중간수역에서는 해양생물자원 보존과 관리에 대하여 어업공동위원회가 개입할 수 있는데 동해에서는 구속력 없는 권고를, 제주도 남부 중간수역에서는 구속력 있는 결정을 내릴 수 있다.

㈑ 분쟁해결절차: 협상을 통해 해결되지 못한 분쟁은 중재에 회부될 수 있다.

3) 기타 문제와의 관련성

㈎ 독 도: 어업협정은 양국 EEZ상의 어업에만 적용되므로 독도와 그 영해에는 적용되지 않으며 영유권문제와도 무관하다(협정 제15조: 이 협정의 어떠한 규정도 어업에 관한 사항 외의 국제법상의 문제에 관한 각 체약국의 입장을 해하는 것으로 간주되어서는 안 된다).

㈏ EEZ 경계획정: EEZ경계는 어업협정의 대상이 아니며 EEZ로 간주되는 수역은 EEZ 확정수역이 아니다. 협정은 어업문제가 아닌 EEZ 경계획정과 무관하다.

4) 한국어민의 어장상실문제: 우리 어민의 어장을 상실시킨 것은 신한일어업협정이 아니라 일본의 국내법에 의한 EEZ선포이다. 협정의 중간수역설정과 3년 간의 조업실적보장은 각각 공간적으로 그리고 시간적으로 EEZ 어업체제의 충격을 완화하는 역할을 한다(정해웅).

(4) 경제수역의 경계획정

㈎ 영해기준선을 기초로 하여 폭을 결정하므로 전술한 영해기준선에 관한 논의부터 시작된다. 영해 및 접속수역에 관한 경계획정문제는 그 폭이 좁기 때문에 논의가 거의 없으며, 배타적 경제수역이나 대륙붕은 그 폭이 매우 넓어 대향 또는 인접국가 간에 분쟁의 소지가 매우 많다.

㈏ 오늘날 해양법협약은 배타적 경제수역과 대륙붕에 대해 모두 동일한 경계획정 원칙을 규정하고 있다(제74조, 제83조). 즉, "형평한 해결에 도달하기 위해 국제사법재판소규정 제38조에 규정된 국제법을 기초로 하는 합의"에 의한다.

■ 동해, 서해, 동중국해 등 한반도 주변 동아시아 수역의 경우 한·중·일 3국이 해양법협약 당사국이 되면서 모두 배타적 경제수역을 선포하였고 서로의 배타적 경제수역이 중첩되면서 복잡한 해양경계문제가 발생하게 되었다. 한국은 중국 및 일본과 각각 해양경계획정 회담을 진행해오고 있으나 아직 경계획정 문제는 해결되지 않은 상황이다.

참고 배타적 경제수역/대륙붕 경계획정원칙 정리

1) 연 혁

㈎ 과거 제1차 해양법회의 결과 탄생한 1958년 대륙붕협약은 서로 마주보는 국가들 사이에는 중간선(median line), 서로 인접한 국가들 사이에는 등거리선(equidistance line)으로 대륙붕경계를 획정한다고 규정하였다(당시에는 배타적 경제수역제도가 공식 확립되지 않았음).

㈏ 그러나 이 협약은 그다지 널리 적용되지 못하여 많은 문제가 남아 있었다. 후술하는

북해대륙붕사건(1969년, ICJ)이 이를 잘 보여준다.

2) 해양법협약의 원칙(제74조, 제83조)

㈎ 제3차 해양법회의 결과 탄생한 오늘날의 유엔해양법협약은 등거리선이나 중간선 등의 기술적 원칙을 배제하고 "형평한 해결에 도달하기 위해 국제사법재판소규정 제38조에 규정된 국제법을 기초로 하는 합의"에 의한다고 규정하였다. 즉, 대원칙만 제시하면서 구체적인 경계는 당사국들간에 적절히 합의하여 설정하도록 규정한 것이다.

㈏ 합리적인 기간 내에 합의에 도달할 수 없는 경우 관계국은 분쟁해결절차에 회부한다.

㈐ 경계획정 합의에 이르기 전까지 어업협정 등의 잠정약정을 체결할 수 있다. 이러한 약정은 최종적 경계획정에 영향을 미치지 않는다.

■ 한일어업협정, 한중어업협정이 그러한 잠정약정의 사례라고 볼 수 있다.

3) 판례의 경향

ICJ와 중재재판의 해양경계획정 판례의 동향을 보면 대략적인 중간선을 기준으로 여러 가지 형평의 요소를 고려하여 경계획정을 시도하는 추세이다. 그러나 일률적인 경계획정원칙을 명확히 추출해내기는 다소 어려운 것으로 보인다.

참고 이어도 해양과학기지

해양법협약 제60조는 배타적 경제수역에서 연안국이 인공섬, 시설 및 구조물을 설치할 권리가 있다고 규정하고 있다. 한국정부는 이에 근거하여 2003년 이어도 주변에 종합해양과학기지를 건설하였다. 이어도 해양과학기지는 해저면 기준 높이 77m의 철제 구조물로서 총 44종의 각종 측정장치가 갖추어져 있다. 이어도는 우리나라 최남단 도서인 마라도에서 81해리 가량 떨어져 있는 수중암초로서 섬이 아니라 항상 바다 밑에 잠겨 있는 해저지형이다. 따라서 영토의 문제가 아니라 해양경계의 문제가 관련된다. 한국정부는 이어도 주변 수역이 한국측에 훨씬 더 가까우므로 한국과 중국 사이에 EEZ 경계획정이 이루어지기 이전이라도 한국 EEZ에 포함되는 것이 명백하다는 입장인 반면, 중국정부는 양국 간 해양경계획정이 이루어지지 않았다는 점을 강조하고 있다.

---

7. 대륙붕(continental shelf)

(1) 의 의

영해를 넘어서 육지토괴의 자연적 연장(natural prolongation)을 통하여 접속된 대륙변계의 외측한계까지의 해저와 하층토 또는 대륙변계의 외측한계가 영해측정기선으로부터 200해리의 거리에 미달하는 경우에는, 200해리의 거리까지의 해저와 하층토를 말한다.

(2) 연 혁

㈎ 전술한 1945년의 Truman 선언에 의해서 비롯됐다.

㈏ 1958년 대륙붕협약이 채택되어 성문화되었고, 1982년 해양법협약에도 그 범위

를 확장하여 이 제도를 존치시켰다.

(3) EEZ의 등장과 대륙붕제도(Brownlie)

(가) EEZ는 연안국에 상부수역의 관할권뿐만 아니라 200마일 이내에서 대륙붕제도가 제공하는 경제적 이익에 대하여도 관할권을 부여하므로 대륙붕에 비하여 훨씬 포괄적인 권한이 인정된다고 할 수 있다. EEZ는 선포된 범위 내에서 대륙붕제도(또는 접속수역)와 병존할 수 있다.

(나) 그러나 첫째 EEZ는 연안국이 선포하는 경우에 비로소 인정되는 선택적인 제도인 데 반하여 대륙붕제도는 법에 의하여 연안국에 당연히 인정되는 관할권이다.

(다) 둘째로 대륙붕제도는 EEZ와는 달리 대륙붕(변계)이 200마일을 초과하여 뻗어나간 경우에는 200마일을 넘어서 연장될 수 있다. 이러한 경우에 심해저기구의 권리와 연안국의 관할권과의 조정이 필요하게 되는 등 특수한 문제를 야기한다.

(라) 셋째로 EEZ는 상부수역(water column)과 관련되는 부분이 주가 되는바 이와 관련한 생물자원(바다게와 같은 정착성 생물자원 제외) 중 잉여 부분에 대하여는 내륙국가 및 지리적으로 불리한 국가들과의 할당규칙이 적용된다.

(마) 넷째로 EEZ는 연안국에 선박오염이나 해양과학조사 등에 대하여 상당한 권한을 부여하고 있다.

(바) 따라서 양 제도는 연안국의 주권적 권리의 법적 근거, 내용, 효과가 다르기 때문에 대륙붕제도는 여전히 독자적 의의를 가진다고 볼 수 있다.

(4) 범 위

(가) 1982년 해양법협약은 1958년 대륙붕협약의 수심기준을 버리고 이원적 기준을 설정하고 있다.

(나) 즉, 육지토괴(陸地土塊)의 자연적 연장이라는 기준과 200해리 미달 시의 200해리까지 설정한다는 기준을 동시에 인정하고 있는 것이다.

(다) 또한 동 협약은 연안국의 이기심으로 대륙붕이 대륙변계까지 확대되었다.

참고 대륙붕의 범위

(육지토괴의 자연적 연장기준에 의하여) 외측한계가 200해리를 초과한 경우:

1) 대륙사면하단에서 60해리까지 설정하거나, 대륙붕 외측한계점의 퇴적암의 두께가 대륙붕 외측한계점으로부터 대륙사면까지의 최단거리의 1% 이상이 되어야 한다.
2) 또한 대륙붕 외측한계점은 영해기준선으로부터 350해리를 초과하지 않거나 초과하더라도 2,500m 등심선으로부터 100해리를 초과하지 못한다.

(5) 대륙붕의 법적 지위

대륙붕체제의 특색은 해저와 그 상부수역의 법적 체제를 구분하고 있다는 점이다(유).

(가) 자원관할권: (i) 대륙붕수역의 해저 및 그 지하에 있는 모든 비생물자원의 탐사·개발·이용권을 의미한다. (ii) 또한 생물자원에 관하여는 정착성 생물자원만을 의미한다는 점에서 EEZ 와는 다르다.

(나) 해양의 자유: 연안국의 자원관할권은 해저 및 그 지하에만 미치기 때문에 상부수역, 바다 위, 상공에는 공해의 법적 체제가 적용된다.

(다) 1971년 Moscow 조약: 동 조약은 핵무기 및 대량파괴무기를 대륙붕에 설치할 수 없다고 규정하고 있다.

(6) 대륙붕의 경계획정(EEZ 부분 참고)

판례 북해대륙붕사건(North Sea Continental Shelf, 1969, ICJ, 서독-덴마크/ 서독-네덜란드)

1) 배 경: 북해대륙붕사건은 대륙붕경계와 관련된 최초의 ICJ판결이다. 서로 인접해 있는 당사국들은 ICJ에게 대륙붕경계획정에 적용 가능한 국제법의 원칙을 확인해 달라고 요청하였는데 덴마크와 네덜란드는 1958년 등거리선원칙을 주장하였고 독일은 이를 거부하였다.

2) 판결요지

(가) 등거리선원칙의 적용 가능 여부: ICJ는 대륙붕이 육지의 자연적 연장임을 강조하여 근접성(proximity)에 근거한 등거리선원칙을 부정하였다. 또한 1958년 대륙붕협정의 등거리선조항이 국제관습법화되어 비당사국인 서독을 구속한다는 덴마크와 네덜란드의 주장도 배척하였다. 등거리선조항은 유보가 가능하도록 되어 있어 대륙붕협정의 작성자들이 국제관습법의 반영(선언)으로서 동 조항을 만들었다고 볼 수 없으며 대륙붕협정의 비준이나 가입상황을 보아도 보편적 규범으로 발전했다고 보기 어렵다는 것이다.

(나) 대륙붕경계획정의 원칙: ICJ는 '형평의 원칙에 따른 관련국들의 합의'가 경계획정의 기본원칙이라고 판단하였다. 여기서 각국 영토의 자연적 연장은 최대한 존중되어야 하며 각국간에 겹치는 경우 공동관할·이용·개발의 체제를 설정하지 않는 한 합의에 따라 또는 동등하게 분할되어야 한다. 경계합의시 고려요소로는 연안의 일반적 형태, 지리적 구조, 천연자원 등을 들었다.

3) 판결의 의의: 1958년 대륙붕협정의 명시적 조항인 등거리원칙을 배제하고 형평의 원칙에 따른 합의를 강조한 것으로서 이후 1977년 영불 분쟁 중재판결 등 그 후의 사건들에서도 재확인되었다. 공동개발제도를 제안한 것도 주목할 만하다. 또한 조약에 의한 관습법의 확인 여부 판정기준도 제시되었을 뿐만 아니라 관습법의 성립요건과 관련된 언급도 많이 인용되고 있다(제2장 제3절 국제관습법 참고).

■ 유엔해양법협약은 연안국이 대륙붕에 대하여 갖는 위와 같은 권한을 '주권적 권리'라는 표현을 쓰고 있다.

■ 대륙붕 분쟁에 대한 첫번째 ICJ판결은 북해대륙붕사건(1969년)이다. 1982년 UN해양법협약 채택 이후 대륙붕경계에 대한 첫번째 ICJ판결은 캐나다-미국 간 메인(Maine)만 경계획정사건이다.

Ⅲ. 공해(high seas)

1. 의 의

1) 공해란 어느 특정국가의 관할권에도 속하지 않는 바다 부분이다.

2) 해양법협약 제86조는 공해를 내수, 군도수역, 영해, EEZ 등에 속하지 않는 바다라고 규정하고 있다.

2. 공해자유의 원칙

(1) 개 념

㈎ 현행 국제법상 어느 국가도 공해를 영유할 수 없으며, 또 공해는 원칙적으로 각국의 자유로운 사용을 위해 개방된다는 원칙이다(이, 이).

㈏ 이 원칙은 국제관습법형태로 있다가 1958년 공해에 관한 협약에서 처음으로 성문화되었고, 1982년 해양법협약에도 규정되어 있다.

(2) 연 혁

㈎ Grotius는 1609년 자유해론에서 해양자유를 주장하였는바, Grotius에 의하면, 해양은 통상의 대상이 아니고, 바다는 유동적이어서 소유의 대상이 아니며, 이러한 것이 자연법과 일치한다고 하였다.

㈏ 영국은 17세기에는 폐쇄해양론을 내세웠다. 폐쇄해양론의 대표자는 Selden이다. 그러나 영국은 18세기 이후 세계 진출을 위해 다시 해양자유를 주장한다.

㈐ 이리하여 영국은 1879년 해양폐쇄론을 공식적으로 포기하였고, 제1, 2차대전을 거치면서 해양의 자유는 국제관습법으로 승격되었다.

(3) 내 용

항해의 자유 및 상공비행의 자유, 어업의 자유, 해저 cable 및 pipeline 설치자유, 과학조사의 자유 등이 있다.

■ 광물자원개발은 국제심해저제도와의 관계상 자유로이 개발할 수 없다(유).

(4) 제 한

㈎ 타국의 이익을 합리적으로 고려하여야 한다.

㈏ 접속수역, 배타적 경제수역, 대륙붕 등의 보충수역이 설정됨에 따라 공해는 그 범위가 축소되었다.

㈐ 공해는 또한 평화적 목적으로 사용하여야 하며, 전시에는 대폭 제한된다.

㈑ 최근에는 환경보존을 위한 규제가 점점 강화되고 있다.

3. 공해의 법질서

(1) 공해에서의 관할권

㈎ 서 설: 공해상 선박에 대하여는 기국이 배타적 관할권을 행사하는 것이 원칙이므로 공해에서 타국의 선박에 대해 관할권을 행사할 수 있는 예외적 경우인 임검권과 추적권이 중요하다.

㈏ 임검권(right of visit): 일정한 혐의가 있는 외국선박에 대해 군함이 행사하는 검문 및 방문수색권으로서 아래 다섯 가지의 혐의(해적, 노예매매, 불법라디오 방송, 국기 허위게양, 무국적)가 있는 경우에 발동된다.

a) 모든 국가의 군함은 공해상에서 군함이나 비상용 공선을 제외한 외국선이 해적, 노예매매 행위를 하고 있다고 판단될 때에는 임검권을 행사할 수 있다.

b) 불법라디오 방송 선박은 해당 관할국 군함이, 국기 허위게양 선박은 소속 국적국 군함이 임검권을 행사한다. 무국적 선박은 모든 선박이 임검권을 행사할 수 있는데, 자국기 게양 선박의 임검결과 외국선박이라는 것이 밝혀지면 그것을 무국적 선박으로 간주한다(순).

c) 방문수색의 결과 범죄가 밝혀지면 나포하여 처벌한다.

■ 방문수색의 결과 혐의가 없으면 군함은 손해배상의 책임을 진다.

㈐ 추적권(right of hot pursuit)

a) 의 의: 추적권이란 연안국의 권한 있는 당국이 연안국의 내수, 군도수역, 배타적 경제수역 또는 대륙붕상에서 연안국의 법령을 위반하였다고 믿을 만한 외국선박을 당해 관할수역으로부터 공해까지 추적하여 나포하거나, 나포 후에 재판을 위하여 연안국에 인치할 수 있는 권리를 말한다(기).

b) 연 혁: 관습법형태로 있다가 1958년 공해에 관한 협약으로 성문화되었고, 1982년 협약에도 규정되어 있다.

c) 요 건: (i) 추적선은 군함·군용기 또는 공무수행의 표식을 부착한 공용항공기와 선박에 한한다. (ii) 피추적선은 추적을 개시할 당시 내수, 군도수역, 영해, 접속수역, 배타적 경제수역 또는 대륙붕의 상부수역에 있어야 한다. (iii) 그러나 자선(子船)이 추적 대상인 경우 추적개시 당시 모선(母船)이 상기 수역 밖에 있더라도 그 모선을 추적할 수 있다(추정적 존재이론). (ⅳ) 추적은 중단되어서는 안 되며 계속적인 것이어야 한다. I Am Alone 호 사건(1935년)에서는 추적선이 추적 도중 임무를 타 추적선에 인계하여도 그 계속성이 인정되었다. (ⅴ) 연안국의 관할수역에서 시작된 추적권은 공해에서 계속 행사할 수 있으며 피추적선이 피추적국 또는 제3국의 영해 내에 들어가면 행사할 수 없다.

■ 정선명령을 내릴 때에 추적선은 반드시 내수·군도수역·영해·접속수역·배타적 경제수역 또는 대륙붕의 수역에 있음을 요하지 않는다.

㈑ 선박충돌에 대한 재판관할권의 문제: 로터스호사건 판결에서 PCIJ 는 공해상 선박충돌사건이 일어난 경우 가해선박에 대해 가해선박의 기국뿐 아니라 피해선박의 기국도 관할권을 갖는다고 판시하였으나 1952년 선박충돌에 관한 Bruxelles 협약, 1958년 공해에 관한 Geneva 협약 및 1982년 유엔해양법협약에서는 가해선박의 기국과 범인의 국적국에 대해서만 관할권을 인정하고 있다.

㈒ 한편, 2013년 11월 중국 정부의 동중국해 방공식별구역(Air Defense Identification Zone) 획정 선언은 주변국으로부터 다양한 반응과 우려를 초래하고 있다. 대체로 그러한 추가 공역의 지정은 이미 20여개국이 실시한 바 있으므로 일종의 국제관습법적 성격을 띠고는 있으나, 그 설정과 운영이 UN 해양법협약 제87조에서 인정하는 공해상공에서의 항행의 자유를 사실상 축소, 제한하는 방식으로 진행된다면 국제법 위반의 문제가 제기될 수도 있다는 점이 지적되고 있다.

판례 로터스사건(Lotus Case, France v. Turkey, 1927년)

〈사건개요〉 1926년 공해상에서 프랑스선박 로터스호와 터키선박이 충돌하여 터키선박이 침몰하고 8명의 터키인이 사망한 사고가 발생하였다. 로터스호가 터키영토인 콘스탄티노플에 도착하자 터키당국이 충돌 당시의 일직사관인 Demons 중위를 형사절차에 회부하여 80일간의 징역과 22파운드의 벌금을 부과하였는데, 이에 대해 프랑스가 터키의 관할권부재를 이유로 터키를 상대로 제소한 사건이다.

〈판례요지〉 PCIJ는 재판장의 casting vote에 의하여 터키의 관할권을 인정하였다. 동 재판소의 다수의견은 국가의 자유에 대한 제한은 추정될 수 없다는 의사주의에 입각하여 국제법상 금지되지 않은 행위는 모두 허용된다는 입장을 취하였다. 이는 오늘날 논쟁적인 이론인 영향주의이론(effect doctrine)과 궤를 같이한다는 이유로 비판의 대상이 되고 있다.

(2) 공해에서의 의무

㈎ 해난구조의무와 해양전선·관선보호의무가 있다.

㈏ 가장 중요한 의무는 역시 해양오염방지의무이다(제5장 제3절 VI. 해양환경의 보호와 보존 부분 참고).

(3) 해 적

㈎ 정 의

a) 유엔해양법협약은 해적행위를 민간선박 또는 민간항공기 승무원이나 승객이 사적인 목적으로 공해 또는 국가관할권 밖의 장소에서 다른 선박, 항공기, 사람, 재산에 대해 행하는 폭력, 억류, 약탈 행위로 정의하고 있다.

b) 즉, 해적행위의 주체는 민간선박 또는 항공기이다. 선박뿐 아니라 항공기도 포함됨에 유의하여야 한다. 그러나 정부선박도 내부반란에 의해 국가 통제를 벗어나면 민간선박으로 보아 해적행위의 주체로 간주된다.

c) 원칙적으로 유엔해양법협약상 해적은 공해상에서 벌어지는 행위를 지칭하나

공해 관련규정들은 EEZ 제도와 상충되지 않는 한 EEZ 에서도 적용되므로(제58조), 해적행위는 EEZ 에서도 발생할 수 있는 것으로 해석된다(순).

(나) 해적행위에 대한 관할권

a) 해적행위에는 보편적 관할권이 적용되어 '모든 국가'가 관할권을 가지며 군함 또는 군용항공기를 이용해 해적행위 선박을 나포, 체포할 수 있다. 나포국의 법원이 형벌을 결정하며 그 선박, 항공기 또는 재산에 대해 조치를 취할 수 있다. 2011년 1월 진행된 아덴만의 여명 작전에서 체포된 소말리아 해적들은 국내로 압송되어 재판 후 2017년 1월 현재 복역 중이다.

b) 오히려 현재 국제사회의 새로운 문제로 대두되고 있는 것은 많은 국가들이 해적 체포 및 처벌로 인하여 초래되는 법리적, 재정적, 행정적 부담을 우려하여 가급적 해적 체포를 회피하거나 또는 다른 나라에 그 처벌을 위임하는 현상이다.

c) 해적행위선박에 대해서는 모든 국가가 임검권을 행사할 수 있다(상기 3.(1)(나)(a) 참조).

■ 참고로, 해적이 자주 출몰하는 지역인 말래카 해협에서의 해상안전을 위해 아시아 해적퇴치 지역협력협정이 채택되어 2006년 발효되었다.

Ⅳ. 심 해 저

1. 의 의

1) 유엔해양법협약상 심해저는 국가의 관할권이 미치는 해역 이원의 해저(seabed)와 해상(ocean floor) 및 하층토(subsoil)로 규정되어 있다.

2) 구체적으로 심해저의 범위는 연안국 주권 하에 있는 대륙붕의 한계 외측에 있는 해저지역인데(이, 이), 유엔해양법협약에서 대륙붕의 범위를 확장함에 따라 그만큼 범위가 줄어들었다.

■ 유엔해양법협약은 심해저를 '지역'(Area)이라고 표현하고 있다.

2. 성립과정

심해저제도에 관한 논의가 제3차 유엔해양법회의의 직접적인 계기가 되었다.

1) 1967년 Malta 의 유엔대표 Pardo 가 유엔총회에서 국가관할권 이원에 부존되어 있는 심해저자원을 '인류의 공동유산'(common heritage of mankind)으로 선언하고 인류 전체의 이익을 위하여 국제기구가 관리하여 개발하여야 한다고 주장하였다.

2) 1982년 유엔해양법협약 제11편에서 처음으로 심해저제도가 성문화되었다.

3) 1982년 유엔해양법협약은 제11편 심해저제도에 대한 선진국들의 불만으로 발효되지 못하고 있었는데, 협약발효에 즈음하여 미국 등 선진국의 입장이 대폭적으로 반영된 별도의 '제11편 이행협정'이 1994년 7월 29일 체결되었다.

■ 이행협정의 정식명칭은 '유엔해양법협약 제11편의 이행에 관한 협정'(Agreement relating to the Implementation of Part (xi) of the UN Convention on the Law of the Sea of 10 December 1982)이다.

3. 심해저제도의 법적 구조

(1) 국제심해저기구(the Authority)

㈎ 모든 협약당사국을 회원국으로 하는 국제심해저자원의 탐사개발 및 이용을 총괄하는 기구로서 Jamaica에 위치한다.

㈏ 심해저기구의 주요기관으로는 총회(Assembly), 이사회(Council), 사무국(Secretariat)이 있다.

(2) 국제심해저기업(the Enterprise)

㈎ 심해저기업은 협약에 의거하여 심해저활동과 개발한 광물의 수송·가공 및 판매를 직접 수행하는 회사형태의 심해저기구의 기관이다.

㈏ 심해저기업은 심해저기구와 준별되는 자율적 운영기구로 규정되어 있으나 '제11편 이행협정'에 의해 일단 그 설치가 연기되었으며 국제심해저기구 사무국이 당분간 심해저기업의 기능을 수행한다.

4. 국제심해저의 탐사 및 개발체제

유엔해양법협약은 인류의 공동유산이라는 측면을 강조하여 국제공동개발을 중시하였으나 선진국들이 이를 거부하자 1994년 이행협정에 의해 시장경제원리에 가까운 제도를 도입하였다.

5. 선행투자보호제도

선행(사전)투자(pioneer investor) 국가들에게는 일정한 투자활동권과 우선권이 인정되고 있다. 우리나라도 선행투자 국가로서 동북 태평양의 Clarion/ Clipperton 구역을 광구로 등록하여 탐사활동을 벌여오고 있다.

6. 1994년 제11편의 이행협정

(1) 이행협정의 구성

이행협정은 전문, 10개 조문 및 부속서로 구성되어 있다.

(2) 본문의 주요내용

이행협정의 본문은 이행협정의 성격과 발효조건 등 절차적 문제를 규정하고 있다.

(3) 부속서의 주요내용

심해저제도의 실질적 개정에 관한 사항은 부속서에 포함되어 있다.

㈎ 당사국의 비용절감을 위한 제도적 조정

㈏ 국제심해저기구의 의결결정방식의 수정

㈐ 기술이전의무의 삭제: 1982년 해양법협약에는 선행투자가들에게 국제심해저 기업과 개도국에 대하여 기술이전의무를 부과하였으나, 이를 삭제하고 시장경제원리를 기초로 한다

㈑ 생산정책의 수정: 심해저활동에 대한 보조금지급의 금지, 심해저생산광물과 육지생산광물의 무차별적 대우, WTO 규정 및 규칙의 적용을 들 수 있다.

Ⅴ. 기타 제도

1. 해양과학조사

(1) 원 칙

1982년 해양법협약은 조사의 질서 있는 수행을 위한 일정한 제한 이외에는 원칙적으로 모든 국가와 국제기구의 해양과학조사권을 인정한다.

(2) 구체적인 경우

㈎ 영해에서의 해양과학조사는 연안국이 배타적 권한을 가진다.

㈏ EEZ 및 대륙붕에서도 연안국이 해양과학조사에 관한 허가권을 가지고 있으나, 영해에서와는 달리, 연안국은 특별한 사정이 없는 한 다른 국가나 국제기구의 과학조사를 허락해야 한다(유).

㈐ 그러나 국제심해저에서는 모든 국가들은 심해저관계 해양법규정에 따라 해양과학조사를 할 수 있다.

2. 섬

(1) 의 의

자연적으로 형성된 것이며 밀물시에 해면 위로 드러나야 한다. 따라서 인공섬 등의 구조물은 섬이 아니며, 밀물 시에는 수면 아래로 잠기는 간조 시 노출지(low tide elevation)는 섬이 아니다.

(2) 섬의 법적 지위

㈎ 섬은 그 주변수역에 대하여 육지영토와 마찬가지로 영해, 접속수역, EEZ 및 대륙붕을 설정할 수 있다.

㈏ 다만 인간이 거주할 수 없거나 경제생활을 영위할 수 없는 '암석' 주위에는 EEZ나 대륙붕을 설정할 수 없다(협약 제121조 3항).

㈐ 독도가 EEZ나 대륙붕을 설정할 수 있는 섬인지 혹은 이를 설정할 수 없는 암석(rock)인지의 문제는 해양법협약 제121조 3항의 해석에 따라 학자들의 입장이 다양하다.

Ⅵ. 해양환경의 보호와 보존

1. 1982년 해양법협약과 해양환경보호

1) Torrey-Canyon 사건이 발생한 지 11년 만에 벌어진 1978년 Amoco-Cadiz 사건은 제3차 해양법회의와 1982년 해양법협약에 심대한 영향을 미쳤다.

2) 1982년 해양법협약 제12편에서 해양환경보호에 관한 총괄적인 규정을 두고 있다. 그러나 제12편 이외에도 영해, 해협, EEZ, 공해 및 심해저에서 각각 해양환경보호에 관한 규정을 두고 있다.

2. 일반규정

1) 모든 국민에게는 환경보존의 의무가 있으며, 모든 국가는 해양환경보호를 위한 조치를 취하여야 한다.

2) 국가들은 이를 위하여 세계적·지역적으로 협력하여야 한다.

3) 또한 국가들은 공해발생의 통고와 확산을 방지하고 공해규제법규제정을 위한 과학적 표준을 설정하여야 한다.

4) 개도국에 대해서 기술원조 및 환경보호기금배정 시 우선적으로 고려하여야 한다.

3. 공해근원에 따른 규제법규의 제정

모든 국가들은 (i) 육지, (ii) 관할수역의 해양활동, (iii) 국제심해저활동, (iv) 폐기물투하, (v) 선박, (vi) 대기, (vii) 얼음에 덮인 수역으로부터의 해양오염에 대하여 국내법을 제정하거나 기타 조치를 취하여야 한다.

4. 강제조치

1) 유엔해양법협약은 해양오염을 발생하는 선박에 대하여 규제 및 통제권을 행사하는 관할권을 기국(旗國)뿐만 아니라, 연안국 또는 입항국(항구국)에게도 부여하였다.

2) 이러한 규제권은 남용되기 쉬운데 이를 방지하기 위한 안전조치로서 심리절차의 공정, 규제행사기관을 국가의 공식기관으로 한정, 규제권 행사로 인한 항해안전위험 등의 발생방지의무, 외국선박에 대한 조사권의 제한 등을 규정하고 있다.

5. 국가책임

원칙적으로 해양공해규제법규에 위반하여 손해를 발생시킨 국가는 국가책임을 지는 것이나, 군함 등의 경우는 해양법협약의 규율대상에서 제외되어 있다(제10장 국제환경법 부분 참고).

Ⅶ. 해양법상의 분쟁해결제도

1. 개 관

(1) 일반원칙

유엔해양법협약에 규정된 분쟁해결절차의 기본원칙은 분쟁을 유엔헌장 제33조 1항에 규정된 방법에 의거하여 평화적인 방법으로 해결해야 된다는 점이며, 다만 분쟁당사국에게 평화적 분쟁해결수단을 선택할 수 있는 자유를 허용하고 있다.

(2) 해양법협약상 특유한 분쟁해결제도

㈎ 해양법협약상 분쟁해결제도는 조정(conciliation)절차와 재판에 의한 절차로 나눌 수 있다. 해양법협약 제15편은 분쟁해결의 일반원칙을 규정하고 있고, 부속서Ⅴ는 조정절차, 부속서Ⅵ, Ⅶ, Ⅷ은 재판에 의한 절차(해양법재판소 규정, 중재재판, 특별중재재판)를 규정하고 있다.

㈏ 분쟁해결수단은 당사자들이 합의에 의하여 결정하는 것이 원칙이나 합의가 없는 경우에는 선택선언에 따라 강제적으로 결정된다.

2. 조정절차

1) 협약은 우선 중재 또는 사법재판에 의한 강제적 해결에 앞서 조약법협약에 도입된 바 있는 의무적 조정절차를 도입하고 있다. 즉, 분쟁당사자는 어떤 해결수단에 호소할 것인지에 관하여 신속히 의견을 교환하고 합의가 이루어지지 않은 경우 조정(conciliation)절차에 회부할 수 있다.

2) 이러한 의무적 조정제도도 법적 구속력은 없는 것이기 때문에 당사국들이 임의로 수락하지 않는 한 분쟁의 궁극적 해결이 되지 못한다.

3. 강제절차(재판에 의한 절차)

당사자들은 유엔해양법협약에 가입할 때 동 협약의 해석이나 적용에 관한 분쟁을 해결하기 위하여 (i) 부속서 Ⅵ의 국제해양법재판소, (ii) ICJ, (iii) 부속서 Ⅶ의 중재재판, (iv) 특수한 분쟁을 해결하기 위한 부속서 Ⅷ의 특별중재재판 중 하나 이상을 선택하여야 한다(제287조). 선택선언이 없거나 양 분쟁당사국이 선택한 분쟁기관이 불일치하는 경우 중재재판에 회부된다.

(1) 국제해양법재판소

㈎ 구 성

a) 21명의 재판관들로 구성되는데 그 임기는 9년이며 연임할 수 있다.

b) 동일국적인을 2인 이상 선출할 수 없으며, 유엔총회의 지역안배상 각 지역은 3명 이상의 재판관을 확보한다.

■ 우리나라 출신으로는 故 박춘호 교수가 1996년과 2005년에 연달아 선출되어 활동

하였으며, 동 재판관 별세 이후 2009년 3월 백진현 서울대 교수가 후임으로 선출되어 2017년 1월 현재 활동 중이다.

c) 재판관 선출을 위한 당사국회의의 의결정족수는 당사국의 3분의 2이다.

d) 첫 선거는 유엔사무총장 주재 하에 회원국들의 비밀투표로 행하며, 두 번째 이후의 선거는 회원국들이 정하는 절차에 따라 진행된다.

e) 소장과 부소장은 3년 임기로 선출된다.

■ ICJ와 같이 국적재판관제도가 인정된다.

㈏ 관할권: (i) 유엔해양법협약의 당사국 및 당사국은 아니나 동 협약 제11편에 명시된 실체 등은 소송당사자가 될 수 있다. (ii) 재판소의 관할권은 유엔해양법협약규정에 따라 제기되는 소송뿐만 아니라 국제해양법재판소의 관할권을 인정하는 다른 모든 조약에 따라 제기되는 분쟁에도 인정된다.

㈐ 재판절차(ICJ 의 재판절차와 거의 동일하다)

a) 의사정족수는 11명이며 판결은 출석재판관의 과반수로 결정하고 가부동수인 때에는 재판장이 결정투표권(casting vote)을 행사한다.

b) 결석재판제도가 인정된다.

c) 기판력의 상대성원칙이 인정되며, 판결은 최종적이며 이는 법원과 당사자를 구속한다.

㈑ 심해저특별재판부(Sea-Bed Dispute Chamber): 1982년 해양법협약 제186조에 규정되어 있는 제도이다.

a) 11명의 재판관으로 구성되며 그 임기는 3년이며 중임할 수 있다.

b) 재판부의 판사는 국제해양법재판소 재판관들의 과반수로 국제해양법재판소 재판관들 중에서 선임한다.

c) 의사정족수는 7명이고 판결은 출석재판관의 과반수로 결정한다.

(2) ICJ(제8장 국제분쟁의 평화적 해결 부분 참고)

(3) 중재법원

법원이 상설적으로 있는 것이 아니라 중재관의 명부만이 보존되어 있다.

㈎ 각 당사국은 4명의 중재관을 선정하여 유엔사무총장에 제출한다.

㈏ 중재법원은 3명의 중재관으로 구성되며, 이들 중 2명은 분쟁당사국이 각각 임명하고 이들이 합의하여 나머지 1인을 선임한다.

㈐ 합의하지 못하면 국제해양법재판소장이 선임한다.

(4) 특별중재법원

전문분야의 특별한 분쟁을 처리하기 위한 것이다.

㈎ 특별중재법원의 대상분야는 어업, 해양환경보호, 해양과학조사, 항해의 네 가

지로 처음부터 특정되어 있다.

(나) 어업전문가는 FAO, 환경보호는 UNEP 등 각 분야별로 이들 국제기관에서 전문가목록을 작성한다.

(다) 각 당사국은 분야별로 전문가 2명을 선정하여 위 국제기관들에 제출한다.

(라) 특별중재법원은 5명의 전문가로 구성되는 수시법원이다.

(5) 강제절차 적용의 제한과 예외

(가) EEZ 와 대륙붕에서의 해양과학조사 및 EEZ 의 생물자원에 대한 연안국의 주권적 권리에 관한 분쟁의 경우에 강제절차를 수락할 의무가 없기 때문에 강제절차의 적용이 제한을 받는다(제297조).

(나) (i) 해양경계획정, (ii) 군사활동, (iii) 어업 및 해양과학조사를 위한 연안국의 법집행 활동, 그리고 (iv) 유엔안전보장이사회가 다루고 있는 분쟁 등 네 가지 사항에 관해서는 강제절차의 적용배제선언을 할 수 있다. 이를 '선택적 예외'(optional exception)라고 한다(제298조).

참고 한국의 유엔해양법협약 강제적 분쟁해결절차 배제 선언

우리나라는 유엔해양법협약상 강제분쟁해결절차 배제 선언서를 2006년 4월 18일에 유엔에 기탁하였다. 이는 유엔해양법협약 제298조에 근거한 것으로서 우리나라는 해양법과 관련된 분쟁 중 해양경계획정, 군사활동, 해양과학조사 및 어업에 대한 법집행 활동, 유엔 안보리의 권한수행 관련분쟁 등에 대해 유엔해양법협약상의 강제절차를 배제할 수 있게 되었다(외교통상부 보도자료 2006.4.19).

제4절 항 공 법

I. 개 관

1. 영공의 의의

영공은 영토 및 영수를 덮고 있는 상공으로 구성된 국가영역이다(이, 이).

2. 시카고협약

1) 1919년의 파리협약을 대체하여 1944년 체결된 국제민간항공협약으로서 민간항공법체제의 기본조약인바, 동 협약에 의하여 1947년 유엔의 전문기구인 ICAO(국제민간항공기구)가 창설되었다.

2) 동 협약에 의하면 항공기등록은 등록국가의 국내법에 의하며, 등록국가의 국적을 갖는다. 국제법상 항공기의 국적부여에 대하여는 사람이나 선박과 같은 진정한 유대(genuine linkage)가 필요 없다는 견해가 유력하나 이에 대한 반론도 있다(이).

Ⅱ. 범 위

1) 대기권의 상공과 외기권의 우주는 명확히 구분되는 것은 아니다. 대체로 80~100㎞ 정도를 경계로 하자는 공간적 방법이 우세하나 기능적 방법을 주장하는 견해도 있다.

2) 위 구분에 따라 대기권 상공(air space)은 항공법이, 외기권 우주(outer space)는 우주법이 각각 적용된다.

Ⅲ. 항공범죄의 억제와 처벌

1. 규율대상범죄의 차이

1) 도쿄협약은 항공기납치행위 자체는 명시적으로 규정하지 않고 항공기 내부의 질서교란행위자를 대상으로 하므로 오늘날 국제정치적으로 특별히 중요한 의미를 갖지는 않는다.

2) 헤이그협약은 기상에서의 탑승자의 항공기납치범죄만을 규율하나, 몬트리올협약은 비탑승자의 범행도 포함하고 항공기 외에 항공시설에 대한 범행도 포함하며 특히 항공기 폭파범죄에 대응할 목적을 갖고 있어 각 협약의 주된 규율대상범죄는 조금씩 다르다.

2. 적용대상항공기

1) 세 협약 모두 민간항공기만을 적용대상으로 한다.

2) 헤이그 및 몬트리올협약은 국내 및 국제항행용 항공기를 모두 적용대상으로 명시하고 있다.

3. 재판관할권

1) 도쿄협약의 대상범죄는 항공기 등록국의 관할권을 우선적용한다. 그러나 타국이 국내법에 따라 행사하는 형사재판관할권을 배제하지 않는다.

2) 헤이그협약의 대상범죄는 항공기등록국, 착륙국, 항공임차인의 주영업소관할국이 관할권을 행사한다.

3) 몬트리올협약의 대상범죄에 대해서는 헤이그협약상의 세 가지 경우 이외에 범죄발생지국도 관할권행사국으로 규정하고 있다.

4. 인도범죄

1) 헤이그협약과 몬트리올협약은 규제대상범죄를 정치범불인도원칙이 적용되지

않는 범죄로 보아 모두 인도범죄로 규정하고 있다.

2) 당사국 간에 범죄인인도조약이 체결되지 않은 경우에도 동 협약을 인도의 법적 근거로 간주할 수 있다.

제5절 우 주 법

Ⅰ. 개 관

1. 우주의 의의

우주는 외기권(outer space)과 천체(celestial bodies)로 구성되며, 외기권은 대기권(air space) 이외의 공간을 말한다(이, 이).

2. 법 원

유엔은 1959년 외기권의 평화적 이용위원회(Committee on the Peaceful Uses of Outer Space: COPUOS)를 소집하여 ILC 가 아닌 COPUOS 를 중심으로 입법을 진행시켰다. COPUOS 는 국제회의 내지 국제기구의 의사결정방식으로 총의(consensus)제도를 발전시킨 것으로 유명하다.

(1) 1967년 원칙조약(일명 '우주조약')

㈎ 정식명칭은 '달과 기타 천체를 포함한 외기권의 탐색과 이용에서의 국가활동을 규율하는 원칙에 관한 조약'이다.

㈏ 원칙조약은 우주질서의 창설을 위한 기본법과 우주군축실현을 위한 군축조약으로서의 양면성을 갖고 있다(이, 이).

㈐ 원칙조약은 자유이용원칙, 전유화금지와 국제법의 적용, 평화적 이용원칙, 국제책임의 원칙, 국제협력의 원칙 등을 내용으로 하고 있다.

(2) 우주활동으로 인한 국제책임에 관한 조약

㈎ 국제책임은 원칙조약 제6조에 규정하고 있고 이를 구체화하기 위하여 1972년 우주물체로 인한 손해의 국제책임협약(손해배상협약)을 제정하였다.

㈏ 손해배상협약에 의하면 우주활동으로 인한 국제책임에는 절대책임(무과실책임)과 조건부책임(과실책임)이 있는바, 손해가 우주에서 발생하면 조건부책임, 지구상에서 발생하면 절대책임을 진다.

㈐ 손해배상협약에 의하면 국제책임을 추궁할 수 있는 주체는 자신이나 그 국민이 손해를 받은 국가이다.

㈑ 손해배상협약에 의하면 일반국제책임의 추구와 다른 점은 사전에 국내적 구제절차를 완료할 것을 요구하지 않는다는 점이다.

㈒ 국제실행으로 유명한 것은 'Cosmos 954'사건이다.

■ 우리나라는 원칙조약은 1967년, 손해배상협약은 1980년에 각각 가입하였다.

Ⅱ. 우주의 경제적 이용

1. 지구정지궤도(geostationary orbit)

(1) 의 의

㈎ 지구정지궤도란 지구적도주변의 고도 35,786㎞를 지나는 원형의 궤도로서, 지구의 자전속도로 지구주위를 공전한다.

㈏ 따라서 이 원형궤도상의 위성은 지구상에서 보면 정지하여 있는 것처럼 보이므로 위성이 3개만 있어도 지구 전체에 대하여 위성 TV 방영을 할 수 있다.

(2) 법적 체제

지구정지궤도에는 위성을 2도 간격으로 띄운다 해도 180개밖에 띄울 수 없어 한정된 자원으로서의 의미를 가지므로 적도국과 선진국과는 첨예한 시각차를 노정하였다.

㈎ 적도국가들은 1976년 Bogota 선언을 통해 이 궤도의 관할권을 주장하였다.

㈏ 그러나 선진국을 비롯한 많은 국가들은 지구정지궤도의 자유이용을 주장하였다.

㈐ 이러한 견해대립으로 이 분야에 관한 조약은 체결되어 있지 않으나, 현행 우주법상의 지구정지궤도에는 적어도 전유화금지와 국제공역의 개념은 도입할 수 있다고 본다(유).

2. 위성직접 TV방영

(1) 의 의

위성직접 TV 방영은 지구정지궤도상에 있는 위성을 통하여 TV를 방영하는 제도이다(유). 따라서 전술한 지구정지궤도 이용의 한 예이다.

(2) 법적 체제

위성직접 TV 방영은 지구정지궤도에 관한 관할권주장 문제 이외에도 그 고유한 문제로서 정보자유와 불간섭원칙주장에 관한 법적 문제가 있다. 또한 후진국은 선진국의 TV 방영내용이 자국에 흘러들어가는 이른바 spill-over 문제를 우려한다.

㈎ 1982년 유엔총회는 결의로서 '국제직접 TV 방영을 위한 국가들의 인공위성 이용을 규율하는 원칙'을 채택하였다.

(나) 이 원칙선언은 그 목적에서 위성직접 TV 방영은 주권원칙과 합치하고 동시에 정보를 추구하고 얻을 권리와도 합치해야 한다고 하여 불간섭원칙주장과 정보의 자유 주장을 절충하였다.

3. 원격탐사(remote sensing: 원거리탐사)

(1) 의 의

원격탐사는 우주궤도상의 전자탐지장치(보통은 인공위성)에 의하여 지구상의 환경여건을 측정하거나 사진을 찍는 제도이다.

(2) 법적 체제

원격탐사는 탐사의 대상이 된 국가의 주권과 탐사를 실시하는 국가의 우주이용 및 정보의 자유를 조화하는 것이 가장 중요한 법적 문제이다. 이 점에서 전술한 직접위성 TV 방영과 문제의 본질은 비슷하다.

(가) 1986년 유엔총회는 결의로서 '우주로부터 지구의 원격탐사에 관한 원칙'을 채택하였다.

(나) 이 원칙은 탐사활동국의 입장과 개도국들의 입장을 절충하는 중도적 입장을 취하고는 있으나 탐사시 탐사대상국의 사전동의는 인정하지 않았다.

4. 기 타

(1) 우주운송제도

(가) 우주왕복선(space shuttle)이 대표적인 것으로 우주선의 연료를 교환하여 계속 사용할 수 있는 우주선이다.

(나) 이는 우주화물을 운송하는 기능 이외에도 과학조사연구 등 다양한 기능을 수행할 수 있다.

(2) 우주기지

(가) 전술한 우주왕복선도 우주기지(space station)의 개념에 포함될 수 있으나, 주로 천체상에 설립된 인간의 활동기지를 의미한다.

(나) 종래 미국의 skylab, 러시아의 Mir, 그리고 최근에는 대규모 인간활동기지로서 미국, 캐나다, 유럽, 일본의 공동투자로 Freedom 계획이 추진중이다. 특히 최근에는 중국의 우주활동이 급속히 발전하고 있는 상황이다.

(다) 우주기지는 무중력(zero-gravity)상태를 이용한 특수 생산기지로 주목을 끌고 있다.

(라) 2013년 1월 나로호 발사 성공 등 우리나라도 앞으로 우주활동에 적극 참여하고자 계획하고 있으므로 우주활동을 규율하는 국제법 규범은 우리에게도 앞으로 더욱 중요성을 띠게 될 것이다.

Ⅲ. 우주의 군사적 이용

1) 1967년 원칙조약 제4조에 의하면 핵무기 등 대량파괴무기는 우주의 어느 곳에도 일체 배치할 수 없다고 규정하고 있는 반면에, 그 밖의 군사적 이용과 관련하여 달과 천체에서는 이를 금지하나 일반우주공간에 대해서는 아무런 규정이 없다.

2) 따라서 달과 천체가 아닌 그 외의 우주공간의 군사적 이용, 예컨대 우주상공에서의 군사첩보위성 및 미사일 요격 위성의 운용 등과 같은 행위는 허용된다고 해석된다.

제6절 남 극

Ⅰ. 서 설

남극은 육지로 지구면적의 10분의 1에 해당하는 제5의 대륙으로 그 중 98%가 두꺼운 얼음에 덮여 있다.

Ⅱ. 법적 체제

20세기 초 이래 여러 국가들은 선형이론(sector theory) 등을 주장하며 남극에 대한 영유권을 주장하였다. 그러나 선형이론은 보편적으로 인정받지 못하고 있으며, 현재 남극조약에 의해 영유권 주장은 동결된 상태이다.

1. 남극조약

1) 1959년 원조약 당사국인 12개국 간에 남극조약이 체결되었다.

2) 주요내용으로는 남위 60도 이남지역에 대한 영유권 및 청구권의 동결, 평화적 목적만을 위한 이용, 과학적 조사와 국제협력, 핵폭발 및 방사선폐기물처분의 금지 등이다.

3) 조약의 최고결정기관으로 원조약 당사국 12개국과 대한민국을 포함한 14개 가입국을 합하여 모두 26개국으로 구성된 남극조약협의당사국(Antarctic Treaty Consultative Parties; ATCPs)이 있다.

■ 한국은 1986년 조약에 가입하였으며, 1988년 George섬에 세종기지를 설치하였고 1995년 서울에서 제19차 남극협의당사국회의를 개최하였다. 또한 제2의 남극기지 설치를 추진하여 2014년 3월 완공하고 현재 정상 운영되고 있다.

2. 기 타

1) 1958년 국제민간기구인 남극조사과학위원회(Scientific Committee on Antarctic Research)가 창립되었다. 일명 'SCAR'라고도 하는데, 실제로 남극문제에 중요한 기능을 담당한다.

2) 1972년 남극물개보존조약이 체결되었다.

3) 1980년 해양생물자원보존조약이 체결되었다.

4) 1991년 남극조약환경보호의정서가 채택되었다.

제6장 | 국가관할권 및 그 면제이론

제1절 국가관할권이론 / 제2절 국가면제와 국가행위이론 / 제3절 국가의 대외기관

본장에서는 국제법 실무상 가장 중요한 문제 중의 하나인 국가관할권 및 그 면제이론을 다루고 있다. 사실 국제법의 가장 큰 목적인 국제평화의 안전과 유지는 국가 관할권의 적정한 배분에 달려 있다고 하여도 과언은 아니다. 따라서 본장에서 다루는 관할권이론과 이에 대한 예외 이론인 관할권면제이론은 거의 모든 국제법 case를 해결할 때 유념해야 하는 문제이다.

본장에서는 기존의 교과서 체제와는 달리 국가의 대외기관을 설명하고 있는데, 국가의 대외기관 논의는 궁극적으로 국제사회에서 관할권면제의 구체적인 예라는 점 때문이다. 특히 본장에서는 국가관할권의 결정준칙, 국가면제, 외교사절과 영사의 특권면제를 중점적으로 숙지해야 할 것이다.

제1절 국가관할권이론

Ⅰ. 의 의

국가관할권이란 국가가 그 국내법을 일정범위의 사람·재산 또는 사실에 대하여 구체적으로 적용 및 행사하는 권능을 말한다.

Ⅱ. 작용상의 분류

1. 입법관할권(legislative or prescriptive jurisdiction)

국내법령을 제정함으로써, 일정한 사안 및 활동을 그 적용대상으로 하여 합법성 유무를 인정하는 권한을 말한다.

2. 행정관할권(executive or administrative jurisdiction)

행정기관이 체포, 수사, 강제조사, 압수, 억류 등 물리적인 강제조치에 의하여 국내법을 집행하는 권한을 말한다.

3. 사법관할권(judicial jurisdiction)

사법기관이 그 재판관할의 범위를 정함으로써, 국내법령을 적용하여 구체적인 사안의 심리 및 판결의 집행을 행하는 권한을 말한다.

Ⅲ. 국가관할권의 결정준칙

국가가 입법 및 집행관할권을 행사하기 위하여는 당해 국가와 행위 및 사실 사이에 일정한 관련성이 있어야 하는바, 그 관련성 여하에 따라 다음과 같은 원칙이 주장된다.

1. 속지주의(territorial principle)

1) 범법행위의 발생지를 근거로 관할권의 존재 여부를 결정하는 것으로 가장 기본적인 준칙이다.

2) 영역 외에 있는 자국적의 선박·항공기 등의 내부에서 행해지는 범죄도 자국영역 내에서 행해진 것으로 본다.

3) 내국에서 개시되어 국외에서 완성된 범죄(주관적 속지주의)와 국외에서 개시되어 내국에서 완성된 범죄(객관적 속지주의)도 일정한 제한하에 속지주의 원칙이 적용된다.

2. 속인(국적)주의(personality or nationality principle)

범죄실행지의 여하를 불문하고 범죄실행자의 국적에 입각하여 관할권을 결정하는 입장으로서 관할권이론의 또 다른 기본준칙으로 인정된다.

3. 수동적 속인주의(passive personality principle)

1) 수동적 속인주의는 범죄 피해자의 국적국이 관할권을 행사할 수 있다는 준칙이다. 이는 외국에서 벌어진 범죄에 자국민이 피해자인 경우 그 피해자의 소속국가가 관할권을 행사하기 위한 것으로서 그 정당성에 대하여 논란이 있다.

2) 후술하는 효과주의는 영역 외에서의 행위로 인한 피해가 자국 영역 내의 자국국민이나 경제에 미친다는 점에서 수동적 속인주의와는 구별된다.

3) 수동적 속인주의를 인정한 대표적인 판례로 1927년 PCIJ 의 로터스호 사건이 원용되기도 하지만 선박충돌과 관련된 한정된 사안에 불과하며 사고발생지점이 공해라는 점에서 동 원칙의 권위 있는 판결로 보기 힘들다는 것이 지배적인 견해이다(Higgins).

4. 보호주의(protective or security principle)

1) 대다수의 국가들이 국가안보 침해와 각종 경제범죄에 대해서 외국인의 해외활동을 처벌하는데 이를 보호주의라 하며, 국가전복 음모, 통화위조, 공해상의 밀입국 교사방조 등이 그러한 예이다(Brownlie).

2) 보호주의는 국가의 이익을 추상적으로 보호하기 위한 것이라는 점에서 개인의 이익을 보호하기 위한 수동적 속인주의와 구별되며 영토 내에서 효과 또는 결과의 발생을 요하지 않는다는 점에서 효과주의 또는 객관적 속지주의와 구별된다(순).

5. 보편주의(universality principle)

1) 보편주의는 어떤 범법행위는 국제사회 혹은 인류 전체에 대한 위법행위로서 그러한 범법자에 대해서는 모든 국가가 관할권을 가진다는 인식에 기초하고 있다. 국제법상 인정되는 대표적인 대상범죄로는 해적행위가 있다.

2) 해적행위 외에 전쟁범죄, 반인도죄, 제노사이드 등이 보편관할권에 해당하는 범죄로 널리 인정되고 있다(정인섭). 일부 유럽국가들은 국내법을 통해 보편관할권을 입법화하고 있다. 관할권행사는 원칙적으로 관련국가의 재량사항이므로 보편관할권 역시 국가가 반드시 그것을 행사해야 할 의무를 지고 있는 것은 아니다(김대순). 가장 최근의 사례로는 2013년 11월 스페인 국내법원이 중국 국가주석이었던 장쩌민에 대하여 티벳 지역에서의 학살 책임 등으로 체포 영장을 발부한 것을 들 수 있다.

3) 최근 각종 다자협약에서 규정되고 있는 하이재킹 등 항공기 관련범죄, 테러, 마약거래 등은 조약당사국에만 적용되므로 과연 보편주의 원칙이라고 볼 수 있는지 의문시된다(Akehurst).

4) 소말리아 해적에 대한 보편적 관할권행사: 1990년대 초 소말리아 내전이 시작되어 이 지역이 무정부상태로 발전하게 됨에 따라 소말리아 해역은 해적 발호의 근거지가 되었고, 이들 해적은 이후 국제해양운송체제에 심각한 위협으로 등장하였다. 급기야 2008년 10월 7일 UN 안전보장이사회는 결의 1838호를 채택하여 이 지역을 통하여 해상운송을 실시하는 국가들에 대하여 해적활동을 저지, 퇴치할 군사지원을 요청하기에 이르렀다. 이러한 과정을 거치며 소말리아 해적에 대한 대응 문제는 국제사회의 초미의 관심사로 대두하였다. 한편 우리나라의 삼호 주얼리호는 2011년 1월 15일 소말리아 인근 해상에서 해적에 납치되었다. 소말리아 해적들을 소탕하고 우리 선원들을 구출하기 위한 우리 해군의 군사작전이 2011년 1월 21일 실시되었다. 21명의 선원들이 무사히 구출되었으며 13명의 해적 중 8명은 사살되고 5명은 생포되었다. 우리 해군에 생포된 5인의 소말리아 해적들은 2011년 1월 30일 우리나라로 압송되었고 부산지방검찰청은 이들을 해상강도 살인미수, 인질강도 살인미수, 해상강도 상해, 인질강도 상해, 선박 및 해상구조물에 대한 위해행위의 처벌 등에 관한 법률 위반(이하 "선박위해법"), 및 특수공무집행 방해치상 등 모두 6개의 혐의를 적용하여 기소하였다. 부산지방법원에서 진행된 형사재판 결과 이들에게 유죄 판결이 내려졌으며 이들은 현재 우리 수형시설에서 복역 중이다. 이 사건은 우리나라가 외국 국적의 해적을 국내로 압송하여 우리 국내법에 따라 처벌한 최초의 사례이다. 국내로 압송된 후 우리 형법에 따라 처벌되었지만 국제법상 우리나라가 이들에 대하여 관할권을 행사한 근거는 보편주의이다.

Ⅳ. 관할권행사의 특수문제

1. 효과주의(독점금지법의 역외적용)

1) 효과주의(effect doctrine: 또는 영향주의)는 1945년 미연방항소법원의 Alcoa 사건 판결에서 유래된 원칙으로서 외국인에 의하여 외국에서 행하여진 행위라 할지라도 자국의 질서에 직접, 실질적, 예견 가능한 영향을 주는 때에는 자국법(특히 독점금지법(antitrust)이 현안이 된 경우가 많다)을 영역 외로 적용하여 그 외국에 대하여 관할권을 행사할 수 있다는 이론이다.

■ 일부 학자는 효과주의를 객관적 속지주의 원칙의 범주에서 설명하기도 한다(이).

2) 따라서 효과주의에 의한 관할권행사는 관할권의 역외적용이라고도 부른다. 그러나 사실은 속지주의를 제외한 관할권행사의 원칙, 즉 속인주의, 수동적 속인주의, 보호주의, 보편주의도 모두 관할권을 역외로 적용하는 것이라고 볼 수 있다. 그러나 효과주의에 의한 관할권의 역외적용은 관할권행사의 대상에 대한 관할권행사국가의 법적 연결요소가 매우 희박하다는 점에서 국제사회에서 특히 논란의 대상이 되어 왔다.

2. 납치(abduction)와 관할권

(1) 법적 쟁점

㈎ 아이히만사건에서 볼 수 있듯이 자국의 법집행담당 공무원을 타국의 영토로 파견하여 그 국가에 소재하고 있는 범죄자를 자국으로 납치해 왔을 경우에 그 범죄자에 대한 관할권행사는 적법한 것인가?

㈏ 이에 대해서는 우선 범죄자의 입장에서는 강제적인 감금과 납치로 인하여 자신의 인권이 침해됐다고 주장할 수 있고 타국의 입장에서는 명백한 영토주권의 침해라고 볼 수 있기 때문에 논란이 되는 것이다.

㈐ 그러나 소추국의 입장에서는 절차적 위법성은 문제가 되지 않으며 그 범죄자에 대하여 보편주의나 보호주의 등 관할권의 기초가 인정되는 한 관할권을 행사할 수 있다고 주장한다.

㈑ 각국의 국가관행은 통일되어 있지 않으나 납치를 통해 외국에서 범죄자를 체포해와 자국 법정에 세우더라도 재판관할권 행사에는 문제가 없다고 본 사례가 존재한다.

(2) 국가실행

㈎ 1961년 이스라엘의 예루살렘지방법원은 보편주의와 보호주의에 기초하여 나치전범인 아이히만에 대한 관할권의 존재를 인정하였다.

㈏ 또한 1992년 미연방대법원은 알바레즈-마쉐인(Alvarez-Machain) 사건에서 미국의 마약단속국 소속관리를 멕시코에서 살해한 멕시코인을 자국의 법집행관리가 멕시코로부터 강제로 납치하여 미국법원에 소추하였더라도 미국법원은 여전히 관할권

을 행사할 수 있다고 판시하여 국제사회에서 논란을 야기시킨 바 있다.

■ 이 사건은 미국과 멕시코 사이에 이미 범죄인인도협정이 체결되어 있기 때문에 이러한 납치행위의 불법성이 더욱 논란이 되었으나 미연방대법원은 범인을 납치하는 행위는 양국의 범죄인인도조약에 위반하는 것은 아니라고 판시하였다. 범죄인인도조약은 해외 범죄인을 미국 국내영역으로 데리고 오는 여러 기제 중 하나에 불과하다는 것이다.

㈐ 이상의 두 개의 사건은 자국의 법집행관리가 상대국의 영토에서 공권력을 행사하는 것이므로 그 상대국의 주권침해 논란을 일으키기 마련이다. 따라서 1991년 미국의 Yunis 사건에서는 범인을 공해로 유인하여 공해에서 체포한다든지 1985년의 아킬레 라우로호사건에서는 공해상에서 테러분자를 체포하여 관련국가인 이탈리아에 인도하고 그 관련국가와의 범죄인인도협정에 기초하여 범인들을 미국으로 압송하는 방법을 택했다.

Ⅴ. 국가관할권의 경합과 그 조정

1) 국가관할권은 좁은 의미의 속지주의(즉 객관적 및 주관적 속지주의 제외) 외에는 모두가 관할권의 역외적용의 의미를 가지고 있기 때문에 동일한 사람 또는 사안에 대하여 복수의 국가가 관할권을 갖는 경우가 적지 않으며 이렇게 국가 간 관할권이 경합하게 될 때 국가 간에 갈등을 빚기 쉽다. 특히 효과주의(객관적 속지주의)와 보편주의에 기초한 관할권의 행사가 종래 국가 간 외교마찰의 주요한 대상이었다.

■ 그러나 주의할 점은 효과주의나 보편주의에 기초한 관할권행사가 국제법상 국가책임을 발생시키는 불법적인 행위는 아니며 그 적법성 여부는 구체적인 사안에 따라 개별적으로 판단해야 한다.

2) 예컨대 자국법상 적법한 행위가 타국법에 의해서는 불법한 행위인 경우에 타국이 동 불법행위에 대하여 효과주의에 기초하여 관할권을 역외적용하려고 하는 경우에 양 국가 간 심각한 외교마찰을 빚기 쉽다. 가령 A국가의 국민이 B국의 법령에 위반하는 행위를 A국 영토에서 범하였고 그 범법행위의 결과가 B국에서 발생한 경우 B국이 A국 국민에 대하여 국제송달을 통하여 B국의 지방법원에 출두할 것을 명한 경우를 상정하면 쉽게 이해할 수 있다.

■ 효과주의에 의한 관할권의 과도한 행사를 자제하는 국내법상의 원리가 있는바 관할권의 합리성의 원칙(principle of reasonableness)이 그것이다.

3) 국제법상 진정한 의미의 보편주의에 기초한 관할권의 행사는 전술한 바와 같이 매우 예외적인 현상에 불과하여 그 대상범죄의 확대는 국가 간 매우 강한 외교마찰을 초래하기 쉽다. 따라서 국제조약에 의한 준보편적 관할권의 인정을 통하여 국제적

인 관심대상범죄를 규율하고 있으며 이들 조약에는 거의 예외 없이 '처벌하거나 인도하라'(prosecute or extradite)는 원칙이 포함되어 있는바 이에 따라 범죄인인도제도가 조약당사자들 사이에 발생할지도 모르는 형사관할권행사의 흠결을 막는 데 주요한 기능을 수행하게 된다.

Ⅵ. 국가관할권의 면제

타국이 관련된 사항에서 원래는 국내재판소가 정당하게 관할권을 행사할 수 있지만 몇 가지 이유로 인해 그 행사가 제한되는 경우가 있다. 국가면제, 외교특권면제, 외국주둔군대의 면제가 그 예이다.

제2절 국가면제와 국가행위이론

Ⅰ. 국가면제

1. 의 의

국가면제(state immunity)란 법정지국이 자국영역 내에서 외국정부 및 그 재산에 대하여 주권평등원칙에 입각하여 당해 외국을 당사자로 한 소송에서 자국관할권의 행사를 면제하는 행위를 말한다(이, 이).

■ 국가면제를 주권면제(sovereign immunity)라고도 하며, ILC의 협약초안에서는 '국가 및 그 재산에 대한 관할권면제'라는 용어를 사용한다.

■ 국가면제는 국가가 타국의 재판관할권으로부터 면제된다는 것으로서 국제법상 또는 국내법상 책임 자체가 조각되는 것은 아니다(순). 아울러, 외교관의 외교특권면제는 외견상 유사한 측면이 있으나 별도의 법리이다.

2. 연 혁

(1) 절대적 주권면제이론(theory of absolute immunity)

㈎ 19세기의 절대주권주의 하의 이론이다.

㈏ 국가면제에 관한 미국 최초의 판례인 1812년 '스쿠너 익스체인지호사건'도 이러한 이론에 입각하였다.

판례 **스쿠너 익스체인지호사건(the Schooner Exchange v. MacFaddon, 미대법원 1812년)**
외국 군함은 기항한 연안국의 형사재판관할권으로부터 면제된다는 원칙을 확립한 유명한 사건이다.

(2) 제한적 주권면제이론(theory of restrictive immunity)

(i) 20세기 중반에 등장한 이론으로서 국가의 행위를 권력적 행위(acta jure imperii)와 비권력적 행위(acta jure gestionis), 즉 관리행위(상업행위)로 구분하여 전자에 대해서만 관할권면제를 부여해야 한다는 견해로 현재의 통설이다. (ii) 대다수의 국가들이 제한적 면제이론을 채택하고 있으나 여전히 절대적 면제론을 적용하는 나라도 있음을 유의해야 한다. (iii) 우리나라 대법원은 과거 절대적 주권면제론에 입각하고 있었으나, 1998년 미국을 피고로 한 해고무효확인사건(고용계약 관련)에서 제한적 주권면제론을 수용하였다(崔泰鉉, 국제판례연구 제2집).

3. 법 원

(1) 국 제 법

㈎ 국가면제는 오랫동안 국제관습법에 의하여 인정되어 왔다.

㈏ 1926년 '국유선박면제규칙통일협약'(일명 Bruxelles 협약)이 체결되었는데, 이 분야 최초의 조약으로서 제한적 주권면제이론에 입각하고 있다.

㈐ 1972년 '유럽국가면제협약'이 체결되었는바, 역시 제한적 주권면제이론에 입각하고 있다.

㈑ 1982년 UN 해양법협약도 1958년 공해에 관한 제네바협약 등에 따라 국가선박이 정부의 비상업적 역무에 사용되는 경우 공해상에서 기국을 제외한 어떠한 국가의 관할권으로부터도 완전히 면제된다고 규정하고 있다.

㈒ ILC는 1978년부터 국가면제에 대한 협약안을 준비해왔으며 마침내 2004년 유엔총회는 "국가 및 그 재산에 대한 관할권면제에 관한 UN 협약"을 채택하였다.

(2) 국 내 법

1976년 미국의 주권면제법(the Foreign Sovereign Immunities Act)을 비롯하여 영국, 캐나다, 오스트리아 등도 제한적 주권면제이론에 입각하여 국내법인 주권면제법을 제정하였다.

4. 국가면제의 내용

(1) 일반원칙

㈎ 대별하면 민사·형사 등 '재판관할권'의 면제와 가압류, 가처분, 판결집행의 면제 등 '집행권'의 면제로 나뉜다.

(나) 이들 양자는 별개의 것이어서 재판관할권의 면제를 포기하였다고 하더라도 집행권의 면제는 여전히 주장할 수 있다.

(다) 국가면제를 원용하기 위하여 반드시 국가가 소송의 당사자로 되어 있을 필요는 없으며, 소송절차의 궁극적 목적이 국가를 법원관할권에 종속시키려 하는 경우도 이를 원용할 수 있다(Akehurst).

(2) 국가면제의 포기

(가) 국가면제를 주장할 수 있는 국가는 이를 포기하고 소송에 응할 수 있다.

(나) 일단 소송에 응하였으면 소송 중간에 또다시 면제를 주장할 수는 없다.

(다) 단순히 소송에 응하는 등 묵시적 포기도 가능하다.

(라) 스스로 본소를 제기한 국가는 상대방의 반소에 대하여 관할권면제를 주장할 수는 없다.

(3) 권력행위와 비권력행위의 구별기준(Brownlie)

(가) 제한적 국가면제론에서 권력행위와 비권력행위를 구별하는 기준으로 행위성질설과 행위목적설이 있다. 행위성질설은 행위의 성질상 권력적 행위이면 국가면제가 적용된다는 것이고 행위목적설에 따르면 행위의 목적이 국가의 공적 목적을 위한 것이면 국가면제가 적용된다는 것이다.

(나) 예컨대, A 국 기업으로부터 B 국 국방부가 군용 물품을 구입하는 계약을 체결한 경우 행위성질설에 따르면 이 계약은 민간인 간의 물품 매매계약과 같은 성격의 행위이므로 권력적 행위라고 볼 수 없으나, 행위목적설에 따르면 국방이라는 공적 목적을 위한 행위이므로 권력적 행위라고 주장할 수 있다. 이처럼 행위목적설은 국가면제를 과도하게 확대시킬 우려가 있어서 행위성질설이 우세하다. 그러나 행위목적설과 행위성질설이 복잡다단한 행위양태를 모두 설명해주지 못한다는 것이 다수 학자들의 견해이다.

(다) 많은 국가들의 주권면제법은 '일반적 면제원칙', '상세한 예외목록의 나열', '상업적 국가재산의 집행면제 불가 조항' 등의 체제를 통해 면제 여부를 규정하는 접근법을 채택하고 있다. ILC 가 작성한 협약도 이와 유사한 방식인데 상세예외목록으로서 (i) 상업적 거래, (ii) 고용계약, (iii) 불법행위, 즉 사망, 신체상해 및 유체재산의 침해 및 재산에 대한 손상의 배상, (iv) 재산의 소유·점유·이용, (v) 지적재산권·산업재산권, (vi) 회사 또는 기타 단체에의 참여, (vii) 국가가 소유하거나 운영하는 선박, (viii) 중재합의 등에 관련된 소송에서는 국가면제를 원용할 수 없다고 규정한다.

(라) 또한 소송물에 따라 '면제대상'과 '면제예외대상'을 모두 열거적으로 규정하는 접근법도 가능할 것이다.

판례 주권면제 관련 우리 법원의 태도

주권면제와 관련하여 종래의 대법원은 "본래 국가는 국제관례상 외국의 재판권에 복종하지 않게 되어 있으므로 특히 조약에 의하여 예외로 된 경우나 스스로 외교상의 특권을 포기하는 경우를 제외하고는 외국국가를 피고로 하여 우리나라가 재판권을 행사할 수는 없는 것이라 할 것이다"라고 하여(대법원 1975년 5월 23일자, 74마281 결정) 절대적 주권면제의 이론을 수용한 판결을 하였었다. 그러나 그 후 대한민국 기업인 '(주)대림'과, 미군의 관리 하에 있던 호텔 임대계약과 관련한 서울민사지방법원의 판결에서는(서울민사지방법원 1994년 6월 22일 선고, 90가합4223) "외국국가 혹은 외국 기관의 행위는 언제나 국내법원의 재판권으로부터 면제되는 것은 아니고, 그 행위의 성질에 비추어 주권적, 공법적 행위가 아닌 사경제적 또는 상업활동적 행위에 관하여는 국내법원의 재판권으로부터 면제되지 아니하고 이에 복종하여야 한다"라고 판시하여 제한적 주권면제이론을 수용하였다.

그 후 서울고등법원에 제기된 동 항소심에서(서울고등법원 1995년 5월 19일 선고, 94나27450) 절대적 주권면제의 후퇴와 국가의 통상활동 확장에 따른 제한적 주권면제이론의 전 세계적 확산을 현시하는 최근의 국제법 추세를 언급하며 제한적 주권면제이론을 다시 확인하였다.

그 후 상고심인 대법원에서는 피고 미국의 상고가 기각되어 확정되었는데, 주권면제 부분에 관한 다툼은 없었다(대법원 1997년 12월 12일 선고, 95다29895).

또한 동두천시 미군 2사단 소재 패스트 푸드점에서 근무하고 있던 한국인을 정당한 이유 없이 해고한 것이 문제된 사안에서 우리 대법원은 "우리나라의 영토 내에서 행하여진 외국의 사법적 행위가 주권적 활동에 대한 부당한 간섭이 될 우려가 있다는 등의 특별한 사정이 없는 한, 외국의 사법적 행위에 대하여는 당해 국가를 피고로 하여 우리나라의 법원이 재판권을 행사할 수 있다고 할 것이다. 이와 견해를 달리한 대법원 1975.5.23.자 74마281 결정은 이를 변경하기로 한다"라고 판시하여(대법원 1998년 12월 17일 선고, 97다39216 판결) 종래의 절대적 주권면제이론에서 제한적 주권면제이론으로 변경하여 수용하였음을 명시함과 동시에 고용계약에 있어서도 제한적 주권면제이론이 적용된다는 것을 확인하였다.

Ⅱ. 국가행위이론

1. 의 의

국가행위이론(act of state doctrine)이란 어느 국가가 자국 영역 내에서 공적 권한에 따라 행한 국가행위(예컨대, 국유화조치)에 대해 다른 나라의 법원이 그 합법성을 따질 수 없다는 이론이다.

2. 국가행위이론의 유형

1) 광의의 국가행위이론은 외국정부의 전·현직 관리가 행한 공적 행위는 사실상 외국의 행위이므로 주권면제이론이 확장적용되어 법정지국의 관할권행사로부터 면제된다는 것이다.

판례 **Samantar v. Yousuf 사건(미대법원, 2010년)**

〈사건개요〉 미국에 거주하고 있는 전직 소말리아 고위관료 Samantar는 1980년대 고문 등 각종 인권유린을 지시 및 지휘한 것에 대해 피해자와 그 가족들(소말리아인)로부터 미국 법정에 제소를 당했다. 제소의 근거법률은 외국인불법행위법과 고문피해자보호법 등 미국 국내법이었다.

〈판례요지〉 미대법원은 전원일치로 미국의 주권면제법(Foreign Sovereign Immunities Act)이 전·현직 관료 개인에 대한 면제를 제공하지는 않는다고 판결하였다. 그러한 판결의 근거는 주권면제법의 문구나 입법과정을 볼 때 이 법이 관료 개인에 대한 면제까지 제공한다는 내용은 찾아볼 수 없다는 것이었다. 대법원은 Samantar가 주권면제법이 아닌 다른 면제권한이 있는지에 대해서는 하급법원에서 판단하도록 사건을 환송하였다. 그간 미국 주권면제법이 외국정부 자체가 아닌 그 정부의 공적 업무를 수행하는 개인 관료에게도 적용되는지에 대해 논란이 많았으나 이 판결을 통해 이 문제가 해결되었다.

2) 좁은 의미의 국가행위이론은 미국법에서 형성된 협의의 국가행위이론을 가리킨다.

3) 미국법상 국가행위이론은 주로 국유화와 관련되는 경우가 많다. 예컨대 A국이 주권행사의 일환으로 미국 국적 투자자의 재산을 몰수하는 경우, 그 투자자가 미국법원에 A국의 행위로 인한 소송을 제기하더라도 미국법원이 외국(A국)의 국내적 주권행위를 재판할 수 없다는 것이다. A국정부 자체를 상대로 하지 않고 제3의 거래자를 상대로 제소하더라도 마찬가지의 논리가 적용된다.

3. 좁은 의미의 국가행위이론

(1) 이론의 형성

㈎ 미 국

a) 1897년 언더힐 대 헤르난데즈사건(Underhill v. Hernandez, U.S. Sup. Ct.)에서 미 연방대법원은 최초로 국가행위이론을 인정하였다.

b) 1918년 웨젠 대 센트럴피혁회사사건(Oetjen v. Central Leather Co., U.S. Sup. Ct.)에서 국가행위이론은 국제예양과 관련이 깊다고 하였다.

c) 1918년 리카우드 대 아메리칸금속회사사건(Ricaud v. American Metal Co., U.S. Sup. Ct.)에서 동 이론은 법규칙이라고 하였다.

㈏ 국가행위 이론은 미국의 독특한 사법적 경험 속에서 타국에 대한 불간섭원칙과 국내헌법체제상 권력분립원칙에 근거하여 탄생한 이론이다. 즉, 타국의 국유화 조치나 공적 행위는 외교정책적으로 대응해야 할 행정부(대통령) 고유의 권한사항이므로 이를 사법부가 나서서 판단하는 것은 권력분립원칙에 어긋난다는 논리이다. Roma-German 법계통의 국가에서는 그러한 전통이 없다는 견해가 유력하다. 즉 여타 국가는 자국법이나 국제법에 위반하는 외국의 행위에 대하여 그 유효성을 판단하여 개인의 권익을 구제하고 있다.

(2) 이론의 발전

㈎ 번스타인(Bernstein) 예외: 1954년의 번스타인사건에서는 미국행정부가 사법부에게 심리행위를 자제하지 말고 사법권을 행사해 줄 것을 요구하여 이에 응한 사법부가 관할권을 행사하여 유효성 판단을 하였다. 이를 번스타인 예외(Bernstein Exception)라 한다.

㈏ 사바티노(Sabbatino)사건

a) 1964년 미연방대법원은 쿠바의 미국기업 자산에 대한 국유화조치에 대하여 국가행위이론을 적용하여 그 유효성 내지 적법성 판단을 자제(judicial restraint)하였다.

판례 사바티노사건(Banco Nacional de Cuba v. Sabbatino et al.,1964년)

〈사건개요〉 피고 Farr회사는 New York의 설탕 브로커인데 1960년 2월과 7월 미국계 쿠바설탕회사인 CAV와 설탕매입계약을 각각 체결하였다. 그런데 미국이 쿠바에서의 공산정권의 수립에 대한 보복조치로서 쿠바산 설탕에 대하여 수입할당조치를 취하자 쿠바도 이에 대한 보복조치로서 위 CAV를 포함한 미국계 기업을 국유화하였다. Farr사는 위의 계약에 의하여 국유화 당시 쿠바항에서 선적중에 있던 설탕에 관하여 쿠바의 정부대리인과 새로이 계약을 체결하고 출항허가를 얻을 수 있었다. 그러나 피고인 Farr사는 쿠바정부의 재무상의 대리인이자 원고인 쿠바국립은행(Banco Nacional de Cuba)에 대하여 설탕대금의 지불을 거부하고, New York에 있는 CAV의 재산관리인인 Sabbatino에게 이를 지불하였다. 이에 원고인 쿠바국립은행이 Farr사와 Sabbatino를 피고로 하여 설탕대금의 인도를 구하는 소송을 제기한 것이다.

〈판례요지〉 미연방대법원은, 쿠바의 국유화조치가 국유화에 관한 국제법상의 원칙(보복적이 아니고 공공목적을 가질 것, 차별이 아닐 것, 정당한 보상을 할 것)을 위반하였기 때문에 국가행위이론은 적용불능이라고 판시한 제1심과 항소심판결을, 법원이 외국정부의 유효성의 판단에 관여함은 국제관계에 있어서 미국과 국제사회의 목표를 달성함에 기여하기는커녕 오히려 장애가 될 수 있다는 이유로 파기환송하였다. 사바티노사건에서 미연방대법원은 국가행위이론은 국제법이나 미헌법상 요구되는 원칙이 아니라 행정부의 외교정책수행 등을 고려한 것에 불과하다고 판시하였다는 점에 유의하여야 한다.

b) 이에 대하여 같은 해 미의회는 법원의 국가행위이론의 적용을 제한하기 위하여 기존의 대외원조법을 개정하는 제2차 히켄루퍼 수정안을 통과시켰다. 이러한 입법에 대하여 행정부는 강하게 비판하였다.

c) 미국의 판례에서 국가행위론의 적용 여부가 절대적이지는 않으며 여러 이유로 국가행위론의 적용이 거부되는 사례도 있음을 유의해야 한다(Alfred Dunhill 사건 등).

참고 국가면제와 (협의의) 국가행위론의 차이

국가면제와 국가행위론은 법정지국 법원의 사법적 자제를 위한 법논리라는 점에서는 동일하나 양자는 존재의 평면을 달리하는 문제이다. 국가면제론은 국가라는 피고의 '지위'(status) 자체에 의거하여 관할권을 면제하는 것이고, 국가행위론은 주로 외국의 국유화에 대한 것인데 소송 '대상물'의 성격상 본질적으로 국내법원의 권한에 포함되지 않는 사안이라고 판단하는 것이다.

제3절 국가의 대외기관

국가의 대외기관으로 국가원수, 외교부장관, 외교사절, 영사 등을 드는 것이 보통이며, 군대·군함 등도 이에 준하는 대우를 받는다. 국가의 대외기관의 문제는 국제법상 관할권이 면제되는 구체적인 경우라는 점에서 전술한 관할권면제 논의의 연장선상에 있다고 볼 수 있다. 그러나 외교특권범위가 훨씬 포괄적이다.

Ⅰ. 법원(法源)

1) 1961년 외교관계에 관한 Vienna 협약이 체결되었다.
2) 1963년 영사관계에 관한 Vienna 협약이 체결되었다.
3) 1969년 특별사절에 관한 협약이 채택되었다.

Ⅱ. 외교사절

1. 의 의

외교교섭 기타의 직무를 수행하기 위하여 외국에 파견되는 국가의 대외적 대표기관을 말한다(기).

■ 외교사절을 외국에 파견하는 제도는 1648년 'Westphalia회의'(최초의 외교사절에 관한 회의) 이후부터 확립되었고, 1815년의 'Vienna회의'에서 '외교관의 석차에 관한 규칙'이 제정되었으며, 이는 1818년의 엑스라샤펠(Aix la chapelle)회의에서 보완되었다.

참고 구별할 개념

1) 국가원수
㈎ 국가원수는 신임장을 요하지 않으나, 외교사절은 그것을 요한다.

(나) 국가원수는 전권위임장을 요하지 않으나, 외교사절은 그것을 요한다.
(다) 국가원수는 선전·강화권이 있으나, 외교사절은 없다.
(라) 국가원수의 조약체결의 경우 비준을 요하지 않으나, 외교사절은 이를 요한다.
(마) 국가원수의 지위에 관한 일반조약은 없으나, 외교사절은 1961년의 '외교관계에 관한 Vienna협약'이 있다.

2) 외교부장관
(가) 외교부장관은 외교사절의 지휘·감독권자이다.
(나) 외교부장관은 신임장을 요하지 않으나, 외교사절은 이를 요한다.
(다) 외교부장관은 본국에 위치하나, 외교사절은 외국에 주재한다.
(라) 외교부장관은 모든 국제관계에서 국가를 대표하나, 외교사절은 접수국에 대해서만 국가를 대표한다(기).

2. 종류와 계급

(1) 종 류

(가) 상주외교사절(permanent mission): 접수국에 상주하며 본국과의 외교교섭을 하는 외교사절로서 일반적으로 외교사절하면 상주외교사절을 지칭한다.

(나) 임시외교사절(special mission): 임시외교사절은 전권위임장(full powers)을 휴행한다. 이는 일시적으로 외국에 파견되는 사절로 '사무사절'과 '예의사절'로 나뉜다.

■ 사무사절은 외국과의 특정한 외교교섭, 조약체결, 국제회의에서의 참가를 목적으로 하는 일시적 사절이다. 예의사절은 외국의 축전 또는 예식에 국가대표로 파견되는 일시적 사절이다.

(2) 계 급

(가) 1961년 외교관계에 관한 Vienna 협약은 대사, 공사, 대리대사의 세 가지 계급을 규정하고 있다.

참고 비엔나협약(제14조)상의 외교사절의 석차

1) 국가원수에 의하여 파견된 대사, 또는 로마교황청 대사(Nuntius) 및 이와 동등한 계급을 가진 기타의 공관장
2) 국가원수에 파견되는 공사 및 로마교황청 공사(Internuncios)
3) 외교부장관에 파견되는 대리대사(charge d'affaires).

위 협약문에서 '동등한 계급을 가진 기타의 공관장'이란 프랑스연합에 속하는 여러 국가와 프랑스간에 파견되는 고등대표(Hauts Représentauts), 영연방에 속하는 각 국가 간에 파견되는 고등판무관(High Commissioner)을 의미한다.

(나) 대사와 공사는 국가원수의 이름으로 타국의 국가원수에게, 대리대사는 외교부장

관의 이름으로 타국의 외교부장관에게 파견되나(즉, 신임장의 서명이 다르다), 계급 간 법적 차별은 없다.

㈐ 외교사절단은 외교사절단의 장과 사절단의 직원으로 구성되며, 사절단의 직원은 외교직원(diplomatic staff), 사무·기술직원(administrative and technical staff), 역무직원(service staff)으로 구성된다. 이 중 외교직원이란 사절단의 직원으로서 외교관의 신분을 가진 자를 말하며 사절단의 장과 외교직원을 '외교관'이라 한다.

㈑ 한 국가에 상주하는 모든 국가의 외교사절을 일괄하여 외교단이라 하며 외교단을 대표하는 외교사절의 장을 외교단장이라 한다.

㈒ 어느 계급을 파견하느냐는 당사국 간의 합의로 정하며, 동일계급 간의 석차는 직무를 개시한 일시순(선임순)에 따라 서열이 정해진다. 그러나 오늘날은 거의 예외 없이 '대사'급의 외교사절을 교환하고 있다.

3. 파견과 접수의 절차

1) 파견국은 특정인물의 파견에 대하여 접수국의 아그레망(agrément)을 요청한다. 아그레망은 공관장(즉, 대사)의 임명에만 적용되는 절차이다.

2) 접수국은 이러한 요청을 접하고 특정인물에 대해 불만이 없다는 의사표시를 한다. 즉 아그레망을 준다.

3) 파견국은 접수국으로부터 아그레망을 얻으면 외교사절로 임명하고 신임장(credential)을 주어 접수국에 파견한다.

4) 외교사절은 접수국에 도착하여 신임장 부본을 접수국의 외교부에 제출한 다음 신임장 정본은, 대사·공사의 경우는 접수국의 국가원수에게, 대리대사의 경우는 접수국의 외교부장관에게 각각 제출한다(이러한 절차를 '신임장을 제정(提呈)한다'고 하며, 이때부터 그 기능을 시작할 수 있다).

■ 특정인물이 '비우호적 인물'(persona non grata)인 경우 접수국은 아그레망의 부여를 거절할 수 있다.

■ 신임장은 개인적인 신뢰에 바탕을 두고 있는 것이므로 파견국이든 접수국이든 국가원수가 변경되는 경우는 신임장의 갱신을 요한다(김). 주의할 점은 접수국이 파견국에 선전포고를 하는 경우에는 외교관계가 단절되고, 외교사절 자체가 퇴거하게 되므로 신임장의 갱신은 불필요하다(기). 현재의 관행은 국가원수의 변경의 경우에도 신임장의 갱신을 요하지 않는다는 견해도 있다(이, 이).

참고 아그레망(agrément)

1) 이는 접수국이 행하는 이의가 없다는 의사표시, 즉 동의의 의사표시이다.
2) 아그레망의 거절은 국제법 위반이 아니며, 거절의 이유도 통지할 의무가 없다.
3) 아그레망 부여절차는 상주외교사절의 경우에 요구되는 절차이며, 임시외교사절은 전권위임장은 필요하나, 아그레망은 필요 없다.
4) 아그레망의 요청은 국가에 대하여 하는 것이므로, 주유엔대사를 파견하는 것과 같은 국제기구에 파견하는 경우에는 불필요하다.

5) 아그레망은 원칙적으로 공관장(대사)의 임명에만 요구되는 절차이며 여타 하위 직급의 외교관은 이 절차가 요구되지 않는다. 여타 하위 직급의 외교관이라 하더라도 접수국이 여러 가지 이유로 비우호적 인물 선언하여 퇴거를 요청할 수 있음은 물론이다.

4. 외교특권(면제)

(1) 의 의

외교사절은 일반외국인과 달리 특권적 지위를 향유하는데, 이러한 외교사절의 특권을 외교특권이라고 한다(기).

■ 외교특권을 향유하는 자는 접수국의 절차법의 적용을 받지 아니하는 것에 그칠 뿐이며, 실체법의 적용은 받는다고 보고 있다.

(2) 근 거

종래 치외법권설도 주장된 바 있으나, Vienna 협약은 특권과 면제의 목적이 개인에게 이익을 부여하는 것이 아니라 국가를 대표하는 외교사절단의 임무의 능률적인 수행을 확보하는 데 있다고 하여 주로 기능주의적 입장에 기초하고 있다.

참고 치외법권

종래 외교특권의 내용으로 불가침권(inviolability)과 치외법권(extraterritoriality)을 들고 있었다(기). 그러나 외교관계에 관한 Vienna협약 제41조 1항은 '접수국가의 법과 규칙을 준수하는 것이 특권과 면제를 누리는 모든 사람의 의무'라고 규정하고 있어 치외법권이라는 용어는 이제는 부적절한 용어이다(유). 위 Vienna협약도 외교특권을 특권과 면제(privileges and immunities)로 표시하면서 치외법권이라는 용어를 사용하지 않고 있다. 신문이나 언론 등에서 치외법권이라는 용어를 지속사용하고 있는 것은 옳지 않은 용법이다.

(3) 불가침권(inviolability)

㈎ 신체와 명예의 불가침

a) 원 칙: 외교사절의 신체와 명예는 불가침이다.

b) 예 외: (i) 외교사절도 정당방위나 긴급피난의 대상이 될 수 있다. (ii) 외교관이 폭행이나 방화 등 불법행위를 하는 긴급한 경우에는 이를 저지하기 위해 일시적인 강제조치를 취할 수 있다(오윤경 외). 그러나 결코 체포나 구금 또는 형사처벌은 할 수 없다.

㈏ 공관의 불가침

a) 원 칙: 접수국의 관헌은 외교사절의 동의 없이는 공관으로 들어갈 수 없다. 그렇다고 해서 외교공관이 해당 파견국의 '영토'가 되는 것은 아니며 그 지역이 일정한 불가침권을 향유하는 것뿐이다.

b) 예 외: 화재나 전염병을 막기 위한 긴급한 경우에는 공관장의 동의 없이 공관에 들어갈 수 있으나 이는 국제관습법상 인정되는 것이며 비엔나협약에는 명시되어 있지 않다(기).

c) 공관의 비호권: (i) 공관의 비호권은 인정되지 않는다. (ii) ICJ 는 1950년 '콜롬비아·페루 간 비호사건(Asylum Case)'에서 페루 주재 콜롬비아 대사관이 동 대사관에 피신 중인 페루 정치인인 토레(Torre)에 대해 "공관의 비호권"을 가진다는 점을 부인했으나, 이 사건의 후속사건인 1951년의 '하야 데 라 토레사건(Haya de la Torre)'에서 정치범인 토레에 대한 페루의 인도요구를 기각하고 이 문제는 당사국 간 교섭으로 해결해야 한다고 판시하였다(제4장 제5절 Ⅳ. 난민의 국제적 보호 참고). 즉 콜롬비아 대사관의 공관의 비호권 보유 여부와는 상관없이 일단 대사관 내로 피신한 자를 주재국 정부에 인도하여야 할 의무는 없다는 것이다.

판례 테헤란 주재 미국 외교영사직원억류사건(the U.S. Diplomatic and Consular Staff in Tehran Case, 1980년)

〈사건개요〉 1979년 11월 테헤란 주재 미국대사관이 이란의 군중들에 의해 점거당하면서 다수의 미국 외교관이 인질로 잡힌 사건에 대하여 미국은 이란을 ICJ에 제소하였다.

〈판례요지〉 ICJ는 관할권을 인정하여 잠정조치를 명하였고 1980년 5월 24일 본안판결에서 '타국과 외교, 영사관계를 유지하는 모든 국가는 여기에 내재하는 강행적 의무를 인정해야 하며, 이와 같은 의무는 1961년 비엔나 외교관계 협약 및 1963년 비엔나 영사관계 협약에 성문화되어 있고 이란과 미국은 당해 협약의 체약 당사국이다'라고 판시하였다.

㈐ 문서의 불가침

원칙적으로 외교사절의 문서는 공문서뿐만 아니라 개인적인 서류 및 서신도 불가침이다.

(4) 면제(immunities)

㈎ 재판(사법)관할권의 면제

a) 원 칙: (i) 접수국의 형사재판관할권으로부터는 어떠한 예외도 없이 면제된다. 다만, 파견국관할권으로부터는 면제되지 않는다. (ii) 민사 및 행정재판권으로부터 원칙적으로 면제된다. 또한 증인진술도 거부할 수 있다.

b) 예 외: (i) 민사 및 행정재판권은 외교사절이 원고인 경우, 응소한 경우, 접수국에서 소유하는 부동산에 관한 소송, 접수국에서 종사하는 영업에 관한 소송, 접수국에서 개시되는 상속에 관계되는 소송의 경우는 면제되지 않는다. (ii) 재판관할권 면제를 포기한 경우라 하더라도 판결의 집행을 위해서는 별도의 면제포기가 필요하며, 협약은 형사판결집행에 대해 침묵하고 있으나 형사재판의 경우에도 판결집행을 위해서는 별도의 포기가 필요하다고 본다(오윤경 외).

■ 외교특권은 외교사절의 권리가 아닌 국가의 권리로서, 파견국은 재판관할권의 면제를 포기할 수 있다. 다만 포기는 언제나 명시적이어야 한다(외교관계에 관한 비엔나협약 제32조).

c) 외교관특권 면제의 포기(waiver): 1997년 워싱턴 주재 그루지아공화국 부대사가 음주 상태에서 시속 130km로 차를 운전하다 횡단보도를 건너던 16세 소녀를 치어 숨지게 했다. 부대사는 형사재판관할권으로부터 완전한 면제를 부여하는 외교관 면책특권에 따라 체포와 처벌을 면하였으나 곧바로 미국 내 여론이 악화되었다. 특히 미국 의회는 그루지아가 면책특권을 계속 주장하면 약속된 원조 3,000만 달러 상당의 원조를 취소할 수도 있음을 언급하였다. 이러한 위협에 직면한 당시 셰바르드나제 그루지아 대통령은 해당 부대사에 대한 면책특권을 포기하였다. 그 결과 부대사는 미국에서 살인죄로 기소되어 21년 형을 언도받게 되었다.

㈏ 행정권의 면제

a) 조세면제: 일반적으로 외교관은 접수국으로부터 조세를 면제받는다. 그러나 보통 상품이나 용역에 포함된 간접세, 상속세, 청소비, 부동산등기세 및 등록세 등은 면제되지 않는다.

b) 관세면제: 외교관은 대체로 관세를 면제받으나, 이는 권리의 성격이 약하며, 접수국의 재량권이 크다는 점에서 조세면제와는 다르다.

참고　상호주의

행정권 면제 등 다수의 면제는 일괄적인 상세 기준이 없으므로 관행상 접수국과 파견국 간 상호주의적으로 그 범위를 규정하여 적용하는 경우가 많다.

㈐ 기타 특권

a) 통신의 자유: (i) 외교사절은 통신의 자유를 가진다. (ii) 외교행낭과 배달인(信書使: courier)은 불가침권을 가진다. (iii) 무선통신기의 설치 및 사용은 접수국의 동의를 요한다. (iv) 제3국을 통과하는 경우 제3국은 외교행낭의 비밀과 안전을 보호할 책임이 있다. 2013년 미국 주재 외국 대사관에 대한 미국 정보기관의 도청 혐의는 만약 사실이라면 통신의 불가침에 대한 침해를 구성한다.

b) 여행의 자유: 외교사절은 접수국에서 거주·이전의 자유를 가지나, 국가안전상의 이유로 국내법상 제한된 지역은 출입할 수 없다.

(5) 특권(면제)의 범위

㈎ 시간적 범위: 외교사절은 원칙적으로 접수국의 영역에 입국하였을 때로부터 영역으로부터 이탈할 때까지 외교특권을 향유한다. 그러나 외교관의 '공적 행위'에 대한 면제는 그 직무종료 후에도 계속된다. 즉, 그가 더 이상 외교관의 신분이 아닌 경우에도 '과거 그 접수국에서 외교관으로서 행한 공적 행위'에 대해서는 접수국이 재판관

할권을 행사할 수 없다.

(나) 장소적 범위: 접수국에 외교특권이 미치는 것은 당연하다. 제3국을 공적으로 여행하는 경우에는 무해통항권만을 가진다.

(다) 인적 범위: (i) 외교사절 및 외교사절단의 직원 중 외교직원은 외교사절과 동등한 권리를 가진다. 가족도 동일세대에 속하는 경우에는 접수국의 국민이 아닌 한 동등한 특권을 누린다. (ii) 외교사절단의 직원 중 사무 및 기술요원은 민사재판권면제와 관세면제를 제외하고는 외교관과 동등한 특권을 향유하며, 역무요원은 기능수행상 필요한 한도에 제한된다. 단, 이들이 접수국의 국적을 가졌거나 통상 거주하는 자인 경우 특권의 인정은 접수국의 재량사항이다. 이들의 가족도 이들과 동등한 권리를 가진다.

■ 이들은 모두 파견국이 임명하거나 고용한 자들로서 외교사절의 개인적 사용인 (private servants)과는 구별된다.

참고 피노체트(Pinochet)사건

칠레의 17년 간의 독재자였으며 이 사건 당시에도 종신 상원의원의 신분을 누리고 있던 피노체트는 1990년 대통령에서 물러난 이후 신병치료차 영국에 자주 들렀는데 1998년 9월에도 건강검진차 영국을 방문하고 있었다. 이 사실을 알게 된 스페인 당국은 피노체트가 재임 당시 칠레에 소재하고 있는 스페인국민들에 대하여 각종 인권유린행위를 했다는 범죄사실에 착안, 당시 영국과 체결되어 있던 범죄인인도조약에 기초하여 피노체트의 인도를 요청하였으며 이에 1998년 10월 피노체트는 영국 당국에 의하여 체포되었다. 1999년 3월 영국의 최고재판소라고 할 수 있는 House of Lords(이 사건에 관하여는 House of Lords의 두 개의 판결이 존재하지만 첫번째 판결은 사실상 무효화되었으므로 대상범죄를 대폭 축소한 두 번째 판결이 종국판결이라고 할 수 있는바, 두 번째 판결을 기초로 설명한다)는 1988년에 제정된 형사정의법(Criminal Justice Act)에 기초하여 고문 등 비인도적인 범죄를 저지른 국외인의 국외범죄에 대하여 역외관할권을 인정할 수 있으므로 그 이후부터 1990년까지의 고문행위에 대하여는 쌍방범죄의 요건을 충족하게 되고 또한 전직 국가수반은 재임 시의 공적 임무수행과 관련된 국가행위에 대해서만 면제가 인정되는 것인데 고문행위를 그러한 행위라고 볼 수 없다는 이유로 피노체트에 대한 면제를 인정하지 않았다. 그 후 영국 내무성은 범죄인인도를 하는 데 있어서 법적 장애는 제거되었다고 밝혔지만 외교문제 등 여러 가지 사정을 고려하여 인도를 미루고 있다가 결국 체포된 지 16개월 후인 2000년 초에 피노체트를 건강상의 이유로 석방하여 칠레로 귀국하도록 조치하였다. 이 사건은 국제인권법의 발달에 크게 기여한 판결로 인정받고 있다. 그러나 상기 재판부는 고문행위가 국제법상 보편적 관할권에 속하는지의 여부에 대한 일반적인 국제법이슈에 대한 판단은 유보한 채 기본적으로는 영국의 상기 형사정의법 등 국내법해석에 기초하여 상기 판결을 내렸다는 점에서 그 의미는 다소 반감된다 (Wedgwood).

Ⅲ. 영 사

1. 의 의

1) 파견국의 통상 및 경제상 이익과 파견국의 국민을 보호하기 위하여 외국에 주재하는 국제법상 국가의 기관이다(기).

2) 외교관계가 대표성을 띠고 있는 데 비하여 영사관계는 행정, 호적, 사증발급 등 순전히 기능적·행정적 성격만을 띠고 있다.

■ 영사제도는 연혁적으로 중세유럽의 길드(guild)에서 유래된 제도로서 외교사절의 임무는 가지지 않았으며, 상업상의 이익을 보호하고 상사분쟁을 중재하는 것(영사재판)이 주된 임무였다.

■ 통상대표(trade delegate)는 외교사절도 영사도 아니다(기).

참고 영사제도의 특성

1) 근본적 차이점: 영사는 국제법상 국가의 기관이라는 점에서 외교사절과 같으나, 영사제도는 정치적 대표성이 없고 기능적 성격만 띠고 있다.

2) 구체적 차이점

㈎ 외교사절의 소재지, 즉 대사관은 한 곳이지만, 영사제도의 경우 파견국은 접수국 내에 여러 개의 영사관을 설치할 수 있다.

㈏ 외교사절은 원칙적으로 자국민에 한하지만, 영사직은 외국인도 취임가능하다. 명예영사는 보통 접수국의 국민 중에서 선임된다.

㈐ 외교사절의 파견에는 아그레망을 요하나, 영사의 파견에는 이를 요하지 않는다. 다만 접수국은 양자 모두에 대하여 Persona non grata를 선언할 수 있다.

㈑ 대사가 신임장을 제정해야 그 기능을 시작하는 것과는 달리, 접수국의 영사는 영사인가(exequatur)를 받아야 업무를 시작한다.

㈒ 영사관계의 설정은 국가승인과는 관계 없다.

㈓ 외교관계의 단절이 반드시 영사관계의 단절을 초래하는 것은 아니다. 또한 외교관계의 개설은 영사관계개설에 대한 동의를 포함하나 별도의 의사표시가 있으면 그러하지 아니하다.

㈔ 외교사절의 파견·접수는 완전한 독립국가간에 행해지나, 영사의 그것은 불완전한 독립국가간에도 행해진다.

㈕ 영사는 원칙적으로 접수국가의 비정치적 기관과 접촉하나, 외교사절은 정치적 기관과 접촉한다.

㈖ 외교사절의 특권은 넓게 인정되나, 영사의 특권은 외교사절에 비해 좁게 인정된다.

㈗ 외교사절의 국제법상의 지위는 일반국제법(국제관습, 조약)에 의해 규제되나, 영사는 보통 개별적 조약(통상항해조약, 영사조약)에 의한다.

2. 종류와 계급

(1) 종 류

전임영사(본무영사, 파견영사, 직무영사라고도 함)와 명예영사(선임영사라고도 함)가 있는바, 전자가 일반적이고 후자는 접수국에 거주하는 자 중에서 파견국이 선임하여 영사의 사무를 위임하는 영사이다.

(2) 계 급

'영사관계에 관한 Vienna 협약'은 총영사(consul general), 영사(consul), 부영사(vice consul), 대리영사(consular agent)로 구분하고 있다.

3. 파견과 접수

(1) 파 견

영사에게는 위임장(consular commission)을 교부하여 파견하며, 상급영사는 국가원수의 이름으로 하급영사는 외교부장관의 이름으로 교부한다.

(2) 접 수

위임장의 제출에 대해 접수국은 국가원수 또는 외교부장관의 이름으로 인가장(exequatur)을 교부하는 것이 보통인데, 이때부터 영사는 직무를 수행할 수 있다. 영사의 사무는 외교사절에 의해 수행되기도 한다.

4. 영사특권 및 면제

영사는 정치적 대표성이 없고 기능적 성격만을 띠고 있기 때문에 다음과 같이 외교사절의 특권과 면제에 비하여 상당히 제한된 범위의 특권과 면제를 향유하는 데 그친다.

(1) 영사관원(consular officer)의 불가침

영사관원은 원칙적으로 재판 중에 구속 또는 체포되지 않으나, 중대한 범죄를 저지른 경우 권한있는 당국의 결정에 의해 구속 또는 체포될 수 있다는 점에서 외교사절의 절대적 신체불가침권과 다르다. 영사관원에 대한 형사소송절차가 진행되는 경우 그는 권한 있는 당국에 출두하여야 한다.

(2) 영사기관(consular post)의 불가침

접수국의 관헌은 영사관장의 동의가 없는 한 영사관 구내에 들어갈 수 없으나 (i) 화재 기타 신속한 보호조치를 필요로 하는 재해의 경우에는 영사기관의 장의 동의가 있는 것으로 간주한다는 명문규정이 있으며, (ii) 영사임무수행에 방해가 되는 것을 피하고, '신속, 충분 및 유효한 보상'을 지불할 것을 조건으로 하여 영사기관의 공관이나 재산 등을 접수국이 자국의 국방 또는 공익사업을 위하여 수용할 수 있다고 규정하고 있다는 점에서 외교사절의 그것과 구별된다.

(3) 재판(사법)관할권의 면제

영사는 재판권으로부터 면제를 받지만 그 범위는 '영사임무수행을 위해 행한 행위'로 한정되고 있으며, 민사소송의 경우에는 공무중의 행위라 할지라도 (i) 영사가 파견국을 위하여 계약한다는 뜻을 표시하지 않고 체결한 계약에 관한 것, (ii) 접수국에서 차량, 선박 또는 항공기에 의하여 생긴 사고에서 기인하는 손해에 대하여 제3자가 제기한 것에는 재판권면제가 인정되지 않는다는 점에서 구별된다.

■ 증언면제도 그 '임무의 수행에 관한 사항'에 대해서만 증언할 의무가 없을 뿐이다.

(4) 통신의 자유

영사행낭은 외교행낭과는 달리 행낭 속에 공문서가 아닌 것이 포함되어 있다고 추정할 만한 중대한 사유가 있는 경우에는 접수국은 당국이 입회하여 개봉할 것을 요구할 수 있으며, 거부시 발송지로 반송할 수 있다는 점에서 구별된다.

(5) 명예영사의 경우

명예영사에 관하여는 신체의 불가침은 인정되지 않으며 공관의 불가침은 명예영사를 장으로 하는 영사기관의 공관에는 적용되지 않고, 공문서와 서류의 불가침은 인정된다. 또한 재판권의 면제는 본무영사와 동등한 범위 내에서 인정되고 공무수행과 관련된 사항에 관하여 증언의무를 지지 않는다.

(6) 외교관과 영사

다수의 국가들은 외교업무와 영사업무를 외교담당 부처(외교부, 국무부)에서 함께 운영하고 있는데 외교관이 영사업무를 수행하더라도 외교관으로서의 특권면제를 유지하며, 반면 영사가 외교업무를 수행하더라도 외교특권면제를 주장할 권리가 생기는 것은 아니다.

Ⅳ. 군 대

1. 의 의

군대는 국가의 독립·권위·안전을 유지하기 위하여 존재하는 실력적인 국가기관이며 또 대외적 대표기관이다(기).

■ 군대의 국제법상 문제는 평시에 파견국과 접수국간의 우호관계에 기한 외국군대의 주둔이 주로 문제된다. 전시에 점령국이 피점령국을 점령하여 주둔하는 것은 피점령국의 통치권이 상실되므로 전시국제법을 적용하면 되고 별도로 군대의 지위 내지 특권(면제)을 논할 필요가 없다.

2. 외국군대의 특권(면제)의 인정 여부

(1) 당사국 간에 조약이 있는 경우

(가) 파견국과 접수국 간에는 보통 주둔하는 외국군대 및 그 구성원의 법적 지위 등에 관한 사항을 규정하는 조약을 체결하는데, 이것을 SOFA(주류외국군지위협정: Status of Forces Agreements)라고 한다.

■ 대표적인 SOFA협정에는 1951년 NATO 군대지위에 관한 London협정, 1960년 주일미군지위협정, 1966년 주한미군지위협정 등이 있다.

(나) 1966년 '한미상호방위조약 제4조에 의한 시설·구역 및 대한민국에서의 미국군대의 지위에 관한 협정', 즉 '한미행정협정의 3개의 부속서 중 합의의사록'(Agreed Minutes)은 그대로 둔 채, 합의양해사항과 교환서한을 폐지하고 이를 '시행양해사항'(Understandings on Implementation)으로 대체하였다.

■ 2001년 4월 2일 SOFA 개정안이 발효하여 범죄자 신병인도시기 및 구금, 환경보호, 민사소송절차 등의 일부 개정이 이루어졌다.

(2) 당사국 간에 조약이 없는 경우

제2차대전 이후의 국제실행에 의하면 일반적으로 접수국에 재판관할권이 있다는 전제 하에 공무상의 행위 등 일정한 행위에 대해서만 파견국의 관할권을 인정한다.

3. 외국군대지위의 일반원칙

1) 외국군대의 구성원은 접수국의 법령을 준수하여야 하므로 원칙적으로 국가면제를 누리지 못하며, 더욱이 외교관과 같은 특권은 전혀 인정되지 않는다(유).

2) 또한 외국군인은 원칙적으로 접수국의 관세법 적용을 받는다.

3) 다만, 출입국관리절차가 일부 간소화되어 있고, 군대사용재산에 대한 조세가 면제된다는 등의 특례가 인정되어 있다.

4. 형사관할권

여러 조항 중 형사관할권이 중요하므로 이를 중심으로 설명한다.

(1) 일반규정

(i) 미국은 미군의 구성원, 군속 및 그들의 가족에 대하여 미국법이 부여한 모든 형사재판권 등을 행사할 권리를 가지며, (ii) 대한민국은 미군의 구성원, 군속 및 그들의 가족에 대하여 대한민국영역 안에서 범한 범죄로서 대한민국법에 의하여 처벌할 수 있는 범죄에 대하여 재판권을 가진다. 따라서 양국 간에 관할권을 적절히 배분할 필요가 생기는 것이다.

(2) 전속적 관할권

파견국법에 의하여 범죄가 되나 접수국법에 의하여 범죄가 되지 않는 범죄와 같이 파견국 또는 접수국 중 어느 일방의 형법에 대해서만 범죄가 되는 경우에 갖는 관할권을 전속적 관할권이라 한다.

(3) 형사관할권의 경합과 일차적 행사권

㈎ 원 칙: 접수국(한국)은 다음의 경우를 제외하고는 원칙적으로 일차적 행사권을 가진다.

a) 파견국(미국)군대의 재산이나 안전을 침해하는 범죄 또는 그 구성원·군속 그 가족의 신체나 재산을 침해한 범죄.

b) 파견국(미국)군대구성원의 공무수행중 작위 또는 부작위에 의한 범죄.

■ 공무수행 중이라는 개념은 과거 각국 판례에서 공무상의 근무시간으로 넓게 해석되어 왔으나 오늘날은 엄격히 적용되는 추세이며 한미 SOFA에서도 '공무의 기능상 요구되는 행위'(acts which are to be done as functions of those duties)로 제한되어 있다(오윤경 외).

㈏ 일차적 행사권의 포기와 협조: 일차적 행사권을 갖는 국가가 포기하면 다른 국가가 관할권을 행사하는바, 포기하는 국가는 이 사실을 상대방에게 통보하여야 한다.

참고 주한미군지위협정상 형사관할권관련 조항의 문제점

1) 공무수행 중 판단에 있어서 주한미군지위협정은 미군 주무당국이 발행하는 증명서가 충분한 증거가 된다고 규정하고 있는데 일본의 SOFA는 미군 측이 발행한 증거가 법관의 자유로운 심증을 방해하지 않는다는 규정을 추가하고 있다. 그러나 일본의 SOFA에서도 미측이 제시하는 공무증명서가 판단의 결정적 근거가 되며 일본사법당국이 개입할 여지가 없도록 규정되어 있어 한국 SOFA와 실제적 차이는 없다고 볼 수 있다(오윤경 외).
2) 한국 검찰 측의 상소권이 없다(이중위험금지원칙 적용).
3) 미국대표가 참여하지 아니한 상황에서 이뤄진 피의자 또는 피고인의 진술은 유죄의 증거로 채택되지 못하도록 되어 있다(成宰豪).

참고 한미주둔군지위협정(SOFA: Status of Forces Agreement) 형사재판관할권 개요

1. 1966년 SOFA 최초 체결 - 그 근거는 1953년 한미상호방위조약 제4조

2. 1991년, 2001년 각각 개정
- 현재 (1) 본 협정문, (2) 합의의사록, (3) 합의의사록에 관한 양해사항, (4) 합동위원회 합의사항 및 (5) 환경보호에 관한 양해각서로 구성

3. SOFA 협정의 기본적 골격

(1) 형사재판관할권
- 전속적 재판관할권: 오로지 일국법에 따른 범죄만 구성하는 것은 그 일국만이 관할권을 갖는다(제22조 2항).
- 경합적 재판관할권: 그 외의 경우는 모두 양국이 경합적 관할권을 보유함. 대부분의 경우 경합적 관할권의 경우임. 이 경우 어느 국가가 우선적으로 관할권을 행사할 수

있는지가 문제됨.

■ 미국이 1차적 관할권을 갖는 경우: 공무수행 중의 범죄, 오로지 미군의 재산과 안전에 관한 문제, 미군 영내의 문제

■ 한국이 1차적 관할권을 갖는 경우: 그 외의 모든 범죄는 한국이 1차적 재판관할권을 갖는다.

* 합의의사록 - 미국이 한국 정부에 대하여 전속적 재판관할권 포기를 요청하는 경우 한국은 이를 포기할 수 있음. 미국은 한국이 1차적 재판관할권을 갖는 범죄에 대하여 한국의 재판관할권 행사 포기를 요청할 수 있으며, 한국 정부는 특히 중요하다고 결정하는 경우를 제외하고는 1차적 재판관할권을 포기함.

* 합의의사록 양해사항 - 한국에 대한 전속적 재판관할권 포기 요청과 관련 미국은 이러한 요청을 최대한 자제하기로 합의함. 1차적 재판권 포기와 관련하여 미군 당국은 범죄사실 인지 후 21일 이내에 서면으로 한국측에 요청하고 이에 대하여 한국은 요청서 접수 후 28일 이내에 결정하여 통보하여야 함. 이 기간 내 미통보 시 1차적 재판권 포기로 간주됨.

(2) 2001년 개정 시 개정사항

원래 한국이 1차적 또는 전속적 형사재판관할권을 보유/행사하더라도 대법원 최종결정까지 미군 당국이 피고인의 신병을 보유함. 대법원 유죄 최종 확정판결 이후에 우리 측에 신병이 인도되어 구금되었음. 2001년 개정에 의하여 12가지 주요 범죄(살인, 강간, 약취, 유인, 마약거래, 강도 등)에 대하여는 미군 당국은 기소시점에서 피의자의 신병을 한국 측에 인도, 살인 및 흉악강간(그 해당 여부는 합동위원회가 사건별로 결정)의 경우에는 최초 체포 시부터 구금 가능성도 존재

(3) 지속적인 문제점

- 광범위한 적용범위

  ■ 미군, 군속, 미군과 군속의 가족이 모두 적용대상 → 배우자, 21세 미성년의 직계가족, 때로는 21세 이상의 가족도 가능한바, 적용범위가 광범위

- 공무수행 여부는 미군 당국이 발행한 공무수행증명서로 확인 → 한국의 반증 제시 가능(담당 지방검찰청 검사가 공무증명서 접수 후 10일 이내에 미군 법무참모에 대하여 토의/질문 등 가능)
- 검찰의 상소권 제한 → 영미법상 Double Jeopardy 문제 때문
- 증거능력 제한 → 변호사 입회 하에 획득된 자백이 아니면 증거능력 부인
- 한국에서 "적대행위(전쟁 등)" 발생 시 또는 "계엄령" 선포 시 그 적용이 즉시 정지되고 미군 당국이 모든 미군에 대하여 전속적 관할권을 보유(다만, 계엄령 선포 시는 한국이 적절히 구성된 민간법원에서의 재판을 보장하면 미군 당국은 피고인의 인도를 호의적으로 고려).

참고 한미 간 SOFA 주요 개정 내용(2001.4.2. 발효)

1) 피고인의 신병인도시기: 기존 '재판종결 후' 인도에서 '12개 주요 범죄는 기소 시'로 앞당겨 인도.
2) 체포 후 구금: 살인 및 심각한 강간범죄는 한국 측에서 계속 피의자구금.
3) 환 경: 공동조사절차 등을 규정한 특별양해각서 합의.

4) 미군토지반환: 모든 공여지에 대해 연 1회 이상 합동 실사.

5. 민사관할권

한미행정협정에 의하면, 민사관할권은 형사관할권과는 달라서 관할의 경합문제가 생기지 않고 접수국인 한국에 속한다.

Ⅴ. 군 함

1. 의 의

해양법협약 제29조에 의하면 군함은, (i) 국가의 군대에 소속하는 선박으로 그 국가의 군함임을 표시하는 외부표지를 달아야 한다. (ii) 또한 정부에 의해서 임명되고 그 성명이 해군명부에 기재되어 있는 사관의 지휘 하에 있어야 하며, (iii) 승무원은 해군의 기율에 따라야 한다.

2. 군함의 지위

(1) 불가침권

㈎ 연안국의 관헌은 함장의 동의 없이 함 내에 들어가지 못한다.

㈏ 보통범죄인의 비호권은 갖지 않으나, 정치범죄인의 비호권은 인정된다는 견해가 다수설이다(최). 단, 군함이 정치범의 근거지가 되어서는 안 된다.

(2) 특권(면제)

㈎ 연안국의 사법권은 함 내의 모든 민·형사사건뿐만 아니라 군함 자체에 관한 사건에도 미치지 못한다.

㈏ 연안국의 법령을 준수하지 않는 경우 군함의 퇴거를 요구할 수 있을 뿐이다.

(3) 군함승무원의 지위

외국군함승무원의 지위에 관하여 문제가 되는 것은 주로 연합국의 동의를 얻어 승무원이 상륙하여 범죄를 행한 경우이다. 군함승무원의 육상범죄는 공무집행 중에 행하여진 경우에는 재판관할권으로부터 면제된다.

■ 외국군대의 구성원의 지위가 개별적인 협정에 의하여 정하여지는데, 군함승무원의 지위는 국제관행에 의하여 인정되는 것이 보통이다.

참고 군함과 공선(정부선박)

국가의 대외기관으로 군함 이외에 공선(公船)도 설명하는 것이 보통이다. 그러나 공선은 다음과 같이 군함 및 사선(私船)과 비교하여 설명하는 것이 더 유용하다.

1) 공선이 공해상에서 타국의 관할권으로 면제되는 점은 군함과 동일하다.

2) 타국 영해의 항행에 관해서는 공선은 사선과 동일한 무해통항권을 갖는다. 그러나 연안국의 민·형사재판권으로부터 면제된다는 점에서 사선의 경우와는 다르다.
3) 군함과는 달리 불가침권은 없다.
4) 상용목적의 정부선박은 사선과 동일한 법적 지위를 가진다.

Ⅵ. 기 타

1. 군용항공기

군용항공기는 특별한 허가 없이 타국의 영공을 비행하거나 타국의 영역 내에 착륙할 수 없다. 즉 무해통항권이 인정되지 않는다. 허가가 있는 경우는 군함과 같은 특권을 가지나, 고장 또는 기상관계로 부득이 착륙하였을 경우, 또는 강제착륙이 요구되었을 경우에는 특권이 인정되지 않는다.

2. 공항공기

무해통항권을 누리지 못한 것은 군용항공기와 비슷하나, 공항공기(公航空機)는 어떤 경우를 막론하고 군용항공기와 같은 특권을 누리지 못한다.

제7장 | 국가책임론

제1절 서 론 / 제2절 책임의 발생요건 / 제3절 국가책임의 해제(실현)

국제법상의 국가책임제도는 국내법상의 국가책임제도의 역사보다 오래된 제도이지만(유), 그 이론적 발전은 국내법체계의 민사상 손해배상제도를 모방하기에 급급하였다. 그러나 국가책임이론에 위험책임개념과 강행규범개념이 도입됨에 따라, 국가책임이론은 많은 변화를 겪었다.

위험책임의 개념은 '국제법상 금지되지 않는 해로운 행위로 인한 책임'이라는 명칭으로도 사용되는데, 동 개념이 종래의 국제위법행위 개념에 의하여 포섭될 수 없다는 인식이 확산되어 감에 따라 국가책임법의 새로운 영역으로 자리잡아 가고 있다. 또한 종래 민사적 성질을 띠는 것으로 인식되어 오던 국가책임법에 새로운 개념과 제도들이 도입되기 시작하였다.

한편, 용어상의 문제로서 종래에는 국가만이 국제법주체로 인정되어 왔기 때문에 국제법상 책임을 '국가책임'에 한정하였으나, 오늘날에는 국제기구나 개인도 국제법주체성이 인정되고 이에 따라 국제법상 책임을 지는 경우가 생기게 되어 국제법상 책임을 포괄하는 용어로 '국제책임'이라는 용어가 자주 사용되고 있다. 다만 본서에서는 종래의 관행에 따라 국가책임이라는 용어를 주로 사용하기로 한다.

제1절 서 론

Ⅰ. 국가책임의 개념

1) 일반국제법상 국가책임(state responsibility)이란 국가의 행위가 초래한 국제법위반에 대하여 국가가 부담하는 국제법상 법적 책임을 말한다(기).

참 고　국가책임과 개인의 형사책임

제2차대전 후 '평화에 대한 죄', '인도에 대한 죄', '전쟁범죄' 등으로 개인을 처벌한 것은 국가책임에 관한 것이 아니라 개인책임에 관한 것이다. 물론 이들 개인의 대부분은 국가의 기관일 것이기 때문에 개인책임과는 별도로 국가책임의 요건을 갖춘다는 전제 하에 국가책임문제가 발생할 여지가 있는 것은 물론이다.

2) 국가책임의 발생의 근거는 국가에 대하여 손해를 가하는 직접손해(direct injury)

와 작위나 부작위로 인하여 외국인에게 손해를 입히는 간접손해(indirect injury)로 구분할 수 있다(김). 후자의 경우에는 피해자의 소속국이 외교적 보호권을 행사하여 가해국에게 국가책임을 추궁한다. 그러므로 이 경우 국가책임 추궁을 위해 외교적 보호권이라는 별도의 개념을 개입시켜야 한다.

참고 국가책임과 손해배상의무

(1) 1928년의 **호르조공장사건**(제1장 제3절 국제법과 국내법과의 관계 부분 참고)
'일체의 약속위반이 배상의무를 수반한다는 것은 국제법의 원칙이며 또한 법의 일반적 개념이기도 하다.'

(2) 1949년 **Corfu해협사건**(제5장 제3절 해양법 부분 참고)
'…이렇게 중대한 부작위는 알바니아에게 국제적 책임을 부과하게 되며 또한 그로 인해 발생한 인명 및 재산상 손해에 대하여 책임을 지기 때문에 영국에게 이를 배상하여야 한다.'

Ⅱ. ILC의 법전화 작업현황

1. 국제위법행위(internationally wrongful act)로 인한 국제책임

1) 1980년 ILC는 국가책임에 관한 협약초안을 채택하였다.

2) 2001년 ILC는 제53차 회기에서 기존의 국가책임협약초안을 수정하여 채택하였다. 명칭도 기존에는 국가책임(State Responsibility)이라는 용어를 사용하였으나 '국제위법행위에 대한 국가의 책임'(Responsibility of States for Internationally Wrongful Acts)이라는 새로운 용어를 채택하였다. 무엇보다도 큰 변화는 기존 국제위법행위 개념에서 '국제범죄' 개념을 삭제한 것이다. 2001년 협약초안은 이 분야 국제관습법을 집대성하고 또한 새로운 국제관습법의 방향을 제시하고 있는 것으로 간주되고 있어 아직 정식 협약으로 채택되지는 않았으나 국제관습법 논의시 널리 인용되고 있다.

2. 국제법상 금지되지 않은 해로운 결과에 대한 책임(소위 위험책임)

ILC는 1978년 이래 위의 국가책임과는 별도로 '국제법상 금지되지 않은 해로운 결과에 대한 책임'(international liability for injurious consequences arising out of acts not prohibited by international law)을 다루어 1990년에는 그 초안을 제출하였는바, 현재 이 초안에 대한 검토작업이 행해지고 있다.

Ⅲ. 국가책임기본원칙의 특성

1. 개별적 책임추구의 원칙

1) 종래에는 국제사회의 모든 국가가 참여하는 일반국제법이 침해된 경우에 피해

를 입지 않는 국가도 침해국에 대하여 국가책임을 물을 수 있는가에 대하여 부정설이 통설이었다.

판례 윔블던호사건(the S. S. Wimbledon, PCIJ)(France, Great Britain, Italy, Japan v. Germany, 1923년)

법원은 키일운하의 자유항행을 승인한 베르사유조약의 당사자인 영국, 이탈리아, 일본의 법적 이해를 인정하고 위의 3국이 직접 피해자인 프랑스와 합동하여 프랑스선박인 윔블던호의 항행거부를 이유로 한 독일에 대한 소송에 참가하는 것을 허용하였다. 그럼에도 불구하고 선박의 손해에 대하여는 프랑스정부만이 배상금을 취득할 수 있다고 판시하였다(부정설).

2) 그러나 오늘날에는 강행규범의 존재가 인정되고 이와 맥락을 같이하는 국제공동체 전체에 대한 의무개념의 확립으로 피해를 입지 않은 제3국이나 국제공동체가 책임을 추궁하는 경우도 상정할 수 있다.

2. 민사책임의 원칙

1) 국내법에서는 위법행위(delict)가 민사상 불법행위(tort)와 형사상 범죄로 명확히 구별되나 국제법에서는 그러한 분화가 이루어지지 않아 민사상의 불법행위에서 유추되어 왔다. 그러나 기존 ILC 초안이 국제범죄 개념을 도입하여 국가책임론에 새로운 형태를 부여하려 하였다.

2) 결국 2001년에 새로이 채택된 초안에서는 국제범죄 개념이 포기되었으나, 강행규범과 국제공동체 전체에 대한 의무 개념의 확립으로 인해 민사책임론의 단순한 유추와는 다른 모습을 띠게 되었다.

3. 책임능력의 원칙

1) 국제위법행위의 주체는 원칙적으로 국가이며 그 국제책임은 또한 책임능력을 선제로 한다.

■ 따라서 피보호국의 행위에 대하여는 보호국이 책임을 진다.

2) 그러나 개인 및 국제기구도 일정범위 내에서 국제위법행위의 주체가 될 수 있다(이, 이).

판례 모로코에 있어서의 미국인차별대우사건(Case Concerning Right of Nationals of the U.S. in Morocco, France v. U.S., ICJ, 1952년)

당시 모로코는 프랑스의 피보호국이었으므로 모로코의 불법행위에 대하여는 프랑스가 책임을 지게 되었다.

제2절 책임의 발생요건

Ⅰ. 개 관

(i) 국가책임의 기본적인 성립요건은 '국제법상 의무위반'과 '그 위반행위의 국가귀속성'이다. 아울러, '피해의 발생'과 '고의·과실'도 들 수 있으나 이 두 가지 요건은 구체적인 의무의 내용에 따라 달라질 수 있고 견해의 대립도 있다. (ii) 바로 이러한 점 때문에 국가책임에 관한 협약초안은 다툼이 없는 성립요건인 '국제의무위반'과 '행위의 국가귀속성'이라고 하는 두 가지 요건만을 규정하고 있음에 유의하여야 한다. (iii) 여기서 말하는 책임의 발생요건은 일반적인 국제위법행위에 대한 국제책임의 요건이다. '국제법상 금지되지 않은 해로운 결과책임'(소위 위험책임)의 발생요건은 별도로 다룬다.

Ⅱ. 국제법상 의무위반

1. 개 요

1) 국가책임은 국가의 국제법상 의무위반에 대해서만 책임을 지는 것이고 국제예양(international comity) 등의 위반에 대해서는 국가책임이 성립하지 않는다.

2) 국가의 국내법 위반 여부는 원칙적으로 국제법상 책임과 상관없다. 국제법을 위반하지 않으면 국내법 위반만으로 책임이 발생하지 않으며 국내법 위반이 없더라도 국제법상 의무를 위반하면 책임이 발생한다.

3) 국제의무의 위반은 작위(action)뿐만 아니라 부작위(omission)에 의해서도 야기될 수 있다. Corfu Channel 사건(1949년)에서 ICJ 는 알바니아가 자국 영해내 위험요소(기뢰의 존재)를 영국군함에게 통고하지 않았다는 부작위를 문제삼아 알바니아의 국가책임이 성립된다고 하였다(순).

2. 국제위법행위(internationally wrongful act)

1) 과거 ILC 협약초안은 국제위법행위를 민사적인 성격의 국제불법행위(international delict)와 형사적인 국제범죄(international crime)로 구분하였으나 2001년 최종초안에서는 국제범죄라는 개념을 폐기, 삭제하고 국제위법행위를 단일 개념으로 사용하게 되었다. 국가가 자국의 국제법적 의무를 위반하면 국제위법행위가 된다.

2) 국내법에서는 일반적 불법행위와 계약위반을 구별하는 경향이 있으나 국제법에서는 조약의무위반과 일반 국제법위반을 구별하지 않는다.

참고 국제법상 국제범죄

기존 ILC협약초안은 국제범죄를 '국제공동체의 기본적 이익의 보호를 위해 너무나도 중요하여 그 위반이 국제공동체 전체에 의해 범죄로 인정되는 국제의무의 위반'이라고 정의하였고, 그 예로서 국제평화와 안전유지위반(침략), 민족자결권위반(무력식민통치), 인권위반(노예, 집단살해, 인종차별), 환경보호위반(대규모 오염) 등을 들고 있었다. 그러나 국가의 행위를 범죄라고 규정하는 이 개념은 국제판례나 관행에서 인정받지 못하여 결국 ILC는 이것을 포기하게 되었다. 그러나 대신 국제강행규범 개념과 국제공동체 전체에 대한 의무 개념을 협약초안에 포함시켜 국제법의 현상태를 반영하였다.

참고 국제강행규범과 국제공동체 전체에 대한 의무

바르셀로나 전기회사사건이나 비엔나조약법협약에서 확인되고 있는 '대세적 의무', '국제강행규범' 혹은 '국제공동체 전체에 대한 의무' 같은 개념을 무시할 수는 없었다. 따라서 새로운 ILC초안은 '강행규범'과 '국제공동체 전체에 대한 의무'를 다음과 같이 반영하게 되었다.

1) 강행규범의 심각한 위반: 국가들은 그것을 종료시키기 위해 협조해야 하며 강행규범의 심각한 위반에 의해 창설된 상황을 승인하거나 지원·원조해서는 안 된다.
2) 국제공동체 전체에 대한 의무위반 : 피해국이 아닌 다른 모든 국가들도 위반국에게 '위반의 중단'과 '피해국에 대한 배상이행'을 요구할 자격을 얻게 되었다. 과거 초안에서는 피해국이 아닌 다른 국가들의 권리가 애매했으나 이것을 명확히 하였다.

■ 두 개념은 내용상 대부분 중복되지만, '강행규범'은 근본적 의무의 범위와 우선순위를 강조하는 개념이고 '국제공동체 전체에 대한 의무'는 피해국 이외의 국가들이 어떤 권리를 가지는가를 강조하는 개념이므로 그러한 미묘한 차이를 고려하여 위와 같이 규정한 것이다.

3. 고의 또는 과실

1) 법적 책임의 성립에 있어서 고의 또는 과실이라는 주관적인 요건이 필요하다는 견해가 전통적이었으나, 현재로서 이에 대해서는 복잡한 견해의 대립이 있다.

2) 고의 또는 과실이 국가책임의 요건인가에 대해서는 국제관습법이나 판례의 입장도 명확하지 않다(순). 우선적으로 이는 구체적인 의무를 규정한 개별 조약의 내용에 따라 달라질 수 있을 것이다(정인섭 외).

3) 이러한 점을 반영하여 ILC 초안에서는 고의·과실이라는 요건을 아예 규정하지 않고 있다.

4. 손 해

손해(피해)발생이 국가책임의 요건인가에 대해서도 일률적인 대답을 하기 어렵다. 우선은 구체적인 의무를 규정한 개별 조약의 내용에 따라 달라질 수 있을 것이다(정인섭 외). ILC 는 손해발생의 국가책임 요건 여부는 개별 조약의 내용에 달린 문제이므로 국가책임의 일반적인 요건을 다룬 ILC 초안에서는 다룰 필요가 없다고 보았다(순).

참고 위험한 결과에 대한 책임(liability)

1) 의 의

㈎ 전통적인 국제위법행위로 인한 국가책임에 관한 법리로는 포섭할 수 없는 유형의 국가책임을 다루기 위하여 도입된 개념으로서 창조된 위험이론(doctrine of created risk)이라고도 한다.

㈏ 특히 1960년대 이래 고도의 과학·기술의 발전에 의하여 실용가능한 특정활동으로 인한 인명·인간환경에 대하여 부여된 손해 및 위험의 중대성에 착안하여 발전되어 왔다.

㈐ 트레일제련소사건(제10장 참고)에서는 영역관리의무위반이라는 일반적 국가책임론을 적용하여 캐나다의 책임을 인정하였으나 결과적으로 위험한 결과책임론에서 다루는 사안과 유사한 논리적 결과를 낳았기 때문에 위험한 결과책임론을 설명할 때 자주 원용된다.

■ 유류, 원자력, 우주물체로 인한 손해에 관한 다수의 국제협약은 무과실책임의 원칙을 규정하고 있는바, 특히 1972년의 '우주물체로 인한 국제책임협약'은 국가의 절대책임을 규정하고 있어 위험책임주의의 전형적인 예로 볼 수 있다.

2) 위험한 결과책임의 특징

㈎ 전술한 바와 같이 ILC는 위험한 결과책임에 관한 협약초안을 준비중에 있는바, 1980년의 국가책임에 관한 협약초안과는 전혀 다른 접근방법에 기초하고 있다.

㈏ 용어면에서 1980년의 협약초안은 'responsibility'라는 용어를 사용하는 데 반하여 위험한 결과책임에서는 'liability'라는 용어를 사용하고 있다.

㈐ 국가책임의 성립요건으로 위험한 결과책임에서는 "손해의 발생"만을 요건으로 삼고 있다.

㈑ 국제법상 금지되지 않은 해로운 결과책임, 즉 위험책임이론은 국가기관의 행위 없이도 타국에 손해를 발생시킨 모든 행위에 대해 국가책임을 발생시키려는 의도로 만들어진 개념이지만 아직 실정 국제법의 원칙으로 자리잡은 것이 아니며 협약초안상의 개념으로 논의중에 있을 뿐이다.

Ⅲ. 국제의무위반행위가 국가에 귀속될 것

1. 국가기관의 행위

1) 모든 국가기관의 직무상 행위는 국가에 귀속되며, 또한 국가기관의 행위는 그 부서가 입법·사법·행정이든, 그 기능이 대내적이든 대외적이든, 또한 당해 행위를 행한 국가기관의 지위의 고하에 불구하고 당해 국가의 행위로 본다. 지방자치단체나 연방국가의 구성단위도 국가기관으로 간주된다. 특히 최근에는 지방자치단체의 국제활동과 합의문서로 인한 국제분쟁과 국가책임 문제가 빈번하게 발생하고 있다. 우리나

라의 경우도 이는 예외가 아니다.

참고 사법거부

사법부의 조치와 관련하여 사법거부(denial of justice) 문제가 자주 논의되고 있다. 사법거부는 국가가 재판이라고 하는 사법작용을 통하여 외국인을 부당하게 차별적으로 대우하는 것을 의미한다. (i) 재판상 적법절차의 거부, (ii) 심리의 부당한 지연, (iii) 명백한 판결의 불공평, (iv) 유죄판결의 미집행 등이 그 예이다. 이는 일반적인 항소절차를 의미하는 것이 아니며 사법부가 "악의"를 가지고 외국인을 차별하기 위한 조치를 적극적으로 취하는 경우에 적용되는 예외적인 상황에만 적용된다. 따라서 법리적 오류나 재판 절차상 일반적인 흠결 문제는 사법거부에 해당하지 않는다. 이 문제는 최근 투자분쟁해결절차에서 종종 제기되는 쟁점 중 하나가 되었다. 사법거부가 인정되기 위해서도 원칙적으로 국내구제절차가 완료될 것이 요구된다. 즉, 모든 법원 절차가 종료된 이후 이 문제가 제기될 수 있다. 투자협정에서 이 문제는 "공정하고 형평한 대우(Fair and Equitable Treatment)" 조항과 관련하여 흔히 제기된다.

2) 국가기관원의 직무상 행위는 설사 국내법상 부여된 권한범위를 초과했거나 지시를 위반한 경우에도 국제법상 국가행위로 본다.

2. 사인의 행위

국가책임의 발생요건 중 국가 귀속이라는 요건과 관련해서는 국가 기관원이 아닌 사인(私人)의 행위가 과연 국가책임을 발생시키는가의 문제가 가장 중요하므로 이에 대한 확실한 정리와 이해가 요구된다.

1) 원 칙: 사인의 행위는 국가기능행사와는 아무런 관련이 없으므로 당해행위는 국가에 귀속되지 않는 것이 원칙이다.

2) 사인의 행위로 인해 외국인의 피해가 발생하는 경우에 국가는 그 사인의 행위 자체에 대해서는 국가책임을 지지 않지만 그러한 사인의 행위와 관련하여 국가의 책임이 발생할 수 있다. 즉 국가가 사전에 외국인의 피해발생을 막기 위해 상당한 주의(due diligence)를 기울이지 않은 경우, 또는 사후적으로 외국인에게 적절한 국내적 피해구제(local remedy)를 제공하지 않은 경우에 국가는 책임을 지게 된다. 그러나 이것은 사인의 행위에 대해 국가가 대신 책임을 지는 것이 아니라 국가 스스로의 행위(피해방지 의무 불이행, 사후 피해구제 불이행)에 대해 국제책임을 지는 것임을 유의해야 한다. 국가가 국가책임을 지지 않는 경우도 피해를 입은 외국인은 해당국의 국내법상(가령 형법, 민법상) 구제조치를 도모할 수 있음은 물론이다.

3) 사실상의 기관(de facto organ)의 행위, 즉 법적으로는 사인에 해당하나 이들이 사실상 국가를 위하여 혹은 국가를 대신하여 행동하는 경우에는 그 책임이 국가에 귀속된다. 예컨대, 사인이 국가기관의 비공식적 위임·지시에 의해 행동하는 경우, 천재지변 등 국가 기능마비 시 인명구조작업 등의 경우를 말한다.

■ 이 문제는 통상협정과 투자협정의 적용 범위와 관련하여 최근 중요한 함의를 내포하고 있다. 국영기관이나 정부가 지분을 소유하는 민간기업을 사실상의 정부기관으로 간주하여 여기에 조약 ― 즉 통상협정, 투자협정 ― 을 적용할 수 있는지 여부가 중요한 쟁점이다. 이 문제는 한중 FTA 및 TPP 등에서 주요한 논의 사항 중 하나이다.

■ 폭도의 행위로 인하여 피해가 발생한 경우도 사인의 행위에 의한 국가책임이론이 그대로 적용된다.

3. 반란단체의 행위

1) 사인의 행위와 같이 반란단체의 행위는 국가에 귀속하지 않는 것이 원칙이다.

2) 그러나 사인의 행위와 같이 반란단체의 행위를 방지·진압하지 못하여 피해가 발생한 경우는 일정한 경우 국가책임이 발생할 수 있다.

■ 교전단체의 승인이 있는 경우는 반도의 행위는 더 이상 당해국에 귀속될 여지가 없다는 것이 종래의 통설이다(이, 이).

4. 국제기구의 행위

국제기구의 불법행위로 국제기구가 국제책임을 지는 것은 국제기구의 국제법주체성과 능동적 행위능력이 인정되는 이상 당연한 결론이다(유).

Ⅳ. 위법성조각사유

1) 위법성조각사유로는 피해자의 동의(consent), 자위권(self-defense), 대항조치(countermeasure), 불가항력(force majeure), 조난(distress), 필요상황(necessity) 등이 있다.

■ ICJ는 가브치코보-나기마로스사건(일명 다뉴브강사건)에서 조약법과 국가책임법은 별개의 영역이기 때문에 국가책임법상의 위법성조각사유가 조약법상의 조약종료사유로 원용될 수는 없다고 판시하였다. 예컨대 긴급피난(state of necessity)은 국가책임을 면하기 위하여 원용될 수 있으나 조약의 종료사유는 될 수 없다(순).

2) 그 외에 유엔의 집단적 강제조치가 이에 해당되는 것은 물론이다.

3) ILC 초안의 위법성조각사유에 대해 상세히 기억해둘 필요가 있다.

참고 ILC초안(2001년) 제V장 요약

제20조 피해자 동의

피해자 동의의 범위 내에 해당하는 경우, 그 동의받은 행위의 위법성은 조각된다.

제21조 자위권

유엔헌장에 부합하는 자위권행사는 위법성이 조각된다.

제22조 대항조치

타국의 불법행위에 대응하는 대항조치는 위법성이 조각된다.

제23조 불가항력

불가항력이란 국가의 통제가능 범위를 넘어 의무수행을 실질적으로 불가능하게 만드는 상황으로서 저항할 수 없는 힘 혹은 예기치 못했던 사태의 발생을 의미하는데 이로 인한 행위는 위법성이 조각된다. 다만, 그 불가항력의 상황이 해당 국가의 행동으로 인해 발생한 경우, 또는 국가가 이미 그 상황의 위험부담을 감수한 경우에는 불가항력을 이유로 위법성이 조각되지 않는다.

제24조 조난

조난의 상황에서 자신의 생명 혹은 자신이 책임지고 있는 사람들의 생명을 구할 다른 합리적인 방법이 없는 경우에는 그 행위의 위법성이 조각된다. 다만, 해당 국가의 행동으로 인해 조난 상황이 발생했거나 그 해당 행위가 유사한 혹은 더 큰 위험(peril)을 야기할 것 같은 경우에는 조난을 이유로 위법성이 조각되지 않는다.

제25조 필요상황(긴급피난)

어떤 행위가 심각하고 급박한 위험에 대하여 필수적인 이익(essential interest)을 지키기 위한 유일한 방법이며, 그 행위가 타국 혹은 국제공동체의 필수적 이익을 심각하게 침해하지 않는다면 그 행위는 필요상황이라는 이유로 위법성이 조각된다.

다만, 위반되는 의무 자체가 필요상황의 원용을 금지하고 있는 경우, 혹은 해당 국가가 필요상황의 발생에 기여한 경우에는 위법성이 조각되지 않는다.

제26조 강행규범의 준수

상기 위법성 조각사유들은 일반국제법의 강행규범 위반에 대해서는 적용되지 않는다.

제27조 위법성조각사유 원용의 결과

상기 위법성조각사유들에도 불구하고, ⓐ 그러한 위법성조각사유의 상황이 더 이상 없으면 해당 의무를 준수해야 하며, ⓑ 문제의 행위로 인한 배상은 별개의 문제이다.

참고 Torrey Canyon호 사건(긴급피난의 사례)

Torrey Canyon호 사건은 필요상황(긴급피난)의 전형적인 사례로 볼 수 있다(순).

1967년 라이베리아 유조선 Torrey Canyon호가 영국영해 인근에서 좌초되어 기름이 유출되자 영국정부는 더 이상의 기름유출을 막기 위해 동 선박을 폭격하였다. 민간 선박을 폭격한 행위 자체는 일견 국제법위반으로 보이지만 긴급피난의 요건에 해당하므로 영국의 국가책임이 있다고 보지 않는다. 라이베리아 정부는 아무런 항의를 제기하지 않았다. 이 사건은 법적 분쟁이나 재판으로 이어지지는 않았으나 긴급피난을 논할 때 자주 원용되고 있다.

제3절 국가책임의 해제(실현)

Ⅰ. 문제상황

직접손해, 즉 타국의 국제위법행위로 인하여 직접적으로 국가 자체에 대하여 손해를 입은 피해국은 전술한 객관적 요건과 주관적 요건이 모두 갖추어진 경우에는 추가적인 법률요건 없이 가해국에 대하여 국가책임을 물을 수 있다.

반면에 간접손해, 즉 국가가 직접적으로 피해를 입은 것이 아니고 국가의 구성원 또는 국제기구의 구성원이 손해를 입은 결과 간접적으로 국가가 손해를 입게 되는 경우에는 피해국은 전술한 국가책임의 성립요건 외에 별도의 추가적인 요건을 갖추어야 한다.

즉, 국가가 직접 피해를 입은 것이 아니라 개인이 침해를 당한 경우에 그 개인의 피해는 소속국가의 외교적 보호권행사를 통해 국제법적으로 구제될 수 있는데 이 외교적 보호권을 행사하여 국가책임을 추궁하기 위해서는 외교적 보호권행사의 요건이 갖추어져야 하는 것이다.

Ⅱ. 외교적 보호

1. 외교적 보호권(right of diplomatic protection)의 개념

1) 국가가 외국에 주재하고 있는 자국민(재외국민)이 재류국으로부터 부당한 대우를 받거나 불법하게 권리침해를 받고 있는 경우에 재류국에 대해 적절한 구제를 요구할 수 있는 국가 자신의 권리를 말한다(이, 이).

2) 우리 헌법도 제2조 2항에서 '국가는 법률이 정하는 바에 의하여 재외국민을 보호할 의무를 진다'고 규정하고 있다.

■ ILC는 2006년 외교보호에 관한 규정초안을 채택하였다.

2. 외교적 보호권의 성질

1) 외교적 보호권은 국가 자체의 권리이지, 국가가 피해자인 재외국민의 권리를 대리하여 행사하는 것은 아니다(이, 이). 즉 자국민의 손해에 의하여 국가 자신이 손해를 받았다는 '바텔(Vattel)의 의제'에 입각하고 있다.

■ 그러나 개인에 대한 침해가 국가에 대한 침해라는 것은 말 그대로 의제(legal fiction)로서 국제법상 개인의 지위가 높아져가면서 그 의제의 중요성은 점차 축소되어 가는 경향이 있으며, ILC초안은 외교보호가 본질적으로 국가 자신의 권리인지, 또는

국민 개인 권리의 대리행사인지 또는 양자 모두인지에 대해서는 해답을 회피하고 있다(김대순).

2) 국가의 권리인 탓에 개인은 이를 포기할 수 없으므로 양허계약(concession)에 Calvo 조항이 있는 경우에도 국내적 구제를 이용한다는 약속인 점에서는 유효하나, 본국의 외교적 보호권을 배제하려는 의도라면 무효이다(이, 이). 국가의 권리이므로 개인이 이를 포기할 수 없기 때문이다.

참고 칼보조항(Calvo Clause)

남미 여러 국가에서는 외국인과 계약체결시 외국인은 계약에 관한 모든 사항에서 주류국 국민으로 간주되며, 어떠한 경우에도 본국정부의 외교적 보호를 요구하지 않는다는 특수조항을 삽입하는 경우가 있는데, 이것을 칼보조항이라 한다(이, 이).

3. 행사요건

국가가 외교적 보호권을 행사하는 것은 상대국에 대하여 국가책임을 추구하는 것이므로 다음의 요건 외에 일반적인 국가책임의 요건을 구비하여야 하는 것은 물론이다. 대부분은 자국민에 대하여 손해가 발생한 경우일 것이다.

(1) 국내적 구제완료의 원칙(exhaustion of local remedy rule)

㈎ 의 의: 외국의 행위로 인하여 자국민에게 손해가 발생한 경우에 사인이 그 외국의 국내법상 구제방법을 동원한 후가 아니면, 본국은 외교적 보호권을 행사할 수 없다는 원칙으로서 명문의 규정이 없어도 인정되는 국제관습법상 확립된 원칙이다.

■ 국내적 구제를 완료하지 않을 경우 ICJ 같은 국제법원에서 피소국으로부터 '선결적 항변'을 받게 된다.

㈏ 근 거

a) 관계국가의 주체적 입장을 존중하며 사인 간의 문제가 국제분쟁으로 전화되는 것을 방지하기 위한 실제적, 정치적 고려에 있으며 국제법 전체에서 나오는 논리적 필연성은 없다(이).

b) 따라서 국내적 구제의 원칙은 조약에 의하여 배제할 수 있다. 다만, ICJ는 ELSI 사건(1989년)에서 동 원칙의 적용은 조약에 '명시적으로' 규정된 경우에만 배제될 수 있다고 판시하였다.

㈐ 한 계

a) 동 원칙은 피해자와 외국 사이에 자발적이고 의식적이고 의도적인 관련성이 인정되어야 한다. 즉, 자발적 관련성(voluntary link)이 인정되어야 한다(순). 따라서 자기의 의사에 반하여 외국에 연행된 경우나 불가항력으로 외국의 영역에 들어가 손해를 입은 경우에는 적용되지 않는다.

b) 동 원칙은 국내적 구제수단이 이용가능(available)하고, 실현가능(obtainable)하고 유효한(effective) 것이어야 한다. 따라서, 상급심에서 사실심리를 하지 않은 경우, 원판결의 파기를 기대할 수 없는 경우나 재판관의 편견 등으로 인한 '재판의 거부'가 있는 경우에는 동 원칙은 적용되지 않는다. 다만 상급심에 상소하여도 승소가능성이 '희박'하다는 정도로는 동 원칙의 적용이 배제되지 않는다.

㈑ 국제실행

a) 판 례: PCIJ 의 마브로마티스사건 판결(1924년), PCA 의 Ambatielos 사건 판결(1956년), ICJ 의 Interhandel 사건(1959년)과 ELSI 사건(1989년) 판결 등이 있다.

▩ 위 판례 중 Ambatielos 사건과 Interhandel 사건에서는 국내구제절차를 완료하지 못했다는 이유로 외교적 보호권의 행사가 부인되었는바, 전자는 국내소송에서 이기기 위하여 '필수적'인 자료를 제출하지 않았다는 이유였고, 후자는 미연방대법원의 심리가 아직 종료되지 않았다는 점을 근거로 들었다.

b) 조약 등: 유럽인권협약 제26조, 국제인권 'B'규약 선택의정서 제5조 2항 b 호, ILC 의 국가책임에 관한 협약초안 제22조 등도 국내적 구제절차완료의 원칙을 규정하고 있다.

(2) 국적계속의 원칙

외교적 보호를 받기 위해서는 권리이익의 침해 시부터 외교적 보호권을 행사할 때까지(ILC 외교보호초안은 "공식청구를 제기하는 일자"까지라고 규정) 동일국적을 가져야 한다. 그러나 오늘날 개인의 권리보호 강화 차원에서 이를 다소 완화하는 경향이 나타나고 있다.

▩ 영토변경처럼 강제로 국적이 변경된 경우에는 예외가 인정된다.

(3) 자국민이 입은 피해일 것

당연한 요건이지만 외교적 보호권을 행사하는 국가와 피해를 입은 개인간의 국적 연결이 진정하고 유효한 것이어야 한다. ICJ 의 노테봄사건(제4장 제2절 참고) 에서 노테봄은 리히텐슈타인과의 진정한 연계(genuine linkage)를 인정받지 못하였기 때문에 결국 리히텐슈타인은 노테봄에 대해서 외교적 보호권을 행사할 수 없었다. 단, ILC 외교보호초안에서는 진정한 연관성에 대해서는 언급하지 않고 있다. 회사의 국적에 관한 판례로는 ICJ 의 바르셀로나 전기·전력회사사건 판결이 있다.

참고 청구 국적 원칙의 예외

한 국가가 타국의 국민을 위해 외교보호권을 행사하는 예외도 인정된다(순).

- 보호국과 피보호국 국민의 관계에서 피보호국은 국제적인 법인격을 행사하지 못하므로 보호국이 이를 대신 행사할 수 있다.

- 상선에 근무하는 외국인 승무원과 군대 내의 외국인 구성원이 피해를 입으면 상선 또는 군대 소속국이 행사한다.
- 조약을 통해 청구 국적 원칙의 적용을 배제할 수 있다.
- ILC 외교보호초안은 국가가 자국내 상주하고 있는 무국적자에 대해 외교보호를 행사할 수 있다고 규정하고 있다. 일정한 난민에 대해서도 마찬가지로 적용할 수 있다.

참고　이중국적자의 외교보호

1) 이중국적자가 제3국으로부터 침해를 받는 경우, 이중국적자의 각 국적국가들은 각기 그 제3국에 외교적 보호권을 행사할 수 있다. ILC 외교보호초안은 어느 국가가 보다 더 실효적인 국적국가인지를 가리지 않고 두 국가 모두 외교보호권을 행사할 수 있다고 규정하고 있다. 그 제3국은 두 국가 모두에게 배상할 의무는 없다.
2) 이중국적자의 상호간 국제청구는 전통국제법상 부인되고 있다. 일부 판례는 실효적인 국적국이 그렇지 않은 상대 국적국에게 외교적 보호권을 행사할 수 있다고 판결하기도 했다. ILC 외교보호초안은 "우세한(predominant)" 국적국가는 상대 국적국가에게 외교보호권을 행사할 수 있다고 규정한다. 기존에 많이 사용되던 '지배적' 또는 '실효적'이 아니라 '우세한' 국적국이라는 표현을 쓰고 있다(순).

4. 보호수단

1) 외교적 보호권을 행사한다는 것은 국가책임을 추구하는 것이기 때문에 후술하는 국가책임의 해제방법이 그대로 적용된다.

2) 이와 관련하여, 과거 계약상 채무를 회수하는 데 무력사용을 금지 또는 제한하자는 주장이 드라고주의(Drago doctrine) 및 포터주의(Porter doctrine)라는 이름으로 주장된 바 있다. 오늘날 이런 식으로 함부로 무력사용을 하면 당연히 UN 헌장상 무력사용금지 원칙에 위배된다.

Ⅲ. 직무보호

1. 의　미

국제기구의 공무원이 국제불법행위로 인하여 손해를 입은 경우, 그 소속 국제기구가 직무라는 인연에 기하여 그 배상을 받도록 국제책임을 추구하는 것을 직무보호(functional protection)라고 부른다(유).

■ 대표적인 판례로는 ICJ의 유엔근무 중 입은 손해에 대한 배상(일명 Bernadotte 사건)에 관한 권고적 의견인데, 제3장 제2절 국제기구 부분을 참고.

2. 내 용

외교적 보호는 국적(nationality)이라는 인연에 근거한 것이고, 직무보호는 직무(function)라는 인연에 근거하고 있다는 것이 다를 뿐, 국제책임의 실현방식 및 절차는 외교적 보호와 같다.

3. 외교보호와 직무보호의 경합

1) 양자가 경합할 때 어느 쪽이 우선하는지 결정해 주는 원칙은 존재하지 않는다(순).

2) ICJ 역시 한쪽에 우선권을 부여한 적이 없으며 양자의 충돌은 상식과 선의, 혹은 협정에 의해서 개별적으로 해결되어야 한다(순).

3) 국제판례상 가해국(피고국)은 UN 과 해당공무원 국적국 양자에 대해 2중으로 손해배상해 줄 의무는 없다(순).

Ⅳ. 국가책임해제의 방법(국가책임추구의 방법)

1. 서 설

ILC 의 국가책임협약초안에 의하면 국제위법행위를 범한 국가는 우선 그 위법행위(계속적 성질을 갖는 국제위법행위인 경우)를 중지해야 할 의무가 있다. 또한 필요시 재발 방지의 확약이나 보장을 해야 한다. 이와 아울러 동 초안에 의하면 그 국가는 (손해)배상(reparation)을 통하여 국가책임을 해제해야 할 의무가 발생하며 피해국은 후술하는 배상의 세 가지 유형들 중 어느 하나 혹은 결합적으로 적용하여 완전한 배상(full reparation)을 받을 수 있다.

■ 이 점에서 WTO법 영역은 일반국가책임법과는 상당히 다르다. 왜냐하면 WTO협정을 위반한 국가는 대상조치를 철회할 의무를 지는 것 이외에 그로 인한 별도의 배상의무를 지지는 않기 때문이다. WTO법의 장래지향적 성격을 보여주는 예이다.

■ 국내법의 민법상 계약책임과 불법행위책임해제의 원칙적인 방법으로서 논의되는 원상회복과 손해배상(금전배상)과 달리 만족은 수험생들에게 익숙하지 않은 개념일 것이다. 그러나 국제법상의 책임은 전술한 바와 같이 그 요건에서도 차이가 나지만 법적책임의 추구방법에도 현저한 차이가 난다는 사실을 기억해야 한다. 예컨대 국제법상 원상회복을 추구하는 것은 피청구국의 주권을 침해할 가능성이 있으므로 현대국제법에서 원상회복은 그 원칙적인 지위에도 불구하고 국제실행을 찾기 힘들다.

2. 원상회복(restitution)

1) 원칙적인 방법으로서 불법행위의 취소, 불법몰수재산의 반환 등과 같이 국제위법행위가 행해지기 전의 상태를 실현하는 방법이다.

2) 원상회복의 가능성이 존재하는 경우에는 원상회복을 해야 하며, 그것이 법률상·사실상으로 불가능한 경우에는 손해배상으로 한다.

3. 손해배상(compensation)

1) 배상의 범위는 불법행위로 인하여 발생한 직접손해, 간접손해가 모두 포함된다(김).

2) 특히 문제가 되는 것은 간접손해인바, 간접손해 특히 보통 기대될 수 있는 상실이익(기대이익)의 배상에 대해서는 견해가 대립된다. 그러나 보통은 불법행위와 손해와의 인과관계가 명확하게 증명되는 경우에는 배상을 인정한다(이, 이).

3) 간접손해가 국제법상 처음 문제된 것은 '中立'에 관한 유명한 사건인 알라바마 중재사건(제2장 제5절 판례와 학설 부분 참조)에서였다.

4. 만족(satisfaction: 사죄받는 측 입장에서는 "만족", 때로는 "사죄"로도 번역)

1) 원상회복이나 손해배상으로도 배상이 안 될 경우에는 만족(satisfaction)을 실시해야 한다.

2) 만족(satisfaction)을 통한 책임 해제방법으로는 사죄, 유감표명, 의무위반의 인정 혹은 상징적 손해배상, 징벌적 손해배상, 관계자 처벌 등을 들 수 있다.

3) ICJ 는 Corfu 해협사건 판결에서 당해 재판소에 의한 주권침해선언 자체가 적절한 만족(appropriate satisfaction)의 일종이라고 판시하였다(김).

4) 자신의 국내적 위신과 외교적 파장 등을 고려하여야 하는 국가 입장에서는 만족이 금전적 배상에 비하여 때로는 더 유용한 구제수단을 제공하기도 한다.

참고 제노사이드협약 적용에 대한 사건 판결(ICJ, 2007년)

ICJ는 2007년 2월 26일, 약 14년간 지속되어온 제노사이드협약 적용 사건(보스니아-헤르쩨고비나 v. 세르비아-몬테네그로)의 판결을 내렸다. ICJ는 세르비아(원래 피제소국은 구 유고연방공화국이었으나 현재는 세르비아와 몬테네그로 두 국가로 분리)가 집단살해 행위에 직접 가담한 증거는 없으나 1995년 발생한 대량 학살과 관련하여 제노사이드협약에 따라 이를 예방해야 할 의무를 위반했다고 판시했다.

그러나 국가책임 해제와 관련하여 ICJ는 세르비아가 실제 예방을 위해 노력했다 하더라도 그것을 막을 수 있었다고 보기 어려우므로 금전적 손해배상은 적절한 형태의 배상이 될 수 없다고 보았다. ICJ는 가장 적절한 형태의 만족은 세르비아의 의무 위반을 동 판결문 주문에 선언하는 것이라고 판시하면서 원고측의 금전배상 요구를 기각하였다.

V. 대항조치(countermeasure)

1) ILC 의 국가책임협약초안에 의하면 대항조치(대응조치)는 타국의 국제위법행위를 중지시키거나 또는 이에 대한 손해배상을 추급하기 위하여 그 타국에 대한 국제의무를 이행하지 않는 것을 의미한다.

■ 예컨대 조약관계에 있는 A국이 동 조약상의 의무를 이행하지 않으면서도 B국에 대

하여 B국의 동 조약상의 의무를 이행하라고 요구하는 것은 형평에 반한다. 국내계약법상의 동시이행의 항변권에 부응하는 제도라고 볼 수 있다. 그러나 발현형태는 달라서 A국의 위반에 대해 B국도 이에 상응하는 의무위반을 (단순한 조약불이행이 아닌) 적극적 작위로서 행할 수 있다.

2) 대항조치는 원래 전통적으로 복구(reprisals)라는 이름으로 알려져 있었으나 ILC는 무력복구를 연상시키는 그 단어 대신 대항조치를 선택하였다(순).

3) ILC 협약초안은 그러나 금지되는 대항조치로서 (i) 유엔헌장상 금지된 무력의 위협 또는 사용, (ii) 불법행위국가가 영토보전이나 정치적 독립을 위태롭게 할 의도를 갖고 취하는 극단적인 경제적 혹은 정치적 강압, (iii) 외교관이나 영사의 불가침성을 침해하는 행위, (iv) 기본적 인권을 침해하는 행위, (v) 일반국제법상의 강행규범을 위반하는 경우 등을 열거하고 있다.

4) 대항조치는 피해국이 입은 침해에 비례해야 한다. ILC 국가책임협약초안은 일정한 절차적 요건을 충족해야 한다고 규정하고 있다(초안 제52조). 즉, (i) 의무위반국에게 위법행위 중지 및 이미 발생한 위법행위에 대한 손해배상을 요구하고, (ii) 대항조치를 취하기로 한 결정을 통고하고 교섭을 제의하여야 한다. 다만, 권리보존을 위한 긴급한 조치는 통고나 교섭 이전에도 할 수 있다.

5) 국제위법행위가 중지되고 그 분쟁이 재판소에 계류중인 경우 대항조치를 취하는 것은 허용되지 않는다. 아울러, 의무위반국이 위법행위를 중지하고 손해배상의무를 이행하는 즉시 대항조치는 종료되어야 한다.

6) ILC 초안은 대항조치는 피해국만이 취할 수 있다고 규정한다. 대세적 의무위반의 경우에 피해국이 아닌 다른 국가들도 대항조치를 취할 수 있는지 여부는 앞으로 국제법 발전에 맡겨졌다(순).

제8장 | 국제분쟁의 평화적 해결

제1절 비재판제도에 의한 분쟁해결 / 제2절 국제재판에 의한 분쟁해결

분쟁의 평화적 해결이란 정치적 또는 사법적 수단으로 분쟁을 해결하는 것을 의미한다. 유엔헌장 제2조 3항은 분쟁을 평화적 수단으로 해결하도록 규정하고 있으며, 유엔헌장 제6장은 분쟁의 평화적 해결에 관한 규정을 담고 있다. 한편, 분쟁의 평화적 해결원칙은 전쟁을 포함한 무력사용의 금지원칙과 표리의 관계에 있다. 1899년 제1차 헤이그회의에서 '국제분쟁의 평화적 해결을 위한 협약'을 채택하고, 1907년 제2차 헤이그회의에서 이를 수정하여 대체하였지만, 1928년의 不戰條約이 등장한 이후에야 전쟁이 불법화되어 분쟁의 평화적 해결원칙이 비로소 의무적 성격을 띠게 되었다고 볼 수 있다(김). 그러나 결정적 전기가 된 것은 유엔의 창설이라 할 것인바, 유엔헌장 제2조 4항은 명시적으로 무력의 사용을 금지하고 있다.

국제사회에서 분쟁의 평화적 해결을 담당하는 국제기구는 역시 유엔이라 할 수 있고, 유엔의 기관 중에서도 안전보장이사회, 총회, 사무총장 및 ICJ가 중심적 기능을 수행하고 있다. 그러므로 이 장에서는 이들 기관에 초점을 맞추어 설명하기로 한다.

제1절 비재판제도에 의한 분쟁해결

참고 분쟁의 평화적 해결방법

1) 정치적 해결방법: 비재판제도에 의한 해결. 법적 구속력이 없음.
   ㈎ 개별국가간 외교적 수단에 의한 해결: 교섭, 주선, 중개, 사실심사, 조정
   ㈏ 국제기구에 의한 해결: 유엔에 의한 해결, 지역기구에 의한 해결

2) 사법적 해결방법: 재판제도에 의한 해결. 법적 구속력이 있음.
   ㈎ 중재재판
   ㈏ 사법재판(ICJ)

■ '분쟁의 평화적 해결'이라는 제목이 붙은 유엔헌장 제6장은 분쟁당사국들이 교섭, 심사, 중개, 조정, 중재재판, 사법재판, 지역기구 등의 평화적 해결을 추구해야 한다고 규정하고 있다.

Ⅰ. 직접교섭(negotiation)

1) 직접교섭은 과거나 현재에도 분쟁해결의 1차적 방법으로 가장 많이 이용되고 있는 분쟁해결을 위한 가장 기초적인 방법이다.

2) 정부수반이나 대표들이 직접 접촉하여 분쟁을 해결하는 것으로 수시외교의 성격을 띤다.

3) 많은 조약들이 분쟁 발생 시 우선적으로 당사국 간의 직접교섭에 의한 분쟁해결을 의무화하고 있다. 그 경우 교섭을 통한 분쟁해결이 불가능하다고 판단되는 경우에야 비로소 국제재판소를 이용할 수 있도록 하여 직접교섭의 완료는 국제청구의 사전요건으로 기능하기도 한다.

참고 국제재판과 교섭

South West Africa 사건(1962년)에서 남아프리카공화국은 위임통치규정 제7조가 명시하고 있는 교섭에 의한 분쟁해결 노력의 미완료를 근거로 에티오피아/라이베리아의 제소에 대한 ICJ관할권의 부존재를 주장하였다. 그러나 ICJ는 UN에서 당사국들이 참여한 수많은 논의가 선행했기 때문에 교섭에 의한 분쟁해결 노력은 불가능한 것으로 판단된다고 보았다. 이 판결에서 일부 재판관은 UN에서의 논의가 직접교섭을 대체할 수 없으며 UN의 논의는 남아프리카와 UN총회와의 견해 차이를 확인해 준 것뿐이라는 반대의견을 제시하기도 하였다(J. Merrills). 이렇듯 직접교섭은 가장 기본적이고 원초적인 분쟁해결 방법이지만 국제재판과 관련하여서도 중대한 법률적 논점을 야기할 수 있음을 유의해야 한다.

Ⅱ. 주선과 중개(good offices & mediation)

1) 주선은 제3자가 개입하여 분쟁당사자들의 접촉이 성립하도록 알선하는 것이다.

2) 그에 비하여 중개는 제3자의 개입 정도가 보다 강력하여 분쟁당사자들이 단지 만난다는 데 그치지 않고, 교섭의 기초를 제공하고 또한 교섭내용에 직접 개입하여 양 당사국들이 서로 양보하도록 노력한다(유).

Ⅲ. 국제심사(inquiry: 사실심사라고도 함)

1. 국제심사의 개념

국제심사는 분쟁당사자들이 선정한 국제심사위원회라는 공평한 국제기관이 분쟁의 원인된 사실내용만을 명백히 밝힘으로써 분쟁의 해결을 가능·용이하게 하는 분쟁의 평화적 해결방법이다.

■ 국제심사위원회는 사실내용만을 밝힌다는 점에서 법률문제에 개입하는 국제조정과는 다르다.

2. 법 원

(1) 헤이그조약

1899년 헤이그회의에서 채택된 '국제분쟁의 평화적 해결을 위한 협약'(일명 헤이그 협약)에서 처음으로 규정되어, 1907년에 수정·대체된 '국제분쟁의 평화적 해결을 위한 협약'에서 '국제심사위원회'에 의한 국제(사실)심사라고 하는 새로운 제도가 인정되었다.

■ 1907년 헤이그조약의 개정배경은 1904년 발생한 Dogger Bank 사건에서 국제심사위원회에 의한 해결이 효과적이라는 데 있었다.

(2) 기타 조약

㈎ 녹스(Knox)조약: 1911년 미국이 영국과 프랑스간 조인한 조약으로 '혼합심사위원회'의 설치를 예정한 것이다(미국의 비준 거부). 심사대상이 법률문제에까지 미친다는 점에서 조정과 관련된 조약으로 소개되기도 한다.

㈏ 브리앙(Bryan)조약: 1913부터 1914년에 걸쳐 미국이 30개국과 체결한 2국 간 조약으로, '상설심사위원회'의 설치를 예정하였다(제1차대전의 발발로 거의 무산).

■ 보고서의 내용이 일방 당사자에 의해 수락되기 전에 타방은 적대행위를 개시할 수 없는 '유예기간제도'(moratorium)를 처음으로 규정한 것이 바로 브리앙조약이다. 이 조약은 조정의 근거조약으로도 원용된다.

㈐ 1949년 Geneva 조약에 대한 1977년 제1추가의정서: 동 의정서 제90조는 국제심사위원회의 구성을 예정하고 있다.

Ⅳ. 국제조정(conciliation)

1. 국제조정의 개념

개인적 자격으로 선정되는 조정위원회가 국제분쟁을 모든 관점(사실문제뿐만 아니라 법률문제까지도 포함)에서 심사하고, 이 기관이 제시하는 분쟁해결내용에 따라 분쟁을 평화적으로 해결하는 방법이다.

■ 조정제도는 형식적인 측면에서 볼 때 사법재판과 가장 유사한 형태의 분쟁해결이지만, 정치적 해결의 일환이므로 조정의 결과는 법적 구속력이 없다.

2. 법 원

국제조정제도는 제1차대전 후의 산물로서 전술한 국제심사제도보다 발전된 형태로서 국제심사제도 및 국제조정제도는 서로 연결되어 함께 사용하는 것이 보통이다(유).

(1) 1928년 국제분쟁의 평화적 해결에 관한 일반의정서

1928년의 부전조약의 실현을 위한 평화적 해결수단을 규정한 것으로서, 중재재판 및 사법재판과 국제조정과의 유기적인 조화를 목적으로 하나의 일반조약으로 성립되었는데, 동 의정서에는 조정에 관한 일반원칙도 규정되어 있다.

(2) 조약법협약상의 조정제도(제2장 제2절 조약 부분 참고)

㈎ 1969년 및 1986년 조약법에 관한 Vienna 협약 제66조 4항과 부속서에 규정되어 있다.

㈏ 조정제도는 강행법규 이외의 조약규정의 해석·적용 및 정지 등에 관한 분쟁이 있을 때 이용한다. 강행법규에 관하여 분쟁이 생긴 경우는 12개월 내에 해결되지 않으면 당사자 일방의 청구로 ICJ 로 회부된다(강제적 관할권 인정).

(3) 해양법협약상의 조정제도(제5장 제3절 해양법 부분 참고)

㈎ 1982년 유엔해양법협약 제284조에서 조정절차에 의하도록 하는 규정을 두고 있으며 그 상세한 절차는 부속서 V에 규정되어 있다.

㈏ 분쟁당사국은 조정절차의 통보를 받은 후 일정기간 이내에 조정위원을 임명해야 하는데, 그 기간 내에 조정위원을 임명하지 않으면 조정절차를 중단하든지 유엔사무총장에게 임명을 요청할 수 있다.

Ⅴ. 유엔에 의한 국제분쟁의 평화적 해결

유엔 이외의 국제기구인 지역기구(OAS 등)에 의한 분쟁해결방식도 있으나 국제기구 중 유엔이 그 중심적 역할을 수행하고 있으므로 유엔에 국한하여 검토하기로 한다.

1. 서 설

1) 유엔에 의한 분쟁의 해결은 크게 평화적 해결과 강제적 해결(헌장 제7장의 집단적 강제조치)로 나뉘며, 평화적 해결도 정치적 해결과 사법적 해결로 구분될 수 있다. 이들은 상호 밀접하게 연결되어 있는 것이나 여기서는 평화적 해결방법 중 정치적 해결에 국한하여 설명하기로 한다.

2) 분쟁의 평화적 해결의 대상은 (i) 국내관할권에 속하는 사항(국내문제 불간섭원칙) 이 아닌 '국제적 분쟁'이어야 하며, (ii) 법적 분쟁은 ICJ 가 해결하므로 주로 '정치적 분쟁'이고 (iii) 분쟁당사국의 중대한 이익이 아니라 국제평화와 안전에 위협이 되는 '중대한 분쟁'이어야 한다(기)(강제적 해결은 제9장 제2절 집단적 안전보장 부분을, 사법적 해결은 ICJ 부분을 각각 참고).

2. 안전보장이사회에 의한 분쟁의 평화적 해결

국제평화와 안전의 유지에 관한 책임은 1차적으로 안전보장이사회에 있는바, 안전보장이사회의 권한일반에 관해서는 제3장 제2절 Ⅳ. 유엔 부분 참고.

(1) 분쟁의 부탁방법

㈎ 분쟁당사국이 부탁하는 경우
㈏ 유엔회원국인 제3국이 부탁하는 경우
㈐ 총회가 안전보장이사회의 주의를 환기하는 경우
㈑ 사무총장이 안전보장이사회의 주의를 환기하는 경우
㈒ 안전보장이사회가 자발적으로 분쟁을 조사하는 경우

■ 특히 '분쟁당사국이 부탁하는 경우'를 주의해야 하는바, 분쟁당사국이면 회원국·비회원국을 불문하고 안전보장이사회에 분쟁을 부탁할 수 있으나, 비회원국이면서 분쟁당사국이 아닌 3국은 어떠한 경우에도 안전보장이사회에 대하여 분쟁을 부탁하거나 주의를 환기시킬 수 없다.

(2) 안전보장이사회 결의의 효력

분쟁의 평화적 해결에 관한 안전보장이사회의 결의는 대부분 법적 구속력이 없는 '권고'의 형태로 이루어진다.

3. 총회에 의한 분쟁의 평화적 해결

안전보장이사회의 분쟁처리는 국제평화와 안전에 관한 사항에 국한되나 총회의 분쟁처리는 일반적 복리 또는 국가간의 우호관계를 해할 염려가 있는 경우도 가능하다(권한의 포괄성).

(1) 권한의 2차성

㈎ 안전보장이사회가 평화적 해결을 하고 있는 동안은 동 이사회의 요구가 없는 한 총회는 그것에 관해서 토의는 할 수 있으나 어떠한 권고결의도 해서는 안 된다.

㈏ 국제연합의 행동(강제조치를 의미)을 요하는 문제에 관해서는 토의는 할 수 있으나 권고결의를 할 권한은 없다.

(2) 분쟁의 부탁방법

㈎ 안전보장이사회에 의한 부탁
㈏ 유엔회원국에 의한 부탁
㈐ 분쟁당사국인 비회원국에 의한 부탁
㈑ 총회 자신에 의한 부탁

■ 사무총장에 의한 부탁은 안전보장이사회에 대해서는 인정되나, 총회에 대해서는 인정되지 아니한다.

(3) 총회의 권한확대

㈎ 1947년의 중간위원회의 설치: 일명 '소총회'라고도 하는 것으로서 상임이사국의 거부권남용에 대한 방지책으로 등장한 제도이나 1952년 이래 거의 항구적으로 휴

회하였다(제3장 제2절 Ⅳ. 유엔의 상임이사국의 거부권 부분 참고).

(나) 1950년의 평화를 위한 단결결의

a) 'Acheson 결의'라고도 하는 것으로서 상임이사국의 거부권남용의 방지책으로 등장한 제도인데 총회가 국제평화의 유지 및 회복을 위하여 군사조치를 포함한 강제조치를 할 수 있도록 하는 결의이다.

b) 동 결의의 내용은 집단적 조치의 권고, 병력유지의 권고, 평화감시위원회의 설치, 집단조치위원회의 설치 등이다.

c) 단, 동 결의에 기한 집단적 조치의 권고는 법적 구속력이 없다.

4. 유엔사무총장에 의한 분쟁의 평화적 해결

국제연맹시대와는 달리 다음과 같은 특별한 정치적 권한이 있다.

1) 헌장 제99조에 따라 안전보장이사회의 개입을 요구할 수 있다. 그러나 총회에 부탁할 권리는 없다.

2) 헌장 제98조에 따라 자신이 총회나 안전보장이사회의 요청에 따라 국제분쟁해결을 위임받는 경우가 있는데, 이들은 자주 분쟁해결 교섭임무를 사무총장에게 위임한다.

참고 국제연맹의 분쟁해결제도

국제연맹은 국제분쟁을 해결함에 있어서 총회(Assembly)와 이사회(Council)에 동등한 권한을 인정하고 총회는 물론 이사회도 권고적 권한만을 가지는 데 그친다는 점에서 유엔과 비교된다.

1) 이사회

(가) 분쟁당사국 중 1국이 요구하여도 의무적으로 개입하여야 하며 회원국이 아닌 국가간 분쟁도 다룰 수 있다.

(나) 그러나 중재재판이나 사법절차에 회부되지 않은 사건만을 다룰 수 있다.

(다) 이사회는 분쟁해결을 진행하기 전에 사무국 주관 하에 국제심사를 거친 후 분쟁해결을 위하여 중개를 할 수 있다.

(라) 중개를 해도 해결되지 않으면 보고서를 작성해야 하는데, 보고서가 다수결로 채택되면, 구속력은 없으나 3개월 내에 전쟁은 할 수 없다.

(마) 보고서가 만장일치로 채택되면 보고서를 수락한 국가에 대해서는 전쟁을 할 수 없다.

2) 총 회

(가) 제11조, 즉 일반적인 사안에 대해서는 이사회나 총회를 자유롭게 선택할 수 있다.

(나) 제15조, 즉 분쟁해결절차에서는 이사회를 먼저 선택하여야 한다. 즉 이사회에 분쟁이 제기된 지 14일이 경과해야 총회에 제기할 수 있다.

(다) 총회보고서의 효력과 관련하여 이사국 전체와 나머지 회원국 다수로 보고서가 채택된 경우는 보고서 수락국에 대하여 전쟁을 할 수 없다.

■ 연맹의 분쟁해결 또는 집단안전보장체제는 제대로 작동하지 않았으나, 1925년 그리스·불가리아사건을 성공적으로 해결한 적도 있다.

제2절 국제재판에 의한 분쟁해결

국제재판은 중재재판과 사법재판으로 나누는데 둘 다 법적 구속력이 있다는 점에서 앞서 설명한 정치적 해결제도와 다르다.

■ 국내소송과 다른 특색으로는 (i) 원칙적으로 소송의 당사자적격이 국가에만 인정된다는 점(인적 관할의 제한), (ii) 강제관할보다는 임의관할이 일반적이라는 점, (iii) 물적 관할도 상당히 제한되고 있다는 점을 들 수 있다.

본서에서는 설명의 편의상 법원과 재판소를 혼용하기로 한다.

Ⅰ. 중재재판

1. 중재재판의 개념

당사자들이 선정한 법관이 당사자들이 합의한 절차규칙에 따라 국제법에 근거하여 당사자들에게 강제력(법적 구속력)을 가진 중재판결(award: 사법재판에 의한 판결은 'judgment'라 한다)을 내림으로써 분쟁을 해결하는 제도이다(유).

■ 이 점에서 당사자의 의사와는 관계없이 법관과 재판절차가 미리 마련되어 있는 사법재판과는 다르다. 중재재판은 당사자의 의사를 반영하여 절차진행을 하는 까닭에 원칙적으로 결석재판제도는 인정되지 않으며, 변론도 공개하지 않는다.

2. 연 혁

1) 미국과 영국 사이의 1794년 제이조약(Jay Treaty)을 계기로 근대적 중재재판제도가 등장하였다. 또한, 1872년 알라바마(Alabama)호사건을 계기로 격식을 갖춘 중재재판제도가 발전하게 되었다.

2) 1901년에는 1899년의 '헤이그협약'에 의해 상설중재법원(PCA: Permanent Court of Arbitration)이 창설되었고 동 협약은 1907년 수정되었는데, 동 법원은 현재까지 존속하고 있다.

■ 여기서 말하는 상설중재법원이란 상설적인 법원이 아니라 단지 중재관의 명부만을

미리 작성하여 비치하여 둔 데 지나지 않는다. 이 법원은 네덜란드에 위치하고 있으며 ICJ와 동일한 건물을 사용하고 있다. 각국은 4인의 재판관 후보를 지명하여 명부에 등재하도록 되어 있다.

3) 1928년의 '국제분쟁의 평화적 해결에 관한 일반의정서' 속에 중재재판의 일반조약을 마련하였다.

3. 중재재판의 제기방식

1) 중재재판에 제기한다는 합의가 분쟁 발생 후에 이루어지는 임의적 중재재판과 사전에 합의되어 있는 강제적 중재재판제도 또는 의무적 중재재판제도가 있다.

2) 국제사회에는 사법재판과 마찬가지로 임의적 중재재판이 일반적이다.

■ 1982년 유엔해양법협약에는 4개의 강제적 분쟁해결방법 중의 하나로 강제적 중재재판제도를 두고 있다.

4. 재판소의 구성

1) 중재재판소는 당사자의 합의로 구성되는데, 보통은 3인 또는 5인으로 구성된다.

2) 당사국이 각각 2인 또는 4인의 재판관을 선출하고 이들이 합의하여 제3의 중립인 1인을 재판관으로 선정한다. 이를 'umpire'라고 한다.

5. 특수한 중재재판기관(ICSID)

(1) 설립목적

ICSID(International Centre for the Settlement of Investment Dispute: 국제투자분쟁해결센터)는 외국인 투자자와 투자유치국 정부간 발생하는 특별한 국제분쟁을 해결하기 위하여 설립된 국제기구이다.

(2) 설립조약

IBRD 는 1965년 국가와 다른 국민간의 투자분쟁해결에 관한 협약을 워싱턴에서 체결하였는바, 이를 Washington 협약이라고도 한다.

(3) 특 징

㈎ 이 센터에 분쟁을 제기하려면 당사자들의 합의가 있어야 하며 합의를 하고 나서 일방적으로 철회할 수 없다.

㈏ 합의는 서면으로 해야 하며, 사전에 계약상으로도 할 수 있고 당사자들이 각각 개별적으로 센터에 할 수도 있다.

㈐ 개인이나 개인기업이 자신의 국적국을 통하지 않고 직접 다른 국가를 상대로 조정이나 중재재판을 제기할 수 있다는 차원에서 그간 국제법 체계에서는 보기 힘든 새로운 시도이다.

■ 개인이 외국 정부에 의하여 부당한 대우를 당한 경우 자신의 국적국에 외교적 보호

권 행사를 요청하는 복잡한 절차를 거치지 않고 스스로 해당 외국 정부에 대하여 자신의 권리 구제를 도모할 수 있다는 점에서 상당히 획기적인 제도이다.

참고 중재재판과 사법재판의 차이

㈎ 재판기관: 재판기관의 조직면에서 중재재판의 재판관은 당사자들이 선정하나, 사법재판은 독립된 재판기관이 미리 구성되어 있다.

■ 재판기관, 즉 '재판소의 구성'이야말로 중재재판과 사법재판과의 기본적 차이이다.

㈏ 재판준칙: 중재재판은 재판준칙을 당사자들의 합의에 의하여 결정하나, 사법재판에서는 원칙적으로 객관적인 국제법을 재판의 준칙으로 한다.

㈐ 의무적 재판: 원칙적으로 중재재판이나 사법재판에는 분쟁당사자에게 응소의 의무가 없다. 즉 강제관할권이 인정되지 않는다. 그러나 중재재판도 전술한 바와 같이 일정한 예외가 있으며, ICJ의 경우는 선택조항을 수락한 당사자에게 강제관할권이 발생한다.

㈑ 판결의 집행력: 양자 모두 판결의 효력은 법적 구속력을 갖는다는 점에서 공통점이 있다. 그러나 그 판결의 집행력에 있어서 ICJ의 판결은 안보리에 의한 집행이 예정되어 있으므로 중재재판과는 그 판결의 집행력에 있어서 차이가 있다.

Ⅱ. 사법재판(ICJ)

1. 연 혁

1) 1907년 제2차 헤이그평화회의에서 '국제포획재판소' 설치에 관한 조약을 채택하였으나 조약은 발효되지 못하였다.

2) 그러나 인류 최초의 상설국제재판소가 1908년 중미 5개국에 의하여 설립되었으니, 그것이 바로 '중미사법재판소'였다. 중미사법재판소는 1908년에 설립되어 1918년까지 존속하였다.

3) 이후 1920년에는PCIJ(Permanent Court of International Justice: 상설국제사법재판소)가 설립되어 왕성한 활동을 하였다.

4) 1945년에는 PCIJ 의 법통을 그대로 이어 받은 ICJ(International Court of Justice: 국제사법재판소)가 탄생하였는바, 최초의 사건은 Corfu Channel 사건이었다.

■ PCIJ는 국제연맹의 기관이 아닌 별도의 외곽기관이었으나 ICJ는 유엔의 주요기관 중의 하나라는 점에서 법적 지위를 달리하며, 국제사법재판소규정(ICJ statute)은 유엔헌장과 불가분의 일체를 이룬다.

■ ICJ의 법원(法源)은 유엔헌장 제14장과 ICJ규정(statute) 및 규칙(rules)의 세 가지로 구성되어 있다.

2. ICJ의 구성

1) 재판관의 임기는 9년이며 재판소는 국적을 달리한 15인의 판사로 구성된다.

2) ICJ 의 판사는 특권과 면제를 누리나 임기 중에는 교수를 비롯한 어떠한 다른 직업활동에도 종사할 수 없다.

3) ad hoc judge(국적재판관, 수시 재판관)라는 독특한 제도가 있는바, 이는 당해 사건을 심리하는 법정에 분쟁당사국의 국적을 가진 재판관이 없을 때, 그 당사국이 직접 임명하는 1명이 당해 사건에 한하여 ICJ 판사가 되는 것으로 임시재판관에 불과하다. 따라서 소송이 끝나면 당연히 사임한다. 따라서 특정 ICJ 심리에 관여하는 재판관 수는 최대 17인이 될 수도 있다.

참고 ICJ 재판관의 선출방법

1) 판사로 선출되려면 총회와 안전보장이사회에서 각각 절대다수표를 얻어야 한다.
2) 절대다수표를 얻지 못하면 제3차선거까지 실시한다.
3) 제3차선거도 실패하면 총회와 안전보장이사회의 각 3인으로 공동협의회를 구성하여 선출한다.
4) 공동협의회에서도 실패하면 이미 선출된 판사들이 나머지 판사들을 선출 한다.

■ 유엔회원국이 아니라도 ICJ규정의 당사국은 총회에 참가하여 재판관을 선출할 수 있다.

3. ICJ의 인적 관할권

일반적으로 ICJ 의 관할권은 '분쟁사건에 관한 관할권'과 '권고적 의견에 관한 관할권'으로 대별된다. 분쟁사건에 관한 관할권으로는 인적 관할권과 물적 관할권이 있다.

(1) 인적 관할권의 개념

인적 관할권이란 ICJ 가 재판할 수 있는 당사자에 대한 관할권을 말한다(기). 국내소송법상으로는 당사자능력에 관한 문제이다.

(2) 내 용

㈎ 규정 당사국은 ICJ 의 소송당사자능력이 있으며, 비규정당사국도 안전보장이사회가 정하는 조건에 의거하여 ICJ 를 이용할 수 있다.

㈏ 모든 유엔회원국은 자동적으로 ICJ 의 규정 당사국이 된다. 유엔비회원국은 안보리 권고에 의해 총회가 결정하는 조건으로 ICJ 의 규정 당사국이 될 수 있으나 대부분의 나라가 유엔회원국이 된 오늘날에는 별 의미가 없다.

㈐ 그리고 규정 당사자는 국가에 한정된다. 따라서 개인이나 국제기구는 ICJ 재판의 당사자가 되지 못한다.

■ 다만 국제기구는 ICJ에 "권고적 의견"을 요청할 자격이 있다(후술).

4. ICJ 관할권의 성립 근거(물적 관할권)

(1) 개 요

(가) ICJ 규정 당사국이라고 해서 무조건 자동적으로 ICJ 의 관할권을 적용받는 것은 아니다. ICJ 가 재판관할권을 행사하기 위해서는 규정 당사국의 별도 동의가 필요하다. 즉, 원칙적으로 분쟁당사국인 국가는 자국이 ICJ 의 관할권행사에 동의한 경우에만 ICJ 의 재판을 받게 된다. ICJ 에서는 이러한 임의적 관할권(voluntary jurisdiction)이 원칙이다. 2012년 여름 이후 언론에 보도되고 있는 독도 관련 일본의 ICJ 단독제소 움직임에 대해 우리나라가 이를 원천적으로 불가능한 것으로 일축하고 있는 것도 바로 ICJ 관할권은 양 당사국의 "합의"에 의해서만 창설될 수 있기 때문이다. 일본은 2013년 가을에도 한국 대법원의 일제 강제징용 판결이 최종 확정되어 피고 일본 기업에 대하여 강제집행될 경우 이 조치가 1965년 한일 청구권 협정 위반임을 이유로 ICJ 제소 검토 예정임을 언급한 바 있다.

(나) 국가가 ICJ 의 관할권에 대한 동의를 부여하는 방식에 (i) 특별협정의 체결, (ii) 확대관할권(forum prorogatum), (iii) 조약의 규정(약정 관할권), (iv) 선택조항 수락 등 여러 가지가 있을 수 있다.

(2) 내 용

(가) 특별협정의 체결: 분쟁이 발생한 이후 당사국들이 이 분쟁을 ICJ 에 회부하기로 합의하는 것이다. 이러한 재판 회부에 대한 명시적 합의를 특별협정(compromis)이라고 부른다.

(나) 확대관할권: 응소의무가 없는 국가가 제소를 당한 경우 ICJ 의 관할권이 없다는 항변을 포기하고 소송에 참가할 경우 관할권이 묵시적으로 성립한다. 이를 확대관할권(forum prorogatum)이라고 한다.

참고 확대관할권

확대관할권이론은 PCIJ의 Mavrommatis 사건(1924년)과 폴란드의 상부실레지아 거주 소수민족의 권리에 관한 사건(1928년)에서 원용된 바 있으며, ICJ시대에는 Corfu해협사건에서 원용되었다. 이 사건에서 알바니아는 영국의 일방적 소송제기 통보를 받은 후 공식답변서한에서 ICJ에 출석할 것을 준비하고 있다고 밝혔는데, ICJ는 이 서한을 알바니아가 자발적이고 의문의 여지 없이 ICJ의 관할권을 수락하고 있다는 근거로 삼았다(최태현). 피제소국이 관할권 부존재의 항변을 포기하는 경우 확대관할권이 적용되는데 이러한 포기는 명시적으로도 가능하고 묵시적으로도 가능하다. 다만 관할권 수락의 의사가 모호하지 않게 표시되어야 한다. 따라서 피고국가가 단지 재판소에 나타나거나 절차에 참여했다는 것만으로는 확대관할권이 성립하지 않는다(순). 일단 성립된 관할권은 재판 후속단계에서 부인할 수 없다(정인섭).

(다) 약정관할권: 앞으로 장래에 발생할 분쟁을 ICJ 에 회부하기로 조약에 미리 규

정해 놓는 방식이다. 조약을 체결하면서 그 조약의 해석과 적용에 대해서 분쟁이 발생하는 경우 이를 ICJ 에 회부하기로 하는 재판조항(compromissory clause)을 두거나, 본 조약의 부속 또는 후속합의(선택의정서) 형식으로 그 조약의 해석과 적용을 위한 별도의 분쟁해결 조약을 체결할 수도 있다.

㈑ 선택조항(optional clause): (i) ICJ 규정 제36조 2항은 일정 종류의 분쟁에 관하여 동 규정 당사국이 임의로 재판소의 관할권을 의무적인 것으로 인정하고 선언할 수 있다는 것을 규정한 조항이다. 그 선택이 당사자들에게 맡겨져 있다는 이유로 선택조항 또는 임의조항이라 불린다. 분쟁발생에 앞서 미리 ICJ 관할권을 인정하는 방법이라는 점에서는 약정관할권과 유사하나 이것은 좀더 일반적인 성격의 제도이다(순). (ii) 적용사항이 무제한적인 것은 아니고, (a) 조약의 해석, (b) 국제법상의 문제, (c) 국제의무위반이 되는 사항의 존부, (d) 국제의무위반에 대한 배상의 성질 또는 그 범위이다. (iii) 수락방법은 일방적 선언으로 하는바, 일정한 유보를 붙일 수도 있고, 기한부 또는 조건부로 할 수도 있으나, 선택조항 중 일부를 택하여 할 수는 없다. (iv) 선택조항에 의한 의무적 관할권은 선택조항을 수락한 국가들 사이에서만, 즉 상호주의적으로 발생하며 선택조항 수락시 붙인 유보, 기한, 조건 등도 타방 당사국이 상호주의적으로 원용할 수 있다(순). 선택조항 수락은 UN 사무총장에게 기탁한다.

■ 요약하자면, 특별협정과 확대관할권은 분쟁 발생 이후 관할권에 대한 동의가 이루어지는 것이고, 약정관할권과 선택조항 수락은 특정 분쟁이 발생하기 전에 미리 관할권에 대한 동의를 해놓는 방식이다. 약정관할권과 선택조항 수락은 진정한 의미의 강제관할권(compulsory jurisdiction)은 아니지만 일단 응소의무가 발생한다는 점에서 불완전하나마 일종의 강제관할권이 성립된 것으로 볼 수도 있다(이, 이).

5. 권고적 의견(ICJ의 자문기능)

1) 권고적 의견의 요구 주체는 총회와 안전보장이사회(이들은 직접적으로 요구할 수 있다) 또는 총회의 허가를 얻은 기타의 유엔기관 및 전문기관이다.

■ 국가는 권고적 의견을 요청할 수 없다는 점에 유의하여야 한다.
■ 권고적 의견 요청을 하기 위한 표결은 총회의 경우에는 단순다수결로 가능하며, 안보리의 경우에는 거부권이 적용된다.

2) 권고적 의견의 대상은 법적 문제에 국한된다. 총회와 안전보장이사회는 '어떠한 법적 문제'(any legal question)에 대해서도 권고적 의견을 요청할 수 있지만, 기타 기관은 활동범위 안에서 발생하는 법적 문제에 대해서만 권고적 의견을 요청할 수 있다.

3) ICJ 는 권고적 의견의 부여를 거부할 수 있는 재량권을 가진 것으로 본다. ICJ 는 권고적 의견을 거부해야 할 강력한 사유(compelling reasons)가 존재하는 경우 이를 거부할 수 있다는 입장을 견지해왔다.

4) 권고적 의견은 구속력이 없는 것이 원칙이다.

판례 코소보 독립선언의 국제법 일치 여부에 대한 ICJ 권고적 의견(2010.7.22)

〈배 경〉 1990년대 말 유고(세르비아) 정부의 코소보 지역내 알바니아계에 대한 잔혹한 인종청소를 막기 위해 NATO는 유고에 대한 공습을 단행했다. 이후, 1999년 안보리 결의 제1244호에 의해 코소보에 대한 임시적 통치체제가 마련되었으며 유엔은 코소보 문제 해결을 위한 협상을 주도해왔다. 이 협상이 타결되지 못하고 있는 상황에서 2008년 2월 17일 코소보 의회는 코소보의 독립을 선언하였고 미국 등은 코소보를 독립국가로 승인한다고 발표하였다. UN총회는 2008년 10월 "코소보 자치정부의 임시기관에 의한 일방적 독립선언이 국제법에 일치하는가?"라는 질문에 대한 권고적 의견을 ICJ에 요청하였다.

〈권고적 의견 요지〉 ICJ는 2010년 7월 22일 발표한 권고적 의견에서 "2008년 2월 17일 독립선언은 국제법을 위반하지 않았다"라는 결론을 내렸다.

〈주요 판시 내용〉

(관할권 및 권고적 의견 부여 여부) 우선, 코소보 문제는 주로 안보리에서 다루어져왔다는 데서 비롯하는 논점이 있었다. ICJ는 총회의 권고적 의견 요청이 특정 사안에 대한 '권고'가 아님을 재확인하였으며, 이에 따라 유엔헌장 제12조(안보리가 다루는 사안에 대한 총회의 '권고' 금지)가 ICJ의 권고적 의견 부여 관할권을 박탈하지는 않는다고 보았다. 아울러, 코소보 문제는 주로 안보리가 다루는 사안이기는 하나 총회 역시 이 문제를 다룰 정당한 자격이 있으므로 ICJ가 총회의 권고적 의견 요청을 재량적으로 거절해야 할 강력한 사유(compelling reasons)도 없다고 보았다.

(코소보 독립선언의 국제법 위반 여부) ICJ는 코소보의 독립선언이 국제법에 위반되는지 판단하기 위해서는 일반국제법(general international law)을 위반하는지 여부, 그리고 유엔 안보리 결의 제1244호에 의해 창설된 특별법(lex specialis)을 위반하는지 여부를 살펴야 한다고 보았다. ICJ는 국제법상 자결권(self-determination) 문제는 총회가 ICJ에 요청한 질문의 범위를 벗어난 것이라고 해석하여 이에 대해 판단하지 않았으며 "독립선언" 자체가 국제법에 위배되는지만을 판단하였다. 먼저, 일반국제법 위반 여부 관련, ICJ는 일방적 독립선언 자체를 금지하는 규정은 일반국제법상 존재하지 않으므로 코소보의 일방적 독립선언은 국제법 위반이 아니라고 보았다. 다음으로, 안보리 결의 제1244호 관련, 우선 ICJ는 코소보 독립선언이 실제로는 (결의 제1244호에 규정된 자치정부의 임시기관 자격이 아니라) 임시적 통치체제의 틀 밖에서 코소보 주민들의 집단적 대표 자격으로 행해졌다고 판단한 후, 제1244호에 그러한 행위자들의 독립선언을 금지하는 내용이 없다고 판단하였다. 따라서 동 독립선언은 안보리 결의 제1244호 위반이 아니라고 보았다.

〈반대의견〉

일부 재판관들은 반대의견에서 동 독립선언이 제1244호의 위반이며 세르비아의 영토주권을 위반한 일반국제법 위반 행위라고 주장하였다. 아울러, ICJ가 자결권과 국가승인 등 실체적 법리문제를 다루었어야 했다는 주장도 제기되었다. 한편, 일부 재판관들은 일반국제법상 금지규정이 없다는 이유로 국제법 위반이 아니라는 다수의견의 논리는 국제법상 금지되지 않은 모든 것은 허용된다는 과거 Lotus호 판결식의 시대착오적 법논리라고 비판하기도 하였다.

6. ICJ의 재판준칙

ICJ 규약 제38조(제2장 국제법의 법원 참고).

7. ICJ의 재판절차

(1) 재판절차의 특색

㈎ ICJ 에 대한 제소는 ICJ 규정 제40조에 따라 이루어지는데 이에 의하면 두 가지의 소제기 방법이 있다. 첫째는 제소합의(special agreement or compromis) 사실을 법원에 통고(Notification)하는 것이다. 둘째는 소제기 신청서(Application)를 일방적으로 재판소 서기에게 접수시키는 것이다. 후자는 강제관할권이 인정되는 경우, 예컨대 양 국가가 각각 선택선언을 통해 관할권을 수락한 경우에 하는 소제기방식이다.

㈏ 서류예심과 구두변론으로 구성되어 있으며, 공용어는 영어와 불어이다.

㈐ 당사국은 ICJ 에서 '대리인'에 의해 대표되며, 보좌인 또는 변호인의 원조를 받을 수 있다.

㈑ ICJ 의 관할권을 부인하여 본안심리에 들어가는 것을 저지할 목적으로 행하는 선결적 항변(preliminary objection)이 인정된다.

■ 선결적 항변의 사유로는 (i) 선택조항에 따른 선언·유보의 해석, (ii) 재판부탁 조항 또는 조약의 해석, (iii) 외교적 교섭, 분쟁의 정의, 국내적 구제절차 등 소송선행요건의 미비 등이 있다.

㈒ ICJ 의 관할권이 유효하게 성립하는 경우, 일방 당사국이 불참하더라도 소송은 진행된다. 즉, 관할권이 있으면 궐석재판이 가능하다. 아울러, 일방 당사국의 불참이 타방 당사국의 자동적 승소를 의미하지도 않는다. 재판소는 나름대로 자료와 증거를 판단하여 판결한다(정인섭).

㈓ ICJ 는 15인 전원으로 구성되는 전원재판부(full court)와 소규모 재판관단으로 구성되는 재판부가 있는데, 이를 소재판부(chamber)라고 한다. ICJ 규정에는 세 종류의 소재판부를 두고 있는바, 임시재판부(ad hoc chamber), 특별재판부(special chamber) 및 약식절차 소재판부(chamber of summary procedure) 등이 그것이다.

■ 임시재판부는 분쟁 양 당사국이 요청하는 경우 마치 중재재판처럼 당사국의 의견을 바탕으로 선발한 소수의 ICJ 재판관으로 구성되는 것이다. ICJ의 이용을 좀더 활성화하기 위한 취지로 도입되었으나 국제사법재판을 중재재판화한다는 비판이 가능하다. 특별재판부는 노동, 통행, 통신, 환경 등 특수 분야에 대한 전문 소재판부를 의미하며, 약식절차 소재판부는 신속한 재판을 위해 소장, 부소장 등 5명으로 설치한다. 그러나 특별재판부와 약식절차 소재판부는 거의 이용되지 않는 제도이다(정인섭).

㈔ 재판소는 마치 국내민사소송에서 본안판결이 있기 전에 행하는 긴급조치인 가압류·가처분과 같은 가보전조치(假保全措置: interim measure of protection. 잠정조치(provisional measure of protection)라고도 함)를 행할 수 있다.

■ 그 동안 ICJ의 가보전조치가 법적 구속력을 갖는가에 대해 많은 논란이 있어 왔다. ICJ는 LaGrand사건(2001년)에서 처음으로 가보전조치가 법적 구속력을 가진다고 선언하였다.

■ ICJ가 내리는 결정의 형식으로는 크게 나누어 세 가지가 있는바, 일반적인 계쟁사건(contentious case)에서 내리는 판결(judgment)과 비계쟁사건에서 내리는 권고적 의견(opinion), 그리고 잠정조치시의 명령(order)이 있다.

참고 가보전조치

(1) 무력사용의 합법성(유고공습)사건과 관련된 유고의 가보전조치 청구

1999년 코소보사태에서 비롯된 NATO의 유고공습에 대해 유고는 1999년 4월 29일에 NATO 공습에 참가한 미국, 영국 등 10개국을 무력사용금지 위반, 국내문제간섭 등의 이유로 제소하면서 동시에 공습중단을 위한 가보전조치를 신청하였다. ICJ는 이에 대해 각 당사국들의 구두변론을 청취하고 1999년 6월 2일 가보전조치에 대해 결정을 내렸다. 본 결정에서 ICJ는 미국과 스페인 양국의 경우 ICJ가 관할권을 갖지 못한다는 것이 명백하므로 아예 사건 리스트에서 제외시켰으며 나머지 8개국은 모두 가보전조치명령에 필요한 '일단은 명백해 보이는(prima facie)' 관할권이 없다는 이유로 가보전조치를 취할 수 없다고 결정하였다. 그러나 이것이 본안판단에 대한 관할권 여부를 확정짓는 것은 아님을 분명히 하였다. 니카라과사건에서는 ICJ가 니카라과의 가보전조치 신청을 받아들여 미국의 무력간섭행위 중단을 지시한 바 있다.

(2) 브레아드사건과 LaGrand 사건

브레아드(Bread)사건은 여러 가지 측면에서 그 의미를 찾아볼 수 있지만 이곳에서는 ICJ의 잠정조치에 관한 명령을 법적 효력의 측면에서 살펴보기로 한다. Bread는 파라과이인으로서 버지니아주에서 미국인을 강간하고 살해하였다. 얼마 후 체포된 뒤 상소절차를 거쳐 버지니아주대법원에서 사형이 최종 확정되었다. 그 이후 브레아드의 변호인은 체약국의 소재내에서 외국인을 체포하거나 교도소로 보낼 때는 체약국 내에 소재하는 그 외국의 영사관에 즉시 통보하도록 규정되어 있는 1963년 영사관계에 관한 비엔나협약의 관련규정에 기초하여 상기사건은 미국주재 파라과이 영사관에 전혀 통보되지 않았다는 이유로 미연방법원에는 상소를, ICJ에는 미국을 상대로 제소하였다. ICJ에 대해서는 사형집행이 임박했으므로 ICJ규정에 따라 잠정조치를 취해달라는 청구를 하였고 1998년 ICJ는 미국에 대하여 ICJ의 본안판결이 내려지기까지 사형집행을 중단하도록 하는 명령(order)을 내렸다. 이에 미 연방대법원은 상기명령이 법적 구속력이 없다고 판시하면서 버지니아가 상기명령 때문에 사형집행을 중단할 이유는 없다고 판시하였고 결국 버지니아주는 브레아드에 대한 사형을 집행하였다. 파라과이가 도중에 소송을 포기하여 이 사건은 판결이 내려지지 않았으나, 그와 유사한 사건이 또 발생한 것이 바로 LaGrand 사건이다. 독일국민인 LaGrand 형제는 아리조나에서 무장강도 및 살인으로 사형선고를 받았으나 독일영사는 그에 대해 적절한 통보를 받지 못하였다. 독일정부는 두 형제 중 한 명이 사형당한 뒤 비엔나영사협약 위반으로 미국을 ICJ에 제소하고 남은 한 명에 대한 사형이 중지되도록 잠정조치를 청구하여 ICJ가 미국에 대해 (ICJ 재판이 진행되는 동안) 사형을 중지하는 잠정조치를 발하였으나 바로 그날 사형집행이 이루어졌다. 2001년 6월 판결에서 국제사법재판소는 미국이 영사협약에 따른 의무를 위반하였음을 확인하여 독일이 LaGrand 형제에게 변호사를 선임해 주는 등 변호에 도움을 줄 기회를 박탈하였다고 판시했다. 또한 이 사건에서 주목되는 것은 ICJ가 사상 처음으로 잠정조치의 법적 구속력 여부에 대해 판시했다는 점이다. 그 동안 국제사법재판소는 자신이 발한 잠정조치가 당사국에 법적 구속력이 있는지에 대해 뚜렷한 결정을 내리지 않았었다. 본 사건에서 재판부는 국제사법재판소 규정(Statute)의 잠정조치 관련 조항의 영문본과 불어본에 차이가 있다는 점을 확인하고 규정의 목적과 대상에 비추어 해석해보건대 잠정조치는 법적 구속력을 가진다고 판시하였다. 하지만, 잠정조치의 구속력과 관련, LaGrand 사건의 획기적인 판시에도 불구하고 이에 대해서는 의견 대립이 존재한다.

참고 미국 관련 1961년 비엔나 영사관계협약사건

브레아드드사건, LaGrand 사건과 거의 동일한 내용과 구조를 가진 사건으로 멕시코가 미국을 ICJ에 제소하였고 미국은 또 패소하였다(Avena 사건, 2003년). 미국법원은 외국인 피고인이 유죄확정 이후 뒤늦게 비엔나영사관계협약상 권리 위반을 이유로 재심을 청구하더라도 이는 미국 형사소송법 원칙상 유죄확정 이후에는 그러한 주장을 새로이 제기할 수 없다고 판결하였는데 ICJ는 이러한 미국의 국내법적 입장을 수용하지 않으면서 미국이 해당 판결을 적절히 재검토해야 할 의무가 있다고 판결하였다. 이에 대해 미국의 부시 대통령은 미국법원이 ICJ의 판결을 적절히 존중토록 하겠다는 공식입장을 발표하기도 했다(그러나 이러한 입장은 대통령이 사법부의 권한을 침범하는 것이라는 점에서 논란이 되었다).

참고로, 2006년 6월 미국연방대법원은 비엔나영사관계협약상 영사통보권의 위반이 있더라도 외국인 피고인의 자백이 무효화되지는 않는다고 판결하였으며, 아울러 여전히 미국 국내 형사소송법 규칙이 영사관계협약의 국내적 적용을 지배한다고 판결하였다(Sanchez-Llamas 사건, Bustillo 사건).

---

(2) 판 결

㈎ 판결은 출석재판관의 과반수로 정하고 가부동수인 때에는 재판장의 결정권(casting vote)으로 정한다.

㈏ 판결문은 사건개별화부분, 이유설명, 판결주문으로 구성된다.

㈐ ICJ 판결에는 소수의견을 밝히는데, 이에는 개별의견(separate opinion or individual opinion)과 반대의견(dissenting opinion)이 있다.

■ 개별의견은 판결이유에만 반대하여 주문에 추가하는 부수적 의견인 데 반하여, 반대의견은 판결의 주문 자체를 달리하는 것이다.

8. ICJ의 판결의 효력과 집행

참고 유엔헌장 제94조 1항

"국제연합의 각 회원국은 자국이 당사자가 되는 사건에 있어서 ICJ의 결정에 따를 것을 약속한다."

---

1) ICJ 규정은 판례의 선례구속성(stare decisis)을 부정하는 명문규정을 두고 있다(제59조). 즉, 각 판결은 오로지 해당 사안에 관해서만 구속력을 보유한다.

2) 판결은 강제적이고 종국적이며 기판력(res judicata)을 가진다.

3) 중재판결과는 달리 ICJ 의 판결은 미약하나마 집행력을 가진다.

4) 판결은 1심으로 종결되고 상소할 수 없다.

5) 재심청구가 예외적으로 인정되는바, 판결의 재심청구는 ICJ 및 재심을 청구하는 당사자가 판결이 선고되었을 당시에는 알지 못하였던 결정적 요소로 될 성질을 가진 어떤 사실의 발견에 근거하는 때에 한하여 할 수 있다. 다만, 그러한 사실을 알지 못한 것이 과실에 의한 것이 아니었어야 한다.

■ 재심청구는 새로운 사실을 발견한 지 6개월, 또는 판결이 있은 지 10년이 지나면 할 수 없다.

6) 판결의 집행은 승소국의 자력구제에 호소하는 방법과 유엔총회 및 안전보장이사회, 그리고 전문기관에 의한 집행이 있을 수 있다.

■ 그러나 판결의 구속력의 주된 집행기관은 안전보장이사회라 할 것인바, 승소국이 안전보장이사회에 호소하면, 안전보장이사회는 판결을 집행하기 위하여 권고를 하거나 취할 조치를 결정할 수 있다(필요한 조치를 취할 의무가 있는 것은 아니다). 안전보장이사회에 회부될 경우 거부권이 적용되는 문제점이 있음은 위에서 지적한 바와 같다.

참고 ICJ 판결의 국내법적 효력에 대한 미국대법원 판결(2008년)

앞서 언급했듯이 미국은 ICJ의 Avena 사건에서 패소하였는데 여기서 ICJ는 미국이 해당 국내유죄판결에 대해 적절히 재검토해야 한다고 판결한 바 있다. 이와 관련하여, 미국대법원은 ICJ의 판결이 자동적으로 '국내법적 구속력'을 갖지 못한다고 판결하였다(2008년 3월 메데인(Medellin)사건). UN헌장 제94조 1항은 회원국이 ICJ판결의 준수를 "약속한다(undertake)"고 되어 있어 국내 법원이 직접 ICJ판결을 집행하도록 한 것이 아니라는 것이다. 일부 대법관들은 ICJ판결이 국내법상 직접 집행가능하다는 반대의견을 제시하였다. 미국대법원의 이 판결은 앞으로 국제법 학계에서 많은 논란을 야기할 것으로 보인다.

제9장 | 무력분쟁의 규제

제1절 무력행사의 금지 / 제2절 집단적 안전보장 / 제3절 군비축소 / 제4절 무력충돌법(국제인도법)

제2차대전 이후 설립된 유엔은 전쟁을 포함한 모든 형태의 무력사용의 금지를 선언하였다(유엔헌장 제2조 4항). 따라서 유엔헌장상의 예외인 집단적 강제조치 및 자위권 행사를 제외하고 무력행사는 원칙적으로 허용되지 않는다. 제2차대전 이후에는 전통적인 전쟁보다는 내란과 민족적 갈등이 더욱 큰 비중을 차지하고 있어 전쟁법 대신 무력충돌법이라는 용어를 널리 사용하고 있다. 본장에서는 유엔헌장의 무력사용금지 원칙과 유엔의 집단적 제재조치를 중점적으로 살펴보아야 할 것이다.

제1절 무력행사의 금지

Ⅰ. 전쟁관의 변천

1. 초기의 차별적 전쟁관

Vitoria, Suarez, Grotius, Vattel 등 근대초기 국제법학자들은 자연법 사상에 기초하여 정당한 전쟁과 그렇지 못한 전쟁을 구별하는 정전이론을 전개하였다.

■ Grotius는 자기방위, 채무회수, 제재의 세 가지가 전쟁의 정당한 원인이 되며, 영토점령, 상대국 의사에 반하는 지배를 위한 것은 부당한 원인이라고 예시했다(이, 이).

2. 근대 이후 전쟁관의 전개

19세기에 들어서 유럽의 주권국가간 세력균형 체제가 형성되자 전쟁은 절차적 적법성만 갖추면 된다는 무차별적 전쟁관이 대두했다. 법실증주의의 발흥과 때를 같이 한다. 그러다가 제1차대전 이후 다시금 정전론(正戰論)이 고개를 들어 부정의하고 불법한 전쟁을 금지하려는 노력이 나타났다.

Ⅱ. 무력행사를 금지하기 위한 국제적 노력

1. 제1차대전 이전

(1) 헤이그협약

1899년과 1907년에 채택된 국제분쟁의 평화적 해결을 위한 헤이그협약은 심각한 분쟁이 발생한 경우 '상황이 허락하는 한' 무력에 호소하기 전에 주선이나 중재를 이용하도록 규정하고 있다. 제한적이나마 전쟁권을 제한하려는 시도라고 볼 수 있다(정인섭 외).

(2) Drago-Porter조약

Drago Doctrine은 어느 국가의 채무를 변제받기 위하여 무력행사를 하는 것은 국제법상 부당하다는 주장인바, 이를 반영하여 1907년 Drago-Porter 협약이 체결되었다.

2. 국제연맹규약

1) 국제연맹규약에 의하면, (i) 침략전쟁, (ii) 분쟁을 중재나 사법법원 및 이사회에 제기하지 않고 한 전쟁, (iii) 이들의 판결이나 보고서가 나온 뒤 3개월이 지나지 않은 전쟁, (iv) 중재판결, 사법법원판결 및 만장일치로 채택된 이사회의 보고서에 거스르는 전쟁은 불법이다(유).

2) 따라서 국제연맹체제는 전쟁이 전면적으로 금지되어 있었던 것은 아니었을 뿐만 아니라 무력복구금지에 관한 명문의 규정이 없었으므로 무력복구는 허용된다고 보는 것이 다수의 견해였다.

3. Kellogg-Briand조약

1) 1928년에 체결되어 1929년에 발효한 조약으로 부전조약이라고도 하며 국가정책수단으로서 전쟁을 처음으로 포기하였다.

2) 동 조약은 정당방위의 경우까지 전쟁을 금지시키는 취지는 아니었다.

3) 주의할 점은 동 조약이 금지한 것은 전쟁뿐이며, 무력복구를 포함한 무력행사 전반에 대한 금지는 아니라는 점이다.

■ Nürnberg 군사법원에서도 동 조약을 원용하여 나치 전범들을 단죄하였다.

4. 유엔헌장

(1) 유엔헌장 제2조 4항

헌장은 '모든 회원국은 그 국제관계에 있어서 다른 국가의 영토보전이나 정치적 독립에 반대되거나 또는 국제연합의 목적과 양립할 수 없는 다른 어떠한 형태로든지 무력에 의한 위협 또는 무력의 행사를 삼가야 한다'고 규정하고 있다.

㈎ 의 미: (i) 제2차대전 이후 유엔체제가 도입되고 나서 비로소 무력행사 전반에

대한 금지가 확립되었다. (ii) 유엔헌장상 무력행사가 허용되는 경우는 헌장 제7장에 규정된 집단적 강제조치와 제51조의 자위권행사에 국한된다. (iii) 무력행사의 적법성 여부의 기준은 유엔헌장의 목적과 양립하는 무력행사인가의 여부이다.

㈏ 헌장상 무력행사가 명시적으로 허용되는 경우

a) 자위권(제3장 제1절 Ⅲ. 국가의 기본적 권리·의무 부분 참고)

b) 집단적 강제조치(본장 제2절 집단적 안전보장 부분 참고)

판례 콩고령 군사활동사건(Case Concerning Armed Activities on the Territory of the Congo)

〈사안배경〉 1997년 콩고 반군 지도자 Kabila가 전임 Mobutu 대통령을 축출하고 콩고 정부를 장악하였다. 이 과정에서 Kabila가 이끌던 반군을 지원하였던 우간다는 신정부 수립 후 콩고에서 상당한 군사적, 경제적 혜택을 기대하고 있었으나 새로이 취임한 Kabila 대통령은 우간다의 영향력 확대를 염려, 오히려 우간다 세력의 축출을 시도하였다. 이에 우간다군은 콩고를 침공하였다. 콩고는 유엔헌장 제2조 4항 위반을 이유로 우간다를 ICJ에 제소하기에 이르렀다.

〈판결요지〉 우간다의 콩고 침공행위는 무력사용을 금지하고 있는 유엔헌장 제2조 4항에 대한 위반을 구성한다. 한편 우간다는 자신의 침공행위가 일종의 자위권행사로 제51조에 따라 정당화된다는 주장을 제시하고 있으나 자위권행사가 필요하였음을 보여주는 자료나 증거를 제출하지 못하였으므로 이를 인정할 수 없는 것으로 ICJ는 결정하였다.

(2) 인도적 간섭(humanitarian intervention)의 적법성 문제

가장 논의가 분분한 것이 바로 인도적 목적의 무력간섭인바, 타국에 존재하는 사람들의 신체나 재산을 구하기 위해 또는 중대한 침해를 입을 위험으로부터 그들을 구하기 위해 그 타국에 대해 무력을 사용하는 것이다. 이스라엘군의 우간다 엔테베 공항 인질구출작전(1976년), 세르비아 코소보 지역내 알바니아계에 대한 세르비아군의 잔악한 인종청소를 막기 위한 NATO 의 코소보 공습 등이 대표적인 사례로 거론된다.

㈎ 부정설: I. Brownlie 를 비롯한 부정론자들은 인도적 간섭이 적법성을 가질 수 없다고 한다. 유엔헌장 제2조 4항과 1970년 '국가 간의 우호협력관계에 관한 국제법 원칙에 관한 선언'을 그 근거로 한다.

㈏ 긍정설: M. Reisman 등은 헌장상의 무력행사금지원칙은 국가의 영토보전 및 정치적 독립을 해하는 무력행사를 대상으로 하고 있는 만큼 순수한 인도적 목적을 가지는 무력간섭은 적법성을 갖는다는 것이다.

㈐ 참고로, 2006년 UN 세계정상회의에서는 이른바 "보호책임(Responsibility to Protect: R2P)" 개념을 채택하여 국가는 제노사이드, 전쟁범죄, 인종청소, 반인도죄 등 네 가지 범죄로부터 국민을 보호할 책임이 있으며 국가가 그러한 책임을 이행하지 못하는 경우 국제사회는 UN 헌장에 따라 '안보리'를 통해 집단적 조치를 취할 준비가 되어 있음

을 선언하였고, 2009년 유엔 사무총장은 이러한 보호책임 이행에 대한 보고서를 발표하여 국가의 우선적 보호책임과 국가의 책임이행 실패시 국제사회의 집단적 조치실시 원칙 등을 재확인하였다. 그러나 UN 헌장의 원칙에 따라 국제사회가 합법적으로 이행하는 "보호책임"은 일단 (타국의 일방적인) 인도적 간섭과는 별개의 것으로 본다. 이 개념이 최초로 적용된 사례가 2011년 리비아 내전사태에 대한 서방국의 무력개입이다. R2P 개념 자체에 대해서는 국제사회의 공감대가 있는 것으로 볼 수 있으나 구체적 사안이 동 개념의 적용을 허용할 정도로 심각한지 여부는 논란의 여지가 있다.

㈑ 소 결: (i) 인도적 무력간섭은 인권의 보호를 목적으로 한다는 점에서 윤리적으로는 정당성(legitimacy)을 가진다고 볼 수 있으나, 이를 개별국가들의 법적 권리로 인정하기는 어렵다(김석현). (ii) ICJ 가 인권에 대하여 가장 최근에 내린 판결은 1986년의 니카라과(Nicaragua)사건 판결이었는바, 동 판결에서 ICJ 는 개별 국가(미국)의 니카라과에 대한 인도적 간섭은 적법하지 않다는 입장을 취했다.

참고 복구(reprisal)

'복구'는 상대국가의 국제위법행위의 중지와 구제를 위한 행위로서 오늘날에는 대항조치(countermeasure)라고 불리고 있다(제7장 참조). 따라서 과거 복구에 대한 법이론은 오늘날 대항조치의 개념(위법성조각사유의 하나)으로 이해하면 된다. 오늘날 대항조치의 개념과 UN헌장에 비추어, 과거 자주 이용되던 "무력복구"는 현대 국제법상 금지되며 전시복구(전쟁 도중 상대 교전당사국의 전쟁법위반에 대해 대응하여 상대국 민간인이나 포로에 대해 가혹행위를 하는 것)도 오늘날 국제인도법에 따라 금지된다. 구별되는 개념으로서 보복(retaliation)은 상대방의 (위법이 아닌) 부당행위에 대하여 취하는 (위법이 아닌) 대응적 행위이다.

제2절 집단적 안전보장

국제분쟁의 해결을 제8장의 국제분쟁의 평화적 해결과 본절의 집단안전보장으로 나누어 설명하기로 한다. 왜냐하면, 집단적 안전보장방식은 결국 국제분쟁을 유엔에 의한 제재로 해결하는 강제적 방식이기 때문이다.

Ⅰ. 집단안전보장의 개념

1) 국제연맹 및 국제연합은 이러한 집단안전보장체제를 기본으로 하고 있다.

■ 또한 집단안전보장의 개념이 적용된 중요한 국제조약으로 1925년에 체결된

Locarno조약을 들 수 있다.

2) 집단안전보장(collective security)이라는 평화보장장치의 기본발상은 '불특정 평화질서파괴자에 대한 단체제재'로서 이는 집단적 자위(collective self-defense)를 위한 체제와는 명확하게 구분된다.

■ 제2차대전 후의 NATO, SEATO, 바르샤바조약기구(Warsaw Pact)들은 모두 명확한 적을 상정하고 있었다는 점에서 헌장 제51조의 집단적 자위를 위한 체제이지 집단안보체제는 아니다.

Ⅱ. 국제연맹의 집단안전보장체제

연맹규약에는 전쟁의 방지조치와 제재조치를 각각 규정하고 있으나 다음과 같이 집단적 안전보장체제로서의 결함이 있다(최).

1) 위법전쟁의 존재 여부에 대한 사실인정을 연맹국이 개별적으로 하게 하였다.

2) 제재조치의 결정권이 국제연맹이사회에 있지 아니하고 각 연맹국에 부여되고 있다.

3) 군사적 조치를 다만 경제적 조치의 보조수단으로서만 정하였을 뿐만 아니라, 국제연맹이사회의 병력분담 정도의 제안도 권고적 효력을 갖는 데 지나지 않았다.

Ⅲ. 유엔의 집단안전보장체제

유엔은 개별국가들의 무력행사권을 일반적으로 금지한 대신 안전보장이사회를 중심으로 하는 강력한 집단안전보장제도를 도입하였다. 이 제도의 핵심은 유엔헌장 제7장에 담겨 있다.

1. 의 의

유엔헌장 제7장은 어떤 국가 또는 정치단체가 '평화에 대한 위협·평화의 파괴 또는 침략행위'를 할 경우에 유엔 자체 또는 유엔의 권고로 회원국이 취하는 비무력적 또는 무력적 강제조치를 취할 수 있다고 규정하고 있는바, 이러한 수단을 통하여 국제평화와 안전을 유지하는 체제를 유엔에 의한 집단안전보장체제라고 한다.

2. 특 성

국제연맹의 집단안전보장체제와 비교하여 다음과 같은 특성을 갖는다.

(1) 집단적 안전보장체제의 강화

회원국들의 개별적 무력사용을 전반적으로 금지하고 안전보장이사회를 중심으로 한 집단적 안전보장을 강화하였다.

(2) 집행기관으로서의 안전보장이사회

국제연맹이사회는 권고를 하는 의결기관에 불과했으나 안전보장이사회는 이러한 결의를 집행할 수 있는 집행기관의 의미도 띠고 있다.

(3) 안전보장이사회의 의결방식의 수정

국제연맹이사회의 의결방식은 전원일치제인 반면에, 안전보장이사회는 상임이사국의 거부권이라는 제한이 있으나 다수결방식으로 전환하였다.

(4) 지역적 안전보장체제와의 조화

국제연맹과는 달리 국제연합은 지역적 안전보장체제를 수용하고 있다.

참고 유엔과 지역적 안전보장체제(UN헌장 제8장)

1) 의 의: 지역적 협정을 체결하거나 지역적 기관을 조직한 유엔회원국은 지역적 분쟁을 안전보장이사회에 부탁하기 전에 이를 통해 해결하도록 노력해야 하며 안전보장이사회도 이를 장려해야 한다(헌장 제52조).
2) 내 용: 지역적 안전보장조치는 (i) 안전보장이사회의 사전허가를 필요로 하는 강제행동(enforcement action)(제53조), (ii) 안전보장이사회의 사전허가를 필요로 하지 않는 집단적 자위권행사(제51조)가 중요한 의미를 갖는다.

■ 다만 국제실행은 헌장 제51조에 기한 집단적 자위권행사가 압도적 다수를 점하고 있는바, 그 이유는 동조에 의할 경우 안전보장이사회의 사전허가가 필요하지 않기 때문이다. 집단적 자위권에 근거한 지역적 협정으로는 1949년 NATO, 1955년 바르샤바(Warsaw)조약(1991년 7월 1일 폐기), 1955년 한미상호방위조약 등이 있다.

■ 이 외에도 유엔에 의한 집단적 강제조치의 발동요건은 평화에 대한 위협, 평화의 파괴 및 침략행위라는 광범한 요건으로 되어 있어 연맹에 비하여 그 발동의 요건 및 대상이 매우 확대되어 있다는 것을 그 특성의 하나로 드는 견해도 있다(기).

3. 안전보장이사회의 집단적 강제조치

(1) 발동요건(제39조)

헌장은 안전보장이사회는 '평화에 대한 위협, 평화의 파괴 또는 침략행위'의 존재를 결정하고 아울러 국제적 평화와 안전을 유지하고 또 회복하기 위하여 권고를 하며, 또는 제41조(비무력적 강제조치) 및 제42조(무력적 강제조치)에 따라 어떠한 조치를 취할 것인가를 결정한다고 규정하고 있다.

㈎ 안전보장이사회는 우선 평화에 대한 위협 등의 존재를 결정해야 한다.

㈏ 안전보장이사회는 제41조 및 제42조 규정에 의해 어떤 강제조치를 취할 것인가를 결정해야 한다.

㈐ 특히 문제되는 것은 침략(aggression)의 개념인바, 아직까지 국제사회가 침략의 명확한 정의에 대해 합의하지 못하고 있다.

참고 침략의 개념

1) '침략의 정의'에 관한 유엔결의(1974년): 침략은 어느 국가가 타국의 주권, 영토보전 또는 정치적 독립에 대해 무력을 사용하거나 또는 본 정의에 규정된 국제연합헌장에 위배되는 기타 방법을 사용하는 것을 말한다고 규정하였다. 유엔헌장에 위배되는 무력의 선제사용(first use)은 침략행위의 일견(prima facie) 충분한 증거를 구성한다. 타국영토에 대한 폭격이나 무기의 사용, 무력에 의한 항구봉쇄, 타국 군대에 대한 무력공격, 제3국의 침략에 자국영토 이용 허용 등도 침략행위의 예로서 열거되고 있으나 동 정의가 식민지 등의 자결권을 위한 행동을 침해할 수는 없다(순). 침략의 정의에는 무력의 사용(use of armed force)과 관련된 다양한 행위만이 해당되며, 경제적 강압(economic coercion)은 제외된다.
2) 간접침략의 개념: 어떤 국가가 직접 정규군을 동원하여 타국을 침공하는 경우는 직접침략이고 타국 내의 반도단체, 또는 자국 내에 있는 타국의 반도단체에 군사적 지원을 하여 그 타국을 침공하게 하는 경우가 간접침략이다. 이와 관련하여 2014년 미국의 소니 픽처스에 대한 북한의 사이버공격이 이러한 침략에 해당하는 것으로 볼 수 있는지에 대한 논의가 이루어진 바 있다.
3) 침략범죄의 정의에 대해서는 제4장 국제형사재판소(ICC) 부분 참조.

(2) 예비적 조치

㈎ 평화의 유지 및 회복을 위한 권고(제39조): 안전보장이사회는 국제평화와 안전을 유지하고 또 회복하기 위하여 권고를 할 수 있는바, 권고의 내용으로는 무력적·비무력적 조치가 모두 가능하다(기).

㈏ 잠정조치(제40조): 동 조항은 사태의 악화를 방지하기 위하여 제39조의 규정에 의하여 권고하거나 조치를 결정하기 전에 안전보장이사회는 필요하거나 바람직하다고 인정되는 잠정조치에 따르도록 관계당사자에 요청할 수 있음을 규정하고 있다.

(3) 집단적 강제조치

㈎ 안전보장이사회는 제39조에 의한 사태를 인정한 후에는 권고 외에 비무력적·무력적 강제조치를 그 순서에 관계없이 결정할 수 있는바, 이러한 결정은 회원국에 대해 법적 구속력이 있다.

㈏ 또한 헌장 제7장의 강제조치는 국내문제불간섭의무가 적용되지 않으므로(제2조 7항 단서) 국내적 상황에 대해서도 헌장 제7장상의 요건을 갖춘 경우 강제조치를 취할 수 있다.

a) 비무력적 강제조치(제41조): 이 조치는 경제관계 및 철도, 항해, 항공, 우편, 전신, 무선통신 및 기타 운송통신수단의 전부 또는 일부의 중단과 외교관계의 단절을 포함할 수 있다고 규정하고 있다.

■ 비무력적 강제조치, 특히 경제적 제재의 대표적인 예로는 Rhodesia 사태와 South

Africa 사태를 들 수 있는바, 이러한 조치들은 실제로 매우 실효적이어서 각각 흑인정권인 Zimbabwe정권과 만델라정권이 수립되었다.

b) 무력적 강제조치(제42조): 동 조항은 안전보장이사회가 제41조에 정한 조치로서는 불충분하다고 인정되거나 불충분한 것이 판명된 경우 국제적 평화와 안전의 유지 또는 회복에 필요한 공군, 해군 또는 육군에 의한 행동을 취할 수 있다고 규정하고 있다.

(ㄱ) 유엔은 자신의 군대가 없으므로 무력적 강제조치는 유엔과 회원국과의 개별적인 특별협정(special agreement)을 통하여(제43조) 확보된 회원국의 군대를 이용한다.

■ 이렇게 확보된 병력이 진정한 의미의 국제연합군(유엔군)이나, 이러한 국제연합군은 헌장발효 후 지금까지 한 번도 설치되지 않았다.

(ㄴ) 안전보장이사회가 위 군대를 사용할 때에는 헌장 제47조에 의하여 설치가 예정된 군사참모위원회(Military Staff Committee)의 원조와 조언을 받는다.

4. 총회의 평화를 위한 단결결의('Uniting for Peace' Resolution)

유엔총회 '결의 377'이며 일명 'Acheson 결의'라고도 한다.

(1) 의 의

1950년 한국전쟁중 유엔총회에서 채택된 것으로 상임이사국의 거부권 등으로 유엔의 집단적 안전보장기능이 마비될 경우, 즉각 그 기능을 총회로 이관하여 총회로 하여금 군사조치를 포함하는 집단적 안전보장조치를 권고할 수 있도록 하는 데에 의의가 있다(최).

(2) 특 성

안전보장이사회가 행하는 집단적 강제조치와의 차이점은 (i) 발동요건에 있어서 평화에 대한 위협은 제외된다는 점, (ii) 법적 구속력이 없기 때문에 당사국의 개별적인 동의를 요한다는 점, (iii) 시행기관이 분산되어 있어 그 통일성을 확보하기 힘들며, 재정의 충당면에서 회원국들간에 견해가 대립되고 있다는 점 등을 들 수 있다.

(3) 내 용

평화를 위한 단결결의는 '결의 A', '결의 B', '결의 C'와 결의 A 의 부속서로 구성되어 있다. 총회는 (i) 집단적 조치, (ii) 병력 유지, (iii) 원조가능자원의 조사를 각각 권고할 수 있고, (iv) 평화감시위원회(Peace Observation Commission), (v) 집단적 조치위원회(Collective Measure Commission)를 설치한다.

5. 한국전쟁 및 Gulf전에 관한 법적 문제

(1) 한국전쟁

(가) 소련의 결석: (i) 유엔은 때마침 중국의 대표권문제로 불만을 품은 소련대표가

무기한 결석을 하고 있었기 때문에 안전보장이사회결의 82, 83, 84호를 각각 채택하였는바, 동 결의의 합법성 문제가 제기될 수 있다. (ii) 그러나 상임이사국의 고의적인 결석은 기권으로 간주되며 거부권행사로 보지 않는 것이 유엔의 관행이다.

㈏ 유엔한국군사행동의 법적 성격: (i) 한국전쟁 당시 16개국의 군사행동은 안전보장이사회의 권고에 기한 것이었는바, 그 법적 근거 및 성격을 둘러싸고 견해가 대립된다. (ii) 정당방위라는 견해도 있으나, 유엔헌장 제7장의 강제조치에 해당한다는 견해가 유력하다(유).

(2) 걸 프 전

㈎ 1990년 이라크의 쿠웨이트 침공에 대해 안전보장이사회는 헌장 제7장에 의거하여 채택한 결의 678을 통해 '모든 회원국에게 필요한 모든 수단을 사용할' 권한을 부여하였다(순).

㈏ 안보리가 최소한의 통제권도 행사하지 않고 (실제로는 미국 지휘하의) 회원국들에 무력사용의 재량권을 주는 것이 헌장상 적법한가에 대한 비판론도 있다(순).

㈐ 걸프전의 다국적군이 유엔의 집단적 강제조치라는 주장과 집단적 자위군이라는 주장이 대립되어 있다.

참고 유엔의 평화유지활동(Peace-Keeping Operation: PKO)

1) 의 의

㈎ 예방외교(preventive diplomacy)라는 관념에 입각하여 유엔 여러 각 기관의 결의에 입각한 정전 또는 국내치안의 유지에 관하여 그 이행을 감시할 목적으로 파견된 군대가 평화유지군이며, 이들의 현지활동을 유엔의 평화유지활동이라 한다.

㈏ 평화유지활동을 집단안전보장의 변형 또는 유엔헌장 제'6과 1/2'장(즉, 6장도 아니고 7장도 아닌 활동)이라고도 한다(오).

■ 국제연합군(UN군)에는 유엔평화유지군과 헌장 제42조의 규정 등에 의하여 출동되는 '진정한 의미의 유엔군'이 있는바, 전자는 유엔의 관행에 의하여 생긴 개념이다.

2) 특 성

㈎ 냉전 이전: 평화유지군의 특성으로는 비제재성, 비강제성, 비변경성, 비무력행사성, 비국가성, 비교전 당사자성을 드는 것이 보통이었다.

㈏ 냉전 이후: 냉전 이후에는 그 성격이 변화하였는바, (i) 여전히 당사국의 동의에 기초하고 있으나 활동의 목적이 유고슬라비아의 평화협정의 집행과 같은 군사적 활동뿐만 아니라 NGO 등 다양한 민간활동을 포함하고 있으며, (ii) 합의된 분쟁의 정치적 해결안을 집행하기 위한 수단(enforcement action)으로도 기능한다. (iii) 게다가 최근에는 '분쟁예방'(conflict prevention) 개념에 초점이 맞춰져 있다(Akehurst).

3) 법적 근거

㈎ 안전보장이사회결의에 의한 평화유지활동: 백가쟁명식의 주장이 대두되고 있으나,

안전보장이사회가 평화유지활동을 할 수 있는 법적 근거는 헌장 제40조(안전보장이사회의 잠정조치)에 있고, 그 임무를 수행하기 위해 유엔평화유지군을 설치할 수 있는 법적 근거는 제29조(안전보장이사회의 보조기관설치)에 있다고 본다(기).

(나) 총회결의에 의한 평화유지활동: 많은 주장이 대두되고 있으나, 법적 근거로는 총회는 헌장이 규정하고 있는 전반적인 사항에 대하여 토의와 권고를 할 수 있다는 헌장 제10조와 총회가 보조기관을 설치할 수 있다는 헌장 제22조 및 총회가 행한 바 있는 평화를 위한 단결결의로 대별할 수 있다(기).

■ PKO는 1960년대 이후에는 모두 안전보장이사회의 결의에 의한 것이 보통이나, 최초의 PKO인 1956년 이집트에 파견된 '제1차 유엔비상군'(United Nations Emergency Force-I; UNEF-I) 등은 총회의 결의에 의한 것이었다.

판례 **유엔군경비분담사건(Certain Expenses of U.N. Forces, 1962년)**

〈사건개요〉 수에즈 및 콩고에 각각 파견되었던 유엔평화유지군의 경비가 헌장 제17조 2항에서 말하는 '유엔의 경비'에 해당하느냐의 여부에 관하여 총회는 ICJ에 대하여 권고적 의견을 요청하였다.

〈판례요지〉 (i) ICJ는 위 경비가 헌장 제17조상의 유엔의 경비이므로 회원국들에게 경비분담의 의무가 있다고 명시하였다. (ii) 또한 ICJ는 헌장 제7장에 입각한 강제조치는 안전보장이사회만이 취할 수 있지만 위 평화유지활동이 제7장의 강제조치(enforcement action)는 아니라고 판시하여 총회의 평화유지군활동의 적법성을 조심스럽게 인정하였다. (iii) 본 사건은 ICJ가 유엔의 정치적 기관(총회와 안전보장이사회)에 대해 사법심사를 할 수 있는가라는 논점도 관련되어 있다(제8장의 ICJ 부분 참고).

제3절 군비축소

군축문제는 국제법보다는 국제정치학 분야에서 더욱 중요한 의미를 갖고 있어 여기서는 국제법상 의미 있는 부분만을 언급하기로 한다.

Ⅰ. 군축의 개념

군비축소(disarmament)라는 개념은 인적·물적인 전쟁수단의 제한(limitation), 규제(control or regulation), 그리고 감축(reduction)을 포괄적으로 의미하며, 이는 물론 전적인 군비의 철폐까지도 포함하는 것이다(오).

Ⅱ. 군축에 있어서 유엔의 역할

1. 주요기관

(1) 총 회

헌장 제11조 1항에 의하여 총회에는 군축과 군비규제(disarmament and regulation of armaments)를 규율하는 원칙을 심의할 권한과 병행하여 회원국 및 안전보장이사회에 그러한 원칙에 관하여 권고할 권한이 부여되어 있다.

■ 총회의 7개 부속위원회 중 제1위원회(First Committee: 정치 및 안전보장)는 오늘날 군축문제와 관련한 국제안보문제를 다룬다.

(2) 안전보장이사회

헌장 제26조에 의하여 안전보장이사회에는 군사참모위원회의 조언을 얻어 군비축소(disarmaments)를 위한 체계를 확립하기 위하여 회원국에 제출될 계획서를 작성할 책임이 부과되어 있다.

(3) CD(Conference on Disarmament: 제네바군축회의)

군축에 관한 가장 중요한 다자기구로서 IAEA 와 마찬가지로 기구상으로는 유엔과 별개의 기구이나 유엔에 보고서를 제출하는 등 유엔과 독특한 관계를 맺고 있다.

2. 국제군축법의 주요법원

(1) 남극조약(Antarctic Treaty)(제5장 제6절 남극 부분 참고)

㈎ 1959년 체결된 조약으로 비핵화지역이라는 개념을 최초로 실행한 조약이다.

㈏ 비핵화개념은 아메리카핵무기금지조약(Treaty of Tlatelolco: 1967년), 심해저비핵화조약(Sea-Bed Treaty: 1971년), 우주조약(Outer Space Treaty: 1967년) 및 남태평양비핵화조약(Treaty of Rarotonga: 1985년) 등에 상당한 영향을 미쳤다.

(2) 부분적 핵실험금지조약(Partial Test-Ban Treaty: PTBT)

1963년 체결된 조약으로 대기권, 우주공간 및 수중에서의 모든 핵실험을 금지하고 있으나 지하에서의 실험금지가 포함되지 않은 부분적 조치라는 점에서 취약점을 가지고 있다. 1996년에는 포괄적 핵실험금지조약(CTBT)이 채택되었다. 발효요건으로 핵보유국과 잠재적 핵보유국을 포함한 44개국이 모두 비준하여야 하는데 이에 속하는 인도, 북한, 미국 등 몇몇 국가들이 비준을 하지 않고 있어 아직도 발효되지 않은 상황이다.

판례 핵실험사건(Nuclear Tests Case, Australia v. France,1974년)

〈사건개요〉 프랑스가 남태평양에서 대기권 내의 핵실험을 실시하였기 때문에 1973년 오스트레일리아와 뉴질랜드는 동 실험이 국제법위반이라고 하는 판결(judgment) 및 동 판결이 있기까지의 가보전조치명령(order)을 ICJ에 요청하였다.

〈판례요지〉 ICJ에 제소 이후에 프랑스대통령 등이 많은 기회에 걸쳐 대기권 내의 핵실험을 지하핵실험으로 이행하겠다는 입장을 표명한 일방행위(unilateral acts)가 법적 구속력을 수반하는 것이기 때문에 제소목적이 달성되었다는 이유로 원고의 청구를 기각하였다. 1995년에는 남태평양에서 행해진 프랑스의 지하핵실험이 위 1974년 사건판결의 해석과 관련하여 또다시 ICJ의 심판대에 올랐으나, 1974년의 핵실험사건은 대기 중 핵실험이고, 1995년 사건은 지하핵실험이라는 이유로 ICJ는 관할권을 행사하지 않는다.

(3) 핵무기 비확산조약(Non-Proliferation Treaty: NPT)

㈎ 1968년 체결된 조약(1970년 발효)으로 핵무기의 확산을 방지하는 데 목적이 있다.

㈏ 동 조약은 핵무기 보유국과 비보유국을 구분하여 핵보유국에 대해서는 핵무기를 타국에 이양하지 않을 의무를 부과하고 비보유국은 핵무기의 수령·제조·취득이 금지된다(수평적 핵확산의 금지).

■ 다만, 동 조약은 핵보유국의 핵군비의 증강, 이른바 수직적 핵확산에 대해서는 금지규정을 두고 있지 않아 비보유국의 불만이 많았다.
■ 우리나라도 NPT 당사국이므로 2016년 1월 북한의 5차 핵실험 이후 촉발되고 있는 자체 핵무장 주장은 이 조약에 대한 우리나라의 직접적인 위반 문제를 초래한다.

㈐ 핵무기비보유국은 조약 제3조에 의하여 IAEA와 핵안전조치협정(safeguards agreement)을 체결하고 핵연료재처리를 포함한 모든 시설에 대한 국제적 사찰을 허용해야 한다.

참고 IAEA(International Atomic Energy Agency: 국제원자력기구)

IAEA의 가입과 NPT의 가입은 별개의 절차이다.

㈎ 의 의: (i) IAEA는 1956년의 IAEA헌장에 의거하여 1957년 설립된 국제기구이다. (ii) IAEA는 유엔총회와 제휴협정을 맺고 총회에 대하여 연차보고서를 제출하며 적절한 경우 안전보장이사회에도 보고서를 제출한다는 점에서 유엔과 밀접한 관련은 맺고 있다.
■ 다만 경제사회이사회와 관계협정을 체결하지 않은 점에서 유엔의 전문기관은 아니다. 그렇지만 경제사회이사회의 권한에 속하는 사항에 관하여 보고서를 제출한다.

㈏ 주요기능: (i) NPT조약은 핵무기비보유국에 대한 동 조약상 의무의 이행 여부의 검증(verification)을 IAEA가 대행하도록 규정하고 있다. (ii) 위반국가에 대해서는 유엔총회와 안전보장이사회에 보고한다.

판례 핵무기 위협이나 사용의 적법성 사건(Legality of the Threat or Use of Nuclear Weapons, ICJ 권고적 의견, 1996년)

〈사건개요〉 1995년 WHO가 부탁했던 핵무기 사용의 적법성 여부에 대해, WHO의 활동범위에 드는 문제가 아니라는 이유로 권고적 의견제시를 거부했던 ICJ는 '어떠한 법적 문제도' 요청할 수 있는 총회가 1996년에 다시 권고적 의견을 요청하자 이에 대한 답변을 하였다.

〈판례요지〉 (i) 핵무기의 위협이나 사용을 허가하는 특정 국제법은 존재하지 않는다. (ii) 핵무기의 위협이나 사용 자체를 포괄적으로 그리고 보편적으로 금지하는 국제법도 없다. (iii) 유엔헌장의 무력사용금지원칙(제2조 4항)에 위배되고 자위권행사 요건에도 어긋나는 핵무기의 위협이나 사용은 불법이다. (ⅳ) 핵무기의 위협이나 사용은 또한 무력충돌법, 특히 국제인도법의 원칙들 그리고 핵무기를 명시적으로 다루는 조약 등의 특정의무에 양립하여야만 한다. (ⅴ) 이러한 요건들에 비추어 볼 때 핵무기의 위협이나 사용은 그 특수성 때문에 무력충돌법, 특히 국제인도법의 원칙에 일반적으로 위배될 것이다. 그러나 국제법의 현 상태에 비추어 볼 때, 국가의 생존이 걸려 있는 자위권행사의 극단적 상황에서 핵무기의 위협이나 사용이 합법인지 불법인지 명확하게 결론내릴 수가 없다. (ⅵ) 국가들에게는 엄격하고 효과적인 국제적 통제 하에 핵군축협상을 성실하게 추진하고 결론지어야 할 의무가 존재한다.

(4) 이 외에도 화학무기협약, 유럽재래식군비조약(CFE), 대인지뢰금지협약(오타와 협약) 등이 있다.

제4절 무력충돌법(국제인도법)

현대의 무력충돌법 중에서 뚜렷하게 인도적 성질을 갖는 다수의 규칙을 포괄하는 분야로서 국제인도법(international humanitarian law)이 각광을 받고 있으며, 무력충돌법도 이를 중심으로 발전하고 있다. 특히, 이라크와 아프가니스탄 등에서 진행중인 전쟁으로 인해 미국과 NATO 의 전쟁행위, 대테러 활동에 관련된 무력사용과 형사처벌 등을 둘러싸고 각종 전쟁법과 국제인도법, 국제형사법 관련 논의가 국제법 연구의 중심분야로 점차 부각되고 있다.

Ⅰ. 법원(法源)

1. 초기의 전쟁법

(1) 1856년 해상포획법에 관한 파리선언

▩ 전쟁법의 시발을 1863년으로 보고 있는 견해가 있는바, 남북전쟁 당시인 이때 Francis Lieber의 유명한 '야전에서의 미연방정부육군에 대한 명령' (Instruction for Government Armies of the United States in the Field)이 일반명령 제1호로 발포되었다(김).

(2) 1868년 일정한 무기금지운동의 시초가 된 세인트 피터스버그선언

2. 1899년 제1차 헤이그평화회의

㈎ 육전법규관례에 관한 조약
㈏ 1864년의 위 Geneva 협약을 해전(海戰)에 적용하는 조약
㈐ 기구를 통한 발사의 금지
㈑ 독가스사용의 금지
㈒ 담담탄의 금지선언

3. 1907년 제2차 헤이그평화회의

㈎ 적대행위 개시에 관한 조약
㈏ 위 육전법규관계에 관한 조약의 개정
㈐ 해전에 관한 6개 협약
㈑ 국제포획법원 창설에 관한 협약(비준되지 않음)
㈒ 중립에 관한 2개 조약

▩ 공전법규는 채택되지 못했음에 유의하여야 한다.

4. 제2차대전 이후의 조약

(1) 1949년 Geneva회의

㈎ 육전에서의 군대상병자의 상태개선에 관한 협약(제1조약)
㈏ 해상에서의 군대상병자·조난자의 상태개선에 관한 협약(제2조약)
㈐ 포로대우에 관한 협약(제3조약)
㈑ 전시 민간인보호에 관한 협약(제4조약)

(2) 1954년 전시 문화재보호에 관한 협약(UNESCO주관)

(3) 1977년 제네바 4개협약(1949년)에 대한 제1추가의정서 및 제2추가의정서

㈎ 제1추가의정서는 국제적 무력충돌에 관한 인도주의법이고,

㈏ 제2추가의정서는 비국제적 무력충돌에 관한 인도주의법이다.

▩ 한국과 북한은 1949년 제네바협약과 1977년 추가의정서의 당사자이다(다만 북한은 제2추가의정서를 아직 발효시키지 못하고 있다).

(4) 기 타

1977년 환경변경기술의 군사적 이용금지조약, 1980년의 특정재래식무기사용규제에 관한 협약 등이 있다.

Ⅱ. 적용상의 문제점

1. 차별적 적용의 가부문제

무력행사가 위법화된 오늘날 침략국과 희생국을 평등하게 대우하는 것이 일견 부당하게 보이지만 위 1949년 4개의 Geneva 협약 및 제1추가의정서는 '모든 상황에서'(in all circumstances) 평등하게 동 조약 등이 적용된다고 보고 있다.

2. 내전(전술한 내란과 무력간섭 부분 참고)

1) 1949년의 4개의 Geneva 협약은 공통적으로 제3조에서 1국내의 '국제적 성질을 갖지 않는 무력분쟁'에 동 조약이 적용된다고 규정하고 있다.

2) 공통 제3조를 보완하는 1977년 제2추가의정서가 채택되었다. 동 의정서는 적용되는 사태에 있어서는 Geneva 협약보다 후퇴하였지만 적대행위에 직접 참가하지 않은 자의 인도적 보호를 비롯하여 체약국에 대한 의무를 확대하였다(김, 이).

3. 총가입조항의 배제

1) 헤이그조약을 비롯하여 제1차대전 이전의 조약은 일반적으로 총가입조항(general participation clause: 연대조항이라고도 함)을 붙이는 것이 보통이었다.

▩ 총가입조항이란 다수국가가 참가한 전쟁에 있어서 교전국 중 1국이라도 조약에 가입하고 있지 않는 경우에는, 설사 교전국 중에 체약국이 있다 할지라도 그 전쟁의 교전국 전부에 대하여 조약이 적용되지 않는다는 규정이다.

2) 제1차대전 이후의 조약에는 이 조항을 삭제하는 경향이 있었는바, 특히 1949년의 4개의 Geneva 조약은 조약의 당사국이 없는 경우는 조약의 당사국에만 본 조약이 적용된다고 규정하여 총가입조항을 배제하였다.

4. 전 수 론

1) 종래 위 총가입조항과 함께 전쟁법의 적용제한에 관한 이론인 전수론(戰數論; doctrine of kriegsraison. '전시비상사유'라고도 함)이 Kruber, Stone 등에 의하여 주장되어 왔다.

■ 전수론이란 군사적 필요 또는 전투상 긴급한 사유가 있을 경우, 교전국은 전쟁법을 적용하지 아니하여도 그 위법성이 조각된다는 이론이다.

2) 그러나 오늘날 위 1949년 4개의 Geneva 협약 및 제1추가의정서는 '모든 상황에서'(in all circumstances) 동 협약 등을 존중하여야 한다는 규정을 두고 있어 전수론은 부정된다.

■ 1945년 영국군사법정은 페레우스호사건에서 독일군이 주장하는 군사적 필요성에 기한 전수론을 부정하였다.

참고 마르텐스조항(Martens Clause)

1899년의 육전법규 및 관계에 관한 협약에서 규정하고 있는 것으로 오늘날 국제인도법에서도 확인되고 있는 원칙이다. 동 조항의 취지는 전투수행에 관한 조약규정이 아직 존재하지 않는 경우에도 충돌당사국은 확립된 관행, 인도상의 원칙 및 공중양심에 입각한 국제법의 제원칙에 의하여 여전히 규제받는다는 것으로서, 이 조항의 목적은 법규의 부존재를 이유로 하는 비인도적 행위를 방지하려는 데 있다(최).

Ⅲ. 전쟁개시와 전쟁의 종료

1. 전쟁개시

(1) 전쟁개시의 방법

㈎ 1907년 '적대행위개시에 관한 조약'에서는 선전포고나 최후통첩에 의하여 전쟁이 개시되며, 중립국에 대한 통고는 중립국에 대한 대항요건으로 규정되어 있다.

㈏ 동 협약에서는 사실상 적대행위에 의한 전쟁, 즉 '사실상 전쟁'(de facto war)의 개시방법은 규정하고 있지 않으나 전쟁선언행위가 없더라도 대규모의 전면적 적대행위는 전쟁으로 보아야 한다(유).

■ 1949년 제네바조약 공통 제2조 1항도 사실상의 전쟁에도 교전법규가 적용된다고 규정하고 있다.

(2) 전쟁개시의 효과

㈎ 개인과 재산은 적성(enemy character)을 가지나, 적국민에 대한 소권(訴權)의 소멸·정지, 재판의 불수리의 선언은 금지된다.

㈏ 전통적으로 전쟁개시와 함께 외교관계 단절도 선언하는 것이 관행이었으나 현대 국제법상 그런 원칙이나 관행이 있는지 불분명하다. 다만, 비엔나외교관계협약은 무력충돌이 발생하더라도 외교관이 안전하게 퇴거할 수 있도록 해야 하며 외교관계가 단절되고 무력충돌이 발생한 경우에도 공관의 재산과 문서를 보호해야 한다고 규정한

다(제44조, 제45조).

(다) 전쟁(무력충돌)의 발발이 조약에 끼치는 영향도 불분명하다. 조약의 내용과 성격에 따라 그 효과가 달라진다는 학설도 제기되고 있으나, 어쨌든 무력충돌 발생이 당연히 조약의 종료나 정지를 유발한다고 말하기는 어려울 것이다(Anthony Aust).

(라) 통상관계가 당연히 금지되는 것은 아니나 보통 특별법을 만들어 통상을 금지하는 것이 보통이다.

2. 휴전협정과 전쟁종료

(1) 휴전협정의 성질

휴전협정은 보통 군사령관이 체결하는 양자조약으로서 당연히 약식조약이다.

(2) 휴전의 종료

(가) 휴전은 협정에 규정된 기간의 만료나 해제조건이 충족되면 당연히 종료한다.

(나) 휴전조약 위반도 휴전종료사유의 하나이지만 일정한 제한이 있다. 즉 휴전조약의 폐기권은 휴전조약의 중대한 위반의 경우에 발생하고, 폐기로 인한 전투개시는 다시 긴급한 경우로 한정되어 있다.

(3) 한국정전협정

(가) 주요내용: (i) 군사분계선을 중심으로 쌍방이 2km 씩 후퇴하여 생기는 공간, 즉 4km 의 비무장지대를 설치한다. (ii) 쌍방의 고급장교로 구성되는 군사정전위원회를 설립하며, 동 위원회는 협정감독의 최고기관이다. (iii) 스웨덴·스위스·폴란드·체코의 고급장교로 구성되는 중립국감시위원회를 설립한다.

(나) 정전협정의 당사자 문제: (i) 유엔군총사령관 M. W. Clark 와 북한군총사령관 김일성 및 중공인민지원군사령관 팽덕회가 서명하였다. 따라서 정전협정에는 전혀 나타나지 않는 대한민국이 당사자가 될 수 있느냐에 관하여 견해가 대립되고 있다. (ii) 즉 유엔만이 당사자라는 견해(기)(이, 이), 연합군이론(coalition army theory)에 따라 유엔뿐만 아니라 대한민국도 당사자라는 견해(유), 16개 참전국과 대한민국이 당사자라는 견해 등이 대립되고 있다.

■ 일반적으로 휴전협정이라고 부르고 있으나 실제 정식명칭은 “국제연합군 총사령관을 일방으로 하고 조선인민군 최고사령관 및 중국인민지원군 사령원을 다른 일방으로 하는 한국 군사 정전(armistice)에 관한 협정”이다.

Ⅳ. 국제인도법

무력충돌법 또는 전쟁법은 오늘날 국제인도법이라는 말과 거의 혼용되는 경향이 있다. 이는 국제인도법이 논의의 중심으로 자리잡았기 때문이다. 제네바협약체제 및 국제관습법에 근거한 국제인도법의 가장 중요한 원칙은 구별(distinction)의 원칙과 비례성(proportionality)의 원칙으로서 이에 대한 위반은 전쟁범죄로 간주된다. 참고로, ICC 규정은 그러한 전쟁범죄를 관할권 대상 중 하나로 규정하고 있다.

참고 구별의 원칙과 비례성의 원칙

1) 구별의 원칙: 국제인도법은 전투원과 민간인을 구별하며, 군사목표물과 민간목표물도 구별한다. 민간인과 민간목표물을 타겟으로 하는 공격은 금지된다.
2) 비례성의 원칙: 군사공격이 야기한 민간인에 대한 부수적 피해가 그 공격의 구체적이고 전반적인 군사적 예상 이익(military advantage anticipated)에 비해 과도한(excessive) 경우 그것은 무차별적 공격으로서 금지된다.

1. 교 전 자

(1) 의 의

㈎ 교전자란 교전자격을 가진 자를 말하며, 적군에게 체포되어도 포로 및 상병자의 대우를 받는다.

㈏ 반면에 비교전자는 전쟁의 피해로부터는 제외되나 이들이 적대행위를 하면 전쟁범죄를 구성하고 포로의 대우조차 받지 못한다.

(2) 교전자의 범위

㈎ 1907년의 헤이그육전규칙에 의하면 교전자는 정규군과 비정규군으로 나뉘는 바, (i) 정규군은 전투원과 비전투원(군의, 법무, 통신 등)으로 편성되고, (ii) 비정규군은 민병대(militia)와 의용대(volunteer corps), 점령되지 않은 지역의 군민병(partisan)으로 나눌 수 있다.

㈏ 1977년 Geneva 조약 추가의정서는 점령지역 내에서 전개되는 '조직적 저항운동단체'에게 교전자격을 부여함으로써 군민병조항을 확장하였고 그 결과 게릴라도 위 요건을 갖추는 한 교전자 자격을 가진다.

■ 반면에, 용병(군사고문 제외)은 여전히 교전자의 신분을 인정받지 못해 포로의 대우조차 받지 못한다. 게릴라는 교전시 공격 전에 공공연히 무기를 휴대한다는 조건 하에서 교전자의 대우를 받는다.

2. 포 로

(1) 의 의

전쟁에 의하여 적대국의 권력 내에 들어와 군사적 이유로 자유를 상실하였으나, 국제법이나 특별규정에 의하여 일정한 대우가 보장되는 적국민이다(이, 이).

(2) 법 원

1907년 헤이그육전조약에서 처음으로 포로의 인도적 대우에 관한 규정이 마련되었고, 1929년 포로대우에 관한 조약을 경유하여 1949년의 제네바 제3조약이 체결되기에 이르렀다.

(3) 포로의 자격이 있는 자

㈎ 교전자격이 인정되는 자는 정규군·비정규군을 불문하고 포로의 자격이 인정된다.

㈏ 교전자격은 없으나 포로자격이 인정되는 대표적인 자들은 항공기승무원, 종군기자 등이다.

▩ 의무요원(군의관 등)과 종교요원은 포로수용소에 수용되고 제네바 3협약상의 혜택을 받지만, 그 신분은 포로가 아니며 제네바 1, 2협약상 특별한 취급을 받는다. 국가원수, 장관 및 외교사절 등은 명문의 규정은 없으나 관습상 보호된다.

(4) 포로의 대우

㈎ 포로는 체포한 국가의 관할(개인이나 군대의 관할이 아님) 하에 있는 것이므로 억류국은 포로의 대우에 관하여 책임을 져야 하며 복구의 대상이 될 수 없다.

㈏ 포로는 완전한 사법상 능력을 가지며, 노무의 대가로 인한 봉급은 지불되어야 하고, 억류국은 무상으로 포로에게 양식과 의료를 제공하여야 한다.

Ⅴ. 전통전쟁법

전통전쟁법은 육전법규, 해전법규 등 교전법규와 중립법으로 구성되어 있는바, 교전법규 중 인도적 성질을 띠고 있는 제도는 국제인도법으로 흡수되었으므로 여기서는 그 이외의 교전법규를 검토한다. 육전법규 중에서는 전시점령을, 해전법규 중에서는 해상포획만을 설명하기로 하며, 무력충돌법의 이행확보방법과 중립법은 항을 달리하여 검토하기로 한다.

1. 전시점령

(1) 의 의

㈎ 전시점령(belligerent occupation)이란 전시중 적의 영토의 일부 또는 전부를 사실상 현실적으로 군의 권력 하에 두는 것을 말한다.

㈏ 전시점령에 관한 법원으로는 1907년의 육전법규와 제2차대전의 경험에서 노정된 불비한 점을 보충한 1949년의 '전시 민간인보호에 관한 제네바조약'이 있다.

(2) 점령지의 입법·사법·행정

㈎ 입 법: 점령국은 점령지의 법률을 개폐하거나 스스로 명령을 발할 수 있으나 점령지의 질서유지와 군사상의 필요에 절대적인 지장이 없는 한 피점령국의 법령과 명령을 존중하여야 한다.

㈏ 사 법: 점령 당국은 사법에 관하여 점령지의 재판소를 존중해야 한다. 점령국

은 점령지의 주민에 대하여 사법상 보호를 부여할 의무가 있으나 군사재판소를 설치하여 점령지주민을 재판할 수도 있다.

㈐ 행 정: 점령국은 점령지의 '공공질서 및 생활을 회복하고 확보'하기 위하여 일체의 수단을 다하여야 한다.

(3) 점령지주민의 취급

점령지의 주민은 점령군의 계엄령 하에 서며, 주민은 점령군에 복종할 의무가 있으나 점령군은 주민의 생명, 신체의 자유 등을 보장해야 한다.

2. 해상포획

(1) 의 의

㈎ 해상포획(seizure)이라 함은 전시에 있어서 교전국이 적의 선박이나 화물 또는 어느 중립국 선박이나 화물을 해상에서 포획하는 것이다(기).

㈏ 나포된 적선(敵船)과 적화(敵貨)는 적의 군함과는 달리 나포국의 당연한 소유로 귀속하지 아니하고, 나포국의 포획심판소(Prize Court)에 송치되어 심판을 받으며, 이 심판에 의하여 해상포획이 확정된다(최).

(2) 전시금제품

㈎ 전시금제품(contraband of war)이란 군용에 공급되는 물품으로서 일방교전국에 공급되는 것을 타방 교전국이 해상에서 그 운송을 방지할 수 있는 물품이다(이).

㈏ 그러므로 전시금제품의 요건은 (i) 군용에 제공될 수 있을 것, (ii) 적성(敵性) 목적지라 할 수 있다.

㈐ 전시금제품은 몰수되며, 일정한 요건에 해당하는 전시금제품의 수송선박도 포획될 수 있다.

(3) 봉 쇄

㈎ 봉쇄(blockade)는 교전국이 실력으로써 적국과 여타 국가와의 해상교통을 차단하는 것을 말한다.

㈏ 유효한 봉쇄가 되기 위하여는 (i) 실효적인 봉쇄일 것, (ii) 봉쇄의 사실을 고지할 것, (iii) 각 선박에 대하여 공평하게 적용된 봉쇄일 것, (ⅳ) 적국 연안에 대하여 실시된 봉쇄라는 요건이 필요하다.

㈐ 봉쇄침파란 유효하게 성립한 봉쇄선을 선박이 통과하여 봉쇄구역으로 출입하는 행위인바, 이 경우 교전국은 당해 선박을 포획할 수 있다. 봉쇄침파가 성립하기 위해서는 (i) 봉쇄의 사실을 알면서, (ii) 봉쇄선을 통과하여야 하며, (iii) 봉쇄침파가 현행중이어야 한다.

㈑ 봉쇄에 의한 해상포획권은 일반적인 해상포획에 비하여 훨씬 강력하다. 즉, 봉쇄침파하는 선박과 선내화물은 적선·적화, 중립선·중립화의 구별이나 또는 전시금제

품의 여부를 고려함이 없이 포획할 수 있다(최).

Ⅵ. 중립제도

1. 의 의

국제법상 중립은 형식적 개념과 실질적 개념으로 정의할 수 있는데, 전자는 전쟁에 참가하지 아니한 제3국의 국제법상 지위를 말하고, 후자는 중립국의 교전 당사자에 대한 공평과 무원조를 말한다(기).

■ 비교전상태 개념의 등장으로 쌍방의 교전국에 대한 공평과 무원조라는 실질적 개념이 형식적 개념에 가미되어야 중립 개념을 올바르게 정의할 수 있다(이).

2. 연 혁

1) 교전국에 대한 공평과 무원조를 원칙으로 하는 중립의 개념은 역사상 상업, 무역의 발달로 형성되기 시작하여 18세기부터의 무차별전쟁론자들에 의하여 체계적으로 주장되었다.

2) 1856년의 파리선언은 중립에 관한 최초의 국제적 입법이다.

3. 중립의무

전통법리상 중립법규는 교전국의 이익을 중심으로 규정된 것으로서 중립국의 권리를 규정하고 있는 규범이 아니다. 중립의무에는 다음과 같은 세 가지 의무가 있다.

(1) 묵인의무(duty of acquiescence)

묵인의무는 교전국이 전쟁법상의 권리에 의거하여 행한 행위를 중립국이 묵인하지 않으면 안 되는 의무이다.

(2) 회피의무(duty of abstention)

회피의무는 중립국아 교전국의 일방에 대하여 직접 또는 간접으로 전쟁수행에 관계되는 원조를 부여하지 않을 의무이다. 예컨대, 교전국에 군수품을 매각해서는 안 된다.

(3) 방지의무(duties of prevention)

방지의무 또는 금지의무는 중립국의 영역이 교전국의 전쟁목적에 이용되는 것을 방지할 의무이다.

판례 알라바마호사건(Alabama Claims, 1872년)

〈사건개요〉 남북전쟁 당시 남군정부는 자신을 교전국으로 승인하고 있던 중립국 영국에서 건조된 선박인 알라바마호를 동국으로부터 구입하여 군사용으로 전용하여 약 70여 척의 북부상선을 격침하거나 피해를 가하였고, 때로는 영국식민지에 기항하여 물자를 공급받았다. 종전 후 양국은 1871년 5월 8일 워싱턴조약을 체결하여 남북전쟁기간 중 영국의 중립법규위반여부 문제를 국제중재재판에 회부하였다.

〈판례요지〉 재판부는 영국정부가 알라바마호의 건조를 적절히 제지시키지 못함으로써 중립의무이행에 대한 적절한 주의의무를 게을리하였으며, 알라바마호가 여러 차례 영국식민지 내 항구에 자유롭게 출입하도록 허용함으로써 중립의무를 위반하였다고 판단하였다. 동 사건 국가간의 분쟁이 인류역사상 최초로 근대적 중재재판에 회부되어 해결된 워싱턴조약의 3원칙은 1907년 해전중립조약에 반영되었다.

4. 유엔과 중립

㈎ 유엔이 안전보장이사회의 결정에 의하여 강제조치를 취하는 경우에는 회원국에 법적으로는 중립의 여지가 없다.

㈏ 즉, 중립을 취하는 회원국은 오히려 국제의무를 위반하게 되는 것이다.

㈐ 이런 점에서 전통적인 중립제도는 일정한 한도 내에서는 그 의미를 상실하게 되었다. 국제사회의 평화와 안전 유지에 대한 일차적 책임을 유엔 안전보장이사회에 위임하게 되어 유엔 회원국이 그 한도 내에서는 전통적인 의미의 중립을 선택할 여지를 스스로 봉쇄하여 버린 것으로 볼 수 있겠다.

제10장 | 국제환경법

제1절 국제환경법의 원칙과 그 특징 / 제2절 국제환경법의 연혁 / 제3절 국제환경기구 / 제4절 분야별 국제환경규범 / 제5절 환경보호와 국제책임

개발위주의 경제성장 및 산업화의 지속으로 생태계의 자정능력이 저하되어 지구 전체의 환경이 급속히 악화됨에 따라 환경문제는 전지구적 위기로서 인식되고 있다. 이에 따라 환경보전과 경제개발을 동시에 조화시키면서 지속가능한 경제성장을 달성하기 위한 논의가 종래의 국내적 차원에서 벗어나 국제적 차원으로까지 발전하게 되어 국제환경법이라는 독자적 영역이 구축되기에 이르렀다.

본장에서는 국제환경법의 기본원칙과 환경법의 발전 경과, 주요 환경조약의 핵심 내용에 대해 관심을 가질 필요가 있다.

제1절 국제환경법의 원칙과 그 특징

Ⅰ. 기본원칙

1. 영역사용의 관리책임원칙(월경 피해 방지의 원칙)

1) 비록 영토주권이 인정되더라도 자국 영토를 타국 영토 또는 타국의 권리에 해를 끼치는 방법으로 사용하거나 사용하도록 허가하여서는 안 된다는 원칙이다.

2) 이 원칙을 확인한 대표적인 판례는 1941년 Trail Smelter 중재사건 판결과 1948년 ICJ 의 Corfu 해협사건 판결이 있으며 1996년 핵무기 위협이나 사용의 적법성에 대한 ICJ의 권고적 의견에서도 동 원칙이 확인된 바 있다(Brownlie).

판례 **트레일제련소사건(Trail Smelter Arbitration, 1941년)**

〈사건개요〉 미국과 캐나다의 국경으로부터 10마일 떨어진 캐나다 영역 내의 콜롬비아강에 인접한 트레일에 위치한 캐나다의 민간제련소가 연과 아연을 대량생산하면서 다량의 아황산가스를 대기 중에 방출하여 이것이 대기를 통해 콜롬비아강에 인접한 미국 워싱턴주의 농작물과 산림에 큰 피해를 야기하였다. 이에 미국은 1931년 이후에 발생한 손해에 대하여 캐나다가 손해를 배상할 것을 청구하였는바, 이를 해결하기 위하여 양국 간 중재재판소가 설치되었다.

〈판례요지〉 중재재판소는 오염사건이 심각하여 중대한 결과를 초래하고 이로 인한 손해가 명백하고 설득력 있는 증거에 의해 입증되는 한 어떤 국가도 타국의 영역 또는 그 영역 내에 있는 국민의 신체와 재산에 대하여 이러한 대기오염에 의해 피해를 입히는 것과 같은 방법으로 자국영역을 사용하거나 사용하게 할 권리가 없다고 판시하였다. 동 판정은 어떠한 국가도 자국의 영토를 타국에 해를 주는 방법으로 사용하거나 사용하게 할 권리가 없다고 하는 영역사용의 관리책임 원칙이라는 국제환경법의 핵심원칙을 처음으로 선언하고 있다는 점에서 자주 원용되고 있다.

참고 제한적 영토주권론

영역사용의 관리책임원칙은 절대주권사상에 기초하고 있는 그간의 하몬주의(Harmon Doctrine)를 불식시키고 국제법상 확고히 자리 잡은 원칙인바, 1972년의 스톡홀름선언, 1974년 국경을 넘는 오염에 관한 OECD원칙, 1978년 UNEP의 공유천연자원에 관한 행동원칙, 1982년의 UN해양법협약, 1992년 환경과 개발에 관한 리우선언 등에서 일관되게 받아들여지고 있는 원칙이다.

2. 국제협력의 원칙

국제환경법상 국제협력은 정보교환, 긴급사태시 통보, 위험한 사업계획에 대한 사전협의 등을 주요 내용으로 포함하고 있다. 여러 국제 환경협약에서 널리 인정되고 있는 원칙이나 아직 그 의무내용이 구체화되어 규정되고 있지는 않다는 약점이 있다(정인섭).

3. 사전예방의 원칙

환경문제는 사후교정보다는 사전예방이 훨씬 중요한 의미를 갖는다. 리우 선언은 심각하거나 회복 불가능한 피해의 위협이 있는 경우, 사전예방의 원칙(precautionary principle)이 적용되어야 한다고 선언하고 있다. 사전예방의 원칙을 규정한 최초의 국제환경협약은 오존층 보호를 위한 비엔나협약(1985년)과 이에 대한 몬트리올 의정서(1987년)이다. 이 원칙이 국제관습법으로 확립되었는지에 대해서는 여전히 논란이 있다.

4. 오염자비용부담의 원칙(Polluter Pays Principle: PPP)

이 원칙은 리우선언 원칙 16에서 '국가는 오염자가 원칙적으로 오염의 비용을 부담하여야 한다는 원칙을 고려하여'라는 문구를 통하여 명문화되었다. 그러나 이 역시 아직 국제관습법으로 확립되지는 못한 것으로 평가된다.

5. 지속가능한 개발의 원칙

1992년 유엔환경개발회의 이후 지속가능한 개발의 원칙은 오늘날 국제환경법의 기본적 원칙의 하나로 자리잡아가고 있는바, 세대 간 형평의 원칙, 지속가능한 이용의 원칙, 공평한 이용의 원칙, 환경과 개발의 통합원칙 등으로 구분될 수 있다(오윤경 외). 그러나 아직 국제관습법 원칙으로 보기에는 내용의 구체성이 부족하다(정인섭).

6. 공동의 그러나 차별적인 책임(common but differentiated responsibility)

이 원칙은 크게 보면 형평의 원칙에서 유래하는 것으로서 개별국가의 상이한 개발능력과 역사적 책임 등을 고려하여 환경보호의 책임을 부담하여야 한다는 것이다. 즉, 경제적 능력을 보유하고 그간의 환경침해 상황에 책임정도가 큰 선진국에는 보다 강한 의무를 부담시키는 반면, 개도국에 대해서는 재정지원과 기술이전 등을 실시하는 형태로 발현된다(오윤경 외).

7. 환경영향평가

리우선언은 원칙 17에서 환경에 심각한 악영향을 끼칠 것으로 우려되는 활동에 대해서는 환경영향평가를 실시하도록 요구하고 있다. 유해폐기물에 관한 바젤협약, 기후변화협약, 생물다양성협약 등 여러 국제 환경협약에서 환경영향평가는 당사국의 의무로 규정되고 있다. 그러나 구체적으로 어떠한 방식으로 환경영향평가를 실시할지 여부는 여전히 각 체약당사국에 맡겨져 있다. 이 역시 아직 조약상 의무를 넘어 국제관습법의 수준에 도달하였다고 보기는 어렵다(정인섭).

Ⅱ. 국제환경법의 특징(준)

1. 이원적 법형식

UNEP(UN 환경기구)가 환경문제에 관한 협약을 체결하는 경우에는 일반적·추상적 규정을 담은 '골격협약'(framework convention)이 먼저 체결되고, 구체적·기술적 사항은 추후 체결되는 의정서(protocol) 또는 기술적 부속서(technical annexes)에 포함되는 것이 일반적 형태이다.

2. 조약상 의무의 보편화경향

국제 환경협약에는 보통 '일반적 의무'에 관한 조항이 삽입되어 있는데, 최근에는 이러한 의무를 대세적 의무(obligation erga omnes)로 파악해야 한다는 주장이 대두되고 있으며, 여러 가지 방법으로 환경관련 협약의 효력을 사실상 비체약국에 대하여도 미치게 하려는 노력이 경주되고 있다.

3. 연성법(soft law)의 중요성

국제환경법 분야에서는 다른 어떤 국제법 분야보다도 연성법의 역할이 중요하다. 명백한 과학적 입증은 부족하나 당장의 대응방안이 시급한 경우, 곧바로 구속력 있는 조약을 체결하는 것은 현실적으로 어려우므로 각종 선언, 행동계획, 권고 등을 통해 장기적으로 규범을 발전시켜갈 수 있다(정인섭).

4. 상호주의적 이행보장의 적용 불가

외교사절의 특권면제 등 전통 국제법 분야에서는 상호주의적 보장을 통해 이행이 확보되는 경우가 많으나 국제환경법은 그러한 방식이 불가능하다. 이웃나라가 오염방지를 게을리한다는 이유로 우리나라까지 오염방지를 포기할 수는 없기 때문이다. 따라서 국제환경법은 특별한 이행확보장치를 필요로 한다(정인섭).

5. 국제법의 선도적 역할과 비국가행위자들의 활발한 참여

환경법 영역에는 필요한 국제법이 우선 정립되고, 각국이 이를 국내적으로 이행하는 방식을 통하여 발전된 분야가 많으며, 아울러 NGO나 다국적기업들이 환경관련 국제법 정립 과정의 배후에서 적극적인 역할을 수행하고 있다는 특징이 있다(정인섭).

제2절 국제환경법의 연혁

Ⅰ. 스톡홀름회의 이전

1) 20세기에 들어서 환경보호를 위한 협약이 체결되기 시작하였고, 특히 1930년대에는 진정한 의미의 생태계보호협약이 체결되기에 이르렀다.

2) 1941년 Trail Smelter 사건, 1948년의 Corfu 해협사건 및 1957년의 Lanoux 호사건 등으로 제한적 영역주권 이론이 확립됨에 따라 동일한 맥락에서 자국영역에 대한 관리 책임에 기초하고 있는 환경오염으로 인한 국가책임의 원칙도 점차 확립되기에 이르렀다.

3) 국제환경법의 발전에는 유엔체제 하의 노력도 많은 기여를 하였다. 유엔체제 하의 환경법 발전의 역사적 계기로서는 유엔인간환경회의, 환경과 개발에 관한 세계위원회, 유엔환경개발회의 등을 들 수 있다.

Ⅱ. 유엔인간환경회의(일명 '스톡홀름회의')

1. 개 관

1972년 스웨덴 스톡홀름에서 개최된 유엔인간환경회의(U.N. Conference on the Human Environment)에서는 '인간환경선언'(일명 '스톡홀름선언')과 '행동계획'을 채택하고, UNEP (UN 환경계획기구)의 설립결의, 세계환경일 지정결의, 제2차 유엔인간환경회의의 개최결의, 핵실험금지결의 등 4개 결의를 채택하였다.

■ 이 회의는 인류 최초의 종합적 국제환경회의라고 할 수 있으며, 법적 구속력 있는 문서는 생산하지 못하였으나 국제환경문제를 일깨우는 중대한 계기를 제공하였다(정인섭). UNEP 역시 이 회의를 통하여 설립된 대표적인 환경문제 전담 국제기구이다.

2. 인간환경선언(Declaration on the Human Environment)

법적 구속력은 없으나 국제환경법의 이정표라는 평가를 받는 선언으로서 재생 가능한 자원의 합리적 사용 및 재생불가능한 자원의 보호, 현세대와 미래세대를 위한 환경보호 및 개선을 내용으로 한다.

3. 행동계획(Action Plan for the Human Environment)

1) 5개 분야에 걸친 109항목의 구체적 권고로 구성되어 있다.

2) 제1분야(인간주거의 계획·관리), 제2분야(환경적 측면에서의 천연자원관리), 제3분야(국제적 오염물질의 파악과 규제), 제4분야(교육·정보·사회·문화적 측면에서의 환경보호), 제5분야(환경정책의 개발저해금지).

Ⅲ. 환경과 개발에 관한 세계위원회(World Commission on Environment and Development; 일명 '브룬트란트' 위원회)

1. 구 성

1983년 UN 총회결의에 의해 설립되었으며 브룬트란트(Brundtland) 노르웨이 수상을 위원장으로 하였다.

2. 활동 및 결과

이 위원회는 환경문제의 여러 측면에 대해 논의하였으며, 그 결과 1987년 '우리 공동의 미래'라는 보고서를 공표하였다.

참고 1987년 브룬트란트(Brundtland)보고서

브룬트란트 위원회는 '우리 공동의 미래'(Our Common Future)라는 보고서를 작성하였는바, 동 보고서의 결론은 현재의 개발추세가 많은 사람들에게 가난을 악화시키고 환경을 파괴한다는 것, 가난과 국제적 불평등을 조속히 시정해야 한다는 것, 전 세계에 걸쳐, 먼 미래를 향하여 지속적인 개발을 추구해 나가야 한다는 것이다.

Ⅳ. UNCED(일명 '리우회의')

1. 개 관

1) 1992년 리오에서 유엔환경개발회의(U.N. Conference on Environment and Develop-

ment: UNCED)가 개최되어 '리우선언'과 '의제 21' 및 '산림원칙'을 채택했다.

2) 리우회의는 177개국이 참여한 대규모 회의였다. 동 회의 중에 '생물다양성협약'이 채택되었으며, '기후변화협약'이 동 회의에서 서명을 위하여 개방되었다.

2. 리우선언(Rio Declaration on Environment and Development)

동 선언은 개도국의 주장인 인간중심의 환경, 주권적 자원개발계획, 빈곤퇴치, 개도국의 특수사정 고려, 환경을 구실로 한 부당한 무역규제불가, 공동의 그러나 차등적인 책임부담의 내용이 포함됨과 아울러 선진국이 주장하는 환경파괴예방조치, 오염자비용부담원칙, 환경영향평가제의 도입이 동시에 규정되어 있다.

3. 의제 21(Agenda 21: 21세기를 향한 지구환경보전 종합실천계획)

1) '의제 21'은 리우선언의 시행을 위한 구체적 행동지침을 담은 일종의 실천강령이다(이, 이).

2) 전문과 4개 부문으로 구성되어 있는바, 제1부문은 사회·경제분야, 제2부문은 개발을 위한 자원의 보존과 관리, 제3부문은 주요그룹의 역할강화, 제4부문은 이행수단에 관한 것이다.

4. 지속개발위원회(Commission on Sustainable Development, CSD)의 설치

1) UNCED 회의 결과의 이행상황을 검토, 감시하기 위한 기구로서 '의제 21' 제38장에 의하여 그 설치가 규정되어 유엔경제사회이사회 산하에 설립되었다.

2) CSD는 또한 재정 및 기술이전의 상황과 관련하여 '의제 21'의 이행문제를 검토하도록 규정하고 있어 개도국의 입장에서 안전장치를 확보한 것으로 평가된다.

Ⅴ. 유엔환경특별총회(The 19th Special Session of the General Assembly of the United Nations, 유엔환경특별총회)

1997년 뉴욕 유엔본부에서 열린 유엔환경특별총회는 리우합의사항을 평가하고 이를 바탕으로 '의제 21 추가이행프로그램'을 채택하였는데 이는 지구환경보전을 위한 정치적 의지를 재결집하고 리우회의 합의사항을 체계적으로 재정비하는 계기가 되었다.

참고 지속가능한 개발(sustainable development)의 개념

1) 지속가능한 개발이란 1980년 IUCN이 UNEP, WWF의 협력으로 작성한 '세계자원보전전략'(World Conservation Strategy; WCS)에서 사용한 것이 최초이다.
2) 그 후 지속가능한 개발 개념은 '세계환경개발이사회'(WCED: 보통은 브룬트란트 이사회라고 함)가 작성한 'Our Common Future'에서 '인류는 발전을 지속가능한 것으로 할 수 있는 능력을 가지고 있다. 지속적 개발이란 '장래의 세대가 스스로의 욕구를 충족하는

능력을 손상함이 없이 현재 세대의 욕구를 만족시킬 수 있는 개발'을 의미한다고 정의하였다.

3) UNCED는 1992년의 리우환경회의에서 환경과 개발에 관한 리우선언 및 '의제 21'을 채택함으로써 지속가능한 개발의 목표를 확인하였으며, 또한 동 원칙의 의미와 실체를 보다 구체화하였다.

제3절 국제환경기구

Ⅰ. 보편적 기구

1. UNEP(UN Environment Programme)

1) 유엔환경계획은 1972년 Stockholm 에서 열린 유엔인간환경회의에서 설립된 기구로 보편적 국제기구 중 환경문제를 전담하는 대표적인 기구이다.

2) 다만, UNEP 는 유엔의 전문기구가 아니라 유엔의 보조기관에 불과하다.

2. FAO

식량농업기구는 유엔의 전문기구로서 농업생산과 식량생산의 개선을 목적으로 하며 이와 관련된 분야인 토양이나 수자원관리 등에 관여한다.

3. WMO

세계기상기구는 유엔의 전문기구로서 대기오염 및 오존층감소측정을 하며, 세계환경감시제도(GEMS)에도 참여한다.

4. UNESCO

UNESCO 는 유엔의 전문기구로서 인간과 환경의 상호작용에 관심을 갖고 이와 관련된 활동을 하고 있다.

5. IMO

국제해사기구는 유엔의 전문기구로 해양환경의 보존과 보호를 위한 활동을 하고 있다.

6. IAEA

국제원자력기구는 핵시설 및 핵물질의 안전, 방사능오염방지, 핵폐기물처리문제 등을 다룬다.

7. WHO

세계보건기구는 유엔의 전문기구로 인간의 건강증진을 목적으로 하므로 자연환경의 보호에 역시 깊이 관여한다.

8. GGGI

2012년 10월 18일자로 국제녹색성장기구(Global Green Growth Institute)가 서울에서 새로운 국제기구로 출범하였다. 이 기구는 저탄소 녹색성장 영역에서의 국제협력을 주도하고 있다.

9. GCF

한편 2013년 12월 4일자로 녹색기후기금(Green Climate Fund)이 인천 송도에서 새로운 국제기구로 출범하였다. 이 기구는 개도국의 녹색성장 프로젝트를 지원하고 지속가능한 성장을 도모할 수 있도록 다국적 기금을 조성, 지원하는 목표를 지향하고 있다.

Ⅱ. 지역적 기구

유럽지역에서는 유럽평의회, OECD, EU 등이 환경문제 해결을 위하여 지속적인 노력을 기울여 오고 있으며, 비유럽지역에서도 남태평양위원회, 국제공동위원회, 아세아·태평양경제사회이사회(ESCAP)가 주도적 역할을 담당하고 있다.

Ⅲ. NGO

그린피스(Greenpeace International), 세계보존연합(The World Conservation Union: IUCN이 개명한 것으로서 일부 국가와 정부기관들도 참여하고 있음), 세계자연기금(World-wide Fund for Nature: WWF), 시에라클럽(야생지역보호목적), 제3세계 네트워크 등 다양한 NGO들이 일반적 환경운동기구로서 혹은 특정 환경협약의 이행감시를 위한 기구로서 활동하고 있다.

제4절 분야별 국제환경규범

Ⅰ. 대기환경보호를 위한 국제규범

1. 오존층보호를 위한 협약

오존층은 태양의 자외선을 막는 보호막으로 오존층을 파괴하는 주요 물질은 인간이 만든 CFCs(염화불화탄소: 속칭 프레온가스), halons 및 그 관련물질에서 나오는 염소 및 브롬의 반작용인 것으로 확인되고 있다.

(1) 오존층보호를 위한 Vienna협약

1985년에 오존층보호를 위한 Vienna 협약이 체결되었으나, 선언적인 골격협약에 지나지 않아 그 실효성은 의문이었다.

(2) Montreal의정서

㈎ 1987년 오존층을 파괴하는 물질에 관한 Montreal 의정서가 채택되었는바, 1985년 Vienna 협약을 이행하기 위한 구체적 세부규칙을 포함하고 있다.

㈏ 동 의정서는 당시 GATT 의 법률전문가들이 GATT 제20조 (b)호의 보건·위생 관련 예외조항에 의하여 오존층 파괴물질에 대한 무역규제가 허용된다는 입장을 보여 미국의 주장에 따라 비가입국에 대한 통상제재규정을 두었다.

㈐ 비당사국과의 규제물질 교역을 금지하고 있으며 당사국 간의 교역은 허용되나 양적 규제방식을 도입하고 있다.

참고　환경과 무역규제

환경보호 목적달성을 위해 특정 물질이나 상품의 무역을 규제하고 있는 대표적인 협약으로는 몬트리올의정서, CITES, 바젤협약 등을 들 수 있다.

2. 기후변화협약

이산화탄소 같은 오염물질은 대기 중에 오염가스층을 형성하여 태양열을 가두어 두는 온실효과(greenhouse effect)를 일으켜 지구의 온도가 상승하고 가뭄과 사막화 및 해수면 상승을 초래한다.

1) 1992년 UNCED 에서 체결된 협정으로 대기 중 온실가스의 집중을 완화하여 기후체계에 대한 인위적 간섭을 방지하려는 것이다.

2) 각국은 온실가스배출에 대한 책임과 사회·경제적인 능력에 따라서 '공동의 그러나 차별적인 책임'(common but differentiated responsibilities)을 부담할 것이 요구된다

고 선언하고 있다.

3) 이에 따라 기후변화협약은 모든 당사국이 이행해야 할 공동 의무사항으로 온실가스 배출저감정책의 자체적 수립 및 이행과 관련 국가보고서 작성을 제시하고 있으며, 선진국들에게는 특정의무를 추가로 부담시키고 있다.

■ 기후변화협약은 당사국들을 선진국(부속서 I 당사국) 및 개도국(부속서 I 비당사국)으로 분류하며, 한국은 온실가스 감축의무를 부담하지 않는 부속서 I 비당사국(Non-Annex I)으로 분류됨.

참고 교토의정서

교토의정서는 온실가스의 안정화를 이루기 위해 선진국은 '2008~2012년(1차 공약기간)에 1990년 대비 평균 5% 이상의 온실가스 배출을 삭감'하도록 (협약과 달리) 구속력 있는 의무를 부과하고 있다. 교토의정서는 감축목표 달성 수단으로 국내적인 감축 정책 및 조치(policies and measures) 외에 온실가스 감축의무 이행의 보조수단으로 배출권거래(emissions trading), 공동이행(joint implementation), 청정개발체제(clean development mechanism) 배출권적립(banking) 등 시장원리에 기초한 메커니즘을 도입하였다.

참고 유엔 기후변화총회와 발리 로드맵

1) 지구온난화에 대한 국제사회의 관심이 크게 높아진 가운데 2007년 12월 발리에서 유엔 기후변화총회가 개최되었다. 유엔 기후변화총회는 'Post-2012 협상 로드맵(발리 로드맵)'을 채택하였다. 발리 로드맵은 교토의정서가 만료되는 2012년 이후 기후변화 대응체제 협상의 기본방향과 일정을 담은 협상규칙이다.
2) 발리 로드맵에 따르면, 미국과 개도국을 포함하는 모든 나라는 향후 온실가스 감축목표를 정하기 위한 협상을 2009년 말까지 마무리해야 한다.
3) 협상은 협약트랙(개도국과 선진국이 모두 참여하는 협상)과 의정서트랙(교토의정서에 구속되는 선진국들만 참여하는 협상)으로 이원화되어 진행된다.
4) 이 유엔 기후변화총회의 가장 큰 의의는 기존 교토의정서 체제에서 의무를 부담하지 않고 있던 미국과 개도국의 참여를 이끌어냈다는 점이다.

(외교부 보도자료 참고)

참고 코펜하겐 기후변화총회(2009년 12월)

1) 2007년 발리 로드맵에 따라 선진국과 개도국이 모두 참여하는 Post- 2012 온실가스 감축체제에 대한 합의를 2009년 12월 코펜하겐회의에서 타결하기로 하였으나, 주요 쟁점에 관한 선진·개도국 간 입장대립으로 협상의 타결이 어려워 보이자, 국제사회는 코펜하겐회의에서 새로운 협상시한 설정과 함께 추후 협상 타결을 위한 합의를 추구하였다.
2) 그러나 2009년 12월 코펜하겐에서 개최된 기후변화총회에서는 온실가스 감축, 대개도국 재정지원 등에 대한 선진국과 개도국 간 대립 심화로 구속력 있는 합의는 물론, 향후

협상 타결을 위한 정치적 합의문 채택에도 이르지 못하였다. 미국의 오바마 대통령 주도로 한국을 포함하여 중국, 인도, 브라질 등 주요 28개국 정상 및 대표가 비공식회합을 통해 "코펜하겐 합의문(Copenhagen Accord)"을 도출하기는 하였으나, 동 과정에 참석하지 못한 개도국이 의사결정 절차 및 투명성 문제를 제기하여 기후변화총회 차원의 채택에 실패한 것이다. 결국 "코펜하겐 합의문에 유의한다(take note)"라는 문안을 담은 당사국회의 결정문만이 채택되었다.

■ 코펜하겐 합의문 주요내용

- 부속서 I 당사국(선진국): 1990년(또는 2005년)을 기준으로 2020년까지의 온실가스 감축목표를 2010년 1월 31일까지 제출
- 부속서 I 비당사국: 자발적인 일방적 감축행동을 담은 국가보고서 제출 또는 선진국의 재정, 기술 지원을 받는 감축행동을 등록부에 등록
- 2012년까지 300억불, 2020년까지 연간 1,000억불 규모 재원을 선진국 공동으로 조성

(외교부 홈페이지 참고)

참고 Post-2020 신기후협상

1) 2011년 제17차 당사국총회(COP17, 더반)에서는 2020년 이후 모든 당사국이 참여하는 새로운 기후변화체제 수립을 위한 '더반플랫폼(Durban Platform)' 협상을 출범시키기로 합의하였다. 이에 따라 2012년 초부터 Post-2020 체제를 위한 협상이 2015년 타결을 목표로 시작되었다.
2) 2013년 제19차 당사국총회(COP, 바르샤바)에서 당사국들은 지구 기온 상승을 산업화 이전 대비 2℃ 이내로 억제하기 위해 필요한 2020년 이후의 '온실가스 감축 공약(INDCs, Intended Nationally Determined Contribution)'을 자체적으로 결정하여, 2015년 제21차 당사국총회(COP21, 파리) 훨씬 이전에 사무국에 제출하기로 하였다.
3) 협상타결 시한을 1년여 앞두고 2014년 12월 페루 리마에서 개최된 당사국총회(COP20)에서는 국별 기여공약(INDC) 제출 절차 및 일정을 규정하고, 기여공약에 반드시 포함되어야 할 정보 등에 관한 '리마선언(Lima Call for Climate Action)'이 채택되고, 2015년 합의문의 주요요소가 제시되었다. 이를 토대로 2015년 12월 파리에서 개최된 제21차 당사국총회에서 신기후협상이 타결되어 향후 기후변화에 대응하기 위한 새로운 법적 기반이 마련되었다.

(외교부 홈페이지 참고)

Ⅱ. 생물다양성보호를 위한 국제규범

생물다양성(biological diversity)이란 살아 있는 모든 유기체의 다양성을 의미한다. 다시 말해서 육지·해양·수중생태계와 생태적 복합체를 말한다(유).

1. 생물다양성협약

1) 1992년 UNCED에서 기후변화협약과 함께 채택되었다.

2) 당사자들은 보존과 지속가능한 이용을 위한 국내입법 등의 조치를 취하여야 한다.

3) 보존의 방법으로 현지 내(원래 위치의) 보존과 현지 외(원래 위치 밖의) 보존의 두 가지 방법이 있다(유).

2. 습지보호협약(Ramsar협약)

1) 공식명칭은 '물새서식처로서 국제적으로 중요한 습지에 관한 협약'이며 1971년 이란의 Ramsar에서 채택되었다. 동식물서식처 보호목적으로 채택된 최초의 협약이나 활동이 저조하다가 90년대 들어 생물다양성의 원천으로서 습지의 중요성이 부각됨에 따라 주요 협약으로 대두되었다.

2) 협약의 목표는 물새가 서식하는 세계적으로 중요한 습지를 국제적으로 보호하는 것이다. 협약당사국은 Ramsar 습지목록에 들어갈 1개 이상의 습지를 지정하여야 하며 국내습지에는 자연보호구(nature reserves)를 설치하도록 권고하였다.

3) 한국은 강원도 인제군 대암산 용늪을 습지목록에 등록시켰으며 국내 이행입법으로 습지보전법을 1999년 제정하였다.

3. 멸종위기에 있는 야생 동·식물종의 국제거래에 관한 협약

1) 1973년 멸종위기에 있는 야생동식물종의 국제거래에 관한 워싱턴협약(the Convention on International Trade in Endangered Species of Wild Fauna and Flora: CITES)이 체결되어 1975년 발효하였다.

2) 협약은 1,000여 종의 협약대상 동식물을 규제 정도에 따라 3개의 부속서에 나누어 등재하고 거래에 대한 수출·수입증명서 발급요건을 규정하고 있는바, 부속서 I은 코뿔소·호랑이 등 현재 멸종위기에 처해 있어 특별히 엄격한 규제를 요하는 동식물 등이 규정되어 있고, 부속서 II는 노루, 곰 등 현재 멸종위기에는 처해 있지 않으나 엄격한 규제를 요하는 야생동식물 등이 규정되어 있으며, 부속서 III은 개별 당사국이 자국 내 동식물 중 규제대상으로 요청한 종으로서, 동 요청국가와의 거래시 부속서 II에 준하는 제한을 가하고 있다.

3) 부속서 I의 동식물은 수출국의 수출증명서와 수입국의 수입증명서가 모두 있어야 교역이 가능하며 부속서 II와 III에 속하는 동식물은 수출국의 수출허가서만 있으면 교역이 가능하다. 그러나 동 협약은 그 시행이 체약국들에 맡겨져 있고 많은 예외규정을 두고 있으며 특히 이러한 국제거래의 상당 부분이 비당사국을 통한 밀수를 통해 이루어진다는 점에서 약점을 안고 있다.

Ⅲ. 해양환경보호를 위한 국제규범

해양환경보호의 가장 보편적인 협정은 1982년 유엔해양법협약에 규정되어 있으므로 여기서는 기타 해양환경보호에 관한 국제법만을 설명한다.

1. 1954년 석유에 의한 오염방지를 위한 국제협약

1) 동 협약은 해양오염에 관한 최초의 국제협약이다.

2) 동 협약은 기국주의(旗國主義)를 택하고 있는 등 많은 문제가 있어 1973년 MARPOL 협약에 의해 대체되었다.

2. 1969년 석유오염손해의 민사책임에 관한 국제협약 및 1976년 및 1984년 의정서

브뤼셀협약 또는 1984년 책임협약이라고도 불리는데, 이 협약의 적용대상은 당사국의 영토 및 영해에서 일어난 오염손해와 오염손해의 예방조치에만 적용된다.

■ 동 협약에 의하여 손해배상청구를 한 사람이 충분하고 적절한 배상을 받지 못한 경우를 대비하여 1971년 국제보상기금협약(International Oil Pollution Compensation Fund)이 체결되어 있다.

3. 1969년 석유오염사고시 공해상 개입에 관한 국제협약

동 협약은 공해상의 석유오염사고 시 연안국가들이 자국에 미치는 부정적 영향을 방지하기 위하여 공해상에서도 필요한 조치를 취할 수 있다고 규정하고 있다.

4. 1972년 폐기물 및 기타 물질의 투기(dumping)에 의한 해양오염방지에 관한 런던협약 1996년 개정의정서

동 협약은 내수를 제외한 모든 해양에서의 선박, 항공기, 인공해양구조물로부터의 폐기물 및 기타 물질의 고의투기를 규제대상으로 하며, '진정한' 의미의 최초의 해양환경분야 국제협약이다.

5. 1973년 선박오염방지에 관한 국제협약과 1978년 의정서

1) 선박오염방지에 관한 국제협약(International Convention for the Prevention of Pollution from Ships: MARPOL), 일명 MARPOL 협약은 1954년의 협약을 대체한 것이다.

2) MARPOL 협약은 선박기름, 해로운 액체물질, 선박에 포장된 유해물질, 선박하수, 선박폐기물(쓰레기) 등에 의한 오염방지를 다루고 있다.

6. 1990년 석유오염의 준비, 대응 및 협약에 관한 국제협약

동 협약은 석유오염사고시 신속하고 효율적인 행동으로 피해를 최소화하고 석유오염사고에 대비하여 상호원조 및 국제협력을 수행하기 위하여 체결되었다.

■ 기타 지역적 차원의 협약도 다수 체결되어 있다.

Ⅳ. 극지의 환경보호

남극과 북극에서의 인간의 활동 역시 증가함에 따라 이 지역에서의 환경보호 문제가 새로운 주목을 받고 있다.

1. 남극조약체제

1959년의 남극조약을 기초로 하여 남극생물을 보존 및 보호하는 조약들이 체결되었고 1991년 남극환경을 보호하는 포괄적인 남극조약의정서가 체결되었다.

2. 남극의 생물자원보호

1) 1972년 남극물개보존협약

2) 1980년 남극해양생물보존에 관한 협약: 남극지역의 모든 해양생물자원의 보존을 위하여 그 어획을 규제하는 협약이다.

3. 1988년 남극광물자원활동의 규제에 관한 조약

이 조약은 남극에서의 광물자원 탐사, 채굴활동을 체계적으로 규율하는 내용을 담고 있다.

4. 1991년 환경보호에 관한 남극조약의정서(Protocol on the Environmental Protection to the Antarctic Treaty: 일명 마드리드의정서)

1) 전문과 27개 조문 및 네 개의 부속서로 되어 있다.

2) 부속서Ⅰ은 환경영향평가, 부속서Ⅱ는 남극동물 및 식물자원보존, 부속서Ⅲ은 쓰레기(폐기물)처리와 관리, 부속서Ⅳ는 해양오염방지에 관한 것이다.

3) 동 의정서는 다른 남극조약을 수정하는 것이 아니라 보충하는 것이다.

■ 동 의정서는 또한 과학적 조사연구가 아닌 광물자원에 관련된 모든 행동을 최소한 향후 50년 간 금지하고 있어 1988년 남극광물자원활동규제조약과 대조된다.

5. 북극해의 이용

1) 대륙으로 이루어져 있어 여러 국가의 관심을 일찍부터 받아 온 남극과는 달리 빙하와 얼음으로만 이루어져 있는 북극해는 상대적으로 관심이 저조하였다. 따라서 북극에 관해서는 국제북극과학위원회와 같은 NGO가 활동하고 있으나, 구체적인 국제협약은 전무한 상태이다.

2) 그러나 최근 지구온난화로 인하여 북극해의 해빙이 촉진되고 해로가 개발됨에 따라 북극해 연안 8개국(캐나다, 러시아, 미국, 덴마크, 노르웨이, 스웨덴, 아이슬란드, 핀란드)은 1996년 북극이사회(Arctic Council)를 결성하여 이 지역에 대한 새로운 규범을 도입하고자 하는 움직임을 보이고 있다.

3) 이러한 규범에는 북극해에서의 해난사고로 인한 구조 및 환경보호 장치 마련

도 중요한 항목으로 포함되어 있다.

V. 기 타

1. 1989년 유독성폐기물의 국경을 넘는 이동과 그 처리의 통제에 관한 Basel협약(Basel Convention on the Control of Transboundary Movements of Hazardous Wastes and Their Disposal)

(1) 유독성(유해성)폐기물의 정의

㈎ '폐기물'(waste)이란 국내법규정에 의거하여 요구되는 물질 또는 대상을 말한다.

㈏ '처리'(disposal)란 매립, 소각 등 최종적 처리뿐만 아니라, 재활용 등의 목적에 사용될 폐기물도 협약의 적용을 받는다.

▩ 방사능폐기물은 IAEA가, MARPOL은 IMO가 관장하기 때문에 Basel협약의 적용대상이 아니다.

(2) 규제조치

Basel 협약은 유독성폐기물의 국제이동을 완전히 금지하는 것이 아니라 그 이동이 매우 어렵고 비용이 들도록 하였다.

㈎ 비체약국에 대한 수출은 원칙적으로 금지된다.

㈏ 남극지역, 즉 남위 60도 이남의 지역에 대한 수출은 절대적으로 금지된다.

㈐ 국내입법으로 모든 폐기물의 수입을 금지한 국가에 대한 수출은 금지된다.

㈑ 수출국의 시각에서 폐기물을 환경적으로 건전하게(environmentally sound way) 처리하지 못할 것으로 판단되는 국가에 대한 수출도 금지된다.

▩ 결국, 유독성폐기물의 수입 또는 수출의 실질적 요건은 수출국의 합리적 판단으로 수입국이 당해 폐기물을 환경적으로 건전하게 관리할 수 있을지의 여부라 할 것이다.

2. 핵폐기물에 관한 국제협약(제9장 제3절 Ⅱ. 군축에 있어서 유엔의 역할 참고)

㈎ 1963년의 부분적 핵실험금지조약(PTBT).

㈏ 1986년 핵물질사고 조기통보에 관한 협약.

㈐ 1986년 핵물질사고 또는 방사능 비상사태의 경우 원조에 관한 협약.

제5절 환경보호와 국제책임

Ⅰ. 서 론

일반국제법상 각국은 자국관할 내의 위험한 활동으로 인해 타국의 영역이나 재산 및 사람이 부당한 피해를 입는 것을 방지할 의무가 있다. 이른바 '월경피해 방지의무'는 국제관습법상 확립된 국가의 기본적 의무인바, 영역주권의 배타적 행사에 대한 제한을 의미한다(최승환).

■ 환경오염에 대한 국가의 책임이 문제가 되는 경우 전통적 국가책임과 해로운 결과책임 등을 논의할 수 있으나, 아직은 실정법상 전통적인 국가책임론만 적용가능함을 유의해야 한다.

Ⅱ. 국제위법행위로 인한 책임

1. 요 건

초국경적 환경오염으로 인한 국제책임에 관한 국제판례에 따르면 과실(고의 포함)을 요건으로 하고 있으므로, 국가가 사인의 환경오염행위에 대하여 '상당한 주의의무'(due diligence)를 다한 경우에는 국가책임은 성립하지 않는다.

2. 국제실행

초국경적 대기오염에 관한 1941년 Trail Smelter 중재사건, 국제하천의 사용에 관한 1957년의 Lanoux 호사건과 1968년의 Gut Dam 사건, 대기중 방사능오염과 관련된 ICJ 의 1974년 핵실험사건이 있다(Trail Smelter사건과 Lanoux 호사건을 '절대책임'을 인정한 판례로 보는 견해도 있다).

■ 1948년의 Corfu 해협사건은 알바니아 영해 내의 기뢰부설로 인한 국가책임과 관련된 사안으로 영역사용의 관리책임의 원칙의 형성에는 기여하였으나 그 사건내용은 환경오염과는 무관하다.

Ⅲ. 위험한 결과책임

1. 대두 배경

초국경적 환경오염의 심각성에 비추어 전통국제법상의 요건인 국제불법행위의 존재 여부와 관계 없이 또한 국가행위로의 귀속성 여부와 관계 없이 오염유발국에 대하여 엄격책임(strict liability) 또는 절대책임(absolute liability)을 지게 하려는 시도이나, 이러한 적법행위책임은 아직 국제관습법상 확립되지 못하고 있다.

2. 이론의 발전

1972년 우주물체에 의하여 야기된 손해에 대한 국제책임협약 등이 국가의 무과실 책임원칙을 규정한 사례가 있으며, ILC 는 각종 무과실책임원칙을 규정한 여러 협약들을 일반화하려는 시도로서 '국제법상 금지되지 않은 해로운 결과책임에 관한 협약' 초안에 대해 계속 논의하고 있다(제7장 국가책임론 참조).

참고　국제환경법의 이행확보제도

(1) 개　요

일반적으로 가장 확실한 법규 이행확보제도는 국내법체계에서와 같은 소송제도이겠지만 특히 국제환경법에서는 이러한 소송제도를 이용하는데 한계가 있다. 다수의 국제 환경협약이 국제인권법에서 활용되는 이행감독체제 등을 활용하고 있다.

(2) 이행감독체제의 내용

1) 국제인권법에서 활용되고 있는 국가보고의무, 국가 간 고발제도, 개인의 청원제도 등을 환경법에서 활용하는 방안에 대한 논의가 많다.

2) 몬트리올의정서는 정교한 국가보고제도를 채택하고 있으며, 이행위원회가 이행을 감독하고 있다.

3) 국제환경법에서 NGO나 개인들의 역할이 높아지고 있다. 이를 반영하여 개인청원제도를 도입하려는 노력도 보이고 있다. NAFTA부속협정인 북아메리카환경협력협정(NAAEC)은 개인청원제도를 도입하고 있다.

제11장 | 국제경제법

제1절 국제경제법의 연혁 / 제2절 WTO의 기본구조와 기본원리 / 제3절 WTO협정의 체계 및 주요내용 / 제4절 WTO분쟁해결절차 / 제5절 미국과 유럽연합의 통상법 / 제6절 신무역의제 / 제7절 남북문제 — 국제개발법

국제경제법은 국제통상 등에 있어서 국가간 권리·의무를 다루는 공법적 성격의 체제이며, 국제거래법은 기업의 국제거래에 관한 법체제로서 공무원 시험에서는 국제거래법이 아닌 국제경제법 분야가 출제된다.

국제경제법에서는 무엇보다도 WTO체제가 가장 중요하다. WTO의 기본 구조와 기본 원칙, 주요 부속협정의 특징, 분쟁해결절차 등이 가장 핵심적인 개념이라고 볼 수 있다.

본서는 상당히 자세한 설명을 담고 있는데 이는 일반적인 수험범위를 훨씬 넘어선 내용들을 포함하고 있다. 따라서 그러한 점을 고려하여 GATT/ WTO의 기본 구조와 원리, WTO 협정문의 구성과 WTO 설립협정의 주요내용, 그리고 분쟁해결절차를 중심으로 살펴보아야 할 것이며, '제3절 Ⅶ. 기타의 부속협정' 등 나머지 부분은 전반적인 흐름을 이해하기 위한 차원에서 대략적으로 살펴보면 충분할 것이다.

제1절 국제경제법의 연혁

Ⅰ. Bretton Woods System — 삼주(三柱)체제

1. IMF와 IBRD

1944년 미국 New Hampshire 주의 Bretton Woods 에서 열린 국제회의에서 참가국들은 전후의 국제통화질서와 국제투자를 관장하는 국제기구를 설립하기로 하는 두 개의 협정에 합의하였는데, 이들 협정에 근거하여 설립된 국제기구가 바로 각각 IMF 와 IBRD 이다.

(1) IMF(International Monetary Fund)

㈎ IMF, 즉 국제통화기금은 미국의 막강한 경제력과 기축통화인 달러화에 대한 절대적 신용을 바탕으로 금환본위제도를 채택하였다.

㈏ 미국은 국제유동성을 적절히 공급하고, 나머지 회원국들은 단기적 국제수지적자에 대비하여 어느 정도의 준비화와 달러화로 대외준비자산을 보유하도록 하였다.

㈐ IMF 의 회원국은 성격상 두 가지로 구분되는바, 협정 제8조에 따라 회원국의

일반적 의무를 지켜야 하는 '8조국'과 협정 제14조에 의하여 과도적 조치를 취하고 있는 '14조국'으로 나뉜다(한국은 1989년부터 '8조국'으로 이행하였다).

■ 8조의 의무는 (i) 국제수지의 경상지불에 관한 제한을 철폐하는 것, (ii) 차별적 통화조치를 배제하는 것, (iii) 외국이 보유한 자국통화의 잔액에 교환성을 부여하는 것 등이다.

㈑ IMF는 최고의사결정기구인 총회(Board of Governors)와 총회로부터 권한을 위임받아 IMF의 통상업무를 수행하는 집행이사회(Executive Board), 평의회, 잠정위원회 및 총재, 부총재 등으로 구성되어 있다. 각 회원국은 자국 재무장관이나 중앙은행총재 등을 총회의 위원(Governor)과 대리위원으로 임명한다(최승환).

㈒ IMF는 가중투표제도를 채택하고 있어서 각 회원국은 자국의 쿼터에 비례하여 투표권을 갖게 된다(이는 기계적인 주권평등원칙에 대한 국가들의 자발적인 "조정"이라고 볼 수도 있을 것이다).

참고 SDR(특별인출권)

SDR(Special Drawing Rights)이란, 1969년의 IMF협정의 제1차 개정을 통하여 각국의 국제수지악화를 해소하고 국제유동성을 공급하기 위하여 IMF가 계획적으로 창출한 준비자산이다. SDR은 IMF가 국제적인 합의를 통하여 계획적으로 창출하는 자산이라는 점에서 금이나 달러화와 같은 기존의 준비자산과는 근본적으로 다르다. 창출된 SDR은 각국의 IMF쿼터에 비례하여 배분되는데, SDR은 IMF로부터 통화를 인출할 수 있는 권리가 아니고, IMF 내 다른 회원국으로부터 통화를 수취하게 되는 권리이다.

(2) IBRD(International Bank for Reconstruction and Development)

㈎ IBRD, 즉 국제부흥개발은행 내지 세계은행은 제2차대전의 피해복구와 전후 경제부흥에 소요되는 대규모 장기자금의 공급을 목적으로 탄생하였다. 그러나 현재에는 완전히 개발도상국 지원만을 담당하고 있다.

㈏ IBRD는 상환전망이 확실하고, 차입국정부나 중앙은행이 상환을 보장하는 수익성 있는 생산적인 특정프로젝트를 대상으로 융자를 실시한다.

㈐ IBRD는 총회, 상무이사회, 총재, 사무국 등으로 구성되어 있으며 총회는 최고의사결정기구로서 각 회원국은 자국 재무장관이나 중앙은행총재를 총회의 위원이나 대리위원으로 임명한다. 매년 1회 IMF와 합동연차총회를 개최하는 것이 관례이다. 집행이사회는 총회로부터 위임받은 권한에 따라 IBRD의 일상업무를 관장한다(최승환).

㈑ IBRD에 가입하기 위해서는 우선 IMF에 가입하여야 한다. 투표권에 있어서 IBRD 회원국들은 기본적으로 250표를 받고 자국보유 출자금의 비율에 따라 추가투표권을 할당받는 가중치 다수결방식을 도입하고 있다(최승환).

참고 세계은행

IBRD를 보통 '세계은행'(World Bank)이라고 부르는데, 보다 넓은 의미의 세계은행은 IBRD, IDA, IFC, MIGA, ICSID를 포함하여 World Bank Group이라 부른다. 이들 모두 개발도상국에 대한 지원을 목적으로 하고 있으나 그 구체적 내용은 다르다. 우선 IBRD는 융자운영에 있어서 대상사업의 경제성이 크게 중시된다. 따라서 일반자금 이자율을 감당할 수 없는 사업에 대한 융자가 불가능하기 때문에 경제성 없는 사회적 성격의 사업에 대하여도 매우 낮은 이자율로 자금융자를 할 수 있도록 하기 위하여 IDA(International Development Association), 즉 국제개발협회가 창설된 것이다. 또한 IBRD는 각국 정부에 대하여 정부보증사업에 대해서만 대출지원을 하므로 정부보증 없이도 기업에 직접투자할 수 있도록 하기 위하여 IFC(International Finance Corporation), 즉 국제금융공사가 설립되었다. 참고로, 정치불안, 내란 등 비상업적 위험요소로 인한 투자손실을 보장해 주기 위하여 1985년 다자간투자보증기구(MIGA)가 IBRD의 산하기구로서 설립되었다. ICSID에 대해서는 제8장 중재재판 관련 부분 참조.

2. GATT

1) 1946년부터는 국제무역기구인 ITO(International Trade Organization)를 설립하기 위한 노력이 경주되었으나, 미국의회가 1948년의 Havana Conference 에서 채택된 ITO 헌장(Havana Charter)의 비준을 거부함으로써 ITO 의 창설은 좌절되었다.

2) 이리하여 Bretton Woods System 이라는 삼주체제의 마지막 기둥이 빠지게 되었으나, 위 Havana Conference 이전인 1947년에 완성된 GATT(General Agreements on Tariffs and Trade)협정이 동년 말에 체결된 잠정적용의정서(Protocol of Provisional Application)에 의하여 1948년부터 적용되어 불완전하나마 Bretton Woods System 의 삼주체제가 가동되게 되었다.

참고 GATT와 ITO의 관계

GATT협정과 ITO헌장은 별개로 준비되었던 문서로서 GATT협정 자체는 기본적으로는 관세양허협상의 결과와 관세양허의 면탈을 방지하기 위한 몇 가지 보호규정(protective clauses)을 담고 있는 데 불과하다. 이러한 보호규정들이 바로 후술하는 최혜국대우, 내국민대우, 수량제한금지원칙 등이다.

3) 이와 같이 GATT 는 국제기구가 아니라 하나의 협정에 불과한 것이었으나, 전후의 국제무역질서에 대한 가장 중요하고 실효적인 규범으로 기능하였다.

■ GATT는 국제기구가 아니므로 당연히 유엔의 전문기관이 아니었으며, WTO도 유엔의 전문기관이 아니다.

3. GATT/WTO, IMF 및 IBRD 상호간의 관계

GATT/WTO, IMF 및 IBRD는 하나의 국제경제체제 하에서 국제무역, 국제통화 및 국제투자라는 각기 서로 다른 수단을 사용하여 세계경제의 자유화 및 확대라는 목표를 달성하기 위하여 상호 밀접한 연관성을 가지고 활동하고 있다.

Ⅱ. Bretton Woods System의 변화

1. Bretton Woods 국제통화질서의 붕괴

1) 전후의 Bretton Woods 국제통화체제는 달러가 금에 고정적으로 연결되어 국제거래통화로 사용되고 다른 주요 통화들도 달러에 고정되어 있는 금태환본위제(gold-exchange standard)이었으나 1971년 8월 닉슨 대통령은 달러의 금태환을 정지시키는 신경제정책을 발표하였다.

2) 1971년부터 각국이 변동환율제를 채택함으로써 Bretton Woods 통화질서는 붕괴하고 말았다.

3) 이러한 변화를 반영하여 1976년 자메이카의 킹스턴(Kingston)에서 개최된 IMF 회의에서 협정의 제2차 개정을 통하여 변동환율제와 SDR 본위를 내용으로 하는 새로운 국제통화질서인 킹스턴체제를 발족시킴으로써 Bretton Woods 체제는 공식적으로 소멸하였다.

2. GATT체제의 변화

(1) 개발도상국의 도전

㈎ 1960년대 들어서 신생독립국들의 발언권이 강화되어 GATT 체제도 상당한 구조적 변화를 경험하였다.

㈏ 흔히 남북문제라고도 하는 문제로서 1964년의 UNCTAD 창설, 1965년 GATT 제4부(무역과 개발에 관한 장)의 도입, 1974년 신국제경제질서(NIEO)의 선언 등을 들 수 있다.

■ 1947년의 GATT협정문에도 개발도상국에 대하여 일정한 특권을 부여하는 제18조의 규정이 있었다.

(2) 지역주의

㈎ GATT의 다자주의(multilateralism)를 잠식하는 지역주의(regionalism)의 움직임이 활발하여 EC(EU)를 필두로 하여 APEC, NAFTA 등이 결성되었다.

㈏ GATT 1947에도 제24조를 두어 일정한 요건을 갖춘 지역협정에 대하여 MFN 원칙 등에 대한 예외를 인정하고 있다. 즉, 동조는 (i) 국경무역(frontier trade), (ii) 관세동맹(customs union), (iii) 자유무역지대(free trade area) 등의 지역협정에 대하여

GATT 의무로부터의 예외를 인정하고 있다.

㈐ 지역주의는 다자간체제의 초기단계로서 다자주의를 보완한다는 긍정적 평가와 지역주의는 적어도 비회원국에 대해서는 차별적이며, 이는 GATT 최혜국대우원칙에 위배된다는 상반된 평가가 있다.

㈑ 우리나라는 2004년 4월 칠레와의 FTA(자유무역협정)를 필두로 여러 국가와의 동시다발적인 FTA 를 추진하는 등 다자주의의 틀에만 머물지 않고 지역주의 역시 대외통상정책의 주요목표로 설정하여 다자주의를 보완하고 있다. 특히 미국과의 FTA 는 2012년 3월 15일 발효하였고, EU 와의 FTA 는 2011년 7월 1일 잠정 발효하였다. 가장 최근에는 2015년 12월 20일 중국, 베트남, 뉴질랜드와의 FTA 가 각각 발효하는 등 2016년 1월 현재 우리나라는 모두 15개의 FTA 를 발효시켜 52개국과 자유교역을 실시하고 있다. 한편, 미국을 중심으로 환태평양 지역의 주요 국가들이 참여하는 Mega-FTA 인 "환태평양자유무역협정(Trans-Pacific Partnership: TPP)"이 2015년 10월 타결되어 국제교역질서의 재정립에 중요한 지각변동을 초래할 것으로 예상되고 있고 우리나라 역시 이에 대한 가입 여부를 검토하고 있는 상황이다. TPP 를 비롯하여 최근 진행되는 이러한 대규모 FTA 로서, RCEP(Regional Comprehensive Economic Partnership), TTIP(Transatlantic Trade and Investment Partnership), FTAAP(Free Trade Area of the Asia-Pacific) 등을 보면 FTA 가 점차 블록화, 복수국화, 대형화하고 있음을 알 수 있으며 이는 WTO 중심의 다자간체제에 중요한 도전을 제시하고 있다.

Ⅲ. GATT의 다자간 협상

1. 케네디라운드 이전

1) 처음 다섯 번의 라운드는 관세인하협상이었으며, 제5차 라운드를 '딜론라운드'라고도 한다.

2) 이후의 라운드에서는 이러한 관세인하협상 이외에도 무역자유화를 위한 다수의 협정이 체결되었다.

2. 케네디라운드(제6차)

1964년부터 시작하여 1967년에 종결된 Kennedy Round 에서는 관세인하협상 이외에도 비관세장벽제거를 위한 노력의 일환으로 반덤핑협정을 체결하였다.

3. 도쿄라운드(제7차)

1973년부터 시작하여 1979년에 종결된 Tokyo Round 에서는 관세인하협상 이외에도 중요한 비관세장벽(Non-Trade Barriers: NTB)에 관련된 9개의 다자간 부수협정(Code)이 체결되었다.

4. 우루과이라운드(제8차)

(1) 협상배경

㈎ 위 9개의 Code 는 GATT 의 모든 회원국이 당사자가 아닌 복수국 간 협정에 불과하였다.

㈏ 1980년 들어 선진국들의 신보호무역주의가 강화되었는바, VER(수출자율규제), OMA(시장질서유지협정) 등의 회색지대조치가 범람하였고, 특히 반덤핑조치가 보호무역의 수단으로 남용되었다.

㈐ 농산물, 섬유, 국제투자, 서비스, 지적 재산권과 같은 분야의 국제경제에서 차지하는 비중이 증가하였으나, GATT 체제는 이들 분야에 대한 효율적인 규제수단을 결여하고 있었다.

(2) 협상경과

㈎ UR 협상은 1986년 9월 남미 우루과이의 Punta del Este 각료회의를 통하여 공식적으로 출범하였다.

㈏ 1993년 12월 15일, 약 7년여를 끌었던 UR 협상이 최종타결되었다.

㈐ 동 협상결과인 UR 협정은 1994년 4월 15일 모로코의 Marrakesh 각료회의에서 정식으로 서명되었다.

㈑ 그리하여 종래의 불완전한 GATT 를 대체하여 완전한 국제기구의 성격을 구비한 WTO(세계무역기구)가 1995년 1월 1일부터 출범하였다.

5. 도하개발아젠다(Doha Development Agenda, DDA협상으로 부름)

2001년 11월 제4차 WTO 각료회의가 카타르의 도하에서 개최되어 도하개발아젠다(DDA) 협상의 출범을 결정하였다. DDA 협상에서는 시장접근, WTO 규범(반덤핑, 보조금, 지역무역협정), 농업, 서비스, 환경 등이 다루어지고 있다. 그러나 농업 부분의 협상이 진척되지 못하자 2006년 7월 파스칼 라미 당시 WTO 사무총장은 협상 중단을 선언하였다. 그 후 2007년 1월 다보스 포럼의 소규모 각료회의에서 DDA 협상 재개가 합의되었고 다자간 제네바 프로세스와 함께 미국, EU, 브라질, 인도(소위 G4) 간 협의가 진행되었으나 G4간 농업 분야에 대한 이견차로 인해 실질적인 논의가 지속되지 못하고 있었다. 2007년 7월 농업 및 비농산물 협상 그룹 의장이 각 분야별 초안을 배포한 이후 제네바를 중심으로 한 다자간 절차가 진행되고 있다. 2010년 11월 서울에서 개최된 G-20회의에서 이 분야의 새로운 모멘텀이 제공되었으나 2011년 상반기를 목표로 한 타결시한을 지키는 데 실패하였다(외교통상부 보도자료 참조). 2013년 12월 3일에서 6일까지 인도네시아 발리에서 개최된 제9차 WTO 각료회의는 새로운 전기를 일단 제공하였다. 이 회의에서는 무역원활화 협정, 농업협정 일부 이슈, 그리고 최빈개도국 지원조치 등 기존의 도하라운드에서 논의되던 세 가지 항목에서 일단 타결을 달성하여 향후 새로운 동력으로 도하라운드 협상이 진행될 수 있는 환경을 일단 마련한 것으로 평가되고 있다. 그러나 도하라운드 핵심 쟁점에 대한 여러 국가의 이견과 미·중 간의 통상분쟁 등 여러 복잡한 변수를 감안하면 향후 도하라운드 협상이 어떻게 진행될 것인지는 여전히 불투명한 상황이다. 2015년 12월 케냐 나이로비에서 개최된 제10차 각료회의에서 새로운 진로모색을 위한 토의가 전개되었으나 명확한 로드맵이 아직 제시되고 있지는 않다.

Ⅳ. OECD

1. 의 의

OECD(Organization for Economic Cooperation and Development) 기본협약(Convention)에 의하면 동 기구는 회원국들의 경제성장을 촉진하고 세계경제발전에 기여하며, 개도국에 대한 원조와 다자간 자유무역원칙에 의한 세계무역의 확대를 그 목적으로 하고 있다.

2. 연 혁

OECD 는 제2차대전으로 붕괴된 유럽경제의 부흥을 목적으로 한 미국의 마샬 플랜의 효과적인 집행을 위해 1948년에 조직된 유럽경제협력기구(Organisation for European Economic Co-operation: OEEC)를 전신으로 하고 있다. 그러나 EEC 의 출범으로 OEEC 의 회원국에 대한 통제가 약화되자 미국은 OEEC 를 대체할 기구로서 1961년 선진공업국의 경제협력기구인 OECD 를 발족시켰다.

3. 회원국의 의무

(1) 일반적 의무

㈎ OECD 의 설립목적의 지지 및 제규정을 원칙적으로 수락할 의무가 있다.

㈏ OECD 예산을 분담하는 분담금 납부의무가 있다.

(2) 권고적 의무

㈎ GATT 11조 및 IMF 8조국으로 이행하여야 한다.

■ GATT 11조는 수출입에 대한 수량제한을 전적으로 폐지하고 국내산업의 보호를 위해서는 관세만을 인정한다는 원칙으로, 우리나라는 1990년 1월 1일 GATT 11조국으로 이행하였다.

㈏ 개도국에 대한 일정수준 이상의 개발원조를 제공하여야 한다.

■ OECD회원국은 GNP의 0.7% 이상의 원조제공을 권고받고 있다.

(3) 자유화의무

㈎ 국제 간 서비스 및 자본거래에 자유화의무를 규정하고 있는 경상무역 외 거래

자유화규약과 자본이동자유화규약을 준수해야 할 의무가 있다.

(나) 다만, 가입국의 경제상황에 따라 가입시 일부 규약의 유보 또는 전면적인 면제가 가능하다.

■ OECD는 2016년 현재 34개 회원국으로 구성되어 있으며 본부는 프랑스 파리에 위치하고 있다.

제2절 WTO의 기본구조와 기본원리

Ⅰ. WTO의 기본구조

WTO 설립협정 제4조(세계무역기구의 구조)에 규정되어 있다.

1. 각료회의(Ministerial Conference)

1) 각료회의는 WTO 의 모든 회원국으로 구성되며, 최소한 2년에 1회 이상 개최되어야 한다.

2) 각료회의는 특별위원회인 무역개발위원회(Committee on Trade and Development), 국제수지위원회(Committee on Balance-of-Payments Restriction), 예산·재정·행정위원회(Committee on Budget, Finance and Administration)를 설치한다.

■ 원래 WTO 각료회의는 최소 2년에 1회 이상 개최하도록 되어 있으나 2005년 제6차 홍콩 각료회의 이후 4년 만인 2009년에 제7차 각료회의가 제네바에서 개최되었다. 2007년도에는 회원국들이 DDA협상에 집중함에 따라 정기 각료회의가 개최되지 않았던 것이다. 가장 최근에는 2013년 12월 3~7일 인도네시아 발리에서 제9차 각료회의가 개최되어 Bali Package라는 결정이 도출되었으며, 2015년 제10차 각료회의는 2015년 12월 15~18일간 케냐 나이로비에서 개최되었다.

2. 일반이사회(General Council)

1) 모든 회원국의 대표로 구성되며 각료회의의 비회기 기간중 각료회의의 기능을 수행한다.

2) 일반이사회는 분쟁해결기구(DSB)의 임무를 수행하고, 무역정책검토기구의 임무를 수행한다.

3. 분야별 이사회

1) 일반이사회 산하에 상품무역이사회(Council for Trade in Goods), 서비스무역이

사회(Council for Trade in Services), 무역관련 지적재산권이사회(Council for Trade-Related Aspects of Intellectual Property Rights)가 설치되어 있다.

2) 위 위원회는 WTO 협정의 부속서 1A, 1B, 1C 에 대한 사항을 각각 규율한다(「제3절 부속서」 I. 2. 참고).

■ WTO의 위 기관들의 업무를 보조하는 기관으로서 사무국(Secretariat)이 있는바, 이는 의사결정기관으로서의 지위를 갖지 않으나 실질적으로 중요한 기능을 수행한다. 사무총장(Director General)은 각료회의에서 임명하며, 그 직원은 국제공무원이다. 현재 사무총장은 브라질 국적의 호베르토 아제베도이며 대략 600여명의 국제공무원이 WTO사무국에서 근무하고 있다.

Ⅱ. WTO체제의 기본원리

GATT 1947 제1조 최혜국대우(MFN)원칙과 제3조 내국민대우(national treatment)원칙은 WTO 에서도 GATT 1994를 통해 그대로 인정되고 있는 WTO 체제의 가장 핵심적인 원칙이다. 또한, 제11조 수량제한 금지의 원칙(본장 제3절 Ⅲ. 참조)도 중요한 기본 원칙으로 제시되고 있다.

■ 투명성의 원칙을 기본원칙으로 제시하는 학자도 있다.

1. 최혜국대우(MFN: Most-Favored Nation Treatment)원칙

(1) 의 의

MFN 원칙은 물품의 '수출입'과 관련하여 어떤 다른 국가에 부여한 최고우대조치를 다른 체약국에도 부여할 것을 요구하는 원칙이다.

(2) 적용범위

(가) 동종물품(like product)의 수입과 수출에 적용되므로 동종물품의 범위를 결정하는 것이 매우 중요하며, GATS 에서는 동종서비스(like services)의 범위결정문제로 나타난다.

■ 수입물품이 관세양허한 물품과 '동종상품'이 아닌 경우에는 수입국가로서는 당해 물품의 수출국에 대하여 최혜국대우를 부여할 의무가 없다.

(나) GATT 에는 동종물품에 대한 정의규정을 두지 않고 있으며, 비슷한 개념이 산재되어 있으나, 이들 용어들은 각 조문의 규율목적에 따라 해석상 차이가 있다.

참고 조건부 MFN과 무조건부 MFN

20세기 초 미국은 조건부 MFN방식을 취하여, 상응하는 양허를 부여해주는 상대국에 대해서만 최혜국대우를 부여하였다. 이를 조건부 MFN이라 하는데, 조건부 방식은 복잡한 조건을 맞추어 합의하기가 어려워 1923년 이후 무조건부 MFN으로 전환하였다. 현재

GATT/WTO체제에서는 명시적으로 무조건적인 MFN제도를 택하고 있다(고준성 외 16인, 국제경제법).

(3) MFN원칙과 예외조항

(가) 영연방국가, 프랑스동맹지역 등에 대한 역사적 예외가 인정된다.

(나) GATT 제24조 지역무역협정(관세동맹, 자유무역지대)과 국경무역(인접국가간의 일정한 교역)에서 MFN 예외가 인정된다.

(다) 반덤핑관세와 상계관세 부과, 그리고 분쟁해결절차에 의한 정당한 보복조치도 결국 MFN 의 예외와 같은 효과를 갖는다.

(라) GATT 제4부에 근거를 두고 있는 GSP도 개발도상국에 대하여 특혜를 주는 것이어서 MFN 원칙의 예외가 된다.

■ 일반적 예외, 안전보장 예외, waiver 예외도 MFN의 예외로 볼 수 있다(후술참고).

(4) MFN원칙과 원산지규정(원산지협정 부분 참고)

(가) MFN 원칙은 위와 같은 많은 예외가 인정되는 등 수입품의 통관단계에서 차별적인 규제제도가 존재하고 있기 때문에 그 수출국을 확정하는 것이 매우 중요한 문제로 등장하게 된다.

(나) 각국은 서로 다른 원산지규정을 두고 있기 때문에 이를 자의적으로 운용한다면 MFN 원칙이 몰각될 수도 있는 것이다.

2. 내국민대우(National Treatment)원칙

(1) 의 의

내국민대우원칙은 외국산 물품이라도 일단 수입이 완료된 후에는 자국산 물품과 동등한 대우를 하여야 한다는 것이다.

참고 제3조(National Treatment on Internal Taxation and Regulation)

제1항: 체약국은 내국세, 기타 내국과징금과 상품의 국내판매, 판매를 위한 제의, 구매, 운송, 분배 또는 사용에 영향을 주는 법률, 규칙, 기타 요건 및 일정한 수량 또는 비율에 의한 상품의 혼합, 가공 또는 사용을 요구하는 내국의 수량규제가 국내생산을 보호하기 위한 목적으로 수입상품 또는 국내상품에 적용되어서는 아니 된다는 것을 인정한다.

제2항: 일방 체약국의 상품이 다른 상대 체약국의 영역 내에 수입되는 경우, 상대 체약국은 동종의 국내상품에 직접 또는 간접으로 부과하는 내국세 또는 기타 모든 과징금의 한도를 초과하는 내국세 및 기타의 내국과징금을 직접 또는 간접적으로 부과하여서는 아니 된다. 또한 어떠한 체약국도 본조 제1항에 규정된 원칙에 위배되는 여타 방법으로 내국세 및 기타 내국과징금을 수입상품 또는 내국상품에 부과하여서는

아니 된다.

■ 제2항에 관한 주석: 제2항의 첫번째 문장의 요건에 합치하는 조세는 과세상품을 일방으로, 유사한 방법으로 과세되지 아니한 직접적 경쟁상품 또는 대체상품(directly competitive or substitutable product: DCSP)을 타방으로 하여 양자 간에 경쟁이 있는 경우에 한하여 두 번째 문장의 규정에 합치하지 아니하는 것으로 간주한다.

제4항: 체약국 영역의 상품으로서 타 체약국의 영역에 수입되는 상품은 수입국 내에서의 판매 및 판매를 위한 제의, 구입, 수송, 분배 또는 사용에 영향을 미치는 모든 법률, 규칙 및 기타 요건에 관하여 국내원산의 동종상품에 허용되고 있는 대우보다 불리한 대우를 받지 아니한다. 본 항의 규정은 상품의 원산국에 따른 차별이 아니라 전적으로 교통수단의 경제적 운영에 입각하여 국내운임료를 적용하는 것을 방해하지 않는다.

(2) 내국민대우원칙과 국내정책과의 충돌

㈎ WTO/GATT 관련 분쟁의 상당수가 그 청구원인으로 GATT 제3조의 내국민대우원칙 위반을 원용하고 있다.

㈏ 이는 국산품애용과 같은 국내정책에 대한 규제를 의미하기 때문에 매우 민감한 문제이다.

(3) 내국민대우원칙의 내용

내국민대우원칙은 일단 외국상품이 국내에 수입된 후에는 국내동종물품에 비하여 세제나 기타 경쟁관계에 영향을 미치는 법 또는 규제에 있어서 불리한 대우를 받아서는 안 된다는 원칙이기 때문에 내국민대우원칙 위반인지를 판단하기 위한 선결사항은 비교대상이 되는 수입품과 국산품이 동종물품인지를 판단하는 것이다.

참고　동종물품관련 사례

1995년의 한미자동차분쟁에서 우리나라의 자동차누진세구조가 자동차배기량에 따라 대형차에 고율의 세금이 부과되기 때문에 외제대형차는 국내소형차보다 그 구입시 고율의 세금이 부과된다. 따라서 이 사건이 WTO분쟁해결절차에 회부된다면 외제대형차와 국내소형차를 동종물품으로 볼 것인가에 따라 사건의 결론이 좌우된다. 만약 동종물품으로 판단된다면 이미 차등의 세금이 부과되고 있음은 명백하기 때문에 예외사유에 해당하지 않는 한 GATT 제3조의 내국민대우원칙위반이 될 수 있기 때문이다(장승화). 또한 소주와 위스키의 동종물품 여부도 동일한 분석구조를 갖고 있다.

㈎ 내국세와 내국민대우원칙(제3조 2항): GATT 가맹국은 수입품에 대하여 동종의 국내상품에 부과하는 것보다도 높은 내국세 기타 과징금을 여하한 방법에 의하여도 수입품에 부과하여서는 안 된다.

㈏ 정부규제(governmental regulation)와 내국민대우원칙(제3조 4항): 내국세 및 기타 각종 요금에 있어서의 차별 이외에 정부규제에 있어서의 차별대우를 금지하고 있다.

㈐ 혼합상품과 내국민대우원칙(제3조 5항): (i) 국내법 규제로 상품 구성성분의 일정량 또는 일정 비율 이상 국산품을 사용하도록 강제하는 것을 금지하고 있다. (ii) 예컨대, 마가린을 국내에서 생산할 때는 적어도 국내에서 생산된 마가린이나 버터를 20% 이상 함유하여야 한다는 혼합요건(mixing requirement)을 법에서 규정하고 있으면 제3조 5항 위반이다.

(4) 내국민대우원칙의 예외

㈎ 정부조달(제3조 8항 1호)(정부조달협정 부분 참고): 정부조달협정의 가입국에 한해 정부조달에 있어서는 GATT 의 내국민대우 적용을 배제하고 정부조달협정의 내국민대우조항이 적용되어 국내상품을 우선적으로 구매할 수 있다.

■ 일반적 예외, 안전보장 예외, waiver 예외도 당연히 적용된다(후술 참고).

㈏ 생산자보조금(제3조 8항 2호): 국내생산자에 한하여 보조금을 지급하는 것은 허용된다. 다만, 조세감면 등의 방식이 아니라 현금지급 등의 적극적 방식이어야 한다.

㈐ 스크린쿼터제(제3조 10항, 제4조): GATT 에는 국내제작 영화의 상영시간을 할당할 수 있음을 명시하고 있어 내국민대우원칙의 예외를 인정하고 있다.

(5) 기타 내국민대우원칙이 문제되는 경우

㈎ 환경문제: GATT 의무의 일반적 예외규정인 제20조는 환경과 관련된 항목을 규정하고 있다(GATT의 일반적 예외 부분 참고).

㈏ 제품표준 및 기술적 무역장벽(TBT 부분 참고): 표준화나 인증제도 등은 본래 수입상품을 배제하는 것을 목적으로 하는 것은 아니라 규격 등이 국제적으로 널리 채용되고 있는 것보다 필요 이상으로 엄격하거나 인증제도가 필요 이상으로 엄격하게 적용되면 결과적으로 국제무역을 저해하게 되고 국내상품과 차별적 취급을 하는 것과 동일한 작용을 한다.

㈐ 서비스무역: 서비스무역에 관한 부분에 있어서는 상품무역과는 다른 방법으로 내국민대우원칙이 적용된다. 즉, 상품무역에 있어서는 내국민대우의무가 일반적 의무로 되어 있음에 반하여 서비스무역에서는 구체적 약속(specific commitment)의 형태로 규정되어 있다.

참고 GATT체제와 WTO체제의 비교

(1) 법적 지위

GATT는 엄밀한 의미에서의 국제기구에 해당되지 아니하는 단순한 국제협정에 불과하나, WTO는 국제기구로서의 법인격을 갖고 있다.

(2) **분쟁해결절차의 정비**(본장 제4절 WTO분쟁해결절차 부분 참고)

종래의 분쟁해결절차는 많은 시일이 소요되고 GATT규정 전체에 걸쳐 각 분야별로 산재하여 있으며 회원국에 대한 구속력이 약하다는 비판이 있어 왔으나, 이를 획기적으로 정비하였다.

(3) **규율범위의 확대**

기존의 GATT가 상품의 교역에 한정된 반면에, WTO는 상품뿐만 아니라, 서비스, 지적재산권 및 무역관련투자도 그 규율대상으로 포함하고 있다.

(4) **교역국의 시장개방**

WTO에서는 공산품에 대한 관세를 획기적으로 인하하였고, 일정 유예기간을 거쳐 농산물에 대한 시장접근 및 섬유·의복에 대한 교역자유화가 실현되게 되었다.

(5) **국제무역규범의 강화**

반덤핑협정, 보조금 및 상계관세협정·긴급수입제한협정을 각각 체결하여 그 발동요건을 강화시켰다.

제3절 WTO협정의 체계 및 주요내용

Ⅰ. WTO협정문의 구성

1. WTO설립협정

WTO 설립협정은 16개 조항으로 구성되어 있는 WTO 설립협정 본문과 4개의 부속서(Annexes)로 되어 있다.

■ WTO설립협정의 공식명칭은 '세계무역기구설립을 위한 마라케쉬협정'(Marrakesh Agreement Establishing the World Trade Organization)이다.

2. 부 속 서

부속서 1, 2 및 3은 모든 WTO 회원국에 의무적으로 적용되는 17개의 MTA 로 구성되어 있으며, 부속서 4는 협정을 수락하기로 약속한 회원국들에게만 적용되는 PTA 이다. 부속서는 WTO 체제의 실체법을 담고 있으므로 이 부속서의 구조를 잘 숙지하고 있어야 한다.

(1) 다자간 무역협정(MTA: Multilateral Trade Agreement)

㈎ Annex 1A: 상품교역협정(13개)

a) GATT 1994

b) WTO 로 복귀하는 협정: 농산물, 섬유(MFA)

c) 기존 도쿄라운드 협정 중 개정 및 다자화된 분야: 기술장벽, 반덤핑, 관세평가, 수입허가절차, 보조금 및 상계관세.

d) 새롭게 도입된 다자협정: 위생 및 검역조치, 무역관련 투자조치, 선적 전 검사, 원산지규정, 긴급수입제한조치.

㈏ Annex 1B: 서비스협정(GATS)

㈐ Annex 1C: 지적재산권협정(TRIPs)

㈑ Annex 2: 분쟁해결양해(DSU)

㈒ Annex 3: 무역정책검토제도(TPRM: Trade Policy Review Mechanism)

(2) 복수간 무역협정(PTA: Plurilateral Trade Agreement): Annex 4

도쿄라운드 MTN 중 다자화되지 않은 분야로서 정부조달에 관한 협정, 민간항공기무역협정, 국제낙농협약, 국제우육협정 등 네 가지가 있었으나, 1997년 말 일반이사회결정으로 국제낙농협정과 국제우육협정은 삭제되었다.

■ WTO부속서는 WTO설립협정과 불가분의 일체를 이루므로 WTO회원국은 당연히 부속서 MTA상에 열거되어 있는 개별협정의 당사국이 되지만 PTA의 협정에 대하여는 개별적으로 수락한 국가에 대해서만 효력이 있다. 가령 한국은 정부조달에 관한 협정과 민간항공기무역 협정에 모두 당사국이다.

Ⅱ. WTO설립협정의 주요내용

WTO 설립협정 제4조에 규정되어 있는 WTO 의 기본구조에 관해서는 이미 설명하였으므로 여기서는 이를 제외한 나머지 부분에 관해서만 설명한다.

1. WTO기능(제3조)

1) WTO 는 WTO 설립협정 및 MTA 의 이행, 관리 및 운영을 촉진하고 그 목적을 증진하며 또한 PTA 의 이행, 관리 및 운영을 위한 틀을 제공한다.

2) WTO 는 회원국 간의 다자간무역관계에 관하여 그들 간의 협상을 위한 장 및 협상결과의 이행을 위한 틀을 제공한다.

3) WTO 는 DSU 를 시행한다.

4) WTO 는 회원국의 TPRM 을 시행한다.

5) WTO 는 IMF 와 IBRD 및 관련 산하기구들과 협력한다.

2. WTO의 운영

(1) 의사결정(제9조)

㈎ 원 칙 — consensus: WTO 는 1947년도 GATT 에서 지켜졌던 consensus 에 의한 결정의 관행을 원칙적으로 유지한다.

㈏ 예 외 — 다수결: (i) consensus 에 의한 결정이 이루어지지 아니하는 경우에는 다수결로 결정하는데, 각료회의와 일반이사회의 결정은 투표과반수에 의한다. (ii) 각 회원국은 하나의 투표권을 가지나, EU 가 투표하는 경우는 그 회원국 수만큼의 투표권을 갖는다.

㈐ 특수문제

a) WTO 설립협정과 MTA 의 해석문제: 각료회의와 일반이사회는 WTO 설립협정과 MTA 의 독점적 해석권을 갖는바, 해석의 채택 여부에 대한 결정은 회원국 4분의 3 이상의 다수결에 의한다.

b) waiver 문제: waiver(의무면제) 부여 여부는 각료회의의 결정사항이다.

㈀ WTO 설립협정에 관한 waiver: 동 결정은 면제요청 후 90일 이내에는 총의에 의한 해결을 시도하고 90일 이후에는 각료회의에서 4분의 3의 다수결에 의하여 결정한다.

㈁ '부속서 1'의 MTA 에 관한 waiver: 동 결정은 90일 내에 각종 위원회가 각료회의에 보고서를 제출한 뒤에 4분의 3의 다수결에 의한다.

■ PTA 하에서의 결정(협정에 관한 해석 및 waiver 여부의 결정 포함)은 그 협정 자체의 고유한 규정에 의할 뿐이라는 점에서 전술한 규정이 적용되지 않는다. 또한 GATT 제25조도 waiver에 관한 규정이다.

(2) WTO협정의 개정(제10조)

전술한 의사결정의 특수문제 중의 하나이나, 각종 WTO 협정들의 중요성이 모두 동일한 것은 아니므로 그 중요도에 따라 의사결정방법에 차이가 있다. 제10조는 매우 복잡한 내용으로 되어 있으나, 다음과 같이 단순화시켜 볼 수 있다.

㈎ 일반조항의 개정: 회원국 3분의 2의 다수결에 의한다.

㈏ 모든 회원이 수락해야 효력이 발생하는 개정

a) WTO 설립협정 제9조(의사결정) 및 제10조(개정)

b) 1994년도 GATT 제1조(MFN 원칙) 및 제2조(관세양허)

c) 서비스무역에 관한 일반협정 제2조 1항(MFN 원칙)

d) 무역관련 지적재산권에 관한 협정 제4조(MFN 원칙).

■ 유의할 것은 이 경우도 원칙적인 의사결정방식인 consensus가 이루어지지 않았을 경우에 비로소 행해지는 다수결의 의결정족수라는 점이다.

3. 가입(제12조) 및 탈퇴(제15조)

(1) 가 입

원회원국 또는 잠정회원국에 속하지 않는 국가는 각료회의가 WTO 회원국 3분의 2 이상의 다수결에 의하여 가입조건에 관한 합의를 승인한 경우에 신규회원국이 될 수 있다. 2017년 1월 현재 WTO 회원국은 모두 164개국이다.

■ 2001년 11월의 제4차 WTO각료회의에서는 중국과 대만의 WTO가입을 승인하는 결정을 채택하였는데, 양국은 가입에 필요한 국내절차를 완료한 후 2002년부터 WTO 정식회원국으로 활동하고 있다. 최근 가입한 국가들로는 2012년 상반기에 가입한 러시아와 바누아투가 있으며, 2013년 2월 라오스, 3월 타지키스탄에 대한 가입이 WTO 일반이사회에서 최종승인되어 각각 158번, 159번째 회원국이 되었다. 2015년 11월 30일에는 카자흐스탄이 오랜 기간 진행된 가입조건 협상을 거쳐 162번째 회원국이 되었으며, 근래에는 2016년 7월 14일 라이베리아, 7월 29일 아프가니스탄이 승인을 거쳐 163번, 164번째 회원국으로 등록되었다.

(2) 탈 퇴

회원국은 WTO 사무총장에게 서면으로 탈퇴의사를 통보하여야 하며 탈퇴통보가 WTO 사무총장에게 접수된 후 6월이 경과한 날부터 발효한다.

4. 기타규정(제16조)

1) 제16조는 '기타규정'이라는 제목이 붙어 있으나 다음과 같이 법적으로 중요한 원칙들을 규정하고 있다.

2) 달리 규정되지 아니하는 한, WTO 는 1947년도 GATT 의 틀 내에서 이루어진 결정, 절차 및 통상적인 관행에 따른다.

3) WTO 설립협정의 규정과 부속서상의 다자간무역협정의 규정이 상충하는 경우, WTO 설립협정의 규정이 우선한다.

■ WTO설립협정의 부속서 1A(상품교역협정)에 속한 13개의 협정들 중 GATT 1994와 다른 12개의 상품교역협정들이 충돌하는 경우에는 각 분야별 상세사항을 규정한 12개의 상품교역협정들이 우선한다.

4) 각 회원국은 자기 나라의 법률, 규정, 행정절차가 부속협정상 자기 나라의 의무에 합치될 것을 보장한다. UN 해양법협약처럼 WTO 협정의 어느 규정에 대하여서도 유보를 할 수 없으나 부속협정의 유보는 각 규정에 따라 일정 범위 내에서 가능하다. WTO 협정의 정본은 영어, 프랑스어, 스페인어로 작성되었다.

Ⅲ. 1994년 관세 및 무역에 관한 일반협정(GATT 1994)

GATT 제1조(MFN 원칙), 제3조(내국민대우원칙)와 제24조(지역주의경제) 등 주요 규정들은 이미 설명하였으므로 이들을 제외한 나머지 규정만을 설명하기로 한다. GATT 1994는 부속서 1A 상품교역협정의 핵심협정이며 다른 상품교역협정들은 사실상 GATT 1994의 개별조항들을 좀 더 상세하게 규정한 것에 지나지 않는다고도 할 수 있다. 주의할 것은 GATT 1994협정과 부속서 1A 의 기타 상품교역협정 사이에 충돌이 있는 경우 기타 상품교역협정이 특별법으로 취급되어 우선적으로 적용된다는 점이다.

1. GATT 1994의 구성

1) GATT 1947.

2) WTO 협정 발효일 이전까지 GATT 1947 하에서 발효한 관세양허 및 가입의정서 등의 법률문서.

3) 1994년 관세 및 무역협정의 해석에 관한 6개의 양해.

4) 1994년 마라케쉬의정서(GATT 1994에 부속된 문서이므로 상품교역에 관한 것이며, 여기에는 각국의 양허표(Schedule)가 첨부되어 있다).

참고 GATT 1947의 중요성

1947년 GATT조문은 전문, 총 4부 38조의 본문 및 부속서의 세 부분으로 구성되어 있는바, 위와 같이 1947년 GATT협정은 1994년 GATT협정의 일부분을 구성하고 있으므로, 종전의 GATT의 규정과 그 해석론은 WTO체제 하에서도 필요한 수정을 거쳐 여전히 유효하다고 할 것이다(WTO설립협정 제16조 1항). 다만, 1947년 GATT 자체는 1947년 GATT 및 WTO협정의 과도기적 공존에 관한 결정에 따라 1년 동안의 공존기간이 경과된 1995년 12월 31일자로 역사 속으로 사라졌다.

---

2. 주요내용

(1) 관세양허(제2조)

㈎ 의 의: 관세양허란 회원국이 특정품목에 대해 일정수준 이상의 관세를 부과하지 아니하겠다는 약속(Commitment)으로 이 약속은 해당 국가의 양허표(Schedule)에 나타나 있으며, 양허표에 명시된 품목을 '양허품목'이라 한다(이상윤).

㈏ 내 용: GATT 제2조는 각 회원국은 다른 회원국의 교역에 대하여 본 협정에 부속된 해당 양허표에 규정된 것보다 불리한 대우를 하여서는 아니 된다고 규정하는 등, 양허의 면탈을 방지하기 위한 여러 규정을 두고 있다.

㈐ 양허표의 수정: (i) 관세양허표는 불변의 것이 아니라 수정될 수 있는바, GATT 제3부에서 주로 규정하고 있다. (ii) 양허수정의 형태는 여러 번에 걸친 각종 Round 등을 통한 일반관세협상과 신규회원국에 대한 가입관세협상 및 일정한 경우에 인정되는 양허의 수정 및 철회의 세 가지 방식이 있다.

㈑ 양허표와 상품분류: 특히 문제되는 것은 상품분류 문제인바, 1952년 관세협력

이사회(Customs Cooperation Council: CCC)를 설립하고 상품분류의 국제적 통일을 꾀하였으며, 1988년부터 HS(Harmonized System)를 제정하여 시행하고 있다.

■ GATT(General Agreement on Tariffs and Trade)라는 용어에서 볼 수 있듯이 GATT 체제는 관세양허의 균형 위에 존재하는 것이며, GATT의 각종 행위준칙(Code of Conduct)은 관세양허의 면탈을 방지하기 위한 규정이라고 보아도 과언이 아니다.

(2) 관세평가 및 관세행정

관세평가(제7조) 및 원산지표시(제9조) 등이 규정되어 있는바, 이들의 중요성에 비추어 WTO는 별도의 부속협정을 마련해 놓고 있다.

(3) 수량제한 금지원칙(제11조)

㈎ 의 의: (i) 수입에 대한 수량제한(quantitative restriction)은 관세의 부과와 같이 인위적으로 수입가격을 올리는 것이 아니라, 수입가격과는 상관없이 수입품의 수량에 대해 직접적으로 제한을 가하는 조치이다(이상윤). (ii) 대표적인 것이 수입쿼터(quota) 제도인바, 쿼터란 일정기간 동안에 특정상품에 대해 정해진 수량(또는 가격)만큼만 수입될 수 있도록 한 일종의 행정명령이며 그 한도를 초과한 수입은 어떠한 가격에서라도 할 수 없게 되어 있다.

㈏ 원 칙: 상품의 수출입할당, 수출입허가 등 수량제한적인 조치는 원칙적으로 허용되지 않는다. 다시 말해, 무역을 규제하려면 관세나 부과금을 통해서 해야 하며 수량제한 방식은 사용해서는 안 된다는 원칙이다.

㈐ 예 외: (i) 식량 등 부족상태의 해소를 위한 수출제한(제11조 2항 1호), (ii) 분류 또는 규격과 관련된 제한(2호, TBT협정과 관련), (iii) 농산품의 수출입제한(3호).

㈑ 수량제한의 비차별적용(제13조): 쿼터 자체가 원래 차별적인 성격을 가지고 있는 것이기 때문에 수량제한에는 적용되지 않는 GATT 제1조와는 별도로 쿼터제 실시에 따른 최혜국대우원칙을 규정하고 있다.

(4) GATT와 국제수지

㈎ 무역제한조치: GATT는 국제수지(BOP)가 악화되는 경우를 GATT 의무준수의 예외상황으로 보아 무역제한조치를 취할 수 있다는 규정을 두고 있는바, GATT 제12조와 제18조 B항이 그것이다.

㈏ 준수사항: 국제수지를 이유로 한 수량제한조치를 취하는 경우에도 무차별대우원칙에 입각하여 시행해야 한다(GATT 제13조). 다만, 일정한 조건 하에서 무차별원칙에 대한 예외도 인정된다(GATT 제14조).

(5) 국영무역(제17조)

㈎ 의 의: (i) 국영무역(state trading)이란 체약국에 의해 설립되고 혹은 유지되는 국영기업 혹은 독점적 또는 특권적 권한을 부여받은 기업이 행하는 무역이다. (ii) GATT는

국영무역을 행하는 것 자체를 부정하지는 않으나 그 폐해를 방지하기 위한 규정을 두었는 바, 그것이 바로 GATT 제17조이다.

참고 WTO 정부조달협정(Agreement on Government Procurement: GPA)

a) 연혁과 특징: 1979년 도쿄라운드의 Code 중의 하나였던 정부조달협정의 문제점을 시정하여 WTO 정부조달협정에서는 (i) 적용범위를 물품뿐만 아니라 건설 및 서비스계약 분야에까지 확대하였고 (ii) 적용대상이 되는 발주기관(contracting entities)으로 중앙정부뿐만 아니라 지방자치단체와 공기업까지 추가되었으며 (iii) 발주기관이 낙찰(awarding of contracts)에 대한 조건으로 대응구매(offset)를 요구할 수 없도록 하였고 (iv) 당사국들은 효과적인 입찰이의절차를 마련하도록 하였다.

■ 대응구매란 국산부품사용, 기술사용허가 등과 같은 요건을 통하여 국내개발을 장려하거나 국제수지를 개선하기 위해 사용되는 조치를 의미한다.
■ GATT 제17조 2항에도 동 조항은 국영무역에 관한 일반조항인 동조 1항이 정부가 직접적 또는 최종적으로 소비하기 위한 물품의 구입에는 적용되지 않는다는 규정을 두고 있었으며, 내국민대우원칙에 관한 조항인 GATT 제3조 8항에서도 정부조달부분을 동원칙의 예외로 인정하였었다.

b) 적용범위: (i) WTO 정부조달협정은 대표적인 PTA이며 24번째 가입 당사국인 한국에 대해서는 1997년 1월 1일부로 효력이 발생하였다. (ii) 중앙정부와 지방정부, 정부의 통제 또는 영향력 하에 있는 민간기업, 즉 공기업(예컨대 조폐공사)의 조달에 대하여 적용된다(따라서 전 세계적으로 진전되고 있는 민영화(privatization)는 정부조달협정의 양허대상 범위의 축소와 관련하여 보상을 포함하여 여러 가지 복잡한 법률문제를 야기하고 있다). (ii) 가입국은 중앙정부, 지방정부, 공기업의 각각에 대하여 양허표를 제출하여야 하며 양허된 발주기관도 모든 발주에 대하여 WTO 정부조달협정이 적용되는 것이 아니라 물품, 서비스, 건설에 대하여 각각 양허한 금액 이상의 액수에 달하는 정부조달에 대해서만 WTO 정부조달협정이 적용된다.

c) 기본원칙과 예외: 내국민대우원칙과 비차별원칙(non-discrimination)을 규정하고 있으며 국가안보와 일반적 예외에 대한 조문을 두고 있다.

d) 기타 정부조달협정에 대하여도 WTO분쟁해결 양해가 적용되나 동 협정은 PTA, 즉 복수국간 무역협정이기 때문에 다른 협정과의 교차보복은 허용되지 않는다.

참고 WTO 신공항건설공단사건

인천신공항건설공단은 WTO 정부조달협정에 가입 시 제출한 우리나라의 국별양허표의 Annex 3, 즉 공기업에 관한 양허표에 등재되지 않았다. 따라서 신공항건설공단은 WTO 정부조달협정을 따를 필요가 없었고 이에 따라 국제입찰을 실시하지 않았다. 미국은 신공항건설공단이 우리나라의 국별양허표에 등재되어 있지 않지만 건설교통부의 정부직제상에 있던 것을 별도의 법인으로 만든 것이며 건설교통부의 통제를 받고 있으므로 Annex 1의 중앙정부 중 건설교통부에 대한 양허가 신공항건설공단에까지 확장된다는 논리에 근거하여 국제입찰을 실시하지 않은 것은 WTO 위반이라고 하여 제소하였다. 결국 WTO패널은 미국의 상기의 논리에 기초한 주장을 배척하고 우리나라 승소판결을 내렸다.

(6) GATT 1994 제20조의 일반적 예외

㈎ 의 의

a) 회원국들은 자국의 국내정책적 필요에 따라 내국민대우원칙 등 전술한 WTO 기본원칙에 위반되는 국내규정을 제정할 수 있는바 이것이 바로 GATT 1994 제20조에 규정되어 있는 일반적 예외조항(General Exception Clause)이다.

참고 예외조항(최승환)

WTO 예외조항을 발동절차에 따라 세 가지로 분류하면 다음과 같다. 첫째, 예외조치로 인정받기 위하여 WTO의 사전승인을 요하는 것이 있는바, 의무면제(Waiver), 환율재평가 후 특정관세의 조정, 경제개발에 관련된 개도국 예외 등이 있다. 둘째, WTO의 사전승인은 필요 없으나 통고 또는 협의가 필요한 것으로 국제수지방어를 위한 예외, 관세동맹과 자유무역지대 등에 관한 예외, 세이프가드조치 등이 있다. 셋째, 통고조차 필요 없이 각 회원국이 단독으로 실행할 수 있는 것으로는 일반적 예외, 국가안보를 위한 예외, 개도국에 대한 일반특혜관세(GSP)의 부여가 있다. 이 중 특히 자주 출제되는 것이 Waiver와 일반적 예외인바, 명확하게 이해해 두어야 한다.

b) WTO 출범 이후의 최초의 사건인 미국 휘발유(Reformulated Gasoline)사건에서도 미국이 대기정화법이 GATT 제20조의 일반적 예외에 해당한다고 주장하는 등 GATT 제20조의 일반예외조항은 WTO 분쟁의 구체적 해결에서도 중요하지만 근본적으로 WTO가 향후에도 자유무역주의만을 최고의 가치로 유지할 것이냐 아니면 국제사회에서 이에 못지않게 중시되고 있는 가치인 환경, 노동 및 인권 등도 아울러 고려할 것이냐는 국제무역질서의 이념적, 철학적 논쟁과도 맞물려 있으므로 매우 중요한 조항이라 하겠다.

㈏ GATT 제20조의 구성: 전문(chapeau or preamble)과 10개의 구체적 예외로 구성되어 있는바, WTO 항소기구는 구체적인 예외에 대한 판단을 먼저 한 후에 전문을 고려해야 한다고 판시하여 이른바 이단계 분석법(two-tiered analysis)을 제시하고 있다.

a) 10개의 구체적인 예외(specific exceptions): (i) 공중도덕을 보호하기 위한 조치, (ii) 인간, 동식물의 생명, 건강을 보호하기 위한(necessary to protect human, animal or plant life or health) 조치, (iii) 금, 은의 수출입에 관한 조치, (iv) GATT에 반하지 않는 국내법령(관세의 시행, 특허권, 상표권 및 저작권의 보호 및 기만적 관행의 방지에 관한 법령 등 포함)의 이행을 확보하기 위한(necessary to secure compliance with laws or regulations … relating to customs enforcement, … the protection of [intellectual property rights], and the prevention of deceptive practices) 조치, (v) 재소자의 노동상품에 관한 조치, (vi) 미술적·예술적·고고학적 가치가 있는 국보의 보호를 위하여 적용하는 조치, (vii) 유한천연자원의 보호에 관한(다만 동 조치가 국내의 생산 또는 소비에 대한 제한과 관련하여 실시되는 경우에 한함) (relating to the conservation of exhaustible natural resources if such measures are made effective in conjunction with restrictions on domestic production or consumption) 조치, (viii) 정부 간 상품협정(commodity agreement)상의 의무에 따른 조치, (ix) 국내원료 가격안정계획에 의한 국내원료의 수출제한, (x) 지역적인 공급부족을 이유로 불가피한 조치.

■ 제2항 '인간, 동식물의 생명 및 건강을 보호하기 위한 조치'와 제7항 '유한천연자원의 보호에 관한 조치'는 환경관련무역조치와 관련하여 자주 원용되는 구체적 예외사례이다.

b) 전문(chapeau): 상기 예외조치는 동일한 조건 하에 있는 국가 간에 자의적이거나 부당한 차별의 수단 또는 국제무역에 대한 위장된 제한을 가하는 방법으로 적용되어서는 안 된다(… such measures are not applied in a manner which would constitute a means of arbitrary or unjustifiable discrimination between countries where the same conditions prevail, or a disguised restriction on international trade).

㈐ 구체적 예외의 해석론

a) 구체적인 예외와 관련하여 가장 큰 논란의 대상이 되어 왔던 것은 바로 '필요한'(necessary)과 '관한'(relating to)의 해석과 관련된 것이었다. '필요한(necessary)'의 해석과 관련, WTO 항소기구는 종래의 GATT 판례에 따라 합리적으로 이용가능한 대체수단(reasonably available alternative)이 없을 것이라는 최소제한기준(a least-restrictive test)을 제시하고 있다.

■ 주의할 점은 (i) 인간과 동식물의 생명과 건강을 보호하기 위해 필요한 조치와 (ii) GATT에 반하지 않는 국내법령의 이행을 확보하기 위해 필요한 조치에서 사용되는 필요한(necessary)은 동일하게 해석되고 있다는 점이다.

b) '관한'(relating to)의 해석과 관련, 종래 GATT 판례는 이를 일차적으로 의도된(primarily aimed at)으로 해석하고 이는 최소제한기준(a least-restrictive test)을 의미한다고 판시하였으나 WTO 항소기구는 과도하게 제한적으로 해석되어 온 최소제한기준을 버리고 relating to를 좀 더 유연하게 해석하여 전술한 necessary와의 해석상의 차이를 분명히 하였다.

■ WTO 항소기구가 이러한 전향된 해석론을 전개하는 데 있어서 조약법에 관한 비엔나협약 제31조와 제32조상의 조약해석의 원칙이 중요한 기초가 되었다. 즉, WTO 항소기구는 문언해석(textual interpretation)에 기초하여 necessary와 relating to가 다르게 규정되어 있다는 점에 착안하여 후자에 대하여 새로운 해석론을 전개한 것이다. WTO패널 및 WTO 항소기구는 국제법의 해석에 관한 관습규칙(customary rules of interpretation of public international law)에 따라 WTO협정을 해석하여야 하는바(DSU 제3조 2항), 그 관습규칙이 바로 조약법에 관한 비엔나협약의 제31조와 제32조라고 할 수 있다. 주의할 것은 이들 조문은 이미 국제관습법화된 것으로 보고 있기 때문에 미국과 같이 상기 조약법에 관한 비엔나협약에 가입하지 않은 국가와의 분쟁에도 적용된다는

점이다.

(7) 무역구제 제도

무역구제(trade remedy) 제도란 주로 수입과 관련하여 초래된 국내산업의 피해를 구제하는 법과 제도를 말한다. 무역구제 제도에는 외국수출관련자의 불공정한 무역관행(unfair trade practices)으로 인하여 초래된 피해에 대한 구제제도와 불공정한 무역관행이 연관되지 않았음에도 불구하고 초래된 피해에 대한 구제제도로 구분할 수 있다. 전자의 범주에는 덤핑수출행위에 대한 구제수단의 **반덤핑 조사제도**(GATT 제6조), 위법한 보조금지원을 받은 수출행위에 대한 구제수단인 **상계관세 조사제도**(GATT 제6조)가 포함되며, 후자의 범주에는 불공정무역관행은 아니지만 수입이 급증함으로써 국내산업에 심각한 피해가 초래되는 경우에 취하는 **긴급수입제한조치**(GATT 제19조: 소위 세이프가드라고도 불리움)가 있다. WTO 설립협정은 그 부속서에서 이들에 대한 별도의 협정을 각각 마련하고 있다. 반덤핑협정, 보조금 및 상계조치에 관한 협정 및 세이프가드 협정이 바로 그것이다.

Ⅳ. 1994년 GATT 제6조의 이행에 관한 협정(반덤핑협정)

GATT 제6조는 반덤핑법과 상계관세법 양자의 근거규정이다. 그런데 WTO 협정의 부속서상의 체제는 '1994년도 GATT 제6조의 이행에 관한 협정'은 반덤핑법만을 규정하고 상계관세법의 근거는 '보조금 및 상계조치에 관한 협정'(이하 보조금협정이라 한다)에서 규정하고 있다. 다만, 보조금협정은 상계관세법의 근거규정일 뿐만 아니라 GATT 제16조상의 보조금규정을 통합적으로 규정하고 있다.

1. 반덤핑협정의 기초이론

(1) 덤핑의 의의

㈎ 덤핑은 동종의 물품을 둘 이상의 국가에 서로 다른 가격으로 판매하는 것을 의미하는 것으로 가격차별(price discrimination)의 일종이다.

㈏ WTO 협정의 부속서상의 용어로 표현하면, 덤핑은 수출가격(export price)이 정상가격(normal price)보다 낮은 경우에 존재한다.

(2) 규제의 근거에 대한 논란

㈎ 덤핑행위 자체의 위법성: GATT는 제6조에서 일정한 요건에 해당하는 덤핑행위에 대해서만 반덤핑관세를 부과할 수 있다고 규정하고 있으므로 GATT 법상 덤핑행위 그 자체가 위법한 것은 아니다.

㈏ 생산비 이하의 판매에 대한 규제: 생산비 이하의 판매, 즉 평균비용 이하의 판매는 무역질서를 왜곡하므로 규제하여야 한다는 논리가 있을 수 있으나 기업은 단기가변비용, 즉 한계생산비를 초과하는 한 생산량을 확대하는 것이 기업의 이윤을 극대

화할 수 있는 것이므로 이 논거는 부분적인 타당성을 갖는 데 그친다.

㈐ 약탈적 덤핑(predatory dumping)에 대한 규제: 약탈적 덤핑은 중장기적으로는 수입국의 경쟁자를 시장으로부터 축출한 목적으로 단기적으로 덤핑수출을 하는 것을 말한다. 그러나 약탈적 덤핑은 불완전경쟁적 시장구조 하에서만 그 실효를 거둘 수 있는데, 이러한 시장구조 하에서의 반덤핑조치는 오히려 수입국의 관련시장을 더욱더 독과점상태로 만드는 것이므로 국내의 경쟁법(공정거래법 내지 경제법)의 목적과 정면으로 배치된다. 따라서 반덤핑법의 규제논리로서는 한계가 있다.

(3) 반덤핑조치(상계관세조치)의 성격

㈎ 반덤핑·상계관세는 불공정무역을 제거하고자 함에 그 본래의 목적이 있지만 각국이 이를 자의적으로 부과함으로써 오히려 가장 대표적인 비관세장벽(NTB)이 되고 있다(서〈II〉).

㈏ 즉, GATT 법은 덤핑 및 보조금지급행위는 불공정무역행위라는 전제 하에 각국에게 반덤핑관세 및 상계관세를 부과할 수 있는 권한을 부여하였으나, 각국이 반덤핑법 등을 보호무역주의적으로 운용함에 따라 덤핑 등에 대한 규제보다도 오히려 각국의 반덤핑법 및 상계관세법 자체를 규제하는 것이 오늘날의 국제적 반덤핑규범 및 상계관세 규범의 목적으로 보아야 한다는 견해가 유력하다(Jackson).

2. 실체적 요건

반덤핑관세를 부과하기 위하여는 (i) 덤핑행위의 존재, (ii) 국내산업에 대한 실질적 피해(material injury)의 존재, (iii) 덤핑행위와 국내산업피해 간의 인과관계의 존재의 세 가지 요건을 충족하여야 한다. 실질적 피해란 상당한 수준의 피해를 의미한다.

(1) 덤핑사실의 존재

㈎ 덤핑의 법적 개념: 덤핑은 수출가격(export price)이 정상가격(normal value)보다 낮을 경우에 존재한다.

㈏ 정상가격의 결정기준: (i) 정상가격의 원칙적인 결정기준은 수출국 내에서 소비되는 동종상품(like product)에 대한 정상적 거래(the ordinary course of trade)에서 비교가능한 가격(the comparable price)이다. (ii) 정상가격의 대체적인 결정기준은 제3국으로 수출되는 동종물품의 비교가능한 대표적 가격, 즉 제3국 수출가격이거나, 원산지국에서의 생산비용에 합리적인 관리비, 판매비와 기타 비용 및 이윤을 합산한 가격, 즉 구성가격이다.

(2) 국내산업에 대한 실질적 피해 등의 존재

㈎ 피해의 개념: 국내산업(domestic industry)에 대한 실질적 피해(material injury), 국내산업에 대한 실질적인 피해의 우려(threat of injury) 또는 산업의 확립에 대한 실질적인 지연(retardation of the establishment)을 의미한다.

㈏ 최소허용기준: 덤핑마진(차액)이 경미(de minimis)하거나, 덤핑수입량 혹은 그로

인한 피해가 실제적이든 잠재적이든 무시할 만한(negligible) 수준일 경우에 조사는 즉시 종결된다.

참고 덤핑마진(dumping margin)

정상가격보다 수출가격이 낮은 경우 그 차액을 덤핑마진이라고 한다. 예컨대, 어떤 수출품의 정상가격이 100이고 수출가격이 90이면 덤핑마진은 (100 - 90)/90 = 11.1%가 되는데, 이는 덤핑관세부과의 기준이 된다(서〈II〉).

■ 보조금협정은 보조금액이 종가기준 1% 미만인 경우에는 최소허용수준으로 간주된다는 규정을 두었으나, 반덤핑협정과는 달리 구체적인 수량제한의 수치규정은 두지 않았다.

(3) 인과관계

덤핑과 산업피해 간에는 인과관계가 있어야 하는바, 덤핑 이외의 다른 요소로 인해 발생하는 피해는 당해 수입품에 귀속시켜서는 안 된다. 이를 비귀속원칙(non-attribution principle)이라고 한다.

3. 절차적 요건

(1) 조사의 개시(제소적격의 문제)

㈎ 반덤핑조사는 원칙적으로 수입국 국내산업 또는 국내산업을 대표하는 자가 제출한 서면신청으로 개시된다. 특별한 상황에 있어 관계당국의 직권에 의한 조사개시 결정에 따라 개시될 수 있다.

㈏ 수입국은 국내기업의 신청이 있는 경우, 이러한 신청에 대해 국내산업의 지지도를 평가한 후에 조사개시결정을 해야 하는바, 동 신청에 찬성한 국내생산자의 동종물품의 총 생산량이 찬반의사표시에 참여한 국내생산자의 총생산량의 50%를 초과하고 동시에 국내산업의 총체적 산출량의 25% 이상의 생산자의 지지를 받아야 한다.

(2) 조사절차

㈎ 이해당사자가 합리적인 기간 내에 필요한 정보를 제공하지 아니하는 경우 또는 조사를 중대하게 방해하는 경우에는 '입수가능증거'(Best Information Available)에 기초하여 판단할 수 있다.

㈏ 원칙적으로 조사대상인 각 수출자 혹은 생산자별로 덤핑마진을 산정해야 하나, 수출자·생산자·수입자 혹은 제품의 형태가 수적으로 많아 그러한 개별적 산정이 어려울 경우 이들 중 몇 개의 기업을 추출하여 표본조사를 할 수 있다.

■ 표본조사는 상계관세의 경우에는 허용되지 않는다.

㈐ 조사절차에서 덤핑으로 인해 관련 국내산업이 피해를 입었다고 판단하는 경우에는 덤핑과 피해 여부에 대한 긍정적인 예비판정을 한다.

■ 긍정적 예비판정이 있는 경우에는 잠정조치를 취할 수 있고 또 가격인상약속의 제안과 수락이 가능하다.

4. 반덤핑조치의 종류

(1) 잠정조치(provisional measures)

잠정조치는 (i) 이 협정에 따른 조사의 개시 및 공표, 그리고 이해당사자의 정보제출 및 의견제시의 기회가 적절히 제공되고, (ii) 덤핑 및 피해에 관한 긍정적 예비판정이 있고, (iii) 조사기간 중 초래되는 피해를 예방하기 위해 조치가 필요하다고 판단하는 경우에 부과된다.

■ 잠정조치는 대개 금융비용이 적은 보증(Bond)의 형태를 띠며, 조사개시일로부터 60일 이내에는 부과될 수 없다.

(2) 가격인상약속(price undertakings)

가격인상약속이라 함은, 수출국 정부가 보조금철폐 등의 조치를 하는 데 동의하거나 조사대상 수출자가 당해물품의 가격을 적정선으로 인상하여 덤핑상태를 제거할 것을 제안하고 당국이 이를 수락함으로써, 잠정조치나 반덤핑관세의 부과 없이 덤핑절차를 종결하는 것을 말한다(서〈II〉).

(3) 반덤핑관세

㈎ 반덤핑관세액은 어떠한 경우에도 덤핑차액을 초과해서는 안 된다.

■ 덤핑행위에 대해서 반덤핑관세 이외의 대응조치는 허용되지 않는바, 반덤핑관세를 징수하여 이를 덤핑행위로 피해를 입은 국내생산업체에 지급하는 조치(미국 Byrd법)는 덤핑행위에 대한 대응조치의 범위를 넘은 것이라는 WTO 패널 판정이 있다.

㈏ 확정관세(잠정조치 포함)의 부과는 일정한 예외를 제외하고는 부과결정이 효력을 발생한 후 소비용으로 반입된 상품에 대해서만 적용된다(불소급원칙).

㈐ 반덤핑협정은 원칙적으로 반덤핑관세부과 후 5년이 경과하면 자동적으로 소멸하는 '일몰조항'(sunset clause)을 도입하였다. 해가 지듯이 5년이 경과하면 자동으로 반덤핑조치가 실효한다는 의미이다. 그러나 사실은 반드시 자동으로 실효하는 것은 아니며 해당 반덤핑조치가 실효하면 덤핑이 재개될 가능성이 있음을 국내산업이 다시 입증하는 경우 해당 반덤핑조치는 다시 5년 간 연장된다. 덤핑 재개 가능성 여부를 심사하는 것을 일몰재심(sunset review)이라고 부른다. 해당 반덤핑조치가 다시 연장될 경우 5년 후 새로운 일몰재심이 실시된다.

㈑ 당국은 직권에 의하여 또는 이해당사자의 청구가 있을 경우 반덤핑관세의 지속적인 부과의 필요성을 재심사하여야 하며, 심사결과 반덤핑관세의 부과가 더 이상 정당성을 갖지 못한 경우에는 반덤핑관세의 부과는 즉시 종결된다.

Ⅴ. 보조금 및 상계조치에 관한 협정(보조금협정)

보조금에 대한 구제조치는 DSB에 회부하여 해결하는 방식과 국내절차를 통한 구제수단인 상계관세를 부과하는 방식으로 나누어 볼 수 있다(허용보조금의 경우는 일정한 경우에 WTO 보조금 및 상계조치위원회에 회부하는 것 이외에는 대응수단이 없다). 상계관세부과방식은 전술한 반덤핑관세의 부과와 유사한 점이 많으므로 별도의 검토는 피하기로 한다.

1. 보조금의 정의

1979년의 보조금 Code에서도 보조금의 정의규정을 두는 데 실패한 바 있으나, WTO 보조금협정은 보조금 자체에 대하여 최초로 명문의 정의규정을 두었다. WTO 보조금협정은 제1조에서 정부 또는 공공기관의 재정적 기여(financial contribution)로 인하여(GATT협정 제16조에서 규정하는 바와 같이 소득 또는 가격지지로 인한 경우 포함), 수혜자에게 혜택(a benefit)이 주어지는 경우를 보조금으로 본다.

2. 특정성(specificity)

1) 어떠한 정부의 재정지원이 제1조상의 보조금의 정의에 해당된다고 하더라도 당해 재정지원이 제2조상의 특정성의 요건을 충족하지 않는 경우에는 WTO 보조금협정상의 규제대상에서 제외된다.

2) 특정성 여부의 판단기준으로는 (i) 보조금의 공여가 특정기업으로 명백히 한정되는 경우에는 특정성이 있으며, (ii) 보조금의 수혜가 종업원 수 또는 기업의 규모와 같이 중립적이고 경제적이며 객관적 기준과 조건에 따라 자동적으로 정해지며 이러한 기준과 조건이 엄격히 준수되는 경우에는 특정성이 없다. (iii) 외견상 특정성이 없음에도 불구하고 보조금이 사실상 특정적일 수 있다고 믿을 만한 이유가 있는 경우에는 보조금지원프로그램에 참여한 기업의 수, 각 기업에 배정된 금액 및 공여기관의 재량권행사방식을 고려하여 특정성 여부를 판단할 수 있다.

■ 금지보조금에 해당하는 보조금은 특정성이 있는 것으로 간주되므로 별도의 검토가 불필요하다.

3. 금지보조금(prohibited subsidy)

1) 신호등분류법상 빨간불에 해당하는 보조금으로 수출성과에 따라 지급되는 보조금, 즉 수출보조금 또는 수입물품 대신 국내물품사용에 대해 제공되는 수입대체보조금을 말한다.

2) 금지보조금은 협정발효 후 3년 이내에 철폐하여야 한다.

3) 금지보조금에 대한 구제절차로서 상대국은 DSU의 특칙으로서의 성격을 갖고 있는 보조금협정상의 다자적 절차를 이용하거나 국내법인 상계관세법을 이용하여 금지보조금에 대한 상계관세를 부과할 수도 있다.

4. 조치가능보조금(actionable subsidy)

1) 신호등분류법상 노란불에 해당하는 것으로 보조금협정은 별도의 정의규정을 두고 있지 않고 있어 결국 금지보조금과 허용보조금에 해당하지 않는 보조금이라 볼 수 있다.

2) 조치가능보조금은 금지보조금과는 달리 보조금의 지원을 통해 다른 회원국의 이익에 '부정적 효과(adverse effect)'가 발생하였을 경우에만 규제할 수 있다.

■ 부정적 효과란 다른 회원국의 (i) 국내산업에 대한 피해(injury), (ii) 다른 국가의 GATT협정에 의한 양허혜택의 무효화 또는 침해(nullification or impairment), (iii) 다른 국가의 이익에 대한 심각한 손상(serious prejudice)을 주는 것이다.

3) 금지보조금에 대한 구제절차와 같이 WTO 에 제소하든지 국내의 상계관세법에 기초하여 상계관세를 부과할 수 있다.

5. 허용보조금(non-actionable subsidy)

(1) 의 의

신호등분류법상 파란불에 해당하는 것으로 정당한 산업지원정책으로 허용되는 보조금이다. 허용보조금 관련조항은 보조금협정에 포함되었다가 1999년 12월 31일자로 실효되었으나 현재 DDA 교섭 과정에서 재도입이 검토되고 있는 상황이다. 일단 현 시점에서는 허용보조금 조항은 적용되지 않음에 유의하여야 한다.

(2) 종 류

㈎ 비특정적 보조금: 특정성이 없는 보조금은 보조금협정상의 규제대상이 아니므로 허용보조금이라 볼 수 있다.

㈏ 연구개발지원보조금: 기업이나 기업과 계약을 맺고 있는 고등교육기관 또는 연구소에서 행해지는 연구 활동에 대하여 산업연구의 경우 소요비용의 75%, 경쟁전 개발활동(pre-competitive development activity)의 경우 50%까지 지원이 가능하다.

㈐ 지역개발지원보조금: 지역개발의 일반적인 틀에 따라 회원국 영토 내의 낙후지역에 제공되는 지원이며 수혜대상지역 내에서 특정적이지 아니한 지원이다.

㈑ 환경보조금: 법이나 규정에 의해 기업에 부과되는, 새로운 환경요건에 기존시설의 적응을 촉진하기 위한 지원으로서 일회적·비반복적이고, 전체비용의 20% 이내여야 한다.

(3) 구제절차

㈎ 허용보조금이 보조금협정에서 정하고 있는 시행기준을 충족하는 경우에도 이로 인하여 자국의 국내산업에 심각한 부정적 효과(serious adverse effect)가 있다고 믿을 만한 이유가 있는 회원국은 당해국에 대해 협의를 요청할 수 있다.

㈏ 협의가 이루어지지 않을 경우 보조금 및 상계조치위원회에 회부할 수 있다.

참고 미국과 브라질 간 면화 분쟁

2002년부터 시작된 미국과 브라질 간의 WTO 면화 분쟁에서는 브라질이 승소(2005년, 2008년)하였다. 2005년 WTO는 미국정부의 면화생산자에 대한 일부 국내지원책(수출신용보증, Step 2 지불 등)이 WTO협정상 금지보조금에 해당하므로 이러한 지원책을 철회할 것을 권고하였다. 이어서 WTO는 2008년 미국정부가 WTO 분쟁해결기구의 권고를 제대로 이행하지 않았다고 결정하였다. 이후 2009년 11월 브라질의 일방적 보복조치가 허용되었고 브라질은 미국에 대한 무역보복을 준비하였으나 그 시행 직전인 2010년 4월 미-브라질 양국간 협상을 통해 브라질은 일단 보복조치를 취소하였다. 2010년 4월 합의에서 미국은 브라질에 대한 대규모 지원기금 마련, 수출신용보증 제도 개정 및 동건의 최종적 해결을 위한 협의 지속 등을 약속하였다.

Ⅵ. 긴급수입제한조치에 관한 협정(Safeguard: SG협정)

긴급수입제한조치협정 이외에도 농업협정에서 특별긴급수입제한조치, 섬유협정에서 과도적 긴급수입제한조치에 관한 규정을 두고 있다.

1. 의 의

1) 긴급수입제한조치 또는 세이프가드조치라 함은 일정한 외국상품의 수입이 급격히 증가함에 따라 국내 관련산업이 심각한 피해(serious injury)를 입거나 입을 우려가 있는 경우에 그 수입을 제한하는 조치이다(서〈Ⅱ〉).

2) 긴급수입제한조치는 덤핑·보조금지급과 같은 불공정무역행위에 대하여 발동하는 것이 아니라 공정한 수입에 대해 규제조치를 발동하는 것이므로 이는 한시적으로 발동하여야 하며, 또한 규제국은 관련 수출자에 대해 협의와 보상을 하여야 한다.

3) 긴급수입제한조치의 가장 중요한 근거는 국내산업의 구조조정(structural adjustment)을 위한 일시적인 구제조치를 부여하는 데 있다(서〈Ⅱ〉).

▩ 선진국들은 제19조상의 긴급수입제한조치보다는 VER, OMA 등 회색지대조치(grey area measures)를 선호하였는바, 이들 조치는 보상이 필요 없고, 또한 국가별로 선별하여(차별적으로) 동 조치를 취할 수 있기 때문이었다. 그러나 WTO 긴급수입제한조치협정은 이들을 모두 명시적으로 금지하고 있다.

2. 실체적 요건(협정 제2조)

회원국은 특정상품이 동종 또는 직접 경쟁적인 상품을 생산하는 국내산업에 심각한 피해를 초래하거나 초래할 우려가 있을 정도로 국내생산에 비해 절대적 또는 상대적으로 증가된 물량과 조건하에 자기 나라의 영토 내로 수입되고 있다고 판정한 경우에만, 그 상품에 대하여 긴급수입제한조치를 취할 수 있다.

1) SG 협정은 AD 협정 및 상계관세협정과는 달리 동종물품(like product) 이외에

직접 경쟁적인 물품(directly competitive product)을 생산하는 국내산업도 피해판정에 있어서 고려의 대상이 된다.

2) SG 협정상의 '심각한 피해'(serious injury)는 중대하고 전반적인 손상을 의미하는 것으로 반덤핑협정 및 상계관세협정상의 실질적 피해(material injury)보다 훨씬 엄격한 개념이다.

3. 구제조치

긴급수입제한조치는 다른 산업피해구제조치와는 달리 그 요건이 비교적 엄격하고 발동절차도 복잡하므로 유의하여야 한다.

(1) MFN원칙 적용 여부

협상과정에서 많은 논란이 있었으나 SG 협정은 긴급수입제한조치가 수입되는 상품에 대하여 출처에 관계없이 적용된다고 규정하여 동 조치에도 MFN 원칙이 적용된다고 선언하였다.

(2) 관세인상 및 수량제한조치

SG 협정은 관세인상조치에 대한 구체적 규정을 두지 않고 있으나 해석상 인정되며, 수량제한의 경우는 특별한 경우가 아닌 한 과거 대표적인 3년 간의 평균수입량 이하로 수입량을 감소시켜서는 안 된다.

(3) 존속기간

㈎ 회원국은 심각한 피해를 방지하거나 구제하고 조정을 촉진하는 데 필요한 범위 내에서만 한시적으로 긴급수입제한조치를 적용한다.

㈏ 이 기간은 연장되지 않는 한 4년을 초과해서는 안 되며, 연장되는 경우에도 8년을 초과할 수 없다.

4. 보상 및 보복조치

(1) 보상협의

긴급수입제한조치를 부과하는 국가는 그러한 조치에 의해 영향을 받는 수출국과 자국간에 존재하는 전체적인 양허의 수준을 계속 유지하도록 하여야 하므로 피해를 입은 상대국에 대하여 그러한 손해를 보상하기 위한 협의를 해야 한다.

(2) 보복조치

보상협의가 30일 이내에 합의에 도달하지 못한 경우에는 세이프가드 협정상 소정의 요건을 충족하는 경우에 세이프가드조치에 의하여 피해를 입은 상대국은 양허를 정지할 수 있다. 그러나 UR 협상결과로 긴급수입제한조치를 발동한 국가가 절대적인 수입의 증가(absolute increase in imports)를 이유로 이 조치를 발동한 경우에는 피해국은 3년 간 보복조치를 취할 수 없다는 규정이 삽입되었는바, 이로 인하여 세이프가드의 발동을 고려하는 국가의 부담을 현저하게 감소시켰다.

Ⅶ. 기타의 부속협정

이하에서 기타 부속협정들의 내용에 대해 상세히 서술하고 있으나 공무원 채용시험의 범위에 맞추어 전체적인 흐름을 대략적으로 이해하는 수준에서 살펴보면 될 것이다.

1. 농업에 관한 협정

(1) 협상의 배경

기존의 GATT 체제 하에서는 농산물 및 1차상품에 관한 실질적인 규율이 거의 없었는바, 주요한 이유는 다음과 같다.

㈎ 수출보조금: GATT 제16조 3항은 공산품의 경우와는 달리 1차상품에 대한 수출보조금은 전면적으로 금지하지 않고 세계무역에 있어서의 공평한 몫(equitable share)을 초과하는 방법으로 보조금을 지급해서는 안 된다고 규정하여 사실상 수출보조금을 허용하고 있었다.

㈏ 수량규제: GATT 제11조 2항은 국내상품 또는 그와 밀접한 경쟁물품의 생산이나 판매의 통제를 위한 정부프로그램을 지원하는 한도 내에서는 가능한 수입품에 대한 수량제한조치를 부과할 수 있다고 규정하고 있어 이를 원용한 수량규제가 많이 행해져 왔다.

▩ 미국의 국내법인 농업조정법에 대한 Waiver의 부여도 이러한 수량규제를 양산하는데 기여하였다.

㈐ 국영무역: GATT 제17조는 국영무역이 비차별적 방법으로 행동하고 또한 수입제품가격인상과 관련하여 불리한 영향을 받는 국가와 협의하도록 규정하고 있으나, 실제로는 수량제한의 대안으로 국영기업을 이용하는 것을 거의 방지하지 못했다.

㈑ 위생 및 검역규제: GATT 의 일반적 예외규정인 제20조에 근거한 식품의 위생·안전을 이유로 하는 수입규제조치가 농산물의 교역에 중대한 장애가 되었다 (후술하는 위생 및 식물위생 조치에 관한 협정 부분 참고).

(2) 주요내용

㈎ 개 관: (i) WTO 농업협정의 구조는 시장개방, 국내보조 및 수출보조에 관한 부분으로 대별해 볼 수 있다. (ii) 농업보조금에 대한 규율을 WTO 보조금협정에 포함시키자는 주장도 있었으나, 그 특수성을 감안하여 농업협정에 위치시켰고 용어도 'subsidy' 대신에 'support'를 주로 사용하고 있다. (iii) 1차상품 중 수산물은 제외된다.

(나) 시장개방

a) 원칙적으로 예외없는 관세화를 통한 시장개방을 하여야 하며 비관세조치(수량제한 등)를 금지한다.

b) 비관세장벽에 의해 보호되고 있는 품목은 1986년부터 1988년까지 3년 간의 당해품목의 국내외 가격차를 산출하여 관세와 동일하게 감축한다(차액관세인하).

참고 농업협정상 관세화 품목의 시장접근방식

(1) **현행시장접근**(Current Market Access: CMA)

1986년부터 1988년 간 어떤 품목의 수입량이 국내소비량의 3% 이상인 경우에는, 이 기간의 평균수입량을 현행관세로 1995년부터 2000년까지 6년 동안 수입해야 한다는 원칙이다.

(2) **최소시장접근**(Minimum Market Access: MMA)

이 기간 중에 수입이 전혀 없거나 또는 미미한 경우에는 1986년부터 1988년 간 동 품목의 국내소비량의 3%에 해당하는 물량을 현행관세로 협정시행연도인 1995년에 보장하고 2000년까지는 5%를 보장해야 한다는 원칙이다.

c) 시장개방조치로 인해 수입국 농민들에게 피해가 발생할 경우, 수입국은 특별긴급수입제한조치(Special Safeguard)를 발동할 수 있다.

참고 특별세이프가드조치

농업협정은 제5조에서 특별한 제품의 수입량이 일정수준을 넘거나(volume-based safeguard) 수입품의 가격이 일정가격 이하인 경우에는(price-based safeguard) 추가관세를 부과할 수 있다고 규정하고 있어(그러나 수량제한과 같은 비관세장벽을 다시 부과하는 것은 허용하지 않는다), 피해의 발생을 요구하지 않는 등 일반적인 세이프가드조치의 발동요건과는 전혀 다른 기준을 제시하고 있다. 또한 기타의 절차조건도 일부를 제외하고는 일반적인 세이프가드 발동시(GATT 제19조 WTO 세이프가드협정)와는 매우 다르다. 즉 이 조치를 발동하는 경우에는 관련 WTO위원회에 통보를 하고(농업위원회: 일반적인 세이프가드 발동 시는 세이프가드위원회), 모든 이해당사국과 협의를 거쳐야 한다는 것 등이 유사할 뿐, 일반적인 세이프가드조치 발동시 그 조치로 인하여 영향을 받은 국가가 발동할 수 있는 고유의 권리인 보복조치가 허용되지 않는 등 상당한 예외를 인정하고 있다.

(다) 국내보조

a) WTO 보조금협정은 개별적인 정부보조금을 규제대상으로 하는 것인 데 반하여, 농업협정에서는 보조총액측정치(Aggregate Measurement of Support: AMS)라는 농업부분에 대한 전체보조금을 감축해가는 독특한 방식을 취하고 있다. 보조총액측정치를 산정하는 데 12가지의 허용보조금(Green Box Subsidies)과 세 가지의 국내보조금을 제외한다.

b) 허용보조금에 해당하기 위해서는 동 보조금이 공적으로 조성된 정부프로그램에 의하여 지급되어야 하며 생산자에 대하여 가격지지(price support)의 효과를 가져서는 안 된다.

c) 제외되는 국내보조금에는 농산물생산을 장려할 목적으로 일부 개도국이 지급하는 보조금, 일부 최소허용(de minimis) 보조금 및 농업생산을 억제할 목적으로 지급하는 직접보조금 등이 있다.

㈑ 수출보조

a) 보조금협정에서는 수출보조금을 금지보조금으로 명시하고 있으나 농업협정은 GATT 제16조 3항의 취지를 계승하여 다음에 열거한 5개항의 수출보조금만이 허용되며 그 보조금도 6년 간 이행기간을 두어 감축하도록 하고 있으며 그 이후에는 이행기간이 종료한 단계에 허용되는 수준의 보조금수준을 넘어서는 안 된다.

b) 수출보조 감축대상으로는 (i) 수출이행을 조건으로 한 정부의 직접보조, (ii) 정부 및 정부대행기관에 의한 저가수출, (iii) 수출농산물에 대한 유통비용지원, (iv) 수출농산물에 대한 국내운송비지원, (v) 수출상품의 원료농산물에 대한 보조금 등이다.

(3) 개도국 우대조치

㈎ 개도국은 관세인하율, 국내 및 수출보조감축률이 선진국의 2/3 수준까지, 이행기간은 선진국의 6년보다 긴 10년까지이다. 최빈개도국은 모든 감축의무에서 면제된다.

㈏ 농업협정 제5부속서는 개도국의 주요 전통 농산물에 대해 일정한 조건하에 관세화의 예외를 인정하여 10년 간(즉, 2004년까지)의 관세화 유예를 허용하였다. 이는 사실상 UR 협상과정에서 한국의 쌀에 대한 특별대우를 위해 만들어진 타협의 산물이었다. 제5부속서에 따르면, 10년째 되는 해에 그 특별대우를 연장시킬지에 대한 협상을 개시 및 완료하여야 한다. 아울러, 이렇게 관세화 유예를 연장하는 경우 그에 대한 보상으로 추가적인 양보를 하도록 규정하고 있다.

참고　한국의 쌀 관세화 유예협상 결과

WTO 출범 시 한국은 제5부속서에 따라 2004년까지 10년 간 쌀 관세화 유예를 허용받았다. 한국은 10년째인 2004년도에 쌀 관세화 유예를 연장하기 위한 협상을 개시한다고 WTO에 통보하였다. 우리의 협상 개시 선언에 대해, 우리나라의 쌀시장에 실질적인 이해관계를 갖고 있는 미국, 중국, 태국 등 몇몇 국가들이 협상 참여를 통보하여 개별적인 양자협상을 진행하였다. 그 협상 결과를 담은 이행계획서(Country schedule)수정안이 2005년도에 WTO 검증절차를 마쳐 원안대로 확정되었다. 주요내용은 2005년부터 2014년까지 쌀의 관세화 유예를 10년 간 연장하되, 최소시장접근(MMA)물량을 점차 늘려가는 등의 조치를 취한다는 것이다. 이로써 한국은 관세화 유예의 10년 연장에 성공하였다. 이러한 쌀 협상 결과(법적으로 말하자면, GATT 1994 마라케쉬 의정서에 부속된 한국의 양허표 일부 개정안)는 격렬한 국내적 논란을 거친 후 2005년 11월에 국회의 비준동의를 받았다.

(4) 타 협정과의 관계

농업협정의 규정에 따른 조치는 상계관세조치나 WTO 분쟁해결절차에 회부되지 않는다.

2. 섬유 및 의류에 관한 협정

동 협정은 10년 간만 존속하는 한시적 협정이므로 2005년 1월 1일부터 동 협정은 효력이 완전히 상실되었다.

(1) 배 경

㈎ 섬유류의 무역에 대한 규제는 GATT 와는 별도의 국제무역협정인 다자간 섬유협정(Multifiber Arrangement: MFA)과 비 MFA, 즉 개별국가들의 규제로 나누어 볼 수 있다.

㈏ 선진국(일본, 스위스 제외) 주도의 MFA 는 선진국을 한편으로, 그리고 개도국을 다른 한편으로 하여 쌍무적 또는 일방적으로 부과된 쿼터제도라고 할 수 있는바, 이는 GATT 의 무차별원칙 및 수량제한금지원칙이 적용되지 않았다.

㈐ MFA 에 의한 규제 이외에도 개별국가들 특히 수출개도국들은 수입면허제도 등 각종의 수입규제조치를 유지하여 왔다.

■ 따라서 섬유류는 개도국과 선진국 모두 수입제한조치를 가장 많이 하는 분야의 하나였다고 볼 수 있다.

(2) 주요내용

㈎ 한시적 협정으로서의 섬유협정: (i) WTO 섬유협정은 섬유류의 교역자유화를 WTO 체제 내에서 단계적으로 추구하려는 것으로 완전자유화가 이루어지는 협정발효 후 10년까지 적용된 한시적 협정이다. (ii) 따라서 WTO 섬유협정이 발효된 후에는 기존 MFA 를 대체하게 되고(즉, MFA는 실질적으로 소멸된다), 2005년까지는 WTO 섬유협정이 적용되며 그 이후에는 WTO 의 일반규범이 섬유·의류거래에 적용되게 된다(서〈II〉).

㈏ MFA 규제의 철폐: (i) MFA 에 의한 규제조치의 철폐는 WTO 협정 발효일로부터 각각 3년, 4년, 3년씩 10년 간 3단계로 나누어 실시된다. (ii) 1990년도 총수입량을 기준으로 하여 단계별로 각각 16%, 17%, 18%씩 철폐하고 10년이 종료되는 2005년 1월 1일에는 나머지 49%를 일시에 제거하여 완전히 WTO 체제에 복귀한다.

■비MFA도 10년의 이행기간 동안 점진적으로 철폐하도록 규정하고 있다.

㈐ 쿼터량의 증가: 이는 MFA 와 WTO 협정의 통합과정에서 제한이 계속 중인 품목, 즉 잔존규제조치에 대한 규정이다. MFA 및 비 MFA 의 규제조치를 점진적으로 철폐함에 따라 잔존규제조치는 점차 감소하게 되는바, 섬유협정은 이러한 잔존규제조치에 대하여도 쿼터량의 단계적 증가를 명시함으로써 자유화를 더욱 촉진시켰다.

3. 위생 및 식물위생조치의 적용에 관한 협정(검역조치에 관한 협정이라고도 함) (Agreement on the Application of Sanitary and Phytosanitary Measures: SPS협정)

SPS 협정과 후술하는 TBT 협정은 WTO 회원국의 건강 및 안전에 대한 국내규제(within the border regulatory measures)를 다루는 협정이므로 국경장벽의 점진적인 제거에 따라 국제사회에서 가장 중요한 이슈 중의 하나가 되었다.

(1) 배 경

㈎ 농업협정은 제14조에서 위생 및 검역조치에 대하여는 별도의 협정으로 규율한다고 규정하여 SPS 협정이 탄생하였다.

㈏ SPS 협정은 WTO 체제 하에서 농산물에 대한 예외 없는 관세화에 따라 그 교역이 자유화되는 과정에서 각국의 동·식물 위생관련제도가 하나의 NTB(비관세장벽)로 등장할 가능성이 증대됨에 따라, 독립된 협정체계의 형식을 띠게 된 것이다.

㈐ 1979년 도쿄라운드의 코드의 하나였던 9개의 다자간 부수협정 중의 하나인 Standards Code가 검역조치협정과 후술하는 TBT 협정으로 분화된 것으로 국내규제에 있어서의 내국민대우원칙을 규정하고 있는 GATT 제3조 4항을 보다 구체화한 것이라고 할 수 있다.

(2) 주요내용

㈎ 협정상 SPS 조치란 해로운 물질(pests, contaminants, toxins, disease-carrying organisms, etc.)로부터 인간, 동물 또는 식물을 보호하기 위해 취해지는 조치를 말한다.

㈏ 회원국은 SPS 조치를 취할 수 있으나 동 조치가 필요한 한도 내에서(only to the extent necessary) 그리고 과학적인 원리와 증거(scientific principles and evidence)에 기초하여 적용되도록 하여야 한다. 다만 예외적으로 관련된 과학적 증거가 불충분한 경우에는 수집가능한 적절한 정보(available pertinent information)에 기초하여 SPS 조치를 취할 수 있다.

㈐ 한 가지 중요한 부가요건은 상기의 SPS 조치를 취할 때에는 상기조치가 다른 회원국을 자의적 또는 부당하게 차별하거나 무역에 대한 위장된 제한이 되지 않도록 하여야 한다는 것이다.

㈑ 협정은 또한 검역조치의 국제적인 조화(harmonization)를 촉진하기 위하여 회원국이 SPS 조치를 국제적인 표준, 지침, 권고에 기초하여 취하도록 하고 있다. 중요한 것은 회원국이 이러한 국제적인 표준 등에 합치하는 SPS 조치를 취한 경우에는 그 조치의 SPS 협정의 합치성이 추정되는 반면에 상기 국제표준을 상회하는 SPS 조치를 취한 경우에는 과학적인 정당성(scientific justification)을 제시하여야 한다. 또한 구체적으로 SPS 조치를 취할 때는 관련 국제기구에서 개발된 위험평가방법에 기초한 위험평가(risk assessment)에 기초해야 한다고 규정하고 있다.

㈒ 또한 협정에서 규정하고 있는 중요한 개념이 바로 동등성(equivalence)의 개념

이다. 이 개념은 예컨대 프랑스의 위생기준에 통과된 프랑스산 육류가 한국에 수입된 경우에 프랑스의 위생기준이 한국의 위생기준과 상이하다 하더라도 그 기준이 한국위생기준의 목적을 달성하는 경우에는 프랑스의 위생조치는 한국의 위생조치와 동등한 것으로 취급할 수 있다는 것이다.

4. 무역에 대한 기술장벽에 관한 협정(Agreement on Technical Barriers to Trade: TBT협정, 표준화협정(Standards Code라고도 함))

(1) 배경 및 특징

㈎ 비관세장벽으로서의 기술장벽은 1979년 도쿄라운드에서 처음으로 논의되어 1979년 TBT Code가 채택된 바 있다.

㈏ 1979년의 TBT Code는 Code의 의무사항의 적용이 중앙정부에만 국한되었고 표준(standards) 및 기술규정(technical regulations)의 개념이 최종제품의 특성 위주였으나, WTO의 TBT 협정은 의무사항의 적용범위를 지방정부 및 비정부기관까지 확대하였고, 표준 및 기술규정의 개념도 표준화제도의 새로운 분야인 제조공정방법(Processes and Production Methods: PPMs)에까지 확대하였다.

■ TBT협정은 PPMs가 제품특성(product characteristics)과 관련되는 한도에서 적용되는 데 그치며 국제사회의 첨예한 관심의 대상이 되고 있는 PPMs가 야기하는 환경오염과 관련될 때는 적용되지 않는다. 즉 제품 무관련 PPMs는 적용대상이 아니다. 후술하는 공정 및 생산방식과 그린라운드 참고.

㈐ 적합판정절차도 종전에는 시험(testing)에만 적용하였으나, 실험실인정과 품질제도등록에까지 확대하였다.

㈑ 적용대상: (i) 서비스를 제외한 공산품과 농산품을 포한한 모든 상품 (ii) 다만 농산품의 경우, SPS가 적용되는 부분은 TBT의 규율대상에서 제외되며, 정부조달관련 기술장벽에 대해서도 TBT가 아닌 정부조달협정이 적용된다.

(2) 주요내용

표준은 반복적이고 연속적인 사용을 위해 채택된 임의규정인 만큼 거래상 강제적인 기술규정에 비하여 무역장벽화에 대한 우려가 적으므로 간단한 규정을 두고 있을 뿐이고, 종래에 국제기구에서 설정된 표준을 그대로 공정관행규약으로 도입하고 여기에 중앙정부의 의무만을 강조하는 데 그쳤다(법무부, UR 협정의 법적 고찰(상)). 여기서는 기술규정을 중심으로 하여 설명한다.

㈎ 최혜국대우원칙과 내국민대우원칙을 부여하여야 한다.

㈏ 국제무역에 불필요한 장애가 되는 기술규정을 준비, 채택, 적용하는 일체의 행위가 금지된다.

㈐ 그러나 국가안전보장상의 요구, 기만적 거래관행의 방지, 인체의 건강과 안전, 동식물의 생명 또는 건강, 환경보호 등의 정당한 목적(legitimate objective)이 있는 경우

에는 무역제한조치를 취할 수 있다. 다만, 그 조치는 기술규정을 준수하지 않음으로써 야기될 수 있는 위험(risks)을 고려하여 합법적인 목적(legitimate objective)수행에 필요한 정도를 넘어서서는 아니 된다.

㈑ 위험평가는 수집 가능한 과학적 기술정보, 관련 처리기술과 제품의 최종사용목적에 기초하여 이루어져야 한다.

■ 그러나 SPS협정과 같은 상세한 위험평가에 관한 규정은 없다.

㈒ 기술규정의 제정시에는 그 목적달성에 비효율적이고 부적절하지 않는 한 관련 국제기준에 기초하여야 한다. 국제기준에 기초한 기술규정은 그 규정이 상기 열거한 정당한 목적 중의 하나이면 일단은 국제무역에 불필요한 장벽이 아니라고 추정되는 효과가 있다.

㈓ 적합판정절차(conformity assessment procedure): 수입물품이 관련 기술규정 및 표준에 적합한지에 대해 판정함에 있어서는 내국민대우원칙을 적용하고 그 적합판정절차가 목적에 비추어 지나치게 엄격하지 않도록 비례성의 원칙을 준수해야 한다.

㈔ 모범관행규약(Code of Good Practice for the Preparation, Adoption and Application of Standards): (i) 회원국은 중앙정부, 지방정부 및 비정부표준기관이 부속서 3에 편철되어 있는 모범관행규약을 준수하도록 보장해야 한다. (ii) 이 규약은 기술규정이나 적합판정절차가 아닌 표준에 대한 규약이며 WTO 회원국 영내에 소재한 모든 표준기관에 그 가입이 개방되어 있다.

참고 기술규정과 표준의 개념

1) 기술규정(technical regulation): 적용가능한 행정규정을 포함하여 상품의 특성 또는 관련 공정 및 생산방법(processes and production methods)이 규정되어 있으며 그 준수가 강제적이고 정부기구에 의해서만 제정된다.
2) 표준(standard): 규칙, 지침 또는 상품의 특성 또는 관련 공정 및 생산방법(processes and production methods)을 공통적이고 반복적인 사용을 위하여 규정하는 문서로서, 그 준수가 강제적이지 않고 자발적이며 정부기구뿐만 아니라 자동차기술협회와 같은 공인된 비정부적 표준화단체에서도 제정될 수 있다.

5. 무역관련 투자조치에 관한 협정(Trade Related Investment Measures: TRIMs 협정)

TRIMs 협정의 적용범위는 극히 제한적이기 때문에 아직까지 국제투자분야에 관한 포괄적인 국제규범은 존재하지 않는다. 따라서 무역과 투자에 관한 문제는 Post UR 시대의 신무역의제 중의 하나이다.

(1) 배 경

㈎ 1979년의 도쿄라운드 때까지만 해도 상품교역에 대한 비관세장벽에만 관심이 집중되었고 무역관련 투자조치에 관한 논의는 많지 않았으나, UR 협상과정에서 미국 등 선진국은 서비스, 지적재산권, 투자 등의 비관세장벽철폐를 주장하여 이에 관한 각각의 부속협정이 체결되기에 이르렀다.

㈏ 종래 시행되고 있는 대표적인 무역관련 투자조치로는 국산품사용의무(local contents requirements), 생산제품의 일정량 수출조건(export performance) 등이 있다.

참 고 외국인투자심사법

GATT에서의 투자문제에 관한 논의는 캐나다의 '외국인투자심사법'(Foreign Investment Review Act: FIRA)에 관한 미국과 캐나다간의 1982년 분쟁을 계기로 하여 활발해졌다. 국산품사용의무와 수출이행의무조항을 포함하고 있는 이 법이 GATT위반이라는 미국의 청구를 심사한 패널은 GATT가 이 문제를 다룰 수 있는가에 대한 의문을 제기하였다. 결국 양국은, 이 법 자체의 GATT위반 여부가 아니라 이 법에 포함되어 있는 무역제한조항의 효력만을 패널에서 다룬다는 데 합의함으로써 문제는 해결되었다(서〈II〉).

---

(2) 주요내용

㈎ 적용대상: (i) TRIMs 협정은 투자조치 중 무역에 직접적으로 영향을 주는 상품교역에 한정하여 적용된다. (ii) 보조금 등 인센티브, 간접적인 조치, 종전투자에 대한 조치, 기술이전의무, 외국인 지분참여제한제도, 포트폴리오투자 등은 본 협정의 규율대상에 제외되므로 TRIMs 협정의 적용대상은 극히 제한적이다.

■ 포트폴리오투자는 금융협상의 과제이므로 TRIMs협정은 FDI(Foreign Direct Investment: 해외직접투자)만을 다루는 것이 된다.

㈏ 기본원칙: TRIMs 협정은 기본적으로는 전술한 FIRA 사건의 패널판정에 기초하고 있기 때문에 GATT 제3조(내국민대우원칙)와 제11조(수량제한의 금지)의 규정에 합치하지 아니하는 무역관련 투자조치만을 금지하였다.

㈐ 예 외: TRIMs 협정은 적용예외에 관한 별도의 규정을 두지 않고 GATT 의 예외조항을 그대로 적용한다고 규정하고 있다.

6. 1994년도 GATT 제7조의 이행에 관한 협정(Agreement on Implementation of Article Ⅶ of the GATT 1994: 관세평가협정)

(1) 배 경

㈎ 수입물품에 부과하는 관세는 과세표준에 관세율을 곱하여 산정하게 되므로 아무리 다자간 협상을 통하여 관세율을 낮춘다고 하여도 과세표준을 자의적으로 높게 산정하면 그 실효를 거두기 힘들다.

㈏ GATT 제7조에서는 관세평가의 기본골격만을 밝히고 있을 뿐이어서, 이에 대한 다자간 협상이 진행된 결과 1979년 관세평가협정이 채택되었다.

㈐ 1979년의 관세평가협정은 9개의 협정 중 가장 성공적인 협정이어서 WTO의 관세평가협정도 1979년의 협정을 거의 그대로 이어받고 있다.

(2) 주요내용

관세평가규칙을 주요내용으로 하고 있으므로 이 점만을 설명하기로 한다.

㈎ 원 칙 — 거래가격(transaction value): 관세평가협정은 1차적으로 거래가격(transaction value)을 평가방법으로 이용하는바, 거래가격이라 함은 (i) 수입국에 수출판매되는 상품에 대하여 실제로 지불하였거나, (ii) 지불할 가격을 기준으로 상품가격에는 포함되지 아니하나 구매자가 부담한 금액 등으로 조정한 가격을 말한다.

㈏ 예 외: 수입물품의 과세가격을 동 물품의 거래가격으로 결정할 수 없는 경우에 대비하여 협정은 네 가지 선택적 평가방법을 도입하고 있는바, (i) 동종물품(identical goods)의 거래가격, (ii) 유사물품(similar goods)의 거래가격, (iii) 공제가격(deductive value), (iv) 산정가격(computed value)의 순서로 순차적으로 적용된다.

▩ 이러한 기준으로도 관세가격을 결정할 수 없을 경우에는 관세평가협정 및 GATT 제7조의 원칙에 부합되는 합리적 기준에 따라 수입국 내에서 입수가능한 자료를 기초로 하여 관세가격을 결정한다.

7. 선적 전 검사에 관한 협정(Agreement on Preshipment Inspection: PSI협정)

(1) 배 경

㈎ PSI는 외국정부나 기타 계약당사자를 위하여, 그들에게 수출되는 상품의 품질과 수량을 조사하고 상품의 거래가치가 상품원산국에서 일반적으로 통용되는 수출시장가격에 일치하는지의 여부를 평가하는 활동을 말하는데, 선적 전 검사는 주로 무역·외환관리상의 문제가 많은 개도국에서 이용되고 있다.

㈏ PSI 협정은 PSI를 가장 널리 활용하고 있는 인도네시아가 UR 협상에서 처음으로 제기하여 선진국과의 의견절충을 한 결과 탄생되게 되었다.

(2) 주요내용

선적 전 검사활동결과 발생하는 무역왜곡현상은 일반적으로 (i) 선적의 지연 및 행정비용증가, (ii) 비밀영업정보의 공개, (iii) 불명료한 가격검증 및 가격비교, (iv) 이의 또는 분쟁해결절차의 흠결 등 네 개의 범주로 나누어 볼 수 있는바, PSI 협정은 이를 방지하기 위한 각각의 규정을 두고 있다.

8. 원산지규정에 관한 협정(Agreement on Rules of Origin)

(1) 배 경

㈎ 원산지규정이란 물품의 원산지를 결정하는 데 적용되는 법률·규정·판례, 그리고 행정결정 등을 의미한다. GATT 제9조는 원산지표시(country of origin marking)제도만 규정하고 있을 뿐 원산지규정에 관하여는 아무런 언급을 하지 않고 있다.

㈏ 국제관세협력이사회(CCC)의 주관으로 1973년 원산지규정의 국제적인 조화를 도모하기 위하여 통관절차의 간소화 및 조화에 관한 국제협약, 즉 교토협약(Kyoto Convention)이 채택되었다.

㈐ 1979년의 9개 협정에는 포함되지 않았다.

㈑ UR 협상의 결과보다 명료하고 통일된 소위 조화된 원산지규정이 제정되어 WTO 협정 중의 하나로 편입되었다.

▩ 원산지규정은 다국적기업의 경제활동의 세계화(globalization) 및 지역주의(regionalism)의 진행으로 인하여 특히 그 중요성을 더하게 되었다. 예컨대, 지역주의는 역내국과 역외국과의 차별을 전제로 하므로 원산지를 결정하는 것이 매우 중요한 문제로 대두되는 것이다.

(2) 주요내용

㈎ 적용범위: (i) 원산지규정은 그 사용목적에 따라 비특혜원산지규정과 특혜원산지규정으로 나눌 수 있는데, 본 협정의 원산지규정관련 원칙은 비특혜부문에만 한정되고 EU, NAFTA, GSP 등 특혜부문에는 그 적용이 없다. (ii) 원산지규정의 주요 적용분야는 다음과 같다.

㈏ 원산지판정의 기준: 원산지규정의 적용을 위한 규율은 2단계로 나뉘어 있다. 즉 원산지규정의 조화를 위한 작업계획이 완성될 때까지의 과도기에 있어서의 규율과 원산지규정의 조화를 위한 작업계획이 완성된 후의 규율의 2단계로 나뉘어 있는바, 이들은 실질적 변형(substantial transformation) 개념의 적용방법에 있어서 차이가 있다.

a) 과도기간 동안의 원산지규율은 원산지판정을 함에 있어서 세번(稅番)변경기준, 부가가치기준, 주요 공정기준 등 세 가지 기준 사이에 우선순위가 정해져 있지 않다.

b) 반면에, UR 이 종결된 후에 시작하여 3년 이내에 완결되어야 하는 원산지규정의 조화를 위한 작업계획상의 원산지규율은 HS 분류를 기초로 한 '세번변경기준방법'을 우선 적용하고, 부가가치기준, 주요 공정기준은 보충적으로 사용하는 데 그치도록 규정하고 있다.

▩ 세목변경기준은 물품의 생산과정에 투입된 원재료 또는 부품과 이로부터 생산된 물품간에 세번의 변경이 생긴 경우 그러한 세번변경이 초래된 공정이 행해진 국가를 실질적 변형이 가해진 국가로 보고 그 물품의 원산지로 하는 것이다.

참고 원산지결정일반론(법무부)

1) 완전생산기준: 1개 국가의 영역에서 완전히 획득하거나 생산된 물품에 대하여 그 국가에 원산지를 부여하는 당연한 기준은 일반적으로 천연물품이나 오로지 그것만으로 제조된 상품에 적용되는 기준이다.
2) 실질적 변형(substantial transformation)기준: (i) 2개국 이상에 걸쳐 제조·생산된 물품에 대하여 '실질적 변형'을 가져오는 공정이 이루어진 국가에 원산지를 부여하는 방법이다. (ii) 실질적 변형기준은 그 적용에 있어서 불명확한 점이 많기 때문에 세계 각국은 명확한 기준을 제시하기 위하여 실질적 변형의 개념에 稅番변경기준, 부가가치기준, 주요 공정기준 등을 도입하고 있다.

9. 수입허가절차에 관한 협정(Agreement on Import Licensing Procedures: ILP 협정)

(1) 배 경

㈎ 1979년 도쿄라운드에서 비관세장벽의 문제와 관련하여 제정된 9개 협정 중의 하나로 수입허가절차협정이 채택되었다.

㈏ 미국과 홍콩의 공동제안을 바탕으로 위의 협정을 상당 부분 수용한 WTO 의 ILP 협정이 성립되었다.

(2) 주요내용

㈎ 수입허가제도는 중립성·공정성 및 공평성(neutral, fair and equitable)을 유지해야 한다.

㈏ 자동수입허가는 모든 신청에 대하여 자동적으로 승인이 부여되는 경우를 말하는데, 수입제한적 효과가 없도록 운영되어야 하는바, 늦어도 접수 후 10일 이내에 수입허가가 승인되어야 한다.

㈐ 비자동수입허가는 자동수입허가에 해당하지 않는 모든 경우를 말하는데, 동 허가의 목적달성을 위하여만 운용되어야 하며, 동 목적 이외의 무역제한·왜곡효과를 초래하여서는 아니 된다.

10. GATS(General Agreement on Trade in Services: 서비스거래에 관한 일반협정)

GATS 는 상업적 주재를 서비스거래형태에 포함시킴으로써 형식적으로는 투자에 관한 대표적인 협정이라 할 수 있으나 아직은 불완전한 규율력을 갖는 데 그치고 있다. GATS 의 적용 범위는 중앙정부와 지방정부 외에도 정부나 당국에 의해 권한이 위임된 비정부기관이 취하는 조치도 포함된다는 것이 매우 특이한 점이다.

(1) GATS의 구성

㈎ GATS 는 서비스 일반에 적용될 협정본문과 8개의 부속서 및 각국의 양허계획서로 구성되어 있다.

■ 협정 본문은 전문과 6부 29개의 조문으로 구성되어 있는데, 제1부는 범위와 정의, 제2부는 일반의무와 규율, 제3부는 구체적 약속, 제4부는 점진적 자유화, 제5부는 제도적 규정, 제6부는 협정에서 사용되는 용어의 정의규정이다.

참고 부속서

1) 제2조 면제에 관한 부속서: MFN원칙의 면제에 관한 것으로 최혜국대우 부분 참고
2) 이 협정에 따라 서비스를 공급하는 자연인의 이동에 관한 부속서
3) 항공운송서비스에 관한 부속서
4) 금융서비스에 관한 부속서: 1997년 말 타결되었다.
5) 금융서비스에 관한 제2부속서
6) 해상운송서비스협상에 관한 부속서
7) 통신에 관한 부속서: 기본통신서비스거래의 자유화를 대상으로 한 것이 아니고 다른 서비스공급수단으로서의 기본통신의 역할이 잘 발휘될 수 있도록 하기 위한 규범이다.
8) 기본통신협상에 관한 부속서: 각국은 대부분 기본통신을 국가독점사업으로 하고 있거나, 아니면 국가기관에 준하는 사업자로 하여금 독과점체제로 운용하고 있기 때문에 통신서비스 양허협상에서 대부분의 국가가 기본통신에 대하여는 거의 양허를 하지 않았다. 1997년 타결되었다.

(나) GATS는 이원적인 구조로 되어 있는데, 즉 이 협정의 적용대상이 되는 양허 여부를 불문하고 모든 서비스거래에 적용될 기본원칙을 담고 있는 부분(주로 제2부)과 시장접근, 내국민대우 및 추가약속 등 개별국가들이 구체적으로 양허한 사항에 대해서만 구속력을 갖는 부분(주로 제3부)으로 나누어져 있다.

■ 그러나 서비스거래는 GATT와는 달리 시장접근이 우선적 과제이므로 거래자유화를 위한 구체적 약속, 즉 제3부가 GATS의 핵심적인 부분이다.

참고 GATT와 GATS의 거래자유화방식의 차이

(1) GATT

상품교역규범인 GATT는 거래자유화에 대한 제한수단을 관세와 수량제한조치로 나누어 수량제한조치는 원칙적으로 금지하는 대신 관세부과는 회원국의 재량으로 두고 다자간 협상을 통해 개별국가들의 관세양허를 낮추는 방식으로 상품교역의 자유화를 추구하고 있다.

(2) GATS

반면에 서비스교역규범인 GATS는 관세와 같은 보호수단이 존재하지 않기 때문에 GATT체제에서는 금지되고 있는 수량제한조치로서 국내시장을 보호하여야 할 필요가 생긴다고 할 것이어서 시장접근(수량제한조치를 금지한다는 것은 무제한적인 시장접근을 허용한다는 의미가 된다)의 범위도 국가들의 협상을 통한 양허의 대상이 되는 것이다. 동일한 맥락에서 GATS는 GATT와는 달리 국경에서의 관세를 통해 국내시장을 보호할 수 없기 때문

에 내국민대우원칙도 회원국에게 당연히 부과되는 것이 아니라 양허의 대상으로 분류되는 것이다.

(2) 서비스거래의 형태

GATS 는 서비스무역에 영향을 미치는 모든 조치에 적용되고 있으나 서비스 자체에 대한 정의는 내리지 않고 있으며 다만 본협정의 적용대상이 되는 서비스무역(trade in services)을 다음과 같이 네 가지로 구분하고 있다(최승환).

㈎ 국경간 공급(cross-border supply): (i) 한 회원국의 영토로부터 다른 회원국 영토로의 서비스공급을 하는 것이다. (ii) 위성을 통한 뉴스공급과 같이 공급자와 소비자가 각각 다른 국가에 소재하면서 통신망을 이용하여 서비스를 공급하는 것이다.

㈏ 해외소비(consumption abroad): (i) 다른 회원국의 소비자에 대한 한 회원국의 영토 내에서의 서비스공급을 하는 것이다. (ii) 해외관광 또는 해외유학 등과 같이 소비자가 이동하여 공급자의 국가에 가서 서비스를 받는 것이다.

㈐ 상업적 주재(commercial presence): (i) 한 회원국의 서비스공급자에 의한 그 밖의 회원국의 영토 내에서의 상업적 주재를 통한 서비스공급이다. (ii) 서비스공급자가 소비자의 국가에 자회사, 합작투자회사를 설립하는 등의 방법으로 현지에서 서비스를 공급하는 것인데, 보통 서비스공급에 필요한 자본이 이동된다.

㈑ 자연인의 주재(presence of natural persons): (i) 한 회원국의 서비스공급자에 의해 그 밖의 회원국 영토 내에서의 자연인의 주재를 통한 서비스공급이다. (ii) 변호사·회계사 등 개별공급자가 현지에서 일정기간 체류하면서 서비스를 공급하는 것이다.

(3) 일반적 의무 및 규율

제2부에서 규정하고 있는 것으로 양허 여부를 불문하고 이 협정의 적용대상이 되는 모든 서비스거래에 적용될 기본원칙이다.

㈎ 최혜국대우: 서비스협상에서는 GATS 제2조에서 규정하고 있는 MFN 원칙이 협상의 고비마다 매우 중요한 지렛대역할을 하였다. 미국 등 선진국들은 제3부에 규정되어 있는 시장접근, 내국민대우에 관한 개도국의 양허를 최대한 이끌어내기 위하여 금융, 통신분야에서 MFN 원칙의 면제를 위협하여 많은 양보를 이끌어내었고, 향후 협상에서도 이러한 현상은 계속될 것으로 보인다.

a) MFN 원칙: 회원국은 GATS 의 대상이 되는 모든 조치에 관하여 즉각, 그리고 무조건 최혜국대우를 부여해야 한다.

b) 예 외: (i) GATS 는 GATT 와는 달리 부가가치가 높은 일정한 서비스 분야에 대해서는 '제2조의 면제에 관한 부속서'에 따라 MFN 원칙을 선별적으로 적용할 수 있도록 하고 있다. (ii) 인접국간에서의 접경지대에 국한된 서비스교환을 촉진하기 위하여도 MFN 원칙의 예외가 인정되어 특혜대우가 가능하다.

㈏ 투명성(transparency): GATS는 모든 서비스거래에 관련되거나 영향을 미치는 조치에 대한 공개의무, 통보의무 및 정보조회에 대한 회답의무를 부과하고 협정발효일로부터 2년 내에 문의처(enquiry points)를 설치하도록 하고 있다.

㈐ 거래공정화규범

a) 각 회원국은 자국의 독과점사업자가 서비스를 제공함에 있어 독점적 지위를 남용하지 않도록 보장해야 한다.

b) (공적인) 독과점사업자 이외의 사적인 서비스공급자의 거래관행이 경쟁제한적 효과를 발생하지 않도록 노력해야 한다. 즉, RBP(Restrictive Business Practice: 제한적 거래관행)를 규제하여야 한다는 것이다.

c) 서비스분야에서의 보조금도 상품교역과 마찬가지로 교역을 왜곡하는 효과가 있을 수 있으나 그 복잡성 때문에 규범을 안출하는 데는 실패했으므로 현재로서는 상품무역에 대한 상계조치가 가능할 뿐이다.

㈑ 예 외: 일반적 예외, 안보상의 예외, 국제수지예외, 긴급수입제한, 경제통합, 정부조달 등 여러 가지 예외규정을 두고 있다.

■ 서비스거래에 대한 긴급수입제한조치의 허용문제는 UR협상에서 타결되지 못하였다.

(4) 구체적 약속(specific commitments)

참고 양허표

1) 양허표는 (i) 시장접근에 대한 제한 및 조건, (ii) 내국민대우에 대한 조건 및 제한, (iii) 추가적 약속에 관한 조치들, 약속의 이행을 위한 시간계획, (iv) 약속의 발효일을 기재해야 한다.
2) 각국은 양허표를 작성할 때 우선 개방할 서비스분야를 선정하여야 하는데, 포지티브방식이 적용되므로 각국이 양허표에 등재한 서비스분야만 개방되는 것이다. 양허표에는 등재된 서비스분야에 대하여 각각의 시장접근과 내국민대우에 대해서는 네거티브방식이 적용되므로 양허표상의 란에 기재하지 않은 내용의 거래제한 조치는 허용되지 않는다. 추가적 약속에 대해서는 포지티브방식이 적용되므로 양허표상의 란에 기재한 내용만을 이행할 의무가 있다.
3) 양허표상에, 예컨대 시장접근에 대한 제한조치를 기재할 때는 위의 네 가지 서비스거래 유형에 따라 각각에 적용되는 제한조치를 적는 것이다.

㈎ 시장접근(market access)

a) 시장접근의 보장은 일반적 의무가 아니며, 각국이 양허표상에 기재한 서비스분야에 대해서만 시장접근을 허용할 의무가 있는 것이다.

b) 다만, 시장접근에 대하여 일정한 제한을 하려고 할 때에는 양허표상의 시장접

근란에 그 제한조치를 기재하여야 하는데, 이는 전술한 바와 같이 네거티브방식이 적용되므로 양허표란에 기재하지 않은 제한조치를 취해서는 안 된다.

c) 양허표상에 기재할 수 있는 제한조치의 유형은 (i) 서비스공급자 수의 제한, (ii) 서비스거래액 또는 자산총액제한, (iii) 서비스 총영업량 또는 총산출량의 제한, (iv) 총고용인력의 제한, (v) 서비스공급기업의 형태제한, (vi) 외국자본 참여에 대한 제한 등 여섯 가지이다.

㈏ 내국민대우(national treatment): 내국민대우는 일반적 의무가 아니며 각국이 양허표상에 기재한 서비스분야에 대해서만 내국민대우를 할 의무가 있는 것이다.

㈐ 추가적 약속(additional commitments)

a) 양허표는 시장접근과 내국민대우 이외에 추가적 약속이라는 란을 두어 시장접근과 내국민대우에 관한 사항이 아닌 것, 예컨대 자격·표준 또는 면허사항에 관한 조치 등을 양허표상에 기재할 수 있도록 하고 있다.

b) 추가적 약속란의 기재 여부는 자유이나 일단 기재하면 그 사항에 대하여는 추가적인 자유의 약속을 하는 것이다.

■ 양허표는 발효일로부터 3년이 경과한 후에는 언제든지 양허표를 수정할 수 있다.

참고 국내규제(domestic regulation)

구체적 약속이 행하여진 분야에 있어서도 국가의 국내규제권은 여전히 존재하는 것이나 각국이 행한 양허표에 기재한 양허의 내용을 무색하게 하는 국내규제를 통제하기 위하여 그 규제의 합리성, 객관성 및 불편성을 일반적 의무로 부과하고 있다.

(5) 분쟁해결

(i) 서비스무역이사회가 동 협약의 실시에 대한 전반적인 사항을 관장하고 있으나 분쟁해결은 DSB에 의하여 통일적으로 관장된다. (ii) 단, DSB는 양허의 정지를 정당화할 만큼 상황이 충분히 심각하다고 간주하는 경우에만 이를 허가할 수 있다.

■ 양허의 정지를 정당화할 만큼 상황이 충분히 심각하다고 간주하는 경우라는 요건은 GATT 1994 제23조 2항에 규정되어 있으나 DSB에 의한 양허정지의 허가요건이 규정되어 있는 DSU 제22조에는 이러한 요건이 누락되어 있다.

11. TRIPs(Agreement on Trade-Related Intellectual Properties Rights: 무역 관련 지적재산권협정)

TRIPs 협정은 회원국들로 하여금 지적재산권 보호의무를 부과하고 있는 협정이기 때문에 금지규범을 원칙으로 하고 있는 GATT 1994 및 GATS와는 근본적으로 그 구조가 다르다. 이런 측면에서 매우 진보적인 협정이나 그 구체적인 보호수준은 기존의 국제협정인 파리협정, 베른협정 등을 상당부분 원용하도록 되어 있는 이른바 기존

협정 플러스방식에 입각하고 있는 한계가 있다.

(1) TRIPs협정의 구성

전문과 7부 73개 조항으로 구성되어 있는데, 특히 중요한 부분은 제1부에서 제3부까지인바, 제1부는 일반규정 및 기본원칙을, 제2부는 TRIPs 협정의 보호대상이 되는 지적재산권과 그 보호수준을, 제3부는 지적재산권의 시행에 관하여 규정하고 있다.

(2) 기본원칙

TRIPs 협정상의 의무는 보호의 최소기준을 제시한 것으로 각국은 협정에 위배되지 않는 한 더 광범위한 보호를 실시할 수 있다.

㈎ 기존협약 존중원칙(제2조): TRIPs 협정은 파리협약, 베른협약, 로마협약, Washington 조약 등 기존의 4개의 지적재산권규범들의 준수를 의무화하고 있어 기존의 지적재산권체제를 존중하고 있다.

■ 기존의 GATT체제 하에서 지적재산권제도는 GATT 제20조(일반적 예외)에 의하여 GATT체제 밖에서 운용되어 왔다. 즉, 동조 (d)호는 특허권, 상표권, 저작권의 보호 및 사기적 관행의 방지에 관한 법률과 규칙을 포함하여 본 협정의 규정에 반하지 아니하는 법률 또는 규칙의 준수를 확보하기 위하여 필요한 조치는 GATT의무의 적용대상에서 제외된다고 규정하고 있다.

참고 파리협약과 베른협약

이들은 이후 수정되었는바, TRIPs협정은 그 최근협정을 원용하고 있다.

1) 파리협약: 1883년 체결된 '산업재산권의 보호를 위한 국제협약'을 파리협약이라고 하는데, 동 협약은 특허, 상표, 산업디자인, 상호, 실용신안 등을 규율한다.
2) 베른협약: 1896년 체결된 '문학과 예술작품의 보호를 위한 베른협약'을 약칭하여 베른협약이라고 하는데, 동 협약은 저작권에 관한 협약이다.

■ 지적재산권에 관한 사무를 관장하는 유엔의 전문기구는 WIPO이다.

■ 최근에는 지적재산권영역의 양대 기둥인 산업재산권과 저작권 이외에도 신지적재산권(new IPR)이 등장하고 있는데, 이는 내용에 있어서는 저작권의 성격을 띠고 있으나, 그 용도에 있어서는 산업재산권의 특성을 지닌 것이다.

㈏ 내국민대우원칙(제3조): (i) TRIPs 협정은 원칙적으로 WTO 의 다른 협정과 마찬가지로 내국민대우원칙을 선언하고 있다. (ii) 그러나 기존의 4개의 지적재산권협약에서 이미 그 예외가 인정된 경우와 TRIPs 협정 자체에서 그 예외를 허용하고 있는 경우에는 내국민대우원칙은 적용되지 않는다.

㈐ MFN 원칙(제4조): TRIPs 협정은 원칙적으로 MFN 원칙이 적용된다고 규정하고 있으나 TRIPs 협정 이전에 이미 발효하고 있던 양자 또는 다자협정을 통하여 상호주의적 기초 위에서 GATT 회원국에게 부여된 바 있는 권리나 특권에 대하여는 적용되지 않는다.

■ 특히 동 협정은 WIPO의 후원 하에 체결된 지적재산권의 획득 또는 유지에 관한 새로운 다자간 협약에 대하여는 내국민대우원칙이나 최혜국대우원칙이 적용되지 않는다고 규정(제5조)하고 있어 상호인정(mutual recognition)형태의 새로운 지적재산권체제가 탄생할 수 있는 여지를 허용하고 있다(Trebilcock).

㈑ 이익형량의 원칙: (i) TRIPs 협정은 지적재산권의 보호수준이나 형태를 결정할 때에 지적재산권의 보호와 기타 정당한 이익을 비교형량하도록 하고 있다(Trebilcock). (ii) 즉, 지적재산권의 보호와 집행은 기술혁신 등에 기여하고 기술지식의 생산자와 사용자에게 상호이익이 되고 사회 및 경제복지에 기여하는 방법으로 권리와 의무의 균형에 기여하여야 하며(제7조), '동 협약과 합치하는 범위 내에서' 공중보건이나 기타 중요한 공공이익을 보호하거나, 권리자에 의한 지적재산권의 남용 등을 방지하기 위해 적절한 조치를 취할 수 있다고 규정하고 있다(제8조).

(3) IPR의 보호기준

지적재산권은 권리자에게 독점적인 실시권 또는 사용권 등을 부여하는 것이기 때문에 경쟁정책과 충돌할 가능성이 많이 있다. 따라서 이를 조화하는 것이 매우 중요한데, TRIPs 협정에서도 사용허가계약에 있어서의 반경쟁관행(RBP)을 통제할 수 있다는 규정을 두고 있다.

㈎ 저작권 및 저작인접권(copyright and related rights)

a) TRIPs 협정에 의한 저작권보호는 저작물의 내용이 아니라 표현만을 보호한다.

b) TRIPs 협정은 저작권에 속하는 저작인격권, 컴퓨터프로그램, 데이터베이스, 대여권에 관하여 규정한 다음 저작인접권에 관한 규정을 두고 있다.

c) 다만, TRIPs 협정은 저작인격권을 그 보호의 대상에서 제외하고 있다.

d) TRIPs 협정은 이들 권리를 원칙적으로 소급보호, 즉 발효 당시 존재하던 모든 대상물에 대하여 적용된다. 저작인접권은 로마협정에 따라 원칙적으로 불소급되지만 음반에 대해서는 베른협약상의 소급효를 인정하고 있다.

참고 개념 구분

(1) 저작인격권

베른협약상 저작권자에게는 양도가능한 경제적인 권리 이외에, 저작의 문학성 또는 예술작품의 동일성을 보호하기 위한 양도불능의 권리가 인정되고 있는바, 그것이 바로 저작인격권이다.

(2) 컴퓨터프로그램

베른협약상 컴퓨터프로그램은 어문저작물로 보호하고 있어 저작권법의 보호대상으로 분류하고 있다.

(3) 저작인접권

저작인접권은 로마협약에 의하여 보호되고 있는데, 저작권에서 파생된 권리로서 저작물을 공연하는 실연자, 저작물의 고정된 음반, 이러한 저작물을 전파하는 방송사업자를 그 보호대상으로 한다.

---

e) 저작권에 속하는 권리들은 원칙적으로 50년, 저작인접권 중 방송사업자의 권리는 20년 간 보호된다.

(나) 산업재산권(industrial property rights)

a) 상표(trademarks and service marks): (i) TRIPs 협정은 등록상표의 보유자에게 상표부착상품과 혼동의 소지가 있는 동일 또는 유사상표의 사용을 금지시킬 수 있는 배타적 권리를 인정하고 있다. (ii) 다만, 등록하지는 않았으나 이미 사용하고 있는 선사용자를 보호하기 위하여 선등록주의에 일정한 예외를 인정하고 있다. (iii) 보호기간은 7년 이상으로 하고 이를 무한정 갱신하도록 하고 있으므로 상표의 보호기간은 무제한이다.

b) 지리적 표시(geographical indications): 상품의 특정품질이나 명성이 본질적으로 지리적 원천에서 유래되는 경우 이러한 상품의 생산지를 알리는 표시를 지리적 표시라고 한다.

c) 의장(industrial designs): (i) TRIPs 협정은 보호요건으로 새롭거나 독창성이 있으며 독립적으로 창작된 의장을 들고 있다. (ii) 산업의장의 보호기간은 최소 10년이다.

d) 특허(patents): (i) 특허대상은 신규성, 진보성, 산업상 이용가능성이 있는 한 어떤 기술분야의 물질이나 제법에 대한 발명이든 관계 없다. (ii) 다만, 인간이나 동식물의 건강보호, 공서양속보호, 환경오염방지를 위한 경우 특허의 대상에서 제외할 수 있다. (iii) 특허의 강제실시는 특허권자의 허락 없이 강제적으로 특허를 사용하는 것을 말하는데, 이는 특허의 배타적 권리성에 대한 중대한 제한이므로 TRIPs 협정은 적절한 보상을 하는 조건 하에 강제실시권을 허용하고 있다. (iv) 특허의 보호기간은 출원일로부터 20년이다.

(다) 신지적재산권(new intellectual property rights)

a) 집적회로 배치설계(layout-designs of integrated circuits): (i) 집적회로의 배치설계란 일정한 크기의 반도체 위에 회로를 어떻게 배열하는가를 표시한 설계도면이다. (ii) TRIPs 협정은 1989년에 체결된 'IC 배치설계보호에 관한 지적재산권조약' 즉 Washington 조약을 원용하여 집적회로의 배치설계를 보호하고 있다. (iii) 보호기간은 최소 10년인데, 그 기산점은 등록일 또는 창작일로 이원적으로 되어 있다.

b) 미공개정보(undisclosed information): (i) 미공개정보는 공개되지 않음으로써 영업적 가치를 갖는 정보를 말하며, 흔히 영업비밀(trade secret) 또는 know-how 라고 한다. (ii) 기존의 IPR 과는 그 성질이 다르므로 그 보호방법도 부정경쟁방지의 형태로 도입되었다.

(4) IPR의 시행

(가) 각 회원국은 국내법에 적절한 시행절차를 마련해야 하는데, 그 절차는 공정하고 형평성이 있어야 하며 신속하여야 한다.

(나) 특히 이러한 절차가 국제거래를 저해하는 위장장벽이 되어서는 안 된다.

(5) 분쟁해결

(i) 지적재산권이사회가 동 협약의 실시에 대한 전반적인 사항을 관장하고 있으나 분쟁해결은 DSB 에 의하여 통일적으로 관장된다. (ii) 다만, 비위반청구(Non-Violation Complaint)제도는 WTO 출범 후로부터 5년 간 적용되지 않는다.

제4절 WTO분쟁해결절차

Ⅰ. 연 혁

1) GATT 체제 하의 분쟁해결절차는 GATT 제23조를 해석하는 관습법에 기하여 1952년부터 적용되어 왔다.

2) WTO 설립협정은 이러한 분쟁해결절차에 관한 GATT 의 관습법을 반영하는 '분쟁해결에 관한 규칙 및 절차 양해'(the Understanding on Rules and Procedures Governing the Settlement of Disputes: DSU)를 '부속서 2'에 첨부시킴으로써 GATT 분쟁해결에 있어서 새로운 지평을 열었다.

참고 우리나라의 WTO분쟁 현황

우리나라는 1997년 들어 종전의 수세적 입장에서 벗어나 공세적인 제소국으로서 WTO분쟁해결절차의 이점을 적극 활용하고 있는 국가들 중 하나이다. 신공항건설공단 사건(1999~2000, 미국이 제소)은 우리나라가 피소국으로서 승소한 최초의 사례였으며, 그 이후 EC의 조선보조금 관련 제소(2003~2004), 인도네시아의 제지 반덤핑 관련 제소(2004~2005) 등에서 긍정적 결과를 도출하며 우리나라는 WTO분쟁해결절차의 이용에 있어서 성숙한 단계에 접어들었다고 평가할 수 있다. 2017년 1월 현재 우리나라는 33건의 WTO 분쟁경험을 보유하고 있으며 17차례는 제소국으로 16차례는 피제소국으로 이 절차에 참여하였다.

(WTO 홈페이지 참고)

Ⅱ. WTO분쟁해결제도의 특징

1. 통일된 분쟁해결제도

1) 1979년의 도쿄라운드에서 채택된 분야별 Code(Code 가입국가에만 적용됨)는 각각 독자적인 분쟁해결제도를 갖고 있어서 자국에 유리한 절차를 이용하려고 하는 회원국들의 'forum shopping'을 초래하게 되었다.

2) 그러나 WTO 체제는 모든 WTO 회원국들에게 DSU 라고 하는 하나의 통일된 분쟁해결절차가 적용된다.

■ 다만, WTO체제 하에서도 WTO의 일부 협정 중에는 특별절차를 규정하고 있는 경우가 있어 DSU와 동 특별절차가 상이한 경우 특별절차가 적용된다.

2. WTO의 다자적 통제와 회원국의 개입

1) WTO 분쟁해결절차는 다자적 통제가 강화되면서도 여전히 분쟁해결제도에 대한 회원국들의 개입가능성이 잔존한다.

2) 예컨대 DSB 의 패널설치의 권리, 패널보고서의 사실상 자동적 채택 및 패널보고서 평결의 이행감독 등은 전자의 예이고, 분쟁당사국간 위임사항의 마련, 패널보고서의 잠정검토 등은 후자의 예가 된다.

3. 일방주의의 제한

DSU 제23조는 회원국이 대상협상의 의무위반 등에 관한 분쟁이 발생할 경우 DSU의 규칙 및 절차를 사용하도록 하고 있어 미국의 통상법 제301조와 같은 일방주의에 대하여 제한을 가하고 있다.

4. 철저한 시한에 따른 분쟁해결절차

각 절차마다 일정한 소요시간이 정하여져 있고, 또한 총의에 의하여서만 다음 절차로의 진행이 정지될 수 있게 되어 WTO 분쟁해결절차는 과거 어느 경우보다 신속하게 이루어질 수 있다.

5. 패널보고서의 사실상 자동적 채택

1) 1947년 GATT 체제에서는 패널보고서 채택에 분쟁당사국들을 포함한 총의가 요구되었기 때문에(사실상 만장일치제), 특정 분쟁당사국의 반대(blocking power)에 부딪혀 패널보고서 채택이 지연되거나 채택되지 않는 경우도 있었다.

2) 그러나 WTO 에서는 DSB(분쟁해결기구. 일반이사회가 DSB 의 역할을 한다)에서 패널보고서 채택 시 '소극적 총의'(inverted consensus) 내지 '역총의제' (reverse consensus rule)에 따라 채택되게 된다. 다시 말해, 총의에 의하여 채택이 거부되지 않는 한 사실상 자동적으로 채택된다.

6. 상소제도(항소제도라고도 함)

1) 분쟁당사국의 패널보고서 채택에 대한 거부권의 상실에 대한 보상으로 패널보고서에 대한 분쟁당사국의 상소권리가 인정되었다.

2) 상설적인 상소기관이 활동함으로써 WTO 분쟁해결제도의 사법적인 성격(adjudicatory nature)이 강화되었다.

7. 보복조치의 자동권한

1) DSU 하에서는 보복조치의 권한부여 역시 역총의제에 의하기 때문에 실질적으로 자동적 권한부여라고 할 수 있다.

2) DSU 하에서 승소당사국은 패널권고안이 이행되지 아니하거나 상호간에 합리적인 분쟁해결에 도달하지 못한 경우 분쟁과 직접 관련되지 않은 산업분야에 대해서까지 패소 당사국에 대하여 보복조치를 할 권한이 부여된다.

참고 보고서 잠정검토제도(interim review stage)

잠정검토제도를 WTO분쟁해결제도의 특징의 하나로 포함시키는 견해가 있다. 잠정검토제도는, (i) 패널보고서 초안의 기술적 부분에 대한 분쟁당사국들의 의견수령을 위하여 설정된 기간이 경과한 후에 패널은 기술적 부분과 패널의 평결 및 결론을 포함한 잠정보고서를 당사국들에게 제출하고, (ii) 최종보고서가 회원국들에게 회람되기 전에 분쟁당사국은 패널이 설정한 기간 내에 잠정보고서의 특정 측면을 패널이 검토할 것을 서면으로 요청할 수 있는 제도이다(박〈Ⅰ〉).

Ⅲ. GATT 제22조 및 제23조

1. GATT 제22조 및 제23조와 DSU와의 관계

1) 국내법체계로 설명하면 GATT 제22조 및 제23조는 민사소송법에 해당하는 규범으로서 소송절차의 대강을 규정하고 있으며, DSU는 민사소송규칙에 해당하는 것으로 종래 GATT 관행으로 발전해 오던 분쟁해결절차의 세부사항을 규정하고 있다.

■ 다만 특이한 것은 GATT 제23조는 1항에서 절차법 이외에도 청구원인 내지 제소사유(cause of action)도 규정하고 있어 실체규범도 포함되어 있다고 볼 수 있다. 물론 구체적인 실체규범은 GATT의 기타 조문에 규정되어 있다.

2) 따라서 WTO 체제 하에서도 WTO 분쟁해결의 기본구조는 GATT 제22조 및 제23조상의 체제에 따른다.

2. 청구원인 또는 제소사유

1) WTO에 제소하기 위해서는 (i) GATT 1994상 의무의 위반, (ii) GATT 1994에

위반하지 않은 조치의 적용(비위반) 또는 (iii) 어떤 다른 상황의 존재의 결과로 GATT 1994 상 이익의 무효화 또는 침해가 발생하거나 GATT 1994 목적달성의 저해가 있어야 한다.

2) 따라서 GATT 1994 제23조는 여섯 가지 유형(3×2)의 분쟁을 예정하고 있다. 그러나 제소사유로서의 GATT 목적달성의 저해는 사실상 폐기되었다고 볼 수 있기 때문에, GATT 분쟁은 의무위반이나 비위반으로 인한 이익의 무효화 또는 침해가 발생하는 경우가 대종을 이룬다. 전자를 협정위반청구(violation complaint), 후자를 비위반청구(non-violation complaint)라고 부른다.

참고 비위반제소

1) 의 의: 관세양허 협상당사국의 특정한 정부조치가 GATT/WTO관련협정에는 저촉되지 않지만 관세양허협상 당시에 합리적으로 예견했던 동 양허협상당사국의 국내시장에 대한 시장접근기대를 좌절시키는 경우에 사용되는 WTO제소사유 중의 하나이다. 예컨대, A국이 자국의 반도체소재산업에 대하여 GATT 1994 제16조와 WTO보조금 및 상계조치에 관한 협정에 합치하는 보조금을 지급하였으며 A국의 보조금지급행위로 인하여 B국의 A국에 대한 반도체소재산업의 수출이 불리한 영향을 받았다고 가정하여 보자. 이 경우 B국은 A국에 대하여 GATT/WTO의 보조금관련협정을 원용하여 위반제소를 할 수는 없으며 비위반청구의 제소요건을 입증하여 비위반청구를 하는 데 그치는 것이다.
2) 제소요건: (i) 정부조치의 적용이 있을 것, (ii) GATT/WTO의 관세양허협상에 따라 발생한 합리적 기대이익이 있을 것, (iii) 이익의 무효화 또는 침해가 있을 것(인과관계).
   ▩ 비위반청구의 경우 이익의 무효화 또는 침해의 내용을 확정하여야 하는바 1989년 EC유지종자(Oilseeds)사건의 패널판정에 의하면 관세양허협상의 시점에 가지고 있던 시장접근에 대한 합리적 기대가 좌절되어 경쟁조건에 변화가 생기는 것이라고 한다. 합리적인 기대이익은 일반적으로 관세양허를 한 품목에 대하여만 발생하는 것이지만 1980년대의 Citrus 사건에서는 관세양허를 요하지 않았다.
3) 입증책임: 협정위반청구의 경우는 이익의 무효화 또는 침해가 추정되므로 제소국은 피제소국의 대상조치가 GATT/WTO협정에 위반된다는 점만을 입증하면 되나 비위반청구의 경우는 이익의 무효화 또는 침해가 확정되어야 하므로 제소국은 상기 제소요건을 모두 입증하여야 하는 부담이 있다.
4) GATT/WTO패널판정례
   ㈎ 지난 50년 간 GATT/WTO분쟁해결절차에서 패널 또는 작업반이 GATT 제23조 1항 b호의 청구, 즉 비위반청구를 실질적으로 고려한 분쟁사례는 고작 8건에 불과할 정도가 활용빈도가 적었다.
   ㈏ GATT 1947 시절의 대표적인 판례는 1989년의 EC유지종자사건이고 WTO시대의 대표적인 판례는 1998년의 Kodak-Fuji 사건이다. 특히 코닥-후지사건은 일본필름시장의 반경쟁적 시장구조를 깨뜨리려는 미국의 제소에서 비롯되었기 때문에 전세계적으로 비상한 관심을 끌었다. 패널은 우선 일본필름유통시장의 폐쇄적인 시장관행형성에 일본정부가 깊숙이 관여하고 있다고 보아 제소요건 중 (i) 정부조치의 적용이 있을 것이라는 점은 인정하였다. 다음으로 (ii) 합리적 기대이익이 있을 것이라는 요건도 일본정부가 폐쇄적인 시장관행형성을 위해 취한 행정조치의 실행시점과 필

름제품에 대한 다자간관세협상을 행한 시점(케네디라운드, 도쿄라운드, 우루과이라운드의 각각 협상시점)의 선후를 비교하여 관세협상 이후의 시점에 일본정부의 행정조치가 취해진 경우에는 비교적 용이하게 미국의 합리적 기대이익을 인정하였다. 그러나 패널은 인과관계의 요건의 인정에는 무척 인색하여 미국의 주장을 전혀 받아들이지 않았다. 결과적으로 패널은 비위반제소의 요건의 해석에 있어서 상당히 탄력적인 법적 견해를 취하면서도 실제사건에서 인과관계 인정을 엄격하게 함으로써 비위반제소의 승소가능성을 희박하게 하였다.

■ 미국은 GATT 제3조 4항 및 GATT 제10조 위반사유도 거론하며 일본을 공격하였으나 비위반제소와 마찬가지로 위반제소도 실패로 끝나고 말았으며 결국 상소도 포기하였다.

5) 한 계: 비위반청구의 경우 피제소국은 패소하더라도 GATT/WTO협정상의 어떤 구체적 의무를 위반한 것이 아니기 때문에 대상조치를 철회할 의무는 없다.

6) 기 타: (i) GATT 제23조 1항 (b),(c)유형의 비위반제소를 하기 위해서는 제소를 옹호하기 위한 상세한 정당성을 제시하여야 한다. (ii) GATT 제23조 1항 (c)유형의 비위반제소는 패널보고서가 회원국에게 회람된 시점까지만 DSU가 적용되는 까닭에 패널보고서의 채택도 소극적 총의가 아니라 적극적 총의, 즉 만장일치가 적용된다.

Ⅳ. 분쟁해결절차

WTO 의 분쟁해결절차

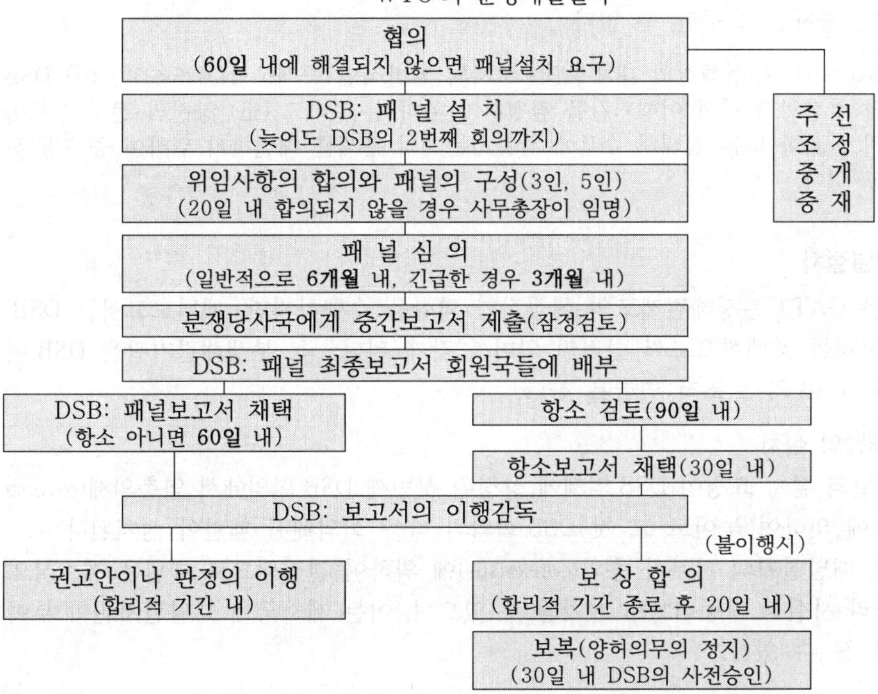

1. 패널 이외의 절차

(1) 협의(consultation)

㈎ 1947 GATT 체제에서보다 더욱 사법화된 WTO 체제에서도 여전히 분쟁해결제도의 제1차적 수단으로서의 협의의 중요성이 부각된다.

㈏ 대상협정에 따라 협의를 요청받은 회원국은 요청수령 후 10일 내에 응답하여야 하며, 그 요청의 수령 후 30일 내에 성실하게 협의를 개시하여야 한다.

㈐ 협의의 요청수령 후 60일 내에 협의에 의한 분쟁해결이 실패하면, 제소국은 패널의 설치를 요청할 수 있다.

(2) 주선(good offices), 조정(conciliation) 및 중개(mediation)

㈎ 분쟁당사국들의 합의를 거쳐 일방 당사국은 패널절차가 진행 중인 기간을 포함하여 언제라도 주선 등을 요청할 수 있다.

㈏ 분쟁당사국들이 합의하면 주선 등의 절차는 패널절차가 진행하는 동안에도 속행될 수 있다.

(3) 중재(arbitration)

㈎ 중재는 WTO 체제의 기본적인 분쟁해결제도는 아니고, WTO 체제 분쟁해결의 대체수단이다. 그러나 중재는 WTO 체제 내에서만 허용된다.

㈏ 당사국들은 중재관의 결정을 최종적인 것으로 수락하여야 하며, 해당 당사국들은 2차적인 중재를 요구할 수 없다.

■ DSU는 (i) 분쟁해결의 대체수단으로서의 일반적인 중재조항(제25조)과, (ii) DSB 권고와 결정의 합리적 이행기간을 결정하기 위하여, 그리고 (iii) 양허의 정지 수준이 이익의 무효화 또는 침해의 수준에 상응하는가의 문제를 해결하기 위하여 중재를 허용하고 있다.

2. 패널절차

패널은 GATT 분쟁해결제도의 핵심적인 역할을 수행하지만, 패널보고서는 DSB가 동 보고서를 채택함으로써 법적인 의미를 갖게 된다. 즉, 분쟁해결기관은 DSB이며, 패널은 DSB의 보조적 역할을 한다.

(1) 패널의 설치

㈎ 패널의 설치 요청이 DSB 의제에 상정된 첫번째 DSB 회의에서 역총의제(reverse consensus)에 의하여 늦어도 그 첫 DSB 회의의 다음 회의에서 패널이 설치된다.

㈏ 즉, 패널설치의 거부가 총의(consensus)에 의하여 결정되므로 패널은 제소국의 요청에 따라 사실상 자동적으로 설치될 수 있으며, 이는 제소국에 패널설치권이 부여된 것으로 볼 수 있다.

(2) 패널의 위임사항

패널의 관할권에 관한 문제로 패널은 위임사항 이외의 문제를 다룰 수 없다.

㈎ 분쟁당사국들이 패널의 설치로부터 20일 내에 달리 합의하지 않는 한 패널은 다음과 같은 표준위임사항(standard terms of reference)을 부여받는 것으로 본다.

㈏ 즉 '(분쟁당사국들이 인용한 대상협정의 이름) 관련규정에 비추어 문서…에서(당사국 이름) DSB에 부탁한 사안을 검토하고 DSB가 해당 협정에서 규정된 권고를 하거나 결정을 내리는 데 도움이 될 평결을 하기 위함'이다.

(3) 패널의 구성

㈎ 패널위원으로는 정부인사뿐만 아니라 민간인사도 위촉될 수 있으며, 특히 국제무역법(international trade law)의 전문성을 명시한 것은 WTO 분쟁해결의 법적인 접근의 중요성이 강조된 것이다(박〈Ⅰ〉).

㈏ 분쟁당사국 또는 분쟁참가 제3국 정부의 회원국 국민은 분쟁당사국들이 달리 합의하지 않는 한 관련분쟁의 패널위원이 될 수 없다.

㈐ 사무국은 자격을 갖춘 정부 및 비정부 인사들의 명부를 보유·관리한다.

㈑ 패널은 3명 또는 5명의 패널위원으로 구성된다.

㈒ 사무국은 분쟁당사국들에게 패널위원후보들을 제안하며, 분쟁당사국들은 불가피한 사유가 없는 한 이들 후보를 거부하지 못한다.

㈓ 분쟁당사국이 패널설치 후 20일 이내에 패널의 구성원에 대하여 합의하지 못하면 제소국의 요청에 따라 WTO 사무총장이 DSB 의장 등과 협의한 후 10일 이내에 패널구성원을 임명해야 한다.

(4) 패널의 진행절차

㈎ 패널위원들은 가능한 한 1주일 내에 패널진행의 일정을 확정하여야 한다.

㈏ 패널절차는 두 번의 서면입장(written submission)과 구두심리(oral hearings)로 구성된다.

■ 패널의 심리는 비공개이며, 엄격한 비밀 속에 진행된다. 또한 패널심리에는 당사자가 합의하는 등 예외적인 경우가 아닌 한 'private lawyer'의 참여가 금지된다.

㈐ 분쟁당사국들의 반박 입장과 구두 주장을 고려한 후에 패널은 보고서 초안의 기술적 부분(descriptive sections)을 분쟁당사국들에 제출한다.

㈑ 패널은 이에 대한 분쟁당사국들의 의견수렴을 위하여 설정한 기간이 경과한 후에 기술적 부분과 패널의 평결 및 결론을 포함한 잠정보고서(interim report)를 분쟁당사국들에 제출한다.

■ 이 단계를 잠정검토단계(interim review stage)라고 하는데, UR협상과정에서 새로이 안출한 개념이다.

㈒ 잠정보고서에 대한 의견제출기간 내에 분쟁당사국들로부터 아무런 의견이 주어지지 않는 경우 잠정보고서는 최종보고서(final report)로 간주되며 회원국들에 즉시 회람된다.

(5) 패널보고서의 채택

㈎ 패널보고서가 회원국들에 회람된 후 60일 내에 DSB 에서 채택되어야 한다.

㈏ 분쟁당사국 일방이 공식적으로 DSB 에 상소결정을 통고하거나 DSB 가 총의로서 패널보고서를 채택하지 않기로 하는 경우에는 패널보고서의 채택이 저지된다.

㈐ 채택된 패널보고서는 법적 효력을 갖기 때문에 분쟁당사국들의 관계에서 평결내용에 따를 의무를 발생시키고 국내적 효력을 갖는다(박〈Ⅰ〉). 다만, 선례구속의 원칙은 인정되지 않는다.

■ 중요한 것은 패널보고서의 채택 거부에 총의가 요구된다는 점이며, 이러한 새로운 유형의 총의를 '역만장일치제'(reverse consensus rule)(장승화), 또는 '소극적 총의'(negative/inverted consensus)(박노형)라고 한다.

3. 상소절차

이를 항소절차라고도 하며 그 기관도 항소기구라고 번역하기도 한다(장승화).

1) DSB 는 패널보고서에 대한 상소를 심리하는 상설상소기관(Standing Appellate Body)을 설치하고 있다.

■ 전술한 패널절차는 그 패널의 구성이 임시적(ad hoc)이라는 점에서 상소기관의 구성과 본질적인 차이가 있다.

2) 상소기관은 임기 4년인 7명의 위원으로 구성되며, 그 중에서 3명의 위원이 하나의 사건을 담당하고 있다. 2012년 6월 우리나라 인사로는 최초로 장승화 서울대 교수가 상소기관 위원으로 선출되어 2016년 5월 말까지 봉직하였다. 그 이후 2016년 11월 김현종 전 외교통상부 통상교섭본부장이 후임으로 상소기관 위원에 선출되었다.

3) 상소는 패널보고서에서 다루어진 법적 쟁점과 패널의 법적 해석에 국한된다. 즉, 법률심이다.

4) 패널보고서에 대한 상소는 제3국이 아닌 분쟁당사국만이 제기할 수 있다.

5) 원칙적으로 상소심은 분쟁당사국이 상소결정을 통고한 날로부터 상소기관이 자신의 보고서를 회람한 날까지 60일을 초과할 수 없다. 이 기한의 준수에는 일정한 예외가 인정될 수 있으나 어떠한 경우에도 90일을 초과할 수 없다.

6) DSB 의 상소기관의 보고서채택에도 역만장일치가 적용되므로 보고서가 사실상 자동적으로 채택된다고 할 수 있다.

■ 상소기관의 심리도 비공개이다.

4. 권고(recommendations) 및 결정(rulings)의 이행

WTO 체제에서는 패널보고서는 사실상 자동적으로 채택되기 때문에 WTO 분쟁해결절차 성공의 관건은 DSB에서 채택된 패널보고서의 이행에 집중된다(박〈Ⅰ〉).

1) 패널 또는 상소기관의 보고서가 채택된 후 30일 내에 개최된 DSB 회의에서 패소 당사국은 DSB의 권고와 결정의 이행에 관한 자신의 의도를 DSB에 통고하여야 한다.

2) 즉시 이행하는 것이 비현실적인(impracticable) 경우에는 패소당사국은 그 이행을 위한 합리적인 기간을 가진다.

참고 합리적인 기간(a reasonable period of time: RPT)

1) 패소당사국이 DSB의 승인을 받아 제의하는 기간,
2) 패널의 권고안 및 결정채택으로부터 45일 이내의 기간으로서 당사국들이 합의한 기간, 또는
3) 위 두 가지 방법이 성공적이지 못할 경우 권고안 및 결정채택일로부터 90일 이내의 기간으로서 당사국 간의 구속력 있는 중재절차를 통해서 확정되는 기간이다.
■ 중재를 통해 확정되는 합리적인 기간은 패널 또는 상소보고서(항소보고서) 채택일로부터 15개월을 초과할 수 없다. 그러나 특별한 사정에 따라 이 기간은 단축되거나 연장될 수 있다.

5. 보상 및 양허의 정지(compensation and the suspension of concessions)

이 중 양허의 정지는 보복조치(retaliation)에 해당한다.

(1) 보상 및 양허의 정지의 의의

(가) 보상은 패소당사자가 보복조치를 피하기 위하여 승소국에 제공하는 부담으로서의 의미를 갖는 데 그치며 패소국에 대한 보복조치가 아니다. 즉 WTO 체제에서 인정되는 진정한 의미의 보복조치는 바로 양허 또는 다른 의무의 정지이다.

(나) 보상이나 양허 또는 다른 의무의 정지는 WTO 분쟁해결절차의 최후의 수단이므로 WTO 협정을 포함한 대상협정과 일치시키는 DSB의 권고의 완전한 이행이 그 위반에 대한 제재보다 우선한다.

(2) 보상 및 양허의 정지허가

(가) 권고와 결정을 이행하지 못한 경우, 패소당사국은 (요청받은 경우) 합리적 기간의 만료 전에 승소당사국과 상호 수용할 수 있는 보상에 관한 협상을 개시하여야 한다.

(나) 합리적 기간이 만료 후 20일 내에 만족스러운 보상에 관하여 합의가 이루어지지 않을 경우에는 최후로 승소당사국은 DSB에게 패소당사국에 대한 양허 또는 대상협정상의 다른 의무의 적용을 정지할 수 있는 허가를 요청할 수 있다.

(다) DSB는 요청에 따라 합리적 기간의 만료 후 30일 내에 양허 또는 다른 의무

의 정지를 허가하여야 하나, 총의로써 그 요청의 거부를 결정할 수 있다. 즉, 보복조치의 권한부여 역시 역총의제에 의하기 때문에 실질적으로 자동적 권한부여라고 할 수 있다.

■ WTO는 유엔과 같은 안보기구가 아니기 때문에 비록 DSB의 판정에 불복하는 국가가 있더라도 어떤 집단적인 제재조치를 취할 수는 없으며, 다만 승소국으로 하여금 그에 상응하는 양허를 정지하도록 함으로써 불이익을 줄 뿐이다(서〈II〉).

㈑ DSB 가 허가한 양허 또는 다른 의무의 정지수준은 무효화 또는 침해의 수준과 동등하여야 한다.

■ 양허의 정지수준이 무효화 또는 침해의 수준에 동등한지 및 제안된 양허 또는 다른 의무의 정지가 대상협정에서 허용되는지 여부에 관하여 다툼이 있는 경우에는 "중재"에 회부하여 해결한다.

참고 교차보복(cross retaliation)

1) 승소당사국은 DSB로부터 보복조치를 허가받을 경우 이른바 교차보복까지도 할 수 있다. 다만 교차보복을 하기 위해서는 (i) 원칙적으로 침해를 입은 분야에서의 양허의 정지를 우선적으로 추진하고, (ii) 이러한 제재가 비현실적이거나 비효과적인 경우에는 동일 협정상의 다른 분야에서의 양허를 정지하고, (iii) 위의 방법도 비현실적이거나 비효과적이라고 판단되는 경우라야 한다.
2) 예컨대, 우리나라는 미국에 대하여 지적소유권 그 자체를 수출하는 경우가 극히 드물다. 따라서 우리나라가 TRIPs협정을 위반한 경우 미국은 지적소유권과 아무런 관련이 없는 우리나라의 미국으로의 자동차수출에 대하여 보복 무역관세를 부과할 수 있게 되는 것이다(장승화).

제5절 미국과 유럽연합의 통상법

우리나라와 마찬가지로 미국과 EU 도 국내법으로서 각종 통상관련입법을 제정·시행하고 있다. 여기서는 특히 반덤핑, 상계관세 및 긴급수입제한법 등 이른바 산업피해구제법과 다자주의(multilateralism)에 배치되는 대표적인 일방주의(unilateralism)적 입법으로서 비판의 십자포화를 받고 있는 미통상법 제301조와 이에 대응하는 EU 의 무역장벽규칙을 중점적으로 설명하기로 한다.

I. 미 국

미국은 1974년, 1979년, 1984년, 1988년, 1994년 등 거의 5년 주기로 종합적인 통상법을 제정하고 있는데, 이들 입법은 주로 후술하는 산업피해구제법 및 통상법 제301조 등에 대한 개정을 그 내용으로 하고 있다.

1. 산업피해구제법

1) 미국의 반덤핑법과 상계관세법은 '1930년 관세법'(Tariff Act of 1930)에 편제되어 있으며 덤핑과 보조금지급 여부는 상무부(DOC)가, 피해의 존재 여부는 국제무역위원회(ITC)가 각각 관장한다. 긴급수입제한조치법은 '1974년 통상법'(Trade Act of 1974) 제201조 이하를 지칭하며, ITC 가 관장한다.

2) 또한 주로 지적재산권 침해, 수입품으로 인한 피해를 구제할 목적으로 '1930년 관세법' 제337조가 있는데, 이 역시 ITC 가 관장한다.

판례 '1930년 관세법' 제337조의 내국민대우원칙의 위반 여부

첫 번째 패널은 내국민대우원칙에 대하여 판단하지 않고, 다만 GATT 제20조의 예외에 해당하기 때문에 GATT에 합치한다고 판단하였으며, 두 번째 패널은 내국민대우원칙위반이라고 판시하였다.

2. 통상법 제301조

(1) 제정과 배경

㈎ 1970년대 전까지만 해도 대부분의 통상관련법률은 수입관련 문제를 타개하기 위한 법령들이었다. 예를 들어, 전술한 반덤핑법·상계관세법·'1974년 통상법' 제201조, '1930년 관세법' 제337조 등이 대표적인 통상관련법률이었다.

㈏ 위 통상법률은 문제의 반쪽밖에 해결할 수 없다는 인식이 미국 내에 자리잡기 시작하여 미국의 많은 수출산업들이 외국의 무역장벽 때문에 외국시장에 진출하는 데 겪고 있던 어려움을 타개할 목적으로 USTR, 즉 미무역대표부를 관장기관으로 하는 통상법 제301조가 '1974년 통상법'의 제정시 신설되었다. 이후 통상법 제301조는 계속 개정되어 현재의 모습을 띠고 있는데, 구체적으로는 '1974년 통상법' 제3편 제1장에 포함된 제301조부터 제310조까지의 일련의 규정을 지칭한다.

(2) 내 용

일반적으로 통상법 제301조라 하면 '1974년 통상법'에 규정된 '일반 제301조'(Regular Section 301)를 의미하며 1988년에 신설된 Super 제301조, Special 제301조, 통신 제301조 등은 절차상의 특례를 규정한 데 불과하다. 중요한 것은 실체적 요건이므로 여기서는 Regular 제301조에 규정되어 있는 실체요건만을 설명한다.

㈎ 의무적 조치(mandatory action): USTR은 무역협정상의 미국의 권리가 거부되거나, 외국의 행위·정책 또는 관행(acts, policies, or practices)이 무역협정 규정을 위반하거나 동 규정에 일치하지 않거나 또는 동 협정상의 미국의 이익을 거부하거나 부당(unjustifiable)하고, 미국의 통상에 부담이 되거나 제한하는 경우에는 의무적으로 보복조치를 취한다.

■ 다만, 국가안전보장을 위한 경우 등 일정한 예외가 있다.

㈏ 재량적 조치(discretionary action): USTR은 외국의 행위, 정책 또는 관행(acts, policies, or practices)이 불합리(unreasonable)하거나 차별적(discriminatory)이고 미국의 통상에 부담을 주거나 제한하고, 이에 따른 미국의 조치가 적절한 경우에 보복조치를 취할 수 있다.

참고 슈퍼 제301조, 스페셜 제301조, 통신 제301조

1988년 종합통상법에 의하여 신설되었다.

1) Super 301

㈎ USTR는 무역장벽에 관한 연차보고서(NTE보고서라 함)를 작성하여 이를 대통령 및 의회에 제출하고 30일 이내에 동 보고서에 언급한 무역장벽관행 중 우선관심관행(PFCP), 우선관심국가(PFC)를 지정하여 의회에 보고하여야 한다. 우선국과 관행을 지정한 후 21일 이내에 이에 대한 제301조 조사를 개시하여야 한다. 그 외의 실체적 요건 및 절차는 다시 Regular 301조로 돌아간다.

㈏ USTR에 의한 우선국과 우선 관행지정이 있으면 바로 조사가 개시된다는 점에서 Regular 301조보다 그 경직성 및 일방적 성격이 강하다(서〈II〉).

■ Regular 301조의 개시절차는 이해관계인의 청원 또는 USTR의 직권에 의하여 개시된다.

2) Special 301와 Communications 301: Special 제301조는 지적재산권의 보호를 위한 것이고, Communications 제301조는 통신산업의 보호를 위한 것이다.

(3) 통상법 제301조의 적법성

㈎ 통상법 제301조는 WTO 체제라는 다자주의(multilateralism)와 정면으로 배치되는 일방주의(unilateralism)의 대표적인 국내입법이므로 국제사회의 강한 비판의 대상이 되어 왔다.

㈏ 이는 DSU의 제23조 및 일반국제법원리에 정면으로 배치되는 입법이어서 절대적으로 위법이라는 견해(최승환)와 WTO의 규범력이 미치지 않는 범위 내에서는 여전히 그 합법성이 인정된다는 견해(박노형) 등으로 백가쟁명식의 다양한 주장이 제기되고 있는 실정이다.

Ⅱ. 유럽연합

미국은 반덤핑법뿐만 아니라 상계관세법, 통상법 제301조 등을 빈번하게 활용하여 왔던 반면에 EU는 반덤핑법만을 주로 사용하여 온 특징이 있다.

1. 산업피해구제법

EU의 반덤핑법은 1996년, 상계관세법·긴급수입제한조치법은 1994년에 각각 개정된 (각료)이사회규칙(Council Regulation)에서 규정하고 있다. 반덤핑법과 상계관세법의 집행절차는 EU 위원회가 덤핑 또는 보조금지급 여부와 피해를 판정하고 이를 이사회가 최종적으로 확정하는 반면에 긴급수입제한조치는 EU 위원회가 집행하며 이사회는 재심권한만이 부여되어 있다.

참고 우회덤핑방지제도

EU반덤핑법상의 우회덤핑방지(Anti-Circumvention)규정의 내국민대우원칙 위반 여부에 대하여 1990년 GATT패널은 관련부품을 수입한 다음 역내에서 완제품을 조립하는 행위에 대하여 우회덤핑방지관세를 부과하는 EU반덤핑법규정은 내국민대우원칙위반이라고 판시하였다. 그러나 WTO반덤핑협정에 우회덤핑규정이 포함되지 않자, EU는 종전의 규정을 더욱 강화한 우회덤핑규정을 도입하였다. 미국도 EU와 마찬가지로 우회덤핑방지규정을 두고 있다.

2. 신통상정책수단

1) EU의 무역장벽규칙(TBR: Trade Barrier Regulation: 구 신통상정책수단)은 1994년 개정된 (각료)이사회규칙에서 규정하고 있다. 이는 미통상법 제301조에 대응하는 것으로 외국의 '불법적 통상관행'(illicit commercial practices)을 규제하려는 입법이다.

2) 그러나 EU의 무역장벽규칙은 그 발동요건이 미통상법 제301조와 같은 '불공정통상관행'(unfair commercial practice)이 아니라 불법한 통상관행이어야 할 뿐만 아니라 EU 산업에 대한 '피해'(injury)의 발생이 있어야 한다는 점에서 미통상법 제301조와는 크게 다르며 그 현실적 발동도 거의 이루어지지 않았다.

제6절 신무역의제

새로운 무역 이슈에 대한 논의는 OECD에서 주도적인 역할을 하고 있으나 WTO 출범 후 처음으로 개최된 제1차 WTO 각료회의에서 무역과 투자, 무역과 경쟁 등에 관한 작업반설치와 기존에 설치되어 있던 무역환경위원회의 활동기간 연장에 관한 결의가 채택되는 등 새로운 무역 이슈에 대한 WTO 노력도 가속화되고 있으며 최근에는 전자상거래에 대한 논의가 WTO 의 각 이사회 등에서 활발하게 진행중이다. 제3차 시애틀각료회의에서의 실패를 거울삼아 2001년 11월 카타르의 도하에서 개최된 제4차 각료회의 발표문에 의하면 이러한 신무역의제들이 과연 본격적인 협상의 일부가 될 수 있을지는 향후 협상의 발전 여부에 달려 있다고 볼 수 있다.

Ⅰ. 환 경

1. 배 경

1) 몬트리올의정서, 바젤협약, CITES 등과 같은 국제환경협약들은 환경보호라는 목적을 달성하기 위하여 무역제한조치를 그 수단으로 인정하고 있고, 특히 미국을 비롯한 엄격한 환경기준을 가지고 있는 선진국들은 자국의 환경관련입법을 통하여 자국의 환경기준에 미치지 못하는 상품에 대하여 일방적 무역제한조치를 취하는 경우가 많이 있어 이로 인한 통상분쟁이 초래되고 있다.

2) 1947년 GATT 와는 달리 WTO 설립협정은 그 전문에서 '환경을 보존하며 지속가능한 개발이라는 목적에 일치하는'이라는 표현을 사용하고 있으며 WTO 산하에 무역환경위원회가 발족됨으로써 환경과 무역의 연계가능성 문제는 국제사회의 가장 중요한 문제 중의 하나로 부각되게 되었다.

2. GATT/WTO와 환경문제

종래 GATT/WTO 의 분쟁을 보면 피제소자는 해당 환경관련무역규제조치가 GATT 의 내국민대우원칙 또는 수량규제금지원칙 등에 위반되더라도 GATT 제20조 b 호 또는 g 호 등에 해당하므로 GATT 위반이 아니라는 항변을 하였다. 즉, 당해 조치가 인간·동물 또는 식물의 생명 또는 건강을 보호하기 위하여 필요한 조치(b 호) 또는 유한천연자원의 보존에 관한 조치(g 호)에 해당한다는 것이다. 그러나 GATT/WTO 패널은 이러한 예외사유를 매우 엄격하게 해석하여 왔다.

(1) GATT/WTO패널판정

㈎ 1991년과 1994년의 두 번에 걸친 참치-돌고래사건, 그리고 1998년 새우-바다거북사건에 관한 GATT/WTO 패널보고서가 가장 대표적인 환경관련 분쟁해결사례이다.

판례 **Tuna-Dolphin Case(참치-돌고래사건)**

〈사건개요〉 멕시코가 돌고래를 보호하기 위하여 참치잡이시 유자망의 사용을 금지하고 있는 미국의 해양포유동물보호법 등에 위반하였다는 이유로 미국이 멕시코 또는 그 중개국가인 EC 등에서 수입되는 참치에 대하여 수입제한조치를 내린 사건이다.

〈판결요지〉 패널은 미국의 수입금지결정은 다음과 같은 근거로 GATT 제11조 1항 위반이라고 판시하였다. (i) 동종상품의 개념은 생산의 방법이 아니라 상품 그 자체의 특성에 의하여 결정해야 한다. (ii) GATT 제20조의 일반적 예외사유에 해당하지 않는다.

■ 이 사건은 GATT체약국단에 의하여 채택되지는 않았지만, GATT패널은 채택되지 않은 패널보고서도 선례로서 참작될 수 있다고 보고 있다. 1998년 새우-바다거북사건은 미국과 말레이시아·태국 사이의 분쟁으로서, 참치-돌고래사건과 내용 및 결과가 거의 동일하다.

(나) 기타 사건: 미국 슈퍼펀드사건(1988년), 태국의 담배수입금지사건(1990년), 미국 자동차세사건(1994년), 미국 휘발유사건(1996년), EC 호르몬사건(1997년) 등이 있다.

(2) 관련문제

(가) 상품표준(product standard)제도와 환경: 기술장벽협정(TBT 협정)은 수출품의 품질을 보증하기 위하여, 인간·동물·식물의 생명 또는 건강, 그리고 환경의 보호를 위하여 필요한 조치를 취하는 것을 인정하고 있다. 특히 PPMs 자체도 표준화의 적용대상으로 포함하고 있다.

(나) 위생 및 검역조치(sanitary and phytosanitary measures)와 환경: 수입국은 인간·동물·식물의 생명 또는 건강을 보호하기 위하여 농산물 등 수입품에 대하여 위생 및 검역조치를 취할 수 있다.

(다) 분류표시제도(labelling requirements)와 환경: 소비자들의 환경문제에 대한 인식이 높아져 감에 따라 각국 정부들은 소비자들이 물건을 선택할 때 환경적으로 올바른 결정을 하는 것을 돕기 위하여 'Eco-Labelling'(환경분류표시제도)을 도입하고 있다.

(라) 보조금과 환경: (i) 엄격한 환경기준을 채택하고 있는 국가와 그렇지 않은 국가는 생산비용의 차이가 발생하게 되는바, 이 경우 완화된 환경기준의 시행은 보조금이 지급되고 있는 것과 동일시할 수 있으므로 이를 규제하여야 한다는 논의가 있다. (ii) 선진국들은 완화된 환경기준 하에서 생산된 제품을 수출하는 것을 '생태적 덤핑'(ecological dumping)이라고 비난하여 왔으며, 환경론자들은 이러한 환경비용의 외부화(externalization)는 OECD 가 주장하는 오염자부담의 원칙(the Polluter-Pays Principle)에 반하는 것이라고 주장한다.

Ⅱ. 경 쟁

1. 배 경

1) 무역정책은 상품과 서비스의 국제교역을 규제하는 '정부'의 행위를 주된 대상으로 삼고 있다. 반면에 경쟁정책은 시장경제체제의 확립을 목적으로 주로 '사기업'의 경쟁적 거래관행과 시장구조를 대상으로 하고 있다.

2) 최근에는 경제의 세계화로 인하여 경쟁정책이 무역에 미치는 영향이 증대하고 있어 종래 국내문제로만 인식되어 왔던 각국간의 경쟁정책의 조화문제가 국제사회의 중요한 이슈로 등장하고 있다.

3) 특히 최근에 미국은 수출시장개방의 압력수단으로 무역상대국의 제한적 영업관행(RBP)에 대하여 자국의 Sherman 법 등 경쟁법(Antitrust Law)을 일방적으로 '예외적용'하고 있어 각국의 경쟁정책을 조화시킬 필요성이 더욱 증대되고 있다.

참고 독점금지법의 역외적용(Extraterritorial Application of Antitrust Law)

1) 의 의: (i) 독점금지법(Antitrust law: 유럽연합은 경쟁법(competition law)이라는 용어가, 우리나라는 공정거래법 또는 경제법이라는 용어가 흔히 사용된다)의 역외적용이란 일국가의 영역 밖에서 이루어진 경쟁제한행위에 대하여 자국의 국내법을 적용하여 규제하는 것으로서, 독점금지법의 대외적 적용의 의미를 갖는다. (ii) 독점금지법의 역외적용은 미통상법 제301조와 같이 다자주의에 배치되는 일방주의이기 때문에 근본적으로 주권침해의 문제가 발생할 수 있고 그에 기인하는 피적용국가와의 마찰을 발생시킨다. (iii) 예컨대, 한국 내에서 대기업집단에 의한 공동행위(cartel) 또는 불공정거래행위가 이루어진 경우, 미국이 자국의 독점금지법을 한국 내에 소재하는 한국기업에게 적용할 수 있겠는가 하는 것이다. 미국에 한국기업의 지사가 설치되어 있는 경우에는 미국법원이 비교적 용이하게 미국 소재 한국지사에 대하여 관할권을 행사할 수 있을 것이지만 이러한 지사도 설치되어 있지 않은 경우에는 속지주의나 속인주의 등에 의하여는 국가관할권을 행사하기가 곤란해지며, 보호주의로서도 해결하기 곤란한 경우가 생길 수 있다.

2) 배 경: (i) 독점금지법의 역외적용문제가 통상법적 차원에서 주목을 받게 된 것은 미국이 최근 자국의 독점금지법인 Sherman법 등을 자국시장의 경쟁질서보호라는 본래의 입법목적을 벗어나 통상법 제301조와 유사하게 수출시장개척이라는 통상법적 수단으로 변질시키고 있는 데서 비롯되었다. (ii) 역외적용의 문제는 독점금지법에만 국한되는 것은 아니며, 증권거래법·지적재산권법·세법 등 적용과정에서 섭외적 사안이 생길 수 있는 자국법의 적용에는 언제나 발생할 수 있다.

3) 내 용: 미국 독점금지법의 역외적용문제는 미국의 판례법에 의하여 발전해 온 개념이다. (i) 미연방 대법원은 초기에는 1909년 American Banana사건에서 전통적인 국가관할권이론인 속지주의에 충실하여 미국 독점금지법의 역외적용을 거부하였다. (ii) 그러나 이러한 속지주의는 1945년 Alcoa사건 판결을 계기로 이른바 효과주의(effect doctrine: 영향이론이라고도 함)이론으로 대체되었다. (iii) Alcoa 사건 판결로 원용되기 시작한 효과주의이론은 영국, 프랑스 등이 대항입법을 만들면서까지 격렬하게 저항하자 동 이론의 남용에 제동을 걸고 관계당사국의 이해를 합리적으로 조정하려는 시도로서 이익형량이론(Interest Balancing Test) 또는 관할권의 합리성의 이론이 등장하였다. 이러한 이익형량이론은 1987년의 미국대외관계법 제3차 리스테이트먼트에도 반영되어 있다. (iv) 1993년 Hartford 사건 판결에서 미연방대법원은 동 사건에서는 이익형량이론을 적용하기 위한 전제가 되는 이익의 '진정한 충돌'(true conflict)이 발생하지 않는다고 하면서 영향이론에 의하여 관할권의 역외적용을 인정하였다(제6장 제1절 국가관할권이론 참고).

4) 해결방안: 독점금지법의 역외적용으로 인하여 발생하는 국가간의 관할권충돌문제를 해

결하기 위하여는 근본적으로는 각국의 독점금지법의 통일 내지는 조화가 이루어져야 하겠으나 잠정적으로는 영향이론과 같은 자국의 일방적인 역외적용은 자제하고 이익형량이론과 같이 국가관할권의 합리적인 조정방안을 모색하여야 할 것이다.

2. 현 황

1) WTO 체제 하에서도 경쟁규범이 GATS 및 TRIPs 협정 등에 단편적으로 산재되어 있다.

2) 무역과 경쟁정책의 관련성 문제에 관하여 이론적으로 가장 활발히 검토되고 있는 주제는 반덤핑법과 경쟁법의 관계이다.

Ⅲ. 투 자

1. 배 경

1) 해외직접투자는 국제교역과 밀접한 연관성을 갖고 있다. 경우에 따라서는 동전의 앞뒷면과 같이 서로 연결되어 있기도 하다. 이에 따라 무역과 투자의 구분의 효용이 점차 감소하고 있다. 기본적으로 통상규범인 FTA 에 투자 챕터가 포함되는 것이 일반적이라는 점을 감안하면 이를 알 수 있을 것이다.

2) GATT/WTO 에 의해 일괄적으로 규제되는 통상분야와는 달리 국제투자에 적용될 포괄적인 국제규범은 아직도 존재하지 않는 상황이다(서〈II〉). 1997년 OECD 주도로 다자간 투자협정(Multilateral Agreement on Investment)이 추진되었으나, 관련국의 입장 차이로 타결에 실패한 바 있다. 따라서 현재 국제투자규범은 대략 3,000여개에 달하는 양자 간 투자협정(Bilateral Investment Treaties: BIT)를 통하여 형성되어 있다. BIT 는 최근에는 FTA 의 투자 챕터의 형태로 FTA 의 한 부분을 이루고 있기도 하다.

2. WTO협정상 투자관련 규범

(1) TRIMs협정

이 협정은 외국인직접투자와 관련하여 무역의 흐름을 제한하거나 왜곡시킬 수 있는 규제나 유인을 대상으로 하고 있는데, 투자문제 일반이 아니라 오로지 상품무역에 관련되는 투자관련 조치에만 적용된다.

(2) GATS

이 협정은 서비스공급의 유형 중에 '상업적 주재'(Mode 3)를 통하여 서비스를 공급하는 경우를 포함시키고 있는데, 상업적 주재는 기업의 설립이나 지사의 설치와 같은 형태를 취할 수 있으므로 외국인직접투자와 밀접한 관련을 맺고 있다.

(3) TRIPs협정

TRIPs 협정 자체에는 투자에 대한 대우를 직접 규정한 조항은 없으나, 대부분의 투자보장협정이 지적재산권의 보호를 중요한 "투자"의 한 형태로 파악하고 있어 그 맥락에서 투자문제와 간접적인 관련을 갖고 있다.

3. 현 황

2012.11.21 미국계 펀드회사인 론스타가 한국 정부를 상대로 하여 한국-벨기에 투자보장협정(BIT)을 위반하였다는 이유로 국제투자분쟁해결센터(ICSID)에 투자중재를 신청하여 현재 중재절차가 진행 중에 있다. 이는 우리나라가 최초로 투자자-국가중재절차에 제소되었다는 점, 최근 다수의 FTA 에서 투자자-국가중재에 관한 조항을 포함되어 있고 이에 대한 국내적 관심이 증폭되고 있다는 점 등에서 주목을 요하고 있다.

Ⅳ. 노 동

1. 배 경

1) 무역과 노동의 연계란 국제적으로 인정되는 기준보다 낮은 노동기준을 바탕으로 생산된 제품 또는 동제품을 생산하는 국가에 대하여 무역 제재조치를 취할 수 있는 근거를 다자무역규범 내에 마련하려는 움직임을 말한다(서〈II〉).

2) 이는 저개발국가의 열악한 노동환경과 저임금을 배경으로 한 사회적 덤핑(social dumping)을 규제하려고 하는 것인데, 특히 미국은 1948년의 Havana 헌장 등에서도 이를 삽입시킨 바 있었고, UR 협상에서도 이를 부각시키려고 노력하는 등 이에 대한 강한 집착을 보여 왔다.

3) GATT 협정문에도 일반적 예외조항인 GATT 제20조 e 호에서 죄수가 생산한 수입품에 대하여 GATT 의무의 예외를 인정하고 있는 등 노동과 무역의 연계에 관한 단편적 규정이 있다.

2. 현 황

1) ILO 등에서는 1994년 이 문제를 정식의제로 채택하는 등 관심을 보이고 있으나, ILO 는 협약불이행에 대한 적절한 제재수단 없이 회원국의 자발적인 준수에 의존하고 있다는 점에서 한계가 있다.

2) WTO 는 동 이슈는 ILO 에서 관장하는 것이 적절하다는 입장이며, OECD 는 1991년까지만 해도 각료이사회가 선정한 1990년대의 통상의제(환경, 경쟁, 투자, 기술정책)에 포함시키지 않는 등 위 이슈에 대하여 소극적이었으나 1995년의 보고서에서는 이 문제를 심도 있게 다루고 있다.

Ⅴ. 전자상거래(electronic commerce)

1. 배 경

1) 전자상거래는 대단히 포괄적인 개념이나 현재 국제적으로 일차적인 관심의 대상이 되고 있는 전자상거래는 인터넷이라는 개방된 수단을 사용함으로써 재화 및 서비스가 전자적으로 교환되는 다시 말해 전자적으로 배달되는 거래라고 정의할 수 있다.

2) 전자상거래의 기본적 특성은 기존의 상거래가 가지고 있던 시간적, 공간적 한계를 뛰어넘어 생산자측과 소비자측이 직접거래를 할 수 있다는 점이다.

2. 현 황

1) OECD, WTO, UNCITRAL, APEC 등 다자적 차원에서도 전자상거래에 관한 기본지침을 만들려는 노력을 기울이고 있는바, WTO 규범 중에서는 주로 GATS와 TRIPs 협정과 관련하여 검토되고 있다.

2) 현재 전자상거래와 관련, 정보통신시장접근문제, 기술표준 정립문제, 국제거래에서의 무관세문제, 국내거래에서의 내국세부과문제, privacy 보호문제, 지적재산권보호문제 등이 광범위하게 논의되고 있다.

제7절 남북문제 — 국제개발법

Ⅰ. 의 의

국제개발법은 남북경제관계를 규율하는 국제법으로 선후진국 간의 경제적인 격차를 해소하고 개도국의 종합적인 발전을 국제사회 차원에서 지원하려는 것이다(유).

Ⅱ. 국제규범

1. WTO체제 하의 개발도상국에 대한 특례

GATT 제18조 GATT 제4부, 권능조항(enabling clause) 등은 WTO 체제 하에서도 개도국에 대하여 계속 적용된다(최승환).

(1) GATT협정문상의 특례

㈎ 1947년의 GATT 협정에서 개도국관련 대표조항은 바로 제18조(경제개발에 대한 정부의 원조)이다.

㈏ 1966년에는 개도국에 대한 특혜대우를 목적으로 GATT 제4부를 신설하였다.

(2) GSP(Generalized System of Preferences)

㈎ 의 의: GSP(일반특혜관세제도)라 함은 개도국의 수출소득의 확대 및 개발촉진을 목적으로 한 개도국에 대한 관세상의 특혜조치로서 선진국이 개도국 상품에 대해 최혜국대우에 의거한 관세율보다 낮은 관세율을 적용하는 제도이다.

㈏ 연 혁: 모든 개발도상국들에게 적용되는 일반적인 특혜관세제도는 UNCTAD에서 오랜 작업 끝에 1971년 6월 GATT 체약국단이 GATT 제1조(MFN 원칙)의 Waiver를 승인함으로써 확립되게 된 것이다.

㈐ 1979년의 도쿄라운드와 개발도상국에 대한 특혜: 종전에는 개발도상국에 대해 GSP를 부여하기 위해서는 GATT 제25조 5항에 의한 Waiver를 얻어야 하였지만 권능조항의 신설로 위 Waiver를 얻지 않아도 개발도상국에 대해서 GSP를 부여할 수 있도록 하였다.

■ GATT 제11조국으로 이행한다는 것은 제11조 1항에 규정된 수량제한에 대한 일반적 철폐를 시행하겠다는 것을 의미하는데, 이로 인하여 11조국은 GSP를 더 이상 수혜할 수 없는 등 개도국 우대의 혜택을 누릴 수 없다.

(3) WTO협정 하에서의 개도국 우대조항

WTO 설립협정은 그 전문에서 개도국 특히 최빈개도국을 배려하는 명시적 표현을 두고 있으며 협정본문에서도 최빈개도국의 사정을 배려하는 조문을 두고 있을 뿐만 아니라 분쟁해결양해를 비롯한 거의 모든 부속협정에서 개도국 특히 최빈개도국에 대하여 특별한 취급을 명문화하고 있다.

2. UNCTAD

㈎ 선진국 중심의 무역체제인 GATT에 대한 개도국의 불만으로 프레비쉬보고서가 발표된 1개월 후인 1964년 제1차 UNCTAD 회의가 개최된 이래 4년마다 회의가 열리고 있으며 1996년 제9차 총회가 남아공 미드랜드에서 개최되었다.

㈏ UNCTAD(UN Conference on Trade and Development)는 유엔의 전문기관이 아닌 유엔의 보조기관이다.

■ 1970년대 남북문제의 전개는 1971년 리마에서 개최된 제2회 77그룹 각료회의에서 그 방향이 제시되었는바, 여기서 채택된 '리마선언'은 개도국간 상호협력의 필요성 및 개도국 문제는 개도국 스스로가 해결하여야 할 것을 강조하였다.

3. NIEO

1) 1974년 제6차 유엔특별총회에서는 '신국제경제질서'(NIEO: New International Economic Order)의 수립에 관한 국제문서들이 채택되었다. 즉, (i) NIEO 확립선언, (ii)

NIEO 확립행동강령, (iii) 국가의 경제적 권리의무헌장 등이 그것이다.

2) 국가의 경제적 권리의무헌장은 외국인의 재산을 국유화할 수 있는 권리를 인정하고 있는 1962년 '천연자원의 영구주권'의 유엔총회결의보다 한 걸음 더 나아가 외국인투자에 관한 기본원칙으로 자본도입국의 권리, 자본도입국의 국유화와 수용에 관한 권리, 자본도입국의 법률과 기타 관련사항을 고려한 적절한 보상 등을 규정하고 있다.

3) '신국제경제질서' 개념은 국가 간의 경제적 불평을 고착화시키는 기존의 국제경제질서 대신에 모든 국가 간의 주권평등, 상호의존 및 협력이라는 기초에 입각하여 새로운 국제경제질서를 정립하려는 것으로 정치적 성격이 강하다.

참고 우리나라의 국제개발협력

한국은 2009년 OECD 개발원조위원회(Development Assistance Committee)에 가입하여 명실상부한 국제원조공여국으로 자리매김하였다. 이어 우리나라는 2010년에 "국제개발협력기본법"을 제정하여 국제개발협력의 기본정신과 원칙을 천명하였다. 동 법률은 개발도상국의 빈곤감소, 여성과 아동의 인권향상 및 성평등 실현, 지속가능한 발전 및 인도주의 실현, 협력대상국과의 경제협력관계 증진, 국제사회의 평화와 번영 추구 등을 국제개발협력의 기본정신으로 하며, 그 기본원칙으로 UN헌장의 제반원칙 존중, 협력대상국의 자조노력 및 능력 지원, 협력대상국의 개발 필요 존중, 개발경험 공유의 확대, 국제사회와의 상호조화 및 협력 증진 등을 제시하고 있다. 아울러, 국가는 양자간 개발협력과 다자간 개발협력 간의 연계성 강화, 무상협력과 유상협력간의 연계성 강화를 위해 노력한다(동법 제3조, 제4조).

제2부 문제 및 해설

제1장 | 국제법의 일반이론

제1절 국제법의 개념

001. 국제법의 개념과 용어에 대한 설명 중 옳지 못한 것은?

① Zouche는 jus inter gents라는 용어를 제시하였다.
② Bentham은 international law라는 용어를 제시하였다.
③ Jessup은 supernational law라는 개념을 제시하였다.
④ Schwarzenberger는 국제법을 권력의 법, 상호주의의 법, 조정의 법 등으로 분류하였다.

해설

③ Jessup은 국경을 초월하는 제 행동과 사건을 규율하는 모든 법으로 국제공법, 국제사법 및 기타 규칙을 포함하는 초국내법(transnational law)을 주장하였다. supernational law(초국가법)는 유럽공동체와 같이 그 구성국가에 대해 법적 구속력을 가질 수 있는 소위 초국가적 조직의 법으로서 Schwarzenberger가 사용하였다. ④ Schwarzenberger는 "Power Politics"라는 저서에서 국제법을 권력의 국제법, 상호주의의 국제법, 조정의 국제법 등 세 가지로 분류하고 있다. <답 ③>

002. 다음은 국제법과 구별되는 개념들을 설명한 것이다. 타당하지 않은 것은?

① 행정법규의 섭외적 적용의 한계를 규정하는 국제행정법은 국내법의 일종으로 국제법과 구별된다.
② 특정 섭외사법사건에 대해 어느 국가의 법을 적용할 것인지를 결정하는 국제사법은 국내법의 일종이다.
③ 국제사법에 대해 국제공법이라 불리는 것이 통상의 국제법이다.
④ 국제예양은 국제법의 일종으로 이에 위반하는 경우 위법행위를 구성한다.

해설

④ 국제예양은 국제사회에서 국가가 준수하는 예의, 호의, 편의를 말하는 것으로 국제법이 아니며 이에 위반해도 위법행위를 구성하지 않는다. 예컨대, 외국의 국가원수 취임에 대한 경축이나 외국군함에 대한 예의 표시는 오랫동안 반복되어왔지만 국제법이 아니라 국제예양으로서 이를 어기는 것은 국제위법행위가 아니다. <답 ④>

003. 과거 아시아에서의 국제법 논의에 대해 올바르지 못한 설명은?

① 19세기 후반 휘튼(Wheaton)의 Elements of International Law라는 책이 중국에 소개되었다.

② Elements of International Law는 미국인 선교사 마틴에 의해 번역되었는데 '만국공법'이라는 제목으로 출간되었다.

③ 당시 조선의 관료와 지식인들은 국제법에 대해 전혀 알지 못하였고 1882년 미국과의 수교시에도 전혀 국제법 지식을 활용하지 못하였다.

④ 한말 애국계몽운동 차원에서 국제법적 개념이 활발히 소개되었으며 독립을 지키기 위해 국제법적 개념을 주창하기도 하였다.

해설

조선에도 서양 국제법이 소개되어 1882년 조미수교, 1885년 거문도사건 등에서 조선의 관료들은 적극적으로 국제법 지식을 활용하였다. <답 ③>

004. 다음 중 규제법의 규율사항으로 볼 수 없는 것은? 〈지방직 7급 2009년〉

① A국이 B국 영토를 무력으로 공격하였다.

② B국 기업이 A국으로 수출하고 있는 상품에 대하여 A국 세관이 법적 근거 없이 수입금지조치를 취하였다.

③ B국 정부가 외국으로부터 상품을 구매하는 데 있어 A국 기업의 동종상품을 이유 없이 차별하였다.

④ A국 민간기업이 B국 민간기업과 상품의 수출입 계약을 체결했는데, B국 민간기업이 이유 없이 일방적으로 계약 파기를 선언하였다.

해설

① 무력사용과 관련된 국제법이 적용될 수 있다. ②,③ WTO 규범 등 국제경제법이 적용될 수 있다. ④ 서로 다른 국가의 민간기업간 계약 문제는 국제거래법의 규율을 받을 수 있으나, 국제법의 규율대상은 아니라고 본다. <답 ④>

005. 현실국제법에서 사용되는 '국제법'의 용례가 아닌 것은?

① 유엔헌장 및 국제연맹규약의 전문

② 유엔헌장 제1조 1항은 국제분쟁을 국제법의 원칙에 따라 해결한다고 규정하고 있다.

③ 1982년 유엔해양법협약도 협약에 규정된 사항 이외의 문제는 일반국제법의 원칙에 따른다고 규정하고 있다.

④ 우리나라 헌법은 '국제법' 자체를 명시하고 있지는 않다.

해 설

우리나라 헌법 제6조는 1항에서 '헌법에 의하여 체결 · 공포된 조약과 일반적으로 승인된 국제법규는 국내법과 같은 효력을 가진다'고 하고, 2항에서 '외국인은 국제법과 조약이 정하는 바에 의하여 그 지위가 보장된다'고 규정하고 있다. <답 ④>

006. 국제법의 법적 성격을 부인하는 주장의 근거로서 옳지 않은 것은?

① 국제사회에는 중앙집권적 행정기구가 없다.
② 국제사회에는 상설적 입법기구가 없다.
③ 국제법 위반에 대한 제재가 충분히 이루어지지 못한다.
④ 국제법을 적용하는 사법기구가 없다.

해 설

국제사회에는 국제사법재판소(ICJ) 같은 국제법원이 존재하여 국제법을 적용하고 있다. 다만, 국내법원과 같은 전면적인 강제관할권은 갖지 못한다는 한계가 있다. <답 ④>

007. 다음은 국제법의 타당근거에 관한 설명이다. 가장 타당한 것은?

① 국제법이 법적 구속력을 갖는 이유가 국가의 단독의사에 우월한 다수국가의 공동의사 때문이라는 공동의사설이 바텔에 의해 전개되었다.
② 뒤기(Duguit) 등에 의해 전개된 법적 확신설은 관습법에의 구속근거를 설명하는 묵시적 합의이론과 관계된다.
③ 법이란 법제정기관의 의사라고 보는 의사주의에는 엘리네크의 자기제한설, 켈젠의 근본규범설 등이 있다.
④ 의사주의자들은 그들의 주장의 근거로 '국가를 구속하는 법규칙은 이들 국가의 의사에서 나온다'는 1927년 Lotus사건에 관한 상설국제사법법원의 판결을 즐겨 인용한다.

해 설

① 공동의사설은 트리펠에 의하여 주장되었다. ② 묵시적 합의이론은 옐리네크의 자기제한설과 관계된다. ③ 켈젠의 근본규범설은 법강제력의 근거를 법제정기관 상위의 어떤 요소에서 찾으려는 객관주의에 속하며 이외에 자연법이론과 사회학파도 객관주의에 속한다. ④ 법실증의자들, 즉 의사주의자들은 1890년대 후반 이래 '국제공동체에서 금지되지 않은 것은 모두 허용된다'는 원칙을 천명하였는바, 이는 국가의사의 존중과 주권이 국제공동체의 근본특징임을 달리 표현한 것에 지나지 않으며, 1927년 Lotus사건에서 이를 확인하였다. <답 ④>

제2절 국제법의 역사

001. 국제법학의 시조로 불리는 Hugo Grotius에 관한 설명이다. 옳지 않은 것은?

① 「전쟁과 평화의 법」을 저술했는데, 이것에 의해 국제법학의 체계가 수립되었다.

② 전쟁을 정당한 전쟁과 부당한 전쟁으로 구별했다.

③ 「해양자유론」에서 그는 바다의 경제적 수익은 인간의 노동에 있다고 보았다.

④ 바다는 유동적이어서 인간이 정착할 수 없기 때문에 소유의 대상이 될 수 없다고 한다.

해설

③ 그는 육지의 경제적 수익이 인간의 노동에 달려 있는 것과는 달리 바다의 경제적 수익은 인간의 노동이 아니라 물고기의 자연적 번식에 기초하고 있어 소유의 대상이 될 수도 없고 국가주권도 설정할 필요가 없다고 한다. 한편, 정당한 전쟁의 종류로 방어전쟁, 법적인 청구권을 집행하기 위한 전쟁, 불법을 응징하기 위한 전쟁을 들고 있다. <답 ③>

002. 현대국제법의 특성을 설명한 것이다. 거리가 먼 것은?

① 제2차대전 이후 국제법의 성문화노력이 국제법위원회(ILC)를 중심으로 전개되고 있다.

② 국제법의 규율대상이 심해저나 우주 등으로 확대되고 있다.

③ 국제사법재판소는 본질적으로는 임의적 관할권에 기초하고 있지만 국제법의 발달에 적지 않은 기여를 하였다.

④ 국제법상 강행법규가 인정되는 추세이지만 성문화되지는 못하고 있다.

해설

④ 1969년 조약법에 관한 비엔나협약 제53조에서는 강행법규의 존재를 명문화하고 있다. 참고로, 국제법의 정의와 관련하여 우리가 지금 다루고 있는 국제법(국제공법)은 국제사법(섭외사법)과 구별됨을 유의한다. <답 ④>

제3절 국제법과 국내법과의 관계

001. 국제법과 국내법의 관계에 관한 설명으로 옳지 않은 것은? 〈2014년 국가직 7급〉

① 이원론에 의할 때 조약은 원칙적으로 직접적인 국내적 효력을 갖지 않는다.
② 조약 당사국은 조약 불이행에 대한 정당화의 사유로 자국 국내법을 원용할 수 없다.
③ 미국 연방헌법에 의할 때 조약은 미연방을 구성하는 각 주의 법률보다 우위이나 주의 헌법보다는 하위의 효력을 갖는다.
④ 영국의 판례는 일부 판례를 제외하면 국제관습법에 대하여 수용이론을 적용하고 있다.

해 설

미국 연방헌법은 조약이 미국의 최고법을 구성한다고 규정한다. 실제 연방법률과 동등한 효력을 갖는 것으로 간주된다.
<답 ③>

002. 국제법과 국내법의 관계에 대한 설명으로 옳지 않은 것은? 〈국가직 7급 2011년〉

① 국제법 우위의 일원론(monism)은 국제법과 국내법의 관계를 상하관계로 보고, 국내법은 국제법에 의해 위임(delegation)된 부분적 질서에 불과하다고 주장한다.
② 이원론(dualism)을 위하는 국가에서는 조약이 비준되었다고 하더라도 국내적 효력을 갖기 위해서는 국제법을 국내법으로 변경하는 변형(transformation)이 필요하며, 이러한 변형의 방식으로는 입법기관이 해당 조약과 동일한 내용의 상세한 국내법을 제정하는 방식을 취하거나 해당 조약을 국내법으로 시행한다는 형식적인 법률만을 제정하여 국제법의 국내적 실현을 달성할 수도 있다.
③ 국제법과 국내법이 상충하는 경우 국가는 조약의 불이행에 대한 정당화의 방법으로 국내법 규정을 원용할 수 있다.
④ 국제법에 저촉되는 국내법도 그 국가 내에서는 유효한 법률로 효력을 가질 수 있으나 그 국가는 타국과의 관계에서 국제법상의 책임문제가 발생하게 된다.

해 설

③ 국가는 국내법을 원용하여 국제법상 의무이행을 정당화할 수 없다는 것이 국제법의 원칙이다.
<답 ③>

003. 국제법과 국내법의 관계에 대한 설명으로 옳은 것은? 〈2016년 국가직 9급〉

① 오늘날 일원론은 국내법우위론을 의미한다.
② 우리나라 헌법에서는 헌법이 조약보다 우선한다고 명시하고 있다.
③ 이원론에 따르면 조약은 국내법으로 수용되거나 변형될 수 있다.
④ 국제재판소의 입장에서 국내법은 단순한 사실에 지나지 않는다.

해설

① 오늘날 일반적으로 일원론이라 함은 국제법우위의 일원론을 의미한다. ② 헌법은 제6조 1항에서 헌법에 의하여 체결·공포된 조약은 국내법과 같은 효력을 가진다고 규정하고 있을 뿐이며, 헌법에 헌법과 조약과의 관계를 명시한 규정은 없다. ③ 이원론에 따르면 조약은 변형(transformation)되지 않는 한 국내법으로 수용될 수 없다. <답 ④>

004. 국제법과 국내법의 관계에 관한 설명 중 옳지 않은 것은? 〈기출문제 변형〉

① 국제법우위론은 국제법이 국내법의 정당성을 제공해준다고 보는 시각이며, 이러한 국제법우위론을 주장한 대표적 학자는 한스 켈젠(Hans Kelsen)이다.
② 국제재판에서는 자국 국내법 규정을 원용하여 자국의 국제법적 의무위반을 정당화받을 수 없다.
③ 국제법은 변형되어야 국내법으로 효력을 가질 수 있으며, 조약은 위헌법률심판의 대상이 된다는 것이 우리나라 대법원과 헌법재판소의 입장이다.
④ 2000년에 채택되어 2003년 발효된 남북간 경제협력 합의서는 우리나라에서 조약에 대한 국회의 비준동의와 동일한 절차를 밟았다.

해설

③ 우리나라 법원은 변형이론을 채택한 바 없다. 헌법재판소는 조약이 국내법과 동등한 효력을 가지며 위헌법률심판의 대상이 된다고 판시하였다 <답 ③>

005. 대한민국에서 국제법과 국내법의 관계에 대한 설명으로 옳지 않은 것은? 〈2016년 국가직 7급〉

① 국제형사재판소(ICC)에 관한 로마규정은 자기집행조약인 바 국회의 비준동의 없이도 국내법과 동일한 효력을 갖는다.
② 관습국제법과 국내법률 간의 충돌이 있을 경우, 이들 간에는 특별법우선원칙이나 신법우선원칙에 의하여 해결한다.
③ 대법원은 지방자치단체의 조례가 세계무역기구(WTO) 정부조달에 관한 협정(AGP)에 위반되는 경우 그 효력이 없다고 판단하였다.
④ 헌법재판소는 마라케쉬 협정에 의하여 관세법위반자의 처벌이 가중된다고 하더라도 이는 법률에 의한 형사처벌이라고 판단하였다.

해 설

로마규정은 우리나라에서 국회의 비준동의를 받았다. 그러나 이는 자기집행조약이 아니라서가 아니다. 자기집행조약은 미국의 판례에서 적용되는 개념이다. 우리나라에서는 자기집행조약 여부가 문제가 아니라 헌법 제60조 1항상 국회의 비준동의를 받아야하는 조약의 범주에 속하는가가 관건이다.

<답 ①>

006. 국제법과 국내법의 관계에 대한 설명으로 옳지 않은 것은? 〈국가직 9급 2012년〉

① 국제사법재판소는 국제법의 국내법에 대한 우위원칙을 견지해 왔다.

② 이원론의 입장에 따르면 국제법을 국내적으로 수용하기 위해서는 변형 절차를 거쳐야 한다.

③ 국가는 국제의무를 회피할 목적으로 자국의 국내법을 원용할 수 있다.

④ 대한민국 헌법은 일반적으로 승인된 국제법규를 국내법의 일부로서 수용한다는 의사를 표명하고 있다.

해 설

국가는 국제의무를 회피할 목적으로 자국 국내법을 원용할 수 없다는 것이 국제판례상 널리 인정된 원칙이다. <답 ③>

007. 국제법과 국내법의 관계에 대한 이론의 설명으로 타당하지 않은 것은?

① 국내법우위의 일원론은 국제법은 국가의 대외공법에 불과하다고 보는 견해로 결국 국제법부인론이라 할 수 있다.

② 국제법우위의 일원론은 법의 타당성에 관한 위임의 우위를 인정하고 국내법은 국제법에 의해 위임된 부분적 질서에 불과하다고 주장한다.

③ 변형이론은 국제법우위의 일원론과 관계가 있다.

④ 등위이론은 국제법과 국내법을 등위의 관계에 놓고 상호간 충돌에 대해서는 조정에 의해 해결하고자 한다.

해 설

③ 변형이론은 국제법이 국내적으로 타당하려면 국제법을 국내법으로 변경, 즉 국가의 수용, 편입, 채용에 의한 변형이 필요하다는 것으로 이원론에서 주장된다. 그러나 국제관습법의 경우 대부분 변형절차를 요하지 않는다는 비판을 받고 있다. <답 ③>

008. 다음 국제법과 국내법의 관계에 관한 판례 중 국내법우위론을 취하고 있는 것은?

① Nottebohm 사건　　② Mortensen v. Peters 사건
③ Paquete Habana 사건　　④ 호르죠공장 사건

해설

국제법과 국내법의 관계에 대한 판례 중 Mortensen v. Peters 사건은 영국의 국내판결로 국제관습법과 의회제정법이 충돌하는 경우, 영국 법원은 의회제정법을 우선적용한 사건이다. 즉, 의회제정법 우위의 원칙이 적용된 판례이다. <답 ②>

009. 국제법과 국내법의 관계에 대한 설명 중 옳지 않은 것은? 〈기출문제 변형〉

① 대한민국 헌법 제6조 1항은 일반적으로 승인된 국제법규는 법률보다 하위이나 시행규칙보다는 우선한다고 규정한다.
② 국가는 자국 헌법을 이유로 국제법상 의무를 회피할 수 없다고 판시한 국제판례가 존재한다.
③ 국제법우위론은 국내법을 국제법에 의해 위임된 부분적 질서에 불과하다고 보는 반면, 국내법우위론은 국내법과 별개의 독자적 법체계로서의 국제법은 없다고 본다.
④ 이원론(dualism)에 의하면 국제법의 국내적 적용을 위해서는 변형절차가 필요하다.

해설

헌법은 국제법과 국내법의 동등한 효력을 규정하고 있다. 일반적으로 승인된 국제법규가 구체적으로 국내법의 어떤 법규와 동등한 효력을 갖는지에 대해서는 규정되어 있지 않다. 특히, 국제관습법의 국내법규에 대한 효력순위에 대해 다양한 학설이 제기되고 있다. <답 ①>

010. 국제법과 국내법의 관계에 대한 진술 중 잘못된 것을 고르시오.

① 이원론의 이론적 배경은 국가주권을 강조하는 실증주의로서 국제법과 국내법은 서로 별개이므로 상하관계에 있지 않다고 본다.
② 국제재판소들은 국제법우위의 입장을 견지하고 있으나 국제법위반의 국내법을 무효라고 선언하지 않고 있다.
③ 대부분의 주요 국가에서는 관습법의 변형이론을 적용하고 있다.
④ 국제법우위론은 자연법론적 접근으로서 국내법의 규범적 근거가 국제법에 있다고 보는 반면, 국내법우위론에 의하면 국제법은 국가의 대외법률에 불과하므로 국제법이란 존재하지 않는다.

해 설

① 서로 관계가 없으므로 상하관계도 없다. ② 국제재판소의 판례들은 일반적으로 국제법우위의 입장을 따르고 있으나 국제법위반의 국내법을 그 자체로 무효로 선언하지는 않았으며, 다만 그 국내법으로 타국에 대항할 수 없으며 자국의 국제의무위반을 정당화할 수 없다고 선언해왔다. ③ 이원론은 변형개념을 제시하고 있다. 그러나 주요 국가에서 국제관습법은 변형절차 없이 그대로 적용되고 있으므로 이원론의 타당성에 이의제기를 할 수 있는 근거가 된다. 일반적으로 말해, 국가들은 고유한 법체계를 갖고 있으며 국제법을 어떻게 국내법으로 수용하는가에 대한 독자적 규칙을 갖고 있어서 이는 대표적인 국내문제의 하나로 볼 수 있다. 일원론과 이원론의 특징이 혼재하는 다양한 국내법체계가 존재하는 것이 현실이다.

<답 ③>

011. 국제법과 국내법의 관계에 관한 설명 중 옳지 않은 것으로 묶인 것은? 〈사시 2013년〉

> ㄱ. 이원론에 따르면, 국제법은 국제관계에 적용되는 법규범으로 그 자체로는 국내적으로 효력을 갖지 않는다.
> ㄴ. 대한민국 헌법은 헌법에 의하여 체결·공포된 조약과 일반적으로 승인된 국제법규에 대해 국내법과 같은 효력을 부여하고 있다.
> ㄷ. 국제법이 국내법에 우선한다는 것이 일반적으로 승인된 국제법원칙이므로, 조약에 반하는 국내법은 국내적으로 당연무효이다.
> ㄹ. 관습국제법은 국내법으로 변형되지 않는 한 국내적으로 효력을 갖지 않는다.
> ㅁ. 국가는 조약의 불이행을 정당화하기 위하여 자국의 국내법의 존재 또는 입법의 불비(不備)를 원용할 수 없다.

① ㄱ, ㄴ ② ㄱ, ㄷ ③ ㄴ, ㄹ
④ ㄷ, ㄹ ⑤ ㄹ, ㅁ

해 설

ㄷ. 국제법적 차원에서 국가가 국내법을 원용하여 국제법적 의무를 회피할 수 없다는 점이 널리 인정되어왔다. 그러나 조약에 반하는 국내법이 자동적으로 당연 무효가 된다는 원칙은 없다. ㄹ. 국제관습법의 경우 대부분 변형절차를 요하지 않는다. 즉, 대부분의 국가에서 관습국제법은 국내법의 변형이 아닌 편입이론으로 설명되는 경우가 일반적이다.

<답 ④>

012. 국제법과 국내법의 관계에 관한 설명 중 옳은 것은?

① 국제법은 자국 혹은 타국의 국내법상 규정으로 인해 부득이하게 국제법을 위반하는 것은 예외적으로 허용하고 있다.

② 영국법은 국제관습법에 대해 원칙적으로 변형이론을 채택하고 있으나 예외적으로 수용이론을 채택한 판례도 있다.

③ 미국법은 조약을 양자조약과 다자조약으로 나누어 직접적 적용 여부를 구별하고 있다.
④ 영국은 왕권에 대한 의회의 견제라는 취지에서 조약에 대해 원칙적으로 변형이론을 채택하고 있다.

해설

① 국가는 자국의 국내법규정을 이유로 국제법위반을 정당화할 수 없다는 것이 국제법상 확립된 원칙이다. 조약법협약에 따르면 예외적으로 본질적으로 중요한 국내법의 경우 그 위반이 명백하다면 조약의 무효를 주장할 수 있다고 인정하고 있으나 그것이 반드시 헌법규정에 따른 국제법위반을 허용하는 것은 아니다. ② 영국법은 국제관습법에 대해서 원칙적으로 수용이론을 채택하고 있다. ③ 미국법은 조약을 자기집행적 조약과 비자기집행적 조약으로 나누고 있음에 유의해야 한다. <답 ④>

013. 국제법과 국내법의 관계에 대한 설명 중 옳지 않은 것은?

① 국내법우위론은 국제법의 독자적 체계를 인정하지 않는다.
② 이원론은 국내법과 국제법을 서로 무관한 별개의 법체계로 이해한다.
③ Hans Kelsesn 등이 주창한 일원론은 국제법과 국내법을 하나의 법체계로 본다.
④ 국제판례는 국가가 자국의 정당한 국내법에 근거하여 자국의 국제의무 불이행을 정당화하도록 허용하고 있다.

해설

국제판례는 국제의무의 불이행을 정당화하기 위하여 자국의 국내법 규정을 원용할 수 없다고 한다. 프랑스-스위스의 자유지역사건(PCIJ)이 대표적 사례이다. <답 ④>

014. 국제재판소의 입장이 아닌 것은?

① 국제재판에서 국내법은 일반적으로 사실문제이지만 예외적으로 국제법원이 국내법을 해석, 적용해야 하는 경우도 없지 않다.
② 국가는 국제의무 이행을 위한 국내법 정비 등의 노력을 해야 한다.
③ 국가는 국내법을 원용하여 국제의무 위반을 정당화할 수 없다.
④ 국제법상 보편적 다자조약은 헌법보다 우선하나 일반적인 조약은 헌법보다 하위이다.

해설

국제재판소는 조약의 종류와 성격에 상관없이 국제법이 국내법에 우선적용되는 것으로 보는 일관된 입장을 취한다. <답 ④>

015. 국제법과 국내법의 관계에 관한 설명으로 옳지 않은 것은? 〈사시 2009년〉

① 상설국제사법재판소(PCIJ)는 국제적 차원에서 국내법에 대한 국제법 우위의 원칙을 적용하였다.

② 우리나라의 경우, 우리나라가 당사국인 조약에 위반하는 조례는 무효로 될 수 있다.

③ 국내법에 저촉되는 조약이라도 국제적으로는 유효할 수 있다.

④ 미국의 경우, 조약을 국내적으로 적용하기 위해서는 국내법으로 변형되어야 하는 것이 원칙이다.

⑤ 켈젠(H. Kelsen)은 근본규범설에 입각하여 국제법우위일원론을 주장하였다.

해설

미국헌법은 연방법률과 함께 조약을 최고법(supreme law of the land)으로 인정하고 있다. 다만, 판례에 의해 자기집행적 조약과 비자기집행적 조약을 구분하고 있을 뿐이다. 따라서 미국의 경우 조약이 국내법으로 변형되어야 하는 것이 "원칙"이라는 말은 옳지 않다. <답 ④>

016. 다음 국내판례 또는 국제판례에 대한 설명중 옳지 못한 것은? 〈기출문제 변형〉

① 파케트 하바나호 사건(1900년)은 국제법이 국내법의 일부라고 판시하였다.

② 상부사보이 및 젝스자유지역 사건(1932년)은 국가가 자기의 국제의무의 범위를 제한하기 위해 국내법을 원용할 수 있다고 판시하였다.

③ 그리스인 및 터키인의 교환에 관한 권고적 의견(1925년)은 국제의무를 약정한 국가는 그 의무이행을 확보하기 위해 필요한 입법적 변경을 해야 한다고 판시하였다.

④ 핵무기사용 또는 위협의 적법성에 관한 권고적 의견(1996년)은 핵무기의 위협을 허가하거나 금지하는 국제법은 존재하지 않는다고 보았다.

해설

② 국가는 국내법을 원용하여 자신의 국제의무의 범위를 제한할 수 없다고 판시되었다. 국제법과 국내법의 관계에 관한 대표적인 판례이다. <답 ②>

017. 국제법의 국내적 효력에 관한 각국의 태도에 대한 설명으로 옳지 않은 것은? 〈지방직 7급 2010년〉

① 영국의 경우 조약에 대해서는 이원론을 채택하고 있다.

② 우리나라의 경우 일반적으로 승인된 국제법규는 특별한 입법절차 없이도 국내법적 효력을 갖는다.

③ 미국의 경우 비자기집행적 조약은 입법에 의한 변형을 거쳐야만 미국법이 될 수 있다.

④ 독일의 경우 국제관습법은 국내입법을 통해 국내법으로 변형되어야 국내적 효력이 있다.

해설

조약의 경우 국가마다 헌법과 관행에 따라 국내적 적용방식이 상이하나, 국제관습법에 대해서는 대부분의 국가들이 자국법의 일부로 보는 수용적 태도를 보이고 있다. <답 ④>

018. 국제법과 국내법의 관계에 대한 설명으로 옳지 않은 것은? 〈국가직 9급 2011년〉

① 영국은 조약의 국내적 효력과 관련하여 이원론을 적용하고 있다.
② 이원론에 따르면 국제법과 국내법은 별개의 독자적인 법체계를 형성한다.
③ 이원론에 따르면 국제법에 위반되는 국내법은 당연히 무효가 된다.
④ 국내법우위의 일원론에 따르면 국제법을 부인하는 결과가 된다.

해설

이원론은 국제법과 국내법을 별개의 체계로 본다. 국제법에 위반되는 국내법을 당연 무효로 보지는 않는다. <답 ③>

019. 조약의 국내적 효력에 대한 설명으로 타당하지 않은 설명은?

① 영국과 캐나다는 조약을 의회에 의하여 국내법으로 변형하는 방식을 택하고 있으며, 미국은 자기집행적 조약과 비자기집행적 조약으로 구분하고 있다.
② 우리나라는 국제관습법과 마찬가지로 일반적으로 수용방식을 택하고 있다고 볼 수 있다.
③ 우리나라에서 조약은 헌법소원의 대상이 될 수 있다.
④ 독일은 헌법규정에 의하여 자동적으로 수용된다.

해설

② 우리나라는 원칙적으로 수용방식을 택하고 있다고 본다. 헌법 제6조 1항에서 말하는 "국제법규"의 의미, 국제관습법과 국내법령과의 관계 등에 대해서는 명문 규정이 없다. 다만, 헌법 제60조 1항에 규정된 유형의 조약에 대해서는 비준 전에 국회의 동의를 받아야 한다. ③ 조약은 헌법소원의 대상이 될 수 있다는 것이 헌법재판소 판례에 의해 확인되고 있다. ④ 독일은 프랑스, 벨기에와 같이 법률의 형식으로 입법기관의 동의를 거치도록 하고 있다. <답 ④>

020. 국제법과 국내법 이원론에 관한 다음 설명 중 타당한 것은?

① 국제법은 국내질서에 직접 적용될 수 없지만, 반면 국내법은 국제질서에 직접 적용될 수 있다.
② 국제법과 국내법은 충돌할 수 없으며, 따라서 국제책임의 문제도 발생하지 않

는다.

③ 국제법이 국내에 적용될 때 국내법체계상의 효력순위문제가 발생하지는 않는다.

④ 국가주권주의 내지 의사주의보다는 객관주의의 산물이다.

해설

① 국내법도 국제질서에 직접 적용될 수 없다. ② 서약을 어긴 데 대한 국제책임은 발생한다. ③ 국내법으로 도입될 때 그 변형과정에서 국내법상의 순위가 정해지므로 효력순위문제가 발생하지 않는다.

<답 ③>

021. 다음은 조약에 관한 우리나라의 관련법규정과 그 해석론을 기술한 것이다. 잘못된 것은?

① 현행헌법 제6조 1항상의 '일반적으로 승인된 국제법규'라는 표현은 국제관습법만을 의미한다는 견해와 일반조약도 포함된다는 견해가 대립되고 있다.

② 기존의 조약이 현행헌법에 위반되는 경우 효력을 발생하지 않는다.

③ 조약도 헌법개정이나 법률의 공포문과 같이 전문을 붙이며, 대통령이 법률과 같이 관보에 게재하여 공포한다.

④ 우리나라는 미국과는 달리 조약과 법률이 동등한 효력을 갖는 것으로 해석되고 있다.

해설

미국에서도 조약이 연방법률과 동등한 효력을 갖는 것이 판례상 확립되어 있다. 현행헌법 부칙 제5조는 헌법에 반하는 기존조약의 무효를 규정하고 있다.

<답 ④>

022. 법관행과 판례로 미루어 보아 미국 법원이 채택할 가능성이 가장 높은 주장은 다음 중 어떤 것인가?

① 조약은 원칙적으로 의회를 통해 국내적으로 입법화(변형)되어야 비로소 국내법으로 적용될 수 있다.

② 국제관습법은 연방법의 구성부분으로서 그것은 연방헌법에 우선한다.

③ 조약은 헌법 및 법률과 함께 최고법을 구성하나 조약이 직접효력을 갖기 위해서는 자기집행적 성질이 요구된다.

④ 적법하게 비준되거나 승인된 조약은 타 당사국에 의한 적용을 조건으로 법률에 우선적용된다.

해설

① 영국의 입장이다. ② 미국에서 국제관습법은 국내법의 일부를 이루나 연방헌법에 우선하지는 않는다. 미국법원은 국제관습법과 국내입법이 충돌할 경우 국내 규정이 우선한다고 판시하였는데(순), 이러한 우선순위에 대해서는 다소 논란이 있다(Arkehurst).

<답 ③>

023. 다음 설명 중 옳지 않은 것은? 〈2014년 국가직 9급〉

① 국제관계에서는 국제법만이 구속력이 있는 법규범으로 인정되며, 국내법은 규범이 아닌 사실로서 인정된다.

② 대외적 이행의무의 유무에 있어서 자기집행적조약과 비자기집행적조약은 차이가 있다.

③ 영국은 국제법과 국내법의 관계에 대해 Mortensen 대 Peters 사건을 통하여 의회제정법이 국제관습법에 우선함을 확인하였다.

④ 국내법 질서 속에서 국제법의 지위는 개별국가의 헌법 질서에 따라 결정된다.

해설

② 자기집행적조약과 비자기집행적조약은 미국이 국내적으로 조약을 구분하는 방식으로서 조약의 대외적 이행의무에 있어서 차이는 없다. <답 ②>

024. 국제법과 국내법의 관계에 관한 다음의 설명 중 잘못된 것은 무엇인가?

① 국내법을 이유로 국제법 위반을 정당화하는 것은 허용되지 않는다는 것이 국제법 판례의 일관된 입장이다.

② 이에 관한 판례로는 "모로코에서의 미국 시민의 권리에 관한 사건", "호르죠공장 사건" 등을 들 수 있다.

③ 국제법 분쟁을 담당하는 국제법원의 입장에서는 분쟁당사국의 국내법은 하나의 "사실"일 뿐이며 이에 구속되지 아니한다.

④ 국제법에서는 이 분야에 관한 법리가 정리되어 국가간 분쟁에서 자국 국내법을 이유로 조약 등 국제법 위반을 정당화하려는 시도는 점점 줄어들고 있는 형국이다.

⑤ 이러한 원칙에도 불구, 헌법개정 등 핵심적 국내법의 개정의 경우 이로 인한 불가피한 국제법 위반은 정당화된다는 것이 다수설의 입장이다.

해설

헌법 등 핵심적 국내법이라고 하더라도 그 개정으로 인하여 국제법 위반 문제가 발생하는 경우 단지 중요한 국내법이라는 사실이 그러한 위반을 치유하지는 않는다. <답 ⑤>

025. 자기집행적 조약과 비자기집행적 조약에 대한 설명 중 옳지 못한 것은?

① 국내법원에 의해 적용되기 위해서 별도의 추가적인 국내입법조치를 요하는 것은 비자기집행적 조약이다.

② 미연방대법원의 Foster v. Neilson 사건에서 최초로 구별되었다.

③ 편입이론을 채택하고 있는 국가에서는 자기집행적 조약과 비자기집행적 조약의 구분이 필요 없다.

④ 미법원은 범인인도, 영사의 권리, 최혜국대우 등은 자기집행적 조약으로, 인권규약은 비자기집행적 조약으로 보고 있다.

해설

③ 미국의 경우 편입이론을 채택하고 있으나, 국내적 효력과 관련해서는 자기집행적 조약과 비자기집행적 조약의 구별을 요한다. <답 ③>

026. 한국의 헌법 제6조 1항은 '헌법에 의하여 체결, 공포된 조약과 일반적으로 승인된 국제법규는 국내법과 같은 효력을 갖는다'고 되어 있는데, 동 조항의 해석으로 타당하지 않은 것은?

① 헌법의 최고규범성으로 보아 조약보다 헌법이 우위에 있다는 것이 통설이다.
② 조약과 법률의 관계에 대해서는 동위에 있으며 충돌시에는 후법우선, 특별법우선원칙이 적용된다고 본다.
③ 제6조 1항에 해당하는 조약과 국제관습법은 특별히 국내입법절차 없이도 국내적 효력을 갖는다고 본다.
④ 일반적으로 승인된 국제법규도 공포절차가 필요하다.

해설

④ 일반적으로 승인된 국제법규는 공포절차를 요하지 않는다. <답 ④>

027. 국제법과 국내법의 상호위반에 대한 다음 설명 중 타당하지 않은 것은?

① 조약법협약 제46조는 절차 위반이 명백하고 또한 중요한 국내법에 관련된 경우 동의의 무효를 주장할 수 있다고 한다.
② 조약법협약 제27조는 어느 당사국도 조약의 불이행을 정당화하기 위해 국내법을 원용할 수 없다고 한다.
③ 실제관행으로는 조약에 비준조항을 삽입해 위헌조약을 사전에 방지하고 있다.
④ 국제법에 위반된 국내법이라도 당연히 무효로 할 수는 없으며 국가책임의 문제도 발생하지 않는다.

해설

④ 국제법위반의 국내법은 효력이 없다고 할 것이나 직접적이고 당연한 무효화는 불가하다. 다만, 국제법상 국가책임의 문제는 발생하며 그 방법은 원상회복, 손해배상, 정부사죄, 책임자처벌요구 등이 있다. <답 ④>

028. 국제법과 국내법의 관계에 관한 다음 설명 중 올바른 것은 무엇인가?

① 국제법과 국내법은 더욱 밀접한 관계를 맺으며 서로 영향을 주고 받고 있다.
② 체약 당사국의 헌법을 위반하는 조항을 포함하고 있는 조약은 그러한 당사국에 대해서는 국제법상 의무를 창출하지 않으므로 위반의 문제가 발생하지 않는다.
③ 체약 당사국의 국내법을 위반하는 조항을 포함하고 있는 조약은 처음부터 무효에 해당하므로 효력을 갖지 아니 한다.
④ 국제법을 국내법으로 계수하는 절차와 방식은 국가마다 상이하기는 하나 이를 규율하는 국제관습법의 최소한의 요건은 충족하여야 한다.
⑤ 우리나라는 헌법 제6조 1항에 따라 국제법과 국내법의 관계에 대하여 일원론적 입장을 취하고 있다.

해설

국제법과 국내법은 서로 영향을 주고 받는 강도와 정도가 점차 증가하고 있다. 국내법을 위반하는 내용을 담고 있는 조약도 종료되기 전까지는 여전히 국제법상 의무를 창출하며 국내법을 근거로 조약상 의무로부터의 일탈이 허용되지 않는다. 이 원칙은 모든 국내법령 — 헌법을 포함하여 — 에 동일하게 적용된다. 국제법을 국내법으로 계수하는 절차와 방식에 관한 특별한 국제관습법은 존재하지 않는다.

<답 ①>

029. 조약의 국내적 효력에 관한 우리나라의 판결 또는 결정의 내용으로 옳지 않은 것은? 〈사시 2015년〉

① 마라케쉬협정에 의하여 관세법위반자의 처벌을 가중하는 것은 법률에 의하지 아니한 형사처벌 또는 행위 시의 법률에 의하지 아니한 형사처벌이므로 죄형법정주의에 어긋난다.
② 대통령이 비준하여 공포·시행된 「1994년 관세 및 무역에 관한 일반협정」(GATT 1994)에 위반되는 지방자치단체의 조례는 효력이 없다.
③ 국회의 동의를 거친 조약은 법률과 동일한 효력을 가진다.
④ 우리나라가 당사국인 1955년 헤이그에서 개정된 「항공운송에 관한 바르샤바 협약」은 국제항공운송에 관한 법률관계에서 일반법인 민법에 대한 특별법으로 우선 적용된다.
⑤ 헌법재판소법 제68조 제2항은 심판대상을 법률로 규정하고 있으나, 여기서의 법률에는 조약이 포함된다.

해설

① 헌법재판소는 마라케쉬협정은 적법하게 체결되어 공포된 조약이므로 국내법과 같은 효력을 갖는 것이어서 그로 인하여 새로운 범죄를 구성하거나 범죄자에 대한 처벌이 가중된다고 하더라도 이것은 국내법에 의하여 형사처벌을 가중한 것과 같은 효력을 갖게 된다고 하였다. 따라서 동 협정에 의하여

관세법위반자의 처벌이 가중된다고 하더라도 이를 법률에 의하지 아니한 형사처벌이라거나 행위 시의 법률에 의하지 아니한 형사처벌이라고 할 수 없다고 보았다(97헌바65, 1998.11.26.) ② 전라북도 학교급식 조례 사건(2005.9.9, 대법원) ③ 헌법재판소는 한일어업협정, 국제통화기금협정 등에 대해 국내법률과 동일한 효력을 인정하면서 국회비준동의를 그 근거로 언급하였다. 고등법원판결에서 국회동의를 요하는 조약은 법률과 동일한 효력을, 국회동의가 없는 조약은 대통령령과 같은 효력을 갖는다고 해석한 바 있는데, 이러한 해석에 대해서는 비판론이 있다(정인섭). ④ 대법원은 1986년, 2004년 선고 등에서 바르샤바 협약이 일반법인 민법에 대한 특별법으로 적용됨을 확인하였다. ⑤ 헌법재판소는 국제통화기금협정, SOFA 등의 조약이 위헌법률심판의 대상이 될 수 있음을 확인하였다. <답 ①>

030. 국제법의 국내적 이행에 관한 우리나라의 입장에 대한 다음 설명 중 잘못된 것은 무엇인가?

① 우리나라는 일원주의적 입장을 취하고 있다.

② 우리나라의 일원주의적 입장은 헌법에 명문의 규정은 없으며 단지 정부기관 및 법원의 관행상 인정되고 있을 뿐이다.

③ 최근 진행된 급식조례사건에서 우리나라의 일원주의적 입장이 거듭 확인된 바 있다.

④ 일원주의 입장을 취한다고 하여 모든 국제조약이 당연히 우리 국내에서 자기 집행적 효력을 부여받는 것은 아니다.

⑤ 최근 통상협정의 국내적 적용과 관련하여 국제법과 국내법의 관계가 새로운 조명을 받고 있다.

해설

② 우리 헌법 제6조 1항은 우리나라의 일원주의적 입장을 명시적으로 선언하고 있다. <답 ②>

031. 이원주의 입장을 취하는 국가에 대한 아래 설명을 읽고 잘못된 것을 고르시오.

① 이원주의 입장을 취하는 국가의 숫자는 대체로 일원주의 입장을 취하는 국가보다 많다.

② 이원주의 입장을 취하는 국가는 주로 영미법계 국가들이 다수를 이룬다.

③ 이원주의 국가들은 조약 체결시 이행입법을 통하여 해당 조약을 국내법화하는 변형절차가 기본적으로 필요하다.

④ 이원주의 국가라고 하여 조약위반으로부터 자유로울 수는 없으며 이들 국가에 의한 조약위반 발생 시 국제법상 국가책임 원칙은 그대로 적용된다.

⑤ 대부분의 실제 조약체결 협상이나 이행과정에서는 특정 국가가 일원주의를 취하는지 또는 이원주의를 취하는지는 중요한 변수로 제시되지 않는다.

해설

① 현재 국제사회에서는 일원주의를 취하는 국가가 다수를 점하고 있다. <답 ①>

032. 국제법과 국내법의 관계에 관한 다음 설명 중 올바른 것은 무엇인가?

① 우리나라는 조약의 국내적 수용에 관하여 이원주의적 입장을 채택하고 있다.
② 조약의 국내적 수용기제를 설명하고 있는 일원주의 또는 이원주의는 각각의 개별국가가 자신의 헌법 질서에서 어떠한 원칙을 채택하고 있는지 여부에 따라 결정된다.
③ 대다수의 국가들은 조약의 국내적 수용에 관하여 이원주의 입장을 채택하고 있다.
④ 일원주의 국가의 경우 조약을 체결한 이후 어떠한 경우에도 이행입법을 채택하지 않는다.
⑤ 동일한 조약을 체결하여도 일원주의 국가들이 부담하는 국제법상 의무가 이원주의 국가들이 부담하는 국제법상 의무보다 증가한다는 것이 일반적인 시각이다.

해 설

일원주의 내지 이원주의 여부는 각각의 국가가 자신의 헌법 질서에서 결정하는 바에 따른다. 우리나라는 대표적인 일원주의 국가이며, 국제사회에서 일원주의 입장을 취하는 국가들의 숫자가 보다 많은 것으로 집계되고 있다. 일원주의 국가라고 하더라도 조약 자체가 이행입법을 요구하는 경우에는 이행입법이 필요한 경우도 발생한다. <답 ②>

033. 국제법과 국내법은 때로는 서로 충돌하는 경우도 적지 않다. 이 경우 어떠한 법규범이 적용되는지에 대한 아래 설명 가운데 잘못된 것은 무엇인가?

① 특정 조약을 체결한 체약당사국간 해당 조약과 관련한 분쟁이 발생하면 이 분쟁은 오로지 해당 조약의 적용과 해석을 통하여 해결되며 개별 체약당사국의 국내법에 따라 해결되는 것이 아니다.
② 국제법과 상충하는 국내법도 해당국 국내적으로는 여전히 유효하다.
③ 국내법과 상충하는 국제법도 소정의 절차를 거쳐 폐기되거나 또는 다른 방식으로 적용이 배제되지 아니하는 한 관련 국가간에는 여전히 유효하다.
④ 국가들간 합의를 담고 있는 국제법은 항상 국내법보다는 우위에 있으므로 체약당사국 국내적으로도 국제법이 이에 상충하는 국내법에 우선하여 적용된다는 것이 일반적인 학설이다.
⑤ 어떠한 국가도 자신의 조약 위반을 정당화하기 위하여 국내법을 원용할 수 없다.

해 설

국제법과 국내법이 충돌하는 경우 특정 국가 국내적으로는 해당국의 국내법이 우선 적용되는 것이 일반적인 현상이다. 이러한 국내법은 그 국가 국내적으로는 여전히 유효하다. 다만 그러한 국내법으로 인하여 국제법상 의무를 이행하지 못하게 되면 이에 대하여 그 국가가 상대국에 대하여 국제법상 국가책임을 부담할 따름이다. 다른 예시는 모두 올바른 내용이다. <답 ④>

제2장 | 국제법의 법원(연원)

제1절 개 설

001. ICJ규정 제38조 1항에 대한 설명으로 옳지 않은 것은?

① 이 규정은 ICJ의 재판규범을 적시하고 있는 것이지만 실제로는 국제법의 연원을 열거한 것이다.

② 동 규정은 국제법의 법원으로 조약과 관습만을 인정하는 실정법학파의 견해를 반영한 것이다.

③ ICJ규정 제38조는 PCIJ규정을 그대로 이어 받은 것이어서 현대국제사회의 발전내용을 반영하고 있지 못한다는 비판이 있다.

④ 법의 일반원칙의 법원성 인정 여부에 대하여는 견해가 나뉘어 있다.

해설

ICJ규정 제38조 1항에는 재판규범으로서 '문명국에 의하여 승인된 법의 일반원칙'이 규정되어 있다. 이는 조약과 관습으로 대별되는 의사주의(voluntarism)를 넘어서 국제법체계에 처음으로 '타율적' 국제법, 즉 자연법적 관념을 도입하려는 것이다(순). 따라서 ICJ규정 제38조 1항은 실정법학파와 자연법학파의 주장을 절충한 그로티우스학파 또는 절충학파의 입장을 채택한 것이다. <답 ②>

002. 국제법의 연원에 대한 설명으로 옳지 않은 것은? 〈국가직 7급 2011년〉

① 국제조약은 문명국에 의하여 인정된 법의 일반원칙(general principles of law)에 우선한다.

② 국제법상 선례구속의 원칙이 인정되기 때문에, 국제적 법원은 분쟁처리에 있어 당연히 선례를 검토하게 되고 유사사례에 적용을 시도하게 된다는 점에서 판결의 법원(法源)적 기능을 찾을 수 있다.

③ 국제조약과 국제관습은 특별법우선이나 신법우선의 법리에 따라 국제조약이 우선 적용될 수도 있고, 국제관습이 우선 적용될 수도 있다.

④ 형평과 선(ex aequo et bono)은 당사자의 합의가 있는 경우 해당 사건에 한해 국제사법재판소의 재판준칙이 될 수 있다.

해설

국제법상 선례구속의 원칙이 인정된다는 근거는 없다. ICJ규정은 선례구속 원칙이 인정되지 않는다는

전제 하에 판결을 보조자료로 참고할 수 있다고 규정하고 있다. <답 ②>

003. ICJ규정 제38조 1항에 비추어 국제법의 법원(法源)에 관한 설명 중 옳지 않은 것은? 〈기출문제 변형〉

① 관습법은 문명국에 의하여 인정된 법의 일반원칙에 우선한다.
② 국제사법재판소의 판결은 모든 국가에 대해 구속력을 갖는다.
③ 형평과 선은 당사자의 합의가 있는 경우에 적용된다.
④ 사법판결은 학설과 함께 법칙결정의 보조수단으로 간주된다.

해설

국제사법재판소의 판결은 해당 사건에서 해당 소송당사국만을 구속한다. 원칙적으로 선례가 구속력을 갖지도 않으며 제3국을 구속하지도 않는다. <답 ②>

004. 국제법의 법원성에 대해 이론적 대립이 없는 것으로만 짝지어진 것은?

① 일반조약, 판례
② 특별조약, 국제관습
③ 일반조약, 국제관습, 법의 일반원칙
④ 조약, 국제관습, 판례

해설

조약과 국제관습에 대해서는 법원성에 의문이 없으나 법의 일반원칙에 대해서는 견해의 대립이 있고 판례나 학설은 법원성을 부인하는 것이 통설이다. <답 ②>

005. 국제법의 법원과 관련된 다음 명제 중 잘못 설명된 것은?

① pacta sunt servanda — 조약법협약상 명문으로 원용됨.
② rebus sic stantibus — 합의는 근본적 사정을 전제로 한다는 가정과 관련.
③ stare decisis — 오직 그 사건과 그 당사자만을 구속한다.
④ opinio juris — 국제관습법에서 법적 확신은 필수적인 요소이다.

해설

① 합의는 준수되어야 한다. ② '사정이 원래 그대로라면' 사정변경의 원칙과 관련된 것이다. ③ 선례구속성의 원칙. 재판소가 동일한 구조의 사건에서 자기 자신이나 다른 상위재판소의 판례를 따라야 한다는 것. ICJ는 선례구속성의 원칙을 배제하고 있다. ④ 법적 확신. <답 ③>

006. 국제법의 법원 상호간의 효력관계에 대한 설명으로 옳지 않은 것은?

① 조약과 국제관습법은 원칙적으로 법적 효력에 있어서는 서로 우열관계가 없다.

② 따라서 후법우선의 원칙이나 특별법우선의 원칙 중 상황에 맞는 원칙을 선택·적용하여 우열문제를 해결한다.

③ 일반적으로 규율대상자를 같이하는 조약상호간에는 후법우선의 원칙이 적용된다.

④ 법의 일반원칙은 조약·국제관습법에 대하여 보조적 효력이 있을 뿐이다.

해설

ICJ규정 제38조 1항에서 '법의 일반원칙'은 조약·관습과 동위에 있는 것이 아니라 보충적(supplementary) 효력을 갖는다. 그러나 판례나 학설과 같이 법원칙 결정의 보조적(subsidiary) 역할에 불과한 것은 아니다.
<답 ④>

007. 국제법의 법원(法源)에 대한 설명으로 옳지 않은 것은? 〈국가직 9급 2012년〉

① 국제관습법은 법으로 수락된 일반관행의 증거로서의 국제관습을 말한다.

② 문명국에 의하여 인정된 법의 일반원칙은 국제사법재판소(ICJ)의 재판준칙이 될 수 있다.

③ 국제사법재판소는 당사국이 합의하는 경우 형평(衡平)과 선(善)에 의해 재판할 수 있다.

④ 조약과 국제관습법의 충돌이 있는 경우 조약이 우선적으로 적용된다.

해설

조약과 국제관습법은 동일한 효력순위를 갖는다. <답 ④>

008. 국제사법법원(ICJ)규정 제38조가 규정하는 재판의 준칙에 대한 설명으로 옳지 않은 것은? 〈국가직 7급 2012년〉

① '법으로 수락된 일반관행의 증거로서의 국제관습'이 성립하기 위해서는 국제법 주체의 일관되게 반복하는 행위로 형성되는 일반관행과 법적 확신(opinio juris)을 갖추어야 한다.

② '문명국에 의하여 인정되는 법의 일반원칙'은 국내법의 원칙으로 보는 것이 일반적이나 국제법의 원칙도 포함된다는 입장도 있다.

③ ICJ는 직권으로 '형평과 선(ex aequo et bono)'을 재판준칙으로 사용할 수 없다.

④ 국내법원의 사법판결(judicial decisions)은 ICJ의 재판준칙으로 사용될 수 없다.

해 설

ICJ 규정 제38조에서 거론된 판례는 국제판례와 국내판례를 모두 포함한다. <답 ④>

009. 국제사법재판소(ICJ) 규정 제38조 제1항에 규정된 재판준칙으로서 옳지 않은 것은?

〈2016년 국가직 9급〉

① 분쟁국에 의하여 명백히 인정된 규칙을 확립하고 있는 일반적인 또는 특별한 국제협약

② 법으로 수락된 일반관행의 증거로서의 국제관습

③ 문명국에 의하여 인정된 법의 일반원칙

④ 법칙결정의 보조수단으로서 UN 총회결의

해 설

④ 국제사법재판소 규정 제38조 제1항에서는 '법칙결정의 보조수단으로서의 사법판결 및 제국의 가장 우수한 국제법 학자의 학설'을 언급하고 있다. <답 ④>

010. 국제법의 연원에 관한 설명 중 옳은 것은?

① 국제사법재판소규정 제38조 1항에 명시된 법의 일반원칙은 국제법의 일반원칙을 의미한다는 데 이론의 여지가 없다.

② 형평과 선(ex aequo et bono)은 국제법의 연원으로 인정되지 않는다.

③ 국제법규간에는 특별법우선의 원칙이 적용되지 않는다.

④ 조약이나 관습법이 존재하는 경우에도 법의 일반원칙을 우선 적용할 수 있다.

해 설

① 국내사법의 일반원칙을 의미한다는 것이 통설이다. ② 형평과 선은 국제법의 법원(연원)이 아니며 분쟁국가들이 요청하는 경우에 국제사법재판소가 적용할 수 있을 뿐이다. ③ 특별법우선의 원칙, 신법우선의 원칙 등을 적용할 수 있다. ④ 국제법의 확고한 법원인 조약과 관습법이 우선 적용된다고 본다. <답 ②>

011. 국제사법재판소(ICJ)가 판단한 국제법의 연원에 대한 설명으로 옳은 것은?

〈2016년 국가직 7급〉

① ICJ는 2개국 간의 관습국제법이 성립될 수 없다고 판단하였다.

② ICJ는 분쟁 당사국간 회의의사록이 ICJ 관할권 성립에 기초가 되는 국제협정으로 판단하였다.

③ ICJ는 회부된 분쟁에 적용되는 국제법규를 해석할 때 형평(equity)을 고려하여

판단한 적이 없다.

④ ICJ는 조약이나 관습국제법에 우선하여 법의 일반원칙을 적용할 수 있다고 판단하였다.

해설

① ICJ는 지역관습법의 존재를 인정하였다. ② 카타르-바레인 사건에서 ICJ는 당사국간 회의록(Minutes)이라는 제목의 문서가 내용상 권리와 의무를 창설하는 국제협약에 해당한다고 판단하였다. ③ 형평(equity)의 정확한 의미에 대해서는 여러 논의가 있으나 ICJ를 비롯한 국제재판에서 형평은 법의 일반원칙의 하위개념 또는 유엔해양법협약 발효 이전의 대륙붕해양경계 사건 등에서 원용되었다. ④ 조약과 국제관습법은 국제법의 대표적인 법원이다. 국내사법(私法)상의 원칙을 의미하는 법의 일반원칙이 조약과 국제관습법에 우선할 수는 없다. <답 ②>

012. 국제법의 연원(sources of law)**에 관한 설명으로 옳지 않은 것은?**

〈행안부 7급 2010년〉

① 국제사법재판소의 판결은 국내법원 판결의 원용을 배제하지 않는다.

② 국제법의 일반원칙은 당사자의 동의 없이 국제사법재판소의 재판준칙이 될 수 있다.

③ 학설의 경우는 국제법의 법원성은 부정되나 간접적·보조적 법원으로 원용될 수 있다.

④ 조약과 국제관습법 간의 위계에 있어서 원칙적으로 조약이 우선한다.

해설

조약과 국제관습법은 그 효력의 우선순위에 있어서 원칙적으로 동등하다. <답 ④>

013. 국제법의 연원에 관한 설명으로 옳지 않은 것은? 〈2014년 국가직 7급〉

① 일반관행이 국제관습법이 되기 위해서는 국가들에 의하여 법적 구속력 있는 것으로 수락되어야 한다.

② 법의 일반원칙의 내용은 점차 조약과 국제관습법으로 흡수되어 독립적인 재판의 준칙으로 자주 원용되지 않고 있다.

③ 국제사법재판소(ICJ)는 부탁된 사건에 대하여 당사국의 합의 여부와 관계없이 형평과 선(ex aequo et bono)을 적용하여 재판한다.

④ UN 사무국에 등록되지 않은 조약도 당사국에 대하여 효력이 발생한다.

해설

형평과 선은 당사국이 합의하는 경우에만 적용될 수 있는 재판 준칙이다. <답 ③>

014. 국제법의 법원(法源)에 관한 설명 중 옳지 않은 것은? 〈사시 2013년〉

① 국제법의 주요한 법원으로 조약과 관습 등이 있다.
② 일반적으로 관습국제법의 성립에는 일반적 관행(general practice)과 법적 확신이라는 두 요소가 필요하다.
③ 관습국제법은 일반국제법이므로 소수 국가들 사이에서는 성립되지 않는다.
④ 국제사법재판소(ICJ)는 법의 일반원칙을 적용하여 재판할 수 있다.
⑤ 관습국제법과 조약 사이에는 효력의 우열관계가 존재하지 않으며, 양자가 상충하는 경우에는 신법우선의 원칙이나 특별법우선의 원칙 등에 따라 해결한다.

해 설

소수 국가들 사이에 성립되는 지역관습법 개념도 인정되고 있다. <답 ③>

015. 국제법의 법원에 대한 설명 중 옳지 않은 것은? 〈기출문제 변형〉

① 당사자가 동일하며 임의법규적 성격을 갖는 다자조약 상호간에는 구 조약은 신 조약과 양립하는 범위 내에서만 적용된다.
② 보편적 다자조약과 지역적 국제관습법이 상충될 경우 항상 전자가 우선한다.
③ '법의 일반원칙'의 법원성에 대해서는 논란이 있다.
④ 형평과 선은 국제법의 법원이 아니다.

해 설

조약과 관습법은 기본적으로 동일한 효력을 갖기 때문에 보편적 다자조약과 지역적 국제관습법에서는 일응 특별법우선의 원칙에 따라 지역적 국제관습법이 우선하게 될 수 있다. 그러나 신법우선의 원칙이 적용될 여지도 있고 다자조약의 규범적 성격(강행규범 여부) 등 다른 요소가 개입될 수도 있으므로 어느 한쪽이 절대적으로 항상 우선한다고 선험적으로 단언할 수 없다고 본다. <답 ②>

016. 조약과 관습법에 대한 설명으로 틀린 것은?

① 국제법은 일반적으로 조약과 국제관습법의 형태로 성립한다.
② 조약 중 입법조약만이 국제법의 법원으로 기능한다.
③ 신사협정은 조약이 아니다.
④ 조약이나 관습법이 존재하지 않는 경우에는 법의 일반원칙을 적용하여 재판불능을 방지할 수 있다.

해 설

입법조약과 계약조약을 구별하는 이론이 있으나 그 구별은 명확하지 않으며 조약은 그 명칭이나 성격, 당사자에 상관없이 모두 국제법의 법원이다. <답 ②>

017. 국제법의 효력관계에 대한 설명으로 옳지 않은 것은?

① 조약과 국제관습법은 동위의 효력이 있으나 이들도 강행법규에 위반해서는 안 된다.
② 조약 상호간에도 특별법이 일반법에 항상 우선하는 것은 아니다.
③ 기존의 조약과 다른 국제관습법이 형성된 경우 기존조약은 당연히 효력을 상실한다.
④ 법의 일반원칙의 효력은 재판상 판결과 권위 있는 학설보다 우위에 있다.

해 설

③ 기존조약의 유지 여부는 체약국의 의사에 달린 것이므로 이에 상치되는 국제관습법이 새로이 형성되었다고 하여 조약의 효력이 당연히 상실되는 것은 아니다. ② UN헌장 제103조는 '가맹국의 이 헌장에 의한 의무와 기타의 국제협정에 의한 의무가 저촉하는 경우에는 이 헌장에 의한 의무가 우선한다'고 하여 일반법인 UN헌장이 여타의 조약, 즉 특별법에 우선한다는 명문의 규정을 두고 있다.

<답 ③>

018. 국제법의 법원(法源)에 관한 설명 중 옳지 않은 것은? 〈사시 2015년〉

① 국제법의 법원으로는 조약, 국제관습법, 법의 일반원칙 등이 있다.
② 국제관습법의 효력이 조약에 우선한다.
③ 판례와 학설은 국제법규의 결정을 위한 보조수단이다.
④ 국제사법재판소(ICJ)는 2개국 사이의 지역관습법의 성립을 인정하였다.
⑤ 법의 일반원칙으로는 권리남용금지의 원칙, 금반언의 원칙, 신의성실의 원칙, 기판력의 원칙 등이 있다.

해 설

국제법의 대표적인 법원인 조약과 국제관습법은 상호간 효력의 우위가 없으며 특별법우선의 원칙, 신법우선의 원칙 등이 적용된다.

<답 ②>

019. 국제법의 연원(sources of law) 상호간 효력관계에 관한 설명으로 옳은 것은?

① 상충하는 국제관습법 규범이 존재한다면 성문화된 것이 우선 적용된다.
② 다자간조약과 지역적 국제관습법 중 어느 것이 더 우선하는지 일반적으로 말하기 어렵다.
③ 조약과 행정협정 사이에서는 조약의 국제법적 효력이 우선한다.
④ 국제법상 형평과 선은 강행규범을 의미하므로 모든 법원에 우선한다.

해 설

① 국제관습법이 성문화되었다는 이유만으로 항상 우선 적용된다고 보기는 어렵다. ② 조약과 국제관습법은

원칙적으로 동등한 효력을 가지므로 개별 사안별로 특별법우선원칙, 신법우선원칙 등에 비추어 판단해야 할 것이다. ③ 미국은 국내법상 조약과 행정협정을 구분하고 있으나 미국의 국내법적 분류가 국제법적 효력에 차이를 가져온다고 보기는 어렵다. 미국은 조약에 대해서는 상원의 2/3 찬성에 의한 동의(advice and consent)를 요구한다. 행정협정은 대통령이 단독으로 체결하는 단독 행정협정과 의회-행정부 협정으로 구분되는데, 의회-행정부 협정은 상하 양원의 단순과반수 승인에 의해 체결된다. ④ 형평과 선은 강행규범과 무관하다. <답 ②>

020. 성립 당시 그 자체로서 국제법상 법적 구속력을 갖는 문서는? 〈국가직 7급 2012년〉

① UN헌장 제7장의 강제조치를 결정(the decision)한 안전보장 이사회의 결의
② UN 총회에서 만장일치로 채택된 결의
③ 1992년 환경과 개발에 대한 리우선언(Rio Declaration)
④ 1948년 세계인권선언

해설

총회의 결의는 구속력이 없다. 리우선언 역시 그 자체로 법적 구속력이 있는 문서가 아니다. 세계인권선언도 그 자체로 총회에서 채택된 문서에 불과하므로 성립 당시 그 자체로 법적 구속력을 갖지 않는다. 다만, 세계인권선언은 시간이 흐르면서 국제관습법화되었다는 주장이 강하게 제기되고 있다. <답 ①>

021. 국제법의 연원에 관한 설명으로 옳지 않은 것은? 〈2015년 국가직 9급〉

① 국제법의 연원에는 국제협약, 국제관습법, 법의 일반원칙 등이 있다.
② 국제관습법의 성립요건으로 일반적 관행과 심리적 요소로서의 법적 확신을 필요로 한다는 것이 일반적인 견해이다.
③ 연성법(Soft Law)은 조약이나 국제관습법과 같이 법적 구속력을 가진다.
④ 국제사법재판소(ICJ)는 비호권 사건(Asylum Case)에서 지역관습법의 성립 가능성을 다룬 바 있다.

해설

③ 연성법은 구체적이고 직접적인 의무 부과가 아직 어려운 분야에서 권고적 지침 등의 기능을 하는 국제규범을 지칭한다. 법적 구속력은 없다. <답 ③>

022. 다음 중 법의 연원에 대한 설명으로 옳은 것은? 〈기출문제 변형〉

① 국제사법재판소는 당사자의 동의 없이 스스로 형평과 선을 적용할 수 있다.
② 국제연합 총회의 결의는 국제관습법 형성의 증거가 될 수는 있으므로 법원(sources of law)으로 볼 수 있다.
③ 신사협정은 일반적으로 선언, 양해각서, 합의서 등의 명칭이 자주 사용되나 1941년 대서양헌장과 1975년 헬싱키 최종의정서에서처럼 다양한 명칭이 사용

되기도 한다.

④ 신사협정을 국가원수가 체결하면 법적 구속력이 있는 문서가 된다.

⑤ 한미 간 주둔군지위협정(SOFA)의 합의의사록은 조약이 아니라 신사협정이다.

해설

① 국제사법재판소는 당사자가 동의하는 경우에만 형평과 선을 적용할 수 있다. ② 총회 결의는 국제관습법 형성의 증거로 볼 수는 있으나 그 자체가 법의 연원으로 인정받는 것은 아니다. ④ 국가원수가 체결하든 정부수반이 체결하든 상관없이 신사협정으로 체결된 문서는 법적 구속력이 없다. ⑤ 한미 간 SOFA의 합의의사록은 당사국들이 조약의 일부로 의도하여 체결하였기 때문에 조약의 일부로 간주된다. 한일어업협정의 합의의사록은 단순히 회의와 협상과정의 기록에 불과한 것으로서 법적 구속력을 의도하지 않았기 때문에 조약의 일부가 아니다(2001.3.21. 헌법재판소의 한일어업협정 비준 위헌확인청구에 대한 각하결정 참조). <답 ③>

제2절 조 약

001. 1969년 조약법에 관한 Vienna협약상 규정되어 있는 조약에 대한 설명으로 옳지 않은 것은?

① 국가와 국가 간에 체결된 서면의 형식으로 이루어진 합의.

② 그 명칭이 조약이든 협약, 협정, 헌장, 약식조약이든 간에 효력은 동일하다.

③ 국제법에 의하여 규율되는 국제적 합의.

④ 협약상 국가 이외의 또다른 국제법주체들이 조약의 당사자가 될 수 있는 여지는 없다.

해설

④ 1969년 조약법협약은 '기타 국제법주체'가 참여한 조약의 효력을 부인하지 않는다는 규정을 두고 있다. '기타 국제법주체'는 국제사회의 발전과 함수관계에 있다고 할 것이다(유). ② 다만 조약법협약은 '그 명칭 여하를 묻지 않는다'고 포괄적으로 규정하고 있을 뿐 조약의 유형을 구체적으로 열거하고 있지는 않다. <답 ④>

002. 1969년 비엔나 조약법협약상 조약에 대한 설명으로 옳지 않은 것은?
〈2014년 국가직 9급〉

① 하나 이상의 문서로 이루어지는 경우도 있다.
② 정식조약과 달리 약식조약의 유형으로 구두조약이 포함된다.
③ 조약 외에 협정, 규약 등의 명칭도 사용할 수 있다.
④ 국가와 외국 사기업 사이의 국제법 합의는 조약으로 볼 수 없다.

해설

구두조약도 법적 효력은 인정된다는 것이 국제법원 판례의 입장이다. 그러나 조약법협약에서 말하는 조약은 "문서"로 된 합의만을 지칭하므로 구두조약은 포함되지 않는다. <답 ②>

003. 조약에 대한 설명으로 옳지 않은 것은? 〈행안부 7급 2008년〉

① 1969년 조약법에 관한 비엔나협약은 구두에 의한 국가 간 합의에는 적용되지 않는다.
② 조약체결 시 조약체결권에 관한 국내법 규정의 위반이 명백하고 또한 근본적으로 중요한 국내법 규칙에 관련되어 있다 할지라도 해당 조약의 무효를 원용할 수 없다.
③ 1969년 조약법에 관한 비엔나협약상의 조약 개념에 의하면, 한미행정협정(SOFA)의 합의의사록(agreed minutes)도 조약으로 보아야 한다.
④ 대통령, 수상, 외무부장관 등은 직무로 인해 전권위임장을 제시하지 않아도 자국을 대표하는 것으로 간주된다.

해설

① 국가 간 구두합의도 법적 효력이 있으나, 비엔나조약법 협약은 문서에 의한 합의, 즉 조약만 다룬다. ② 이러한 경우 해당 조약의 무효를 원용할 수 있다. ③ SOFA의 합의의사록은 조약으로 볼 수 있다. 합의의사록이라는 이름의 문서가 법적 구속력을 갖는지 여부는 실제 그 당사자들의 의도를 살펴서 판단해야 한다. 한일어업협정의 합의의사록의 경우 우리나라 헌재는 조약의 일부가 아니라고 판시한 바 있다. ④ 국가원수, 정부수반, 외교부장관 등은 당연히 자국을 대표한다. <답 ②>

004. 1969년 「조약법에 관한 비엔나협약」의 적용 범위에 관한 설명 중 옳지 않은 것은?
〈사시 2014년〉

① 국제기구의 설립문서가 되는 조약이나 국제기구 내에서 채택되는 조약에는 적용되지 아니한다.
② 국가 간의 조약에 적용된다.
③ 국가승계, 국가책임, 국가 간의 적대행위의 발발로부터 조약에 관하여 발생할 수 있는 문제를 예단하지 아니한다.

④ 원칙적으로 이 협약 발효 후 당사국이 체결한 조약에 대해서 적용된다.
⑤ 서면의 형식으로 된 조약에 적용된다.

해설

① 국제기구의 설립문서가 되는 조약도 당연히 조약이므로 적용된다. 국제기구에서 채택되는 조약도 조약이므로 적용된다. 1986년 비엔나 조약법협약은 "국제기구가 당사자인 조약"의 경우에 적용된다.
<답 ①>

005. 다음 중 조약으로 볼 수 있는 합의문에 바탕한 것은?

① A국 정부는 농산물거래표준약관에 의거하여 B국 정부로부터 농산물을 수입하였다.
② A국 정부는 B국내 대사관을 설치하기 위해 C국의 국내법을 준거법으로 하여 건물을 매입하였다.
③ A국 정부는 국제금융기구로부터 미국 뉴욕주 법을 준거법으로 하여 대부협정을 체결하여 자금지원을 받았다.
④ A국 정부와 B국 정부는 상호간 불가침을 약속하는 공동 코뮤니케를 채택하고 이 코뮤니케의 해석과 적용에 관련하여 분쟁이 생기면 일방이 국제사법재판소(ICJ)에 제소할 수 있음을 규정하였다.

해설

명칭에 상관없이 국제법 주체들이 법적 구속력을 받도록 체결한 문서로서 국제법의 규율을 받는 국제적 합의가 조약이다. 그 문서의 분쟁해결 조항에서 일방이 ICJ에 회부할 수 있도록 규정했다면 그것은 조약으로 볼 수 있을 것이다(김대순).
<답 ④>

006. 조약에 관한 다음 설명 중 올바른 진술을 모두 고르시오. 〈기출문제 변형〉

ㄱ. 일반국가와 영세중립국, 국제기구뿐만 아니라 교전단체도 조약체결의 당사자 능력이 인정될 수 있다.
ㄴ. 1969년 조약법에 관한 비엔나협약은 국가 간의 조약에 적용되며 UN해양법협약에도 적용된다.
ㄷ. 1969년 조약법에 관한 비엔나협약은 국가와 국제기구 간의 조약, 국제기구 상호간의 조약뿐만 아니라 국가와 다국적기업 간의 협정에도 적용된다.
ㄹ. 규정(statute), 의정서(protocol), 교환각서(exchange of notes), 합의의사록(agreed minute), 신사협정(gentlemen's agreement) 등 다양한 명칭과 형태를 가진 문서들이 일반적으로 조약으로 인정되고 있다.

① ㄱ, ㄴ ② ㄴ, ㄷ
③ ㄷ, ㄹ ④ ㄱ, ㄹ

해설

교전단체도 휴전 등 무력충돌과 관련된 조약체결의 당사자 능력이 인정될 수 있다. 1969년 조약법에 관한 비엔나협약은 국가 간 조약에만 적용된다. 신사협정은 일반적으로 법적 구속력이 없는 정치적 합의로서 조약이 아닌 것으로 간주된다. <답 ①>

007. 1969년 조약법협약의 효력이나 적용에 관한 다음 사항 중 옳지 못한 것은?

① 조약법의 국내법적 평면에서의 적용시, 조약, 비준, 수락, 전권위임장, 유보 등 조약법 협약상 정의된 용어가 특정국가의 국내법에서 부여된 의미와 상이한 경우 조약법협약이 국내법에 우선하여 적용된다.
② 조약법협약은 국제기구의 설립조약, 헌장에도 적용된다.
③ 조약법협약은 특정 국제기구 내에서 체결된 조약에도 적용된다.
④ 조약법협약의 적용대상은 문서로 된 국가 간 국제법적 합의이나 국제기구가 당사자인 조약이나 구두합의의 효력이 부인되는 것은 아니다.

해설

조약법협약상의 용어 정의가 국내법에서 쓰이는 그러한 용어의 사용이나 의미에 영향을 주지는 않는다(제2조 2항). <답 ①>

008. 조약의 정의와 개념에 대한 아래 서술 중 옳지 않은 것은?

① 신사협정, 사실상의 협정, 비법적 협정은 조약이 아닌 법적 구속력이 없는 문서를 지칭한다.
② 1975년 유럽안보협력회의(CSCE) 헬싱키 최종의정서는 동 의정서가 UN헌장 제102조에 의해 등록될 자격이 없다고 명시하였으나, UN사무총장에게 송부되었으므로 결국 조약으로 인정받는 결과를 낳았다.
③ 한 국가 정부와 다국적 기업간에 체결된 이른바 국가계약은 일반적으로 조약으로 간주되지 않는다.
④ 조약의 형식에 대한 실체적 요건은 사실상 존재하지 않는다고 본다.

해설

② UN사무총장에게 송부되기는 하였으나 UN헌장 제102조에 의해 등록될 자격이 없다고 명시되었으며 그러한 내용의 서한까지 첨부되었다. 이는 동 의정서가 조약으로 인정받지 않음을 분명히 한 것이다(김대순).
④ 조약은 서한의 교환(exchange of letters)으로 이루어질 수도 있고, 공동 코뮤니케나 회의록이 될 수도 있다(김대순). <답 ②>

009. 중요한 기본조약을 체결한 후 구체적인 이행방법 또는 특정 조항의 해석 또는 분쟁해결방법 등 부수적인 사안을 다루기 위해 조약을 별도로 체결하는 경우에 가장 많이 사용되는 명칭은?

① 헌장(Charter) ② Concordat
③ 의정서(Protocol) ④ 결의(Resolution)

해설

원칙적으로 조약의 명칭이 법적 효력을 결정하는 것은 아니나 일반적으로 활용되는 용법이 있다. 원조약의 부수적인 사안을 해결하기 위하여 체결하는 경우 Protocol이라는 표현을 많이 사용한다.

<답 ③>

〈조약의 명칭〉(유)

(i) 조약(treaty): 가장 일반적인 용어로 조약법에 관한 Vienna협약(이하 조약법협약이라 한다)이 사용하는 용어이다. 다만 실제 관행에서는 대체로 특정국간의 평화 및 동맹 등의 기본관계를 정하는 데 사용된다.
(ii) 협약(convention): 입법조약의 성격을 띤 다자조약을 의미하는 것으로 조약법협약, UN해양법협약 등에서 협약이라는 용어를 사용한다.
(iii) 협정(agreement): 보통 기술적 · 행정적 성격의 조약을 의미하며 당사자가 적고 형식이 간단한 약식조약을 의미한다.
(iv) 의정서(protocol): 협약보다는 격식이 낮거나 부수적인 조약으로 대체로 중요한 조약을 체결하면서 일정한 조항의 해석, 분쟁해결방법 등 부수적인 문제를 다루기 위하여 체결된다.
(v) 헌장(charter or constitution) 및 규약(statute): UN헌장과 같이 국제기구의 설립조약에서 사용하며 statute는 ICJ의 규정과 같이 국제기관의 기능 및 운영에 관련되는 규칙을 의미한다.
(vi) Concordat: 종교문제에 관하여 교황청과 다른 국제법주체간에 체결하는 조약이다.

010. 다음은 조약의 분류기준과 그 내용을 연결한 것이다. 옳지 않은 것은?

① 조약의 체결절차에 따른 구분 —— 정식조약과 약식조약
② 조약에의 가입제한 —— 개방조약, 폐쇄조약
③ 이행의 계속성 여부 —— 처분조약, 영속조약
④ 조약의 효력범위 —— 입법조약, 계약조약

해설

조약의 효력범위상의 구분은 조약의 당사국의 수에 따른 구분과 동일한 의미이다. 입법조약과 계약조약의 구분은 조약의 성질(김) 또는 조약의 내용(김, 성)에 따른 분류이다. <답 ④>

011. 다음 설명 중 옳지 않은 것은?

① 입법조약은 다자조약을, 계약조약은 양자조약을 의미한다.
② 영토할양조약은 대표적인 처분조약이다.

③ 국제연합헌장은 대표적인 개방조약이며 폐쇄적인 성격은 없다.
④ 약식조약은 비준절차를 거치지 않고 서명이나 조약문서교환만으로 효력을 발생한다.

해설

입법조약(law-making treaty)은 법규조약이라고도 하는데(유), 계약조약과 상호대립되는 개념이다. 입법조약과 계약조약의 구별은 조약의 성질에 따른 분류이어서 양자조약에도 입법적 규정이 있을 수 있고, 다자조약에도 계약적 규정이 있을 수 있다. <답 ①>

012. 1969년 조약법협약상의 용어에 대한 설명으로 옳지 못한 것은?

① 협상국(negotiation state)이란 조약본문의 작성과 채택에 참여한 국가를 의미한다.
② 체약국(contracting state)이란 조약의 발효 여부에 상관없이 조약에 의해 구속되기로 동의한 국가이다.
③ 당사국(party)이란 조약에 의해 구속되기로 동의하였고 그 조약이 발효한 경우에 사용한다.
④ 제3국(third party)이란 두 당사국과 별도의 조약을 체결한 다른 제3의 국가를 지칭한다.

해설

제3국이란 조약의 당사국이 아닌 국가를 지칭한다. <답 ④>

013. 자기집행조약과 비자기집행조약에 대한 설명으로 타당하지 않은 것은?

① 국내적 직접적용가능성 여부에 따른 분류로 1829년 미연방대법원이 Foster v. Neilsen 사건에서 최초로 구별하였다.
② 비자기집행조약은 국내적용을 위해 별도의 입법조치가 있어야 한다.
③ 1928년 단치히법원의 관할권에 관한 권고적 의견에서 PCIJ는 조약규정이 직접 개인에게 권리 · 의무를 설정할 수 있다고 보았다.
④ 이원론적 헌법체제를 갖고 있는 국가에서도 조약의 자기집행성 여부의 문제가 발생한다.

해설

이원론적 국가에서는 조약이 변형을 통해 국내적으로 수용되면 그것은 조약이 아니라 '국내법'화하는 것이므로 이제는 국내법의 해석문제로 귀착되게 된다. 따라서 이론적으로 볼 때, 조약의 자기집행성 여부는 일원론적 국가에서 발생하는 것이며 이원론적 국가에서는 조약의 자기집행성 여부의 문제는 발생하지 않는다. <답 ④>

014. 국제법상 조약의 체결과정을 순서대로 바르게 나열한 것은? 〈2013년 국가직 9급〉

① 교섭 → 서명에 의한 인증 → 비준 → 등록 → 비준서 교환
② 교섭 → 비준 → 서명에 의한 인증 → 등록 → 비준서 교환
③ 교섭 → 비준 → 비준서 교환 → 서명에 의한 인증 → 등록
④ 교섭 → 서명에 의한 인증 → 비준 → 비준서 교환 → 등록

해설

교섭을 통해 문안을 채택하고 이 문안을 서명으로 인증한다. 각자 국내적으로 비준 절차를 거친 후 비준서를 교환하는 등의 방식으로 발효시킬 수 있다. 이렇게 발효된 조약을 UN에 등록하게 된다.
<답 ④>

015. 조약의 체결절차에 대한 설명으로 옳은 것은? 〈국가직 9급 2011년〉

① 조약의 체결권자는 조약문 교섭에 관한 권한을 전권대표에게 위임할 수 있다.
② 국제회의에서 체결되는 다자조약의 본문은 교섭에 참석한 모든 국가의 2분의 1 다수결에 의해 채택된다.
③ 조약에 대한 국가의 기속적 동의의 방법으로는 서명과 비준만이 인정된다.
④ 조약은 당사국간의 합의에 관계없이 비준서를 기탁한 날에 효력을 발생하는 것이 원칙이다.

해설

② 조약 본문은 그 작성에 참가한 모든 국가의 동의에 의해 채택된다. 그러나 국제회의에서는 다른 특별한 규정이 없는 경우에 참석 투표하는 국가 및 국제기구의 3분의 2 다수결에 의하여 채택한다. ③ 약식조약의 경우 서명, 정식조약의 경우 비준, 조약의 의미를 갖는 문서의 교환, 수락, 승인, 가입 등 다양한 방법이 있다. ④ 특별한 규정이 없는 한 조약의 효력발생시기는 비준서의 교환(exchange) 또는 모든 협상국의 비준서 기탁(deposit) 일자라고 볼 수 있으나, 기본적으로 당사국이 합의하여 정하기 나름이다.
<답 ①>

016. 조약법협약상 조약의 교섭에 대한 설명으로 옳지 않은 것은?

① 조약의 교섭은 보통 조약체결권자가 임명한 정부대표가 행한다.
② 국가원수, 정부수반 및 외무부장관은 전권위임장이 필요 없다.
③ 외교사절단장은 접수국과의 조약에 한하여 전권위임장 없이 본문의 채택에 동의할 수 있다.
④ 국제회의 또는 국제기구에 파견된 국가대표가 조약본문의 채택에 동의하기 위하여는 전권위임장이 필요하다.

해설

이 경우도 전권위임장이 필요 없다. <답 ④>

017. 다음은 국제법상 조약에 대한 설명이다. 이 중 잘못된 기술은 무엇인가?

① 조약은 국제관습법과 함께 국제법의 법원(sources of law)을 구성한다.

② 조약은 체약당사국간 법적 권리를 창출하고 의무를 부과하므로 그 체결과 이행에 엄격한 절차가 요구되고 있다.

③ 국가간 합의 내용을 담고 있는 문서 중 국제법의 적용을 받고 법적 권리와 의무를 창출하는 것을 의도하며 체결된 문서를 조약이라고 한다.

④ 조약의 체결과 이행에 적용되는 국제법은 '1969년 조약법에 관한 비엔나 협약'과 함께 이 분야에 관한 국제관습법을 들 수 있다.

⑤ 조약 체결에 적용되는 국제관습법은 거의 미미하였으나 '1969년 조약법에 관한 비엔나 협약' 채택 이후 이 분야 국제관습법도 비약적 발전을 이루게 되었다.

해설

조약의 체결과 이행에 관한 국제관습법은 이미 국제법 초창기 시절부터 존재하였고 그 이후 지속적으로 발전하여 왔다. 1969년 조약법에 관한 비엔나 협약은 주로 이러한 국제관습법을 법전화하였을 따름이다.

<답 ⑤>

018. 1969년 비엔나 조약법 협약상 조약의 교섭에 대한 설명으로 옳지 않은 것은?

① 조약의 교섭은 보통 국가원수로부터 정당한 권한을 위임받은 전권대표가 행한다.

② 전권위임장(full powers)이란 각국 국내법에 따라 정당한 조약 교섭 권한을 부여받았음을 증명하는 문서이다.

③ 전권위임장의 제시가 필요하지 않은 사람으로는 국가원수, 정부수반 또는 외교부 장관 등이 있다.

④ 조약의 교섭을 위해서는 국가원수를 제외한 모든 정부대표는 반드시 전권위임장을 받아야 한다.

⑤ 전권위임장의 작성 및 교부에 관한 구체적 절차는 각각의 국가가 자신의 국내 법령 등으로 규율한다.

해설

국가원수, 정부수반, 외교부 장관은 전권위임장의 제시가 필요없다. 마찬가지로 특정 국가에 주재하는 외국 대사는 주재국 정부와 교섭을 진행하는 조약에 대해서는 전권위임장 제시가 요구되지 않는다. 이미 주재국 부임시 그러한 권한을 부여받은 것으로 간주되기 때문이다. <답 ④>

019. '전권위임장(full powers) 없이' 조약체결에 관련하여 국가를 대표할 수 있는 경우를 설명한 것으로 잘못된 것은?

① 국가 관행상 전권위임장 없이도 국가를 대표할 수 있는 것으로 인정되는 경우가 있다.
② 국가원수는 전권위임장 없이도 국가대표로서 조약체결과 관련된 모든 행위를 할 수 있다.
③ 외무장관은 전권위임장 없이도 국가대표로서 조약체결과 관련된 모든 행위를 할 수 있다.
④ 외교사절단의 장, 즉 공관장은 전권위임장 없이도 접수국과 파견국 사이의 조약체결과 관련된 모든 행위를 할 수 있다.

해 설

④ 외교사절단의 장은 접수국과 파견국 사이의 조약체결에 있어서 전권위임장이 없이도 조약문 '채택'에 동의할 수 있다. <답 ④>

020. 1969년 「조약법에 관한 비엔나협약」상의 전권위임장에 관한 설명 중 옳은 것(○)과 옳지 않은 것(×)을 올바르게 조합한 것은? 〈사시 2014년〉

ㄱ. 외교공관장은 전권위임장을 제시하지 않아도 조약의 체결에 관련된 모든 행위를 수행할 목적으로 자국을 대표하는 것으로 간주된다.
ㄴ. 국제회의에 파견된 대표가 그 국제회의에서 조약문을 채택하기 위해서는 전권위임장을 제시하여야 자국을 대표하는 것으로 간주된다.
ㄷ. 대한민국 국무총리는 전권위임장을 제시하지 않아도 조약의 체결에 관련된 모든 행위를 수행할 목적으로 대한민국을 대표하는 것으로 간주된다.
ㄹ. 법무부장관은 전권위임장을 제시하는 경우 조약에 대한 국가의 기속적 동의를 표시하기 위한 목적으로 국가를 대표하는 것으로 간주된다.

① ㄱ-(○), ㄴ-(×), ㄷ-(×), ㄹ-(○)
② ㄱ-(×), ㄴ-(×), ㄷ-(×), ㄹ-(○)
③ ㄱ-(×), ㄴ-(○), ㄷ-(○), ㄹ-(○)
④ ㄱ-(×), ㄴ-(×), ㄷ-(×), ㄹ-(×)
⑤ ㄱ-(○), ㄴ-(○), ㄷ-(○), ㄹ-(○)

해 설

ㄱ. 외교공관장은 전권위임장을 제시하지 않아도 조약문의 '채택'을 할 수 있다. ㄴ. 오늘날 전권위임장이 의전적, 형식적 의미를 갖는다는 점에 근거한 지문으로 보인다. 오늘날 국제회의에서 전권위임장이 없더라도 자국을 대표하는 것으로 간주되는 데에는 법적 문제가 발생하지 않는 것으로 본다. ㄷ. 우리나라 국무총리는 국가원수나 정부수반이 아니다. 따라서 국무총리는 전권위임장이 필요하다. <답 ②>

021. 외교행위에 관한 다음 설명 중 옳지 못한 것은?

① 조약체결을 위해 특별히 임명된 정부대표가 조약체결을 위해 필요한 문서는 인가장이다.

② 타국에 파견되어 오는 외교사절을 받아들이겠다는 의사표시를 아그레망이라고 한다.

③ 외교사절은 자국 국가원수로부터 신임장을 받아 접수국 국가원수에게 제출한다.

④ 법무부장관이 조약을 체결하기 위해서는 전권위임장이 필요하다.

해설

① 조약체결을 위해 특별히 임명된 정부대표가 조약체결을 위해 갖추어야 할 문서는 인가장이 아니라 전권위임장이다. 인가장은 타국에서 파견되어 오는 영사에게 접수국이 업무개시를 허용하면서 주는 문서이다. ④ 국가원수, 정부수반, 외교부장관은 원칙적으로 국가를 대표하기 때문에 전권위임장을 필요로 하지 않으나 기타 각료, 국회의장 등은 전권위임장을 필요로 한다. <답 ①>

022. 조약체결에 따른 모든 행위를 수행하는데 전권위임장(full powers)이 필요 없는 사람들을 모두 고른 것은? 〈국가직 7급 2012년〉

ㄱ. 대통령	ㄴ. 정부수반	ㄷ. 특명전권대사
ㄹ. 외무부장관	ㅁ. 법무부장관	

① ㄱ, ㄷ
② ㄷ, ㄹ
③ ㄱ, ㄴ, ㄹ
④ ㄱ, ㄴ, ㄷ, ㄹ, ㅁ

해설

대통령, 정부수반, 외무부장관은 조약체결에 다른 모든 행위에 있어서 전권위임장이 필요 없다. 특명전권대사의 경우, 조약본문의 채택에 있어서만 당연한 대표로 인정된다. <답 ③>

023. 1969년 조약법에 관한 비엔나협약에 대한 설명으로 옳지 않은 것은? 〈국가직 7급 2013년〉

① 모든 국가는 조약을 체결하는 능력을 가진다.

② 국가원수, 정부수반, 외무부장관과 외교공관장은 전권위임장을 제시하지 않아도 조약의 체결에 관련된 모든 행위를 수행할 수 있다.

③ 비준하여야 하는 조약에 서명한 국가는 그 조약의 당사국이 되지 아니하고자 하는 의사를 명백히 표시할 때까지 그 조약의 대상과 목적을 저해하게 되는 행위를 삼가야 한다.

④ 조약이 달리 규정하지 아니하는 한, 디자조약은 그 당사국 수가 그 발효에 필요한 수 이하로 감소하는 사실만을 이유로 종료하지 아니한다.

해 설

외교공관장은 접수국 정부와의 조약에 있어서 본문 '채택'까지는 위임장없이 할 수 있다.

<답 ②>

024. 다음 중 조약문의 채택에 관한 설명으로 옳지 않은 것은?

① 조약본문은 원칙적으로 그 작성에 참가한 모든 국가의 동의에 의해 채택된다.

② 그러나 국제회의에 있어서 조약본문의 채택은 다르게 정한 바가 없으면 일반 다수결에 의하여 채택한다.

③ 최근에는 국제회의에서 조약채택에 consensus방식이 빈번하게 활용되고 있다.

④ 조약문의 언어는 양자조약의 경우는 관계국들의 언어로 표시하고 UN에서 체결되는 다자조약의 경우에는 원칙적으로 5개 공용어로 한다.

해 설

달리 정한 바가 없는 한 국제회의에 참석 투표하는 국가 및 국제기구의 3분의 2 다수결에 의한다.

<답 ②>

025. 전권위임장에 대한 다음 설명 중 타당하지 않은 것은?

① 외교사절단장은 접수국과의 조약에 한해 전권위임장 없이 본문의 채택에 동의할 수 있다.

② 조약문의 교섭, 채택을 위한 전권위임장은 구속을 받겠다는 동의표시는 할 수 없다.

③ 전권위임제도는 교통, 통신이 발달한 현재는 형식적 · 의전적 의미를 가질 뿐이다.

④ 1969년 비엔나협약에 의하면 전권위임에 대한 포기나 추인은 인정되지 않는다.

해 설

④ 1969년 비엔나협약은 전권위임제도를 규정하면서도 이의 포기나 추인을 인정했으며, 특히 정부각료나 외교관은 이런 전권을 위임받은 것으로 추정했다.

<답 ④>

026. 비준으로 발효하는 조약을 서명까지만 한 국가의 법적 지위에 대한 설명으로 옳은 것은?

① 당사국이 아니므로 그 조약에 대해 어떠한 의무도 없다.
② 조약의 대상 및 목적을 훼손하지 않을 의무를 부담한다.
③ 서명으로 이미 발효가 된다.
④ 조약법협약은 서명만 한 국가에 대해 아무런 규정을 두지 않고 있다.

해설

조약법협약은 특정 조약의 서명국에게 그 조약의 대상과 목적을 훼손하지 않을 의무를 부여하고 있다.

<답 ②>

027. 1969년 조약법에 관한 비엔나협약에 관한 설명으로 옳지 않은 것은? 〈사시 2012년〉

① 이 협약은 문서로 체결된 국가 간의 조약에만 적용된다.
② 조약에 서명한 국가는 조약의 발효 전에도 그 조약의 대상과 목적을 저해하지 아니할 의무가 있다.
③ 명문의 규정이 없는 경우에는 조약의 대상 및 목적과의 양립성 여부가 유보 허용 여부를 판단하는 기준이 된다.
④ 외무부장관은 전권위임장을 제시하지 않아도 자국을 대표하는 것으로 간주된다.
⑤ 조약은 비준에 의해서만 기속적 동의가 부여된다.

해설

기속적 동의는 비준 외에도 서명(약식조약의 경우), 조약의 의미를 갖는 문서의 교환, 수락, 승인, 가입 등 여러 가지 방법이 가능하다. <답 ⑤>

028. 1969년 「조약법에 관한 비엔나협약」상, 조약 교섭국간에 별도의 합의가 없는 경우 조약문을 정본이며 최종적인 것으로 확정하는 방식으로 묶인 것은?

〈사시 2013년〉

ㄱ. 서명(signature)	ㄴ. 가서명(initialling)
ㄷ. 비준(ratification)	ㄹ. 수락(acceptance)
ㅁ. 승인(approval)	ㅂ. 조건부 서명(signature ad referendum)

① ㄱ, ㄴ, ㅂ ② ㄱ, ㄷ, ㅁ ③ ㄱ, ㄹ, ㅂ
④ ㄴ, ㄷ, ㄹ ⑤ ㄷ, ㄹ, ㅁ

해설

정본으로 인증하는 것이 서명이다. 가서명과 조건부 서명에 의하기도 한다. <답 ①>

029. 1969년 조약법에 관한 비엔나협약에 규정된 기속적 동의 표기로서 비준이 필요한 경우가 아닌 것은? 〈지방직 7급 2010년〉

① 비준이 필요한 것으로 교섭국간에 합의되었음이 달리 확정되는 경우
② 국가의 대표가 비준을 조건으로 조약에 서명한 경우
③ 비준되어야 한다는 국가의사가 전권위임장에 표시되어 있는 경우
④ 국내법에서 조약에 대한 기속적 동의표시로 비준을 규정하고 있는 경우

해 설

④ 국내법상 규정이 조약의 기속적 동의 여부를 좌우하지는 않는다고 본다. <답 ④>

030. 1969년 「조약법에 관한 비엔나협약」상 조약에 의하여 구속받겠다는 동의에 관한 설명 중 옳지 않은 것은? 〈사시 2016년〉

① 교환문서 또는 교환서한과 같은 조약을 구성하는 문서의 교환도 동의표시가 될 수 있다.
② 서명이 조약에 의하여 구속받겠다는 동의의 효과를 갖는 것으로 조약에서 규정하는 경우, 서명만으로 그러한 효과가 발생할 수 있다.
③ 비준에 적용되는 것과 유사한 조건으로 수락 또는 승인에 의해서도 동의가 표시될 수 있다.
④ 조약의 일부에 대해서만 구속받겠다는 동의표시는 어떠한 경우에도 유효하지 않다.
⑤ 국가대표가 추후 비준을 조건으로 조약에 서명한 경우, 그 조약에 의하여 구속받겠다는 동의는 비준에 의하여 표시된다.

해 설

④ 조약의 일부에 대해서만 구속받겠다는 동의표시는 바꿔 말하면 조약의 일부에 대해서는 효력을 제한하겠다는 유보 표시를 의미한다고 볼 수 있다. 조약법협약상 유보는 일정한 조건 하에 인정된다.
<답 ④>

031. 조약의 구속을 받겠다는 동의표시방법을 설명한 것 중 타당하지 않은 것은?

① 수락과 인준은 제2차대전 이후에 확립된 국제관행으로 국제법 및 국내법적으로 비준과 차이가 없다.
② 조약의 의미를 갖는 문서의 교환은 최근 대두한 국제관행으로 교섭국이 조약내용에 관한 합의의 성립을 최종적으로 확인하는 행위이다.
③ 가입은 이미 성립된 조약에 교섭국이 아닌 국가가 조약내용의 구속에 대한 동의를 표시하는 행위이다.
④ 가입은 다자조약, 개방조약에서 문제된다.

해설

수락과 승인(인준)은 비준과 국제법상으로는 아무런 법적 차이가 없으나 국내법상으로는 나라에 따라 국회의 동의를 받지 않는 등 차이가 있을 수 있다. <답 ①>

032. 조약의 효력발생시기와 관련된 다음 설명 중 타당하지 않은 것은?

① 특별한 규정이 없는 한 조약의 효력발생시기는 비준서의 교환 또는 기탁일자이다.
② 조약의 구속을 받겠다는 동의표시 후 효력이 발생하는 것이 원칙이다.
③ 효력발생에 대해서는 보통 종결조항에 규정되어 있는데 종결조항은 조약문의 채택과 동시에 효력을 발생한다.
④ 다자조약의 경우는 일정 수의 서명국이 비준하면 효력이 발생하며 나중에 비준하는 국가에게도 최초 서명시에 소급해 효력을 발생한다.

해설

④ 다자조약에서 나중에 비준하는 국가는 비준한 때로부터 조약의 적용을 받게 되는데, 이를 단계적 효력발생제도라고 한다. <답 ④>

033. 조약 기탁자로 지정된 국가/기구/개인의 역할이 아닌 것은?

① 조약 원본의 보관
② 조약관련 통보의 적법절차 준수 확인, 조약문 오류 수정 제기의 통보
③ UN사무국에의 등록
④ 조약의 해석 및 분쟁해결

해설

조약의 해석, 분쟁해결은 기탁자의 역할과 무관하다. 조약법협약 제77조~제79조는 기탁자의 기능을 규정하고 있다. <답 ④>

034. 국제법상 조약의 등록과 공고에 대한 설명으로 옳지 않은 것은? 〈지방직 7급 2010년〉

① 비밀조약의 폐해를 예방하기 위하여 도입된 제도이다.
② 국제연맹규약은 등록되지 아니한 조약도 법적인 효력을 가진다고 하였다.
③ UN에 등록되지 아니한 조약의 당사국은 UN의 어떠한 기관에 대하여도 그 조약을 원용할 수 없다.
④ 조약의 등록은 UN사무국에 조약을 등록함으로써 실효성을 높이기 위한 제도이다.

해설

② 국제연맹 시절에는 등록되지 않은 조약은 법적인 효력이 없다고 하여 조약의 등록을 효력요건으로 규정하였으나, UN헌장은 등록되지 않은 조약은 UN의 기관에서 원용할 수 없다고 하여 일종의 대항요건으로 규정하고 있다. 즉, 조약이 발효하기 위해 UN사무국에 등록되어야 하는 것은 아니다.

<답 ②>

035. 유엔회원국과 비회원국 간에 체결된 조약에 대해 분쟁이 발생했다고 가정할 경우, 두 국가가 이 조약을 국제사법재판소에서 원용할 가능성에 대한 설명 중 가장 바른 것은? 〈기출문제 변형〉

① 유엔회원국은 유엔사무국에 조약을 등록하지 않아도 그 조약을 국제사법재판소에서 원용할 수 있다.

② 유엔비회원국은 유엔사무국에 조약을 등록해도 그 조약을 국제사법재판소에서 원용할 수 없다.

③ 동 조약을 국제사법재판소에서 원용하기 위해서는 두 국가 모두 동시에 유엔사무국에 등록을 해야 한다.

④ 회원국이든 비회원국이든 한 국가만 등록해도 양국이 모두 이 조약을 원용할 수 있다.

해설

조약의 UN 등록은 당사국 간 합의로 이루어지는 절차가 아니라 개별국가가 재량적으로 하는 것으로서 어느 한 국가만 등록해 놓으면 그 이후 원용에는 문제가 없다. <답 ④>

036. 다음 중 조약의 실제 발효에 앞서 조약문 채택시부터 적용되는 조항은 무엇인가?

a) 조약문 인증관련 조항
b) 조약의 구속을 받겠다는 동의의 확립에 대한 규정
c) 발효방식 및 일자에 관한 조항
d) 유보에 대한 조항
e) 기탁자의 기능에 대한 조항

① a, b, c ② a, b, c, d
③ a, b, c, e ④ a, b, c, d, e 모두

해설

필연적으로 조약 발효 이전에 처리되어야 할 사항들은 조약문 채택과 동시에 적용되기 시작한다.

<답 ④>

037. 1969년 비엔나 조약법 협약에 따른 일반적인 조약의 체결과정을 순서대로 바르게 나열한 것은?

① 교섭 → 인증 → 채택 → 비준 → 등록 → 서명
② 교섭 → 비준 → 인증 → 서명 → 채택 → 등록
③ 교섭 → 채택 → 비준 → 서명 → 인증 → 등록
④ 교섭 → 채택 → 인증 → 서명 → 비준 → 등록
⑤ 교섭 → 인증 → 등록 → 서명 → 비준 → 채택

해설

조약체결 과정에서 '교섭'의 종결은 바로 조약문의 '채택'이다. 그리고 그러한 채택이 이루어진 다음 채택된 문안이 당사국의 정확한 의도를 반영하고 있음을 확인하는 절차가 '인증'이다. <답 ④>

038. 조약의 체결절차에 대한 설명으로 옳지 않은 것은?

① 대부분의 국가에서 조약의 비준권한은 일반적으로 외교부 장관이 보유하고 있다.
② 조약에 대한 국가의 기속적 동의를 표시하는 방법으로는 서명, 비준, 가입 등이 있다.
③ 조약의 구속력은 각국의 기속적 동의의 표시 방법과 무관하다.
④ 조약의 체결권자는 조약문 교섭에 관한 권한을 전권대표에게 위임할 수 있다.
⑤ 조약 체결의 구체적 절차가 각국 국내법령에 규정되어 있는 경우도 있다.

해설

조약의 비준권한은 조약 체결권자가 가지며 이는 바로 국가원수이다. 따라서 우리나라의 경우에 비준권자는 대통령이다. 각각의 국가가 어떠한 방식으로 자신의 기속적 동의를 표시하였는지 여부와 상관없이 조약은 그 자체로 국제법적 구속력을 갖는다. <답 ①>

039. 1969년 조약법협약에 대한 설명으로 옳은 것으로만 묶인 것은? 〈국가직 7급 2011년〉

ㄱ. 동 협약은 국가 간에 체결된 조약뿐만 아니라 국가와 국제기구 상호간에 체결된 조약에도 적용된다.
ㄴ. 동 협약에 따르면 조약이란 명칭에 상관없이 서면의 형식으로 국가 간에 체결되며 국제법에 의해 규율되는 국제적 합의를 의미한다.
ㄷ. 조약에 대한 국가의 기속적 동의는 비준 이외에도 서명, 문서의 교환, 수락, 승인, 가입 등의 방법으로도 표시될 수 있다.
ㄹ. 국내법상 비준에 대한 국회의 동의를 요하는 조약에 관하여 비준동의 절차를 거치지 아니한 조약은 당연무효이다.
ㅁ. 조약이 발효되기 위해서는 UN사무국에 등록되어야 한다.

① ㄱ, ㄴ ② ㄴ, ㄷ ③ ㄷ, ㄹ ④ ㄷ, ㅁ

해설

국가 간 체결 조약에 적용되는 조약법협약과 별개로 국제기구가 체결당사자인 조약에 적용되는 조약법협약이 따로 있다. 국내법에 위반하여 체결된 조약의 무효는 상대적 무효사유로 본다. UN사무국 등록은 조약의 발효요건이 아니다. <답 ②>

040. 1969년 조약법에 관한 비엔나협약의 내용으로 옳지 않은 것을 모두 고른 것은?

〈사시 2011년〉

> ㄱ. 조약이란 서면 또는 구두에 의해 체결되어 국제법에 의해 규율되는 국제적 합의를 말한다.
> ㄴ. 파견국과 접수국 간 조약문 채택에 있어서 외교공관장은 전권위임장을 제시하여야 대표성이 인정된다.
> ㄷ. 조약의 대상 및 목적과 양립하지 않는 유보는 허용되지 않는다.
> ㄹ. 조약에 대한 기속적 동의는 서명만으로도 표시될 수 있다.
> ㅁ. 조약 체결권에 대한 국내법 규정의 위반은 그 위반이 명백하며 또한 근본적으로 중요한 국내법규정에 관련되었을 경우 조약의 무효사유로 원용될 수 있다.

① ㄱ, ㄴ ② ㄱ, ㄷ ③ ㄴ, ㄷ
④ ㄱ, ㄹ ⑤ ㄹ, ㅁ

해설

조약법협약은 문서로된 합의만을 조약으로 다룬다. 물론 그렇다고 해서 국가 간 구두효력이 법적 구속력이 없는 것은 아니다. 공관장은 해당 접수국과의 조약문 채택에 있어서 전권위임장을 필요로 하지 않는다.
<답 ①>

041. 1969년 비엔나 조약법 협약에 대한 다음 설명 중 옳지 않은 것은?

① 조약의 교섭, 체결, 발효 등 제반사항에 대한 기존의 국제관습법을 성문화한 내용이다.
② UN 국제법위원회(International Law Commission)의 관여없이 UN 회원국의 독자적인 작업으로 성문화되었다.
③ 국제법의 법원의 핵심을 이루는 “조약에 대한 조약”으로 그 중요성은 점증하고 있다.
④ 우리나라는 이 협약의 가입 당사국이다.
⑤ 여러 국제분쟁에서 가장 빈번히 언급되는 조약 중 하나이다.

해설

1969년 조약법에 관한 비엔나 협약은 UN 국제법위원회의 대표적 성과 중 하나이다. <답 ②>

042. 1969년 「조약법에 관한 비엔나협약」상 유보에 관한 설명 중 옳지 않은 것은?
〈사시 2013년〉

① 조약 전체를 모든 당사국 간에 적용하는 것이 조약에 대한 각 당사국의 기속적 동의의 필수적 조건인 경우, 유보는 모든 당사국에 의한 수락을 필요로 한다.
② 유보가 조약의 대상 및 목적과 양립하지 않는 경우, 그 유보는 허용될 수 없다.
③ 특정 조약이 명시적으로 유보를 금지하고 있는 경우, 그 조약에 대한 유보는 허용될 수 없다.
④ 유보의 철회는 서면으로 형성되어야 하나, 유보에 대한 이의의 철회는 서면 또는 구두로 형성될 수 있다.
⑤ 유보에 대한 다른 체약국의 이의 제기는 그 국가가 확정적으로 반대의사를 표시하지 않는 한, 이의제기국과 유보국간에 있어서의 조약의 발효를 배제하지 않는 것이 일반적이다.

해설

유보의 철회나 유보 반대의 철회 등은 모두 서면으로 이루어져야 한다. <답 ④>

043. 1969년 조약법에 관한 비엔나협약상 유보에 대한 설명으로 옳지 않은 것은?
〈2016년 국가직 9급〉

① 유보는 일방적 성명이지만 그 효과는 상호주의적이다.
② 유보제도는 다자조약의 당사국 범위를 확대하는 효과를 갖는다.
③ 유보, 유보의 명시적 수락 그리고 유보에 대한 이의는 서면으로 형성되어야 한다.
④ 유보는 조약의 서명, 비준, 수락, 승인, 가입, 채택 및 확정 등 어떠한 단계에서도 가능하다.

해설

협약 제19조에 따라 유보는 조약의 서명, 비준, 수락, 승인 또는 가입시에 할 수 있으며, 채택시 또는 일단 당사국으로 구속을 받게 된 이후에는 유보를 추가할 수 없으므로 어떠한 단계에서도 가능하다는 설명은 옳지 않다. <답 ④>

044. 다음은 조약의 유보에 대한 설명이다. 타당하지 않은 것은?

① 유보의 관행은 19세기 후반부터 시작되었다.

② 제2차 대전 후 ILC도 초기에는 '양립성의 원칙'에 입각하였지만 최종적으로는 전당사국 동의원칙을 채용하였다.

③ 이에 반해 당시 범미연합의 지역적 관행에서는 유보를 허용하는 데 매우 유연한 입장을 보였다.

④ ICJ는 1951년의 Genocide협약의 유보사건에 관한 권고적 의견에서 조약의 유보의 허용성을 유연하게 확대적용하게 하는 계기를 마련함과 동시에 '조약목적과의 양립성'을 유보의 허용성에 관한 판단기준으로 제시하였다.

해설

② 설명이 반대로 되어 있다. ILC는 결국 양립성의 원칙을 채용하여 조약법협약을 입법화하였다. ④ ICJ는 양립성 여부에 관한 판단은 ICJ가 아니라 각 당사국에 있다고 보았다. <답 ②>

045. 조약의 유보에 대한 설명으로 옳지 못한 것은? 〈기출문제 변형〉

① 유보는 일방적 성명으로서, 조약의 목적 및 대상과 양립가능해야 하며, 구두로는 할 수 없다.

② 유보의 의사는 서명, 비준, 수락, 승인 또는 가입 이후에도 표명할 수 있다.

③ 유보는 해당 조약의 다른 당사국들 사이의 권리 의무 관계에는 아무런 영향을 못 미친다.

④ 유보는 조약적용의 통일성을 높이기 위한 제도라고 볼 수는 없다.

해설

② 가입 시에는 가능하나, 가입 이후 즉 이미 구속력을 발생시킨 이후에는 유보를 할 수 없음에 유의해야 한다. ④ 유보는 조약 참여국의 수를 증대시키는 긍정적 측면이 있으나 조약의 통일성을 훼손하는 부정적 측면도 있다. <답 ②>

046. 1951년 ICJ의 제노사이드협약의 유보에 관한 권고적 의견에서 나타난 내용이 아닌 것은?

① 유보의 허용성에 관한 판단기준으로 '조약목적과의 양립성'이 제시되었다.

② 유보가 허용되는 경우에는 유보를 행한 국가도 유보를 행하지 않은 국가와 마찬가지로 그 조약의 당사자이다.

③ 조약당사국 중 일부 국가가 유보를 반대하는 경우, 유보가 허용되지 않으며, 유보를 행한 국가는 조약의 당사국이 될 수 없다.

④ 유보 반대국이 유보에 반대하여도 비준하기 전까지 조약의 유보에 관한 법적 효과는 발생하지 않는다.

해설

③ 당사국 중 일부 국가가 유보에 대해 반대하는 것은 그 유보국이 조약당사국의 지위를 갖지 못하도록 하는 것은 아니다. 20세기 초반까지는 모든 당사국의 동의가 있어야 유보가 가능하다고 인정되어 왔다. 그러나 제노사이드협약 유보에 대한 ICJ 권고적 의견(1951년)을 계기로 변화가 일어났다. 이 권고적 의견에서 ICJ는 유보가 조약의 대상 및 목적과 양립가능하다면 일부 국가의 반대가 있어도 유보가 가능하다는 점을 인정하였다. 그 이후 채택된 비엔나조약법협약은 이러한 입장을 받아들였다(정인섭). <답 ③>

047. 조약에 관한 다음 설명 중 옳지 못한 것은?

① 국가가 조약의 일부 규정의 법적 효과를 배제하거나 변경하겠다는 일방적 선언을 유보라고 한다.
② 유보와 정책선언(해석선언)은 모두 당사국의 일방적 선언이다.
③ 유보와 정책선언은 모두 조약의 권리와 의무에 변경을 초래하지 않는다.
④ 1982년 UN해양법협약은 정책선언을 금지하지 않고 있으며, 유보에 대해서는 명시적 허용규정이 없으면 유보를 할수 없다고 규정하고 있다.

해설

유보는 해당 조항의 권리 또는 의무를 제약, 변경하는 것이지만 정책선언(해석선언)은 실제적인 권리와 의무의 변경을 초래하지 않는 것이다. <답 ③>

048. 1969년 조약법에 관한 비엔나협약에 규정된 조약의 유보에 관한 내용으로 옳은 것은?

① 국가는 조약에 서명할 때 또는 비준할 때에 유보를 할 수 있으나, 수락, 승인 또는 가입시에는 유보를 할 수 없다.
② 해당 조약에 의하여 유보가 금지된 경우에도 조약법협약상 유보의 권리가 인정되어 있으므로 유보를 할 수 있다.
③ 교섭국들의 한정된 수와 조약의 객체 및 목적으로 보아 모든 당사국 간에 조약 전체의 적용이 그 조약의 구속을 받겠다는 각국 동의의 본질적 조건인 경우에 모든 국가가 그 유보를 수락해야만 효력이 인정된다고 본다.
④ 조약의 유보는 오늘날 거의 이용되지 않고 있다.

해설

① 국가는 조약에 서명, 비준, 수락, 승인 또는 가입할 때에 유보를 할 수 있다. ② 해당 조약에 의하여 유보가 금지된 경우에는 당연히 유보를 할 수 없다. ③ 일반적으로 유보가 효력을 발생하기 위해서 모든 체약국의 동의가 필요한 것은 아니지만, 상기 지문에 해당하는 경우에는 예외적으로 모든 체약국의 동의가 필요하다. ④ 조약의 유보는 조약의 통일성을 저해한다는 단점도 있으나 조약당사국을 확대하기 위하여 인정되는 것으로서 오늘날에도 널리 이용되는 제도이다. <답 ③>

049. 1969년 조약법에 관한 비엔나협약상 조약의 유보에 관한 설명으로 옳지 않은 것은? 〈사시 2010년〉

① 조약의 서명, 비준, 수락, 승인 또는 가입 시에 할 수 있다.
② 조약상 명시적으로 인정된 유보는 원칙적으로 추후의 수락이 필요 없다.
③ 유보가 철회되기 위하여는 유보수락국의 동의가 필요하다.
④ 유보 또는 유보에 대한 이의의 철회는 서면으로 이루어져야 한다.
⑤ 유보에 대한 이의가 제기되어도 유보국과 이의제기국 간에 조약이 발효될 수 있다.

해설

③ 유보를 철회할 경우에는 유보수락국의 동의가 필요 없다. <답 ③>

050. 1969년 조약법에 관한 비엔나협약이 규정하고 있는 조약에 관한 설명으로 옳지 않은 것은? 〈2014년 국가직 7급〉

① 조약에 대한 유보는 협약에서 달리 규정하지 않는 한 언제든지 철회가 가능하나 그 철회를 위해서는 동 유보를 수락한 국가의 동의가 필요하다.
② 누구든지 적절한 전권위임장을 제시하는 경우 조약에 대한 국가의 기속적 동의를 표시하기 위한 목적으로 그 국가를 대표하는 것으로 간주된다.
③ 조약에 대한 국가의 기속적 동의는 비준 이외에도 서명, 문서의 교환, 수락, 승인, 가입 등의 방법으로 표시될 수 있다.
④ 체약국이라 함은 조약의 효력 발생 여부와 상관없이 그 조약에 대한 기속적 동의를 부여한 국가를 의미한다.

해설

유보의 철회에 대해서는 타국의 동의가 필요하지 않다. <답 ①>

051. 조약의 유보에 대한 설명으로 옳지 않은 것은? 〈국가직 9급 2012년〉

① 국제사법재판소(ICJ)에 따르면 국가는 당해 유보가 조약의 대상 및 목적과 양립하지 않는 경우에는 유보할 수 없다.
② 첨부된 유보는 언제든지 자유롭게 철회될 수 있으며 그 철회를 위해서는 동 유보를 수락한 국가의 동의를 필요로 한다.
③ 유보한 국가는 이 유보를 수락한 국가에 대하여 자국이 유보에 의하여 면제된 조약상의 의무 이행을 요구할 수 없다.
④ 유보국과 유보반대국 간에도 조약관계는 성립되며 유보로 인한 조약관계 성립을 부인하려는 국가는 그러한 의사표시를 하여야 한다.

해설

조약에 달리 규정되어 있지 않는 한 유보는 언제든지 철회될 수 있으며, 철회에 대해서는 타국의 동의가 필요 없다. 유보 반대도 언제든지 철회될 수 있다. <답 ②>

052. 조약의 유보에 대한 다음 설명 중 옳은 것은?

① 조약의 유보 철회는 계약법의 원칙에 의거 금지된다.
② 조약 유보 철회는 그 유보를 수락한 타국의 동의가 있으면 허용된다.
③ 유보에 대한 반대 역시 철회될 수 없다.
④ 유보의 철회는 타방 체약국에 통보된 경우 유효하게 이루어진다.

해설

본 문제는 조약법협약 제22조에 대한 질문이다. ① 유보의 철회는 언제든지 가능하다. ② 유보의 철회 시에는 타국의 동의가 필요없다. ③ 유보에 대한 반대 역시 철회가능하다. <답 ④>

053. 조약의 유보(reservation)에 대한 설명으로 옳지 않은 것은? 〈2016년 국가직 7급〉

① 조약이 달리 규정하지 아니하는 한 유보의 통고를 받은 국가가 그 유보에 대하여 이의를 제기하지 아니한 경우에는 유보를 수락한 것으로 간주되지 않는다.
② 조약이 달리 규정하지 아니하는 한 유보는 언제든지 철회될 수 있고 유보수락국의 동의를 필요로 하지 않는다.
③ 첨부된 유보 내용이 조약의 '대상 및 목적'과 양립가능하다면 일부 국가의 반대가 있어도 유보국은 조약의 당사국이 될 수 있다.
④ 유보는 일방적인 선언이지만 그 효과는 상호주의적이므로 유보국과 유보수락국 간에는 유보의 범위 내에서 관련 조약규정을 변경한다.

해설

타 당사국이 유보를 통보받은 후 12개월이 경과한 날 또는 그 타 당사국이 조약에 대한 동의를 표명한 날 중 늦게 도래하는 날짜까지 이의를 제기하지 않으면 유보를 수락한 것으로 본다(조약법협약 제20조 5항). 참고로, 유보, 유보의 수락 및 유보에 대한 이의제기는 명시적으로 문서로 해야한다(제23조 1항). <답 ①>

054. 1969년 조약법에 관한 비엔나협약이 규정하는 조약의 유보에 대한 설명으로 옳은 것은? 〈국가직 9급 2013년〉

① 조약이 달리 규정하지 않는 한, 유보를 통보받은 국가가 6개월 이내 또는 조약에 구속을 받겠다는 동의를 표시할 때까지 이의를 제기하지 않으면 그 유보를 수락한 것으로 추정한다.

② 조약이 달리 규정하지 않는 한, 유보에 대해 이의를 제기한 국가는 그 조약의 발효 이후에는 그 의의를 철회할 수 없다.
③ 유보 또는 유보에 대한 이의의 철회는 서면으로만 해야 한다.
④ 조약이 달리 규정하지 않는 한, 유보를 철회하기 위해서는 유보를 수락한 국가의 동의가 필요하다.

해설

① 한 국가가 유보를 통보받은 후 12개월이 경과한 날 또는 그 국가가 조약에 대한 동의를 표명한 날 중 늦게 도래하는 날짜까지 이의를 제기하지 않으면 그 국가는 유보를 수락한 것으로 본다. ② 유보와 유보반대는 언제든지 철회될 수 있다. ④ 유보의 철회에 대해서는 타국의 동의가 필요 없다.

<답 ③>

055. 유보의 제한에 대한 설명으로 타당하지 않은 것은?

① 당해 조약에 의해 유보가 금지되어 있는 경우 또는 당해 조약이 특정의 유보만을 인정하고 있는 경우에 당해 유보가 포함되어 있지 않은 경우에는 유보가 허용되지 않는다.
② 위와 같은 명문규정이 없는 경우에도 당해 유보가 조약의 대상 및 목적과 양립하지 않는 경우에는 유보할 수 없다.
③ 관습법으로 존재하는 법규내용을 유보하는 것은 위법행위이므로 허용될 수 없으며 ICJ는 1969년 2월 20일 북해대륙붕사건에서 이를 분명히 했다.
④ 강행법규는 누구에게나 적용되는 강제적 법규이기 때문에 명문의 규정이 없는 한 유보가 금지된다는 판례로는 ICJ의 1951년 제노사이드협약의 유보에 관한 권고적 의견이 있다.

해설

④ ICJ의 1951년 제노사이드협약의 유보에 관한 권고적 의견은 1948년 12월 9일 집단살해의 방지 및 처벌에 관한 협약 제9조(강제관할권) 및 제12조(협약의 비자치 영토에의 적용)에 대해 유보를 할 수 있는지에 대한 것으로 유보가 조약의 대상 및 목적과 양립되어야 한다는 원칙과 관계 있다. ③ 이 판결에 의하면, 1958년 해양법협약규정을 유보한다고 하여도 1958년 협약을 넘어서 객관적으로 존재하는 관습법상의 의무, 예컨대 공해의 자유를 보장하는 의무에서 벗어날 수는 없다고 한다.

<답 ④>

056. 1969년 조약법에 관한 비엔나협약상 조약의 유보에 대한 설명으로 옳은 것을 모두 고른 것은? 〈국가직 7급 2013년〉

> ㄱ. 유보는 조약의 일부 규정의 법적 효과를 배제하거나 변경하기 위한 것이다.
> ㄴ. 유보는 그 조약의 대상 및 목적과 양립해야 한다.
> ㄷ. 유보는 조약의 적용을 받는 국가를 확대하기 위하여 인정된 제도이다.
> ㄹ. 유보는 타방 당사국의 동의가 있어야만 효력을 갖는다.
> ㅁ. 조약이 달리 규정하지 아니하는 한 유보는 언제든지 철회될 수 있으며 또한 그 철회를 위해서는 동 유보를 수락한 국가의 동의가 필요하다.

① ㄱ, ㄴ　② ㄱ, ㄴ, ㄷ
③ ㄱ, ㄴ, ㄷ, ㄹ　④ ㄱ, ㄴ, ㄷ, ㄹ, ㅁ

해설

ㄱ, ㄴ, ㄷ은 모두 옳은 서술이다. ㄹ의 경우, 일반적으로는 타방 당사국의 동의가 있어야 효력을 갖는다고 볼 수 있으나, '조약에 의하여 명시적으로 인정된 유보'의 경우에는 타 당사국의 수락을 필요로 하지 않는다(제20조 1항). 즉, "유보의 효력은 조약상 명시적으로 허용된 유보가 아닌 한, 다른 당사국들의 반응에 달려 있다"(정인섭)라는 점을 감안, 이를 엄밀하게 해석하여 '타방 당사국의 동의가 "있어야만" 효력을 갖는다'는 서술은 정확하지 않은 것으로 본다. <답 ②>

057. 조약의 준수에 대한 설명으로 옳지 않은 것은?

① 조약법협약은 국제의무의 범위를 제한하기 위하여는 원칙적으로 자국법을 원용할 수 없다는 명문의 규정을 두고 있다.
② 조약법협약에는 pacta sunt servanda라는 법언의 취지가 명문화되어 있다.
③ 국제의무의 범위를 제한할 목적으로 자국의 헌법규정을 원용하는 것은 원칙적으로 금지된다.
④ 조약법협약의 전문에서는 pacta sunt servanda원칙의 확인이 없다.

해설

협약전문에서도 자유의사에 의사에 의한 동의의 원칙, 신의성실의 원칙, pacta sunt servanda(약속은 지켜야 한다)원칙 등이 규정되어 있다. <답 ④>

058. 조약의 적용에 관한 설명 중 옳지 못한 것은? 〈기출문제 변형〉

① 조약은 별도의 합의가 있는 경우 소급적용될 수 있다.
② 조약은 원칙적으로 각 당사국의 모든 국가영역에 대해 적용된다.
③ 1969년 조약법에 관한 비엔나협약은 조약의 잠정적 적용에 관한 규정을 두고

있다.

④ 신 조약에서는 구 조약의 효력문제를 규정할 수 없다.

해설

신 조약이 같은 내용과 범위의 구 조약의 효력문제를 규정하여 처리할 수 있다. <답 ④>

059. 하나의 조약(구 조약)이 존재하는데 뒤이어 동일한 사항에 대해 새로운 조약(신 조약)이 체결되었다. 그 두 조약의 당사자가 일부 상이하며, 그 어느 조약에도 두 조약 간의 적용관계에 대해 규정하지 않고 있는 경우 각 조약의 당사자들 사이의 적용관계가 올바르게 설명되지 못한 것은?

① 두 조약의 공동당사자 사이에는 구 조약이 적용된다.

② 오로지 신 조약만의 당사자 사이에는 신 조약이 적용된다.

③ 오로지 구 조약만의 당사자 사이에는 구 조약이 적용된다.

④ 두 조약 모두의 당사자와 구 조약만의 당사자 사이에는 구 조약이 적용된다.

해설

① 두 조약의 공동당사자 사이에는 후법우선원칙에 따라 신 조약이 적용된다. <답 ①>

060. 조약의 상대성의 원칙에 대한 설명으로 옳지 않은 것은?

① 조약의 효력은 원칙적으로 당사자에게만 발생한다는 원칙이다.

② 1932년 PCIJ는 상부사보이 및 젝스자유지역에 관한 사건에서 조약의 상대성의 원칙을 원용하였다.

③ 제3국에 의무를 부과하거나 또는 그 권리를 제한하는 조약은 원칙적으로 무효이다.

④ 조약의 제3국에 대한 효력이 인정되는 경우에 이로 인한 의무 또는 권리의 변경은 명시적인 제3국의 동의에 의해서만 가능하다.

해설

④ 3국에게 의무를 부과하는 조약의 경우는 합의가 없는 한 조약당사국과 당해 제3국의 동의에 의해서만 취소 또는 변경이 가능한 데 반하여, 제3국에 권리를 부여하는 조약의 경우는 제3국의 동의 없이 취소 또는 변경되어서는 아니 되는 것으로 의도되었음이 확정되는 경우에만 제3국의 동의가 필요하다. 따라서 후자의 경우는 제3국의 동의가 불필요한 것이 원칙이다. pacta tertiis nec nocent nec prosunt는 '합의는 제3자를 해하지도 이롭게 하지도 않는다'는 법언이다. <답 ④>

061. 제3국에 의무를 설정하는 조약에 대한 설명이다. 타당하지 않은 것은?

① 당사자들이 합의하고 제3자가 서면으로 명시적 수락을 하는 경우에만 조약규정은 제3자에게 의무를 발생시킨다.

② 의무의 취소 또는 변경은 조약의 당사국과 제3국의 동의를 얻는 경우에만 할 수 있다.

③ UN헌장 제2조 6항은 국제연맹규약 제17조와 마찬가지로 비회원국에게 대해 실질적으로 헌장준수의무를 부과하고 있다.

④ 현 국제사회의 실정상 형식적으로 입법부적 조약(legislative treaty)으로 보인다고 하더라도 일반적으로 그 존재를 인정하기는 어렵다.

해 설

국제연맹규약 제17조는 비가맹국에 대하여 실질적으로 의무를 부과하고 있는 것으로 해석되지만 '이 기구는 국제평화와 안전의 유지에 필요한 한 UN비회원국이 이 원칙을 준수하도록 확보한다'고 규정하고 있는 UN헌장 제2조 6항은 비회원국에 대해 헌장준수의무를 과한 것은 아니라는 견해가 다수설이다.

<답 ③>

062. 1969년 「조약법에 관한 비엔나협약」상 조약의 제3자적 효력에 관한 설명 중 옳지 않은 것은? 〈사시 2015년〉

① 조약은 제3국에 대하여 그 동의 없이는 의무 또는 권리를 창설하지 아니한다.

② 제3국에 의무를 설정하는 조약의 경우, 제3국이 서면으로 그 의무를 명시적으로 수락하는 동의가 있어야 의무가 부과된다.

③ 조약이 제3국에 권리를 부여하기 위해 필요한 제3국의 동의는, 조약이 달리 규정하지 아니하는 한, 반대의 표시가 없는 동안 있는 것으로 추정된다.

④ 제3국의 동의에 따라 부여된 조약상 제3국의 권리는, 제3국의 동의 없이 취소되어서는 아니 되는 것으로 의도되었음이 확정되는 경우에 당사국에 의해 일방적으로 취소될 수 없다.

⑤ 제3국의 동의에 따라 부과된 조약상 제3국의 의무는, 당사국과 제3국이 달리 합의하였음이 확정되지 아니하는 한, 제3국의 동의 없이 당사국에 의해 취소될 수 있다.

해 설

제3국에 권리를 부여하는 조약의 경우 원칙적으로 (즉, 해당 제3국과 달리 합의가 없는 한) 제3국의 동의 없이 취소 또는 변경할 수 있으나, 제3국에 의무를 설정하는 조약은 그러한 의무의 취소 또는 변경시에도 조약 당사국과 제3국의 동의가 있어야 한다.

<답 ⑤>

063. 제3국에 권리를 부여하는 조약에 대한 설명이다. 타당하지 않은 것은?

① 제3국에 의무를 설정하는 조약과 마찬가지로 제3국의 동의는 추정되지 않는다.

② 수에즈운하에 관한 콘스탄티노플조약은 제3국에게 반사적 이익을 부여한 데 그친다는 것이 일반적 해석이다.

③ 조약법협약은 제3국에게 권리를 부여하는 조약은 의무를 부여하는 조약에 비해 요건을 완화하고 있다.

④ 최혜국대우조항은 부여국이 수혜국에게 제3국에 부여한 대우에 못지 않은 유리한 대우를 하는 것을 말하며 항해통상조약에서 흔히 등장한다.

해설

제3국에 권리를 부여하는 조약은 제3국이 명시적 또는 묵시적 동의를 표명하면 당해 제3국에게 권리가 발생하며 이러한 동의는 추정된다. 이러한 조약의 실례로서는 미국 등 연합국과 패전국 일본 간에 체결된 1951년의 대일평화조약이 있다. 동 조약에 의하면 비당사국인 중국과 한국이 일정한 이익을 받을 권리를 가진다고 규정하고 있다. <답 ①>

064. 1969년 '조약법에 관한 비엔나협약'에서 조약의 제3자적 효력에 대한 설명 중 옳지 않은 것은? 〈기출문제 변형〉

① 제3국에 권리를 부여하기 위해서는 당해 국가의 동의가 필요하며 그 동의는 반대의사 표시가 없는 한 추정된다.

② 제3국에 대해 의무를 설정하는 경우에는 묵시적 동의만으로는 충분하지 않으며 명시적 동의를 요한다.

③ 국제관습법으로 인정되는 조약의 규칙은 제3국에도 적용된다고 본다.

④ 따라서 원칙적으로 말해 조약은 제3국에 효력을 갖는다고 말할 수 있다.

해설

조약은 원칙적으로 당사국만을 구속하며 제3국에는 효력이 없다. <답 ④>

065. 조약과 제3국과의 관계에 관한 설명으로 옳은 것은? 〈행안부 7급 2010년〉

① 당사국이 제3국에 대한 의무의 설정을 의도하여 체결한 조약은 당해 제3국에 대하여 효력을 갖는다.

② 당사국이 제3국에 대한 권리 부여를 의도하여 체결한 조약은 조약에 달리 규정이 없고, 당해 제3국의 명시적 반대가 없는 한 제3국에 대하여 효력을 갖는다.

③ 제3국에 대하여 의무를 합법적으로 발생시키고 있는 조약의 당사국이 제3국의 의무를 취소하고자 의도하는 경우에 제3국의 동의 없이도 취소할 수 있다.

④ 제3국에 대하여 권리를 합법적으로 부여한 조약의 당사국이 제3국의 권리를 취소하고자 의도하는 경우에 제3국의 동의 없이도 취소할 수 있다.

해설

제3국에 대한 권리 부여는 달리 명시적 반대가 없는 한 제3국의 동의가 추정된다. ④번 지문이 다소 모호하나 비엔나조약법협약상 제3국의 동의 없이 취소 또는 변경할 수 없는 것으로 합의된 경우에는 당사자 마음대로 취소 또는 변경할 수 없다고 규정된 점에 비추어 언제나 제3국의 동의 없이 취소할 수 있다고 볼 수는 없으므로 정확한 서술이라고 할 수 없다고 본다. <답 ②>

066. 조약의 효력에 대한 설명으로 틀린 것은?

① 강행법규위반의 조약은 무효이지만, 무엇이 강행법규인가의 문제는 그 내용과 적용시기에 있어서 불확실한 측면을 가진다.
② 조약체결과정에 사실의 착오가 있는 경우 무효로 할 수 있다.
③ 조약으로 제3국에 권리를 부여하려면 제3국의 동의가 필요하며, 그 동의는 추정되지 않는다.
④ 국가승계의 경우 별도의 조약승계 절차나 방법이 필요하다.

해설

③ 제3국에 권리를 부여하는 조약에서는 제3국의 동의가 추정되지만, 의무를 부여하는 경우에는 그 동의가 추정되지 않는다. <답 ③>

067. 조약의 해석의 주체 내지 유형에 대한 설명으로 옳지 않은 것은?

① 조약의 1차적 해석권은 ICJ에 있다.
② 당사국은 일방적으로 또는 다른 국가와 함께 집단적으로 해석할 수도 있다.
③ 최근의 다자조약에서는 조약상 주요한 용어의 의미를 조약 자체에서 규정하는 입법해석이 유행한다.
④ ICJ에 의한 해석은 소망스럽기는 하나 강제관할권이 일반화되어 있지 않아 한계가 있다.

해설

조약의 일차적 해석권은 조약당사국에 있다. <답 ①>

068. 다음 중 조약해석의 원칙으로 볼 수 없는 것은? 〈기출문제 변형〉

① 조약은 용어의 통상 의미에 따라 성실하게 해석되어야 한다.
② 복수의 언어로 인증된 조약의 경우, 달리 규정되지 않는 한 각 언어로 된 조약문은 동등한 정본으로 유효하며 동일한 의미를 갖는 것으로 추정된다.

③ 동등한 정본 사이에서 의미의 차이가 있는 경우, 사용인구수가 많은 언어로 된 정본에 의미의 우선순위를 부여한다.

④ 당사자 의사에 따라 조약문에 정당한 효력을 부여하기 위한 유효성의 원칙이 적용된다.

해설

동등한 정본 사이에서 의미의 차이가 있는 경우, 조약의 목적을 고려하여 가장 잘 조화되는 의미를 채택한다(조약법협약 제33조). <답 ③>

069. 1969년 조약법에 관한 비엔나협약에 대한 설명으로 옳은 것을 모두 고른 것은?

〈사시 2011년〉

ㄱ. 조약의 해석방법 중 문언적 해석방법(textual approach)이 조약해석의 보충적 방법으로 규정되었다.
ㄴ. 국경선을 확정하는 조약에 대해서는 그 종료사유로 사정의 근본적 변경을 원용할 수 없다.
ㄷ. 국제연합헌장에 반하는 무력의 위협에 의하여 체결된 조약은 무효이다.
ㄹ. 프레아 비히어(Preah Vihear)사원 사건(1962)은 조약 무효사유로서의 착오와 관련이 있다.
ㅁ. 두 국가 간의 적대행위 발발은 그 국가들 간에 체결된 조약의 종료사유로 규정되었다.

① ㄱ, ㄴ, ㄷ ② ㄱ, ㄴ, ㄹ ③ ㄴ, ㄷ, ㄹ
④ ㄴ, ㄹ, ㅁ ⑤ ㄱ, ㄹ, ㅁ

해설

조약법협약은 조약이 문맥 속에서 조약의 용어에 부여되는 통상적 의미에 따라 그리고 조약의 대상과 목적에 비추어, 성실하게 해석되어야 한다고 규정하여 문언주의를 일반원칙으로 하고 있다. 일반원칙에 의한 해석을 할 때 조약의 의미가 불명확하거나 명백히 불합리한 경우 '조약 준비문서(travaux préparatoires)'와 '체결시 제반 사정'을 보조적 해석수단으로 사용할 수 있다. 적대행위 발발이 조약의 효력에 미치는 영향에 대해서는 여러 학설이 있으나 정해진 원칙은 없다. <답 ③>

070. '1969년 조약법협약'에서 규정하고 있는 조약의 무효사유를 모두 고른 것은?

〈행안부 9급 2010년〉

ㄱ. 조약체결권에 관하여 근본적으로 중요한 국내법 규정의 명백한 위반
ㄴ. 사정의 근본적 변경
ㄷ. 상대방 당사국의 사기

ㄹ. 일방 당사자의 중대한 위반
ㅁ. 후발적 이행 불능
ㅂ. 국가대표의 부패

① ㄱ, ㄴ, ㄹ ② ㄴ, ㄷ, ㅁ
③ ㄱ, ㄷ, ㅂ ④ ㄱ, ㄹ, ㅁ

해설

(ㄴ) 사정의 근본적 변경, (ㄹ) 일방 당사자의 중대한 위반, (ㅁ) 후발적 이행불능은 조약의 무효사유가 아니라 조약의 종료 또는 정지의 사유로 원용될 수 있다. <답 ③>

071. 1969년 조약법에 관한 비엔나협약상 조약의 무효에 관한 설명으로 옳지 않은 것은? 〈사시 2010년〉

① 조약의 구속을 받겠다는 국가의 동의가 국가대표에 대한 위협 등의 강제에 의하여 표시된 경우, 그 조약은 법적 효력을 갖지 아니한다.
② 조약은 그 체결 당시에 일반국제법의 강행규범과 충돌하는 경우 무효이다.
③ 착오가 조약체결 당시에 존재한 사실 또는 사태에 관한 것으로서 조약의 구속을 받겠다는 동의의 본질적인 기초를 형성하였으면 그 조약은 무효이다.
④ 어떤 국가가 다른 교섭국의 기만적 행위로 조약을 체결하게 된 경우, 그 어떤 국가는 이를 조약의 무효사유로 원용할 수 있다.
⑤ 어떤 국가가 다른 교섭국의 대표를 직접 또는 간접으로 매수하여 조약을 체결한 경우, 그 다른 교섭국은 이를 조약의 무효사유로 원용할 수 있다.

해설

③ 착오는 상대적 무효사유에 해당하므로 그러한 조약이 "무효이다"라는 것은 틀린 서술이다. 이를 "무효사유로 원용할 수 있다"가 올바른 서술이다. <답 ③>

072. 1969년 조약법에 관한 비엔나협약이 규정하는 내용으로 옳지 않은 것은? 〈국가직 9급 2013년〉

① 조약에 구속을 받겠다는 국가의 동의가 그 조약의 본질적 기초에 대한 착오에 근거하는 경우에는 그 조약은 절대적으로 무효이다.
② 조약체결이 조약체결권에 관한 국내법 규정의 위반이 명백하고 그 위반이 근본적으로 중요한 국내법 규칙에 관련된 것일 경우 그 조약이 무효임을 원용할 수 있다.
③ 국가대표에 대한 강박으로 얻어진 조약에 구속을 받겠다는 국가의 동의는 법적 효력이 인정되지 않는다.

④ 조약이 그 체결 당시에 일반 국제법의 강행규범과 충돌하는 경우 그 효력이 인정되지 않는다.

해설

착오는 절대적 무효가 아니라 상대적 무효의 사유이다. <답 ①>

073. 조약의 효력에 대한 조약법협약상의 규정 중 잘못 표현된 것은?

① 조약의 효력은 오직 조약법협약의 적용을 통해서만 무효화될 수 있다.
② 국가는 조약에 구속받는 데 대한 동의의 본질적 기초를 구성하는 사실에 대한 착오를 원용하여 조약의 무효를 주장할 수 있다.
③ 조약 문구의 표현에만 관련된 착오는 그 효력에 영향을 끼치지 않으며 그 경우는 정정이나 수정에 관한 조약법협약의 조항이 적용된다.
④ 타국의 기망적인 행동에 의해 국가가 조약을 체결하게 된 경우 그 동의표명은 법적 효력이 없다.

해설

④ '무효'(void) 혹은 '법적 효력이 없다'(without legal effect)라는 표현은 절대적 무효에 해당하는 조항에서 쓰인다. 따라서 사기에 의한 무효는 상대적 무효이므로 무효를 주장할 수 있을 뿐이다. 상대적 무효는 그 사유를 근거로 무효화할 수 있는(invalidating, voidable) 것이고, 절대적 무효는 그 자체로 무효로서 법적 효력이 없는(void, without legal effect) 것이다. 상대적 무효와 절대적 무효의 법률적 표현 차이에 유의한다. <답 ④>

074. 한국 법원은 남북기본합의서의 법적 구속력을 부인하는 판시를 내린 바 있다. 이러한 남북기본합의서에 대한 설명으로 옳지 못한 것은?

① 남북기본합의서는 조약으로서 체결된 것이 아니며 남북관계의 특수성에 비추어 정치적 이행의무를 지는 정치적 문서이다.
② 남북기본합의서는 조약이 아닌 정치적 성격의 합의이므로 신사협정으로 볼 수 있다.
③ 남북기본합의서는 조약은 아니지만 북한의 이행거부로 조약법협약상 무효원인에 해당하여 이미 그 무효화되었으므로 법적 구속력을 갖지 못한다.
④ 남북기본합의서는 남북이 통일지향의 잠정적 특수관계라는 사실에 근거하여 채택되었다.

해설

③ 남북기본합의서가 법적 구속력을 갖지 못하는 이유는 그것이 조약으로서 체결 · 공포되지 않고 특수한 정치적 합의로서 채택되었다는 것이다. 따라서 그것은 신사협정으로 볼 수 있고, 조약법협약상의 무효원인에도 해당하는 사실이 발생한 바 없다. 북한이 그것을 불이행했더라도 그것은 조약법협약상의 조약무효사유

가 아니다. 그러나 우리 대법원의 판시는 이 점을 분명히 밝히지 않은 측면이 있다(제성호, 국제판례연구 제1집). <답 ③>

075. 다음 ICJ의 판례 중 조약의 상대적 무효와 직접적인 관련이 있는 것은?

① 코르푸해협사건 ② 노르웨이 공채사건
③ 에게해 대륙붕사건 ④ 프레아 비히어사원사건
⑤ 로커비사건

해설

조약의 상대적 무효사유는 위헌조약(제46조), 대표자의 권한 유월(제47조), 착오(제48조), 사기(제49조), 국가대표의 부패(제50조)로 규정된다. 상기 사건 중 프레아 비히어사원사건은 조약의 상대적 무효사유 중 착오에 관한 대표적인 사건이다. <답 ④>

076. 1969년 조약법협약상 조약의 무효에 대한 설명으로 옳지 않은 것은?

〈2015년 국가직 7급〉

① 국가는 조약체결권 관련 국내법 규정의 위반이 명백하고 근본적으로 중요한 국내법 규칙과 관련되지 아니하는 한, 조약의 구속을 받겠다는 자국의 동의를 부적법화하기 위하여 그 동의의 표시가 그러한 국내법 규정 위반이라는 사실을 원용할 수 없다.
② 국가는 조약체결 당시 존재하고 조약의 구속을 받겠다는 동의의 본질적 기초를 구성하는 사실 또는 사태에 대한 착오를 원용하여 그 동의를 부적법화시킬 수 있다.
③ 조약의 구속을 받겠다는 국가의 동의 표시가 직접적 또는 간접적으로 그 국가대표의 부정을 통해 이루어진 경우에 그 동의는 법적 효력을 갖지 않는다.
④ 조약의 구속을 받겠다는 국가의 동의 표시가 그 국가대표에게 가해진 행동 또는 위협을 통하여 그 대표에 대한 강제에 의하여 이루어진 경우에 그 동의는 법적 효력을 갖지 않는다.

해설

③ 국가대표의 부패는 상대적 무효 사유이다. “법적 효력을 갖지 않는다”라는 말은 절대적 무효 사유에 해당하는 표현이다. <답 ③>

077. 1969년 조약법에 관한 비엔나협약상 조약의 무효원인에 대한 설명 중 옳은 것은?

① 국가대표에 대한 강박을 당한 국가는 조약에 대한 기속적 동의를 무효로 할 수 있는 원용권을 부여받는다.

② 국제사법재판소는 1962년 프레아 비히어사원 사건에서 착오에 의한 경계획정이 무효라고 인정하였다.

③ 착오의 경우, 조약의 문언에 대한 착오를 지칭한다.

④ 조약의 무효원인으로 열거된 8가지 외의 사유를 들어 조약의 무효를 주장할 수 없다.

해설

① 절대적 무효이므로 원용권 또는 선택권을 부여받는 것이 아니라 그 자체로 무효이다. ② 이 사건에서 착오가 주장되었으나 재판부는 사건의 구체적 상황에 비추어 이를 부인하였다. ③ 사실이나 상황의 착오를 의미한다. <답 ④>

078. 다음 중 A국과 B국이 양국 간 조약체결상의 하자를 추인하기로 합의하여도 치유할 수 없는 경우는?

① 조약이 A국의 헌법을 위반하여 체결되었다.

② A국 대표가 B국으로부터 사생활 추문에 대한 폭로 위협을 받아 체결되었다.

③ A국 대표가 중요사실에 대한 착오를 일으켜 체결하였다.

④ A국 대표가 B국 대표의 기만적 행위에 속아 체결하였다.

해설

하자를 추인하여도 치유할 수 없다는 것은 절대적 무효사유를 의미한다. 국내법(헌법) 위반, 착오, 사기 등은 추인이 가능한 상대적 무효사유이나, 국가대표에 대한 강박은 절대적 무효사유이다.

<답 ②>

079. 1969년 조약법에 관한 비엔나협약상 조약의 무효에 관한 설명으로 옳지 않은 것은? 〈2015년 국가직 9급〉

① 일반 국제법의 강행규범과 충돌하는 규약은 당사국 간의 합의를 통해서만 유효한 것으로 인정된다.

② UN 헌장에 구현되어 있는 국제법 원칙들에 위반되는 무력 사용 또는 위협에 의해 체결된 조약은 무효이다.

③ 조약의 적법성은 조약법에 관한 비엔나협약의 적용을 통해서만 부정될 수 있다.

④ 조약의 무효를 주장하는 경우에 반드시 서면으로 다른 당사국에 통고되어야 한다.

해설

① 절대적 무효에 해당하는 조약은 당사국들이 합의해서 계속 유지시키는 것이 법적으로 불가하다. 강행규범과의 충돌은 절대적 무효사유로서 사후 동의 또는 묵인으로 인해 무효사유가 치유되지 않는다.

<답 ①>

080. 착오, 사기, 강박 등 의사표시에 하자가 있는 경우 조약의 효력에 대한 설명으로 타당성이 없는 것은?

① 비엔나협약에 의하면 착오가 동의의 본질적 기초가 된 경우 조약의 무효를 위하여 착오를 원용할 수 있다고 한다.

② ICJ는 태국과 캄보디아 간 국경선분쟁사건이 프레아 비히어사원사건에서 태국의 착오를 인정하지 않았다.

③ 비엔나협약에 의하면 사기를 당한 국가는 조약의 무효를 위해 사기를 원용할 수 있으나 사기를 한 국가는 원용할 수 없다고 한다.

④ 강박의 개념은 대표 개인에 대한 물리적 폭력이나 위협을 의미하며 사생활 폭로나 가족에 대한 협박은 포함되지 않는다.

해설

④ 사생활 폭로나 가족에 대한 협박도 포함된다. <답 ④>

081. 국제법상 강행규범(*jus cogens*)에 대한 설명으로 옳지 않은 것은?

〈국가직 9급 2011년〉

① 강행규범은 국가들로 구성되는 국제공동체 전체에 의해 수락되고 승인된 규범이다.

② 강행규범의 존재에 대한 입증책임은 이를 주장하는 측에 있다.

③ 강행규범은 조약보다 그 효력이 우위에 있다.

④ 강행규범은 영구불변한 것으로 수정될 수 없다.

해설

국제사회의 가치와 규범 변화에 따라 강행규범의 내용도 시간이 흐르면서 변화될 수 있는 것으로 본다.

<답 ④>

082. 1969년 조약법에 관한 비엔나협약상 일반국제법의 강행규범(*jus cogens*)에 관한 설명으로 옳지 않은 것은? 〈사시 2011년〉

① 강행규범으로부터의 여하한 일탈도 허용되지 않는다.

② 체결 당시에 강행규범과 충돌하는 조약은 무효이다.

③ 강행규범은 어떠한 경우에도 변경이 불가능하다.
④ 새로이 출현한 강행규범과 충돌하는 기존의 조약은 무효로 되어 종료한다.
⑤ 1969년 조약법에 관한 비엔나협약의 당사국들 사이에 강행규범과의 충돌로 인하여 조약의 무효 또는 종료와 관련된 분쟁이 발생하는 경우, 이 분쟁은 국제사법재판소에 회부될 수 있다.

해설

③ 강행규범은 시대와 가치관의 변화에 따라 변화할 수 있을 것이다. 조약법협약은 강행규범이 추후의 강행규범에 의해 변경될 수 있음을 인정하고 있다. <답 ③>

083. 강행규범에 대한 설명으로 옳지 않은 것은? 〈행안부 9급 2010년〉

① 어떠한 국제규범이 강행규범으로 되기 위해서는 그 규범의 강행적 성질이 국제공동체 전체에 의하여 수락되고 인정되어야 한다.
② 강행규범과 충돌하는 조약 규정에 근거하여 행하여진 행위의 결과는 가능한 한 제거되어야 한다.
③ 강행규범에 반하는 행위와 관련해서도 위법성조각사유를 원용할 수 있다.
④ 강행규범은 차후의 새로운 강행규범에 의해서만 수정될 수 있다.

해설

강행규범은 그 어떠한 이탈도 허용되지 않는 규범이다. 따라서 위법성조각사유로서도 원용될 수 없다고 보아야 한다. <답 ③>

084. 1969년 조약법에 관한 비엔나협약상 강행규범(*jus cogens*)에 관한 설명 중 옳은 것은? 〈행안부 7급 2009년〉

① 조약은 그 체결 당시 강행규범과 충돌하는 경우에는 무효이다.
② 강행규범은 그로부터의 이탈이 허용된다.
③ 강행규범의 위반은 조약의 상대적 무효사유이다.
④ 동일한 성질을 가진 추후의 강행규범에 의해서도 변경될 수 없다.

해설

② 강행규범은 그로부터 이탈이 허용되지 않는다. ③ 강행규범의 위반은 조약의 절대적 무효사유이다. ④ 강행규범은 추후의 강행규범에 의해 변경될 수 있다. <답 ①>

085. 국제법상 강행규범(*jus cogens*)에 관한 설명으로 옳지 않은 것은? 〈사시 2008년〉

① 강행규범은 국가들로 구성되는 전체로서의 국제공동체에 의해 수락되고 승인된 규범이다.

② 1969년 조약법에 관한 비엔나협약은 강행규범에 관한 규정을 두고 있다.

③ 강행규범은 국제법의 다른 법원(法源)보다 그 효력이 우위에 있다.

④ 강행규범은 영구불변한 것이 아니며, 새로운 강행규범에 의해서 수정될 수 있다.

⑤ 국제사법재판소(ICJ)는 테헤란 미국 외교관 인질사건(The US Diplomatic and Consular Staff in Teheran Case)에서 외교공관에 대한 불가침원칙이 강행규범이라는 점을 밝히고 있다.

해설

테헤란 미국 외교영사직원 사건(테헤란 인질사건)을 강행규범 인정 판례로 원용하는 학자도 종종 있긴 하나, 통설은 ICJ가 외교공관 불가침성이 강행규범인지의 문제를 회피한 것으로 본다(순). <답 ⑤>

086. 1969년 「조약법에 관한 비엔나협약」에 따른 강행규범(*jus cogens*)에 관한 설명 중 옳지 않은 것을 모두 고른 것은? 〈사시 2014년〉

ㄱ. 노예매매, 집단살해, 테러금지, 일반적 인권 보호에 관한 내용은 강행규범으로 인정되고 있다.
ㄴ. 조약은 체결 당시 강행규범에 반하는 경우 무효이다.
ㄷ. 국제사법재판소(ICJ)는 강행규범의 적용과 해석에 관한 분쟁에 대한 관할권을 가진다.
ㄹ. 조약을 체결할 당시에는 없었으나 그 후에 출현한 새로운 강행규범에 반하는 조약은 종료되지 않는다.
ㅁ. 조약규정의 일부가 강행규범에 반하는 경우라도 조약의 나머지 규정은 유효하다.

① ㄱ, ㄷ ② ㄹ, ㅁ ③ ㄱ, ㄷ, ㄹ
④ ㄱ, ㄹ, ㅁ ⑤ ㄴ, ㄹ, ㅁ

해설

ㄱ. 비엔나 조약법협약에 강행규범의 예시는 없는데, 관습법과 학설상 테러금지가 강행규범으로 인정되어 있다고 보기는 어렵다. ㄹ. 새로운 강행규범에 반하는 조약은 그때부터 종료되며 소급효가 적용되지 않는다. ㅁ. 원칙적으로 조약 전체가 무효가 된다. 상대적 무효의 경우 일정한 요건 하에 조약의 가분성이 인정되나 절대적 무효사유의 경우에는 조약의 가분성이 인정되지 않는다. <답 ④>

087. 국제법상 강행규범(*jus cogens*)에 관한 설명으로 옳지 않은 것은?

〈2015년 국가직 9급〉

① 강행규범은 이탈이 허용되지 아니하며 또한 동일한 성질을 가진 일반 국제법의 추후의 규범에 의해서만 변경될 수 있는 규범으로 전체로서의 국제 공동사회가 수락하며 인정하는 규범이다.

② 국제법위원회(ILC)는 강행규범의 예를 거론한 바 있다.

③ 조약법에 관한 비엔나협약에서는 국제법상 강행규범의 예를 구체적으로 적시하지 않고 있다.

④ 국제재판소는 현재까지 판결에서 강행규범의 개념을 인정하지 않고 있다.

해설

④ ICJ를 포함한 각종 국제재판소는 강행규범의 개념을 직간접적으로 원용하면서 이를 인정해오고 있다. 국제재판소가 강행규범의 존재를 인정하지 않고 있다는 것은 잘못된 서술이다. <답 ④>

088. 1969년 조약법에 관한 비엔나협약 제53조에 규정된 강행규범(*jus cogens*)에 관한 설명 중 옳은 것은?

① 강행규범은 일반국제법의 절대규범을 의미하며 전체로서의 국제공동사회가 수락하고 인정하는 규범으로서, 관습법의 형태로 존재할 수도 있고 조약으로 규정될 수도 있다.

② 집단살해 금지와 대규모 환경오염 금지는 협약상 강행규범으로 명시되어 있다.

③ 조약당사국은 합의에 의하여 특정 강행규범의 적용을 배제할 수 있다.

④ 새로운 강행규범과 저촉되는 기존의 조약은 소급하여 무효가 된다.

해설

② 강행규범의 예시는 조약법에 관한 비엔나협약에 명시되어 있지 않다. 과거 UN 국제법위원회가 동 협약 초안을 작성할 당시 일부 ILC 위원들이 논의과정에서 노예매매, 집단살해 등을 강행규범 위반의 예시로 거론한 적은 있었다. ③ 강행규범은 정의상 특정 당사국 간의 합의에 의해 그 적용을 배제할 수 없는 절대 규범을 말한다. ④ 새로운 강행규범과 저촉되는 기존의 조약은 소급하여 무효가 되는 것이 아니라 장래를 향하여 효력이 상실된다. 즉, 조약의 종료와 유사한 효과가 된다. <답 ①>

089. 국제법상 강행규범(절대규범, peremptory norm)에 관한 설명 중 옳지 않은 것은?

〈사시 2015년〉

① 체결 당시에 일반국제법의 강행규범과 충돌하는 조약은 무효이다.

② 일반국제법의 새로운 강행규범이 출현하는 경우 그 규범과 충돌하는 현행 조약은 무효가 되어 종료한다.

③ 국가행위가 일반국제법의 강행규범으로부터 발생하는 의무와 일치하지 않더라

도 타국의 국제위법행위에 대한 대응조치에 해당하는 경우에는 위법성이 조각된다.

④ 어떠한 국가도 일반국제법상의 강행규범적 의무의 중대한 위반에 의하여 창설된 상황을 합법적인 것으로 승인하여서는 아니 된다.

⑤ 새로운 강행규범의 출현으로 조약이 종료되는 경우 종료 전에 그 조약의 시행을 통해 생긴 당사국의 권리, 의무 또는 법적 상태는 그 유지 자체가 새로운 강행규범과 충돌하지 않는 범위 내에서만 유지될 수 있다.

해설

③ 강행규범에 위배되는 행위는 위법성 조각사유로서 인정받지 못한다. <답 ③>

090. 강행법규를 위반할 경우 효과로 타당하지 않은 것은?

① 기존의 강행법규를 위반한 조약규정은 절대무효이다.

② 새로운 강행법규에 위반한 조약규정은 소급적으로 무효가 된다.

③ 강행법규위반이 절대무효라고 해도 무효처리에는 비엔나협약에 따라 무효절차가 필요하다.

④ 조약가분성의 원칙은 기존강행법규에 위반하는 경우에는 적용되지 않는다.

해설

기존 강행법규위반은 소급효가 있으나 새로운 강행법규위반은 소급효가 없다. <답 ②>

091. 1969년 조약법에 관한 비엔나협약이 규정하고 있는 것은? 〈국가직 7급 2013년〉

ㄱ. 일반국제법의 새로운 강행규범이 출현하는 경우에 그 규범과 충돌하는 현행조약은 소급하여 무효이다.
ㄴ. 강행규범은 전체로서의 국제공동사회가 수락하고 인정하는 규범이다.
ㄷ. 강행규범은 그 이탈이 허용되지 않는 규범이다.
ㄹ. 강행규범은 동일한 성질을 가진 일반 국제법의 추후규범에 의해서만 변경될 수 있다.

① 1개 ② 2개 ③ 3개 ④ 4개

해설

새로운 강행규범이 출현하는 경우에 그 규범과 충돌하는 조약은 그때부터 종료된다고 볼 수 있다. 따라서 새로운 강행범규의 출현시기부터 무효화되며 이론상 소급효가 적용되지 않는다. <답 ③>

092. 조약의 무효화 절차와 관련한 1969년 조약법에 관한 비엔나협약규정을 설명한 것이다. 타당하지 않은 것은?

① 협약에 의하면 피해 당사자가 먼저 무효를 다른 당사자에게 통보해야 한다.

② 통고 후 3개월이 지나도 상대방이 이의를 제기하지 않으면 그 조약의 무효를 선언할 수 있다.

③ 상대방이 이의를 제기하면 UN헌장 제33조에 규정된 바에 따라 분쟁을 평화적으로 해결하여야 한다.

④ 강행법규위반의 경우에는 당사자 간의 합의만을 전제로 중재재판 및 국제사법법원에 사건을 회부할 수 있다.

해설

강행법규 위반의 무효는 당사자들이 합의하면 중재재판을 제기할 수 있다. 만약, 합의가 되지 않으면 일방 당사자의 청구로 국제사법법원의 강제관할권이 성립한다. 이러한 무효화 절차는 조약의 무효분만 아니라 조약의 종료 및 조약의 운용정지의 경우에도 동일하게 적용된다. <답 ④>

093. 1969년 조약법에 관한 비엔나협약이 규정하는 내용으로 옳지 않은 것은?

〈국가직 9급 2013년〉

① 조약이 달리 규정하지 않는 한, 조약을 탈퇴한 국가라도 탈퇴 전 그 조약의 시행으로 발생한 그 국가의 권리 및 의무에 영향을 받지 않는다.

② 조약은 그 명칭에 상관없이 국제법으로 규율되는 국가 간의 서면 합의를 의미한다.

③ 조약이 국제관습법을 규정한 경우에는 그 조약의 비당사국에도 적용된다.

④ 조약이 강행규범과 상충되어 무효인지 여부에 관한 분쟁은 바로 국제사법법원(ICJ)의 결정에 의탁하여야 한다.

해설

조약법협약상 무효 처리 절차 시 이에 대한 분쟁이 생기면 우선 12개월 내에 유엔헌장 제33조에 열거된 방법에 의하여 해결을 추구하여야 한다. 12개월 내에 해결되지 않으면 강행규범의 적용 또는 해석에 관한 분쟁은 일방 당사국의 제소에 의하여 ICJ의 관할권이 성립할 수 있다고 규정되어 있다.

<답 ④>

094. 조약에 관한 설명 중 옳지 않은 것은? 〈지방직 7급 2009년〉

① UN헌장은 헌장 발효 후에 UN회원국이 체결하는 모든 조약의 신속한 등록을 요구하고 있다.

② 강행규범위반, 국가대표에 대한 강박에 의한 조약 등은 조약의 절대적 무효사유에 해당하여 타 당사국에 통고 없이 무효로 확정된다.

③ 국제관습법을 성문화한 조약 규정이 제3국을 구속하게 되는 것은 조약이 아닌

국제관습법의 효력이다.
④ 조약은 제3국에 대하여 그 동의 없이는 의무 또는 권리를 창설하지 않는다.

해설

② 무효 · 종료 · 탈퇴 또는 정지를 원용하기 위해서는 타방 당사국에 통보하여야 한다. 통고 후 3개월 내에 상대국이 이의를 제기하지 아니하면 통고국은 시행할 수 있다. 절대적 무효라고 해도 통보절차는 동일하게 적용됨을 유의해야 한다. <답 ②>

095. 조약무효의 효과에 대한 다음 설명 중 타당하지 않은 것은?

① 무효절차를 거친 무효는 처음부터 무효이다. 즉 소급효가 있다.
② 상대적 무효의 경우에는 국제사회의 법적 안정성을 위해 소급효가 없다.
③ 무효가 주장되기 전 성실히 실행된 행위는 조약무효를 이유로 위법화되지 않는다.
④ 조약이 무효가 되면 원칙상 조약 전체가 무효가 된다.

해설

조약법협약은 상대적 · 절대적 무효를 가리지 않고 소급효가 있다. 무효가 주장되기 전 선의로 완성한 행위는 신의성실의 원칙에 따라 조약이 무효라는 사실만으로 무효가 되지 않으며 사기, 부패, 강박의 경우도 마찬가지이다. 다만 사기, 부패, 강박의 경우에 책임 있는 당사자에게는 소급효가 완화되지 않는다. <답 ②>

096. 다음 중 조약법협약에서 조약무효의 경우 가분성의 원칙에 대한 설명으로 옳지 않은 것을 고르시오.

① 무효 조약은 원칙적으로 전체가 무효이며 소급해서 무효이다.
② 절대적 무효의 경우 가분성이 적용되지 않는다.
③ 가분성은 무효뿐만 아니라 종료, 탈퇴, 이행정지에도 적용된다.
④ 가분성원칙이 적용되려면 무효관련조항이 조약 전체를 수락한 동의의 본질적 기초가 아니어야 한다.
⑤ 착오나 국내법위반에 의한 무효의 경우 가분성의 원칙에 맞더라도 무효 원용국은 전체를 무효화시킬 수 있다.

해설

사기나 부패에 의한 무효원용국은 가분성원칙을 적용하든가 전체를 무효시키든가 선택할 수 있다. 나머지는 가분성의 요건에 맞는 경우 분리해서 처리해야 한다. <답 ⑤>

097. **「1969년 조약법에 관한 비엔나협약」에 대한 설명으로 옳지 않은 것은?**

〈국가직 9급 2012년〉

① 국가 간에 체결된 조약에만 적용되는 협약으로서 그 협약이 발효된 이후 성립된 합의에만 적용된다.
② 명칭에 관계없이 국가 간에 체결된 서면의 형식으로 이루어진 합의면 조약에 해당한다.
③ 국내법에 따른 비준 동의 절차를 거치지 아니한 조약은 당연무효이다.
④ 조약이 발효되기 위해 UN사무국에 등록될 필요는 없다.

해설

비준동의 절차에 대한 국내법을 위반한 경우 그 조약은 상대적 무효사유에 해당할 수 있다. 당연무효(절대적 무효)에는 해당하지 않는다. <답 ③>

098. **1969년 조약법에 관한 비엔나협약상 조약의 종료 혹은 시행정지에 관한 설명으로 옳지 않은 것은?** 〈사시 2009년〉

① 조약이 달리 규정하지 않는 한, 다자조약은 그 당사국 수가 그 발효에 필요한 수 이하로 감소하는 사실을 이유로 종료한다.
② 양자조약의 일방 당사국에 의한 실질적 위반(material breach)은 그 조약의 종료 또는 시행의 전부나 일부의 정지를 위한 사유로서 그 위반을 원용하는 권리를 타방 당사국에 부여한다.
③ 조약의 이행불능이 그 조약의 시행에 불가결한 대상의 영구적 소멸 또는 파괴로 인한 경우에 당사국은 그 조약을 종료시키거나 또는 탈퇴하기 위한 사유로서 그 이행불능을 원용할 수 있다.
④ 조약의 이행불능이 일시적인 경우에는 조약의 시행정지를 위한 사유로서만 원용될 수 있다.
⑤ 조약당사국 간의 외교 또는 영사관계의 단절은 외교 또는 영사관계의 존재가 그 조약의 적용에 불가결한 경우를 제외하고 그 조약에 의하여 그 당사국 간에 확립된 법적 관계에 영향을 주지 않는다.

해설

발효에 필요한 수는 조약의 종료와 무관하다. 조약법협약은 다자조약의 당사국 수가 그 발효에 필요한 수 이하로 감소하였다는 사실만으로는 조약이 종료되지 않음을 규정하고 있다(제55조). <답 ①>

099. 1969년 조약법에 대한 비엔나협약상 조약의 종료사유에 대한 설명으로 옳지 않은 것은? 〈국가직 7급 2012년〉

① 조약의 이행불능 상황이 발생한 경우에도 조약이 종료될 수 있다.
② 당사국 간의 무력충돌이나 적대행위의 발발(勃發)로 조약은 당연히 종료한다.
③ 조약의 중대한 위반은 조약의 종료사유이다.
④ 조약 당사국 간의 외교 또는 영사관계의 단절로 그 조약이 당연히 종료되지 않는다.

해설

무력충돌이나 적대행위의 발발, 외교 또는 영사관계의 단절은 그 자체로 당연한 종료사유가 되는 것은 아니다. 비엔나조약법협약은 적대행위 발생이 조약에 미치는 영향에 대해 규율하지 않고 있다.

<답 ②>

100. 1969년 조약법에 관한 비엔나협약상 조약의 무효사유만으로 묶은 것은? 〈사시 2012년〉

ㄱ. 국가대표에 대한 강박	ㄴ. 착오
ㄷ. 조약의 실질적 위반	ㄹ. 강행규범의 위반
ㅁ. 후발적 이행불능	ㅂ. 근본적 사정변경

① ㄱ, ㄴ, ㄹ ② ㄱ, ㄷ, ㄹ ③ ㄴ, ㄷ, ㄹ
④ ㄷ, ㅁ, ㅂ ⑤ ㄹ, ㅁ, ㅂ

해설

조약의 실질적 위반, 후발적 이행불능, 근본적 사정변경은 무효사유가 아니라 종료(폐기, 탈퇴) 사유에 해당한다.

<답 ①>

101. 1969년 「조약법에 관한 비엔나협약」상 조약의 종료에 관한 설명 중 옳지 않은 것은? 〈사시 2016년〉

① 조약의 시행에 불가결한 대상의 영구적 소멸이나 파괴로 인하여 조약의 이행이 종국적으로 불가능해진 경우, 당사국은 그 조약의 종료를 위하여 이를 원용할 수 있다.
② 국가는 자신의 국제의무 위반의 결과로 발생한 사정의 근본적 변경을 조약의 종료사유로 원용할 수 없다.
③ 양자조약의 한 당사국이 조약의 대상과 목적의 달성에 필수적인 규정을 위반하는 경우, 타 당사국은 조약의 종료사유로 그 위반을 원용할 수 있다.
④ 새롭게 출현하는 강행규범과 충돌하는 현행 조약은 무효로 되어 종료한다.

⑤ 조약 당사국 간에 외교관계가 단절되면 양국간의 모든 조약은 종료한다.

해설

⑤ 외교영사관계의 단절은 외교 또는 영사관계의 존재가 조약의 적용을 위하여 불가결한 경우가 아니고서는 조약관계에 영향을 주지 아니한다(제63조). <답 ⑤>

102. 조약의 종료 및 시행정지에 대한 설명으로 옳지 않은 것은? 〈국가직 9급 2012년〉

① 조약의 종료 또는 당사국의 탈퇴는 다른 체약국과 협의 후 모든 당사국의 동의를 얻는 경우 언제든지 가능하다.

② 강행규범(jus cogens)이 새로 출현하는 경우 그 규범과 충돌하는 현행 조약은 무효가 되어 종료한다.

③ 조약의 대상과 목적의 달성에 필수적인 규정 위반의 경우 조약을 종료할 수 있다.

④ 조약이 달리 규정하지 않는 한 다자조약은 그 당사자 수가 발효에 필요한 수 이하로 감소하는 경우 종료한다.

해설

당사국들이 탈퇴할 경우 당사국의 수가 조약발효에 필요한 수 이하로 감소되더라도 조약은 종료되지 않는 것이 보통이다. <답 ④>

103. 조약의 폐기, 탈퇴에 대한 설명으로 타당한 것은?

① 비엔나협약에 의하면 다자조약의 당사자 수가 효력발생에 필요한 숫자에 미달하면 바로 조약은 종료한다.

② 조약의 폐기나 탈퇴행위는 조약의 의무에서 벗어나기 위한 일방적 법률행위이므로 제한조건을 둘 수는 없다.

③ 강화조약 및 동맹조약은 폐기나 탈퇴가 허용되지 않는다.

④ 국경선확정조약은 폐기할 수 없다.

해설

① 미달하는 이유만으로 종료하지 않는다. ② 예고기간을 두는 수가 있다. ③ 동맹조약은 반대규정이 없는 한 폐기나 탈퇴가 묵시적으로 허용된다. <답 ④>

104. 1969년 「조약법에 관한 비엔나협약」의 내용에 관한 설명 중 옳지 않은 것으로 묶인 것은? 〈사시 2013년〉

ㄱ. 다자조약을 개정할 경우 모든 체약국이 이를 위한 교섭 및 합의 성립에 참가할 권리를 갖는다.
ㄴ. 개정조약이 발효되면, 개정조약의 당사국과 개정에 동의하지 않은 원조약 당사국과의 관계에서 원조약은 폐기된다.
ㄷ. 다자조약은 그 당사국 수가 발효에 필요한 수 이하로 감소한 사실만을 이유로 종료하지 않는다.
ㄹ. 조약 당사국은 자국의 의무위반의 결과로 조약의 이행이 불가능하게 된 경우, 이를 조약의 이행정지의 근거로는 원용할 수 있다.
ㅁ. 조약체결시의 사정이 근본적으로 변경됨으로써 조약 당사국의 의무범위에 급격한 변환을 가져오는 경우, 이는 조약의 종료 또는 정지의 사유로 원용될 수 있다.

① ㄱ, ㄴ ② ㄱ, ㄹ ③ ㄴ, ㄷ
④ ㄴ, ㄹ ⑤ ㄹ, ㅁ

해설

ㄴ. 다자조약에서 개정에 동의하지 않은 당사국에 대해서는 (달리 의사표시를 하지 않는 한) 원조약(개정 전의 조약)이 적용된다. ㄹ. 자국의 의무위반의 결과로 이행불능이 발생한 경우에는 이를 이행정지 근거로 원용할 수 없다. <답 ④>

105. 1969년 조약법에 관한 비엔나협약상 사정변경의 원칙에 대한 설명으로 옳지 않은 것은?

① 조문을 부정적 형태로 구성하여 예외적, 제한적 성격을 강조하고 있다.
② 조약체결 당시 당사국 동의의 본질적 기초를 제공한 모든 정치적, 경제적, 법적, 도덕적 상황의 변화를 포괄하는 것으로서 특정 조건이 충족되는 경우 조약의 종료, 탈퇴, 정지사유로 원용할 수 있다.
③ 사정변경이 이를 원용하는 국가의 국제의무 위반의 결과로 발생한 경우에는 적용되지 않으며, 국경선을 획정하는 조약에 대해서도 사정변경의 원칙이 적용되지 않는다고 규정되었다.
④ 사정변경의 원칙은 이미 이행된 의무의 범위가 급격한 영향을 받은 경우에 원용될 수 있다.

해설

체결 당시 예견할 수 없었던 근본적 사정변경으로 인해 장래에 이행해야 할 의무의 범위에 급격한 변경이 발생하는 경우에 주장할 수 있다. <답 ④>

106. 다음 중 비엔나조약법협약과 관련된 설명으로 잘못 된 것은?

① 교섭국은 조약문의 작성 및 채택에 참석한 국가, 체약국은 조약이 효력을 발생하였는지에 상관없이 그 조약에 대한 기속적 동의를 부여한 국가, 당사국은 그 조약에 기속적 동의를 부여하고 그 조약이 발효하고 있는 국가를 의미한다.

② 사정변경의 원칙은 조약의 중대한 위반 및 후발적 이행불능과 함께 조약의 상대적 종료사유로서 단지 종료(또는 탈퇴)를 위한 원용사유일뿐 자동적 종료사유가 아니다.

③ 유보의 반대는 추정되지 않으나 명시적으로 할 필요는 없다.

④ 유보의 통고를 받은 후 12개월 이내에 이의신청을 하지 않으면 유보를 수락하는 것으로 간주한다.

해설

③ 유보의 반대는 추정되지 않고 반드시 명시적으로 해야 한다. <답 ③>

제3절 국제관습법

001. 국제관습법의 근거에 대한 설명으로 옳지 않은 것은?

① 법실증주의자들은 관습법이 국가 간에 묵시적 합의에 의하여 성립된다고 한다.

② 법실증주의자들의 견해를 승인설이라고도 한다.

③ 법적 확신설을 비롯한 객관주의자들의 견해에 의하면 신생국가에게도 국제관습법이 적용되는 것을 설명할 수 없다.

④ 집요한 불복이론은 국제관습법의 효력범위에 대한 제한원리이다.

해설

법적 확신설은 국제법의 기초에 관한 법적 확신설의 입장에 서 있는 이론으로서 법실증주의적 입장에서 벗어나 국제관습법이란 일정한 국제관행을 국제사회의 모든 구성원이 준수하는 것이 법적 의무라는 법적 확신에 도달한 국제불문법으로 파악한다. 따라서 이 견해는 국제관습법의 형성의 계기를 국가의 의사에서 구하지 않는 점에서 객관주의적 입장에 서 있다고 할 수 있다. 따라서 이 견해에 의할 경우 국제관습의 형성에 참가하지 않는 국가, 즉 형성 당시에 의사표현을 할 기회를 갖지 못한 국가인 신생국가에게도 관습국제법이 적용될 수 있다는 것을 잘 설명할 수 있어 국제관습법의 본질에 관한 이론 중 가장 우수한 견해로 평가받고 있다(이, 이). <답 ③>

002. 국제관습법의 성립요건에 대한 설명으로 옳지 않은 것은? 〈지방직 7급 2010년〉

① 관행의 성립에는 획일성(uniformity)과 일관성(consistency)이 요구된다.
② 국제관습법이 성립되기 위해서는 보편적(universal) 관행이 필수적이다.
③ 국제관습의 심리적 요소인 '법적 확신'은 관련국의 작위나 부작위로부터 추정될 수 있다.
④ 1969년 북해대륙붕사건에서 국제사법재판소(ICJ)는 단기간의 경과가 새로운 국제관습법의 형성에 장애가 되는 것은 아니라고 하였다.

해설

② 전 세계적으로 널리 존재하는 관행이 아니라 지역적으로 통용되는 관행도 지역관습법을 구성할 수 있는 것으로 인정된다. <답 ②>

003. 국제관습법에 대한 성명으로 옳지 않은 것은? 〈행안부 9급 2010년〉

① 국제관습법은 일반적 관행과 법적 확신에 의하여 형성된다.
② 오로지 두 국가간에도 국제관습법이 성립될 수 있다.
③ 국제관습법은 국제사법재판소(ICJ)에서 재판준칙으로 적용된다.
④ 국제관습법의 효력은 조약보다 하위이다.

해설

국제관습법과 조약 사이에 효력의 우열은 없다. 동등한 효력이므로 신법우선의 원칙, 특별법 우선의 원칙 등을 적절히 적용해야 한다. <답 ④>

004. 다음 내용과 가장 관련이 깊은 것은? 〈행안부 7급 2010년〉

- ○ 국가 관행(state practice)
- ○ 법적 확신(opinio juris)
- ○ 완강한 반대국가 이론

① 국제조약 ② 국제관습
③ 법의 일반원칙 ④ 형평과 선

해설

일반적인 국가관행과 법적 확신을 통해 국제관습법이 이루어진다. 특정 국제관습법의 형성에 일관되게 반대한 국가는 그 법의 적용을 받지 않는다는 것이 완강한 반대국가 이론 또는 집요한 불복자 이론이다. <답 ②>

005. 국제관습법에 대한 설명으로 옳지 않은 것은?

① 국제관습의 형성요소인 법적 확신에 관한 입증책임은 이를 부정하는 국가가 입증하여야 한다.
② 신생국은 기존국제관습에 대한 동의 여부와는 관계없이 구속된다.
③ 스코티아사건에서 미국법원은 선박의 등화책임에 관하여 대다수 해양국가의 국내법이 요청하고 있는 바이므로, 국제관습법이 성립된 것으로 인정하였다.
④ 관행의 주체는 행정, 입법, 사법기관의 행위를 포함하며 그 기간은 상당한 시간적 계속성이 있어야 한다는 것이 판례의 입장이다.

해설

북해대륙붕사건에서는 기간을 문제시하지 않고 있다. 신생국은 기존국제관습에 대한 동의 여부와는 관계없이 구속되나 이에 대한 한계로 집요한 불복이론이 있다. 철저한 의사주의적 입장인 자기구속설에 의할 경우 신생국이 기존국제관습에 구속되는 것을 설명하기 곤란하다. <답 ④>

006. 국제관습법의 효력에 관한 설명 중 옳은 것을 모두 고른 것은? 〈사시 2012년〉

ㄱ. 국제법상 성문화된 법원이 불문법원보다 우월한 효력을 가지므로, 조약이 국제관습법보다 우월한 효력을 갖는다.
ㄴ. 조약과 국제관습법 간의 충돌 시 신법우선원칙 등 일반적인 규범충돌 해결방법이 적용될 수 있다.
ㄷ. 일반관습법 규범이 지역관습법 규범보다 우월한 효력을 갖는다.
ㄹ. 조약과 국제관습법 중에 강행규범에 해당하는 것이 있으면 그 강행규범이 우월한 효력을 갖는다.
ㅁ. 특정 국제관습법의 성립에 일관되고 지속적으로 반대하여 온 국가에게는 해당 국제관습법은 효력이 미치지 않는다.

① ㄱ, ㄴ, ㄹ ② ㄱ, ㄷ, ㅁ ③ ㄴ, ㄷ, ㄹ
④ ㄴ, ㄹ, ㅁ ⑤ ㄷ, ㄹ, ㅁ

해설

조약과 국제관습법은 원칙적으로 동등한 효력을 갖는다. 따라서 조약과 국제관습법간 충돌시 신법우선원칙 등이 적용될 수 있다. 일반관습법과 지역관습법 사이에서는 일종의 특별법이라 할 수 있는 지역관습법이 우선 적용된다. 강행규범은 일반조약이나 국제관습법 규범에 우선한다. 특정 국제관습법의 성립에 일관되고 지속적으로 반대해 온 국가에게 그 관습법이 적용되지 않는다는 것을 집요한 불복이론이라고 한다.
<답 ④>

007. 1969년 ICJ의 북해대륙붕사건 판결이 국제관습법의 성립과 관련하여 내린 판결내용은 다음 중 무엇인가?

① 관습법의 핵심은 시간의 경과에 따른 관행의 축적이므로 짧은 시일 안에는 관습법이 성립될 수 없다.
② 개인간의 관행도 시간이 지나면 국제관습법으로 인정될 수 있다.
③ 국가 관행이 광범위하고 동일하다면 짧은 시일 내에도 국제관습법이 성립할 수 있다.
④ 2개국 간에는 국제관습법의 성립이 불가능하다.

해설

북해대륙붕사건의 판결에서 ICJ는 특별한 이해관계를 갖는 국가들의 관행이 광범위하고 동일하다면 짧은 기간 안에도 국제관습법이 성립할 수 있음을 인정하였다. <답 ③>

008. 국제관습법의 성립에 있어서 객관적 요건에 대한 설명으로 타당하지 않은 것은?

① 선례가 반복되어 관행을 이루어야 한다.
② 관행의 증거로서 추정되는 실행에는 국가 및 국제기구의 행위가 중요하다.
③ 국제기구의 내부행위, 절차행위 등 비사법적 행위도 관습법형성을 위한 선례가 된다.
④ 선례는 다수의 국가에서 반복되어야 하며, 따라서 지역적 관습법은 인정될 수 없다.

해설

1960년 인도통행권사건에서 포르투갈은 인도영토통행권을 주장하기 위해 지역관습법을 주장했고, 인도는 지역관습법을 부정했으나 국제사법법원은 국가의 수가 반드시 둘보다 많아야 할 필요는 없다고 해 지역관습법의 성립을 인정했다. <답 ④>

009. 국제관습법이 보편적 관습법으로서만 아니라 지역적 특별 국제관습법도 성립 가능함을 보여준 판례는 무엇인가?

① 북해대륙붕사건
② 호르죠공장사건
③ 스코티아호사건
④ 인도령 통행권사건
⑤ 니카라과사건

해설

1960년 인도령 통행권사건은 인도 서부 해안지방에 존재하던 인도와 포르투갈 간 지역적, 양자적 국제관습법의 존재를 인정한 판례이다. <답 ④>

010. 국제관습법 형성요소인 국가관행에 대한 설명으로 옳지 못한 것은? 〈기출문제 변형〉

① 정부 공식성명뿐만 아니라 국가들의 국내법에서도 국가관행의 증거를 찾을 수 있다.

② 조약에서도 국가관행의 증거를 찾을 수 있다.

③ 신생독립국은 국가관행의 형성에 참여하지 않았으므로 관습법의 적용을 받지 않는다.

④ 지속적이고 집요하게 명시적으로 반대의사를 표명해 온 국가는 그 관습법의 적용을 받지 않는다.

해설

신생독립국에 대해서도 기존 국제관습법이 적용된다고 본다. <답 ③>

011. 속성관습법(instant customary law) **또는 야생관습법에 대한 설명으로 옳지 않은 것은?**

① 국제관습은 선례의 누적, 즉 일반관행이 없어도 법적 확신에 의해 즉시 성립될 수 있다는 이론이다.

② 종래의 관습법 형성절차와는 거꾸로 법적 확신이 확립된 이후에 선례의 누적이 이루어진다는 것이다.

③ 북해대륙붕사건 판결은 속성관습법의 인정경향과는 관계가 없다.

④ UN총회의 결의가 법적 구속력이 있다는 주장의 논거로 사용되기도 한다.

해설

북해대륙붕사건 판결은 아무리 짧은 기간이라도 관행이 빈번하고 한결같으면 관습법이 형성된다고 했는데, 이는 관행이라는 객관적 요소의 비중을 경감시켜 관습법 인정을 용이하게 하려는 속성관습법의 논의와 동일한 입장에 서 있다. <답 ③>

012. 국제관습법에 관한 설명이다. 다음 중 틀린 기술은 무엇인가?

① 관습법의 형성에는 주관적 요소와 객관적 요소의 두 가지가 필요하다.

② 관습법의 형성에 있어 시간의 경과는 고려 요소가 아니다.

③ 객관적 요소에는 constant and uniform usage가 필요하다.

④ 주관적 요소에는 opinio juris가 필요하다.

⑤ 조약과 함께 가장 중요한 국제법의 법원을 구성한다.

해설

국제관습법의 형성에서 시간의 경과는 결정적 변수는 아닐지라도 중요한 변수 중 하나이다.

<답 ②>

013. 집요한 불복이론이란 무엇인가?

① 집요한 불복이론이란 국제기구의 결의에 찬성하지 않는 국가에 대해서는 그 결의의 효력이 없다는 이론이다.
② 성립 초부터 관습법에 반대해 온 국가에게는 관습법이 적용되지 않는다는 이론이다.
③ UN안보리의 강제조치에 대한 불복은 인정되지 않는다는 이론이다.
④ 국제사법법원 등 국제법원의 판결에 대한 불복은 그것이 집요하고 타당한 경우는 유효하다는 이론이다.

해설

국제관습법의 효력은 체약국에만 권리 · 의무를 설정하는 조약과 달리 일반적으로 모든 국가에 미치나 성립 초부터 반대해 온 국가에 대해서는 관습법이 적용되지 않는다는 원칙으로 국제판례(ICJ의 영국-노르웨이 어업사건)에 의해 인정되고 국제법상 확립된 제도이다. <답 ②>

014. 국제법의 연원과 관련된 설명으로 옳지 않은 것은? 〈사시 2011년〉

① 조약과 국제관습법은 원칙적으로 대등한 지위를 갖는다.
② 국제관습법은 모든 국가들 간에 예외 없이 적용된다.
③ 국제관습법은 일반적 관행(general practice)과 법적 확신(opinio juris)에 의하여 성립한다.
④ 국제사법재판소규정 제38조 제1항에 언급된 사법판결과 학설은 법칙 결정의 보조수단이다.
⑤ 국제사법재판소는 당사자가 합의하는 경우 형평과 선에 따라(ex aequo et bono) 재판할 수 있다.

해설

② 일반적으로 관습법의 형성 초기부터 지속적으로 일관성 있게 반대해온 소위 집요한 반대국은 그 관습법의 적용을 받지 않는 것으로 인정된다. 또한, 지역적 관습법은 그 지역내 국가에 대해서만 적용된다.
<답 ②>

015. 다음 중 설명이 잘못된 것은?

① 1960년 인도통행권사건 —— 지역관습법의 성립요건
② 1969년 북해대륙붕사건 —— 관습법의 형성요소
③ 1951년 영국 · 노르웨이 어업사건 —— 집요한 불복이론
④ 1986년 니카라과사건 —— 속성관습법의 인정

해설

④ 니카라과사건은 국제관습법의 성립요건으로 국가의 실행과 법적 확신이라는 두 가지 요건이 요구됨을 재확인한 사건이다. <답 ④>

016. 국제법의 법전화에 관한 설명 중 옳지 않은 것은? 〈사시 2016년〉

① 국제법의 법전화는 관습국제법을 성문화하는 것을 말한다.
② 국제연맹체제에서도 국제법의 법전화가 시도되었다.
③ 유엔헌장상 국제법의 법전화를 장려하는 것은 총회의 임무에 속한다.
④ 국가들이 현행 국제법을 수정하고자 하는 경우 유엔국제법위원회(ILC)의 작업에 의존하는데 1982년 「해양법에 관한 국제연합(UN)협약」이 그 대표적인 사례이다.
⑤ 1961년 「외교관계에 관한 비엔나협약」과 1963년 「영사관계에 관한 비엔나협약」의 대부분의 규정은 기존 관습국제법을 성문화한 것이다.

해설

ILC의 임무는 국제법의 점진적 발전과 성문화라는 점에 비추어 국가들이 현행 국제법을 수정하기 위해 ILC의 작업에 의존한다는 서술은 적절치 않은 것으로 보인다. 아울러, ILC가 설립 이후 해양법 발전에 큰 기여를 한 것은 분명하나 1982년 유엔해양법협약을 도출해낸 유엔해양법회의에는 ILC가 직접 관여하지 않았다. <답 ④>

017. 국제법의 점진적 발달과 성문법전화에 대한 설명으로 옳지 못한 것은? 〈기출문제 변형〉

① UN헌장 제13조에서 규정하고 있다.
② UN총회가 보조기관들을 통해 이러한 역할을 수행하고 있다.
③ 국제법위원회(ILC), UN국제무역법위원회(UNCITRAL), 우주의 평화적이용위원회(COPUOS), 국제법협회(ILA), 헤이그국제법전편찬위원회(HCPCIL) 등이 UN총회의 대표적인 보조기관이다.
④ 다수의 국제협약들이 UN총회의 국제법 성문법전화 작업의 결과로 탄생하였다.

해설

국제법협회(ILA)는 1873년, 헤이그국제법편찬위원회(HCPCIL)는 1930년에 탄생한 조직으로서 UN총회와는 직접 관련이 없다. <답 ③>

018. 국제법위원회(ILC)에 대한 설명으로 타당하지 않은 것은?

① 국제법위원회 위원의 임기는 5년이다.
② 국제법위원회는 UN총회의 결의에 따라 총회의 보조기관으로 설치되었다.
③ 위원은 국제사회의 세력분포를 반영하는 34명으로 구성되어 있다.
④ 주제가 선정되면 특별보고자가 선임되며 특별보고자가 구체적 보고서를 만들고 이를 위원회에서 토의 후 초안을 작성한다.

해설

위원의 구성은 국제사회의 세력분포를 반영하는 것이 아니라, 주요 문명형태와 법률제도를 모두 포함하도록 되어 있어 대륙별로 할당되며 개인자격으로 선출된다. ILC에서 작성된 협약안은 위원회에서 단순다수결로 가결되고, 총회에서 2/3 이상의 다수결로 가결된다. <답 ③>

제4절 법의 일반원칙

001. 법의 일반원칙에 대한 설명으로 옳지 않은 것은? 〈기출문제 변형〉

① 국제법의 흠결로 인한 재판불능을 방지하며 법관의 자의와 독단을 방지한다.
② 국가주권에 기초한 유리한 추정의 남용을 방지하며 국제법 미확정 분야에서 국제법의 충실한 적용을 촉진한다.
③ 조약 및 관습법의 다음 순위로 적용된다.
④ 분쟁의 원만한 해결에 불리한 국제관습법을 배제하는 역할을 한다.
⑤ 형평과 선과는 달리 당사국간 합의에 의한 청구가 없어도 ICJ가 적용할 수 있다.

해설

법의 일반원칙은 국제법의 기본법원인 조약과 국제관습법을 배제하는 효과를 가질 수 없다.
<답 ④>

002. 조약과 법의 일반원칙에 관한 다음 설명에서 옳은 것을 모두 고른 것은?

〈사시 2010년〉

ㄱ. 조약은 국제사회의 법규범으로 그 체결, 이행, 변경 등이 국제법의 적용대상이 된다.
ㄴ. 조약의 명칭은 조약(treaty), 협약(convention), 협정(agreement), 교환각서(exchange of notes), 신사협정(gentlemen's agreement) 등으로 다양하게 표현되며, 이들은 법적 구속력을 갖는다.
ㄷ. 국제사회를 국가 간의 사회로 생각하던 과거에는 국가만이 국제법주체로 주장되었으나, 오늘날은 국제법 주체의 인정범위가 확대되면서 국제기구도 조약의 당사자로 인정되는 경향이다.
ㄹ. 법의 일반원칙에 대한 정의와 관련하여 여러 문명국가에서 공통적으로 인정되는 국내법의 일반원칙이라고 보는 견해가 있다.
ㅁ. ICJ규정상 문명국에 의하여 인정된 법의 일반원칙은 조약 및 국제관습의 흠결을 보충하기 위한 법칙결정의 보조수단이다.

① ㄱ, ㄴ, ㄷ ② ㄱ, ㄴ, ㄹ ③ ㄱ, ㄷ, ㄹ
④ ㄴ, ㄹ, ㅁ ⑤ ㄷ, ㄹ, ㅁ

해설

ㄴ. 신사협정은 법적 구속력이 없는 정치적 합의 등을 가리키는 용어이다. ㅁ. ICJ 규정 제38조 1항에서 법칙결정의 보조수단으로 규정된 것은 판례 및 학설이다. <답 ③>

003. 다음 중 ICJ규정 제38조 1항 c호에서 규정하고 있는 법의 일반원칙의 설명 중 옳지 않은 것은?

① 문명제국의 국내법(특히 국내사법)에서 공통적으로 인정되는 일반원칙으로 이해하는 것이 다수설이다.
② 국제법규의 흠결로 인한 재판불능을 방지하며, 법관의 자의를 방지하는 역할을 한다.
③ 국제법의 일반원칙과는 구분되는 개념이다.
④ 재판준칙의 보조수단이다.

해설

ICJ규정 제38조에서 재판준칙의 보조수단으로 규정한 것은 판례와 학설이다. PCIJ 판결 중 호르조공장사건(의무위반에 대한 배상책임, 신의성실의 원칙), 뮤즈강수로변경사건(형평법의 원칙) 등이 판시된 바 있다. <답 ④>

004. 국제사법재판소(ICJ)규정 제38조 제1항에서 규정하고 있는 법의 일반원칙에 대한 설명으로 옳지 않은 것은? 〈국가직 7급 2013년〉

① 법의 일반원칙은 ICJ의 재판준칙 중 하나로 통설의 입장에 따르면 국내법의 일반원칙을 그 내용으로 한다.

② ICJ는 상설국제사법재판소(PCIJ)에 비하여 법의 일반원칙을 덜 원용하고 있다.

③ 프레비히어 사원 사건(Temple of Preah Vihear Case)에서 ICJ는 금반언의 원칙을 법의 일반원칙으로 원용하였다.

④ 법의 일반원칙은 ICJ규정에 처음 도입된 개념이다.

해설

법의 일반원칙은 ICJ의 전신 PCIJ 규정에서 이미 도입된 것을 ICJ 규정이 승계한 것이다.

<답 ④>

005. 법의 일반원칙에 관한 다음 설명 중 타당하지 않은 것을 고르시오

① 법의 일반원칙은 국제사법재판소규정 제38조 1항에 포함되어 있으며, 재판준칙을 조약과 국제관습법만 한정할 경우 재판 불능사태가 일어날 것을 우려하여 포함되었다.

② 원칙적으로 문명국의 국내법상의 기본원칙을 의미한다.

③ 러시아 배상금 중재사건은 연체이자와 관련된 국내 사법상의 원칙을 확인하였다.

④ 호르죠공장 사건은 국제의무위반에 대하여 배상책임이 항상 수반되는 것은 아님을 확인하였다.

⑤ 대표적인 원칙으로는 신의성실의 원칙, 권리남용금지의 원칙, 금반언의 원칙 등을 들 수 있다.

해설

1928년 PCIJ의 호르죠공장 사건은 국가의 국제의무위반에 대하여 배상책임이 항상 수반됨을 확인하였다.

<답 ④>

006. 법의 일반원칙에 대한 설명으로 옳지 않은 것은?

① 법실증주의자들은 법의 일반원칙을 법원으로 인정한다.

② 법의 일반원칙은 19세기 중재재판제도를 통하여 인정되기 시작하였다.

③ 법의 일반원칙은 국가의 독립이나, 주권평등과 같은 국제법의 일반원칙과는 구별되는 개념이다.

④ 법의 일반원칙은 절차적인 기술에 관한 것인 데 반하여, 형평은 가치를 반영

하는 개념이라는 측면에서 구별된다.

해 설

법실증주의자들은 의사주의에 입각하고 있는 결과 국제법의 법원으로는 조약과 관습만을 인정하려 한다. 따라서 국가들의 자유의사 내지 동의에 기초하지 아니하고 외부로부터 부과된 타율적 규칙인 법의 일반원칙은 국제법의 법원이 아니라고 한다. <답 ①>

제5절 판례와 학설 — 보조수단

001. 보조적 법원으로서 판례, 학설에 대한 설명으로 타당한 것은?

① 통설은 판례, 학설의 법원성을 인정한다.
② 판례는 ICJ의 판결이 대표적이며 권고적 의견은 제외된다.
③ 판례는 국제판례만을 의미한다.
④ 국제법에서는 선례구속성의 원칙이 적용되지 않는다.

해 설

① 부정한다. ② 권고적 의견도 포함된다. ③ 국내판례를 포함한다. ④ 선례구속성의 원칙은 Common Law제도에서 인정되며 국제법에서 통상 인정되지 않는다. <답 ④>

002. 다음 중 바르셀로나 트랙션(Barcelona Traction) 사건과 관련이 있는 개념은?

① 선박충돌 관할권 ② 대세적 의무
③ 비호권 ④ 미국법상 국제관습법의 지위

해 설

바르셀로나 트랙션 사건에서 대세적 의무(obligations *erga omnes*) 개념이 처음 언급되어 국제강행규범 개념을 인정하였다. <답 ②>

제6절 형 평

001. 형평원칙에 대한 설명으로 타당하지 않은 것은?

① 국제법에서 형평은 주로 해양법 분야에서 대륙붕과 배타적 경제수역 사이의 경계획정을 위해 사용되는 형평의 원칙을 의미한다.
② 형평은 법 흠결시 보완수단이나 법해석수단으로 기능한다.
③ 형평원칙은 실정법을 배제하고 적용될 수 있다.
④ 뮤즈강사건에서 PCIJ 허드슨 판사는 형평이란 국내법체계에서 관찰될 수 있는 원칙에서 도출되는 정의의 일반원칙으로서 국제법의 일부분이라고 판시하였다.

해 설

실정법에 반하는 형평은 이용될 수 없다는 것이 통설이다. 뮤즈강수로변경사건(the Diversion of Water from the Meuse, 1937년)에서 PCIJ는 벨기에, 네덜란드 간에 체결된 뮤즈강이용체계조약에 대한 쌍방의 위반주장에 대하여 당사국이 하천수의 양, 수위, 유속 등에 대한 변경을 가져오지 않는 한도 내에서의 당해 하천을 자유로이 이용할 수 있다고 판시하였다. <답 ③>

002. 형평과 선(*ex aequo et bono*)에 대한 다음 설명 중 옳은 것은?

① 국제사법재판소와는 무관하다.
② 분쟁당사국이 합의에 의한 요청을 할 경우 국제사법재판소가 재판준칙으로 삼을 수 있다.
③ 입법의 흠결 또는 공백이 있는 경우 국제사법재판소가 재판준칙으로 삼을 수 있다.
④ 분쟁당사국 일방의 요청에 따라 국제사법재판소가 재판준칙으로 삼을 수 있다.

해 설

국제사법재판소 규정에 분쟁당사국이 합의하는 경우(if parties agree thereto) 재판준칙이 될 수 있다고 명시되어 있다. <답 ②>

제7절 국제기구의 결의

001. 국제기구의 결의에 대한 설명으로 타당하지 않은 것은?

① 국제기구의 합의체적 기관에서 나오는 일방적 법률행위를 의미한다.
② UN총회의 결의는 원칙적으로 법적 구속력을 갖지 않는다.
③ 결의에는 권고와 결정이 있는데 결정은 강제력을 띤 구체적인 성격의 법률행위이다.
④ 안보리의 강제조치권 및 국제법원의 판결은 자기규범적 결정의 예이다.

해설

자기규범적 결정은 국제기구 자신에 대해 권리 · 의무를 발생시키는 내부사항에 관한 것인 데 반해, 타인규범적 결정은 타인에게 권리 · 의무를 발생시키는 결정이다. ④ 안보리의 강제조치권 및 국제법원의 판결의 타인규범적 결정이다. <답 ④>

002. 국제기구의 결의의 법적 성격에 대한 설명으로 타당하지 않은 것은?

① 법의 일반원칙에 이어, UN총회의 결의에 법적 구속력을 부여하기 위한 노력이 1960년대 초반에 제3세계국가들에 의하여 행해졌다.
② 이는 국제법형성에 있어서 의사주의를 다수결주의로 대체하려는 것으로 UN총회에 토의 · 권고만을 부여하고 있는 UN헌장에 배치되며 사회주의 국가들도 반대하였다.
③ 따라서 UN총회의 결의는 아직까지는 UN조직의 내부적 효력과 외부적 효력을 막론하고 어떠한 경우에도 법적 구속력이 있다고 할 수 없다.
④ 총회결의는 국제 또는 국내재판소가 관련 관습법규를 발견해 내기 위한, 즉 법적 확신의 증거자료로 원용될 수 있다.

해설

UN총회의 결의는 아직까지는 soft law(연성법)의 단계에 머물러 있다고 볼 수 있다. UN총회의 결의에 법적 구속력을 부여하기 위하여 속성관습법 등이 논의되고는 있지만 이 주장은 총회의 결의내용에 대하여 관습법으로서의 법적 구속력을 인정하자는 것이지 연성법 자체에 법적 구속력을 부여하자는 취지는 아니다. 그러나 UN총회의 결의는 UN의 내부운영 및 회원국지위에 관하여는 회원국들에 구속력이 있다. 예컨대, UN헌장 제17조(예산), 제6조(제명), 제5조(권리 · 특권의 정지), 제20조(절차규칙) 등이 있다. <답 ③>

제8절 유럽공동체의 입법행위

001. EC를 설립한 1957년 로마조약 제189조에 포함된 유럽공동체의 입법행위에 포함되지 않은 것은?

① 규칙(regulation) ② 결의(resolution)
③ 의견(opinion) ④ 권고(recommendation)

해설

② 결의(resolution)는 포함되어 있지 않다. EC입법행위는 법적 구속력이 있는 규칙, 지침, 결정(decision)이 있고 법적 구속력을 갖지 않는 권고, 의견이 있다. ECSC 제14조는 결정, 권고, 의견의 세 종류가 언급되고 있다. <답 ②>

002. EC 입법행위에 대한 설명으로 틀린 것은?

① 일반적으로 EC입법행위는 공동체의 행위로서 이차적 법원이다.
② EC의 주된 입법기관은 이사회와 위원회이며 의회는 감독권, 예산권을 가진다.
③ EC설립조약 및 부속조약도 EC입법행위에 포함된다.
④ EC입법행위는 국내입법절차와 상당히 근접하고 있다.

해설

EC설립조약 및 부속조약은 일차적 법원이고 EC입법행위는 일차적 법원을 기초로 EC입법기관에서 직접 규정하는 법규정으로 이차적 법원이다. EC입법행위는 국제기구의 결의와 함께 PCIJ 및 ICJ의 규정이 예정하고 있지 않은 것이지만 국제법의 새로운 법원에 포함시켜야 한다는 주장이 유력하다. <답 ③>

003. 유럽공동체가 행하는 입법행위에 대한 설명 중 옳지 못한 것은?

① 1차적 법원은 각종 기본조약들이라고 할 수 있다.
② 2차적 법원으로는 규칙(regulation), 지침(directive), 결정(decision)이 있다.
③ 권고(recommendation)와 의견(opinion)은 구속력은 없으나 실제 중요한 보조적 법원역할을 한다고 볼 수 있다.
④ 결의(resolution)가 중요한 법원의 기능을 한다.

해설

결의는 유럽공동체의 입법행위의 유형에 속하지 않는다. <답 ④>

004. 유럽공동체법의 법적 성질에 대한 설명으로 옳지 못한 것은?

① 로마조약, 단일유럽법, 유럽연합조약, 암스테르담조약 등 1차적 법원과 규칙, 지침, 결정 등 2차적 법원으로 구별된다.

② 공동체법이 회원국의 국내법과 충돌하는 경우 국내법이 우선한다.

③ 공동체법은 이에 위반되는 회원국의 관련 국내법을 직접 폐지시키지는 못한다.

④ 공동체법은 직접효력과 직접적용성을 갖는다.

해설

② 공동체법은 회원국 국내법에 우선한다. 이러한 공동체법 우선의 원칙은 회원국의 헌법에 대해서도 마찬가지로 적용되므로 공동체법이 국내헌법에 위반된다는 이유로 그 적용배제를 주장할 수 없다(정인섭 외).

<답 ②>

제3장 | 국제법의 주체

제1절 국 가

001. 국제법의 주체에 관한 설명 중 옳은 것을 모두 고른 것은? 〈사시 2014년〉

ㄱ. 국가, 국제기구, 개인에 해당하지 않는 실체가 국제법의 주체로 인정되는 경우는 없다.
ㄴ. 국제기구는 그 국제기구를 설립한 국가들이 설립조약을 통하여 명시적으로 부여한 권한 외에 다른 권한을 가질 수 없다.
ㄷ. 개인은 제한적으로 국제법상의 권리를 향유하고 의무를 부담할 수 있다.
ㄹ. 국가연합의 구성국들은 국제법상의 주체성이 국가연합에 흡수되므로 국제법의 주체인 국가가 아니다.
ㅁ. 모든 인민(peoples)은 자결권을 가진다.

① ㄱ, ㄴ ② ㄷ, ㅁ ③ ㄱ, ㄴ, ㅁ
④ ㄴ, ㄷ, ㄹ ⑤ ㄷ, ㄹ, ㅁ

해설

ㄱ. (국제기구가 아닌) 지역공동체나 초국가공동체, 또는 국가의 요건은 갖추지 못하였으나 일정한 실체를 지닌 단위(교전단체, 지역 경제단위) 등이 경우에 따라 국제법의 주체로 인정받을 수 있다. ㄴ. 국제기구는 목적 달성을 위해 필요한 암묵적 권리를 가질 수 있다. 유엔 등 국제기구가 소속 직원에 대한 직무보호권을 행사하는 것이 그 사례이다. ㄹ. 국가연합은 국가들이 국제법상 자격을 유지한 상태로 결합하는 것이다.

<답 ②>

002. 국가와 국제기구에 관한 설명으로 타당하지 않은 것은? 〈사시 2010년〉

① 국제사법재판소(ICJ)는 'UN 근무 중 입은 손해배상사건'(Reparation for Injuries Suffered in the Service of the United Nations)에서 UN의 손해배상 청구적격을 인정하였다.
② 창설적 효과설에 따르면 국가의 실질적 요건을 모두 갖추었더라도 승인을 받아야만 국가로 성립한다.
③ 신생국가와 상주외교사절을 교환하는 것은 묵시적 승인으로 간주된다.

④ 전쟁으로 인하여 정부가 일시적으로 국외로 이동하더라도 그 국가는 존재하는 것으로 간주된다.

⑤ 1933년 국가의 권리와 의무에 관한 몬테비데오협약 제1조는 국가의 자격요건으로서 항구적 인구, 명확한 영역, 정부만을 들고 있다.

해설

⑤ 1933년 국가의 권리 및 의무에 관한 몬테비데오협약에서는 항구적 인구(permanent population), 명확한 영역(defined territory), 정부(government), 타국과 관계를 맺을 수 있는 능력(capacity to enter into relations with other states)을 들고 있다. <답 ⑤>

003. 개인의 법적 지위에 대한 설명으로 옳은 것은? 〈기출문제 변형〉

① 국제사법재판소(ICJ)의 소송당사자는 오직 국가이나 심각한 인권침해의 경우 예외적으로 개인이 제소할 수 있다.

② 개인 및 다국적기업은 조약체결권한을 갖는다.

③ 개인은 국제법의 주체로서 국제법상의 권리는 있으나 의무는 부여되지 않는다.

④ 국가는 조약을 통해 개인에게 국제법적 권리를 부여할 수 있다.

해설

① 국제사법재판소의 소송당사자는 오직 국가이다. 개인은 제소할 수 없다. ② 국가 혹은 국제기구들간에 체결된 것만을 조약이라고 부른다. ③ 개인은 일정한 한도 내에서 국제법상의 권리와 의무의 주체가 될 수 있다. 국제범죄에 대한 개인 처벌에서 볼 수 있듯이 개인에게도 국제법적 의무가 부여될 수 있다. ④ 조약은 직접 개인에게 국제법적 권리와 의무를 부여할 수 있다. <답 ④>

004. 국가의 성립요건에 대한 설명으로 옳지 않은 것은?

① 1933년의 '국가의 권리와 의무에 관한 몬테비데오협약' 제1조는 국가의 성립요건으로 항구적 인민, 한정된 영토, 정부, 그리고 다른 국가들과 관계를 맺을 수 있는 능력을 들고 있다.

② 여기서 정부는 영토와 인민에 대하여 실효성 있는 통제를 행사할 수 있고 다른 어떤 국가로부터도 실제로 독립된 정부를 보유하여야 한다.

③ 국제법적 관점에서 국가가 성립하려면 타국의 승인을 받아야 한다는 점에 대하여 견해가 일치되어 있다.

④ 국가의 구성요건은 국가에게 법인격을 부여하는 데뿐만 아니라 그 법인격 유지에도 필요하다.

해설

국가의 국제법적 성립은 타국의 승인에 의해 확인된다는 견해(이, 이)도 있으나 오늘날 승인의 국가법인격 창설기능은 일반적으로 부인되고 있다(순). 1933년의 '국가의 권리와 의무에 관한 몬테비데오협약' 제3조도 '국가의 정치적 존재는 타국의 승인과는 무관하다'고 규정함으로써 선언적 효과설을 지지하고 있다. <답 ③>

005. 국가에 관한 설명 중 옳지 않은 것은? 〈사시 2014년〉

① 국가로서의 요건을 규정하는 국제협약은 아직까지 존재하지 않는다.
② 자결권의 행사로 국가가 분리독립되어 새로운 국가가 성립할 수 있다.
③ 국가가 UN에 가입하기 위해서는 평화애호국이어야 한다.
④ 국가가 아닌 실체도 세계무역기구(WTO)에 가입할 수 있다.
⑤ 영세중립국인 스위스도 UN 회원국으로 가입하였다.

해설

① 국가의 권리와 의무에 관한 몬테비데오협약이 있다. <답 ①>

006. 1933년 국가의 권리와 의무에 관한 몬테비데오협약에 따른 국가의 성립요건에 대한 설명으로 옳지 않은 것은? 〈2014년 국가직 7급〉

① 국가는 민족자결권에 기초하여 수립되어야 한다.
② 국가는 항구적 인구를 보유하여야 한다.
③ 국가는 일정한 영토를 보유하여야 한다.
④ 국가는 실효적인 주권을 행사할 수 있는 정부를 보유하여야 한다.

해설

민족자결권은 국가의 성립요건과 무관하다. 경우에 따라 국가는 민족자결권과 관계없이 수립될 수 있다. <답 ①>

007. 「1933년 국가의 권리와 의무에 관한 몬테비데오협약」상 국가 성립요건이 아닌 것은? 〈국가직 9급 2012년〉

① 영구적 주민(a permanent population)
② 정부승인(recognition of government)
③ 명확한 영역(a defined territory)
④ 타 국가와 관계를 맺을 수 있는 능력(the capacity to enter into relations with other states)

해설

몬테비데오협약은 승인을 국가의 성립요건으로 규정하고 있지 않다. <답 ②>

008. 다음 중 국제법상 국가의 성립요건과 관련된 설명이다. 이에 해당하지 않는 것은 무엇인가?

① 항구적 인민을 보유하여야 한다
② 실효적 정부를 보유하여야 한다.
③ 외교관계 설정권능이 있어야 한다.
④ 확정적 영토를 보유하여야 한다.
⑤ 실효적 군사력을 보유하여야 한다

해설

실효적 군사력은 1933년 몬테비데오협약이 요구하고 있는 국가의 요건에 해당하지 않는다.
<답 ⑤>

009. 국가의 성립요건에 관한 설명 중 옳지 않은 것은? 〈사시 2012년〉

① 다른 국가의 승인이 있어야 하는가의 여부에 대해서는 이론적 대립이 존재한다.
② 국민의 수에 대해서는 일정한 기준이 없다.
③ 영토의 크기에 대한 기준은 없지만, 영토는 서로 접속해 있어야 한다.
④ 실효성 있고 독립적인 정부가 있어야 한다.
⑤ 국가 간의 조약에 따른 제약은 그 국가를 타 국가의 법적 권한 하에 두지 않는 한, 독립된 정부의 요건 충족에 영향을 미치지 않는다.

해설

③ 영토가 접속되어야 한다는 요건은 없다. ⑤ 조약은 자발적인 의무의 부담이자 주권의 제약이므로 주권 또는 독립의 원칙에 위배되지 않는다. <답 ③>

010. 스팀슨주의(Stimson Doctrine)에 대한 설명으로 옳은 것은? 〈국가직 9급 2012년〉

① 부전조약(不戰條約)에 위반된 방법으로 성립한 국가승인을 반대하는 것이다.
② 국제분쟁 해결수단으로서의 전쟁을 반대하는 것이다.
③ 실효적 지배력을 가지지 못한 정부의 승인을 반대하는 것이다.
④ 상조의 승인을 반대하는 것이다.

해설

일본의 만주국 창설에 대한 미국의 반응으로 나온 것이 스팀슨주의였다. 부전조약에 위반되는 무력사용에 의한 국가승인을 반대한 것이었다. <답 ①>

011. 국가승인의 요건과 관련한 설명으로 타당한 것은?

① 승인은 국가가 국내법상으로 성립하는 것으로 요건이 완성된다.
② 승인의 요건이 갖추어지기 전에 하는 '상조(尙早)의 승인'도 유효하다.
③ 스팀슨주의는 1945년 일본국의 불승인이 직접적 의도였다.
④ 스팀슨주의는 미국의 국내정책에 불과하며 국제법상 일반원칙은 아니다.

해설

승인은 국내법상 국가 성립요건 이외에 국제법준수의 의사와 능력이 요구되며, 상조의 승인은 신생국의 분리·독립시 본국에 대한 내정간섭이 되어 위법이며 무효이다. 스팀슨주의는 1932년 미국무장관 스팀슨에 의해 부전조약에 위반하는 방법으로 성립된 만주국을 승인하지 않을 목적으로 제창된 불승인주의이다. ④가 타당하다. <답 ④>

012. 국제법상의 승인에 관한 설명 중 옳은 것은? 〈사시 2014년〉

① 새로 독립한 정치적 실체가 국제법상 국가로 인정받기 위해서는 모든 기존 국가들로부터 국가승인을 얻어야 한다.
② 정부변경시 신 정부가 그 국가의 정식의 국제적 대표기관으로 인정받기 위해서는 다른 국가로부터 정부승인을 얻어야만 한다.
③ 선언적 효과설에 따르면, 국가승인이 없이도 국제법상 국가가 성립될 수 있다.
④ 반란단체는 교전단체로 승인을 받지 않으면 국제인도법의 주체가 될 수 없다.
⑤ 어떠한 정치적 실체가 영토, 국민, 정부 등 국가로서의 요건을 구비하고 있음에도 불구하고 타국으로부터 국가승인을 얻지 못하면 일반국제법상의 여하한 권리와 의무를 갖지 못하는 것이 국제사회의 현실이다.

해설

① 모든 기존 국가들로부터 국가승인을 얻을 필요는 없다. 승인은 상대적이다. ② 정부변경은 여러 가지 사유가 있을 수 있다. 모든 정부변경에 있어서 정부승인이 필요한 것은 아니며, 국내법상 비합법적 수단에 의해 정부가 교체된 경우에 적용되는 개념이다. 오늘날 다수의 국가들이 정부승인 제도를 이용하지 않고 있다. ④ 교전단체의 지위에 오르지 못한 반란단체도 전쟁법(국제인도법)상 일정한 주체가 될 수 있다. ⑤ 실질적 요건을 갖춘 경우에는 국가승인을 얻지 못하여도 국제법상 일정한 권리와 의무를 가질 수 있다는 것이 국제사회의 현실에 더 가깝다고 본다. <답 ③>

013. 국제법상 국가승인이 필요한 경우를 모두 고르면? 〈지방직 7급 2010년〉

> ㄱ. 무주지(無主地)에 신국가를 세운 경우
> ㄴ. 식민지 지배에서 벗어나 독립한 경우
> ㄷ. 전쟁을 통하여 기존 국가를 정복한 경우
> ㄹ. 국가 내에서 쿠데타가 발생한 경우
> ㅁ. 국가가 분열(dissolution)한 경우
> ㅂ. 국가원수가 살해된 경우
> ㅅ. 한 국가가 다른 국가에 병합(annexation)된 경우

① ㄱ, ㄴ, ㅁ　　② ㄱ, ㅁ, ㅅ
③ ㄴ, ㄷ, ㅂ　　④ ㄷ, ㅁ, ㅅ

해설

무주지에 신 국가를 설립했거나 식민지 지배에서 벗어나 새로운 국가를 만든 경우, 또는 한 국가가 새로운 두 개 또는 복수의 국가로 분열한 경우 신생국가가 설립된 것이므로 국가승인의 대상이 된다고 본다. 전쟁으로 기존 국가를 정복하거나 병합하는 경우 그 합법성 여부를 떠나 새로운 국가설립이 없으므로 국가승인의 대상이 없다. 쿠데타나 국가원수 살해 역시 새로운 국가설립과 무관하며, 이로 인해 정부가 교체될 경우 정부승인을 검토해볼 수는 있을 것이다. <답 ①>

014. 국가승인의 효과에 대한 설명으로 옳은 것은? 〈행안부 9급 2009년〉

① 국가승인의 효과는 승인국과 피승인국 사이에서만 발생한다는 의미에서 상대적이다.
② 국가승인의 효과는 법률불소급의 원칙에 의해 승인을 행한 시점부터 발생한다.
③ 승인국과 피승인국 간의 외교관계가 단절되면 승인은 취소된다.
④ 사실상 승인은 법적 효과를 가지지 않는다.

해설

② 일반적으로 국가승인은 실제 국가가 성립된 시점으로 소급된다고 본다. ③ 외교관계 단절은 국가승인의 취소를 의미하지 않는다. 일반적으로 국가승인은 철회될 수 없다고 보며, 외교관계 단절과는 별개로 승인 자체를 철회하는 사례는 거의 없다(김대순). ④ 사실상 승인도 법률상 승인과 마찬가지로 법적 효과를 갖는 승인행위이다. 사실상 승인과 법률상 승인의 구별은 그 대상이 사실상의 국가 · 정부인지 아니면 법률상의 국가 · 정부인지에 달려 있다. <답 ①>

015. 국가승인의 효과에 대한 설명으로 옳지 않은 것은?

① 조건부 승인에서 조건이 충족되지 못하여도 승인은 여전히 유효하다.
② 상조의 승인은 임시적, 잠정적이다.
③ 승인의 소급효는 국제법상 확립된 원칙적 규칙이라기보다는 영 · 미법원에 의해 채택된 편의적 규칙이다.
④ 사실상의 승인은 철회가능하나 일반적으로 승인은 철회불가능성을 특징으로 한다.

해설

② 상조의 승인은 승인방법의 일종이 아니라 요건을 갖추지 않아 법적으로 무효인 승인행위를 가리키는데 반해, 사실상 승인은 그 법적 효과가 인정되는 승인방법의 일종이다. 따라서 상조의 승인과 사실상 승인은 서로 존재의 평면을 달리한다. 상조의 승인은 승인의 요건이 결여된 국가에 대한 승인으로서 위법무효이며 사실상의 승인이 임시적, 잠정적이다. ③ 승인의 소급효는 법률적용의 편의를 위해 영미법원에서 채택한 규칙이다. ④ 예외적으로 사실상의 승인만 철회 가능하다. <답 ②>

016. 국가승인에 관한 설명으로 옳지 않은 것은? 〈사시 2009년〉

① 법률상 승인(recognition de jure)과 사실상 승인(recognition de facto)은 모두 법적 효과를 갖는다.
② 신생국의 국제기구 가입은 그 국제기구 회원국들의 집단적 승인으로 간주된다.
③ 국가승인은 국가의 재량적 행위로 신생국을 승인해야 할 법적 의무는 없다.
④ 제2차 세계대전 이후 불법적 무력행사로 수립된 국가에 대한 불승인의무를 받아들이는 경향이 증대되고 있다.
⑤ 국가의 성립요소를 갖추지 못한 경우에도 승인한 사례가 있다.

해설

신생국의 국제기구 가입은 일반적으로 국제기구에 의한 집단적 국가승인으로 간주되지 않는다. <답 ②>

017. 신 국가 또는 신 정부가 국제법위반의 결과로 생겨난 경우는 제외하되, 국가들은 사실상의 요건을 구비한 신 국가나 신 정부를 승인할 의무가 있다는 내용의 주장은? 〈2014년 국가직 9급〉

① 라우터팍트 독트린 ② 브레즈네프 독트린
③ 드라고 독트린 ④ 칼보 독트린

해설

원칙적으로 국가승인은 재량적 단독행위로서 기존 국가는 신생국을 승인할 법적 의무가 없다는 것이 현재 확립된 원칙이나, 과거 저명한 국제법 학자인 라우터팍트(Lauterpacht)는 승인의 의무가 있다는

주장을 제기한 바 있다. <답 ①>

018. 국제법상 국가승인제도에 대한 설명으로 옳지 않은 것은? 〈국가직 7급 2011년〉

① 국가승인은 승인국의 단독행위이다.

② 국가승인 이전의 국가는 사실상의 존재에 지나지 않는 것으로서 국제법주체성이 부정된다는 견해가 창설적 효과설이다.

③ 조건부 승인에 있어서 조건의 불이행이 있다고 해서 승인이 무효가 되는 것은 아니며, 다만 의무불이행에 대한 국가책임 문제가 발생할 뿐이다.

④ 무역사절단의 교환이나 통상교섭행위는 신생국가에 대한 묵시적 승인으로 본다.

해설

③ 조건부 승인의 경우 그 조건이 이행되지 않아도 승인의 효력 자체에는 아무런 영향이 없다. ④ 정치적 의미가 배제된 무역사절단 교환이나 통상교섭행위는 묵시적 승인을 구성하지 않는 것으로 본다. <답 ④>

019. 국가승인에 대한 설명 중 옳은 것은?

① 승인은 상대방의 동의를 요하지 않는 일방행위이므로 특성상 정치적 고려 없이 행해진다.

② 승인은 조건부로 행해질 수 있으며 외교관계 단절은 승인의 철회로 간주되지 않다.

③ 정부가 비합법적으로 변경된 경우 국가승인이 요구되며 비합법적으로 수립된 정부가 국가영역을 실효적으로 통치하면 제3국은 이를 승인할 의무가 있다.

④ 국가승인은 반드시 명시적으로 행해져야 유효하며 일단 이루어진 승인은 절대 철회할 수 없다.

해설

① 승인은 일방적 행위이다. 그러나 정치적 고려에 의해 행해질 수 있다는 점에서 정치적, 재량적 성격을 특성으로 한다. ③ 정부가 비합법적으로 변경된 경우 정부승인이 문제된다. 그리고 승인의 의무는 없다. ④ 국가승인은 명시적 승인과 묵시적 승인 모두 가능하다. 사실상의 승인은 사실상의 국가에 대한 잠정적 승인이므로 예외적으로 철회가 가능하다. <답 ②>

020. 국가승인에 관한 설명 중 옳은 것은? 〈사시 2016년〉

① 신생국은 다자조약에 가입함으로써 그 조약의 타당사국들로부터 국가로 승인된 것으로 간주된다.

② 신생국이 타국과 상호 통상대표부 설치에 합의하는 경우 그 국가로부터 국가

승인을 받은 것으로 본다.

③ 국가승인 여부는 국가의 재량사항이므로 어떠한 경우에도 유엔안전보장이사회의 결의에 의하여 제한될 수 없다.

④ 남북한은 유엔에 동시 가입함으로써 상호 국제법상 국가로 승인한 것으로 간주된다.

⑤ 정식 외교관계가 개설되지 않은 국가간에도 국가승인이 가능하다.

해설

① 다자조약과 그 조약 당사국의 국가승인은 별개의 문제다. ② 통상대표부는 묵시적 국가승인으로 간주되지 않는다. ③ 국가승인은 국가의 재량사항이나 절대적 권리는 아니며 유엔안전보장이사회가 침략, 평화의 파괴 또는 위협 등을 이유로 특정 상황에 대한 승인을 금지토록 결정할 수 있다. ④ 유엔과 같은 국제기구 가입이 상호간의 국가승인으로 간주되지는 않는다. ⑤ 정식 외교관계 개설은 당연히 국가승인을 전제 또는 포함하는 개념이나 외교관계 수립이 없어도 얼마든지 국가승인은 가능하다.

<답 ⑤>

021. 국가승인에 관한 설명으로 옳은 것은? 〈기출문제 변형〉

① 국가승인은 일방적 행위로서 무조건 또는 조건부로 행해질 수 있으나, UN헌장에 규정된 방식과 절차는 준수해야 한다.

② 상주외교사절의 교환, 영사 인가장의 발급, 우호통상항해조약의 체결, 미승인 국가 국민에 대한 비자발급은 묵시적 승인으로 간주될 수 있다.

③ 승인의 재량적 개별적 성격에 비추어 집단적 승인은 불가능하다.

④ 외교관계의 단절은 승인의 취소를 의미하지 않는다.

해설

① UN헌장에는 국가승인에 대한 규정이 없다. ② 비자발급과 같은 기술적 성격의 행위는 묵시적 승인으로 보기 어렵다. ③ 집단적 승인은 가능하다. ④ 사실상의 승인을 제외하면 일반적으로 국가승인은 취소, 철회될 수 없다.

<답 ④>

022. 국제법상 국가승인에 관한 설명으로 옳지 않은 것은? 〈2015년 국가직 9급〉

① 사실상의 승인은 외교관계의 수립과 정치적 성격의 양자조약의 체결을 통해 이루어진다.

② 정식 외교관계의 수립과 UN 가입 신청에 대한 지지 등은 묵시적 승인에 해당하는 것으로 간주된다.

③ 승인은 일반적으로 각 국가에 의하여 개별적으로 이루어지나, 관련 국가들이 공동으로 승인을 부여하는 경우도 있다.

④ 국가가 소멸하는 경우 소멸된 국가에 대한 승인은 합법적으로 철회될 수 있다.

해설

① 사실상의 승인은 사실상의 국가에 대한 승인을 말하는데, 외교관계의 수립과 정치적 성격의 양자조약 체결과 같은 높은 수준의 정치외교적 행위는 정식 국가에 대한 법률상 승인 차원에서 이루어지는 것이 일반적이다. 상대국과 정식으로 외교관계까지 수립하였다면 이는 상대국을 법률상 정식 국가로 승인하였다고 보는 것이 타당하다. <답 ①>

023. 묵시적 국가승인에 해당하지 않는 것은? 〈2016년 국가직 9급〉

① 기존 국가가 신생국 국민에게 비자를 발급하는 것
② 기존 국가와 신생국 간에 상주외교사절을 교환하는 것
③ 기존 국가와 신생국 간에 우호통상항해조약을 체결하는 것
④ 기존 국가가 독립을 얻은 신생국에게 축하메시지를 보내는 것

해설

다자조약에 함께 가입하거나 국제회의에 함께 참석하는 행위, 범죄인의 인도, 반란단체와의 교섭, 보상금 지급, 임시사절의 파견 및 접수, 통상교섭행위나 통상대표부 설치 또는 무역사절단 교환, 비자 발급, 주요 현안에 대한 공식 또는 비공식 접촉 유지, 불승인의사를 명백히 한 상태에서의 양자조약 체결 등은 묵시적 승인에 해당하지 않는다. <답 ①>

024. 묵시적 승인에 관한 다음 설명 중 옳지 못한 것은?

① 신생국이 파견한 영사에 대한 인가장 발급은 묵시적 국가승인으로 간주된다.
② 우호통상조약의 체결은 묵시적 국가승인으로 간주된다.
③ 통상교섭 실시 및 통상대표부 설치는 묵시적 국가승인으로 간주되지 않는다.
④ 신생국이 참가한 다자조약의 가입은 묵시적 국가승인으로 간주된다.

해설

신생국이 참가한 다자조약의 가입 또는 신생국이 참여하는 국제회의 참석 등은 묵시적 국가승인으로 간주되지 않는다. <답 ④>

025. 국가에 대한 묵시적 승인으로만 나열된 것은? 〈국가직 7급 2013년〉

① 상주 외교사절의 교환, 독립을 획득한 신 국가에게 축하메시지를 보내는 것
② 상대국의 여권 인정, 상주외교사절의 교환
③ 장기간의 양국 회담, 독립을 획득한 신 국가에게 축하메시지를 보내는 것
④ 상주외교사절의 교환, 통상대표부의 설치 허가

해설

상주 외교사절의 교환, 신 국가에 대한 축하메시지는 묵시적 승인으로 인정되나 단순한 여권 인정,

양자 회담, 통상대표부 설치 등은 묵시적 승인으로 인정되는 수준의 행위로 보기 어렵다.

<답 ①>

026. 다음 중 국가승인으로 간주될 수 있는 것으로 바르게 묶인 것은?

ㄱ. 신생독립국가에 축하메시지 전달	ㄴ. 무역사절단 파견
ㄷ. 신생독립국가 국민에 대한 비자발급	ㄹ. 범죄인인도
ㅁ. 다자조약에의 공동참여	ㅂ. 상주외교사절의 접수와 파견
ㅅ. 우호통상항해조약 체결	ㅇ. 다자간 국제회의 동시 참석
ㅈ. 통상대표부 설치	

① ㄱ, ㅂ, ㅅ
② ㄴ. ㄷ, ㄹ
③ ㅁ, ㅂ, ㅅ
④ ㄷ, ㅇ, ㅈ

해설

신생독립국에 대한 축하메시지 전달이나 국기승인 등 비중이 큰 의례적(ritual) 행위는 묵시적 승인으로 본다. 상주외교사절 교환과 우호통상항해조약 같은 정치적, 포괄적 조약체결은 묵시적 승인으로 본다. 비자발급 등 영사관련 행위, 무역사절단 파견이나 통상대표부 설치와 같은 비정치적 통상행위, 범죄인인도 등 실무적 사실행위는 묵시적 승인으로 간주되지 않는다. 다자조약 공동참여나 다자회의 동시 참석은 국가승인의 의미가 없다. <답 ①>

027. 국가승인에 관한 설명 중 옳지 않은 것은? 〈사시 2013년〉

① 국가승인은 일방적 행위(unilateral acts)의 한 유형이다.
② 신생국과 우호통상항해조약을 체결하는 경우, 이는 그 신생국을 국가로 승인하는 효과를 가져오지 않는다.
③ 신생국과의 외교관계 수립은 그 국가에 대한 묵시적 승인으로 간주된다.
④ 개별 국가에 의한 승인은 승인국과 피승인국 사이에서만 그 효과를 발생시킨다.
⑤ 외교관계의 단절은 그 사실만으로는 승인이 철회되는 효과를 가져오지 않는다.

해설

우호통상항해조약과 같은 비중 있는 정치적 양자조약은 국가승인의 효과가 인정된다. <답 ②>

028. 국가승인에 대한 설명 중 옳지 않은 것은? 〈기출문제 변형〉

① 피승인국의 지위에 본질적 변경이 있지 않는 한 법률상의 승인은 철회할 수 없다.
② 원칙적으로 국가승인은 소급효를 갖지 못한다.

③ 신생국이 승인에 의하여 비로소 국제법주체가 된다는 것이 창설적 효과설이다.

④ 사실상 승인은 철회가 가능하다는 점에서 그 효과가 잠정적이다.

해설

국가승인은 소급효를 갖는다. 최초로 국가의 객관적 요소를 갖춘 시기로 승인효과가 소급된다.

<답 ②>

029. 국가승인에 관한 설명 중 옳은 것은?

① 외교관계 수립은 묵시적 승인으로 간주되지 않는다.

② 조건부 승인의 경우 조건이 성취되지 않으면 승인은 소급하여 무효화된다.

③ 승인한 국가와 승인받은 국가 사이에서만 효력이 있어 상대적 효과를 갖는다고 한다.

④ UN에 미승인국이 참여할 경우 명시적으로 반대하지 않으면 국가승인한 것으로 간주된다.

해설

① 외교관계 수립은 묵시적 승인으로 간주된다. ② 조건이 성취되지 않더라도 승인 자체는 철회되거나 무효화되지 않는다. 승인은 (사실상의 승인을 제외하고는) 원칙적으로 철회불가능하기 때문이다. ④ 미승인국의 UN 참여는 타회원국의 국가승인을 의미하지 않는다.

<답 ③>

030. 신생국에 대한 국가승인으로 간주되지 않은 것은? 〈행안부 7급 2010년〉

① 선언을 통하여 승인에 대한 의사를 전달하는 것

② 신생국의 영사에게 영사인가장을 부여하는 것

③ 신생국이 참여한 다자조약에 가입하는 것

④ 신생국과 우호통상항해조약을 체결하는 것

해설

신생국이 참여한 다자조약에 함께 가입하는 것만으로는 묵시적 승인으로 간주되지 않는다.

<답 ③>

031. 승인의 효과에 관한 다음 설명 중 잘못된 것을 고르시오.

① 승인의 효과는 기본적으로 상대적이며 따라서 오로지 승인국과 피승인국 간에만 그 효력이 발생한다.

② 승인은 기본적으로 철회가 불가능하다.

③ 일단 승인을 부여한 후에는 외교관계를 단절하더라도 승인의 효과가 철회되는

것은 아니다.

④ 승인을 부여하게 되면 승인의 효과는 미래에 대해서만 적용되며 해당 국가가 승인의 요건을 완비한 시점으로 소급하여 승인의 효과가 발생하지는 않는다.

⑤ 일국의 UN 가입 자체는 모든 회원국으로부터의 묵시적 승인을 구성하지는 않는다는 것이 다수설의 입장이다.

해설

국제법상 승인의 의무는 존재하지 않으나 일단 승인이 부여되면 그 효과는 국가성립의 요건이 충족된 날로 소급하여 효력을 발생한다. <답 ④>

032. 국가의 승인(recognition)에 관한 다음 설명 중 타당하지 않은 것은?

① 국가 성립의 4대요소를 갖춘 국가에 대해서는 승인을 하여야 할 의무가 있다는 것이 일반적인 입장이다.

② 승인의 효과와 관련하여서는 선언적 효과설이 다수설이다.

③ 승인은 국제법과 국제정치의 교차점에 위치한 이슈이다.

④ 상조의 승인(premature recognition)은 국제법 위반행위를 구성한다.

⑤ 상조의 승인의 사례로 들 수 있는 것은 1948년 이스라엘 독립선언 직후 미국이 국가 승인한 사례를 들 수 있다.

해설

국가 성립의 모든 요건을 충족하였다고 하더라도 타국이 이를 승인할 국제법적 의무는 존재하지 않는다. <답 ①>

033. 국가승인에 대한 설명으로 옳은 것은? 〈기출문제 변형〉

① 조건부 승인의 경우 조건이 성취되지 못할 경우 승인의 효과는 발생하지 않는다.

② 에스트라다주의(Estrada Doctrine)는 침략행위의 결과로 성립된 사태를 인정하지 않는 정책을 가리킨다.

③ 외교사절 교환, 신국가의 국기승인, 자국영사에 대한 인가 요구, 포로교환협정 체결은 모두 묵시적 승인으로 간주된다.

④ 선언적 효과설에 따르면 국가는 승인 여부에 관계없이 국제법의 주체가 된다.

해설

① 일반적으로 승인은 철회 불가하므로 조건이 성취되지 않아도 승인이 철회되지는 않는 것으로 본다. ② 에스트라다주의는 헌법적 정통성에 관계없이 실질적 통제권을 확립한 경우 정부승인을 한다는 정부승인 관련 정책이다. ③ 포로교환협정 체결은 승인을 의미하지 않는다. <답 ④>

034. 국가승인에 대한 국제실행(practice)으로 옳은 것을 모두 고른 것은?

〈국가직 7급 2012년〉

> ㄱ. 1965년 UN 안전보장이사회는 인종차별적 소수 백인 국가인 로디지아를 승인하지 말 것을 요구하는 결의를 채택하였다.
> ㄴ. '국가의 권리와 의무에 대한 몬테비디오협약'은 "국가는 다른 국가의 승인과 상관없이 존재한다."라고 규정하여 '선언적 효과설'에 입각하고 있다.
> ㄷ. 미국에 의해서 승인된 피승인국은 미국법원에 제소할 수 있는 권리를 취득한다.

① ㄱ, ㄴ　　② ㄱ, ㄷ
③ ㄴ, ㄷ　　④ ㄱ, ㄴ, ㄷ

해설

모두 사실에 부합하는 지문이다. 오늘날 국제법상 무력사용금지 원칙, 인권보호 원칙 등 강행규범에 위배되는 방식으로 형성된 상황(국가 성립 등)에 대해서는 승인하지 말아야 한다는 불승인의무가 인정되고 있는데, 로디지아 문제는 이러한 원칙과 일맥상통하는 사례라고 볼 수 있다. <답 ④>

035. 다음은 국가승인의 효력에 대한 설명이다. 타당하지 않은 것은?

① 승인은 승인한 국가와 피승인국 간에만 권리 · 의무를 설정한다.
② 미승인국이라 하더라도 전투수행이나 외국인 권익보호에 관한 국가책임은 이행되어야 한다.
③ 미승인국은 원고나 피고로서 소송주체성이 인정되지 않는 것이 국제관행이다.
④ 외교관계가 단절되어도 승인은 유효하다.

해설

미승인국이 원고인 경우에는 승인을 전제로 하나 피고인 경우에는 국내법원은 승인과 관계없이 미승인국의 재판면제나 미승인국의 국내법을 준거로 지정한 실례가 있다. <답 ③>

036. 국가승인에 대한 설명으로 옳지 않은 것은? 〈2016년 국가직 7급〉

① 국가는 영사특권을 부여하겠다는 구상서로써 미승인국을 승인할 수 있다.
② 국제연합(UN) 회원국으로서의 가입이 그 국가에 대한 기존 UN회원국의 집단적 승인으로 해석되지 않는다.
③ 국가승인제도는 1930년의 에스트라다주의(Estrada Doctrine)로 점차 대체되었다.
④ 선언적 효과설에 따르면 국가성(statehood)을 갖춘 국가는 타국의 승인여부와

무관하게 국제법 주체로 인정된다.

해설

에스트라다주의는 정부승인과 관련된 것으로서 실효적인 정부가 확립되었으면 정통성이나 합법성을 따지지 않고 정부승인을 해주는 것을 말한다. <답 ③>

037. 정부승인의 의의로 타당하지 않은 것은?

① 국내법상 합법, 비합법적 수단에 의해 성립한 정부에 대해 타 국가가 신 정부를 국가의 대외적 대표기관으로 인정하는 행위이다.
② 정부승인은 국가의 대외적 대표자격이 누구에게 있는지 판단하는 점에서 국가의 승인과는 구별된다.
③ 국가는 정부변경에도 불구하고 계속 존재하는 것이므로 국가의 국제법 주체로서의 법적 지위에는 영향이 없는데 이를 국가계속성의 원칙이라 한다.
④ 오늘날 국가를 승인하면서 정부를 승인하지 않는 경우는 거의 없기 때문에 정부승인제도는 거의 이용되지 않는다.

해설

합법적 수단에 의한 정부수립은 타국의 승인을 필요로 하지 않으며 비합법적 수단에 의한 정부수립에 대해서만 정부승인이 문제된다. <답 ①>

038. 국제법상 승인에 대한 설명으로 옳지 않은 것은? 〈사시 2011년〉

① 기존 국가의 일부분이 분리 독립한 경우 국가승인이 문제된다.
② 쿠데타에 의하여 정부가 변경된 경우 정부승인의 대상이 된다.
③ 복수의 국가가 결합하여 하나의 새로운 국가를 형성한 경우 국가승인이 문제된다.
④ 식민지가 독립한 경우 국가승인의 대상이 된다.
⑤ 내전 중 반란단체가 영토의 일부분을 실효적으로 장악한 경우는 정부승인의 대상이 된다.

해설

정부승인은 쿠데타나 반란이 성공하여 전 국토에 대해 새로운 정부가 수립된 경우에 해당된다. 영토의 일부를 장악한 경우는 정부승인의 대상이 아니며 교전단체 또는 반란단체 승인의 대상이 될 수 있다.
<답 ⑤>

039. 입헌군주제인 A국가가 합법적인 헌법 개정을 통해 공화국으로 변경되었을 경우, 제3국에게 제기되는 승인 문제는? 〈2016년 국가직 9급〉

① 제3국 입장에서는 어떠한 승인도 할 필요가 없다.
② 국가 체제가 변경된 것이므로 국가승인이 필요하다.
③ 정부 형태가 변경된 것이므로 정부승인이 필요하다.
④ 국가 체제와 정부 형태 모두 변경되었으므로 국가승인과 정부승인이 모두 요구된다.

해설

국가의 동일성이 유지되므로 국가승인의 문제는 제기되지 않으며, 정부가 혁명이나 쿠데타와 같이 비합헌적 방법으로 변경된 경우도 아니므로 정부승인도 요구되지 않는다. <답 ①>

040. 국제법상 승인제도에 대한 설명으로 옳지 않은 것은? 〈국가직 9급 2011년〉

① 승인의 요건을 완전히 갖추지 못한 국가에 대한 승인을 '시기상조의 승인'이라고 한다.
② 정통주의 또는 토바르주의(Tobar Doctrine)란 일단 국가승인이 있으면 정부승인행위는 불필요하다는 주장이다.
③ 1933년 '국가의 권리와 의무에 관한 몬테비데오협약'은 국가의 성립요건으로서 '항구적 인구', '일정한 영역', '정부' 및 '타국과 관계를 맺을 수 있는 능력' 등을 제시하고 있다.
④ 승인은 조약규정 또는 국제회의의 결의나 공동선언을 통해 이루어질 수 있다.

해설

② 정통적인 헌법절차에 의한 정부변경절차를 거치지 않은 경우 정부승인하지 않겠다는 입장을 정통주의(토바르주의)라고 한다. <답 ②>

041. 다음 중 전통적 국제관행과 이론에 따를 경우 정부승인론이 적용되기에 가장 적합한 경우는 무엇인가?

① 직접선거에 의해 기존 집권당이 물러나고 야당이 새로운 정권을 수립하였다.
② 간접선거에 의해 기존 집권당의 후계자가 새로이 대통령에 취임하였다.
③ 독립투쟁을 벌이던 소수민족이 본국정부와의 타협을 통해 일정영역을 분리하여 승계하고 신생국가를 창설하였다.
④ 군부가 기존 국가원수를 추방하고 의회와 정부를 장악하여 전 영토에 대해 실질적 통치권을 확립하였다.

해설

정부의 승인은 일반적으로 국내헌법상 비정상적 · 비합법적 정부 변경의 경우에 대해 적용되어 왔다. 합법적으로 정권이 교체되는 경우는 별도의 승인이 필요 없으며 완전히 새로운 국가가 분리 독립하여 탄생하는 경우에는 국가승인이 문제시된다. 그런데 근자에 이르러 국가들은 정치외교적 곤란을 피하기 위해 정부승인의 관행을 배제하고 있다. <답 ④>

042. 에스트라다주의에 대한 설명으로 옳지 않은 것은?

① 비합법적 정부라도 외교관계를 계속해야 한다.
② 쿠데타와 관련해 국가의 내부문제를 다른 국가가 판단의 대상으로 함은 주권의 침해이다.
③ 1930년 멕시코 외상 에스트라다가 주장한 것이다.
④ 정부승인의 요건은 실질적 통치력행사와 권력의 정통성이다.

해설

④ 정부승인의 요건으로 헌법상 정통성을 내세운 것은 1907년 에콰도르 외상인 토바르의 토바르주의이다. <답 ④>

043. 정부승인과 관련된 설명 중 옳지 못한 것은?

① 토바르주의는 합법적 절차에 의한 정부수립을 요구하는 입장으로서 정통주의라고 볼 수 있으며 윌슨주의와 상통한다.
② 에스트라다주의는 오늘날 명시적 정부승인 불필요론의 기초가 되었다.
③ 에스트라다주의는 타국의 국내문제에 대한 가치판단을 억제해야 한다고 보는 관점에 기초해 있다.
④ 스팀슨주의는 일본이 만주국을 설립하자 미 국무장관 스팀슨이 발표한 원칙으로서 UN헌장에 위배되는 상황에 대해 승인하지 않겠다는 입장을 의미하는 것이었다.

해설

토바르주의는 합법적 절차에 의한 정부수립을 정부승인의 요건으로 주장한다. 즉, 정통성 있는 정부만을 승인한다는 정통주의 입장이며 이는 윌슨주의와 유사한 내용이다. 반면, 에스트라다주의는 타국의 정부수립 등 내부문제에 대해 가치판단을 억제하고 혁명에 의해 정부가 교체되더라도 정부승인은 불필요하며 외교관계의 지속 여부만을 결정하면 된다는 입장이다. 토바르주의와 에스트라다주의를 구별해서 기억할 필요가 있다. 스팀슨주의는 일본의 만주국 설립에 대해 부전조약에 위배되는 방식으로 성립된 상황에 대해서는 승인하지 않겠다고 한 미국의 입장이었다. 당시는 UN 성립 이전 시기이다. <답 ④>

044. 정부승인의 효력으로 보기 어려운 것은?

① 정부승인도 국가승인과 같이 철회할 수 없다.
② 구 정부의 조약상의 권리 · 의무는 신 정부에 승계되지 않는다.
③ 신 정부는 국가의 대표자격이 인정된다.
④ 승인의 효력은 신정부가 사실상 성립된 때로 소급한다.

해설

조약상 권리 · 의무도 승계된다. 정부승인은 국가의 계속성을 전제로 하므로 기존국가의 국제법상의 권리 · 의무는 당연히 승계된다. <답 ②>

045. 정부승인에 대한 다음 설명 중 옳지 못한 것은?

① 티노코 청구사건에서 중재법원은 창설적 효과설에 입각하여 코스타리카의 유책을 판시하였다.
② 루터 v. 사고르 사건에서 소련정부가 영국에 의해 뒤늦게 승인되자 영국법원은 영국정부의 승인효과를 소련정부성립 당시로 소급적용하였다.
③ 정부승인은 오늘날 정치적인 이유로 인해 사용이 기피되고 있다.
④ 승인의 소급효는 정부승인의 내재적 성질에서 비롯되는 논리적 원칙이 아니라 영미법원이 편의적으로 적용하는 것일 뿐이다.

해설

① 티노코 양허 청구사건에서 중재법원은 선언적 효과설에 입각하여 코스타리카의 유책을 판시하였다. ② 루터 v. 사고르 사건은 정부승인과 관련된 사건으로 승인의 소급효를 인정하여 영국에 의한 정부승인효과를 실제의 소련정부성립 당시로 소급적용하였다. 이에 따라 영국의 소련정부승인 이전에 취해진 소련정부의 국유화행위에 대해 국가행위론이 인정되었다. ③ 정부승인은 오늘날 기피되고 있는 제도이다. ④ 승인의 소급효는 논리필연적 원칙이 아니라 영미법원에 의해 편의적으로 적용된 규칙이다. <답 ①>

046. 국가승인과 정부승인을 비교한 것으로 옳지 않은 설명은?

① 국가승인이나 정부승인 모두 승인에 필요한 요건을 갖추지 않은 경우에는 상조의 승인이 되어 위법하다.
② 국가승인과 정부승인 모두 소급효가 인정된다.
③ 국가승인은 명시적 방법으로 행해지는 것이 통례인 데 반하여, 정부승인은 보통 외교관계의 지속 등과 같이 묵시적인 방법으로 행하여진다.
④ 국가승인에는 구정부의 조약상 권리 · 의무까지 승계하나, 정부승인의 경우에는 일반국제법상의 권리 · 의무관계가 발생할 뿐이다.

해설

거꾸로 설명되어 있다. 국가승인의 경우는 구 정부의 조약상 권리 · 의무가 존재할 수 없다.

<답 ④>

047. 교전단체승인의 의의로서 타당하지 않은 것은?

① 승인의 주체는 본국정부 내지 제3국이다.
② 승인의 대상은 반도가 일반적 사실상 정부를 수립한 경우이다.
③ 반도를 국제법상 전쟁주체로 승인하는 것이다.
④ 승인의 취지는 제3국이 자국민의 권익을 보호하려는 데 있다.

해설

일반적으로 사실상 정부의 수립은 정부승인의 대상이고 교전단체의 승인은 일정지역을 점령해 그 지역에서 사실상 정부를 성립시키는 것이다. 즉, 지방적 · 사실적 정부가 교전단체승인의 대상이다.

<답 ②>

048. 교전단체의 승인에 관한 설명 중 옳지 않은 것은? 〈사시 2015년〉

① 반란단체가 일정 지역에서 중앙정부의 공권력 행사를 배제하고 이 지역을 실효적으로 통제하는 경우 이 단체는 교전단체로 승인될 수 있다.
② 반란단체를 교전단체로 승인한 제3국은 반란지역에서의 반란단체 행위에 대하여 중앙정부에 책임을 물을 수 없다.
③ 중앙정부는 반란단체를 교전단체로 승인할 수 없다.
④ 반란단체를 교전단체로 승인한 제3국은 중립의 지위에 놓인다.
⑤ 교전단체로 승인받은 반란단체는 제한된 범위 내에서 국제법의 주체가 된다.

해설

중앙정부는 반란단체를 교전단체로 승인함으로써 해당 지역에 대한 국가책임을 면제받을 수 있으며 국제인도법 등 무력충돌 관련 국제법을 적용하게 된다. <답 ③>

049. 국가 유형에 관한 다음의 설명 중 올바른 것은 무엇인가?

① 연방국가(federal state)는 국제법상 오로지 하나의 주체만이 존재할 뿐이다.
② 연방국가의 구성국은 원칙적으로 국제법상 주체성을 보유한다.
③ 국가연합(confederation)의 구성국들은 국제법상 주체성을 보유하지 않는다.
④ 국가연합의 대표적인 사례는 미국 및 캐나다를 들 수 있다.
⑤ 연방국가의 대표적인 사례는 과거 구소련이 해체된 후 등장한 독립국가연합(CIS)을 들 수 있다.

해설

미국, 캐나다, 스위스와 같은 연방국가도 국제법 주체성을 갖는 국가는 해당 연방국가 하나일 뿐이다. 연방국가의 구성국은 자국 헌법상 광범위한 재량권을 보유하는지 여부와는 상관없이 국제법적 주체성을 보유하지는 않는다. <답 ①>

050. 국가의 형태와 관련한 설명 중 옳지 않은 것은? 〈사시 2015년〉

① 연방국가는 대등적 국가결합이나, 국가연합은 그렇지 않다.
② 피보호국(protected state)이 되어도 국제법상 국가 자격을 상실하지 않는다.
③ 우리나라 헌법재판소는 1991년 남북합의서에 대해서 국가와 국가 사이의 조약으로 볼 수 없다고 결정하였다.
④ 교황청은 국가와 외교관계를 맺을 수 있다.
⑤ 연방국가의 구성국은 원칙적으로 국제법상 국가로서의 자격이 없다.

해설

국가연합은 둘 이상의 국가들이 구성국들 간의 평등을 기초로 국제법상 국가의 자격을 보유한 채 결합한 것이다. 연방국가는 연방의 구성국들이 조약 또는 헌법에 의하여 결합하는 것이며, 일반적으로 (구성국 자체가 아니라) 연방 자신이 완전한 외교능력을 가진다. <답 ①>

051. 국가의 국제법상 지위를 유형별로 설명한 것이다. 옳지 않은 것은? 〈사시 2012년〉

① 단일국가는 지방자치단체의 행위에 대하여 국제법상 책임을 진다.
② 연방국가는 대외적으로 하나의 국가로 취급된다.
③ 연방국가에서 외교, 국방 등의 주요한 대외적 문제들은 원칙적으로 연방정부가 처리한다.
④ 연방국가는 그 구성국들의 행위에 대하여 국제법상 책임을 지지 않는다.
⑤ 국가연합의 구성국들은 대외적으로 각각 하나의 독립국가로 취급된다.

해설

연방국가의 구성단위들은 독자적인 국제법 주체가 아니며 그 구성단위들의 행위는 국가에 기속된다. 예를 들어, 캘리포니아 주정부의 행위에 대해 미국정부는 국제법상의 책임을 져야 한다.
<답 ④>

052. 교황청, 즉 바티칸시국에 대한 영세중립성을 인정한 조약은?

① 1815년 비엔나조약 ② 1831년 런던조약
③ 1929년 라테란조약 ④ 1867년 런던조약

해설

①은 스위스의 중립화, ②는 벨기에의 중립화, ③은 교황청의 중립화, ④는 룩셈부르크의 중립화.
<답 ③>

053. 국제법상 분리독립에 대한 설명으로 옳은 것은? 〈2015년 국가직 7급〉

① 1914년 제1차 세계대전이 일어날 때까지 분리독립에 의하여 국가가 탄생한 예가 없다.
② 어느 국가의 중앙정부가 그 국가 영역 내 특정 지역을 통제하는 지방 조직을 국가로 승인하는 경우 그 지역에서 국가가 탄생한다.
③ 어느 국가의 영토 일부 및 그 영토상의 주민이 분리독립하는 경우 그 국가의 계속성은 소멸한다.
④ 1945년 제2차 세계대전이 종결된 이후 자결권 행사를 통해서 분리독립이 실현된 예가 없다.

해설

② 지방조직이 특정지역을 실질적으로 통제하고 중앙정부로부터 국가승인까지 받으면 국제법상 국가의 요건을 모두 갖추었다고 말할 수 있을 것이다. ③ 일반적으로 국가의 일부 지역이 분리독립으로 떨어져 나가면 그 원래 국가의 영토가 축소된 것일 뿐 원래 국가의 계속성이 소멸되지는 않는다고 본다. 그러나 하나의 국가가 분열하면서 두 개의 새로운 국가가 탄생하는 경우 원래 존재하던 하나의 국가는 그 존재가 소멸하여 계속성이 소멸되었다고 평가할 수 있다.
<답 ②>

054. 「국제연합(UN)헌장」 제2조에 규정된 UN 및 그 회원국이 준수해야 할 행동의 기본원칙이 아닌 것은? 〈국가직 9급 2012년〉

① 국내문제 불간섭의 원칙 ② 인권존중의 원칙
③ 국제분쟁의 평화적 해결원칙 ④ 주권평등의 원칙

해설

인권존중이 보편적인 원칙임에는 틀림없으나 UN헌장 제2조에 규정된 기본원칙에는 포함되지 않음에 유의할 필요가 있다.
<답 ②>

055. 국내문제불간섭의무에 관한 설명 중 옳지 않은 것으로 묶인 것은? 〈사시 2013년〉

> ㄱ. 한 국가의 배타적 관할영역상에서 발생한 모든 문제는 국내문제이다.
> ㄴ. 국내문제불간섭의무는 주권평등원칙에 기초를 두고 있다.
> ㄷ. 무력에 의한 간섭은 금지되나 비무력적 간섭은 허용된다.
> ㄹ. 한 국가가 자신의 의사를 다른 국가에 강제하는 것은 간섭이다.
> ㅁ. 한 국가가 타국의 반란단체에 대해 재정지원, 무기공급, 정보제공 또는 병참지원을 하는 것은 간섭에 해당되지 않는다.

① ㄱ, ㄴ, ㄷ ② ㄱ, ㄴ, ㄹ ③ ㄱ, ㄷ, ㅁ
④ ㄴ, ㄹ, ㅁ ⑤ ㄷ. ㄹ, ㅁ

해 설

ㄱ. 인권문제 등은 더 이상 단순 국내문제로 인정되지 않는다. ㄷ. 간섭은 원칙적으로 일정한 예외에 해당하지 않는 한 허용되지 않는다. 비무력적이라는 이유만으로 허용되는 것은 아니다. ㅁ. ICJ는 니카라과 사건에서 미국의 니카라과 내 반란단체(콘트라 반군)에 대한 재정지원, 무기공급, 정보제공, 병참지원 등은 그 자체로 미국의 니카라과에 대한 무력공격(armed attack)이라고 볼 수는 없으나, 불간섭의 원칙에는 위배되는 것이라고 판시하였다. <답 ③>

056. 국내문제불간섭원칙에 대한 다음 설명 중 잘못된 것은?

① UN헌장 제2조 7항은 "본질적으로 국내관할권에 속한 사항"을 국내문제로 규정하고 있다.
② 일단 국내문제로 확정되면 이는 최종적이며 국제문제화되는 것은 불가능하다고 보는 것이 다수설의 입장이다.
③ 제2조 7항의 국내문제 불간섭원칙은 안보리의 헌장 제7장상의 강제조치 실시에는 적용되지 않는다.
④ 출입국문제, 국적부여문제, 헌법문제 등이 대표적인 국내문제로 인정되어 오고 있다.
⑤ 헌장 제2조 7항상 국내문제 불간섭의무는 유엔에 대한 의무로 규정이 되어 있으나, 실제는 유엔뿐 아니라 개별국가들에 대한 일반적 의무로도 인식되고 있다.

해 설

국내문제 또는 국제문제 여부는 상대적인 개념이며 시간에 따라 변화한다. 과거에는 대부분의 이슈가 국내문제였으나 점차 조약의 체결과 국제 강행규범의 발달로 인하여 이러한 국내문제들이 점차 국제문제화 되었다. 물론 일단 국제문제화된 사안들도 국제법의 발달에 따라 다시 국내문제화되는 것도 이론상 가능하다. <답 ②>

057. 1970년 'UN헌장에 따른 국가 간의 우호관계 및 협력에 관한 제 원칙선언'에 명시된 기본원칙으로 올바르게 묶인 것은? 〈기출문제 변형〉

① 주권평등 원칙, 천연자원에 대한 항구적 주권 원칙

② 무력사용금지 원칙, 인권보장 원칙

③ 국제협력의무, 국가면제 원칙

④ 분쟁의 평화적 해결 원칙, 민족자결 원칙

해설

주권평등, 무력사용금지, 분쟁의 평화적 해결, 민족자결과 평등권 존중, 국내문제 불간섭, 국제협력의무, 국제의무의 성실 이행 등 7개 기본원칙이 규정되어 있다. <답 ④>

058. 국가의 주권에 관한 다음 설명 중 타당하지 않은 것은 무엇인가?

① 모든 주권국가는 국제법 앞에 평등하다.

② 주권평등의 원칙은 현대 국제법의 기본골격이다.

③ 영토주권과 관련하여서는 제한적 영역주권설이 다수설이다.

④ 제한적 영역주권설을 받아들이는 판례로는 Trail Smelter Arbitration을 들 수 있다.

⑤ 주권평등의 원칙의 결과, 모든 국가는 모든 측면에서 항상 동일하게 취급받아야 하며 따라서 안보리의 상임이사국에 대한 거부권 인정은 주권평등의 원칙의 위반이라고 보는 것이 다수설이다.

해설

주권평등 원칙에도 불구하고 조약의 규정 등에 따라 실제 국가들가 차별적인 권한이 분배되는 경우도 적지 않다. 이러한 경우는 각 국가들이 자신들의 주권을 적극 행사하여 그러한 체제를 도입한 것으로 파악하는 것이 다수설이며 이를 주권평등 원칙에 대한 위반으로 간주하지는 않는다. <답 ⑤>

059. 국제기구의 의사결정에 있어서 국가평등의 원칙을 가장 잘 반영하고 있는 것은? 〈국가직 7급 2011년〉

① IMF 총회에서의 SDR 할당 문제

② 유럽이사회(European Council)에서의 의장선출 문제

③ WTO 각료회의에서의 WTO 설립협정 제1부속서 다자간무역협정에 관한 해석결정 문제

④ IBRD 총회에서의 신회원국 가입승인 문제

해설

①,④ IMF와 IBRD는 가중투표제도를 도입하고 있어 1국가 1표의 국가평등원칙과는 거리가 있다.
② 2009년 발효된 리스본조약은 유럽이사회 의장선출 방식에 대해 명확히 규정하지 않고 있다.

③ WTO 각료회의와 일반이사회는 WTO설립협정 부속서 다자간무역협정의 독점적 해석권을 갖는바, 해석의 채택 여부에 대한 결정은 회원국 4분의 3 이상의 다수결에 의한다. <답 ③>

060. 국제법상 자위권(self-defence)과 관련한 설명으로 옳은 것을 모두 고른 것은?

〈사시 2010년〉

ㄱ. UN헌장 제51조상의 자위권을 행사하여 회원국이 취한 조치는 6개월 이내에 안전보장이사회에 보고되어야 한다.
ㄴ. UN헌장 제51조는 개별적인 자위권 외에도 집단적인 자위권을 규정하고 있다.
ㄷ. 개별적 자위권과는 달리 집단적 자위권의 경우에는 그 행사에 있어서 안전보장이사회의 사전승인을 얻어야 한다.
ㄹ. 국제관습법상 집단적 자위권은 아직 인정되지 않는다.
ㅁ. 극히 제한된 경우 무력공격이 발생하기 전에도 자위권을 행사할 수 있다는 이른바 예방적 자위권이 국제관습법상 인정될 수 있다는 주장이 있다.
ㅂ. ICJ는 니카라과사건에서 자위권의 행사요건으로 비례성과 필요성을 확인하였다.

① ㄱ, ㄹ ② ㄱ, ㅁ, ㅂ ③ ㄴ, ㄷ, ㅁ
④ ㄴ, ㅁ, ㅂ ⑤ ㄴ, ㄷ, ㅂ

해설

(ㄱ) 안보리에 즉시(immediately) 보고되어야 한다. (ㄷ) 자위권은 개별적 자위권이든 집단적 자위권이든 사전승인이 아니라 사후 (즉시) 보고하도록 되어 있다. (ㄹ) 국제관습법상 집단적 자위권이 인정되고 있다. ICJ는 니카라과사건(ICJ) 판결에서 국제관습법상 피해국이 요청하는 경우에 집단적 자위권을 발동할 수 있다고 보았다. <답 ④>

061. UN헌장 제51조에 규정되어 있는 자위권에 대한 설명으로 옳지 않은 것은?

① 무력공격이 발생한 경우에 자위권을 행사할 수 있다고 규정하고 있다.
② 자위권 발동의 사유, 시기, 적부의 제한을 두고 있다.
③ 자위권을 국가의 고유한 권리로서 인정하고 있다.
④ 테러리스트와 같은 비국가적 단체에 대해서는 국가가 자위권을 행사할 수 없다고 명시되어 있다.

해설

UN헌장 제51조는 자위권의 대상에 대해서는 명확한 규정을 두고 있지 않다. 상황에 따라 비국가적 실체에 대해서도 자위권을 행사할 수 있는 것으로 해석하는 경우가 많다. <답 ④>

062. 1837년 캐롤라인호사건에 대한 설명으로 틀린 것은?

① 자위권에 관한 대표적 판례로 제2차 대전 후 뉘른베르크재판 결정에서도 인용되었다.

② 미국은 영국이 영토를 침범했다고 주장하고 영국은 정당방위라고 주장했다.

③ 미국측은 자위권의 요건으로 급박한 필요, 압도적으로 다른 수단을 택할 여유가 없을 것, 숙고할 여유가 없을 것을 제시했다.

④ 위 요건에 따르면 영국의 자위권행사는 적법하다고 볼 수 있다.

해설

캐나다에서 일어난 반란과 관련하여 무기를 운반하려는 반란단체에 대해 영국이 미국 영토 안으로 진입하면서까지 무력을 행사한 사건으로서, 일반적으로 영국이 당시 자위권행사의 요건을 갖추지 못한 것으로 간주되고 있다. <답 ④>

063. 다음 설명 중 옳은 것은? 〈2014년 국가직 9급〉

① UN헌장과 1974년 UN총회의 침략정의 결의에 따르면 무력 공격의 주체는 국가에 국한된다.

② 사법절차상 자위권을 이유로 자신의 무력사용이 정당하다고 주장하는 국가가 관련 사실관계를 입증해야 한다.

③ UN헌장은 명시적으로 예방적 자위권에 대해서 규정하고 있다.

④ 외국에 소재하는 자국민의 보호를 이유로 군사적으로 개입하는 것은 해당 영토국의 동의가 있더라도 국제법상 허용되지 않는다.

해설

① 무력공격의 주체가 국가로 한정되어 있지는 않다. ③ 예방적 자위권에 대한 규정은 없다. ④ 영토국의 동의가 있으면 위법성이 조각될 수 있다. <답 ②>

064. UN헌장 제51조는 자위권의 발동요건으로 무력공격이 발생한 경우만을 규정하고 있어 국제관습법상의 구체적인 발동요건이 문제되고 있는바, 이와 가장 밀접한 관련이 있는 사건은?

① 니카라과사건 ② 아임 얼론호사건

③ 노테봄사건 ④ 파케트하바나사건

해설

① 니카라과사건에서 ICJ는 집단적 자위권은 국제관습법상의 권리라고 판시하면서 무력공격이란 '정규권에 의한 공격뿐만 아니라 가해국 자신이 파견하거나 가해국을 위하여 상대방 국가에 대해 군사적 활동을 전개하는 무장세력, 비정규군, 용병 등의 군사적 활동이 정규군에 의한 공격에 해당할 정도인 경우에도 무력공격으로 인정된다'고 설시하고 타국 내의 반란세력에 대해 무기나 군수품을 공급하고 기타 지원을

한 경우, 이러한 행위는 무력의 행사나 위협에는 해당하나 무력공격으로는 볼 수 없다고 판시하였다. 또한 재판소는 비례성의 원칙도 지켜져야 자위권행사는 적법성을 갖는다고 하였다. <답 ①>

065. UN헌장 제51조상의 자위권에 대한 설명으로 옳지 않은 것은? 〈국가직 7급 2011년〉

① 자위권은 개별적 또는 집단적으로 행사될 수 있다.
② UN헌장에 의하면 개별적 자위권은 국가의 고유한 권리이지만, 집단적 자위권은 국가의 고유한 권리가 아니다.
③ 자위권의 행사로 회원국이 취한 조치는 즉각 안전보장이사회에 보고되어야 하며, 이러한 회원국의 조치는 안전보장이사회의 사후 심사대상이 된다.
④ 자위권의 행사에는 필요한 한도를 넘지 않아야 한다는 비례성의 원칙을 고려해야 한다.

해설

② 개별적 자위권과 집단적 자위권 모두 고유한 권리로서 규정되어 있다. <답 ②>

066. 국제법상 자위권에 관한 설명 중 옳은 것은? 〈사시 2016년〉

① 개별적 자위권은 국가의 고유한 권리이나 집단적 자위권은 그렇지 않다.
② 유엔헌장은 무력공격 또는 그 급박한 위협이 존재하는 경우 자위의 권리를 명문으로 인정하고 있다.
③ 자위권행사는 안전보장이사회가 국제평화와 안전을 유지하기 위하여 필요한 조치를 취할 때까지 허용된다.
④ 자위권 행사의 요건으로서 필요성(necessity)은 요구되나, 비례성(proportionality)은 요구되지 않는다.
⑤ 자위의 조치는 국가의 권리 행사에 해당하므로 위법성조각사유에는 속하지 않는다.

해설

① 개별적 자위권과 집단적 자위권 모두 고유한 권리라고 규정되어있다. ② 급박한 위협이 존재하는 경우에 대해서는 명문 규정이 없다. ④ 필요성과 비례성이 모두 요구된다. ⑤ 자위권 행사는 위법성조각사유의 하나로 인정된다. <답 ③>

067. 국제법상 자위권에 관한 설명으로 옳지 않은 것은? 〈2015년 국가직 9급〉

① 자위권은 국가의 고유한 권리로서 개별적 자위권과 집단적 자위권으로 구분된다.
② 자위권의 행사는 무력 공격에 비례하고 또한 대응에 필요한 조치의 범위 내에서만 정당화될 수 있다.

③ 자위권은 안전보장이사회가 국제평화와 안전을 유지하기 위해 필요한 조치를 취할 때까지 행사될 수 있다.

④ UN 헌장 제51조는 자위권을 행사함에 있어서 회원국이 취한 조치는 즉시 총회에 보고되어야 한다고 규정하고 있다.

해설

UN 헌장 제51조는 자위권 행사 조치를 즉시 안전보장이사회에 보고하도록 규정하고 있다.

<답 ④>

068. 국제법상 자위권에 관한 설명으로 옳지 않은 것은? 〈행안부 7급 2010년〉

① 자위권행사의 시간적 한계는 안정보장이사회가 국제평화와 안전의 유지를 위하여 필요한 조치를 취할 때까지이다.

② 자위권행사의 요건은 '무력공격'의 발생에 한정된다.

③ 자위권을 국가의 고유한 권리로 인정하고 있다.

④ 집단적 자위권은 인정되지 않는다.

해설

집단적 자위권은 유엔헌장에 의해 인정되고 있다. <답 ④>

069. 국제법상 자위권(right of self-defence)에 대한 설명으로 옳지 않은 것은? 〈국가직 9급 2012년〉

① 「UN헌장」상 합법적으로 무력을 사용할 수 있는 권리이다.

② 상대국의 위법한 무력사용이 선행되는 경우에만 가능하다.

③ 개별적 행사는 가능하나 집단적 행사는 인정되지 않고 있다.

④ 급박하고 현존하는 무력공격에 대하여 발동할 수 있다.

해설

UN헌장은 개별적 자위권뿐만 아니라 집단적 자위권도 명문으로 인정하고 있다. <답 ③>

070. 국가의 자위권행사에 대한 설명 중 옳지 않은 것은?

① 회원국의 고유권리로 유엔헌장에 명시되어 있다.

② 집단적 자위권을 행사하기 위해서는 상호방위조약 또는 지역협정이 사전 체결되어 있어야 한다.

③ 이른바 구 적국조항의 경우 집단적 자위권행사에 있어 무력공격이 발생한 경우라는 제한이 없다.

④ 개별적 자위권이든 집단적 자위권이든 안보리의 사전허가를 요하지 않으나 회

원국이 취한 자위권 조치는 즉시 안보리에 보고되어야 한다.

해설

집단적 자위권에 대해서는 방위조약 또는 지역협정 등 별도의 요건이 없다. 따라서 그러한 협정이 체결되어 있지 않은 경우에도 집단적 자위권 발동이 가능하다. <답 ②>

071. 자위권행사에 관한 설명 중 옳지 않은 것은?

① 자위권 개념과 관련된 사건으로 캐롤라인(Caroline)호 사건을 들 수 있다.
② 유엔헌장은 무력공격(armed attack)이 발생한 경우 국가가 고유한 권리(inherent right)로서 자위권을 행사할 수 있다고 인정한다.
③ 국제사법재판소(ICJ)는 자위권행사의 정당성을 심사하는 유일한 기관이다.
④ 비례성의 원칙도 고려해야 한다.

해설

ICJ가 자위권행사의 정당성을 심사하는 유일한 기관이라는 근거는 없다. 비례성의 원칙은 UN헌장에 명시되어 있지는 않으나 판례와 관습법에서 자위권행사의 요건으로 인정되고 있다. <답 ③>

072. UN헌장 제51조상의 자위권에 관한 설명 중 옳지 않은 것은? 〈사시 2012년〉

① UN헌장상의 자위권 규정은 무력사용금지원칙의 예외 중 하나이다.
② UN헌장은 자위권을 국가의 고유한 권리로 인정하고 있다.
③ 개별적 자위권행사뿐만 아니라, 집단적 자위권행사도 가능하다.
④ 자위권은 무력공격이 발생한 경우 안전보장이사회가 국제평화와 안전의 유지를 위하여 필요한 조치를 취할 때까지 행사될 수 있다.
⑤ UN헌장은 무력공격이 발생하는 경우뿐만 아니라 그러한 급박한 위협이 있는 경우에도 자위권행사를 허용하고 있다.

해설

UN헌장은 자위권 사용을 "if an armed attack occurs"라고 하여 무력공격이 발생하는 경우로 한정하고 있으며, 급박한 위협이 있는 경우에도 허용되는지 여부에 대해 UN헌장 자체는 규정하지 않고 있어 이른바 예방적/예비적 자위권의 합법성에 대한 학설대립이 있다. <답 ⑤>

073. UN헌장 제51조의 자위권에 대한 설명 중 옳지 않은 것은?

① 국제사법재판소는 1986년 니카라과사건에서 집단적 자위권을 국제관습법을 바탕으로 판단하면서 무력공격을 받은 국가가 그 사실을 선언하고 원조를 요청한 경우에만 집단적 자위권이 행사될 수 있다고 판시하였다.
② 집단적 자위권은 UN헌장상 인정되지 않으나 국제관습법상 인정되고 있다.

③ UN헌장의 모체였던 덤바튼 오크스 제안에는 집단적 자위권이 없었으나 샌프란시스코회의에서 처음 인정되었다.
④ 1947년 전미 상호원조조약(일명 리우조약)은 UN헌장 제51조를 인용하고 있으며, NATO회원국들도 NATO조약에 의거하여 집단적 자위권을 행사할 수 있다.

해설

집단적 자위권은 UN헌장에도 명시되어 있으며 관습법으로도 인정되고 있다. 국제사법재판소는 니카라과 사건에서 무력공격을 받은 국가가 무력공격 받은 사실을 선언하고 이에 대해 외국의 원조를 요청하는 경우에만 타국이 집단적 자위권을 행사할 수 있다고 판시하였다. 이는 국제관습법을 바탕으로 요건을 판단한 것이다. <답 ②>

074. UN헌장에 대한 다음 설명 중 옳지 않은 것은? 〈기출문제 변형〉

① UN헌장 제2조는 주권평등, 헌장상 의무이행, 분쟁의 평화적 해결, 무력사용금지, 국내문제 불간섭 등을 규정하고 있으나, 민족자결의 원칙과 인권존중 원칙은 제2조가 아닌 다른 조항에 규정되어 있다.
② 무력사용 금지의 예외로서 자위권을 인정하고 있으며 이는 국제관습법상으로도 인정된 권리이다.
③ 타국 영해 내 기뢰제거 작전은 UN헌장상 인정된 자위권으로 볼 수 있다.
④ 유엔헌장상 국내문제 불간섭 원칙에 있어서 기본적 인권보호 문제는 더 이상 국내문제에 속한다고 볼 수 없다.

해설

③ ICJ는 코르푸해협사건에서 영국 군함들이 알바니아 영해에서 실시한 기뢰제거 작전은 자위권으로 볼 수 없으며 무해통항권의 범위를 벗어난 국제법 위반이라고 판시하였다. <답 ③>

075. 국내문제불간섭의무에 관한 설명으로 옳지 않은 것은? 〈2014년 국가직 7급〉

① 국내문제는 고정된 것이 아니며 국제사회의 발달에 따라 가변적이다.
② 본질적으로 국내 관할권에 속한 사항에 대하여는 UN도 간섭할 수 없다.
③ 국제사법재판소(ICJ)의 판결에 따르면 자발적 경제원조의 중단은 불간섭원칙을 위반한 것이다.
④ 국내문제로 발생한 사건이 국제평화와 안전을 파괴하거나 위협하는 경우에는 UN의 강제조치가 적용될 수 있다.

해설

니카라과사건에서 니카라과는 미국이 기존 경제원조를 중단한 것이 간접적인 간섭행위라고 주장하였으나 ICJ는 이를 받아들이지 않았다. 경제원조 중단은 수혜국의 국내 상황에 영향을 미칠 수는 있겠으나

이것이 불간섭원칙 위반이라고 볼 수는 없을 것이다. <답 ③>

076. 국내문제불간섭원칙에 대한 설명으로 옳은 것을 모두 고른 것은? 〈사시 2011년〉

ㄱ. 국제법상 국내문제라 함은 국가가 임의로 처리할 수 있는 사항으로서 대내적 사항뿐만 아니라 대외적 문제도 포함한다.
ㄴ. 국내문제와 국제문제의 구분은 본질적으로 상대적인 것으로 국제관계의 발전에 따라 가변적이라고 할 수 있다.
ㄷ. 이 원칙은 국제연합헌장 제7장에 의한 강제조치의 적용을 방해하지 않는다.
ㄹ. 국제관계가 긴밀해져 가는 추세에서 국내문제의 범위는 축소되고 있으며, 특히 인권문제는 순수한 국내문제가 아닌 것으로 인식되고 있다.
ㅁ. 니카라과사건(1986)의 판결에서 국제사법재판소는 미국의 니카라과에 대한 경제원조의 중단이 불간섭원칙의 위반이라고 인정하였다.

① ㄱ, ㄷ, ㄹ ② ㄱ, ㄴ, ㄹ ③ ㄴ, ㄹ, ㅁ
④ ㄱ, ㄴ, ㄷ, ㄹ ⑤ ㄱ, ㄴ, ㄷ, ㄹ, ㅁ

해설

상대국에 영향을 주는 모든 정치외교적 조치가 간섭을 구성하는 것은 아니다. ICJ는 미국의 니카라과에 대한 경제원조 중단은 간섭을 구성하지 않는다고 하였다. <답 ④>

077. 국제연합(UN)헌장 제2조 제1항과 제7항에서 추론되는 원칙에 대한 적절한 해석으로 볼 수 없는 것은? 〈지방직 7급 2010년〉

① '국내관할권 안에 있는 사항'이란 각 국가의 국내법의 규율에 맡겨진 법영역을 지칭한다.
② '간섭'이란 타국의 의사에 관계없이 자신의 의사를 다른 국가에 강제하는 것을 의미한다.
③ 동 조항에서 의미하는 국내문제불간섭원칙은 국제관습법이 되었다고 볼 수 있다.
④ 국내문제에 대한 간섭은 국제법상의 '침략'을 구성한다.

해설

타국의 국내문제에 간섭한다고 해서 침략이 되는 것은 아니다. 침략행위를 구성하기 위해서는 군사력 사용이 수반되어야 한다. <답 ④>

078. 국제법상 국내문제에 대한 설명으로 옳지 않은 것은? 〈기출문제 변형〉

① 튀니지-모로코 국적법사건에서 재판부는 국내문제의 적용범위가 상대적이라고 보았다.
② 헌법상 통치구조는 국내문제라고 볼 수 있다.
③ 외교문제는 국내문제에 포함되지 않는다.
④ 국내문제와 국제문제의 구별은 국제사회 변화발전에 따라 가변적이다.

해설

내정뿐만 아니라 외정(외교)문제도 국내문제에 포함될 수 있다. <답 ③>

079. 국가간 국내문제 불간섭 의무에 관한 설명 중 옳지 않은 것은? 〈사시 2016년〉

① 국내문제란 한 국가의 영토 상에서 발생하는 사항을 의미한다.
② 권고나 제의는 간섭에 해당하지 않는다.
③ 국내문제의 범위는 국제법의 발전에 따라 가변적이다.
④ 국내문제 불간섭은 일반국제법상의 의무이다.
⑤ 국내문제 불간섭은 강행규범적 의무는 아니다.

해설

① 국내문제 불간섭에 있어서 국내문제는 영토라는 공간적 기준에 따르는 것이 아니라 장소에 상관없이 특정 국가의 국내관할권에 속하는 사항을 지칭한다. <답 ①>

080. 국내문제불간섭의 원칙에 관한 설명으로 옳지 않은 것은? 〈사시 2009년〉

① UN헌장 제2조 제7항은 본질적으로(essentially) 국내문제에 속하는 사항에 대해 간섭할 수 없다고 규정하고 있다.
② 국제연맹규약 제15조 제8항은 전적으로(solely) 국내문제에 속하는 사항에 대해 간섭할 수 없다고 규정하였다.
③ UN헌장은 국내문제인지 여부를 결정하는 판단권자를 명시하고 있지 않다.
④ 상설국제사법재판소(PCIJ)는 국내문제인지 아니면 국제문제인지에 대한 구분은 상대적이라는 견해를 밝혔다.
⑤ UN은 UN헌장상의 국내문제의 범위를 가능한 한 넓게 해석하려는 경향이 있다.

해설

UN은 인권보호 등을 위한 다양한 노력을 통해 "국내문제"의 범위를 가급적 좁게 해석하려는 경향을 보이고 있다. UN에서 특정 국가의 인권문제가 제기되었을 때, 국내문제라는 이유로 그 논의가 봉쇄된 예는 찾아볼 수 없다(정인섭). <답 ⑤>

081. 국내문제불간섭원칙에 대한 설명으로 옳지 않은 것은? 〈기출문제 변형〉

① UN헌장 제2조 7항의 원칙은 UN헌장 제7장에 의한 강제조치의 적용을 방해하지 않는다.
② 국제인권법의 발전에 따라 국내문제불간섭원칙이 적용되는 범위는 좁아지고 있다고 볼 수 있다.
③ 일국이 타국의 국내적 대규모 인권침해에 대해 무력간섭하는 것은 국내문제불간섭원칙의 예외로 널리 허용되고 있다.
④ 모든 간섭이 불법적인 것은 아니며 위법성이 조각되는 경우도 인정되고 있다.

해설

인도적 간섭론에 대해서는 여전히 논란이 많으며 널리 허용된다고 말하기는 어렵다. <답 ③>

082. 국내문제불간섭에 대한 국제연맹과 국제연합의 차이가 아닌 것은?

① 국제연맹은 '당사자의 배타적 관할권'이라는 용어를 사용한다.
② 연맹규약은 분쟁해결과 관련된 문제만을 다루나 UN은 모든 영역에 걸친 문제를 다루고 있다.
③ UN헌장은 강제조치분야는 제외한다는 명시적 규정이 있다.
④ 연맹규약은 국내문제 판단권을 총회라고 명시하고 있으나 UN헌장은 규정이 없다.

해설

연맹이사회가 국내문제 판단권이 있다고 명시하고 있다. <답 ④>

083. 적법한 간섭으로서의 성격에 이견이 있는 것은?

① 조약에 의한 간섭
② 권리남용에 대한 간섭
③ 국제법위반에 대한 간섭
④ 인권보호를 위한 간섭

해설

④에는 이견이 있다. 정통정부의 요청에 의한 간섭도 적법한 간섭이다. <답 ④>

084. 국가승계(국가상속)의 의의를 설명한 것 중 타당하지 않은 것은?

① 일정한 영토의 종국적 변경에 따라 그 영토에 부착된 권리 · 의무가 과거 영토국가에서 새 영토국가로 계승되는 것이다.
② 어느 영토의 국제관계의 책임이 한 국가에서 타 국가로 대체되는 것이다.
③ 민법상의 상속과 근본적으로 동일한 개념이다.
④ 일정영역에 대한 통치권이 한 국가로부터 타 국가로 인계되는 것이다.

해설

국가승계는 민법상의 상속과는 근본적으로 다르다. 상속은 상속인이 피상속인의 권리 · 의무를 포괄적으로 승계하는 것으로 계속성을 가지나 국가승계는 단절을 의미하며 계승국가는 선임국가의 계속자도 상속자도 아니다. <답 ③>

085. 국가승계의 대상으로 법전화가 이룩되어 있는 것이 아닌 것은?

① 조 약 ② 국 적
③ 문 서 ④ 채 무

해설

국가승계에 대한 법전화는 뒤늦게 1967년부터 ILC에 의해 시작되어 1978년 '조약에 대한 국가승계에 대한 빈협약' 및 1983년 '국가재산, 문서, 채무의 국가승계에 관한 빈협약'이 채택되었다.

<답 ②>

086. 선행국이 체결한 조약을 승계국이 반드시 계승하여야 하는 경우가 아닌 것은?

① 국경획정조약 ② 지역권설정조약
③ 상호방위조약 ④ 하천항행권 부여 조약
⑤ 수자원이용권 부여 조약

해설

1978년 조약의 국가승계에 관한 비엔나협약 제11조는 영토와 관련된 또는 영토에 부착된 조약은 반드시 승계국에 의하여 승계되어야 함을 규정하고 있다. 상호방위조약은 그 중요성에도 불구하고 영토와 관련된 조약은 아니다. 1978년 비엔나협약이 이러한 입장을 취하고 있는 이유는 영토관계의 안정성을 확보하기 위함이다. 1969년 조약법에 관한 비엔나협약 제62조 제2항이 사정변경의 원칙을 인정하면서도 이 원칙이 국경획정조약 등에는 적용되지 않는 것으로 규정하고 있는 것도 동일한 취지를 반영한 것이라고 볼 수 있다. <답 ③>

087. 국가승계에 관한 설명 중 옳은 것은?

① 조약의 국가승계에 대한 다자조약은 체결되지 못했다.
② 영토의 전체가 아닌 일부가 타국에 승계되는 경우 그 영역에는 기존 국가(선행국)의 조약이 계속 적용된다고 본다.
③ 국경획정조약은 자동승계된다고 보는 것이 일반적 견해이다.
④ 신생독립국을 식민지 모국으로부터 보호하기 위해 백지출발주의는 절대 인정되지 않는다.

해설

① 조약의 국가승계에 대한 협약이 1978년 채택되었다. ② 영토의 일부가 승계되는 경우 승계국의 조약이 적용된다. 이른바 조약국경 이동의 원칙이라고 한다. ④ 일반적으로 신생독립국의 이익을 보호하기 위해 백지출발주의가 적용된다. <답 ③>

088. 선행국 영역의 일부가 승계국에 할양된 경우에는 그 영역에는 선행국의 조약이 아니라 승계국의 조약이 적용된다는 원칙은?

① 조약승계의 원칙
② 조약국경이동의 원칙
③ 백지출발주의 원칙
④ 계속주의원칙

해설

영토의 일부할양의 경우에는 조약이 승계되지 않는 것이 원칙이다. <답 ②>

089. 신생독립국의 조약승계의 원칙인 백지출발주의(clean slate rule)에 대한 설명으로 타당하지 않은 것은?

① 승계국은 선행국이 체결한 조약, 특히 인적 조약은 승계하지 않는 원칙이다.
② 백지출발주의의 예외로 계속주의가 적용되는 경우가 있다.
③ 합병이나 분리 · 독립의 경우에도 이 원칙은 타당하다.
④ 다자조약은 원칙적으로 일방적 승계통고를 함으로써 조약당사국이 된다.

해설

합병이나 분리 · 독립의 경우에는 원칙적으로 조약이 승계국에 승계된다. 즉 계속주의가 적용된다. 왜냐하면 조약승계협약초안에 의하면 국제법상의 원칙에 반하는 '병합'은 인정되지 않고 오로지 당사자의 합의에 의한 합병만이 인정되며, 분리 · 독립은 신생국의 독립과는 달리 식민지로부터 독립하는 것이 아니라 당사자간의 합의에 의하여 분리하는 것이기 때문에 기존의 조약은 원칙적으로 승계된다. 승계협약의 규정과는 달리 통설 · 관행은 분리독립시 백지출발주의를 지지한다. <답 ③>

090. 국가승계에 관한 다음 진술 중 옳지 못한 것은?

① 동맹조약, 군사기지협정 등 영토이용관련 조약은 당연히 승계된다.
② 조약국경이동원칙(moving treaty frontier rule)은 영토 일부 이전 시 적용된다.
③ 1983년 국가재산 · 문서 · 부채의 승계에 관한 비엔나협약은 강행규범이라고 보기 어렵다.
④ 신생독립국 조약승계의 백지출발원칙(clean slate rule)은 절대적 원칙이라 할 수 없다.

해설

① 동맹조약은 물적 조약이 아니고 정치적 조약이며, 군사기지협정은 물적 조약승계원칙의 예외이다. <답 ①>

091. 다음은 국가승계에 관한 일반적 기술(1978년 비엔나협약 및 1983년 비엔나협약에 기초)이다. 잘못된 것을 고르시오.

① 국가승계는 신생독립국 출현, 국가간 결합 및 분리, 영토의 일부 이전 등 다양한 형태로 발생하게 된다.

② 식민지배에서 독립한 신생독립국의 경우 clean slate rule이 일반적인 원칙이다.

③ 이 문제는 남북통일 시 가장 직접적으로 제기될 국제법적 문제점 중의 하나이다.

④ 국가승계와 관련하여 채택된 1978년 및 1983년 비엔나협약은 제반 국가의 광범위한 지지를 얻어 보편적인 협약으로 발전되었다.

⑤ 국가승계에 있어 특히 기존 조약의 계승 및 효력 유지 문제가 중요한 이슈 중의 하나이다.

해설

국가승계에 관한 상기 두 비엔나협약은 아직 광범위한 지지를 받지 못하였으며 모두 가입국 수가 미미한 상황이다. 다만 이 협약에 포함된 일부 이슈들은 점차 국제관습법화되어 당사국이 아닌 국가에 대해서도 법적 구속력을 보유할 가능성은 존재하고 있다. <답 ④>

092. 국제사회에서 발생한 각종 국가승계와 관련된 다음 설명 중 옳은 것은?

① 소련의 해체시 러시아공화국이 구 소련의 조약과 유엔상임이사국 지위를 모두 승계하였으며 이에 대해 이의제기는 없었다.

② CIS국가들은 탈식민 신생독립국가들이지만 구 소련의 모든 조약과 책임의 승계를 인정하였다.

③ 독일통일은 서독에 의한 동독의 흡수 · 병합으로서 독일(서독)은 조약국경이동의 원칙을 완전히 배척하였다.

④ 유고슬라비아의 해체 시 세르비아와 몬테니그로가 설립한 유고연방공화국은 유고슬라비아(유고사회주의연방)의 조약과 모든 국제법상의 지위를 승계하였으며 이에 대해 이의제기는 없었다.

해설

② CIS국가들의 탄생이 국가의 분열인지 분리독립인지 혹은 탈식민인지는 매우 불분명하며 CIS국가들은 소련의 승계를 거부하였다. ③ 독일통일 시 독일의 입장은 조약국경이동의 원칙에 근거한다는 것이었다.

그러나 실제 과정에서 모든 조약이 자동적으로 확대적용되지는 않았으며 구 동독이 체결한 조약의 당사자들과의 협상을 통해서 문제를 해결했다. ④ 유고연방은 유고슬라비아의 승계를 주장하였으나 유엔안전보장이사회는 유고슬라비아는 소멸했다면서 유고연방의 유고슬라비아 승계를 부인하였다.
<답 ①>

제2절 국제기구

001. 국제기구의 성립에 대한 설명으로 타당하지 않은 것은?

① 국제기구는 설립헌장에 의해 설립된다.

② 설립조약은 일반조약보다 법적 지위가 우월하며 일반적으로 유보가 허용되지 않는다.

③ UN의 경우 헌장의 개정은 회원국 2/3의 다수결과 안보리회원국 2/3의 비준을 얻어야 한다.

④ 국제사회의 조직화는 전쟁방지, 군비축소 등 정치적 분야에서 비정치적 분야로 확대되어 갔다.

해설

국제기구는 19세기 중반 라인강위원회와 다뉴브강위원회 등 국제하천의 관리를 시작으로 1865년 만국전신연합의 설립 등 비정치적 분야에서 시작되었다.
<답 ④>

002. 정부 간 국제기구에 대한 일반적 설명으로 옳지 않은 것은? 〈국가직 9급 2011년〉

① 정부 간 국제기구의 회원자격은 일반적으로 국가에게만 인정된다.

② 정부 간 국제기구는 일반적으로 총회, 이사회(집행기구), 사무국의 조직을 갖는다.

③ 정부 간 국제기구는 일반적으로 무제한적인 법인격 또는 관할권을 보유한다.

④ 정부 간 국제기구는 설립목적의 범위 내에서 헌장이 명시하지 않은 권한을 행사할 수 있다.

해설

③ 국제기구의 법인격과 관할권은 주로 설립헌장 등에 의해 규정되며 무제한적이라고 볼 수 없다.
<답 ③>

003. 국제법 주체에 관한 설명 중 옳지 않은 것은? 〈사시 2016년〉

① 국제적십자위원회(ICRC)는 국가들과 조약을 체결함으로써 이들 국가로부터 국제법인격을 인정받고 있다.

② 국제노동기구(ILO)는 국제법 주체성을 갖는다.

③ 반란단체가 제한적으로나마 국제법인격을 인정받으려면 반란이 발생한 국가의 일정지역을 실효적으로 점거하여야 한다.

④ 교황청은 조약체결권을 가지며 각국과 외교관계를 맺고 있다.

⑤ 팔레스타인은 유엔총회에서 상주옵저버국으로서 표결권을 갖는다.

해설

① 국제적십자위원회는 정부 간 국제기구는 아니며 앙리 뒤난에 의해 1863년 창설된 대표적인 인도주의 민간 국제기구이다. 그러나 그 명성과 역할을 인정받아 일정한 한도 내에서 국제적 법인격을 널리 인정받고 있다. ⑤ 유엔 회원국이 아닌 옵저버국은 유엔에서 표결권을 갖지 못한다. 팔레스타인은 2012년 유엔총회에 의해 비회원으로서 옵저버국 지위(non-member observer State status)를 부여받았다.

<답 ⑤>

004. 국제기구에 대한 설명으로 옳지 않은 것은? 〈2014년 국가직 9급〉

① 국제기구가 회원국과 별개의 법적 실체로 인정되려면 법인격을 보유하여야 한다.

② 국제기구의 법인격은 고유권한설에 따르면 그 목적과 역할의 범위 내에서 당연히 인정된다.

③ 국제기구도 손해배상청구권을 행사할 수 있다.

④ 국가 이외의 다른 실체는 국제기구의 회원이 될 수 없다.

해설

국제기구에는 여러 종류가 있으며, 국가 이외의 실체도 국제기구의 회원이 될 수 있다. 유럽연합과 같은 공동체 기구 또는 정식 국가로 인정받지 못하는 지역 단위가 경제분야의 국제기구 회원으로 활동하는 경우가 있다.

<답 ④>

005. 국제기구의 국제법 주체성을 국가의 국제법 주체성과 비교하여 설명한 다음 내용 중 잘못된 것은 무엇인가?

① 국제기구도 국가와 마찬가지로 모든 측면에서 완전한 국제법 주체로 인정된다는 것이 판례와 다수설의 입장이다.

② 국제기구의 국제법 주체성은 "유엔 근무 중 입은 손해에 대한 배상"사건에서 그 의미가 보다 명확하게 제시되었다.

③ 국제기구와 해당 국제기구가 위치하는 특정 국가는 상호간 본부협정을 체결하

여 해당 국제기구에 근무하는 국제공무원의 특권면제 문제 등을 규율한다.

④ 국제기구는 자신의 설립목적의 범위 내에서만 국제법적 주체로 인정되고 그러한 설립목적의 확인은 해당 국제기구의 설립헌장을 통하여 확인된다.

⑤ 우리 정부도 우리나라에 소재하는 국제기구와 본부협정을 체결하고 있다.

해설

국제기구는 오로지 자신의 설립협정상 목적에 국한하여 국제법상 주체성을 보유한다. 이 점에서 모든 측면에서 국제법상 주체성이 인정되는 국가와 구별된다. 서울에 소재하는 국제기구(IVI, GGGI 등)와 우리 정부도 본부협정을 체결하고 있다. <답 ①>

006. 국제기구의 법인격에 대한 설명으로 옳지 않은 것은?

① 국제기구의 법인격은 조약체결능력 유무에 좌우된다고 할 수 있다.

② 국제연맹의 연맹규약과는 달리 UN헌장에는 그 자체의 국제적 법인격을 인정한다는 명문규정이 있다.

③ 국제기구는 외부관계뿐만 아니라 직원들과의 내부관계에서도 법인격을 갖는다.

④ 국제기구는 각 가맹국의 국내법상 법인으로서 기본적 권능을 향유하며, 분쟁처리와 관련하여 국제법인으로서 재판권면제를 향유한다.

해설

UN헌장에서도 그 자체의 국제적 법인격을 인정한다는 명문규정은 두고 있지 않다. 다만 UN헌장 제104조는 '이 기구는 임무수행 및 목적달성을 위하여 필요한 법률상 능력을 각 가맹국 영역에서 향유한다'고 규정하고 있다. <답 ②>

007. 국제기구의 법인격에 대한 설명으로 옳지 않은 것은 〈2015년 국가직 7급〉

① 국제기구가 소재지국과 조약 체결을 통해 국내법상 법인격을 부여받게 되는 경우에는 그 기구에 속한 모든 회원국의 국내법상 법인격을 인정받게 된다.

② UN헌장에는 UN의 국제법상 법인격을 부여하는 직접적인 명문 규정이 없음에도 UN의 목적, 직무, 권한 등에 따라 UN의 국제법상 법인격이 인정되고 있다.

③ UN헌장 제43조의 조약체결권과 제105조의 목적달성에 필요한 특권과 면제에 대한 권한 부여는 UN의 국제법상 법인격을 전제로 한 것이다.

④ UN은 다른 국제법주체에 대한 국제청구를 제기하여 자신의 권리를 지킬 능력을 가지고 있다.

해설

① 소재지국가와 체결한 조약은 그 국제기구와 해당 소재지국가 사이에만 효력이 있다. 따라서 그 조약으로 인해 해당 국제기구에 속한 다른 모든 회원국이 그 국제기구에 국내법상 법인격을 부여하게 되는 것은 아니다. <답 ①>

008. 국제기구의 법인격에 대한 설명으로 옳지 않은 것은? 〈2016년 국가직 7급〉

① 국제기구는 법인격 보유 여부에 관계없이 그 회원국과 별개의 법적 실체로 인정된다.
② 국제기구의 법인격은 기구의 목적과 기능, 실행 등을 통해 묵시적으로 인정되기도 한다.
③ 국제기구는 특정 국가 내에서 법인격을 인정받기 위해 많은 경우 설립헌장에 그 근거를 두고 있다.
④ 국가의 포괄적 법인격에 비해 국제기구의 법인격은 상대적으로 그 범위가 제한적이다.

해설

① 법인격을 인정받는 국제기구는 회원국과의 별개의 법적 실체로 인정된다. <답 ①>

009. 국제조직의 묵시적 권한과 관련된 판례로만 짝지어진 것은?

① Corfu Channel 사건 —— Nottebohm 사건
② UN 근무 중 입은 손해배상사건 —— Nicaragua 사건
③ UN 근무 중 입은 손해배상사건 —— UN행정법원보상재정의 효력사건
④ UN행정법원보상재정의 효력사건 —— Barcelona Traction 사건

해설

ICJ의 1949년 UN 근무 중 입은 손해배상사건(소위 Bernadotte사건)과 1954년 UN행정법원보상재정의 효력사건은 묵시적 권한과 관련된 판례이다. 후자는 '총회가 해고된 UN직원에 대한 행정법원의 보상재정의 집행을 거부할 권한이 없다'고 선언하면서 UN총회에게 총회 자체를 구속하는 판결을 행사할 수 있는 사법적, 행정적 법원을 설치할 수 있는 묵시적 권능을 인정하였다. <답 ③>

010. 국제기구에 대한 설명으로 옳지 않은 것은?

① UN헌장에서는 UN의 국내적 · 국제적 법인격을 설립헌장에서 규정하고 있다.
② ICJ는 'UN 근무 중 입은 손해배상에 관한 권고적 의견'에서 UN의 국제법 인격을 인정하였다.
③ 설립헌장상의 규정이 없더라도 국제기구의 묵시적 관할권은 인정된다.
④ 국제기구의 법인격의 내용에는 조약체결권 · 특권면제 · 국제책임 등이 있다.

해설

① UN의 설립헌장에서는 UN의 국제적 법인격에 대한 규정을 두고 있지 않으며 국내적 법인격에 대해서 제104조에서 규율하고 있다. <답 ①>

011. 국제공무원에 대한 설명으로 틀린 것은?

① 일반적으로 국제기구는 국제공무원으로 구성된 상설국제기관을 가지고 있다.
② 국제공무원은 각 출신국을 대표함과 동시에 국제기구의 업무를 독립적으로 처리한다.
③ 국제공무원은 국제법주체로서 인정되며 국제기구의 부당한 처분에 대해 국제행정법원에 소송을 제기할 수 있다.
④ 모든 국제공무원은 기능수행과 관련해 국제기구의 직무보호를 받는다.

해설

UN헌장 제100조는 국제공무원은 국제기구의 어떤 정부나 권위로부터도 지시를 받지 않으며 회원국가들은 이들 업무의 국제성격을 존중해 영향을 주지 않도록 해야 한다고 규정하여 국제공무원의 출신국으로부터의 독립성을 규정하고 있다. <답 ②>

012. 국제기구의 국제법 주체성에 관한 다음 설명 중 틀린 것은 무엇인가?

① 국제기구도 일정한 영역에서 국제법의 주체로서 인정된다는 것이 다수설의 입장이다.
② 국제기구도 국가와 같이 광범위한 영역에서 국제법 주체성을 인정받는다는 것이 다수설의 입장이다.
③ 국제기구의 국제법 주체성은 자신의 전문영역에 한정된다(specialty 원칙).
④ 세계보건기구가 국제안보와 평화에 관해 개입하는 것은 ultra vires 행위로서 위법이다.
⑤ Bernadotte 백작 사건이 국제기구의 국제법 주체성 인정에 기여하였다.

해설

국제기구도 국제법적 법인격 내지 주체성을 인정받기는 하나 이는 해당 국제기구의 전문적인 영역에 국한된다. 국가와 같이 국제활동의 모든 측면에서 국제법적 주체성을 인정받는 것은 아니다.
<답 ②>

013. 국제연맹과 국제연합(UN)을 비교하여 설명한 것 중 옳은 것은? 〈사시 2015년〉

① 국제연맹이 다수결제를 표결방식으로 채택하고 있는 반면, UN은 만장일치제를 취하고 있다.
② 상설국제사법재판소(PCIJ)는 국제연맹의 주요기관이 아닌 반면, 국제사법재판소(ICJ)는 UN의 주요기관 중 하나이다.
③ 탈퇴에 관해 국제연맹이 명문규정을 두지 않은 반면, UN은 명문규정을 두고 있다.
④ 국제연맹이 연맹이사회의 만장일치로 가입을 결정한 반면, UN은 총회에 출석

하여 투표하는 회원국의 과반수 찬성으로 가입을 결정하고 있다.

⑤ 국제연맹은 조약등록을 대항요건으로 하고 있는 반면, UN은 조약등록을 효력요건으로 하고 있다.

해설

① 국제연맹은 총회나 이사회에서 원칙적으로 전원일치제를 채택하였으나 UN은 다수결제를 채택하였다. ③ 국제연맹은 탈퇴에 관한 규정이 있었으나 UN은 탈퇴에 관한 규정이 없다. ④ 국제연맹은 총회의 결정으로 가입이 인정되었으나, UN은 안전보장이사회의 권고에 의한 총회의 결정으로 가입이 인정된다. ⑤ 국제연맹은 조약등록을 발효요건(효력요건)으로 규정하고 있었으나, 관행상 대항요건이었다. UN은 국제연맹의 관행을 성문화하여 조약등록을 하지 않는 경우 UN기관에 대하여 원용할 수 없는 것으로 규정하고 있다. <답 ②>

014. UN헌장에 대한 설명으로 옳지 않은 것은?

① 전문 및 111개의 조문으로 구성되어 있다.

② 언어는 영어, 불어, 노어, 중국어, 독일어이다.

③ UN헌장은 51개 원가입자에 의해 서명되었다.

④ UN헌장의 개정은 회원국 2/3의 다수결에 의한다.

해설

패전국인 독일어가 UN의 공식언어일 리가 없다. 독일어 대신에 스페인어가 사용된다. <답 ②>

015. 다음 중 UN 가입의 절차적 요건으로 타당한 것은?

① 가입신청 — 안보리의 권고결의(9개국의 찬성) — 총회의 결정(참석 투표국의 2/3 찬성)

② 가입신청 — 총회의 가입심사위원회의 심사, 통보 — 총회의 결정(참석 투표국의 2/3 찬성)

③ 가입신청 — 안보리의 권고결의(5대 상임이사국 포함 9개국 찬성) — 총회의 결정(참석 투표국의 2/3 찬성)

④ 가입신청 — 안보리의 결정(5대 상임이사국 포함 9개국 찬성) — 총회의 추인(참석 투표국 2/3 찬성)

해설

③이 옳은 절차이다. 안보리의 권고 이전에 안보리의 보조기관인 가입심사위원회의 심사가 있다. <답 ③>

016. UN 가입절차에 대한 설명으로 타당하지 않은 것은?

① 가입은 회원국의 대표성문제와는 구별되는 회원국지위취득의 문제이다.
② 실질적 가입요건으로 헌장상 의무의 수락 및 이행능력과 의사, 평화애호국 등이 있다.
③ 안보리의 가입권고결의가 부결된 경우에도 총회는 가입심사를 할 수 있다.
④ 1991년 남북한이 UN에 동시가입했다.

해설

안보리의 권고결의가 부결된 경우 총회는 가입심사를 할 수 없다. <답 ③>

017. UN에서 탈퇴에 대한 설명으로 옳은 것은?

① 가입절차와 동일하다.
② 헌장에 아무런 규정이 없다.
③ 탈퇴할 수 없다는 것이 다수견해이다.
④ UN을 탈퇴한 사례는 아직 없다.

해설

탈퇴에는 헌장상 아무런 규정이 없으나 '정당한 이유가 있고 부득이 한 경우' 탈퇴할 수 있다는 견해가 지배적이며 1965년 인도네시아는 말레이지아가 안보리 이사국이 된 데 대한 불만으로 탈퇴했다가 1966년 복귀한 적이 있다. <답 ②>

018. UN에서의 제명과 자격정지에 대한 설명으로 타당하지 않은 것은?

① 헌장상 원칙에 집요하게 위반한 경우 제명이 인정된다.
② 제명은 가입절차와 동일하다.
③ 권리, 자격의 정지 및 그 회복은 안보리의 추천과 총회의 2/3의 다수결에 의한다.
④ 분담금을 2년 간 연체한 회원국은 투표권을 박탈당한다.

해설

권리, 자격의 회복은 안보리가 단독결정할 수 있다. <답 ③>

019. UN헌장에 관한 설명 중 옳은 것을 모두 고른 것은? 〈사시 2014년〉

ㄱ. 회원국의 헌장상 의무와 회원국의 다른 국제협정상 의무가 상충되는 경우 헌장상의 의무가 우선한다.
ㄴ. UN헌장에는 국제연맹규약과 달리 탈퇴에 관한 규정이 없다.
ㄷ. UN헌장은 국내문제불간섭의 원칙을 제6장(분쟁의 평화적 해결)에서 규정하고 있다.
ㄹ. 사무국에 등록되지 않은 조약의 당사국은 UN의 기관에 대해 그 조약을 원용할 수 없다.
ㅁ. 정지된 회원국의 특권과 권리는 안전보장이사회의 권고에 따라 총회에 의해 회복될 수 있다.

① ㄱ, ㄴ, ㄷ ② ㄱ, ㄴ, ㄹ ③ ㄱ, ㄴ, ㅁ
④ ㄱ, ㄹ, ㅁ ⑤ ㄴ, ㄹ, ㅁ

해설

ㄷ. 국내문제불간섭의 원칙은 제1장 목표와 원칙(제2조 7항)에서 다루고 있다. ㅁ. 정지된 특권과 권리는 안전보장이사회가 회복시킬 수 있다. <답 ②>

020. 다음 중 UN의 주요기관에 해당하는 것은?

① 총회, 안전보장이사회, 경제사회이사회, 신탁통치이사회, 국제사법재판소, 사무국
② 총회, 안전보장이사회, 국제사법재판소, 국제해양법재판소, 국제형사재판소, 사무국
③ 총회, 안전보장이사회, 경제사회이사회, 국제부흥개발은행, 국제통화기금, 사무국
④ 총회, 안전보장이사회, 세계무역기구, 국제노동기구, 국제통화기금, 사무국

해설

UN의 주요기관으로는 총회, 안전보장이사회, 경제사회이사회, 신탁통치이사회, 국제사법재판소, 사무국을 들 수 있다. 국제사법재판소도 UN의 주요기관을 구성한다는 점에 유의한다. <답 ①>

021. 다음 중 UN과 관련하여 옳지 못한 서술로만 엮은 것은? 〈기출문제 변형〉

ㄱ. 총회는 인권 및 기본적 자유의 실현을 위한 원조를 위하여 연구를 발의하고 권고할 수 있다.
ㄴ. 경제사회이사회는 인권 및 기본적 자유의 존중과 준수를 촉진하기 위하여 권고할 수 있다.
ㄷ. UN에는 총 5개의 주요기관이 있으며, 그 중 신탁통치이사회도 활동을 지

속하고 있다.
ㄹ. 국제법의 점진적 발달과 법전화 장려는 주로 안전보장이사회와 관련된다.
ㅁ. 국제사법재판소 재판관은 총회와 안전보장이사회 양쪽에서 각각 절대다수 표를 얻어야 선출된다.
ㅂ. 분담금 체납액이 만 2년간 지불하였어야할 분담금액 이상인 회원국은 총회에서 투표권을 갖지 못한다.
ㅅ. UN헌장상 회원국의 제명 조항은 없다.

① ㄱ, ㄴ, ㅁ ② ㄴ, ㄹ, ㅂ ③ ㄷ, ㄹ, ㅅ ④ ㄷ, ㄹ, ㅂ

해설

ㄷ. UN에는 총 6개의 주요기관이 있으나 신탁통치이사회는 1994년 마지막 신탁통치지역이 사라지면서 활동을 중단한 상태이다. ㄹ. 국제법의 점진적 발달과 법전화(성문화) 장려는 총회의 임무이다. ㅅ. UN헌장의 원칙을 끈질기게 위반하는 회원국은 안전보장이사회의 권고에 따라 총회가 제명할 수 있다.

<답 ③>

022. UN총회가 단독으로 처리할 수 있는 문제가 아닌 것은?

① 안전보장이사회 비상임이사국의 선거
② 경제사회이사회, 신탁통치이사회 이사국의 선거
③ 예산승인 및 각 회원국에 대한 경비할당
④ UN비가맹국의 ICJ규정 당사국으로의 결정

해설

④는 안보리의 권고에 의하여 총회가 결정한다. 이 외에도 총회는 가입, 제명, 권리, 특권의 정지에 대해서는 안보리의 권고에 의해 결정한다. <답 ④>

023. 국제연합(UN) 총회의 권한 중 안전보장이사회의 권고 없이 단독으로 처리할 수 있는 것은? 〈국가직 9급 2012년〉

① 사무총장의 임명
② 안전보장이사회 비상임이사국의 선출
③ 회원국으로의 승인
④ 회원국의 권리와 특권의 행사 정지

해설

안전보장이사회 비상임이사국 선출은 안보리 권고 없이 총회가 단독으로 처리한다. <답 ②>

024. 국제연합(UN) 안전보장이사회와 총회의 권한 배분에 대한 설명으로 옳은 것은?
〈지방직 7급 2010년〉

① 국제평화와 안전의 유지에 대한 1차적 책임은 총회와 안전보장이사회에 균등하게 배분되어 있다.
② 양 기관 모두 국제평화와 안전을 위협하는 행위에 대해 법적 구속력 있는 결정(decision)을 내릴 권한을 보유하고 있다.
③ 양 기관 모두 거부권제도를 채택하고 있는 점은 주권평등원칙에 반한다는 견해가 있다.
④ 양 기관 모두 독립적으로 국제사법재판소(ICJ) 재판관 선출권을 갖는다.

해설

① 국제평화와 안전의 유지에 대한 1차적 책임은 안전보장이사회가 갖는다. ② 국제평화와 안전에 관련된 법적 구속력 있는 결정은 안전보장이사회만이 가진 권한이다. ③ 거부권제도는 안보리에만 존재한다.
<답 ④>

025. UN에 대한 설명으로 옳지 않은 것은? 〈국가직 7급 2013년〉

① 중요한 문제에 관한 총회의 결정은 출석하여 투표하는 구성국의 3분의 2의 다수로 한다.
② 안전보장이사회가 어떠한 분쟁 또는 사태에 대하여 헌장상의 임무를 수행하고 있는 동안에는 총회는 어떤 경우에도 이들 문제와 관련하여 여하한 권고도 할 수 없다.
③ 안전보장이사회의 각 이사국은 1개의 투표권을 가진다.
④ 절차사항에 관한 안전보장이사회의 결정은 9개 이사국의 찬성투표로써 한다.

해설

② 안전보장이사회가 별도로 요청하는 경우에는 권고를 할 수 있다(유엔헌장 제12조 1항).
<답 ②>

026. UN총회의 권한과 임무에 관한 설명으로 옳지 않은 것은? 〈사시 2012년〉

① 국제법의 점진적 발전 및 법전화를 장려한다.
② 국제평화와 안전을 위태롭게 할 우려가 있는 사태에 대하여 안전보장이사회의 주의를 환기할 수 있다.
③ 안전보장이사회가 어떠한 분쟁 또는 사태와 관련하여 UN헌장에서 부여된 임무를 수행하고 있는 경우, 총회는 안전보장이사회로부터 요청이 없는 한 이와 관련하여 여하한 권고도 할 수 없다.
④ 총회는 평화에 대한 위협, 평화의 파괴 또는 침략행위가 발생하는 경우, 평화

와 안전의 유지를 위하여 강제조치를 취할 수 있으며, 이는 모든 회원국을 구속한다.

⑤ 총회는 UN헌장의 범위 내에 있는 여하한 문제에 대해서도 토의할 수 있다.

해설

④ 이는 기본적으로 안전보장이사회의 권한이다. 강제조치는 UN헌장 제7장에 의거한다.

<답 ④>

027. UN총회에 대한 설명으로 옳지 않은 것은? 〈행안부 9급 2010년〉

① 총회의 각 구성국은 1개의 투표권을 가진다.

② 총회는 어떠한 분쟁 또는 사태와 관련하여 안전보장이사회가 임무를 수행하고 있는 동안에도 적절하다고 판단되는 권고를 할 수 있다.

③ 총회는 그 임무의 수행에 필요하다고 인정되는 보조기관을 설치할 수 있다.

④ 총회는 안정보장이사회로부터 연례보고와 특별보고를 받아 심의한다.

해설

안전보장이사회가 분쟁이나 사태에 대해 헌장상 자신에게 부여된 기능을 수행하고 있는 동안에는, 안전보장이사회가 별도로 요청하지 않는 한 총회가 그 분쟁이나 사태에 대해 어떠한 권고도 할 수 없다(UN헌장 제12조 1항). 안전보장이사회가 국제평화와 안전유지에 대한 1차적 책임을 갖고 있기 때문이다. <답 ②>

028. 국제연합 안전보장이사회의 권고 없이 총회가 단독으로 처리할 수 있는 것을 모두 고른 것은? 〈사시 2011년〉

ㄱ. 국제연합 회원국으로의 가입 승인
ㄴ. 회원국의 탈퇴
ㄷ. 사무총장의 임명
ㄹ. 국제연합 예산안의 심의 및 승인
ㅁ. 안전보장이사회 비상임이사국의 선출
ㅂ. 국제사법재판소에 대한 권고적 의견 요청

① ㄱ, ㄴ, ㄹ ② ㄷ, ㄹ, ㅁ ③ ㄱ, ㅁ, ㅂ
④ ㄹ, ㅁ, ㅂ ⑤ ㄱ, ㄹ, ㅁ

해설

회원국 가입 승인과 사무총장의 임명은 안보리와 총회가 함께 관여한다. 회원국 탈퇴에 대해서는 명문조항이 없으나 회원국의 재량사항으로 인정된다. <답 ④>

029. UN 안전보장이사회와 UN 총회의 관계에 대한 설명으로 옳지 않은 것은?
〈2016년 국가직 9급〉

① 안전보장이사회가 국제평화와 안전의 유지를 위한 1차적 책임을 진다.
② 안전보장이사회가 다루고 있는 사태에 대하여도 총회는 국제사법재판소(ICJ)에 권고적 의견을 요청할 수 있다.
③ ICJ 재판관의 선출은 안전보장이사회의 권고로 총회에 출석하여 투표한 회원국의 3분의 2의 다수로 결정된다.
④ 안전보장이사회가 어떠한 분쟁이나 사태와 관련하여 UN헌장에서 부여된 임무를 수행하고 있는 동안에는 총회는 이 분쟁 또는 사태에 관하여 안전보장이사회가 요청하지 않는 한 어떠한 권고도 하지 아니한다.

해설

국제사법재판소 규정 제8조 및 제10조 제1항에 따라 ICJ 재판관으로 선출되기 위해서는 총회 및 안전보장이사회에서 각각 절대다수표를 얻어야 한다. <답 ③>

030. UN총회가 안전보장이사회의 권고가 있어야 행사할 수 있는 권한을 모은 것은?
〈사시 2009년〉

ㄱ. 안전보장이사회 비상임이사국 선출 ㄴ. 신회원국 가입 승인 ㄷ. 예산안 심의 및 승인 ㄹ. 사무총장 임명 ㅁ. 국제사법재판소에 권고적 의견 요청 ㅂ. 회원국 제명

① ㄱ, ㄴ, ㄹ ② ㄱ, ㄴ, ㅁ ③ ㄱ, ㄷ, ㅂ
④ ㄴ, ㄹ, ㅁ ⑤ ㄴ, ㄹ, ㅂ

해설

안전보장이사회 비상임이사국 선출, 예산안 심의 및 승인은 총회의 단독 권한이며, 국제사법재판소 권고적 의견은 총회와 안전보장이사회 모두 각자 스스로 요청할 수 있다. <답 ⑤>

031. UN총회의 기본임무에 해당하지 않는 것은? 〈기출문제 변형〉

① 국가간 정치적 분야의 국제협력 촉진
② 국제분쟁의 사법적 해결
③ 국제법의 점진적 발달과 법전화 촉진
④ 인권과 기본적 자유실현의 지원

해설

총회가 국제분쟁의 사법적 해결을 촉구할 수는 있겠으나 그 사법적 해결은 국제사법재판소와 같은 국제재판소의 임무라고 할 수 있다. <답 ②>

032. 국제연합(UN) 총회의 권한에 관한 설명 중 옳은 것을 모두 고른 것은?

〈사시 2015년〉

ㄱ. 총회는 국제법의 점진적 발달과 그 법전화를 장려하기 위하여 연구를 발의하고 권고할 수 있다.
ㄴ. 총회는 국제평화와 안전을 위태롭게 할 우려가 있는 사태에 대하여 안전보장이사회의 주의를 환기할 수 있다.
ㄷ. 총회가 국제평화와 안전의 유지에 관하여 권고하기 위해서는, 출석하여 투표하는 회원국 과반수의 찬성이 있어야 한다.
ㄹ. 총회는 UN헌장의 범위 안에 있는 모든 문제 또는 사항과 관련하여 토의하고 구속력 있는 결정을 할 수 있다.

① ㄱ, ㄴ ② ㄱ, ㄷ ③ ㄴ, ㄷ
④ ㄴ, ㄹ ⑤ ㄷ, ㄹ

해설

ㄷ. 평화와 안전에 관한 권고처럼 중요문제에 관해서는 출석하여 투표하는 국가의 3분의 2 다수결에 의한다. ㄹ. 총회의 결의는 내부사항을 제외하고는 구속력이 없다. <답 ①>

033. UN총회의 임무와 권한에 대한 설명 중 옳지 않은 것은?

① 총회는 UN의 예산을 심의하고 승인한다.
② 총회에서 중요문제(important questions)의 의결정족수는 출석하고 투표하는 회원국의 3분의 2 다수결이다.
③ 총회는 국제평화와 안전유지에 대한 1차적 책임을 진다.
④ 총회는 국제평화와 안전유지를 위한 협력에 관한 일반원칙을 심의하고, 그러한 원칙과 관련하여 회원국이나 안전보장이사회에 권고할 수 있다.

해설

② 중요문제 의결정족수는 재적회원국의 3분의 2가 아니라 출석하고 투표하는 회원국의 3분의 2임을 유의한다. ③ 국제평화와 안전유지에 대한 1차적 책임은 안전보장이사회에 있음이 UN헌장에 명시되어있다(제24조 1항). <답 ③>

034. UN총회의 표결에 관한 설명 중 옳은 것은? 〈사시 2014년〉

① 중요문제에 관한 총회의 표결은 재적 회원국 3분의 2의 다수결에 의한다.
② 중요문제를 추가하기로 하는 결정에는 중요문제에 관한 표결규칙이 적용된다.
③ 예산문제는 출석하여 투표하는 회원국 3분의 2 이상의 찬성으로 결정한다.
④ 국가의 UN가입은 출석하여 투표하는 회원국 과반수의 찬성으로 결정한다.
⑤ 안전보장이사회 비상임이사국 선출은 재적 회원국 과반수의 찬성으로 결정한다.

해설

① 재적이 아니라 출석하여 투표한 회원국의 3분의 2이다. ② 중요문제에 추가적으로 포함될 사항이 무엇인가의 문제는 기타문제에 해당한다. ④ 출석하여 투표하는 회원국의 3분의 2가 찬성해야 한다. ⑤ 안전보장이사회 비상임이사국 선출도 중요문제이므로 출석하여 투표하는 회원국의 3분의 2가 찬성해야 한다. <답 ③>

035. UN총회에서 결정되는 사항 중 출석하여 투표하는 회원국의 3분의 2의 다수로 결정되는 사항이 아닌 것은? 〈2015년 국가직 9급〉

① UN헌장의 개정
② 회원국의 UN으로부터의 제명
③ 경제사회이사회의 이사국의 선철
④ 안전보장이사회의 비상임이사국의 선출

해설

UN헌장의 개정은 총회 구성국의 2/3에 의해 채택되고 안보리 모든 상임이사국을 포함한 UN회원국 전체의 2/3에 의해 국내적으로 비준되면 전체 회원국에 대해 발효한다. <답 ①>

036. 국제연합총회의 표결사항 중 신(新)회원국의 가입 승인을 결정하는 경우와 의결정족수가 다른 것을 모두 고른 것은? 〈사시 2011년〉

ㄱ. 회원국의 권리·특권의 정지
ㄴ. 사무총장의 임명
ㄷ. 회원국의 제명
ㄹ. 총회의 특별회의 소집
ㅁ. 국제연합헌장의 개정
ㅂ. 경제사회이사회 이사국의 선출

① ㄱ, ㄴ, ㅁ　② ㄴ, ㄷ, ㅂ　③ ㄴ, ㄹ, ㅁ
④ ㄷ, ㄹ, ㅁ　⑤ ㄷ, ㅁ, ㅂ

해 설

총회는 중요문제에 관해서는 출석하여 투표하는 국가의 3분의 2의 다수결에 의한다. 헌장이 규정하고 있는 중요문제로는 (i) 평화와 안전(분쟁의 평화적 해결)에 관한 권고, (ii) 안전보장이사회 비상임이사국의 선거, (iii) 경제사회이사회 및 신탁통치이사회의 이사국 선거, (iv) 회원국의 가입 · 제명 · 권리와 특권의 정지, (v) 신탁통치제도 운영문제, (vi) 예산문제 등이 있다. 사무총장은 안전보장이사회의 권고에 따라 총회가 임명하는데, 안보리에서는 거부권이 적용되나, 총회 의결에서는 상기 중요문제에 해당하지 아니므로 총회는 출석, 투표하는 회원국의 과반수로 선출한다. 특별총회는 안전보장이사회나 회원국 과반수의 요청으로 사무총장이 제기한다. 헌장개정은 유엔총회 회원국 수의 3분의 2의 다수결로 채택된 다음, 안전보장이사회 상임이사국을 포함한 총회원국 3분의 2의 비준을 받아야 한다. <답 ③>

037. UN헌장 제18조에 명시된 사안으로서 총회의 의사결정 시 출석하여 투표하는 회원국의 2/3 찬성을 요하는 것을 옳게 고른 것은?

ㄱ. 경세사회이사회 이사국 선출
ㄴ. 안전보장이사회 비상임이사국 선출
ㄷ. 사무총장 선출
ㄹ. 신탁통치이사회 이사국 선출
ㅁ. 국제평화와 안전유지에 관한 권고
ㅂ. 신 회원국의 가입승인
ㅅ. 회원국의 권리 및 특권 정지
ㅇ. 총회가 2/3 다수결로 결정해야할 문제의 추가부분 결정
ㅈ. UN 탈퇴
ㅊ. UN헌장 개정

① ㄱ, ㄴ, ㄷ, ㄹ, ㅁ, ㅂ, ㅅ
② ㄱ, ㄴ, ㄹ, ㅁ, ㅂ, ㅅ
③ ㄷ, ㄹ, ㅁ, ㅅ, ㅇ, ㅈ, ㅊ
④ ㄱ, ㄷ, ㅁ, ㅂ, ㅅ, ㅈ

해 설

출석하여 투표하는 회원국의 2/3 다수결로 결정해야 할 중요문제는 헌장에 명시적으로 열거되어 있다. 국제평화와 안전에 관한 권고, 안전보장이사회 비상임이사국 선출, 경제사회이사회 및 신탁통치이사회 이사국 선거, 회원국의 가입, 제명, 권리 및 특권의 정지, 신탁통치 운영, 예산문제 등이 이에 해당한다. 그 외에 추가적으로 2/3 다수결로 결정해야 할 문제가 무엇인지를 결정하는 것은 단순과반수임을 유의한다. 사무총장 선출은 안전보장이사회에서는 실질사항으로서 상임이사국의 거부권이 적용되나 총회에서는 중요문제에 포함되지 않는다는 점에 유의한다. UN 탈퇴는 헌장에 규정이 없다. UN헌장 개정은 총회 구성국의 2/3에 의해 채택되고 안보리 모든 상임이사국을 포함한 UN회원국 전체의 2/3에 의해 국내적으로 비준되면 전체 회원국에 대해 발효한다. <답 ②>

038. UN에 관한 설명 중 옳지 않은 것은?

① 안전보장이사회 이사국은 항상 자국대표를 UN본부 소재지에 상주시켜야 한다.
② 총회는 국제평화와 안전에 대해 2차적으로 개입할 수 있다.
③ 총회는 국제평화와 안전에 대해 법적 구속력 있는 결의를 채택할 수 있다.
④ 회원국은 총회에 5명 이하의 대표를 파견할 수 있다.

해설

국제평화와 안전에 대해 구속력 있는 결정을 할 수 있는 것은 안전보장이사회뿐이다. <답 ③>

039. 국제연합(UN)의 법인격에 대한 설명으로 옳지 않은 것은? 〈국가직 9급 2013년〉

① UN은 자신의 직원이 입은 손해에 대하여 직무보호권을 행사할 수 있다.
② UN은 임무수행과 목적달성을 위하여 필요한 법적 능력과 특권 및 면제를 회원국의 영토 내에서 향유할 수 있다.
③ UN총회와 안전보장이사회는 국제사법법원(ICJ)에 재판사건(contentious case)의 소송을 제기할 수 있다.
④ UN은 조약을 체결할 수 있다.

해설

ICJ에 재판사건을 제소할 수 있는 것은 오직 국가뿐이다. <답 ③>

040. 다음 중 "유엔 근무 중 입은 손해배상에 관한 권고적 의견"에 나타나 있지 않은 내용은 무엇인가?

① 묵시적 권한(implied power)이론
② 필요적 함축(necessary implication)이론
③ 외교적 보호권(diplomatic protection)
④ 국제기구의 법인격 인정
⑤ 국제책임을 부담하는 특정국가에 대해 유엔의 직접적 국제청구제기를 인정

해설

유엔 근무 중 입은 손해배상에 관한 권고적 의견은 유엔의 직무적 보호권 (functional protection)을 인정한 것이며 이는 국가에 인정되는 외교적 보호권과 유사하기는 하나 동일한 것은 아니다. <답 ③>

041. UN총회와 안전보장이사회의 권한에 관한 설명 중 옳지 못한 것은? 〈기출문제 변형〉

① 안전보장이사회는 법적 구속력을 갖는 결의를 할 권한이 있다.
② 안전보장이사회는 법적 구속력이 없는 권고 결의를 할 수 있다.
③ 총회의 결의는 일반적으로 국제법의 직접적 법원으로 간주된다.
④ 총회는 국제평화와 안전유지에 대해 법적 구속력이 있는 결의를 할 수 없다.

해설

총회의 결의는 일반적으로 그 자체가 국제법의 직접적 법원으로 간주되지는 않는다. 그러나 관습법 형성에 기여하거나 국제법의 법원칙 발견에 기여하는 간접적 효과를 갖는다고는 할 수 있을 것이다.
<답 ③>

042. UN안전보장이사회와 총회의 권한 및 임무에 관한 설명 중 옳은 것은?
〈지방직 7급 2009년〉

① UN의 기관 중 총회는 국제평화와 안전의 유지를 위한 일차적 책임을 진다.
② 안전보장이사회가 국제사회의 평화와 안전을 위한 임무를 수행하는 경우 회원국을 대신하여 활동할 수는 없다.
③ 안전보장이사회가 어떠한 분쟁 또는 사태와 관련하여 UN헌장상의 임무를 수행하고 있는 동안에는 총회는 안전보장이사회의 요청이 없는 한 당해 분쟁 또는 사태에 관하여 권고를 해서는 안 된다.
④ 총회는 국제평화와 안전의 유지에 관한 문제를 토의할 권한이 없다.

해설

① 국제평화와 안전유지의 일차적 책임은 안전보장이사회가 진다. ② 회원국은 안전보장이사회가 국제평화와 안전 유지를 위한 일차적 책임을 이행함에 있어서 회원국들을 대신하여 활동하는 것에 동의한다(UN헌장 제24조). ③,④ 안전보장이사회가 분쟁이나 사태에 대해 헌장상 자신에게 부여된 기능을 수행하고 있는 동안에는, 안전보장이사회가 별도로 요청하지 않는 한 총회가 그 분쟁이나 사태에 대해 어떠한 권고도 할 수 없다. 즉, 이 경우 토의는 할 수 있겠으나 권고는 할 수 없는바, 국제평화와 안전의 유지에 관해서는 안전보장이사회의 우위가 인정되는 것이라 할 수 있다. <답 ③>

043. UN안전보장이사회에 관한 설명 중 옳지 않은 것은?

① 총회는 국제평화와 안전을 위태롭게 할 우려가 있는 사태에 대해 안전보장이사회의 주의를 환기할 수 있다.
② 안전보장이사회가 분쟁이나 사태에 대해 임무수행하는 동안에는 총회는 안전보장이사회의 요청이 없는 한 이에 관한 권고를 할 수 없다.
③ 안전보장이사회의 요청이 있는 경우 사무총장은 총회의 특별회기를 소집할 수 있다.

④ 안전보장이사회는 실질사항에 관한 문제에 있어서 상임이사국 5개를 포함한 12개 이사국의 찬성투표를 통해 결정한다.

해설

안전보장이사회에서 절차사항은 단순 9개국 이상의 찬성으로 의결하며 실질사항은 거부권이 적용되어 상임이사국 5개를 포함한 9개국의 찬성이 있어야 한다. <답 ④>

044. 안전보장이사회의 구성에 대한 설명으로 타당하지 않은 것은?

① 5개국의 상임이사국과 10개의 비상임이사국으로 구성되어 있다.
② 상임이사국은 미, 러, 영, 불, 중의 5대국으로 헌장에 의해 고정되어 있다.
③ 10개 비상임이사국은 임기 2년으로 매년 5개국씩 안보리에서 선출된다.
④ 퇴임이사국은 계속해서 재선될 자격이 없을 뿐이다.

해설

비상임이사국은 총회에서 선출된다. <답 ③>

045. UN안전보장이사회에 관한 설명 중 옳지 않은 것은? 〈사시 2013년〉

① 안전보장이사회는 5개 상임이사국과 10개 비상임이사국으로 구성된다.
② 안전보장이사회는 그 임무수행에 필요하다고 인정되는 보조기관을 설치할 수 있다.
③ 안전보장이사회의 비상임이사국의 임기는 2년이다.
④ 안전보장이사회는 국제평화와 안전의 유지를 위한 일차적인 책임을 부여받고 있다.
⑤ 안전보장이사회의 상임이사국은 절차사항에 관한 결정에 대하여 거부권(veto)을 행사할 수 있다.

해설

절차사항이 아닌 실질사항에 대하여 거부권 행사가 인정된다. <답 ⑤>

046. 안전보장이사회의 전속적 내지 우월적 권한에 속하지 않는 것은?

① 국제평화와 안전의 유지
② 군비통제안의 작성 및 권고
③ 지역안보문제 및 전략기지에 대한 신탁통치문제
④ 안전보장이사회 비상임이사국의 선거

해설

④는 총회의 전속적 권한임을 유의해야 한다. <답 ④>

047. UN헌장상 안전보장이사회만의 전속적 권한은? 〈2014년 국가직 9급〉

① 회원국의 가입 및 제명
② 예산 심의 · 승인
③ 국제사법재판소 재판관의 선출
④ 정지된 회원국의 권리와 특권의 회복

해설

가입 및 제명은 안전보장이사회의 권고를 바탕으로 총회가 결정한다. 예산 심의와 승인은 총회의 단독 권한이다. 국제사법재판소 재판관 선출은 총회와 안전보장이사회에서 공동으로 한다. 권리와 특권의 정지는 안전보장이사회의 권고를 바탕으로 총회가 결정하며, 정지된 권리와 특권은 안전보장이사회에 의해 회복될 수 있다(UN헌장 제5조). <답 ④>

048. UN안전보장이사회에 대한 설명으로 옳지 않은 것은? 〈국가직 7급 2011년〉

① 국제평화와 안전에 대한 일차적인 책임(primary responsibility)은 안전보장이사회가 지나, 안전보장이사회가 자신의 기능을 수행하지 못할 경우 이차적으로 총회가 개입할 수 있다.
② 안전보장이사회는 필요하다고 인정하는 경우 국제사법재판소(ICJ)의 판결을 집행하기 위하여 권고하거나 취하여야 할 조치를 결정할 수 있다.
③ 안전보장이사회의 강제조치에 관한 결정은 그 조치의 대상이 되는 국가에게만 구속력을 가진다.
④ 절차사항에 관한 안전보장이사회의 결정은 9개 이사국의 찬성투표로 한다.

해설

③ 안전보장이사회의 결정은 모든 회원국에 구속력을 가지며 회원국은 이를 이행하여야 한다. <답 ③>

049. UN안전보장이사회의 임무와 권한에 대한 설명으로 옳지 않은 것은? 〈사시 2010년〉

① 절차사항에 관한 안전보장이사회의 결정은 9개 이사국의 찬성투표로써 한다.
② UN헌장에 따르면 UN회원국이 안전보장이사회의 구속력 있는 결정을 이행하여야 할 의무가 다른 국제협정상의 의무에 우선하는 것은 아니다.
③ UN헌장에 따르면 국제평화와 안전의 유지를 위한 책임이 안전보장이사회에만 부여되어 있는 것은 아니다.
④ UN헌장에 따르면 안전보장이사회가 계속적으로 임무를 수행할 수 있도록 하기 위하여 각 이사국은 UN 소재지에 항상 대표를 두어야 한다.
⑤ UN헌장상의 국내문제불간섭 원칙은 UN헌장 제7장에 따라 안전보장이사회가 취하는 강제조치의 적용을 해하지 않는다.

해설

② UN헌장상의 의무는 여타 국제 협정상의 의무에 우선한다(UN헌장 제103조). ③ 안전보장이사회는 국제평화와 안전유지에 대한 "1차적" 책임(primary responsibility)을 진다고 규정되어 있다. 따라서 UN총회 등에도 일정한 책임이 부여되고 있다는 해석이 가능하며 실제 UN총회는 국제평화와 안전유지에 관한 사항을 많이 다루고 있다. <답 ②>

050. 국제연합(UN) 안전보장이사회의 권한에 관한 설명 중 옳은 것을 모두 고른 것은? 〈사시 2015년〉

ㄱ. 안전보장이사회가 평화에 대한 위협, 평화의 파괴 또는 침략행위의 존재를 결정함에 있어서는 5개 상임이사국을 포함한 9개 이사국의 찬성투표가 필요하다.
ㄴ. 안전보장이사회에서 분쟁의 평화적 해결에 관한 결정에 있어서 분쟁당사국은 투표를 기권한다.
ㄷ. 안전보장이사회는 법률적 분쟁을 직권으로 국제사법재판소에 회부할 수 있다.
ㄹ. 안전보장이사회는 헌장 제7장에 따라 군사적 강제조치를 취하기 위하여, 특별협정의 체결 없이도 회원국들에게 병력 제공을 요청할 수 있으며 회원국은 그러한 요청에 따라야 한다.
ㅁ. 안전보장이사회는 강제조치를 취하기 위하여 지역적 약정 또는 지역적 기관을 이용할 수 있다.

① ㄱ, ㄴ, ㅁ
② ㄱ, ㄷ, ㄹ
③ ㄱ, ㄹ, ㅁ
④ ㄴ, ㄷ, ㄹ
⑤ ㄴ, ㄷ, ㅁ

해설

ㄷ. 안전보장이사회는 법적 분쟁을 직권으로 국제사법재판소에 회부할 권한이 없다. 안전보장이사회는 사법적 해결을 포함한 평화적 해결을 당사국에게 요청할 수 있다. ㄹ. 유엔헌장 제43조에 따라 회원국은 특별협정에 따라 병력, 원조, 편의 등을 안전보장이사회에 제공한다. <답 ①>

051. UN안전보장이사회와 총회에 대한 설명으로 옳은 것은? 〈행안부 9급 2010년〉

① UN회원국은 국제평화와 안전의 유지를 위한 일차적 책임을 UN총회에 부여하고 있다.
② UN회원국만이 자국이 당사자인 분쟁에 관하여 안전보장이사회의 주의를 환기할 수 있다.
③ 안전보장이사회의 절차사항에 대한 의사결정에 있어서는 상임이사국의 거부권이 행사될 수 있다.

④ 절차사항 외 모든 사항에 관한 안전보장이사회의 결정은 상임이사국의 동의투표를 포함한 9개 이사국의 찬성투표로 한다.

해설

① 일차적 책임은 안전보장이사회에 있다. ② 비회원국도 자국이 당사자인 분쟁에 대해서는 안보리에 회부가능하다. ③,④ 절차사항 외의 모든 사항(실질사항)에 대해서는 거부권이 적용되므로 5개 상임이사국들의 동의투표를 포함해야 한다. <답 ④>

052. UN총회와 안전보장이사회의 관계에 대한 설명으로 옳지 않은 것은?

〈2015년 국가직 7급〉

① 안전보장이사회가 어떠한 분쟁 또는 사태에 관하여 헌장에서 부여된 임무를 수행하는 동안에는 총회는 안전보장이사회가 요청하지 않는 한 이에 대하여 어떤 권고도 할 수 없다.
② 총회는 국제평화와 안전을 위태롭게 할 우려가 있는 사태에 대하여 안전보장이사회의 주의를 환기할 수 있다.
③ 안전보장이사회의 요청이 있는 경우 UN 사무총장은 총회의 특별회기를 소집한다.
④ 안전보장이사회가 국제평화와 안전의 유지 또는 회복에 필요한 공군, 해군 또는 육군에 의한 조치를 취하려 할 때는 총회의 사전 동의를 얻어야 한다.

해설

④ 안전보장이사회의 군사적 제제조치에 있어서 총회의 사전 동의 등을 필요로 하지 않는다.
<답 ④>

053. UN헌장에 규정된 안전보장이사회에 대한 설명으로 옳은 것은? 〈행안부 7급 2008년〉

① 안전보장이사회는 UN의 예산을 심의하고 승인하며 UN의 다른 기관으로부터 보고를 받아 심의한다.
② 새로운 회원국의 가입승인은 안전보장이사회의 권고에 따라 총회가 결정하며, 안전보장이사회의 권고 시에는 상임이사국의 거부권이 인정된다.
③ 안전보장이사회는 정치적 분야에 있어서 국제협력을 촉진하고, 국제법의 점진적 발달 및 그 법전화를 장려하기 위하여 연구를 발의하고 권고한다.
④ 지역적 기관은 안전보장이사회의 허가 없이는 어떠한 경우에도 강제조치를 취할 수 없다.

해설

①,③ 총회의 역할이다. ④ 지역적 기관의 강제적 조치는 두 가지로 나눌 수 있다. 하나는 안전보장이사회의 사전허가를 필요로 하는 조치이며, 다른 하나는 집단적 자위권에 기한 조치이다. 일반적으로 집단적 자위권에 의해 행동하는 경우가 훨씬 더 많다. <답 ②>

054. 유엔안전보장이사회의 권한에 관한 설명 중 옳지 않은 것은? 〈사시 2016년〉

① 각 이사국은 1개의 투표권을 갖는다.

② 국제평화와 안전을 위태롭게 할 우려가 있는 분쟁이 계속되는 경우, 당사국들에게 그 해결방법을 권고할 수 있다.

③ 유엔총회의 권고가 없는 경우에도 강제조치를 결정할 수 있다.

④ 안전보장이사회의 모든 결정은 상임이사국의 동의투표를 포함한 9개 이사국의 찬성투표로써 결정된다.

⑤ 어떠한 분쟁의 계속이 국제평화와 안전의 유지를 위태롭게 할 우려가 있는지를 확인하기 위하여 조사할 수 있다.

해설

안전보장이사회에서 이른바 실질사항에는 상임이사국의 거부권이 적용되며 절차사항에는 거부권이 적용되지 않는다. <답 ④>

055. UN안전보장이사회의 표결에 관한 설명으로 옳은 것은? 〈기출문제 변형〉

① UN 사무총장은 안전보장이사회의 권고로 총회가 임명하는데 안전보장이사회 상임이사국 중 하나라도 반대하면 이 권고안은 부결된다.

② 상임이사국이 표결에 불참하는 경우 헌장규정은 이를 거부권행사로 보지 않는다고 규정한다.

③ 절차사항에 있어서 비상임이사국 10개국이 모두 반대해도 상임이사국이 전원 찬성하면 가결될 수 있다.

④ 신규 회원국 가입에 대해서는 상임이사국의 거부권이 적용되지 않는다.

해설

② 헌장에는 이에 대한 명시규정이 없으나 그간 안보리 관행에 의거하여 기권이나 표결 불참은 거부권행사로 보지 않는다. ③ 9개국 이상의 찬성이 필요하므로 비상임이사국이 모두 반대하면 상임이사국이 모두 찬성해도 가결될 수 없다. ④ 회원국 가입은 안보리 권고에 의해 총회가 결정하는데 이 경우 실질문제로 간주되어 안보리에서 거부권이 적용된다. <답 ①>

056. UN안전보장이사회 상임이사국의 거부권에 대한 설명으로 옳지 않은 것은? 〈국가직 7급 2012년〉

① 절차사항(procedural matters)에 대해서는 거부권을 행사할 수 없다.

② 해당 사항이 절차사항(procedural matters)인지 아니면 그 외의 모든 과정(all other matters)인지를 결정하는 표결에서 거부권을 행사할 수 있다.

③ 국제사법법원(ICJ) 판사의 선출을 위한 표결에서 거부권을 행사할 수 있다.

④ 평화에 대한 위협의 존재에 대한 결정에 대하여 거부권을 행사할 수 있다.

해 설

ICJ 판사는 안전보장이사회와 총회에서 각각 절대다수표를 얻어야 선출된다. 따라서 거부권이 적용되지 않는다. <답 ③>

057. UN의 비회원국이 안전보장이사회에 참가할 수 있는 경우는?

① 안보리가 심의 중인 분쟁의 제기국인 경우
② 안보리가 심의 중인 분쟁의 당사국인 경우
③ ICJ가 인정한 경우
④ 총회가 참가를 요청한 경우

해 설

UN헌장 제32조에 의하면 안보리의 이사국이 아닌 UN회원국 또는 UN회원국이 아닌 국가는 안보리의 심의중인 분쟁의 당사국인 경우에는 이 분쟁에 관한 토의에 투표권 없이 참가하도록 초청된다고 규정하고 있다. 다만 비회원국의 경우 안보리는 공정하다고 인정되는 조건을 정한다. 또한 제31조에 의하면 안보리의 이사국이 아닌 UN회원국은 안보리에 제기된 문제에 대하여 이사회가 그 회원국의 이해에 특히 영향이 있다고 인정할 때에는 언제든지 이 문제의 토의에 투표권 없이 참가할 수 있다고 규정하고 있다. <답 ②>

058. UN회원국의 지위를 설명한 것 중 옳지 않은 것은? 〈사시 2012년〉

① 신규 회원국의 가입 승인은 안전보장이사회의 권고에 따라 총회의 결정에 의하여 이루어진다.
② 안전보장이사회 강제조치의 대상이 되는 회원국에 대해서는 안전보장이사회의 권고에 따라 총회가 회원국으로서 갖는 권리 및 특권의 행사를 정지시킬 수 있다.
③ 안전보장이사회 이사국이 아닌 회원국은 안전보장이사회가 토의 중인 문제에 이해관계를 가지더라도 그 토의에 참가할 수 없다.
④ 모든 회원국은 국제적 마찰로 이어지거나 분쟁을 발생하게 할 우려가 있는 여하한 사태에 대해서도 안전보장이사회 또는 총회의 주의를 환기할 수 있다.
⑤ UN헌장의 원칙을 집요하게(persistently) 위반하는 회원국은 안전보장이사회의 권고에 따른 총회의 결정에 의하여 제명될 수 있다.

해 설

이 경우 비이사국인 회원국도 토의에 참가할 수 있도록 규정하고 있다. <답 ③>

059. 다음은 UN 기관들의 표결에 관한 설명이다. 옳지 않은 것을 모두 고른 것은?
〈사시 2012년〉

ㄱ. 총회는 전체 회원국 3분의 2 이상의 찬성으로 국제평화와 안전의 유지에 관한 권고, 안전보장이사회 비상임이사국의 선출, 회원국의 권리 및 특권행사의 정지 등을 결정한다.
ㄴ. 분담금의 납부를 연체한 회원국일지라도 총회에서 투표권이 인정될 수 있다.
ㄷ. 안전보장이사회는 모든 문제에 관하여 5개 상임이사국을 포함한 9개 이사국 이상의 찬성투표에 의하여 결정한다.
ㄹ. 안전보장이사회가 UN헌장 제6장의 분쟁의 평화적 해결과 관련하여 결정하는 경우 그 분쟁의 당사국은 투표를 기권해야 한다.
ㅁ. 경제사회이사회의 결정은 출석하여 투표하는 이사국의 과반수 찬성에 의한다.

① ㄱ, ㄷ ② ㄴ, ㅁ ③ ㄱ, ㄴ, ㄷ
④ ㄱ, ㄷ, ㄹ ⑤ ㄴ, ㄹ, ㅁ

해설

ㄱ. 이 경우 의결정족수는 출석하여 투표하는 회원국 3분의 2이다. ㄷ. 상임이사국의 거부권은 절차사항이 아닌 문제들(실질사항)에 대해서만 적용된다. 지문 ㄴ의 경우, 분담금의 연체금액 총액이 2년치 분담금 액수와 같거나 이를 넘을 경우 총회에서 투표권을 가지지 못한다. 그럼에도 불구하고 총회는 그 지불 불이행이 해당 회원국이 통제할 수 없는 사정에 의한 것일 경우 투표를 허용할 수 있다(유엔헌장 제19조).

<답 ①>

060. 안보리의 의결절차에 대한 설명으로 옳지 않은 것은?

① 절차문제는 15개국 중 9개국의 찬성으로 의결된다.
② 상임이사국에게는 이중거부권이 인정된다.
③ 분쟁의 강제적 해결의 경우에는 분쟁당사국의 투표권제한이 적용되지 않는다.
④ 상임이사국의 결석 및 기권에 대하여는 현재 거부권행사로 간주되지 않는다는 명문규정이 있다.

해설

명문규정은 없으며 단지 관행상 거부권행사로 간주되지 않는다는 것이 확립되어 있다. 상임이사국은 당해 사안이 절차문제인지 내용문제인지 결정하는 데도 거부권을 행사할 수 있는바, 이를 이중거부권이라고 한다. 왜냐하면 이러한 거부권의 허용으로 상임이사국에게 두 번의 거부권을 부여한 셈이 되기 때문이다.

<답 ④>

061. UN 사무총장에 대한 설명으로 옳지 않은 것은? 〈국가직 7급 2012년〉

① UN 안전보장이사회의 권고로 총회가 임명한다.
② UN 안전보장이사회의 상임이사국은 UN 사무총장 선출에 거부권을 행사할 수 없다.
③ UN 사무총장은 최고행정책임자로서 총회가 정한 규칙에 따라 직원을 임명한다.
④ UN 사무총장은 국제평화와 안전의 유지를 위협하는 사항에 대하여 안전보장이사회의 주의를 환기할 수 있다.

해설

안보리 상임이사국은 UN 사무총장 선출에 대해 거부권을 행사할 수 있다. <답 ②>

062. UN에 관한 설명 중 옳은 것으로 묶인 것은? 〈사시 2013년〉

ㄱ. UN에는 국가만이 가입할 수 있다.
ㄴ. UN의 예산은 총회가 심의하고 승인한다.
ㄷ. UN인권이사회는 UN의 주요기관이다.
ㄹ. UN 사무총장은 안전보장이사회의 권고로 총회가 임명한다.
ㅁ. UN헌장은 국제사법재판소(ICJ)에 UN헌장을 최종적으로 해석할 권한을 부여하고 있다.

① ㄱ, ㄴ, ㄷ ② ㄱ, ㄴ, ㄹ ③ ㄱ, ㄷ, ㅁ
④ ㄴ, ㄷ, ㄹ ⑤ ㄷ, ㄹ, ㅁ

해설

ㄷ. 인권이사회는 총회의 보조기관이다. ㅁ. UN헌장의 최종적 해석권이 특정 기구에 부여되어 있지는 않다. <답 ②>

063. 다음 보기는 국제연합과 국제연맹을 비교한 것이다. 옳은 것은 모두 몇 개인가?

≪보기≫

(가) 두 기구는 모두가 회원제도에 있어서 자발적이고 개방적이었다는 점에 공통점이 있다.
(나) 비무력적, 무력적 강압(coercion)에 의하여 국제공동체가 평화에 대한 파괴자에 대해서 압력을 가하며 이러한 집단안보가 강대국의 일차적 역할에 의존하고 있다는 점은 동일하다.
(다) 두 기구는 회원국의 가입문제에 있어서 (연맹 또는 안전보장)이사회의 추천

을 받도록 한 점에 공통점이 있다.

㈑ UN은 연맹과는 달리 탈퇴규정을 두지 않았으나 대신에 안보리의 권고에 따라 총회가 회원국의 자격을 정지할 수 있는 규정을 신설하였다.

㈒ (연맹 또는 안전보장)이사회의 구성을 상임이사국과 비상임이사국으로 나누고 상임이사국의 구성을 변화시키기 위해서는 (규약)헌장을 개정해야 한다는 점에서 동일하다.

㈓ 연맹은 이사회의 제재결의의 이행을 회원국의 재량에 맡겼으나 UN은 안보리의 결정에 법적 구속력을 부여하였다.

㈔ UN의 신탁통치이사회는 연맹이사회의 단순한 자문기관에 지나지 않았던 동 이사회 산하의 상설위임통치위원회로부터 UN의 주요기관의 하나인 신탁통치이사회로 격상됨으로써 '전략지역통치'를 제외하고는 안전보장이사회는 감독권을 갖지 못하게 되었다.

㈕ 두 기구에서의 (규약)헌장의 개정은 총회에서의 2/3 이상의 찬성과 (연맹 또는 안전보장)이사회 상임이사국 모두를 포함한 2/3 이상의 인준을 거쳐야 한다는 점은 동일하다.

① 2개 ② 3개 ③ 4개 ④ 5개

해설

㈐ 국제연맹규약은 회원가입에 연맹이사회의 추천을 요하지 않았다. ㈒ 국제연맹이사회는 주된 연합 및 동맹국의 대표와 4개 가맹국의 대표로 구성되고, 비상임이사국 4국은 총회의 재량에 의해 수시로 선정되며 총회 과반수의 동의를 얻어 4개국 외에 새로운 이사국을 선출할 수 있다. 따라서 이사회의 구성을 변화시키는 권능이 총회에 부여되어 있었다는 점에서 상임이사국을 변경시키기 위해서 헌장을 개정해야 하는 UN헌장과는 다르다. 참고로 연맹이사회의 구성국이 아니라고 하더라도 자국이익에 영향을 끼치는 국가는 사안의 심의에 자국대표 1인을 파견할 수 있다. ㈕ 연맹규약의 개정은 총회에서 만장일치의 찬성과 이사국 전 회원국을 포함한 2/3 이상의 회원국의 인준을 필요로 한다. 참고로 ㈏항 지문이 혼동되기 쉬우나 국제연맹도 국교단절에 이를 수 있는 분쟁은 연맹이사회에 먼저 회부해야 하고 14일이 경과된 후에야 총회에 회부할 수 있다는 점에서 안전보장에 있어서 주로 강대국으로 구성된 이사회에 일차적인 임무를 부여한 것으로 볼 수 있다(Simma). 따라서 ㈏항은 옳은 지문이다. 다만, UN헌장 제12조는 안보리가 헌장에 의하여 부여된 임무를 분쟁이나 사태에 대하여 수행하고 있는 동안은 총회는 동 분쟁이나 사태에 대하여 권고할 수 없다고 규정하고 있으며, 제24조는 회원국은 국제평화와 안전의 유지에 관한 일차적 책임을 안보리에 부여하고 있다고 명시하고 있어 UN총회는 주로 일반적인 권고에 그 기능이 집중되고 안보리는 비안보사항의 심의로부터 우선 면제되었다.

<답 ④>

064. UN의 보조기관과 전문기구에 대한 설명으로 잘못된 것은?

① 보조기관은 유엔의 주요기관이 기능상의 필요에 따라 설립한 기관이다.
② 국제법위원회는 총회의 보조기관이며, 구 유고슬라비아 국제형사재판소와 르완다 국제형사재판소는 안전보장이사회의 보조기관이다.
③ 보조기관의 설립은 유엔헌장에 의해 인정된 총회와 안전보장이사회의 능력이다.
④ 국제원자력에너지기구(IAEA)는 대표적인 UN 전문기구이다.

해설

국제원자력에너지기구(IAEA)는 보조기관도 아니고 UN의 전문기관도 아닌 별도의 독립적인 국제기구이다. 널리 알려진 국제기구들 중 IAEA, OECD, WTO 등은 UN 전문기구가 아님에 유의한다.

<답 ④>

065. UN 전문기구의 개념에 대한 설명으로 타당하지 않은 것은?

① 기구의 목적은 주로 경제, 사회, 문화, 보건분야이다.
② 독립된 국제조약에 의해 설립된 법인격을 가진 국제기구이다.
③ 전문기구는 경제사회이사회와 협정을 체결한 제휴기관으로 이 협정은 총회의 승인을 받아야 한다.
④ 특별협정을 실현하고 상호조정 및 협력을 이루기 위해 경제사회이사회 내에 정부간 기구 교섭위원회가 설치되어 있다.
⑤ 현재 총 16개의 전문기구가 설치되어 있다.

해설

④는 행정조정위원회에 대한 설명이다. 정부간 기구와의 교섭위원회에서는 특별협정을 교섭, 준비한다.

<답 ④>

066. 유럽연합(EU)에 대한 설명으로 옳지 않은 것은? 〈행안부 7급 2008년〉

① 유럽집행위원회(European Commission)는 법안제안권을 갖는다.
② 유럽의회(European Parliament)는 EU 입법과정에서 최종의결권을 행사할 수 없다.
③ 마스트리히트(Maastricht) 조약에 의하여 유럽공동체(EC)가 해체되고 유럽연합(EU)이 탄생하였다.
④ 유럽사법재판소(European Court of Justice)는 공동체설립 조약의 해석과 적용을 통하여 법이 준수되도록 확보하는 것을 주요 임무로 한다.

해설

③ 1992년 마스트리히트 조약에 따라 EC, 공동외교안보정책, 내무사법협력을 망라하는 새 통합체로서 EU가 출범하였다. 그러나 경제통상분야의 법적 주체는 아직도 여전히 EC이므로 EU와 EC가 혼용되고 있음에 유의하여야 한다. <답 ③>

067. 유럽의회의 권한 내지 기능에 속하지 않는 것은?

① 위원회에 대한 불신임결의권
② 위원회와 이사회의 일상활동에 대한 질의권
③ 위원회의 연차보고서 심의권
④ 강제적 예산에 대한 통제권

해설

유럽의회는 비강제적 예산, 즉 EU의 기관운영을 위한 예산에 대해서는 통제권을 갖지만 강제적 예산, 즉 EU법 적용의 자동결과로 성립하는 예산에 대해서는 이사회에 수정안을 제출할 수 있을 뿐이다. 이 외에도 예산권, 공동체예산확정에서 이사회예산에 대한 개정안제의권, EC의 국제협정체결에 대한 동의권, 위원회에 대한 법안제출요구권을 갖는다. <답 ④>

068. 유럽연합의 활동원칙에 해당하지 않는 것은?

① 법규제정의 선행원칙
② 가중다수결의 원칙
③ 보충성의 원칙
④ 회원국자치의 원칙

해설

당사자자치의 원칙은 유럽연합의 활동원칙과 무관하다. EU는 회원국의 주권에 대한 일정한 제한을 통하여 EU가 성장해 왔다. 다만 마스트리히트조약은 보충성의 원칙을 명문화함으로써 회원국의 주권이 완전히 잠식되는 것을 방지하기 위한 보완장치를 두고 있다. <답 ④>

069. 유럽연합의 주요 기관에 대한 설명으로 타당한 것은?

① 위원회(Commission)와 이사회(Council)는 집행만 할 뿐 입법권한은 전혀 없다.
② 유럽의회(Parliament)는 전속적인 입법권한을 행사하였으나 최근 들어 그 권한이 더욱 축소되어 감독과 자문만 한다.
③ 유럽재판소(ECJ)는 공동체 설립조약의 해석 또는 적용에 관한 분쟁을 다룬다.
④ 감사원(Court of Auditors)은 유럽연합의 기관이 아니라 단순한 하부기관에 불과하다.

해설

① 위원회와 이사회의 주요 기능은 공동체 입법활동이다. ② 유럽의회는 원래 감독과 자문기관으로 평가되었으나 공동체 입법에서 일정한 참여권을 갖고 있으며 마스트리히트 조약 이후 더욱 권한이 강화된 것으로 평가된다. ④ 위원회, 이사회, 의회, 재판소와 함께 감사원 역시 유럽연합의 주요한 기관이다. <답 ③>

070. 집단적 자위권에 관한 다음 설명 올바른 것은 무엇인가?

① 유엔헌장은 개별적 자위권과 집단적 자위권을 구별한 후, 전자에 대해서는 강한 보호를 제공하나 후자에 대해서는 그러하지 아니하다.

② 집단적 자위권이 문제가 된 대표적인 ICJ판결은 1986년 Nicaragua 사건이다.

③ 개별적 자위권은 국가의 고유한 권리(inherent right)이나 집단적 자위권은 그러하지 아니하다.

④ 집단적 자위권은 유엔헌장에 따라서만 인정되며 국제관습법상 권리로서는 인정되지 아니한다.

⑤ 집단적 자위권의 확대 적용은 전통적인 군사동맹 체제의 확산과는 관련이 없으므로 특별히 우려할 만한 문제는 아니라는 것이 일반적인 견해이다.

해설

집단적 자위권과 개별적 자위권은 유엔헌장 제51조에 규정된 국가의 고유한 권리이다. 이들은 또한 헌장이 인정하는 권리일 뿐 아니라 국제관습법에서도 인정되는 권리이다. 집단적 자위권의 확대적용은 전통적인 군사동맹 체제의 확산으로 유엔 헌장이 예정하고 있는 집단안보체제의 골격과 상충하는 부분이 존재한다는 것이 최근 제기되고 있는 우려 사항 중 하나이다. 집단적 자위권 문제가 본격적으로 논의된 ICJ판결은 1986년 Nicaragua 사건이다 <답 ②>

071. 국제법상 자위권에 관한 다음 설명 중 잘못된 기술은 무엇인가?

① 예방적 자위권은 헌장 제51조의 해석상 어떠한 경우에도 허용될 수 없다는 것이 일치된 견해이다.

② 유엔 회원국인 경우 자위권을 유엔헌장에 기초하여 행사할 수도 있으며 국제관습법에 따라서도 행사할 수 있다.

③ 자위권행사에 관해서는 비례성의 원칙과 필요성의 원칙의 준수가 중요한 법적 요건 중 하나이다.

④ 자위권과 관련한 주요 법적 쟁점은 자위권의 존부가 아니라 어떻게 자위권 행사의 남용을 막을 것인가로 모아지고 있다.

⑤ 국가의 고유한 권리인 이상 자위권행사에 있어 다른 나라의 동의를 필요로 하는 것이 아니다.

해설

예방적 자위권 개념을 인정할 것인지에 대해서는 긍정설과 부정설이 나뉘어져 있으며 점차 예외적인 경우에 한하여 (대량살상무기를 통한 공격이 객관적인 증거로 임박한 경우 등) 자위권행사에 관한 다른 요건 (필요성, 비례성)의 충족을 조건으로 허용하는 방향으로 논의가 진행되고 있는 모습을 보이고 있다.

<답 ①>

제4장 | 개 인

제1절 개인의 국제법 주체성

001. 다음 국제법원 중 개인의 제소권이 인정되지 않는 것은? 〈기출문제 변형〉

① 유럽인권재판소 ② UN 행정법원
③ 상설중재재판소 ④ 국제노동기구 행정법원

해 설

상설중재재판소, 국제사법재판소는 국가 간 분쟁을 해결하기 위한 법원이다. 유럽인권재판소 외에 개인의 제소권이 인정되는 사례로는 UN 행정법원(UN직원의 제소권 인정), 국제노동기구 행정법원, 혼합중재재판소, 국제포획법원, 중미사법재판소, 국제해양법재판소의 해저분쟁법정 등이 있다. 참고로, 미주인권법원은 인권위원회와 국가만이 소송을 제기할 수 있다. <답 ③>

002. 개인의 국제법적 지위에 관한 설명 중 옳지 않은 것은? 〈사시 2016년〉

① 전통국제법에서는 오직 국가만을 국제법의 주체로 보았을 뿐, 개인은 국제법의 객체에 지나지 않았다.
② 개인은 제한적으로 국제법상의 권리를 향유하고 의무를 부담한다.
③ 일반적으로 개인에게는 조약체결능력이 인정되지 않는다.
④ 국제재판소에서 아직까지 개인이 직접 제소할 수 있는 권리는 인정되지 않는다.
⑤ 제2차 세계대전 후에 들어와 국제형사재판을 통하여 전쟁범죄자들을 처벌하기 시작하였다.

해 설

④ 과거에도 개인의 제소권이 인정된 사례가 있었으며 현재 유럽사법재판소, 유엔행정법원 등 개인이 직접 제소할 수 있는 국제재판소가 존재하고 있다. <답 ④>

003. 다음 중 개인의 국제법원에 대한 소송권을 인정한 사례가 아닌 것은?

① 국제포획법원 ② 중미사법법원
③ 혼합중재법원 ④ 미주인권법원

해설

미주인권법원은 인권위원회와 국가만이 소송을 제기할 수 있다. 이 외에도 중요한 것으로는 IBRD에 의하여 설립된 ICSID(Internatioual Center for the Settlement of Investment Disputes)가 있는바, 개인의 중재법원에 대한 접근을 인정하고 있다. <답 ④>

004. 국제사법재판소(ICJ)와 국제포획재판소(IPC)에 대한 설명으로 옳지 않은 것은?

〈국가직 7급 2013년〉

① UN안전보장이사회는 어떠한 법적 문제에 관하여도 권고적 의견을 줄 것을 ICJ에 요청할 수 있다.
② 모든 UN회원국은 ICJ규정의 당연 당사국이다.
③ IPC는 중립국과 교전국 간의 중대한 마찰의 주요 원인을 없애려고 하였다.
④ IPC 창설에 관한 협약상 이 재판소에는 국가만이 제소를 할 수 있었다.

해설

국제포획재판소는 개인의 국제소송권을 인정하고자 하였다. 그러나 이는 결국 비준되지 못하였다. <답 ④>

제2절 국 적

001. 회사 및 물건의 국적에 대한 설명이다. 타당하지 않은 것은?

① 선박의 경우에는 국내법에 의해 규율되나 점차 국적국가와 선박국가 간의 유대가 요구된다.
② 항공기는 1944년 시카고협약에 따라 등록국가의 국적을 갖는다.
③ 우주물체는 외기권에 있거나 천체에 있는 경우에는 등록국가의 국적을 갖지만 지구로 귀환한 경우에는 소재지국의 국적을 갖는다.
④ ICJ는 Barcelona Traction 사건에서 외교적 보호권행사를 위한 회사의 국적 기준으로 1차로 설립준거지, 2차로 주된 주주의 국적을 제시했다.

해설

우주물체는 지구로 돌아온 경우에도 등록국가의 국적을 갖는다. 각 국가는 선박의 등록을 위한 조건을 스스로 결정할 권리를 갖는다. 특히, 문제는 편의치적(flag of convenience)인데, 1958년 공해협약과 1982년 해양법협약은 모두 '진정한 관련'을 요구하고 있다. <답 ③>

002. 국적에 관한 일반적 설명으로 옳지 못한 것은? 〈기출문제 변형〉

① 선박과 항공기도 국적을 보유한다.
② 국적문제는 원칙적으로 국내문제에 속하나 국제법이 관여할 여지가 있다.
③ 이중국적과 무국적 문제에 대한 협약들이 존재한다.
④ 편의국적은 오늘날 관행상 행해지지 않는 불법행위이다.

해설

선박 등이 세금문제 등을 이유로 타국에 등록하는 편의국적은 원칙적으로는 인정되지 않으나 관행상 널리 행해지고 있다. <답 ④>

003. 국적과 관련된 설명으로 옳지 않은 것은? 〈기출문제 변형〉

① 국적 부여 요건을 정하는 것은 원칙적으로 각국의 국내문제이다.
② 국가는 자국민을 위하여 외교적 보호의 권리를 행사할 수 있으나, 이중국적자가 제3국으로부터 침해를 받는 경우 그의 국적국가들은 외교적 보호권을 행사할 수 없다.
③ 우리나라 국적법은 부모양계혈통주의를 원칙으로 하고, 예외적으로 출생지주의를 인정한다.
④ 국제사법재판소는 노테봄사건에서 국가와 국민 사이에 진정한 관련(genuine link)이 있어야 외교적 보호권이 발생한다고 판시하였다.

해설

② 이중국적자가 제3국으로부터 침해를 받는 경우 국적국가들은 각기 당해 제3국에 대해 외교적 보호권을 행사할 수 있으나, 제3국은 어느 한쪽에 대해서만 배상하면 된다(순). <답 ②>

004. 국적에 관한 설명 중 옳은 것으로 묶인 것은? 〈사시 2013년〉

ㄱ. 출생을 이유로 국적을 부여하는 방식 중의 하나인 혈통주의는 부계혈통주의와 부모 양계혈통주의 등으로 나뉘는데, 대한민국은 부계혈통주의를 채택하고 있다.
ㄴ. 이중국적자의 외교적 보호가 문제되는 경우, 관습국제법상 먼저 외교적 보호권을 주장하는 국적국만이 그 권리를 갖는다.
ㄷ. 국제사법재판소(ICJ)는 Nottebohm 사건에서 한 국가가 귀화에 의해 자국적을 취득한 개인을 위하여 외교적 보호에 나서기 위해서는 해당 국가와 개인간에 '진정한 관련'이 존재하여야 한다는 취지로 판시하였다.
ㄹ. 국제사법재판소(ICJ)는 Barcelona Traction Co. 사건에서 회사의 경우 원칙적으로 그 주주의 국적국이 회사를 위하여 외교적 보호권을 행사할 수 있다고 판결하였다.

ㅁ. 개인의 국적은 원칙적으로 해당 국가의 국내법에 따라 부여된다.

① ㄱ, ㄷ　　② ㄱ, ㅁ　　③ ㄴ, ㄹ
④ ㄷ, ㄹ　　⑤ ㄷ, ㅁ

해설

ㄱ. 우리나라는 부모 양계혈통주의를 취하고 있다. ㄴ. 이중국적자의 소속국들은 각기 그 제3국에 외교적 보호권을 행사할 수 있다. ILC 외교보호초안은 어느 국가가 보다 더 실효적인 국적국가인지를 가리지 않고 두 국가 모두 외교보호권을 행사할 수 있다고 규정하고 있다. 그 제3국은 두 국가 모두에게 배상할 의무는 없다. ㄹ. ICJ는 회사의 국적은 회사의 설립준거법 내지 본점소재지 소속국이라고 판시하였다. <답 ⑤>

005. 국적의 취득에 대한 한국의 입장을 옳게 설명한 것은?

① 순수한 혈통주의
② 순수한 출생지주의
③ 혈통주의와 출생지주의의 대등한 절충주의
④ 혈통주의에다 출생지주의 보충

해설

부모가 모두 분명하지 않거나 국적이 없는 때, 그리고 대한민국에서 발견된 기아에 대해서는 출생지주의를 적용한다. <답 ④>

006. 국적의 저촉에 대한 설명으로 타당성이 가장 적은 것은?

① 이중국적자가 어느 일방당사국 내에 있으면 타방당사국은 외교적 보호권을 행사할 수 없다.
② 이중국적자가 제3국에 있는 경우에는 단일국적인으로 간주된다.
③ 무국적자는 소속국가가 없으므로 외교적 보호를 받지 못한다.
④ 이중국적자가 제3국에 있는 경우에는 재류국이 임의로 인정하는 국가의 외교적 보호를 받는다.

해설

이중국적자가 평상시에 주로 거주하고 있는 국가의 국적 또는 사실상 긴밀한 관계가 있다고 인정되는 국가의 국적을 그의 국적으로 승인해야 하며 승인을 받은 국가만이 외교적 보호를 할 수 있다. 재류국의 임의라고 보기는 어렵다. 이를 실효적 국적(effective nationality)의 원칙이라고 하며, 1930년의 국적법의 저촉에 관련되는 약간의 문제에 관한 협약에서도 이를 밝히고 있다. <답 ④>

제3절 외 국 인

001. 외국인의 지위에 관한 설명 중 옳지 않은 것은? 〈행안부 7급 2009년〉

① 국가가 외국인의 입국을 허용한 경우에 국제법이 요구하는 일정한 기준에 따라 대우해야 한다.

② 비자(VISA)란 외국정부가 발행하는 입국사증이다.

③ 외국인에게는 국가주권에 직접 영향을 미치는 참정권을 주지 않을 수 있다.

④ 외국인에게 병역의무와 납세의무를 부과할 수 없다.

해설

외국인에게 병역의 의무는 부과하지 못한다고 보나, 세금의 경우 외국인이라는 이유만으로 면제를 받지는 않는다. <답 ④>

002. 국제법상 외국인의 지위에 대한 설명으로 옳지 않은 것은? 〈2015년 국가직 7급〉

① 외국인에는 무국적자와 외국국적자가 포함된다.

② 외국인의 입국 허용 여부는, 달리 정한 조약이 없는 한, 국가의 재량에 속한다.

③ 일단 입국한 외국인에게는 출국의 자유가 없다.

④ 국가는 합법적으로 입국한 외국인을 자의적으로 추방할 수 없다.

해설

③ 범죄를 저지른 자의 출국을 금지하는 등의 조치는 합법적으로 취할 수 있으나 원칙적으로 출국의 자유가 없다는 서술은 옳지 않다. <답 ③>

003. 외국인의 지위에 관한 설명 중 옳은 것은?

① 외국인은 재류국의 재판관할권에 복종하지 않아도 된다.

② 재류국은 외국인에 대한 국제법상 보호의무를 부담하지 않는다.

③ 국가는 외국인의 입국을 허용해야 할 의무를 부담하지 않는다.

④ 외국인은 원칙적으로 출국시 재류국 정부의 허가를 필요로 한다.

해설

① 외교관처럼 특권면제가 별도로 존재하지 않는 한 외국인은 재류국의 재판관할권에 종속된다. ② 재류국은 외국인의 생명, 재산을 보호할 국제법적 의무가 있다. ③,④ 출입국은 대표적인 국내적 전속관할사

항으로서, 특히 외국인의 입국을 허용할 의무는 없다. 특별한 사유가 없는 한 외국인은 재류국에서 출국의 자유를 갖는다. <답 ③>

004. 국제법상 외국인 보호에 관한 설명으로 옳지 않은 것은? 〈행안부 9급 2008년〉

① 외국인이란 내국인이 아닌 자로 무국적자를 포함하지 않는다.
② 칼보(Calvo)조항은 내국민대우기준을 주장하는 라틴아메리가 국가들의 입장이 반영된 것이다.
③ 외국인 보호에 있어서 국제표준주의는 국제적으로 적용되는 최소한의 보호기준을 정하고 그 이상으로 보호하라는 것이다.
④ 외국인 보호에 있어서 내국민대우주의는 내국민과 동등한 대우를 하라는 것이다.

해설

외국인은 자국국적을 보유하지 않은 자로서 무국적자와 외국국적자를 포괄하는 개념이다.
<답 ①>

005. 외국인의 대우에 관한 설명으로 옳지 않은 것은? 〈사시 2010년〉

① 국가는 외국인의 입국을 허용할 국제관습법적 의무가 없다.
② 외국인의 모든 기본권은 내국인과 동일하게 인정되어야 한다.
③ 외국인은 체류국의 국내법을 준수할 의무를 진다.
④ 칼보조항(Calvo Clause)은 외국인의 국적국에 의한 외교적 보호권의 행사를 제한하기 위한 것이다.
⑤ 외국인 대우의 국제최소기준은 주로 선진국들의 입장이다.

해설

외국인에게 모든 기본권을 내국인과 동일하게 인정해야 한다는 원칙은 없다. 각국 헌법과 법률 등에 의해 개별적으로 결정되고 있으며 정치적 권리 등은 부여되지 않는 경우가 많다. <답 ②>

006. 외국인의 출입국에 관한 설명으로 옳지 않은 것은? 〈행안부 9급 2009년〉

① 국가는 외국인의 입국을 허용해야 할 일반국제법상 의무가 없다.
② 국가들은 조약을 통해서 국민의 상호입국을 허용할 의무를 부담할 수 있다.
③ 국가는 적법하게 입국한 외국인의 출국을 특별한 사유가 없는 한 제한할 수 없다.
④ 추방은 형벌에 해당하기 때문에 엄격한 사법심사를 거쳐 이루어져야 한다.

해설

외국인의 추방은 영토국 행정부가 국가안보, 공공질서 등 국내법상 일정한 권한에 근거하여 행할 수 있다. 모든 추방이 형벌에 따라 이루어지는 것은 아니다. <답 ④>

007. 외국인의 법적 지위와 출입국에 관한 설명 중 옳지 않은 것은? 〈기출문제 변형〉

① 외국인의 입국은 국가의 재량사항으로서 국가는 외국인의 입국을 허용할 의무를 부담하지 않으며, 일단 입국한 외국인은 원칙적으로 자유로운 출국이 보장된다.
② 개발도상국은 외국인의 대우기준과 관련하여 국제표준주의 보다는 내국민대우원칙을 선호하는 경향이 있다.
③ 우호통상항해조약은 당사국 국민의 상호입국과 무관하다.
④ 외국인 추방은 원칙적으로 국가의 주권적 권리이며 외교기관 경유나 협의 등의 절차를 따를 의무는 없다.

해설

③ 우호통상항해조약에서 당사국 국민의 상호입국을 인정하는 것이 일반적이다. <답 ③>

008. 외국인의 출입국에 관한 설명으로 옳지 않은 것은? 〈사시 2012년〉

① 국제법상 국가는 외국인의 입국을 허용할 일반적 의무를 지지 않는다.
② 국가는 외국인의 체류조건을 정할 수 있다.
③ 국가는 적법하게 입국한 외국인이라도 일정한 경우에 강제로 출국시킬 수 있다.
④ 외국인을 추방시키는 경우 사전에 엄격한 사법심사를 거쳐야 한다.
⑤ 난민의 지위에 관한 협약에 따르면, 체약국은 국가안보 또는 공공질서를 이유로 하는 경우를 제외하고 합법적으로 그 영역에 있는 난민을 추방해서는 안 된다.

해설

사법심사는 외국인 추방의 요건이 아니다. <답 ④>

009. '국가의 경제적 권리 · 의무헌장'과 '천연자원의 영구주권에 관한 선언'의 내용 중에서 국유화에 관한 공통된 입장만을 나열한 것은?

① 적절한 보상 ② 공익목적, 비차별
③ 비차별, 적절한 보상 ④ 공익목적

해설

1962년의 '천연자원의 영구주권에 관한 선언'은 국유화에 있어서 그 보상은 공익목적, 국가안전 및 국가이익에 근거하여 국제법과 국내법에 따라 적절한 보상을 하여야 한다고 판시하였으며, 1977년의 Texaco 사건 중재판결에서도 이를 확인하였다. 1974년에 채택한 '국가의 경제적 권리 · 의무헌장'은 국유화하는 데 있어 적절한 보상이 이루어져야 한다고 선언하였다. <답 ①>

010. 외국인 투자자와 투자유치국간 분쟁이 발생하는 경우 이를 직접 해결하기 위한 투자분쟁해결제도가 최근 주목을 받고 있다. 이 제도에 대한 다음 설명 중 올바르지 않은 것은 무엇인가?

① 개인이 외국정부를 상대로 직접 국제분쟁해결절차에서 소송절차를 개시할 수 있다는 측면에서 새로운 형태의 분쟁해결절차라고 볼 수 있다.
② 개인의 국제법 주체성이 강화되는 측면을 보여주고 있다고 평가할 수 있다.
③ 이러한 내용은 주로 양자 간 투자보장협정 내지 자유무역협정에 흔히 포함된다.
④ 우리나라가 그 동안 체결하는 투자보장협정에서는 이러한 제도를 수용하지 않았으나 최근 우리나라가 체결하는 자유무역협정에서는 이 제도를 광범위하게 받아들이고 있다.
⑤ 우리나라는 아직 이 분쟁해결절차에 한 번도 참여하여 본 적이 없다.

해설

투자자 대 국가 간 투자분쟁해결절차는 1970년대 이래 우리나라가 체결한 투자보장협정에 거의 대부분 포함되어 있었으며, 최근 우리나라가 체결하고 있는 자유무역협정에도 역시 대부분 포함되어 있다. <답 ④>

011. 다음은 외국인 투자자와 투자유치국 정부 간 분쟁을 직접 해결하는 제도를 설명한 것이다. 다음 설명 중 올바른 것은 무엇인가?

① 이러한 분쟁해결제도는 협정상 특별한 근거가 없어도 국제관습법에 근거하여 개시될 수 있다.
② 국제투자문제는 WTO협정이 본격적으로 다루고 있으므로 WTO 분쟁해결절차의 회부대상이기도 하다.
③ 외국인 투자자뿐 아니라 투자유치국의 국민도 일정한 요건을 충족하는 경우 원칙적으로 이 제도를 활용할 수 있다.
④ 이 제도가 국제적으로 확산되고 있는 것은 1994년 NAFTA협정 체결 이후 최근의 일이라고 볼 수 있다.
⑤ 국제투자가 늘어감에 따라 국제투자분쟁은 다양한 영역에서 증가하고 있으며 이에 따라 투자분쟁해결절차에 회부되는 분쟁 건수도 계속하여 늘어나고 있는 추세이다.

해 설

투자자 대 국가 간 투자분쟁해결절차 또는 투자협정에 포함되는 주요 이슈는 WTO에서 다루고 있지 아니하며 오로지 양자 간 투자보장협정이나 자유무역협정에서 다루고 있다. 이 제도는 외국인 투자자만이 활용할 수 있으므로 투자유치국 국민은 원칙적으로 이를 이용할 수 없다. 이 제도는 1966년 ICSID협약과 함께 최초로 도입된 이후 국제적으로 확산되어 왔으며, 최근에는 투자분쟁이 증가함에 따라 이 분쟁해결절차에 회부되는 건수도 계속하여 증가하고 있는 추세이다. <답 ⑤>

012. 다음은 국제법상 수용(expropriation)에 관한 설명이다. 잘못된 기술은 무엇인가?

① 수용이란 일국 정부가 자국 내에 존재하는 외국인 투자자의 재산을 국유화 등을 통해 강제적으로 접수하는 것을 의미한다.
② 수용에는 직접수용뿐 아니라 간접수용도 가능하다.
③ 국제법상 합법적 수용을 위해서는 공익의 원칙, 무차별원칙, 보상의 원칙, 국유재산 존중의 원칙 준수가 요구된다.
④ 외국인의 재산을 탈취하는 수용의 성격상, 국제법상 수용이 과연 허용되는 조치인가에 관해서는 아직도 논란이 있다.
⑤ 수용에 대한 보상의 범위에 관하여 선진국과 개도국 간 입장대립이 첨예하다.

해 설

국제법은 일정한 요건을 준수하는 한 외국인 재산의 수용(국유화)을 허용하고 있다. 수용관련 분쟁은 주로 보상의 범위로 귀결되며 보상의 범위에 관하여 선진국과 개도국 간 입장 대립이 목도되고 있다. <답 ④>

013. 국제법상 외국인 재산의 수용에 관한 설명으로 옳지 않은 것은? 〈행안부 7급 2010년〉

① 수용의 대상이 되는 재산은 동산, 부동산, 무체재산 등이 모두 포함된다.
② 내 · 외국인 간 및 외국인 상호간의 비차별은 합법적 수용 요건으로 간주되고 있다.
③ 제3세계 국가들은 수용과 관련된 분쟁은 수용국의 국내법에 따라 해결되어야 한다고 주장하고 있다.
④ 국유화의 경우는 보상에서 제외된다.

해 설

국유화를 하는 경우 일정한 보상을 해야 한다는 점에 대해서는 이론의 여지가 없다. 다만 그 보상의 정도에 대해 선진국과 제3세계 간에 의견이 나뉘는 것이다. <답 ④>

014. 외국인 재산의 수용에 관한 설명으로 옳지 않은 것은? 〈사시 2008년〉

① 재산에 대한 수용은 수용국가의 경제정책을 달성하기 위한 주권행사로 인정된다.
② 계약상의 권리는 재산의 개념에 포함되지 않는다.
③ 일반적으로 수용은 공공의 목적을 위하여 행해져야 하고, 무차별적으로 적용되어야 한다.
④ 수용조치를 취할 경우 수용국가는 보상을 해야 한다.
⑤ 최근 타결된 한미 FTA협정문(안)에서는 투자자-국가 간 분쟁해결제도를 인정하고 있다.

해설

계약상의 권리도 수용의 대상이 될 수 있는 재산의 개념에 포함되는가에 대해 다소 논란이 있으나 실제 수용은 국가계약의 파기라는 형태로 이루어지는 경우가 많다(순). <답 ②>

015. 일본의 Chemicals "R" US 회사는 2,000억엔을 투자하여 한국에 Toxin이라는 화학물질을 생산하는 공장을 건설하였다. 동 물질을 생산하여 한국 시장에 대량 출시하기 직전, 한국 정부 및 국회는 Toxin 물질의 유통을 금지시키는 법률을 도입하였다. 동 입법의 취지는 Toxin 물질이 인체에 치명적 영향을 미친다는 최근 연구결과에 따라 국민의 건강을 보호하고자 하는 것이었다. 일본 회사는 한국 정부가 자신의 재산권을 사실상 박탈하였다고 주장하고 있다. 이러한 상황에 가장 직접적으로 적용될 외국인 투자자 보호 관련 국제법 법리는 무엇인가?

① Most Favored Nation ② Direct Expropriation
③ Indirect Expropriation ④ National Treatment
⑤ Discriminatory Expropriation

해설

국내에 투자한 외국인 재산에 대하여 실제 직접적인 재산권 박탈은 발생하지 않더라도 새로이 도입된 정부 조치로 인하여 재산권이 사실상 박탈된 것과 동일한 상황에서 제기되는 문제가 소위 간접수용(indirect expropriation) 문제이다. <답 ③>

제4절 범죄인의 인도

001. 범죄인인도의 의의에 대한 설명으로 타당하지 않은 것은?

① 외국에서 형법 등을 위반하고 자국에 도망한 범죄인을 외국으로 인도함을 의미한다.
② 범인인도에 관한 다자조약은 별로 없으나 1933년 미주국간에 체결된 몬테비데오조약을 비롯해 아랍, 유럽에도 지역협정이 있다.
③ 범죄진압을 위한 국제협력사상에서 볼 때 국가는 범죄인을 인도할 의무가 있다.
④ 한국은 1990년 오스트레일리아와 최초로 범죄인인도조약을 체결했다.

해설

국제법상 범죄인을 인도할 의무는 없으며, 다만 국제예양으로 볼 수 있다. 참고로, 범죄인인도제도는 범죄인의 인도를 위한 형사적인 절차로서 민사소송판결의 집행을 위한 사람의 인도청구 같은 제도는 없다. <답 ③>

002. 국제법상 범죄인인도제도와 관련이 없는 것은? 〈지방직 7급 2010년〉

① 국내구제완료의 원칙 ② 정치범불인도의 원칙
③ 범죄 특정의 원칙 ④ 최소한의 중요성 원칙

해설

① 국내구제완료의 원칙은 국가책임의 추구와 관련된 원칙으로서 피해발생국의 국내적 구제를 완료한 이후에야 국가가 외교적 보호권을 행사할 수 있다는 것이다. <답 ①>

003. 범죄인인도제도에 대한 설명 중 옳지 않은 것은?

① 자국민인도 여부에 대해서는 국가들의 견해가 통일되어 있지 않다.
② 범죄특정의 원칙은 인권보호의 차원에서 제시된 원칙이다.
③ 한미 범죄인인도조약의 인도대상 범죄는 인도시 양국법률에 의하여 1년 이상의 자유형 또는 그 이상의 중형으로 처벌될 수 있는 범죄이다.
④ 정부전복을 위해 국가원수를 살해한 자는 정치범이므로 인도의 대상이 되지 않는다.

해설

① 자국민인 경우 인도하지 않는 경향이 있으나 자국민인도를 허용하는 나라도 있다. ② 범죄특정의 원칙은 정치범이나 인도대상이 아닌 범죄자를 부당하게 인도받기 위하여 허위의 범죄를 근거로 인도

요청하는 경우를 막기 위한 것이다. ③ 일정 수준 이하의 가벼운 범죄는 인도대상 범죄에서 제외되는 것이 일반적이다. ④ 순수 정치범죄 외에 살인 등의 일반 범죄도 저지른 경우에는 상대적 정치범으로서 인도대상이 된다. <답 ④>

004. 국제법상 범죄인인도와 관련된 여러 원칙 중 인도된 범죄혐의자는 오로지 인도요청서에 적시된 범죄에 대해서만 소추 및 처벌이 가능하다는 원칙은 무엇인가?

① 이중범죄성 원칙 ② 인권보호 원칙 ③ 특정성 원칙
④ 자국민불인도 원칙 ⑤ 최소중요성 원칙

해설

범죄인인도요청국은 범죄인인도요청서에 적시된 내용에 대해서만 인도된 범죄인을 처벌할 수 있다는 원칙은 특정성 원칙(specialty principle)이다. <답 ③>

005. 범죄인인도에 관한 설명으로 옳지 않은 것은? 〈2014년 국가직 7급〉

① 특정성의 원칙에 의해서 범죄인 및 범죄 내용이 특정되어야 인도 절차가 개시된다.
② 인도 요청국과 피요청국 사이에 범죄인인도조약이 없더라도 범죄인을 인도할 수 있다.
③ 해외에서 범죄를 저지른 자국민을 인도하지 않는 것은 국제관습법을 위반하는 것이 아니다.
④ 범죄인인도조약이 체결되어 있지 않은 국가 간의 범죄인인도의무는 국제관습법상 확립되어 있지 않다.

해설

특정성의 원칙은 청구국에 인도된 범죄인은 청구원인이 된 특정범죄에 대해서만 처벌되어야 한다는 원칙을 가리킨다. <답 ①>

006. '정치범불인도 원칙'에 대한 설명으로 옳지 않은 것은? 〈국가직 9급 2011년〉

① 집단살해에 가담한 자에 대해서는 이 원칙이 적용되지 않는다.
② 기존 정부의 전복과 새로운 정부의 수립을 목적으로 비밀정치조직을 구성한 자에 대하여는 이 원칙이 적용되지 않는다.
③ 국가원수 및 그 가족을 살해하려다가 미수에 그친 자에 대해서는 이 원칙이 적용되지 않는다.
④ 무정부주의자의 테러범죄에 대해서는 이 원칙이 적용되지 않는다.

해설

② 정부전복을 위한 비밀정치조직 구성은 전형적인 정치범죄에 속한다고 볼 수 있을 것이므로 정치범불인도 원칙이 적용된다고 본다. <답 ②>

007. 정치범불인도의 원칙에 관한 설명으로 옳지 않은 것은? 〈국가직 9급 2012년〉

① 국가원수와 그 가족에 대한 살해는 오늘날 정치범죄로 인정된다.
② 일방적으로 피청구국이 범죄의 정치적 성격을 결정한다.
③ 전쟁관련범죄, 항공기납치 등은 오늘날 정치범죄로 인정되지 않는다.
④ 오늘날 대부분의 범죄인인도조약은 정치범죄를 인도대상에서 제외시키고 있다.

해설

국가원수와 그 가족에 대한 살해는 정치범죄로 인정되지 않는다. 기타 전쟁범죄, 반인도범죄, 항공기납치 등도 정치범죄로 인정되지 않는다. <답 ①>

008. 범죄인인도와 관련하여 자국민불인도원칙을 설명한 것 중 틀린 것은 무엇인가?

① 범인이 자신의 국민인 경우 인도하지 않고 국내법원에서 처벌한다는 주의이다.
② 프랑스 등 유럽대륙 국가들의 전통이다.
③ 영미계통의 전통을 따르는 국가가 대다수이고 프랑스 등도 상호주의를 적용하기 때문에 실제로는 자국민불인도원칙이 적용되지 않는다.
④ 영국, 미국 등은 범죄지 처벌을 원칙으로 하여 자국민도 인도하는 전통이 있다.
⑤ 일반적으로 범죄지가 증거수집이나 침해법익의 회복이라는 관점에서 범인재판과 처벌에 적합하므로 자국민불인도원칙이 반드시 옳은 것이라고 볼 수는 없다.

해설

원래 영미법계 국가는 자국민이라도 인도하는 것이 원칙이었으나 최근에는 영미법계 국가들의 경우도 상호주의의 적용 등으로 인하여 사실상 인도하지 않는 경우가 증가하고 있다. 또한 전체적으로 영미법계통의 전통을 따르는 국가보다는 대륙법 계통의 전통을 따르는 국가들의 수가 더 많은 것으로 볼 수 있다. <답 ③>

009. 범죄인인도에 대한 설명이다. 옳은 것(○)과 틀린 것(×)을 맞게 표시한 것은? 〈사시 2009년〉

ㄱ. 범죄인인도는 국가관할권의 영토적 한계를 극복하기 위하여 고안된 것이라는 점에 제도적 의의가 있다.
ㄴ. 범죄인인도조약이 체결되지 않은 경우에도 범인을 인도할 수 있다.

ㄷ. 범죄인인도 전반을 규율하는 보편적인 다자조약은 존재하지 않는다.
ㄹ. 한국은 「범죄인인도법」(1988년)을 제정하고, 호주와 최초로 범죄인인도조약을 체결하였다.
ㅁ. 인도요청된 범죄보다 경한 다른 범죄로 처벌할 수 있다는 것이 원칙이다.

① ㄱ(○), ㄴ(○), ㄷ(○), ㄹ(○), ㅁ(×)
② ㄱ(○), ㄴ(×), ㄷ(○), ㄹ(○), ㅁ(○)
③ ㄱ(×), ㄴ(○), ㄷ(○), ㄹ(○), ㅁ(×)
④ ㄱ(○), ㄴ(○), ㄷ(×), ㄹ(○), ㅁ(○)
⑤ ㄱ(○), ㄴ(×), ㄷ(○), ㄹ(×), ㅁ(○)

해설

인도요청된 범죄와 다른 범죄로 처벌할 수 없다는 것이 이른바 특정성 원칙이다. 다만, 인도 후 새로 범한 범죄, 범인 자신이 동의하는 경우, 인도국이 동의하는 경우, 본인이 출국할 기회가 부여되었음에도 계속 체류한 경우 등은 새로운 범죄에 대한 처벌이 가능하다(정인섭). <답 ①>

010. 우리나라와 외국 간의 범죄인인도에 관한 설명으로 옳지 않은 것은? 〈사시 2010년〉

① 대한민국과 청구국의 법률에 의하여 인도범죄가 사형 · 무기 · 장기 1년 이상의 징역 또는 금고에 해당하는 경우에 한하여 범죄인을 인도할 수 있다.
② 범죄인이 처한 환경 등에 비추어 범죄인을 인도함이 비인도적이라고 인정되는 경우에는 범죄인을 인도하지 않을 수 있다.
③ 범죄인이 대한민국 국민인 경우에는 범죄인을 인도하지 아니할 수 있다.
④ 국가원수, 정부수반의 생명 · 신체를 침해하거나 위협하는 범죄로서 정치적 성격의 범죄인 경우에는 범죄인을 인도하여서는 아니 된다.
⑤ 대한민국 또는 청구국의 법률에 의하여 인도범죄에 관한 공소시효 또는 형의 시효가 완성된 경우에는 범죄인을 인도하여서는 아니 된다.

해설

④ 정치범불인도 원칙의 예외로서 국가원수 등의 신체를 침해하거나 위협하는 범죄 등은 인도대상이다. <답 ④>

011. 범죄인인도에 관한 다음의 설명 중 잘못된 기술은 무엇인가?

① 범죄인인도조약은 집행관할권의 기본적 문제점에 대처하기 위하여 체결되고 있다고 볼 수 있다.
② 범죄인인도조약이 존재하지 않을 경우 국제법상 범죄인인도의 의무는 존재하지 않는다.

③ 한국의 지속적 요청에도 불구하고 아직 미국과 범죄인인도조약은 체결되지 않고 있다.
④ 청구대상 범죄가 양국에서 공히 범죄를 구성하여야 한다는 원칙을 double criminality 원칙이라고 한다.
⑤ 범죄인인도의 대상이 되는 범죄는 통상 1년 이상의 금고형으로 처벌할 수 있는 범죄에 한정된다

해설

한국과 미국은 1999년 범죄인인도조약을 체결하였다. 여타 사례에서 제시된 설명은 모두 정확한 내용이다. 범죄인인도조약은 집행관할권의 영토적 한계를 극복하기 위하여 관련 국가 간 체결되는 조약이다.

<답 ④>

012. 국제법상 범죄인인도제도에 관한 설명 중 옳은 것을 모두 고른 것은? 〈사시 2013년〉

ㄱ. 국가는 일반국제법상 범죄인인도의무를 부담한다.
ㄴ. 개인이나 사회단체는 범죄인인도를 청구할 권리가 없다.
ㄷ. 일반적으로 인도 대상 범죄는 범죄인인도조약 체약국 쌍방의 국내법상 범죄로 규정되어 있어야 한다.
ㄹ. 일반적으로 정치범은 인도 대상에서 제외되며, 정치범 여부의 판단은 인도 청구국이 한다.
ㅁ. 범죄인이 여러 국가에서 범죄를 범한 경우, 먼저 인도를 청구한 국가에 우선적으로 인도되어야 한다.

① ㄱ, ㄴ ② ㄱ, ㄷ ③ ㄴ, ㄷ
④ ㄴ, ㄷ, ㄹ ⑤ ㄷ, ㄹ, ㅁ

해설

ㄱ. 일반국제법상 또는 국제관습법상 범죄인인도의무는 존재하지 않는다. ㄹ. 정치범 여부의 판단은 인도요청을 받은 국가가 하게 된다. ㅁ. 동일범죄인에 대한 동일범죄의 경우, 범죄지(발생 장소) 소속국에 우선 인도해야 하며, 범죄지 소속국이 없는 경우에는 먼저 청구한 국가에 인도해야 한다. 동일범죄인에 대하여 상이한 범죄가 있는 경우에는 범죄의 경중에 따라 중한 죄로 청구한 국가에 인도해야 한다.

<답 ③>

013. 범죄인인도의 요건으로서 범죄인의 국적에 대한 설명이다. 타당하지 않은 것은?

① 자국민은 인도되지 않는다는 자국민불인도원칙이 지배하고 있다.
② 대륙법계 국가는 자국민불인도원칙을 지지하지만 영미법계 국가는 자국민도 인도한다.

③ 한국의 범죄인인도법에서는 자국민불인도의 원칙을 규정하고 있지 않다.
④ 자국민불인도원칙은 국제법상으로 확립된 것은 아니지만 다수국가의 관행과 조약에 의해 실행되고 있다.

해 설

범죄인인도법 제9조 1호에서 규정하고 있다. 자국민도 법익의 회복이나 증거수집 등을 위해서 범죄지국에 인도하는 것이 타당하며 자국민보호의 근거는 타당성이 많이 상실되었다. 1880년 국제법학회도 자국민의 인도는 형사재판의 적정한 집행을 확보하는 수단이라고 하였다. <답 ③>

014. 범죄인인도에 대한 설명이다. 타당하지 않은 것은?

① 한국의 범죄인인도법에 의하면 인도조약이 체결되지 않은 경우에도 상호주의에 입각하여 인도가 가능하다.
② 인도범죄는 보통 1년 이상의 징역에 처하는 중죄에 한한다.
③ 인도범죄는 양 인도 당사국의 공통범죄여야 한다.
④ 불법납치하거나 인도절차에 하자가 있으면 인수국은 범죄인에 대해 관할권을 행사하지 못한다.

해 설

외국영토에 있는 사람을 수사당국이 불법납치해 오거나 인도절차에 하자가 있더라도 아이히만 사건 등에서 볼 수 있듯이 원래 소재지국으로 반환해야 한다는 국제적 의무가 있는 것도 아니다. 즉, 인도절차상 문제가 있더라도 형사관할권을 행사하는 것이 일반적이라고 할 수 있다. <답 ④>

015. 1833년 범죄인인도법에 정치범불인도원칙을 최초로 규정한 국가는?

① 프랑스 ② 벨기에
③ 미 국 ④ 스위스

해 설

벨기에가 최초로 입법했다. <답 ②>

016. 인도요청국으로의 범죄인인도 후 사형집행의 가능성이 있는 경우 피요청국이 인도요청된 범죄혐의자를 인도하지 않을 수 있는 것은 다음 중 어느 원칙과 가장 밀접하게 연관이 있는가?

① 인권보호 원칙 ② 이중범죄성 원칙 ③ 정치범불인도 원칙
④ 최소중요성 원칙 ⑤ 특정성 원칙

해 설

사형집행 가능성이 있는 경우 범죄인인도를 거절할 수 있도록 하는 규정은 범죄인인도조약에 심심찮게

삽입되는 조항 중 하나이다. 이러한 조항을 포함하는 이유는 범죄인인도가 요청된 범죄혐의자의 기본적 인권을 보호하기 위함이다. 특히 사형제도를 형벌수단의 하나로서 명시적으로 포기하고 있는 유럽국가들은 이러한 조항을 범죄인인도조약에 대부분 삽입하고 있다. <답 ①>

017. 범죄인인도에 대한 설명 중 옳지 못한 것은?

① 범죄특정의 원칙이란 정치범불인도원칙 때문에 생긴 것으로서, 인도된 피의자는 인도를 요구할 당시의 죄목으로만 처벌해야 한다는 원칙이다.
② 우리나라 범죄인인도법상 인도대상 범죄는 청구국과 피청구국의 법률이 다같이 처벌대상으로 규정한 범죄에 한정된다.
③ 우리나라 범죄인인도법은 국가원수나 그 가족의 생명, 신체를 침해하거나 위협하는 범죄를 저지른 자에 대해서는 정치범불인도원칙을 적용하지 않는다.
④ 자국민불인도원칙은 영미법계에서 확립된 원칙으로서 예외가 거의 없다.

해 설

① 범죄특정의 원칙은 정치범에 대해 비정치적 일반범죄를 근거로 범죄인인도를 요청하여 정치범불인도원칙을 회피하려는 시도를 차단하기 위한 것이라고 볼 수 있다. ④ 영미법계 국가는 자국민도 인도하는 경향이 있다. <답 ④>

018. 대한민국 범죄인인도법상 임의적 인도거절 사유가 아닌 것은? 〈국가직 9급 2013년〉

① 인도범죄에 관하여 청구국에서 유죄의 재판이 있는 경우를 제외하고, 범죄인이 인도범죄를 범하였다고 의심할 만한 상당한 이유가 없는 경우
② 범죄인이 대한민국 국민인 경우
③ 범죄인이 인도범죄 이외의 범죄에 관하여 대한민국 법원에 재판이 계속중인 경우
④ 인도범죄의 성격에 비추어 범죄인을 인도하는 것이 비인도적이라고 인정하는 경우

해 설

우리나라 범죄인인도법상 절대적 인도거절 사유와 임의적 인도거절 사유를 구분하여 기억해 둘 필요가 있다. 청구국에서 이미 유죄판결이 있는 경우를 제외하고, 범죄인이 그 범죄를 행하였다고 의심할 만한 상당한 이유가 없는 경우에는 인도하여서는 안 된다(절대적 인도거절 사유). <답 ①>

019. 우리나라의 범죄인인도법에 의할 때 절대적 인도거절사유가 아닌 것은? 〈국가직 7급 2013년〉

① 범죄인이 대한민국 국민인 경우
② 청구국의 법률에 따라 인도범죄에 관한 형의 시효가 완성된 경우

③ 대한민국 법률에 따라 인도범죄에 관한 공소시효가 완성된 경우
④ 인도범죄에 관하여 대한민국 법원에서 재판이 확정된 경우

해설

범죄인이 자국민인 경우는 절대적 인도거절사유가 아니라 임의적 인도거절사유에 해당한다.
<답 ①>

020. 범죄인인도제도에 대한 설명 중 옳지 않은 것은? 〈국가직 7급 2012년〉

① 정치범불인도원칙은 국제형사법원(ICC)의 범죄인인도에도 적용된다.
② 범죄인은 범죄행위지에서 처벌하는 것이 침해 법익(法益)과 증거수집의 관점에서 합리적이고 타당하나 자국민의 불인도원칙을 고수하는 국가들도 있다.
③ 인도대상은 형사소추 대상이나 유죄판결을 받은 사람이어야 한다.
④ 인도된 범죄인 또는 피의자는 인도청구의 대상이 된 범죄행위에 한하여 기소 및 처벌된다.

해설

ICC 관할권에 속하는 대상범죄의 특성에 비추어 쌍방가벌성 원칙, 자국민불인도원칙, 정치범불인도원칙 등은 ICC 대상범죄에 적용되지 않는다.
<답 ①>

제5절 난민의 보호

001. 난민의 자격과 법적 지위에 대한 설명으로 타당한 것은?

① 난민은 1차적으로 거류국의 보호를 받으며 보충적으로 국적국의 보호를 받는다.
② 난민협약의 체약국은 불법입국의 혐의가 있더라도 상당한 이유가 있는 경우에는 처벌해서는 안 된다.
③ 난민지위의 부여결정은 일차적으로 UN난민최고대표의 소관이다.
④ 난민은 협약에 의하면 내국민과 동등한 대우를 받는다.

해설

① 보충적으로 UN난민최고대표의 보호를 받는다. ③ 1차적으로 각국의 국내법에 따른다. ④ 외국인과 동등한 대우를 받는다.
<답 ②>

002. 1951년 '난민의 지위에 관한 협약'에서 규정하는 내용에 부합하는 것은?
〈행안부 7급 2008년〉

① 난민은 소속국으로부터 정치적 박해 또는 경제적 곤란을 피하여 외국으로 탈출한 자를 말한다.
② 입국 전에 중대한 비정치적 범죄를 범한 자도 난민의 보호를 받을 수 있다.
③ 공급이 부족한 물자의 배급에 있어서 난민은 내국인과 동일한 대우를 받는다.
④ 난민은 자신이 체재하는 국가의 법령을 준수할 의무가 없다.

해설

① 경제적 곤란을 피하여 외국으로 탈출한 자는 난민협약상의 난민의 정의에 포함되지 않는다. ② 중죄인, 전쟁범죄인 등은 난민이 될 수 없다. ③ 난민은 원칙적으로 외국인과 동등한 대우를 받는다. 다만, 난민협약은 공급부족 물자의 배급에 있어서는 내국인과 동일한 대우를 하도록 규정되어 있다. ④ 난민은 당연히 체재국의 법령을 준수한다. <답 ③>

003. 1951년 난민지위협약에 대한 설명으로 옳은 것은? 〈2016년 국가직 9급〉

① 비호받을 국가로의 입국권이 난민에게 보장되고 있다.
② 경제적 사유나 자연재해로 인한 난민도 적용대상에 포함된다.
③ 국제이행절차로서 개인통보제도와 국가간통보제도가 도입되었다.
④ 난민으로서의 법적 요건을 갖추었는지에 대한 판정권이 개별국가에 유보되어 있다.

해설

① 협약은 비호받을 국가로의 입국권 자체는 보장하고 있지 않다. ② 보호대상인 난민은 인종, 종교, 국적, 특정 사회집단에의 소속, 정치적 의견 등으로 인한 박해가 우려되어 국적국 밖에 있으면서 국적국의 보호를 받을 수 없거나 받기를 원하지 않는 자, 또는 상주국(常住國) 밖에 있는 무국적자로서 상주국으로 귀환할 수 없거나 귀환을 원하지 않는 자이다(협약 제1조). ③ 협약은 개인통보제도나 국가간통보제도를 도입하지 않았다. <답 ④>

004. 1951년 난민지위협약상 난민의 지위는 박해를 받을 우려가 있는 사람에게 부여된다. 다음 중 박해의 사유에 해당하지 않는 것은? 〈행안부 7급 2010년〉

① 인종 ② 종교
③ 국적 ④ 궁핍

해설

난민협약상 난민은 인종, 종교, 국적, 특정 사회집단에의 소속, 정치적 견해 등으로 인한 박해의 우려가 있는 사람으로서 경제적 궁핍, 자연재해 등으로 인한 이주민은 동 협약상의 정의에 해당하지 않는다.

그러나 물론 국제사회는 그러한 경제적 난민에 대해서도 다양한 보호를 제공하기 위해 노력하고 있다. <답 ④>

005. 「1951년 난민의 지위에 관한 협약」에 대한 설명으로 옳은 것은? 〈국가직 9급 2012년〉

① 정치적 난민뿐만 아니라 경제적 난민도 보호의 대상으로 인정된다.
② 난민의 개인적 지위는 1차적으로 거소지 국가의 법률에 의하여 규율된다.
③ 난민은 체약국 내에서 재판을 받을 권리, 공공교육, 사회보장제도에 대하여 내국민대우를 받는다.
④ 강제송환금지 규정은 국제관습법상 확립된 원칙을 명문화한 것이다.

해설

① 정치적 난민을 대상으로 한다. ② 난민의 개인적 지위는 주소지 국가의 법률에 의하거나 또는 주소지가 없는 경우 거소지 국가의 법률에 의하여 규율된다. ④ 강제송환 금지규정의 국제관습법화 여부에 대해서는 아직 불확실한 측면이 있다. <답 ③>

006. 난민의 비호에 대한 설명이다. 타당하지 않은 것은?

① 정치적 난민에게 망명을 허용하고 본국에의 인도를 거절하는 것이다.
② 비호권은 국가의 권리로 개인이 외국에 요구할 수 있는 것은 아니다.
③ 외교공관비호에 대해서는 대다수 국가가 부인하나 ICJ는 인정한다.
④ 군용기의 경우 아직 확립된 원칙이 없다.

해설

중남미 여러 국가에서 인정하는 외교공관비호는 대다수 국가가 인정하지 않고 있고 ICJ도 비호권사건에서 이러한 외교공관비호를 부인하였다. 비호권은 국가의 권리이나 최근 세계인권선언 제14조에서 '타국에 피난할 것을 구하고 또 피난할' 개인의 권리를 규정하고 이를 근거로 UN총회에서 1967년 '영역 내 비호에 관한 선언' 등이 채택되었는바, 이에 따라 이제 비호권은 개인의 권리차원으로 승격되어야 한다는 주장도 대두되고 있다(김, 이). <답 ③>

007. 1951년 「난민의 지위에 관한 협약」과 2006년 유엔국제법위원회(ILC) 「외교적 보호에 관한 초안」상 난민의 지위에 관한 설명 중 옳지 않은 것은? 〈사시 2016년〉

① 국가는 자국의 안보 또는 공공질서의 유지를 위하여 필요한 경우에도, 그 영역에 합법적으로 체류하는 난민을 추방할 수 없다.
② 국가는 불법입국한 난민에게 불법입국의 상당한 이유가 있는 경우, 그 불법입국만을 이유로 형벌을 부과할 수 없다.
③ 난민은 법에 따라 이루어진 결정에 의하여서만 추방될 수 있다.
④ 난민은 그가 합법적으로 상주하고 있는 국가의 외교적 보호를 받을 수 있다.

⑤ 국가들은 그 영역에 합법적으로 체류하는 난민에게 여행증명서를 발급하여야 한다.

해설

① 난민협약 제32조는 "체약국은 국가안보 또는 공공질서를 이유로 하는 경우를 제외하고 합법적으로 그 영역에 있는 난민을 추방하여서는 아니 된다."라고 규정하면서 난민 추방은 "법률에 정하여진 절차에 따라 이루어진 결정에 의하여서만" 행해질 수 있다고 명시하였다. <답 ①>

008. 국제법상 난민에 대한 설명으로 옳은 것은? 〈2014년 국가직 9급〉

① 1951년 난민협약과 난민지위에 관한 의정서는 난민지위의 확인 및 결정절차를 회원국의 국내법에 위임하고 있다.

② 강제송환금지원칙은 불법 입국한 난민에게는 적용되지 않는다.

③ 제네바난민협약은 세계인권선언과 마찬가지로 체약국의 난민 비호 의무를 규정하고 있다.

④ 우리나라는 난민을 인정한 경우가 없다.

해설

① 난민협약과 난민의정서는 기본적으로 난민 자격부여를 개별국가에게 위임하고 있다. 난민협약상 유엔난민최고대표는 난민의 국제적 보호와 협약 이행감독을 맡고 있으나 난민 결정 자체가 국제기구에 의해서 이루어지는 것은 아니다. ② 강제송환금지원칙은 입국의 합법성을 따지지 않는다. ③ 난민협약이나 세계인권선언에 국가의 비호 의무는 규정되어 있지 않다. 비호는 국가의 권리이며, 개인이 국가에 대해 요구할 수 있는 권리는 아니라는 것이 통설이다. 다만, 세계인권선언은 개인이 비호를 추구하고 향유할 권리가 있다고 규정하고 있다. ④ 우리나라는 국내법과 협약에 따라 난민을 받아들이고 있다. <답 ①>

009. 난민문제에 대한 다음 설명 중 옳지 못한 것은? 〈기출문제 변형〉

① 국가는 영토적 비호권을 갖고 있으나 난민 비호의 의무는 지지 않는 것으로 인정된다.

② 강제송환금지의 원칙은 조약상 근거는 없으나 관습법으로 인정된다.

③ 외교적 비호권은 재외 외교공관에서 난민을 비호하는 것으로서 국제법상 널리 인정되지 못하고 있다.

④ 난민의 자격요건은 '박해로 인한 공포'와 '국적국 또는 상주국 밖에 있는 자'로서 난민의 비호는 개인이 외국에 대해 요구할 수 있는 권리는 아니다.

해설

강제송환금지(non-refoulement) 원칙은 난민협약 제33조에 규정되어있으며 일부 학자들은 이미 국제관습법화되었다고 주장하고 있다. <답 ②>

010. 난민에 대한 설명으로 타당하지 않은 것은?

① 국가가 외국에서 온 난민을 입국시켜야 할 국제법적 의무는 없다.
② 한국의 출입국관리법은 난민에 대하여 아무런 언급을 하지 않고 있다.
③ 비호선언에 의하면 난민의 대량유입의 경우 수용국은 입국을 거절할 수 있다.
④ 불법입국한 난민이라도 박해받을 우려가 명백한 국적국으로 송환해서는 안 된다.

해설

우리나라의 출입국관리법은 난민의 인정절차 등에 관한 상세한 사항을 규정하고 있다. 동법 제2조는 난민을 난민협약 제1조 또는 난민의 지위에 관한 의정서 1조의 규정에 의하여 난민협약의 적용을 받는 자라고 정의하고 있다. <답 ②>

제6절 국제인권법

001. 다음의 국제적 인권관련문서 중 법적 구속력이 없는 것은?

① 경제적 사회적 및 문화적 권리에 관한 규약
② 세계인권선언
③ 시민적 정치적 권리에 대한 선택의정서
④ 집단살해의 방지와 체벌에 관한 협약

해설

② 세계인권선언은 원칙적으로는 유엔총회의 권고적 결의의 지위에 있다고 본다. <답 ②>

002. 1948년 세계인권선언에 명시되지 않은 권리는? 〈2014년 국가직 9급〉

① 박해를 피해 피난처를 구할 권리
② 국적을 가질 권리
③ 정보를 전달하고 접수할 권리
④ 건강하고 쾌적한 환경에서 생활할 권리

해설

세계인권선언은 경제적, 사회적, 문화적 권리보다는 시민적, 정치적 권리에 더 많은 비중이 실려 있다. <답 ④>

003. 1966년 체결된 2개의 국제인권규약에 대한 설명 중 옳지 않은 것은?

〈지방직 7급 2009년〉

① 시민적 · 정치적 권리에 관한 국제규약에는 민족자결권에 관한 조항을 두고 있다.

② 개인이 직접 인권위원회에 청원할 수 있는 제도는 경제적 · 사회적 · 문화적 권리에 관한 국제규약뿐만 아니라 시민적 · 정치적 권리에 관한 국제규약위반의 경우에도 적용된다.

③ 위 3개의 인권규약 모두 남녀평등권 조항을 두고 있다.

④ 경제적 · 사회적 · 문화적 권리에 관한 국제규약에 의하면 개발도상국은 자국의 경제적 능력을 고려하여 외국인에 대한 경제적 권리의 보장 정도를 결정할 수 있다.

해설

② 2008년 경제적, 사회적, 문화적 권리에 관한 국제규약(A규약)에 대한 선택의정서가 채택되어 A규약위원회에 대한 개인의 국가고발제도(개인청원)를 도입하였으나 이 선택의정서는 아직 발효하지 못하고 있다.

<답 ②>

004. 국제인권규약(B규약)의 선택의정서(Optional Protocol)에 관한 다음 설명 중 잘못된 것은 무엇인가?

① 당사국은 규약상의 권리가 침해되었다고 주장하는 개인의 청원을 인권위원회(Human Rights Committee)가 접수, 심의하는 권리를 인정한다.

② 규약상의 권리가 침해되었다고 주장하는 개인은 인권위원회에 청원서를 제출할 수 있다.

③ 규약상의 권리의 침해를 받았다고 주장하는 개인은 국내적 구제수단을 취하기 전에 위원회에 청원서를 제출할 수 있다.

④ 인권위원회는 접수한 청원서에 관하여 당사국에게 주의를 환기할 수 있다.

⑤ 당사국은 위 주의환기에 대하여 취한 구제수단을 명시한 설명서를 6개월 이내에 인권위원회에 제출하여야 한다.

해설

규약상의 권리 침해를 받았다고 주장하는 개인은 일단 모든 국내적 구제수단을 완료한 이후에 인권위원회에 청원서를 제출할 수 있다.

<답 ③>

005. 국제인권규약에 관한 설명으로 옳지 않은 것은?

〈2015년 국가직 9급〉

① 국제인권규약은 세계인권선언의 일반원칙들을 법적 구속력이 있는 문서에 담을 필요성에 따라 채택되었다.

② 시민적 및 정치적 권리에 관한 국제규약에는 생명권과 신체의 자유와 안전에 관한 권리 등이 규정되어 있다.
③ 경제적 · 사회적 및 문화적 권리에 관한 국제규약에는 근로의 권리와 사회보장을 받을 권리 등이 규정되어 있다.
④ 경제적 · 사회적 및 문화적 권리에 관한 국제규약에서 보장되는 인권은 점진적으로 실현되어야 하는 것이므로, 규약 당사국에게 어떠한 의무도 부과되지 않는다.

해설

④ 경제적 · 사회적 및 문화적 권리에 관한 국제규약(A규약)은 프로그램식 규정이 주를 이루는 것이 사실이나, 그렇다고 당사국에게 아무런 의무를 부과하지 않는다는 것은 틀린 서술이다. <답 ④>

006. 세계인권선언(Universal Declaration of Human Rights)이 법적 구속력을 지닌다고 볼 수 없는 가장 타당한 이유는 무엇인가?

① 다른 인권선언처럼 국제관습법화되지 못하고 있다.
② 세계인권선언의 내용이 구속력 있는 국제조약/협약의 일부로서 편입된 예를 찾아볼 수 없다.
③ 일부 국가들만이 동 선언 채택에 참여하였다.
④ 이 선언은 UN총회에서 채택되었을 뿐 국제조약으로 채택된 것은 아니다.
⑤ 국제문서에서 인권보장의 척도로서 인정되지 못하고 있다.

해설

1948년 세계인권선언은 조약이 아니라 UN총회에서 채택된 선언으로 법적 구속력을 보유하는 것이 아니다. 다만 세계인권선언에 포함된 내용은 추후 국제관습법으로 발전하였으며 또한 여러 국제인권협약에도 포함되게 되어 법적 구속력을 확보하게 되었다. <답 ④>

007. '1966년 시민적 및 정치적 권리에 관한 국제규약'에 대한 설명으로 옳지 않은 것은? 〈행안부 9급 2010년〉

① 각 당사국은 동 규약을 위반한 다른 당사국을 고발할 의무가 있다.
② 한국도 1990년에 가입하여 당사국이 되었다.
③ 제1조에는 자결권에 관한 규정을 두고 있다.
④ 각 당사국은 규약상 권리를 실현하기 위해 취한 조치와 진전 상황에 관하여 UN 사무총장에게 보고서를 제출하여야 한다.

해설

국가 간 고발제도(통보제도)가 규정되어 있으나 그 고발은 "의무"가 아니다. <답 ①>

008. 다음 중 개인청원(통보) 제도를 인정하고 있는 국제문서는? 〈2015년 국가직 9급〉

① 세계인권선언
② 시민적 및 정치적 권리에 관한 국제규약 선택의정서
③ 집단살해죄의 방지 및 처벌에 관한 협약
④ 난민의 지위에 관한 의정서

해설

② 시민적 및 정치적 권리에 관한 국제규약(B규약) 선택의정서는 개인청원 제도를 규정하고 있다. B규약상 인권이 침해되었다고 주장하는 개인은 국내적 구제수단을 다한 후에 B규약 인권위원회에 서면으로 청원할 수 있다. 본 교재는 편의상 A규약, B규약이라는 표현을 쓰고 있으나 이는 국제적으로 통용되는 약칭은 아님에 유의한다. <답 ②>

009. 1966년 체결된 국제인권규약에 대한 설명이다. 다음 중 잘못된 기술을 고르시오.

① B규약 당사국은 규약의무의 즉시 실시의무를 부담한다.
② 1966년 인권규약은 1948년 세계인권선언에 포함된 내용을 법적 구속력이 있는 조약의 형태로 규정하게 되었다는 데 그 의의가 있다.
③ A규약 당사국은 규약의무의 점진적 실시의무를 부담한다.
④ 시민적 및 정치적 권리에 관한 국제인권규약의 시행을 위해서는 재원과 가용자원의 확보가 필요하다는 인식이 일반적이다.
⑤ B규약은 산하에 인권위원회(Human Rights Committee)를 두고 있다.

해설

시행을 위하여 재원과 가용자원의 확보가 먼저 필요한 것은 경제적, 사회적 및 문화적 권리에 관한 국제인권규약(A규약)이다. 시민적 및 정치적 권리에 관한 국제인권규약은 그러한 재정확보조치가 필요하지 않으며 따라서 즉시 실시의무가 부과되어 있다. <답 ④>

010. 경제적 · 사회적 · 문화적 권리에 관한 국제규약(ICESCR)과 시민적 · 정치적 권리에 관한 국제규약(ICCPR)에 동일한 내용으로 규정된 사항은? 〈행안부 7급 2008년〉

① 당사국은 규약상의 권리의 실현을 위한 조치 및 상태 등에 대한 보고서를 UN 인권위원회에 제출하여야 한다.
② 당사국은 규약상의 권리실현을 즉시적으로 달성하기 위한 제반 조치를 취해야 한다.
③ 모든 민족은 자결권을 갖는다.
④ 규약상의 권리침해의 희생자임을 주장하는 개인은 UN 인권위원회에 청원할 수 있다.

해설

① 경제적 · 사회적 · 문화적 권리에 관한 국제규약은 시민적 · 정치적 권리에 관한 국제규약과 달리 인권위원회 등의 설치를 규정하지 않고 있다. 다만, 이후 유엔 경제사회이사회가 별도의 결의를 통해 독립적인 경제적 · 사회적 · 문화적 권리에 관한 국제규약 위원회를 설치하였다. 시민적 · 정치적 권리에 관한 국제규약은 당사국이 관련 보고서를 인권위원회에 제출하도록 규정하고 있다. ② ICESCR은 프로그램적 규정이나, ICCPR인권은 즉각 실행을 목표로 한다. ③ 두 규약 모두 제1조에서 민족자결권을 규정하고 있는 것이 특기할 사항이다. ④ 인권위원회에 대한 개인청원은 ICCPR의 선택의정서를 수락한 국가에 대해 적용된다. <답 ③>

011. 세계인권선언에는 규정이 없다가 1966년 인권규약에 명확히 새롭게 규정된 권리는?

① 민족자결권 ② 남녀평등권
③ 비호권 ④ 재산권

해설

민족자결권이다. 두 규약 제1조에서 동시에 규정하고 있다. 신생독립국의 발언권이 강화된 것이다. 이 외에도 ICCPR에는 천연자원처분권, 증언거부권, 오판에 대한 보상권, 일사부재리원칙 등이 새롭게 규정되었다. 반면에 세계인권선언에서 규정되어 있던 망명권과 재산권에 관한 규정이 삭제되었다. <답 ①>

012. 다음 UN이 채택한 주요 인권협약 중 산하위원회의 설치에 대한 명문규정을 두고 있지 않은 협약은?

① 인종차별철폐협약
② 여성차별철폐협약
③ 고문방지협약
④ 경제적 · 사회적 · 문화적 권리에 관한 국제규약

해설

경제적 · 사회적 · 문화적 권리에 관한 국제규약은 산하위원회에 대한 명문의 규정이 없다. 다만 UN경제사회이사회의 결의에 따라 경제 · 사회 · 문화적 권리 위원회가 설립되었다. 임기 4년의 18명의 당사국출신위원으로 구성된 이 위원회의 활동은 당사국이 정기적으로 제출하는 보고서를 심의하는 것이며 위원회의 활동은 매년 경제사회이사회에 보고되어야 한다. <답 ④>

013. 다음은 각종 인권관련 국제협약에 규정된 국가보고제도에 관한 설명이다. 다음 기술 중 잘못된 것은 무엇인가?

① 대부분의 인권관련 국제협약은 협약당사국에 대하여 자국의 인권상황에 대하여 보고서를 제출하도록 하는 의무를 규정하고 있다.

② 이러한 보고서제출제도는 협약의무위반 국가에 대한 징계 등 직접적인 법적 구속력을 그 자체로서 보유하는 것은 아니다.

③ 협약당사국은 자국의 인권상황을 스스로 정리하여 보고하는 것이므로 그다지 심리적 압박감을 느끼지 않는다.

④ 각국이 제출한 보고서는 각 협약에 설치된 관련 위원회가 심의하며, 이 과정에서 인권관련 NGO와 협조하는 경우도 많다.

⑤ 이러한 국가보고제도는 협약당사국에 대하여 점진적인 자기수정의 기회를 부여하며 협약목적 달성에 긍정적 효과를 미치고 있다.

해 설

여러 인권협약에 따라 관련 위원회에 대하여 국가보고를 실시하는 회원국들은 상당한 심리적 압박감을 느끼는 것으로 이해되고 있다. <답 ③>

014. 인권보호를 위한 1966년의 'B규약' 및 그 선택의정서에 관한 설명이다. 사실과 다른 것은?

① 'B규약'은 모든 당사국들에 대하여 자국의 인권상황 전반에 대해 UN 사무총장에게 보고를 제출하도록 의무화하고 있다.

② 'B규약'은 또한 규약상의 의무를 이행하지 않는 당사국을 상대로 다른 회원국이 그 시정을 촉구하고 이에 불응하는 경우, 이를 인권위원회(Human Rights Committee)에 부탁할 수 있는 이른바, '국가 간 고발제도'를 두고 있다.

③ 1996년 인권규약과 함께 선택된 의정서는 개인청원제도를 마련하고 있는바, 국내적 구제절차가 부당하게 지연되고 있는 경우에도 반드시 해당 국가 내에서 국내적 구제절차를 완료해야 한다.

④ 개인청원제도에 있어서 청원자격은 피청원국의 관할권에 종속되는 개인이면 충분하며 반드시 피청원국의 국민일 필요는 없다.

해 설

개인청원이 수리되기 위해서는 문제의 인권침해와 관련하여 해당 국가 내에서 국내적 구제가 완료되었어야 한다. 그러나 국내적 구제절차가 부당하게 지연되고 있는 경우에는 예외로 한다. <답 ③>

015. 다음은 B규약 당사국에 적용되는 개인통보제도에 관한 설명이다. 잘못된 기술은 무엇인가?

① 개인통보를 제출할 수 있는 자는 자연인뿐 아니라 자연인이 속한 단체도 포함한다.

② 실제 발생한 인권침해 상황에 대해서만 보고할 수 있으며 아직 발생하지 않은 상황에 대해서는 보고할 수 없다.

③ 인권침해 당사자는 일단 해당국가에서 적용되는 국내구제 절차를 모두 완료하여야 한다.
④ 이는 사법적 소송은 아니며 따라서 국내사법 절차에 대한 또 하나의 항소 절차를 도입하는 것은 아니다.
⑤ 인권위원회(Human Rights Committee)가 제출하는 최종 견해는 법적 구속력을 보유하지 않고 권고적 효력만을 갖는다.

해설

B규약에 의거하여 청원(개인통보)을 제출할 수 있는 주체는 자연인에 한정되며 법인 또는 단체는 제외된다. 이 청원제도는 국내사법 절차에 대한 항소심 절차가 아니며 법적 구속력을 보유하지 않는다는 점에 유념할 필요가 있다.
<답 ①>

016. 시민적 및 정치적 권리에 관한 국제규약과 경제적·사회적 및 문화적 권리에 관한 국제규약(선택의정서 포함)에 공통된 설명으로 옳지 않은 것은? 〈2016년 국가직 7급〉

① 재산권에 관하여 규정하고 있지 않다.
② 국가의 비상사태 시 당사국의 의무 위반 조치가 허용되는 인권과 허용되지 않은 인권을 구분하고 있다.
③ 국가 간 통보제도와 개인통보제도를 도입하여 조약의 이행감독장치를 강화하였다.
④ 민족자결권에 관하여 규정하고 있다.

해설

재산권에 대해서는 규정하지 않고 있으나 두 조약 모두 제1조에서 민족자결권에 대해 규정하고 있다. 국가 간 통보제도와 개인통보제도를 도입하고 있는 것도 공통적이다. 시민적 및 정치적 권리에 관한 국제규약은 공공의 비상사태시 의무 위반 조치에 대해 규정하면서 그러한 의무 위반이 허용되지 않는 인권을 별도로 구분하고 있으나 경제적·사회적 및 문화적 권리에 관한 국제규약에는 그러한 구분 조항이 없다.
<답 ②>

017. '시민적 · 정치적 권리에 관한 국제규약'과 동 규약의 선택의정서에 나타난 인권보호의 이행을 위한 제도적 장치로 옳은 것만 모두 고르면? 〈지방직 7급 2010년〉

ㄱ. 개인의 국가고발(청원)제도　ㄴ. 국가별 보고서 검토제도
ㄷ. 국가 간 고발제도　ㄹ. 국가별 보고관제도
ㅁ. 현장조사제도

① ㄱ, ㄴ　② ㄱ, ㄴ, ㄷ
③ ㄱ, ㄴ, ㄷ, ㄹ　④ ㄱ, ㄴ, ㄷ, ㄹ, ㅁ

해설

시민적, 정치적 권리에 관한 국제규약(B규약)은 국가별 보고, 국가 간 고발제도를 규정하고 있으며, B규약 선택의정서는 개인의 국가고발(청원)제도를 도입하고 있다. <답 ②>

018. 다음 중 각종 국제인권관련협약상의 실천제도에 대한 설명으로 옳지 못한 것은?

① 인종차별철폐협약상의 인종차별철폐위원회는 개인청원사건이 다른 국제적 절차에 의해 다루어지고 있는 경우에도 그 청원을 접수, 심사한다.

② 인종차별철폐위원회는 한국관련 도시와 농촌의 차별, 지역차별에 대해 다룬 바 있다.

③ 인종차별철폐협약상의 국가 간 통보(고발)절차는 해당조항의 수락을 선언한 국가 사이에서만 적용된다.

④ 아동권리협약상의 아동권리위원회는 한국과 관련사항으로 민법상 부모 동의가 있는 경우 결혼할 수 있는 최저연령의 남성(18세)과 여성(16세)의 차이에 대해 문제삼은 바 있다.

해설

① 이런 점에서 B규약상 인권위원회의 개인청원제도와의 차이가 난다. ② 인종차별철폐위원회는 이 외에도 한국 거주 조선족, 화교, 혼혈아, 외국인노동자 등에 대해서도 관심을 표명하였다. ③ 인종차별철폐협약의 국가 간 고발절차는 다른 협약의 경우와는 달리 체약국의 특별한 선언을 요구하지 않는다는 점에서 진보적이지만 거의 이용되지 않고 있다. ④ 이 외에도 아동노동, 소년범처우 등에 대해서도 문제를 제기한 바 있다. <답 ③>

019. 인권의 국제적 보호에 대한 설명으로 옳지 않은 것은? 〈국가직 7급 2011년〉

① 1948년 세계인권선언은 법적 구속력이 없는 정치적 · 도덕적 문서에 불과하다.

② 1966년 경제적 · 사회적 및 문화적 권리에 관한 국제규약은 당사국들을 법적으로 구속한다.

③ 1966년 경제적 · 사회적 및 문화적 권리에 관한 국제규약은 국가 간 고발제도를 도입하고 있다.

④ 1966년 시민적 및 정치적 권리에 관한 국제규약의 이행감독장치로 인권위원회(Human Rights Committee)가 설치되었다.

해설

③ 인권위원회(Human Rights Committee)의 설치를 규정한 시민적 및 정치적 권리에 관한 국제규약(B규약)과 달리, 경제적, 사회적 및 문화적 권리에 관한 국제규약(A규약)은 유엔사무총장에 대한 국가보고서 제출만을 규정하고 있을 뿐 그 구체적 절차나 기구를 규정하고 있지 않았다. 그러나 경제사회이사회의 1985년 결의를 통해 독립적인 경제적 · 사회적 · 문화적 권리위원회(A규약위원회)가 설치되었다. A규약위

원회의 공식임무는 A규약과 관련된 경제사회이사회의 임무수행을 지원하는 것으로서 국가보고서의 심사가 그 기본임무이다. A규약에 대해서는 국가간 고발제도가 도입되지 않고 있다. <답 ③>

020. 1966년 시민적 및 정치적 권리에 관한 국제규약 선택의정서상 개인통보제도에 대한 설명으로 옳지 않은 것은? 〈2016년 국가직 9급〉

① 국내적 구제완료 원칙이 적용된다.
② 자연인이 아닌 단체의 통보도 받아들여진다.
③ 당사국의 관할권에 복종하지 않는 외교사절의 행위는 개인통보의 대상이 되지 않는다.
④ 국가에 귀속시킬 수 없는 사인(私人)에 의한 권리침해는 개인통보의 대상이 되지 않는다.

해설

개인통보를 제출할 수 있는 자는 '규약에 규정된 권리를 침해받아 피해자임을 주장한는 개인'이므로, 자연인이 아닌 단체의 통보는 허용되지 않는다. <답 ②>

021. 다음 인권조약의 이행보장제도에 대한 설명으로 옳지 못한 것은?

① 인종차별철폐협약은 국가보고서 제출, 국가간 통보절차, 개인청원제도를 규정하고 있다.
② 여성차별철폐협약은 국가보고서 제출을 규정하고 있으며, 별도의 선택의정서를 통해 개인청원제도를 도입하였다.
③ 고문방지협약은 국가보고서 제출, 국가 간 고발, 개인청원절차를 규정하고 있다.
④ 아동권리협약은 아무런 이행보장제도를 규정하지 않고 있다.

해설

아동권리협약은 국가보고서 제출을 규정하고 있다. 개인청원제도를 두고 있는 인권조약으로는 B규약(시민적, 정치적 권리에 관한 규약) 선택의정서, 인종차별철폐협약, 고문방지협약, 여성차별철폐협약 선택의정서 등이 있다. <답 ④>

022. 다음 인권협약 중 가장 강력한 사법적 제도를 규정하고 있는 것은? 〈기출문제 변형〉

① 여성차별금지협약 ② 세계인권선언
③ 유럽인권협약 ④ 고문방지협약

해설

유럽인권협약은 유럽인권재판소 등 가장 발달된 형태의 초국가적 인권보장 사법제도를 갖추고 있다. <답 ③>

023. UN인권이사회에 대한 설명 중 옳지 못한 것은?

① 2006년 총회 결의에 의해 설립되었다.
② UN의 전문기관으로서의 지위를 가진다.
③ 제네바에 위치하며, 임기 3년의 47개국으로 구성된다.
④ 기존 인권위원회(Commission on Human Rights)의 기능과 책임을 이전받았다.

해설

인권이사회는 전문기관이 아니라 총회의 보조기관이다. 참고로, 인권이사회 이사국(회원국)은 총회에서 비밀투표로 선출한다. <답 ②>

제7절 국제형사법

제8절 국제테러리즘

001. 제2차대전 전의 개인의 국제형사책임에 대한 설명이다. 타당하지 않은 것은?

① 해적행위는 공해상의 강도로 오래 전부터 금지되었다.
② 1856년 4 · 16파리선언에서 사략(私掠)행위도 금지하였으므로 이것도 해적행위에 포함된다.
③ 제2차대전 전에는 노예매매, 환각제부정거래, 테러행위 등에 대해 단편적 처벌 규정이 있었다.
④ 사인에 대한 처벌은 없었고 국가기관에 대한 처벌 위주였다.

해설

제2차대전 전에는 사인에 대한 처벌만 있었고 국가기관에 대한 처벌은 없었다. <답 ④>

002. 국제형사재판소에 관한 설명으로 옳지 않은 것은?

① Genocide협약에는 이에 관한 규정이 없다.
② 유고와 르완다의 전범과 대량학살범을 처벌하기 위하여 특별형사재판소가 설립된 바 있다.
③ 국제형사재판소는 국가를 피고로 할 수 없다.
④ 국제형사재판소 설립 움직임에는 수많은 NGO가 참가하였다.

해설

Genocide협약 제6조는 행위지의 국내법정이나 국제형사재판소(International Penal Tribunal)에 의한 재판을 예정하고 있다. <답 ①>

003. 1998년 채택된 국제형사재판소(ICC)에 관한 로마규정에 대한 설명으로 옳지 않은 것은? 〈국가직 7급 2011년〉

① ICC의 관할대상 범죄를 저지른 개인이 국가원수 또는 정부수반인 경우 국가면제가 적용되어 이들에 대한 형사관할권을 행사할 수 없다.
② ICC의 재판관할권에 포함되는 범죄는 집단살해죄, 인도에 대한 죄, 전쟁범죄 및 침략범죄이다.
③ ICC는 ICC규정 발효 이후의 범죄에 대해서만 관할권을 가진다.
④ ICC와 국내재판소 간의 관계에 대해서는 이른바 '보충성의 원칙'이 도입되었다.

해설

① ICC규정은 국가원수 또는 정부수반에 대한 면제를 인정하지 않는다고 규정하고 있다. <답 ①>

004. 국제형사재판소(ICC)에 관한 로마규정상 ICC의 관할대상범죄이지만, 현재 관할권 행사가 유예된 것은? 〈사시 2008년〉

① 집단살해죄(crime of genocide)
② 침략범죄(crime of aggression)
③ 전쟁범죄(war crimes)
④ 인도에 반한 죄(crimes against humanity)
⑤ 마약거래(drug trafficking)

해설

ICC의 관할대상범죄는 전쟁범죄, 반인도범죄, 제노사이드, 침략범죄이다. 그러나 ICC 규정에 침략범죄의 정의가 포함되지 않았다. 2010년 재검토회의에서 침략범죄의 정의가 채택되었으나 적어도 2017년 이전까지는 ICC가 관할권을 행사하지 못한다. <답 ②>

005. 다음은 ICC가 관할권을 갖는 집단살해죄에 대한 설명이다. 올바른 것을 고르시오.

① 이는 국민적, 인종적, 종교적 집단을 그 자체로서 파괴할 의도를 가지고 행하여진 살해 등의 범죄를 그 대상으로 하는 것이므로 피살자의 숫자가 결정적으로 중요하다.
② 동 범죄의 성립에는 일반 형법상의 살해죄와 같이 일반적 의도(general intent)

만 보유하면 된다.

③ 특정 행위가 집단살해죄에 해당되지 않을 경우 이는 자동적으로 인도에 반한 죄 및 전쟁범죄에도 해당하지 않는다.

④ 집단살해죄는 동 죄명이 나타내는 바와 같이 반드시 피해자 그룹 구성원에 대한 살해를 요구한다.

⑤ 집단살해죄는 전쟁시는 물론 평화시에도 발생할 수 있다.

해설

집단살해죄의 성립에는 피살자의 숫자가 결정적으로 중요하지 않으며 그 성립에는 일반적 의도(general intent)와 구체적 의도(specific intent)가 동시에 요구된다. 구체적 의도란 어떠한 집단을 그 자체로서 파괴할 의도를 의미한다. 이러한 의도가 존재하는 한 반드시 피해자 그룹에 대한 살해가 수반될 필요는 없다. 또한 집단살해죄는 전쟁요건을 요구하지 않는다. <답 ⑤>

006. 1948년 집단살해죄의 방지와 처벌에 관한 협약의 내용에 대한 설명으로 옳지 않은 것은? 〈2015년 국가직 7급〉

① 집단살해는 평시가 아닌 전시에 적용되는 국제법상 범죄이다.

② 집단살해가 성립되기 위해서는 국민적, 인종적, 민족적 또는 종교적 집단을 전부 또는 일부 파괴할 의도로서 그 구성원의 살해 등이 행하여져야 한다.

③ 집단의 아동을 강제적으로 타 집단으로 이동시키는 것은 집단살해에 해당한다.

④ 협약의 해석, 적용 또는 이행에 관한 체약국 간의 분쟁은 분쟁 당사국의 요구에 의하여 국제사법재판소(ICJ)에 부탁되어야 한다.

해설

① 집단살해는 무력충돌, 전쟁과 무관하게 평시에도 적용될 수 있는 개념이다. <답 ①>

007. 국제형사재판소(ICC)에 대한 설명으로 옳은 것은? 〈기출문제 변형〉

① ICC규정상 집단살해죄, 마약밀매죄, 전쟁범죄, 인도에 반한 죄, 침략범죄 등이 대상범죄로 규정되어 있다.

② ICC의 관할범죄에 대해서는 보편적 관할권이 적용된다.

③ ICC 재판관은 18인이다.

④ 국내재판소가 해당 범죄에 대해 적절하게 관할권을 행사하고 있는 경우에도 ICC가 경합적으로 관할권을 행사할 수 있다.

해설

① 마약밀매는 해당하지 않는다. ② ICC는 모든 범죄에 대해 아무런 관할권적 제약 없이 보편적 관할권에 근거하여 재판하는 기관이 아니다. 해당 개인과 범죄에 일정한 관할권적 근거가 있어야 한다. ④ 보충성의 원칙이 적용된다. <답 ③>

008. 국제형사재판소(ICC)의 관할권에 대한 설명으로 옳지 않은 것은? 〈행안부 9급 2009년〉

① ICC는 그 규정의 발효 후에 발생한 범죄에 대하여 관할권을 가진다.

② ICC가 관할권을 행사하기 위해서는 범죄발생지국과 피고인의 국적국이 모두 ICC규정의 당사국이어야 한다.

③ 안전보장이사회는 ICC의 관할범죄가 범하여진 것으로 보이는 사태를 ICC 소추관(prosecutor)에게 회부할 수 있다.

④ ICC규정의 당사국이 된 국가는 이에 의하여 ICC의 관할범죄에 대하여 동 재판소의 관할권을 수락한다.

해설

② 범죄발생지국 또는 피고인 국적국이 ICC규정 당사국이면 관할권을 행사할 수 있다. <답 ②>

009. 1988년 국제형사재판소(ICC) 규정에서 명시적으로 언급한 국제범죄 중에서 ICC가 현재 관할권을 행사하지 못하고 있는 국제범죄는? 〈국가직 9급 2013년〉

① 집단살해죄(crime of genocide)

② 인도에 반한 죄(crimes against humanity)

③ 전쟁범죄(war crimes)

④ 침략범죄(crime of aggression)

해설

2010년 ICC 로마규정 재검토회의 결과에 비추어, 침략범죄는 적어도 2017년 이전까지는 적용되지 못하는 상황이다. <답 ④>

010. 국제형사재판소(ICC)가 재판관할권을 행사할 수 있는 경우에 해당하는 것은? 〈행안부 7급 2010년〉

① 사건이 그 사건에 대하여 재판관할권을 가진 국가에 의해 수사 중인 경우

② 사건이 그 사건에 대하여 재판관할권을 가진 국가가 소추의사 또는 능력이 없어 관련자를 소추하지 않기로 결정한 경우

③ 관련자가 제소의 대상이 된 행위에 대하여 이미 독립·공정한 재판을 받은 경우

④ 사건이 국제형사재판소에 의한 추가적인 행동을 정당화할 만큼 충분히 중대하지 않은 경우

해설

ICC는 기본적으로 보충성의 원칙을 적용받는다. 우선은 국내 사법체계를 통해 판단이 내려지는 것이 타당하다고 보기 때문이다. 그러나 국가의 소추의사 또는 능력이 없어서 소추하지 않기로 결정했다면 ICC가 나설 수 있다. <답 ②>

011. 국제형사재판소(ICC)에 대한 설명으로 옳지 않은 것은? 〈2014년 국가직 7급〉

① ICC는 UN과 별개의 국제법인격을 갖는 독립된 국제기구이다.
② ICC는 UN 안전보장이사회 결의에 의하여 회부된 국제범죄사건을 다룰 수 없다.
③ ICC는 ICC 로마규정이 발효된 2002년 이후의 국제범죄에 대해서만 관할권을 갖는다.
④ ICC 로마규정의 당사국이 된 국가는 ICC의 관할범죄에 대한 재판관할권을 수락한 것이 된다.

해설

UN 안전보장이사회가 회부하면 ICC가 관할권을 갖는다. <답 ②>

012. ICC에 대한 다음 설명 중 잘못된 것은 무엇인가?

① ICC는 1998년 로마에서 개최된 회의를 통하여 설립되었다.
② ICC가 관할권을 가지는 범죄는 집단살해죄, 인도에 반한 죄, 전쟁범죄, 그리고 침략범죄이다.
③ 침략범죄를 관할권을 갖는 범죄에 포함시켜 다른 범죄와 마찬가지로 이에 대하여도 즉각적으로 처벌이 현실적으로 가능하게 되었다는 점에서 특히 ICC 설립의 의의를 찾을 수 있다.
④ 집단살해죄와 인도에 반한 죄는 전쟁 요건을 반드시 요구하지는 않는다.
⑤ 전쟁범죄는 1949년 제네바 4개 협약과 밀접하게 연관되어 있다.

해설

1998년 로마협약 채택 시 침략범죄는 일단 침략범죄에 대한 국제사회의 정의가 합의될 때까지 ICC의 관할권행사가 유보되었다. 2010년 우간다 캄팔라에서 개최된 ICC 당사국회의에서 침략범죄에 대한 정의 등이 합의되어 2017년부터 이에 대한 관할권행사가 가능하게 되었다. <답 ③>

013. 국제형사재판소(ICC)의 관할권에 대한 설명으로 옳지 않은 것은? 〈국가직 7급 2013년〉

① ICC는 범행 당시 18세 미만자에 대하여 관할권을 가지지 아니한다.
② ICC의 관할범죄에 대하여는 어떠한 시효도 적용되지 않는다.
③ ICC에 의하여 유죄판결을 받은 자는 ICC규정에 따라서만 처벌될 수 있다.
④ ICC규정에 의한 처벌은 일사부재리원칙이 적용되지 않는다.

해설

일사부재리원칙이 적용된다. ICC에서 이미 유죄를 받았거나 무죄방면된 행위에 대해 다시 ICC에서 재판받지 않으며, 다른 재판소에서도 재판받지 않는다. 다른 재판소에서 재판받은 경우 동일한 행위에 대하여 ICC의 재판을 받지 않는다. 다만, 다른 재판소의 재판이 ICC로부터 그 범죄자를 보호하기 위한 것이거나 제대로 된 공정한 재판이 아닌 경우에는 일사부재리원칙이 적용되지 않는다.
<답 ④>

014. 국제형사재판소(ICC) 로마규정에 관한 설명 중 옳지 않은 것은? 〈사시 2014년〉

① ICC 로마규정은 전쟁범죄, 침략범죄, 마약범죄 및 테러범죄를 관할범죄로 정하고 있다.
② ICC는 관할범죄에 대하여 그 행위가 발생한 영역국 또는 그 범죄 혐의자의 국적국이 당사국이거나 ICC의 관할권을 수락하였다면 그 사건에 대하여 관할권을 행사할 수 있다.
③ ICC는 관할범죄에 대하여 그 범죄 관련 사태가 UN 안전보장이사회에 의하여 소추관에게 회부된 경우 그 사건에 대하여 관할권을 행사할 수 있다.
④ 특정 사건에 대하여 관할권을 갖는 국가가 이를 수사하고 있더라도 그 국가가 진정으로 수사할 의사가 없는 경우에는 ICC는 그 사건에 대하여 관할권을 행사할 수 있다.
⑤ ICC의 관할범죄에 대해서는 공소시효가 적용되지 않는다.

해설

① ICC규정은 전쟁범죄, 인도에 반한죄, 제노사이드, 침략범죄를 관할범죄로 정하고 있다. <답 ①>

015. 국제형사재판소(ICC)에 대한 설명으로 옳지 않은 것은? 〈행안부 9급 2010년〉

① '로마규정(Rome Statute of the International Criminal Court)'이 발효한 후에 행하여진 범죄에 대해서만 재판관할권을 가진다.
② 자연인에 대하여만 재판관할권이 있고 법인에 대하여는 재판권할권이 없다.
③ 재판관할권을 가진 국가가 수사 중인 사건에 대해서도 원칙적으로 재판관할권을 행사한다.
④ 범행 당시 18세 미만자에 대해서는 재판관할권을 가지지 아니한다.

해설

재판관할권을 가진 국가가 그 사건을 다룰 의지나 능력이 없는 경우에 국제형사재판소가 관할권을 행사한다. 이를 보충성의 원칙이라고 한다.
<답 ③>

016. 국제형사재판소(ICC)에 관한 설명으로 옳지 않은 것은? 〈사시 2010년〉

① 국제형사재판소는 국제법인격을 향유하는 독립된 상설기구이다.
② 국제형사재판소는 ICC규정이 발효한 후에 범하여진 범죄에 대해서만 관할권을 갖는다.

③ 국제형사재판소는 국제적 관심사인 가장 중대한 범죄를 범한 자에 대하여 관할권을 행사하는바, 이에는 테러범죄가 포함된다.

④ UN안전보장이사회는 국제형사재판소에 수사나 기소의 연기를 요청할 수 있다.

⑤ 국제형사재판소는 최고 30년을 초과하지 않는 유기징역 또는 무기징역을 부과할 수 있으나, 어떠한 경우에도 사형은 부과할 수 없다.

해설

① 국제형사재판소는 UN 소속의 주요기관이 아닌 별개의 국제기구이다. ③ ICC규정은 침략범죄, 반인도죄, 제노사이드, 전쟁범죄 등 4가지 범죄에 대해서만 관할권을 갖는다. 그 어느 국제재판소도 테러리즘 자체만을 근거로 처벌한 사례는 없으며 ICC 관할범죄에도 테러리즘은 빠져 있다(정인섭).

<답 ③>

017. 국제형사법에 대한 설명 중 올바르지 못한 것은?

① 뉘른베르크 국제군사재판소는 1945년 전범소추 및 처벌에 관한 협정을 근거로 전범들을 재판하였다.

② 뉘른베르크 국제군사재판소는 평화에 대한 범죄, 전쟁범죄, 반인도범죄에 대해서 다루었다.

③ 뉘른베르크 국제군사재판소는 국가행위론을 인정하여 정식 군인과 공무원의 행위는 관할권 면제대상으로 인정하였다.

④ 뉘른베르크 국제군사재판소는 오늘날 국제형사법 발전에 중요한 영향을 미쳤다.

해설

뉘른베르크 국제군사재판소가 처벌한 범죄유형은 평화에 대한 범죄, 인도에 대한 범죄, 전쟁범죄였으며, 국가행위론 등의 정당화이론을 인정하지 않았다.

<답 ③>

018. 국제형사재판소(ICC)에 대한 설명으로 옳지 않은 것은? 〈2016년 국가직 7급〉

① ICC의 재판관은 18명이며, 선출의 방식은 ICJ의 재판관을 선출하는 방식과 같다.

② UN 안전보장이사회가 ICC에 관한 로마규정 비당사국 국적의 범인을 ICC에 회부하는 경우, 비당사국의 ICC 재판권 수락 선언은 필요 없다.

③ ICC는 집단살해죄, 인도에 반한 죄, 전쟁범죄, 침략범죄에 대하여 관할권을 가진다.

④ ICC의 관할범죄에 대하여는 어떠한 시효도 적용되지 아니한다.

해설

ICC 재판관은 로마규정 당사국총회에서 비밀투표로 선출된다. ICJ는 유엔에서의 투표로 선출된다.

<답 ①>

019. 다음 중 2010년 ICC 로마규정 재검토회의 결과 채택된 개정안에 대한 설명으로 옳은 것은?

① 선진국과 후진국의 대립으로 침략범죄의 정의를 채택하는데 실패하였다.

② 침략범죄에 대해 유엔안보리의 회부뿐만 아니라 당사국에 의한 회부, 검사의 직권기소도 인정하기로 하였다.

③ 1974년 침략 정의에 대한 유엔총회 결의는 거의 무시되었다.

④ ICC의 침략범죄 관할권을 인정하지 않겠다고 선언한 당사국에 대해서도 ICC가 이를 배제하고 직권으로 관할권을 행사할 수 있다.

해설

① 침략범죄의 정의를 채택하였다. 다만, 지금 즉시 적용되는 것은 아니며 30개 당사국에 의해 비준된 후 1년이 경과한 시점 또는 2017년 1월 1일 이후 당사국이 결정하는 특정 시점 중 늦은 시점에 적용된다. ③ 1974년 결의 내용이 크게 반영되었다. ④ 당사국이 침략범죄에 대한 ICC 관할권을 인정하지 않겠다고 선언하면 그 관할권을 적용받지 않도록 하였다. <답 ②>

020. 다음중 국제법에서 개인의 지위에 대한 설명으로 옳지 못한 것은? 〈기출문제 변형〉

① 범죄인인도 관련, 자국민 불인도원칙이 일반적으로 적용되나 영미법계는 속지주의를 원칙으로 하고 있어서 자국민의 해외인도를 허용하는 경향을 보인다.

② 우리나라 범죄인인도법은 범죄인이 인도가 허용된 범죄 이외의 범죄로 처벌받지 않는다는 청구국의 보증을 요구하고 있다.

③ 세계인권선언은 UN 경제사회이사회의 보조기관으로 설치된 인권위원회(Commission on Human Rights)가 그 채택을 이끌어 1948년 제3차 유엔총회의 결의로 채택되었다.

④ 국가가 아닌 개인을 피고로 하여 재판하는 국제형사재판소(ICC)는 전범과 대량학살범 처벌을 위한 최초의 국제사법기관이다.

해설

① 미국이 한국, 일본과 체결한 범죄인인도조약들을 보면 모두 자국민을 인도할 권한을 보유한다고 규정하고 있다(순). ④ ICC 이전 개인 처벌을 위한 국제사법기관으로 뉘렌베르크 군사법원, 동경 군사법원, 구 유고슬라비아 국제형사재판소, 르완다 국제형사재판소 등이 있었다. <답 ④>

021. 국제형사재판소에 관한 다음의 설명 중 올바른 것을 고르시오.

① 국제형사재판소는 개인에 대한 형사처벌을 주목적으로 설립되었으나 유엔 결의가 있는 경우 예외적으로 국가에 대한 재판관할권도 동시에 가질 수 있다.

② 국제형사재판소는 모두 15명의 재판관으로 구성되어 있다.

③ 우리나라 인사가 국제형사재판소에서 재판관으로 활동한 사례는 아직 발견되

지 않고 있다.

④ 국제형사재판소는 유엔 안전보장이사회의 결의로 설립되었다는 측면에서 유엔과 밀접한 연관성을 갖는다.

⑤ 국제형사재판소는 개인에 대하여 직접 형사적 책임을 묻는다는 차원에서 국제사법재판소와는 구별된다.

해설

⑤ 국제사법재판소는 국가 대 국가 간 분쟁을 국제법의 적용을 통하여 해결하는 것을 주목적으로 하는 반면, 국제형사재판소는 로마규정에 나열된 국제범죄를 범한 개인을 국제사회가 처벌하는 것을 기본목적으로 하는 것이라는 점에서 근본적인 차이가 있다. <답 ⑤>

022. 국제형사재판소의 관할권에 관한 다음의 설명 중 잘못된 것을 고르시오.

① 국제형사재판소는 국제공동체 전체가 가장 심각하게 생각하는 네 가지 범죄에 대해 관할권을 가진다.

② 국제형사재판소 설립규정의 당사국이 되면 동 재판소의 관할권을 승낙하는 것으로 간주되며 이를 자동적 관할권이라 한다.

③ 국내법원이 우선적 관할권을 가지며, 국제형사재판소는 개별국가가 진정으로 수사 또는 기소할 의사가 없을 경우에만 보충적으로 관할권을 행사한다.

④ 2010년 재검토회의에서 침략범죄에 대한 정의가 채택되어 국제형사재판소가 이에 대한 관할권을 현재 행사하고 있다.

⑤ 북한인권 상황을 인도에 반한 죄에 해당하는 것으로 규정하여 이를 국제형사재판소에 회부하려는 시도가 최근 이루어졌다.

해설

④ 2010년 재검토회의에서 침략범죄에 대한 정의가 채택되기는 하였으나, 이러한 개정안을 30개국이 비준한 후 1년이 경과한 시점 또는 2017.1.1. 이후 당사국이 결정하는 특정 시점 중 늦은 시점부터 침략범죄에 대한 국제형사재판소의 관할권이 발생한다. 그러므로 적어도 2017.1.1.까지는 여기서 채택된 침략범죄 개념이 적용되지 않는다. <답 ④>

제5장 | 국제법의 객체

제1절 국가영역

제2절 영 토

001. 영토의 관할권의 한계를 표시하는 국경선획정이론에 대한 설명으로 타당하지 않은 것은?

① 국경선은 보통 조약에 의해 정해지나 관습법상 취득시효에 의해 획정되기도 한다.
② Thalweg 원칙에 의하면 국경선은 지형적 특색에 따르는데 항행가능한 하천이 있는 경우에는 주된 수로의 중간선이 국경이 된다.
③ Uti Possidetis는 로마법상 '점유의 상태에 따라'라는 뜻으로 행정구역을 기준으로 국경선을 설정한다는 것이며 1960년대 아프리카국가들이 독립할 때 최초로 적용되었다.
④ 경계선획정에 대해 분쟁이 생긴 경우에는 국제법원이나 중재법원에 소를 제기할 수 있는데, 이 경우 사법판결이나 중재판결에 의해 국경선이 확정된다.

해설

Uti Possidetis 원칙은 1810년대 남미국가들이 스페인 식민통치에서 독립할 때 행정구역을 기준으로 국경선을 설정한 것이 유래가 되었으며 ICJ는 Burkina Faso/Mali 사건(1986년)에서 동 원칙이 현대국제법의 일반원칙이라고 밝히고 있다. <답 ③>

002. 영토 취득 및 상실에 관한 설명 중 옳은 것은? 〈사시 2014년〉

① 무주지에 대해서는 발견만으로도 완전한 권원을 취득한다.
② 오늘날에도 정복은 영토 취득의 권원으로 인정된다.
③ 선점이 유효하기 위해서는 물리적 지배만으로 충분하며, 영유의 의사는 요구되지 않는다.
④ 무주지는 가장 인접한 국가에게 우선적으로 영유권이 인정된다.
⑤ 선점과 시효에 의한 영토 취득은 모두 실효적 지배를 요건으로 한다.

해설

① 발견만으로는 완전한 권원이 형성되지 않는다는 것이 판례 입장이다. ② 정복은 오늘날 국제법상 불법이므로 영토 취득의 권원으로 인정되지 않는다. ③ 영유의 의사가 요구된다. ④ 인접성과는 무관하다.

<답 ⑤>

003. 오늘날 국제법상 국가의 영역권 취득사유로 인정되지 않는 것은? 〈행안부 9급 2010년〉

① 정복(conquest) ② 선점(occupation)
③ 첨부(accretion) ④ 할양(cession)

해설

오늘날 타국 영토에 대한 정복은 정당한 권원으로 인정받지 못한다. <답 ①>

004. 과거에는 국가가 영토를 획득할 수 있는 방법의 하나였으나, 1928년 켈로그 브리앙(Kellog-Briand)조약이나 현재 UN헌장 제2조 4항의 규정에 반하여 영토 획득의 방법으로서 타당성을 잃은 것은? 〈국가직 9급 2013년〉

① 점령(occupation) ② 시효취득(prescription)
③ 정복(conquest) ④ 부합(accretion)

해설

전쟁, 무력사용이나 무력위협 등에 의한 타국 영토 정복은 현대 국제법에서 불법화되었다.

<답 ③>

005. 선점에 의한 영토 취득에 대한 설명으로 옳지 않은 것은? 〈2014년 국가직 9급〉

① 국가가 영토 취득의 의사를 가지고 무주지를 실효적으로 지배함으로써 완성되는 권원이다.
② 국제사법재판소는 사회적 · 정치적으로 조작화된 부족이 살고 있는 지역은 무주지로 볼 수 없다고 판단하였다.
③ 국가행정기구 설치는 실효적 지배 완성의 필수요소이다.
④ 실효적 지배의 개념은 대상지역에 따라 다를 수 있는 상대적인 개념이다.

해설

선점, 실효적 지배에 있어서 국가행정기구 설치 자체가 명시적인 필수요소라고 볼 수 없다. 대상지역에 따라 그 정도와 방식이 달라질 수 있기 때문이다. <답 ③>

006. 국제법상 선점에 관한 설명으로 옳지 않은 것은? 〈2015년 국가직 9급〉

① 선점은 무주지(terra nullius)를 대상으로 한다.
② 서부 사하라(Western Sahara)사건에서 국제사법재판소(ICJ)는 정치적으로나 사회적으로 조직화된 부족들의 거주지는 무주지로 볼 수 없다고 판단하였다.
③ 페드라 브랑카 섬 영유권사건(Case concerning Sovereignty over Pedra Branca/Pulau Batu Puteh, Middle Rocks and South Ledge)에서 국제사법재판소(ICJ)는 선점 사실을 이해관계국에 통고하여야 한다는 입장을 취하였다.
④ 팔마스섬(Island of Palmas)사건에서 Huber 중재재판관은 선점은 실효적이어야 한다는 것을 확인한 바 있다.

해설

③ 통고가 선점에 의한 영토 취득의 요건인지 여부에 대해 견해가 대립되어 있으나, Pedra Branca 사건에서 ICJ는 통고를 선점에 의한 영토 취득의 요건으로 검토하지 않았다. <답 ③>

007. 영토의 취득과 관련된 설명으로 옳지 않은 것은?

① 합병이나 할양, 무주지 선점은 국제법상 인정되는 영토 취득방법이나, 정복은 오늘날 부적절한 영토 취득방법으로서 국제법상 무효이다.
② 선점의 대상은 사람이 살지 않는 무주지(terra nullius)여야 한다.
③ 시효는 선점과 비교하여 더 오랜 실효적 지배기간이 요구된다.
④ 자연적 현상에 의해 국가영역이 확대되는 경우 그 영역에는 자동적으로 주권이 미친다.

해설

선점의 대상은 무주지이나 이것이 반드시 무인지이어야 하는 것은 아니다. 예컨대, 외딴 섬에 어업, 무역업을 하는 이들이 경유하며 거처하더라도 그 섬이 어느 나라에도 속하지 않는 무주지라면 선점의 대상이 된다. <답 ②>

008. 다음 사건 중 실효적 지배가 환경과 여건에 따른 "상대적 개념"임을 선언한 사건은 무엇인가?

① 동부 그린랜드사건 ② 클리퍼턴섬사건
③ Anglo-Norwegian Fisheries 사건 ④ 차미잘 지역사건
⑤ Island of Palmas 사건

해설

실효적 지배가 절대적 개념이 아니라 관련 영토의 기후 및 상황 등을 고려한 상대적 개념임을 선언한 판결은 1931년 PCIJ의 동부 그린랜드 사건이다. 이 판결에서 PCIJ는 동부 그린랜드의 기후 및 생존여건

등을 감안할 때 덴마크가 통상적인 영토에서 발견되는 정도의 지배를 실시하지 않았더라도 여전히 그 지배는 실효적이라고 볼 수 있음을 결정하였다. <답 ①>

009. 국가의 영토 취득사유에 대한 설명으로 옳지 않은 것은? 〈국가직 9급 2011년〉

① 시효는 무주지(無主地)를 취득하는 것을 말한다.
② 첨부는 인공적 또는 자연적 사실에 의한 영토의 취득사유이다.
③ 국가 간의 전쟁을 통한 정복은 합법적인 영토의 취득사유가 아니다.
④ 선점이 성립하기 위해서는 '실효적 지배'(effective control)가 요구된다.

해설

선점과 시효는 상당기간 해당 영역에 대하여 국가의 주권적 행위가 있었다는 증거를 요한다는 점에서는 유사하나, 시효는 무주지가 아닌 타 국가의 주권 하에 있는 영역을 대상으로 한다는 점에서 구별된다. <답 ①>

010. 다음 중 국가영역 결정에 있어 핵심적 기준을 제공하는 것은 무엇이라고 볼 수 있는가?

① 영공　② 영해　③ 우주공간
④ 영토　⑤ 도서 (배타적 경제수역 및 대륙붕 포함)

해설

국가의 영역 결정에 있어 그 핵심을 이루는 것은 영토이다. 영해, 영공 등은 모두 영토에 기초하여 그 연장선상에서 결정되기 때문이다. <답 ④>

011. 영토 취득에서 실효적 지배에 관한 설명 중 옳지 않은 것은? 〈사시 2015년〉

① 선점에 의한 영토 취득의 경우 실효적 지배가 요구된다.
② 지배의 실효성 정도는 대상지에 따라 달라질 수 있다.
③ 실효적 지배와 관련된 판례로 팔마스섬(Palmas Island)사건이 있다.
④ 실효적 지배란 일시적으로나마 군대를 주둔시키는 것을 의미한다.
⑤ 시효에 의한 영토 취득의 경우에도 실효적 지배가 요구된다.

해설

실효적 지배는 실효성 있는 계속적 지배를 의미하며 일시적인 군대주둔이나 주변수역 항행, 국기 또는 국가적 표식 설치만으로는 실효적 지배로 인정받기 어렵다. 지속적이고 평화적인 주권의 시현으로 해석될 수 있는 행위가 필요한 것으로 본다. <답 ④>

012. 다음 판례들의 공통점은?

(ㄱ) 클리퍼튼섬사건	(ㄴ) 에리트리아 - 예멘사건
(ㄷ) 동부그린란드사건	(ㄹ) 팔마스섬사건

① 무력을 통한 영토 취득에 관련된 사건이다.
② Uti Possidetis 원칙에 관련된 사건이다.
③ 구두합의의 효력에 대한 사건이다.
④ 실효지배 요건이 구체 상황에 따라 완화될 수 있다고 판단한 사건이다.

해설

해당 영토의 상황(예를 들어, 멀리 떨어진 거주 곤란한 섬)에 따라 실효적 지배요건의 완화가 가능하다는 점을 판시한 사건들이다.
<답 ④>

013. 영토 취득에 관한 설명으로 옳지 않은 것은? 〈사시 2011년〉

① 선점은 무주지(terra nullius)를 대상으로 한다.
② 팔마스섬사건(1928)에서 중재재판소는 발견(discovery)을 영토 취득의 완전한 권원으로 인정하였다.
③ 본토로부터 멀리 떨어진 무인도에 대하여는 주권의 천명만으로 선점이 인정된 사례가 있다.
④ 전시점령은 영토 취득의 권원에 해당되지 않는다.
⑤ 1959년 남극조약에 의하면 남위 60도 이남의 남극지역에 대해서는 동 조약의 발효 중에는 어떤 국가도 새로운 영유권 주장을 할 수 없다.

해설

② 팔마스섬사건에서 발견은 영토 취득의 완전한 권원으로 인정되지 못하였다. Huber 재판관은 19세기 당시의 법에 비추어 발견은 미성숙 권원에 불과하며 발견 이외에도 실효적 점유가 필요하다고 판시하였다.
<답 ②>

014. 다음 사건 중 Max Huber 재판관이 단독으로 재판관으로 활동한 사건은 무엇인가?

① Nottebohm 사건
② Barcelona Traction 사건
③ Anglo-Norwegian Fisheries 사건
④ Interhandel 사건
⑤ Island of Palmas 사건

해설

Max Huber 재판관이 단독으로 재판관으로 임명되어 활동한 사건은 1906년 팔마스섬 중재사건이다. 이 분쟁은 네덜란드와 미국 간 현재 인도네시아령인 팔마스섬 영유권에 관하여 제기된 분쟁이다.
<답 ⑤>

015. 선점에 관한 다음의 기술 중 올바른 것은 무엇인가?

① 선점은 오로지 무주지(terra nullius)에 대해서만 적용가능하다.
② 선점에 의한 영토 취득은 현재에도 그 사례가 다수 발생하고 있다.
③ 선점은 반드시 국가에 의하여 행해질 필요는 없으며 개인도 그 행사가 가능하며, 개인이 행한 선점은 자동적으로 그 개인의 국적국에 의한 선점으로 취급된다.
④ 선점에 의한 영토 취득에 있어 중요한 것은 여타 국가보다 먼저 그 지역에 도착하였다는 시간적 선험성이며 영유의사는 중요하지 않다.
⑤ 일단 선점을 한 이후에는 실효적 지배는 필요하지 않다.

해 설

선점은 오로지 무주지에 대해서만 가능하며 현재 무주지가 더 이상 없는 관계로 이제는 더 이상 발생하지 않고 있는 상황이다. 다만 어떤 국가가 자신의 영토를 포기하는 경우 무주지가 발생하게 되고 그 경우 이는 새로이 선점의 대상이 될 수 있을 것이므로 앞으로는 선점이 전혀 법적 의미가 없다고 할 수는 없을 것이다. 선점은 최초 발견으로 충분하지 않으며 영유의사와 함께 실효적 지배가 반드시 수반되어야 한다. <답 ①>

016. 선점에 관한 판례나 사건이 아닌 것은?

① 1928년 팔마스섬 중재판결
② 1933년 PCIJ의 동부그린란드사건 판결
③ 1975년 ICJ의 서부사하라의 지위에 관한 권고적 의견
④ 1919년 미국, 멕시코 간 차미잘 하천중재사건

해 설

④ 미국과 멕시코 간의 Chamizal 사건은 시효에 관한 사건이다. 멕시코가 여러 해에 걸쳐 반복해서 항의를 제기하였으므로 미국은 시효취득을 할 수 없다고 판시하였다. 시효에 의한 영토 취득을 인정한 고전적 판례로는 ICJ의 프레아 비히어사건이 있다. 동부그린랜드사건은 조약법에서 '구두의 합의'의 효력과 관련하여 유명한 판결인바, 선점의 실효적 지배의 정도와 관련하여 상징적 지배를 인정함으로써 그 요건을 완화하였다. <답 ④>

017. 그로티우스가 일찍이 영토 취득의 가장 자연적 형태라고 지적한 것으로 서구열강에 의한 식민지 획득 및 극지의 귀속과 관련되어 있는 것은?

① 병 합 ② 선 점
③ 정 복 ④ 할 양

해 설

선점(occupation)이란 무주지역(terra nullius)을 타국에 앞서 국가가 영유의사를 갖고 실효적으로 지배함으로써 성립하는 원시취득의 방법이다. <답 ②>

제3절 해 양 법

001. 1958년 Geneva해양법회의에서 채택된 협약이 아닌 것은?

① 영해의 범위에 관한 협약 ② 대륙붕에 관한 협약
③ 공해에 관한 협약 ④ 영해 및 접속수역에 관한 협약

해설

영해의 범위(폭)에 관한 합의가 이루어진 것은 제3차 해양법회의를 통해서이다. 1958년 제1차 해양법회의에서 타결되지 못한 사항 혹은 제3차 해양법회의에서 최초로 도입된 사항들을 구별하여 기억할 필요가 있다. 영해의 범위, 국제해협의 통과통항권, 군도해로통항권, 심해저공동개발제도, 배타적 경제수역제도, 분쟁해결절차 등이 그 예이다. 제1차 해양법회의를 통해 문서화된 합의의 내용으로는 공해생물자원, 대륙붕, 공해, 영해 및 접속수역 등이 있다. 물론 이 사항들은 제3차 해양법회의를 통해 수정되기도 하였다. <답 ①>

002. 1982년 UN해양법협약에 대한 설명으로 옳지 않은 것은?

① 20세기 중반까지 논란이 되어 온 영해 폭을 12해리로 확정하였다.
② 영해에서 외국 선박의 무해통항권을 인정하고 있으나 외국항공기에 대해서는 이를 인정하지 않고 있다.
③ 대륙붕이 기선에서 200해리 이상 넘어갈 수 있는 가능성을 인정하였다.
④ 국제해협에서 외국 선박의 통과통항권을 인정하고 있으나 외국항공기에 대해서는 이를 인정하지 않고 있다.

해설

① 제3차 해양법회의를 거쳐 합의된 1982년 유엔해양법협약에서 비로소 국제사회는 영해의 폭을 12해리로 합의하였다. ② 무해통항권은 선박에 대해서만 인정된다. ③ 대륙붕은 일정한 지리적 조건 하에서 최대 350해리까지 뻗을 수 있도록 규정되어 있다. ④ 통과통항권은 항공기에 대해서도 인정된다. <답 ④>

003. 「1982년 UN해양법협약」에 의하여 처음 보편적 국제법상의 제도로 공식화된 해양법상의 제도가 아닌 것은? 〈국가직 9급 2011년〉

① 대륙붕제도 ② 군도수역제도
③ 심해저제도 ④ 배타적 경제수역제도

해설

제3차 해양법회의 결과 탄생한 1982년 UN해양법협약의 특색(영해 12해리 확정, 접속수역 24해리 확정, 군도수역과 배타적 경제수역설정 등의 첫 제도화, 대륙붕의 새로운 규정 및 범위 확대, 내륙(무해안)국가의 권익보호, 국제해협의 통행자유강화, 공해방지강화, 국제심해저제도 도입, 분쟁해결의 제도화)을 잘 기억해 두도록 한다. 대륙붕제도는 이미 1958년 Geneva협약 당시부터 존재해왔다. 물론 그 제도의 내용은 1982년 해양법협약에서 많이 바뀌었다. <답 ①>

004. 다음 중 해양법체계에 대한 설명으로 옳지 않은 것은?

① 오늘날 가장 대표적인 법원은 1982년 유엔해양법협약이다.
② 영해의 범위는 국가의 완전한 재량에 맡겨져 있어 심각한 분쟁의 원인이 되고 있다.
③ 1958년 체결된 대륙붕협약은 완전히 폐지 또는 대체된 것은 아니며 여전히 1982년 해양법협약을 중심으로 한 해양법체계에 잔존해 있다.
④ 국제관습법은 여전히 해양법체계의 중요한 법원으로 인정되고 있다.

해설

영해의 범위는 12해리 이내로 규정되어 있으며 이는 제3차 해양법회의에서 타결되었다. <답 ②>

005. 1982년 UN해양법협약에서 처음 명시적으로 도입된 것을 모두 고른 것은?

〈사시 2012년〉

ㄱ. 배타적 경제수역	ㄴ. 통과통항제도
ㄷ. 군도수역	ㄹ. 역사적 만
ㅁ. 접속수역	ㅂ. 직선기선

① ㄱ, ㄴ, ㄷ ② ㄱ, ㄹ, ㅁ ③ ㄴ, ㅁ, ㅂ
④ ㄷ, ㄹ, ㅂ ⑤ ㄹ, ㅁ, ㅂ

해설

배타적 경제수역, 통과통항제도, 군도수역은 제3차 해양법협약에서 최초로 타결, 도입되어 1982년 유엔해양법협약에 반영되었다. <답 ①>

006. 내수에 대한 설명으로 옳지 않은 것은?

① 내수에는 외국 선박의 무해통항권이 인정되지 않지만 직선기준선을 사용하기 때문에 새로 내수에 편입되는 수역에는 기존의 무해통항체제가 계속 유지된다.
② 내수란 영해기선의 내측에 있는 해역으로 항 · 만 · 내해 등을 가리킨다.

③ 내수로서의 만의 입구(만구)의 길이는 10해리 이하이어야 한다.

④ 내수로서의 만은 이를 직경으로 한 반원보다 넓은 면적이 있어야 한다.

해설

1910년의 영국과 미국의 북대서양 연안어업사건의 중재판결은 만구의 길이가 10해리 이하이어야 한다고 판시하였지만, 1951년의 ICJ의 '노르웨이 어업사건'에서는 이 원칙을 받아들이지 않았다. UN해양법협약은 만의 자연적 입구점의 간조표 간격이 24해리를 초과하지 말아야 한다고 규정하고 있다.

<답 ③>

007. 국제법상 국가영역과 관련된 다음 설명 중 옳지 않은 것은?

① 탈베그원칙과 관련된 것은 국제하천이다.

② 만(bay)의 자연적 입구 양쪽의 저조지점간 거리가 12해리를 넘지 않으면 두 저조지점간 폐쇄선에 포함된 수역은 내수로 본다.

③ 국제하천은 2개국 이상의 영토를 흐르는 강으로서 항행이 가능한 것을 말한다.

④ 역사적 만의 요건에 대해서는 유엔해양법협약에 명확한 규정이 없다.

해설

양쪽 저조지점 간 거리가 24해리를 넘지 않아야 만으로 인정된다. 만으로 인정되면 두 저조지점을 이은 폐쇄선 내부(즉, 만의 내부)는 영해가 아닌 내수이기 때문에 외국 선박의 무해통항이 금지된다. 따라서 24해리를 넘는 지나치게 넓은 범위의 굴입에 대해서는 만으로 인정하지 않는 것이다.

<답 ②>

008. 내수에 대한 설명으로 옳지 않은 것은?

① 연안국은 내수에 있는 외국의 상선에 대해 완전한 민형사 관할권을 수행한다.

② 내수는 연안국의 영토로 인식된다.

③ 직선기선을 설정함에 따라 내수로 편입된 수역이 존재하는 경우, 이 수역에서는 통과통항권이 인정된다.

④ 외국 상선이 연안국의 내수에서 영해를 통과하는 경우, 연안국은 이에 대해 무제한적인 관할권을 가진다.

해설

③과 같은 경우에는 통과통항권이 아니라 무해통항권이 인정된다. <답 ③>

009. 국제하천에 대한 설명으로 옳지 않은 것은?

① 국제하천은 2개국 이상의 영토를 흐르며 항행 기타 경제적으로 이용되는 강이다.

② 국내하천이 내수라는 점에 대해서는 의문이 없으며, 복수국의 영토를 관류하는 국제하천의 경우에도 각국 영토 내를 흐르는 부분은 당해국의 내수가 된다.

③ 따라서 이러한 내수의 법적 지위를 갖는 국제하천에 대하여 항행의 자유를 확보하는 것이 중요한 문제로 등장하였는바, 1815년 Vienna 회의는 라인강, 1856년에는 다뉴브강의 항행자유를 제도화하였다.

④ 최근에는 하천의 경제적 이용이 핵심현안으로 등장하여 ILC가 협약초안의 작성을 위하여 노력하고 있으나, 그 성과는 매우 저조하다.

해설

ILC는 1991년 '국제수로의 비항행적 이용법협약에 관한 초안'을 잠정채택한 바 있으며, UN총회의 제6위원회인 법률위원회의 검토를 거쳐 1997년 5월 협약이 채택되었다. <답 ④>

010. 1982년 UN해양법협약의 내용에 대한 설명으로 옳지 않은 것은? 〈행안부 9급 2009년〉

① 심해저제도는 인류의 공동유산 개념에 입각해서 제도화된 것이다.

② 국제해협의 경우 영해의 폭은 영해기선으로부터 3해리를 초과할 수 없다.

③ 대륙붕의 외측한계는 영해기선으로부터 200해리 이상일 수도 있다.

④ 배타적 경제수역은 연안국의 영역에 포함되지 않는다.

해설

② 국제해협의 경우 영해를 3해리로 제한한다는 규정은 없다. 영해의 폭은 연안국이 재량적으로 12해리 이내에서 정할 수 있다. 우리나라는 대한해협에 대해 3마일 영해를 규정하고 있다. ④ 일반적으로 국가의 영역은 영토와 영해 및 그 상공을 가리킨다. 배타적 경제수역은 연안국이 일정한 주권적 권리와 관할권을 행사할 수는 있으나 "연안국의 영역"이라고 보기는 어렵다. <답 ②>

011. 다음 중 「1982년 UN해양법협약」에 대한 설명으로 옳은 것은?

① UN 해양법 협약은 1958년 제네바 4개 협약을 완전히 대체하였으며 기존의 협약은 따라서 폐기되었다.

② UN 해양법 협약에서도 영해의 폭은 확정되지 못하였다.

③ UN 해양법 협약 하에서 해양은 영해와 공해의 이원적 구조로만 존재하고 있다.

④ 군도수역이 처음으로 도입되었다.

⑤ 기존의 국제관습법과 상당한 괴리를 보이고 있어, 발효 이후 국제사회에서 수용되는 데 상당한 한계를 노정하고 있다.

해설

군도수역, 배타적 경제수역 등이 1982년 UN 해양법협약에서 최초로 도입된 제도들이다. 이 협약의 채택과 발효에도 불구하고 그 당시 국제해양법을 구성하고 있던 1958년 제네바 4개 협약은 폐기되지 않고 지금도 여전히 존재하고 있다. <답 ④>

012. 1982년 UN해양법협약이 규정하고 있는 영해의 폭에 대한 정확한 기술은 다음 중 무엇인가?

① 해양법협약의 모든 당사국은 12해리까지 영해를 설정할 수 있다.
② 해양법협약의 모든 당사국은 12해리로 영해를 설정하여야 한다.
③ 해양법협약의 모든 당사국은 영해를 보유하고 있다.
④ 일단 확정된 영해의 폭은 해양법협약 당사국 2/3의 동의가 없으면 변경될 수 없다.
⑤ 해양법협약 당사국은 자국 영해 내에서 무해통항권을 인정할 것인지 여부에 대하여 해양법협약 가입 시 결정하여야 한다.

해설

해양법협약은 12해리까지의 범위 내에서 연안국이 독자적으로 영해의 폭을 결정할 수 있도록 허용하고 있다. 그러므로 반드시 12해리로 영해의 폭을 결정하여야 하는 것은 아니며 이보다 좁은 영해의 폭도 얼마든지 가능하다. 해양법협약 당사국 중 체코공화국과 같이 육지로 둘러싸인 폐쇄국(land-locked state)은 영해를 갖지 못한다. 영해의 폭은 일단 확정된 이후에도 해당 연안국의 국내법령의 변경을 통해 조정될 가능성은 항상 존재한다. 이 경우 여타 해양법협약 당사국의 동의를 구하여야 하는 것은 아니다. <답 ①>

013. 1982년 UN해양법협약상 영해에 관한 설명으로 옳지 않은 것은? 〈기출문제 변형〉

① 연안국이 영해에서 통항에 관한 위험을 인지하고 이를 공표하지 않으면 국가책임이 발생할 수도 있다.
② 영해의 폭을 측정하기 위한 통상기선은 일반적으로 저조선(low-water line)을 기준으로 한다.
③ 인공섬은 영해를 가질 수 없으며 안전수역도 설정할 수 없다.
④ 간조노출지(low-tide elevation)는 영해의 폭을 넘지 않는 거리에 있을 경우에는 영해기선으로 사용될 수 있다.

해설

인공섬이나 시설물은 자체의 영해를 갖지 못하며 다만 500m 이내의 안전수역은 설정할 수 있다.
<답 ③>

014. 영해측정기선에 대한 설명으로 옳지 않은 것은?

① 영해, 접속수역, 대륙붕, EEZ 등 모든 관할수역은 영해측정기준선에서 출발한다.
② 해안선의 굴곡이 톱니모양으로 복잡하거나 깊이 잘려 들어간 곳 등은 직선기준선을 사용하여 영해기준선을 그을 수 있다.
③ 1951년 영국 · 노르웨이 어업분쟁사건에서 직선기준선을 인정하였다.
④ 1958년 영해 및 접속수역에 관한 Geneva협약은 직선기준선제도를 인정하지 않았다.

해설

1958년 영해 및 접속수역에 관한 Geneva협약은 1951년 ICJ의 판결로부터 영향을 받아 해안의 형세를 따르는 직선기준선제도를 인정하였다. <답 ④>

015. 직선기선의 육지측 수역은 원칙적으로 내수이나 그 예외가 인정된다. 그 예외는 무엇인가?

① 섬에서 직선기선을 그은 경우
② 직선기선의 거리가 200해리를 넘는 경우
③ 간조시 노출지에서 직선기선을 그은 경우
④ 직선기선이 군도기선인 경우

해설

일반적인 경우에는 영해기준선 안쪽에 있는 것은 모두 국내수역이나 대양상의 군도국가에 있어서는 영해기준선, 즉 군도기선의 안쪽으로 군도수역과 국내수역(내수)이 있게 된다. <답 ④>

016. 군도수역에 대한 설명으로 옳지 않은 것은?

① 국내수역 밖에 위치하고 영해 안쪽에 위치하는 수역으로 영해와 내수의 중간적 지위를 갖는다.
② 군도수역의 바깥쪽 한계선은 군도기준선이다.
③ 군도기준선은 군도 중에서 가장 바깥에 있는 섬들의 외측 돌출부와 군도상에 발견되는 암초들을 연결하는 기준선이다.
④ 이 수역 안에 있는 바다의 표면적과 육지의 표면적의 비율은 1 : 1에서 10 : 1 사이에 들도록 설정하여야 한다.

해설

바다의 표면적과 육지의 표면적의 비율이 1 : 1에서 9 : 1 사이에 들도록 설정하여야 한다. 군도국가는 전체적으로 하나 또는 그 이상의 군도에 의하여 구성된 국가를 의미하며 기타 도서를 포함할 수 있다. <답 ④>

017. 군도수역의 직선기준선은 한 개의 길이가 몇 해리를 초과할 수 없는가?

① 25해리 ② 50해리
③ 100해리 ④ 150해리

해설

직선군도기선 하나의 길이는 100해리를 초과하지 못하나 총기선 수의 3% 내에서 최대 125해리 직선을 설정할 수 있다. <답 ③>

018. 다음의 상황을 가정하도록 하자. 현재 국제사회에서는 새로운 형태의 조류독감이 급속히 전파되고 있고 사망자가 속출하고 있는 상황이다. A국은 자국 내로 이 조류독감의 전파를 차단하기 위하여 자국 연안으로 접근하는 외국 선박에 대한 사전 위생점검조치를 자신의 수역 내에서 취하는 방안을 검토하고 있다. 이러한 조치는 다음 중 어디에서 실시될 수 있는가?

① 200해리 배타적 경제수역 내 ② 내수 내
③ 영해 내 ④ 접속수역 내
⑤ 이러한 조치는 해상에서는 취해질 수 없으며 승객과 화물이 일단 항만에 도착한 이후 국내 입국절차를 통해서 실시될 수 있다.

해설

연안국의 위생관련 조치는 24해리까지 설정할 수 있는 접속수역 내에서 취해질 수 있다.
<답 ①>

019. UN해양법협약상 군도수역에서 인정되는 통항권을 설명한 것으로 가장 정확한 것은?

① 자유통항권 ② 무해통항권
③ 통과통항권 ④ 무해통항권 및 군도해로통항권

해설

모든 국가의 선박은 군도수역에서 무해통항권을 향유한다. 뿐만 아니라 선박 및 항공기에 대한 군도해로통항권이 인정되는바, 이는 군도국가가 관계국제기구와의 합의 하에 일반적인 국제항로를 포함시켜 설정하는 통항로에서의 계속적이고 신속적인 항행을 보장하는 것이다. 그 효과면서 국제해협의 통과통항과 비슷하다.
<답 ④>

020. 해양법 관련 다음 설명 중 옳은 것은?

① 국제사법재판소(ICJ)는 영국과 아이슬랜드 간 어업관할권사건(Fisheries Jurisdiction Case)을 통해 직선기선이론에 크게 기여하였다.

② 직선기선의 내측수역은 영해가 된다.
③ 간출지(low-tide elevations)에서는 언제나 직선기선이 설정될 수 있다.
④ 직선기선은 해안의 일반적 방향에서 현저히 벗어날 수 없으며 타국의 영해를 배타적 경제수역이나 공해로부터 차단시키는 방식으로 설정될 수 없다.

해설

① ICJ가 직선기선의 합법성을 최초로 인정하여 직선기선제도에 기여한 사건은 영국-노르웨이 간 어업사건이다. ② 기선의 외측수역이 영해가 된다. ③ 간출지(간조노출지)는 썰물일 때 물 위로 노출되나 밀물에 물에 잠기는 지역으로서 영해의 폭을 넘지 않는 거리에 위치하는 경우에는 기선으로 사용될 수 있으나, 본토에서 영해의 폭을 넘는 거리에 위치하는 경우 자체가 영해를 가질 수 없다. ④ 해양법협약 제7조의 규정이다. <답 ④>

021. 1982년 UN해양법협약의 규정과 일치하지 않는 것은? 〈사시 2012년〉

① 연안국이든 내륙국이든 관계없이 모든 국가의 선박은 영해에서 무해통항권을 향유한다.
② 국가의 주권은 영해를 넘어 배타적 경제수역 및 대륙붕에까지 미치며, 군도국가의 경우 군도수역에도 그 주권이 미친다.
③ 영해 기선의 육지쪽 수역은 그 연안국의 내수를 구성한다.
④ 군함 및 군용항공기는 공해상에서 해적선을 나포할 수 있다.
⑤ 연안국은 자국 법령을 위반한 외국 선박을 공해까지도 추적할 권리를 갖지만, 이러한 권리는 추적당하는 선박이 그 국적국 또는 제3국의 영해로 진입함과 동시에 소멸한다.

해설

UN해양법협약 제2조는 "연안국의 주권은 영토와 내수 밖의 영해라고 하는 인접해역, 군도국가의 경우에는 군도수역 밖의 영해라고 하는 인접해역에까지 미친다"라고 규정하고 있다. 다만, 연안국은 배타적 경제수역 및 대륙붕에 있어서 일정한 "주권적 권리"를 향유함에 유의할 필요가 있다. <답 ②>

022. 1982년 UN해양법협약상 영해 및 내수에 대한 설명으로 옳지 않은 것은? 〈기출문제 변형〉

① 영해는 기선으로부터 12해리 범위까지 인정된다.
② 직선기선은 해안 굴곡이 심하거나 잘려들어간 지역, 또는 해안 인근에 섬이 많이 산재한 지역에 설정될 수 있다.
③ 원래 내수가 아니었으나 직선기선에 의해 새로이 내수로 편입되는 수역은 국제해협과 동일한 지위를 갖는다.
④ 군도수역과 같은 예외를 제외하면 영해기선의 육지측 수역은 내수에 포함된다.

해설

원래 영해이나 직선기선 설정에 의해 새로이 내수가 되는 수역은 내수임에도 불구하고 영해에서처럼 무해통항권이 인정된다. <답 ③>

023. UN해양법협약상 해역에 대한 설명으로 올바른 것은?

① 대한민국의 영해범위는 해양법협약에 따라 예외없이 기선으로부터 12해리로 설정되었다.
② 영해가 10해리인 경우 접속수역은 그 외측 10해리 범위이다.
③ 한국은 영해와 접속수역에 대한 국내법을 두고 있다.
④ 북한이 설정한 군사수역은 UN해양법협약에 근거한 제도이다.

해설

① 대한해협 지역은 3해리 영해이다. ② 접속수역은 기선에서 24해리 이내에서 설정할 수 있다. ③ 영해및접속수역법이 있다. ④ 국제법상 근거를 찾기 어려운 수역으로 본다. <답 ③>

024. UN해양법협약에 따른 설명 중 옳지 않은 것은? 〈기출문제 변형〉

① 무해통항권은 외국 선박이 영해에서 평화, 공공질서, 안전을 해치지 아니하고 통항할 권리를 말한다.
② 배타적 경제수역(EEZ)에서는 모든 국가에게 항행 및 상공비행의 자유가 인정된다.
③ 서로 마주보는 연안국간 배타적 경제수역은 중간선 원칙에 따라 공평하게 경계를 설정한다.
④ 접속수역은 영해기선으로부터 24해리를 초과하여 확장할 수 없다.

해설

③ 해양법협약은 마주보거나 인접하는 국가들의 대륙붕과 배타적 경제수역 경계획정에 있어서 기계적인 중간선원칙과 등거리선원칙을 배제하고 국제법의 원칙에 따른 형평성 있는 경계설정을 강조하고 있다. <답 ③>

025. 1982년 UN해양법협약상 직선기선에 관한 설명으로 옳지 않은 것은? 〈2015년 국가직 9급〉

① 해안선이 깊게 굴곡이 지거나 잘려 들어간 지역, 또는 해안을 따라 아주 가까이 섬이 흩어져 있는 지역에서는 직선기선의 방법이 사용될 수 있다.
② 원칙적으로 간조노출지까지 또는 간조노출지로부터 직선기선을 설정할 수 있다.
③ 직선기선은 해안의 일반적 방향으로부터 현저히 벗어나게 설정할 수 없다.

④ 어떠한 국가도 다른 국가의 영해를 공해나 배타적 경제수역으로부터 격리시키는 방식으로 직선기선 제도를 적용할 수 없다.

해설

② UN 해양법협약 제7조(직선기선)는 직선기선이 간조노출지까지 또는 간조노출지로부터 설정될 수 없다고 명시하고 있다. 다만 영구적으로 해면 위에 있는 등대나 이와 유사한 시설이 간조노출지에 세워진 경우 또는 간조노출지 사이의 기선설정이 일반적으로 국제적인 승인을 받은 경우에는 그러하지 아니하다고 규정되어 있다. ③ 직선기선은 해안의 일반적 방향으로부터 현저히 벗어나게 설정할 수 없다고 규정되어 있다. 그러나 하나의 직선기선의 길이 제한에 대해서는 특별한 규정이 없음에 유념한다.

<답 ②>

026. UN해양법협약상 영해에서의 무해통항권에 관한 설명 중 옳지 않은 것은?

〈사시 2013년〉

① 외국 선박은 연안국의 평화, 안전 또는 공공질서를 해하지 않는 범위 내에서 통항권을 향유한다.
② 선박뿐만 아니라 항공기도 무해통항권을 향유한다.
③ 통항 중 연안국의 국방이나 안전에 해가 되는 정보수집을 하는 것은 무해통항에 해당되지 않는다.
④ 연안국은 자국의 안전보호상 긴요한 경우에는 외국 선박의 무해통항을 일시적으로 정지시킬 수 있다.
⑤ 연안국은 무해통항 중인 외국 선박 내의 사람에 대한 민사관할권 행사를 위하여 그 선박의 항로를 변경시킬 수 없다.

해설

항공기는 영해에서 무해통항권을 갖지 않는다. <답 ②>

027. 영해의 무해통항권에 대한 설명으로 옳지 않은 것은? 〈국가직 9급 2011년〉

① 무해란 연안국의 평화와 질서 또는 안전을 해하지 않는 것을 의미한다.
② 통항이란 타국의 영해를 횡단하거나 내수로 출입하기 위하여 그 영해를 지나는 것이다.
③ 연안국은 외국 선박의 자국 연해통항에 관한 법령을 제정하여 준수를 요구할 수 있다.
④ 무해통항권은 타국의 영해를 잠수 항행하여 통과하는 잠수함에게도 보장된다.

해설

④ 잠수함은 타국 영해를 무해통항시 반드시 수면 위로 부상하여 국기를 게양한 채 항행하여야 한다.

<답 ④>

028. UN해양법협약상 무해통항권에 대한 설명으로 옳은 것은?

① 항공기는 무해통항권을 누리지 못하나 특정 수역에서는 예외가 인정된다.
② 무해통항에서는 잠수함의 잠행통항이 허용 된다.
③ 유해한 통항의 사례가 명시적으로 규정되어 있다.
④ 군함에 대해서도 아무런 제약이 없이 무해통항권이 인정된다는 점에 논란이 없다.

해설

① 항공기는 무해통항권을 누리지 못한다. ② 무해통항에서 잠수함의 잠행통항은 인정되지 않는다. ④ 군함이 무해통항을 누리는지에 대해 논란이 있다. UN해양법협약 제정시 영해를 통과하는 외국 군함의 사전통고 제도를 협약에 포함시키려는 다수 연안국들의 시도가 있었으나 선진해양국들의 강한 반대로 무산되었다. 우리나라는 국내법적으로 타국 군함에 대해 사전통고를 요구하고 있다.

<답 ③>

029. 1982년 「해양법에 관한 국제연합(UN)협약」의 영해와 관련한 설명 중 옳지 않은 것은? 〈사시 2015년〉

① 섬은 암석이라도 자신의 영해를 갖는다.
② 군도국가의 경우 내수 바깥에 소재하는 군도기선의 육지 측 수역은 영해가 아니다.
③ 영해의 경계획정은 당사국 간 합의하지 않는 한, 원칙적으로 중간선 밖으로 영해를 확장할 수 없다.
④ 잠수항행은 영해의 무해통항에 포함된다.
⑤ 역사적 만(historic bays)은 그 해안이 한 국가에 속하지 않아도 만으로 인정될 수 있다.

해설

④ 잠수함은 타국 영해 무해통항 시 반드시 국기를 게양하고 수면으로 부상하여 통항하여야 한다.

<답 ④>

030. 영해에서 선박의 무해통항권에 대한 설명으로 옳은 것은?

① 잠수함이든 군함이든 민간수송선박이든 구별 없이 동등한 권리를 향유한다.
② 1982년 유엔해양법협약에 명문으로 인정되지는 않으나 관습법상 허용되고 있다.
③ 연안국은 자국이 인지하고 있는 자국 영해에서의 통항에 관한 위험을 적절히 공표해야 한다.
④ 우리나라는 무해통항권을 규정한 별도의 국내법이 없다.

해설

① 잠수함은 수면에 부상하여 국기를 게양한 상태에서만 무해통항권을 누릴 수 있다. 군함의 무해통항권에 대해서는 해양법협약상 별도의 규정은 없으나 여전히 학설이 다양하며 국가마다 일정한 사전통고 혹은 사전허가제도를 두고 있다. ② 해양법협약에 명문으로 규정되어 있다. ③ 해양법협약은 연안국의 통항위험 공표의무를 규정하고 있다. ④ 우리나라의 영해및접속수역법 및 그 시행령은 무해통항권을 규정하고 있다. <답 ③>

031. 영해상 무해통항권에 관한 설명으로 옳은 것은? 〈기출문제 변형〉

① 통항은 연안국의 평화, 공공질서 또는 안전을 해치지 아니하는 한 무해하며, 연안국은 외국 선박의 무해통항을 정지시킬 수 없다.

② 항공기와 잠수함은 무해통항권이 인정되지 않으나, 군함의 무해통항권은 명문으로 인정되고 있다.

③ UN해양법협약은 무해통항에 합치되지 않는 유해행위를 규정하고 있으며, 어업은 무해통항으로 인정된다.

④ 연안국은 자국이 인지하고 있는 자국 영해내 통항에 관한 위험을 적절히 공표해야 한다.

해설

① 무해통항권은 일정한 조건 하에서 정지 가능하다. ② 항공기는 무해통항권이 인정되지 않는다. 잠수함은 무해통항권이 인정되나 다만 해면 위로 부상하여 국기를 게양하고 항해하여야 한다. 군함의 무해통항권에 대해서는 명문규정이 없어 학설대립이 있다. 다수국가들은 타국 군함의 무해통항에 대해 사전통보 혹은 사전허가제도를 도입하고 있다. 우리나라 법령은 사전통고제를 택하였다. ③ 어업은 무해통항으로 인정되지 않는다. <답 ④>

032. 1982년 「해양법에 관한 국제연합(UN)협약」상 영해에서의 외국선박의 통항과 관련하여 무해한 것으로 간주되는 행위는? 〈사시 2016년〉

① 무기를 사용하는 훈련이나 연습

② 항공기의 선상 발진 · 착륙 또는 탑재

③ 국기를 게양한 잠수함의 해면 위 통항

④ 어로활동

⑤ 조사활동이나 측량활동의 수행

해설

무기사용, 항공기의 선상 발진착륙, 어로활동, 조사활동 등은 모두 무해하지 않은 행위로 해양법협약에 열거되어있다. 잠수함은 국기를 게양하고 수면 위로 부상한 상태에서 무해통항권을 향유할 수 있다.

<답 ③>

033. 1982년 UN해양법협약상 영해에 대한 설명으로 옳지 않은 것은? 〈국가직 7급 2013년〉

① 모든 국가는 이 협약에 따라 결정된 기선으로부터 12해리를 넘지 아니하는 범위에서 영해의 폭을 설정할 권리를 가진다.

② 연안국은 군사훈련을 포함하여 자국의 안전보호상 긴요한 경우에는 어떠한 공표도 없이 영해의 지정된 수역에서 외국 선박의 무해통항을 일시적으로 정지시킬 수 있다.

③ 영해에서 무해통항하는 외국의 잠수함은 해면 위로 부상하여 국기를 게양하고 항행하여야 한다.

④ 해안굴곡이 심하거나 해안에 아주 가까이 섬이 산재한 경우 영해기선을 설정함에 있어서 직선기선의 방법이 사용될 수 있다.

해설

연안국은 군사훈련을 포함하여 자국의 안보에 필요한 경우에는 외국 선박의 무해통항을 일시적으로 정지시킬 수 있으나, 이는 외국 선박에 대한 국적 차별 없이 이루어져야 하며, 사전에 공시하여야 한다. <답 ②>

034. 영해에 관한 설명 중 옳은 것은?

① 영해 폭을 측정하기 위한 통상기선은 원칙적으로 연안국이 공인한 대축적해도에 표시된 해안의 저조선(low-water line)이다.

② 모든 국가의 항공기는 영해에서 무해통항권을 갖는다.

③ 잠수함은 외국 영해에서 무해통항권을 갖지 못한다.

④ 영해는 만조선으로부터 12해리이다.

해설

② 무해통항권은 항공기에 대해 적용되지 않는다. ③ 잠수함은 해수면 위로 국기를 게양하고 항행한다는 조건 하에 무해통항권을 누린다. ①,④ 영해는 '기선으로부터 12해리를 넘지 않는 범위 내에서 설정될 수 있다'는 것이 정확한 표현이다. 기선은 통상기선이 될 수도 있고 직선기선이 될 수도 있고, 12해리 내에서 그 보다 더 짧은 거리로 설정할 수도 있기 때문이다. 통상기선은 연안국이 공인한 대축적해도에 표시된 해안의 저조선 또는 간조선을 말한다. <답 ①>

035. 1982년 UN해양법협약상 영해에 대한 설명으로 옳은 것만을 모두 고른 것은? 〈국가직 9급 2013년〉

ㄱ. 본토로부터 30해리 떨어진, 인간이 거주할 수 없거나 독자적인 경제활동을 유지할 수 없는 돌섬(rocks)도 그 자체의 영해를 가진다.

ㄴ. 본토로부터 영해의 폭을 넘는 거리에 위치한 간조노출지(low-tide elevation)는 영해기선으로 사용될 수 없다.

ㄷ. 인공섬은 그 자체의 영해를 가질 수 없다.

① ㄴ ② ㄱ, ㄷ
③ ㄴ, ㄷ ④ ㄱ, ㄴ, ㄷ

해설

인간이 거주할 수 없거나 독자적인 경제활동을 유지할 수 없는 돌섬, 암석(rocks)은 그 자체의 영해를 가진다. 간조노출지는 썰물일 때 물 위로 노출되나 밀물에 물에 잠기는 지역으로서 영해의 폭을 넘지 않는 거리에 위치하는 경우에는 기선으로 사용될 수 있으나, 본토에서 영해의 폭을 넘는 거리에 위치하는 경우 자체가 영해를 가질 수 없다. 인공섬은 자체의 영해를 갖지 못한다. <답 ④>

036. 다음 사건 중 연안국이 자국 영해 내에 존재하는 위험한 상황에 관하여 그 지역을 항행하는 선박에 고지할 의무가 있다는 것, 즉 자국 영역의 적절한 관리의무를 부담한다는 원칙을 선언한 판례는 무엇인가?

① Caroline Case ② Lotus Case
③ Corfu Channel Case ④ Asylum Case
⑤ Anglo-Norwegian Fisheries Case

해설

각국이 자국 영토에 대한 관리책임을 가진다는 소위 제한적 영역주권설의 대표적인 판례 중 하나는 코르푸해협사건이다. 1949년 ICJ 판결인 이 사건에서는 알바니아가 자국 영해 내에 부설된 기뢰를 인지하고도 이를 자국 영해를 항해 중이던 영국 군함에 통보하여 주지 않음에 따라 결국 국제책임을 부담하게 되었다. <답 ③>

037. 다음 중 옳은 것만을 모두 고른 것은? 〈국가직 9급 2013년〉

ㄱ. 국제사법법원(ICJ)은 코르푸(Corfu)해협사건에서 영국 군함의 통과통항권을 인정하였다. ㄴ. 1982년 UN해양법협약상 통과통항권을 행사하는 잠수함은 잠수항행을 할 수 있다. ㄷ. 1982년 UN해양법협약상 무해통항권은 선박과 항공기에 대해서 인정된다. ㄹ. 1982년 UN해양법협약상 연안국 영해에서 외국 선박의 평화적인 조사 활동은 무해통항으로 인정된다.

① ㄱ ② ㄴ
③ ㄱ, ㄴ ④ ㄴ, ㄷ, ㄹ

해설

ㄱ. 코르푸해협사건은 국제관습법상 무해통항권과 관련된다. 국제해협의 통과통항권은 1982년 해양법협약에서 처음 도입되었다. ㄷ. 항공기는 무해통항권이 인정되지 않는다. ㄹ. 외국 선박은 연안국의 허가 없이 해양 조사활동을 할 수 없다. 해양 조사활동은 무해통항으로 인정되지 않는다. <답 ②>

038. 1982년 유엔해양법협약상 무해통항권에 대한 설명으로 옳은 것은?

① 1982년 유엔해양법협약의 무해통항권 조항은 ICJ의 코르푸해협사건의 판결을 그대로 반영하였다.
② 핵무기 및 기타 대량살상무기의 수송은 무해통항에 해당되지 않는다고 명시하고 있다.
③ 영해에서는 무해통항권이 적용되는 반면, 국제해협에서는 통과통항권이 적용된다.
④ 무해통항권은 내수까지 그대로 적용된다.

해설

① 코르푸해협사건은 1949년의 사건으로서 유엔해양법협약상의 무해통항권 개념과 동일하다고 볼 수 없다. 유엔해양법협약은 통항의 의도나 목적이 아니라 통항의 방식을 무해성의 기준으로 한다. ② 명시적인 핵무기 및 대량살상무기 금지조항은 없다. ④ 내수에는 무해통항이 적용되지 않는다.
<답 ③>

039. 다음 중 직선기선제도를 처음으로 인정한 국제판결은 무엇인가?

① Anglo-Norwegian Fisheries Case (1951)
② North Sea Continental Shelf Case (1969)
③ Corfu Channel Case (1949)
④ Anglo-French Continental Shelf Arbitration (1977)
⑤ The Lotus Case (1927)

해설

직선기선제도를 처음으로 인정한 판결은 영국 노르웨이 어업사건(1951)이다. 이 사건에서 노르웨이가 채택한 직선기선의 국제법적 타당성이 문제로 제기되었으나 ICJ는 이를 인정함으로써 직선기선제도의 발전을 위한 초석을 놓게 되었다. <답 ①>

040. 1982년 「해양법에 관한 국제연합(UN)협약」상 영해 내에서 외국 선박의 무해통항권에 관한 설명 중 옳은 것은? 〈사시 2015년〉

① 군함은 연안국으로부터 사전 허가를 받거나 연안국에 통고함으로써 무해통항권을 가진다.
② 직선기선을 설정함으로써 종전에 내수가 아니었던 수역이 내수에 포함되는 경

우, 무해통항권이 그 수역에서 계속 인정된다.

③ 상선과 마찬가지로 민간 항공기도 영해 상공에서 무해통항권을 가진다.

④ 연안국은 자국 법령을 위반하여 영해 내에서 항행 중인 군함을 나포할 수 있다.

⑤ 핵물질을 운반하는 선박은 무해통항권을 가질 수 없다.

해설

① 유엔해양법협약상 군함의 무해통항권에 대한 사전허가나 통고는 규정되어 있지 않다. 다만 국내법에 따라 사전허가 또는 통고를 규정하고 있는 국가들이 있다(우리나라는 사전통고). ③ 항공기는 무해통항권을 향유하지 않는다. ④ 군함에 대해서는 퇴거를 요청할 수 있을 뿐이다. ⑤ 핵물질 등의 운반은 무해통항에 속하지 않는 행위로 열거되어 있지 않다. 다만, 그러한 선박의 무해통항시에는 관련 서류를 구비해두어야 하며 국제협약상 특별한 주의조치를 취해야 할 의무가 있다(제23조). <답 ②>

041. 다음은 영해의 법적 제도를 설명한 것이다. 옳지 않은 것은 몇 개인가?

(가) 연안국은 안전, 관세, 재정적 규제, 위생 및 건강문제에 대한 일반적인 관할권이 있다.

(나) 외국 선박이 통과와 직접적인 관련이 없는 행위에 관련되는 경우에는 연안국에 대한 평화, 질서 또는 안전에 해로운 것으로 간주되어 무해통항권을 잃는다.

(다) 외국 선박이 연안국의 관세, 재정, 이민 또는 위생관련법에 위반하여 상품, 통화 또는 사람을 싣거나 내리는 행위를 하는 경우에도 무해통항권을 잃는다.

(라) 외국 선박이 자의적이고 심각한 오염행위에 관련되는 경우에는 무해통항권을 잃는다.

(마) 그러나 어로작업을 하는 행위는 연안국에 대한 평화, 질서 또는 안전에 해로운 것으로 간주되지 않는다.

(바) UN해양법협약은 영해를 통과하는 잠수함이나 기타 해저활동장치 등은 수면 위에 부상하여 그 국기를 현시하면서 통과할 것을 요구하는 명문규정을 두고 있다.

(사) 무해통항권을 갖는 선박은 국제법과 관련 협약에 반하지 않는 연안국의 법과 규정에 따라야 한다.

(아) 그러나 그 법과 규정은 통항을 불가능하게 하거나 비현실적이게 해서는 안 된다.

(자) 연안국은 자국의 안전을 보호하기 위하여 긴요한 경우에도 무해통항을 정지시킬 수 없다.

(차) 연안국은 무해통항을 하는 선박에 대하여 요금을 징수하는 것이 원칙이다.

(카) 연안국은 무해통항하는 외국 선박에 대하여 그 선박에 승선하고 있는 사람에 대하여 민사관할권을 행사하기 위하여 그 선박을 정지시킬 수도 있다.

① 3개 ② 4개
③ 5개 ④ 6개

해설

(마) 유엔해양법협약 제19조상 유해통항 사례는 다음과 같이 열거되어 있다. 연안국 주권, 영토보전이나 정치적 독립에 반하는 행위, 무력위협이나 무력행사, 무기사용 훈련, 연안국 국방에 해가 되는 정보수집행위나 선전행위, 항공기나 군사기기의 선상 발진·착륙·탑재, 연안국 관세·재정·출입국·위생 관련 법령에 위배되는 물품 싣고 내리는 행위, 오염행위, 어로활동, 조사활동이나 측량활동, 연안국 통신체계 등 방해 행위, 통항과 직접 관련이 없는 그 밖의 활동. (자) UN해양법협약은 연안국은 자국의 안전을 보호하기 위하여 긴요한 경우에는 영해의 일부 영역에 대하여 무해통항선박을 '일시적으로' 정지시킬 수 있다는 규정을 두고 있다. (차) 무해통항행위 자체에 대하여는 요금을 부과할 수 없고 외국 선박에 대하여 특별한 서비스를 제공한 경우에 한한다. (카) 민사관할권의 행사를 위하여 무해통항하는 선박을 정지시킬 수는 없다. 형사관할권의 행사도 비상업용 선박에 대한 행사는 불가능하며 상업용 선박인 경우에도 마약거래 등 UN해양법협약이 규정하고 있는 특별한 예외사유에 해당하지 않는 한 선박 내에서 범인의 체포를 위하여 선박을 정지시킬 수는 없다. <답 ②>

042. 1982년 UN해양법협약상 영해에서의 무해통항에 관한 설명으로 옳지 않은 것은? 〈2015년 국가직 9급〉

① 통항은 연안국의 평화, 공공질서 또는 안전을 해치지 아니하는 한 무해하다.
② 잠수함은 타국의 영해에서 해면 위로 국기를 게양하고 항행한다.
③ 외국 선박이 타국의 영해에서 어로 활동에 종사하는 경우, 이를 무해한 통항으로 보지 않는다.
④ 연안국은 자국의 안전보호상 긴요한 경우에는 제한 없이 외국 선박의 무해통항을 정지시킬 수 있다.

해설

④ 외국 선박의 무해통항 정지는 무차별원칙에 근거하여 특정 수역에서 일시적으로만 이루어져야 한다. <답 ④>

043. 영해상의 외국 선박의 지위에 관한 설명 중 옳지 않은 것은? 〈사시 2014년〉

① 내륙국의 선박도 타국 영해상에서 무해통항권을 향유한다.
② 외국 선박이 영해상에서 조사활동이나 측량활동을 수행하는 것은 무해통항으로 인정되지 않는다.
③ 연안국은 영해를 통항 중인 외국 선박 내에 있는 사람에 대한 민사관할권을 행사하기 위하여 그 선박을 정지시킬 수 있다.
④ 연안국은 영해를 통항하고 있는 외국 선박 내에서 발생한 범죄의 결과가 자국에 미치는 경우 해당 범죄자를 체포하기 위하여 그 선박 내에서 형사관할권을

행사할 수 있다.

⑤ 외국 군함이 영해통항에 관한 연안국의 법령준수 요구를 무시하는 경우 연안국은 그 군함에 대하여 영해에서 즉시 퇴거할 것을 요구할 수 있다.

해설

③ 영장송달이나 강제집행과 같은 민사관할권을 행사하기 위해 영해를 통과 중인 외국 선박을 정지시킬 수 없다고 본다. <답 ③>

044. UN해양법협약상 영해에 관한 설명 중 옳은 것으로 묶인 것은? 〈사시 2013년〉

ㄱ. 연안국은 영해의 폭을 기선으로부터 12해리 범위 내에서 설정할 수 있다.
ㄴ. 통상기선은 원칙적으로 연안국이 공인한 대축척해도에 표시된 해안의 저조선으로 한다.
ㄷ. 직선기선은 원칙적으로 24해리를 초과할 수 없다.
ㄹ. 대향국 간 또는 인접국 간의 영해의 경계획정은 반드시 중간선원칙에 따라야 한다.
ㅁ. 연안국은 기선을 결정함에 있어서 통상기선과 직선기선을 혼합하여 사용할 수 있다.

① ㄱ, ㄴ, ㄹ ② ㄱ, ㄴ, ㅁ ③ ㄱ, ㄷ, ㅁ
④ ㄴ, ㄷ, ㄹ ⑤ ㄷ, ㄹ, ㅁ

해설

ㄷ. 직선기선은 해안의 일반적 방향으로부터 현저히 벗어날 수 없으며 다른 국가의 영해를 공해나 배타적 경제수역으로부터 격리시키는 방식으로 직선기선제도를 적용할 수 없다. 그러나 하나의 직선기선을 얼마나 길게 그을 수 있는가에 대한 명시적인 제한은 규정되어 있지 않다. ㄹ. 두 국가의 해안이 서로 마주보고 있거나 인접하고 있는 경우, 해양법협약 제15조는 양국 간 달리 합의하지 않는 한 각국은 중간선 밖으로 영해를 확장할 수 없다고 규정하고 있다. 즉, 양국이 합의하면 다른 방식을 선택할 수 있다. <답 ②>

045. 다음 중 1982년 UN해양법협약에서 규정한 접속수역에서 인정되는 관할권 사항이 아닌 것은?

① 재정 ② 환경
③ 출입국 ④ 위생

해설

접속수역의 관할대상이 되는 사항은 재정, 관세, 출입국, 위생 등 4가지이다. <답 ②>

046. 「1982년 UN해양법협약」에 대한 설명으로 옳지 않은 것은? 〈국가직 9급 2012년〉

① 군도수역제도의 신설
② 영해 범위의 확정
③ 대륙붕 기준의 변경
④ 접속수역제도의 신설

해설

접속수역제도는 1982년 해양법협약에서 처음으로 인정된 제도가 아니다. 군도수역제도 신설, 영해범위 확정, 대륙붕 기준 변경은 모두 1982년 협약에 의해 처음 이루어졌다. <답 ④>

047. 국제해협에 대한 설명으로 옳지 않은 것은?

① 1982년 UN해양법협약에서는 해협을 명문으로 정의하고 있다.
② 국제해협이란 통행이 자유로운 두 개의 바다를 연결하는 해협으로 국제항행에 사용되어야 한다.
③ 국제해협의 법적 체제는 통과통항해협, 무해통항해협, 특별조약해협의 세 가지로 구분할 수 있다.
④ 국제해협은 특별조약, 무해통항해협, 통과통항해협순으로 발전하였다.

해설

명문의 규정이 없다. 1982년 UN해양법협약에서는 통과통항해협 이외에 무해통행이 적용되는 경우가 있는데, 이러한 해협에는 두 가지가 있다. 첫째는 공해나 경제수역과 외국의 영해 사이의 국제항행에 사용되는 해협이다. 둘째는 대체항로가 인정되는 경우에 섬과 본토 사이에 형성된 해협에는 무해통항이 적용된다. <답 ①>

048. '1982년 UN해양법협약'상 통과통항권에 대한 설명으로 옳지 않은 것은? 〈행안부 9급 2010년〉

① 통과항공권은 모든 선박과 항공기가 향유한다.
② 통과통항은 무해통항의 경우와 마찬가지로 계속적이고 신속해야 한다.
③ 해협연안국은 필요한 경우 해협 내에 항로대를 지정하고, 통항분리방식을 설정할 수 있다.
④ 잠수함은 통과통항하는 경우에 반드시 물 위로 떠올라 국기를 게양하고 항행하여야 한다.

해설

④ 영해를 통과하는 무해통항권의 경우 잠수함은 반드시 물 위로 떠올라 국기를 게양하고 항행하여야 한다. 그러나 국제해협의 통과통항권의 경우 잠수함은 잠항을 할 수 있다. <답 ④>

049. 1982년 UN해양법약상 무해통항과 통과통항에 대한 설명으로 옳은 것은?
〈국가직 7급 2013년〉

① 연안국은 자국의 영해를 무해통항하는 외국 선박에 대하여 국적에 따른 차별 없이 항상 통행세를 부과할 수 있다.
② 해양과학조사선과 수로측량선을 포함한 외국 선박은 통과통항 중 해협연안국의 사전허가 없이 어떠한 조사활동이나 측량활동도 수행할 수 없다.
③ UN해양법협약은 연안국 영해를 항해하는 군함의 무해통항권을 명시적으로 부인하고 있다.
④ 해협연안국은 해협의 통과통항에 관한 법령을 제정할 수 없다.

해설

통과통항권은 국제해협에서 오로지 계속적이고 신속하게 통행하기 위한 목적으로 해협을 통과하는 권리를 말한다. 그 해협은 실제로 영해나 배타적 경제수역이므로 외국 선박이 단순 통과 외에 연안국의 허가없이 해양과학조사나 측량활동을 수행할 수 없다. <답 ②>

050. 1982년 UN해양법협약상의 해협통항제도에 대한 설명으로 옳은 것은? 〈사시 2009년〉

① 공해와 외국의 영해를 연결하는 해협에는 통과통항이 적용된다.
② 통과통항은 항공기에는 적용되지 않는다.
③ 국제항행용 해협 안에 항행상 및 수로상의 특성에서 유사한 편의성이 인정되는 공해통과항로가 있는 경우, 이 해협에서는 통과통항이 적용되지 않는다.
④ 연안국의 섬과 본토에 의하여 형성된 해협으로서, 섬의 해양 쪽에 항행상 및 수로상의 특성에서 유사한 편의성이 인정되는 공해통과항로가 있는 해협에서는 통과통항이 적용된다.
⑤ 연안국은 안보상의 이유로 통과통항을 일시 정지시킬 수 있다.

해설

① 통과통항(transit passage)이 적용되는 해협은 공해나 경제수역의 일부와 공해나 경제수역의 다른 부분 간에 국제항행에 사용되는 해협이다. 즉, 통과통항권이 인정되기 위해서는 통행이 자유로운 두 개의 바다를 연결하는 해협이어야 하며, 국제항행에 사용되는 해협이어야 한다. ② 통과통항은 선박 및 항공기에 대해 모두 적용된다. ③④ 유사한 공해편의 통과항로가 있으면 통과통항을 적용하지 아니한다. ⑤ 통과통항은 그 어떠한 경우에도 정지시킬 수 없다. <답 ③>

051. 「1982년 UN해양법협약」상 국제해협의 통과방법에 대한 설명으로 옳지 않은 것은?
〈국가직 9급 2012년〉

① 통과통항은 모든 선박과 항공기가 향유할 수 있으므로 군함에게도 인정된다.
② 통항로의 한 쪽 입구가 외국영해로 연결되는 해협에서는 통과통항권이 인정된다.

③ 잠수함의 경우 통과통항한다면 잠수항행이 인정되는 것으로 해석된다.
④ 통과는 무해통항의 경우와 마찬가지로 계속적이고 신속하여야 한다.

해설

공해/EEZ와 외국의 영해를 연결하는 해협의 경우 통과통항권이 아닌 무해통항제도가 적용된다. 이 경우의 무해통항은 정지될 수 없다. <답 ②>

052. 무해통항권과 통과통항권과의 차이를 설명한 것이다. 옳지 않은 설명은?

① 무해통항은 영해 · 비국제항행용 해협 및 군도수역에서 인정되나, 통과통항은 국제항행용 해협에서만 인정된다.
② 무해통항에서는 항공기의 상공비행이 허용되지 않으나, 통과통항에서는 상공비행이 인정된다.
③ 무해통항에서는 잠수함은 수면상 부상하여 국기를 게양하고 항행하여야 하나, 통과통항에서는 명시적 제한규정이 없으므로 잠수항행이 허용된다고 본다.
④ 무해통항에서는 안보상의 이유로 특정수역에서 외국선의 항행을 일시적으로 정지할 수 있으나, 통과통항에서는 일시적으로도 정지할 수 없다.
⑤ 무해통항에서는 연안국이 유해통항을 방지하기 위해 영해 내에서 필요한 조치를 취할 수 있고, 통과통항에서는 비통과통항을 금지할 수 있다.

해설

통과통항에서는 비통과통항을 금지할 수 있는 규정이 없으므로 연안국이 통항을 정지할 수 없다.
<답 ⑤>

053. 1982년 UN해양법협약상 무해통항과 통과통항에 대항 설명으로 옳지 않은 것은?
〈2015년 국가직 7급〉

① 모든 국가의 선박은 타국의 영해에서 무해통항권을 향유하며, 통항이 연안국의 평화, 공공질서 또는 안전을 해치지 아니하는 한 무해하다.
② 연안국은 영해통항에 관한 연안국의 법령을 준수하지 않고 연안국의 법령준수 요구를 무시한 외국 군함을 나포할 수 있다.
③ 통과통항은 공해나 배타적 경제수역의 일부와 공해나 배타적 경제수역의 다른 부분 사이의 국제항행에 이용되는 해협에 적용된다.
④ 연안국은 통과통항을 방해하거나 정지시킬 수 없으며, 해협 내의 위험을 적절히 공표할 의무를 진다.

해설

② 외국 군함에 대해서 나포는 불가하며 퇴거를 요청할 수 있을 뿐이다. <답 ②>

054. 통과통항권에 관한 설명으로 옳지 않은 것은?

① 모든 국가의 선박과 항공기에 인정되는 권리이다.
② 해협국은 통항로 지정권 및 분리통항방법설정권 및 법령제정권을 갖는다.
③ 영해, 비국제항행해협 및 군도수역에서도 인정된다.
④ 잠수함의 잠수항행이 허용된다고 본다.

해설

영해, 비국제항행해협 및 군도수역에서 인정되는 것은 무해통항이다. 통과통항은 국제항행용 해협에서만 인정된다. <답 ③>

055. 1982년 UN해양법협약상 영해에서의 외국 선박에 대한 연안국의 권한행사에 관한 설명으로 옳지 않은 것은? 〈사시 2009년〉

① 영해를 통항 중인 외국 선박 내에 있는 사람에 대한 민사관할권을 행사하기 위하여 그 선박을 정지시킬 수 없다.
② 기국의 외교관이 현지당국에 지원을 요청하면 영해를 통항하고 있는 외국 선박 내에서 통항중에 발생한 범죄와 관련된 사람을 체포할 수 있다.
③ 영해에 정박한 외국 선박에 대하여 민사소송절차의 목적으로 강제집행할 수 있다.
④ 영해통항에 관한 연안국의 법령을 준수하지 않고 연안국의 법령준수 요구를 무시하는 외국 군함에게 영해에서 즉시 퇴거할 것을 요구할 수 있다.
⑤ 연안국 수역을 항행하기 위하여 선박 스스로 부담한 의무의 경우 그 선박에 대하여 민사소송절차의 목적으로 강제집행을 할 수 없다.

해설

① 연안국의 영해를 통과 중인 외국 상선에 타고 있는 사람에 대해 영장송달이나 강제집행 등의 민사관할권 행사를 목적으로 상선을 정지시키거나 항로를 변경시킬 수 없다(해양법협약 제28조 1항). ② 선박의 선장이나 기국의 외교관 또는 영사가 현지 당국에 지원을 요청하는 경우, 연안국은 영해를 통과 중인 외국 상선 내에서 발생한 범죄에 대해 형사관할권을 행사할 수 있다(제27조 1항). ③ 불가항력 등 합리적 사유 없이 영해에 정박하고 있거나 내수를 떠난 후 영해를 통과 중인 외국 상선에 대해서는 민사관할권을 행사할 수 있다(제28조 3항). ④ 군함은 특수한 선박으로서 면제를 향유하므로 강제집행 등을 할 수 없으며 법령을 위반하는 군함에 대해서는 퇴거 요청을 할 수 있을 뿐이다. ⑤ 통항의 과정에서, 또는 통항의 목적으로 선박 자체가 부담한 의무의 경우를 제외하고는, 민사소송절차를 목적으로 선박에 대해 강제집행을 할 수 없다(제28조 2항). <답 ⑤>

056. 1982년 UN해양법협약은 내수를 거치지 않고 영해를 통항중인 외국 선박에 대하여 일정한 경우 예외적으로 연안국이 형사관할권을 행사할 수 있도록 하고 있다. 다음 사항 중 협약상 형사관할권의 대상이 아닌 것은? 〈사시 2010년〉

① 선내 범죄의 결과가 연안국에 미치는 경우
② 선내 범죄가 연안국의 평화 또는 영해의 공공질서를 교란하는 종류인 경우
③ 그 선박의 선장이나 기국의 외교관이 현지당국에 지원을 요청한 경우
④ 마약이나 향정신성 물질의 불법거래를 진압하기 위해 필요한 경우
⑤ 미승인국의 상업용 정부선박이 사전 허가 없이 통항할 경우

해설

⑤ 영해는 원칙적으로 모든 국가의 선박이 무해통항권을 향유한다. 기국에 대한 승인 여부와는 무관하다.
<답 ⑤>

057. UN해양법협약상 연안국이 영해를 통항하는 외국 선박상에서 발생한 범죄에 관하여 형사관할권을 행사할 수 있는 경우가 아닌 것은?

① 영해통과 중 범법행위를 하고 그 결과가 연안국에 미치는 경우
② 또는 영해의 질서를 어지럽히는 경우
③ 기타 선장이나 기국의 영사가 연안국 관헌의 도움을 요청한 경우
④ 피해자의 요청이 있는 경우

해설

영해상의 타국 선박에서 발생한 범죄와 관련, 피해자의 요청으로는 연안국의 관할권이 발생하지는 않으며 선장이나 국기국의 영사가 요청하는 경우, 영해의 법질서를 어지럽히거나 해당 범죄가 연안국에 영향을 미치는 경우, 혹은 마약부정거래범죄에 대한 경우에 대해서 연안국이 예외적으로 타국 선박에 대해 관할권을 행사할 수 있다.
<답 ④>

058. 접속수역에 관한 설명으로 옳지 않은 것은?

① 접속수역의 범위는 영해의 범위인 12해리를 기준선으로 하여 24해리까지이다.
② 영토 및 영해상의 관세 · 조세 등의 관계규칙위반을 예방하거나 처벌하기 위하여 설정한 수역이다.
③ 접속수역의 기원은 18세기 영국의 Hovering Act까지 소급한다.
④ 한국도 최근의 영해법개정을 통하여 접속수역을 선포하였다.

해설

접속수역도 영해기준선으로부터 24해리까지이다. 따라서 접속수역을 24해리로 설정하고 영해를 12해리로 설정한 경우 실제적인 접속수역의 범위는 12해리(24해리~12해리)이다.
<답 ①>

059. 1982년 UN해양법협약상 접속수역에 관한 다음의 설명 중 옳지 않은 것은?

① 연안국은 접속수역 안에서 자국의 모든 법령을 집행할 권한을 가진다.
② 접속수역의 폭은 1982년 UN 해양법 협약에서는 기선에서부터 24해리까지 선포 가능하다.
③ 접속수역에서 연안국의 집행관할권 행사는 관세, 재정, 출입국 또는 위생에 관한 규칙을 위반하는 것을 방지하기 위한 목적으로만 이루어질 수 있다.
④ 접속수역에서 연안국이 행사할 수 있는 권리는 '안보', '어업', '환경' 등 다양한 영역으로 확장될 수 있다는 것은 지나친 해석으로 볼 수 있다.
⑤ 접속수역과 유사한 개념이 최초 등장한 배경에는 밀수선 단속 필요성 등이 있었다.

해설

연안국이 접속수역 안에서 보유하는 권한은 제한적이다. 오로지 관세, 재정, 출입국, 위생 영역에서만 관할권을 행사할 수 있다. <답 ①>

060. 다음 우리나라 국내법령 중 1982년 유엔해양법협약과 직접적인 관련이 없는 것은?

① 영해 및 접속수역법
② 배타적 경제수역법
③ 해양과학조사법
④ 대한민국 인접해양의 주권에 대한 대통령의 선언

해설

③ 해양과학조사법은 유엔해양법협약에 따라 외국인의 해양과학조사의 실시에 필요한 절차 등을 정한 법이다. ④ "대한민국 인접해양의 주권에 대한 대통령의 선언"은 1952년에 "평화선(혹은 이승만 라인)"을 설정한 것으로서 동해상 어업자원 보호 등을 위한 목적이었으며 이 평화선 내부에 독도가 포함되어 있다. <답 ④>

061. 1982년 UN해양법협약과 관련하여 그 숫자의 크기가 같은 것을 모두 고른 것은?

〈국가직 7급 2012년〉

ㄱ. 영해의 최대 폭
ㄴ. 접속수역의 영해기선으로부터의 외측한계
ㄷ. 만의 자연적 입구 양쪽의 저조지점 간의 최대거리(단, 역사적 만은 제외)
ㄹ. 군도수역에 있어서 직선군도기선의 최장 길이

① ㄱ, ㄹ ② ㄴ, ㄷ
③ ㄷ, ㄹ ④ ㄱ, ㄷ, ㄹ

해설

ㄱ. 영해의 최대 폭은 12마일이다. ㄴ. 접속수역의 영해기선으로부터의 외측한계는 24마일이다. ㄷ. 만의 자연적 입구 양쪽의 저조지점 간 최대거리는 24마일이다. ㄹ. 군도수역에 있어서 직선군도기선 하나의 길이는 100해리를 초과하지 못하나 총기선 수의 3% 내에서 최대 125해리까지 가능하다.

<답 ②>

062. 1982년 UN해양법협약은 연안국이 배타적 경제수역에서 가지는 권리를 주권적 권리와 관할권으로 구분하고 있다. 다음 중 연안국이 주권적 권리를 가지는 사항만으로 올바르게 짝지워진 것은? 〈사시 2009년〉

ㄱ. 어업	ㄴ. 해양의 과학적 조사
ㄷ. 폐기물 투기의 규제	ㄹ. 인공섬의 설치
ㅁ. 석유의 채굴	ㅂ. 풍력발전

① ㄱ, ㄴ, ㄷ ② ㄱ, ㄷ, ㅁ ③ ㄱ, ㅁ, ㅂ
④ ㄴ, ㄷ, ㄹ ⑤ ㄴ, ㄹ, ㅂ

해설

해양법협약은 배타적 경제수역에서 연안국이 생물 및 무생물 자원에 대한 주권적 권리, 에너지 생산 등에 대한 주권적 권리, 인공섬, 시설, 구조물, 해양과학조사와 환경보호에 대한 관할권을 갖는다고 규정하고 있다. 여기서 '주권적 권리'에 대해서는 특별한 수식어가 없는 반면, '관할권'에 대해서는 "UN해양법협약상 관련 규정에 따라"라는 수식어가 붙어 있음을 유념할 필요가 있다(순).

<답 ③>

063. 1982년 UN해양법협약상 배타적 경제수역에 대한 연안국의 권한에 속하지 않는 것은? 〈사시 2010년〉

① 천연자원에 대한 주권적 권리
② 경제적 개발에 관한 주권적 권리
③ 해양과학조사권
④ 협약에 부합하는 연안국법령 집행 시 외국 선박 나포권
⑤ 상공비행 허가권

해설

⑤ 연안국은 EEZ의 상공비행에 대해서는 아무런 권한을 갖지 않는다. <답 ⑤>

064. EEZ의 개념에 대한 설명으로 옳지 않은 것은?

① 배타적 경제수역이란 영해기준선으로부터 시작하여 영해를 넘어 그에 인접한 200해리 이내까지이다.

② 1985년 ICJ의 리비아 · 말타 대륙붕사건에 관한 판결은 EEZ가 국가관행에 의하여 관습법의 일부가 되었다고 선언하였다.

③ 다만, 항해 및 상공비행에 관하여는 공해와 마찬가지로 제3국의 자유가 인정된다.

④ 1945년 Truman 대통령의 대륙붕관계선언과는 무관하다.

해설

배타적 경제수역 개념은 1946년 남미국가들의 실행에서 비롯되었다는 것이 일반적인 견해다. 그러나 1945년 Truman 대통령의 대륙붕관계선언도 영향을 주었다. <답 ④>

065. 1982년 UN해양법협약상 연안국의 배타적 경제수역(EEZ)에서의 권리에 대한 설명으로 옳지 않은 것은? 〈지방직 7급 2010년〉

① 연안국은 자국 영해의 외측한계선으로부터 200해리까지 배타적 경제수역을 설정할 수 있다.

② 연안국은 해양과학조사와 해양환경보호에 관한 관할권을 갖는다.

③ 연안국은 '생물자원의 허용어획량'을 결정한다.

④ 연안국은 '생물자원의 개발 및 보존'에 관한 국내법령을 제정하고 시행할 수 있다.

해설

① 배타적 경제수역은 자국 영해의 외측한계선으로부터 200해리가 아니라 영해기선으로부터 200해리이다. 영해와 배타적 경제수역 모두 거리 측정의 기준선은 영해기선으로 한다. <답 ①>

066. UN해양법협약상 배타적 경제수역의 경계획정기준과 관련이 없는 것은?

① ICJ규약 제38조
② ICJ규약 제38조 2항의 형평과 선
③ 형평의 원칙
④ 당사자 간의 합의

해설

UN해양법협약상 배타적 경제수역의 경계획정 원칙으로 제시된 ICJ규정 제38조의 국제법이라 함은 제38조 1항의 조약, 관습법, 법의 일반원칙, 판례와 학설 등을 가리킨다. 제38조 2항의 형평과 선은 이에 해당하지 않는다. <답 ②>

067. 1982년 UN해양법협약상 배타적 경제수역(EEZ)에 대한 설명으로 옳은 것은?
〈국가직 7급 2012년〉

① 연안국은 EEZ의 해저와 그 지하자원에 대해서만 관할권을 행사한다.
② EEZ은 영해의 외측한계로부터 200해리까지의 수역을 말한다.
③ 내륙국은 연안국의 EEZ의 잉여생물자원에 대해 어떠한 권리도 갖지 않는다.
④ 인간의 거주 또는 독자적 경제생활을 유지할 수 없는 암초(rocks)는 EEZ를 가질 수 없다.

해설

① EEZ의 해저와 지하자원뿐만 아니라 수역 자체에 대해서도 관할권을 행사한다. ② 영해기선으로부터 200해리이다. ③ 내륙국과 지리적 불리국도 일정한 권리를 보장받는다. <답 ④>

068. 배타적 경제수역에서의 연안국의 권리에 대한 설명으로 옳지 않은 것은? 〈사시 2011년〉

① 연안국은 천연자원의 탐사, 개발, 보존 및 관리를 목적으로 하는 주권적 권리를 갖는다.
② 연안국은 인공섬, 시설 및 구조물의 주위에 안전수역을 설정할 수 있다.
③ 연안국은 해양환경의 보호와 보전에 관한 관할권을 갖는다.
④ 연안국은 해양과학조사에 대한 관할권을 갖는다.
⑤ 연안국은 타국의 해저전선 및 관선의 부설에 대한 허가권을 갖는다.

해설

⑤ 연안국은 영해와 배타적 경제수역에서 타국의 해저전선 및 관선의 부설을 보장해야 한다.
<답 ⑤>

069. 다음 판결 중 속성 국제관습법(instant customary international law)의 가능성을 언급한 것은 무엇인가?

① North Sea Continental Shelf Case (1969)
② The Scotia Case (1871)
③ Anglo-Norwegian Fisheries Case (1951)
④ 인도령 통행권사건 (1960)
⑤ The Asylum Case (1950)

해설

속성 국제관습법의 가능성을 인정한 판례는 1969년 북해대륙붕사건이다. 이 사건에서 ICJ는 네덜란드와 덴마크가 주장하는 중간선원칙에 따른 대륙붕 경계획정에 관한 국제관습법의 존재는 인정하지 않았으나 동 사안과 상관없이 일반적으로 속성 국제관습법의 존재 가능성 자체는 인정하였다. <답 ①>

070. 1982년 UN해양법협약상 배타적 경제수역(EEZ)과 관련된 설명 중 옳은 것은?

① 연안국은 배타적 경제수역의 해저와 그 지하자원에 대해서만 관할권을 행사하며, 제3국은 항해와 상공 비행의 자유를 누린다.

② 연안국은 배타적 경제수역 내 어업에 대한 배타적 권한을 가지며 지리적 불리국과 내륙국은 연안국의 배타적 경제수역의 생물자원에 대해 어떠한 권리도 갖지 못한다.

③ 연안국은 자국의 모든 섬에 대해 배타적 경제수역을 설정할 수 있는 것은 아니다.

④ UN해양법협약은 대향국 간 또는 인접국 간 배타적 경제수역의 경계를 중간선 원칙과 등거리선 원칙에 따라 확정하도록 규정하고 있으며 이는 대륙붕의 경계획정도 마찬가지다.

해설

① 연안국은 해저와 그 지하자원뿐만 아니라 상부수역에 대해서도 관할권을 갖는다. 제3국은 항해와 상공 비행의 자유를 누린다. ② 지리적 불리국과 내륙국, 기존 이해관계국 등에 대해 일정한 어획량을 확보해주도록 하고 있다. ③ 인간이 거주할 수 없거나 독자적인 경제생활을 유지할 수 없는 암석은 배타적 경제수역이나 대륙붕을 가질 수 없다. ④ 1982년 UN해양법협약은 중간선 원칙, 등거리선 원칙을 버리고 형평한 해결에 이르기 위하여 국제법에 기초하여 합의하도록 규정하였다. <답 ③>

071. UN해양법협약상 배타적 경제수역(EEZ)에 대한 설명으로 옳은 것은? 〈기출문제 변형〉

① 배타적 경제수역 내 인공섬, 시설 및 구조물은 섬의 지위를 갖는다.

② 배타적 경제수역에서 연안국은 일정한 권리를 갖지만 이것은 성격상 주권적 권리는 아니다.

③ 타국의 배타적 경제수역에는 해저전선과 관선을 부설할 수 없다.

④ 배타적 경제수역은 영해기선으로부터 200해리까지 설정할 수 있다.

해설

① 인공섬이나 시설물은 섬의 지위를 갖지 못한다. 다만, 주변에 안전수역(500m)을 설정할 수는 있다. ② 연안국은 천연자원 탐사, 개발, 보존 및 관리 등 주권적 권리를 갖는다고 규정되어 있다. ③ 모든 국가는 일정한 조건 하에 타국 배타적 경제수역에서 해저전선, 관선을 부설할 수 있다. ④ 모든 해역 범위는 영해기선으로부터 측정한다. 수험자의 혼동을 야기하기 위해 영해기선이 아니라 영해외측한계선으로부터 측정한다는 식의 지문이 나오는 경우도 종종 있으니 유의해야 한다. <답 ④>

072. 1982년 UN 해양법협약상 배타적 경제수역과 공해에 대한 설명으로 옳지 않은 것은? 〈2015년 국가직 7급〉

① 공해 또는 배타적 경제수역의 일부와 외국 영해와의 사이에 있는 국제항행에 이용되는 해협에는 무해통항이 적용된다.
② 배타적 경제수역은 영해기선으로부터 200해리를 넘을 수 없다.
③ 배타적 경제수역에서 연안국은 인공섬, 시설 및 구조물의 설치와 사용에 대한 배타적 관할권을 행사할 수 없다.
④ 선박은 어느 한 국가의 국기만을 게양하고 항행하며 공해에서 그 국가의 배타적 관할권에 속한다.

해설

③ 배타적 경제수역에서의 인공섬, 시설, 구조물 설치와 사용은 연안국의 관할권에 속한다.

<답 ③>

073. 1982년 '해양법협약'상 배타적 경제수역에 관한 설명으로 옳지 않은 것은? 〈행안부 9급 2008년〉

① 배타적 경제수역은 영해기선으로부터 200해리를 초과할 수 없다.
② 연안국은 배타적 경제수역에서 해저와 하층토는 물론 상부수역과 상공에 대해서도 주권을 행사할 수 있다.
③ 인간이 거주할 수 없거나 독자적인 경제활동을 유지할 수 없는 바위섬(rocks)은 배타적 경제수역을 가지지 아니한다.
④ 모든 국가는 일정한 제한에 따를 것으로 조건으로 항행 · 상공비행의 자유 등을 향유한다.

해설

배타적 경제수역의 '상공'에 대해서는 연안국이 주권을 행사할 수 없다. 해저와 하층토 및 상부수역에 대해서만 일정한 경제적 권한을 행사할 수 있다. <답 ②>

074. 1982년 「해양법에 관한 국제연합(UN)협약」상 대륙붕에 관한 설명 중 옳지 않은 것은? 〈사시 2016년〉

① 연안국은 대륙붕을 탐사하기 위해 주권적 권리를 행사한다.
② 대륙붕에 대한 연안국의 권리는 그 상부수역이나 수역 상공의 법적 지위에 영향을 미치지 아니한다.
③ 연안국은 명시적인 선언을 통해 대륙붕에 대한 권리를 취득해야 한다.
④ 모든 국가는 관련 규정에 따라 연안국의 대륙붕에 해저 전선과 관선을 부설할 자격을 갖는다.

⑤ 연안국은 대륙붕에 안전수역을 설정할 수 있다.

해설

③ 대륙붕은 육지의 자연적 연장으로서 별도의 선포나 선언이 필요없다. EEZ는 연안으로부터 200해리 내에서 선포(claim)할 수 있는 것이므로 명시적 선언을 해야한다. <답 ③>

075. 대륙붕제도의 개념에 대한 설명으로 옳지 않은 것은?

① 1958년 대륙붕에 관한 Geneva협약은 수심 200m와 개발 가능성의 두 가지 기준을 제시하였다.

② 그러나 1982년 UN해양법협약은 육지토괴의 자연적 연장이라는 기준과 200해리라는 절대거리기준의 두 가지를 제시하였다.

③ 즉, 영해를 넘어서 육지토괴의 자연적 연장을 통하여 접속된 대륙변계의 외측한계까지의 영해와 하층토 또는 대륙변계의 외측한계가 영해측선기선으로부터 200해리의 거리에 미달하는 경우에는 200해리의 거리까지의 해저와 하층토를 말한다.

④ UN해양법협약은 연안국이 대륙붕에 대하여 '관할권'을 행사한다고 규정하고 있다.

해설

연안국은 대륙붕에 대하여 '주권적 권리'를 행사한다. <답 ④>

076. 해양법에 관한 국제연합 협약상 대륙붕과 배타적 경제수역을 비교 설명한 것으로 옳지 않은 것은? 〈행안부 7급 2008년〉

① 대륙붕과 배타적 경제수역제도 모두 천연자원에 대한 연안국의 주권적 권리를 인정한다.

② 대륙붕의 외측한계는 영해기선으로부터 200해리를 초과할 수도 있으나, 배타적 경제수역은 영해기선으로부터 200해리를 초과할 수 없다.

③ 인간이 거주할 수 없거나 독자적인 경제활동을 유지할 수 없는 암석은 대륙붕은 가질 수 있으나, 배타적 경제수역을 가질 수는 없다.

④ 대향 또는 인접한 연안을 가진 국가 간의 대륙붕이나 배타적 경제수역의 경계획정은 국제사법재판소(ICJ)규정 제38조에 언급된 국제법을 기초로 하여 합의를 통해 이루어진다.

해설

③ 섬이 아닌 암석, 즉 인간이 거주할 수 없거나 독자적인 경제활동을 유지할 수 없는 암석은 대륙붕과 배타적 경제수역의 기점으로 활용될 수 없다. <답 ③>

077. UN해양법협약상 대륙붕이 대륙변계가 영해의 폭을 측정하는 기선으로부터 200해리 이원까지 확장될 경우 영해를 측정하는 기선으로부터 몇 해리를 초과할 수 없는가?

① 100해리 ② 150해리
③ 200해리 ④ 350해리

해 설

350해리를 초과할 수 없다. <답 ④>

078. 1982년 UN해양법협약상 연안국의 대륙붕이 영해기선으로부터 200해리 밖으로 확장되는 경우에 관한 설명으로 옳지 않은 것은? 〈사시 2011년〉

① 연안국의 대륙붕이 200해리 밖으로 확장되는 것을 인정하는 것은 대륙붕이 육지영토의 자연적 연장이라는 개념에서 출발한 것이다.
② 200해리 밖으로 연장된 대륙붕의 외측한계는 영해기선으로부터 350해리를 넘거나 2,500미터 등심선으로부터 100해리를 넘을 수 없다.
③ 200해리 밖으로 연장되는 대륙붕의 외측한계는 대륙붕한계위원회가 최종 확정하여 연안국에 통보한다.
④ 200해리 밖으로 연장된 대륙붕의 석유자원개발에 대하여도 연안국이 주권적 권리를 행사할 수 있다.
⑤ 연안국은 200해리 밖의 대륙붕의 광물자원을 개발하는 경우 일정기간 경과 후 현물 또는 금전을 국제해저기구에 납부하여야 한다.

해 설

③ 200해리 밖으로 연장되는 대륙붕의 외측한계에 대해서 연안국은 대륙붕한계위원회에 관련자료를 제출하고 동 위원회는 이를 검토하여 해당 연안국 및 사무총장에 권고를 제출하도록 되어있다. 대륙붕한계위원회가 결정하여 통보하는 것이 아니다. ⑤ 200해리 밖의 대륙붕에서 비생물자원(광물자원)을 개발하는 경우 국제해저기구에 금전 또는 현물(payments or contributions in kind)을 납부해야 하며 국제해저기구는 이를 개도국 등의 이익을 감안하여 형평성 있게 해양법협약 당사국들에게 배분하도록 규정되어 있다(제82조). <답 ③>

079. UN해양법협약상 대륙붕의 최대범위에서 상부수역에 해당하는 것을 모두 고른 것은? 〈행안부 7급 2010년〉

ㄱ. 영해	ㄴ. 접속수역
ㄷ. 배타적 경제수역	ㄹ. 공해

① ㄱ, ㄴ, ㄷ, ㄹ ② ㄱ, ㄴ, ㄷ
③ ㄱ, ㄴ, ㄹ ④ ㄱ, ㄴ

해설

대륙붕의 최대범위는 영해기준선으로부터 350해리를 초과하지 않거나 초과하더라도 2,500m 등심선으로부터 100해리를 초과하지 못한다고 규정되어 있다. 즉, 배타적 경제수역(200해리)보다 더 멀리 갈 수 있는 것이다. 그러므로 이 경우 대륙붕의 상부수역은 영해, 접속수역과 배타적 경제수역은 물론 배타적 경제수역 밖에 있는 수역, 즉 공해까지 포괄하게 될 것이다. <답 ①>

080. 1982년 UN해양법협약상 대륙붕에 관한 설명으로 옳지 못한 것은?

① 대륙붕은 국가의 본 영토에 부속된 연장물로 이해된다.
② 대륙붕의 개발은 국제심해저기구와 무관하다.
③ 대륙붕에 설치된 인공섬이나 구조물은 영해를 갖지 못한다.
④ 대륙붕에 대한 연안국의 권리행사가 제3국의 상부수역 통항권리를 부당하게 방해해서는 안 된다.

해설

① 대륙붕과 영해는 본 영토에 부속된 연장물이라는 부속물이론에 따라 별도의 명시적 선언이 없어도 자연히 연안국의 권리가 인정된다. 반면, 배타적 경제수역의 경우 명시적 선언에 의해서 주장되어야(claimed) 한다. ② 200해리 밖으로 뻗어나가는 대륙붕의 개발시에는 국제심해저기구에 금전을 지급하거나 현물을 공여한다. ④ 대륙붕에 관한 연안국의 권리는 그 상부수역이나 수역 상공의 법적 지위에 영향을 미치지 않으며, 대륙붕에 대한 연안국의 권리행사가 제3국의 통항이나 기타 권리를 부당하게 방해해서도 안 된다. <답 ②>

081. 배타적 경제수역의 등장으로 대륙붕제도에 미치는 영향에 대한 설명이다. 관계 없는 것은?

① EEZ는 상부수역의 관할권도 갖고 있으므로 대륙붕에 비하여 훨씬 광범위하고 강력한 권한을 갖고 있다.
② 따라서 UN해양법협약체제에서는 대륙붕은 그 독자적 존재의의를 상실하였다.
③ EEZ는 비정착성 생물자원에 대한 관할권도 갖고 있다.
④ EEZ는 그 범위가 200해리까지이나 대륙붕은 예외적으로 350해리 이상으로 확대될 수 있다는 점에서 그 의의를 찾기도 한다.

해설

이 외에도 또한 경제수역을 매우 좁은 범위로 선포하는 예외적인 경우도 있을 수 있다는 점에서 UN해양법체제 하에서도 대륙붕제도는 여전히 그 독자적 의의를 잃지 않고 있다고 하겠다(유). <답 ②>

082. 1982년 UN해양법협약상 EEZ 내에서의 어업제도와 관련하여 생물자원의 잉여분이 있는 경우 연안국이 어업활동을 허용해야 하는 제3국의 우선순위로 옳은 것은?

① 내륙국 및 지리적 불리국→해당수역에 이해관계 있는 선진국→해당지역 내의 개도국

② 해당수역에 이해관계 있는 선진국→해당지역 내의 개도국→내륙국 및 지리적 불리국

③ 해당지역 내의 개도국→내륙국 및 지리적 불리국→해당수역에 이해관계 있는 선진국

④ 내륙국 및 지리적 불리국→해당지역 내의 개도국→해당수역에 이해관계 있는 선진국

해설

EEZ 내에서 연안국이 배려해야 하는 제3국은 지리적 불리국이 최우선이며 개도국, 이해관계 있는 선진국 순이다. <답 ④>

083. 1982년 UN해양법협약(이하 해양법협약)상 배타적 경제수역에 대한 설명으로 옳지 않은 것은? 〈2014년 국가직 9급〉

① 1951년 노르웨이와 영국 간의 어업권사건(Fisheries case)에서 관습법으로 인정된 내용으로 해양법협약에서 처음 성문화되었다.

② 연안국은 배타적 경제수역에서의 해양과학조사에 대한 관할권을 갖는다.

③ 연안국은 해저의 상부수역, 해저 및 그 하층토의 생물이나 무생물 등 천연자원의 탐사, 개발, 보존 및 관리를 목적으로 하는 주권적 권리를 갖는다.

④ 연안국은 배타적 경제수역에서의 인공섬, 시설 및 구조물의 설치와 사용에 대한 관할건을 갖는다.

해설

영국-노르웨이 어업분쟁사건에서 인정된 것은 직선기선이다. <답 ①>

084. 배타적 경제수역(EEZ)에 대한 설명으로 옳지 않은 것은? 〈국가직 7급 2011년〉

① 배타적 경제수역은 연안국의 주권적 권리 및 관할권과 공해 자유의 일부가 병존하는 제3의 특별수역으로서 영해와 공해의 중간적 법제도이다.

② 연안국은 배타적 경제수역 내에서 천연자원의 탐사, 개발, 보존 및 관리를 목적으로 하는 주권적 권리를 갖는다.

③ 서로 마주보고 있거나 인접한 연안국 간의 배타적 경제수역 경계획정은 중간선의 원칙 또는 형평의 원칙에 의해 해결한다.

④ 항행과 상공비행의 자유는 배타적 경제수역과 공해에서 동일하게 인정된다.

해설

③ 해양법협약은 배타적 경제수역 경계획정에 대해 '형평한 해결에 도달하기 위해 국제사법재판소규정 제38조에 규정된 국제법을 기초로 하는 합의'에 의할 것을 규정하고 있을뿐 중간선 원칙 같은 획일적 원칙에 의존하지 않고 있다. <답 ③>

085. 1982년 UN 해양법협약상 배타적 경제수역에서 연안국 권리의 근거가 나머지 셋과 다른 것은? 〈2016년 국가직 9급〉

① 해양과학조사
② 인공섬의 설치
③ 풍력발전기 설치
④ 폐기물 투기에 의한 오염 규제

해설

③은 제56조 1항 (a)에 따라 연안국의 '주권적 권리'가 인정되는 활동인 반면, ①, ②, ④는 UN해양법협약 제56조 1항 (b)에 따라 연안국의 '관할권'이 인정되는 활동이다. <답 ③>

086. 1982년 UN 해양법협약상 대향국간 또는 인접국간의 해양경계획정원칙을 바르게 짝지은 것은? 〈2016년 국가직 9급〉

영해	대륙붕	배타적 경제수역
① 중간선	형평한 해결	형평한 해결
② 근접성	육지의 자연적 연장	형평한 해결
③ 육지의 자연적 연장	근접성	중간선
④ 근접성	육지의 자연적 연장	자원의 공정한 분배

해설

대향국 간 또는 인접국 간의 해양경계획정 원칙으로서, UN해양법협약 제15조는 영해에 있어서의 '중간선 원칙'을, 제74조는 배타적 경제수역에 있어서의 '형평한 해결(equitable solution)'을, 제83조 1항은 대륙붕에 있어서의 '형평한 해결(equitable solution)'을 각각 규정하고 있다. <답 ①>

087. '1982년 UN해양법협약'상 대향국 또는 인접국 간 배타적 경제수역과 대륙붕의 경계획정에 대한 설명으로 옳은 것은? 〈행안부 9급 2010년〉

① 중간선(median line) 또는 등거리선(equidistance line) 원칙을 적용한다.
② 형평한 해결(equitable solution)에 이르기 위하여 국제법에 기초하여 합의하도록 한다.

③ 육지의 자연적 연장(natural prolongation)을 최대한 존중한다.
④ 해양자원의 공평한 배분이 이루어지도록 한다.

해설

배타적 경제수역과 대륙붕의 경계획정은 과거에는 중간선 또는 등거리선을 적용하기도 하였으나 UN해양법협약에서는 형평한 해결에 이르기 위하여 국제법에 근거한 합의를 하도록 하고 있다. <답 ②>

088. **1982년 UN 해양법협약상 대향국들이 달리 합의하지 않는 경우 이들 간의 해양경계획정에 대한 설명으로 옳지 않은 것은?** 〈2016년 국가직 7급〉

① 대륙붕과 배타적 경제수역은 별개의 제도인 바, 대륙붕과 배타적 경제수역의 경계획정에 적용되는 원칙은 동일하지 않다.
② 영해의 경계획정은 역사적 권원이나 특별한 사정이 존재하지 않는 한 중간선에 의한다.
③ 대륙붕 경계획정은 공평한 해결에 이르기 위하여, ICJ 규정 제38조에 언급된 국제법을 기초로 하는 합의에 의하여 이루어진다.
④ ICJ는 배타적 경제수역의 경계획정에 관한 UN 해양법협약규정이 관습국제법을 반영하는 것으로 판단하였다.

해설

UN해양법협약은 대륙붕과 배타적 경제수역에 대한 해양경계획정을 동일한 내용으로 규정하고 있다.
<답 ①>

089. **UN해양법협약상 대륙붕과 배타적 경제수역의 경계획정에 대한 설명 중 틀린 것은?** 〈기출문제 변형〉

① 형평의 원칙을 명문화하였다.
② 등거리원칙과 중간선원칙을 최대한 고려하도록 하였다.
③ 배타적 경제수역과 대륙붕의 경계획정방식이 동일하다.
④ 국제법에 기초하여 합의하도록 하였다.

해설

과거 1958년 대륙붕협정은 등거리선원칙과 중간선원칙을 규정하였으나, 1982년 UN해양법협약은 이를 폐기하고 형평한 해결에 도달하기 위하여 국제법에 기초하여 합의하도록 하였다. <답 ②>

090. 해양자유에 대한 설명 중 옳지 않은 것은? 〈기출문제 변형〉

① 원칙적으로 모든 국가는 공해에서 항해의 자유를 갖는다.

② 원칙적으로 모든 국가는 공해에서 어업의 자유를 갖는다.

③ 원칙적으로 모든 국가는 공해에서 심해자원 개발의 자유를 갖는다.

④ 원칙적으로 모든 국가는 공해에서 상공비행의 자유를 갖는다.

해설

심해저의 자원은 해양법협약에서 인류 전체의 공동유산으로 설정되었다. 따라서 해양자유의 대상이 아니다. <답 ③>

091. 「1982년 UN해양법협약」에 규정된 공해(公海)에 대한 설명으로 옳지 않은 것은? 〈국가직 9급 2011년〉

① 모든 국가는 공해상에서 자국기를 게양한 선박을 자유롭게 항행시킬 권리가 보장된다.

② 공해는 어떤 국가의 내수 · 영해 · 군도수역 · 배타적 경제수역에도 속하지 아니하는 바다이다.

③ 공해상에서의 선박 충돌사고의 경우 피해 선박의 기국이 형사재판관할권을 행사한다.

④ 평화시 공해상을 항행하는 군함에 대하여는 기국이 관할권을 행사한다.

해설

공해상 선박충돌사고의 경우 가해 선박의 기국이 형사재판관할권을 행사하도록 규정되어 있다. <답 ③>

092. 1982년 UN해양법협약상 공해에 대한 설명 중 옳지 못한 것은?

① 해양법협약 제86조는 공해에 대한 조항들이 배타적 경제수역, 영해 또는 내수, 또는 군도수역을 제외한 모든 바다에 대해 적용된다고 규정하고 있다.

② 제86조는 배타적 경제수역에서 타국이 누리는 권한을 축소하는 것으로 해석되지 않는다.

③ 그 어떠한 국가도 공해의 일부를 주권에 귀속시킬 수 없다.

④ 해양법협약은 해적행위의 정의에 대한 명시적 규정을 두고 있지 않다.

해설

① 제86조는 '공해'에 대한 조항들이 적용되는 범위를 규정하고 있는데 여기서 접속수역은 거론되지 않고 있다. ④ 해적행위에 대한 명시적 규정을 두고 있다(제101조). <답 ④>

093. 공해상 선박의 관할권에 대한 설명으로 옳지 않은 것은? 〈2014년 국가직 9급〉

① 모든 국가는 자국기를 게양한 선박에 대하여 행정적 · 기술적 · 사회적 사항에 관하여 관할권을 행사한다.

② 기국 외의 어떠한 국가도 공해상의 군함에 대해 관할권을 주장할 수 없다.

③ 기국 외의 어떠한 국가도 공해상의 비상업용 업무에만 사용되는 국가소유의 선박에 대해 관할권을 주장할 수 없다.

④ 2개국 이상의 국기를 게양하고 항행하는 선박은 기국 모두가 관할권을 가진다.

해설

공해상에서 군함이나 비상용 공선을 제외한 외국선에 대해서는 일정한 경우에 타국이 임검권을 행사할 수 있다. 2개국 이상의 국기를 게양하는 것은 원칙적으로 허용되지 않는다. 2개국 이상의 국기를 게양하면서 편의에 따라 이를 이용하는 선박은 그 어느 국가의 국적도 주장할 수 없으며 무국적 선박과 유사한 취급을 받는다(해양법협약 제92조). <답 ④>

094. Lotus 사건 판결에 대한 설명으로 옳지 않은 것은?

① 프랑스여객선 Lotus호가 공해상에서 터키화물선 Boz-Kourt호와 충돌한 사건이다.

② 터키는 Lotus호의 당직사관을 체포하여 벌금형을 내렸다.

③ PCIJ는 피해국가인 터키도 관할권을 행사할 수 있다고 판시하였으나, UN해양법협약에서는 선박충돌의 경우에 국기국가와 범인의 국가에 대해서만 형사관할권을 인정하였다.

④ 동 판결은 국가관할권의 역외적용을 국제법상 명시적으로 허용된 경우에 한한다고 하였다.

해설

Lotus 사건 판결은 국제법상 금지되지 않는 한 국가는 자국의 관할권을 역외적용할 수 있다고 판시하였는바, 이는 결국 일국의 국내법을 타국에 대해서까지 확장적용하는 것이므로 국가 간의 분쟁을 야기할 우려가 있다. <답 ④>

095. 공해(High Seas)에 관한 다음의 설명 중 옳지 않은 것을 고르시오.

① 1982년 UN해양법협약은 공해의 개념을 명시적으로 정의하고 있다.

② 공해자유의 원칙은 기존의 국제관습법이 성문화된 것이다.

③ 2013년 중국의 방공식별구역(Air Defense Identification Zone) 선언은 공해 상공에서의 항행의 자유를 축소 및 제한하는 효과를 일부 내포하고 있는 것으로 보인다.

④ 로터스호사건에서 공해상에서의 선박충돌 시 피해선박의 국적국도 재판관할권을 갖는다는 PCIJ의 입장은 1982년 UN해양법협약에 그대로 반영되었다.
⑤ 공해에서의 관할권행사의 기본원칙인 기국주의에는 몇몇 예외가 존재한다.

해설

④ 로터스호사건에서 PCIJ는 공해상에서의 선박충돌 시 가해선박의 국적국뿐 아니라 피해선박의 국적국도 동시에 재판관할권을 갖는다고 판시하였으나, 1982년 UN해양법협약은 가해선박의 기국과 범인의 국적국에 대해서만 관할권을 인정하고 있다. <답 ④>

096. 1982년 UN해양법협약상 해적 행위와 관련된 관할권의 행사에 대한 설명으로 옳지 않은 것은? 〈2014년 국가직 7급〉

① 해적 선박을 나포한 국가의 법원은 부과될 형벌을 결정할 수 있다.
② 모든 국가는 해적에 의하여 탈취된 선박도 나포할 수 있다.
③ 모든 국가는 해적에 의하여 탈취된 선박 내에 있는 재산을 압수할 수 있다.
④ 모든 국가는 공해상의 해적 선박과 해적 항공기에 대하여 관할권을 행사하여야 한다.

해설

해적은 대표적인 보편적 관할권의 대상이다. 그러나 보편적 관할권의 행사는 의무가 아니라 권리이므로 관할권을 행사하여야 하는 것은 아니다. 참고로, 유엔해양법협약은 모든 국가가 해적선과 해적항공기를 나포하고 행위자를 체포할 수 있다고 규정하여 별도의 국내법 완비를 요구하지는 않고 있다.
<답 ④>

097. 1982년 UN해양법협약상 기국 이외의 국가의 군함이 공해상에서 임검권을 행사할 수 있는 대상이 아닌 것은? 〈사시 2010년〉

① 대량살상무기운송선박 ② 노예무역선박
③ 무허가방송선박 ④ 무국적선박
⑤ 해적선박

해설

UN해양법협약은 노예무역, 무허가방송, 해적행위, 무국적 등에 대해 임검권을 행사할 수 있도록 규정하고 있다. 대량살상무기운송은 해당하지 않는다. 참고로, PSI는 기존 국제법의 한도 내에서 국제협력을 통해 대량살상무기 확산을 막기 위한 것으로서 PSI체제가 공해상 기국주의를 무시하거나 배제하는 것은 아니다. <답 ①>

098. 1982년 UN해양법협약상 공해상에서의 군함의 임검권에 대한 설명으로 옳지 않은 것은? 〈국가직 7급 2013년〉

① 공해상의 위법행위를 방지하기 위하여 군함은 일정한 범죄혐의의 외국 선박을 검문할 수 있다.

② 공해상에서 군함은 해적행위, 노예무역과 무국적선의 혐의가 있는 외국 선박을 임검과 수색할 수 있다.

③ 선박은 혐의의 근거가 없고 그 혐의를 입증할 어떠한 행위도 행하지 아니한 경우 입은 손실이나 피해에 대해 보상을 받는다.

④ 군함 이외의 군용항공기와 정부 공용선박은 임검권을 행사할 수 없다.

해설

군함 이외에 군용항공기와 정부 공용선박도 임검권을 행사할 수 있다. <답 ④>

099. 1982년 UN해양법협약상 모든 국가의 군함이 공해상에서 외국의 사용(私用)선박에 대해 임검권을 행사할 수 있는 경우는?

① 무허가 불법방송 선박
② 허위의 국기게양 선박
③ 유해산업폐기물수송 선박
④ 노예무역 선박

해설

노예매매 선박, 해적 등에 대해서는 모든 국가가 임검권을 행사할 수 있다. 불법방송 선박은 해당 관할국 군함이, 국기 허위게양 선박은 소속 국적국 군함만이 임검권을 행사할 수 있다. 유해산업폐기물수송 선박은 해당사항이 아니다. <답 ④>

100. 추적권에 대한 설명으로 옳지 않은 것은? 〈기출문제 변형〉

① 피추적선이 그 국적국 또는 제3국의 영해로 진입할 경우 소멸한다.

② 중단이 없는 계속 추적이 이루어져야 하며 따라서 인계추적은 인정되지 않는다.

③ 추적권 행사주체는 군함, 군용항공기 또는 기타 특별한 추적권한이 인정된 공선 또는 공항공기이다.

④ 추적은 시각이나 음향 정선신호를 피추적선이 보거나 들을 수 있는 거리에서 발신한 후 개시될 수 있다.

해설

① 국적국 또는 제3국의 '영해'로 진입하면 소멸한다는 점에 유의한다. ② 인계추적도 계속적 추적으로 인정된다. <답 ②>

101. 국제법상 추적권 행사의 요건에 대한 설명으로 옳지 않은 것은? 〈국가직 9급 2012년〉

① 추적권은 추적당하는 외국 선박이 그 기국 또는 제3국의 영해 내로 도주해 들어갔을 때에도 계속된다.

② 외국 선박이 추적국의 내수, 군도수역, 영해, 접속수역에 있어야 추적을 개시할 수 있다.

③ 추적은 중단 없이 계속되어야 하며, 정선명령을 한 선박은 영해 또는 접속수역에 있어야 할 필요는 없다.

④ 추적은 시각이나 음향 정선신호가 외국 선박이 보거나 들을 수 있는 거리에서 발신된 후 시작되어야 한다.

해설

추적권은 피추적선이 기국 또는 제3국 영해로 들어가면 종료된다. <답 ①>

102. 추적권(right of pursuit)에 대한 설명으로 옳지 않은 것은?

① 추적권이 인정되는 선박 또는 항공기는 군함 · 군용항공기 또는 특히 추적권이 부여된 공선이나 공항공기에 한한다.

② 자선이 관할수역 내에서 연안국법령에 위반하여 추적대상이 될지라도 모선이 관할수역 내에 있지 않을 경우 모선은 추적의 대상이 되지 않는다.

③ 추적은 중단되어서는 안 되며 계속적 추적이어야 하며, 추적이 중단되지 않는 한 공해에까지 계속 추적할 수 있다.

④ 추적권은 공해에서만 행사할 수 있으며, 피추적선이 기국 또는 제3국의 영해 내에 들어가면 소멸한다.

해설

② 선단을 이루고 있는 배들의 경우, 자선이 관할수역 내에서 추적을 받기 시작한다면 추적개시 당시 관할수역 외부에 있던 모선을 추적하는 것도 가능하다. 이를 추정적 존재이론이라 한다. ③ 계속적 추적은 서로 다른 추적선이 교대를 하는 경우에도 인정된다. 아임 얼론호사건에서 그러한 계속적 추적이 인정되었다. <답 ②>

103. 추적권은 연안국의 어느 수역에 적용되는 법령위반의 경우에 행사될 수 있는 권한인가?

① 내수, 영해

② 내수, 영해, 군도수역

③ 내수, 영해, 군도수역, 접속수역

④ 내수, 영해, 군도수역, 접속수역, 경제수역

해설

모든 관할수역의 법령위반의 경우에 행사할 수 있다. <답 ④>

104. 아래 기술은 추적권 (right of hot pursuit)에 관한 것이다. 「1982년 UN해양법협약」에 기초하여 평가할 때 다음 설명 중 잘못된 것은 무엇인가?

① 추적권은 선박과 항행기술의 발전으로 인하여 일정한 조건 하에서 연안국의 관할권을 공해로 확대하는 효과를 보유하고 있다.

② 연안국 정부의 "공선 (public vessel)"만 추적권을 행사할 수 있다.

③ 추적권은 UN 해양법협약이 채택되기 이전에 이미 국제사회에서 인정되던 권리는 아니며 이 협약의 채택으로 비로소 인정되기 시작하였다.

④ 추적권을 합법적으로 행사하기 위하여는 먼저 시각 또는 청각적 방식으로 정선신호를 대상 선박에 보내야 한다.

⑤ 추적이 진행되다 일단 종료되면 추후 동일한 선박에 대한 추적권의 재진행은 원칙적으로 불가능하다.

해설

추적권은 이미 1800년대 후반부터 서서히 인정되어 오던 권리이다. 특히 1920년대 미국 금주법 시대에 밀수선 단속이 강화되며 추적권 개념도 체계를 갖추기 시작하였다. 이러한 제도가 이후 1982년 UN 해양법협약에 그대로 포함된 것으로 볼 수 있다. <답 ③>

105. 공해에서 기국(旗國)관할권의 예외, 즉 공해 경찰권에 대한 설명으로 옳지 않은 것은? 〈국가직 7급 2012년〉

① 군함이 해적행위에 대한 합리적 근거를 가지고 타국의 사(私) 선박에 대하여 행하는 검문행위는 정당행위로 인정된다.

② 연안국의 법령을 위반하고 도주하는 외국 선박에 대하여 정선명령을 할 당시 정선명령을 하는 선박은 영해나 접속수역 안에 있어야 한다.

③ 선박 충돌로 인하여 가해선박 선장의 형사책임이 발생한 경우 형사절차는 그 선장의 국적국에 의해서도 제기될 수 있다.

④ 연안국의 추적권(right of hot pursuit)은 추적당하는 선박이 그 국적국 또는 제3국의 영해에 들어가면 소멸한다.

해설

피추적선은 추적개시 당시(즉, 정선명령 당시) 영해, 접속수역, 배타적 경제수역 등 관할수역에 있어야 한다. 그러나 추적선(정선명령을 하는 선박)은 반드시 그러한 수역에 있음을 요하지 않는다.

<답 ②>

106. 1982년 UN해양법협약에 관한 설명 중 옳은 것은? 〈지방직 7급 2009년〉

① 직선기선의 설정은 해안의 일반적 방향으로부터 현저하게 벗어날 수 없다.
② 공해상에서 해적행위를 하는 외국 선박에 대한 관할권의 행사는 허용될 수 없다.
③ 배타적 경제수역(EEZ)에서 외국인의 어업은 동 협약에 따라 어떠한 경우에도 허용되지 않는다.
④ 1994년에 체결된 UN해양법협약 제11부의 이행협정은 기존 심해저 개발에 관한 시장경제원리를 완화시키고, 개도국들의 재정부담을 경감하였다.

해설

② 해적에 대해서는 보편관할권이 적용된다. ③ 배타적 경제수역에서 연안국이 포획하고 남는 어업자원은 지리적 불리국, 개발도상국, 전통적 이해관계국 등에게 배정하도록 규정하고 있다. ④ 심해저제도에 대한 선진국의 불만을 해소하기 위해 이행협정에서는 시장경제원리를 강화하였다. <답 ①>

107. 1982년 UN해양법협약에 관한 설명으로 옳지 않은 것은? 〈2014년 국가직 7급〉

① 배타적 경제수역(EEZ)에서 연안국은 해양과학조사 및 해양환경보호에 대한 관할권을 갖는다.
② 타국의 영해를 통항하는 핵물질 또는 유독 물질을 운반 중인 선박은 무해통항권 자체가 인정되지 않는다.
③ 영해의 경계를 획정할 때 항만체계와 불가분의 일체를 이루는 가장 바깥의 영구적인 항만시설은 해안의 일부를 구성한다.
④ 자국의 EEZ에서 불법 조업을 하던 타국 어선을 해양경찰 선박이 추적하여 공해상에서 나포한 것은 정당한 추적권의 행사이다.

해설

해양법협약상 핵물질 또는 유독물질 운반이 유해통항의 사유로 열거되어 있지는 않다. <답 ②>

108. 섬에 대한 설명으로 옳지 않은 것은?

① 자연적으로 형성된 것으로서 항시 해면 위에 드러나 있어야 한다.
② 과거 1958년 영해 및 접속수역에 관한 제네바협약과 1982년 UN해양법협약은 모두 이러한 요건을 규정하고 있다.
③ 섬은 육지와 마찬가지로 영해, 접속수역, 배타적 경제수역, 대륙붕을 설정할 수 있다.
④ 인간이 거주할 수 없거나 경제생활을 영위할 수 없는 바위(Rock)에 대해서는 그 어떠한 수역도 설정할 수 없다.

해설

바위에 대해서는 EEZ와 대륙붕을 설정할 수 없는데 그친다. 따라서 영해와 접속수역은 설정할 수 있는 것으로 이해된다. <답 ④>

109. 1982년 UN해양법협약상 섬과 관련된 설명으로 옳지 않은 것은? 〈2015년 국가직 9급〉

① 섬은 바닷물로 둘러싸여 있으며, 밀물일 때에도 수면 위로 있는, 자연적으로 형성된 육지지역이다.

② 섬은 자신의 영해를 가질 수 있다.

③ 연안국이 영해 밖에 존재하는 인공섬이나 그 외의 해양구조물도 독자적으로 영해를 가질 수 있다.

④ 인간이 거주할 수 없거나 독자적인 경제활동을 유지할 수 없는 암석(rocks)은 배타적 경제수역을 가질 수 없다.

해설

③ 인공섬, 구조물, 시설 등은 자체의 영해를 갖지 않는다. <답 ③>

110. UN해양법협약에 관한 설명으로 옳지 않은 것은? 〈행안부 7급 2010년〉

① 국제해협에서의 통과통항권은 항공기의 통항도 포함된다.

② 섬은 영해와 대륙붕 및 배타적 경제수역을 가지나, 암석(Rocks)은 영해, 대륙붕, 배타적 경제수역을 갖지 않는다.

③ 군함이 영행의 통항에 관한 연안국의 법령을 준수하지 않고, 연안국의 준수요청도 무시하는 경우에 연안국은 그 군함을 영해로부터 즉각 퇴거하도록 요구할 수 있다.

④ 원칙적으로 연안국은 내수에서 외국 선박에 대해 무해통항권을 보장할 의무가 없다.

해설

섬과 암석의 구분은 대륙붕과 배타적 경제수역의 기점으로 사용될 수 있느냐에 달려 있다. 암석은 영해는 가질 수 있으나 대륙붕과 배타적 경제수역은 갖지 않는다. <답 ②>

111. 1982년 UN해양법협약상의 섬에 대한 설명으로 옳은 것을 모두 고르면? 〈지방직 7급 2010년〉

ㄱ. 섬은 자연적으로 형성될 필요는 없지만 밀물 시에 수면 위로 드러나야 한다.
ㄴ. 섬은 자신의 대륙붕을 갖는다.

ㄷ. 섬은 원칙적으로 자신의 영해를 가질 수 있다.
ㄹ. 인간이 거주할 수 없거나 독자적인 경제활동을 유지할 수 없는 암석에는 배타적 경제수역(EEZ)을 설정할 수 없다.
ㅁ. 연안국의 영해 밖에 존재하는 인공섬이나 그 외의 해양구조물도 독자적으로 영해를 가질 수 있다.

① ㄱ, ㄴ ② ㄴ, ㄷ ③ ㄷ, ㄹ ④ ㄹ, ㅁ

해설

해양법협약상 섬(island)은 자연적으로 형성되어야 하며 바다에 둘러싸이고 밀물 시 수면 위에 드러나 있어야 한다. 섬은 영해, EEZ, 대륙붕을 가질 수 있으나 인간이 거주할 수 없거나 독자적인 경제활동을 유지할 수 없는 암석의 경우에는 섬의 요건(자연적 형성, 바다에 둘러싸이고 밀물 시 수면 위 드러남)을 충족해도 영해는 가능하나 EEZ와 대륙붕은 가질 수 없다. 아울러, 인공섬이나 해양구조물은 독자적으로 영해를 가질 수 없다. <답 ③>

112. 국제법상의 특수지역에 대한 설명으로 옳지 않은 것은? 〈2016년 국가직 7급〉

① 1979년 달조약에 따르면 달과 달의 천연자원은 인류의 공동유산이다.
② 1959년 남극조약에 따라 남극에 대한 각국의 영유권 주장은 동결되었다.
③ 1982년 UN 해양법협약 체제하에서 심해저 개발은 심해저공사(Enterprise)의 배타적 개발체제에 따른다.
④ 1982년 UN 해양법협약 제11부의 이행에 관한 협정이 체결된 것은 인류의 공동유산 개념의 현실화가 어렵다는 점을 보여준다.

해설

③ 심해저개발을 위해 만들기로 한 심해저공사(Enterprise)는 일단 이행협정에 의해 그 설치가 연기되었으며 일정한 요건 하에 선행투자국이 탐사개발활동을 진행해오고 있다. <답 ③>

113. 1982년 UN해양법협약상의 분쟁해결방식에 관한 설명 중 옳은 것은? 〈지방직 7급 2009년〉

① 협약당사국들은 배타적 경제수역 내 연안국의 주권적 권리에 관한 분쟁에 대해서 협약상 강제절차를 수락할 의무를 부담한다.
② 협약당사국들은 해양경계획정에 대해서 협약상 강제절차를 배제하는 서면선언을 할 수 있지만, 섬의 영유권을 둘러싼 분쟁과 결부되는 경우 반드시 조정절차를 거쳐야 한다.
③ 협약당사국들은 국제해양법 재판소(ITLOS)의 심해저분쟁 재판부(Sea-Bed Disputes Chamber)에서 심해저기구(Sea-Bed Authority)의 재량권행사가 부당함을 다툴 수 있다.

④ 분쟁당사국의 동일한 분쟁해결절차를 수락하지 않는 경우, 달리 합의하지 않는 한 당해 분쟁은 중재에 회부된다.

해설

① EEZ와 대륙붕에서의 해양과학조사, EEZ의 생물자원에 대한 연안국의 주권적 권리에 관한 분쟁의 경우에 강제절차를 수락할 의무가 없기 때문에 강제절차의 적용이 제한을 받는다. ② 섬의 영유권 분쟁은 조정절차를 거쳐야 한다는 내용의 조항은 존재하지 않는다. ③ 심해저기구의 재량권(discretionary powers) 행사에 대해서는 심해저분쟁재판부가 관할권을 갖지 않는다고 규정되어 있다(제189조). <답 ④>

114. UN해양법협약상 강제절차의 선택대상이 아닌 것은?

① ICJ ② 중재법원
③ 특별중재법원 ④ 심해저분쟁재판부

해설

심해저분쟁재판부는 국제해양법재판소의 부속기관에 지나지 않으며 국제심해저관련 분쟁을 전담하는 특별부이다. <답 ④>

115. 1982년 UN 해양법협약의 해석이나 적용에 관한 분쟁(해양분쟁)의 해결에 대한 설명으로 옳지 않은 것은? 〈2016년 국가직 7급〉

① 해양분쟁의 해결을 위한 기본원칙은 분쟁을 UN 헌장 제33조 제1항에 의해 평화적으로 해결한다는 것이다.

② 해양분쟁과 도서 영토에 관한 분쟁이 함께 검토되어야 하는 경우 의무적 조정절차로부터 면제된다.

③ 당사국은 가입 시 또는 그 이후 어느 때라도 국제사법재판소(ICJ) 및 1982년 UN 해양법협약 부속서에 규정된 해양분쟁의 해결 방법 중 하나 이상을 선택할 수 있다.

④ 당사국은 가입 시 또는 그 이후 어느 때라도 해양분쟁의 해결방법을 선택하지 않은 경우 국제해양법재판소(ITLOS)를 선택한 것으로 간주한다.

해설

별도의 해결방법을 선택하지 않은 경우에는 중재재판을 선택한 것으로 간주된다. <답 ④>

116. 1982년 UN해양법협약(이하 해양법협약) 체제의 분쟁해결에 대한 설명으로 옳지 않은 것은? 〈2014년 국가직 9급〉

① 분쟁당사자들이 동일한 분쟁해결절차로써 분쟁을 해결하기로 합의하지 않았다면 달리 합의하지 않는 한 해당 분쟁은 자동적으로 국제해양법재판소에 회부

된다.

② 2012년 방글라데시와 미얀마 간 벵골만사건은 국제해양법재판소가 판결한 첫 번째 해양경계획정 사례이다.

③ 국제해양법재판소는 해양법협약과 관련된 사항이라면 인권에 관한 사항에 대해서도 재판권을 행사할 수 있다.

④ 국제해양법재판소는 권고적 의견을 내릴 수 있는 권한이 있다.

해설

당사자들이 선택한 것이 없거나 양 당사자들이 선택한 분쟁기관이 불일치하는 경우에는 달리 합의하지 않는 한 중재재판에 회부한다. <답 ①>

117. 다음 중 UN해양법협약상 선택적 예외에 해당하는 분쟁의 유형이 아닌 것은?

① 해양경계획정 및 역사적 만과 관련된 분쟁

② 군사활동과 관련

③ 어업 및 해양과학조사를 위한 연안국 법집행 활동

④ 심해저기구 활동

해설

해양경계획정 및 역사적 만과 관련된 분쟁, 군사활동 관련 분쟁, 어업 및 해양과학조사를 위한 연안국 법집행 활동, 그리고 UN안전보장이사회가 다루는 분쟁 등 네 가지에 대해서는 강제적 절차의 적용배제선언을 할 수 있는데 이를 선택적 예외라 한다. <답 ④>

118. 1982년 UN 해양법협약상 강제적 분쟁해결절차의 적용배제선언의 대상에 해당하지 않는 것은? 〈2016년 국가직 9급〉

① 해양경계의 획정 또는 역사적 만과 관련된 분쟁

② 해양환경의 보호에 관한 국제기준을 위반한 분쟁

③ 비상업용 업무를 수행 중인 정부 선박에 의한 군사활동에 관한 분쟁

④ 안전보장이사회가 UN 헌장에 따라 부여받은 권한을 수행하고 있는 분쟁

해설

강제적 분쟁해결절차의 적용배제선언의 대상은 협약 제298조 1항에서 열거하고 있는데, ② 해양환경의 보호에 관한 국제기준을 위반한 분쟁에 대해서는 협약 제297조 1항 (c)에 따라 강제적 분쟁해결절차의 적용이 제한된다. 즉, 처음부터 강제적 분쟁해결절차의 적용이 제한되는 분쟁이므로 적용배제선언의 대상이 되지 않는다. <답 ②>

119. 국제해양법재판소에 대한 설명으로 옳지 않은 것은?

① ICJ와 같이 9년 임기의 15명의 재판관으로 구성되어 있다.
② ICJ와 같이 동일국적의 재판관이 2인 이상 선출될 수 없다.
③ 재판관선출을 위한 당사국회의의 정족수는 당사국들의 2/3이다.
④ UN총회 지역안배상 각 지역은 최소한 3명 이상의 재판관을 확보한다.

해설

국제해양법재판소는 ICJ보다 많은 21명의 재판관으로 구성되며, 독일 Hamburg에 소재하고 있다.
<답 ①>

120. 국제해양법재판소의 재판절차에 대한 설명으로 옳지 않은 것은?

① ICJ와 같이 국적재판관제도가 인정된다.
② ICJ와 같이 결석재판제도가 인정된다.
③ ICJ와 같이 판결은 최종적이며 당사자를 구속한다.
④ 이 법원의 관할권은 1982년 해양법협약규정에 따라 제기되는 소송에만 인정된다.

해설

국제해양법재판소의 관할권의 인적 관할권은 협약의 당사국뿐만 아니라 협약 제11편에 명시된 실체도 인정된다. 또한 물적 관할권으로는 1982년 협약규정에 따라 제기되는 소송에는 물론, 그 밖에 이 법원의 관할권을 인정하는 다른 모든 조약에 따라 제기되는 분쟁에도 인정된다. <답 ④>

제4절 항 공 법

001. 항공관계조약을 설명한 것이다. 잘못 설명된 것은?

① 1919년 파리협약은 영공주권을 인정하고 협약당사국 간에 평시 무해통항의 자유를 인정했다.
② 1944년 시카고협약은 공역자유를 확립하였으며 현재 공역을 규율하는 가장 중요한 법원이다.
③ 1970년 헤이그협약은 일명 hijacking협약이다.
④ 1971년 몬트리올조약은 '민간항공의 안전에 대한 불법적 행위의 억제를 위한 협약'이다.

해설

시카고협약도 상공의 국제화를 실현하려는 '공역자유'의 확립에는 성공하지 못했다. 이 외에도 1929년 Warsaw조약은 국제민간항공운송인의 손해배상책임에 관한 협약이다. <답 ②>

002. 항공테러 억제 관련 주요 국제협약에 대한 설명으로 옳지 않은 것은?

〈2015년 국가직 7급〉

① 1963년 항공기내 범죄 및 기타 행위에 관한 협약(일명1963년 동경협약)은 범죄인인도 의무를 규정하고 있다.
② 1970년 항공기의 불법납치 억제를 위한 협약(일명 1970년 헤이그협약)은 범죄인의 인도 또는 소추를 명시하고 있다.
③ 1971년 민간항공의 안전에 대한 불법적 행위의 억제를 위한 협약(일명 1971년 몬트리올협약)은 비행 중인 항공기 및 운항 중인 항공기와 그 탑승자의 안전에 대한 불법적 행위의 억제를 목적으로 한다.
④ 2010년 국제민간항공에 관련된 불법행위 억제에 관한 협약(일명 2010년 북경협약)은 적용 대상 범죄들을 정치범죄로 간주하지 않는다고 명시하고 있다.

해설

동경협약상 항공기내 범죄에 대해서는 협약상 인도 또는 소추 등의 의무가 규정되어 있지 않다. 범죄인인도 관련 국내법이 적용될 뿐이다. 헤이그협약과 몬트리올협약, 북경협약은 해당 규제대상 범죄를 정치범불인도 원칙이 적용되지 않는 범죄로 보아 모두 인도범죄로 규정한다. <답 ①>

제5절 우 주 법

001. 우주의 의의와 법적 지위에 대한 설명으로 타당하지 않은 것은?

① 우주는 대기권을 넘어서는 공간으로 외기권과 천체로 구성된다.
② 우주에 대한 법적 규율은 1960년대 말에 이미 시작되었다.
③ 우주의 법적 지위는 ILC에 의하여 정립되어 가고 있다.
④ 우주는 어떤 국가의 주권에도 종속되지 않는다고 보아야 할 것이다.

해설

ILC가 아니라 UN총회 산하의 COPUOS에 의하여 법전화가 진행되어 왔다. 우주가 자유공간임은 틀림없으나 우주의 군사적 사용과 타국에 대한 침해를 방지하기 위해 우주를 국제적으로 관리하자는 견해가 지지를 받고 있다. <답 ③>

002. 국제법사상 최초로 새로운 국제영역인 "인류의 공동유산(common heritage of mankind)"이라는 개념이 명문화된 조약은?

① 남극조약 ② 달조약
③ UNCLOS ④ 우주조약

해설

1979년에 체결된 달조약 제11조 1항은 달과 다른 천체와 그것들의 천연자원을 인류의 공동유산이라고 명시하고 있으며, 1982년 UN해양법협약(UNCLOSⅢ)도 심해저자원에 대하여 동일한 개념을 인정하고 있다. 인류의 공동유산 개념은 관할권주장의 동결과 같은 소극적 개념이 아니라 적극적으로 이들 자원을 국제기구를 통하여 개발하여 인류 전체에 혜택이 돌아가도록 하는 취지의 개념이다. 1985년에 체결된 Rarotonga조약은 남태평양의 비핵화지대조약이다. <답 ②>

003. 다음 중 인류의 공동유산(common heritage of mankind)의 개념이 최초로 명문화된 국제조약은? 〈행안부 7급 2008년〉

① 남극조약
② 멸종위기에 처한 야생동식물종의 국제거래에 관한 협약
③ 달과 기타 천체에서의 국가 활동에 관한 협약
④ 대륙붕에 관한 협약

해설

앞선 문제에서 이미 설명되었듯이 1979년 체결된 달조약(달과 기타 천체에서의 국가 활동에 관한 협약)은 국제법사상 최초로 달과 그 자원을 인류의 공동유산이라고 명시하고 있으며, 1982년 유엔해양법협약에서도 심해저에 대해 동일한 개념을 인정하고 있다. 1979년 달조약은 명칭이 비슷한 1967년 원칙조약(또는 우주조약)과 혼동해서는 안 된다(1967년 우주조약의 명칭은 "달과 기타 천체를 포함한 외기권의 탐색과 이용에서의 국가 활동을 규율하는 원칙에 관한 조약"). <답 ③>

004. 1967년의 달과 기타 천체를 포함한 외기권의 탐색과 이용에 있어서의 국가활동을 규율하는 원칙에 관한 조약에 대한 설명으로 옳지 않은 것은? 〈국가직 7급 2011년〉

① 동 조약의 목적은 우주이용을 법으로 규제하고 우주에서의 법질서를 창설·유지하는 데 있다.
② 동 조약은 우주질서의 창설을 위한 기본법과 우주군축실현을 위한 군축조약으로서의 양면성을 가지고 있다.
③ 동 조약에 의하면 달과 기타 천체를 포함한 외기권은 영유가 금지되어 있다.
④ 동 조약에 의하면 비록 과학적 조사의 목적일지라도 군인을 이용하는 것은 금지된다.

해 설

④ 군사적 기지나 설비의 건설, 무기 실험, 군사작전 등은 금지되나 과학조사 등 평화적 활동에 군인을 이용하는 것은 금지되지 않는다고 규정하고 있다. <답 ④>

005. 1959년 외기권의 평화적 이용위원회에 대한 설명으로 타당하지 않은 것은?

① 우주법제정 등 우주법에 관련된 기관이다.
② 과학기술소위원회와 법률소위원회를 두고 있다.
③ 의사결정방식으로 특별다수결제도를 채택하고 있다.
④ 우주법에 관한 성문법전화는 ILC가 아니라 이 기관에 의해 진행되고 있다.

해 설

COPUOS는 의사결정방식으로 총의제(Consensus)를 채택하고 있다. <답 ③>

006. 1967년 원칙조약, 일명 우주조약의 내용이 아닌 것은?

① 우주군축실현을 위한 군축조약 ② 우주질서창설의 기본법
③ 영유금지원칙 ④ 자유이용의 금지원칙

해 설

우주활동자유의 원칙이며 그 외에 평화이용원칙, 우주이용원칙, 타국이익존중원칙, 국제책임의 원칙, 국제법적용원칙이 있다. 원칙조약 제4조 1항은 핵무기 및 기타 대량파괴무기는 천체나 우주공간에 설치할 수 없다. <답 ④>

007. 우주공간 이용에 적용되는 법질서로 옳지 않은 것은? 〈행안부 7급 2010년〉

① 우주물체 등록자유의 원칙 ② 우주활동자유의 원칙
③ 평화적 이용의 원칙 ④ 영유금지의 원칙

해 설

우주물체 등록자유의 원칙이라는 것은 없다. 우주물체 등록도 국제협약(외기권에 발사된 물체의 등록에 관한 협약)에 의해 일정한 규제를 받는다. <답 ①>

008. 우주활동의 법적 책임에 대한 설명 중 옳은 것은? 〈지방직 7급 2009년〉

① 현재 발효 중인 조약 중에 우주물체로부터 발생한 손해배상과 관련한 조약은 없고, 손해배상과 관련해서는 국제관습법에 의한다.
② 손해가 지구표면 등에서 발생한 경우에는 우주활동의 주체가 과실책임을 진다.

③ 우주활동의 주체가 사인(私人)일지라도 이로 인한 손해에 대한 책임은 그 소속 국가가 진다.

④ 손해배상의 청구에 있어서는 국내구제를 완료할 것이 요구된다.

해설

① 1957년 원칙조약(일명 우주조약) 등 다양한 조약이 있다. ② 손해배상협약에 의하면 우주활동으로 인한 국제책임에는 절대책임(무과실책임)과 조건부책임(과실책임)이 있는바, 손해가 우주에서 발생하면 조건부책임, 지구상에서 발생하면 절대책임을 진다. ④ 손해배상협약에 의하면 우주활동 관련 책임이 일반국제책임의 추구와 다른 점은 사전에 국내적 구제절차를 완료할 것을 요구하지 않는다는 점이다.

<답 ③>

009. 1972년 우주 물체에 의하여 발생한 손해에 대한 국제책임에 관한 협약에 따른 책임문제의 설명으로 옳은 것은? 〈2014년 국가직 7급〉

① UN헌장과 1967년의 우주조약을 포함한 국제법과 일치하지 않는 발사국의 활동 결과로 야기된 손해에 대해서는 피해국의 과실 여부에 관계없이 발사국이 절대책임을 진다.

② 우주 물체가 지구 표면의 사람에 끼친 손해에 대해서 발사국은 피해자의 중대한 과실 유무의 입증에 관계없이 절대책임을 진다.

③ 지구 표면 이외의 영역에서 발사국의 우주 물체가 다른 발사국의 우주 물체에 대해 손해를 끼친 경우에 발사국은 피해국의 과실 유무에 상관없이 배상책임을 진다.

④ 손해는 달과 기타 천체를 포함한 외기권, 대기권에서 발생한 손해를 의미하고 지구 표면에서 일어난 손해는 제외한다.

해설

원칙적으로 손해가 지구상이 아닌 공간에서 발생하면 조건부 책임, 지구상에서 발생하면 절대책임이다. 그러나 절대책임의 경우에도, 피해자의 중대한 과실이 있는 경우 절대책임에서 벗어난다. UN헌장과 1967년 우주조약을 포함한 국제법과 일치하지 않는 발사국의 활동 결과로 야기된 손해에 대해서는 피해자의 중대한 과실이 있어도 가해국의 절대책임이 인정된다.

<답 ①>

010. 지구정지궤도의 의의와 법적 지위에 대한 설명이다. 타당하지 않은 것은?

① 지구적도상공 35,786km를 지나는 원형의 궤도로 지구자전속도로 지구 주위를 공전한다.

② 이 궤도상 위성을 지구에서 보면 정지하여 있는 것처럼 보이므로 3개 위성으로 위성 TV방송이 가능하다.

③ 이 궤도는 한정된 자원으로서 의미를 가지므로 적도국가들은 보고타선언을 통해 관할권을 주장했다.

④ 선진국은 이 궤도의 자유이용을 주장해 대립이 심했으나 1979년 '달 기타 천체에 대한 국가활동규제협정'의 체결로 궤도의 전유화금지, 국제협력의 원칙이 확립되었다.

해설

지구정지궤도에 관한 협약은 아직 존재하지 않으나 전유화금지, 국제공역개념은 도입이 가능하다는 견해가 있다. <답 ④>

011. 위성직접 TV방영 또는 위성통신에 대한 설명으로 옳지 않은 것은?

① 1982년 '국제직접TV방송을 위한 지구인공위성의 국가사용을 규율하는 제원칙'에서도 사전동의원칙을 채택하지 못했다.
② 후진국은 선진국의 전파월경(spill over)문제에 대해 이의를 제기한다.
③ 선진국은 정보의 자유를 주장한다.
④ INTELSAT는 정부간기구로서 통신위성에 관한 국제전기통신위성기구이다.

해설

국제전기통신위성기구(INTELSAT)와 국제해사위성기구(INMALSAT)는 우주문제에 관하여 실용목적을 위한 다국간 업무운영기구이다(김, 이). 이들 기구는 정부뿐만 아니라 사기업도 출자하고 있다는 점에서 국제공동기업이라는 독특한 성격을 띠고 있는 기구이다. <답 ④>

012. 원거리탐사(remote sensing)에 대한 설명으로 타당하지 않은 것은?

① 우주궤도상 전자탐지장치에 의해 환경여건의 측정, 사진촬영을 하는 제도이다.
② 이 제도에 대한 법적 규율상 문제는 직접위성방송과는 다르다.
③ 탐사내용은 자원탐사, 해양관찰, 환경오염측정, 산림, 빙산관찰이 있다.
④ 1986년 탐사에 관한 UN결의는 탐사시 탐사대상국의 사전동의를 인정하였다.

해설

직접위성방송과 유사하게 탐사대상국의 주권과 탐사국의 우주이용 및 정보자유원칙의 대립이 법적 문제이다. UN총회 결의는 양 주장을 절충하는 입장이다. 1986년의 '외기권에서 지구의 원격탐사에 관한 제원칙'의 제13원칙에 따르면, 원격탐사를 함에 있어 탐사국은 피탐사국의 사전동의를 구할 의무가 없으며, 다만 피탐사국의 요청이 있을 경우 '협의'에 응할 것이 요구되고 있을 뿐이다(순).

<답 ④>

013. 우주공간에 대한 설명으로 옳지 않은 것은? 〈지방직 7급 2010년〉

① 우주는 특정국가가 점유하지 못하는 공간이며 모든 국가가 자유롭게 이용할 수 있다.

② 천체의 탐사와 이용은 인류의 이익을 위하여 평등하고 자유롭게 행해져야 한다.

③ 천체에서의 군사적 이용은 금지된다.

④ 우주물체가 우주공간에서 제3국에게 손해를 끼치는 경우, 동 우주물체의 국적국은 무과실책임을 진다.

해설

④ 우주공간에서 손해를 끼치는 경우에는 과실책임, 지구상에서 발생한 손해에 대해서는 무과실책임을 진다.

<답 ④>

014. 외기권, 우주물체 및 우주비행사의 법적 지위에 대한 설명으로 옳지 않은 것은?

① 외기권은 국가영유의 대상은 될 수 없지만, 공해의 자유처럼 모든 국가가 국제법에 따라 자유로이 탐색하고 이용할 수 있다.

② 우주물체는 언제 어디서나 발사되기 전에 속했던 국가, 법인, 또는 개인에게 그 소유권이 있다.

③ 우주물체에 대한 관할권도 언제 어디서나 등록국, 즉 발사국이 보유한다.

④ 우주물체는 발사국의 요청이 있는 경우에 발사국의 경비부담으로 반환된다.

해설

우주물체에 대한 관할권은 그것이 외기권에 있는 동안에만 발사국이 보유하며, 우주물체가 타국 영역에 진입하여 떨어진 경우에는 당해 영토국의 관할권 하에 놓인다. 또한 1975년 우주물체등록협약에 의하면 우주물체는 자국의 등록부에 의무적으로 등록하고 UN 사무총장에게 우주물체에 관한 소정의 정보를 제공하여야 한다(순).

<답 ③>

제6절 남 극

001. 인류의 공동유산(common heritage of mankind) 개념에 대한 설명으로 옳지 않은 것은? 〈국가직 7급 2011년〉

① 남극조약 전문에서는 남극지역은 특정국가의 전용 대상이 아닌 인류의 공동유산이라고 명시하고 있다.

② 심해저와 그 자원에 대한 모든 권리는 인류 전체에게 부여된 인류의 공동유산이다.

③ 동 개념은 특정국가에 의하여 독점되지 않고 인류 전체의 이익을 위한 활용이 예정된 지역으로 개별국가의 접근은 보장될 수 있으나, 독점적 이익추구는 배제된다.

④ 1979년 달조약은 달과 그 천연자원을 인류의 공동유산이라고 명시하고 있다.

해설

① 남극조약은 영유권 주장 동결을 규정하고 있으나 남극지역을 인류의 공동유산으로 규정하지는 않고 있다. <답 ①>

002. 1959년 남극조약에 대한 설명으로 옳은 것은? 〈2014년 국가직 7급〉

① 남극조약은 남극에 군사기지 설치를 허용한다.

② 남극조약은 남극에서 기존 영토주권에 대한 청구권(claim) 확대 주장을 허용한다.

③ 남극조약의 적용 대상은 남위 60도 이남의 남극대륙으로서 빙산은 적용 대상이 아니다.

④ 남극조약은 과학적 연구나 평화적 목적을 위한 군의 요원 또는 장비 사용을 허용한다.

해설

남극조약에 따라 남극은 군사적으로 이용되어서는 안 되나 평화적 목적을 위한 군의 요원 또는 장비 사용은 가능하다. <답 ④>

003. 남극에 관한 다음의 설명 중 옳은 것을 고르시오.

① 남극에 대하여 영유권을 주장하는 선형이론을 대부분의 국가가 지지하고 있다.

② 1959년 남극조약은 국가들의 영유권 주장을 동결하는 조약으로서 의미가 있다.

③ 대한민국은 남극조약의 당사국으로서 최근 제1차 남극기지 건설을 추진하여 현재 하나의 기지를 운영하고 있다.
④ 남극은 얼음으로 덮여 있는 바다 지역으로 해양법이 적용된다.
⑤ 남극조약 이외에 남극과 관련된 문제를 규율하는 국제협약은 존재하지 않는다.

해설

①,② 선형이론은 국가들로부터 보편적인 지지를 얻지 못하고 있으며, 남극에 대한 영유권 주장은 남극조약에 의해 동결되었다. <답 ②>

제6장 | 국가관할권 및 그 면제이론

제1절 국가관할권이론

001. 국가안보 침해와 각종 경제범죄에 대하여 외국인의 해외활동을 처벌하는 것과 관련된 국가관할권의 결정준칙은?

① 속지주의 ② 속인주의
③ 보편주의 ④ 보호주의

해설

보호주의는 국가전복음모, 통화위조, 공해상의 밀입국 교사 · 방조 등 국가들의 국가안보 침해와 각종 경제범죄에 대해서 외국인의 해외활동을 처벌하는 관할권의 결정준칙을 의미한다. 보호주의는 추상적 이익의 보호를 위한 것으로서, 영토 내에서 효과 또는 결과의 발생을 요하지 않는다. <답 ④>

002. A국 국민인 갑이 B국 영해를 항해하고 있는 C국 여객선 내에서 D국 국적의 승객들에 대해 '인도에 반한 죄'(crimes against humanity)를 범한 경우 D국이 갑에 대해 형사재판권을 주장할 수 있는 근거는? 〈사시 2009년〉

① 수동적 속인주의 또는 보편주의(세계주의)
② 객관적 속지주의 또는 수동적 속인주의
③ 주관적 속지주의 또는 보편주의(세계주의)
④ 주관적 속지주의 또는 보호주의
⑤ 보편주의(세계주의) 또는 능동적 속인주의

해설

D국은 피해자들의 국적국이다. 피해자 국적국이 관할권을 갖는다는 준칙을 수동적 속인주의라고 부른다. 아울러, 인도에 반한 죄는 일반적으로 보편적 관할권이 적용되는 국제적 범죄로 간주되고 있다. 보편적 관할권(보편주의) 적용 대상에 대해서는 완전한 합의가 있는 것은 아니지만 대체로 해적행위, 제노사이드 및 반인도범죄, 일정한 전쟁범죄 등에 대해서는 보편적 관할권이 적용된다는 합의가 이루어지고 있는 것으로 본다. <답 ①>

003. A국 연안으로부터 500해리 떨어진 공해상에 있는 B국 원양어선에서 C국 국적의 선원들이 선상반란을 일으켜 D국 국적의 여러 명의 선원들을 살해한 사건이 발생하였다. 이 사건에서 가해자들, 즉 살인혐의자를 기소할 수 있는 정당한 권한을 갖는 국가와 그 국가의 관할권행사의 기초를 올바르게 연결한 것은? 〈사시 2010년〉

① A국 – 속지주의
② B국 – 속인주의
③ C국 – 속지주의
④ D국 – 수동적 속인주의
⑤ A · B · C · D국 – 보편주의

해설

공해상에서 벌어진 사건이므로 A국은 아무런 관련이 없다. 기국인 B국은 기국주의 원칙에 따라, C국은 속인주의(가해자 국적국)에 따라, D국은 수동적 속인주의(피해자 국적국)에 따라 관할권을 행사할 수 있다. 선상반란 및 살인은 보편주의가 적용되는 범죄로 인정되지 않는다. <답 ④>

004. 국가관할권에 대한 다음 설명 중 옳지 않은 것은? 〈기출문제 변형〉

① 역외관할권의 한계와 범위 문제로 인해 국가 간 분쟁과 논란이 발생하는 경우가 많다.
② 국가가 사람, 물건, 사건 등에 대해 행사할 수 있는 권한을 관할권이라 한다.
③ 집행관할권은 영토적 제약성을 갖는다.
④ 우주공간에 대해서도 국가의 관할권이 인정된다.

해설

① 미국의 독점금지법 역외적용 논란에서 볼 수 있듯이 관할권의 한계가 불분명하여 관할권 중복이나 저촉이 발생할 수 있다. ④ 우주공간에 대해서는 어느 국가의 배타적 관할권도 인정되지 않는다.
<답 ④>

005. 소위 국내법의 역외적용 문제(extraterritorial application of domestic law)의 문제점을 초래한 국제법상 입법관할권원칙은 무엇인가?

① 주관적 속지주의
② 객관적 속지주의
③ 수동적 속인주의
④ 객관적 속인주의
⑤ 능동적 속지주의

해설

1927년 Lotus호사건에서 처음으로 인정된 객관적 속지주의는 이후 효과이론 등으로 발전하여 현재 국내법의 역외적용을 정당화하는 근거로 활용되기도 한다. 특히 경제관련 법령의 역외적용 문제에서 이 관할권 원칙이 언급되고 있다. <답 ②>

006. 상설국제사법법원(PCIJ)의 로터스(Lotus)호(號)사건에 대한 설명으로 옳은 것은?
〈국가직 9급 2013년〉

① 능동적 속인주의(active personality principle)에 근거하여 프랑스 선원에 대한 터키 법원의 재판관할권이 인정되었다.
② 공해상에서 국적을 달리하는 선박 충돌의 경우에는 가해선의 국적국과 피해선의 국적국이 모두 관할권을 행사할 수 있다고 판시하였으며, 이 내용이 1982년 UN해양법협약에도 규정되었다.
③ 이 사건에서 PCIJ는 국제법이 명시적으로 금지하지 않는 분야에 대해서는 주권국가가 행동의 자유를 갖는다는, 소위 '금지이론'을 판시하였다.
④ 이 사건의 판결 원칙은 그 후 마르텐스 조항(Martens Clause)으로 계승되었다.

해설

로터스호사건에서 법원은 피해선박 국적국의 관할권을 인정하였는데, 이는 객관적 속지주의 개념을 적용한 것이었으며 오늘날 영향주의 이론과도 궤를 같이 한다는 비판을 받는다. 1982년 UN해양법협약은 공해상 선박 충돌에 대해 가해선박의 국적국에만 관할권을 인정하고 있다. 마르텐스 조항은 국제인도법(전쟁법, 무력충돌법)과 관련된 원칙이며 로터스사건과 무관하다. <답 ③>

007. 한 국가영토에서 서로 국적이 다른 외국인들 사이에 범죄사건이 일어난 경우, 피해자 소속국가의 법원이 형사재판관할권을 행사할 수 있는 근거는?

① 속지주의 ② 보편주의
③ 수동적 속인주의 ④ 능동적 속인주의

해설

피해자의 국적국은 수동적 속인주의, 가해자의 국적국은 일반적인(능동적) 속인주의, 범죄발생지역 국가는 속지주의에 입각하여 관할권을 행사할 수 있다. <답 ③>

008. 다음 판결의 요지에 부합하는 관할권행사의 근거로 옳은 것은? 〈사시 2008년〉

> 외국사업자가 외국에서 다른 사업자와 공동으로 경쟁을 제한하는 합의를 하였더라도, 그 합의의 대상에 국내시장이 포함되어 있어서 그로 인한 영향이 국내시장에 미쳤다고 그 합의가 국내시장에 영향을 미친 한도 내에서 공정거래법이 적용된다(대법원 2006. 3. 23, 2003두11124 판결).

① 효과이론(effects doctrine)
② 능동적 속인주의(active nationality principle)
③ 수동적 속인주의(passive nationality principle)
④ 보호주의(protective principle)

⑤ 보편주의(universality principle)

해설

효과이론이란 원래 미국 판례에 의해 발전한 이론으로서 외국인에 의해 외국에서 행해진 행위라 할지라도 자국의 질서에 직접, 실질적, 예견 가능한 영향을 주는 때에는 자국법을 그 외국인에 대해 적용할 수 있다는 이론이다. 일부 학자들은 효과이론을 객관적 속지주의의 범주로 설명하기도 한다.

<답 ①>

009. 외국인이 외국에서 우리나라의 통화를 위조하여 유통한 경우에 대한 설명으로 옳은 것은?

① 보호주의가 적용되어 우리나라가 관할권을 행사할 수 있다.
② 속지주의 원칙에 따라 우리나라가 관할권을 행사할 수 없다.
③ 수동적 속인주의에 따라 우리나라가 관할권을 행사할 수 있다.
④ 보편주의 원칙에 따라 우리나라가 관할권을 행사할 수 있다.

해설

위조화폐 유통은 국가의 전체적인 경제질서를 위협하는 것으로서 이러한 국가경제질서, 국가안보 등에 대한 범죄에 대해 관할권을 행사하는 것을 보호주의라고 한다. <답 ①>

010. 국가의 관할권행사에 관한 설명 중 옳지 않은 것은? 〈사시 2014년〉

① 속지주의에 따르면, 국가는 자국 영토 내에서 발생한 범죄에 대해 범죄자 · 피해자의 국적을 불문하고 관할권을 행사할 수 있다.
② 속인주의에 따르면, 국가는 자국민이 자국 영역 밖에서 한 행위에 대하여도 관할권을 행사할 수 있다.
③ 수동적 속인주의에 따르면, 국가는 자국민이 외국에서 외국인에 의한 범죄의 피해자가 된 경우에도 가해자에 대해 관할권을 행사할 수 있다.
④ 효과이론에 따르면, 국가는 범죄가 외국인에 의해 외국에서 이루어지더라도 그 효과가 국내에 미치는 경우 관할권을 행사할 수 있다.
⑤ 보편주의에 따르면, 국가는 외국인이 자국의 고유한 법익을 침해하는 경우 그 외국인의 국적 및 행위지를 불문하고 관할권을 행사할 수 있다.

해설

보편주의는 국제사회 혹은 인류 전체에 대한 위법행위로 인정되는 해적 등에 대해 적용되는 관할권을 의미한다. <답 ⑤>

011. 대한민국 영역 외에 있는 대한민국의 선박 또는 항공기 내에서 죄를 범한 외국인에게 우리나라 형법을 적용하도록 규정한 형법 제4조에 해당되는 관할권 원칙은?

〈2016년 국가직 9급〉

① 속지주의 ② 속인주의

③ 보호주의 ④ 보편주의

해설

형법 제4조는 영역 외에 있는 자국적의 선박·항공기도 자국영역 내로 보는 일종의 속지주의(territorial principle) 원칙을 반영한 것으로 평가할 수 있을 것이다. 그러나 원칙적으로 현대 국제법에서 선박이나 항공기를 등록국의 영토로 보는 관념은 구시대적 관념이라고 평가됨을 유념한다. <답 ①>

012. X국 국민 갑(甲)이 Y국의 통화를 Z국의 영토 내에서 위조한 사건에 대하여 X, Y, Z 각국의 관할권 행사 근거를 옳게 연결한 것은? 〈국가직 7급 2012년〉

	X국	Y국	Z국
①	속인주의	보호주의	속지주의
②	속인주의	보편주의	수동적 속인주의
③	속지주의	보호주의	속인주의
④	수동적 속인주의	보편주의	속지주의

해설

갑이 X, Y, Z 모든 국가의 법률을 위반했다고 한다면, X는 갑의 소속국이므로 속인주의, Y는 자국의 통화체제가 영향을 받았으므로 보호주의, Z는 자국 영토 내에서 범행이 발생한 것이므로 속지주의가 적용된다. <답 ①>

013. 해적행위에 대한 국가관할권행사에 대한 설명으로 옳지 않은 것은?

〈국가직 7급 2011년〉

① 보편주의원칙에 기초하여 모든 국가가 관할권을 행사할 수 있다.

② UN해양법협약상 해적을 체포한 국가는 해적을 '인도하거나 소추'해야 한다.

③ 해적행위의 혐의가 있는 선박의 나포가 충분한 근거 없이 행하여진 경우, 나포를 행한 국가는 그 선박의 국적국에 대하여 나포로 인하여 발생한 손실 또는 손해에 대한 책임을 진다.

④ 해적행위를 이유로 한 나포는 군함 · 군용항공기 또는 정부업무를 수행 중인 것으로 명백히 표시되고 식별이 가능하며 그러한 권한이 부여된 그 밖의 선박이나 항공기만이 행할 수 있다.

해설

② 인도하거나 소추하라는 원칙은 항공기 테러관련 조약 등에서 규정되어 있는바, 해양법협약에는

해적에 대해 그러한 조항을 두고 있지 않다. <답 ②>

014. 공해상에서 A국 국적의 해적들에 의해 피랍된 B국 선박과 관련된 사건에 대하여 C국이 관할권을 행사하기 위한 근거가 될 수 있는 이론은?

〈국가직 9급 2011년〉

① 속지주의 ② 속인주의
③ 보호주의 ④ 보편주의

해설

④ 해적에 대해서는 국적에 상관없이 관할권을 행사하는 보편관할권이 적용된다. <답 ④>

015. 우리나라 군함 동해호는 부산으로 귀항하던 중 태평양 공해상에서 일본 유조선을 약탈하고 있는 국적불명의 해적선을 발견하고 이를 추적하여 나포하였다. 동해호가 동 해적선을 추적하여 나포할 수 있는 국가관할권에 대한 이론적 근거로 옳은 것은? 〈지방직 7급 2010년〉

① 보편주의 ② 수동적 속인주의
③ 보호주의 ④ 효과주의

해설

해적에 대해서는 국적에 상관없이 관할권을 행사할 수 있다. 이를 보편관할권이라고 한다.
<답 ①>

016. 국가관할권에 관한 다음 설명 중 옳은 것을 고르시오.

① 1927년 로터스호사건은 수동적 속인주의 원칙을 인정한 권위 있는 판결로 보는 것이 학자들의 지배적인 견해이다.
② 보편주의는 국제사회 혹은 인류 전체에 대한 범죄로 인정되는 경우에 모든 국가가 관할권을 행사할 수 있다는 원칙으로, 보편주의에 의하면 국가는 관할권을 행사할 의무가 있다.
③ 보편주의 관할권 원칙에 대하여 일부 의문을 제기하는 국가도 있으나 이제는 국제사회에서 대체로 이 원칙은 수용되고 있다.
④ 효과주의에 기초한 관할권행사의 국제법적 근거에 대한 국제사회의 논란은 이제는 완전히 해소된 것으로 볼 수 있으며, 효과주의 원칙을 원용하는 한 관할권의 국제법적 합치성은 일단 보장되는 것으로 일반적으로 이해되고 있다.
⑤ 다수의 국제조약에서 "처벌하거나 인도하라(prosecute or extradite)"는 원칙을 도입하고 있는 바 이제 별도로 범죄인인도조약의 필요성 문제는 제기되지 않는다.

해 설

③ 미국 등 일부 국가에서는 보편주의 원칙의 법적 근거에 대하여 의문을 간혹 제기하고 있기는 하나, 이제 이 원칙은 대부분의 국가들이 수용하고 관할권 원칙으로 자리매김하였다. <답 ③>

제2절 국가면제와 국가행위이론

001. 국가면제의 개념과 연혁에 대한 설명이다. 타당하지 않은 것은?

① 다른 국가 및 재산에 대해 관할권을 면제해 주는 것이다.

② 국가면제와 외교면제의 범위가 동일한 것은 아니다.

③ 19세기에서 20세기까지 국가면제는 법정지국 내에서 행해진 외국의 모든 행위와 재산에 인정되었다.

④ 제2차대전 후에는 국가의 통상관계활동이 증가함에 따라 통상행위에 국가면제를 확대적용하고 있다.

해 설

과거에 국가는 오로지 주권행사만을 담당하였으므로 당시 국가의 모든 행위는 국가의 공권력행사였고 재산도 주권행사와 관련된 것이었다. 따라서, 외국의 모든 행위와 재산에 대해 절대적 면제가 인정되었다. 그러나 현대에는 국가 자신이 상업적 활동에 직접 참가하게 되었고, 특히 사회주의국가는 모든 것을 국유화하여 국가 자신이 무역에 종사하기 때문에 국가면제에 제한을 가하지 않으면 시장경제국가가 부당한 손해를 보게 되었다. 이리하여 제한적 국가면제이론이 성행하게 되었다. 이 이론은 국가행위를 권력적 행위와 관리행위 내지 통상행위로 나누어 후자에 대하여는 국가면제를 부여하지 않는다. 한편 외교면제는 기술적인 의미에서의 외국행위(acts of a foreign state)의 보호범위를 훨씬 넘어서고 있다(순). <답 ④>

002. 국가면제에 대한 설명으로 옳지 않은 것은? 〈행안부 9급 2010년〉

① 미국과 영국의 국가면제 관련 법률은 제한적 면제이론을 따르고 있다.

② 재판관할권으로부터의 국가면제는 국가책임의 면제를 수반한다.

③ 재판관할권으로부터의 국가면제의 포기가 당연히 판결의 집행을 보장하는 것은 아니다.

④ The schooner Exchange v. McFaddon 사건은 국가면제와 관련된 대표적 사건이다.

해설

② 국가면제는 한 국가가 타국의 법정으로부터 관할권을 면제받는다는 의미이다. 국내 법정으로부터 관할권을 면제받는다고 해서 국제법 차원의 국가책임까지 면제되는 것은 아니다. <답 ②>

003. 국가면제에 관한 설명으로 옳지 않은 것은? 〈사시 2011년〉

① 외국 및 그 재산에 대하여 재판관할권 및 강제집행으로부터의 면제를 부여하는 것을 말한다.
② 국가면제와 관련된 판례로 The Schooner Exchange v. Macfaddon 사건(1812)을 들 수 있다.
③ 국가면제는 그 면제를 주장할 수 있는 외국에 의하여 포기될 수 있다.
④ 외국이 재판관할권의 면제를 포기하고 소송에 응한 경우라도 강제집행으로부터의 면제까지 포기한 것으로 볼 수 없다.
⑤ 오늘날에도 국가는 외국의 사인(私人)과의 상업적 거래로부터 발생하는 분쟁에 있어서도 국가면제를 원용할 수 있는 것이 일반적이다.

해설

⑤ 오늘날 대부분의 국가는 제한적 주권면제론을 채택하고 있어, 국가와 외국 사인과의 상업적 거래 관련 분쟁에서는 국가면제를 원용하지 못하는 것이 일반적이다. <답 ⑤>

004. 국가면제에 대한 설명으로 옳지 않은 것은? 〈2014년 국가직 9급〉

① 국가 및 그 재산의 관할권 면제에 관한 UN협약의 초안은 완성되었으나, 아직 정식 조약문으로 채택되지 못하였다.
② 우리 대법원의 국가면제에 관한 태도는 절대적 면제이론에서 제한적 면제이론으로 변경되었다.
③ 우리나라는 국가면제법 또는 주권면제법을 제정하고 있지 않다.
④ 원칙적으로 피고국가가 행한 재판관할권의 면제 포기에는 자국 재산의 압류 또는 강제집행의 면제 포기까지 포함하는 것은 아니다.

해설

ILC가 준비한 협약안을 바탕으로 2004년 유엔총회는 "국가 및 그 재산의 관할권 면제에 관한 UN협약"을 채택하였다. <답 ①>

005. 2004년 국가 및 그 재산의 관할권 면제에 관한 UN협약의 내용에 대한 설명으로 옳지 않은 것은? 〈2015년 국가직 7급〉

① 국가는 국제협정, 서면상의 계약, 특정 소송 관련 법정에서의 선언 또는 서면상의 통고를 통하여 타국 법정이 관할권을 행사하는 것을 명시적으로 동의한 경우, 타국 법정에 제기된 소송에서 관할권 면제를 원용할 수 없다.

② 타국 법의 적용에 대한 국가의 동의는 그 타국 법정에 의한 그 국가의 관할권 행사에 대한 동의로 간주된다.

③ 국가 간의 상업적 거래와 관련된 분쟁이 타국 법정의 관할권에 속하는 경우, 국가는 그 관할권으로부터 면제를 주장할 수 있다.

④ 국가의 대리인이 타국 법정에 증인으로 출석하는 경우, 이는 전자의 국가가 타국 법정의 관할권 행사에 동의하는 것으로 해석될 수 없다.

해설

② 타국 법의 적용에 대한 합의가 그 타국 법원에 의한 관할권 행사에 대한 동의로 해석될 수 없다고 명시되어 있다(제7조 2항). <답 ②>

006. 국가면제에 대한 설명 중 옳지 않은 것은?

① 최초의 미국 판례는 연방대법원의 스쿠너 익스체인지호(Schooner Exchange) 사건이다.

② 국가면제를 규율하는 협약은 존재하지 않는다.

③ 강행규범이라고 보기는 어렵다.

④ 법정지국 내 부동산은 국가면제의 대상이 아니다.

해설

② 1926년 '국유선박면제규칙통일협약'(일명 Bruxelles협약), 1972년 '유럽국가면제협약'이 체결된 바 있으며, 2004년 유엔총회는 ILC가 작성한 "국가 및 그 재산에 대한 관할권면제에 관한 UN협약"을 채택하였다. ④ 2004년 국가 및 그 재산에 대한 관할권면제에 대한 UN협약은 재산의 소유 · 점유 · 이용은 면제대상이 아니라고 규정하면서 특히 법정지국 내에 소재한 부동산 관련 권리 · 점유 · 이용 등을 면제대상이 아니라고 규정하고 있다. <답 ②>

007. 국제법상 국가면제에 관한 설명으로 옳지 않은 것은? 〈2015년 국가직 9급〉

① 국가면제는 국가 또는 국가의 재산이 타국 재판소의 관할권으로부터 면제됨을 의미한다.

② 국가면제론은 19세기 이래 영국과 미국 등에서의 판례를 바탕으로 하여 국제관습법의 형태로 발전되어 왔다.

③ 국가면제의 향유 주체인 국가는 국가 또는 중앙정부만을 의미하며, 공법인 등

은 제외된다.

④ 국가는 국가면제를 포기할 수 있다.

해설

③ 국가면제의 향유 주체로서의 '국가'는 국가, 정부의 다양한 소속 기관, 연방의 구성단위, 국가의 각종 정치적 하부단체, 국가의 각종 기관 및 여타 실체로서 국가의 주권적 권한을 행사할 수 있는 것들을 포괄한다. <답 ③>

008. 국가면제의 일반원칙에 대한 설명이다. 타당하지 않은 것은?

① 국가면제는 내용상 재판관할권 면제와 집행권 면제로 구별될 수 있다.

② 면제를 향유하는 주체는 국가이다.

③ 재판관할권 면제를 포기하면 자동적으로 집행권 면제도 포기된다.

④ 제한적 면제이론에서는 국가면제의 구체적 기준과 범위를 둘러싼 이론적 논란이 있다.

해설

재판관할권 면제와 집행권(가압류, 가처분, 판결집행 등) 면제는 별개로서 재판관할권 면제를 포기하더라도 집행권 면제까지 자동적으로 포기되는 것은 아니다. <답 ③>

009. 주권면제에 관한 다음의 설명 중 타당하지 않은 것은 무엇인가?

① 이 원칙은 주권평등원칙에서 유래한다.

② 현재는 제한적 주권면제가 다수설로 받아들여지고 있다.

③ 우리나라 대법원도 과거에는 절대적 주권면제를 채택했으나 현재는 제한적 주권면제를 수용하고 있다.

④ 미국의 경우 주권면제법(FSIA)은 절대적 주권면제를 따르고 있었으나 1952년 Tate Letter에 의하여 제한적 주권면제를 수용하게 되었다.

⑤ 제한적 주권면제 이론은 주로 제2차대전 이후에 대두되게 되었다.

해설

원래 주권면제는 절대적 주권면제 개념으로만 발전하여 왔다. 제2차대전 이후 국가의 상업활동이 증가하는 상황을 목도하고 국가의 행위를 권력적 행위와 비권력적 행위로 구분하여 후자의 행위에 대해서는 주권면제를 적용하지 않고자 하는 것이 제한적 주권면제 이론이며 현재 대부분의 국가는 이를 받아들이고 있다. 미국의 경우도 1952년 테이트 서한에 따라 최초로 제한적 주권면제이론을 수용한 이후 1976년 주권면제법을 도입함으로써 제한적 주권면제이론을 본격적으로 수용하고 있다. <답 ④>

010. 국가면제(또는 주권면제) 이론에 대한 설명 중 옳지 않은 것은? 〈지방직 7급 2009년〉

① 국가면제 이론은 과거 절대적 면제론에서 제한적 면제론으로 발전하였다.

② 재판관할권 행사가 인정되어 승소판결을 받으면 피소국의 국가재산에 대해 강제집행이 가능하다.

③ 미국은 1976년 외국주권면제법(Foreign Sovereign Immunities Act of 1976)을 제정하여 제한적 국가면제론을 적용하고 있다.

④ 우리나라는 1998년 대법원 판결을 통해 제한적 국가면제론을 받아들였다.

해설

② 재판관할권과 집행관할권은 별개로 본다. 재판관할권 행사가 인정되어도 강제집행관할권 행사는 별도로 판단해야 한다. <답 ②>

011. 국제법상 국가면제(state immunity)에 관한 설명으로 옳지 않은 것은? 〈행안부 9급 2008년〉

① 국가면제는 집행관할권으로부터의 면제를 포함하지 아니한다.

② 초기에는 절대적 면제를 인정하였으나 오늘날에는 제한적 면제를 인정하는 방향으로 전환되었다.

③ 제한적 면제를 부여하기 위하여 국가행위를 상업적 행위(acts jure gestionis)와 권력적 행위(acts jure imperii)로 구분하고 있다.

④ 1972년의 '유럽국가면제협약'은 제한적 면제의 입장에서 면제가 인정되지 않는 경우를 명시하고 있다.

해설

국가면제는 재판관할권 면제와 강제집행권의 면제로 구분된다. 집행관할권으로부터의 면제를 포함하지 않는다는 서술은 옳지 않다. <답 ①>

012. 국가면제와 관련된 국제재판소 및 국내법원의 태도에 대한 설명으로 옳은 것은? 〈2015년 국가직 7급〉

① 국제법상 강행규범을 위반하는 경우에는 국가면제를 부여하지 않는 것이 각국 국내법원에 의해 통일적으로 확립된 사법관행이다.

② 대한민국 법원은 주권적 행위와 상업적 행위를 구분하지 않고 국가면제를 인정하고 있다.

③ 국제사법재판소(ICJ)는 국가의 관할권 면제(Jurisdictional Immunities of the State) 사건에서 문제의 행위가 강행규범 위반이더라도 국내법원에 의한 국가면제 적용 여부에 영향을 미치지 아니한다고 밝혔다.

④ 유럽인권재판소(ECHR)는 알 아자니(Al Adsani) 사건에서 국내법원이 고문 관

련 민사소송에서 국가면제 주장을 받아들임으로써 공정한 재판에 대한 피해자의 권리를 침해하였다고 밝혔다.

해설

①,③ 국가면제는 강행규범위반 여부와 상관없이 재판에서 해당 피고가 국가인지 여부, 그리고 (제한적 국가면제론의 경우) 공적 행위인지 여부 등에 의해 좌우된다. ICJ는 독일-이탈리아 간 국가 관할권 면제사건 판결(2012년)에서 그러한 입장을 확인하였다. ② 우리나라 법원은 제한적 주권면제를 적용하는 경향이다. ④ 쿠웨이트에 대한 손해배상청구소송(고문행위에 대한 손해배상)에서 영국 법원이 국가면제를 이유로 각하결정한 것과 관련하여 유럽인권재판소는 고문행위 등에 대해 국가면제를 배제해야 한다는 국제법상 원칙은 없으며 이에 따라 유럽인권협약 위반이 아니라고 보았다(2001년). <답 ③>

013. 다음 중 쿠바 정부의 미국인 재산 국유화조치와 관련하여 전개된 판례는 무엇인가?

① The Schooner Exchange v. McFaddon (1812)
② Mortensen v. Peters (1906)
③ Anglo-Norwegian Fisheries Case (1951)
④ Sabbatino Case (1964)
⑤ Underhill v. Hernandez (1897)

해설

1959년 쿠바의 사탕수수 농장 국유화와 관련하여 제기되어 국가행위이론의 대표적인 판례로 인정되는 것은 1964년 사바티노사건이다. 이 사건은 미국 대법원에서 진행된 사건이며 쿠바의 국유화조치도 외국 정부가 자국 영역에서 공공정책과 관련하여 채택된 조치인 한 미국 법원이 그 타당성 여부를 심리할 수 없다는 결론을 도출하여 쿠바측 입장을 지지하였으며, 그 결과 미국 내 적지 않은 비난을 초래하였다. <답 ④>

014. 주권면제에 대한 설명으로 옳지 않은 것은? 〈2016년 국가직 7급〉

① 비교적 일찍부터 법정지국에 소재하는 부동산에 관한 소송에서 외국은 주권면제를 누릴 수 없었다.
② 제한적 주권면제론에 따르면 재판관할권이 성립할 경우에 그에 따른 강제집행 관할권도 성립한다.
③ 국가의 주권적 행위와 상업적 행위를 구분할 경우 목적 개념을 기준으로 하면 제한적 주권면제론의 취지를 살리기 어렵다.
④ 대한민국 법원은 대한민국 영토 내에서 외국의 사법(私法)적 행위에 대하여 법원이 재판권을 행사할 수 있다고 판단하였다.

해 설

주권면제 및 그 포기의 적용에 있어서 재판관할권과 강제집행관할권은 원칙적으로 별개의 문제이다. <답 ②>

015. 다음 중 ILC에서 마련한 유엔국가면제협약에서 언급된 국가면제의 예외가 아닌 것은?

① 상업적 거래 ② 고용계약
③ 신체 및 재산에 대한 침해 ④ 강행규범 위반 행위

해 설

유엔국가면제협약은 국가면제 예외로서 상업적 거래, 고용계약, 신체 및 재산에 대한 침해, 재산의 소유 · 점유 · 이용, 지적재산권, 회사 및 기타 단체 참여, 국영선박, 중재합의 관련 소송을 나열하고 있다. 강행규범이나 인권침해 등은 언급되어 있지 않다. <답 ④>

016. 국가면제(State Immunity)에 관한 설명으로 옳지 않은 것은? 〈행안부 7급 2010년〉

① 국가면제는 주권평등원칙의 논리적 귀결로 흔히 "대등한 자들은 서로에 대해 관할권을 갖지 못한다"는 격언으로 표현된다.
② 국가대표의 자격으로 행동하는 자도 국가면제의 목적상 국가로 간주된다.
③ 상업적 거래는 제한적 국가면제의 대상이 아니나 '국가간'에 이루어지는 경우에는 국가면제를 원용할 수 있다.
④ 국가면제는 법정지국의 입법관할권 면제까지 포함하고 있다.

해 설

③ 유엔주권면제협약은 상업적 거래의 경우 국가면제가 적용되지 않는다고 규정하면서 다만 국가 간 거래 또는 거래 당사자 간 달리 합의하는 경우에는 예외가 인정된다고 규정하고 있다. ④ 국가면제는 기본적으로 국가가 타국의 재판관할권으로부터 면제된다는 것을 의미하는 것이다. <답 ④>

017. 미국 정부 소유의 국영기업인 "White Face"화장품회사가 한국에서 상업상의 영업활동을 하던 중 한국 업체인 "백화수" 화장품과 계약위반으로 법률분쟁이 발생하였다. 백화수 화장품은 White Face를 한국 법원에 제소하였다. 다음 기술 중 틀린 것은 무엇인가?

① 다수설에 따를 경우 한국 법원은 주권면제를 이유로 관할권 부재를 선언할 것이다.
② 미국 정부 소유의 기업이라고 하더라도 상업적 활동에 종사하였으므로 제한적 주권면제이론이 적용된다.
③ 제한적 주권면제이론과 연관 있는 판결은 Dralle v. Czechoslovakia이다.

④ 결국 특정기업의 소유주가 국가인가 보다는 국가가 그 기업을 통하여 어떠한 종류의 활동에 참가하는가 하는 것이 현 국가면제이론의 중요한 기준점이다.
⑤ 제한적 주권면제이론은 국가활동을 "권력활동"과 "비권력활동"으로 나눈다.

해설

우리나라도 제한적 주권면제이론을 따르고 있다. 따라서 미국 정부 소유의 기업이라고 하더라도 상업적 행위에 대해서는 주권면제이론이 적용되지 않으며 우리 법원은 관할권을 행사할 것이다.

<답 ①>

018. 국가면제에 대한 설명으로 옳지 않은 것은? 〈국가직 7급 2012년〉

① 어느 국가 및 그 재산이 다른 국가의 재판 및 강제집행관할권으로부터 면제를 받는다는 것을 말한다.
② UN 국가면제협약상 면제에서 제외되는 상업적 거래란 국가가 외국의 사인과 거래관계를 맺은 경우로서 그 거래에 대한 분쟁이 타국 법원의 관할권에 속하는 경우이다.
③ 고용계약에 대해서는 원칙적으로 국가면제가 인정되지 않으나 고용된 사람이 면제를 주장하는 국가의 공공업무(governmental authority)에 종사하는 경우에는 여전히 면제가 인정된다.
④ 국가가 면제를 포기하고 외국법원의 소송에 응소한 경우 집행권으로부터의 면제도 포기한 것으로 본다.

해설

재판관할권의 면제와 집행권의 면제는 별도로 보며, 응소했다고 해서 집행권면제까지 자동포기되는 것은 아니다. <답 ④>

019. 국가면제 중 재판관할권의 면제 및 포기에 대한 설명이다. 타당하지 않은 것은?

① 면제의 향유주체에는 국가 이외에 정치적 하부기구나 국가기관을 포함한다.
② 면제의 대상이 되는 행위는 원칙상으로 주권행사와 관련한 권력적 행위이다.
③ 일단 소송에 응한 경우에도 소송중에는 다시 면제를 주장할 수 있다.
④ 본소를 제기한 국가는 상대방의 반소에 대해 관할권면제를 주장할 수 없다.

해설

일단 소송에 응해 면제포기의 의사표시가 있으면 다시 면제를 주장할 수 없다. <답 ③>

020. 국가행위이론과 관련된 1964년 사바티노사건에 대한 설명이다. 타당하지 않은 것은?

① 쿠바정부가 1960년 미국 제당회사를 국유화조치함으로써 발생된 문제이다.
② 1964년 법원은 국가행위이론을 적용해 유효성 및 적법성 판단을 자제했다.
③ 이에 대해 의회는 법원의 판결을 입법을 통해 바꾸기 위해서 대외원조법을 개정하는 제2차 히컨루퍼수정안을 통과시켰다.
④ 이러한 의회의 입법 움직임에 행정부도 동조를 하였으며, 이에 따라 법원은 관할권행사를 고려하게 되었다.

해설

행정부도 입법에 반대했으며 입법부의 국가행위이론 적용제한의 노력에도 불구하고 법원은 1979년 메닝턴제조회사사건에서 국가행위이론을 다시 확인하였다. <답 ④>

제3절 국가의 대외기관

001. 국가원수와 외교장관에 대한 설명으로 타당하지 않은 것은?

① 국가원수의 특권면제는 비엔나외교관계협약에서 언급되어 있지 않다.
② 국가원수와 외교장관은 국가를 대표할 수 있다.
③ 외교장관이 국제회의에서 서명한 조약은 국가원수의 별도 비준을 요하지 않는다.
④ 외교장관이 변경되어도 그 지휘를 받는 외교사절(외교관)의 임무가 종료되지는 않는다.

해설

외교장관이 서명했더라도 국내법상 또는 조약규정이나 내용상 비준이 필요한 경우에는 당연히 비준을 받아야 한다. 외교장관이 서명했다고 해서 비준의 필요성이 없어지는 것은 아니다. <답 ③>

002. 다음 중 외교관에 대한 설명으로 올바른 것은? 〈기출문제 변형〉

① 외교관이란 외교사절(외교사절단의 장)과 외교직원을 의미하며 사무직원과 역무직원은 포함하지 않는다.
② High Commissioner는 국제기구가 국가에 파견하는 외교사절을 의미한다.
③ 외교사절 상호간의 석차는 계급에 의하여 결정되고, 동일계급 상호간의 석차는

연령에 따른다.

④ 한 국가 내에 주재하는 모든 국가의 외교사절이 모인 단체를 외교사절단이라고 한다.

해설

② High Commissioner는 고등판무관으로서 영연방국가 간의 외교사절을 지칭한다. ③ 동일계급 상호간의 석차는 직무개시 일자 및 시각에 따른다. ④ 한 국가 내에 주재하는 외교사절이 모인 단체를 외교단이라고 한다. <답 ①>

003. 다음 중 옳은 것은?

① 외교공관은 불가침권이 있으므로 간접적으로 공관에서 난민의 비호나 인도범죄인 감금의 권리도 갖는다.

② 외교공관의 불가침은 절대적이어서 화재 등 긴급한 상황에서도 접수국의 소방관이나 경찰관은 외교공관에 들어갈 수 없도록 비엔나외교관계협약에 규정되어 있다.

③ 외교사절의 개인 서류는 불가침이 아니다.

④ 외교관은 외교공관의 장과 외교직원을 가리키는 말이다.

해설

① 공관에서 난민의 비호나 감금 권리는 인정되지 않는다. ② 비엔나외교관계협약상 별도의 규정은 없으나 관습법상 화재 등 긴급한 경우에는 사절의 동의 없이 공관에 들어갈 수 있는 것으로 이해되고 있다. ③ 외교사절의 개인 서류도 불가침이다. <답 ④>

004. 외교사절 파견에 대한 설명으로 옳지 못한 것은? 〈기출문제 변형〉

① 아그레망은 외교사절에 대한 사후 동의를 의미한다.

② 모든 직급의 외교관 파견에 대해 아그레망이 필요한 것은 아니다.

③ 접수국은 비우호적 인물에 대해 아그레망을 거부할 수 있다.

④ 아그레망 거부시 이유를 설명할 의무는 없다.

해설

아그레망은 파견할 외교사절(대사)에 대해 접수국의 사전 동의를 구하는 것이다. 접수국 입장에서 기피인물, 비우호적 인물, 적대적 인물이라고 판단되면 아그레망을 거부할 수 있으나 그 이유를 설명할 의무는 없다. <답 ①>

005. 아그레망 제도에 관한 설명 중 옳은 것은? 〈지방직 7급 2009년〉

① 모든 외교관은 파견할 때에는 사전에 아그레망을 필요로 한다.
② 접수국은 아그레망을 거부할 수 있으나 그 사유를 밝힐 의무는 없다.
③ 아그레망은 사전통고의 의미밖에 없으므로 접수국이 이를 거절할 수는 없다.
④ 아그레망의 거부는 국가승인의 철회를 의미한다.

해설

① 모든 직급의 외교관이 아그레망을 필요로 하는 것은 아니다. 공관장(head of mission)이 아그레망의 대상이다. ②,③ 접수국은 아그레망을 거부할 수 있으며 그 사유를 밝힐 의무도 없다. ④ 아그레망의 거부와 국가승인은 무관하다. <답 ②>

006. 다음 용어에 대한 설명 중 옳지 못한 것은?

① 아그레망은 외교사절의 파견시 접수국에서 부여하는 사후 동의를 말한다.
② 신임장은 외교사절 파견국이 파견시 외교사절에게 주는 것이다.
③ 영사에게는 위임장을 교부하여 파견한다.
④ 영사의 위임장 제출에 대해 접수국은 인가장을 교부하여 영사 직무를 개시할 수 있도록 한다.

해설

아그레망은 접수국이 외교사절을 받아들이겠다는 사전 동의를 말한다. <답 ①>

007. 외교특권과 면제의 개념에 대한 설명으로 타당하지 않은 것은?

① 종래 특권면제 부여의 이유에 대하여 대표설이 우위에 있었으나 오늘날은 그 중심이 기능설에 놓여 있다.
② 특권과 면제로 인해 외교사절은 접수국의 실체법과 절차법의 적용을 받지 않는다.
③ 외교사절의 기능을 보호하기 위한 예외적 조치이다.
④ 직무가 종료된 경우에도 외교사절이 접수국을 떠나는 데 필요한 상당한 기간 내에는 특권과 면제가 인정된다.

해설

실체법의 적용은 받으며 절차법의 적용이 배제되는 것이다. <답 ②>

008. 외교관의 특권 · 면제 중 옳지 않은 것은?

① 외교사절의 신체와 명예는 불가침이다.
② 외교사절도 정당방위 및 긴급피난의 대상이 될 수 있다.
③ 외교관계에 관한 비엔나협약은 화재나 전염병을 막기 위한 긴급한 경우 공관장의 동의 없이 공관에 들어갈 수 있음을 규정하고 있다.
④ 공관의 비호권은 인정되지 않고, 예외적으로 폭도의 위해로부터 일시 비호할 수 있을 뿐이다.

해설

긴급한 경우 공관장의 동의 없이 공관에 들어갈 수 있는 것은 국제관습법상 인정되는 것이며, 외교관계에 관한 비엔나협약에는 명시되어 있지 않다. <답 ③>

009. 1961년 외교관계에 관한 비엔나협약에 대한 설명으로 옳지 않은 것은?

〈행안부 7급 2008년〉

① 불가침의 대상이 되는 공관지역은 공관 및 관저의 부속대지와 건물, 그리고 그 구성물 및 공관이 보유한 교통수단을 포함하나, 임차한 경우에는 불가침이 적용되지 않는다.
② 외교공관은 파견국 영토의 연장이 아니며, 접수국의 치외법권 지역이 아니다.
③ 외교 임무에 관련된 기록문서와 재산들도 불가침성을 누린다.
④ 접수국은 공용을 위한 공관의 자유로운 통신을 허용하며 보호하여야 한다.

해설

① 소유든 임차든 상관없이 공관지역은 불가침의 대상이다. ② 치외법권은 과거의 개념으로서 더 이상 통용되지 않는다. <답 ①>

010. 다음은 외교관의 특권/면제에 관한 기술이다. 올바른 것은 무엇인가?

① 외교관은 범죄의 경중에도 불구하고 모든 형사재판관할권으로부터 완전 면제된다.
② 외교관에 대한 특권/면제는 원칙적으로는 인정되나 해당 외교관이 살인, 강도 등 중범죄를 범한 경우에는 예외적으로 주재국의 형사재판관할권이 적용된다.
③ 외교관의 특권/면제의 적용범위는 해당 외교관의 직위에 따라 상이하다.
④ 외교관은 모든 형태의 민사재판관할권으로부터도 완전 면제된다.
⑤ 외교관은 외교활동의 지원을 위한 것이므로 외교활동에 직접 종사하지 않는 외교관의 가족은 특권/면제의 보호대상이 아니다.

해 설

외교관은 범죄의 경중과 상관없이 접수국의 모든 형사재판관할권으로부터 완전히 면제된다. 외교관의 직계가족도 동일한 보호를 향유하며 외교관의 직급에 따른 차이도 존재하지 않는다. <답 ①>

011. 외교관 및 외교공관의 불가침성에 대한 내용으로 옳지 않은 것은?

〈국가직 7급 2012년〉

① 외교관은 어떠한 형태의 체포나 구금도 당하지 않는다.

② 외교공관이나 공관장 관저는 불가침의 대상으로 접수국의 관헌은 공관장의 동의 없이 공관이나 관저에 들어갈 수 없다.

③ Asylum 사건에서 국제사법법원(ICJ)은 외교공관으로의 망명권(Diplomatic Asylum)이 국제관습법으로 인정된다고 판단하였다.

④ 접수국과 파견국 간의 무력충돌이 발생하였을 경우에도 접수국은 외교공관, 재산 및 공문서를 존중하고 보호해야 한다.

해 설

Asylum 사건에서 ICJ는 외교공관의 비호는 인정되지 않는다고 판시하였다. <답 ③>

012. 1961년 「외교관계에 관한 비엔나협약」의 내용에 관한 설명 중 옳지 않은 것은?

〈사시 2016년〉

① 외교관의 개인 주거공간은 공관지역과 동일한 불가침을 향유한다.

② 접수국은 외교관의 중대한 범죄에 대해 형사재판 관할권을 행사할 수 있다.

③ 외교관의 세대를 구성하는 그의 가족은 접수국 국민이 아닌 경우에 한하여 신체의 불가침을 향유한다.

④ 외교관이 사적인 목적으로 제3국에 체류하는 경우, 제3국은 그 외교관에게 특권과 면제를 부여할 의무가 없다.

⑤ 접수국은 파견국의 동의 없이 파견국의 공관부지를 강제적으로 수용할 수 없다.

해 설

아무리 중대한 범죄라 하더라도 외교관은 접수국의 형사관할권으로부터 면제된다. <답 ②>

013. 외교사절의 특권면제에 대한 설명 중 옳은 것은?

① 외교사절은 접수국 도착 시 신임장의 정본을 접수국 외교부장관에게 제출하여 업무를 개시한다.

② 외교사절이 접수국에 도착하여 접수국 외교부에 신임장을 제출한 시점부터 특권면제가 적용되기 시작한다.
③ 외교사절은 접수국 도착 시 신임장을 제출함과 동시에 아그레망을 부여받는다.
④ 외교사절이 부임하기 위하여 접수국에 입국한 시점부터 특권면제가 적용되기 시작한다.

해설

① 신임장의 정본은 접수국 국가원수에게 제출한다. 이를 신임장 제정이라고 한다. ②,④ 특권면제의 향유는 접수국에 입국한 시점부터 시작된다. 만일 외교사절이 이미 접수국에 체류하고 있던 경우에는 그 임명 사실이 접수국 외무부에 통고된 시점부터 시작된다. ③ 아그레망은 도착 전에 이미 사전에 부여받는다고 보아야 할 것이다. <답 ④>

014. 1961년 외교관계에 관한 비엔나협약상 외교관의 특권과 면제에 대한 설명으로 옳지 않은 것은? 〈2016년 국가직 9급〉

① 외교관은 접수국의 형사재판관할권으로부터 절대적으로 면제된다.
② 외교관의 개인주거는 공관지역과 동일한 불가침과 보호를 향유하지 않는다.
③ 접수국의 관헌은 소유자가 누구인지를 불문하고 공관장의 주거에 공관장의 동의 없이는 들어갈 수 없다.
④ 파견국과 접수국 간에 외교관계가 단절되거나 무력충돌이 발생한 경우에도 공관의 재산과 문서는 보호된다.

해설

외교관계에 관한 비엔나협약 제30조 1항에 따라, 외교관의 개인주거는 공관지역과 동일한 불가침과 보호를 향유한다 .<답 ②>

015. 1961년 외교관계협약에 따른 외교관의 특권과 면제에 대한 설명으로 옳지 않은 것은? 〈2016년 국가직 7급〉

① 외교관의 신체는 불가침이며 어떠한 형태의 체포 또는 구금도 당하지 아니한다.
② 외교관은 접수국의 형사재판관할권으로부터의 면제를 향유한다.
③ 외교관은 민사재판의 경우 증인으로서 증언할 의무를 부담한다.
④ 외교관의 개인주거는 공관지역과 동일한 불가침과 보호를 향유한다.

해설

외교관은 형사재판 및 민사재판의 증언 의무에서도 면제된다. <답 ③>

016. 외교사절의 재판관할권 면제의 포기에 대한 설명으로 옳지 않은 것은?
〈지방직 7급 2010년〉

① 면제의 포기는 그에 기초하여 소송이 진행되고 있는 도중에 철회할 수 없다.
② 면제의 포기는 언제나 명시적으로 하여야 한다.
③ 면제의 포기는 외교사절 개인의 권한이 아니라 외교사절단의 장(長)의 권한이다.
④ 외교관은 자신이 제기한 본소(本訴)와 직접 관련되는 반소(反訴)에 대해서는 면제를 주장할 수 없다.

해설

③ 면제의 포기는 개인의 권한이 아니라 소속 국가(파견국)의 권리임을 유의한다. <답 ③>

017. 1961년 비엔나 외교관계협약상 외교관의 특권면제와 임무에 대한 설명으로 잘못된 것은?
〈기출문제 변형〉

① 외교관의 재판관할권 면제는 접수국의 실체법적인 면제가 아니라 절차법의 적용을 면제해주는 것으로서 특히 형사재판관할권 면제는 절대적이다.
② 외교관의 부동산, 상속, 영업활동에 대해서는 민사 및 행정재판 관할권이 면제되지 않는다.
③ 파견국은 외교관의 재판관할권 면제를 포기할 수 있다.
④ 외교관은 접수국에서 파견국을 대표하고 접수국의 사정을 확인 및 보고하며 자국민 보호, 외교교섭의 수행, 접수국과 파견국간 분쟁발생 시 양측 입장의 반영 및 이견조율 등으로 규정되어 있다.

해설

비엔나 외교관계협약상 분쟁발생 시 양측 입장 반영 및 이견조율은 외교관의 임무로 규정되어 있지 않음에 유의한다. <답 ④>

018. 외교관의 특권과 면제에 대한 설명으로 옳지 않은 것은? 〈국가직 7급 2011년〉

① 외교관은 자신이 부임하기 위하여 접수국의 영토에 들어갔을 때부터 특권과 면제를 향유하며, 직무가 종료된 경우에도 접수국을 떠나는 데 필요한 상당한 기간 동안 특권과 면제가 인정된다.
② 외교관의 면제는 접수국의 재판관할권으로부터의 면제를 의미하는 것이지 파견국의 재판관할권으로부터도 면제되는 것은 아니다.
③ 외교관의 면제는 실질적으로 파견국에 속하는 것이기 때문에 면제를 포기할 수 있는 자는 외교관이 아니고 파견국이다.
④ 관습법상 국가면제의 묵시적 포기가 허용되는 것과 마찬가지로 외교면제의 묵시적 포기도 가능하다.

해설

④ 외교면제의 묵시적 포기는 인정되지 않는다. 외교관 소속국(파견국)에 의한 명시적 포기의사가 있어야 한다. <답 ④>

019. 외교사절의 특권과 면제에 대한 설명으로 옳지 않은 것은? 〈국가직 9급 2011년〉

① 외교사절의 독립적이고 효율적인 업무수행을 위하여 인정된다.
② 접수국은 외교공관을 보호하기 위하여 적절한 조치를 취하여야 한다.
③ 외교관에 대한 접수국의 재판관할권 면제는 민사재판에만 적용되며 형사재판에는 적용되지 않는다.
④ 외교사절의 특권과 면제는 공관차량 및 사절단장의 개인 주거에도 적용된다.

해설

③ 원칙적으로 재판관할권 면제는 형사, 민사 공히 적용된다. <답 ③>

020. 외교사절의 특권면제에 관한 설명 중 옳지 않은 것은? 〈기출문제 변형〉

① 외교사절의 특권면제는 직무종료 후 접수국에서 퇴거하거나 퇴거에 요하는 상당한 기간의 만료 시까지 지속된다.
② 외교사절에 대한 접수국의 민사재판관할권행사가 일부 예외적으로 인정되고 있는데 교통사고로 인한 손해배상소송은 이러한 예외로 규정되어 있지 않다.
③ 외교사절이 접수국에서 아무리 심각한 흉악범죄를 자행하더라도 접수국의 형사재판관할권이 면제되나, 파견국은 속인주의에 기해 재판관할권을 행사할 수 있다.
④ 외교사절은 불가침권을 향유하므로 외교사절에 대해 정당방위를 행사하는 것도 허용되지 않는다.

해설

신체불가침의 예외로서 외교사절에 대한 정당방위, 긴급피난은 당연히 가능하다. <답 ④>

021. 관할권 관련 다음 서술 중 올바른 것만으로 모아놓은 것은? 〈기출문제 변형〉

가. 우리나라 법원 판례상 북한 주민의 국적은 대한민국이며, 납북 또는 월북 작가의 저술작품은 한국 저작권법의 보호를 받는다.
나. 우리나라 법원은 외국 국가기관의 경제적, 상업적 활동에 대해서는 우리나라 법원의 재판권이 미치지 않는다고 판단하였다.
다. 집달관이 서울 소재 외국대사관에 대한 강제집행을 거부한 것은 국내법과 동일한 효력을 갖는 외교관계협약을 준수한 것이므로 적법하다.
라. 외교사절의 불법행위에 대한 정당방위는 인정되나 원칙적으로 외교사절의 불법행위에 대해 접수국이 형사처벌은 할 수 없다.
마. 외교관이 사절단의 목적을 위해 파견국을 대신하여 임차한 건물에 대해 민사소송이 제기된 경우 접수국의 재판관할권으로부터 면제된다.
바. 외교관은 조세로부터 면제되며 전기 및 수도요금 등 각종 부과금도 면제된다.

① 가, 나, 라, 바 ② 가, 다, 라, 마
③ 나, 다, 라, 마 ④ 다, 라, 마, 바

해설

가: 우리나라 대법원 판례 입장이다. 나: 우리나라 대법원은 경제적, 상업적 활동에 대해서는 관할권을 면제하지 않는 제한적 면제론을 수용하였다. 다: 서울민사지방법원 판결 내용이다. 바: 각종 부과금까지 면제되는 것은 아니다. <답 ②>

022. 외교사절의 특권면제에 대한 설명으로서 옳지 않은 것은? 〈기출문제 변형〉

① 외교사절의 개인주택도 불가침을 향유한다.
② 외교사절은 접수국의 형사재판관할권과 형사집행관할권로부터 모두 면제된다.
③ 외교사절의 특권면제는 파견국의 권리가 아니라 외교관 개인의 권리이다.
④ 외교사절의 특권면제를 파견국이 포기할 수 있다.

해설

외교사절의 특권면제는 개인의 권리가 아니라 파견국가 자체의 권리이다. 따라서 외교특권면제의 포기도 외교관 개인이 아닌 파견국이 결정한다. <답 ③>

023. '1961년 외교관계에 관한 비엔나협약'상 외교관의 지위에 대한 설명으로 옳지 않은 것은? 〈행안부 9급 2010년〉

① 파견국은 특정인을 공관장으로 파견하고자 할 경우, 접수국의 동의를 얻어야 한다.
② 외교관은 접수국의 형사재판관할권으로부터의 면제를 향유한다.
③ 외교관은 파견국의 재판관할권으로부터 면제된다.
④ 접수국의 반대가 없는 한, 2개국 또는 그 이상의 국가가 동일한 자를 공관장으로 파견할 수 있다.

해설

외교관의 관할권 면제는 “접수국”에서만 해당한다. 파견국, 즉 외교관의 소속국에서는 당연히 그 나라 국민의 한 사람으로서 관할권을 적용받는다. <답 ③>

024. 다음 중 1961년 외교관계에 관한 비엔나협약에서 의미하는 “통과외교관”에 해당하는 사람은 누구인가?

① 휴가차 일본을 일시적으로 방문 중인 주미 한국대사관에 근무하는 한국 외교관
② 주일 한국 대사관에 근무하는 한국 외교관
③ 일본 동경에서 개최되는 국제회의에 참석중인 주미 한국대사관에 근무 중인 한국 외교관
④ 개인적인 용무로 일본을 방문 중인 주미 한국대사관에 근무하는 한국 외교관
⑤ 주미 한국대사로서 임기를 마치고 서울로 귀임 중 일본 공항에 잠시 기착한 한국 외교관

해설

여기에서 말하는 통과외교관이란 제3국 부임지로 부임하거나 또는 귀임하는 외국의 외교관을 말한다. <답 ⑤>

025. A국 정부가 자국 수도에 주재하고 있는 B국 대사관을 지속적으로 도청하고 있었다는 사실이 최근에 확인되었다. 이에 대한 다음 기술 중 가장 타당한 것은 무엇인가?

① A국 정부의 행위는 1961년 비엔나협약에 대한 위반을 구성한다.
② A국 정부의 행위는 정치적으로는 비난받아 마땅하나 도청이 만연하고 있는 현실에 비추어 반드시 1961년 비엔나협약에 대한 위반이라고 볼 수는 없다.
③ A국 정부 행위의 위법성 여부는 도청으로 취득한 B국 대사관의 정보가 통상적인 수단으로 입수가능한 사항인지 아니면 국가 기밀사항인지 여부에 달려 있다.
④ A국 수도에 주재하고 있는 B국 대사관에 근무하는 B국 외교관은 일체의 형사재판관할권으로부터 완전면제되는 것과 마찬가지로 A국 정부도 자국 수도에 주재하는 B국 대사관에 대하여 일체의 형사상 책임으로부터 완전면책된다.
⑤ 설사 A국 정부의 행위가 1961년 비엔나협약에 대한 위반을 구성한다고 하더라도 이는 유엔헌장 제51조에 의하여 정당화된다고 볼 수 있다.

해설

외국 대사관에 대한 도청행위는 통신의 비밀을 보장하고 있는 1961년 외교관계에 관한 비엔나협약에 대한 위반을 구성한다. <답 ①>

026. 1961년 외교관계에 관한 비엔나협약상 외교공관의 불가침에 대한 설명으로 옳은 것은? 〈국가직 7급 2013년〉

① 외교공관에는 불가침권이 인정되지만 외교사절의 주거는 불가침권이 인정되지 않는다.

② 접수국의 관헌은 화재 등으로 인하여 진정으로 긴급을 요하는 경우에는 외교사절의 동의가 없더라도 외교공관에 출입할 수 있다.

③ 외교공관 불가침의 대상은 공관의 건물뿐 아니라 건물의 부지도 포함한다.

④ 외교공관 내의 비품류나 기타 재산은 수색, 징발, 압류로부터 면제되나 강제집행으로부터 면제되지 아니한다.

해설

① 외교사절의 주거지도 불가침권이 인정된다. ② 비엔나협약에 명시 규정은 없으나 관습법상 인정된다. ④ 강제집행으로부터도 면제된다. <답 ③>

027. 다음 중 외교관계에 관한 비엔나협약에 대한 설명으로 옳지 않은 것은?

① 외교공관에서의 비호가 인정되지 않음을 명시하고 있다.

② 외교사절의 형사재판과 민사재판 관할권 면제를 규정하고 있다.

③ 외교공관의 불가침성을 규정하고 있다.

④ 문서의 불가침성을 규정하고 있다.

해설

외교공관에서 비호가 인정되지 않는다는 것은 ICJ의 판례에 의해 확인되었다. 비엔나협약 자체는 이 점을 명확히 밝히지 않고 있다. <답 ①>

028. 외교사절의 민사재판관할권의 면제의 예외사유가 아닌 것은?

① 피고로서 응소한 경우

② 접수국에서 소유하는 부동산 · 동산에 관한 소송

③ 접수국에서 종사하는 영업에 관한 소송

④ 접수국에서 개시되는 상속에 관계되는 소송

해설

접수국에서 소유하는 부동산과 관련된 민사소송의 재판관할권은 면제의 예외사유이지만 동산은 예외사유가 아님을 유의해야 한다. <답 ②>

029. 다음 중 외교사절에게 인정되는 특권이나 면제가 아닌 것은?

① 거주, 여행의 자유
② 통신의 자유
③ 외교행낭과 배달인에 대한 불가침
④ 무선송신기 설치 · 사용의 자유

해설

무선송신기의 설치 · 사용에는 접수국의 동의를 요한다. <답 ④>

030. 외국인이 영토 안에 들어와 활동하던 중, 다음과 같은 사건들이 발생하였다. 이 중 원칙적으로 영토국의 관할권이 면제되는 경우는?

① 외국기업이 영업활동 중 영토국 공정거래법을 위반하였다.
② 동일 국적의 외국인 두 명이 사업활동 중 한 명이 다른 한 명에게 사기죄를 범했다.
③ 서로 다른 국적의 외국인 두 명이 다툼을 벌이다 한 사람이 다른 사람을 살해하였다.
④ 외교관이 공관 밖에서 사적인 활동 중 개인적 원한으로 살인을 저질렀다.

해설

①,②,③ 속지주의원칙에 따라 영토국의 관할권이 적용되며 사인의 사적인 행위로서 관할권 면제의 근거가 없다. ④ 외교관은 사적 행위든 공적 행위든 원칙적으로 영토국의 형사절차관련 관할권이 면제되므로 외교관을 체포 · 구금 · 기소 · 처벌할 수 없다. 국가관할권이 면제되는 경우로는 국가면제론, 외교(영사)특권면제, 그리고 외국주둔군 면제 등을 들 수 있다. <답 ④>

031. 1961년 외교관계에 관한 비엔나협약의 내용에 대한 설명 중 옳은 것은?

〈행안부 7급 2009년〉

① 외교사절의 특권과 면제의 시기는 외교사절의 직무개시 시기와 동일하다.
② 접수국은 외교사절단의 수가 지나치게 많다는 이유로 접수를 거부할 수 없다.
③ 외교관의 공적 행위에 관한 면제는 그 직무 종료 후에도 계속된다.
④ 본 협약에 따르면 '인도적 동기'에서 외교공관의 비호권이 인정된다.

해설

① 외교사절의 특권면제는 외교사절의 입국 시부터 적용된다. ② 접수국은 외교사절의 규모가 일정범위를 넘지 않도록 요구할 수 있다. ④ 외교공관의 비호권은 비엔나협약에 규정되어 있지 않으며 관습법상으로도 인정되지 않는다. <답 ③>

032. 외교사절의 특권과 면제의 범위에 대한 설명이다. 타당하지 않은 것은?

① 외교사절은 입국 시로부터 특권과 면제를 누린다.
② 사절의 직무가 종료되면 특권과 면제도 즉시 종료한다.
③ 접수국의 배타적 지배권이 미치는 지역이면 외교특권도 미친다.
④ 외교사절이 부임 시나 귀국 시 제3국을 통과하는 경우 제3국은 불가침권을 보장해야 한다.

해설

사절직무가 종료되면, 특권 · 면제는 그가 접수국에서 퇴거하거나 또는 퇴거에 필요한 상당한 기간이 만료했을 때에 소멸한다. <답 ②>

033. 신임 주미 한국대사로 임명된 홍길동 대사는 현재 부임하기 위하여 대한항공 비행기를 이용하여 방금 워싱턴 DC 덜레스 국제공항에 도착하였다. 신임 한국 대사에 대한 미국 관리들의 대우에 불만을 품은 홍길동 대사는 공항에서 미국 정부의 출입국관리 담당 공무원을 폭행하였다. 이러한 폭행은 미국법에 따라 중대한 형사범죄를 구성한다. 다음 기술 중 타당한 것은 무엇인가?

① 홍길동 대사는 어떠한 경우에도 형사소추될 수 없다.
② 동 행위는 도착 공항에서 발생한바, 홍길동 대사는 아직 외교관으로서의 업무를 공식적으로 개시하지 않았으므로 외교관의 특권면제의 보호대상은 아니며 따라서 동인에 대하여 미국법에 따라 형사소추가 가능하다.
③ 외교관의 특권면제는 외교관명부(diplomatic list)에 등재 여부가 결정적인바, 아직 동인은 미국 국무부의 외교관 명부에 등재되지는 않았으므로 특권면제의 보호대상은 아니며 따라서 동인에 대한 형사소추가 가능하다.
④ 홍길동 대사는 부임을 위하여 미국행 비행기에 탑승한 시점부터 외교관의 특권면제가 부여되므로 동인의 공항에서의 행위 역시 특권면제의 보호대상이며 따라서 형사소추될 수 없다.
⑤ 한국 정부가 홍길동 대사에 대한 외교관의 특권면제를 waiver하지 않는 한, 위 주어진 사안에서 홍길동 대사는 어떠한 경우에도 형사소추될 수 없다.

해설

외교관의 특권면제는 부임을 위하여 접수국 영역 내로 진입하였을 때부터 인정된다. 따라서 사례에서 홍길동 대사의 경우 부임을 위하여 탑승한 비행기가 미국 영공 내로 진입하였을 때부터 특권면제를 향유하게 된다. 외교관의 특권면제의 대표적인 요소는 형사재판관할권으로부터의 완전면제이다. 다만 이러한 특권면제는 외교관 개인의 권리가 아니라 파견국의 권리로서 파견국은 언제든지 특권면제를 포기(waiver)할 수 있다. 만약 이러한 상황이 발생한다면 미국 정부가 홍길동 대사에 대한 형사재판관할권을 행사할 수 있게 된다. 따라서 상기 예문에서 가장 정확한 기술은 마지막 5번이다. <답 ⑤>

034. 다음 내용에 근거한 국제법상 설명으로 옳은 것은? 〈2015년 국가직 7급〉

> ○ A국, B국 및 C국은 1961년 외교관계협약 및 1951년 난민지위협약의 당사국이다.
> ○ A국과 B국은 1984년 고문방지협약의 당사국이다.
> ○ C국 국민인 갑은 C국에서 인도에 반한 죄를 범하고 살인죄로 기소되었다.
> ○ C국은 범죄수사과정에서 고문을 활용하고 있다.
> ○ 갑은 A국에 주재하는 B국 대사관 내에 피신한 상태에서 B국에 망명을 신청하였다.
> ○ A국의 사법기관은 갑에 대한 체포영장을 적법하게 발부하였다.

① A국 사법경찰이 B국 공관지역에 공관장 동의 없이 진입하여 갑에 대한 체포영장을 집행하는 것은 국제법 위반이 아니다.
② A국 주제 B국 대사관이 체포영장이 발부된 갑을 비호하는 것은 국제법 위반이다.
③ B국이 갑에게 협약상 난민지위를 부여하지 않는 것은 1951년 난민지위협약의 위반이다.
④ A국이 갑의 신병을 확보하고 C국으로 인도하는 것은 국제법 위반이 아니다.

해설

① 경찰이 공관장 동의 없이 외국 공관에 진입하는 것은 국제법 위반이다. ② 외교공관의 비호권은 국제법상 인정되지 않는다. ③ 인도에 반한 죄 등과 같은 중죄인에 대해서는 난민자격이 부여되지 않는다. ④ 고문당할 위험이 있는 C국으로 갑을 송환 또는 범죄인 인도하는 것은 A국이 가입한 고문방지협약에 위반된다. <답 ②>

035. 외교사절의 특권, 면제에 대한 설명이다. 타당하지 않은 것은?

① 외교특권은 외교사절의 권리가 아니므로 포기되는 경우란 있을 수 없다.
② 외교사절은 접수국의 법령을 준수하여야 한다.
③ 외교사절은 접수국에서 영리활동을 해서는 안 된다.
④ 접수국은 외교협약의 조항을 적용함에 있어 국가 간 차별을 두어서는 안 된다.

해설

외교사절의 특권과 면제는 국가의 권리이며, 외교협약에 의하면 파견국의 명시적 동의에 의해 사절이 면제를 포기할 수 있다고 규정하고 있다. 일단 면제포기 후에는 소송도중 다시 면제를 주장할 수 없으며 판결의 집행을 위해서는 별도의 포기가 있어야 한다. <답 ①>

036. 2012년 발생한 리비아 주재 미국 대사의 피살사건과 관련하여 다음 기술 중 타당한 것은 무엇인가?

① 미국 대사를 살해한 범인이 리비아 관헌이 아니라면 리비아가 이에 대하여 국제책임을 질 가능성은 없다.

② 미국 대사를 살해한 행위가 리비아 내에서 발생한 이상 리비아는 언제나 국가책임을 부담한다.

③ 민간인의 행위에 대하여 리비아 정부가 국가책임을 지는 경우는 리비아 정부로부터 권한의 위임이나 사주를 받은 자가 살해행위에 가담한 상황에만 국한된다.

④ 이러한 상황에 직접 적용되는 법리는 1963년 비엔나협약이다.

⑤ 이 사건에 적용될 법리는 1979년 테헤란 주재 미대사관 인질사건을 통해서 확인할 수 있다.

해설

정부 관헌의 행위에 대하여 일국 정부가 국가책임을 부담하는 것은 물론이다. 그러나 한편으로 민간인의 행위에 대해서도 정부가 국가책임을 부담하는 경우가 존재하는바, 정부로부터 권한의 위임을 받은 자가 국제법 위반의 행위를 범하거나, 또는 민간인의 행위를 저지하거나 차단하여야 할 국제법상 의무를 부담하는 정부가 이러한 의무를 제대로 이행하지 않는 경우이다. 즉, 후자의 경우는 일종의 부작위에 의한 국가책임의 발생이다. 여기에 적용되는 국제법은 외교관의 특권 면제를 규정하고 있는 1962년 외교관계에 관한 비엔나협약에서 직접적으로 확인될 수 있다. 사안의 내용과 직접 관련되는 ICJ 판결은 1979년 테헤란 미대사관 인질사건을 들 수 있다. <답 ⑤>

037. 외교 면제와 특권에 관한 설명으로 옳지 않은 것은? 〈2014년 국가직 7급〉

① 행정 · 기술 직원의 관세 면제는 최초 부임 시 가져오는 물품에 대해서만 적용된다.

② 접수국의 국민이 아닌 개인적 사용인은 봉급에 대한 세금에서 면제되지 않는다.

③ 외교관의 세대를 구성하는 가족 중 접수국의 국민이 아닌 자는 접수국의 형사재판 관할권으로부터 면제된다.

④ 접수국의 국민이나 영주자가 아닌 역무지원은 봉급에 대한 세금 면제와 사회보장규정의 적용에 대한 면제를 향유한다.

해설

접수국의 국민이 아닌 개인적 사용인(private servants)은 봉급에 대한 세금을 면제받는다.
<답 ②>

038. 외교사절의 특권과 면제에 대한 설명으로 옳지 않은 것은? 〈행안부 9급 2009년〉

① 외교관은 접수국의 형사재판관할권으로부터 절대적으로 면제된다.
② 파견국은 명시적 또는 묵시적으로 재판관할권의 면제를 포기할 수 있다.
③ 외교관은 접수국의 민사 및 행정재판관할권으로부터 원칙적으로 면제된다.
④ 외교관의 세대에 속하는 가족도 접수국의 국민이 아닌 한 외교관과 동일한 면제와 특권을 누린다.

해설

② 면제의 포기는 명시적으로 이루어져야 한다. <답 ②>

039. 외교사절의 특권 면제에 대한 설명으로 옳지 않은 것은? 〈2014년 국가직 9급〉

① 외교관계에 관한 비엔나협약은 공관지역의 불가침과 관련하여 어떠한 예외도 인정하지 않는 절대적 불가침을 규정하고 있다고 해석된다.
② 접수국은 공용을 위한 공관의 자유로운 통신을 허용해야 하나, 무선송신기의 설치 및 사용은 동의하지 않을 수 있다.
③ 파견국은 외교관의 재판관할권 면제를 포기할 수 있으며, 포기는 묵시적으로도 가능하다.
④ 공관의 문서 및 서류는 어느 때나 그리고 어느 곳에서나 불가침이다.

해설

① 국제관습법상 예외는 인정되나 협약 자체에는 예외가 규정되어있지 않다. ③ 면제 포기는 명시적으로 이루어져야 한다. <답 ③>

040. 1961년 외교관계에 관한 비엔나협약에서 인정하고 있는 면제 또는 특권에 관한 설명으로 옳지 않은 것은? 〈사시 2010년〉

① 공관의 문서 및 서류는 언제나 불가침이다.
② 외교관은 접수국의 형사재판관할권으로부터의 면제를 향유한다.
③ 파견국은 외교관에 대한 재판관할권의 면제를 포기할 수 있다.
④ 면제의 포기는 명시적 또는 묵시적으로 할 수 있다.
⑤ 민사재판관할권으로부터의 면제의 포기는 동 판결의 집행에 관한 면제의 포기를 의미하는 것으로 간주되지 아니한다.

해설

④ 면제의 포기는 명시적이어야 한다. 즉, 추정되지 않는다. <답 ④>

041. 1946년 UN의 특권과 면제에 관한 협약상 UN 및 UN직원의 특권과 면제에 대한 설명으로 옳지 않은 것은? 〈국가직 7급 2013년〉

① UN과 UN 재산은 모든 소송으로부터 면제된다.

② UN의 공관, 재산, 문서는 불가침이다.

③ UN의 모든 직원에게는 국제법에 따라 외교관과 동일한 재판관할권의 면제가 부여된다.

④ UN의 출판물의 경우 관세 및 수출입상의 금지와 제한으로부터 면제된다.

해설

국제기구의 대표와 국가의 외교관은 성격상 차이가 있으므로 특권면제가 동일할 수 없다. 국제기구 고위직은 외교관과 거의 동일한 특권면제가 인정되나 일반직원에 대해서는 공무상 행위에 대해서만 면제가 인정된다(정인섭). <답 ③>

042. 외교신서사(diplomatic courier)에 관한 설명으로 옳지 않은 것은? 〈행안부 7급 2010년〉

① 외교신서사는 직무수행상 접수국의 보호를 받는다.

② 접수국은 외교신서사가 휴대하는 외교행낭을 개봉하거나 유치할 수 없다.

③ 외교신서사는 어떠한 형태로도 체포 · 구금당하지 않는다.

④ 임시외교신서사의 경우는 접수국에서 특권과 면제의 대상이 되지 않는다.

해설

외교신서사는 외교행낭을 수발하는 사람으로서 외교특권면제의 대상이 된다. 임시외교신서사의 경우에도 특권면제가 적용된다(비엔나외교관계협약 제27조). 외교공관의 통신과 문서전달 등을 보호하기 위해서는 임시외교신서사에게도 특권면제가 적용되는 것이다. 다만, 임시외교신서사는 외교행낭을 인도한 후에는 특권면제가 종료된다. <답 ④>

043. 영사제도의 개념에 대한 설명으로 타당하지 않은 것은?

① 접수국에서 파견국의 경제상 이익을 보호한다.

② 영사도 파견국의 대표기관이다.

③ 접수국에서 파견국의 국민을 보호한다.

④ 파견국을 방문하려는 외국인에게 사증을 발급한다.

해설

영사관계는 외교관계와 달리 대표성을 가지지 않으며 순수히 기능적 · 행정적 성격을 띠고 있는 제도이다. 대표성을 갖지 않는다는 것이 외교사절과의 가장 기본적인 차이이다. <답 ②>

044. 한국 국적의 홍길동씨는 미국에 체류 중 살인사건을 저질러 현행범으로 미국 경찰에 체포되었다. 1963년 영사관계에 관한 비엔나협약에 따를 경우 다음 중 동인이 즉시 연락을 취하여야 할 한국 정부의 관헌은 누구인가?

① 서울 외교부 본부 담당 직원
② 관할지역 내의 대한민국 영사
③ 한미 범죄인인도조약을 담당하는 법무부 직원
④ 주미 대한민국 대사관에 근무하는 담당 외교관
⑤ 재외국민 보호를 담당하는 법무부 직원

해설

1963년 영사관계에 관한 비엔나협약 제36조에 따라 체류국 정부에 의하여 체포된 외국인은 자신의 국적국 담당 영사와 접견, 교통할 권리를 부여받는다. <답 ②>

045. 1963년 영사관계협약에 대한 설명으로 옳지 않은 것은? 〈2015년 국가직 7급〉

① 외교활동의 수행이 허용되는 영사관원은 외교특권과 면제를 요구할 수 있는 권리를 부여받는다.
② 외교관계의 단절은 영사관계의 단절을 당연히 포함하는 것은 아니다.
③ 양국 간 외교관계의 수립에 부여된 동의는 달리 의사를 표시하지 아니하는 한 영사관계의 수립에 대한 동의를 포함한다.
④ 영사기관장은 영사인가장 부여 일자에 따라 각 계급 내에서 그 석차가 정하여 진다.

해설

① 영사관원이 외교활동 수행을 허용받았다고 하여 영사특권과 면제가 아닌 외교특권과 면제를 요구할 수 있는 것은 아니다. <답 ①>

046. 1963년 영사관계에 관한 비엔나협약상 영사의 직무에 해당되는 것은 모두 몇 개인가? 〈국가직 7급 2013년〉

① 2개 ② 3개
③ 4개 ④ 5개

해설

영사는 비정치적인 업무를 주로 수행한다. 비엔나영사관계협약은 영사의 임무를 파견국과 국민의 이익 보호, 통상 · 경제 · 문화 · 과학관계 및 우호관계 발전, 접수국 사정 조사 및 보고, 여권과 비자 관련 업무, 자국민 원조, 공증 및 민사업무, 상속, 후견, 대리행위, 자국법원을 위한 사법적 업무, 자국선박 및 항공기 감동 및 원조 등으로 규정하고 있다. <답 ③>

047. 다음 보기 중 영사의 특권과 면제에 대한 설명으로 틀린 것은 모두 몇 개인가?

≪보기≫

(가) 영사관이 중대한 범죄를 범하고 사법당국의 결정이 있으면 억류되거나 재판을 받는다.
(나) 영사관은 자기에 대하여 형사소송절차가 제기된 경우에 권한 있는 당국에 출두할 의무가 없다.
(다) 영사관과 사무기술직원 및 역무직원은 영사임무수행시의 행위에 대하여 사법당국 또는 행정당국의 재판권으로부터 면제받는다.
(라) 영사관과 사무기술직원 및 역무직원은 자기의 임무수행에 관련된 사항에 관한 증언을 제외하고는 증언을 거부할 수 없다.
(마) 파견국을 위하여 계약하는 취지를 명시적으로나 묵시적으로 표시하지 않고 체결한 계약에 관련된 민사소송은 면제대상이 아니다.
(바) 접수국에서 차량, 선박 등에 의하여 발생한 사고로 인한 손해에 대하여 제3자가 제기하는 민사소송도 면제대상이 아니다.

① 1개　② 2개
③ 3개　④ 4개

해설

(나) 영사관은 자기에 대하여 형사소송절차가 제기된 경우에 권한 있는 당국에 출두해야 한다. (다) 영사임무수행 시의 행위에 대하여 사법당국 또는 행정당국의 재판권으로부터 면제되는 자는 영사관과 사무기술직원에 한하며 역무직원은 포함되지 않는다는 점에 유의하여야 한다. <답 ②>

048. 외교관과 영사의 차이점에 대한 설명으로 옳은 것은? 〈기출문제 변형〉

① 외교관은 정보수집 활동을 할 수 있으나 영사는 불가능하다.
② 영사는 자국민 보호활동을 할 수 있으나 외교관은 불가능하다.
③ 외교관은 정치적 대표성을 갖지만 영사는 그러하지 아니하다.
④ 외교관은 국가간 우호관계 유지업무를 수행하나 영사는 우호관계 유지와 무관하다.

해설

외교사절은 국가를 정치적으로 대표하여 파견된 기관이나 영사는 정치적 대표성은 없고 각종 행정적 차원의 영사업무를 주로 수행한다. 외교관과 영사의 가장 큰 기능적 차이는 정치적 대표성 유무에 있다고 본다. <답 ③>

049. 외교사절과 영사에 관한 다음 설명 중 옳은 것으로만 묶은 것은?

〈행안부 9급 2008년〉

> ㄱ. 통상대표(trade delegate)는 외교사절이 아니라 영사의 일종이다.
> ㄴ. 영사제도는 연혁적으로 중세유럽의 길드에서 유래한 것으로서 상업상의 이익을 보호하고 상사분쟁을 중하는 것이 주된 임무였다.
> ㄷ. 외교사절은 국제법상 국가의 기관이나 영사는 그러하지 아니하다.
> ㄹ. 외교사절의 파견에는 원칙적으로 아그레망을 요하나 영사의 파견에는 이를 요하지 않는다.
> ㅁ. 영사관계의 수립은 일반적으로 명시적인 국가승인으로 인정된다.
> ㅂ. 외교사절은 신임장을 제정하여야 그 업무를 개시하는 데 비해 영사는 접수국의 영사인가를 받아야 그 직무를 개시할 수 있다.

① ㄱ, ㄴ, ㅁ　　② ㄱ, ㄷ, ㅂ
③ ㄴ, ㄹ, ㅂ　　④ ㄴ, ㅁ, ㅂ

해설

ㄱ. 통상대표는 외교사절도 아니고 영사도 아니다. ㄷ. 외교사절과 영사는 모두 국가의 대외기관이다. ㅁ. 영사관계의 수립은 명시적 국가승인이 아니다. 영사의 교환이 묵시적 국가승인으로 인정되려면, 단순히 영사를 교환하는 것만으로는 부족하며 인가장을 부여하거나 요청해야 한다. <답 ③>

050. 영사의 사법관할권의 면제에 대한 설명이다. 타당하지 않은 것은?

① 영사가 업무수행 중 한 행위에 대해서만 면제가 인정된다.
② 업무수행 중이 아닌 경우에는 형사소추의 대상이 된다.
③ 명예영사가 접수국 국민인 경우에도 직무수행 중의 모든 행위에 대하여 면제가 인정된다.
④ 자동차, 선박, 항공기로 인한 제3자 손해배상에도 면제가 인정되지 않는다.

해설

명예영사가 접수국 국민이나 상주거주자인 경우는 직무수행 중 공적 행위에만 면제와 불가침이 인정된다.
<답 ③>

051. 영사에 관한 다음의 설명 중 타당하지 않은 것은 무엇인가?

① 영사의 직급에는 총영사, 영사, 부영사가 있다.
② 영사는 파견국을 대표하여 접수국과 외교관계를 유지한다.
③ 영사는 접수국 내에서 파견국 국민의 권리를 보호하는 것이 주요 임무이다.
④ 한국 정부는 외교직원과 영사직원이 철저히 분리된 이원화된 제도를 채택하고

있지는 않다.

⑤ 기본적으로 영사는 접수국의 관할 지방정부와 상대한다

해설

파견국을 대표하여 접수국과 외교관계를 유지하는 것은 외교관의 역할이며 영사는 오로지 접수국 내에서 자국 국민의 권리를 보호하는 역할을 수행한다. 한국을 비롯한 적지 않는 국가들은 외교직원과 영사직원을 철저히 분리하지 않고 각각의 경우 별로 임무를 부여한다. <답 ②>

052. 1961년 외교관계에 관한 비엔나협약과 1963년 영사관계에 관한 비엔나협약에 규정된 외교관 및 영사의 특권과 면제의 내용을 비교할 때 차이가 없는 것은?

〈지방직 7급 2009년〉

① 증언의 면제

② 접수국 내의 차량에 의한 사고로부터 발생하는 손해에 대한 제3자의 민사소송

③ 면제의 포기주체와 방법

④ 화재 등 긴급상황에서의 공관출입의 동의추정

해설

① 외교관과 달리 영사는 '임무의 수행에 관한 사항'에 대해서만 증언할 의무가 없을 뿐이다. ② 공무중이라 하더라도 차량 등에 의하여 생긴 사고에서 기인하는 손해에 대하여 제3자가 제기한 민사소송에는 면제가 인정되지 않는다. ③ 면제의 포기는 외교관, 영사 개인이 아닌 소속 국가(파견국)의 권한이다. ④ 외교관계 비엔나협약과 달리, 영사관계 비엔나협약에는 화재 기타 신속한 보호조치를 필요로 하는 재해의 경우 영사기관의 장의 동의가 있는 것으로 간주한다는 명문규정이 있다. <답 ③>

053. 외교관 및 영사의 특권면제에 관한 다음의 설명 중 타당하지 않은 것은 무엇인가?

① 일반적으로 외교관에 부여되는 특권면제가 영사에 대한 그것보다 광범위하며 보호의 정도도 높다.

② 외교관은 어떠한 경우에도 형사재판관할권으로부터 완전면제된다.

③ 외교관의 특권면제 및 영사의 특권면제가 경우에 따라서는 주권면제와 병합적으로 적용되는 경우도 있을 수 있다.

④ 외교관과 영사의 개인적 서류 및 주거도 동일하게 특권면제의 보호 대상이다.

⑤ 영사 행낭의 경우 중대한 이유가 있는 경우 접수국 당국은 동 행낭을 개봉하든지 아니면 발송지로 반송할 것을 요구할 수 있다.

해설

외교관의 개인적 서류도 동일하게 불가침권을 향유한다. 그러나 영사의 경우는 개인적 서류는 그러한 불가침권을 향유하지 않는다. 마찬가지로 외교관의 개인적 주거는 불가침권을 향유하나 영사의 개인적 주거는 그러한 불가침권을 향유하지 않는다. <답 ④>

054. 1963년 영사관계협약에 따른 영사관원의 외교활동 수행에 대한 설명으로 옳은 것은? 〈2016년 국가직 7급〉

① 파견국의 영사관원은 자국의 외교공관이 없고 제3국의 외교공관에 의하여 대표되지 않는 국가 내에서 그 국가에 통고한 후, 외교관으로서 외교활동을 수행할 수 있다.
② 접수국에서 파견국 영사관원의 외교활동 수행이 허용된 경우, 영사관원이 중대한 범죄를 범하게 되면 접수국 사법부의 결정에 따라 체포될 수 있다.
③ 파견국의 영사관원이 접수국 내에서 외교활동을 수행하는 경우, 영사관원은 접수국 내에서 외교특권과 면제를 향유한다.
④ 접수국 내에서 파견국 영사관원이 정부간 국제기구에 대한 파견국의 대표로서 활동하기 위해서는 접수국의 동의를 받아야 한다.

해설

① 파견국 외교공관이 없고 제3국 외교공관에 의해서도 대표되지 아니하는 국가 내에서 영사관원은 접수국의 동의를 받아 외교활동을 수행할 수 있다(영사관계협약 제17조 1항). ②,③ 외교활동 수행 허용이 영사관원에게 외교특권면제를 부여하는 것은 아니나 영사관계협약에 따라 중대한 범죄를 범한 영사관원은 사법당국에 의한 결정에 따라 체포 또는 구속될 수 있다(제17조 1항, 제41조 1항). ④ 국제기구에 대한 파견국 대표로서의 활동은 접수국에 통고하는 것으로 가능하다(제17조 2항).

<답 ②>

055. 1963년 영사관계에 관한 비엔나협약에 따를 경우 자국에서 범죄를 저지른 외국인을 체포한 경우 체포국 정부는 다음 중 어떠한 의무를 부담하는가?

① 외국인의 국적국과 외교교섭에 나설 의무
② 외국인의 국적국의 대사관에 통보할 의무
③ 외국인의 국적국이 파견한 영사에 통보할 의무
④ 외국인의 국적국이 파견한 영사에 통보하고, 영사의 접견교통권을 보장할 의무
⑤ 변호인의 조력을 받을 의무를 보장할 의무

해설

1963년 영사관계에 관한 비엔나협약 제36조는 외국인을 체포하는 협약당사국 정부는 해당 외국인의 국적국이 파견한 영사에 그러한 사실을 통보하고 영사와 해당 외국인 간 접견교통권을 보장하여야 한다.

<답 ④>

056. 다음은 영사관계에 관한 협약과 외교관계에 관한 협약상의 특권과 면제의 공통점을 열거한 것이다. 옳지 않은 것은?

① 공문서와 서류는 불가침이 아니다.
② 공관에서의 비호권은 인정되지 않는다.

③ 접수국은 모든 공공의 목적만을 위하여 행하는 자유로운 통신을 허가하고 이를 보호하여야 한다.

④ 무선통신기의 설치 및 사용에는 접수국의 동의를 얻어야 한다.

해설

영사관계협약 제33조와 외교관계협약 제24조에 의하면 영사기관의 외교공관과 영사기관의 공문서와 서류는 어느 때 어느 장소에서도 불가침이라고 규정하고 있다. <답 ①>

057. 외국 군대의 법적 지위에 대한 일반적 원칙으로 타당하지 않은 것은?

① 주류하는 외국 군대의 법적 지위를 규율하기 위한 조약을 SOFA라 한다.

② 대표적인 SOFA협정은 1951년 NATO군 지위에 관한 런던협정이다.

③ 외국 군인은 원칙적으로 외교관과 동일한 특권과 면제를 누린다.

④ 외국 군인은 출입국절차가 간소화되어 있고 접수국의 관세법적용을 받는다.

해설

외국 군대의 구성원은 접수국의 법령을 준수하여야 하며 원칙적으로 국가면제를 누리지 못한다. 더욱이 외교관과 같은 특권은 전혀 인정되지 않는다. <답 ③>

058. 한미 주둔군지위협정에 관한 다음 기술 중 타당하지 않은 것은 무엇인가?

① 동 협정은 한국 정부가 미군 구성원에 대한 재판관할권을 부당하게 미국 측에 양도하는 것이므로 주권침해를 구성하여 국제법 위반에 해당한다는 것이 다수설의 입장이다.

② 동 협정에서 법률적으로 중요한 의미를 띠고 있는 것은 형사재판권 문제이며 이는 동 협정 제22조에 규정되어 있다.

③ 동 협정이 체결된 것은 1966년이며 이에 대한 최초의 개정은 1991년에 있었다.

④ 동 협정에 대한 가장 최근의 개정은 2001년에 있었다.

⑤ 동 협정에 대한 몇 차례 개정에도 불구하고 아직 미비한 점이 다수 포함되어 있다는 것이 일반적 시각이다.

해설

한미 주둔군지위협정은 형사재판관할권의 행사와 관련하여 한국이 관할권을 행사하는 경우와 미국이 관할권을 행사하는 경우를 각각 규정하고 있다. 이는 대부분의 주둔군지위협정에서 나타나는 방식이며 이를 국제법 위반으로 판단하는 것은 타당하지 않다. 한미 주둔군지위협정은 1966년 최초 체결된 이래 1991년 및 2001년에 대폭 개정되었다. <답 ①>

059. 외교관에 대하여 부여되는 특권면제에 관한 다음 설명 중 잘못된 것을 고르시오.

① 원래 이 문제는 국제관습법에 의하여 규율되던 문제였으나 1961년 외교관계에 관한 비엔나협약으로 법전화되었다.

② 1961년 외교관계에 관한 비엔나협약의 도입으로 국제관습법은 최소한 이 영역에서는 더 이상 적용되지 않게 되었다.

③ 외교관에 대한 특권면제는 외교관의 원활한 활동을 보장하기 위하여 기능주의적 입장에서 도입된 것이며 해당 외교관 개인의 보호를 위하여 도입된 것은 아니다.

④ 외교통신을 도청하거나 서류를 허가없이 열람하는 것도 1961년 비엔나협약에 대한 위반을 구성한다.

⑤ 외교관의 특권면제는 해당 외교관의 세대를 구성하는 직계가족에 대해서도 동일하게 적용된다.

해 설

1961년 외교관계에 관한 비엔나협약이 도입되었으나 이와는 별도로 이 영역에서의 국제관습법은 여전히 그대로 적용된다. <답 ②>

060. 1980년 테헤란 미 대사관 인질사건과 관련한 ICJ 판결(U.S. Diplomatic and Consular Staff in Teheran)에 대한 다음 기술 중 잘못된 것을 고르시오.

① 접수국은 주로 작위를 통하여 1961년 외교관계에 관한 비엔나협약을 위반할 수 있으며 부작위로 이 협약을 위반하는 상황은 지극히 상정하기 곤란하다.

② 외교관계에 관한 비엔나협약은 그 자체로서 일종의 자기 완비적 체제(self-contained regime)를 구성하고 있으며, 접수국은 파견국의 외교관이 국제법 위반행위를 범하는 경우에도 동 협약이 허용하는 대응 조치만 취할 수 있다.

③ 이 사건에서 문제가 된 것은 주로 외교관의 신체의 불가침, 문서의 불가침, 공관의 불가침 의무에 대한 위반 여부였다.

④ ICJ는 접수국이 부담하는 외교관의 특권면제 제공 의무를 일종의 "대세적 의무"의 성격을 갖는 것으로 파악하였다.

⑤ 접수국 입장에서 자국 국내법령을 위반하거나 국내 문제에 부당하게 개입하는 파견국 외교관에 대한 유일한 현실적인 대응 방안은 해당 외교관을 기피 인물(persona non grata)로 선언하여 자국 영역을 떠나도록 요청하는 것이다.

해 설

1961년 비엔나협약의 위반은 작위뿐 아니라 부작위를 통해서도 발생할 수 있다는 점을 이 판결은 상세히 보여주고 있다. <답 ①>

061. 외교관의 특권 및 면제에 관한 다음의 설명 중 옳은 것을 고르시오.

① 외교관의 특권과 면제는 국가의 권리이며, 파견국은 자국 외교관이 향유하는 특권과 면제를 스스로의 판단으로 포기할 수 있다.

② 1961년 외교관계에 관한 비엔나협약은 외교관의 특권과 면제를 상세하게 규율하고 있으며, 접수국과 파견국 간에 상호주의적으로 그러한 면제의 범위를 상호 합의를 통하여 조정하는 것은 허용하지 않고 있다.

③ 외교행낭이 제3국을 통과하는 경우 이러한 제3국은 외교행낭의 비밀과 안전을 보호할 책임은 없다.

④ 외교사절의 특권과 면제는 그의 직무종료 시점에서 즉시 종료된다.

⑤ 외교관의 가족은 접수국 국적을 갖고 있더라도 외교관과 동일한 특권과 면제를 향유한다.

해설

① 외교관의 특권과 면제는 국가의 권리이며, 그러한 특권과 면제를 부여하는 이유는 직무 수행의 효율성을 보장하기 위함이다. 그러므로, 파견국은 외교관의 특권과 면제를 스스로의 판단으로 포기내지 제한할 수 있다. <답 ①>

제7장 | 국가책임론

제1절 서 론

제2절 책임의 발생요건

001. 2001년 **채택된** ILC**의 국가책임협약초안의 내용과 관련된 사항으로 바른 것은?**

① ILC 초안상으로는 국가책임의 발생요건으로 '국제의무 위반'과 '행위의 국가 귀속성'을 규정하고 있다.

② 국가의 국제법상 의무 위반 및 국제예양의 위반에 대해 국가책임이 성립한다.

③ 국제위법행위는 민사적 성격의 국제불법행위와 형사적 국제범죄로 구분되어 있다.

④ '국제의무 위반'과 관련해서는 고의 및 과실이 입증되어야 함이 명시되어 있다.

해설

② 국제예양의 위반에 대해서는 국가책임이 성립하지 않는다. ③ 2001년의 ILC 초안에서는 국제위법행위를 국제불법행위와 형사적인 국제범죄로 구분하지 않고 국제위법행위라는 단일개념을 언급하고 있으며, 국제범죄는 제외되어 있다. ④ 국제의무의 위반과 관련하여 고의 및 과실의 입증은 성립요건으로 언급되어 있지 않다.

<답 ①>

002. 국제연합(UN)**의** 2001**년 '국제위법행위에 대한 국가책임에 관한 규정초안'에 대한 설명으로 옳지 않은 것은?** 〈국가직 9급 2011년〉

① 국가의 국제위법행위는 작위 및 부작위로부터 발생할 수 있다.

② 국가책임을 발생시키는 요건으로 피해의 발생을 요구하고 있다.

③ 위법성 조각사유와 대항조치에 대하여 규정하고 있다.

④ 입법 · 사법 · 행정 등 그 기능과 관계없이 국가기관의 행위는 국가의 행위로 간주된다.

해설

② 국가책임에 관한 ILC 초안은 국가책임의 요건으로서 피해(손해) 발생을 규정하지 않고 있음을 유의한다.

<답 ②>

003. 국가책임의 성립과 관련된 설명 중 옳지 않은 것은?

① 현실적인 손해가 있어야 하며, 물질적 손해발생만을 의미하는 것이 아니라 비물질적, 정신적 손해도 포함한다.

② 국가책임 성립과 관련하여 무과실책임을 수용한 조약이 존재한다.

③ 국가책임의 기본적 원칙으로는 사인행위의 국가책임원칙, 형사책임의 원칙 등을 들 수 있다.

④ 하위직 공무원의 행위이더라도 그 직무상 행위는 국가의 행위로 간주된다.

해 설

① 국가책임협약초안은 국제법위반 및 행위의 국가귀속성만을 성립요건으로 다루고 있으나 일반 국제법상 고의나 과실, 손해발생도 있어야 국가책임이 성립되는 것으로 본다. ② 우주법 관련 협약 등은 무과실책임원칙을 규정하고 있다. ③ 국가에 귀속할 수 없는 사인의 행위만으로는 국가책임이 성립하지 않는다. 형사책임은 국가책임에 포함되지 않는다. 과거 ILC 국가책임협약초안은 국가에 의한 국제범죄를 규정하였으나 지금은 삭제되었다. <답 ③>

004. 국제위법행위에 대한 국가책임을 규정한 ILC 규정초안에 대한 설명으로 옳은 것은?

① 국가책임에 있어서 국제법의 다른 특별규칙에 의해 규율되는 경우 그러한 특별규칙이 ILC 규정초안보다 우선적용된다.

② ILC 규정초안은 국제기구의 국제책임에 대해 규정하지 않음으로써 국제기구의 국제법적 책임능력을 부인하는 태도를 취하였다.

③ ILC 규정초안은 국가를 위하여 행동하는 사람의 개인적 국제책임 문제를 규정하지 않음으로써 그러한 개인의 국제책임능력을 부인하는 태도를 취하였다.

④ ILC 규정초안은 행위의 1차적 규범에 대해 법전화를 시도하고 있다.

해 설

②③ ILC 규정초안은 국제기구의 국제책임 문제를 해하지 않으며, 국가를 위해 행동하는 사람의 개인적 국제책임 문제도 해하지 않는다(김대순). ④ ILC 규정초안은 실체법규인 1차규범을 법전화한 것이 아니라 2차규범(즉, 실체법규를 위반한 경우 어떻게 책임을 지게 되는가에 대한 규범)을 법전화하려는 것이다. <답 ①>

005. 국제법상 국가책임에 관한 설명 중 옳은 것을 모두 고른 것은? 〈사시 2015년〉

ㄱ. 지방자치단체의 국제위법행위에 대해서도 국가책임이 성립한다.

ㄴ. 2001년 국제연합(UN) 국제법위원회는 기존의 「국제위법행위에 대한 국가책임 초안」을 수정하여 국제위법행위 개념에 국제범죄의 개념을 추가하였다.

ㄷ. 사인의 행위라도 국가책임이 발생하는 경우가 있다.
ㄹ. 행정부가 국제관계에서 국가를 대표하므로 행정부의 행위만이 국가책임을 발생시킨다.
ㅁ. 국가기관의 행위가 비권력적·상업적 성격을 지녔더라도 이로부터 국가책임이 성립될 수 있다.

① ㄱ, ㄴ, ㄷ ② ㄱ, ㄴ, ㄹ ③ ㄱ, ㄷ, ㅁ
④ ㄴ, ㄷ, ㅁ ⑤ ㄷ, ㄹ, ㅁ

해설

ㄴ.국제범죄 개념이 삭제되었다. ㄹ. 행정부뿐만 아니라 입법부, 사법부의 행위도 국가책임을 발생시킬 수 있다. <답 ③>

006. 2001년에 UN 국제법위원회가 채택한 '국제위법행위에 대한 국가책임초안'에 규정된 내용으로 옳지 않은 것은? 〈행안부 9급 2010년〉

① 어떠한 행위에 대하여 국가의 국제책임을 성립하기 위해서는, 그 행위가 해당 국가의 귀속되며 국제의무 위반을 구성하여야 한다.
② 국가의 국제범죄에 대해서는 국제공동체 전체로부터의 제재가 가하여진다.
③ 자위권행사를 위법성조각사유로 인정한다.
④ 고의 또는 과실을 국가책임 성립요건으로 인정하지 않는다.

해설

과거에는 국가의 국제범죄 관련 내용이 초안에 포함되어 있었으나 지금은 삭제되었다. 국가가 범죄를 저지르는 주체가 될 수 있다는 개념은 인정받지 못하고 있는 것이다. <답 ②>

007. 국제연합(UN) 국제법위원회의 2001년 「국제위법행위에 대한 국가책임초안」의 내용에 관한 설명 중 옳지 않은 것은? 〈사시 2015년〉

① 국가기관이 아니더라도 공권력을 행사할 권한을 부여받은 단체의 행위는 국가의 행위로 간주된다.
② 국가기관의 직무수행상의 월권행위에 대해서도 국가는 책임을 진다.
③ 국가책임의 성립요건으로 고의 또는 과실을 규정하고 있지 않다.
④ 타국의 통제(at the disposal) 하에 놓인 기관이 타국의 공권력을 행사하는 경우 그 행위는 국제법상 그 기관의 소속국 행위로 간주된다.
⑤ 한 국가가 타국 기관의 행위에 대해서도 책임지는 경우가 있다.

해설

타국의 통제 하에 놓인 기관의 행위는 그 통제력을 가진 국가에 귀속된다. <답 ④>

008. 국가책임과 관련된 설명으로 옳지 않은 것은? 〈기출문제 변형〉

① 국가의 부작위도 국가책임을 구성할 수 있다.

② 고의 · 과실이 없어도 국가책임이 성립하는 경우가 있다.

③ 국가책임은 타국에 대한 직접침해에 의해서만 발생하며 타국 국민에 대한 손해인 간접침해는 국가책임론과 무관하다.

④ 지방정부 기관의 행위도 국가책임을 구성할 수 있다.

해설

② 원칙적으로 고의·과실이 요구되나 우주법 등 특정분야 협약에서 고의·과실을 요구하지 않는 절대책임론도 적용되고 있다. ③ 간접침해도 국가책임을 구성할 수 있다. <답 ③>

009. 국가의 국제책임에 대한 설명 중 옳은 것은? 〈기출문제 변형〉

① 개별책임 원칙은 직접피해국이 아닌 제3국은 원칙적으로 가해국에 국가책임을 물을 수 없다는 전통적 원칙이다.

② 국가는 타국의 불법행위에 대해서는 여하한 경우에도 책임을 지지 않는다.

③ 국가기관의 행정적 행위만이 국제책임을 야기한다.

④ 심리의 부당한 지연, 확정판결에 대한 재심사유의 제한 등은 '재판의 거부'에 해당한다.

해설

① 개별책임의 원칙은 윔블던 사건에서 확인된 전통적 국가책임 원칙이다. 그러나 오늘날 대세적 의무 위반에 대해서는 제3국도 가해국에 대해 위반중단 촉구 등 일정한 조치를 취할 수 있다고 보고 있다. ② 타국의 불법행위라 하더라도 피보호관계 또는 일정한 공동책임관계를 구성하는 경우 타국 불법행위에 대해 책임을 지는 경우가 발생할 수 있다. ③ 국가기관의 행정, 입법, 사법 행위 모두 국가책임을 야기할 수 있다. ④ 확정판결에 대한 재심사유의 제한은 국내 소송법에 정당하게 규정된 경우에는 재판의 거부에 해당하지 않는다고 본다. <답 ①>

010. 사법부와 관련한 국가책임에 대한 다음 기술 중 잘못된 것을 고르시오.

① 사법부의 행위도 국가책임의 대상이 된다.

② 사법부의 행위는 국가책임의 대상이 되나 판결은 국가책임의 대상에서 제외된다.

③ 사법부의 작위, 부작위는 공히 국가책임을 초래할 가능성이 있다.

④ 사법부도 정부 조직의 일부인 이상 국가책임의 적용은 당연한 귀결이다.

⑤ 2001년 ILC 협약은 일국의 입법부, 행정부, 사법부가 모두 국가책임의 주체가 될 수 있음을 밝히고 있다.

해설

사법부도 국가책임의 주체가 된다. 사법부의 작위 및 부작위(가령 재판의 거부)는 모두 국가책임을 발생시킬 가능성을 내포하게 된다. 사법부의 조치가 모두 국가책임의 대상이 되며 특정 법원이 내리는 "판결"이나 "명령"이 이로부터 제외되는 것은 아니다. <답 ②>

011. 사인(私人)의 행위로 인한 국가책임과 관련된 서술 중 옳지 못한 것은?

① 테헤란 주재 미국대사관원 인질사건은 사인의 행위에 대한 국가책임을 인정한 사건이라고 볼 수 있다.

② 국가에 의해 지시, 통제된 사인의 행위는 국가에 책임이 귀속된다.

③ 공공당국의 부재 또는 마비 시에 사실상 정부 역할을 한 사인의 행위는 국가에 책임이 귀속된다.

④ 반란단체가 반란에 성공하지 못하고 진압되어 소멸한 경우 이 반란단체의 행위는 국가에 책임이 귀속된다.

해설

반란단체의 행위 자체는 사인의 행위이므로 국가에 귀속되지 않는다. 다만, 국가(중앙정부)가 그 반란단체로 인한 외국인의 피해를 적절히 예방하지 못하였거나 외국인의 피해를 구제하지 못한 경우에 책임을 질 뿐이다. <답 ④>

012. UN **국제법위원회**(ILC)**의 국제위법행위에 대한 국가책임 규정 초안**(Draft Articles on Responsibility of States for Internationally Wrongful Acts, 2001)**에 따른 국가책임이 성립요건에 관한 설명으로 옳지 않은 것은?** 〈2015년 국가직 9급〉

① 국가기관의 자격으로 한 국가기관의 행위는 자신의 권한을 초과하여 행한 경우에도 국제법상 그 국가의 행위로 간주된다.

② 개인의 행위는 그 행위를 수행함에 있어서 사실상 국가의 지시를 받아서 행동하는 경우에도 국제법상 그 국가의 행위로 간주되지 않는다.

③ 국가의 새 정부를 구성하는 데 성공한 반란단체의 행위는 국제법상 그 국가의 행위로 간주된다.

④ 국가행위로 귀속될 수 없는 행위에 대하여 국가가 자신의 행위로 승인하고 채택하는 경우 당해 행위는 그 범위 내에서 그 국가의 행위로 간주된다.

해설

② 사실상 국가의 지시를 받아서 행동하는 개인의 행위는 그 국가의 행위로 귀속된다.

<답 ②>

013. 다음 중 국제위법행위에 대한 국가책임을 발생시키지 않는 경우는?

① 공무원이 권한을 초월하는 행위를 하여 타국에 피해를 입혔다.
② 자연재해로 인한 정부 마비 시 민간 의용소방대가 화재진압 중 외국인에게 부당한 피해를 입혔다.
③ 법원이 재판과정에서 착오를 일으켜 외국인에 대한 판결에서 오판을 하였다.
④ 외교관이 접수국 정부의 전산정보체계에 침투하여 이를 마비시켰다.

해설

① 공무원의 행위는 국내법규상 권한을 넘어서는 행위라 하더라도 국가의 책임을 발생시킬 수 있다. ② 사인의 행위도 사실상의 기관을 구성하는 경우에는 국가의 행위가 된다. ③ 법원이 의도하지 않은 착오를 일으켜 오판을 한 경우에는 재판거부가 되지 않으므로 국가책임이 발생하지 않는다고 할 수 있다. ④ 외교관의 범죄적 행위의 경우 외교관 개인에게는 불가침과 면제가 적용되므로 접수국이 그 개인을 처벌할 수는 없으나 직무수행중 발생한 것이므로 파견국의 국가책임이 발생한다고 볼 수 있다.
<답 ③>

014. 국가책임에 관한 설명 중 옳지 않은 것은? 〈기출문제 변형〉

① 국가책임해제 시 가해국은 국내법을 이유로 책임해제 불능을 주장할 수 없다.
② 1967년 우주조약에서 조약당사국은 사인의 우주활동에 직접 책임을 진다.
③ 국제관행상 국가의 불법행위에서 고의, 과실의 정도는 손해배상액에 영향을 준다.
④ 지방에서 발생한 폭도의 폭동으로 외국인이 피해를 입은 경우 당연히 중앙정부가 국가책임을 진다.

해설

폭도의 폭동은 사인의 행위이므로 그 자체에 대해 국가가 책임을 지지는 않는다. 다만, 사전에 상당한 주의를 기울여 피해를 예방하지 않았거나 사후 적절한 구제를 제공하지 않았다면 바로 그 작위 또는 부작위에 대해 책임을 질 뿐이다.
<답 ④>

015. 국가책임에 관한 설명 중 옳은 것으로 묶인 것은? 〈사시 2009년〉

ㄱ. 국제의무의 위반은 작위뿐만 아니라 부작위에 의해서도 발생한다.
ㄴ. 국가책임은 다른 국가에 대한 간접침해(indirect injury)에 의해서도 발생할 수 있다.
ㄷ. 사인(私人)의 행위라 할지라도 국가가 상당한 주의(due diligence)의무를 다하지 않은 경우 국가책임이 발생할 수 있다.
ㄹ. 외국인에 대한 재판절차가 불공정하더라도 사법권 독립의 원칙에 의하여 국

가는 국제법상의 책임을 지지 않는다.
ㅁ. 외교업무를 담당하지 않는 공무원의 국제법 위반행위는 국가에 책임이 귀속되지 않는다.

① ㄱ, ㄴ, ㄷ ② ㄱ, ㄴ, ㄹ ③ ㄱ, ㄷ, ㅁ
④ ㄴ, ㄷ, ㄹ ⑤ ㄴ, ㄹ, ㅁ

해설

외국인에 대한 재판절차가 불공정할 경우 이른바 재판의 거부(denial of justice)라고 하여 국가의 행위로 귀속된다. 국가행위의 주체로서는 행정부, 입법부, 사법부를 구분하지 않는다. 아울러, 공무원 행위의 국가 귀속 여부는 외교업무 여부와 무관하다. 예를 들어, 경찰이 외국인을 불법적으로 체포하는 경우를 생각해볼 수 있다. <답 ①>

016. 국제책임론에서 개인의 역할에 대한 설명으로 옳지 않은 것은?

① ILC 국가책임규정초안은 공무원 개인의 월권행위도 원칙적으로 국가에 귀속되나 외견상 명백히 월권행위로 보이는 경우에는 국가책임이 성립하지 않는다는 입장을 취하고 있다.
② 공무원이 아닌 민간인의 개인 행위에 대해서는 원칙적으로 국가가 책임을 지지 않는다.
③ 공무원에게 내려진 지시가 다소 명백하지 않더라도 그 공무원의 지시 위반 여부는 국가책임을 확정하는 데 있어서 큰 의미가 없다.
④ 사인의 행위로 인한 외국인 피해에 대해서는 국가는 그 사인의 행위 자체에 대해서는 책임지지 않는다.

해설

ILC 규정초안에 의하면, 외견상 명백히 월권행위로 보이지 않더라도 그것과 상관없이 월권 또는 지시위반의 모든 경우에 대해 국가로 귀속된다고 본다. <답 ①>

017. 지방자치단체와 관련한 국가책임에 대한 다음 기술 중 올바른 것은 무엇인가?

① 지방자치단체가 중앙정부와 사전협의 없이 독자적으로 결정한 사안에 대해서는 중앙정부는 국가책임을 부담하지 않는다.
② 지방자치단체가 국가책임을 부담하는 경우는 관련 국제협정이나 조약에 그러한 취지가 명백히 기재된 경우에 국한된다.
③ 지방자치단체의 행위로 인하여 국가책임이 발생하는 경우는 점차 사라져가고 있는 실정이다.
④ 지방자치단체의 행위로 인하여 국가책임이 발생하는 것은 타당하나, 이 경우 피해를 입은 외국 정부는 해당 지방자치단체에 직접 책임 추궁을 하여야 한다.

⑤ 지방자치단체의 작위, 부작위로 인하여 야기되는 국제법 위반 상황은 중앙정부의 국가책임을 곧바로 초래한다.

해 설

지방자치단체의 작위, 부작위에 대해서는 중앙정부가 국가책임을 부담한다. 이에 대하여 지방자치단체가 국가책임을 부담하는 것이 아니며 피해를 입은 외국 정부도 해당 지방자치단체에 문제 제기를 하거나 책임 추궁을 하여야 하는 것도 아니다. <답 ⑤>

018. 국제법상 국가책임에 관한 설명 중 옳지 않은 것은? 〈사시 2016년〉

① 국가기관이 직무상으로 취한 상업적 행위는 그 국가의 행위로 간주되지 않는다.

② 어느 국가의 새 정부를 구성하는 데 성공한 반란단체의 행위는 국제법상 그 국가의 행위로 간주된다.

③ 국제사법재판소(ICJ)는 1986년 니카라과사건에서 미국이 콘트라반군에 대하여 원조를 제공한 상황만으로는 콘트라반군의 행위를 미국에 귀속시킬 수 없다고 판결하였다.

④ 공적 기관의 부재 또는 마비로 인하여 공권력의 행사가 요구되는 상황에서 사인이 사실상의 공권력을 행사하였다면 그 행위는 국가의 행위로 간주된다.

⑤ 국가는 그 기관의 월권행위에 대해서도 국제법상 책임을 부담한다.

해 설

국가기관이 상업적 이익을 위해 취한 행위 역시 당연히 국가의 행위로 간주될 수 있으며 그에 대해 국가책임이 발생할 수 있다. <답 ①>

019. 2001년 UN 국제법위원회(ILC)의 국제위법행위에 대한 국가책임초안에 따르면 국가의 행위로 귀속될 수 없는 경우는? 〈2014년 국가직 7급〉

① 지방자치단체가 해외 투자를 유치하는 행위

② 국가기관이 자신의 권한을 초과하거나 지시를 위반하는 행위

③ 민간단체가 국가의 위임을 받아 교도소를 운영하는 행위

④ 타국에 파견된 공무원이 사인의 자격에서 하는 행위

해 설

지방자치단체의 행위, 권한을 초과한 국가기관 행위, 민간단체가 국가의 위임을 받아 하는 행정적 성격의 행위는 국가의 행위로 귀속된다. <답 ④>

020. 2001년 UN **국제법위원회**(ILC)**에서 채택된 국제위법행위에 대한 국가책임규정초안상의 국가책임에 관한 설명 중 옳은 것은?** 〈사시 2012년〉

① 국가기관인 행위자가 그 권한을 넘어서 하는 행위는 외견상 권한 내의 행위로 보여야 국가의 행위로 간주된다.

② 사인의 행위일지라도 국가에 의하여 지시되거나 통제되는 행위 또는 공적기관의 부재 시 정부권한의 행사가 요구되는 상황에서 한 행위는 국가의 행위로 간주된다.

③ 국제위법행위가 성립하기 위해서는 국가기관의 고의나 과실이 필요하다.

④ ILC의 작업 초기에는 피해국 이외의 국가가 책임을 물을 수 있도록 하기 위해 국제범죄라는 용어를 사용하였으나 많은 비판이 있어, 2001년 채택된 초안에서는 직접 피해를 입은 국가만이 그 책임을 물을 수 있도록 한정하였다.

⑤ 국가의 국제위법행위에 의하여 야기된 피해에 대한 배상의 범위에 정신적 손해는 포함되지 않는다.

해설

① 국가기관원의 직무상 행위는 권한범위를 초과했더라도 국가행위로 귀속된다. ② 사실상의 국가행위에 해당한다. ③ 고의나 과실은 ILC 초안에 규정되어 있지 않다. ④ 국제범죄라는 개념이 사용되었으나 개인이 아닌 국가에 대해 범죄라는 개념을 논의하는 것은 부적절하다고 하여 결국 ILC 초안에서 삭제되었다. ⑤ 일반적인 법리에 따라 정신적 손해도 포함될 수 있는 것으로 본다. <답 ②>

021. 홍길동씨는 만취상태에서 아무런 이유 없이 길가던 A국 외교관을 구타하였다. 홍길동씨는 한국 정부와 아무런 관련이 없는 일반 시민일 뿐이다. 동인의 행위에 대하여 한국 정부가 A국 정부에 대하여 국가책임을 부담하지 않는 이유를 가장 압축적으로 표현한 것은 무엇인가?

① 홍길동은 한국 정부를 대표하지 않으므로

② 홍길동과 한국 정부는 아무런 연관성이 없으므로

③ 개인의 행위는 국가책임을 촉발할 수 없으므로

④ 홍길동의 행위는 기본적으로 개인 자격으로 이루어진 행위이므로

⑤ 홍길동의 행위는 한국 정부의 행위로 귀속되지 않으므로

해설

기본적으로 개인의 행위는 국가의 행위로 귀속되지 않는다. 다만 일정한 경우 개인의 행위도 국가의 행위로 귀속될 가능성이 있다. 국가로부터 위임을 받은 경우가 대표적이다. 상기 사례에서 홍길동씨의 개인적인 행위는 한국 정부의 행위로 귀속되지 않으며 그 결과 홍길동씨의 행위는 한국의 국가책임을 촉발할 수 없게 된다. 상기 지문은 모두 연관되어 있으나 이 중 가장 핵심적인 내용은 "개인의 행위는 특별한 사정이 없는 한 국가의 행위로 귀속되지 않는다"는 내용이므로 마지막 지문이 가장 정확하다고 볼 수 있다. <답 ⑤>

022. UN **국제법위원회의** 2001년 「**국제위법행위에 대한 국가책임초안**」**의 내용에 관한 설명 중 옳지 않은 것은?** 〈사시 2013년〉

① 해당 국가의 국내법에 따라 국가기관의 지위를 갖는 모든 사람의 직무상 행위는 국제법상 그 국가의 행위로 간주된다.

② 해당 국가의 국내법에 의하여 정부권한을 행사하도록 권한을 부여받은 사람이 그 자격으로 행동하는 경우, 그 행위는 국제법상 그 국가의 행위로 간주된다.

③ 한 국가의 신 정부가 된 반란단체의 행위는 국제법상 그 국가의 행위로 간주된다.

④ 국가기관의 지위에 있는 자가 그 자격으로 행동함에 있어서 자신의 권한을 넘어서거나 또는 상급자의 지시를 위반하여 행동한 경우, 그 행위는 국제법상 그 국가의 행위로 간주되지 않는다.

⑤ 사인(私人)이 사실상 한 국가의 지시 또는 통제 하에서 행동한 경우, 그 행위는 국제법상 그 국가의 행위로 간주된다.

해설

공무원의 월권행위도 국가의 행위로 귀속되는 것으로 본다. <답 ④>

023. 사인의 행위에 대한 국가의 책임에 대한 다음 설명 중 타당하지 않은 것은?

① 사인의 행위에 대해서는 원칙적으로 국가책임이 발생하지 않는다.

② 반란단체가 반란에 성공하여 신 정부를 수립하는 경우 신 정부는 과거 반란단체로서 활동하던 시기에 외국인에게 입힌 피해에 대해 소급하여 책임을 지지 않는다.

③ 반란단체가 반란에 실패하여 진압된 경우 기존 정부는 반란단체가 외국인에게 입힌 피해와 관련하여 상당한 주의를 기울여 이를 예방하지 않았거나 사후 적절한 구제를 부여하지 않았다면 그러한 사전적 혹은 사후적 부작위에 대해 국가책임을 지게 될 수 있다.

④ 이른바 사실상 기관은 사인의 행위이지만 국가책임이 발생한다.

해설

일반적으로 반란단체가 성공하여 신 정부 수립으로 연결된다면 그 행위는 신 정부의 행위로 간주되어 책임을 져야 할 것이다. <답 ②>

024. 외국인 손해에 대한 국가책임에 관한 설명 중 옳지 않은 것은? 〈사시 2012년〉

① 외국인에 대한 국가의 위법한 침해행위로 피해가 발생한 경우, 그 국가는 이에 대해 배상할 의무가 있다.

② 사인의 국제위법행위도 국가가 이를 방지하기 위한 적절한 조치를 취하지 않

았다는 부작위가 인정되는 경우, 국가책임이 발생할 수 있다.
③ 폭동이나 반란으로 외국인이 손해를 입은 경우, 일반적으로 체류국 정부의 반란진압노력 태만 등의 입증 여부에 관계없이 상당한 주의의무 위반으로 간주된다.
④ 국가가 외교적 보호권을 청구하기 위해서는, 피해를 입은 외국인은 원칙적으로 가해국의 국내구제절차를 완료하여야 한다.
⑤ 사법부의 재판거절(denial of justice)에 의해서도 국가책임이 발생할 수 있으며, 그 예로 외국인의 소송을 거부하는 것, 명백히 불공평한 재판 등을 들 수 있다.

해설

국가가 사전에 피해발생을 막기 위해 상당한 주의를 기울이지 않은 경우에 책임이 발생하며, 손해가 발생하였다고 해서 상당한 주의의무 위반의 존재가 간주 또는 추정되는 것은 아니다. <답 ③>

025. 다음 중 ILC 국가책임협약초안이 규정하고 있는 원칙이 아닌 것은?

① 국가는 국제강행규범 위반의 결과에 대해 승인하거나 원조 · 지지해서는 안 된다.
② 대항조치는 위법성조각의 사유로 인정된다.
③ 국가는 자국적 사인(私人)의 행위에 대해 국가책임을 진다.
④ 국가는 사실상의 기관의 행위에 대해 국가책임을 진다.

해설

원칙적으로 국가는 사인의 행위에 대해 책임을 지지 않는다. 행위의 국가귀속성이 없기 때문이다. 그러나, 사인의 행위가 사실상의 기관을 구성하거나 사인의 외국인 침해행위에 대하여 사전 적절한 주의를 통한 방지 혹은 사후 예방을 하지 못하면 그것에 대해서 책임을 지는 것이다. <답 ③>

026. 다음 사례에 대한 법적 해석으로서 옳지 못한 것을 고르시오.

이스라엘 건국 후 몇몇 '애국적' 이스라엘 청년들은 유태인 학살의 책임자를 법정에 세우기 위해 남미의 아르헨티나까지 건너가 거기에 숨어 있던 독일 나치장교를 몰래 납치하여 이스라엘로 데려왔다. 이스라엘 검찰은 이 장교의 신병을 넘겨받아 법정에 세웠으며 이스라엘 법원은 자국 형법 및 관련 국제법에 근거하여 실형을 선고하였다. 아르헨티나는 이 애국적 청년들이 사실은 이스라엘 정보기관의 소속요원이라고 주장하며 강력하게 항의하였으나 이스라엘 외무장관은 그들은 정부요원이 아닌 자발적인 이스라엘 민간인이었다고 발표했다.

① 여러 나라의 통상적인 사법적 관행을 볼 때 납치에 의한 방법으로 범죄인의 신병을 확보하였더라도 재판관할권에는 영향을 받지 않고 있으므로 이스라엘 법원이 형사재판관할권을 확립하는 데는 지장이 없는 것으로 본다.
② 아르헨티나는 이스라엘 정보기관의 개입을 입증하지 못하였으므로 애국적 청년들의 납치는 자발적 민간인의 행위로서 이스라엘의 국가책임을 구성하지 않는다.
③ 유태인 학살은 이스라엘 건국 이전에 발생한 사건이지만 이스라엘 법원은 보편주의에 입각하여 관할권을 행사할 수 있다.
④ 애국적 청년들이 이스라엘의 정보기관 요원이었다면 그들은 아르헨티나 영토에서 아르헨티나의 허가 없이 불법적으로 공권력을 행사하였으므로 그것은 이스라엘의 국가책임을 구성하게 될 것이다.

해 설

이는 ILC 국가책임협약초안의 주석에서 설명하고 있는 실제사건을 문제화한 것이다. 순수한 민간인의 행위는 국가책임을 구성하지는 않지만 국가가 명시적 혹은 묵시적으로 위임을 주었거나 혹은 그 민간인의 행위를 사후 승인하였다면 이른바 '사실상의 기관'(de facto organ)의 행위로서 국가책임을 구성한다. 본 사건에서 이스라엘은 나치장교의 신병을 넘겨받아 기소함으로써 애국적 청년들의 납치행위를 승인하였기 때문에 국가 자신의 행위로서 국제책임을 져야 할 것이다. <답 ②>

027. **2001년 국제위법행위에 대한 국가책임 초안의 내용에 대한 설명으로 옳은 것은?**
〈2015년 국가직 7급〉

① 국가기관의 행위가 상업적 성격을 가지는 경우에는 국가책임이 발생하지 않는다.
② 정부권한을 행사하도록 위임받은 개인의 월권행위는 위임한 국가에 귀속되지 않는다.
③ 국가책임이 성립하기 위해서는 국가에 귀속되는 행위에 의한 국제의무 위반, 고의 또는 과실 및 손해의 발생이 필요하다.
④ 문제가 된 행위의 위법성이 조각되더라도 그 행위로 인해 야기된 중대한 손실에 대한 보상까지 면제되는 것은 아니다.

해 설

① 행위의 상업성 여부와 국가책임은 무관하다. ② 정부권한 행사를 위임받은 개인의 행위는 국가행위로 귀속되며, 그러한 개인 또는 공무원의 월권행위 역시 국가행위로 본다. ③ 2001년 국가책임 초안상 국가책임 성립요건에 고의 또는 과실 및 손해발생은 포함되어 있지 않다. <답 ④>

028. UN이 안전보장이사회의 결정을 통하여 평화를 파괴한 특정 국가에 대해 무력적 조치를 취하도록 회원국들에게 지시하였고, 회원국들은 그 국가에 대해 무력을 사용하였다. 이 경우 국제법은 회원국의 무력사용이 국가책임을 발생시키지 않는 것으로 본다. 그 사유로서 적절한 것은?

① UN의 결정에 따른 UN의 행위이므로 행위의 국가귀속성이 부인되기 때문이다.
② 평화를 파괴한 국가는 회원국의 무력사용으로 피해를 입더라도 그 인과관계가 인정되지 않기 때문이다.
③ 회원국의 무력사용에는 고의나 과실이 없으므로 국가책임을 발생시키지 않기 때문이다.
④ UN의 집단적 강제조치 이행은 그 자체가 합법적 행위로서 행위의 위법성을 배제시키는 위법성조각사유가 되기 때문이다.

해설

외형상으로는 무력을 통한 타국(평화파괴국)에 대한 침해행위이지만 UN의 집단적 강제조치가 위법성조각사유이기 때문에 국가책임이 발생하지 않는다. <답 ④>

029. A국에 인접한 공해에서 B국 국적의 30만톤급 대형유조선이 좌초되었고, 동 선박으로부터 흘러나오는 대량의 원유가 해류를 따라 A국 연안으로 급박하게 밀려들고 있다. 이에 A국은 자국 연안 및 영해의 오염 확산을 막고자 B국과의 협의 없이 동 선박을 폭파하였다. 이 사안에서 A국이 B국의 국가책임 추궁으로부터 벗어나기 위해 원용할 수 있는 '2001년 국제위법행위에 대한 국가책임에 관한 규정 초안'상의 위법성조각사유로 적합한 것은? 〈사시 2009년〉

① 동의(consent) ② 자위권(self-defence)
③ 대항조치(countermeasures) ④ 조난(distress)
⑤ 긴급피난(necessity)

해설

① 이 사건에서 A국은 B국의 동의를 받지 않았다. ② A국에 대한 무력공격이 발생하지 않았으므로 자위권이 적용되지 않는 상황이다. ③ 대항조치는 타국의 위법행위를 중지시키고 이미 발생한 위법행위에 대한 손해배상을 얻어내기 위해 피해국이 위법행위국에 대한 국제의무를 이행하지 않는 것으로서 무력사용은 대항조치로서 인정되지 못한다. B국 국적 선박의 좌초가 B국 자체의 위법행위에 의한 것이라고 보기 어려우므로 대항조치로 볼 수 없으며 무력사용을 대항조치로 정당화할 수 없다는 측면도 고려해야 한다. ④ 국가기관이 자신 또는 자신의 보호 하에 있는 타인이 조난을 당한 경우 그 생명을 구하기 위한 행위는 위법성이 조각되나, A국은 긴급한 '생명' 구조가 아닌 환경오염 방지를 위해 행동하였다. ⑤ 긴급피난은 중대하고 급박한 위험에 처한 국가가 본질적 이익을 보호하기 위해 취한 행위에 적용된다. A국의 유조선 폭격은 Torrey Canyon호 사건(1967년)과 유사한 내용으로서 영국정부가 영국 영해 외곽에서 좌초한 라이베리아 선적 유조선을 폭격하여 원유를 소각시킨 데 대해 국제사회는 아무도 이의를 제기하지 않았다. 이 사건은 긴급피난의 대표적인 사례로 원용되고 있다. <답 ⑤>

030. 2001년 UN 국제법위원회가 채택한 '국제위법행위에 대한 국가책임규정초안'에서 규정하고 있는 위법성조각사유를 모두 고른 것은? 〈사시 2010년〉

ㄱ. 피해국의 유효한 동의(consent)	ㄴ. 자위(self-defence)
ㄷ. 만족(satisfaction)	ㄹ. 불가항력(force majeure)
ㅁ. 조난(distress)	ㅂ. 긴급피난(necessity)

① ㄱ, ㄴ, ㄷ, ㅁ ② ㄱ, ㄴ, ㄹ, ㅂ
③ ㄴ, ㄷ, ㅁ, ㅂ ④ ㄱ, ㄴ, ㄹ, ㅁ, ㅂ
⑤ ㄱ ,ㄴ, ㄷ, ㄹ, ㅁ, ㅂ

해설

만족(satisfaction)은 위법성조각사유가 아니라 국가책임을 해제하는 방법 중의 하나이다.

<답 ④>

031. 2001년 UN 국제법위원회(ILC)가 채택한 국제위법행위에 대한 국가책임규정초안상 위법성 조각사유에 해당하는 것은 모두 몇 개인가? 〈국가직 7급 2013년〉

ㄱ. 긴급피난	ㄴ. 불가항력
ㄷ. 무력복구	ㄹ. 피해국의 동의
ㅁ. 인도적 간섭	ㅂ. UN헌장에 합치되는 합법적인 자위조치

① 3개 ② 4개 ③ 5개 ④ 6개

해설

무력복구는 금지되어 있다. 인도적 간섭은 학설 논쟁이 계속되고 있으나 여전히 국제법상 공식적으로 인정받지는 못하고 있다. ILC 초안에는 피해국 동의, UN헌장에 따른 자위조치, 대응조치(대항조치), 불가항력, 조난(위난), 필요상황(긴급피난) 등 6가지 위법성조각사유가 규정되어 있다. <답 ②>

032. 국제법위원회의 2001년 '국제위법행위에 대한 국가책임규정'초안에서 규정하고 있는 위법성조각사유에 대한 설명으로 옳지 못한 것은? 〈기출문제 변형〉

① 자위권의 경우, 상대국의 무력공격이라는 위법한 행위에 대응한 것으로서 침해이익과 보호이익 간의 비례성이 요구된다.
② 불가항력은 사태발생에 책임있는 국가가 원용할 수 없다.
③ 조난은 사태발생에 책임있는 국가가 원용할 수 없다.
④ 긴급사항은 사태발생에 책임있는 국가도 원용할 수 있다.

해설

자위권과 대항조치는 선행된 상대국 행위가 위법적이며 침해이익과 보호이익 간의 비례성이 요구된다고 본다. 불가항력, 조난, 긴급사항은 해당사태 발생에 책임있는 국가는 원용할 수 없다. 참고로, 불가항력의 경우 침해이익과 보호이익 간의 비례성이 요구되지 않는다고 보나, 조난과 긴급사항의 경우 그로 인해 더큰 위험(피해)이 발생하는 경우에는 허용되지 않는다고 본다. <답 ④>

033. 국제법위원회(ILC)의 2001년 '국제위법행위에 대한 국가책임초안'에 관한 설명으로 옳은 것은? 〈사시 2008년〉

① 국가는 부작위에 의한 국제의무의 위반에 대하여 국제책임을 부담하지 않는다.

② 국가는 과실에 의한 국제의무의 위반에 대하여 국제책임을 부담하지 않는다.

③ UN헌장에 따른 적법한 정당방위(self-defence)는 위법성이 조각된다.

④ 타국의 국제위법행위에 대한 대항조치(countermeasures)는 제3국에 대한 의무위반을 초래하더라도 위법성이 조각된다.

⑤ 국가는 국제책임의 불이행을 정당화하기 위하여 자국의 국내법을 원용할 수 있다.

해설

① 부작위냐 작위냐는 이를 구별하지 않는다. ② 고의든 과실이든 국가가 국제의무를 위반하면 이에 책임을 진다. ④ 대항조치는 국제위법행위를 행한 타국에 대해서 행하는 것으로서 아무런 관련이 없는 제3국에 대한 의무위반까지 정당화되지는 않는다. ⑤ 국가가 국제책임의 불이행을 정당화하기 위하여 자국 국내법을 원용할 수 없다는 것은 국제법의 기본적인 원칙 중의 하나이다. <답 ③>

034. 2001년 UN 국제법위원회가 채택한 '국제위법행위에 대한 국가책임에 관한 규정초안'상의 '대항조치'(countermeasures)에 관한 설명 중 옳지 않은 것은? 〈행안부 7급 2009년〉

① 대항조치는 그 조치를 취하는 국가가 책임국에 대한 국제의무를 당분간 불이행하는 것으로 제한된다.

② 대항조치로서 기본적 인권의 보호의무를 부과하고 있는 국제법을 위반할 수는 없다.

③ 대항조치는 일방적으로 결정하여 실시할 수 있으며 분쟁상대방에 대하여 대항조치를 취하기 전에 교섭을 제의할 의무는 없다.

④ 국제위법행위가 중지되고 또한 분쟁이 당사국들에게 구속력 있는 결정을 할 수 있는 재판소에 계류 중인 경우에는 대항조치를 취해서는 안 된다.

해설

국제법위원회(ILC)가 채택한 규정초안은 대항조치를 취하기 전에 우선 위법행위 중지를 요구하고, 이미 발생한 위법행위에 대해서는 손해배상을 요구하며, 의무위반국에게 대항조치 결정을 통고하고 교섭을 제의하여야 한다고 규정하고 있다. 다만, 긴급한 조치는 그러한 통고나 교섭제의 이전에도 할 수 있다.

아울러, 위법행위가 중지되고 재판소에 계류중인 경우에는 대항조치를 취해서는 안 되며 이미 취해진 대항조치는 중단되어야 한다고 규정되어 있다. <답 ③>

035. 2001년 「**국제위법행위에 대한 국가책임규정초안**」에 의한 **국제위법행위의 위법성 조각사유에 관한 설명으로 옳지 않은 것은?** 〈행안부 7급 2010년〉

① UN헌장에 부합하는 합법적인 자위조치는 위법성이 조각된다.

② 불가항력(Force Majeure)의 경우는 스스로 자초한 경우에도 위법성이 조각된다.

③ 대항조치(Countermeasure)가 위법성조각사유로 원용되기 위해서는 사전에 위반국에게 의무의 이행을 요청하여야 한다.

④ 무력사용에 의한 대항조치는 위법성을 조각하지 않는다.

해설

② 불가항력의 경우 그 상황이 해당 국가의 행동으로 인해 발생한 경우, 또는 국가가 이미 그 상황의 위험부담을 감수한 경우에는 위법성이 조각되지 않는다. ④ 무력에 의한 대항조치, 즉 무력복구는 오늘날 인정되지 않는다. <답 ②>

036. 2001년 **'국제위법행위에 대한 국가책임규정초안'에 대한 다음 설명 중 올바른 것은 무엇인가?**

① 이 문서는 그 명칭이 시사하는 바와 같이 "초안"에 불과하므로 아직 이 분야에 관한 국제법규범을 제시하고 있다고 볼 수 없다.

② 대부분의 국제분쟁에서 해당 국제재판소는 이 초안을 원용하는 것을 자제하고 있다.

③ 국제재판소에서 이 초안에 대한 원용을 자제하고 있는 것은 이 문서가 아직 "초안"단계로서 정식의 조약으로 발전하지 않았기 때문이다.

④ 이 문서는 그 자체로서 법적 규범을 확보하고 있는 것은 아니나 이 분야에서 현재 존재하는 국제법규범을 보여주는 결정적인 문서라고 볼 수 있다.

⑤ 이 문서에 대한 성안작업은 ICJ가 주도하여 이루어졌다.

해설

2001년 국가책임협약초안은 그 명칭에도 불구하고 이 분야 국제법규범을 보여주는 결정적인 문서로 간주되고 있다. 이에 따라 다양한 국제재판소에서 이 문서를 원용하여 결론을 도출하고 있는 상황이다. 이 문서는 유엔 국제법위원회(ILC)의 주도 하에 성안되었다. <답 ⑤>

037. **다음의 대항조치 중에 ILC의 국가책임협약초안상 금지되지 않은 것은?**

① 무력의 위협 또는 사용

② 극단적 경제적 정치적 강압

③ 외교관 영사의 불가침성을 침해하는 행위
④ 위법행위 국가에 대한 국제의무의 불이행

해설

ILC 초안은 금지되는 대항조치로서 무력 위협 또는 사용, 극단적인 경제적 혹은 정치적 강압, 외교영사 불가침성 침해, 기본적 인권 침해, 강행규범 위반 등을 열거하고 있다. <답 ④>

038. 2001년 국제위법행위에 대한 국가책임 초안상 대응조치(countermeasures)에 의해 영향을 받을 수 있는 의무는? 〈2016년 국가직 9급〉

① 환경 보호 의무
② 기본적 인권의 보호 의무
③ 복구가 금지되는 인도적 성격의 의무
④ UN 헌장에서 구현된 무력의 위협 및 사용의 금지 의무

해설

초안 제50조 1항에서는 대응조치가 영향을 미치지 못하는 의무로 UN 헌장에서 구현된 무력의 위협 및 사용의 금지 의무, 기본적 인권의 보호 의무, 복구가 금지되는 인도적 성격의 의무, 일반국제법의 강행규범 하의 기타 의무를 규정하고 있다. <답 ①>

039. 국가의 국제책임에 관한 ILC 초안에서 언급된 위법성조각사유에 대한 설명으로 옳지 못한 것은?

① 피해자의 동의, 자위권, 대응조치, 불가항력, 조난, 필요상황 등을 위법성조각사유로 언급하고 있다.
② 불가항력의 경우, 그 불가항력의 상황이 해당 국가의 행동으로 발생한 경우에는 위법성이 조각되지 않는다.
③ 조난은 사람들의 생명이 위험에 처한 경우를 가리키며, 필요상황은 사람의 생명을 보호하기 위한 것이 아니라 국가의 본질적 이익을 보호하기 위한 경우에 관련된다.
④ 강행규범 위반에 대해서도 위법성조각사유가 적용된다.

해설

ILC 초안은 위법성조각사유가 강행규범 위반에 대해서는 적용되지 않는다고 규정하고 있다.
<답 ④>

040. UN 국제법위원회(ILC)가 채택한 2001년 '국가책임초안'에 대한 설명으로 옳은 것은? 〈국가직 9급 2013년〉

① 부작위에 의해서는 국가책임이 발생되지 않는다.

② 불법행위 주체가 자신 또는 자신에 의하여 보호를 받은 다른 사람의 생명을 구하는 데 다른 합리적인 방법이 존재하지 않을 경우, 즉 조난(distress)행위는 그 불법성(위법성)이 조각된다.

③ 조난행위(불법행위)가 더 중대한 위험을 초래하는 경우에도 그 불법성은 조각된다.

④ 사법기관의 국제의무 위반행위는 국가책임을 발생시키지 않는다.

해 설

① 부작위로도 국가책임이 발생할 수 있다. ③ 더 중대한 위험을 초래하는 조난행위는 위법성조각으로 인정되지 않는다. ④ 행정기관뿐만 아니라 입법, 사법기관도 모두 국가책임의 행위주체가 될 수 있다. 사법기관의 경우 재판거부 등으로 국가책임을 야기할 수 있다. <답 ②>

041. A국 정부는 자국 관리가 국제법상 위법한 행위로 한국 정부에 대하여 초래한 손해에 대하여 국가책임을 부담함을 인정하고 이를 해제하기 위한 방법으로 총리특사를 진사사절로 한국에 파견하였다. 이러한 형식의 책임 해제를 ICL 국가책임협약초안에서는 무엇이라고 부르는가?

① Restitution ② Apology ③ Compensation
④ Restoration ⑤ Satisfaction

해 설

국제법상 국가책임을 해제하는 방법은 원상회복(restitution), 손해배상 (compensation) 및 만족(satisfaction)이다. 이들 중 세 번째 만족에 해당하는 것은 관련자 처벌, 공식적 사과, 재발방지 약속 등을 들 수 있다. 따라서 사안에서 제시된 방안은 "만족"에 해당하게 된다. <답 ⑤>

제3절 국가책임의 해제(실현)

001. 외교적 보호권의 개념과 성질에 대한 설명으로 타당하지 않은 것은?

① 자국민이 외국의 불법행위에 의해 피해를 입은 경우 이에 대한 책임을 추구하는 권리이다.
② 외교적 보호권은 오랜 기간 관습법적으로 존재해왔다.
③ 외교적 보호권은 원래 피해를 입은 개인의 청구권을 국가가 대신 행사하는 것이므로 개인이 임의로 이를 포기할 수 있다.
④ 국제기구의 구성원이 피해를 입은 경우 해당 국제기구는 직무보호권을 행사할 수 있다.

해설

외교적 보호권은 국가 자체의 권리로서, 국가가 개인의 권리를 대리행사하는 것이 아니므로 외교적 보호권을 개인이 포기할 수는 없다. <답 ③>

002. 외교적 보호(diplomatic protection)에 관한 설명 중 옳지 않은 것은? 〈사시 2015년〉

① 국가는 자국민이 외국에서 부당하게 권리를 침해당한 경우, 그 외국을 상대로 책임을 추궁할 수 있으며, 이를 외교적 보호라고 한다.
② 피해자인 자국민이 원하는 경우 국가는 외교적 보호를 제공하여야 하는 것이 국제법상의 의무이다.
③ 국가가 외교적 보호권을 행사하기 위해서는, 피해를 입은 개인이 침해국의 국내구제절차를 완료하여야 한다.
④ 자연인뿐만 아니라 법인에 대해서도 외교적 보호가 가능하다.
⑤ 국제연합(UN) 국제법위원회는 외교적 보호와 관련한 초안 작업에서 무국적자를 위하여, 이들이 합법적으로 상주하는 국가의 외교적 보호를 인정하는 입장을 취하고 있다.

해설

② 외교적 보호는 국제법상 국가의 권리이다. 자국민에 대한 보호제공은 각국 국내법에 따라 정부의 의무가 될 수는 있으나 국제법상 의무는 아니다. <답 ②>

003. 외교적 보호권(right of diplomatic protection)**에 대한 설명 중 옳지 않은 것은?**

① 피해를 입은 자국민이 외교적 보호를 요청하지 않더라도 국가는 외교적 보호권을 행사할 수 있다.

② 칼보조항은 본국의 외교적 보호권을 배제하려는 의도를 갖는 한 국제법상 무효다.

③ 국적계속의 원칙이란 출생 시부터 구제받을 때까지 국적변경이 없어야 한다는 것으로 외교적 보호권의 요건이다.

④ 피해자가 불가항력으로 가해국 영토에 들어가서 피해가 발생한 경우 국내적 구제절차 원칙이 적용되지 않는다고 본다.

해설

국적계속의 원칙이란 출생 시가 아니라 피해발생 시부터 국적변경이 없어야 한다는 원칙이다.

<답 ③>

004. 국적을 판단하는 데 있어 개인과 국적부여국 간의 '진정한 관련성'(genuine connection)**의 원칙을 강조한 사건은?** 〈국가직 9급 2011년〉

① 노테봄(Nottebohm)사건 ② 트레일 제련소(Trail Smelter)사건

③ 비호권(Asylum)사건 ④ 로터스(Lotus)호사건

해설

② 초국경적 환경오염과 관련된 사건이다. ③ 외국공관은 난민에 대한 비호권을 갖지 못한다고 판시한 사건이다. ④ 공해상 선박충돌 시 피해선박 국적국에 관할권이 있다고 판시하였다. 그러나 오늘날 유엔해양법협약은 가해선박 국적국에 관할권이 있다고 규정한다. <답 ①>

005. 국제법상 외교적 보호에 관한 설명 중 옳지 않은 것을 모두 고른 것은? 〈사시 2016년〉

ㄱ. 이중국적자가 제3국의 국제위법행위에 의하여 피해를 입을 경우 두 국적국 중 어느 국가도 그 위법행위국을 상대로 외교적 보호권을 행사할 수 있다.

ㄴ. 국가는 타국의 국제위법행위에 의하여 피해를 입은 자국민을 위하여 외교적 보호를 하여야 할 의무가 있다.

ㄷ. 원칙적으로 타국의 국제위법행위에 의하여 피해를 입은 개인이 그 국가의 국내법상의 구제절차를 완료한 경우에 피해자의 국적국이 외교적 보호권을 행사할 수 있다.

ㄹ. 무국적자는 어떠한 경우에도 외교적 보호를 받을 수 없다.

ㅁ. 외교적 보호권 행사의 요건으로서 피해자의 국적은 피해의 발생시부터 국제청구에 의한 해결이 완료되는 시점까지 계속 유지되어야 한다.

① ㄱ, ㄴ, ㄷ ② ㄱ, ㄷ, ㅁ
③ ㄴ, ㄷ, ㄹ ④ ㄴ, ㄹ, ㅁ
⑤ ㄷ, ㄹ, ㅁ

해설

ㄴ. 국제법상 외교적 보호는 의무가 아니라 국가의 재량적 권리이다. ㄹ. ILC의 외교보호초안은 국가가 자국내 상주하는 무국적자에 대한 외교보호를 행사할 수 있는 것으로 규정하고 있다. ㅁ. 해결이 완료되는 시점이 아니라 외교적 보호권을 행사하는 시점까지 국적이 유지되어야 하는 것으로 본다.
<답 ④>

006. 국제법상 외교적 보호권에 관한 설명으로 옳지 않은 것은? 〈사시 2009년〉

① 외국의 국제위법행위로 인하여 피해를 입은 자국민에 대해서 행해지는 것이 원칙이나 자국민 이외의 자에 대해서도 행해질 수 있다.
② 피해를 입은 개인의 권리가 아니라 국가 자신의 권리이므로 국가가 그 행사에 대한 재량권을 갖는다.
③ 국제사법재판소(ICJ)는 '인터한델(Interhandel)사건'에서 이중국적자에 대한 외교적 보호권행사와 관련하여 자국민과 진정한 관련(genuine link)이 있는 국가가 외교적 보호권을 행사할 수 있다고 판결하였다.
④ 외교적 보호권의 행사요건으로 피해자의 국적계속의 원칙이 있다.
⑤ 국내적 구제수단이 없거나 공정한 구제를 받을 수 없음이 객관적으로 명백한 경우에는 국내적 구제완료의 원칙이 적용되지 않는다.

해설

① 보호국과 피보호국 관계에서 보호국 정부는 국제무대에서 피보호국 국민을 보호할 수 있다. 아울러, 선박에 근무하는 외국인 승무원, 군대내 외국인 구성원 등의 경우처럼 타국을 위해 일하던 외국인이 피해를 입는 경우 그 선박/군대 소속국은 자국이 침해를 받았다고 보아 외교적 보호권을 행사할 수 있다(김대순). ③ 인터한델사건은 국내적 구제완료의 원칙과 관련된 사건이다. 진정한 연관(genuine link)을 인정한 사건은 노테봄(Nottebohm)사건이다.
<답 ③>

007. 2006년 UN **국제위원회**(ILC)**의 외교적 보호규정초안의 내용에 대한 설명으로 옳지 않은 것은?** 〈2015년 국가직 7급〉

① 외교적 보호를 행사할 수 있는 국제국의 정의에 노테봄(Nottebohm)사건에서 유래된 '진정한 유대'(genuine link) 기준이 명시되었다.
② 피해 발생 시와 외교적 보호의 청구 재기 시의 국적이 동일한 경우에는 피해자 국적이 계속되었다고 추정한다.
③ 이중국적자에 대해서는 그 중 어느 국가라도 또는 공동으로 제3국에 대하여 외교적 보호를 청구할 수 있다.

④ 회사가 등록지국법상 더 이상 존속하고 있지 않을 때는 그 회사 주주의 국적국도 외교적 보호를 행사할 수 있다.

해설

① ILC 외교적 보호규정초안은 진정한 유대에 대해 언급하지 않고 있다. <답 ①>

008. 외교적 보호권에 관한 설명으로 옳지 않은 것은? 〈사시 2012년〉

① 외교적 보호권은 전통적으로 외국에서 권리를 침해당한 자국민을 보호하는 과정에서 발달하였다.
② 1965년 한일청구권협정으로 한국정부가 외교적 보호권과 개인청구권을 포기한 것인지에 대하여 논란이 있다.
③ 국내구제완료의 원칙은 당사국 간 사전 또는 사후의 합의에 의하여 배제될 수 있다.
④ 2006년 국제법위원회(ILC)의 외교적 보호권 초안에 의하면, 개인은 피해를 입은 당시부터 국가의 외교적 보호권 청구 시까지 청구국의 국적을 계속 유지하여야 한다.
⑤ 2006년 국제법위원회(ILC)의 외교적 보호권 초안에 의하면, 이중국적을 가진 개인이 제3국에 의하여 피해를 입은 경우, 이중국적국 중의 어느 한 국가가 외교적 보호권을 포기하면 다른 국적국도 외교적 보호권을 행사할 수 없다.

해설

이중국적을 가진 개인의 경우 해당 2개국은 제3국(가해국)에 대해 각기 외교적 보호권을 행사할 수 있다. ILC 초안은 어느 국가가 보다 더 실효적인 국적국가인지를 가리지 않고 모두 행사할 수 있다고 규정한다. <답 ⑤>

009. 외교적 보호권에 대한 설명 중 옳은 것은? 〈기출문제 변형〉

① 국내구제절차완료의 원칙은 명시적 조약규정에 의해 배제가능하다.
② 외교적 보호를 위한 개인의 국적과 국가의 진정한 연관성을 강조한 사건은 베르나도테사건이다.
③ 법인은 외교적 보호의 대상이 아니다.
④ 인권법의 발달에 따라 외교적 보호권의 행사 결정은 피해자 개인의 권리로 변화되었다.

해설

국내구제절차완료는 절대적인 강행규범이 아니므로 국가들이 조약에 의해 합의하여 배제할 수 있다. <답 ①>

010. 외교적 보호권에 관한 설명으로 옳지 않은 것은? 〈사시 2008년〉

① 외교적 보호권은 사전에 조약에 의하여 혹은 사후에 일방적으로 포기할 수 있다.

② 외교적 보호권은 명시적 또는 묵시적으로 포기할 수 있다.

③ 외교적 보호권은 한번 포기하더라도 나중에 다시 청구할 수 있다.

④ 칼보조항(Calvo Clause)이 자국민을 보호할 국가의 주권적 권리를 포기하거나 부인하려고 시도하는 것이라면 그 한도 내에서 무효이다.

⑤ 국제사법재판소(ICJ)는 인터한델(Interhandel)사건에서 국내구제수단의 완료는 외교적 보호권행사의 선행요건이라고 밝혔다.

해설

①,② 국가들은 조약 등에 의해 청구권을 미리 포기하는 경우도 있으며, 특히 무분별한 외교보호권의 행사를 막기 위한 규정을 조약에 두기도 한다(순). 외교적 보호권은 국가의 재량적 권한으로서 국가가 자의적으로 포기할 수도 있다. ③ 일단 명시적 또는 묵시적으로 외교적 보호권이 포기되었음이 명백해지면 금반언의 원칙 등 관련 원칙에 따라 그것을 다시 행사하지 못한다고 보는 것이 타당하다. 예컨대, A국이 B국에 대해 자국민의 피해에 대한 외교적 보호권행사를 포기한다고 선언하면, 나중에 A국이 이를 뒤집고 B국을 상대로 국제법원에 제소하는 경우 법원은 금반언의 원칙, 일방행위(선언)의 구속력 문제, 법적 안정성과 신뢰 등 여러 가지 원칙을 동원하여 A국의 제소를 거부할 것으로 예상된다. <답 ③>

011. 다음 중 칼보조항과 관련된 개념은? 〈기출문제 변형〉

① 외교특권면제의 보호 범위

② 외교적 보호권 포기

③ 국적계속의 원칙

④ 위법성조각사유

해설

칼보조항은 투자조약 등에서 투자자 개인의 외교적 보호권 청구를 포기한다는 조항이다. 이는 투자접수국 국내법을 활용한다는 취지는 있으나 외교적 보호권은 성질상 개인이 임의로 포기할 수 있는 개인의 권리가 아닌 국가의 권리이므로 효력이 없는 것으로 설명되고 있다. <답 ②>

012. 한국 국적의 김창식씨는 미국 여행 중 강도를 당하였다. 그는 길을 걷던 중 사전에 위험을 인지하고 경찰에 급히 도움을 요청하였으나 미국 경찰은 김창식씨의 구조요청을 거부하였다. 미국 경찰은 설사 외국인이라고 하더라도 자국 내에 거주하는 자의 신체적 안전을 보호할 법적 의무가 있다. 상당한 신체적/재산적 손해를 입은 김창식씨는 미국 정부를 상대로 행정적, 사법적 구제절차를 개시하여 손해배상 등 자신의 권리구제를 도모하였다. 현재 모든 절차가 완료되었으나 역시 미국 행정부와 사법부의 미온적인 태도로 제대로 권리구제를 받지 못하고 있는 상태이다. 마지막 수단으로 김창식씨는 한국 정부에 자신의 상황을 설명하고

외교적 보호권 행사를 요청하고자 한다. 이에 관한 설명 중 잘못된 것은 무엇인가?

① 외교적 보호권은 국가 자신의 권리로 해석하여야 한다.
② 외교적 보호권을 행사할지 여부는 전적으로 한국 정부의 결정에 달려 있다.
③ 외교적 보호권은 국가가 개인의 권리를 대신 행사하는 것으로 이해하는 것이 통설이다.
④ 설사 한국 정부가 외교적 보호권행사를 거부하더라도 그 자체가 국제법 위반은 아니다.
⑤ 외교적 보호권을 행사할 경우 동 분쟁은 국가 대 국가간 분쟁으로 비화하게 된다.

해설

외교적 보호권은 국가 자신의 권리이다. 외국 정부가 해외에 주재하는 우리 국민에 대한 권리 침해를 범함에 따라 양국 간 외교적 보호권행사 문제로 비화되었으나, 외교적 보호권의 행사는 개인의 권리를 국가가 대신하는 것이 아니라 국가가 자신의 권리를 스스로 행사하는 것이다. <답 ③>

013. 외교적 보호권에 관한 설명 중 옳은 것은? 〈기출문제 변형〉

① 외교적 보호권은 피해자의 요청이 있어야 발동할 수 있으나, 보호요청이 있다고 하여 국제법상 외교적 보호권 발동 의무가 생기는 것은 아니다.
② 외교적 보호권은 법인을 위해서는 행사될 수 없다.
③ 피청구국은 외국인 피해자 개인이 아니라 그 소속 국가에 대해 책임해제 의무를 진다.
④ 칼보조항은 오늘날 강행규범이다.

해설

①,③ 외교적 보호권은 국가 자체의 권리이다. 피해자 개인의 요청과는 무관하다. 국제법상 권리이므로 발동 의무가 있는 것도 아니다. 물론 대부분의 국가는 국제법과 별개로 국내법상 자국민 보호의무를 지고 있다. ② 법인에 대해서도 외교적 보호권행사가 가능하다. ICJ의 바르셀로나 트랙션(Barcelona Traction)사건에서 법인에 대한 외교적 보호권행사가 문제되었다. ④ 칼보조항은 국가와 외국인 간 계약에서 본국 정부의 외교적 보호를 요구하지 않기로 정한 것이다. 칼보조항이 오늘날 강행규범이라고 볼 수 없다. <답 ③>

014. 외교적 보호권에 대한 설명으로 옳지 못한 것은?

① 무국적자는 외교적 보호를 받을 가능성이 전혀 없다.
② 외교적 보호권은 국가의 권리로서 피해자의 요청과는 무관하다.
③ 외교적 보호권은 개인뿐만 아니라 자국적 법인을 위해서도 발동될 수 있다.

④ 외교적 보호권의 발동을 위해서는 국적계속의 원칙, 국내구제절차 완료의 원칙 등 몇 가지 요건이 충족되어야 한다.

해설

원칙적으로 외교적 보호권은 자국민 보호를 위한 것이므로 자국민이 아닌 무국적자에 대해 외교적 보호를 행사할 수 없다고 생각할 수 있다. 그러나 외교적 보호에 대한 ILC 초안은 "피해를 입을 당시에, 그리고 청구를 제기할 당시에 그 국가에 합법적으로 상주하고 있는 무국적자에 대해 국가는 외교적 보호를 행사할 수 있다"라고 규정하여 무국적자가 외교적 보호를 받을 수 있는 가능성을 열어 놓았다. 난민에 대해서도 유사한 규정을 두고 있다. 이러한 점에서 외교적 보호권의 일반적 요건에 대한 예외라고 볼 수 있을 것이다(순). <답 ①>

015. 2006년 UN **국제법위원회**(ILC)**가 채택한 외교적 보호에 관한 규정초안**(Draft Articles on Diplomatic Protection)**의 내용으로 옳지 않은 것은?** 〈2015년 국가직 9급〉

① 국가가 무국적자에게 외교적 보호를 행사할 경우, 무국적자가 피해를 입을 시에 또한 공식적으로 청구를 제기할 시에 그 국가에 합법적으로 상주하여야 한다.

② 기업의 경우 주주의 국적국이 외교적 보호를 행사할 수 있는 경우가 있다.

③ 이중국적자의 경우 국적국 상호간에는 외교적 보호를 행사할 수 없다.

④ 피해 발생 이후 청구와 관계없는 이유로 국적이 변경된 경우, 새로운 국적 취득이 국제법에 반하지 않으면 현재의 국적국이 외교적 보호를 행사할 수 있다.

해설

③ 전통 국제법상 이중국적자의 국적국 상호간 국제청구는 부인되어왔다. 그러나 ILC 초안은 '우세한' 국적국가가 상대 국적국가에게 외교보호권을 행사할 수 있다고 규정한다. <답 ③>

016. 외교적 보호권의 행사요건으로 볼 수 없는 것은?

① 원칙적으로 국내적 구제절차를 완료하여야 한다.

② 외교사절 또는 국가기관의 지위에 있는 사인의 피해에 대하여도 국내적 구제절차를 완료해야 한다.

③ 그러나 국내적 구제절차의 이용이 불가능하고 비실효적인 경우에는 곧바로 외교적 보호권을 행사할 수 있다.

④ 국가의 특별한 합의로 국내적 구제절차를 생략할 수 있다.

해설

외교사절 또는 국가기관의 지위에 있는 사인의 피해에 대하여는 국가에 대한 직접적 피해이므로 국내적 구제절차를 거칠 필요 없이 곧바로 외교적 보호권을 행사할 수 있다. <답 ②>

017. 외교적 보호권의 행사에 있어 "국적계속의 원칙"을 도입한 기본적 취지는 무엇인가?

① 오로지 외교적 보호권행사를 요청할 목적으로 사건 발생 후 강대국의 국적을 임의로 획득하는 것을 차단하기 위하여
② 외교적 보호권행사와 관련하여 발생하는 법적 분쟁의 단순 명료화를 위하여
③ 무국적자를 위한 외교적 보호권행사를 가급적 제한하기 위하여
④ 외교적 보호권을 행사할 수 있음에도 불구하고 이를 거부하는 피해 외국인의 국적국이 증가함에 따라 이에 대한 국제적 대처를 위하여
⑤ 피해 외국인의 기본적 인권을 보호하기 위하여

해설

국적계속의 원칙을 도입한 취지는 외교적 보호권 요청을 목적으로 다른 국가로 국적을 변경하는 것을 차단하기 위함이다. <답 ①>

018. 직무보호권에 대한 설명으로 옳지 않은 것은? 〈국가직 7급 2011년〉

① 국제기구 소속공무원이 공무수행 중 국제불법행위로 손해를 입은 경우, 소속 국제기구가 손해배상을 받기 위해 가해국에 대해 국제책임을 추구하는 것을 말한다.
② 국제기구는 직무보호권에 근거하여 소속공무원에게 통행권(laissez-passer)이라는 신분증을 발급한다.
③ 국가는 자국민을 위해 외교적 보호권을 갖는 반면, 국제기구는 소속공무원을 위해 직무보호권을 갖는다.
④ 1949년 베르나도테 백작사건에서 ICJ는 외교적 보호권과 직무보호권이 경합하는 경우 UN의 직무보호권이 우선한다는 권고적 의견을 주었다.

해설

④ 외교적 보호권과 직무보호권이 경합할 때 어느 쪽이 우선하는지 결정해 주는 원칙은 존재하지 않는다. ICJ 역시 한쪽에 우선권을 부여한 적이 없으며 양자의 충돌은 상식과 선의, 혹은 협정에 의해서 개별적으로 해결되어야 한다. <답 ④>

019. 국제연합 직무수행 중 입은 피해 배상에 관한 국제사법재판소의 권고적 의견(1949)에 대한 설명으로 옳지 않은 것은? 〈사시 2011년〉

① 국제연합의 기능적 보호권(right of functional protection)과 피해자 국적국의 외교적 보호권이 경합하는 경우 후자가 우선한다.
② 국제연합은 비회원국에 대해서도 국제청구를 제기할 능력이 있다.
③ 국제연합은 그 소속공무원이 직무수행 중에 피해를 입은 경우 가해국에 대하

여 기능적 보호권을 행사할 수 있다.
④ 국제연합은 회원국에 대해서뿐만 아니라 비회원국에 대해서도 법인격을 가진다.
⑤ 국제연합은 헌장에 명시된 권한 이외에도 그 임무수행에 필요한 묵시적 권한을 갖는다.

해설

ICJ는 기능적(직무) 보호권과 외교적 보호권이 경합하는 경우에 무엇이 우선하는지에 대해 입장을 밝히지 않았다. <답 ①>

020. 국제기구에 근무하는 국제공무원에 대한 다음 설명 중 옳은 것은 무엇인가?

① 국제공무원은 국제기구에서 근무 시 국적국의 이해관계를 적극적으로 대변한다.
② 국제기구에 근무하는 국제공무원은 자신의 업무수행과 관련하여 때로는 해당 국제기구의 '직무적 보호(functional protection)'를 받을 수 있으나 이 경우 반드시 자신의 국적국의 명시적 동의를 요한다.
③ 국제기구의 직무적 보호권을 확인한 대표적인 사건으로는 국제사법재판소의 "유엔 근무 중 입은 손해배상에 관한 권고적 의견"을 들 수 있다.
④ 국제기구에 근무하는 국제공무원은 여전히 자신의 국적을 유지하므로 국제기구 근무 중 입은 손해에 대하여 오로지 그러한 국적국만이 외교적 보호권을 행사할 수 있을 뿐이다.
⑤ 국제공무원은 업무 진행과정에서 자신의 모국의 이해관계와 상충되는 상황에 직면하게 되면 때로는 자신의 모국의 이해관계를 우선시할 수도 있다. 다만 이러한 상황은 자신의 모국의 핵심적 국가이익과 연관된 경우에 국한된다.

해설

국제공무원은 어떠한 경우에도 자신이 근무하는 국제기구의 이해관계를 보호하기 위하여 노력하며 자신의 국적국의 이해관계를 대변 내지 대리하여서는 아니 된다. 국제기구가 자신의 직원을 보호할 수 있는 직무적 보호권을 인정한 사건은 "유엔 근무중 입은 손해배상에 관한 권고적 의견"이다. <답 ③>

021. 아래 설명은 UN에 근무하는 국제공무원의 권리와 의무에 대한 내용이다. 다음 설명 중 잘못된 것을 모두 고르시오.

① UN에 근무하는 동안 업무의 중립성과 공정성을 확보하기 위하여 이들 국제공무원은 모국의 국적을 일시적으로 포기하여야 한다.
② UN에 근무하는 국제공무원은 자국을 대표하는 역할을 수행하는 것이 아니다.
③ UN에 근무하는 모든 국제공무원은 업무의 원활한 수행을 위하여 외교관의 특

권 면제에 준하는 특권 면제를 부여받는다.

④ UN에 근무하는 국제공무원은 UN과 소재지국 정부가 체결한 본부협정에 규정된 조항에 따라 특권 면제의 범위가 결정된다.

⑤ UN에 근무하는 국제공무원은 해당 업무와 관련이 없는 영역에서는 자신의 국적국의 관할권에 복종하게 되고, 본부협정의 조건에 따라 주재국의 관할권에도 복종하게 된다.

해설

국제공무원은 국제기구에 근무하는 기간에도 자신의 국적국의 국적을 포기하거나 또는 유예하는 것이 아니다. 국제공무원에 대한 특권과 면제는 본부협정에 따라 그 범위와 대상이 결정된다. 모든 국제공무원에 자동적으로 부여되지는 않는다는 점에서 외교관의 특권 면제와 구별된다. <답 ①,③>

022. 다음 중 법인의 외교적 보호와 관련하여 시사점을 제공하고 있는 판례는 무엇인가?

① Corfu Channel Case ② Nottebohm Case
③ Carolina Case ④ Certain Expenses Case
⑤ Barcelona Traction Case

해설

1971년 ICJ의 바르셀로나 전력전기회사(Barcelona Traction)사건은 이 회사의 설립국인 캐나다가 스페인에 대하여 외교적 보호권을 행사한 상황과 연관되어 있다. 따라서 이 사건은 법인에 대하여 국적국이 외교적 보호권을 행사한 사건이라고 볼 수 있다. <답 ⑤>

023. 다음의 사건 중 Erga Onmes 개념이 논의된 사건은 무엇인가?

① Nottebohm 사건 ② Barcelona Traction 사건
③ Anglo-Norwegian Fisheries 사건 ④ Interhandel 사건
⑤ Island of Palmas 사건

해설

국가의 의무 중 모든 국가에 대한 의무(소위 대세적 의무: *erga omnes*) 개념은 1971년 Barcelona Traction 사건에서 논의되었다. <답 ②>

024. 다음 중 판례와 관련 내용을 올바르게 연결하지 못한 것은?

① 핵실험사건 – 국가의 일방적 선언에 대한 법적 구속력 인정

② 베르나도테 백작사건(UN 근무 중 손해에 대한 청구사건) – 국제기구의 직무보호권 불인정

③ 노테봄사건 – 외교적 보호권행사의 요건으로서 국적의 진정한 연계성 인정
④ 바르셀로나 트랙션사건 – 법인의 피해에 대한 외교적 보호권 인정

해설

② 베로나도테 백작사건은 UN의 UN직원에 대한 직무보호권행사 권한을 인정하였다. <답 ②>

025. 국제분쟁 사례와 그 주요 쟁점의 연결이 적절하지 않은 것은? 〈2014년 국가직 9급〉

① 비호권(Asylum)사건 – 지역적 국제관습법 문제
② 트레일 제련소(Trail Smelter)사건 – 타국에 환경피해를 야기하지 않을 의무
③ 북해 대륙붕사건 – 형평한 분배의 원칙
④ 인터한델(Interhandel)사건 – 자국민 보호를 위한 영사의 권리

해설

인터한델사건은 외교적 보호권의 국내구제절차 완료의 원칙에 대한 사례이다. <답 ④>

026. 국적국의 외교보호권 행사 원칙과 관련된 국제사법법원(ICJ)의 판례를 바르게 연결한 것은? 〈국가직 7급 2012년〉

(가) 국적국이 외교보호권을 행사하기 위해서는 그 국적은 '기본적으로 소속된 사회적 사실로부터 오는 법적 유대감, 존재, 관심과 정서에 대한 진정한 관련성과 함께 국가와 국민 간의 권리와 의무'를 의미하는 것이어야 한다.
(나) 국적국이 외교보호권을 행사하기 위해서는 '국내구제절차의 사전완료(prior exhaustion of local remedies)'가 필요하다.

	(가)	(나)
①	로터스(Lotus)호사건	노테봄(Nottebohm)사건
②	코르푸(Corfu) 해협사건	라그란드(LaGrand)사건
③	노테봄(Nottebohm)사건	라그란드(LaGrand)사건
④	노테봄(Nottebohm)사건	인터한델사(Interhandel)사건

해설

(가) 노테봄사건은 국가와 국민 간 국적의 진정한 연계(genuine link)에 대해 말하고 있다. (나) 인터한델사사건은 국내구제절차 사전완료 원칙에 대해 말하고 있다. <답 ④>

027. 국내적 구제절차에 대한 설명 중 옳지 않은 것은?

① 행정적 절차와 사법적 절차 등 모든 이용가능한 구제절차를 다 이용해 보았을 때 국내적 구제가 완료되었다고 본다.

② 영미법계에서만 발전한 이론으로서 대륙법계에서는 인정되지 않고 있다.

③ 국내적 구제절차를 다하려고 해도 재판의 거부(denial of justice)가 인정되면 국내적 구제절차가 완료된 것이나 같은 것으로 볼 수 있다.

④ 국내적 구제절차를 완료하여도 피해가 구제되지 않은 경우에는 외교적 보호권의 행사가 가능하다.

해 설

② 국내적 구제절차완료는 국제법상의 원칙으로서 영미법계나 대륙법계와는 무관하다. ③ 재판의 거부가 되면 사실상 사법적 절차를 이용할 수 없는 것이나 다름없으므로 개인의 본국이 외교적 보호권을 행사할 수 있다고 본다. <답 ②>

028. 국내적 구제완료원칙에 관한 설명으로 옳은 것을 모두 고른 것은? 〈사시 2011년〉

ㄱ. 국내적 구제수단에는 사법적 구제수단뿐만 아니라 행정적 구제수단도 포함된다.
ㄴ. 국내적 구제절차가 존재하는 경우에는 그 이용가능성이 없더라도 그 절차의 완료 전에는 외교적 보호권을 행사할 수 없다.
ㄷ. 국내적 구제완료 원칙은 사인(私人)이 입은 손해에 대해서만 적용되며 국가가 직접 손해를 입은 경우에는 그러하지 않다.
ㄹ. 바르셀로나 전력회사(Barcelona Traction, Light and Power Co.)사건(1970)은 국내적 구제의 미완료를 이유로 외교적 보호권이 부인된 사례이다.

① ㄱ, ㄷ ② ㄴ, ㄹ ③ ㄷ, ㄹ
④ ㄱ, ㄹ ⑤ ㄴ, ㄷ

해 설

국내적 구제완료원칙은 가해국의 주권적 입장과 재판관할권을 존중하려는 것이다. 현실적으로 이용가능성이 없는 구제절차를 이용하지 않은 것은 외교적 보호권행사의 장애물이 되지 않는다. 바르셀로나 전력회사사건은 회사가 입은 피해의 외교적 보호청구 국적을 다룬 사건으로서 주주의 국적국은 원칙적으로 외교적 보호청구를 할 수 없다고 판시하였다. <답 ①>

029. 국내구제완료원칙에 관한 설명 중 옳지 않은 것은? 〈지방직 7급 2009년〉

① 가해국의 실체법 또는 절차법상에서 외국인에 대하여 법적 진입장벽이 존재하는 경우에는 적용되지 않는다.

② 피해를 입은 외국인은 그의 본국이 구체적 차원에서 외교적 보호권을 행사하기 전에 가해국의 국내구제절차를 완료해야 한다는 원칙이다.

③ 가해국으로 하여금 일차적으로 국제법 의무위반에 대한 교정의 기회를 부여하고 당해국의 주권을 존중하려는 데 목적이 있다.

④ 국가 스스로 손해를 입은 경우에는 적용되지 않으나, 외교관의 경우에는 동 원칙이 적용된다.

해설

④ 외교관이 타국에 의해 손해를 입은 경우 이는 국가 스스로 손해를 입은 경우(직접손해)로 간주하므로 동 원칙이 적용되지 않는다. <답 ④>

030. 외교적 보호권과 관련하여 국내구제절차완료에 대한 설명으로 옳지 않은 것은? 〈행안부 7급 2008년〉

① 불가항력으로 외국영토에 들어가 손해를 입은 경우, 즉 외국과 개인 간에 자발적 연관(voluntary link)이 없는 경우에는 국내구제절차완료의 원칙을 배제하고 바로 소속 국가의 외교적 보호권행사가 가능하다.

② 국내구제절차가 실효적 구제의 상당한 가능성을 제공하지 않는 경우에도 국내구제절차를 완료해야 한다.

③ 국가는 조약을 통하여 혹은 외국인과의 계약을 통하여 국내구제절차완료 원칙의 적용을 배제할 수 있다.

④ 외교사절이나 국가기관에 해당하는 개인 등 국가 자체가 입은 피해에 대하여는 국내구제절차를 완료하지 않아도 된다.

해설

원칙적으로 외교적 보호권을 행사하기 이전에 국내구제절차가 완료되어야 하는 것이 원칙이다. 그러나 피해자와 해당 외국 간의 자발적 연관이 없는 경우, 국내구제절차가 실효적 구제의 가능성이 없는 경우, 조약을 통해 이미 국내구제절차 완료를 배제한 경우, 외교사절이나 국가기관에 해당하는 개인이 피해를 입은 경우 등에는 국내구제절차 완료 원칙이 적용되지 않는다. <답 ②>

031. 국제사법재판소(ICJ) 판례와 그 사건의 법적 쟁점으로 옳지 않은 것은? 〈행안부 7급 2010년〉

① The Asylum Case — 공관의 비호권

② The Nottebohm Case — 국적의 진정한 관련성

③ Interhandel Case — 사정변경의 원칙
④ The Fisheries Case(U.K. v.Norway) — 직선기선제도

해 설

인터한델사건은 국내적 구제절차 완료와 관련해서 논의되는 사건이다. <답 ③>

032. 외교적 보호권과 국내적 구제절차완료에 대한 설명으로 옳지 않은 것은?

① 국내적 구제절차 완료에는 사법적 · 행정적 구제절차가 모두 포함된다.
② 국내적 구제절차가 이용불가능하거나 비실효적일 경우 그 절차를 배제할 수 있다.
③ 국내적 구제절차 완료의 원칙은 개별협정이나 국가간 합의로 배제할 수 있다.
④ 가해국과 피해자 사이의 자발적 연관성이 있는 경우 국내적 구제절차완료를 배제할 수 있다.

해 설

가해국과 피해자 사이의 자발적 연관성(voluntary link)이 없는 경우에는 국내적 구제절차완료를 배제하고 직접 피해자의 소속 국가가 외교적 보호권을 행사할 수 있다. 국내적 구제절차는 이용가능하고 실효적이며 실현가능해야 한다. <답 ④>

033. 계약상 채무를 회수하기 위해 채권자소속국이 무력을 행사하는 것을 전면적으로 금지하지는 않지만 먼저 중재재판을 신청해야 하고 그 결과 상대국이 신청을 거절하거나 판결에 불복하는 경우 무력행사가 허용된다는 주의는?

① 제퍼슨주의 ② 하몬주의
③ 스팀슨주의 ④ 포터주의

해 설

1907년 제2차 헤이그평화회의에서 미국대표 포터가 주장한 내용으로 외교적 보호권의 행사를 제한하는 내용이다. 이와 유사한 입장으로 계약상 채무회수를 위한 무력사용금지를 주장한 것이 드라고주의인데 아르헨티나 국제법학자 칼보가 지지하여 칼보주의라고도 한다. <답 ④>

034. 국가책임에 대한 설명 중 옳지 못한 것은? 〈기출문제 변형〉

① Grotius는 과실책임주의를 제시하였다.
② 사인의 행위가 국가책임을 발생시키는 경우도 상정할 수 있다.
③ 사법기관의 국제위법행위는 재판거부라는 개념으로 설명된다.
④ 국가책임의 최우선적 해제방법은 금전배상이다.

해설

국내 민법체계와 달리 국제법상 국가책임의 우선적 해제방식은 원상회복이라고 본다. <답 ④>

035. 2001년 국제법위원회에서 채택된 「국제위법행위에 대한 국가책임에 관한 규정초안」의 내용에 관한 설명으로 옳지 않은 것은? 〈사시 2011년〉

① 국가책임의 성립요건으로서 행위의 국가로의 귀속과 국제의무의 위반을 규정하고 있다.
② 국가책임은 작위뿐만 아니라 부작위에 의해서도 성립할 수 있다.
③ 사실상 한 국가의 지시에 따라 행동하는 사인(私人)의 행위는 국제법상 그 국가의 행위로 간주된다.
④ 한 국가의 행정기관뿐만 아니라 입법기관이나 사법기관의 행위도 국제법상 그 국가의 행위로 간주된다.
⑤ 국가책임의 해제방법으로서 원상회복보다 금전배상이 우선한다.

해설

⑤ 2001년 ILC 초안은 국가책임의 해제방법으로 원상회복을 우선적으로 규정하고 있다.
<답 ⑤>

036. UN 국제법위원회의 2001년 「국제위법행위에 대한 국가책임초안」에 규정된 손해배상(reparation for injury)의 방식으로 묶인 것은? 〈사시 2013년〉

ㄱ. 원상회복(restitution)	ㄴ. 자위(self-defence)
ㄷ. 대항조치(countermeasures)	ㄹ. 만족(satisfaction)

① ㄱ, ㄴ ② ㄱ, ㄹ ③ ㄴ, ㄷ
④ ㄴ, ㄹ ⑤ ㄷ, ㄹ

해설

UN 국제법위원회(ILC)의 초안에서 배상(reparation)은 원상회복(restitution), 손해배상(compensation), 만족(satisfaction)의 형태를 취할 수 있다고 규정하고 있다. <답 ②>

037. ILC 국가책임협약상 국가책임 해제방법 중 배상(reparation)의 우선순위로서 적절한 것은?

① 원칙적으로 원상회복이 우선이며 손해배상, 만족의 순이다.
② 원칙적으로 손해배상이 우선이며, 원상회복, 만족의 순이다.
③ 원칙적으로 만족이 우선이며, 손해배상, 원상회복의 순이다.
④ 원칙적으로 원상회복이 우선이며, 만족, 손해배상의 순이다.

⑤ 우선순위는 규정되어 있지 않으며 선택적으로 결정할 수 있다.

해설

협약초안상 배상(reparation)의 종류로는 원상회복, 손해배상(compensation), 만족(satisfaction)이 있는데, 원칙적인 방법은 원상회복이며 손해배상, 만족의 순서이다. <답 ①>

038. 외국인 재산의 수용에 대한 설명으로 옳지 않은 것은? 〈2016년 국가직 7급〉

① 2001년 UN 국제법위원회(ILC)가 채택한 국제위법행위에 대한 국가책임 규정초안에 따르면 외국인 재산의 위법한 수용에 대한 구제방법은 1차적으로 금전배상이다.

② 1973년 천연자원에 대한 영구주권결의는 "각국은 가능한 보상금액과 지급방법을 결정할 권리가 있다."라고 규정하였다.

③ 1962년 천연자원에 대한 영구주권결의는 각국의 국유화 또는 수용의 권리를 인정하며 소유주는 "국제법에 따라 적절한 보상을 지급받아야 한다."고 규정하였다.

④ 국제법상 국가는 자국영토 내 외국인의 재산을 수용하거나 국유화할 수 있는 주권적 권한을 가지나, 수용 시에는 공익의 원칙, 비차별의 원칙, 보상의 원칙 등이 충족되어야 한다.

해설

ILC 국가책임 규정초안에 의하면 국가책임을 해제하는 가장 1차적인 방법은 원상회복이다.
<답 ①>

039. 지방정부의 국제활동으로 인한 국가책임 문제에 관한 다음의 설명 중 잘못된 것은 무엇인가?

① 지방정부도 국가책임 목적상 해당국 "정부"의 일부분으로 간주된다.

② 지방정부의 조치는 그 성격상 중앙정부의 조치와 확연히 구별되므로 경감된 형태의 국가책임이 적용된다.

③ 지방정부로 인한 국가책임 문제도 2001년 ILC 국가책임협약 초안이 다루고 있다.

④ 지방정부의 국제활동 증가로 인하여 국가책임과 관련하여 다양한 국제분쟁이 발생하고 있는 실정이다.

⑤ 지방정부와 중앙정부가 어떻게 상호 권한을 분배할 것인지 여부는 해당국 국내법에 따라 결정되는 전형적인 국내문제이다.

해설

지방정부의 조치로 인한 국가책임 발생은 최근 여러 국제 분쟁에서 목도되고 있는 현상이며 ILC 국가책임협약 초안에서도 이 문제가 상세히 언급되어 있다. 원칙적으로 지방정부와 중앙정부는 국가책임 원칙 적용에 있어서는 아무런 차이가 없다. <답 ①>

040. 사법부의 결정 및 판결로 인한 조약 위반 및 국가책임 발생에 관한 다음 기술 중 올바른 것은 무엇인가?

① 사법부는 행정부와 다른 역할을 수행하며 사법부의 독립성 확보가 긴요하므로 원칙적으로 조약 규정은 적용되지 않고 따라서 국가책임 문제도 발생하지 않는다.

② 사법부에 대하여 2001년 ILC 국가책임협약초안은 예외조항을 도입하고 있다.

③ 사법부의 결정 및 판결은 원칙적으로 체약 당사국 정부의 조치에 해당하지 않는다.

④ 최근 사법부의 결정 및 판결과 관련한 분쟁은 주로 국제투자분쟁해결절차에서 제기되고 있다.

⑤ 헌법이 국제법에 대하여 우위에 있는 국내법 체계를 가지고 있는 국가에서는 사법부의 결정 및 판결이 특정 조약에 위반하는 결과를 초래하더라도 그것이 헌법 규정에 따른 것일 경우에는 국제법 차원에서도 정당화된다.

해설

사법부의 결정 및 판결도 체약 당사국 정부 "조치"에 해당하며 여기에 대하여 국가책임 법리는 행정부와 동일하게 적용되며 여기에 대한 예외조항은 존재하지 않는다. 헌법을 비롯한 국내법상 근거를 이유로 조약 위반을 정당화하는 것은 국제법 차원에서는 허용되지 않는다는 것이 국제재판소의 일관된 입장이다. 사법부 조치와 관련한 최근의 분쟁은 주로 투자분쟁 맥락에서 제기되고 있다. <답 ④>

041. 국가책임의 해제방법에 관한 다음의 설명 중 옳은 것을 고르시오.

① 원상회복은 국가책임을 해제하는 원칙적인 방법으로서 그에 관한 국제실행을 많이 찾아볼 수 있다.

② 원상회복이 불가능한 경우 그 대안으로 손해배상의 방법을 취하는데, 손해배상의 범위는 직접손해에 한한다.

③ 원상회복과 손해배상 이외에 다른 국가책임 해제 방법이 이용된 사례는 없다.

④ ILC 국가책임협약초안은 타국의 국제위법행위를 중지시키거나 손해배상을 추급하기 위하여 피해국이 일정한 요건하에서 대항조치를 취할 수 있다고 규정하고 있다.

⑤ 분쟁이 재판소에 계류된 경우에도 원칙적으로 대항조치가 취해질 수 있다.

해설

④ ILC 협약초안에서는 대항조치를 정의하고 그 발동요건을 구체적으로 규정하고 있다.

<답 ④>

제8장 | 국제분쟁의 평화적 해결

제1절 비재판제도에 의한 분쟁해결

001. 국제분쟁의 평화적 해결 방법을 도표화한 것이다. 괄호 안에 들어갈 내용으로 옳은 것은? 〈사시 2016년〉

<table>
<tr><td colspan="2">분 류</td><td>해결수단</td></tr>
<tr><td colspan="2">분쟁당사자 간 해결</td><td>교섭 · (A)</td></tr>
<tr><td rowspan="2">제3자 개입에 의한 해결</td><td>정치적 해결</td><td>주선 · (B) · 심사 · 조정</td></tr>
<tr><td>법적 해결</td><td>(C) · 사법재판</td></tr>
</table>

	A	B	C
①	협의	중개	중재
②	패널	중재	중개
③	중개	협의	패널
④	패널	중개	중재
⑤	협의	중재	중개

해설

교섭이나 협의는 당사자 간에 직접 이루어지는 분쟁해결방법이다. 중개는 제3자가 개입하여 정치적 해결을 도모하는 것이다. 중재는 법적 구속력이 있는 해결이다. 이 문제에서 패널은 WTO에서처럼 제3자 전문가로 구성된 분쟁해결 시스템을 지칭하는 것으로 보인다. <답 ①>

002. 법적 구속력 있는 결정을 수반하는 분쟁해결 방식은? 〈지방직 7급 2010년〉

① 조정 ② 중재재판
③ 사실심사 ④ 중개

해설

국제분쟁의 해결방식 중 법적 구속력이 있는 결정을 수반하는 것은 중재재판과 사법재판(ICJ)이다.

조정, 사실심사, 중개 등은 모두 비구속적 해결방식이다. <답 ②>

003. 다음 괄호 안에 들어갈 수 있는 분쟁해결 방법으로 옳게 짝지어진 것은?

〈국가직 9급 2013년〉

> ○ 국제연합(UN)헌장 제33조 제1항: "…분쟁…의 계속이 국제평화와 안전의 유지를 위태롭게 할 우려가 있는 것일 경우, 그 분쟁의 당사자는 우선 교섭, 심사, (㉠), 조정, (㉡), 사법적 해결, …에 의한 해결을 구한다."
> ○ 1985년 레인보우(Rainbow Warrior)호(號) 사건에 따른 뉴질랜드와 프랑스 간의 분쟁은 UN사무총장에게 맡겨져 뉴질랜드에 대한 프랑스의 손해배상과 두 프랑스 요원(Mafart, Prieur)을 남태평양 Hao섬의 프랑스 해군기지에 3년 이상 수감하는 것으로 1차적으로 해결되었다. 그러나 두 요원을 프랑스 본토로 조기 귀환시킴으로써 발생한 프랑스의 책임 문제는 (㉢)에 회부되었다.

	㉠	㉡	㉢
①	주선(good offices)	중개(mediation)	국제사법법원(ICJ)의 재판
②	주선(good offices)	협의(consultation)	국제사법법원(ICJ)의 재판
③	중개(mediation)	중재재판(arbitration)	중재재판(arbitration)
④	중개(mediation)	중재재판(arbitration)	국제사법법원(ICJ)의 재판

해 설

평화적 해결방법으로는 교섭, 심사, 주선, 중개, 조정, 중재재판, 사법재판 등이 있다. UN헌장 제6장의 제33조 제1항은 교섭, 심사, 중개, 조정, 중재재판, 사법재판, 지역기구 등의 평화적 해결을 추구해야 한다고 규정하고 있다. 레인보우호 사건은 중재재판에 회부되었다. <답 ③>

004. 국제분쟁의 평화적 해결에 대한 설명으로 옳지 않은 것은? 〈사시 2011년〉

① 국제사법재판소에 의한 재판이 진행되는 중에는 당사자 간의 직접교섭에 의한 해결이 시도될 수 없다.

② 조정(conciliation)은 원칙적으로 구속력이 없으나 분쟁당사자의 합의에 의해 구속력을 가질 수 있다.

③ 모든 국제분쟁을 해결할 수 있는 보편적이고 강제적인 관할권을 갖는 국제사법기관은 존재하지 않는다.

④ 법적 쟁점을 갖는 국제분쟁이라 하더라도 교섭, 중개 등의 비사법적인 방법으로 해결될 수 있다.

⑤ 국제연합헌장 하에서는 국제분쟁의 해결을 위한 무력행사뿐만 아니라 무력의

위협도 허용되지 않는다.

해설

① 당사자 간 직접교섭에 의한 해결이 이루어지면 양국간 합의로 국제사법재판소의 재판이 중단될 수 있다. 국제사법재판소 절차는 직접교섭 등 여타 평화적 해결을 가로막지 않는다. <답 ①>

005. 국제분쟁의 평화적 해결수단의 특징을 도표화한 것이다. 빈 칸에 들어갈 내용으로 옳은 것은? 〈사시 2013년〉

분류 / 해결수단	개입하는 제3자	주된 기능	구속력 여부
주선	국가 · 개인	교섭편의 제공	없음
중개	국가 · 개인	교섭편의 제공, 해결안 제시	없음
심사	(ㄱ)	사실 심사	없음
조정	조정위원회	(ㄴ)	없음
중재	중재재판소, 중재위원회	쟁송사건 재판	있음
사법적 해결	재판소	쟁송사건 재판	(ㄷ)

	(ㄱ)	(ㄴ)	(ㄷ)
①	심사위원회	사실 심사, 해결안 제시	있음
②	심사위원회	사실 심사, 해결안 제시	없음
③	패널	사실 심사	있음
④	국가 · 개인	교섭편의 제공, 해결안 제시	있음
⑤	국가 · 개인	교섭편의 제공, 해결안 제시	없음

해설

심사(사실심사)는 일반적으로 심사위원회에서 이루어진다. 조정의 주된 기능은 사실심사와 해결안 제시로서 법적 구속력이 없을 뿐 재판과 유사한 기능이라고 볼 수 있다. 사법적 해결은 법적 구속력을 가진다. <답 ①>

006. 주선과 중개에 대한 설명으로 타당하지 않은 것은?

① 주선과 중개는 제3국이 분쟁 당사국 간의 교섭에 개입하는 것이다.
② 주선은 사무적 편의를 제공한다.
③ 중개는 교섭에 기초를 제공하고 교섭내용에 개입한다.
④ 1907년 헤이그협약에 의하면 분쟁당사국은 주선과 중개를 거칠 법적 의무가 있다.

해설

1907년 헤이그협약은 주선과 중개에의 부탁을 통해 분쟁이 해결되도록 희망할 뿐이지 법률상 의무를 규정하고 있는 것은 아니다. <답 ④>

007. 국제심사에 대한 설명으로 타당하지 않은 것은?

① 국제심사위원회가 분쟁의 사실관계를 명백히 밝히는 제도이다.
② 국제심사위원회는 사실관계만을 밝힌다.
③ 국제심사위원회는 1899년 헤이그협약에 의해 설치된 상설기구이다.
④ 국제심사의 보고서는 법적 구속력이 없다.

해설

국제심사위원회는 분쟁이 발생한 경우에 당사국 간의 사실심사조약이라는 특별합의에 의해 설치되는 임시기구이다. <답 ③>

008. 국제분쟁의 평화적 해결방법에 대한 설명으로 옳지 않은 것은? 〈국가직 7급 2011년〉

① 조정(conciliation)에서의 결정은 법적 구속력이 있다.
② 직접교섭(negotiation)은 국제분쟁의 일차적 해결방법이라 할 수 있다.
③ 주선(good offices)과 중개(mediation)는 국가는 물론 개인도 할 수 있다.
④ 사실심사(inquiry)를 위한 국제사실심사위원회는 분쟁당사국 간의 특별한 합의에 의해 설치된다.

해설

① 조정은 형식상 재판과 거의 유사하나 법적 구속력이 없는 해결방식임에 유의한다. <답 ①>

009. 국제분쟁의 해결방법에 대한 설명으로 옳지 않은 것은? 〈국가직 9급 2011년〉

① 주선 및 중개는 제3자가 간접적으로 분쟁에 개입하여 분쟁해결을 촉진하는 제도이다.
② 사실심사는 제3자가 분쟁의 원인이 된 사실을 명확히 하여 분쟁해결을 촉진하는 제도이다.
③ 중재는 분쟁당사국이 합의하여 선정한 재판관에 의한 판정으로 분쟁을 해결하는 제도이다.
④ 조정은 제3자의 사실조사 및 법적 구속력 있는 조정안의 제시로 분쟁을 해결하는 제도이다.

해설

조정은 형식상 재판과 거의 유사하나 법적 구속력이 없는 비구속적 해결방법임을 유의한다.
<답 ④>

010. 조약법협약상 조정제도에 대한 설명으로 타당하지 않은 것은?

① 1969년 및 1986년 조약법협약 제66조 4항과 부속서에 규정되어 있다.
② 조약법상 조정제도는 강행법규를 포함한 조약규정의 해석, 적용, 정지에 관한 분쟁이 발생한 경우 이용된다.
③ 분쟁당사국은 자국조정위원 1명, 타국조정위원 1명을 임명한다.
④ 60일 이내에 위원장을 임명하지 못하면 UN 사무총장이 임명한다.

해설

강행규범(jus cogens)에 관한 분쟁은 12개월 이내에 해결되지 않으면 일방 당사자의 청구로 ICJ에 제소된다.
<답 ②>

011. 국제위원회가 분쟁을 법적, 사실적 측면에서 검토하여 해결을 권고하는 것으로서 사실심사(inquiry)와 중개(mediation)의 요소를 모두 갖고 있는 분쟁해결방식은?

① 교섭(negotiation)
② 조정(conciliation)
③ 중재재판(arbitration)
④ 사법재판(judicial settlement)

해설

조정(국제조정)은 사실적, 법적 측면을 모두 검토하여 분쟁의 해결조건을 권고하는 것으로서 실질적으로 재판제도과 유사한 준사법적 분쟁해결방식이다. 다만, 그 결과가 구속력이 없다는 점에서 재판과 차이가 있다.
<답 ②>

012. 국제분쟁의 평화적 해결에 대한 설명으로 옳지 못한 것은? 〈기출문제 변형〉

① 조정은 제3자가 분쟁 내용을 심사하고 해결방안을 제시하는 비사법적 방법으로서 국가 간 분쟁을 조정에 회부하기로 조약에서 사전에 합의할 수 있다.
② 국제조정은 법적 구속력이 없으며 중개(mediation)나 사실심사(inquiry 또는 fact-finding)보다 제3자 개입이 더 크다.
③ 도거어장(Dogger Bank)사건은 국제 사실심사제도를 통해 해결된 대표적인 사건이다.
④ UN헌장상 사무총장은 분쟁해결을 위해 UN총회에 주의를 환기시키거나 회부할 수 있도록 규정되어 있다.

해설

④ 사무총장은 안전보장이사회에 주의환기를 할 수 있으나 총회에 대해서는 주의환기권이 명문으로 인정되어 있지 않다. <답 ④>

013. UN안전보장이사회에 의한 분쟁의 평화적 해결에 대한 설명으로 옳지 않은 것은?

① 안전보장이사회가 '결정'을 하는 경우 이는 법적 구속력이 있다.
② 안전보장이사회가 '권고'를 하는 경우 이는 법적 구속력이 없다.
③ 분쟁의 평화적 해결에 관한 안전보장이사회의 결의는 대부분 법적 구속력이 없는 권고의 형태로 이루어진다.
④ 안전보장이사회의 이사국이 분쟁당사국인 경우 그 분쟁의 평화적 해결을 위한 표결에 그 이사국은 참가할 수 있다.

해설

①,②,③ 안전보장이사회의 결정은 모든 유엔회원국이 이를 반드시 이행해야 하지만 권고는 법적 구속력이 없다고 본다. 분쟁의 평화적 해결에 대한 안보리의 결의는 대부분 권고의 형태로 이루어진다. ④ 이사국이 분쟁당사국인 경우 그 분쟁의 평화적 해결을 위한 표결에 참가할 수 없다. <답 ④>

014. UN총회에 대한 분쟁의 부탁방법으로 인정되지 않는 것은?

① 안전보장이사회에 의한 부탁
② UN회원국에 의한 부탁
③ 분쟁당사국인 비가맹국에 의한 부탁
④ 사무총장에 의한 부탁

해설

안전보장이사회와 달리 사무총장에 의한 부탁은 총회에서는 인정되지 않는다. ICJ도 총회에 대하여 분쟁해결절차를 발의할 수 없다. <답 ④>

015. UN헌장상 분쟁해결에 대한 설명으로 옳지 않은 것은? 〈2015년 국가직 7급〉

① 분쟁의 계속이 국제평화와 안전의 유지를 위태롭게 하는 경우, 분쟁의 당사자들은 우선 교섭, 심사, 중개, 조정, 중재재판, 사법적 해결, 지역적 기관 또는 지역적 약정의 이용 또는 당사자가 선택하는 다른 평화적 수단에 의해 해결을 구한다.
② 분쟁의 당사자인 UN 비회원국은 UN헌장에 규정된 평화적 해결의무를 관련 분쟁에 관하여 미리 수락한 경우에는 안전보장이사회 및 총회의 주의를 환기

할 수 있다.

③ 안전보장이사회는 분쟁의 계속이 국제평화와 안전의 유지를 위태롭게 할 우려가 실제로 있다고 인정하는 경우 적절하다고 인정되는 해결 조건을 권할 것인지를 결정한다.

④ 총회는 평화에 대한 위협, 평화의 파괴 또는 침략행위의 존재를 결정하고, 그 해결을 위해 권고하거나 비군사적 또는 군사적 제재조치를 취할 수 있다.

해설

④ 평화에 대한 위협, 평화의 파괴 또는 침략행위의 존재를 결정하고 그 해결을 위해 권고하거나 제재조치를 취하는 것은 UN헌장 제7장에 규정된 안전보장이사회의 역할이다. <답 ④>

016. 분쟁의 평화적 해결에 관한 UN헌장 규정에 관한 설명 중 옳지 않은 것은? 〈사시 2014년〉

① 회원국이 총회의 주의를 환기한 분쟁에 대하여 안전보장이사회가 헌장에서 부여된 임무를 수행하고 있는 동안에는 총회는 어떠한 토의도 하지 아니한다.

② 회원국이 아닌 국가는 자국이 당사자인 분쟁에 관하여 헌장에 규정된 평화적 해결 의무를 미리 수락하는 경우 그 분쟁에 관하여 총회의 주의를 환기할 수 있다.

③ 회원국이 아닌 국가가 안전보장이사회에서 심의 중인 분쟁의 당사자인 경우에는 이 분쟁에 관한 안전보장이사회의 토의에 투표권 없이 참가하도록 초청된다.

④ 안전보장이사회는 국제평화와 안전의 유지를 위태롭게 할 우려가 있는 국제분쟁의 어떠한 단계에서도 적절한 조정방법을 권고할 수 있다.

⑤ 안전보장이사회가 법적 분쟁을 국제사법재판소(ICJ)에 회부하도록 권고할 것인지를 결정할 때에는 그 분쟁의 당사자인 이사국은 투표를 기권한다.

해설

①의 경우 총회는 토의는 할 수 있으나 권고를 할 수는 없다. <답 ①>

017. UN안전보장이사회의 권한에 대한 설명으로 옳지 않은 것은? 〈2014년 국가직 7급〉

① 안전보장이사회는 국제평화와 안전의 유지를 위한 1차적 책임을 부담한다.

② 안전보장이사회는 회원국에 대하여 구속력 있는 결정을 내릴 수 있다.

③ 평화에 대한 위협과 관련한 안전보장이사회의 결의에 따른 의무는 회원국에 대하여 다른 조약상의 의무보다 우선한다.

④ 안전보장이사회는 어떠한 분쟁에 관하여 분쟁당사국의 요청 여부와 관계없이

분쟁당사국에 그 분쟁의 평화적 해결을 위한 권고를 할 수 있다.

해설

안전보장이사회는 "모든 분쟁당사국들"이 요청하면 분쟁의 평화적 해결을 위해 "권고"할 수 있다(UN헌장 제38조). <답 ④>

018. 다음은 국제연합과 국제연맹의 분쟁해결제도의 차이를 설명한 것이다. 타당하지 않은 것은?

① 연맹규약상 분쟁은 먼저 총회에 부탁하도록 예정되어 있었다.
② 반면에 UN총회는 이사회가 어떠한 분쟁에 관하여 임무를 수행하고 있는 경우에는 이사회가 요청하지 않는 한 분쟁에 대하여 권고도 할 수 없다.
③ 국제연맹에서는 절차사항이나 또한 특별히 규정된 사항을 제외하고는 총회와 이사회는 모두 만장일치제를 취하고 있었다.
④ UN의 어느 기관의 표결도 그것이 분쟁의 평화적 해결에 대한 경우에는 권고적 효력을 갖는 데 불과하여 법적 구속력은 인정되지 않는다.

해설

연맹에서는 이사회와 총회의 임무가 미분화된 상태에 있었다(이). 양자는 다같이 동일한 임무와 권한을 가지고 있었다. 규약상 분쟁은 먼저 '이사회'에 부탁하도록 예정되어 있으나, 분쟁당사자 일방의 요구가 있으면 14일 이내에 분쟁을 자유로이 총회에 이관할 수 있었다. 다만, 제11조에 의한 일반적 사안에서는 이사회나 총회를 자유롭게 선택할 수 있다. <답 ①>

019. 국제적 분쟁의 해결에 관한 설명 중 옳지 않은 것은? 〈사시 2014년〉

① 통상적으로 교섭은 제3자가 개입하는 다른 분쟁해결 방법이 사용되기 전에 분쟁해결의 첫 번째 단계에서 많이 사용된다.
② 1982년 UN해양법협약은 분쟁해결 방법으로 교섭을 규정하고 있다.
③ UN헌장은 평화적 분쟁해결 방법으로 사실심사를 명시하고 있다.
④ 중개는 제3자가 분쟁당사국들의 동의에 따라 분쟁당사국들의 교섭에 적극 참여하여 원칙적으로 법적 구속력이 있는 해결책을 제시하는 분쟁해결 방법이다.
⑤ 조정은 제3자가 분쟁당사국들의 동의에 따라 사실을 조사하고, 당사국들의 의견을 청취한 후 해결책을 제시하는 분쟁해결 방법이다.

해설

④ 중개는 법적 구속력이 없는 정치적 해결 방법이다. <답 ④>

020. 「국제연합(UN)헌장」상 분쟁의 평화적 해결에 관한 설명 중 옳은 것(○)과 옳지 않은 것(×)을 올바르게 조합한 것은? 〈사시 2015년〉

> ㄱ. 분쟁의 평화적 해결은 UN의 목적과 원칙을 밝힌 헌장 제1조와 제2조에 규정되어 있다.
> ㄴ. 분쟁당사국은 헌장 제33조 제1항에 열거된 교섭, 심사, 중개, 조정, 중재재판과 사법적 해결의 수단에 의해서만 분쟁을 해결해야 한다.
> ㄷ. 분쟁의 평화적 해결은 헌장의 최고원칙이므로, 헌장은 무력을 사용할 수 있는 예외를 인정하지 않고 있다.

① ㄱ(○), ㄴ(×), ㄷ(×)
② ㄱ(○), ㄴ(×), ㄷ(○)
③ ㄱ(×), ㄴ(○), ㄷ(×)
④ ㄱ(×), ㄴ(○), ㄷ(○)
⑤ ㄱ(×), ㄴ(×), ㄷ(○)

해 설

ㄴ. 제33조 1항은 당사자들이 교섭, 심사, 중개, 조정, 중재재판, 사법적 해결, 지역적 기관 또는 지역적 약정의 이용 또는 당사자가 선택하는 다른 평화적 수단에 의해 해결을 구하도록 하고 있다. ㄷ. 헌장에서 인정된 무력사용의 예외는 제51조 자위권과 제7장 집단안보조치이다. <답 ①>

제2절 국제재판에 의한 분쟁해결

001. 국제중재재판에 대한 설명으로 옳지 않은 것을 모두 고른 것은? 〈행안부 9급 2010년〉

> ㄱ. 중재법정의 구성은 원칙적으로 분쟁당사국들 간의 합의에 의해 결정된다.
> ㄴ. 중재법정의 결정은 분쟁당사국들을 구속한다.
> ㄷ. 중재법정의 결정에 불복하는 당사국은 국제사법재판소(ICJ)에 항소를 제기할 수 있다.
> ㄹ. UN 안전보장이사회는 중재결정의 이행을 확보하기 위하여 필요한 권고 또는 강제조치를 취할 수 있다.

① ㄱ, ㄷ　　② ㄴ, ㄷ
③ ㄱ, ㄴ　　④ ㄷ, ㄹ

해 설

ㄷ. ICJ는 중재법정의 항소기구가 아니다. 물론, 중재재판의 두 당사국이 합의를 통해 ICJ에 사건을 회부할 수도 있겠으나 이것은 별도의 재판이 되는 것이며 항소를 제기하는 것이 아니다. ㄹ. 안전보장이사회는 ICJ 판결의 이행확보를 위해 권고를 하거나 취하여야 할 조치를 결정할 수 있다(UN헌장 제94조). 중재재판에 대해서는 그러한 조항이 없다. <답 ④>

002. 국제재판소에 대한 다음 설명 중 옳지 못한 것은 무엇인가?

① 상설중재재판소는 1899년 및 1907년 분쟁의 평화적 해결을 위한 헤이그협약에 의해 설립되어 아직도 존속하고 있다.
② 국제포획재판소는 끝내 설치되지 못하였다.
③ 상설국제사법재판소는 1920년에 설치되었으며 국제사법재판소의 전신이다.
④ 국제사법재판소는 UN의 주요기관으로서 스위스 제네바에 소재하고 있다.

해 설

① 상설중재재판소(PCA)는 재판관의 명부만 비치하고 있을 뿐이지만 현재까지 존속하고 있다. ② 국제포획재판소 설치에 관한 조약이 1907년 2차 헤이그회의에서 채택되었으나 이 조약은 발효하지 못하였다. ④ 국제사법재판소(ICJ)는 네덜란드 헤이그에 소재하고 있다. <답 ④>

003. 중재법원의 종류에 대한 설명이다. 타당하지 않은 것은?

① 특별중재법원은 국가 간 분쟁이 발생한 경우 당사자 간 합의에 의해 구성된다.
② 특별중재법원은 개별 분쟁에 대한 것이기 때문에 재판이 종료되면 소멸한다.
③ 상설중재법원은 1899년 헤이그협약에 따라 1901년에 발족한 진정한 의미의 상설적 중재재판기관이다.
④ 상설중재법원은 협약의 당사자들이 6년의 기간으로 4명의 중재관을 임명해 놓았다.

해 설

중재관의 명부만을 갖추고 있을 뿐 상설기구는 아니다. <답 ③>

004. 중재재판의 판결에 대한 설명으로 타당하지 않은 것은?

① 판결문은 일반적으로 이유와 주문으로 이루어진다.
② 판결의 집행은 보장되기 어려운 경우가 많다.
③ 당사자들에게 법적 구속력을 가진다.
④ 성격상 중재판결에 대해서는 수정요구나 재심이 불가능하다.

해 설

당사자 간 합의 또는 관련 조약 등에 의해 중재판결에 대해서도 해석 요청, 판결의 수정 요청, 재심 등이 이루어질 수 있다. <답 ④>

005. 중재재판과 사법재판을 비교, 설명한 것이다. 타당하지 않은 것은?

① 중재재판과 사법재판의 가장 기본적 차이는 재판소의 구성인데 중재재판은 재판관들은 당사자들이 선정하나 사법재판은 재판기관이 미리 구성되어 있다.

② 재판준칙면에서 중재재판은 당사자들의 합의에 의하여 결정하나 사법재판은 객관적인 국제법을 따른다.

③ 중재재판이나 사법재판이나 강제관할권이 전혀 인정되지 않음은 동일하다.

④ 판결의 집행력에서는 ICJ의 판결은 안보리에 의한 집행이 예정되어 있어서 중재재판과는 다르다.

해 설

ICJ의 경우 선택조항을 수락한 당사자에게 강제관할권이 인정되고 중재재판도 일정한 예외가 인정되어 강제관할권이 전혀 인정되지 않는 것은 아니다. <답 ③>

006. 국가 간의 중재재판과 국제사법재판소(ICJ)에 의한 사법재판에 관한 설명 중 옳지 않은 것은? 〈사시 2012년〉

① 중재재판은 분쟁당사국들이 합의하여 중재판정부를 구성하는 반면, 사법재판의 경우에는 재판소가 사전에 설립되어 있다.

② 중재판정부의 판정은 원칙적으로 법적 구속력을 가지며, 국제사법재판소의 판결도 법적 구속력을 갖는다.

③ 중재재판에서 분쟁당사국은 중재절차, 적용법규 등을 합의할 수 있다.

④ 사법재판의 경우 분쟁당사국의 합의에 의해 형평과 선에 따라 재판할 수 있다.

⑤ 중재재판은 항소가 불가능하나, 사법재판은 항소가 가능하다.

해 설

국제재판에서 재심은 가능하나 항소심은 없다. <답 ⑤>

007. 중재재판과 국제사법재판소의 차이점을 올바르게 설명한 것은?

① 국제사법재판소와 달리 중재재판에서는 분쟁당사국이 재판부의 구성과 재판준칙을 합의에 의해 결정할 수 있다.

② 중재재판은 법적 구속력이 없다는 점에서 국제사법재판소와 차이가 있다.
③ 국제사법재판소는 법적 분쟁을 해결하는 반면, 중재재판은 정치적 분쟁을 다룬다.
④ 중재재판은 양 분쟁당사국의 합의에 의하므로 관습법을 재판준칙으로 삼을 수 없다.

해설

② 중재재판은 법적 구속력을 가지는 사법적 분쟁해결방식이다. ③ 중재재판도 법적 분쟁을 다룬다. ④ 중재재판에서는 조약이든 관습법이든 당사자의 합의에 의해 준칙을 결정할 수 있다. ① 중재재판은 구성과 준칙, 절차가 분쟁당사자의 합의에 의해 결정되는 반면, 국제사법재판소는 분쟁당사국이 이미 구성된 재판소를 이미 정해진 절차에 의거하여 이용하는 것이다. <답 ①>

008. 국제분쟁의 해결 방식인 중재재판과 사법재판에 관한 설명으로 옳지 않은 것은?
〈2014년 국가직 7급〉

① 중재재판의 판정과 사법재판의 판결은 분쟁당사국에 대하여 구속력을 갖는다.
② 중재재판에는 국제사법재판소(ICJ) 재판과 달리 상급심에 상소가 인정된다.
③ 중재재판의 당사국 사이에 합의만 성립되면 어떠한 분쟁도 중재재판에 회부될 수 있다.
④ 중재재판부의 구성과 재판의 준칙은 국제사법재판소(ICJ)와 달리 당사자의 합의로 결정한다.

해설

중재재판과 국제사법재판소는 상소가 없다. <답 ②>

009. 다음 분쟁해결기관 중 그 해결방식이 다른 것은? 〈국가직 9급 2012년〉

① UN 해양법재판소(ITLOS)
② 국제투자분쟁해결센터(ICSID)
③ 상설중재재판소(PCA)
④ 이란 – 미국청구법원(Iran–Unites States Claims Tribunal)

해설

문제의 취지에 비추어, 중재재판과 상설 사법재판을 구별하라는 문제로 판단된다. UN 해양법재판소는 해양법협약에 의해 설립된 상설 국제사법재판기구이나, 나머지는 모두 중재재판이다. <답 ①>

010. 국제사법재판소(ICJ)에 관한 설명으로 옳지 않은 것은? 〈행안부 9급 2008년〉

① 분쟁당사국 간의 합의가 있는 경우, 국제사법재판소는 형평과 선에 의하여 결정할 수 있다.
② 국제기구는 국가를 상대로 제소할 수 없다.
③ 국제사법재판소의 판결은 법적 구속력은 없고 권고적 효력만 있다.
④ 국제사법재판소는 국제연합(UN)의 주요 사법기관이다.

해설

국제사법재판소는 국제분쟁의 사법적 해결 방식에 있어서 가장 대표적인 기관으로서 그 판결은 법적 구속력을 가진다. <답 ③>

011. PCA에 관한 다음 설명 중 잘못된 것은 무엇인가?

① PCA는 네덜란드 헤이그에 위치하고 있다.
② 사무국에 중재재판관 후보자의 명부를 비치하고 있는 것에 불과하다.
③ 1899년 만국평화회의 결과 1900년에 최초로 설치되었다.
④ ICJ가 활발하게 국제분쟁해결을 담당하고 있는 현재는 활동을 중지한 상태이다.
⑤ 우리나라도 저명 국제법 학자를 PCA 중재재판관 후보로 지명하여 통보하였다.

해설

상설국제중재재판소(PCA)는 ICJ와 같은 건물에 위치하고 있으며 여전히 활동을 진행하고 있다. 각 회원국은 각자 4명씩 중재재판관 후보자를 지명하여 통보하며 PCA는 이에 기초하여 중재재판관 명부를 작성하여 국가 간 중재재판 진행을 지원한다. <답 ④>

012. 국제분쟁의 사법적 해결에 활용되는 중재재판에 관한 다음의 설명 중 잘못된 것은 무엇인가?

① 중재재판을 Arbitration이라고 한다.
② 중재재판의 판결은 Award라고 한다
③ 재판관, 적용법규 등을 당사국이 합의하여 결정할 수 있다는 데 중재재판의 장점이 있다.
④ 중재재판의 판결 효력은 사법재판의 판결 효력에 비하여 사실상 떨어진다고 보는 것이 일반적인 시각이다.
⑤ 사법재판과 함께 국제분쟁의 사법적 해결의 한 축을 이루고 있다.

해설

중재재판은 ICJ, PCIJ 및 WTO 등을 통한 사법재판과 함께 국제분쟁해결절차의 중요한 축을 구성하고 있다. 그 동안 중요한 분쟁의 해결에 상당한 기여를 하였으며 이러한 중재재판은 앞으로도 계속 각광을 받을 것으로 보는 것이 타당하다. 즉, 중재재판 그리고 사법재판 공히 중요한 역할을 수행하고 있는 것으로 볼 수 있다. <답 ④>

013. 〈보기 1〉의 분쟁과 그 해결에 적합한 〈보기 2〉의 기관이 옳게 연결된 것은?

〈사시 2011년〉

〈보기 1〉
A. 1994년 「관세 및 무역에 관한 일반협정」의 적용에 관한 세계무역기구 회원국 간의 분쟁
B. 국제연합 회원국인 K국과 L국 간의 국경하천상의 섬에 대한 영토분쟁
C. X국과 Y국이 제3국 국민을 단독재판관으로 하여 해결하고자 하는 배타적 경제수역의 경계획정 분쟁

〈보기 2〉
ㄱ. 국제사법재판소(ICJ)
ㄴ. 세계무역기구의 분쟁해결기구(DSB)
ㄷ. 국제해양법재판소(ITLOS)
ㄹ. 중재재판소

① A-ㄴ, B-ㄱ, C-ㄷ
② A-ㄷ, B-ㄴ, C-ㄹ
③ A-ㄷ, B-ㄹ, C-ㄱ
④ A-ㄴ, B-ㄱ, C-ㄹ
⑤ A-ㄱ, B-ㄴ, C-ㄹ

해설

세계무역기구(WTO) 협정부속서 관련 분쟁은 WTO 분쟁해결기구가 다룬다. 국경하천(강)에 있는 섬은 바다에 놓인 해양법상의 섬이 아니므로 해양법재판소의 관할이라고 보기 어려우며 양국 합의에 따라 ICJ가 재판할 수 있을 것이다. 제3국 국민을 단독재판관으로 하는 분쟁은 기존의 국제재판소가 아니라 중재재판을 의미하는 것으로 해석된다. <답 ④>

014. 국제분쟁의 해결 방법에 대한 설명으로 옳지 않은 것은? 〈2016년 국가직 9급〉

① 미국의 남북전쟁 이후 미국과 영국 사이의 Alabama호 청구사건은 중재재판(arbitration)에 의하여 해결되었다.
② 제3자가 분쟁의 원인이 된 사실을 명확히 함으로써 분쟁의 타결을 도모하는 방법이 심사(inquiry)이다.

③ 제3자가 분쟁의 내용에는 개입하지 않고 당사자 간의 외교교섭타결에 조력하는 방법이 주선(good offices)이다.
④ 제3자에게 사실심사를 맡기는 데 그치지 않고 제3자가 구속력있는 해결조건까지 제시하는 방법이 조정(conciliation)이다.

해 설

조정의 결과는 분쟁 당사국에 대하여 법적 구속력을 지니지 않는다. <답 ④>

015. 국제사법재판소(ICJ)와 국제연합(UN)과의 관계에 관한 설명으로 옳은 것을 모두 고른 것은? 〈사시 2010년〉

ㄱ. 국제사법재판소의 경비는 총회가 정하는 방식에 따라 분쟁당사국이 부담한다.
ㄴ. UN의 어떠한 주요기관 또는 전문기구도 국제사법재판소에 국가를 상대로 계쟁사건(contentious case)소송을 제기할 수 없다.
ㄷ. 국제사법재판소 재판관 선임과정에 총회와 안전보장이사회가 관여한다.
ㄹ. 총회와는 달리 안전보장이사회는 모든 법률문제에 대하여 국제사법재판소에 권고적 의견을 요청할 수 있다.
ㅁ. 모든 UN 회원국은 국제사법재판소규정의 당사국이다.

① ㄱ, ㄴ, ㅁ ② ㄴ, ㄷ, ㄹ ③ ㄴ, ㄷ, ㅁ
④ ㄷ, ㄹ, ㅁ ⑤ ㄱ, ㄷ, ㅁ

해 설

(ㄱ) 국제사법재판소의 경비는 UN총회가 정하는 바에 따라 UN이 부담한다(ICJ규정 제33조). UN의 주요기관이기 때문에 UN이 경비를 부담하고 있다. 개별 소송을 위해 분쟁당사국이 부담하는 소송비용은 원칙적으로 각국이 스스로 부담한다. 지문에서 말한 경비는 개별 국가의 소송비용이 아니라 국제사법재판소의 경비를 말하는 것이다. (ㄹ) 총회와 안전보장이사회는 모두 그 어떠한 법률문제에 대해서도 권고적 의견을 요청할 수 있다. 총회에 의하여 권고적 의견을 요청할 자격을 부여받은 여타 UN기관 및 전문기구는 자신의 활동범위에 속하는 법률문제에 대해서만 권고적 의견을 요청할 수 있다. 현재 총회와 안보리 외에 경제사회이사회 등 4개의 UN기관과 15개의 전문기구, 그리고 IAEA가 권고적 의견 요청 자격을 인정받고 있으며, 사무국은 이 권한을 부여받지 못하고 있다(정인섭). <답 ③>

016. 국제사법재판소(ICJ)와 UN 안전보장이사회의 관계에 관한 설명 중 옳지 않은 것은? (다툼이 있는 경우에는 판례에 의함) 〈사시 2014년〉

① 안전보장이사회와 ICJ에 모두 회부된 분쟁의 경우 안전보장이사회가 그 분쟁과 관련하여 헌장에서 부여된 임무를 수행하고 있는 동안에는 ICJ는 그 분쟁에 관하여 어떠한 결정도 하지 아니한다.

② 안전보장이사회는 국가 간의 법적 분쟁의 계속이 국제평화와 안전의 유지를 위태롭게 할 우려가 있는 경우 이를 ICJ에 회부하도록 권고할 수 있다.
③ ICJ는 필요하다고 인정하는 때에는 소송당사자 각각의 권리를 보전하기 위하여 취하여져야 할 잠정조치를 제시할 수 있으며 ICJ가 제시한 잠정조치는 당사자 및 안전보장이사회에 통지된다.
④ ICJ 재판관의 선거를 위한 안전보장이사회의 투표는 안전보장이사회의 상임이사국과 비상임이사국 간에 구별 없이 이루어진다.
⑤ 안전보장이사회는 어떠한 법적 문제에 관하여도 권고적 의견을 줄 것을 ICJ에 요청할 수 있다.

해설

① ICJ는 법적 분쟁을 해결하는 기관으로서 안전보장이사회가 그러한 분쟁을 정치적으로 다루고 있다고 하여 ICJ가 이를 다룰 수 없는 것은 아니다. ICJ는 테헤란 미국 영사관사건, 니카라과사건 등에서 이를 확인하였다. <답 ①>

017. ICJ에서 적용되는 재판규정에 대한 설명으로 옳지 않은 것은?

① 국제조약으로 인정된 규칙을 적용한다.
② 일반적으로 승인된 국제관습법을 적용한다.
③ 형평과 선은 분쟁당사국의 합의와 상관없이 적용할 수 있다.
④ 법의 일반원칙도 재판에서 적용가능하다.

해설

형평과 선은 분쟁당사국이 합의하는 경우 이를 적용할 수 있다. <답 ③>

018. ICJ 재판에서 드러나는 문제점이라고 볼 수 없는 것은? 〈기출문제 변형〉

① 선택조항 수락국가가 늘어나 ICJ 운영이 어려워지고 있다.
② 피제소국들이 선결적 항변을 남용하여 재판진행을 차단하려는 경향도 있다.
③ 판결의 집행력이 국내재판에 비해 취약한 측면이 있다고 볼 수 있다.
④ 상소제도가 없는 1심제도라는 점에 대해 문제제기가 있을 수 있다.

해설

선택조항 수락국이 늘어나면 ICJ의 강제관할권이 확대되는 것이므로 바람직하다. 현재 선택조항 수락국가가 늘어난다고 보기 어렵다. <답 ①>

019. ICJ 법관의 자격과 지위에 대한 설명이다. 타당한 것은?

① 법관은 덕망이 높고 자국에서 최고법관에 임명될 수 있거나 국제법 권위자여야 한다.

② 비회원국 국민이라도 무방하며 동일 국적을 가진 자가 2인 이상이어도 관계없다.

③ 법관은 임기 중 특권과 면제를 누리지 못한다.

④ 법관은 교수를 비롯한 영리활동에는 종사할 수 없지만 소송대리인이 될 수는 있다.

해설

② 법관은 국적을 달리해야 한다. ③ 특권과 면제를 누린다. ④ 소송대리인도 될 수 없다.

<답 ①>

020. ICJ 재판절차에서 채택되는 *ad hoc* judge의 설명으로 타당하지 않은 것은?

① 수시적 판사라는 의미이다.
② 당사자평등원칙의 발현이다.
③ 국적재판관이라고도 한다.
④ 판사유고 시 임시로 근무한다.

해설

수시판사제도는 당사국 평등의 원칙상 자국출신의 법관이 없는 경우 그 당사국이 직접 임명하는 당해 사건에 한해 한시적으로 임명하는 재판관으로서 반드시 당사국의 국적을 가진 자가 아니더라도 상관없다. 또한 당사국에 수시재판관을 임명할 의무는 없다. 예컨대 1994년의 나우루 인산염(Phosphates in Nauru)사건에서는 국적재판관을 임명할 수 있었음에도 불구하고 국적재판관 없이 재판이 진행되었다.

<답 ④>

021. 국제사법재판소(ICJ)의 임시재판관(judge *ad hoc*)에 관한 설명 중 옳지 않은 것은? 〈사시 2016년〉

① 재판부에 자국 출신 재판관이 없는 분쟁의 당사국은 임시재판관 1인을 지명할 권리를 갖는다.

② 임시재판관을 지명하는 것은 해당 국가의 권리이자 의무이다.

③ 임시재판관은 반드시 그를 지명하는 국가의 국민일 필요가 없다.

④ 양 분쟁당사국이 임시재판관을 지명하면 재판에 참여하는 재판관의 수는 최대 17명이 될 수 있다.

⑤ 임시재판관제도는 분쟁이 소재판부(Chamber)에서 다뤄지는 경우에도 적용된다.

해설

② 임시재판관 지명은 의무는 아니다. <답 ②>

022. ICJ 법관의 선출방법에 대한 설명이다. 타당하지 않은 것은?

① 법관으로 선출되려면 총회와 안전보장이사회의 절대다수표를 얻어야 한다.
② 절대다수표를 얻지 못하면 3차선거까지 실시한다.
③ 제3차선거도 실패하면 총회와 안보리는 각 3인으로 공동협의회를 구성해 선출한다.
④ 판사의 임기는 9년이며 3년마다 5명씩 개임되며 단임이 원칙이다.

해설

ICJ의 법관선출은 UN총회와 안전보장이사회의 절대다수표에 의해 이뤄지며 3차선거까지 시도해서도 선출에 실패하면 총회와 안보리가 구성한 공동협의회에서 결정하고, 공동협의회가 실패하면 기선출된 판사들이 선출권을 갖는다. 판사의 임기는 9년이며 재임될 수 있다. <답 ④>

023. ICJ 재판관 선출에 관한 설명 중 옳지 못한 것은?

① 인적 구성에 있어서 세계의 주요 법체계가 고루 반영될 수 있도록 선출되어야 한다.
② 상설중재재판소(PCA)의 국가별 그룹이 지명한 후보자들 중에 선출한다.
③ ICJ규정은 국가별 그룹들은 이 후보자 지명에 앞서 자국 최고법원, 법과대학, 법학자들에게 자문을 구하도록 권고하고 있다.
④ 최종적으로 동일한 국가출신이 두 명 이상 선출된 경우 그 중 최연소자로 선출한다.

해설

④ 가장 나이 많은 사람(the eldest of these)이 선출된 것으로 간주한다(규정 제10조).

<답 ④>

024. 다음 ICJ에 대한 설명 중 올바른 것은?

① ICJ판사는 본국이 당사자인 사건에 관여할 수 없다.
② 국경, 노동, 환경 등의 특수 사건을 처리하기 위해 임시법관(*ad hoc* judge)을 둔다.
③ 국가만이 소송당사자가 될 수 있다.
④ 임기 9년의 21인의 법관으로 구성된다.

해설

① ICJ판사는 본국이 당사자인 사건에 관여할 수 있다. ② 임시법관은 분쟁당사국이 자국 출신 판사가 법정에 없는 경우 그 재판에 한해 선정, 임명한 법관을 가리킨다. ④ 임기 9년의 15명의 법관으로 구성된다. <답 ③>

025. 국제사법재판소(ICJ)의 재판관에 관한 설명 중 옳은 것을 모두 고른 것은? 〈사시 2014년〉

ㄱ. 재판관이 소송당사자의 국민인 경우 동 재판관은 재판에 참여할 수 없다.
ㄴ. 판결에는 결정에 참여한 재판관의 성명이 포함되지 않는다.
ㄷ. 재판관은 9년의 임기로 선출되며 재선될 수 있다.
ㄹ. 재판관은 이전에 그가 변호인으로 관여하였던 사건의 판결에 참여할 수 없다.
ㅁ. 임기가 만료된 재판관은 후임자가 충원될 때까지 계속 직무를 수행한다.

① ㄱ, ㄴ, ㄷ ② ㄱ, ㄴ, ㄹ ③ ㄱ, ㄷ, ㅁ
④ ㄴ, ㄷ, ㄹ ⑤ ㄷ, ㄹ, ㅁ

해설

ㄱ. 재판관이 소송당사자의 국민이라는 이유로 재판 참여를 금지하는 규정은 없다. ㄴ. 판결에는 참여한 재판관의 성명이 포함된다. <답 ⑤>

026. 국제사법재판소(ICJ)의 재판정에 대한 설명 중 옳지 않은 것은? 〈지방직 7급 2009년〉

① 전원재판정(full Court)이란 재판관 15명 전원의 출석에 의해 개정되며, 기피 또는 제척제도는 이 경우 적용되지 않는다.
② 특정부류재판정(chamber of particular categories)은 노동, 교통, 통신 사건 등과 같이 특정종류의 사건을 재판하기 위해 3인 이상의 재판관으로 수시로 설치되는 재판정을 말한다.
③ 간이재판정(chamber of summary procedure)이란 사건의 신속한 처리를 위하여 분쟁당사국의 청구에 의하여 매년 5명의 재판관으로 구성되는 재판정을 말한다.
④ 특별재판정(*ad hoc* chamber)은 특정사건의 처리를 위해 당사국의 승인을 얻어 재판소가 결정한 수의 재판관으로 구성되는 재판정을 말한다.

해설

① ICJ 재판관은 자신이 과거 변론을 맡았거나 국내법원 등에서 관여했던 사건에는 참여할 수 없다(ICJ규정 제17조 2항). <답 ①>

027. 국제사법재판소(ICJ) 재판관에 관한 설명 중 옳지 않은 것은?

① ICJ는 임기 9년의 15명의 재판관들로 구성된다.
② 동일 국적을 가진 자가 2인 이상 동시에 재판관이 될 수 없으며, 유엔 비회원국의 국민도 ICJ 법관이 될 수 있다.

③ 안전보장이사회의 권고에 의하여 총회가 선출한다.
④ 재판관 자신의 국적국이 분쟁당사자인 사건의 재판절차에 참가할 수 있다.

해설

③ 안전보장이사회의 권고에 의하여 총회가 선출하는 것이 아니라 안전보장이사회와 총회에서 각각 절대다수의 표를 얻어야 한다. ④ 분쟁당사국 출신의 재판관은 재판장의 역할은 할 수 없지만 재판에는 참석할 수 있다. <답 ③>

028. ICJ의 구성 및 운영에 대한 설명 중 옳지 않은 것은? 〈기출문제 변형〉

① 재판소는 네덜란드 헤이그의 평화궁전에 소재하고 있다.
② 임기 9년의 15명의 재판관으로 구성되며, 재판관으로 선출되기 위해서는 UN 총회 및 안전보장이사회에서 각각 절대다수표를 얻어야 한다.
③ 특정종류의 사건 처리를 위해 소재판부(chamber)를 설치할 수 있다.
④ 소재판부 재판에 대해 전원재판부에 상소할 수 있다.

해설

소재판부는 특정종류의 사건 처리를 위하여 또는 간이절차에 의한 신속한 처리를 위한 것으로서 소재판부 판결은 재판소가 선고한 것으로 간주된다. ICJ에는 상소제도가 없다. <답 ④>

029. ICJ 재판관의 의무에 대한 설명 중 옳지 못한 것은?

① 재판관은 어떠한 사건에 대해서도 대리인이나 변호인으로 활동할 수 없다.
② 자신이 이전에 대리인이나 변호인으로 참석했던 사건에 대한 판결에 참여할 수 없다.
③ 자신이 이전에 다른 국제법정의 재판관이나 사실조사위원회 위원으로 참여했던 사건은 다룰 수 있다.
④ 재판관의 의무위반과 관련된 사항은 ICJ 스스로가 결정한다.

해설

③ 다른 국제 혹은 국내법정의 재판관, 사실조사위원회 위원 혹은 여타 다른 자격으로 참여했던 사건은 다룰 수 없다. <답 ③>

030. 국제사법재판소(ICJ)의 임시재판관(Judge *ad hoc*)에 관한 설명으로 옳은 것은? 〈사시 2008년〉

① 재판관 중에 자국민이 없는 분쟁당사국은 임시재판관을 선임해야 한다.
② 임시재판관은 보통 국적재판관(national judge)으로 불리므로 분쟁당사국과 동일 국적을 가져야 한다.

③ 임시재판관 제도는 환경문제 전담 재판부(Chamber for Environmental Matters) 사건에는 적용되지 아니한다.
④ 동일한 이해관계를 가진 수 개의 분쟁당사국은 1인의 임시재판관을 선임할 수 있다.
⑤ 임시재판관은 당사국에서 최고법관으로 임명될 수 있는 변호사 자격을 갖춘 자이어야 한다.

해설

① 임시재판관을 선임해야 하는 의무가 있는 것은 아니며 선임할 권리가 있는 것이다. ② 국적재판관으로 불리기도 하나 그를 지명한 당사국과 동일 국적을 가진 사람만 임명해야 하는 것은 아니다. ③ 전담재판부와 간이소송절차 소재판부에도 적용된다. ④ 동일 이해관계를 가진 여러 분쟁당사국은 임시재판관 선출에 있어서 하나의 당사국으로 간주된다고 규정되어 있다. ⑤ 임시재판관의 자격에 대해서는 별도의 규정을 두지 않고 있다. <답 ④>

031. 국제사법법원(ICJ)과 국제형사재판소(ICC)의 구성에 대한 설명으로 옳지 않은 것은? 〈국가직 9급 2013년〉

① ICJ는 15명, ICC는 18명의 재판관으로 구성된다.
② 재판의 공정성을 기하기 위하여 ICJ는 분쟁당사국 국적을 가진 재판관, ICC는 피고인의 국적국의 국적을 가진 재판관을 당해 사건에서 배제하여야 한다.
③ ICJ와 ICC 모두 재판관 선출에 지역적 안배를 하며 재판소장의 임기는 3년이다.
④ ICJ와 ICC 모두 초대 재판관을 제외한 재판관의 임기는 9년이다.

해설

② 그러한 이유로 재판관이 사건에서 배제되지 않는다. ICJ는 분쟁당사국 국적을 가진 재판관이 없으면 그 당사국이 임시재판관을 임명할 수 있다. <답 ②>

032. A국은 동일한 이해관계를 가진 B국, C국, D국을 상대로 하여 국제사법재판소(ICJ)에 소송을 제기하였다. 이 사안에서 전원재판부(full court)를 구성하는 경우, 재판관의 수는 최대한 몇 명까지 가능한가? 〈사시 2012년〉

① 11　② 15　③ 16
④ 17　⑤ 19

해설

임시재판관(국적재판관)에 대한 문제이다. ICJ규정은 동일한 이해관계를 가진 다수의 당사국이 있는 경우, 국적재판관 선임에 있어서 동 당사국들은 하나의 당사국으로 간주된다고 규정하고 있다(ICJ규정 제31조 5항). 따라서 앞의 이론설명에서 언급되었듯이 재판관의 수는 최대 17인이다. <답 ④>

033. 국제사법재판소(ICJ)에 관한 설명으로 옳지 않은 것은? 〈2015년 국가직 9급〉

① ICJ 규정은 UN헌장의 불가분의 일부를 구성하며, 모든 UN회원국은 ICJ 규정의 당사국이 된다.
② 국제기구는 ICJ에서 재판사건의 당사자능력을 갖는다.
③ ICJ의 재판관은 ICJ의 업무에 종사하는 동안 외교특권과 면제를 향유한다.
④ ICJ의 결정은 당사자 사이와 그 특정사건에 관하여서만 구속력을 가진다.

해설

② ICJ 재판에는 오직 국가만이 당사자가 될 수 있다. <답 ②>

034. 국제사법재판소(ICJ)에 관한 설명으로 옳지 않은 것은? 〈사시 2012년〉

① 재판소규정에 달리 명문의 규정이 있는 경우를 제외하고는 재판소는 전원이 출석하여 개정한다.
② 국제사법재판소에 제소하기 위한 분쟁당사국 간의 합의는 동시에 명시적으로 이루어져야 한다.
③ 국가는 국제사법재판소에 권고적 의견을 요청할 수 없다.
④ 국제사법재판소의 판결은 분쟁당사국 간, 그 특정 사건에 관해서만 구속력을 갖는다.
⑤ 국제사법재판소가 관할권을 갖는지 여부에 대한 문제는 동 재판소가 결정한다.

해설

확대관할권의 경우, 원래 관할권의 법적 근거가 없는 상황에서 한 당사국의 일방 제소에 대해 타 당사국이 이후 이를 받아들이는 것이다. <답 ②>

035. 국제사법재판소의 소제기 능력에 관한 다음 설명 중 틀린 것은?

① 오로지 국가만이 국제사법재판소의 소제기 능력이 있으며 여기에는 어떠한 예외도 없다.
② 개인이나 단체는 어떠한 경우에도 국제사법재판소에 소제기 능력이 없다.
③ 극히 예외적으로 분쟁당사국의 동의가 있는 경우에는 개인이나 회사도 제한적이나마 국제사법재판소에서 소제기 능력이 인정된다.
④ 유엔 기구는 직접 소송의 당사자가 될 수는 없으나 "권고적 의견"제도를 통하여 국제사법재판소의 의견을 구할 수는 있다.
⑤ 유엔은 국제법의 주체이지만 국가가 아니므로 국제사법재판소의 소송당사자가 될 수 없다.

해 설

ICJ에서는 오로지 국가만이 소제기 능력이 있으며 여기에는 어떠한 예외도 존재하지 않는다.

<답 ③>

036. 국제사법재판소(ICJ)의 관할권에 관한 설명 중 옳지 않은 것은? 〈사시 2013년〉

① ICJ규정 당사국 간에 발생한 분쟁이라도 ICJ의 관할권이 성립하려면 원칙적으로 양 분쟁당사국의 동의가 있어야 한다.

② ICJ규정 당사국은 동일한 의무를 수락한 국가와의 관계에서 재판소의 관할권을 미리 수락해 놓을 수 있다.

③ 분쟁당사국들이 특별협정을 체결함으로써 이미 발생한 분쟁을 ICJ에 회부하기로 합의하는 방식으로 ICJ의 관할권이 성립될 수 있다.

④ 분쟁당사국 사이에 장래에 발생하는 분쟁을 ICJ에 회부하기로 조약에 미리 규정하는 경우 ICJ의 관할권이 성립될 수 있다.

⑤ ICJ규정 제36조 제2항(선택조항)에 따른 관할권 수락선언은 철회되거나 수정될 수 없다.

해 설

선택조항에 따른 관할권수락선언은 철회 또는 수정될 수 있으며 그러한 실제 사례도 있다.

<답 ⑤>

037. 특정사건에 대한 국제사법재판소(ICJ)의 관할권행사 여부의 결정에 관한 설명으로 옳은 것은? 〈행안부 7급 2010년〉

① 국제사법재판소의 관할권을 부인하기 위해 제기하는 것을 선결적 항변이라고 하며 관할권 존부문제는 국제사법재판소 자신이 결정한다.

② 국제사법재판소는 UN의 기관이기 때문에 관할권 존부문제는 안전보장이사회가 결정한다.

③ 국제사법재판소는 UN의 기관이기 때문에 관할권 존부문제는 UN총회가 결정한다.

④ 국제사법재판소의 요청으로 UN 사무총장이 결정한다.

해 설

국제사법재판소는 UN의 주요기관이자 사법기관으로서 동 재판소에 회부된 특정 사건에 대해 관할권을 갖는지의 여부는 당연히 국제사법재판소가 스스로 결정한다. <답 ①>

038. 2008년 7월 1일 현재 A국과 B국은 UN회원국이고, C국은 UN회원국이 아니지만 국제사법재판소(ICJ)규정 당사국이며, D국은 UN회원국이 아니며 ICJ규정 당사국도 아닌 국가이다. 다음은 2008년 7월 1일자로 ICJ에 접수된 사건들에 관한 설명이다. 제시된 사실만으로 판단할 때, 해당 사건에 대하여 ICJ가 관할권을 가진다고 보기 어려운 경우는? 〈행안부 7급 2008년〉

① A국이 B국을 상대로 제소한 사건으로서, B국이 ICJ의 관할권을 다투지 않은 채 응소한 경우
② B국과 C국 사이에 발생한 분쟁에 관한 사건으로서, 양국이 이를 ICJ에 회부하기로 하는 특별협정을 체결하여 이를 ICJ에 송부한 경우
③ A, C국이 모두 당사국인 현행 조약의 해석에 관한 양국 간의 분쟁을 C국이 제소한 사건으로서 동 조약에 '이 조약의 해석에 관한 분쟁은 그 일방 당사국이 ICJ에 제소한다'고 규정한 경우
④ B국과 D국 사이에 법적 분쟁이 발생하여 D국이 제소한 사건으로서, '아무런 조건 없이 ICJ규정 제36조 제2항에 따른 ICJ의 관할권을 수락한다'는 양국의 선언이 있는 경우

해설

언뜻 문제에서 언급된 모든 경우가 ICJ의 관할권을 허용하는 것처럼 보인다. 그러나 원칙적으로 ICJ는 규정 당사국들에게만 개방되어 있으며, ICJ규정 당사국이 아닌 국가는 안전보장이사회가 정한 일정한 조건 하에서만 ICJ를 이용할 수 있다(ICJ규정 제35조 2항). 따라서 제시된 사실만으로 판단할 때 UN회원국도 아니고 ICJ규정 당사국도 아닌 D국은 스스로의 관할권 수락선언만으로 ICJ에 사건을 회부할 수 없다.
<답 ④>

039. 국제사법재판소규정 제38조에 관한 다음 설명 중 잘못된 것을 고르시오.

① 제38조 1항은 국제사법재판소의 재판준칙을 나타내고 있다.
② 제38조 2항은 "형평과 선"에 의한 재판 가능성을 언급하고 있다.
③ 제38조 자체가 국제법의 법원을 의미하는 것은 아니나, 국제법의 법원을 탐구하는 데 있어 중요한 시사점을 제공하여 준다는 것이 일반적인 견해이다.
④ 형평과 선에 의한 판결 여부는 당사자의 합의가 없더라도 사건별로 재판부가 독자적으로 결정할 수 있다.
⑤ 판례에 관하여는 재판소 규정 제59조에 따라야 한다는 전제조건이 붙어 있다.

해설

ICJ 재판준칙 제38조 2항에 따른 형평과 선에 의한 분쟁의 해결은 오로지 당사국이 요청할 경우에만 가능하다.
<답 ④>

040. 국제사법재판소(ICJ)에 관한 설명으로 옳지 않은 것은?

① 판결의 의의 또는 범위에 대해 분쟁이 발생하면 ICJ는 어느 분쟁당사자의 요청이 있는 경우라도 이를 해석하여야 한다.
② 선례구속성의 원칙이 적용되지 않으며, 재심청구는 허용된다.
③ 분쟁당사국이 모두 ICJ규정 당사국이면 그 중 한 국가가 일방적으로 제소하면 관할권이 성립한다.
④ UN헌장 제94조 2항은 패소국이 판결을 이행하지 않는 경우 승소국이 UN 안전보장이사회에 회부하도록 하고 있다.

해 설

ICJ는 원칙적으로 임의관할권이므로 일방 당사국이 타방 당사국을 일방적으로 제소한다고 하여 관할권이 발생하지는 않는다. 관할권 성립을 위해서는 특별협정, 응소, 사전합의 등이 필요하다고 할 수 있다.
<답 ③>

041. 국제사법재판소(ICJ)에 관한 설명으로 옳지 않은 것은? 〈사시 2011년〉

① 오직 국가만이 계쟁사건(contentious case)의 당사자가 될 수 있다.
② ICJ규정의 당사국이라고 하더라도 ICJ에서 재판을 받기 위해서는 별도로 그 국가의 동의가 필요하다.
③ ICJ가 관할권을 가지는지 여부에 관한 분쟁은 ICJ의 결정에 의하여 해결된다.
④ 조약에 특정 분쟁을 일방 당사국의 신청으로 ICJ에 회부하기로 하는 규정이 있더라도 타방 당사국의 동의가 없는 한 ICJ는 관할권을 행사할 수 없다.
⑤ 분쟁당사국 중 어느 국가가 일방적으로 ICJ에 제소한 사건에 대하여 상대방 당사국이 재판소에 출정하는 등 응소하는 경우 ICJ의 관할권이 성립된다.

해 설

④ 이른바 약정관할권으로서 조약에 조약관련 분쟁을 ICJ에 회부한다는 재판조항(compromissory clause)이 있으면 이를 ICJ로 회부할 수 있다. 관할권에 대한 사전동의가 있는 것으로 보는 것이다.
<답 ④>

042. 국제사법재판소(ICJ)의 관할권에 관한 설명 중 옳은 것은?

① ICJ규정 제36조 2항에 따라 원칙적으로 모든 당사국에 강제관할권이 인정된다.
② ICJ 관할권 존부에 관한 구속력 있는 최종결정은 UN안전보장이사회가 행한다.
③ 국가, 국제기구, 개인에게 제소권이 인정되며, 특히 UN 전문기구는 어떠한 법

률문제에 대해서도 권고적 의견을 요청할 수 있다.
④ 제소된 분쟁에 대한 판결이 양 분쟁당사국 외에 제3국의 권리와 의무에 영향을 미치는 경우, ICJ는 재판을 해서는 안 된다.

해설

① 원칙적으로 국가 간 합의에 기초한다. 즉, 임의관할권(합의관할권)이 원칙이다. ② ICJ 관할권 존부에 대한 판단은 ICJ가 한다. ③ 제소권은 국가에게만 있다. UN 전문기구 등은 자신의 활동과 목적 범위 내에서만 요청 가능하다. ④ 이러한 원칙을 소위 Monetary Gold 원칙이라 한다. ICJ는 원칙적으로 합의관할권에 입각하므로 그 재판에 동의하지 않은 제3자의 권리의무에 대해 ICJ가 판단할 수 없다. 이 원칙을 적용한 최근 ICJ 사건으로는 1995년 동티모르 사건(포르투갈-호주)이 있다. 포르투갈은 인도네시아-호주 간 협정이 위법이라며 호주를 제소하였으나 ICJ는 이 재판에 영향을 받는 인도네시아의 동의 없이 이 문제를 재판할 수 없다고 결정하였다. <답 ④>

043. 다음 중 코르푸(Corfu)해협사건과 관련된 것은?

① 확대관할권　　② 보편관할권
③ 국내적 구제완료　　④ 선결적 항변

해설

코르푸해협사건은 ICJ 최초의 재판 사건으로 영국의 일방적 제소에 대해 알바니가 묵시적으로 관할권을 승인함으로써 확대관할권이 인정되었다. <답 ①>

044. 국제사법재판소(ICJ)의 관할권에 대한 설명 중 옳지 못한 것은?

① A국이 객관적 관할권 근거가 없는 상황에서 B국을 제소하는 경우 B국이 이를 받아들이면 이른바 확대관할권이 성립되어 ICJ가 재판할 수 있다.
② A국이 객관적 관할권 근거가 없는 상황에서 B국에 관할권 수락을 요청하며 제소하는 경우 ICJ는 B국이 동 관할권을 받아들이지 않는 한 아무런 조치를 취하지 않는다.
③ A국이 객관적 관할권 근거가 없는 상황에서 B국에 관할권 수락을 요청하며 제소하는 경우 ICJ는 A국의 제소장을 모든 UN회원국에 회람하고 A국의 요청에 따라 동 사건을 ICJ 사건 명부에 정식 등재한다.
④ 코르푸해협사건 이후에도 타방 당사국의 관할권 수락을 요청하며 객관적 관할권 근거 없이 일방제소하는 사례가 있었다.

해설

아무런 객관적 관할권 근거가 없이 일방제소하며 상대국의 관할권 수락을 요청하는 경우, 그 상대국이 관할권을 수락하지 않는 한, 그리고 수락할 때까지(unless and until) ICJ는 동 제소장을 상대방에 전달하는 것 외에 아무런 조치를 취하지 않으며 ICJ의 사건명부에 등재하지도 않는다. 최근 아프리카 일부 국가들이 프랑스의 관할권 수락을 요청하며 프랑스를 상대로 일방제소하는 등의 사례가 있었다.
<답 ③>

045. 국제사법재판소(ICJ)규정의 선택조항에 관한 설명으로 옳지 않은 것은?
〈사시 2008년〉

① 선택조항은 1920년 상설국제사법재판소(PCIJ)규정채택 당시 강제관할권을 논의하는 과정에서 나온 타협의 산물로 이를 ICJ가 그대로 계승한 것이다.
② 선택조항 수락선언은 일방적으로 할 수 있으며, 동 선언서는 UN 사무총장에게 기탁해야 한다.
③ 선택조항은 조건부로 수락할 수 있다.
④ 선택조항 수락선언에 붙이는 유보 중 수락선언국 자신이 국내문제라고 판단하는 사항을 제외한다는, 이른바 자동적 유보(automatic reservation)는 ICJ 자신이 ICJ의 관할권에 관한 분쟁을 결정한다는 원칙에 위배된다는 비판이 있다.
⑤ ICJ 제소 시에 이미 유효하게 성립한 관할권일지라도 선택조항 수락선언의 철회에 의하여 관할권이 소멸될 수 있다는 것이 ICJ판례의 입장이다.

해 설

⑤ 니카라과사건에서 미국은 선택조항 수락선언을 철회함으로써 ICJ관할권을 벗어나려고 하였으나 ICJ는 제소 시에 이미 유효하게 성립한 관할권은 수락선언 철회에 의해 소멸되지 않는다고 판시하였다.
<답 ⑤>

046. 다음 중 국제사법재판소가 물적 관할권을 보유하게 되는 상황이 아닌 것은 무엇인가?

① 선택조항 수락국가 간의 소송
② 특별협정을 체결한 국가 간의 소송
③ 특정 조약의 규정에 국제사법재판소 회부를 규정하는 조항이 존재하는 경우, 동 조항을 원용하는 조약당사국 간의 소송
④ 확대관할권 적용 상황에서의 소송진행
⑤ 선택조항 비수락국가가 선택조항 수락국가에 대하여 제기한 소송

해 설

ICJ규정 제36조 2항의 선택조항을 선택한 국가는 동 법원의 관할권을 수락하게 된다. 현재 유엔 회원국 192개국 중 66개국이 이러한 선택조항을 선택하였으며 가장 최근에 선택한 국가는 2006년의 일본이다. 그러나 이러한 선택조항을 선택하지 않은 국가는 이를 선택한 국가를 상대로 선택조항에 근거한 강제적 관할권을 이유로 제소할 수 없다. 따라서 선택조항을 선택한 66개국만 상호간에 별도의 동의절차 없이 직접 제소할 수 있게 되는 것이다. 선택조항 비선택국과 선택조항 선택국 간 ICJ 재판절차로 진행하기

위해서는 관할권에 관한 별도의 합의가 존재하여야 한다. <답 ⑤>

047. ICJ 재판에 대한 설명으로 옳지 못한 것은?

① ICJ 관할권의 존재 여부에 대한 분쟁은 안전보장이사회가 실질문제로 결정한다.
② 국제기구와 개인은 ICJ의 소송당사자가 될 수 없다.
③ ICJ규정 제36조 2항 선택조항 수락선언은 조건부로 할 수 있다.
④ ICJ규정의 모든 당사국들이 ICJ의 강제관할권을 수락해야 하는 것은 아니다.

해설

① ICJ 관할권의 존부에 대한 분쟁은 ICJ 자신이 결정한다. ④ ICJ규정 당사국이라고 해서 자동적으로 강제관할권이 적용되는 것이 아니며 모든 당사국들이 제36조 2항(선택조항)과 같은 ICJ 강제관할권을 수락해야 하는 것도 아니다. <답 ①>

048. 국제사법재판소(ICJ)에 대한 설명 중 옳지 않은 것은? 〈국가직 7급 2012년〉

① 국가만이 ICJ에 제기되는 쟁송사건의 당사자가 될 수 있다.
② 특정 분쟁에 대하여 ICJ가 관할권을 가지는지에 대한 최종결정은 UN안전보장이사회가 행한다.
③ ICJ는 전문성 원칙에 따라 국제기구는 그 목적과 기능을 수행하는 권한의 범위에 포함되는 법률문제에 대하여만 ICJ에 권고적 의견을 요청할 수 있다고 판단하였다.
④ ICJ의 판결은 종국적이며 상소할 수 없다.

해설

특정 분쟁에 대하여 ICJ가 관할권을 갖는지의 여부는 ICJ가 스스로 결정한다. <답 ②>

049. 국제사법재판소(ICJ)의 관할권에 대한 설명으로 옳은 것은? 〈국가직 9급 2011년〉

① 국가와 국제기구에게 국제사법재판소의 소송당사자능력이 인정된다.
② UN안전보장이사회 권고에 의해 총회가 결정하면 국제연합의 비회원국에게도 국제사법재판소에의 제소권이 인정된다.
③ 선택조항(ICJ규정 제36조 2항)을 수락한 국가 간에는 의무(강제)관할이 적용되지 않는다.
④ 국제사법재판소규정 당사자국 간에는 당사국의 일방의 제소에 의해서도 국제사법재판소의 관할권이 성립된다.

해설

① 소송당사자능력은 국가에게만 인정된다. ③ 선택조항은 의무(강제)관할권을 발생시키는 조항이다. ④ ICJ는 합의관할권을 원칙으로 하므로, 선택조항 등의 예외를 제외하면 원칙적으로 당사자 일방의 제소만으로 관할권이 성립하지 않는다. <답 ②>

050. 국제사법재판소(ICJ)의 권할권에 대한 설명으로 옳지 않은 것은? 〈행안부 9급 2010년〉

① 모든 UN회원국들은 재판소에 회부되는 사건의 당사자가 될 수 있다.
② 권고적 의견(Advisory Opinion)은 오로지 법적 문제에 대해서만 요청될 수 있다.
③ 일정한 조건을 충족하는 경우에 한하여 재심의 청구가 가능하다.
④ UN의 기관들은 다른 국제기구 또는 국가를 상대로 재판소에 제소할 수 있다.

해설

ICJ재판은 오로지 국가만이 할 수 있다. 국제기구는 ICJ의 소송당사자가 될 수 없다. <답 ④>

051. 국제사법재판소(ICJ)에 대한 설명으로 옳지 않은 것은? 〈국가직 7급 2011년〉

① UN회원국은 당연히 ICJ규정의 당사국이 되며, 회원국이 아닌 국가는 소송당사국이 될 수 없다.
② ICJ는 핵무기의 위협과 사용의 합법성에 관한 사건(The Legalty of the Threat or Use of Nuclear Weapons Case)에서 권고적 의견의 관할권이 인정되기 위해서는 해당 전문기관이 권고적 의견을 요청할 수 있도록 총회로부터 적법한 권한을 인정받아야 하고, 요청대상은 법률문제여야 하며, 요청이 된 문제는 요청기관의 활동범위 내에서 발생한 것이어야 한다고 하였다.
③ 사건의 당사자가 ICJ의 판결을 이행하지 않은 경우에 타방 당사자는 이를 안전보장이사회에 제소할 수 있다.
④ 국가만이 소송을 제기할 수 있고, 개인은 당사자능력이 인정되지 않는다.

해설

① ICJ규정 비당사국도 안전보장이사회가 정하는 조건에 의거하여 ICJ를 이용할 수 있다. 기본적으로 모든 유엔회원국은 자동적으로 ICJ의 규정 당사국이 되며, 유엔비회원국은 안보리 권고에 의해 총회가 결정하는 조건으로 ICJ의 규정 당사국이 될 수 있다. <답 ①>

052. 국제사법재판소(ICJ)의 권한에 해당하지 않는 것은? 〈사시 2016년〉

① 유엔회원국 간의 법적 분쟁에 대한 재판
② 유엔총회의 요청에 따른 권고적 의견의 부여
③ ICJ의 관할권을 부정하는 선결적 항변에 대한 판결
④ 소송당사국이 요청한 잠정조치의 지시
⑤ 국제형사재판소(ICC)의 판결에 대한 재심

해설

ICJ는 ICC 판결에 대해 심판할 권한이 없다. <답 ⑤>

053. 다음 중 코르푸해협사건과 직접적인 관련을 갖는 것은?

① 확대관할권이론 ② 선례구속의 원칙
③ 자동적 유보 ④ 제3국의 소송개입

해설

확대관할권이론은 절차 개시에 반대하지 않고 ICJ에 출정하든가 소송절차에 참가하는 등 묵시적 방법으로 ICJ의 관할권을 인정하는 것을 의미한다. 확대관할권이론은 PCIJ의 마브로마티스사건에서 원용된 바 있으며, ICJ의 코르푸해협사건에서 원용된 바 있다. 선례구속의 원칙은 ICJ규정에서 명문으로 부정되고 있다. 자동적 유보는 선택조항에 의한 ICJ의 강제관할권 수락시 '본질적으로 국내관할에 속하는 사항에 관한 분쟁'은 제외하는 것을 의미한다. 제3국의 소송개입은 ICJ규정 제62조에서 규정하고 있으며, ICJ의 판결은 강제적·종국적이며 기판력을 갖는다. <답 ①>

054. 국제사법재판소(ICJ)에 대한 설명으로 옳지 않은 것은? 〈국가직 7급 2013년〉

① ICJ가 관할권을 가지는지의 여부에 관하여 분쟁이 있는 경우에는, 그 문제는 재판소의 결정에 의하여 해결된다.
② ICJ의 모든 재판관은 재판소의 업무에 종사하는 동안 외교특권 및 면제를 향유한다.
③ 선택조항을 수락한 국가는 모든 국가와의 관계에서 ICJ의 강제 관할권의 적용을 받는다.
④ ICJ는 사정에 의하여 필요하다고 인정하는 때에는 각 당사자의 각각의 권리를 보전하기 위하여 취하여져야 할 잠정조치를 제시한 권한을 가진다.

해설

선택조항 수락국가 간에 대해서만 상호주의적으로 ICJ 강제관할권이 적용된다. <답 ③>

055. ICJ규정 제36조 2항에 대한 설명으로 옳은 것은?

① ICJ의 재판준칙을 다루고 있다.
② 국제법의 법원에 대해 다루고 있다.
③ ICJ의 관할권 수락에 대한 선택선언을 다루고 있다.
④ ICJ 재판에 있어서 선례구속성을 부정하는 조항이다.

해설

ICJ의 재판준칙을 다룬 것은 ICJ규정 제38조이며, 선례구속성을 부정하는 조항은 제59조이다. 제59조는 제38조의 학설과 판례에 대한 조항에서 제한 단서로 언급되고 있다. ICJ의 규정 중 제38조, 제36조 2항, 제59조는 그 내용을 기억해 두는 것이 좋다. <답 ③>

056. 국제사법재판소(ICJ) 규정 제36조 2항(선택조항)에 대한 설명으로 옳지 않은 것은? 〈국가직 7급 2012년〉

① ICJ규정 회원국은 선택조항을 수락함으로써 ICJ의 일반적 강제관할권을 받아들일 수 있다.
② 선택조항은 조약의 해석, 국제법의 문제, 성립하는 경우 국제의무위반을 구성하는 사실의 존재, 국제의무위반에 대한 배상의 성격이나 범위에 대하여 적용된다.
③ 선택조항을 수락한 국가는 모든 국가에 대하여 ICJ의 강제적 관할권을 주장할 수 있다.
④ 상설 국제사법법원(PCIJ)의 강제관할권 수락의 효력이 지속되는(still in force) 경우 별도의 선언 없이 ICJ의 선택조항을 수락한 것으로 본다.

해설

선택조항을 수락한 국가만이 관할권을 받아들이게 되며, 선택조항을 수락했다고 해서 그 국가가 모든 다른 국가에 대해 강제관할권을 주장할 수 있는 것은 아니다. <답 ③>

057. 다음 중 국제사법재판소(ICJ) 규정 제36조 2항의 선택조항에 대한 설명중 옳지 않은 것은? 〈기출문제 변형〉

① ICJ 규정상 선택조항이 적용될 수 있는 사항으로는 조약의 해석, 국제법상 문제, 국제의무위반이 되는 사항의 존부, 국제의무위반에 대한 배상의 성질 및 범위가 규정되어있다.
② 조건부나 기한부로 수락할 수 있다.
③ 선택조항이 적용될 수 있는 네 가지 사항 중 일부만 선택하여 수락선언할 수 있다.
④ 선택조항 수락선언은 ICJ 소장이 아닌 UN 사무총장에게 기탁한다.

해설

선택조항이 적용되는 네 가지 사항 중 일부만 선택하여 수락선언을 할 수는 없다. <답 ③>

058. 국제사법재판소(ICJ)에 대한 설명으로 옳지 않은 것은? 〈2016년 국가직 9급〉

① ICJ 판결에 선례구속의 원칙은 적용되지 않는다.
② ICJ는 당사국의 요청 없이 직권으로 잠정조치를 지시할 수 없다.
③ ICJ 판결일로부터 10년이 지난 후에는 재심청구를 할 수 없다.
④ ICJ가 권고적 의견을 부여하는 것은 의무적이 아닌 재량적 성격을 지닌다.

해설

국제사법재판소 규정 제41조 1항에 따라, ICJ는 필요하다고 인정할 경우 직권으로 잠정조치를 지시할 수 있다. <답 ②>

059. 〈제시문〉과 같이 「국제사법재판소(ICJ) 규정」에 따라 선택조항을 수락하는 선언을 한 A국과 B국의 양국 간 분쟁이 ICJ에 회부될 때 ICJ가 재판관할권을 행사할 수 없는 것은? 〈사시 2015년〉

〈제시문〉
A국과 B국은 모두 국제연합(UN) 회원국이다. A국은 1946년 8월 14일 "ICJ규정 제36조 제2항에 따라 1946년 8월 14일 이후에 발생하는 모든 법적 분쟁에 대하여 ICJ의 관할을 강제적인 것으로 인정한다"고 선언하였다. B국은 1948년 7월 6일 "다자조약의 해석이나 적용에 관한 분쟁을 제외하고는 ICJ규정 제36조 제2항에 따라 이 조항에 규정된 모든 법적 분쟁에 대하여 ICJ의 관할을 강제적인 것으로 인정한다"고 선언하였다. 이 선언들은 모두 그 선언일자에 발효하였다. 1957년 10월 2일 B국이 A국을 상대로 ICJ에 제소하였다.

① 양국 간의 양자조약 해석에 관한 1948년 8월 4일 발생한 양국 간 분쟁
② 양국 간의 지역관습법규 위반 여부에 관한 1950년 8월 4일 발생한 양국 간 분쟁
③ UN헌장 해석에 관한 1952년 8월 4일 발생한 양국 간 분쟁
④ A국이 일방적 행위에 의하여 스스로 부담한 의무의 위반 여부에 관한 1954년 8월 4일 발생한 양국 간 분쟁
⑤ 국제관습법규 위반 여부에 관한 1956년 8월 4일 발생한 양국 간 분쟁

해설

ICJ 규정 제36조 2항에 따른 관할권에 대해서는 상호주의가 적용된다. B국이 다자조약의 해석이나 적용에 관한 분쟁은 제외한다고 유보하였기 때문에 A국은 B국의 제소에 대하여 이를 상호적으로 원용할

수 있다. 따라서 다자조약인 UN헌장의 해석에 대한 분쟁은 ICJ 관할권에 속하지 않는 것으로 해석된다. 나머지 지문은 A,B 양국이 공히 수락한 범위 내에 드는 법적 분쟁이다. <답 ③>

060. 국제사법재판소(ICJ)규정 제36조 2항의 선택조항(optional clause) 수락과 관련된 설명으로 옳지 못한 것은? 〈기출문제 변형〉

① 선택조항을 수락한 국가는 다른 모든 국가에 대해 ICJ의 강제관할권을 적용받는다.

② 선택조항 수락국 간에는 별도의 특별한 합의 없이 ICJ의 강제관할권이 적용된다.

③ 국제사법재판소규정의 비당사국은 선택조항을 수락할 수 없다.

④ 선택조항은 조건부 또는 기한부로 수락할 수 있다.

해 설

선택조항 수락국은 동일한 의무를 지고 있는 국가들 사이, 즉 선택조항을 수락한 국가들 사이에서만 강제관할권이 성립한다. <답 ①>

061. 국제사법재판소(ICJ) 규정상의 선택조항에 관한 설명으로 옳은 것을 모두 고른 것은? 〈사시 2010년〉

ㄱ. 선택조항은 ICJ규정에서 처음으로 도입되었다.
ㄴ. 선택조항을 수락할 수 있는 주체는 ICJ규정 당사국이다.
ㄷ. 어떠한 조건, 기한 또는 유보 없이 선택조항을 수락한 ICJ규정 당사국 상호간에 국제법상의 문제에 관한 분쟁발생시 일방 당사국의 제소에 의하여 강제관할권이 성립한다.
ㄹ. 선택조항의 수락은 다른 당사국과의 합의에 의하여야 한다.
ㅁ. 선택조항 수락선언서는 UN 사무총장에게 기탁된다.

① ㄱ, ㄴ, ㄷ ② ㄱ, ㄴ, ㄹ ③ ㄱ, ㄹ, ㅁ
④ ㄴ, ㄷ, ㅁ ⑤ ㄷ, ㄹ, ㅁ

해 설

ㄱ. 상설사법재판소규정에서도 선택조항은 있었다. ㄹ. 선택조항 수락선언에는 타국의 동의가 필요없다. <답 ④>

062. 선택조항과 관련된 다음 설명 중 타당하지 않은 것은?

① 선택조항에 따라 ICJ의 관할권을 수락한 국가는 동일한 의무를 수락한 국가에 대해서만 응소의무가 있다.

② 선택조항을 수락한 국가는 그 선언서를 UN 사무총장에게 보내고 사무총장은

그 사본을 ICJ 당사국과 법원에 송부한다.
③ 자동적 유보란 선택조항의 유보에 있어서 국내문제 여부를 스스로 결정하겠다는 내용의 유보로서 그 적법성에 논란이 있다.
④ ICJ규정 당사국이 아닌 국가도 선택조항을 수락할 수 있다.

해설

ICJ규정 당사국이 아닌 경우에는 선택조항을 수락할 수 없다. 우선 ICJ규정에 가입하는 조치부터 해야 할 것이다. <답 ④>

063. 국제사법재판소(ICJ)의 권고적 의견(advisory opinion)에 관한 설명 중 옳지 않은 것은? 〈사시 2013년〉

① 국제기구는 ICJ에서 쟁송사건의 당사자가 될 수 없으나 일정한 요건 하에 권고적 의견을 요청할 수 있다.
② UN총회와 안전보장이사회는 어떠한 법적 문제에 관해서도 권고적 의견을 요청할 수 있다.
③ 안전보장이사회에 의하여 권고적 의견을 요청할 자격이 부여된 UN의 다른 기관 및 전문기구는 자신의 활동범위에 속하는 법적 문제에 한하여 권고적 의견을 요청할 수 있다.
④ 권고적 의견 부여에 있어서 재판소는 가능한 범위 내에서 쟁송사건에 적용되는 절차를 따른다.
⑤ 재판소에 출석할 자격이 있는 국가는 권고적 의견을 직접 요청할 수는 없으나, 요청된 권고적 의견 부여절차에 참여하여 서면 또는 구두로 진술할 수 있다.

해설

③ 권고적 의견을 요청할 자격은 총회와 안전보장이사회, 그리고 총회의 허가를 얻은 기타 유엔기관 및 전문기관이다. 사무총장도 권고적 의견을 요청할 권한이 없다. <답 ③>

064. ICJ의 권고적 의견과 관련 없는 것은?

① 권고적 의견은 법적 구속력이 없다.
② 권고적 의견의 요구 주체는 UN총회, 안전보장이사회, 총회의 허가를 받은 기타 UN기관 및 전문기관에 한정된다.
③ 권고적 의견에 대하여 재판관들은 개별의견, 반대의견 등을 첨부할 수 없다.
④ 권고적 의견 요청에 대해 ICJ는 정당한 근거가 있는 경우 이를 거부할 수 있다고 본다.

해 설

분쟁사건의 판결문과 마찬가지로 재판관들은 권고적 의견에 대해서도 개별의견, 반대의견 또는 선언 등을 첨부하여 다수의견과 차이나는 자신의 견해를 밝힐 수 있다. <답 ③>

065. 국가가 향유하는 국제법상의 권리가 아닌 것은? 〈행안부 9급 2010년〉

① 타국의 국제위법행위로 인하여 손해를 받은 자국민을 위하여 그 타국을 상대로 손해배상을 청구할 권리

② 배타적 경제수역(EEZ)에서의 천연자원의 탐사, 개발, 보존 및 관리를 위한 주권적 권리

③ 국제사법재판소(ICJ)에 권고적 의견을 요청할 권리

④ 타국으로부터 침략을 받은 경우 무력으로 대응할 권리

해 설

① 외교적 보호권을 말한다. ② EEZ상의 연안국의 권리 중 하나이다. ③ 권고적 의견은 국가가 아닌 UN총회, 안보리, 그리고 총회의 허가를 받은 기타 UN기관이나 국제기구가 요청할 수 있다. ④ 자위권을 말한다. <답 ③>

066. 국제사법재판소(ICJ)의 권고적 의견(advisory opinion)에 대한 설명으로 옳지 않은 것은? 〈2014년 국가직 7급〉

① ICJ 당사국은 자국이 관련된 법률적 문제에 대하여 ICJ의 권고적 의견을 요청할 권리가 없다.

② ICJ는 UN총회로부터 허락받은 UN 전문기구에 대하여 법적 자문을 제공하기 위해 권고적 의견을 줄 수 있다.

③ UN총회와 안전보장이사회는 ICJ에 그 어떤 법적 문제에 대해서도 권고적 의견을 요구할 수 있다.

④ ICJ는 권고적 관할권을 행사함에 있어 계쟁사건에 적용되는 ICJ 규정과 규칙의 관련 사항을 따르지 않을 수 있다.

해 설

① 국가는 권고적 의견을 요청할 수 없다. ④ ICJ는 계쟁사건에 적용되는 규정과 규칙이 적용되는 한도 내에서 그러한 규정과 규칙을 따라야 한다. <답 ④>

067 국제사법재판소(ICJ)에 관한 설명으로 옳지 않은 것은? 〈사시 2010년〉

① ICJ는 UN의 주요기관 가운데 하나이다.
② ICJ판결은 그 특정 사건에 관해서만 구속력이 있다.
③ ICJ판결은 종국적이며 상소할 수 없다.
④ ICJ판결의 의미나 범위에 관하여 분쟁이 있는 경우 모든 ICJ규정 당사국은 ICJ에 판결의 해석을 요청할 수 있다.
⑤ 소송사건의 당사자가 ICJ의 판결에 따라 자국이 부담하는 의무를 이행하지 않는 경우 타방 당사자는 UN안전보장이사회에 호소할 수 있다.

해설

④ 해당 판결의 소송당사국만이 해석을 요청할 수 있으며 그 판결과 무관한 국가가 판결의 의미를 해석해달라고 요청할 수는 없다. <답 ④>

068. 다음 중 ICJ의 권고적 의견 요청과 관련된 설명으로 옳지 못한 것은?

① UN총회와 안전보장이사회는 타 기관의 동의 없이 독자적으로 권고적 의견을 요청할 수 있다.
② 국가는 권고적 의견을 요청할 수 없다.
③ 총회와 안전보장이사회가 아닌 UN의 기타 기관과 전문기관은 안전보장이사회의 허가를 얻어 권고적 의견을 요청할 수 있다.
④ WHO는 총회의 허가를 얻어 권고적 의견을 요청할 수 있다.

해설

총회와 안전보장이사회는 독자적으로 어떠한 법적 문제에 대해서도 권고적 의견을 요청할 수 있다. UN의 기타 기관과 전문기관은 총회의 허가를 얻어 자신의 활동 범위내 법적 문제에 대해 권고적 의견을 요청할 수 있다. 국가는 권고적 의견을 요청할 수 없다. <답 ③>

069. 국제사법재판소의 권고적 의견에 대한 설명으로 옳지 않은 것은? 〈2014년 국가직 9급〉

① UN 총회와 UN 안전보장이사회는 어떠한 법적 문제에 관하여도 권고적 의견을 요청할 수 있다.
② 국가는 권고적 의견 절차에서 의견을 개진할 수 있다.
③ 추상적 성격의 질문은 권고적 의견 대상이 될 수 없다.
④ 권고적 의견의 부여는 국제사법재판소의 재량에 따른다.

해설

UN 총회와 안전보장이사회는 어떠한 법적 문제에 관하여도 권고적 의견을 요청할 수 있으며, 추상적

성격의 질문은 권고적 의견 대상이 될 수 없다는 규정은 없다. <답 ③>

070. 국제사법재판소(ICJ)에 대한 설명 중 옳지 못한 것은? 〈기출문제 변형〉

① 심리는 공개를 원칙으로 하며, 출석 재판관의 과반수로 의결한다.
② 일정한 요건 하에 재심청구가 허용된다.
③ 패소국이 모든 소송비용을 부담한다.
④ 재판관 임기종료 시 후임자가 없으면 후임자 충원 시까지 계속 직무를 수행한다.

해설

③ ICJ규정 제64조에 의하면 재판소가 달리 결정하지 않는 한 각 당사국은 소송비용을 각자 부담한다.
<답 ③>

071. 국제사법재판소(ICJ)에 대한 설명으로 옳지 않은 것은? 〈국가직 9급 2013년〉

① 국제기구가 ICJ의 권고적 의견을 요청하는 사안이 특정 국가와 관계되는 경우 그 국가의 동의가 필요하다.
② ICJ는 임의관할권을 원칙으로 한다.
③ ICJ규정 제36조 2항의 선택조항을 수락한 국가들 간의 분쟁에 대해서는 ICJ의 강제관할권이 성립하는 것이 원칙이다.
④ ICJ는 라그랑(LaGrand)사건에서 ICJ의 가보전조치(provisional measure)가 분쟁당사국을 법적으로 구속한다고 판단하였다.

해설

① ICJ의 권고적 의견 요청사안이 특정 국가와 관계된다고해서 법적으로 그 국가의 동의가 필요한 것은 아니다. 물론 그 특정 국가가 이에 반대하는 입장을 가질 경우 권고적 의견을 심의하는 단계에서 서면 또는 구두심의에서 의견을 제시할 수 있을 것이다. <답 ①>

072. 국제사법재판소(ICJ)와 관련된 설명으로 옳지 않은 것은?

① 판결의 의미나 범위에 대한 분쟁은 재판소에 요청할 수 없다.
② 소송절차는 서면절차와 구두절차로 구분된다.
③ 판결은 출석재판관의 과반수로 정하고 가부동수인 때에는 재판장이 casting vote를 행사한다.
④ 판결은 종국적이며 상소할 수 없다.

해설

① ICJ규정 제60조에 따르면 판결의 의미 또는 범위에 관하여 분쟁이 있는 경우에 재판소는 당사자의 요청에 의하여 이를 해석해야 한다. <답 ①>

073. 국제사법재판소(ICJ)의 선결적 항변(preliminary objections)에 대한 설명 중 옳지 않은 것은? 〈행안부 7급 2009년〉

① 선결적 항변이란 대체로 원고국가가 피고국가의 동의 없이 일방적으로 제기하는 소송에서 피고측이 재판관할권이나 '청구의 허용성'(admissibility of claim)을 다투기 위하여 제기하는 항변을 말한다.

② 선결적 항변이 제기되더라도 재판의 신속한 진행을 보장하기 위하여 본안심리가 계속되면서 관할권 문제에 대한 심리가 이루어진다.

③ ICJ는 선결적 항변을 인정하여 당해 사건을 소송명부에서 지울 수 있다.

④ ICJ는 '재판관할권이 있다고 인정되는 경우에만 청구의 허용성 문제를 다루는 것이 재판소의 확립된 판례'라고 언급한 바 있다.

해설

② 선결적 항변이 제기되면 일단 본안심리는 중단되고 관할권 문제에 대해 먼저 다룬다. 그래서 "선결적" 항변이라고 부른다. <답 ②>

074. 국제사법재판소(ICJ)에 관한 설명 중 옳은 것을 모두 고른 것은? 〈사시 2014년〉

ㄱ. 모든 UN회원국은 ICJ규정의 당연 당사국이다. ㄴ. ICJ가 달리 결정하지 않는 한 각 당사자는 각자의 소송비용을 부담한다. ㄷ. 권고적 의견 부여 절차와 달리 쟁송사건에서는 국가만이 당사자가 될 수 있다. ㄹ. UN 전문기구는 어떤 법적 문제에 대해서도 ICJ의 권고적 의견을 요청할 수 있다. ㅁ. 사건의 결정에 의해 영향을 받을 수 있는 법률적 성질의 이해관계가 있다고 인정되어 소송에 참가한 국가는 ICJ의 판결에 구속된다.

① ㄱ, ㄴ, ㄷ ② ㄱ, ㄴ, ㄹ ③ ㄱ, ㄷ, ㅁ
④ ㄴ, ㄷ, ㄹ ⑤ ㄷ, ㄹ, ㅁ

해설

ㄹ. UN 전문기구는 총회의 허가를 얻은 경우에, 그리고 활동범위 안에서 발생하는 사안에 대해서만 권고적 의견을 요청할 수 있다. ㅁ. 당사자가 아닌 소송참가국은 ICJ의 판결에 구속되지 않는다. 다만, 협정의 당사국으로서 그 협정의 해석에 대한 재판에 참가한 국가는 판결상 협정의 해석에 구속된다. <답 ①>

075. 국제사법재판소(ICJ)에 대한 설명으로 옳은 것을 모두 고르면? 〈지방직 7급 2010년〉

ㄱ. ICJ에서는 강제관할권이 원칙이다.
ㄴ. ICJ는 국가에 대해서만 소송 당사자능력을 인정하고 있다.
ㄷ. UN 안전보장이사회와 총회는 ICJ에 대해 법률문제에 관한 권고적 의견을 요청할 수 있다.
ㄹ. ICJ의 소송절차에서 제소국이 국내적 구제절차를 완료하지 않은 경우, 피제소국은 선결적 항변을 주장할 수 있다.
ㅁ. ICJ의 판결은 당해 사건에 대해서는 모든 국가들에 대해 구속력을 가지며 선례구속성이 인정된다.

① ㄱ, ㄴ, ㄷ
② ㄱ, ㄹ, ㅁ
③ ㄴ, ㄷ, ㄹ
④ ㄷ, ㄹ, ㅁ

해설

ICJ는 합의(약정)관할권이 원칙이다. ICJ의 판결은 당해 사건에 대해 그 당사자들만을 구속하며 선례구속성이 인정되지 않는다. <답 ③>

076. 국제사법재판소(ICJ)에 관한 설명 중 옳은 것으로 묶인 것은? 〈사시 2013년〉

ㄱ. 당사자의 권리를 보전하기 위하여 취해지는 잠정조치는 법적 구속력이 없다는 것이 ICJ의 입장이다.
ㄴ. 소송의 당사자는 아니지만 자신이 당사국으로 있는 협약의 해석이 문제가 되어 소송에 참가한 국가는 재판소의 판결에 의해 부여된 해석에 구속되지 않는다.
ㄷ. 판결이 선고되었을 당시 당사자와 재판소가 알지 못하였던 결정적 사실이 발견된 경우, 재심이 청구될 수 있다.
ㄹ. 일방 당사자가 재판소에 출석하지 않거나 그 사건을 방어하지 않는 경우, 타방 당사자는 자기의 청구에 유리하게 결정할 것을 재판소에 요청할 수 있다.
ㅁ. UN헌장은 회원국이 그들 간의 분쟁을 해결하기 위하여 ICJ 이외의 다른 재판소에 제소하는 것을 방해하지 않는다.

① ㄱ, ㄴ, ㄷ ② ㄱ, ㄴ, ㄹ ③ ㄱ, ㄷ, ㅁ
④ ㄴ, ㄷ, ㄹ ⑤ ㄷ, ㄹ, ㅁ

해설

ㄱ. ICJ는 잠정조치가 법적 구속력이 있다는 입장을 견지하고 있다. ㄴ. 협약당사국으로서 협약 해석문제로 소송에 참가한 국가는 판결상 해석에 구속된다. <답 ⑤>

077. 국제사법재판소(ICJ)에 관한 설명 중 옳지 않은 것은? (다툼이 있는 경우 ICJ 판례에 의함) 〈사시 2014년〉

① UN 회원국이 아닌 국가도 ICJ규정 당사국이 될 수 있다.

② UN 총회와 UN 안전보장이사회에서 절대다수표를 얻은 ICJ 재판관 후보자는 당선된 것으로 본다.

③ ICJ 절차에서 임시재판관(*ad hoc* Judge)의 지명은 쟁송사건의 소재판부에서도 인정된다.

④ ICJ규정에 따른 잠정조치는 법적 구속력이 없다.

⑤ ICJ는 권고적 의견을 요청한 사안이 특정 국가와 관련되는 사안에서 해당 국가의 동의가 없는 데도 권고적 의견을 부여하였다.

해설

ICJ는 LaGrand 사건을 통해 잠정조치에 법적 구속력이 있음을 명확히 하였다. <답 ④>

078. 국제사법재판소(ICJ)에 관한 설명 중 옳은 것을 모두 고른 것은? 〈사시 2015년〉

ㄱ. 재판소는 재판소장을 포함하여 16명의 재판관으로 구성된다.
ㄴ. 재판소의 재판관은 재선이 허용되지 않는다.
ㄷ. 재판소의 재판은 단심으로 종결되나, 판결의 선고 당시 알지 못하였던 결정적인 새로운 사실의 발견을 원인으로 하는 재심이 허용된다.
ㄹ. 재판소의 판결은 법적 구속력을 갖지 않지만, 일반적으로 존중된다.
ㅁ. 재판소의 임시재판관(judge *ad hoc*)이란 재판관 중에 해당 소송사건의 당사국 국적을 가진 재판관이 없을 경우에 임시로 선임되는 재판관을 말한다.

① ㄱ, ㄴ ② ㄱ, ㄹ ③ ㄴ, ㄷ
④ ㄷ, ㄹ ⑤ ㄷ, ㅁ

해설

재판관은 15명이며 재선될 수 있다. 판결은 법적 구속력을 갖는다. <답 ⑤>

079. 다음 중 ICJ 재판에 대한 설명 중 바른 것은?

① 당사국 쌍방이 합의하는 경우에 한해 지역관습법을 적용할 수 있다.

② 당사국 쌍방이 합의하는 경우에 한해 형평과 선을 적용할 수 있다.

③ 당사국 쌍방이 합의하는 경우에 한해 법의 일반원칙을 적용할 수 있다.

④ 당사국 쌍방이 합의하는 경우에 한해 강행규범을 적용할 수 있다.

해 설

ICJ규정 제38조 2항은 당사국이 합의하는 경우 형평과 선을 적용할 수 있다고 규정하고 있다.

<답 ②>

080. 국제사법재판소(ICJ)의 판결에 대한 설명으로 옳지 않은 것은? 〈행안부 9급 2009년〉

① 소재판부(chamber)가 선고한 판결은 ICJ가 선고한 것으로 본다.
② 판결에는 판결이 기초하고 있는 이유를 기재하여야 한다.
③ ICJ가 판결의 의미를 해석하기 위해서는 분쟁당사자들의 합의가 필요하다.
④ 판결은 일단 내려지면 그것은 종국적이며 상소할 수 없다.

해 설

③ 일방 분쟁당사국이 ICJ에 판결의 해석을 요청할 수 있다. <답 ③>

081. 국제사법재판소의 판결에 관한 설명으로 옳지 않은 것은? 〈사시 2011년〉

① 모든 문제는 출석한 재판관의 과반수로 결정되는데, 가부동수인 경우에는 재판소장이 결정투표권을 갖는다.
② 판결은 분쟁당사자 사이와 그 특정사건에 대해서만 구속력이 있다.
③ 일방 당사자가 출석하지 않는 경우 재판소는 해당 사건에 대하여 판결할 수 없다.
④ 판결은 종국적인 것으로 상소의 대상이 되지 않고, 판결의 의미 혹은 범위에 관하여 분쟁이 생기는 경우 재판소는 당사국의 요청에 의해 이를 해석한다.
⑤ 판결선고 당시에 몰랐던 결정적 사실이 발견되는 경우 재심을 청구할 수 있다.

해 설

ICJ의 관할권이 유효하게 성립하는 경우, 관할권이 있으면 궐석재판이 가능하며, 일방 당사국의 불참이 타방 당사국의 자동적 승소를 의미하지도 않는다. 재판소는 나름대로 자료와 증거를 판단하여 판결한다.

<답 ③>

082. 국제사법재판소(ICJ) 판결의 효력에 대한 설명으로 옳은 것은? 〈국가직 9급 2013년〉

① UN안전보장이사회의 이행보장 결의가 있을 때만 법적 구속력을 가진다.
② 소재판부(chamber)가 선고한 판결은 ICJ가 선고한 것으로 본다.
③ 선례구속성(stare decisis)의 원칙이 적용된다.
④ ICJ의 판결에 대한 재심은 허용되지 않는다.

해설

① ICJ의 판결은 안보리 결의와 무관하게 법적 구속력을 가진다. ③ 선례구속성의 원칙이 적용되지 않는다고 규정되어 있다. ④ 일정한 요건 하에 재심청구가 가능하다. <답 ②>

083. 국제사법재판소(ICJ)의 판결에 관한 설명 중 옳은 것을 모두 고른 것은?

〈사시 2016년〉

ㄱ. ICJ는 출석재판관의 과반수로 판결하고, 가부동수인 때에는 재판장이 결정투표권을 행사한다.
ㄴ. ICJ 판결의 해석에 관한 분쟁을 재판하기 위해서는 분쟁당사국들 간의 합의가 필요하다.
ㄷ. 분쟁당사국은 판결 당시 알지 못하였던 결정적 사실이 발견된 경우에 한하여 재심을 청구할 수 있다.
ㄹ. 판결은 당해 사건의 당사국만 구속하며 선례구속(stare decisis) 원칙이 인정된다.
ㅁ. 판결은 종국적이며 상소가 허용되지 않는다.

① ㄱ, ㄴ, ㄷ
② ㄱ, ㄷ, ㅁ
③ ㄴ, ㄷ, ㄹ
④ ㄴ, ㄹ, ㅁ
⑤ ㄷ, ㄹ, ㅁ

해설

ㄴ. 판결의 의미나 범위에 관한 분쟁은 일방의 요청에 의해 ICJ가 해석한다(ICJ 규정 제60조).
ㄹ. 판결은 특정 사건의 해당 당사국들 사이에서만 효력이 있으므로 선례구속의 원칙은 인정되지 않는다(제59조). <답 ②>

084. 국제사법재판소(ICJ)의 재판절차상 소송참가에 대한 설명으로 옳지 않은 것은?

〈2016년 국가직 7급〉

① 소송참가를 하고자 하는 제3국은 소송참가의 필요성을 입증해야 하며 서면으로 신청해야 한다.
② 협약의 해석이 문제가 되는 소송에서 기존 소송 당사국이 아닌 그 협약의 당사국이 소송에 참가할 경우, 그 국가는 판결에 구속되지 않는다.
③ 사건의 결정에 의하여 영향을 받을 수 있는 법률적 성질의 이해관계가 있다고 인정되는 제3국에 대하여 ICJ는 소송참가를 허용할 수 있다.
④ 국제공기구(public international organizations)가 당사자인 조약의 해석이 문제되는 ICJ 소송에서 그 국제공기구는 소송참가를 할 수 없고 단지 의견제

출만 가능하다.

해설

조약의 해석이 문제가 되는 경우 그 조약의 타당사국들도 소송에 참가할 수 있으나 그 경우 판결문에서 부여되는 조약 해석은 분쟁당사국들과 동일하게 그 소송참가국에 대해서도 구속력을 가진다(ICJ 규정 제63조 2항).
<답 ②>

085. 국제사법재판소(ICJ)의 소재판부(Chamber)에 대한 설명으로 옳지 않은 것은?
〈사시 2009년〉

① ICJ는 특정 사건을 처리하기 위한 소재판부를 언제든지 설치할 수 있는데, 실제로 '메인(Maine)만사건'에서 이러한 소재판부가 설치되었다.
② 1993년 ICJ는 환경사건을 처리하기 위하여 재판관 7명으로 구성된 소재판부를 설치한 바 있다.
③ ICJ는 당사자의 요청이 있는 경우 간이소송절차로 사건을 심리하고 결정할 수 있는, 재판관 5명으로 구성된 소재판부를 매년 설치하여야 한다.
④ 소재판부는 당사국들의 동의를 얻어 헤이그 이외의 장소에서 개정하여 임무를 수행할 수 있다.
⑤ 소재판부의 결정에 불복이 있는 경우 전원재판부에 상소할 수 있다.

해설

소재판부는 전원재판부에 대한 1심의 성격이 아니라 ICJ 자체의 온전한 판결이다. ICJ는 상소제도가 없다.
<답 ⑤>

086. ICJ판결의 집행력에 대한 설명이다. 타당하지 않은 것은?

① 판결의 승소국은 패소국에 대해 판결이행을 요구하고 이에 응하지 않으면 2차적으로 자력구제를 한다.
② 판결을 이행하지 않은 경우 당사국은 안전보장이사회에 호소할 수 있다.
③ 안보리는 필요한 경우에 판결집행을 위해 필요한 조치를 할 수 있으나 반드시 해야 하는 것은 아니다.
④ 안보리의 필요조치의 범위에는 무력행사는 포함되지 않는다고 보는 것이 다수 견해이다.

해설

안보리의 판결 불이행에 대한 조치에는 강제조치도 포함된다고 봄이 옳다. <답 ④>

087. 다음 중 사실상 강제적 관할권이 인정된다고 볼 수 있는 경우가 아닌 것은?

① UN해양법협약상 분쟁
② ICJ의 제36조 2항에 의한 선택조항(Optional Clause) 수락
③ WTO 패널 설치
④ 조약법협약상 모든 분쟁

해설

① UN해양법협약은 당사자가 분쟁기구를 선택하지 않으면 중재절차를 선택한 것으로 간주된다는 의미에서 사실상 강제관할권을 갖는다고 볼 수 있다. ② ICJ 선택조항 수락도 일단 수락 후에는 응소의무가 발생한다는 차원에서 사실상 강제관할권이 발생한다고 볼 수 있다. ③ WTO 패널은 역총의제(reverse consensus)에 의하므로 사실상 자동적으로 설치된다고 볼 수 있다(제11장 참조). ④ 조약법에 관한 비엔나협약은 '강행법규의 해석에 대한 분쟁'에 대해서만 ICJ의 강제적 관할권을 인정하고 있다.
<답 ④>

088. UN안전보장이사회에 관한 설명으로 옳지 않은 것은? 〈2015년 국가직 9급〉

① 안전보장이사회는 UN의 신속하고 효과적인 조치를 확보하기 위하여 국제평화와 안전을 유지를 위한 일차적 책임을 진다.
② UN회원국은 안전보장이사회의 결정을 UN헌장에 따라 수락하고 이행할 것을 동의한다.
③ 안전보장이사회는 그 임무의 수행에 필요하다고 인정되는 보조기관을 설치할 수 있다.
④ 안전보장이사회는 국제사법재판소(ICJ)의 판결을 집행하기 위하여 어떠한 경우에도 권고할 수 없다.

해설

안전보장이사회는 승소국의 요청에 따라 판결을 집행하기 위하여 권고를 하거나 취할 조치를 결정할 수 있다. <답 ④>

089. ICJ 판결의 효력에 대한 다음의 설명 중 옳지 않은 것을 고르시오.

① ICJ규정에 의하면 각 판결은 해당 사안에서만 구속력을 갖는다.
② UN헌장에 따르면 회원국은 자국이 당사자인 사건에서 ICJ의 판결에 따를 것을 약속한다.
③ ICJ 판결에 대해 상소와 재심이 모두 허용된다.
④ ICJ의 판결이 자동적으로 국내법적 구속력을 갖지는 않는다고 설시한 미국 대법원의 판례가 있다.
⑤ 안전보장이사회가 ICJ 판결의 집행을 위한 최종적인 권한을 보유하고 있다.

해 설

③ ICJ 판결은 1심으로 종결되고 상소할 수 없다. 다만, 재심청구는 당사자가 판결 당시 알지 못하였던 결정적 요소가 될 사실이 발견된 경우 예외적으로 인정된다. 재심은 문자 그대로 다시 재판을 하는 것이며, 항소절차와는 엄연히 구별된다. <답 ③>

제9장 | 무력분쟁의 규제

제1절 무력행사의 금지

001. 국제법 상 무력행사에 대한 설명으로 옳지 않은 것은? 〈국가직 9급 2012년〉

① 「UN헌장」은 무력의 행사뿐만 아니라 무력에 의한 위협도 금지하고 있다.
② 오늘날 무력행사금지는 「UN헌장」에 의한 것으로 UN회원국에게만 적용된다.
③ 「국제연맹규약」에서는 전쟁에 이르지 않는 무력사용은 가능하다는 해석의 여지를 두고 있다.
④ 무력사용금지 원칙에는 직접적인 무력사용뿐만 아니라 간접적인 무력사용도 포함된다.

해설

오늘날 무력행사금지는 보편적인 하나의 국제관습법이자 강행규범으로 자리 잡았으므로 UN회원국을 넘어 국제사회 모든 국가에 공통적으로 적용될 수 있다고 본다. <답 ②>

002. 다음 중 비무력복구의 형태로 보기 어려운 것은?

① 조약이행정지 ② 금수조치
③ 경제단교 ④ 평시봉쇄

해설

평시봉쇄, 폭격, 함포사격, 영토점령은 무력복구에 속한다. 평시봉쇄는 평시에 전쟁의사 없이 상대국의 항구 또는 해안과 외부와의 교통을 방지하기 위하여 해군·공군력으로 선박의 출입을 차단하는 행위이다. <답 ④>

003. Drago Doctrine에 관한 설명으로 틀린 것은?

① 1902년 영국, 독일, 이탈리아가 베네수엘라에게 공채를 상환받기 위한 것과 관계 있다.
② 전시복구가 배경이 된 사건이다.
③ 채무변제를 받기 위해 무력행사를 하는 것은 인정되지 않는다는 선언이다.
④ 무력행사의 금지의 이유는 국가주권의 중요성과 채무의 우연성에 근거하고 있다.

해설

공채의 상환을 위해 베네수엘라 해안을 봉쇄하고 항구를 폭격한 사건으로 평시봉쇄가 배경이 된 사건이다.
<답 ②>

004. 국제연맹과 무력행사금지에 대한 설명이다. 타당하지 않은 것은?

① 연맹은 무력행사 중 전쟁에 대해서만 언급하고 있다.
② 연맹규약은 전쟁을 제한적으로 금지하고 있다.
③ 무력복구에 대해서는 아무런 규정이 없기 때문에 허용된다고 봄이 다수견해이다.
④ 연맹규약은 정책수단으로 전쟁을 최초로 포기했다는 데 의의가 있다.

해설

④는 1928년 부전조약에 대한 설명이다. 국제연맹은 일정한 전쟁만을 제한적으로 금지하고 있었으며 무력복구에 대한 별도의 언급이 없어 허용된다고 해석되었다. 무력사용에 대한 일반적 금지가 국제법에서 확립된 것은 UN헌장에 의해서이다. <답 ④>

005. 1928년 켈로그-브리앙조약(부전조약)에 대한 설명이다. 타당하지 않은 것은?

① 전쟁을 분쟁해결수단으로 금지했지만 정당방위까지 금지한 것은 아니다.
② 이 조약에서 금지한 것은 전쟁뿐이며 무력복구 등 무력행사 전부를 금지한 것은 아니다.
③ 이 조약을 기준으로 이후에 무력에 의한 평화조약은 강행법규위반으로 무효가 된다는 견해가 유력하다.
④ 조약의 시행을 위해 강제관할권을 가진 국제법원이 설치되었으며 제2차대전 후 전범재판에도 동 조약이 원용되었다.

해설

국제법원 설치가 고려되었으나 주권제한에 반대한 국가들의 반대로 좌절되었다. <답 ④>

006. 국제연합헌장에서 예외적으로 허용하고 있는 무력사용의 경우에 해당되지 않는 것은? 〈사시 2011년〉

① 개별적 자위로서의 무력사용
② 안전보장이사회에 의한 강제조치
③ 지역적 기관에 의한 강제조치
④ 위법행위에 대한 대항조치(countermeasures)
⑤ 집단적 자위로서의 무력사용

해설

타국의 위법행위에 대한 대항조치로서의 무력사용은 인정되지 않으며 유엔헌장 규정에도 없다.
<답 ④>

007. UN헌장 제2조 4항의 설명으로 옳지 않은 것은?

① UN의 목적과 양립할 수 없는 무력행사는 금지된다.
② 무력행사 전반에 대한 금지가 확립된 것으로 이해된다.
③ 자위권, 집단적 자위권의 행사는 UN헌장 제2조 4항에서 금지하는 무력행사가 아니다.
④ 무력의 위협은 허용된다.

해설

UN헌장 제2조 4항은 '모든 회원국은 그 국제관계에 있어서 다른 국가의 영토보전이나 정치적 독립에 대하여 또는 UN의 목적과 양립하지 아니하는 어떠한 기타 방식으로도 무력의 위협이나 무력행사를 금한다'고 규정하고 있는바, 무력의 행사나 무력의 위협은 금지된다. <답 ④>

008. 다음 설명 중 옳은 것은? 〈2014년 국가직 9급〉

① 중앙 정부가 자신을 상대로 반란을 일으킨 단체를 교전단체로 승인한 경우 생포된 교전단체 소속 전투원은 포로의 지위를 누린다.
② 정당성이 없거나 억압적인 체제에 대항하고, 민주적 정부체제를 지지하거나 수립하기 위한 무력개입은 국제관습법에서 인정된다.
③ 타국 내에서 극악한 인권침해로 인하여 대규모 난민이 발생하거나 전국적으로 인도에 반한 죄가 빈번한 경우 어느 국가든지 '보호책임법리'에 의하여 그 국가에 대해서 무력을 사용하는 것이 국제관습법에서 인정된다.
④ 어느 국가의 인도주의적 위기 사태로 인하여 발생한 다수의 실향민이나 난민에게 구호품이 안전하게 전달되도록 하기 위하여 외국의 군대가 출동하는 경우 UN안전보장이사회는 이를 불법적인 무력사용으로 간주하여 허가한 적이 없다.

해설

"보호책임(R2P)"의 법리가 발전해가고 있으나 이는 안보리를 통한 집단적 조치를 지칭하며 개별 국가의 무력사용을 허용하는 국제관습법이 형성된 것은 아니다. <답 ①>

제2절 집단적 안전보장

001. 집단안전보장의 개념에 대한 설명이다. 타당하지 않은 것은?

① 집단안전보장의 첫째 요소는 당사국 상호간에 전쟁, 그 밖의 무력행사를 하지 않겠다는 약속이다.

② 둘째 요소는 체제에 참가한 국가가 약속을 어기고 공격이나 평화를 위협, 파괴할 경우 다른 당사국이 조직적으로 단결해 이를 제재, 진압한다는 것이다.

③ 집단안전보장의 기본적 발상은 불특정 평화질서 파괴자에 대한 단체제재이며 적과 동지에 대한 중립성을 특징으로 한다.

④ 제2차대전 후 NATO, 바르샤바조약기구, SEATO 등은 UN헌장 제8장의 지역협력체제와 관계가 있으며 집단안전보장체제의 형태로 볼 수 있다.

해 설

집단안전보장은 세력균형의 대안으로서 개발되었다고 볼 수 있다. 제1차대전이 세력균형의 문제점에서 비롯한 결과라는 인식에서 윌슨 대통령 등에 의해 제안되었다. NATO 등은 모두 외부의 명확한 적을 상정하고 있으므로 집단안전보장체제가 아니라 집단적 자위에 가까운 형태라고 볼 수 있다.

<답 ④>

002. 국제연맹의 집단안전보장체제에 대한 설명이다. 타당하지 않은 것은?

① 위법전쟁의 존재 여부에 대한 사실인정을 연맹국이 개별적으로 하게 하였다.

② 제재조치의 결정권은 연맹이사회가 아니라 각국이 가지고 있었다.

③ 군사적 조치를 다만 경제적 조치의 보조수단으로만 정하였다.

④ 개별국가의 전반적인 무력행사를 금지하고 국가에게 안전보장을 약속하였다.

해 설

④는 UN안전보장에 대한 설명이다. 연맹규약에 의하면 일정한 전쟁만이 금지되었고 무력행사가 전면적으로 금지되지는 않았다. <답 ④>

003. 다음 중 국제연합의 국제평화와 안전유지를 위한 제도에 대한 설명으로 옳은 것은?

① 분쟁의 평화적 해결은 헌장 제7장에서, 평화파괴와 침략에 대한 행동은 제6장에서 다루고 있다.

② 헌장은 평화와 안전유지를 위한 일차적 책임이 안전보장이사회의 상임이사국

에 있음을 명시하고 있다.
③ 분쟁의 평화적 해결에 관한 장(章)에서 유엔헌장은 안전보장이사회가 구속력 있는 결정을 내리도록 강제하는 규정을 가지고 있다.
④ 제7장의 구속력 있는 강제조치에는 비무력적 조치도 포함된다.

해설

① 제6장이 '분쟁의 평화적 해결'이고 제7장은 '평화위협, 평화파괴, 침략행위에 대한 행동'이다. ② 헌장은 명시적으로 국제평화와 안전유지의 일차적 책임이 안전보장이사회에 있음을 인정하고 있다. ③ 분쟁의 평화적 해결에 관한 제6장은 구속력 있는 '결정'조치에 대해 언급하고 있지 않다.

<답 ④>

004. 무력의 위협 또는 사용금지의 원칙에 관한 설명 중 옳지 않은 것은? 〈사시 2014년〉

① UN헌장은 전쟁을 포함한 일체의 무력의 위협 또는 사용을 원칙적으로 금지하고 있다.
② UN헌장은 무력사용금지원칙의 예외로 자위권을 인정하면서 그 행사를 무력공격이 발생한 경우로 제한하고 있다.
③ 무력복구는 무력의 위협 또는 사용금지의 원칙에 반하므로 더 이상 합법적인 수단이 아니다.
④ UN헌장은 무력의 위협 또는 사용금지의 원칙에 대한 예외로 제7장에서 강제조치를 규정하고 있다.
⑤ 강제조치는 평화의 위협, 평화의 파괴 및 침략행위가 존재한다고 UN 총회가 결정한 경우에 안전보장이사회가 취할 수 있다.

해설

제7장상 평화의 위협, 파괴, 침략행위의 존재는 안전보장이사회가 결정한다. <답 ⑤>

005. UN헌장상 명백히 규정된 안전보장이사회의 집단적 강제조치 발동요건이 아닌 것은?

① 평화에 대한 위협
② 평화의 파괴
③ 침략행위
④ 타국에 대한 경제적 압박

해설

UN헌장 제39조는 안보리의 집단적 강제조치의 발동요건으로서 평화에 대한 위협, 평화의 파괴, 침략행위를 들고 있다. 경제적 압박은 헌장에 규정되어 있지 않다. <답 ④>

006. UN 안전보장이사회의 집단안전보장조치와 관련된 설명으로 타당하지 않은 것은?

① 헌장 제39조에 의하면 안보이사회는 국제평화와 안전의 유지 및 회복을 위해 권고를 할 수 있는데 권고는 무력적 · 비무력조치가 가능하다.

② 헌장 제39조에 의한 권고나 조치 전에 안보이사회는 필요하거나 바람직하다고 인정되면 잠정조치에 따르도록 관계당사자에게 요청할 수 있다.

③ 헌장 제39조에 의해 사태의 인정이 있은 후 안보이사회는 먼저 비무력강제조치를 취하여야 하는데, 이 조치는 법적 구속력이 없다.

④ 안보이사회의 강제조치에는 국내문제불간섭의무조항의 적용이 배제되므로 내란의 경우에도 요건이 갖추어지면 강제조치를 할 수 있다.

해설

비무력강제조치 및 무력강제조치는 순서가 있는 것은 아니며 이러한 조치는 모두 회원국에 대해 법적 구속력이 있다. <답 ③>

007. 「국제연합(UN)헌장」에 따른 강제조치에 대한 설명 중 옳지 않은 것은?

〈국가직 9급 2011년〉

① UN 안전보장이사회는 강제조치를 취하기 전에 잠정조치에 따르도록 당사국에게 요청할 수 있다.

② 비무력적 강제조치에는 경제관계의 중단, 교통 및 통신수단의 중단, 외교관계의 단절들이 포함된다.

③ 강제조치의 대상이 된 국가는 강제조치로 인한 피해에 대하여 배상을 청구할 수 있다.

④ 무력적 강제조치를 취하기 위한 군대의 파병을 위해 UN과 회원국 간에 특별협정을 체결한 사례는 없다.

해설

③ 유엔헌장에 의한 강제조치를 이행하는 경우, 이로 인해 대상국이 침해를 받았더라도 이는 위법성조각사유에 해당하기 때문에 강제조치 이행국의 국가책임이 발생하지 않는다. <답 ③>

008. UN 안전보장이사회의 군사적 강제조치에 대한 설명으로 옳지 않은 것은?

〈2016년 국가직 7급〉

① UN 안전보장이사회는 평화에 대한 위협, 평화의 파괴 또는 침략행위의 존재를 먼저 결정하여야 한다.

② 비군사적 강제조치가 불충분할 것으로 인정하거나 또는 불충분한 것으로 판명되었다고 인정하는 경우에 사용된다.

③ UN 회원국과의 특별협정에서 병력의 수 및 종류를 규율한다.

④ 한국전쟁 당시 UN군은 군사참모위원회(Military Staff Committee)의 지휘를 받았다.

해설

한국전쟁 시기에 UN헌장 제47조에서 규정한 군사참모위원회는 설치되지 않았다. <답 ④>

009. 국제연합(UN) 안전보장이사회의 권한에 대한 설명으로 옳지 않은 것은?

〈지방직 7급 2010년〉

① 안전보장이사회가 강제조치를 하는 경우 반드시 비군사적 조치가 선행되어야 한다.

② 안전보장이사회는 UN헌장 제51조에 따른 자위권 행사의 적부를 심사할 권한을 갖는다.

③ 안전보장이사회가 내리는 절차사항 이외의 모든 사항에 관한 결정에는 거부권이 적용된다.

④ 안전보장이사회는 국제평화와 안전의 유지를 위하여 필요한 경우 군사조치를 취할 수 있다.

해설

① 유엔헌장은 반드시 비군사적 조치를 먼저 실시해야 한다고 규정하지 않고 있다. 비군사적 조치가 부적절한 것으로 판단되는 경우 군사적 조치를 취할 수 있다. <답 ①>

010. UN 헌장 제7장에 대한 설명으로 옳지 않은 것은? 〈2016년 국가직 9급〉

① 군사적 조치를 취하기 전에 반드시 비군사적 조치가 선행되어야 하는 것은 아니다.

② 안전보장이사회의 비군사적 강제조치에는 포괄적 제재와 표적제재가 모두 포함된다.

③ 안전보장이사회의 군사적 강제조치 결정은 표적국가를 포함한 모든 회원국에게 법적 의무를 부과한다.

④ 강제조치의 발동요건으로서 평화에 대한 위협, 평화의 파괴 또는 침략행위의 존재가 결정되어야 한다.

해설

안전보장이사회가 군사적 강제조치를 결정한다 하더라도 UN 자체의 상비병력과 무기가 없으므로 결국 회원국의 병력과 무기를 이용하여야 한다. 이에 따라 유엔헌장 제43조 내지 47조에서는 회원국과 안전보장이사회가 특별협정을 체결하여 안전보장이사회의 요청시 회원국이 제공할 병력과 편의의 내용을 정하도록 규정하고 있다. 따라서, 특별협정을 체결하지 않는 한 회원국들은 헌장 제42조에 따른 군사적 조치에 참여할 의무가 없다고 볼 수 있으며 안보리가 무력사용의 권한을 부여(authorise)할 수는 있다.

반면에, 표적국가(target state)는 안전보장이사회 결정의 구속력에 따라 헌장 제51조에 따른 자위권 등을 원용할 수 없다는 측면에서 법적 의무를 부담한다고 볼 수 있다(김대순). <답 ③>

011. UN의 한국전쟁 당시 군사행동의 성격에 대한 설명으로 가장 타당한 것은?

① 집단적 정당방위
② 안보이사회 결정에 따른 집단적 강제조치
③ 총회결의에 의한 집단적 강제조치
④ 안보이사회 권고에 의한 집단적 강제조치

해 설

한국전쟁 시 16개국의 군사행동은 안전보장이사회의 권고에 의한 것이며 헌장 제7장에 의한 강제조치에 해당한다고 봄이 타당하다. 정당방위는 안보이사회의 조치가 있기 전의 임시적·예외적 조치인데 한국전에서 군사행동은 UN안보이사회 자신의 결정에 의한 것이기 때문에 정당방위로 보기는 어렵다.
<답 ④>

012. UN평화유지활동(PKO)의 의의에 대한 설명이다. 타당하지 않은 것은?

① 헌장 제7장에 규정되어 있는 집단안전보장을 위한 UN군과는 근본적으로 다르다.
② 예방외교라는 관념에 입각해 정전 또는 국내치안의 유지를 위한 군대가 파견된다.
③ PKO는 헌장 제7장의 강제조치가 강대국간 대립으로 실효성이 없자 도입된 것이다.
④ 평화유지군이 구성된 예로는 UN한국방어군, UN비상군, UN이란, 이라크군사감시단이 있다.

해 설

1950년 UN한국방어군은 침략행위에 대해 구성된 유일한 침략방어적 군대로 평화유지군과는 다르다.
<답 ④>

013. UN에 대한 설명으로 옳은 것은? 〈2016년 국가직 7급〉

① 최초의 평화유지군이었던 UNEF(United Nations Emergency Force)는 UN 안전보장이사회의 결의로 설치되었다.
② 스위스는 영세중립국의 지위와 UN 회원국의 지위가 조화되지 않는다는 이유로 지금도 UN에 가입하고 있지 않다.
③ ICJ는 UN 헌장에 따라 채택된 UN 안전보장이사회의 결의에 따른 의무가 UN 회원국들이 체결한 조약상의 의무에 우선한다고 판단하였다.

④ UN 안전보장이사회는 유고슬라비아와 소말리아 사태에서 평화유지군 설치를 위한 결의를 채택하였지만, 개별국가의 무력사용은 허용하지 않았다.

해설

① UNEF는 수에즈 운하 위기에 대응하여 1956년에 UN총회에 의해 설치되었다. ② 스위스는 2002년에 UN에 가입하였다. ④ 소말리아 사태가 악화되어감에 따라 1992년 UN안보리는 회원국들이 인도주의적 구호를 위한 안전한 환경 조성을 위해 헌장 제7장에 따라 "모든 필요한 조치(all necessary menas)"를 취하도록 하였는데 이 모든 필요한 조치는 무력사용을 포함하는 것으로 해석된다. 이는 UN 역사상 처음으로 헌장 제7장에 의거하여 인도주의적 지원을 위해 군사개입(무력사용)을 허용한 사례로 평가되고 있다. 유고슬라비아의 경우에도 1992년부터 평화유지군 활동 등과 관련하여 무력사용을 직간접적으로 허용하는 결의들이 채택되었다(Max Planck Encyclopedia of Public International Law).

<답 ④>

014. UN의 권한으로 UN헌장에 명시되지 않은 것은? 〈2014년 국가직 7급〉

① 평화파괴국에 대한 비군사적 강제조치
② 침략국에 대한 군사적 강제조치
③ 평화유지군의 파견을 통해 강제조치
④ 지역적 기관을 이용한 강제조치

해설

평화유지군은 UN헌장에 명시되지 않은 것이며, 총회와 안보리의 권한을 해석하여 만들어진 제도이다.

<답 ③>

015. UN 평화유지작전의 특색으로 보기 어려운 것은?

① 모든 참가국의 동의를 받아 수행되는 합의적 행위
② 군사적 목표달성을 위한 무력행사로서 제재행위
③ UN의 기관에 의해서 수행됨
④ UN군사령관의 지휘 아래 통합사령부 구성

해설

PKO는 관계국의 동의를 받아서 수행되는 비강제행위이며 법적인 면에서도 국가의 자유로운 의사에 따라 협력을 유도하는 행위이다. <답 ②>

016. 국제연합(UN) 평화유지활동(Peace Keeping Operation)에 관한 설명 중 옳지 않은 것은? 〈사시 2015년〉

① 평화유지활동은 안전보장이사회 또는 총회의 결의에 근거하여 수행된다.
② 평화유지군은 무력충돌 시에 자위권을 행사할 수 있고 그 행사에는 무력충돌

시에 적용되는 국제인도법을 준수해야 한다.

③ 평화유지활동에 관한 안전보장이사회의 모든 결의는 헌장 제7장에 근거하므로 분쟁당사국이 UN 회원국이면 평화유지군을 받아들이고 그 활동을 보장할 법적 의무를 진다.

④ 1956년 수에즈 운하 분쟁 때 이집트와 이스라엘 국경지역에 설치된 유엔긴급군(UNEF)은 평화유지군에 해당한다.

⑤ UN의 평화유지활동은 평화유지와 함께 선거감시 등 평화의 구축을 위한 임무로 확대되고 있다.

해설

평화유지활동은 기본적으로 당사국의 동의에 근거하고 있는 비강제성 활동이다. 안전보장이사회에 의한 평화유지활동의 법적 근거에 대해서는 여러 논의가 많으나, 제29조(보조기관설치)와 제40조(잠정조치)가 주로 거론된다. <답 ③>

017. UN평화유지군의 헌장상 법적 근거라고 보기 어려운 것은?

① 안전보장이사회의 잠정조치권(제40조)

② 안전보장이사회의 무력적 강제조치권(제42조)

③ 총회의 일반적 사항에 대한 토의 및 권고 권한(제10조)

④ 안전보장이사회와 총회의 보조기관 설치권(제29조, 제22조)

해설

안전보장이사회의 결의에 의한 평화유지활동의 근거로는 잠정조치권과 보조기관 설치권을 들 수 있다. 총회의 결의에 의한 평화유지활동의 근거로는 일반적 사항에 대한 토의 및 권고 권한과 보조기관 설치권을 들 수 있다. <답 ②>

제3절 군비축소

001. 핵무기확산금지조약(NPT)에 설명이다. 타당하지 않은 것은?

① 1968년 핵보유국의 증가를 방지할 목적으로 체결된 조약으로 5대강국 등 다수국가가 가입하고 있다.

② 핵보유국에게는 타국에의 이양금지의무가 있으며 비보유국은 핵무기의 수령, 제조, 취득이 금지된다.

③ 비보유국은 조약에 따라 IAEA와 핵안전조치협정을 체결하고 핵연료재처리시

설을 포함한 모든 시설에 대한 국제적 사찰을 받아야 한다.

④ 핵보유국은 핵군비의 증강, 즉 수직적 핵확산이 금지된다.

해설

핵보유국의 군비증강의 금지에 대한 규정은 없이 비보유국의 엄중한 핵규제를 목적으로 하고 있어 비보유국의 불만이 많다.

<답 ④>

002. 핵무기사용의 적법성(Legality of the Threat or Use of Nuclear Weapons)에 대한 ICJ 권고적 의견(1996년)에 대한 설명으로 옳지 않은 것은?

① ICJ는 핵무기의 위협 또는 사용을 허용하는 특별한 국제법규칙은 존재하지 않는다면서, 한편 그것을 전반적으로 금지하는 국제법규칙도 존재하지 않는다고 판시하여 적법성 또는 불법성에 대한 명확한 판단을 유보하였다.

② 국가의 생존 자체가 위기에 처한 극단적 자위권의 상황에서 핵무기 사용 또는 위협이 합법인지 아니면 불법인지를 명확히 결론내릴 수 없다고 판시하였다.

③ 국가들이 핵군축을 성실하게 추구할 의무가 있다고 판시하였다.

④ ICJ는 이 사건에서 UN총회와 WHO의 권고적 의견 요청에 대해 모두 관할권을 수락하여 의견을 제시하였다.

해설

ICJ는 이 문제에 대한 WHO의 권고적 의견 요청에 대해서는 핵무기 사용 문제가 WHO의 소관사항이 아니라는 이유로 거부하였으며, 이후 총회가 요청한 바에 따라 이 권고적 의견을 제시하였다.

<답 ④>

제4절 무력충돌법

001. 국제인도법에 대한 설명으로 옳지 않은 것은?

① 구별의 원칙, 비례의 원칙을 중시한다.

② 국제인권법과 동일한 내용과 적용 범위를 갖는다.

③ 오늘날 다양한 국제적, 국내적 무력충돌 상황에 널리 적용된다.

④ 국제인도법 위반은 국제형사재판소의 관할권 대상이 될 수도 있다.

해설

② 기본적으로 국제인도법은 무력충돌 상황에서 적용되는 규범으로서 국제인권법과 국제인도법은 기본적

으로 서로 구별되는 체계이다. 단순한 예를 들자면, 사람을 재판절차 없이 죽이는 것은 국제인권법 위반이지만, 무력충돌상황에서 상대방 군인을 쏘아 죽이는 것은 국제인도법상 허용된다. 그러나 국제인권법과 국제인도법의 정확한 관계에 대해서는 학설이 분분하다. 국제인권법은 일반법이고 국제인도법은 (무력충돌 시에만 적용되는) 특수법이라는 주장도 있고, 상호 보완적이라는 주장, 국제인권법이 항상 우선한다는 주장도 있다. <답 ②>

002. 중립국의 의무에 대한 설명이다. 타당하지 않은 것은?

① 전쟁법상 권리에 의거한 교전당사국의 행위를 중립국은 용인해야 할 의무가 있는데, 이것이 묵인의 의무이다.

② 점령지역 내에 있는 중립국 국민은 피점령국 국민과 동일하게 취급된다.

③ 원조를 해서는 안 되는 회피의무의 내용으로는 군대의 회피, 무기, 군수품의 회피, 군자금의 회피가 있다.

④ 중립국은 자국 내에서 교전당사국이 중립법규에 위반되는 행위를 하지 못하게 방지할 적극적 의무는 없다.

해설

영토, 영해, 영공의 불가침의무가 교전당사국에게 있으며 중립국은 이를 방지할 의무가 있다.
<답 ④>

003. 중립의무위반과 가장 관계 있는 사건은?

① 알라바마호사건　② 노테봄사건
③ 코르푸해협사건　④ 니카라과사건

해설

알라바마호 중재사건은 국가 간의 분쟁이 인류역사상 최초로 근대적 중재재판에 회부되어 해결된 사례이다. 이 사건은 미국의 남북전쟁 당시 중립국인 영국이 남군을 원조하여 건조한 알라바마호 등 몇 척의 무장선박이 공해상에서 북군상선에 많은 피해를 입혔는데, 미국이 남북전쟁 후 체결된 워싱턴조약의 중재규정에 따라 손해배상을 청구한 사건이다. <답 ①>

004. 국제테러리즘에 대한 다음의 설명 중 옳은 것을 고르시오.

① 국제테러리즘 일반을 규율하는 국제 협약이 이 분야에서 중요한 역할을 담당하고 있다.

② 국제테러리즘은 전통적인 형태의 무력공격 방식으로만 발생하며 아직 인터넷 등을 통한 새로운 형태로 진행되고 있지는 아니하다.

③ 현재 테러범죄인에 대한 형사책임을 추구할 수 있는 국제형사재판소가 존재하지는 않는다.

④ 국제사회에서 발생하는 테러리즘을 억제, 처벌하기 위한 국제협약은 전혀 존재하지 않는다.
⑤ UN 안보리의 승인 여부와 관계없이 테러행위에 대해 UN헌장 제51조에 의한 자위권을 일반적으로 발동할 수 있다.

해설

③ 테러범죄에 대해 규율하는 국제형사재판소는 현재 존재하지 않으므로 각국 국내법원에 의해서 형사처벌을 추구할 수밖에 없으며, 이에 따라 국가 간 범죄인 인도가 중요한 쟁점으로 등장하였다. 테러리즘 일반을 대상으로 하는 국제협약은 아직 존재하지 않으나 항공기 및 선박을 대상으로 하는 테러행위에 대하여 적용되는 국제협약은 존재하고 있다. <답 ③>

005. 무력사용에 관한 국제법적 규제와 관련하여 옳지 않은 설명을 고르시오.

① UN헌장 하에서 무력사용은 일반적으로 금지되었고, 자위권과 집단적 강제조치의 경우에만 예외적으로 허용된다.
② UN헌장의 원칙에 따라 국제사회가 이행하는 보호책임은 개별국가가 실시하는 소위 인도적 간섭과는 구별되는 개념으로 보는 것이 일반적이다.
③ 안전보장이사회는 평화에 대한 위협, 평화의 파괴, 또는 침략행위의 존재를 결정하고 강제조치를 취할 수 있다.
④ 안전보장이사회가 강제조치를 취할 수 있는 침략의 개념에는 경제적 강압과 반란단체에 대한 군사적 지원 등 간접 침략도 포함된다.
⑤ UN헌장상 강제조치에는 국내문제불간섭의무가 적용되지 않는다.

해설

④ 국제사회는 아직 침략의 정의에 대해 명확히 합의하지 못하였으나, 1974년 침략의 정의에 관한 유엔 결의를 보면 무력의 사용과 관련된 다양한 행위만이 포함되고 경제적 강압 등 비군사적 압박은 침략의 개념에서 아직은 제외되고 있음에 유념하여야 한다. <답 ④>

제10장 | 국제환경법

제1절 국제환경법의 원칙과 그 특질

001. 국제환경법의 일반원칙이 아닌 것은?

① 동등한 이용의 원칙 ② 사전예방의 원칙
③ 오염자비용부담의 원칙 ④ 공동균등책임의 원칙

해설

② 사후주의가 아닌 사전예방의 원칙이 적용된다. ③ 수익자부담의 원칙이 아닌 오염자비용부담의 원칙이 적용된다. ④ 공동균등책임이 아니라 공동의 차등적(common but differentiated) 책임원칙이다. 그 외에도 영역사용관리책임, 지속가능한 개발원칙 등이 거론되고 있다. <답 ④>

002. 국제환경법상 '차별적 공동책임'(common but differentiated responsibility)에 대한 설명으로 옳지 않은 것은? 〈국가직 9급 2011년〉

① 차별적 공동책임은 인류의 공동유산 또는 공동책임의 개념으로부터 발전한 것이다.
② 선진국과 개발도상국의 환경오염에 대한 책임의 차이를 인정한 것이다.
③ 선진국은 개도국에 대하여 환경오염 해결에 필요한 기술이전과 재정지원을 하여야 한다는 것이다.
④ 인간환경에 관한 스톡홀름회의에서 처음으로 공식 선언되었다.

해설

인류 최초의 종합국제환경회의라 할 수 있는 1972년 스톡홀름회의에서는 차별적 공동책임이 선언되지 않았다. 스톡홀름회의를 계기로 UNEP가 설립되었다. 1992년 리오선언에는 차별적 공동책임 원칙이 규정되어 있다. <답 ④>

003. 국제환경법의 주요 원칙이 아닌 것은? 〈국가직 7급 2012년〉

① 사후주의 ② 공동 그러나 차별적인 책임
③ 오염자비용부담 ④ 지속가능한 개발

해설

국제환경법에서는 일반적으로 사전예방주의를 원칙으로 한다. <답 ①>

004. 국제환경법의 원칙에 대한 설명으로 옳지 않은 것은? 〈국가직 7급 2011년〉

① 인간환경에 관한 스톡홀름원칙 21, 우주조약, 생물다양성협약 등은 차별적 공동책임(common but differentiated responsibility)원칙과 관련이 있다.

② 사전주의원칙은 환경훼손의 위험성이 농후하나 그 과학적 확실성을 확신할 수 없는 경우에 적용하기 위하여 등장한 것이다.

③ 지속가능한 개발의 원칙은 세대간 형평의 원칙, 지속가능한 사용의 원칙, 형평한 이용의 원칙 또는 세대 내 형평의 원칙, 환경과 개발의 통합원칙 등을 포함한 개념이다.

④ 오염자부담원칙은 오염방제의 비용에 관한 원칙으로서 법적인 측면보다는 경제정책적인 측면이 강한 원칙이다.

해설

① 스톡홀름원칙과 우주조약, 생물다양성협약은 차별적 공동책임의 원칙을 규정하고 있지 않다.
<답 ①>

005. 국제환경법의 일반원칙에 대한 설명으로 옳지 않은 것은? 〈2016년 국가직 7급〉

① 환경보호에 관하여 모든 국가가 공동의 책임을 지나, 각국은 경제적기술적 상황을 고려하여 차별화된 책임을 부담한다.

② 심각한 환경피해의 우려가 있는 경우 과학적 확실성이 다소 부족해도 환경 훼손에 관한 방지조치를 우선 취해야 한다.

③ 환경오염을 유발한 책임이 있는 자와 오염발생지역을 관할하는 국가기관이 공동으로 오염처리비용을 부담한다.

④ 어느 국가도 자신의 관할권 내에서의 활동으로 다른 국가 또는 자국 관할권 바깥 지역에 환경피해를 야기하지 말아야 한다.

해설

리우선언 원칙 16은 "국가는 오염자가 원칙적으로 오염의 비용을 부담하여야 한다는 원칙을 고려하여"라는 문구가 명시되어있다. 한편, 상황에 따라 자국영토에서 민간행위로 발생한 초국경적 환경오염에 대해 해당 정부가 일정한 국가책임을 질 수는 있겠으나 비용을 공동으로 부담해야 한다는 국제법상 원칙이 있다고 보기는 어렵다. <답 ③>

006. 환경문제의 특성에 따라 국제환경법의 연원과 이행에서 나타나는 특징에 대한 설명으로 옳지 않은 것은? 〈2015년 국가직 7급〉

① 국제환경법의 이행과 준수는 주로 상호주의에 의해 뒷받침되고 있다.

② 국제환경조약의 체결에 있어서는 먼저 기본협약을 만들고 그 후에 의정서를 추가하는 방식의 유용성이 크다.

③ 환경보호를 위한 법은 국제법이 먼저 정립되고 이를 국내법이 수용하여 이행하는 방식으로 발전하였다.

④ 국제환경조약의 체결과정에서는 상대적으로 비국가행위자(non-state actor)의 참여가 활발하다.

해설

① 환경법의 특성상 상호주의가 주요 작동원리라고 보기는 어렵다. 타국의 환경의무 불이행에 대하여 자국의 환경의무를 불이행한다고 하여 그것이 타국에 대한 제재 또는 견제가 되기 어렵기 때문이다. 따라서 국제환경법은 특별한 이행확보장치를 필요로 한다. <답 ①>

007. 오늘날 각종 환경협약이 채택하고 있는 일반적 원칙이 아닌 것은 무엇인가?

① 협력원칙 — 정보교환 및 기술협력

② 사전예방원칙(precautionary principle) — 과학적 불확실성이 존재하더라도 이것이 환경악화의 구실이 되어서는 안 된다는 것

③ 개도국에 대한 선진국의 재정지원 및 기술원조

④ 환경보호를 위한 모든 국가들의 차별 없는 책임

⑤ 지속개발(sustainable development)을 달성하기 위한 환경보호

해설

환경협약에 포함되는 원칙 중 하나는 선진국과 개도국간 공동의 그러나 차별적(common but differentiated)인 책임원칙이다. <답 ④>

008. '1992년 환경과 개발에 관한 리우선언(Rio Declaration of the UN Conference on Environment and Development)'에 제시된 국제환경법의 원칙이 아닌 것은? 〈행안부 9급 2010년〉

① 무과실책임의 원칙(liability principle)

② 공동의 그러나 차별화된 책임 원칙(common but differentiated responsibility principle)

③ 사전주의 원칙(precautionary principle)

④ 오염자부담 원칙(polluter-pays principle)

해설

동 선언은 개도국의 주장인 인간중심의 환경, 주권적 자원개발계획, 빈곤퇴치, 개도국의 특수사정 고려, 환경을 구실로 한 부당한 무역규제불가, 공동의 차별화된 책임이 포함됨과 아울러 선진국이 주장하는 사전예방 원칙, 오염자비용부담 원칙, 환경영향평가제의 도입이 함께 규정되어 있다. <답 ①>

009. 1992년 UN 환경개발회의에서 채택된 리우선언(The Rio Declaration on Environment and Development)에 규정되지 않은 것은? 〈2015년 국가직 9급〉

① 분쟁의 강제적 해결 원칙
② 오염자부담 원칙
③ 공동의 그러나 차별적 책임 원칙
④ 예방 및 사전주의 원칙

해설

① 리우선언에 분쟁의 강제적 해결 원칙은 포함되어 있지 않다. <답 ①>

010. 영역사용의 관리책임 원칙과 관련이 없는 것은?

① 로마법상의 '자기 것을 이용함에 있어서 타인에게 손해가 가지 않도록 해야 한다는 원칙'에서 유래되었다.
② 1949년 Corfu Channel 사건
③ 스톡홀름선언 원칙 21
④ Harmon Doctrine

해설

하몬주의는 영역사용의 관리책임의 원칙과 정면으로 배치된다. Corfu Channel 사건은 사건내용이 환경오염과 무관하나 영역사용의 관리책임을 선언한 판례로 볼 수 있다. 동 판례에 의하면 모든 국가는 '자국 영토가 타국 권리를 침해하는 활동에 이용되지 않도록 해야 한다'고 한다. <답 ④>

011. 국제환경법의 일반원칙으로 옳은 것만을 모두 고른 것은? 〈국가직 9급 2013년〉

ㄱ. 비차별적인 공동책임원칙에 근거한 국제협력
ㄴ. 예방
ㄷ. 오염자 부담
ㄹ. 지속가능한 개발
ㅁ. 자국(自國) 영역 외의 환경에 손해를 끼치지 않을 의무

① ㄷ, ㄹ ② ㄱ, ㄴ, ㅁ
③ ㄴ, ㄷ, ㄹ, ㅁ ④ ㄱ, ㄴ, ㄷ, ㄹ, ㅁ

해설

공동의 비차별적 책임이 아니라, 공동의 그러나 차별적인 책임 원칙이다. <답 ③>

012. 국가가 자국의 영토 이용으로 인하여 타국에 환경적 피해를 주지 말아야 한다는 월경피해방지의 원칙을 확인한 국제판례는? 〈국가직 7급 2013년〉

① 트레일 제련소사건(Trail Smelter Case)
② 새우 – 바다거북사건(Shrimp – Turtle Case)
③ 프랑스 핵실험사건(Nuclear Tests Case)
④ 나우르 인산염지대 관련사건(Certain Phosphate Lands in Nauru Case)

해설

트레일 제련소 중재사건은 초국경적(월경) 환경오염과 관련된 대표적인 판례이다. 새우-바다거북 사건은 GATT/WTO의 일반적 예외와 관련된 사건, 프랑스 핵실험 사건은 일방적 선언의 법적 효과와 관련하여 자주 거론되는 ICJ 사건이다. 나우르 인산염지대 사건은 나우르의 인산염 자원개발과 관련된 ICJ 사건으로 양측 간(나우르-호주) 합의에 따라 재판진행이 중단되었다. <답 ①>

제2절 국제환경법의 연혁

001. 1972년 스톡홀름 인간환경회의에 관한 설명으로 옳은 것은?

① 스톡홀름 인간환경회의의 권고에 따라 UNEP가 설립되었다.
② UN과 무관한 회의로서 법적 구속력을 갖는 스톡홀름 인간환경선언을 채택하였다.
③ 스톡홀름 인간환경선언은 1992년 리우 환경개발회의를 통해 전면폐기되었다.
④ 일반적으로 국제환경법체제의 발전방향에 어긋난 것으로 평가받고 있다.

해설

① 1972년 스톡홀름 UN 인간환경회의의 결과 중 가장 주목받은 것은 UNEP(유엔환경계획)의 설립이다. ② UN 회의로서 스톡홀름 인간환경선언은 법적 구속력은 없다. ③,④ 스톡홀름 인간환경선언은 국제환경법의 이정표를 제시한 것으로 평가받고 있으며, 일부 원칙들은 오늘날 국제관습법의 지위를 인정받고 있다. 리우 환경개발회의는 다른 개념과 철학을 바탕으로 하였으나 여전히 스톡홀름의 기본정신을

계승하는 것으로 평가된다. <답 ①>

002. 현재의 개발추세가 많은 사람들에게 가난을 악화시키고 환경을 파괴한다는 것, 가난과 국제적 불평등을 시정해야 한다는 것, 전세계에 걸쳐 먼 미래를 향하여 지속적인 개발(sustainable development)을 추구해야 한다는 결론을 내린 보고서로서 리우환경회의의 주요배경이 되었던 환경관련 국제문서는?

① 1987년의 Brundtland보고서 ② 스톡홀름선언
③ 베오그라드헌장 ④ 나이로비선언

해설

노르웨이의 브룬트란트 수상을 위원장으로 한 '환경과 개발에 관한 세계위원회'(WCED)가 1983년 설치되어 1987년 '우리공동의 미래' 보고서를 작성하였는데 이는 브룬트란트보고서라고도 불린다. 이 위원회의 활동은 UNCED(리우회의)의 배경이 되었다. 국제환경문제가 개발과 환경 간의 갈등관계를 해결하는 데 있음을 인식시켜 준 계기가 되었다고 평가할 수 있을 것이다. <답 ①>

003. 1992년 UN환경개발회의와 직접 관련된 것이 아닌 것은? 〈행자부 9급 2007년〉

① 기후변화협약(Framework Convention on Climate Change)
② 생물다양성협약(Convention on Biological Diversity)
③ 의제21(Agenda 21)
④ 오존층보호협약(Convention for the Protection of the Ozone Layer)

해설

1992년 리우에서 열린 UN환경개발회의에서는 리우선언과 의제 21, 산림원칙을 채택하였다. 생물다양성협약이 이 회기 중 리우에서 채택되었으며 기후변화협약이 서명을 위하여 개방되었다. 오존층보호협약은 비엔나에서 채택되었다. <답 ④>

004. 리우선언의 내용에 부합하지 않는 것은?

① 선진국과 개도국의 공동의 차등적 책임(common but differentiated responsibility)의 원칙
② 개도국 등의 특수사정고려 및 개발의 권리
③ 환경보호를 위한 각국의 재량적 무역제한조치의 인정
④ 오염자부담원칙, 환경영향평가, 사전통고원칙 및 사전예방원칙

해설

리우선언은 전문 및 27개의 원칙으로 구성되어 있는바, 기본적으로는 스톡홀름선언을 재확인하고 있다. 원칙 12에서 동 선언은 '환경목적을 위한 무역정책조치가 국제무역상 자의적 또는 부당한 차별조치나 위장된 규제수단으로 이용되어서는 안 된다'고 규정하고 있다. <답 ③>

005. '의제 21'에 대한 설명으로 옳지 않은 것은?

① '의제 21'이란 환경보호에 관한 21개의 주요원칙을 말한다.
② 리우선언의 시행을 위한 구체적 행동지침을 담은 실천강령이다.
③ 1972년 UN환경개발회의가 UN인간환경회의와 구별되는 가장 큰 특징이 바로 '의제 21'이다.
④ 제3부의 주요그룹의 역할은 환경과 개발문제 담당자의 초점을 정부 측에서 여성, 청소년, NGO 등 각 계층그룹으로 다원화시켰다.

해설

Agenda 21의 21은 21세기를 의미하며 구체적으로 21세기까지 연장되는 환경에 관한 포괄적 행동계획이다.

<답 ①>

006. 1987년 세계환경개발위원회(WCED)에 의해 제시되었으며, 1992년 UNCED의 부속문서 채택과정에서 중심적 역할을 했던 개념은 무엇인가?

① 지속가능한 개발(sustainable development)
② 오염자부담의 원칙(polluter pays principle)
③ 차별적 공동의 책임(common but differentiated responsibility)
④ 보상적 불평등(compensative inequality)

해설

1987년 UN총회는 세계환경개발위원회(the World Commission on Environment and Development)가 제출한 '우리의 공동미래'(Our Common Future)라는 보고서를 채택하였다. 동 보고서는 동 위원회의 의장이 당시 노르웨이의 여수상인 Gro Harlem Brundtland였기 때문에 브룬트란트보고서라고도 한다.

<답 ①>

007. '지속가능한 개발'(sustainable development) 개념에 관한 설명으로 옳지 않은 것은?

① 환경보호는 경제개발과 대립한 것이 아니며 환경보호를 통해서만 개발은 미래에도 지속될 수 있다.
② 이에 따라 천연자원에 영구주권 개념 대신에 환경보호를 위한 개발권의 제한을 인정한다.
③ 미래세대를 고려하여 현세대가 개발정책을 추진하여야 한다.
④ 선진국과 개도국의 공동의 차별적 책임원칙은 지속가능한 개발과는 무관하다.

해설

SD(지속가능한 개발)을 위해서는 선진국과 후진국이 그 능력에 따라 공동의 책임을 져야 한다.

<답 ④>

제3절 국제환경기구

제4절 분야별 국제환경규범

제5절 국제환경협약의 이행확보제도

001. 정부 간 보편적 환경기구에 속하지 않는 것은?

① UNEP ② IMO
③ IAEA ④ WCU

해설

UNEP는 스톡홀름 유엔인간환경회의의 결정에 따라 UN 산하에 설치된 기구이다. IMO는 국제해사기구로 해양환경의 오염에 IAEA는 핵물질로 인한 오염에 대하여 각각 관심을 갖고 있다. WCU는 세계보존연맹(World Conservation Union)을 의미하는 것으로 환경관련 대표적인 NGO이다. <답 ④>

002. UN환경계획(UNEP: United Nations Environment Programme)에 대한 설명으로 옳지 못한 것은?

① 스톡홀름 인간환경회의의 결정에 따라 1972년 UN총회 결의에 의하여 설치되었다.
② UNEP는 가장 대표적인 환경기구라 할 수 있다.
③ UNEP의 최고의사결정기구는 매 2년마다 개최되는 집행이사회이다.
④ 단순한 프로그램으로서 상설적인 사무국을 둔 것은 아니다.

해설

UNEP의 사무국은 케냐 나이로비에 소재하고 있으며, UN의 환경 관련 노력에 있어서 주도적인 역할을 하고 있다. <답 ④>

003. 환경 관련 국제협약의 내용에 대한 설명으로 옳은 것은? 〈2014년 국가직 7급〉

① 1972년 런던덤핑협약은 지구온난화 방지를 위한 온실가스 배출권의 거래를 제한하고 있다.
② 1985년 오존층보호협약에 따르면 협약당사국은 개도국에 대체 기술을 신속히 이전할 의무를 부담한다.

③ 1987년 오존층 파괴물질에 관한 의정서는 비당사국들과 통제물질을 교역하는 것을 금지함으로써 환경과 무역을 연계시키고 있다.
④ 1999년 바젤책임배상의정서는 국경을 넘는 대기오염에 있어서의 지역적 협력을 의무화하고 있다.

해설

① 런던덤핑협약은 해양에서의 폐기물 투기를 막기 위한 것이다. ② 오존층보호협약은 선언적인 골격협약으로서 기술이전 의무 등을 규정하지 않고 있다. ④ 1989년 바젤협약은 국경을 넘는 유독성폐기물에 대한 것으로서 1999년 바젤책임배상의정서는 이러한 바젤협약의 책임과 배상 문제를 구체화한 것이다.
<답 ③>

004. 오존층보호를 위한 국제협약 중에서 비체약국에 대한 무역제재를 최초로 인정한 것은?

① 1979년 Vienna협약
② 1987년 Montreal의정서
③ 1990년 런던회의
④ 1992년 코펜하겐회의

해설

오존층보호를 위한 비엔나협약을 구체적으로 이행하기 위하여 오존층파괴물질에 대한 무역규제를 담은 몬트리올의정서가 1987년 채택되었으며 그 후 1990년 런던조정, 1992년 코펜하겐조정, 1995년 비엔나조정 등에 의해서 오존층 파괴물질의 전폐 및 생산소비금지를 위한 시도가 이루어졌다.
<답 ②>

005. 기후변화협약과 관계가 없는 것은?

① 협약전문에서 각국은 온실가스배출에 대한 책임과 경제적 능력, 그리고 사회경제적인 능력에 따라서 차별적인 공동책임(common but differentiated responsibilities)을 부담할 것이 요구된다고 선언하고 있다.
② 우리나라도 1994년 가입하였다.
③ 이산화탄소의 발생으로 인한 온실효과 및 지구온난화현상과 관계 있다.
④ 선진국과 개도국 모두에게 2000년까지 1990년 수준으로 이산화탄소 감축의무를 부과하고 개도국에게 재정지원 및 기술이전을 보장한다.

해설

이산화탄소의 최대배출국인 미국의 반대로 감축일정의 구체화 및 여하한 탄산가스의 강제적 감축규정은 포함되지 못하였으며, 선진국에 대해서는 이산화탄소를 포함한 온실가스의 배출을 2000년까지 1990년의 수준으로 감축하는 것을 목표로 구체적인 조치를 취할 것을 선언하고 있는 데 불과하다. 기후변화협약은 50개국 이상이 조약의 구속을 받겠다는 동의를 표시하고 나서 90일이 경과하면 효력이 발생하는데 골격협약, 즉 soft law단계에 머물러 있었으나 1997년 12월 교토의정서가 채택되어 선진국에 대하여는 규제일정이 마련되었다.
<답 ④>

006. 「기후변화협약」에 따른 후속 합의로서 주요 국가들의 온실가스 배출 감축 의무를 규정하고 있는 것은? 〈국가직 9급 2012년〉

① 교토의정서 ② 바젤협약
③ 오존층보호협약 ④ 몬트리올의정서

해설

바젤협약은 유독성 폐기물 처리와 관련된 협약이다. 오존층보호를 위한 규범으로 오존층보호를 위한 비엔나협약과 몬트리올의정서 등이 있다. <답 ①>

007. 1997년 교토의정서에 규정된 3대 신축성 체제, 즉 교토 메커니즘(mechanism)에 해당하는 것으로 옳지 않은 것은? 〈행안부 7급 2008년〉

① 공동이행(joint implementation)
② 규제물질거래금지(trading control of regulated substance)
③ 배출권거래(emissions trading)
④ 청정개발체제(clean development mechanism)

해설

② 규제물질의 거래금지는 오존층보호협약(비엔나협약, 몬트리올의정서 등)에서 활용되는 방식이다. 교토의정서는 특히 배출권거래제도를 활용하고 있음에 유의. <답 ②>

008. 1997년 기후변화협약 교토의정서의 내용으로 옳지 않은 것은? 〈2014년 국가직 9급〉

① 온실가스 배출량 감축의무를 이행하는 데 있어 소위 배출적립제도를 두었다.
② 온실가스 배출량의 국가 간 거래를 허용하는 소위 배출권거래를 마련하였다.
③ 온실가스 배출권거래의 변형된 형태인 공동이행은 인정되지 않는다.
④ 온실가스 배출량 감축의무는 협약 제1부속서에 포함되지 않는 당사국들에게는 적용되지 않는다.

해설

온실가스 감축의무 이행의 보조수단으로 배출권 거래, 공동이행, 청정개발체제, 배추권 적립 등 시장원리에 기초한 메커니즘을 도입하였다. <답 ③>

009. 1992년 기후변화협약에 대한 설명으로 옳지 않은 것은? 〈2016년 국가직 9급〉

① 이 협약에 대하여는 어떠한 유보도 행할 수 없다.
② 공통의 그러나 차별화된 책임 원칙을 적용하고 있다.
③ 청정개발체제, 공동이행제도, 배출권거래제도 등을 도입하였다.

④ 지구온난화를 방지하기 위하여 이산화탄소 등의 온실가스 배출을 제한하고 있다.

해설

청정개발체제(clean development mechanism), 공동이행제도(joint implementation), 배출권거래제도(emissions trading) 등을 도입한 것은 1992년 기후변화협약이 아니라 1997년 채택, 2005년 발효된 교토의정서(Kyoto Protocol)이다. <답 ③>

010. 국제환경 보호에 관한 설명으로 옳은 것은? 〈행안부 7급 2010년〉

① '지속가능한 개발'은 환경보존을 위하여 경제개발을 우선시하려는 개념이다.
② 환경보호에 시장지향적 개념으로 도입된 제도가 배출권거래이다.
③ 미국은 교토의정서에 비준하지 않았으며 현재 동 의정서는 발효하지 않은 상태이다.
④ 지구의 환경보호를 위하여 교토의정서에 참가하지 않는 국가에게도 온실가스 감축의무를 부담하게 하였다.

해설

배출권거래제도는 오염물질을 배출할 권리를 마치 상품처럼 시장에서 매매함으로써 경제학적으로 부정적 외부효과를 제거된 최적의 상황을 도출하려는 목적의 제도이다. <답 ②>

011. 다음 중 오존층 보호를 위하여 프레온 가스(CFC) 사용을 규제하는 국제환경협약은 무엇인가?

① 기후변화협약 ② 람사르협약
③ 1987년 몬트리올의정서 ④ 생물다양성협약
⑤ 바젤협약

해설

오존층 보호를 위하여 프레온 가스를 규제하는 국제환경협약은 1985년 비엔나협약과 이를 구체적으로 이행하는 1987년의 몬트리올의정서이다. <답 ③>

012. 기후변화협약의 구체적 이행을 위해 온실가스 감축목표를 설정하고 있는 조약은? 〈지방직 7급 2010년〉

① 1989년 바젤(Basel)협약 ② 1992년 생물다양성협약
③ 1997년 교토(Kyoto)의정서 ④ 1971년 람사르(Ramsar)협약

해설

① 바젤협약은 유해폐기물 이동 및 처리에 관련된 협약이다. ④ 람사르협약은 습지보호 관련 협약이다. <답 ③>

013. 1997년 UN기후변화협약 교토의정서와 관련한 설명 중 옳지 않은 것은?
〈행안부 7급 2009년〉

① 협약 제1부속서에 포함된 당사국들은 온실가스 배출감축의무를 공동으로 이행할 수 있다.
② 협약 제1부속서에 포함되지 않은 당사국들도 2008년~2012년 사이에 일정한 비율로 온실가스 배출량을 감소시킬 의무를 진다.
③ 온실가스배출쿼터를 국가 간에 거래할 수 있도록 허용하고 있다.
④ 교토의정서상 온실가스에는 이산화탄소 외에도 메탄, 아산화질소, 수소불화탄소 등도 포함된다.

해설

② 선진국(제1부속서 국가들)은 '2008~2012년(1차 공약기간)에 1990년 대비 평균 5% 이상의 온실가스 배출을 삭감'하도록 구속력 있는 의무를 진다. <답 ②>

014. 온실가스배출을 감축하기 위한 교토의정서에 규정된 소위 '교토메커니즘'에 포함되지 않는 것은?
〈행안부 9급 2009년〉

① 공동이행제도
② 환경영향평가제도
③ 청정개발제도
④ 배출권거래제도

해설

교토의정서는 감축목표 달성 수단으로 국내적인 정책 외에 온실가스 감축의무 이행의 보조수단으로 배출권거래(emissions trading), 공동이행(joint implementation), 청정개발체제(clean development mechanism) 등 시장원리에 기초한 3개 메커니즘을 도입하였다. <답 ②>

015. 기후변화에 관한 다음 설명 중 옳지 못한 것은?

① 2009년말 코펜하겐 총회에서는 일부 개도국들이 거부하여 합의문이 정식 채택되지 못하였다.
② 유엔기후변화협약은 선진국과 개도국을 구별하여 차등적인 의무를 부담시키고 있다.
③ 2015년 12월 제21차 기후변화협약 당사국 총회에서 채택된 파리에서 타결된 협정은 2020년 만료예정인 교토의정서 체제를 대체하는 것이다.

④ 상기 파리협정은 국제사회의 장기목표로 산업화 이전 대비 지구평균기온 상승을 3℃ 보다 상당히 낮은 수준으로 유지하는 것으로 하고, 온도 상승을 1.5℃ 이하로 제한하기 위한 노력을 추구한다고 규정하였다.

해설

③,④ 파리 협정으로 선진국의 선도적 역할이 강조되는 가운데 모든 국가가 전지구적인 기후변화 대응에 참여하게 된다. 국제사회 공동의 장기목표로 산업화 이전 대비 지구 평균기온 상승을 2℃ 보다 상당히 낮은 수준으로 유지하는 것으로 하고, 온도 상승을 1.5℃ 이하로 제한하기 위한 노력을 추구한다고 규정하였다. 목표를 달성함에 있어 공통의 그러나 차별화된 책임과 각국의 상이한 역량을 고려한다. 아울러, 감축 관련하여 국가별 기여방안(NDC)은 스스로 정하는 방식을 채택하여, 매 5년마다 상향된 목표를 제출하되 모든 국가가 차기 감축목표 제출시 이전 수준보다 진전된 목표를 제시하고, 최고 의욕수준을 반영해야 한다는 진전 원칙을 규정하였다(2015.12.12. 관계부처 합동 보도자료).

<답 ④>

016. 생물다양성협약에 대한 설명으로 옳지 않은 것은?

① UNEP의 후원 아래 4년간 교섭을 하여 UNCED, 즉 리우회의에서 서명을 위하여 개방되었다.

② 생물다양성보전과 그 구성요소의 지속가능한 이용을 목적으로 하고 있다.

③ 이 협약은 생물다양성의 보전에 대하여 강제적 의무조항을 두고 있다.

④ 생물의 보존을 위한 기타의 국제협약으로는 RAMSAR협약, 본 협약 등이 있다.

해설

이 협약에서 강제적인 의무가 표현되어 있는 부분은 기술이전과 재정지원에 관해서이고 정작 생물다양성의 보전에 대하여는 강제적 의무조항이 없기 때문에 과연 이 협약이 생물다양성을 보전할 수 있느냐 하는 의문이 제기되고 있다.

<답 ③>

017. 멸종위기의 야생동식물거래에 관한 협약에 관한 설명으로 옳지 않은 것은?

① 1973년 채택된 협약으로 일면 CITES협약이라고도 한다.

② CITES는 1993년 10월까지 우리나라를 포함한 122개국이 가입하고 있는 야생동식물보호와 관련된 국제협약 중에서 가장 성공적인 협약이다.

③ CITES가 채택하고 있는 규제는 어떠한 국제적인 범죄의 유형을 규정하거나 위반에 대한 제재를 과하지는 않고 단지 수출국과 수입국에 의하여 실시되는 허가제도이다.

④ CITES는 단지 국경을 넘는 야생동식물의 교역뿐만 아니라 체약국의 영토 내에서 생기는 일에 대하여도 적용된다.

해설

CITES는 단지 국경을 넘는 야생동식물의 교역에만 적용할 뿐이며 체약국의 영토 내에서 생기는 일에 대하여는 적용되지 않는다. <답 ④>

018. 다음 중 규제대상물질의 성격이 다른 것은?

① 런던덤핑협약
② MARPOL협약
③ CITES
④ 1984년 석유오염보상기금(International Oil Pollution Compensation Fund, 1984)

해설

CITES는 멸종위기 야생동식물의 거래에 관한 협약이며 나머지는 석유나 선박폐기물에 의한 해양오염방지를 위한 협약들이다. <답 ③>

제6절 환경보호와 국제책임

001. 환경오염으로 인한 국가책임의 성립요건에 대한 설명으로 옳지 않은 것은?

① 국가가 국제의무위반으로 인해 주변국에게 환경상의 침해를 발생시킨 경우 전통국제법상 국가책임을 지게 된다.
② 사인의 행위로 인한 경우에도 국가가 영토 내에서 발생하는 사인들의 행위를 통제하고 방지할 의무를 이행하지 않았다면 국가가 책임을 지게 된다.
③ 환경보호의무는 아직 연성법에 근거하므로 정치적 책임을 넘어선 법적 책임은 발생하지 않는다.
④ 오늘날 이른바 해로운 결과책임이론은 국가의 의무위반이 없어도 무조건 국가가 책임을 지도록 하려는 것이다.

해설

환경보호는 일부 연성법에 근거한 것도 있으나 상당수 확고한 법적 의무로서 존재하므로 법적 책임이 발생하지 않는다고 볼 수 없다. <답 ③>

002. 국가의 공공기관이나 개인의 행위가 타국의 환경에 불리한 영향을 미치는 것을 국가가 효과적인 입법·행정조치를 통해 방지해야 한다는 것으로 환경법에 있어 특히 중요한 국가책임법상의 개념은?

① Precautionary Principle　　② Due Diligence
③ Polluter Pays Principle　　④ Sustainable Development

해설

① 예방 원칙. 각종 인간활동이 환경에 끼치는 영향은 정확히 파악하기 어려우므로 우선적으로 예방적 차원의 대응이 중요하다. ② 상당한 주의. 국가는 관할권 하의 개인의 행위가 타국이나 타 국민에게 피해를 주지 않도록 상당한 주의를 기울여 방지해야 할 의무가 있다. 제7장 국가책임론에서 사인의 행위에 대한 국가책임 참고. ③ 오염자 비용부담의 원칙. 리우선언의 원칙 16은 오염자가 원칙적으로 오염의 비용을 부담하여야 한다는 원칙을 명문화하고 있다. ④ 지속가능한 개발. 브룬트란트보고서(우리공동의 미래)는 지속적 개발이란 장래의 세대가 스스로의 욕구를 충족하는 능력을 손상함이 없이 현재 세대의 욕구를 만족시킬 수 있는 개발을 의미한다고 정의하였다. <답 ②>

003. 해로운 결과에 대한 책임이론의 역사에 대한 설명으로 옳지 않은 것은?

① 이 분야 판례의 효시는 1941년의 미국과 캐나다 간의 Trail Smelter Case이다.
② 또한 ICJ의 1949년 Corfu 해협사건을 환경분야에 적용하는 '해로운 결과에 대한 국제책임'의 차원에서 다루어야 한다는 데 의견이 일치되어 있다.
③ 1957년 스페인과 프랑스 간의 Lanoux 사건에 관한 중재판결이 이 분야에 대한 전형적인 예라는 점에 대하여 이론이 있다.
④ 이러한 책임을 명시하고 있는 개별협약으로는 1967년의 우주법협약과 1972년의 우주물체로 인한 손해에 대한 국제책임에 관한 협약이 있다.

해설

Trail Smelter 사건은 해로운 결과 책임이론을 명시적으로 채택한 것은 아니나 사인(기업)의 행위가 주변국에 미친 영향에 대해 국가가 책임을 지는 것과 관련되므로 동 이론을 설명하는 데 있어서 자주 원용되고 있다. Corfu해협사건의 경우 환경과 직접 관련된 판례는 아니지만 영역사용의 관리책임을 언급하고 있다. 그러나 알바니아의 국제법상 의무위반에 대한 전통적인 국가책임론과 관련된 것이며 사인의 행위와 관련되어 있지 않다. <답 ②>

004. 자국 내의 활동으로 인하여 발생한 인접국의 오염피해에 대하여 그 국가가 책임을 부담하여야 하는 근거가 될 수 없는 것은? 〈행안부 9급 2008년〉

① 하몬주의(Harmon Doctrine)
② 코르푸해협사건(Corfu Channel Case)
③ 1972년 스톡홀름선언(Stockholm Declaration) 원칙(Principle) 21

④ 핵무기의 위협/사용의 적법성 사건(Legality of the Threat or Use of Nuclear Weapons Case)

해설

하몬주의는 국제하천의 상류국이 하류국의 권리와 이익에 상관없이 자유롭게 이용할 수 있다는 주장으로서, 이를 극복하고 나온 것이 영역사용의 관리책임원칙이다. ②,③,④는 모두 영역관리책임 원칙을 설명하고 있다.
<답 ①>

005. 국제환경법의 특징에 관한 다음의 설명 중 옳지 않은 것을 고르시오.

① 자국 영토를 타국에 피해를 주는 방식으로 사용해서는 아니 된다는 원칙이 1941년 트레일 제련소사건 등에서 확인되었다.

② 몇몇 국제환경협약에서 규정하는 사전예방원칙이 국제관습법으로 확립되었는지에 관해 논란이 있는 상황이다.

③ 국제환경법 분야에서는 연성법의 역할이 중요하다.

④ 외교사절의 특권과 면제와 같은 전통국제법과 마찬가지로 상호주의적 이행 확보가 이루어지고 있다.

⑤ 국제환경협약은 일반적이고 추상적인 골격협약이 먼저 체결된 후 구체적이고 기술적인 사항을 담은 의정서가 추후 체결되는 이원적 내지 단계적 규범형식을 취하는 경우가 많다.

해설

④ 국제환경법은 전통적인 국제법 분야와 달리 상호주의적 이행 확보가 불가능하여 특별한 이행확보장치를 필요로 한다.
<답 ④>

006. 기후변화에 대처하기 위한 국제사회의 법규범 제정 노력 동향에 관한 다음의 설명 중 옳지 않은 것을 고르시오.

① 1992년 기후변화협약은 당사국을 부속서 Ⅰ 당사국과 부속서 Ⅰ 비당사국(non-Annex Ⅰ)으로 분류하며, 한국은 부속서 Ⅰ 비당사국으로 분류된다.

② 교토의정서는 온실가스 배출량 감축을 위해 시장원리에 기초한 메커니즘을 도입하였다.

③ 2007년 12월 유엔 기후변화총회에 따른 발리 로드맵은 교토의정서 하에서 의무를 부담하지 않던 미국과 개도국의 참여를 끌어냈다는 의의가 있다.

④ 2009년 코펜하겐 기후변화총회는 선진국과 개도국 간의 대립으로 구속력 있는 합의 도출에 실패하였다.

⑤ 2015년 현재 기후변화 억제를 위한 노력은 답보상태에 있다.

해 설

⑤ 2011년 더반 플랫폼이 채택된 후 2012년부터 Post-2020체제를 마련하기 위한 협상이 진행되었고, 2014년 12월 페루 리마에서 개최된 당사국 총회에서 국별 기여공약 제출에 관한 리마 선언을 채택하는 등 기후변화를 위한 규범화 노력은 지속적으로 이루어지고 있다. <답 ⑤>

제11장 | 국제경제법

제1절 국제경제법의 연혁

001. 전후 Bretton Woods System을 구성하고 있는 삼두체제는?

① IMF, World Bank, MIGA ② IMF, OECD, GATT
③ World Bank, GATT, IMF ④ IBRD, GATT, ITO

해설

GATT, IMF, IBRD(World Bank)이다. ITO가 무산되고 GATT가 적용되어 왔으나 WTO가 출범하게 되어 드디어 Bretton Woods의 삼두체제가 완성되었다고 볼 수 있다. <답 ③>

002. 국제통화기금(IMF)에 대한 설명으로 옳지 않은 것은?

① 모든 회원국은 각각 1표의 투표권을 행사한다.
② 한국은 1988년 11월부터 외환규제의 철폐의무를 지는 제8조국으로 이행하였다.
③ 국제수지가 악화된 국가는 IMF의 승인을 받아 일반계정에서 통화를 인출할 수 있다.
④ 특별인출권은 IMF의 각국 쿼터에 비례하여 해당국에 배분된다.

해설

국제통화기금은 가중투표권이 인정되는 국제기구이므로 1국가 1투표권의 원칙이 적용되지 않는다. <답 ①>

003. 1994년 관세 및 무역에 관한 일반협정(GATT 1994) 제24조에 열거되어 있는 지역경제 통합의 형태로 옳지 않은 것은? 〈지방직 7급 2010년〉

① 관세동맹
② 특혜무역지대
③ 자유무역지대
④ 관세동맹 또는 자유무역지대의 창설을 위한 잠정협정

해 설

GATT 제24조는 지역경제 통합의 형태로서 국경무역, 관세동맹, 자유무역지대 등에 대해 규정하고 있다. <답 ②>

004. 지역무역협정에 대한 설명으로 옳지 않은 것은? 〈국가직 9급 2013년〉

① 지역무역협정의 체결 이후 역외국가에 대한 무역장벽을 체결 전보다 높이거나 더 제한적으로 해서는 아니 된다.
② GATT협정은 자유무역지역, 관세동맹, 공동시장을 지역무역협정의 종류로 명시하고 있다.
③ 잠정협정의 경우 완전한 지역무역협정으로의 이행기간은 원칙적으로 10년 이내이다.
④ 지역무역협정은 GATT협정 제1조의 최혜국대우원칙에 대한 예외이다.

해 설

GATT는 국경무역, 관세동맹, 자유무역지대에 대해 (지역무역협정으로서) 최혜국대우의 예외를 인정하고 있다. <답 ②>

005. GATT/WTO의 지역협정 및 그 합법성 요건에 대한 설명으로 옳지 않은 것은?

① 일정한 요건을 갖춘 국경무역, 관세동맹, 자유무역지대에 대하여는 MFN의무로부터의 면제가 허용된다.
② WTO협정 하에서는 GATT 제24조 외에도 GATT 제24조 해석에 관한 양해가 있으나 서비스분야에서는 인정되지 않는다.
③ 역내국 상품에 대해 '실질적으로 모든 교역'에서 관세 및 기타 제한적 무역조치들이 제거되어야 한다.
④ 역외국에 대해서는 상품과 관련, 지역무역협정체결 이전보다 관세 및 기타 무역규정들이 더 높거나 제한적이어서는 안 된다.

해 설

GATS 제5조에서도 지역협정을 인정하고 있다. 서비스와 관련, 역내국산 서비스에 대해서는 실질적으로 모든 차별이 철폐되어야 하며 역외국에 대해서는 협정체결 전보다 서비스교역에 대한 장벽의 일반적 수준을 인상시켜서는 안 된다(GATS 제5조). 자유무역협정을 형성하는 전단계인 '잠정협정'은 자유무역협정으로서의 이행을 위해 필요한 합리적 이행기간이 부여되는바, 불가피한 경우를 제외하고는 10년 이내에 이행하여야 한다(GATT 제24조 해석에 관한 양해 3항). <답 ②>

006. WTO협정체계에 비추어 자유무역협정(FTA)을 합법적으로 체결하기 위한 요건으로 옳지 못한 설명은?

① 모든 교역에서 관세가 제거되어야 한다.
② FTA 비당사국에 대해 예전보다 관세가 더 높아서는 안 된다.
③ FTA 비당사국에 대해 예전보다 무역 관련 제한 규정들이 더 강화되어서는 안 된다.
④ FTA 당사국은 상품무역이사회에 관련 사항을 보고해야 한다.

해설

① 모든 교역이 아니라 "실질적으로 모든 교역"에 대해 관세 및 기타 제한적 무역조치들이 제거되어야 한다. <답 ①>

007. 세계무역기구(WTO)의 기능 및 운영에 관한 설명 중 옳지 않은 것은? 〈사시 2013년〉

① WTO는 WTO설립협정 및 다자간무역협정의 이행, 관리 및 운영을 촉진한다.
② WTO는 세계경제 정책결정에 있어서의 일관성 제고를 위하여 국제통화기금(IMF)과 협력한다.
③ WTO는 분쟁해결규칙 및 절차에 관한 양해(DSU)를 시행한다.
④ WTO는 자유무역의 활성화를 위하여 무역정책검토제도(TPRM)는 시행하지 않는다.
⑤ WTO는 복수국 간 무역협정의 이행, 관리 및 운영을 위한 틀을 제공한다.

해설

회원국에 대한 무역정책검토제도가 운영되고 있다. <답 ④>

008. 다음 중 UR협상에서 새롭게 포함된 분야가 아닌 것은?

① 서비스, 직접투자
② 농산품
③ 지적재산권
④ 긴급수입제한조치

해설

긴급수입제한조치는 1947년 GATT 제19조에 이미 규정되어 있었다. <답 ④>

제2절 WTO의 기본구조와 기본원리

001. 다음은 WTO설립협정의 전문의 내용을 적은 것이다. 틀린 것은 모두 몇 개인가?

> 이 협정의 당사자들은, 상이한 경제발전단계에서의 각각의 필요와 관심에 일치하는 방법으로 (가) 경제발전을 추구하고, (나) 지속가능한 개발이라는 목적에 일치하는 세계자원의 최적이용을 고려하는 한편, 생활수준의 향상, 완전고용의 달성, 높은 수준의 실질소득과 유효수요의 지속적인 양적 증대 및 상품과 서비스의 생산 및 무역의 증대를 목적으로 무역 및 경제 분야에서의 상호관계가 이루어져야 한다는 점을 인식하고, (다) 선진국과 개도국을 불문하고 특혜대우를 철폐하며, 관세 및 그 밖의 무역장벽의 실질적인 삭감과 차별대우의 폐지를 지향하는 상호 호혜적인 약정의 체결을 통하여 이러한 목적에 기여하기를 희망하며, (라) 과거 비효율적인 GATT체제를 청산하고 모든 우루과이라운드 다자간무역협상 결과 전체를 포괄하는 통합되고 보다 존속가능하고 항구적인 다자간무역체제를 발전시켜 나갈 것을 결의한다.

① 1개 ② 2개
③ 3개 ④ 4개

해설

(가)는 틀린 지문이다. WTO설립협정 전문에 의하면 '상이한 경제발전단계에서 각각의 필요와 관심에 일치하는 방법으로 환경을 보호하고 보존하며 이를 위한 수단의 강화를 모색하면서'라고 씌어 있다. (다)는 틀린 지문이다. 특히 WTO는 개도국과 최빈개도국에 협정의 이행기간을 늘리고 특별절차를 적용한다든지 하여 이들 국가들을 보호하기 위하여 많은 노력을 기울이고 있다. WTO설립협정의 전문에서도 '개발도상국, 그리고 특히 최빈개도국이 국제무역의 성장에서 자기 나라의 경제를 발전시키는 데 필요한 만큼의 몫을 확보하는 것을 보장하기 위하여 적극적인 노력을 기울여야 할 필요성이 있다는 점을 인식하고'라고 씌어 있다. (라)는 틀린 지문이다. WTO는 기본적으로 국제기구로서 설립되지도 않고 단지 협정의 잠정적용의정서에 의하여 겨우 활동을 개시한 GATT협정이 그 이후에 국제무역을 촉진하는 데 대단히 효과적이었다는 긍정적인 평가에 기초하고 있다. 따라서 WTO설립협정의 전문에서도 '관세와무역에관한 일반협정(GATT), 과거의 무역자유화 노력의 결과를 포괄하는 다자간무역체제를 발전시켜 나가자'고 적고 있다. <답 ③>

002. WTO의 기본구조에 대한 설명으로 옳지 않은 것은?

① 각료회의(Ministerial Conference)는 적어도 2년에 한 번 이상 개최하도록 되어 있다.
② 각료회의 휴회기간에는 그 기능을 일반이사회(General Council)가 수행한다.

③ 일반이사회와 DSB는 별도의 기관이다.
④ 일반이사회는 무역정책검토기구(Trade Policy Review Body)의 역할을 수행한다.

해설

③ 일반이사회는 DSB의 역할을 수행한다. <답 ③>

003. 다음 중 WTO에 대하여 옳은 것은?

① WTO패널은 GATT체제 하에서 체약국단에 의하여 채택된 패널결정은 따라야 하지만 동 체약국단의 결정, 절차 및 통상적인 관행은 따를 필요가 없다.
② WTO설립협정과 WTO서비스협정이 충돌한 경우에는 특별법인 WTO서비스협정이 우선한다.
③ WTO설립협정에 부속된 다자간무역협정은 조약의 대상 및 목적에 위반하지 않는 범위 내에서 유보할 수 있다.
④ WTO설립협정의 정본으로 인정되는 언어의 수는 ICJ의 공용어보다 더 많다.

해설

①은 틀린 지문이다. WTO설립협정 제16조 1항은 '이 협정 또는 다자간무역협정에 달리 규정되지 아니하는 한, WTO는 1947년도 GATT체약국단 및 1947년도 GATT의 틀 내에서 설립된 기구의 결정, 절차 및 통상적인 관행에 따른다'고 규정되어 있다. ②는 틀린 지문이다. WTO설립협정 제16조 3항에 의하면 'WTO설립협정과 서비스협정과 같은 WTO설립협정의 부속서에 있는 다자간무역협정 간에 충돌이 있을 경우 충돌의 범위 내에서 설립협정이 우선한다'는 조문을 두고 있다. ③은 틀린 지문이다. WTO설립협정에 대해서는 유보가 금지된다. 설립협정의 부속서에 있는 다자간무역협정에 대한 유보는 동 협정에 명시된 범위 내에서만 할 수 있다. ④는 옳은 지문이다. WTO설립협정에서는 WTO설립협정의 정본은 영어, 불어 및 스페인어 3개라고 밝히고 있다. ICJ의 공용어는 불어와 영어이다. <답 ④>

004. WTO설립협정상 예정되지 않은 부속기관은?

① 무역개발위원회
② 국제수지위원회
③ 서비스무역이사회
④ 무역과 환경위원회

해설

무역과 환경위원회는 1994년 4월 15일 Marrakesh 각료회의에서 제기되어 WTO체제출범 후 그 일반이사회의 첫모임에서 그 설치를 결정하였다. <답 ④>

005. 세계무역기구(WTO)와 관세 및 무역에 관한 일반협정(GATT)에 대한 설명 중 잘못된 것은?

① 1947년 채택되어 그 후 여러 차례 수정 · 보완된 GATT는 WTO체제 하에서도 원칙적으로 유효하다.

② GATT는 법적으로 국제기구라 할 수 없으나, WTO는 법인격을 보유한 국제기구이다.

③ GATT 비체약국은 WTO설립협정을 수락하기 전에 먼저 1947년 GATT에 가입하여야 한다.

④ WTO 회원국은 주권국가에 한정되므로 독립된 관세영역은 회원국이 될 자격이 없다.

해설

④ 제12조 1항. 국가 또는 자신의 대외무역관계 및 이 협정과 다자간무역협정에 규정된 그 밖의 사항을 수행하는 데에 있어서 완전한 자치권을 보유하는 독자적 관세영역은 자신과 세계무역기구 사이에 합의되는 조건에 따라 이 협정에 가입할 수 있다. <답 ④>

006. 세계무역기구(WTO)의 기능을 설명한 것으로 옳지 않은 것은?

① 복수국간무역협정(PTAs)의 직접적인 시행, 관리 및 운영

② WTO협정 부속서에 첨부된 제반 부속협정과 관련하여 회원국들에게 협상의 장(forum)을 제공

③ 국제통화기금(IMF)과의 협력

④ WTO협정 부속서 2의 '분쟁해결양해'(DSU)의 집행

해설

WTO설립협정 제3조는 WTO가 복수간무역협정의 이행, 관리 및 운영을 위한 틀을 제공한다고 규정하고 있다. 따라서 동 협정을 직접적으로 시행하거나 관리, 운영하는 것은 아니다. <답 ①>

007. 세계무역기구(WTO) 설립협정상 WTO의 기능으로 옳지 않은 것은?

〈2015년 국가직 9급〉

① WTO는 WTO설립협정 및 다자간무역협정의 이행, 관리, 운영을 촉진한다.

② WTO는 WTO설립협정 부속서 3에 규정된 무역정책검토제도를 시행한다.

③ WTO는 WTO설립협정에 부속된 협정들에 관련된 다자간무역관계와 관련 회원국들 간의 협상의 장(forum)을 제공한다.

④ WTO는 세계경제 정책 결정에 있어서 일관성 제고를 위하여 UN 경제사회이사회와 협력한다.

해설

④ WTO는 세계경제 정책 결정에 있어서 일관성 제고를 위하여 IMF 및 IBRD와 협력하도록 규정되어 있다. <답 ④>

008. WTO의 조직에 관한 설명 중 옳지 않은 것은?

① GATT체제에서 WTO체제로의 이행에 관하여 WTO준비위원회가 설치되었었다.
② WTO의 최고의사결정기관은 각료회의(Ministerial Conference)이다.
③ 각료회의가 회기 중이 아닐 때에는 일반이사회(General Council)가 각료회의의 임무를 수행한다.
④ WTO 사무국의 책임자인 WTO 사무총장은 WTO설립협정의 해석에 관한 최종결정권을 갖는다.

해설

WTO설립협정의 해석에 관한 최종결정권은 각료회의이다. 국제기구에서 설립협정의 최종해석권은 총회나 이사회가 갖는 것이 원칙이며 행정적보조자인 사무총장이 최종해석권을 갖는 일은 없다.
<답 ④>

009. 세계무역기구(WTO) 일반이사회에 관한 설명 중 옳은 것은?

① 일반이사회는 분쟁해결기구와 무역정책검토기구와는 별개의 일상적 임무를 수행한다.
② 산하에 무역환경위원회, 무역개발위원회, 국제수지위원회, 예산재정행정위원회가 설치되었다.
③ 매년 1회 개최된다.
④ 각료회의 비회기중에 각료회의의 기능을 수행한다.

해설

일반이사회는 각료회의 비회기 중에 각료회의의 기능을 수행하며 분쟁해결기구와 무역정책검토기구의 임무를 수행한다. 필요에 따라 상시적으로 개최된다. 무역환경위원회, 무역개발위원회, 국제수지위원회, 예산재정행정위원회는 각료회의의 산하기구로 설치되었다. <답 ④>

010. WTO설립협정의 주요내용에 대한 설명 중 옳지 않은 것을 고르시오.

① WTO의 의사결정은 컨센서스에 의하는 것이 원칙이다.
② 각 회원국은 하나의 투표권을 가지며, EU의 경우도 하나의 투표권만을 행사한다.

③ 특정 회원국에게 의무면제(waiver)를 부여할 것인지는 각료회의의 결정 사항이다.
④ 회원국은 일정한 요건과 절차에 따라 WTO협정을 개정할 수 있다.
⑤ WTO 회원국은 WTO 사무총장에게 서면으로 의사를 통보하는 방법으로 탈퇴할 수 있다.

해설

② 각 회원국은 하나의 투표권을 가지나 EU가 투표하는 경우 그 회원국의 수만큼의 투표권을 갖는다.

<답 ②>

011. WTO설립협정 및 그 부속문서에 관한 설명으로 옳지 않은 것은? 〈사시 2012년〉

① WTO설립협정의 규정과 다자간무역협정의 규정이 상충하는 경우, 상충의 범위 내에서 WTO설립협정이 우선한다.
② GATT 규정과 보조금 및 상계조치에 관한 협정의 규정이 상충하는 경우, 상충의 범위 내에서 보조금 및 상계조치에 관한 협정이 우선한다.
③ WTO설립협정 및 다자간무역협정은 유보가 허용되지 않는다.
④ 각국의 시장개방 협상으로 도출된 관세 인하 또는 철폐 약속은 WTO설립협정의 불가분의 일부를 구성한다.
⑤ 1947년 GATT는 1994년 GATT의 구성요소이며, 1994년 GATT와 법적으로 구별된다.

해설

WTO설립협정은 유보가 불가능하나 부속협정의 유보는 각 규정에 따라 일정 범위 내에서 가능하다.

<답 ③>

012. 「세계무역기구 설립을 위한 협정」과 그 부속서의 상호관계에 관한 설명으로 옳지 않은 것은? 〈사시 2011년〉

① 「세계무역기구 설립을 위한 협정」과 다자간무역협정이 충돌하는 경우 전자가 우선한다.
② 1994년 「관세 및 무역에 관한 일반협정」의 규정과 부속서 1A(상품무역에 관한 다자간협정)의 그 밖의 협정의 규정이 충돌하는 경우 전자가 우선한다.
③ '분쟁해결양해(DSU)의 규칙 및 절차'가 '분쟁해결에 관한 특별 또는 추가적인 규칙 및 절차(DSU의 부록 2)'와 충돌하는 경우 후자가 우선한다.
④ 2개 이상의 '분쟁해결에 관한 특별 또는 추가적인 규칙 및 절차'가 충돌하는 경우, 분쟁당사자의 합의로 정하고 합의하지 못하면 일방 분쟁당사자의 요청 후 분쟁해결기구(DSB)의 의장이 적용 규칙 및 절차를 확정한다.

⑤「보조금 및 상계조치에 관한 협정」 제3조에 규정된 금지보조금의 적용 대상에서 「농업에 관한 협정」에 규정된 경우는 제외된다.

해설

WTO설립협정의 규정과 부속서상의 다자간무역협정의 규정이 상충하는 경우, WTO설립협정의 규정이 우선한다. WTO설립협정의 부속서 1A(상품교역협정)에 속한 13개의 협정들 중 GATT 1994와 다른 12개의 상품교역협정들이 충돌하는 경우에는 각 분야별 상세사항을 규정한 12개의 상품교역협정들이 우선한다. <답 ②>

013. 세계무역기구(WTO)의 분쟁해결절차에서 다음 국제통상에 관한 법적 문서들 상호 간 효력의 우선순위를 바르게 나열한 것은? 〈사시 2009년〉

ㄱ. 1994년도 관세 및 무역에 관한 일반협정 제6조의 이행에 관한 협정(반덤핑협정)
ㄴ. 세계무역기구설립을 위한 마라케쉬협정(WTO설립협정)
ㄷ. 1994년도 관세 및 무역에 관한 일반협정(GATT 1994)
ㄹ. 미국의 반덤핑법규

① ㄱ→ㄴ→ㄷ→ㄹ ② ㄱ→ㄴ→ㄹ→ㄷ ③ ㄱ→ㄷ→ㄴ→ㄹ
④ ㄴ→ㄱ→ㄷ→ㄹ ⑤ ㄴ→ㄱ→ㄹ→ㄷ

해설

WTO설립협정의 규정과 부속서상의 다자간무역협정의 규정이 상충하는 경우, WTO설립협정의 규정이 우선한다. WTO설립협정의 부속서 1A(상품교역협정) 중 GATT 1994와 다른 다자간무역협정이 충돌할 경우에는 다른 협정이 우선한다. 그 다른 협정들이 세부적인 사항을 규정하고 있는 특별법에 해당하기 때문이다. 그리고 각 회원국은 자기 나라의 법률, 규정, 행정절차가 부속협정상 자기 나라의 의무에 합치될 것을 보장해야 한다. 따라서 국내법이 제일 후순위라고 할 수 있다. <답 ④>

014. 세계무역기구(WTO) 협정의 해석과 협정들 간의 관계에 관한 설명 중 옳지 않은 것은? 〈사시 2014년〉

① WTO설립협정과 다자간상품무역협정 간에 저촉이 있을 경우 WTO설립협정이 우선한다.

② WTO설립협정과 다자간상품무역협정에 규정이 없는 경우에는 일반이사회의 결정에 따른다.

③ 1994년 GATT의 내용과 다자간상품무역협정이 저촉되는 경우에는 그 범위 내에서 후자가 우선한다.

④ 각료회의와 일반이사회는 WTO설립협정과 다자간상품무역협정의 해석을 채택하는 독점적인 권한을 갖는다.

⑤ 각료회의와 일반이사회의 해석에 대한 채택은 총의(consensus)에 의하는 것이 원칙이다.

해설

WTO설립협정과 다자간상품무역협정에 규정이 없는 경우는 원칙적으로 WTO체제상 규율되지 않는 부분이거나 또는 회원국 간 합의가 부재하는 영역이라고 보아야할 것이므로 이에 대하여 각료회의나 일반이사회가 결정을 내릴 수 없다. 어떻게 보면 이러한 경우는 일반이사회가 어떠한 결정을 내릴 대상 자체가 없다고 볼 수 있을 것이다. 이러한 문제는 궁극적으로 협정의 개정을 통하여 해결될 수 있을 것이다. <답 ②>

015. 세계무역기구(WTO)에 대한 설명으로 옳은 것은?

① 관세양허를 부인하며 WTO 탈퇴를 허용하지 않는다.
② 핵심원칙인 최혜국대우의 예외를 허용하지 않는다.
③ GATT 체제에 비해 규율대상 및 시장개방의 범위가 확대되었다.
④ WTO의 최고의사결정기관은 총회(General Assembly)이다.

해설

① 관세양허는 WTO협정의 핵심부분이며 탈퇴할 수 있다. ② 최혜국대우원칙과 내국민대우원칙 등 핵심원칙에 대해 예외가 존재한다. ④ WTO의 최고의사결정기관은 정기적으로 개최되는 각료회의(Ministerial Conference)이다. 일반이사회는 수시로 모여 상시적인 의사결정 기능을 수행한다. <답 ③>

016. 다음 중 세계무역기구(WTO) 설립협정 부속서 4에 명시된 복수국가 간 무역협정은?

① 민간항공기 무역에 관한 협정 ② 원산지규정에 관한 협정
③ 농업에 관한 협정 ④ 무역의 기술장벽에 관한 협정

해설

WTO설립협정 부속서 4에 명기된 복수국가 간 무역협정 중 민간항공기무역 협정과 정부조달협정이 존속하고 있다. <답 ①>

017. WTO의 모든 회원국들에게 의무적으로 적용되는 다자간협정이 아닌 것은?

〈국가직 9급 2011년〉

① 정부조달협정 ② 농업협정
③ 위생 및 검역협정 ④ 기술장벽협정

해설

① 정부조달협정은 별도 가입한 국가들에게만 적용되는 복수국가 간 협정이다. <답 ①>

018. 세계무역기구(WTO)설립협정의 내용에 관한 설명 중 옳지 않은 것은? 〈사시 2013년〉

① 가입은 모든 회원국이 참여하는 일반이사회에서 결정되며, WTO 회원국 3분의 2 다수결에 의하여 승인된다.
② 독자적 관세영역도 WTO에 가입할 자격을 가질 수 있다.
③ WTO설립협정의 어느 규정에 대하여서도 유보를 할 수 없다.
④ WTO설립협정의 규정과 다자간무역협정의 규정이 상충하는 경우 상충의 범위 내에서 WTO설립협정의 규정이 우선한다.
⑤ 탈퇴는 서면으로 통보되어야 하며, 이 통보가 WTO 사무총장에게 접수된 날로부터 6개월이 경과한 날 발효한다.

해설

가입은 각료회의가 WTO 회원국 3분의 2 이상의 다수결에 의하여 승인한다. <답 ①>

019. WTO 조직에 관한 설명으로 옳지 않은 것은? 〈기출문제 변형〉

① 각료회의는 WTO의 최고의사결정기구이다.
② 각료회의는 최소 2년에 1회 개최되어야 한다.
③ 일반이사회 산하에 무역정책검토기구 및 분쟁해결기구를 두어 상시 운영한다.
④ 각료회의 산하에 설치된 무역환경위원회는 WTO 출범 이후에 설치되었다.

해설

일반이사회가 무역정책검토기구 및 분쟁해결기구를 겸한다. 즉, 명칭만 달리할 뿐 실제로는 하나의 동일기관이다. <답 ③>

020. 세계무역기구(WTO)의 법적 지위에 대한 설명으로 옳지 않은 것은? 〈행안부 9급 2010년〉

① 세계무역기구는 법인격(legal personality)을 갖는다.
② 각 회원국은 세계무역기구에 대하여 이 기구가 자신의 기능을 수행하는 데 필요한 특권과 면제를 부여한다.
③ 각 회원국은 세계무역기구의 회원국 대표에 대하여 이들이 세계무역기구와 관련하여 자신의 기능을 독자적으로 수행하는 데 필요한 특권과 면제를 부여한다.
④ 세계무역기구는 UN의 전문기구로서 UN 경제사회이사회와 업무제휴협정을 맺고 있다.

해설

WTO는 UN의 전문기구가 아니다. 널리 알려진 국제기구 중 IAEA, OECD, WTO는 전문기구가 아님을 기억해두면 좋을 것이다. <답 ④>

021. WTO의 법적 지위에 대한 설명으로 옳지 않은 것은? 〈기출문제 변형〉

① WTO는 UN의 전문기구로서 법인격을 갖는다.
② WTO 공무원은 일정한 특권면제를 향유한다.
③ WTO는 각 회원국 내에서 일정한 특권면제를 향유한다.
④ WTO 회원국 대표들은 일정한 특권면제를 향유한다.

해설

WTO는 UN 전문기구가 아니다. 널리 알려진 국제기구들 중 UN 전문기구가 아닌 것으로는 WTO와 IAEA, OECD 등이 있다. <답 ①>

022. 세계무역기구(WTO) 회원국의 지위에 대한 설명으로 옳지 않은 것은? 〈국가직 9급 2012년〉

① GATT 1947의 체약국은 WTO의 회원국으로 간주된다.
② 회원국은 WTO협정과 동 부속서 등에 규정된 권리와 의무의 주체가 된다.
③ 국가만이 회원 자격을 가지며 독자적 관세영역은 회원국이 될 수 없다.
④ 신규 회원국의 가입은 각료회의가 결정한다.

해설

독자적 관세영역도 회원국으로 가입할 자격이 주어진다. <답 ③>

023. 세계무역기구(WTO) 설립협정상 회원국의 지위에 관한 설명 중 옳지 않은 것은? 〈사시 2016년〉

① WTO 설립협정 발효 당시의 1947년 GATT의 체약당사자 및 구주공동체(EC)는 일정조건을 구비하여 WTO의 원회원이 된다.
② WTO의 신규회원의 자격은 국가뿐만 아니라 일정한 조건을 만족시키는 독자적 관세영역에도 부여된다.
③ 각료회의는 WTO 회원국 2/3 다수결에 의하여 가입 조건에 관한 합의를 승인한다.
④ 한 국가가 WTO에 가입시 WTO 설립협정의 어느 규정에 대해서도 유보할 수 없다.
⑤ 회원국이 WTO 설립협정에서 탈퇴하더라도 그 부속서 I의 다자간 무역협정의 효력은 그 국가에 대하여 유지된다.

해설

WTO설립협정과 부속서는 불가분의 일체를 이룬다. 이를 반영하여 WTO 설립협정 제15조는 설립협정 탈퇴(withdrawal)는 설립협정분만 아니라 부속서의 MTA(다자간 무역협정)에도 적용된다고 명시하고 있다. <답 ⑤>

024. 다음은 WTO 각료회의에 관한 설명이다. 타당하지 않은 것은 무엇인가?

① 각료회의에서 신규회원국의 가입을 승인한다.
② 각료회의는 최소한 2년에 한 번 개최되어야 한다.
③ 각료회의의 구성원은 흔히 각국의 제네바 주재 대사이다.
④ 각료회의에서 WTO의 주요 현안에 대한 결정이 이루어진다.
⑤ 가장 최근에 개최된 각료회의는 2011년 12월의 제네바 각료회의이다.

해설

각료회의의 구성원은 WTO 각 회원국의 통상담당장관이다. <답 ③>

025. WTO설립협정 관련 내용으로 옳지 못한 것은?

① WTO설립협정과 다자간무역협정이 상충하는 경우 전자가 우선한다.
② 각료회의는 예외적인 상황에서 회원국의 의무 면제를 결정할 수 있다.
③ WTO 신규회원가입은 일반이사회가 결정한다.
④ WTO 신규회원가입은 회원국 3분의 2 다수결로 결정한다.

해설

WTO 신규회원가입은 각료회의가 회원국 3분의 2 다수결로 가입조건에 관한 합의를 승인함으로써 이루어진다. <답 ③>

026. 다음 중 WTO체제에서 처음으로 도입된 협정이나 내용이 아닌 것은 무엇인가?

① 무역관련 지적재산권협정
② 서비스교역에 관한 일반 협정
③ 무역정책검토제도
④ Dispute Settlement Understanding
⑤ Waiver제도

해설

Waiver제도는 1947년 GATT 협정에서도 이미 인정되고 있던 제도이다. 문제의 나머지 예시들은 모두 WTO 출범과 함께 새로이 도입된 협정이나 제도이다. <답 ⑤>

027. 세계무역기구(WTO)의 기능 및 구조에 관한 설명으로 옳지 않은 것은?

〈사시 2010년〉

① 최고 의사결정기구는 각료회의(Ministerial Conference)이다.

② 분쟁해결에 관한 문제는 WTO 회원국 대표로 구성된 분쟁해결기구(DSB)에서 담당한다.

③ 사무총장은 각료회의에 의하여 임명된다.

④ WTO에 가입하려는 국가에 대해 WTO 회원국들의 요구를 반영하여 가입의정서에서 조건을 부과하는 것이 가능하다.

⑤ WTO설립협정 규정상 한 국가가 WTO에 가입하려면 각료회의에서 회원국의 총의(consensus)에 의한 가입승인이 필요하다.

해설

각료회의가 WTO 회원국 3분의 2 이상의 다수결에 의하여 가입조건에 관한 합의를 승인한 경우에 신규회원국이 될 수 있다. <답 ⑤>

028. 세계무역기구(WTO) 체제에 관한 설명 중 옳지 않은 것은? 〈사시 2015년〉

① WTO 회원국은 WTO의 직원과 WTO 회원국 대표에 대하여 기능수행에 필요한 특권과 면제를 부여하여야 한다.

② GATT 1947은 GATT 1994의 구성부분 중 하나이다.

③ 각료회의는 회원국이 요청하는 경우 다자간무역협정의 모든 사항에 대해 결정을 내릴 권한을 갖는다.

④ 일반이사회는 각료회의 비회기 중에 각료회의의 기능을 수행한다.

⑤ 사무총장은 WTO설립협정과 다자간무역협정의 해석을 채택하는 권한을 갖는다.

해설

⑤ 설립협정과 다자간무역협정의 해석 채택 권한은 각료회의와 일반이사회가 갖는다. <답 ⑤>

029. 세계무역기구(WTO)에 관한 설명 중 옳지 않은 것은?

① WTO는 1947년 GATT 체제 이래로 모든 의사결정에서 총의(consensus) 제도만 채택하고 있다.

② WTO에는 홍콩과 마카오 같은 독자적인 관세영역도 가입할 수 있다.

③ WTO 분쟁해결절차는 회원국들에 의하여 상당히 활발하게 이용되고 있다.

④ WTO 설립협정에는 국제교역을 직접 규율하는 다양한 규범이 직접 포함되어 있지 아니하며, 이러한 세부적인 규범은 주로 부속협정에 포함되어 있다.

⑤ 우리가 흔히 접하는 통상규범들은 대부분 부속협정에 포함되어 있다.

해설

WTO 체제에서의 의사결정은 총의제도와 함께 투표제도도 동시에 존재하고 있다. 다만 투표로 의사결정을 하는 사례가 주로 발생하지 않을 따름이다. <답 ①>

030. 세계무역기구(WTO) 설립협정 및 부속협정에 대한 다음 설명 중 옳지 않은 것은?

① 상품교역에 적용되는 부속협정의 숫자는 다수인 반면 서비스교역에 적용되는 부속협정의 숫자는 '서비스교역에 관한 일반협정 (GATS)' 하나밖에 존재하지 않는다.
② 최초 복수국간 협정은 모두 4개였으나 이제 2개만이 남아 있다.
③ 우리나라는 복수국간 협정 중 정부조달협정 (GPA)의 당사국이다.
④ 우리나라는 복수국간 협정 중 민간항공기협정에는 아직 가입하지 아니 하였다.
⑤ 무역원활화협정 (Trade Facilitation Agreement)이 새로이 부속협정에 추가되어 2017년 1월 현재 발효하였다.

해설

무역원활화협정은 2014년 11월 WTO 회원국간 타결되어 현재 발효를 위한 절차가 진행 중이다. WTO 회원국 2/3의 다수가 이 협정을 비준하고 WTO 사무국에 통보하여야 한다. 2017년 1월 현재 이 절차가 아직 종료되지 않아 발효하지 않았다. 우리나라는 GPA에는 가입하였으나 민간항공기협정에는 아직 가입하지 않았다. <답 ⑤>

031. WTO의 DSB에서 적용되는 의사결정구조 방식에 대한 다음 설명 중 올바른 것은?

① 분쟁해결절차와 관련된 DSB 회의에서는 Negative Consensus 방식이 적용된다.
② Negative Consensus 방식은 GATT체제에도 적용되던 방식으로 WTO체제는 이를 일층 확대하여 적용하고 있는 것으로 볼 수 있다.
③ Negative Consensus 방식은 패널 보고서 및 항소기구 보고서의 채택을 더욱 어렵게 만드는 단점이 있다.
④ General Council 회의에서도 Negative Consensus 원칙이 적용된다.
⑤ Negative Consensus 제도의 도입으로 인하여 WTO 분쟁해결절차에서의 "법의 지배(Rule of Law)" 원칙은 더욱 약화된 것으로 볼 수 있다.

해설

분쟁해결기구(DSB)에 적용되는 역총의제도(Negative Consensus)는 기존의 GATT체제에서는 찾아볼 수 없던 새로운 제도로 WTO체제에서 처음으로 도입되었다. 이 제도는 분쟁해결절차의 진행을 차단하기 위한 모든 회원국의 컨센서스가 없으면 협정(DSU)에 규정된 대로 절차가 진행된다는 것으로 한 회원국이나 일부 회원국의 반대로 인하여 분쟁해결절차가 진행되지 않는 상황을 제도적으로 차단하고 있다. 따라서 이 제도는 전체적으로 "법의 지배"를 강화하고 있는 것으로 볼 수 있을 것이다. <답 ①>

032. 다음은 WTO의 일반이사회에 관한 설명이다. 타당하지 않은 것은 무엇인가?

① 일반이사회는 때로는 DSB의 역할을 수행한다.
② 일반이사회는 때로는 TPRB의 역할을 수행한다.
③ 일반이사회는 보통 각국의 정부수반으로 구성된다.
④ 일반이사회는 각국의 제네바 주재 대사/대표로 이루어진다.
⑤ 일반이사회는 WTO의 일상적인 제반 현안에 대하여 토의하고 처리한다.

해설

일반이사회는 각 회원국의 제네바 주재 대사 및 대표로 구성되며 경우에 따라서는 분쟁해결기구(DSB) 내지 무역정책검토기구(TPRB)의 역할도 수행한다. <답 ③>

033. WTO체제의 최고의사 결정기구를 대신하여, WTO의 일상적인 주요업무를 논의하기 위하여 당사국 대표로 구성되는 회의는 무엇인가?

① Contracting Parties Conference ② Ministerial Conference
③ Trade Policy Review Body ④ General Council
⑤ Dispute Settlement Body

해설

WTO의 일상적인 업무는 일반이사회(General Council)가 담당한다. 이는 각 회원국의 대사 등 대표자가 참여하여 WTO의 주요 업무를 논의하는 회의체이다. <답 ④>

034. 다음 중 WTO체제 하에서 최초로 도입된 영역이 아닌 것은?

① 서비스 교역
② 무역관련 지적재산권
③ 상설 항소기구
④ 반덤핑협정, 보조금협정, 세이프 가드협정
⑤ GATT 1947

해설

GATT협정은 1947년부터 유지되던 협정으로 WTO체제에서 새로이 도입된 협정이 아니다.
<답 ⑤>

035. 다음 중 WTO에 대한 설명 중 옳지 못한 것은?

① WTO의 일반적 의사결정은 모든 회원국이 참석하는 WTO총회에서 이루어진다.

② WTO는 법인격을 갖는다는 명문규정이 있으며 각 회원국은 동 기구의 기능수행을 위해 필요한 특권면제를 부여하도록 규정하고 있다.

③ WTO 회원국은 WTO의 관리와 동 기구 회원국 대표에게도 일정한 특권면제를 부여해야 한다.

④ WTO 회원국이 부여하는 특권면제는 1947년 UN총회에서 승인된 전문기구의 특권면제에 관한 협약의 내용과 유사해야 한다.

해설

WTO설립협정은 총회라는 용어를 사용하지 않는다. <답 ①>

036. WTO설립협정에 관한 다음의 내용 중 타당하지 않은 것은?

① WTO는 국제법상 법인격을 보유하지 않는 국제기구이다.

② WTO설립협정에는 탈퇴에 관한 조항이 있다.

③ WTO설립협정에는 유보가 불가능하다

④ WTO설립협정은 부속협정 운용의 기본적 지침과 원칙을 제시하는 모협정이다.

⑤ WTO설립협정은 그 체결장소를 따라 마라케쉬협정이라고도 불린다.

해설

WTO는 법인격을 보유하는 국제기구이며 여기에 근무하는 직원들은 국제공무원으로서 외교관의 특권면제에 준하는 대우를 부여받는다. <답 ①>

037. WTO가 각국의 통상관련제도와 법령을 검토하여 보고서를 회람함으로써 각 회원국 무역관련제도의 선진화 및 국제화를 도모하는 제도는 무엇인가?

① DSB ② TPRM ③ Notification

④ Negative Consensus ⑤ Reservation

해설

WTO가 각 회원국의 통상관련법령과 제도를 정기적으로 점검하여 보고서를 제출하는 것을 무역정책검토제도(Trade Policy Review Mechanism)이라고 한다. <답 ②>

038. 2017년 현재 국제사회에서 점차 확산되고 있는 보호무역주의에 대한 설명이다. 다음 중 올바른 것을 고르시오.

① 경기침체가 지속되고 자국민 우선주의가 전세계적으로 확산됨에 따라 보호무역주의가 대두하고 있으나 이는 일시적 현상으로 조만간 해소될 것으로 보는 것이 일반적 시각이다.

② 모든 보호무역적 조치가 반드시 통상협정에 대한 위반을 초래하는 것으로 보기는 곤란하다.

③ 보호무역적 성격을 갖는 조치는 그 자체로 통상협정 위반이다.

④ 통상협정에 대한 위반을 초래하는 조치를 각국 정부들은 일반적으로 보호무역조치라고 부른다.

⑤ 보호무역적 조치가 확산되면 오히려 통상분쟁은 감소하는 추세를 보인다.

해설

일반적으로 보호무역적 조치라고 하면 이는 국제교역을 제한하는 수입국의 다양한 조치를 통칭하는 개념으로 흔히 사용된다. 따라서 여기에는 통상협정에 대한 위반을 초래하는 수입제한조치도 있을 뿐 아니라 반드시 통상협정에 대한 위반은 아니나 수입을 제한하는 효과를 가진 조치들도 아울러 포함되어 설명된다. 따라서 보호무역적 조치와 협정 위반 조치를 동일시하는 것은 잘못된 판단이다. 현재 제기되는 보호무역 기조의 확산은 국제사회의 구조적 문제에 기인하고 있는 것으로 앞으로도 지속적으로 확산될 것으로 보는 시각이 우세하다. <답 ②>

039. GATT의 원칙에 대한 설명으로 옳은 것은?

① 내국세부과 및 국내법규 적용에 있어 국내 동종제품보다 수입제품을 불리하지 않게 대우하는 것이 최혜국대우이다.

② 지역무역협정은 최혜국대우의 예외이다.

③ 수량제한의 금지는 GATT에 규정되어 있지 않다.

④ 최혜국대우와 달리 내국민대우에 대한 예외는 규정되어 있지 않다.

해설

지역무역협정은 협정당사국에게만 특혜를 주는 것이므로 최혜국대우의 예외이다. <답 ②>

040. 다음 사례와 관련하여 옳은 것은? 〈사시 2008년〉

WTO 회원국인 A국은 WTO에 가입하지 않고 있는 B국으로부터의 수입품에 대해 10%의 관세를 부과하고 있다. 한편 A국은 WTO 회원국인 C국으로부터 수입되는 동종 제품(like product)에 대해서는 12%의 관세를 부과하고 있다.

① GATT 1994의 최혜국대우의무는 WTO협정 당사국 간에만 적용되므로, A국은 B국에게 부여한 특혜를 C국에 부여할 의무가 없다.
② 관세에 대하여는 최혜국대우의무가 적용될 여지가 없으므로 A국은 B국에 부여한 특혜를 C국에 부여할 의무가 없다.
③ 10%와 12%의 차이는 미미한 차이에 불과하므로 '미소(de minimis) 차이허용조항'에 의해 문제될 것이 없다.
④ A국이 B국에게 부여한 특혜는 C국에게도 부여되어야만 A국의 최혜국대우의무 위반이 발생하지 않는다.
⑤ A국의 조치는 현재는 문제될 것이 없으나, B국이 WTO에 가입하게 되면 최혜국대우의무 위반이 되므로 관세차별조치를 시정하는 것이 바람직하다.

해설

A국과 C국은 모두 WTO 회원국이므로 A국과 C국 간에는 최혜국대우의무가 적용된다. 따라서 A국은 다른 모든 국가들에게 부여한 혜택(B국에 대한 10% 관세)을 C국에게도 부여해주어야 한다.

<답 ④>

041. 1994년 관세 및 무역에 관한 일반협정(GATT1994)상의 내국민대우원칙에 대한 설명으로 옳지 않은 것은? 〈지방직 7급 2010년〉

① 국내생산자들에게만 보조금을 지급하는 것은 금지된다.
② 정부조달을 규율하는 규정, 법률 및 요건에는 내국민대우원칙에 대한 예외가 인정된다.
③ 수입품과 국산품이 동종상품(like product)인 경우, 국산품에 부과되는 내국세보다 높은 내국세를 수입품에 부과해서는 안 된다.
④ 내국민대우원칙은 차별을 금지한다는 점에서 최혜국대우원칙과 공통점을 갖는다.

해설

보조금 지급은 내국민대우원칙과 직접 관련되지 않으며 별도의 보조금 관련 규정 및 협약에 의해 규율된다.

<답 ①>

042. 세계무역기구(WTO)협정에 따른 최혜국대우 의무의 정당한 예외사유가 아닌 것은? 〈2014년 국가직 7급〉

① 개발도상국으로부터 수입되는 물품에 대해서만 특혜 관세를 부여하는 경우
② 문화적 다양성의 보호를 이유로 외국 영화의 상영관 수를 제한한 경우
③ 국제평화와 안보의 유지 그리고 자국의 국가안보를 위해 필요한 경우
④ 자유무역협정 체약국에서 생산된 수입 물품에 대해서만 무관세대우를 부여하는 경우

해 설

외국 영화의 상영관 수 제한은 최혜국대우가 아니라 내국민대우와 관련된다. <답 ②>

043. GATT의 최혜국대우(MFN)에 관한 설명 중 틀린 것은?

① GATT 제1조에 규정된 최혜국대우는 GATT의 가장 중요한 기본원칙 중의 하나이다.

② 최혜국대우는 원칙적으로 관세 등의 국경조치에 관하여 상품의 원산지에 근거한 차별의 금지를 의미한다.

③ 최혜국대우는 GATT의 가장 중요한 기본원칙이기 때문에 이에 대한 예외가 인정되지 않는다.

④ 최혜국대우를 규정한 GATT 제1조의 적용대상은 관세, 내국세 및 국내판매규정에 관한 외국상품의 원산지에 따른 차별의 금지이다.

해 설

최혜국대우의 예외로 역사적 예외, 자유무역협정 등이 있으며 그 외에 GATT 제20조, 제21조 등의 예외가 인정된다. <답 ③>

044. 세계무역기구(WTO) 협정상 비차별원칙에 관한 설명 중 옳지 않은 것은?

〈사시 2015년〉

① GATT상 최혜국대우원칙은 수입에만 관련이 있고, 수출에는 관련이 없다.

② 분쟁해결기구(DSB)에 의해 승인된 보복조치는 최혜국대우원칙의 예외에 해당된다.

③ 서비스무역에 관한 일반협정(GATS)의 경우 내국민대우원칙은 양허가 이루어진 서비스에 대하여 적용된다.

④ WTO설립협정에 따라 승인된 의무면제(waiver)는 최혜국대우원칙의 예외에 해당된다.

⑤ 내국민대우원칙은 재정조치뿐만 아니라 비재정조치에 대해서도 적용된다.

해 설

① 최혜국대우원칙은 물품의 수출입과 관련하여 어떤 다른 국가에 부여한 대우조치를 다른 체약국에도 동일하게 부여할 것을 요구하는 원칙이다. <답 ①>

045. 〈보기 1〉의 사실관계에 기초한 〈보기 2〉의 설명 중 옳은 것을 모두 고른 것은?

〈사시 2014년〉

〈보기 1〉

A국은 B, C, D, E국으로부터 각각 자동차를 수입하고 있다. A국은 B국산 자동차에 대해서는 40%, C국산 자동차에 대해서는 10%, D국산 자동차에 대해서는 30%, E국산 자동차에 대해서는 20%의 관세를 부과하고 있다.

[현재 A, B, C, D국은 세계무역기구(WTO) 회원국이며 E국은 WTO 회원국이 아니다. 또한 교역되는 자동차는 모두 동종상품(like product)이라 가정한다.]

〈보기 2〉

ㄱ. A국은 현재 WTO의 최혜국대우 의무를 위반하고 있으며, 동 원칙이 적용될 경우 B, C, D, E국산 자동차에 대한 관세는 모두 10%가 된다.

ㄴ. 만약 A국과 B국이 자동차의 무관세를 포함하는 자유무역협정(FTA)을 체결한다면, E국을 제외한 나머지 국가들로부터 수입되는 자동차에 대한 관세도 모두 무관세가 된다.

ㄷ. A국은 E국을 제외한 나머지 국가들로부터 수입되는 자동차에 대한 관세를 일괄적으로 5%로 감축할 수 있다.

ㄹ. A국이 D국과의 자동차 교역에 대하여 최혜국대우에 관한 의무면제(waiver)를 받았더라도, A국은 B국과 C국산 자동차에는 10% 관세를, E국산 자동차에는 20% 관세를 부과할 수 있다.

① ㄱ, ㄴ ② ㄱ, ㄹ ③ ㄴ, ㄷ
④ ㄴ, ㄹ ⑤ ㄷ, ㄹ

해설

ㄱ. A국은 현재 최혜국대우 의무를 위반하고 있으나, E국은 WTO 회원국이 아니기 때문에 E국에 대해서까지 가장 낮은 관세를 적용해줄 필요가 없다. ㄴ. 자유무역협정을 체결하는 경우는 최혜국대우 예외를 인정받을 수 있으므로 나머지 국가들에게까지 무관세를 적용해줄 필요가 없다. ㄷ. 관세 인하는 GATT-WTO협정 위반이 아니다. ㄹ. E국에 대해서는 동등한 대우가 필요 없다. <답 ⑤>

046. 모든 WTO 회원국은 일단 수입된 외국상품에 대해서는 자국상품과 동일하게 취급할 의무를 부담한다. 이 원칙은 무엇이라고 불리는가?

① 공평한 대우원칙 ② 무차별대우원칙
③ 최혜국대우원칙 ④ 내국민대우원칙
⑤ 공정한 경쟁보장원칙

해 설

모든 WTO 회원국은 일단 수입된 상품에 대해서는 국내산 상품과 모든 측면에서 동일하게 대우할 의무를 부담하고 이를 내국민대우(National Treatment) 의무라고 부른다. <답 ④>

047. 세계무역기구(WTO) 회원 중에는 자국에서 제작된 영화필름에 대해서는 연간 최저 상영 일수를 규정하여 동 일수 이상의 기간 동안 의무 상영을 보장하도록 하는 소위 스크린쿼터를 시행하고 있다. WTO협정상 이러한 스크린쿼터의 직접적인 허용 근거는? 〈국가직 7급 2013년〉

① GATT 제20조 (a)호상 공중도덕을 보호하기 위해 필요한 조치

② GATT 제12조상 국제수지의 보호를 위한 제한

③ GATT 제11조 제2항상 수량제한의 일반적 철폐에 대한 예외

④ GATT 제3조 제10항상 내국민대우에 대한 예외

해 설

스크린쿼터는 외국영화에 대해 국산영화를 보호하는 제도이며, 내국민대우에 대한 예외로서 GATT 제3조 10항에서 인정되고 있다. <답 ④>

048. 다음은 세계무역기구(WTO)의 GATT 1994 협정의 내용에 대한 설명이다. 괄호 안에 들어갈 말로 옳게 짝지어진 것은? 〈국가직 9급 2013년〉

> GATT협정은 상품무역의 자유화를 추구하는 점에서 서비스무역의 자유화를 추구하는 (㉠)협정과 구별된다. GATT협정은 국내시장에서 외국상품과 내국상품의 경쟁조건을 동등하게 하기 위하여 내국세 등의 부과와 국내법의 적용에 있어 동종의 국내상품보다 수입상품이 불리하지 않게 대우해야 하는 (㉡)원칙과 수입상품 간에 차별적 대우를 금지하는 (㉢)원칙을 규정하고 있다. (㉡)원칙은 동종제품(like product) 외에 (㉣)에도 적용된다.

	㉠	㉡	㉢	㉣
①	GATS	내국민대우	최혜국대우	직접적으로 경쟁관계이거나 대체적인 제품
②	TRIPS	공정무역	내국민대우	경쟁관계이고 대체적인 제품
③	TRIMS	최혜국대우	공정무역	경쟁관계이고 대체적인 제품
④	SPS	내국민대우	최혜국대우	직접적으로 경쟁관계이거나 대체적인 제품

해 설

서비스 무역을 다룬 협정은 GATS이다. 외국상품과 국산품을 동등하게 대우해야한다는 것은 내국민대우이

다. 외국상품(수입상품) 간 동등한 대우는 최혜국대우로 설명된다. 내국민대우는 동종상품 외에 직접적 경쟁상품이나 대체상품에 대해서도 적용된다. <답 ①>

049. GATT의 내국인대우에 관한 설명 중 틀린 것은?

① GATT 제3조에서 규정된 내국인대우는 수입관세 등에 있어서 수입상품과 국내상품과의 차별을 금지한다.
② 내국인대우는 국내시장에서 내국세와 법률에 관하여 수입상품과 국내상품과의 차별 없는 경쟁조건의 보장을 목적으로 한다.
③ 국내에서 생산된 상품을 구매하도록 요구하는 법률은 내국인대우의 위반이다.
④ 내국인대우에 관하여 비교적 많은 분쟁이 발생하였으며, GATT체제에서 채택된 패널보고서는 내국인대우의 적용범위를 비교적 넓게 해석하였다.

해설

내국인대우원칙은 일반적으로 말해서 수입관세 등을 모두 부담하고 국경을 통과하여 국내에 들어온 외국상품은 자국상품과 동등한 대우를 하여야 한다는 원칙이다. 따라서 수입관세 등은 최혜국대우와 관련이 있을 수 있으나, 내국인대우원칙과는 아무런 관련이 없다. <답 ①>

050. WTO체제 하 무차별원칙은 크게 두 가지로 구성되어 있다. 이것은 무엇인가?

① 최혜국대우원칙과 상호성의 원칙
② 최혜국대우원칙과 내국민대우원칙
③ 최혜국대우원칙과 관세화원칙
④ 최혜국대우원칙과 수량제한금지원칙
⑤ 최혜국대우원칙과 일반적 예외

해설

WTO체제 하 무차별원칙은 최혜국대우와 내국민대우로 구성되어 있다. <답 ②>

051. WTO체제의 기본원칙에 관한 다음 설명 중 옳지 않은 것을 고르시오.

① 최혜국대우 원칙은 동종물품이나 동종서비스에 대해 적용된다.
② GATT에는 동종물품에 대한 정의 규정이 없다.
③ 내국민대우 원칙은 내국세 부과나 기타 국내규제에 있어 외국 상품을 국내 동종상품에 대해 차별해서는 안 된다는 원칙이다.
④ 최혜국대우 원칙의 예외로 지역무역협정, 개발도상국에 대한 특혜 부여 등이 있다.
⑤ 내국민대우 원칙은 서비스 무역에서도 일반적 의무로 규정되어 있다.

해설

⑤ 상품 무역에서는 내국민대우가 일반적 의무로 규정되어 있음에 반하여, 서비스 무역에서는 구체적 약속(specific commitment)의 형태로 규정되어 있다. 따라서 각국은 자국의 서비스 양허표에서 구체적으로 약속한 한도와 방식에 따라 내국민대우의 의무를 부담하게 된다. <답 ⑤>

052. GATT의 내국민대우원칙에 관한 설명 중 옳지 않은 것을 모두 고른 것은? 〈사시 2014년〉

ㄱ. 내국민대우 의무는 '구체적 약속(specific commitments)'의 형태로 규정되어 있다.
ㄴ. 내국민대우원칙에 따르면, 수입품에 유리한 대우를 부여하는 것은 허용된다.
ㄷ. 내국민대우원칙은 수입관세의 부과와 관련하여 수입상품과 국내상품과의 차별을 금지하는 내용이다.
ㄹ. 회원국은 수입품에 대하여 동종의 국내상품에 직접적 또는 간접적으로 부과하는 것보다 높은 내국세를 적용하여서는 안 된다.

① ㄱ, ㄴ ② ㄱ, ㄷ ③ ㄱ, ㄹ
④ ㄴ, ㄷ ⑤ ㄴ, ㄹ

해설

ㄱ. 내국민대우는 보편적으로 적용되는 일반적인 원칙의 형태로 되어 있다. ㄷ. 내국민대우는 일단 수입이 완료된 후에 수입상품과 국내상품을 차별하지 말아야 한다는 내용이므로 수입관세 부과와는 직접 관련이 없다. <답 ②>

053. WTO의 내국민대우원칙에 대한 설명으로 옳지 않은 것은? 〈국가직 7급 2011년〉

① 수입품의 국내판매, 운송, 분배 등에 영향을 미치는 모든 법규 및 요건에 관하여 동종의 국내제품에 부여하고 있는 대우보다 불리하지 아니한 대우를 부여하여야 한다.
② 특정 제품의 혼합, 가공, 사용에 자국산 원료의 일정수량 또는 비율이 직접 · 간접으로 포함되어야 한다는 수량규제는 내국민대우원칙에 위배된다.
③ WTO 회원국의 상품이 다른 회원국에 수입될 경우 수입국 내의 동종상품에 부과되는 조세 또는 기타 부과금을 초과하여(in excess of) 수입품에 대해 과세하지 말 것을 요구하고 있고, 수입품과 직접 경쟁 또는 대체상품에 대해서는 비슷하게(similarly) 과세할 것을 요구하고 있다.
④ 1970년 '국경과세조정보고서' 이래로 GATT/WTO 패널은 제품의 물리적 특성이나 성질, 제품의 최종 소비용도 및 소비자의 기호나 습관 등을 모두 고려하

여 동종상품인지 여부를 판단하였다.

해설

④ 다소 애매한 측면이 있다고 볼 수도 있는데, 1970년 국경과세조정보고서(Report of the Working Party on Border Tax Adjustment) 이래로 GATT/ WTO 패널은 제품의 물리적 특성이나 성질, 제품의 최종 소비용도 및 소비자의 기호나 습관 등을 모두 고려하여 동종상품인지 여부를 판단하는 소위 BTA Approach(보고서의 이름을 차용)를 사용하였다는 기술 자체는 틀렸다고 보기 어려우나, 몇몇 사건에서는 조치를 시행하는 국가가 달성하고자 하는 목적을 결정적인 요소로 고려하는 소위 Aim-and-Effect approach 역시 활용되어 오고 있다는 점에서 BTA approach만 활용된다는 취지를 담은 본 지문이 정답인 것으로 보인다. <답 ④>

054. X국, Y국, Z국은 WTO 회원국이고, Y국과 Z국은 WTO 정부 조달협정에 가입하였다. X국과 Y국은 각각 정부조달 설비자재 구입입찰의 참여를 자국 기업으로 제한하여 Z국 기업의 입찰 참여가 좌절되었다. 이에 대한 설명으로 옳은 것은?

〈국가직 7급 2012년〉

① X국과 Y국 모두 정부조달협정 위반이다.
② X국과 Y국 모두 GATT 제Ⅲ조(내국민대우) 위반이다.
③ X국은 GATT 제Ⅲ조 위반이 아니다.
④ Y국은 정부 조달협정 위반이 아니다.

해설

원래 자국기업에게만 특혜를 주는 것은 내국민대우에 어긋난다. 그러나 정부 조달의 경우 내국민대우의 예외로서 자국기업에 대한 일정한 특혜가 허용된다. 그런데 정부 조달협정에 가입하면 자국기업에 대한 정부조달 특혜를 인정하지 말아야 한다. ① X국은 정부 조달협정 당사국이 아니므로 동 협정 위반이라고 말할 수 없다. ②,③ 정부 조달에서 자국기업 특혜는 내국민대우 위반이 아니다. ④ Y국은 정부 조달협정 당사국이므로 그 협정에 위반된다. <답 ③>

055. 'GATT 1994' 제11조의 수량제한조치 금지에 대한 예외가 될 수 없는 것은?

① 식료품
② 필수불가결한 상품의 위급한 부족
③ 가격유지를 위한 공산품의 수입제한
④ 기호식품

해설

GATT 제11조, 제12조에서는 식량이나 기타 필수불가결한 상품의 재고량유지, 국내과잉생산으로 인한 가격인하방지, 그리고 BOP(국제수지)보전 등을 위한 각종 예외가 인정되고 있다. 기호식품에 대해서는 수량제한조치의 예외가 인정되지 않는다. <답 ④>

056. 1994년 관세와 무역에 관한 일반협정(GATT)상 수입상품에 대하여 수량제한을 할 수 없는 경우에 해당하는 것은? 〈행안부 7급 2010년〉

① 현재 국내에서 공급이 과잉된 상품이 수입되고 있다.

② 대외지불통화의 준비가 현저하게 감소하여 국제수지의 심각한 불균형을 초래하였다.

③ 예측하지 못한 사태로 인하여 특정 상품이 자국의 동종상품 생산자에게 중대한 손해를 입힐 정도로 많이 수입되고 있다.

④ 공중도덕에 유해한 상품이 수입되고 있다.

해설

① 단순히 국내 공급 과잉이라는 이유만으로는 수량제한금지 원칙의 예외가 적용될 수 없다. ② 국제수지를 이유로 수량제한을 할 수 있다(제12조). ③ 긴급수입제한조치(safeguard)를 취할 수 있는 상황이다. ④ 일반적 예외(제20조)에 해당하는 상황이므로 수량제한을 할 수 있다. <답 ①>

057. WTO 회원국인 A국은 자국의 환경보호정책을 이유로 타방 회원국인 B국의 상품의 수입을 제한하고자 한다. 이 경우 가장 직접적으로 관련되는 GATT 1994의 조항은 무엇인가?

① 제1조 ② 제3조 ③ 제11조

④ 제21조 ⑤ 제20조

해설

GATT 제20조 (a)호는 각 회원국이 자국 환경보호를 위하여 채택한 조치가 일정한 요건을 충족하는 경우 설사 여타 GATT협정 관련조항을 위반하는 경우에도 그 정당성을 인정하고 있다. <답 ⑤>

058. WTO체제 하에서 새로이 도입된 다음 협정 중 주로 선진국이 그 도입을 강하게 주장한 것은 무엇인가?

① GATS ② 세이프가드 협정 ③ TBT 협정

④ SPS 협정 ⑤ 반덤핑 협정

해설

WTO의 여러 부속 협정 중 특히 선진국이 그 도입을 강하게 주장한 것은 서비스 교역에 관한 일반협정(GATS)과 무역관련 지적재산권협정(TRIPs)이다. <답 ①>

059. 관세와 무역에 관한 일반협정(GATT 1994) 제24조에 규정된 자유무역협정(FTA)에 관한 설명으로 옳지 않은 것은? 〈사시 2008년〉

① 관세동맹(Customs Union)과 자유무역지대(Free Trade Area)의 차이점은 체약국들이 공동역외관세를 도입하느냐 여부에 있다.

② 자유무역지대에 참여하지 않는 WTO 회원국에 대하여 무역장벽을 높이는 방법으로 FTA를 체결하는 것은 금지되어 있다.
③ FTA 체약국 간의 무역에 대하여는 즉시 관세를 철폐하도록 규정되어 있다.
④ WTO 회원국은 FTA를 체결하면 WTO에 통보하여야 한다.
⑤ FTA 체약국 상호간에는 실질적으로 모든 무역장벽을 철폐하도록 되어 있다.

해설

③ GATT 제24조는 자유무역지대에 대해 정의하면서 "실질적으로 모든 거래"에 있어서 관세와 기타 규제가 제거되어야 한다는 규정을 포함하고 있다. 즉, 그러한 요건을 충족하는 자유무역지대만이 GATT상 최혜국대우원칙의 예외로 인정받을 수 있다는 의미이다. 그러나 FTA 체약국 간에 "즉시" 관세를 철폐해야 한다는 내용은 없다. 일반적으로 체약국 간 합의에 따라 단계적으로 혹은 일정한 기한을 두고 철폐하는 방식을 취한다. <답 ③>

060. 현재 자유무역협정이 전세계적으로 급증하고 있다. 자유무역협정의 근거를 제공하고 있는 GATT 1994 제24조는 다음 GATT 원칙 중 무엇에 대한 예외를 직접적으로 구성하는가?

① NT
② MFN
③ Prohibition on Quantitative Restriction
④ General Exception
⑤ Security Exception

해설

GATT 1994의 제24조는 FTA협정에 대한 예외조항을 규정하고 있다. FTA협정에 대한 예외조항은 특히 FTA를 체결하는 WTO 회원국이 최혜국대우를 위반하는 상황을 정당화하여 주는 역할을 수행하고 있다. <답 ②>

061. GATT의 기본원칙에 대한 설명 중 옳지 못한 것은?

① 스크린쿼터제도는 GATT 1994의 제3조 내국민대우에 대한 예외로서 명문규정되어 있다.
② 동종상품은 직접경쟁 또는 대체가능 상품(directly competitive or substitutable product)와는 그 의미가 다르며, 동종상품의 개념과 기준에 대해서는 GATT에는 명문규정이 없으나 WTO에서 명문규정이 확립되었다.
③ 1981년 볶지 않은 커피(Unroasted Coffee)사건에서 GATT 패널은 브라질산 볶지 않은 커피에 대해 순한 커피(mild coffee)보다 고율관세를 부과한 스페인의 조치가 동종상품에 대한 최혜국대우 위반이라고 판단하였다.
④ EU 및 미국이 한국을 상대로 제소한 1998년 주세분쟁사건에서 한국이 소주

에 비하여 위스키에 높은 세율을 부과한 것은 GATT 제3조 내국민대우 위반 이라고 판정되었다.

해설

② 동종상품은 직접경쟁 또는 대체가능 상품과 의미가 다르다는 것은 맞는 서술이다. 그러나 동종상품의 개념과 기준에 대해서는 GATT와 WTO협정에 명문규정이 없어 개별 사건마다 동종상품 개념을 둘러싸고 많은 해석상 논란이 있을 수 있다. <답 ②>

062. 내국민대우원칙에 대한 설명으로 옳지 않은 것은?

① 내국민대우원칙 위반인지를 판단하기 위한 선결사항은 비교대상이 되는 수입품과 국산품이 동종물품인지를 판단하는 것이다.
② 내국민대우원칙의 예외 중에는 스크린쿼터제가 포함된다.
③ 내국민대우원칙의 중요한 예외는 정부조달제도이다.
④ 서비스무역에 있어서도 내국민대우원칙은 일반적 의무사항으로 규정되어 있다.

해설

상품무역에 있어서는 내국민대우의무가 일반적 의무로 되어 있음에 비하여 서비스무역에서는 구체적 약속(specific commitment)의 형태로 규정되어 있다. 내국민대우원칙 자체는 규정되어 있음에 유의해야 한다. 내국민대우원칙은 원칙적으로 수입품과 국산품이 동종상품(like product)인 경우에 적용되는 것이나(GATT 제3조 2항 1문), 직접경쟁적이거나 대체가능한 상품(directly competitive or substitutable product)인 경우에도 확장 적용된다(GATT 제3조 2항 2문). 참고로 GATS 제17조의 내국민대우원칙도 'like service'에 대하여 적용된다. <답 ④>

063. WTO 분쟁해결절차에 대한 다음 설명 중 잘못된 것은 무엇인가?

① 분쟁해결절차는 2심제를 채택하고 있다.
② 항소기구와 패널은 상설적인 기구이다.
③ 항소기구 위원은 7인이며 지역적 분배원칙에 따른다.
④ 패널은 3인 또는 5인으로 구성되도록 규정되어 있으나 보통 3인으로 구성된다.
⑤ 항소기구 위원 7인 중 특정 분쟁을 심리하는 위원은 3인이다.

해설

WTO 항소기구는 상설적인 기구이나 패널은 각 해당 분쟁당사자들이 합의하여 구성하는 비상설적인 기구이다. 항소기구는 7인으로 구성되며 이 중 특정 분쟁을 담당하는 재판부는 3명으로 구성된다. 한편 패널은 보통 3명으로 구성된다. <답 ②>

064. WTO체제가 기존의 GATT체제에 비하여 개선된 것으로 볼 수 없는 것은?

① 법적 지위의 인정 ② 분쟁해결절차의 개선
③ 규율대상 범위의 확대 ④ 기존의 GATT관행으로부터의 단절

해설

WTO체제 하에서도 기존의 GATT의 판례나 관행 등은 계속적으로 그 의미를 갖는다. <답 ④>

제3절 WTO협정의 체계 및 주요내용

001. WTO협정에 대한 설명으로 옳지 않은 것은?

① 세계무역기구설립협정은 가장 기본이 되는 협정이고 나머지 협정은 부속서에 포함되어 있다.
② WTO설립협정의 부속서는 1A, 1B, 1C, 2, 3, 4이다.
③ WTO설립협정의 부속서 1A는 상품무역에 관한 협정들인데 농업에 관한 협정, 정부조달에 관한 협정 등이 포함되어 있다.
④ 부속서 1B는 서비스무역에 관한 협정이다.

해설

정부 조달에 관한 협정은 부속서 4에 포함되어 있다. <답 ③>

002. 다음 중 WTO설립협정 부속서 1A 상품무역협정에 속하지 않는 것은? 〈사시 2010년〉

① 전자상거래에 관한 협정
② 원산지규정에 관한 협정
③ 위생 및 식물위생 조치의 적용에 관한 협정
④ 선적전 검사에 관한 협정
⑤ 농업에 관한 협정

해설

① 전자상거래에 관한 협정은 현재 WTO 부속서에 없다. WTO 부속서의 체계를 이해하는 것이 중요하다. 특히 부속서 1A는 실제 국제통상과 관련된 핵심적 실체규정들을 담고 있다. <답 ①>

003. 세계무역기구의 의사결정방법에 대한 설명으로 옳지 않은 것은?

① WTO는 원칙적으로 총의(consensus)에 의하고 총의로 결정할 수 없으면 다수결에 의한다.

② 협정조항의 해석, 회원의무의 면제(waiver)에 관한 결정은 재적 3/4의 다수결이다.

③ 최혜국대우 등 일반원칙에 관한 협정내용의 개정은 모든 회원국의 동의를 받아야 한다.

④ 회원국 가입결정은 회원국 3/4의 다수결에 의한다.

해설

④ 원회원국 또는 잠정회원국에 속하지 않는 국가는 각료회의가 WTO 회원국 3분의 2 이상의 다수결에 의하여 가입조건에 관한 합의를 승인한 경우에 신규회원국이 될 수 있다. <답 ④>

004. 세계무역기구(WTO)의 의사결정에 관한 설명 중 옳지 않은 것은? 〈사시 2013년〉

① 별도의 규정이 없으면 총의(consensus)로 의사결정이 이루어지지 않는 경우 표결에 의한다.

② WTO설립협정 또는 다자간무역협정에 달리 규정되어 있는 경우를 제외하고는, 각료회의와 일반이사회의 결정은 투표과반수에 의한다.

③ 각료회의와 WTO 사무총장은 WTO설립협정의 해석을 채택하는 권한을 갖는다.

④ 각료회의는 달리 규정되지 않는 한 회원국 4분의 3 다수결에 의하여 회원국의 의무면제를 결정할 수 있다.

⑤ 각료회의에서의 WTO설립협정 부속서 1의 다자간무역협정에 관한 해석결정은 회원국 4분의 3 다수결에 의한다.

해설

각료회의와 일반이사회는 WTO설립협정과 다자간무역협정의 독점적 해석권을 갖는다. 해석 채택에 대한 결정은 회원국 4분의 3 다수결에 의한다. <답 ③>

005. 세계무역기구(WTO)의 의사결정방법에 관한 설명 중 옳지 않은 것은? 〈사시 2015년〉

① WTO는 총의(consensus), 다수결, 역총의(reverse consensus) 등의 의사결정 방식을 채택하고 있다.

② WTO는 GATT체제에서 유지되어 온 총의에 의한 의사결정의 관행을 명문화하였다.

③ WTO에서는 명문으로 다수결을 규정하고 있는 경우에도 실제로 총의가 의사결정방식으로 이용되고 있다.

④ 분쟁해결을 위한 패널설치, 패널과 상소기구 보고서의 채택은 역총의에 따라 결정된다.
⑤ 각료회의는 WTO 회원국의 3/4 다수결로 가입조건에 관한 합의를 승인한다.

해설

⑤ 각료회의가 WTO 회원국 2/3 이상의 다수결에 의하여 가입조건에 관한 합의를 승인한 경우에 신규회원국이 될 수 있다. <답 ⑤>

006. WTO 의사결정과 관련된 서술 중 옳은 것은?

① WTO는 1947년 GATT의 만장일치 결정제도 관행을 유지한다.
② 달리 규정되지 않는 한 컨센서스에 의해 결정이 이루어지지 아니하면 표결에 의한다.
③ WTO는 국가평등을 중시하므로 원칙적으로 모든 의사결정은 단순다수결에 의한다.
④ WTO는 경제통상기구이므로 원칙적으로 모든 의사결정은 가중다수결에 의한다.

해설

WTO설립협정 제9조 1항에 의하면 WTO는 GATT의 컨센서스 결정 관행을 계속 유지한다. 달리 규정되지 아니하는 한 컨센서스에 의해 결정이 이루어지지 아니하는 경우에는 표결에 의한다.
<답 ②>

007. 세계무역기구(WTO) 설립협정에 관한 설명 중 옳지 않은 것은? 〈행안부 7급 2009년〉

① 회원국의 탈퇴는 서면으로 탈퇴통고가 WTO 사무총장에게 접수된 날로부터 6개월이 경과된 날로부터 효력이 발생한다.
② WTO설립협정의 조항과 다자간무역협정의 조항이 상충하는 경우 상충의 범위 내에서 전자가 우선한다.
③ 각료회의는 예외적인 상황에서 회원국 3/4 이상의 다수결에 따라 특정회원국에 대하여 협정상의 의무를 면제할 수 있다.
④ 각료회의는 WTO 회원국 3/4 이상의 다수결에 의하여 가입조건에 관한 합의사항을 승인함으로써 가입결정을 할 수 있다.

해설

④ 새로운 회원국 가입을 위한 승인은 회원국 3분의 2 이상의 다수결이 필요하다. <답 ④>

008. 세계무역기구(WTO)에 관한 설명 중 옳지 않은 것은? 〈사시 2012년〉

① WTO는 1947년 GATT에서 지켜졌던 총의(consensus)에 의한 의사결정의 관행을 계속 유지한다.
② WTO에는 국가뿐만 아니라 독자적 관세영역도 가입할 수 있다.
③ 국가가 WTO에 가입할 때 다른 특정 회원국에 대하여 WTO설립협정과 동 협정 부속서 1, 2의 다자간무역협정의 비적용을 결정할 수 있다.
④ WTO 회원국이 WTO에서 탈퇴하기 위해서는 각료회의의 승인을 거쳐야 한다.
⑤ WTO설립협정은 회원국의 지방정부나 비정부기관에 대한 책임에 대하여 명시적으로 규정하고 있지 않다.

해설

탈퇴는 WTO 사무총장에게 서면으로 탈퇴의사를 통보하여야 하며 사무총장에게 접수된 후 6개월 후 발효된다. <답 ④>

009. 세계무역기구(WTO)의 의사결정에 대한 설명으로 옳지 않은 것은? 〈사시 2009년〉

① 일반이사회는 연간 예산안을 회원국의 반 이상을 포함하는 3분의 2 다수결에 의하여 채택한다.
② 달리 규정되지 않는 한, 컨센서스에 의하여 의사결정이 이루어지지 않는 경우 문제가 된 사안은 표결에 의하여 결정한다.
③ 유럽공동체(EC)는 투표권을 행사할 때 WTO 회원국인 EC의 회원국 수와 동일한 수의 투표권을 갖는다.
④ 각료회의가 예외적인 상황에서 의무의 면제(waiver)를 결정하는 경우, 달리 규정되어 있는 경우를 제외하고는 회원국 3분의 2 다수결에 의한다.
⑤ 각료회의는 회원국 3분의 2 다수결에 의하여 새로 가입하려는 국가의 가입조건에 관한 합의를 승인한다.

해설

의무면제를 표결에 의하는 경우 회원국의 3/4 다수결에 의한다. <답 ④>

010. GATT 1994의 내국민대우원칙에 관한 설명으로 옳지 않은 것은? 〈사시 2010년〉

① 수입상품에 대하여 동종의 국산상품보다 불리한 대우를 하면 내국민대우원칙 위반이다.
② 내국민대우원칙은 최혜국대우원칙과 함께 GATT 1994의 양대 비차별원칙으로 여겨진다.
③ 정부조달은 GATT 1994 제3조에서 내국민대우원칙의 예외로 인정되고 있다.
④ GATT 1994 제3조 내국민대우원칙 규정의 개정은 모든 WTO 회원국이 수락

하는 경우에만 발효한다.

⑤ 수입상품에 대하여 동종의 국산상품보다 유리한 대우를 하는 것은 내국민대우원칙에 위반되지 않는다.

해설

④ MFN원칙(제1조)과 관세양허(제2조)의 개정에는 모든 WTO 회원국의 수락이 필요하나 내국민대우원칙(제3조)의 개정은 모든 WTO 회원국의 수락이 필요한 사항이 아니다. <답 ④>

011. 「관세와 무역에 관한 일반협정(GATT)」상 내국민대우원칙에 관한 설명 중 옳지 않은 것은? 〈사시 2016년〉

① 수입상품에 부과되는 국내조치가 자국상품을 보호하도록 적용되어서는 안된다.

② 내국민대우원칙은 정부조달에 대해서도 적용된다.

③ 관세부과 등의 국경조치와 관련하여 수입상품과 국내상품간의 차별을 금지하는 것은 아니다.

④ 수입상품과 직접경쟁 또는 대체가능한 국내상품간 최소허용기준을 넘지 않는 과세율의 미소한 차이는 허용된다.

⑤ 일정한 수량 또는 비율에 의한 제품의 혼합 · 가공 또는 사용을 요구하는 국내수량규제에 대해서도 적용된다.

해설

② GATT에서 정부조달은 내국민대우원칙의 예외이다. 다만, 정부조달협정 가입국들은 정부조달에 있어서도 내국민대우원칙을 적용해야 한다. <답 ②>

012. 「관세와 무역에 관한 일반협정(GATT)」상 최혜국대우원칙에 관한 설명 중 옳지 않은 것을 모두 고른 것은? 〈사시 2016년〉

ㄱ. 일국의 상품에 부여되고 있는 호의적인 대우는 원칙적으로 타 회원국의 동종 상품에 대하여도 부여되어야 한다.
ㄴ. 최혜국대우원칙의 적용에 있어서 개발도상국에 대한 어떠한 특혜도 인정되지 않는다.
ㄷ. 최혜국대우원칙에서의 차별금지는 관세부과 등의 국경조치와 관련한 것이며 내국세 등의 국내조치와 관련된 것이 아니다.
ㄹ. 수입영역에만 적용되는 것이 아니라 수출영역에도 적용된다.

① ㄱ, ㄴ ② ㄱ, ㄹ ③ ㄴ, ㄷ
④ ㄴ, ㄹ ⑤ ㄷ, ㄹ

해설

ㄴ. 개발도상국에 대한 특혜가 최혜국대우원칙의 예외로서 인정되고 있다. ㄷ. 국경조치뿐만 아니라 국내조치에 있어서도 최혜국대우원칙이 적용된다. <답 ③>

013. K국은 소주에 대해서는 30%의 세율을, 위스키에 대해서는 100%의 세율을 부과하고 있다. K국 내에서 소주는 K국 업체들에 의해 전량 제조되고, 위스키는 A국과 B국 업체들로부터 전량 수입되고 있다. K국, A국 및 B국은 모두 WTO 회원이다. A국과 B국이 K국을 WTO에 제소할 경우, WTO 협정상 의무위반의 근거 규정으로 옳은 것은? (다툼이 있는 경우 WTO 패널 판정에 의함) 〈2016년 국가직 7급〉

① GATT 제1조상 최혜국대우
② GATT 제2조상 관세양허약속
③ GATT 제3조상 내국민대우
④ GATT 제12조상 국제수지의 보호를 위한 제한

해설

WTO 판정례에 따라 소주와 위스키를 동종상품이라고 볼 수 있을 것이다. 상기 문제에서는 국산 제품(소주)에 비해 외국산 동종상품(위스키)에 높은 세율을 부과하였으므로 일단 내국민대우 원칙 예외라고 볼 수 있다. A국산 위스키와 B국산 위스키에 대해서는 상호간 차별이 없으므로 최혜국대우가 적용된다고 보기는 어렵다. <답 ③>

014. GATT 1994에 관한 다음 설명 중 올바른 것은 무엇인가?

① GATT 1947과 GATT 1994는 완전히 별개의 내용을 담고 있다.
② GATT 제3조는 최혜국대우원칙을 규정하고 있다.
③ GATT 제1조는 내국민대우원칙을 규정하고 있다.
④ GATT 1994는 기본적으로 상품교역을 규율하는 협정이다.
⑤ GATT 1994는 그간 문제가 많았던 waiver제도를 전면철폐하였다.

해설

GATT 1947과 GATT 1994는 대동소이한 규정을 도입하고 있다. Waiver 조항 역시 동일하게 도입되어 있다. <답 ④>

015. 세계무역기구의 모든 회원국이 수락하는 경우에만 개정이 발효하는 규정이 아닌 것은? 〈사시 2011년〉

① 1994년 「관세 및 무역에 관한 일반협정」 제2조(양허표)
② 1994년 「관세 및 무역에 관한 일반협정」 제3조(내국민대우)
③ 「무역관련 지적재산권에 관한 협정」 제4조(최혜국대우)

④ 「세계무역기구 설립을 위한 협정」 제9조(의사결정)
⑤ 「세계무역기구 설립을 위한 협정」 제10조(개정)

해설

일반조항의 개정은 회원국 3분의 2의 다수결에 의하지만, 모든 회원이 수락해야 효력이 발생하는 개정으로는 WTO설립협정 제9조(의사결정) 및 제10조(개정), 1994년도 GATT 제1조(MFN원칙) 및 제2조(관세양허), 서비스무역에 관한 일반협정 제2조 1항(MFN원칙), 무역관련 지적재산권에 관한 협정 제4조(MFN원칙) 등이 있다. 내국민대우는 여기에 해당하지 않는다. <답 ②>

016. 세계무역기구(WTO) 협정상 개별 규정의 개정과 관련하여 WTO의 모든 회원국이 수락하는 경우에만 발효하는 것이 아닌 것은? 〈사시 2014년〉

① 1994년 GATT 제1조 최혜국대우
② 1994년 GATT 제2조 관세양허
③ 1994년 GATT 제3조 내국민대우
④ 「서비스무역에 관한 일반협정」 제2조 제1항 최혜국대우
⑤ WTO설립협정 제9조 의사결정

해설

모든 회원국이 수락하여야 효력이 발생하는 개정은 WTO설립협정의 의사결정 및 개정 조항, GATT의 최혜국대우 및 관세양허 조항, 서비스무역협정의 최혜국대우 조항, 무역관련 지적재산권협정의 최혜국대우 조항이다. 내국민대우는 이에 해당하지 않는다. <답 ③>

017. 세계무역기구(WTO)의 모든 회원국이 수락한 경우에만 개정될 수 있는 조문에 해당하지 않는 것은? 〈2016년 국가직 9급〉

① GATT 1994 제2조(양허표)
② GATT 1994 제3조(내국민대우)
③ WTO 설립협정 제9조(의사결정)
④ 무역 관련 지적재산권에 관한 협정 제4조(최혜국대우)

해설

WTO 설립협정 제10조 2항에 따라, 동 규정과 WTO 설립협정 제9조, GATT 1994 제1, 2조, 서비스무역에 관한 일반협정 제2조 1항, 무역 관련 지적재산권에 관한 협정 제4조의 개정은 모든 회원국이 수락하는 경우에만 발효한다. GATT 1994 제3조는 이에 포함되지 않는다. <답 ②>

018. 세계무역기구의 의사결정방법으로 옳지 않은 것은? 〈사시 2011년〉

① 「세계무역기구 설립을 위한 협정」과 다자간무역협정의 해석 채택에 대한 각료회의 또는 일반이사회의 결정은 세계무역기구 회원국 4분의 3 다수결에 의한다.

② 회원국의 의무를 면제(waiver)하는 각료회의의 결정은, 달리 규정되어 있는 경우를 제외하고는, 세계무역기구 회원국 4분의 3 다수결에 의한다.

③ 유럽연합(EU)이 투표권을 행사할 때는 세계무역기구의 회원국인 유럽연합 회원국 수와 동일한 수의 투표권을 갖는다.

④ 유럽연합(EU)과 그 회원국의 투표수는 어떠한 경우에도 유럽연합 회원국 수를 초과할 수 없다.

⑤ 각료회의는 세계무역기구 회원국 4분의 3 다수결에 의하여 가입조건에 관한 합의를 승인한다.

해설

⑤ 각료회의가 WTO 회원국 3분의 2 이상의 다수결에 의하여 가입조건에 관한 합의를 승인한 경우에 신규회원국이 될 수 있다. <답 ⑤>

019. WTO 의결절차에 대한 설명으로 옳지 못한 것은? 〈기출문제 변형〉

① WTO 의사결정은 기본적으로 만장일치에 의한다.

② 컨센서스가 안 되면 표결로 정한다.

③ 개별 회원국은 한 표를 행사한다.

④ WTO 회원국의 기권은 컨센서스에 영향을 미치지 않는다.

해설

기본적으로 컨센서스에 의한다. 컨센서스가 이루어지지 않으면 투표에 의한다. 결정사항에 따라 의결정족수는 달라진다. <답 ①>

020. 1947년도 GATT와 법적으로 구별되는 1994년도 GATT에 포함되지 않는 것은?

① 1947년도 GATT 원협정문

② 개별조항의 해석에 관한 6개 양해

③ 마라케쉬 의정서(양허표)

④ 금융서비스 약속에 관한 양해

해설

④ 금융서비스 양해는 GATS의 부속서이다. <답 ④>

021. 수량제한에 대한 설명으로 옳지 않은 것은?

① 수량제한금지의 원칙은 수입제한만이 문제될 뿐 수출과는 무관하다.
② 수량제한금지의 원칙의 예외로는 식량부족상태의 해소를 위한 수출제한이 인정된다.
③ 또한 국제수지 옹호를 위한 제한, 개발도상국이 행하는 수입제한, 긴급수입제한조치 등이 예외로서 인정된다.
④ 수량제한을 실시하는 경우에도 비차별적인 최혜국대우를 하여야 한다.

해설

① GATT 제11조 수량제한금지원칙은 수입뿐만 아니라 수출에도 적용된다. 예를 들어 어느 나라가 특정국가에 대한 수출자율규제를 실시하는 경우 해당상품이 제3국으로 대량 수출되면, 즉 그 제3국의 수입이 급증하면 제3국은 그 나라를 수량제한금지원칙 위배를 이유로 제소할 수 있을 것이다.

<답 ①>

022. GATT원칙의 일반적 예외에 대한 설명으로 옳지 않은 것은?

① GATT 판례는 GATT 제20조의 예외를 매우 엄격하게 해석하여 왔다.
② 재소자의 노동상품에 관한 조치도 허용되는데, 이는 BR과 관계가 있다.
③ GATT 제20조의 예외가 허용되기 위해서는 개별적인 예외조건의 충족 이외에도 해당조치가 제20조의 전문(前文; chapeau)규정인 자의적이거나 불합리한 차별 등에 해당하지 않아야 한다.
④ GATT에 반하는 국내법령도 긴급한 필요가 있는 경우에는 예외가 허용된다.

해설

GATT에 반하지 않는 국내법령의 보호를 위한 예외만 허용되므로 해당 법령이 GATT에 반하는 경우에는 그 예외가 허용되지 않는다. <답 ④>

023. GATT 협정 제20조의 일반적 예외에 대한 설명으로 옳지 않은 것은?

① GATT 제20조의 일반적 예외의 도입 취지는 정당한 정부 규제정책을 일정한 요건 하에서 허용하기 위함이다.
② GATT 제20조의 일반적 예외규정은 동 조항에 나열된 개별적인 예외조건이 충족되는 것으로 충분하다.
③ GATT 제20조의 두문(頭文; chapeau)에는 규정인 자의적이거나 불합리한 차별 등에 해당하지 않아야 한다고 규정하고 있다.
④ GATT 제20조는 GATT 협정상의 의무위반이 존재하는 경우, 피제소국이 원용할 수 있는 대표적인 항변수단이다.
⑤ GATT 제20조의 요건을 충족하였는지 여부에 대한 입증책임은 주로 피제소국

이 부담한다.

해설

GATT 제20조의 요건을 충족하기 위해서는 개별 조항에 나열된 조건을 충족하는 데에 그치지 않고, 나아가 '두문'에 나열된 조건도 동시에 충족하여야 한다. 대부분의 경우 두문에 제시된 조건을 충족하지 못하는 경우가 흔히 발견된다. <답 ②>

024. WTO 협정에 규정된 일반적 예외 (General Exceptions)에 대한 다음의 설명 중 올바른 것은?

① 정당한 정부 규제정책을 일정한 요건 하에서 허용하기 위하여 GATT, GATS, TRIPs 협정에 공히 일반적 예외가 포함되어 있다.

② GATS 제14조가 일반적 예외를 규정하고 있으며 그 내용은 GATT 제20조와 모든 측면에서 동일하다.

③ 일반적 예외조항은 피제소국이 자신의 조치가 협정의 다른 조항에 위반함에도 불구하고 정당화됨을 주장하는 것이기는 하나, 이 경우에도 해당 조항의 주요 사항에 대한 충족여부는 제소국이 입증책임을 부담한다.

④ GATT 제20조와 GATS 제14조는 그 실질적 유사성으로 인하여 각각의 조항의 해석과 적용에 있어 상대방 조항에서 발전된 법리가 차용되어 적용되고 있다.

⑤ 대부분의 협정 위반 조치는 GATT 제20조 내지 GATS 제14조로 정당화되고 있다.

해설

GATT 제20조와 GATS 제14조는 여러 측면에서 유사성을 갖고 있다. 그러나 양 조항이 완전히 동일한 것은 아니다. 각각의 조항에 대하여 발전한 법리가 다른 조항에 대한 해석에도 적용되고 있다. 양 조항의 본질적 유사성 때문이다. <답 ④>

025. WTO에 대한 설명으로 옳은 것만을 모두 고르면? 〈2014년 국가직 9급〉

ㄱ. WTO 기능 가운데 하나는 회원국 사이에 다자간무역협상의 장을 제공하는 것이다.

ㄴ. WTO 회원국이 특정 기업에 보조금을 제공하는 경우, 그 기업의 상품을 수입하는 다른 회원국은 보조금의 효과를 상쇄하기 위하여 반덤핑조치를 취할 수 있다.

ㄷ. WTO는 패널절차와 상소절차를 통하여 회원국 사이의 무역분쟁을 해결한다.

ㄹ. WTO 협정은 상품무역만을 규율하고 서비스무역은 규율하지 않는다.

① ㄱ, ㄴ
② ㄱ, ㄷ
③ ㄴ, ㄹ
④ ㄷ, ㄹ

해설

ㄴ. 보조금의 효과를 상쇄하는 것은 반덤핑조치가 아니라 상계관세이다. ㄹ. 서비스 무역도 규율대상이다.
<답 ②>

026. WTO 반덤핑협정의 실체적 요건에 대한 설명이다. 옳지 않은 것은?

① 덤핑으로 인해 수입국의 관련산업이 실질적 피해(material injury)를 입거나 피해의 우려가 있거나 또는 국내산업의 설립을 실질적으로 지연시켜야 한다.
② 긴급수입제한조치 발동을 위해 요구되는 중대한 피해(serious injury)와 실질적 피해와는 차이가 있다.
③ 동 협정은 또한 피해에 대한 누적적용 규정도 두었다.
④ 국내산업의 제소적격은 지지 또는 반대의 의사표명을 한 기업 중 동종물품 총생산의 25%를 상회하는 생산자 및 국내산업의 총체적 산출량의 25% 이상 생산자의 지지를 받아야 한다.

해설

동종물품 총생산의 50%를 상회하여야 한다. <답 ④>

027. 일단 부과된 반덤핑관세명령은 5년 간 유효하다. 이와 같이 5년이라는 시한이 제시되는 근거는 무엇인가?

① Sunset Review
② Annual Review
③ Administrative Review
④ Interim Review
⑤ Changed Circumstances Review

해설

WTO 반덤핑협정은 일단 부과된 반덤핑부과명령은 5년 간 유지할 수 있으며 그 이후 계속 유지하기 위해서는 일몰재심(Sunset Review)을 실시하도록 규정하고 있다. <답 ①>

028. 세계무역기구(WTO) 설립협정의 부속문서로서 1994년 '관세 및 무역에 관한 일반협정(GATT)'과 '반덤핑관세협정'상의 덤핑에 관한 설명으로 옳지 않은 것은?

〈행안부 9급 2008년〉

① 덤핑은 동종의 물품을 수출국과 수입국에서 서로 다른 가격으로 판매하는 것으로서 정상가격보다 낮은 수출가격으로 판매하는 것이다.
② 덤핑행위는 불공정한 무역을 야기하지 아니하더라도 그 자체로서 위법하다.

③ 정상가격의 결정은 수출국 내의 동종상품에 대한 통상거래상 행해지는 비교가능한(comparable) 국내 판매가격을 의미한다.
④ 비교가능한 국내 판매가격이 존재하지 않으면 상품의 생산비에 합리적인 판매관리비와 기타 비용 및 이윤을 가산한 구성가격을 정상가격으로 적용할 수 있다.

해설

반덤핑협정은 일정한 요건에 해당하는 덤핑행위에 대해서만 반덤핑 관세를 부과할 수 있도록 규정하고 있는바, GATT/WTO 법체계상 덤핑행위 그 자체가 위법한 것은 아니다. <답 ②>

029. WTO 보조금협정에 대한 설명으로 옳지 못한 것은?

① 금지보조금, 조치가능보조금, 허용보조금으로 나누어 규정한다.
② 보조금에 대한 정의규정이 없는 것이 이 협정의 약점이다.
③ 금지보조금은 수출보조금, 수입대체 보조금 등이다.
④ 연구개발(R&D)을 위한 보조금은 허용보조금에 속한다.

해설

WTO 보조금협정에는 보조금에 대한 정의규정을 두고 있다. '정부에 의한 재정적 기여'로 인해 수혜자에게 '혜택'이 주어지는 경우 이를 보조금이라 한다. 또한 특정성의 요건을 충족해야 협정의 적용을 받는다. 보조금이 특정기업에 명백히 한정되어 주어지는 경우에는 특정성이 있다고 본다. 그러나 중립적이고 경제적인 객관적 기준에 따라 자동적으로 주어지는 경우에는 특정성이 없다고 보아 WTO보조금협정의 규제를 받지 않는다. <답 ②>

030. 미국의 GENERAL MOTORS는 심각한 경영난에 처하여 미국으로 자동차를 수출하는 모든 나라에 대하여 수입규제조치를 도입하는 것을 희망하고 있다. 다음 중 이 회사의 가장 합리적인 선택은 무엇이라고 할 수 있을 것인가?

① 반덤핑 조사 ② 상계관세 조사 ③ 세이프가드 조사
④ 불공정무역행위 조사 ⑤ 지적재산권 침해 제소

해설

모든 나라의 수입품에 대하여 동시에 수입규제를 실시하는 것은 세이프가드 조치이다. 반덤핑 및 상계관세 조사 등은 특정국가의 상품에 대해서만 적용된다. <답 ③>

031. WTO 보조금협정 중 조치가능보조금에 대한 설명으로 옳지 않은 것은?

① 보조금협정은 조치가능보조금(actionable subsidies)에 대해 직접적인 정의규정을 두지 않고 있기 때문에 금지보조금이나 허용보조금 이외의 모든 보조금이 여기에 해당한다.

② 보조금협정은 보조금의 지원을 통해 다른 회원국의 이익에 부정적 효과(adverse effect)를 초래해서는 안 된다고 규정하고 있다.

③ 부정적 효과로는 (i) 다른 국가의 국내산업에 대한 피해, (ii) 다른 국가의 GATT협정에 의한 양허혜택의 무효화 또는 침해, (iii) 다른 국가의 이익에 대한 심각한 손상(serious prejudice)을 주는 것이다.

④ 조치가능보조금에 대한 상대국의 대응은 상계관세만을 부과할 수 있다.

해설

조치가능보조금에 대한 상대국의 대응은 금지보조금의 경우와 마찬가지로 보조금협정 제3부에 규정되어 있는 구제절차와 제5부에 의한 상계관세의 부과조치의 두 가지로 나뉜다. 다만 최종적인 대응조치는 한 가지만 선택해야 한다. <답 ④>

032. WTO의 긴급수입제한(Safeguard) 제도에 대한 설명으로 옳지 않은 것은?

〈국가직 9급 2013년〉

① WTO규정을 위반한 불공정무역행위에 대해 발동하는 조치이다.

② WTO의 설립 이전 수출자율규제(VER)나 시장질서유지협정(OMR)과 같은 회색지대조치(grey area measures)에 의존하던 관행을 없애고 GATT 제XIX조의 실효성을 제고하기 위하여 WTO의 긴급수입제한협정(Agreement on Safeguard)이 체결되었다.

③ 수입의 증가가 국내 동종산업 또는 직접적으로 경쟁관계인 제품산업에 심각한 피해(serious injury)를 초래하거나 초래할 우려가 있어야 발동할 수 있다.

④ '심각한 피해'는 국내산업의 상태에 있어 중대하고 전반적인 손상을 의미하고 '심각한 피해의 우려'는 명백하게 임박한 심각한 피해의 우려를 의미한다.

해설

긴급수입제한조치는 상대방의 위법행위(WTO 규정위반)는 없으나 수입국의 심각한 피해가 발생할 때 예외적으로 허용되는 조치이다. <답 ①>

033. 'WTO 긴급수입제한조치협정'에 관한 다음 설명 중 잘못된 것은?

① 수출국의 불공정무역에 대해서만 관세 및 비관세수입규제조치를 취하는 것을 허용한다.

② 긴급수입제한조치는 모든 해당제품에 대해 무차별적으로 필요한 기간 동안만 취해져야 한다.

③ 긴급수입제한조치는 1947년 GATT 제19조에서도 인정되고 있다.

④ 수출자율규제나 시장질서유지협정 등의 회색지대조치를 인정하지 않는다.

해설

긴급수입제한제도는 공정무역에 대한 대응조치인 점에서 반덤핑법 및 상계관세법과 다르다.

<답 ①>

034. 중국은 2001년 WTO 가입 시 세이프가드 부분에서 예외적인 조항을 수락하였다. 중국에 대해서만 특별히 적용되는 세이프가드 조치의 핵심은 무엇이라고 할 수 있는가?

① 세이프가드 조사기간의 연장

② 세이프가드 조치 적용기간의 연장

③ 불공정무역행위 요건의 회복

④ 세이프가드 조치 적용품목의 한정

⑤ Material Injury 요건의 도입

해설

중국에만 적용되는 세이프가드 조치의 핵심은 세이프가드 판정기준을 WTO 세이프가드 협정상의 "심각한 피해(serious injury)"에서 이보다 낮은 수준인 "실질적 피해(material injury)"로 규정되어 있다는 점이다.

<답 ⑤>

035. 미국으로 철강제품을 수출하는 해외 철강제품 생산업체는(예를 들어 일본 철강 생산업체 또는 한국 철강 생산업체) **뛰어난 기술과 효율적 업무능력으로 미국 시장에서 가격경쟁력을 갖고 있다. 이러한 해외 생산업체들은 WTO규범에 위반되는 어떠한 불공정무역행위도 범하지 않고 있다. 저렴한 가격과 높은 품질로 인해 미국 소비자들은 자국산 철강제품에 비해 이러한 해외산 철강제품을 절대적으로 선호하고 있다. 이에 따라 미국의 철강 생산업체가 고사위기에 처하게 되었다. 이 경우 WTO체제 하에서 미국 정부가 선택할 수 있는 합리적인 무역 조치는 무엇인가?**

① 반덤핑 조치

② 상계관세조치

③ 세이프가드 조치

④ WTO 제소

⑤ 해외 생산업체들이 WTO 규범 위반을 하지 않았으므로 아무런 조치도 취할 수 없다.

해설

불공정무역이 발생하지 않은 경우에도 외국 상품과의 경쟁으로 인하여 국내산업이 고사위기에 처할 경우 취할 수 있는 유일한 수입규제방안은 세이프가드 제도이다.

<답 ③>

036. **Voluntary Export Restraints나 Orderly Market Arrangements와 같이 GATT체제 하에서 횡행하던 수입규제를 위한 회색조치를 명시적으로 금지한 WTO협정은 무엇인가?**

① SPS Agreement ② TBT Agreement ③ GATS
④ TRIPs ⑤ Safeguard Agreement

해설

회색조치들을 명문으로 금지하는 것은 WTO 세이프가드협정 제11조이다. <답 ⑤>

037. **회색지대조치에 대한 설명으로 옳지 않은 것은?**

① 회색지대조치(grey area measures)란 GATT규제를 회피하기 위해 GATT규정에 없는 조치를 원용하여 긴급수입제한조치와 동일한 목적을 달성하는 것을 말한다.
② 대표적인 회색지대조치로는 VERs, OMAs가 있는바, 전자는 수출자율규제를, 후자는 시장질서유지협정을 의미한다.
③ WTO 세이프가드협정상의 구제조치는 관세와 쿼터에 국한되는 것은 아니다.
④ WTO체제에서는 모든 회색지대조치가 금지된다.

해설

세이프가드협정상의 구제조치는 관세와 쿼터(auctioned quota)만이 허용될 뿐이다. <답 ③>

038. **다음 중 그 편제상 상품교역협정에 해당하지 않는 WTO협정은 무엇인가?**

① TRIPs ② 동식물위생협정
③ 기술관련 무역장벽협정 ④ 반덤핑협정
⑤ 긴급수입제한조치협정

해설

GATS협정과 TRIPs협정은 상품교역협정이 아니며 비상품 영역을 규율하는 별도의 부속협정이다.
<답 ①>

039. **WTO 서비스협정에 대한 설명으로 옳지 않은 것은?**

① 서비스거래의 형태에는 국경 간 공급, 해외소비, 상업적 주재, 자연인의 이동 등 4가지가 있다.
② 서비스공급자의 이동이 필요하지 않은 형태는 국경 간 공급과 해외소비이다.
③ 해외점포망을 인터넷온라인을 통해 연결하여 금융서비스를 제공받는 경우 국경 간 공급 외에 해외소비나 상업적 주재에 동시에 해당할 가능성이 있다.

④ 서비스협정은 정부 간 협정이기 때문에 비정부조직 등이 행한 조치에 대해서는 적용이 없다.

해설

③ 인터넷연결은 사이버공간을 통해 공급자와 소비자가 만나므로 국경 간 공급인 동시에 소비자가 인터넷상으로 영업소를 방문하거나 영업소가 인터넷상으로 소비자를 접촉하는 것이므로 해외소비나 상업적 주재에 해당할 가능성이 있다. ④ 서비스협정은 정부 이외에 정부의 권한을 위임받은 비정부조직 등이 행한 조치에도 적용이 된다. <답 ④>

040. 미국계 Citibank가 한국에 지점을 개소하여 금융업 서비스를 제공하는 형태를 GATS에서는 어떻게 분류되고 있는가?

① Consumption Abroad
② Cross-Border Supply
③ Presence of Natural Persons
④ Branch Office Establishment
⑤ Commercial Presence

해설

GATS 제1조는 서비스 제공 형태를 4가지로 규정하고 있다. 국경 간 이동(cross border supply), 해외소비(consumption abroad), 상업적 주재(commercial presence) 및 자연인의 이동 (presence of natural persons)가 그것이다. 해외에 지점을 설치하는 것은 이 중 세 번째에 해당한다.
<답 ⑤>

041. GATS상의 서비스거래의 형태에 속하지 않은 것은?

① 지역적 이동
② 국경 간 이동
③ 해외소비
④ 상업적 주재

해설

서비스협정은 서비스거래의 적극적인 정의는 내리지 않고 다만 서비스거래의 유형을 국경 간 이동, 해외소비, 상업적 주재, 자연인의 주재 등 네 가지로 구분하여 규정하고 있다. <답 ①>

042. '서비스무역에 관한 일반협정'(GATS)의 규율대상이 아닌 것은?

① 상업적 주재를 통한 서비스공급
② 노동력(자연인) 이동을 통한 서비스공급
③ 국영기업이 시행하는 철도운수사업
④ 정부가 실시하는 운전면허시험서비스

해설

국방, 치안, 행정 등 정부의 공공서비스는 상업적 차원에서 공급되지 아니하고 다른 서비스업자와 경쟁관계에 있지 않으므로 GATS의 적용대상이 아니나 국영기관이 독점운영하는 철도운송사업, 국립의료원의 의료서비스 등과 같이 상업적 차원에서 공급되거나 다른 서비스공급자와 경쟁관계에 있는 업종은 GATS가 적용된다(최승환). 운전면허시험서비스는 국가기관만이 행하는 공공차원의 행정서비스이므로 GATS의 적용대상이 아니다. <답 ④>

043. 우리 국적의 홍길동은 한국 내에서 인터넷을 통하여 미국 내 증권거래 브로커를 고용, 미국 뉴욕증권거래소에서 증권 매입을 실시하였다. GATS 제1조상 홍길동이 구매한 서비스의 제공형태는 무엇인가?

① Commercial Presence ② Cross-Border Supply
③ Overseas Purchase ④ Presence of Natural Persons
⑤ Consumption Abroad

해설

인터넷, 전화, 팩스, 이메일 등을 통하여 자국에 체재하면서 외국의 서비스를 구매하는 것은 국경 간 공급(cross border supply)이다. <답 ②>

044. 다음 열거사항 중 GATS의 적용을 받지 않는 서비스제공 형태는 무엇인가?

① 법률서비스 ② 의료서비스 ③ 교육서비스
④ 항공기 운항서비스 ⑤ 금융서비스

해설

항공기 운항서비스는 GATS 부속서에 따라 서비스협정의 적용대상에서 배제되어 있다. <답 ④>

045. WTO 서비스무역에 관한 일반협정(GATS)에 대한 설명으로 옳지 않은 것은?

① 서비스무역을 규율하는 최초의 범세계적 다자간무역협정으로서 전문과 29개의 조문 및 8개의 부속서와 각국 양허계획서로 구성되어 있다.
② 국방, 치안 등 정부제공 서비스도 규율대상에 포함된다.
③ 최혜국대우원칙이 적용되나 폭넓은 예외가 인정되며, 공중도덕과 공공질서 보호, 생명과 건강 등을 위한 예외도 인정된다.
④ 서비스의 특성상 관세라는 개념은 의미가 없으며 시장접근과 내국민대우가 자유화 조치의 핵심이다.

해설

② GATS는 상업적 서비스에만 적용되는 협정으로서 국방, 치안 등 정부 제공 서비스와는 무관하다. <답 ②>

046. 다음 중 GATS상 Schedules of Specific Commitments에 구체적으로 포함되는 요소에 해당하는 것은 무엇인가?

① Market Access ② Tariff rates
③ Service-related legislation ④ MFN principle
⑤ Progressive Liberalization principle

해설

서비스시장 개방 양허표에는 시장접근(market access), 내국민대우(national treatment) 및 추가적 약속(additional commitments)의 세 가지가 기재된다. <답 ①>

047. WTO 회원국인 A국은 서비스 양허표에서 사업서비스 전반에 걸쳐 양허하고 있으며 아무런 조건이나 제한도 걸지 않았으나, 최근 자국내 사업서비스의 거래횟수를 제한하는 조치를 취하였다. A국이 위반하게 되는 서비스무역일반협정(GATS)의 내용은? 〈기출문제 변형〉

① 최혜국대우 ② 시장접근
③ 내국민대우 ④ 추가적 약속

해설

내용상 기본적으로 시장접근을 제한하는 것이다. GATS상 시장접근은 각국이 양허표상에 기재한 서비스분야에 대해서만 보장하면 된다. 네거티브 방식이 적용되므로 양허표란에 기재하지 않은 제한조치는 취할 수 없다. <답 ②>

048. 다음 중 WTO 지적재산권협정에 의해 준용되고 있지 않은 기존협정은?

① 파리협정 ② 베른협정
③ 로마협정 ④ UCC협정

해설

베른협약은 1886년 문학과 예술작품의 보호를 목적으로 체결된 것인데, 미국 등이 보호수준이 미흡하다는 이유로 가입하지 않자, 1952년 UNESCO 후원 아래 세계저작권협약(UCC: Universal Copyright Convention)이 체결되었다. UCC는 협약의 가입 시에 가입국의 국내법을 UCC규정에 합치하도록 함으로써 이를 권고하고 있는 베른협약이나 파리협약보다 엄격한 입장을 취하고 있다(서〈II〉). UCC협정은 TRIPs협정상 원용협약이 아니다. <답 ④>

049. 지적재산권제도에 관한 일반적 설명이다. 올바르지 않은 것은 무엇인가?

① 지적재산권 부분은 다양한 국제협약을 통해 안정적으로 규율되어 오던 영역이다.
② 지적재산권을 보호함으로써 도모할 수 있는 가장 큰 이점은 건전한 연구 및 개발을 위한 인센티브를 지속적으로 제공할 수 있다는 점이다.

③ 선진국과 후진국 간 의견대립은 이 부분에 있어서는 크게 존재하지 않는다.
④ 지적재산권은 기본적으로 개인의 재산권으로서 파악되나 경우에 따라서는 공익적 필요에 따라 제한될 필요성도 존재할 수 있다.
⑤ 지적재산권의 효과적 보호는 거래비용을 경감시키는 효과도 아울러 보유한다.

해설

지적재산권 보호의 범위에 대해서는 선진국과 개도국 간 첨예한 입장대립이 존재하고 있다.

<답 ③>

050. 현실적인 측면에서 TRIPs협정이 IPR의 실효적 보호를 위한 국제체제 도입에 가장 크게 기여하는 측면은 무엇이라고 볼 수 있는가?

① TRIPs협정을 통해 WTO 분쟁해결절차의 대상이 됨으로써 IPR 관련 협약 위반에 대하여 어느 정도 실효적인 분쟁해결절차 및 구제절차가 도입되었다는 점
② 새로운 IPR 관련 협약을 대거 채택하였다는 점
③ TRIPs협정에 의하여 WIPO가 설립되었다는 점
④ 집적회로에 대해서도 이를 IPR에 해당하는 것으로 인정하고 있다는 점
⑤ Geographical Indication을 IPR에 해당하는 것으로 인정하고 있다는 점

해설

TRIPs협정의 가장 큰 기여는 기존의 지적재산권 관련 국제협약이 TRIPs를 통하여 WTO 분쟁해결절차 회부대상이 되었다는 점이다.

<답 ①>

051. 한국과 미국은 범죄인인도조약을 체결하여 현재 시행 중이다. 김철수는 서울 왕십리에서 비밀 공장을 유지하며 가짜 롤렉스 시계를 대규모로 제조하고 있었다. 한국의 지적재산권보호 관련 법률을 위반함에 따라 형사처벌을 우려한 김철수는 검경합동 단속반에 체포되기 직전 미국으로 도주하였다. 한국 정부는 한미 범죄인인도조약에 정해진 절차에 따라 김철수에 대한 범죄인인도 요청을 하였고 3개월 후 김철수는 텍사스 주에서 미국 FBI에 의해 체포되어 한국으로 이송되었다. 이 상황을 지켜본 일본 정부는 유사한 방법으로 도쿄 시내에서 루이비통 가방을 대량 위조하여 판매하다 현재 미국에 도피 중인 와타나베를 체포하여 일본으로 송환하여 줄 것을 미국 정부에 요청하였다. 미국 정부는 일본과는 범죄인인도조약이 존재하지 않음을 이유로 일본 정부의 요청을 거절하였다. 이에 대해 일본은 한국의 지적재산권보호제도 집행절차에만 원조를 제공하는 미국 정부의 조치는 TRIPs협정상 MFN원칙 위반임을 주장하고 있다. 한국, 일본 및 미국은 모두 WTO 회원국이다. 다음 중 올바른 기술은 무엇인가?

① 어떤 이유이든 미국이 한국과 일본을 차별대우하고 있으므로 미국의 거부 조치는 일본에 대한 MFN원칙 위반을 구성한다.

② 일본의 요청에 대한 미국의 거부는 TRIPs협정의 예외규정에 의하여 MFN위반을 구성하지 않는다.
③ 미국이 일본과 범죄인인도조약을 사전에 체결하지 않은데 과실이 있으므로 이에 대하여 국가책임을 부담하여야 한다.
④ TRIPs협정상 MFN원칙은 사실상 회원국의 재량권 하에 위치하는 것이므로 미국의 조치는 TRIPs위반을 구성하지 않는다.
⑤ TRIPs협정은 10여년의 유예기간을 부여하여 양자 간 범죄인인도조약을 체결하도록 규정하고 있으므로 이 문제에 대한 해결은 현 시점에서 미국의 WTO 가입 이후 10여년이 경과하였는가 하는 점에 달려 있다.

해설

TRIPs협정은 제4조에서 최혜국대우 의무를 규정하고 있다. 따라서 일반적인 상황이라면 지문의 내용은 미국의 일본에 대한 최혜국대우 의무위반을 구성하게 될 것이다. 그러나 TRIPs협정은 4조 (a)호에서 형사사법공조조약, 범죄인인도조약의 집행으로 인한 회원국 간 차별은 최혜국대우 위반을 구성하지 않는다는 예외조항을 도입하고 있음에 유념하여야 한다. <답 ②>

052. '무역관련 지적재산권에 관한 협정'(TRIPs)에 관한 설명 중 옳은 것은?

① TRIPs는 지적재산권에 관한 첫 국제협약이다.
② TRIPs는 무역관련 지적재산권의 사용에 관한 적절한 기준과 원칙, 무역관련 지적재산권의 효과적인 이행 및 이 분야의 정부간 분쟁의 다자적 예방과 해결을 목적으로 한다.
③ 서비스무역에 관한 GATS와는 달리 최혜국대우와 내국인대우에 관한 기본규정이 채택되지 못하였다.
④ TRIPs에서 규정된 주요 지적재산권은 저작권과 저작인접권뿐이다.

해설

지적재산권분야의 대표적인 협정은 1883년의 파리협약과 1886년 베른협약이다. 이러한 협정들은 계속 개정되어 왔는바, TRIPs협정은 이러한 협정들을 운용하는 이른바 기존협정 플러스방식을 채택하고 있다. TRIPs에도 GATS와 마찬가지로 MFN원칙과 내국민대우원칙이 규정되어 있다. 또한 TRIPs협정은 저작권과 저작인접권뿐만 아니라 산업재산권과 신지적재산권도 규정하고 있다. <답 ②>

053. 다음은 서비스교역에 관한 설명이다. 잘못된 것은 무엇인가?

① 서비스교역의 규모는 상품교역에 비하여 점차로 그 비중이 늘어가고 있는 추세이다.
② 서비스교역은 상품교역과 동일한 측면도 보유하나 상이한 특징도 다수 보유하고 있다.
③ 경우에 따라서는 서비스교역과 상품교역이 동일한 품목과 관련하여 동시에 발

생하는 경우도 존재한다.

④ 서비스를 규율하는 통상법규는 1979년의 Tokyo Round Code에서 최초로 포함되었다.

⑤ 현 WTO체제는 서비스교역 규율을 위한 규범으로서 GATS를 채택하고 있다.

해설

서비스를 규율하는 통상법규는 1995년 WTO 출범 시 GATS를 통해 최초로 채택되었다.

<답 ④>

054. WTO체제상 관련규범에 관한 설명으로 옳지 않은 것은? 〈행안부 7급 2010년〉

① 서비스 분야의 반덤핑 행위에 대해서는 반덤핑 관세를 부과할 수 없다.

② GATT와 SPS 협정 규정이 충돌하면 SPS 협정이 우선하여 제공된다.

③ WTO 협정은 지리적 표시에 관한 규정을 두고 있지 않다.

④ WTO 분쟁해결은 적절한 경우에 교차보복을 허용하고 있다.

해설

① 서비스 분야에서는 반덤핑, 보조금, 긴급수입제한 등에 대한 법규가 도출되지 못했다. ③ 상품의 특정 품질이나 명성이 본질적으로 지리적 원천에서 유래되는 경우 이러한 상품의 생산지를 알리는 표시를 지리적 표시라고 한다. 지적재산권에 관련된 TRIPs에 규정되어 있다. <답 ③>

055. 특정 국가의 서비스시장 개방 정도를 구체적으로 파악하기 위해서 보아야 할 WTO 문건은 무엇인가?

① Schedules of Service Market Opening

② GATT

③ GATS

④ Schedules of Service Tariff

⑤ Schedules of Specific Commitments

해설

서비스시장의 개방 정도는 각 회원국이 GATS 제20조에 따라 제출한 서비스시장 개방 양허표(Schedules of Specific Commitments)를 보아야만 구체적으로 파악 가능하다. GATT 제2조에 따라 제출하는 상품양허표(Schedules of Concession)와 구별이 필요하다. 영문 명칭에 유념할 필요가 있다.

<답 ⑤>

056. 무역정책심사제도(Trade Policy Review Mechanism)에 대한 설명으로 옳지 않은 것은?

① 무역정책심사는 무역정책심사기구에 의해 수행된다.
② 심사의 주기는 세계교역량에 대하여 회원국이 차지하는 비중에 따라 결정된다.
③ 무역정책심사기구는 회원국의 국내무역정책에 관한 보고서 및 WTO 사무국이 제출하는 보고서에 기초하여 심사한다.
④ 무역정책심사제도는 WTO협정의 의무를 회원국들에게 집행하기 위하여, 또한 회원국들에게 새로운 무역정책상의 약속을 부과하기 위하여 기능한다.

해설

TPRM은 WTO협정상의 특정한 의무를 강요하는 기초가 되거나, 분쟁해결절차로 원용되거나, 또는 새로운 정책약속을 부과하는 수단으로 사용되어서는 안 된다고 명시되어 있다. <답 ④>

057. 서비스교역의 특징에 관한 다음 설명 중 타당한 것은 무엇인가?

① 개발도상국의 경우, 서비스교역 부분에서 상대적인 우위를 점하고 있다.
② 서비스교역은 서비스공급자와는 직접적인 상관관계가 없다.
③ 서비스영역에서는 WTO 회원국 정부가 다양한 형태의 규제 및 정책을 실시하고 있다.
④ WTO 회원국 정부는 어떠한 형태의 서비스시장 규제도 실시할 수 없다.
⑤ 서비스시장에 영향을 미치는 규제를 실시하기 위해서는 GATS에 의해서 설립된 서비스교역위원회의 사전승인을 취득하여야 한다.

해설

서비스교역의 상대적 우위는 선진국이 점하고 있으며 서비스교역은 서비스공급자와 밀접한 연관성이 있다. WTO 회원국 정부는 자신이 제출한 서비스시장 개방 양허표에 기재된 조건에 따라 서비스시장 규제조치를 실시할 수 있으며, 일단 양허표에 기재되면 서비스교역위원회의 별도 승인이 불필요하다. 서비스영역은 이미 여러 회원국에 의하여 다양한 국내적 규제 및 정책이 실시되고 있는 분야이다. <답 ③>

058. 지적재산권(intellectual property right)의 국제적 보호에 관한 설명으로 옳지 않은 것은?

① 1883년 파리협약은 내국민대우, 우선권보장, 특허독립 등을 기본원칙으로 채택하였다.
② 1886년 베른협약은 협약발효 이전에 창작된 저작물에 대해서도 소급효를 인정하였다.
③ WTO 지적재산권협정은 미공개정보 등의 보호를 규정하였다.

④ WTO 지적재산권협정의 기본원칙인 내국민대우 및 최혜국대우원칙은 예외없이 적용된다.

해설

TRIPs협정도 내국민대우 및 최혜국대우원칙에 대한 TRIPs협정상의 독특한 면제가 인정되며, 타 협정에 규정되어 있는 국가안보를 위한 예외(제73조)도 인정된다. <답 ④>

059. 무역관련 지적재산권보호제도의 국내적 실시와 관련한 다음 사항 중 올바른 것은?

① 회원국은 보호제도의 국내적 시행에 있어 민사절차만 완비하면 되며 형사절차를 완비할 의무는 없다.
② 이 문제에 관한 미국과 중국 간 무역분쟁은 최근에 해결되어 더 이상의 충돌은 없는 상황이다.
③ 우리나라의 무역관련 지적재산권보호제도의 국내적 실시 조치에 대하여 선진국들의 불만은 점차 커져가고 있는 상황이다.
④ 설사 국내법령을 철저히 정비하였다고 하더라고 그 효과적 이행이 이루어지지 않을 경우 TRIPs협정 위반을 구성한다.
⑤ 비록 TRIPs협정이 상세히 규정하고 있기는 하나 무역관련 지적재산권보호제도의 국내적 이행 문제는 TRIPs협정의 전반적 운용에 있어서 큰 중요성을 띠지는 않는다는 것이 일반적 입장이다.

해설

각 회원국은 지적재산권보호를 위하여 민사제도 및 형사제도를 공히 보완하여야만 하며 이 문제는 현재 미중간 첨예한 통상분쟁으로 발전하고 있다. 우리나라의 지적재산권보호 수준도 최근 상당히 개선되어 선진국의 불만이 점차 해소되고 있는 상황이다. 지적재산권보호 부분에서는 법령과 제도의 도입뿐 아니라 그 효과적인 집행이 보다 중요하다. <답 ④>

060. 한국 정부는 증가하는 국민의 주류 소비와 이로 인한 국민의 건강악화 및 경제적 손실에 우려하고 있다. 과도한 음주로 인한 건강 악화를 국민들에게 고지하기 위하여 한국에서 판매되는 모든 주류에 대하여 "과도한 음주는 당신의 건강에 심각한 손상을 초래합니다"라는 취지의 문구를 포장 케이스 외면에 반드시 기재하도록 하는 법률을 도입하였다. 최근 급증하고 있는 위스키 등 외국산 주류에 대해서는 동 법률은 동일한 취지의 경고문을 술병 밑바닥에 작은 글씨로 새겨 놓도록 규정하고 있다. 한국 정부의 주장은 외국산 수입주류의 경우 수입과정에서 오랜 시간이 경과되고 복잡한 유통과정을 거치므로 포장지 외면에 기재하는 경우 경고문이 손상될 우려가 있어 용기 밑바닥에 새겨 넣도록 하였음을 설명하고 있다. 영국 위스키 제조업체들은 이러한 새로운 규정을 준수하는 데 상당한 비용과 시간 소요가 초래되어 최근 자신들의 최대 시장으로 부상한 한국에서 매출량이 급

감하였음을 주장하고 있다. 이에 따라 현재 한국과 영국간 통상 분쟁이 발생하고 있다. 이러한 분쟁에서 가장 직접적으로 연관되는 WTO 부속협정은 무엇인가?

① 동식물 위생 및 검역협정 ② 농업협정
③ 기술장벽협정 ④ 선적전 검사협정
⑤ 수입허가절차협정

해설

상품의 포장 및 규격과 관련하여 발생하는 수입장벽 문제와 관련하여 적용되는 WTO 부속협정은 기술장벽협정(TBT협정)이다. <답 ③>

061. 동식물위생협정에 관한 다음 기술 중 잘못된 것은?

① 동 협정은 SPS협정이라고도 불리운다.
② 미국산 광우병 쇠고기 제한과 동 협정은 직접적으로 연관된다.
③ 동 협정은 GATT 제20조 b항을 상세히 규정하고자 확대/발전시킨 협정이다.
④ 동식물위생협정은 협정문 자체에 각 식품별, 항목별로 국제위생기준을 상세히 제시하고 있어 실무적으로 상당한 도움을 제공하고 있다.
⑤ 동 협정은 과학적 증거 및 근거와 밀접한 연관성이 있다.

해설

각 식품별, 항목별 국제위생기준은 SPS협정에서 발견할 수 있는 것이 아니며 관련 국제기구에서 채택되고 있다. 이러한 기준을 따를 경우 일단 SPS협정에 부합하는 것으로 추정되게 된다. <답 ④>

062. 한국 정부는 뉴질랜드산 식용 민대구머리에 인체에 유해한 중금속이 과다 포함되었음을 이유로 수입규제를 실시하였다. 이러한 한국 정부의 조치는 다음 중 어떠한 WTO협정과 가장 직접적으로 연관되는가?

① TBT협정 ② GATS협정 ③ DSU
④ SPS협정 ⑤ TRIPs협정

해설

수입상품의 위생상태 내지 건강에의 위협을 이유로 실시되는 수입제한 조치와 관련되는 협정은 동식물위생협정(SPS협정)이다. <답 ④>

063. TRIPs협정에 관한 다음 설명 중 잘못된 것은 무엇인가?

① 동 협정은 무역관련 지적재산권협정을 의미한다.
② 동 협정은 지적재산권관련 기존의 국제협약을 부인하는 데서 출발한다.
③ 동 협정은 WTO 회원국의 지적재산권보호제도의 효율적 시행(effective enforcement)

를 중요시하고 있다.

④ 동 협약은 minimum standard만을 정하고 있으며 그 이상의 보호를 제공하는 것은 허용되어 있다.

⑤ 동 협정 위반 시 분쟁해결기구에 제소할 수 있으므로 기존의 지적재산권보호협약의 이행을 강제할 수 있는 효과적 수단이 도입된 것으로 이해할 수 있다.

해설

TRIPs협정은 기존의 지적재산권관련 국제협약을 대부분 그대로 수용하고 있으며 여기에 기초하여 추가적 규범을 제시하고 있다. <답 ②>

064. 다음 중 복수국가 간 협정으로서 WTO 회원국 전체에게 적용되는 것이 아니라 별도 가입국에게만 적용되는 협정은? 〈기출문제 변형〉

① 정부조달협정
② 원산지규정협정
③ 무역관련 지적재산권협정
④ 섬유 및 의류협정

해설

정부 조달협정은 복수국가 간 협정이다. 한국도 이에 가입하였다. <답 ①>

065. WTO 관세평가협정상 수입품에 대한 관세평가의 기준으로 올바른 것은? 〈기출문제 변형〉

① 실제로 지불되었거나 지불될 거래가격이 관세평가의 일차적 기준이다.
② 동종동일상품의 거래가격이 관세평가의 일차적 기준이다.
③ 생산비에 이윤 등 관련경비를 가산한 구성가격이 관세평가의 일차적 기준이다.
④ 수입국에서의 최종 소비자판매가격이 관세평가의 일차적 기준이다.

해설

관세평가의 일차적 기준은 실제 지불될 거래가격이며, 거래가격을 적용할 수 없는 경우에 동종물품 거래가격, 유사물품 거래가격, 공제가격, 산정가격 등을 순차적으로 적용한다. <답 ①>

066. TRIPs협정이 계수하고 있는 IPR 관련 국제협약이 아닌 것은 무엇인가?

① Vienna Convention (1969)
② Washington Treaty
③ Paris Convention
④ Rome Convention
⑤ Berne Convention

해설

1969년 비엔나협약은 조약법 해석에 관한 비엔나협약이며 이는 지적재산권 문제와는 직접적인 관련이 없다. <답 ①>

067. TRIPs협정에서 보호하는 IPR의 카테고리에 해당하지 않는 것은?

① Copyright and Related Rights
② Trademarks
③ Industrial Designs
④ Layout designs of integrated circuits
⑤ Business Confidential Information

해설

Business Confidential Information은 TRIPs협정이 보호하는 지적재산권의 한 형태는 아니다.
<답 ⑤>

068. 함흥냉면, 보르도 와인, 체다 치즈와 같이 특정지역과 연관된 상품의 특성을 인정하고자 도입된 TRIPs상의 IPR의 정확한 명칭은 무엇인가?

① Geographical Indication
② Regional Description
③ Geographical Brand
④ Production Location Designation
⑤ Geographical Patent

해설

질문에서 제시하고 있는 사례는 지리적 표시(Geographical Indication)의 대표적인 사례이다.
<답 ①>

069. 미국 정부는 대테러 조치의 일환으로 미국으로 수입되는 대규모 컨테이너에 특정한 형식과 규격을 갖춘 전자 인식용 레이벨을 부착하도록 의무화하고 있다. 이러한 미국의 조치는 다음 중 어떠한 WTO협정과 가장 직접적으로 연관되는가?

① TBT협정 ② GATS협정 ③ DSU
④ SPS협정 ⑤ TRIPs협정

해설

상품의 포장 등에 대한 규제와 관련되는 내용은 기술장벽협정(TBT협정)이다. <답 ①>

070. 현재 많은 국가가 자유무역협정(FTA)체제로 전환을 모색하고 있는 가장 근본적 이유는 무엇이라고 볼 수 있는가?

① WTO체제가 효율적으로 작동하고 있으므로
② 다자주의체제가 각국이 기대하고 있던 교역상 이익을 적절히 보장하고 있으므로

③ 도하 라운드 실패에서 나타난 바와 같이 다자주의체제에 대한 회의감이 증폭되고 있으므로
④ WTO체제가 선진국과 후진국의 의견조율을 적절히 달성하여 전체적인 국제무역체제의 안정을 이루었으므로 이제 양자주의체제로 이를 보완하기 위해서
⑤ WTO체제의 분쟁해결절차가 회원국의 기대에 미치지 못하였으므로

해설

현재 FTA가 확산되고 있는 가장 큰 이유는 다자주의체제에 대한 우려감과 불만이 고조되고 있기 때문이다.
<답 ③>

071. 현재 미국산 쇠고기 수입 및 검역과 관련하여 한미 간 분쟁이 전개되고 있다. 미국은 한국 정부가 살코기 속의 뼈조각을 찾기 위하여 3주간이나 면밀한 조사를 실시하여 이를 이유로 수입된 쇠고기를 폐기 또는 반품하는 조치를 취하고 있다고 비난하며 이는 한국 정부가 자국 쇠고기 시장을 보호하기 위한 조치에 불과하다고 주장하고 있다. 이러한 형태의 분쟁과 가장 직접적으로 연관되는 WTO부속협정은 무엇인가?

① TBT협정
② SPS협정
③ Customs Valuation협정
④ Rules of Origin협정
⑤ GATS협정

해설

동식물 위생조치와 관련하여 적용되는 WTO협정은 SPS협정이다. <답 ②>

072. 한국 정부는 비록 확정적인 과학적 근거는 확보하지 못하였으나 미국산 유전자변형 농산물이 국민건강에 위협을 초래한다는 점을 보여주는 나름대로의 합리적 자료를 확보하여 미국산 유전자변형 농산물에 대한 수입제한을 실시하고 있다. 이러한 경우 관련되는 동식물위생협정상 원칙은 무엇인가?

① Precautionary Principle
② Scientific Evidence Principle
③ Scientific Certainty Principle
④ Narrow Interpretation Principle
⑤ Necessity Principle

해설

충분한 과학적 증거가 아직 확보되지 않은 경우에 수입제한조치를 실시하는 것은 예방주의(precautionary principle)원칙에 따라 허용된다. SPS협정 제5.7조가 이를 허용하고 있다. 예방주의는 사전주의라고도 한다.
<답 ①>

073. 현재 많은 국가가 추진 중인 자유무역협정(FTA)은 GATT(WTO)체제의 어떠한 핵심 원칙에 대한 위반을 구성하는가?

① 내국민대우원칙 ② 최혜국대우원칙
③ 수량제한금지의 원칙 ④ 분쟁의 평화적 해결원칙
⑤ 비관세장벽 철폐 원칙

해설

특정국가에 대하여 교역상 특혜를 제공하는 것을 골자로 하는 FTA는 최혜국대우원칙에 대한 예외를 구성한다. <답 ②>

제4절 WTO 분쟁해결절차

001. WTO의 분쟁해결절차의 특징으로 옳지 않은 것은?

① 통일된 분쟁해결제도
② 일방주의의 제한
③ 시간구속적 분쟁해결절차
④ 패널보고서의 사실상 자동적 채택
⑤ 보복조치의 총의제 채택

해설

보복조치도 역만장일치제를 채택함으로써 사실상 자동적으로 그 권한이 부여된다. <답 ⑤>

002. 국제무역기구(WTO) 분쟁해결제도의 특징으로 옳지 않은 것은? 〈국가직 7급 2012년〉

① 각 절차 단계별 시한(時限)의 설정
② 패널설치, 패널보고서 및 상소보고서 채택에 역(逆)컨센서스 제도의 도입
③ 상설의 상소기구(Appellate Body) 도입
④ 교차보복(cross-retaliation)조치의 불허용

해설

교차보복을 허용한 것이 WTO 분쟁해결제도의 주요 특징 중 하나이다. <답 ④>

003. 세계무역기구(WTO) 분쟁해결제도에 관한 설명 중 옳지 않은 것은? 〈사시 2015년〉

① WTO 분쟁해결제도상 선례구속의 원칙은 인정되지 않는다.
② 패널보고서는 모든 회원국이 반대하지 아니하는 한 채택된다.
③ 대상협정에 따라 부담해야 하는 의무를 위반하는 행위는 일견 WTO 회원국의 이익을 무효화 또는 침해한 것으로 간주된다.
④ 분쟁해결양해(DSU)상 분쟁해결절차와 다자간무역협정상 분쟁해결절차가 상충하는 경우 DSU상 분쟁해결절차가 우선한다.
⑤ 분쟁해결기구(DSB)의 권고나 결정으로 대상협정에 규정된 회원국의 권리나 의무를 축소하거나 추가하는 것은 금지된다.

해 설

④ 개별 다자간무역협정상 분쟁해결에 관한 별도의 규정이 있는 경우 그러한 분야별 상세사항을 규정한 다자간무역협정상 조항이 우선한다. <답 ④>

004. WTO의 분쟁해결절차에 대한 설명으로 옳지 않은 것은?

① GATT 1994에서의 분쟁해결에 관한 기본규정은 제22조와 제23조이다.
② DSU는 위 규정들의 세부적인 절차사항을 규정한 데 지나지 않는다.
③ DSU는 기존의 GATT관행과는 무관하다.
④ WTO 분쟁해결절차는 보다 사법적 절차로서의 성격을 강화하였다.

해 설

DSU는 회원국들은 1994년 분쟁해결양해상의 더욱 발전되고 수정된 규칙과 절차는 물론 1947년 GATT의 제22조와 제23조에 따라 지금까지 적용된 분쟁관리의 원칙을 엄수할 것을 다짐한다고 규정하고 있다. 분쟁관리의 원칙에는 1979년 분쟁해결양해, 1982년과 1984년의 각료선언 및 1989년 분쟁해결개선 등이 포함된다. <답 ③>

005. 1947년 GATT의 분쟁해결절차와 비교하여 WTO 분쟁해결절차는 많은 변화가 있었다. 이러한 변화에 해당되지 않는 것은? 〈2014년 국가직 9급〉

① 각 단계의 시한을 정하여 신속한 분쟁해결을 도모하였다.
② 판정의 이행을 보장하기 위한 제도가 체계적으로 정비되었다.
③ 중재 등 다른 분쟁해결절차의 이용을 금지하여 WTO 분쟁해결절차의 통일성을 제고하였다.
④ 상설 상소기구를 설치하여 규범해석의 통일성을 제고하였다.

해 설

중재 등 다른 절차의 이용도 여전히 가능하다. <답 ③>

006. GATT체제와 비교되는 WTO협정체제의 특징에 대한 설명으로 옳지 않은 것은?
〈국가직 9급 2011년〉

① GATT체제에서는 협정운영을 위한 일반적 국제기구가 존재하지 않았으나 WTO협정체제는 일반적 국가기구로서 세계무역기구를 창설하였다.
② GATT체제에는 당사국 간 무역분쟁해결을 위한 분쟁해결절차가 없었으나 WTO협정체제는 명료하고 신속한 분쟁해결절차를 규정하고 있다.
③ GATT체제가 상품교역에 대한 규율에 중점을 둔 반면 WTO협정체제는 서비스, 지적재산권 및 무역관련 투자도 규율대상에 포함하였다.
④ '1947년 GATT'를 포함하는 '1994년 GATT'는 WTO협정체제의 일부를 구성한다.

해설

GATT체제에도 분쟁해결절차가 존재하였다. WTO는 이를 보다 명료하고 신속하면서도 효과적인 절차로 개선하였다. <답 ②>

007. UN에 의한 분쟁해결 및 WTO 분쟁해결에 관한 설명으로 옳지 않은 것은?
〈사시 2012년〉

① 국제사법재판소(ICJ) 사건의 당사국이 ICJ 판결에 따라 자국이 부담하는 의무를 이행하지 않는 경우, 타방당사국은 안전보장이사회에 호소할 수 있다.
② UN헌장은 안전보장이사회에 국제평화와 안전의 유지에 관한 일차적 책임을 지우고 있다.
③ UN 회원국이 아닌 국가는 ICJ에 제소할 수 없다.
④ WTO 분쟁해결제도는 GATT 시절보다 사법적(司法的) 방식에 의한 해결기능이 강화되었다.
⑤ 비정부기구(NGO), 지방정부 또는 개인은 직접 WTO에 분쟁의 해결을 요청할 수 없다.

해설

UN 회원국은 자동적으로 ICJ 당사국이 된다. 원칙적으로 UN 비회원국도 ICJ 당사국이 될 수 있다. ICJ 비당사국은 안전보장이사회가 정하는 조건에 의하여 ICJ를 이용할 수 있다. <답 ③>

008. WTO의 '분쟁해결규칙 및 절차에 관한 양해'(DSU)에 관한 설명으로 옳은 것은?

① 분쟁해결절차의 시한을 정하지는 않았다.
② 분쟁해결기구(DSB)는 WTO 회원국 중 30개국 대표로 구성되며 임기는 3년이다.
③ WTO의 분쟁해결제도가 갖는 사물관할의 범위는 지적재산권과 서비스분야에 한정되었다.

④ DSU에 따른 최종판정은 분쟁당사국을 구속하지만, 선례구속의 원칙을 명시하는 규정은 없다.

해설

DSU는 GATT 1947 시절과는 달리 패널절차에 있어서 엄격한 시한을 설정하였다. DSB는 각료회의를 대신하여 설치되어 있는 일반이사회가 WTO 분쟁업무를 다루는 경우에 지칭하는 별칭에 불과하다. WTO 소재지인 제네바에 상주하고 있는 WTO 회원국들의 대사들이 DSB에 참가하고 있으므로 모두 WTO 회원국의 대표가 DSB의 구성원이라고 할 수 있다. WTO 분쟁해결제도의 사물관할의 범위는 기존의 상품분만 아니라 서비스, 지적재산권에까지 확대되었다. <답 ④>

009. 세계무역기구(WTO) 분쟁해결제도에 대한 설명 중 옳지 않은 것은?

〈행안부 7급 2009년〉

① 패널절차의 각 단계별로 엄격한 시한을 설정하여 패널절차의 신속성 및 효율성을 도모하고 있다.
② 개도국과 최빈국은 '분쟁해결절차 및 규칙에 관한 양해'(DSU)의 적용에 있어 특별한 고려를 받고 있다.
③ 무역정책검토제도는 '분쟁해결절차 및 규칙에 관한 양해'(DSU)의 대상협정(covered agreements)에 포함된다.
④ 패널의 심의(deliberation)는 공개되지 아니하며, 패널보고서에 표명된 개별 패널위원의 의견은 익명으로 한다.

해설

③ DSU가 적용되는 "대상협정"은 WTO설립협정, 부속서 1A, 1B, 1C, 부속서 2, 부속서 4라고 규정되어 있다. 부속서 3(무역정책검토제도)은 포함되지 않는다. <답 ③>

010. 세계무역기구(WTO) 분쟁해결제도에 관한 설명으로 옳지 않은 것은? 〈사시 2010년〉

① 단심이 아니라 2심절차로 진행하므로 원심패널의 오류를 수정할 수 있는 기회가 주어진다.
② WTO 분쟁해결 패널보고서나 상소기구보고서가 채택되면 분쟁당사국들을 구속하게 된다.
③ 패소국이 상소기구판정을 이행하지 않고 보상합의도 없게 되면 승소국은 WTO의 승인을 얻어 무역보복조치를 취할 수 있다.
④ 상소기구는 원심패널 판정사항 중 법률문제에 대한 심사권한을 갖는다.
⑤ WTO설립협정 부속서 2의 분쟁해결양해(DSU)와 부속서 3의 무역정책검토제도는 DSU 대상협정에 속하지 않는다.

해설

⑤ DSU가 적용되는 "대상협정"은 WTO설립협정, 부속서 1A, 1B, 1C, 부속서 2, 부속서 4라고 규정되어 있다. 부속서 3(무역정책검토제도)은 포함되지 않는다. <답 ⑤>

011. 다음 중 세계무역기구(WTO) 분쟁해결규칙 및 절차에 관한 양해각서(DSU)가 적용되는 대상협정(covered agreements)에 해당하지 않는 것은?

① 1994년 GATT ② WTO설립협정
③ 복수국가 간 무역협정 ④ 자유무역협정

해설

DSU 1조에 의하면 DSU는 WTO설립협정과 그 부속서 1A, 1B, 1C, 부속서 2, 부속서 4에 적용된다. 즉, 부속서 3 무역정책검토제도를 제외한 모든 WTO협정 부속서(DSU 자체도 포함)가 대상협정이다. 특정국가 간에 체결된 자유무역협정은 내용상 그 국가들간 무역분쟁이 발생하는 경우 WTO에서 다루어질 수는 있겠지만 DSU가 규정한 대상협정 자체는 아니다. <답 ④>

012. 다음 중 WTO 분쟁해결제도의 '대상이 되는 협정'에 해당되지 않은 것은?

〈2016년 국가직 7급〉

① 농산물협정 ② 관세평가협정
③ 선적전검사협정 ④ 포괄적경제동반자협정

해설

포괄적경제동반자협정은 WTO 체제에 포함되는 협정이 아니다. <답 ④>

013. 세계무역기구(WTO) 분쟁해결제도에 대한 설명 중 옳지 않은 것은?

① 분쟁해결기구가 강제관할권을 갖는다.
② 패널제도가 운영되며 3심제이다.
③ 비사법적 분쟁해결방법도 배제하지 않고 있다.
④ 규칙지향적 접근방식을 채택하였으며 분쟁해결체제의 통합과 일원화를 특징으로 한다.

해설

① 패널설치 등에 있어서 역총의제를 택하고 있어 분쟁당사국을 포함한 모든 국가가 반대하지 않는 한 분쟁해결절차에 돌입하고 당사국은 이 절차를 따라야 한다. 따라서 사실상 강제관할권이 인정되는 것으로 볼 수 있다. ② 패널제도가 운영되고 있으나 3심제가 아니라 2심제로서 상소기구(항소기구)를 두고 있다. ③ 양자협의, 조정과 같은 비사법적 제도도 규정하고 있다. ④ GATT 시절에 비해 규칙지향적이며 일원화된 통합적 분쟁해결 체제이다. <답 ②>

014. 국제사법재판소(ICJ)의 재판절차와 세계무역기구(WTO) 분쟁해결기구의 패널절차 간의 공통성이 있는 것을 모두 묶은 것은? 〈사시 2012년〉

ㄱ. 제소 또는 패널설치의 전제조건으로서의 협의절차
ㄴ. 판결 또는 판정에 대한 항소 가능성
ㄷ. 분쟁해결절차 진행 중 당사자 간 합의에 따른 사건 종료 가능성
ㄹ. 판결 평의 또는 판정 심의(deliberations)의 비공개성
ㅁ. 서면 신청에 의한 절차 개시

① ㄱ, ㄴ, ㄷ ② ㄱ, ㄴ, ㅁ ③ ㄱ, ㄹ, ㅁ
④ ㄴ, ㄷ, ㄹ ⑤ ㄷ, ㄹ, ㅁ

해설

ㄱ과 ㄴ은 세계무역기구 분쟁해결기구에만 적용되는 내용이다. <답 ⑤>

015. WTO 분쟁해결절차에 관한 일반적 설명이다. 다음 중 타당하지 않은 것은?

① Consultation에서 의미 있는 협의가 이루어져 통상분쟁이 해결되는 것이 일반적이다.
② 전체적으로 분쟁해결에 장기간이 소요된다는 것이 문제점 중의 하나이다.
③ 항소기구는 패널의 결정에 대하여 법적 오류가 존재하는지 여부에 심리의 주안점을 둔다.
④ Consultation은 WTO 분쟁해결절차에서 분쟁당사국이 대면하는 최초의 절차이다.
⑤ WTO 회원국의 반덤핑관세 부과조치가 WTO협정 불합치로 결정나더라도 기납부된 반덤핑관세는 환급되지 않는 것이 원칙이다.

해설

WTO 분쟁해결절차의 최초단계는 분쟁당사국 간의 양자협의(consultation)이다. 이를 통하여 분쟁이 해결되는 경우는 거의 존재하지 않는다. <답 ①>

016. 세계무역기구(WTO) 분쟁해결제도에 관한 설명 중 옳은 것으로 묶인 것은? 〈사시 2013년〉

ㄱ. 패널설치 요청은 서면 또는 구두로 이루어지며, 반드시 그 법적 이유를 밝혀야 한다.
ㄴ. 패널설치 요청에 대해 모든 회원국이 총의(consensus)로 패널을 설치하지 않기로 결정하지 않는 한, 패널은 설치된다.
ㄷ. 패널은 분쟁당사자가 5인의 패널위원으로 구성하기로 합의하지 않는 한,

3인의 패널위원으로 구성된다.
ㄹ. WTO 사무총장은 회원국의 분쟁해결을 지원하기 위하여 직권으로 주선, 조정 또는 중개절차를 제공할 수 있다.
ㅁ. 패널설치 이후에는 주선, 조정 또는 중개절차를 이용할 수 없다.

① ㄱ, ㄴ, ㄷ ② ㄱ, ㄷ, ㅁ ③ ㄴ, ㄷ, ㄹ
④ ㄴ, ㄹ, ㅁ ⑤ ㄷ, ㄹ, ㅁ

해설

ㄱ. 패널설치 요청은 서면으로 이루어진다. ㅁ. 패널설치 이후에도 당사국 간 합의로 주선, 조정 또는 중개절차를 이용할 수 있다. <답 ③>

017. 다음은 WTO 분쟁해결절차에 관한 설명이다. 잘못된 것은 무엇인가?

① 패널 및 Appellate Body의 2심제로 구성되어 있다.
② 페널은 상설기구가 아니며 사안별로 당사국의 합의와 WTO의 관여 하에 구성된다.
③ Appellate Body는 상설기구이며 모두 7명의 위원이 있다.
④ Appellate Body의 7명의 위원 중 5명이 특정사건을 담당한다.
⑤ 제소국이 희망할 경우 패널 설치는 사실상 자동적이다.

해설

WTO 항소기구(Appellate Body)는 7명의 위원으로 구성되어 있으며 이들 중 3인이 특정사건을 담당한다. <답 ④>

018. 세계무역기구(WTO) 분쟁해결절차 중 패널 구성에 대한 설명으로 옳지 않은 것은? 〈2015년 국가직 7급〉

① 자기 나라 정부가 분쟁당사국인 회원국의 국민은, 분쟁당사자가 달리 합의하지 아니하는 한, 그 분쟁을 담당하는 패널의 위원이 되지 아니한다.
② 패널 위원은 정부 대표나 기구 대표가 아닌 개인 자격으로 임무를 수행한다.
③ 패널 설치일로부터 20일 이내에 패널 위원 구성에 대해 합의하지 못하면 분쟁해결기구 의장이 패널 위원을 임명한다.
④ 선진국 회원국과 개발도상국 회원국 간의 분쟁 시 개발도상국 회원국이 요청하는 경우, 패널 위원 중 적어도 1인은 개발도상국 회원국의 인사를 포함하여야 한다.

해설

③ 패널 설치 후 20일 이내에 패널의 구성원에 대하여 합의하지 못하면 제소국의 요청에 따라 WTO 사무총장이 분쟁해결기구 의장 등과 협의하여 임명한다. <답 ③>

019. 세계무역기구(WTO) 분쟁해결제도상 패널절차에 관한 설명 중 옳지 않은 것은?

〈사시 2015년〉

① 일방당사국의 요청만으로도 패널이 설치된다.
② 제소국은 협의요청접수일로부터 60일 이내라도 패널의 설치를 요청할 수 있다.
③ 실질적인 이해관계를 갖고 있는 제3자는 분쟁당사국의 동의가 없더라도 패널절차에 참여할 수 있다.
④ 패널설치 이후에는 주선, 중개, 조정절차를 계속할 수 없다.
⑤ 동일한 사안에 대해 2개 이상의 회원국이 패널의 설치를 요청하는 경우 단일패널의 설치가 가능하다.

해설

④ 주선, 중개, 조정절차는 당사자 간 합의에 따라 패널절차 진행 중에도 속행될 수 있다.

<답 ④>

020. 세계무역기구(WTO) 분쟁해결절차에 관한 설명 중 옳지 않은 것은?

① 패널의 평결과 권고는 대상협정의 내용에 부합해야 한다.
② 패널위원은 3인이 될 수도 있고 5인이 될 수도 있다.
③ 비회원국은 분쟁해결절차를 이용할 수 없으며 선례구속의 원칙이 적용된다.
④ 선진국과 개발도상국 간 WTO 분쟁 시 패널에는 개발도상국 인사가 최소 1인이 포함되어야 한다.

해설

① 패널은 대상협정에 규정된 권리와 의무의 내용을 가감하거나 변경할 수 없다. ② 패널설치일로부터 10일 이내에 5인으로 패널을 구성하기로 합의하지 않는 한, 3인으로 구성된다. ③ ICJ와 달리 비회원국에 대해서는 분쟁해결절차가 개방되어 있지 않으며, ICJ와 마찬가지로 선례구속의 원칙은 적용되지 않는다.

<답 ③>

021. 세계무역기구(WTO)의 분쟁해결절차와 관련된 설명으로 옳지 않은 것은?

〈2015년 국가직 9급〉

① 선진국 회원국과 개발도상국 회원국 간의 분쟁 시 개발도상국 회원국이 요청하는 경우, 패널 위원 중 적어도 1인은 개발도상국 회원국의 인사를 포함하여야 한다.

② 패널의 심의는 공개되지 아니한다.
③ 상소는 패널보고서에서 다루어진 법률문제 및 패널이 행한 법률해석에만 국한된다.
④ 패널은 7인의 위원으로 구성된다.

해설

④ 패널은 3명 또는 5명의 패널 위원으로 구성된다. <답 ④>

022. 세계무역기구(WTO) 분쟁해결기구(DSB)의 결정을 이행할 수 있는 방안에 관한 설명 중 옳지 않은 것을 모두 고른 것은? 〈사시 2016년〉

ㄱ. 패널과 상소기구는 관련 회원국에 권고의 이행 방법을 제안할 수 없다.
ㄴ. 판정의 즉각적인 이행이 불가능한 경우, 관련 회원국은 준수를 위한 '합리적인 기간'을 부여받을 수 있으며, 이 기간 동안 위반조치에 따라 발생하는 피해에 대해 구제를 제공할 의무가 없다.
ㄷ. 분쟁당사국간에 판정의 이행을 위한 조치가 '대상협정'에 합치하는지의 여부에 대한 이견이 있는 경우, 이러한 분쟁은 원패널에 회부될 수 있다.
ㄹ. WTO 분쟁해결기구는 판정의 이행사항을 지속적으로 감시한다.
ㅁ. 판정이 합리적인 기간 내에 이행되지 않는 경우, 의무불이행국은 추가적인 시장개방 형태의 무역보상을 피해국에 대해 차별적으로 제공할 수 있다.

① ㄱ, ㄴ ② ㄱ, ㅁ ③ ㄴ, ㄷ
④ ㄷ, ㄹ ⑤ ㄹ, ㅁ

해설

ㄱ. 권고의 이행 방법도 제안할 수 있다. ㅁ. 보상은 WTO협정과 합치되는 방식으로 이루어져야 한다. 피해국만을 위한 추가적인 시장접근 등의 보상은 최혜국대우원칙에 위배된다. <답 ②>

023. WTO 분쟁해결양해(DSU)상의 당사자 적격성에 관한 설명으로 옳지 않은 것은? 〈사시 2012년〉

① WTO 회원국(Members)만이 분쟁해결기구(DSB)에 분쟁을 회부할 수 있다.
② 원칙적으로 비회원국과 사인은 당사자 적격성이 없지만, 회원국들의 동의가 있으면 당사자가 될 수 있다.
③ 유럽연합(EU)은 WTO 분쟁해결절차에서 당사자 적격성을 갖는다.
④ WTO 회원국은 다른 회원국의 WTO협정 위반에 해당하지 않는 조치의 적용에 대해서도 제소할 수 있다.

⑤ 분쟁해결절차에 참가하는 제3국은 당해 분쟁에 대하여 실질적인 이해관계가 있어야 한다.

해설

WTO는 비회원국에게 분쟁해결절차제도가 개방되어 있지 않다. 사인도 WTO 분쟁의 당사자가 될 수 없다. <답 ②>

024. 세계무역기구(WTO) 분쟁해결제도에 대한 설명으로 옳지 않은 것은?

〈2014년 국가직 7급〉

① 패널에서의 변론 절차와 상소 절차는 공개회의로 진행된다.

② 사무총장이 직권으로 패널위원을 임명해야 하는 경우 분쟁해결기구의 장 등과 협의하여야 한다.

③ WTO 상소기구의 검토 범위는 패널보고서에서 다루어진 법률문제 및 패널이 행한 법률 해석에 국한된다.

④ 패널보고서의 이행과 관련하여 당사국 간에 만족할 만한 보상 합의가 이루지지 않는 경우 제소국은 협정상의 양허나 다른 의무를 정지시킬 수 있다.

해설

① 패널과 상소기구의 심리절차는 비공개이다. <답 ①>

025. 미국 정부에 의해 부당한 반덤핑조사와 반덤핑관세를 부과받은 토요타 자동차는 반덤핑관세를 부과한 미국 상무성을 자국(일본) 법원에 제소하였다. 토요타 자동차가 그러한 결정을 채택한 이유는 미국이나 제네바에서 소송을 진행하는 경우에 수반되는 과다한 소송비용을 줄이고 또 보호무역적 색채가 없는 "공정한" 판결을 얻고자 하였기 때문이다. 일본 법원은 제한적 주권면제이론을 따르고 있다. 이와 관련된 다음 기술 중 올바른 것은?

① 일본 법원은 주권면제를 이유로 관할권 부재를 선언할 것이다.

② 토요타 자동차가 미국 법원의 부당한 재판절차 진행가능성을 소명하는 경우, WTO협정의 공정한 운영을 위하여 이러한 국내소송도 인정된다는 것이 WTO 협정의 일반적 입장이다.

③ 추후에 WTO 분쟁해결기구의 추인을 받는 경우 이러한 소송은 인정된다.

④ 일본 기업이 일본 법원에 제소하는 경우이므로 사법주권의 행사 차원에서 이러한 소송은 당연히 인정된다고 보는 것이 다수설의 입장이다.

⑤ 통상관련 국제분쟁은 국제법적 규율을 받지 않으므로 국제법상 주권면제이론을 적용할 근거가 존재하지 않는다.

해 설

반덤핑판정 및 관세부과는 공권력 작용에 해당하므로 미국 정부의 관세 부과조치에 대하여 일본 기업이 일본 법원에 이 조치에 대한 사법심사를 요청하는 경우 제한적 주권면제이론에 따르더라도 주권면제가 적용되어 일본 법원은 관할권 없음 결정을 내릴 것이다. <답 ①>

026. 다음 중 세계무역기구(WTO)에 의한 분쟁해결과 국제사법재판소(ICJ)에 의한 분쟁 해결에 대해 올바르게 설명한 것은? 〈사시 2010년〉

① WTO 상소기구의 판정과 ICJ 판결은 양자 모두 전원재판정에 의한다.
② WTO 분쟁해결기구의 관할권은 WTO 회원국 간의 분쟁에 대하여 성립하지만, ICJ에 의한 분쟁해결은 ICJ규정 비당사국에게도 개방된다.
③ WTO 회원국이 ICJ 판결을 이행하지 않은 경우 WTO에 의한 무역보복조치가 가능하다.
④ WTO협정은 판정을 이행하기 전에 잠정적으로 일정한 보상에 합의할 수도 있음을 규정하고 있고, ICJ규정은 판결불이행 시 보상에 관하여 명시하고 있다.
⑤ WTO 판정과 ICJ 판결의 이행은 위법한 조치가 취해진 시점부터 이행시점까지 발생한 손해를 금전적으로 배상하는 것을 주된 내용으로 하고 있다.

해 설

① ICJ의 경우 ICJ규정상 예외를 제외하면 전원재판정(full Court)을 원칙으로 한다. WTO 상소기관은 임기 4년인 7명의 위원으로 구성되며, 그 중에서 3명의 위원이 하나의 사건을 담당한다. ② ICJ의 경우 비회원국은 안보리가 정하는 조건에 따라 소송당사자가 될 수 있다. ③ WTO 회원국 간 무역보복조치는 ICJ 판결과는 무관하다. WTO 무역보복조치는 WTO체제에 의한다. ④ ICJ규정은 보상 등의 구체적 방법을 명시하지 않고 있다. ⑤ WTO의 경우 위반조치를 관련 협정에 합치하도록 하는 것이 우선이며, ICJ규정에는 판결 이행과 관련하여 보상, 배상 등에 대해 구체적으로 명시되어 있지 않다.
<답 ②>

027. 국제사법재판소(ICJ)와 세계무역기구(WTO)의 분쟁해결제도에 관한 비교 설명 중 옳지 않은 것은? 〈사시 2013년〉

① ICJ 재판관과 WTO 패널 및 상소기구 위원 모두 겸직이 허용되지 않는다.
② ICJ와 달리 WTO 분쟁해결절차에서는 결정시한이 정해져 있다.
③ ICJ는 출석한 재판관의 과반수로 판결을 내리고, WTO 패널 및 상소기구의 보고서는 WTO 분쟁해결기구에서 역총의(reverse consensus)로 채택된다.
④ ICJ의 심리(hearing)는 원칙적으로 공개되고, WTO 패널의 심의(deliberations)는 공개되지 않는다.
⑤ ICJ는 단심제이나, WTO 분쟁해결제도는 2심제이다.

해설

ICJ 재판관은 겸직이 허용되지 않으나 패널 및 상소기구는 겸직이 가능하다. 상소기구의 경우 상설조직이기는 하나 위원들이 상주 근무하지는 않는다. <답 ①>

028. WTO 회원국인 A국과 B국은 WTO 대상협정상의 분쟁을 국제사법재판소(ICJ)에 회부하기로 합의하였다. A국과 B국의 합의의 유효성 여부에 관한 설명으로 옳은 것은? 〈사시 2008년〉

① 당사국 간 합의에 의해 그러한 해결책을 추구하는 경우 WTO 규범상 양국의 합의가 유효하다.
② A국과 B국이 모두 UN회원국이라면 그러한 합의는 WTO 분쟁해결 규칙 및 절차에 관한 양해(DSU) 위반이 아니므로 ICJ 절차를 원용할 수 있다.
③ WTO 대상협정상의 분쟁은 WTO DSU규정상 WTO분쟁해결제도에 의하여 해결하도록 되어 있으므로 ICJ에 회부하는 것은 허용되지 않는다.
④ A국과 B국은 동 분쟁을 ICJ에 회부할 수 있지만, 총의(consensus)에 의한 WTO 분쟁해결기구(DSB)의 승인이 필요하다.
⑤ A국과 B국은 WTO DSU 제25조의 중재조항에 따라 ICJ에 동 분쟁을 회부할 수 있다.

해설

DSU 제23조는 WTO협정 의무위반 등에 관한 분쟁이 발생할 경우 DSU의 규칙 및 절차를 사용하도록 하고 있다. 이는 WTO 관련 분쟁은 WTO 내에서 해결하도록 규정한 것이다. 만일, A국과 B국이 합의하여 ICJ에 분쟁을 회부한다고 가정하면, ICJ는 우선 관할권이 있는지 확인하기 위해 분쟁해결의 근거가 되는 조약과 각종 관련법규를 살피게 될 것이다. ICJ는 DSU 제23조를 원용하여 WTO와 관련된 양국의 분쟁은 DSU에 따라 WTO체제에서 해결해야 한다는 판단을 내릴 것이고 따라서 양국의 분쟁을 ICJ가 다룰 수 없다는 결론을 내리게 될 것이다. DSU에서 언급한 중재도 WTO체제 내에서만 허용된다. <답 ③>

029. 세계무역기구(WTO) 분쟁해결체제에 대한 설명으로 옳지 않은 것은?

① 분쟁해결절차의 대안으로 중재가 명시되어 있다.
② WTO는 협의, 주선, 중개, 조정 등의 절차를 규정하고 있으나 심사(inquiry)는 규정하지 않고 있다.
③ 중재는 개시일로부터 90일 이내에 종결되어야 한다.
④ 회원국이 양허 또는 의무정지의 수준에 이의가 있는 경우 중재에 회부될 수 있다.

해설

중재는 60일 내에 종결되어야 한다고 규정되어 있다. <답 ③>

030. 세계무역기구(WTO)의 분쟁해결제도에 대한 설명으로 옳지 않은 것은?

〈국가직 7급 2013년〉

① 협의요청 접수일로부터 60일 이내에 협의를 통한 분쟁해결에 실패하는 경우, 제소국은 패널의 설치를 요청할 수 있다.

② 패널은 분쟁당사자가 패널설치일로부터 10일 이내에 5인의 패널위원으로 구성하는 데 합의하지 아니하는 한, 3인의 패널 위원으로 구성된다.

③ 패널은 일정한 자격을 갖춘 정부인사로 구성되며, 패널위원은 자국 정부의 대표로서 활동한다.

④ 패널보고서에 표명된 개별 패널위원의 의견은 익명으로 처리된다.

해설

민간인사뿐만 아니라 정부인사도 패널위원이 될 수 있으나, 패널위원은 정부대표가 아닌 개인자격으로 임무를 수행한다.

<답 ③>

031. 다음은 WTO 분쟁해결절차에 대한 설명이다. 옳은 것은?

① DSU절차와 부속서의 특별절차와의 사이에 차이가 있을 경우 WTO설립협정이 부속서의 개별협정에 우선하는 것과 마찬가지로 DSU절차가 우선한다.

② WTO 분쟁해결제도는 국제공법의 관습적인 해석규칙과 국제법의 점진적 발달에 비추어 대상협정을 해석해야 한다.

③ DSB의 권고나 결정(recommendations and rulings)은 WTO협정에 규정된 회원국의 권리나 의무를 축소하는 것은 금지되나 추가하는 것은 허용된다.

④ DSU에 의하면 WTO 회원국들은 WTO의 제소가 유용한 경우에만 하도록 규정하고 있다.

해설

④는 옳은 지문이다. DSU는 유용한 경우(action is fruitful)에 제소하도록 규정하고 있다. ①은 틀린 지문이다. 특별절차가 우선한다. ②는 틀린 지문이다. 국제공법의 관습적인 해석규칙(customary rules of public international law)에 따라 해석하여야 한다. WTO패널에 의하면 이 해석규칙은 조약법에 관한 비엔나협약의 해석원칙(제31조와 제32조)을 가리키는 것이라고 한다. ③ 틀린 지문이다. 축소하는 것도 추가하는 것도 금지된다. DSU에 의하면 이러한 권고나 결정의 목적은 분쟁의 만족스러운 해결이라고 한다.

<답 ④>

032. 세계무역기구(WTO) 분쟁해결양해(DSU)에 관한 설명 중 옳지 않은 것은?

〈사시 2014년〉

① DSU는 WTO 협정 위반의 경우뿐만 아니라 비위반제소에 대해서도 규정하고 있다.

② DSU는 분쟁해결 방법으로 패널 및 상소절차뿐만 아니라 주선, 조정, 중개,

중재에 대해서도 규정하고 있다.
③ DSU에 따르면 패널의 심의는 공개하지 아니한다.
④ DSU에 따르면 DSU 자체는 분쟁해결 대상 협정에 속하지 않는다.
⑤ 패널은 분쟁당사자가 합의하는 경우 5인으로 구성될 수 있다.

해 설

④ DSU는 대상이 되는 협정으로 DSU 자체도 포함하고 있다. <답 ④>

033. WTO 항소기구(Appellate Body)와 패널에 관한 설명이다. 잘못된 것은 무엇인가?

① 항소기구는 상설적인 기구이다.
② 항소기구 위원은 7인이다.
③ 패널도 사실상 상설적인 기구라고 볼 수 있다.
④ 패널은 보통 3인으로 구성된다.
⑤ 항소기구 위원 7인 중 특정 분쟁을 심리하는 위원은 3인이다.

해 설

패널은 각 분쟁별로 구성, 설치되는 임시적인 기구이다. <답 ③>

034. 세계무역기구(WTO)의 분쟁해결제도에 대한 설명으로 옳지 않은 것은?
〈행안부 7급 2008년〉

① WTO 회원국 간 무역분쟁이 발생하는 경우, 분쟁당사국 간 별도의 합의가 없어도 관할권이 성립한다.
② WTO는 국제사법재판소(ICJ)와 달리 상소제도를 두고 있다.
③ WTO 분쟁해결제도는 선례구속의 원칙을 인정한다.
④ WTO 회원국의 피해기업은 WTO에 직접 제소할 수 없다.

해 설

③ WTO에서는 ICJ에서와 마찬가지로 선례구속성이 인정되지 않는다. 패널 또는 상소기구의 결정은 원칙적으로 당해 사건에 대해서만 적용된다. <답 ③>

035. WTO 분쟁해결절차에 제소할 수 있는 사유에 대한 설명으로 옳지 않은 것은?

① GATT 1994 제23조는 여섯 가지 유형의 분쟁을 예정하고 있다.
② 그러나 제소사유로서의 GATT 목적달성의 저해는 사실상 폐기되었다.
③ 따라서 GATT 분쟁은 의무위반이나 비위반으로 인한 이익의 무효화 또는 침해가 발생하는 경우가 대종을 이룬다.

④ GATT 제23조 1항 (c)항, 즉 어떤 다른 사정의 존재에 근거한 제소에 대하여도 상소가 허용된다.

해설

어떤 다른 사정의 존재에 근거한 제소의 경우에 DSB는 WTO체제의 '소극적 총의'에 의하는 것이 아니라 GATT 1947체제에서의 '적극적 총의'에 의하여 관련 패널보고서를 채택하기 때문이다. 또한 패널보고서에 대한 상소의 권리도 인정되지 않는다. <답 ④>

036. 협의절차에 대한 설명으로 옳지 않은 것은?

① 대상협정에 따라 협의를 요청받은 회원국은 달리 상호간에 합의되지 않는다면 요청의 수령 후 10일 내에 응답하여야 한다.
② 상호간에 만족스러운 해결에 이르기 위하여 그 요청의 수령 후 30일 내에 성실하게 협의하여야 한다.
③ 협의요청수령 후 한달 내에 협의에 의한 분쟁해결이 실패하면 제소국은 패널의 설치를 요청할 수 있다.
④ 부패하기 쉬운 상품의 경우를 포함한 긴급한 경우에는 그 시한이 더욱 단축된다.

해설

협의가 60일 내에 타결되지 못할 경우 패널절차로 돌입하고, 패널구성이 20일 내에 이뤄지지 못하면 사무총장이 임명하며, 패널심의는 일반적으로 6개월 내, 긴급한 경우는 3개월 내에 종료되어야 한다. DSB에서의 패널채택은 60일 내에 이뤄지며, 항소할 경우 항소검토는 90일 내에, 항소보고서 채택은 30일 내에 완성되어야 한다. <답 ③>

037. 주선 · 조정 및 중개에 대한 설명으로 옳지 않은 것은?

① WTO 분쟁당사국은 원하는 경우에 주선, 조정 또는 중개를 통하여 그들의 분쟁을 해결할 수 있다.
② 분쟁당사국들의 합의를 거쳐 일방 당사국은 패널절차가 진행 중인 기간을 포함하여 언제라도 주선 등을 요청할 수 있다.
③ 주선 등의 절차는 언제라도 종료될 수 있으며, 동 절차가 종료되면 제소국은 패널의 설치를 요청할 수 있다.
④ 주선 등의 정치적 분쟁해결절차에 대하여 협의나 패널절차와 마찬가지로 긴급한 경우를 위한 특별절차가 규정되어 있다.

해설

일반적으로 6개월이 한도인 패널심의는 긴급한 경우 3개월로 단축될 수 있으나 패널절차 이외의 방식인 주선, 조정 또는 중개에 대해서는 긴급한 경우를 위한 특별한 절차가 마련되어 있지 않다.
<답 ④>

038. 세계무역기구(WTO)의 분쟁해결제도에 대한 설명으로 옳지 않은 것은?

〈국가직 9급 2012년 변형〉

① 제소국의 일방적인 패널설치요청으로 패널이 설치된다.

② 제소국의 협의요청을 피제소국이 수령한 후 60일 내에 협의에 의한 분쟁해결이 실패하면 제소국은 패널의 설치를 요청할 수 있다.

③ 패널설치는 모든 회원국이 반대하지 아니하는 한 자동적으로 설치된다.

④ 패널설치 이후에는 주선, 중개, 조정절차를 이용할 수 없다.

해설

주선, 중개, 조정은 패널절차가 진행 중인 기간을 포함하여 언제라도 요청할 수 있다. <답 ④>

039. 세계무역기구(WTO)의 분쟁해결절차에 관한 설명 중 옳지 않은 것은?

① 민간인사뿐만 아니라 정부인사도 패널위원이 될 수 있으나, 패널위원은 정부대표나 기구대표가 아닌 개인자격으로 임무를 수행한다.

② 패널은 분쟁당사자가 패널설치로부터 20일 이내에 달리 합의하지 않는 한 표준위임사항을 부여받는다.

③ 패널절차의 신속성을 제고하기 위하여 시한이 정해져 있다.

④ 역총의 패널, 항소, 상고절차의 3심제도로 구성되어 있다.

해설

3심제도가 아니라 2심제도로서 항소기각의 항소심이 있다. <답 ④>

040. 분쟁해결양해(DSU)의 패널절차에 관한 설명으로 옳지 않은 것은? 〈사시 2011년〉

① 패널은 분쟁당사자가 패널설치로부터 20일 이내에 달리 합의하지 않는 한, 표준위임사항을 부여받는다.

② 사무국이 패널위원 후보자를 제의하지만, 분쟁당사자는 불가피한 사유(compelling reasons)가 있는 경우 그 후보자를 거부할 수 있다.

③ 패널위원 후보자가 분쟁당사자의 국민이라 하더라도 분쟁당사자가 합의하는 경우에는 패널위원이 될 수 있다.

④ 실질적인 이해관계를 갖고 있는 제3자는 분쟁당사자가 동의하지 않으면 패널절차에 참여할 수 없다.

⑤ 분쟁당사자가 합의하는 경우 주선, 조정 또는 중개절차는 패널과정이 진행되는 동안 계속될 수 있다.

해설

④ 패널에서 다루어지는 사건에 실질적 이해관계를 갖고 있는 제3자는 분쟁해결기구에 이를 통보하는

경우 패널에서 자신의 입장을 개진하고 서면을 제출할 기회를 갖는다(DSU 제10조 2항).

<답 ④>

041. 세계무역기구(WTO)의 분쟁해결절차에서 패널에 대한 설명 중 옳지 않은 것으로 묶인 것은? 〈사시 2009년〉

ㄱ. 2개 이상의 회원국이 동일한 사안과 관련된 패널의 설치를 요청하는 경우, 이러한 복수의 제소내용을 조사하기 위해 모든 관련 회원국의 권리를 고려하여 단일 패널을 설치할 수 있다.
ㄴ. 분쟁당사자의 국민은 분쟁당사자가 달리 합의하지 않는 한 그 분쟁을 담당하는 패널의 위원이 되지 못한다.
ㄷ. 판정의 전부 또는 일부가 패널 위원 전원일치의 의견을 나타내지 않을 때, 패널 위원은 개별의견을 실명으로 제시할 권리를 가진다.
ㄹ. 패널 설치일로부터 20일 이내에 패널 위원 구성에 대한 합의가 이루어지지 않는 경우, 분쟁해결기구(DSB)의 의장이 패널 위원을 임명한다.
ㅁ. 패널은 분쟁당사자가 패널 설치로부터 10일 이내에 5인의 패널 위원으로 패널을 구성하기로 합의하지 않는 한 3인의 패널위원으로 구성된다.

① ㄱ, ㄴ ② ㄱ, ㄷ ③ ㄴ, ㅁ
④ ㄷ, ㄹ ⑤ ㄹ, ㅁ

해설

패널 위원의 개별의견은 익명으로 한다. 패널 설치에 대한 합의가 이루어지지 않을 경우 패널 위원은 WTO "사무총장"이 임명한다. 이 과정에서 DSB 의장, 관련위원회 또는 이사회 의장 등과의 협의를 거친다.

<답 ④>

042. 패널의 구성에 대한 설명으로 옳지 않은 것은?

① 패널 위원으로는 정부인사뿐만 아니라 민간인사도 위촉될 수 있다.
② 패널 위원의 자격으로 특히 국제무역법의 전문성을 명시하였다.
③ ICJ와 같이 국적패널위원이 위촉되는 것이 원칙이다.
④ 패널은 3명 또는 5명의 패널위원으로 구성되나, 대부분 3명의 패널 위원이 임명된다.

해설

분쟁당사국 또는 분쟁참가 제3국 정부의 회원국 국민은 관련분쟁의 패널위원이 될 수 없는 것이 원칙이다. 다만 당사자들이 합의한 경우는 예외로 한다.

<답 ③>

043. 패널보고서의 채택에 대한 설명으로 옳지 않은 것은?

① 패널보고서가 회원국들에게 회람된 후 60일 내에 DSB회의에서 채택되어야 한다.
② 패널보고서의 채택에는 역만장일치제가 적용된다.
③ 채택된 패널보고서는 비로소 법적 효력을 갖는다.
④ 패널보고서에는 선례구속성의 원칙이 인정된다.

해설

선례구속성의 원칙이 인정되지 않는다. 이 점은 ICJ의 판결과 동일하다. <답 ④>

044. WTO의 분쟁해결제도에 있어서 패널절차에 대한 성명으로 옳지 않은 것은?

〈행안부 9급 2010년〉

① 패널보고서에 대한 상소는 허용되지 않는다.
② 패널은 분쟁당사자가 5인의 패널위원으로 구성하는데 합의하지 아니한 한 3인의 패널위원으로 구성된다.
③ 패널보고서는 역총의제(reverse consensus system)에 의해 채택된다.
④ 패널의 심의(panel deliberations)는 비공개로 진행된다.

해설

WTO는 상소제도를 두고 있다. 상설적인 상소기구는 임기 4년의 7명의 위원으로 구성되며 각 사건엔 3명의 위원이 배정된다. <답 ①>

045. DSU는 DSB가 패널 또는 상소기관이 보고서의 제출기간을 연장한 경우를 제외하고는 패널을 설치한 날로부터 합리적 기간이 결정된 날까지의 기간은 분쟁당사국들이 달리 합의하지 않는 한 15개월을 초과할 수 없다고 규정하고 있는데, 그 연장기간을 포함하여 분쟁당사국들이 예외적 상황이 존재한다고 합의하지 않는 한 전체적인 기간은 몇 개월을 초과할 수 없는가?

① 16개월 ② 17개월
③ 18개월 ④ 19개월

해설

패널 설치일로부터 이행을 위한 합리적 기간의 결정일까지 15개월을 초과할 수 없으며 분쟁당사국들이 달리 합의하여 연장할 수도 있으나 예외적인 상황의 존재에 대한 합의가 없는 한, 전체기간은 18개월을 초과할 수 없다. <답 ③>

046. 세계무역기구(WTO)의 분쟁해결에서 협의, 패널절차 또는 상소절차의 당사자가 아닌 제3자의 지위에 관한 설명으로 옳지 않은 것은? 〈사시 2009년〉

① 제3자는 분쟁해결기구(DSB)에 협의 참가 의사를 통고하면 동 분쟁의 협의에 자유롭게 참여할 수 있다.

② 패널절차에서 제3자는 의견을 진술하고 서면입장을 제출할 기회를 갖는다.

③ 제3자의 서면입장은 분쟁당사자에게 전달되며, 패널보고서에 반영된다.

④ 제3자는 패널절차의 대상인 조치가 대상협정에 따라 자국에 귀속된 이익을 무효화 또는 침해한다고 간주하는 경우, 분쟁해결양해(DSU)에 따른 정상적인 분쟁해결절차에 호소할 수 있다.

⑤ 제3자의 상소권은 인정되지 않으나, 상소절차에서 제3자는 의견을 진술하고 서면입장을 제출할 기회를 가질 수 있다.

해설

제3자가 협의절차에 통고만 함으로써 자유롭게 참여할 수 있는 것이 아니며 분쟁당사국들이 이에 동의하여야 한다. 즉, 협의절차에 제3자가 참여하기 위해서는 분쟁당사국들의 동의가 필요하다는 점에서 제3자의 패널절차 참여와 약간 다르다. <답 ①>

047. 다음은 WTO 분쟁해결절차에 대한 설명이다. 옳은 것은 몇 개인가?

(가) 패널보고서에 대한 상소는 분쟁당사자뿐만 아니라 제3국도 할 수 있다.

(나) 패널 또는 상소기관에 대한 서면입장은 비밀로 취급되어야 하나 분쟁당사국 일방이 자신의 입장의 진술을 공개하는 것은 금지되지 아니한다.

(다) 패널 또는 상소기관은 어느 조치가 대상협정과 일치하지 않는다고 결론을 내리는 경우 관련회원국이 동 조치를 동 대상협정에 일치시키도록 권고하여야 하나 그 권고를 이행할 수 있는 방법을 제시하는 것은 허용되지 아니한다.

(라) 분쟁당사국들이 달리 합의하지 않는 한 DSB가 패널을 설치한 날로부터 상소되었을 경우 상소기관보고의 채택을 위하여 고려한 날까지의 기간은 12개월을 초과할 수 없고 합리적 기간이 결정된 날까지의 기간은 15개월을 초과할 수 없다.

(마) 권고 및 결정의 이행을 위한 조치의 존재 여부 또는 동 조치의 대상협정과의 합치성 여부에 대하여 의견이 일치하지 않는 경우에는 원패널과는 다른 새로운 패널을 설치하여 합치성 여부를 결정하여야 한다.

(바) 보상이나 양허 또는 다른 의무의 정지는 승소국을 만족시키는 조치이며 이로써 패소국은 대상협정에 일치시키는 권고를 이행할 의무로부터 면제되는 것이다.

(사) 합리적 기간이 경과된 즉시 분쟁해결절차를 발동한 당사국은 DSB에 관련

회원국에 대한 대상협정상의 양허 또는 다른 의무의 적용을 정지할 수 있는 허가를 요청할 수 있다.
(아) WTO분쟁에서 승소한 국가는 패소국에 대하여 WTO협정에 위반되는 대상조치를 철회할 것을 요구하는 것 외에 WTO협정 위반에 따르는 손해배상을 청구할 수 있다.

① 2개 ② 3개
③ 4개 ④ 5개

해설

(가) 제3국은 상소할 수 있는 권리가 없다. 단지 패널의 사안에 대한 상당한(실질적) 이익(substantial interest)을 갖고 있음을 DSB에 통고한 제3국은 상소기관에 서면입장을 제출하고 의견을 진술할 기회를 갖는다. (다) 패널 및 상소기관은 관련회원국이 그 권고를 이행할 수 있는 방법을 제시할 수 있다. (마) 분쟁에 대하여 결정을 내린 원패널이 이미 분쟁사안의 내용에 대하여 정통하기 때문에 이행 여부에 대한 판단도 가능한 원패널에 회부한다(DSU 제21조 5항). 또한 DSU 제21조 5항에 의하여 설치된 패널결정에 대하여도 상소가 가능하다. (바) 보상 및 양허 또는 다른 의무의 정지는 권고 및 결정이 합리적 기간 내에 이행되지 않는 경우에 사용될 수 있는 임시조치에 불과하다. 그리고 보상이나 양허 또는 다른 의무의 정치보다 조치를 대상협정에 일치시키는 권고의 완전한 이행이 우선한다. 즉 여전히 권고를 이행할 의무로부터 면제되는 것은 아니다. (사) 합리적 기간의 만료 후 20일 내에 만족스러운 보상이 합의되지 않는 경우에 분쟁해결절차를 발동한 당사국은 DSB에 관련회원국에 대한 대상협정상의 양허 또는 다른 의무의 적용을 정지할 수 있는 허가를 요청할 수 있다. (아) 손해배상과 관련, WTO분쟁(위반청구)은 대상조치를 철회하게 하는 데 목적이 있는 것이며 패소국도 대상조치를 철회하는 것으로 법적 책임을 면한다. PCIJ의 호르조공장사건에서 확인된 국제공법상의 일반원칙인 국제의무의 위반이 있는 경우에 그 국가는 당연히 손해배상책임을 진다는 원칙은 WTO에 적용되지 않는다. 수험생들은 승소국의 WTO상의 보복조치(양허 또는 다른 의무의 정지) 이전단계의 보상협상을 (아)의 지문에서 말하는 손해배상과 혼동할 수가 있으나 보상은 위법행위에 대한 손해배상과는 전혀 다른 제도이다. WTO협정상 보상은 패소국이 대상조치를 철회하기까지의 임시조치에 불과하다. <답 ①>

048. 세계무역기구(WTO) 분쟁해결제도에 대한 설명으로 옳지 않은 것은?

〈2015년 국가직 7급〉

① 1994년도 GATT 제23조 제1항 (b)에 규정된 형태의 비위반제소의 경우 이익의 무효화 또는 침해의 입증책임은 제소국에게 있다.
② 1994년도 GATT 제23조 제1항 (b)에 규정된 형태의 비위반제소의 경우 피제소국은 패소하더라도 GATT/WTO 협정상의 어떤 구체적인 규정을 위반한 것이 아니기 때문에 대상조치를 철회할 의무는 없다.
③ 분쟁당사국뿐만 아니라, 패널의 사안에 대한 실질적 이익을 갖고 있음을 분쟁해결기구에 통고한 제3국도 상소할 수 있다.
④ 분쟁해결기구의 상소기관에 의한 보고서 채택은 역총의제를 적용하기 때문에

그 보고서는 사실상 자동적으로 채택된다고 할 수 있다.

해 설

③ 상소는 제3국이 아닌 분쟁당사국만이 제기할 수 있다. <답 ③>

049. 분쟁해결양해(DSU)의 상소제도에 관한 설명으로 옳지 않은 것은? 〈사시 2011년〉

① 분쟁당사자만이 상소할 수 있고 제3자는 상소할 수 없다.

② 상소기구(Appellate Body)는 패널의 법률적인 조사결과와 결론을 확정, 파기 또는 환송할 수 있다.

③ 상소기구는 7인의 위원으로 구성되며, 이들 중 3인이 하나의 사건을 담당한다.

④ 상소기구 보고서에 표명된 개별 위원의 견해는 익명으로 한다.

⑤ 상소기구 보고서가 회원국에게 배포된 후 30일 이내에 분쟁해결기구가 컨센서스로 동 보고서를 채택하지 않기로 결정하지 않는 한, 분쟁해결기구는 동 보고서를 채택한다.

해 설

상소기구는 패널의 법적 조사결과와 결론을 확정, 변경, 파기할 수 있으나 환송절차는 존재하지 않는다. 패널보고서에 대해 제3자는 상소할 수 없음에 유의한다. <답 ②>

050. 세계무역기구(WTO) 분쟁해결절차에 관한 설명으로 옳지 않은 것은? 〈사시 2010년〉

① 패널은 사안의 특정 측면에 대한 의견을 구하기 위해전문가와 협의할 수 있다.

② 패널에 비밀정보가 제공되는 경우, 그 정보는 이를 제공하는 회원국의 개인, 기관 또는 당국으로부터의 공식적인 승인 없이는 공개되지 아니한다.

③ 상소기구 위원은 자신의 국적국이 분쟁당사국인 사건을 담당할 수 없다.

④ 상소기구 보고서에 표명된 개별 상소기구 위원의 견해는 익명으로 한다.

⑤ 분쟁당사국이 합의하는 경우 주선, 조정 또는 중개에 의하여 분쟁을 해결할 수 있다.

해 설

③ 분쟁당사국들이 달리 합의하지 않는 한 분쟁당사국의 국민 또는 분쟁참가 제3국의 국민은 패널위원이 될 수 없으나, 상소기구는 그 위원의 국적을 문제시하지 않는다. <답 ③>

051. 다음은 항소기구에 관한 설명이다 옳은 것은?

① 항소기구는 1심패널보고서의 법적 판단이나 결론을 유지하거나 번복할 수 있으나 부분적인 수정은 가할 수 없다.

② DSU는 1심패널 위원이나 항소기구의 패널위원은 당사자들이 합의하지 않는

한 분쟁대상국의 국민이어서는 안 된다는 규정을 두고 있다.
③ DSU는 1심패널과 항소기구에 독자적인 작업절차(working procedures)를 작성할 수 있는 권한을 부여하고 있다.
④ 항소기구의 패널 위원은 ICJ의 판사와는 달리 'part time'으로 근무한다.

해설

① 항소기구는 1심패널보고서의 법적 판단이나 권고의 내용을 유지, 번복할 수 있을 뿐만 아니라 부분적인 수정도 가할 수 있다. 다만 1심패널에게 다시 판단하도록 파기환송할 수는 없다. ② 항소기구의 패널 위원에 대하여는 이러한 규정이 존재하지 않는다. 따라서 분쟁당사국의 국적의 항소기구패널 위원도 사건에 관여할 수 있다. ③ 항소기구에만 이러한 작업절차 작성권을 인정하고 있다. 실제로 이렇게 작성된 작업절차에 따라 항소심절차가 이루어지고 있다. ④ 아직까지 항소기구의 패널 위원의 'full-time'제는 도입되어 있지 않다. 그러나 사건 수가 폭증함에 따라 ICJ판사와 마찬가지로 'full-time'제가 될 가능성도 있다는 전망이 나오고 있다. <답 ④>

052. 세계무역기구(WTO) 분쟁해결제도의 상소절차에 관한 설명 중 옳지 않은 것은?

〈사시 2014년〉

① WTO 분쟁해결제도의 상소절차는 우루과이라운드 협상 중 새로이 도입된 제도이다.
② 상소기구(Appellate Body)는 상설기구이고, 그 위원은 4년 임기이며 연임이 불가하다.
③ 원칙적으로 분쟁당사자가 상소 결정을 공식적으로 통지한 날로부터 상소기구가 자신의 보고서를 배포하는 날까지의 절차는 60일을 초과할 수 없다.
④ 분쟁당사자인 회원국의 상소기구위원도 해당 분쟁사건을 담당할 수 있다.
⑤ 상소기구는 패널의 법적 해석이나 결론을 확정, 변경 또는 파기할 수 있으며, 상소기구의 심의과정과 개별 위원들의 의견은 공개되지 않는다.

해설

상소기구는 상설기구이고, 그 위원은 4년 임기이며 1회에 한하여 연임이 가능하다. <답 ②>

053. WTO 항소기구(Appellate Body)와 패널에 관한 설명이다. 잘못된 것은 무엇인가?

① 항소기구는 상설적인 기구이며 모두 7인의 위원이 있다.
② 항소기구는 패널의 법률 적용이 타당하였는지 여부뿐 아니라 사실관계에 대해서도 본격적으로 심리할 수 있다.
③ 패널의 비상설적 성격으로 인하여 많은 문제가 야기되고 있다.
④ 패널은 보통 3인으로 구성된다.
⑤ 항소기구 위원 7인 중 특정 분쟁을 심리하는 위원은 3인이다.

해설

WTO 항소기구는 DSU 제17.6조에 따라 오로지 법률문제에 대한 심리만 진행한다. <답 ②>

054. WTO 분쟁해결제도상 상소기구(Appellate Body) 절차에 관한 설명 중 옳은 것은?
〈사시 2012년〉

① 상소할 수 있는 사항은 패널보고서에서 다루어진 법률문제와 패널이 행한 법률해석에 국한된다.
② 7인의 상소기구 위원 중 5인의 위원을 무작위로 선출한다.
③ 상소절차는 상소통보일로부터 최종보고서 회람까지 90일, 최대한 120일을 초과할 수 없다.
④ 제3자의 참여가 허용되지 않는다.
⑤ 상소기구 위원의 국적국이 분쟁당사자인 경우, 그 상소기구 위원은 당해 사건을 맡을 수 없다.

해설

상소심은 법률심이다. 사실관계에 대해서는 다투지 않으며 패널보고서에서 다루어진 법률문제와 패널이 행한 법률해석에 국한한다. <답 ①>

055. DSB의 권고와 결정이 합리적 기간 내에 이행되지 않는 경우, 제소국가가 취할 수 있는 조치에 대한 설명으로 옳지 못한 것은?

① 제소국가가 취할 수 있는 수단으로는 보상(compensation)과 보복(retaliation)이 있다.
② 합리적 이행기간의 경과 후 보복조치를 취하기 위해서는 만족스러운 보상의 합의가 없어야 한다.
③ 보복에는 parallel retaliation, cross-sector retaliation, cross-agreement retaliation이 있다.
④ 만족스러운 보상의 합의가 없는 경우, 제소국가는 즉시 선택적으로 보복조치를 행사할 수 있다.

해설

④ 보복조치는 국가의 일방적인 행위로 그 수준이 선택되고 이행되는 것이 아니라 DSB의 승인을 받아야만 행사할 수 있는 행위이다. <답 ④>

056. WTO 분쟁해결기구(DSB)의 결정 및 권고를 이행하지 않는 피소국에 대하여 제소국(승소국)이 취할 수 있는 보복조치에 대한 설명으로 옳지 않은 것은?

〈국가직 7급 2011년〉

① 보복(retaliation)은 제소국이 피소국에 대하여 양허 또는 그 밖의 의무를 정지하는 방식으로 이루어져야 한다.

② WTO 분쟁해결제도가 인정하고 있는 DSB에 의한 보복조치의 승인은 피소국의 WTO 협정의무 위배에 근거한 처벌적 성격을 가지는 경제제재에 해당된다.

③ 제소국은 동일한 분야에서 양허 또는 그 밖의 의무를 정지하는 것이 비현실적이거나 비효과적이라고 간주하는 경우, 동일 협정상의 다른 분야에서 양허의 정지를 추구할 수 있으며, 이것이 만족스럽지 않으면 교차보복까지도 허용된다.

④ 제소국이 결정하는 보복수준에 대하여 피소국이 이의를 제기하는 경우, 동 사안은 중재에 회부된다.

해설

② DSB에 의한 보복조치의 승인은 피제소국의 WTO 협정위반으로 발생한 국제무역의 왜곡현상을 시정하여 균형을 회복하고자 하는 것이 주목적이며 피제소국을 처벌하는 경제제재와는 거리가 있다고 본다. WTO는 자유무역 촉진을 위한 국제기구이지 회원국을 처벌하거나 경제제재를 부과하는 체제가 아니다. <답 ②>

057. WTO 분쟁해결양해상의 무역보복조치에 관한 설명 중 옳지 않은 것은?

〈사시 2012년〉

① 보상 및 양허 또는 그 밖의 의무의 정지는 권고 및 판정이 합리적인 기간 내에 이행되지 아니하는 경우 취할 수 있는 잠정적인 조치이다.

② 분쟁해결기구가 승인하는 보복조치의 수준은 무효화 또는 침해의 수준에 상응해야 한다.

③ 분쟁해결기구는 대상협정이 양허 또는 기타 의무의 정지를 금지하는 경우 이를 승인할 수 없다.

④ 보복조치의 허용 여부에 관한 결정은 역총의제(reverse consensus)에 의한다.

⑤ 보복조치의 수준에 불복하는 당사국은 중재에 회부할 수 있으나, 타방당사국의 동의를 얻어야 중재절차가 개시된다.

해설

당사국이 보복조치의 수준에 불복하는 경우 또는 제소국의 보복조치 요청 절차에 위법이 있다고 주장하는 경우, 동 사안은 중재에 회부되어야 한다(shall be referred to arbitration)고 규정되어 있다. 즉, 동

중재는 당사국 간 합의나 동의가 필요한 사안이 아니라 규정상 의무적으로 실시되어야 할 사안이다.

<답 ⑤>

058. 세계무역기구(WTO) 분쟁해결기구(DSB)의 권고와 판정의 이행에 관한 설명 중 옳은 것으로 묶인 것은? 〈사시 2013년〉

ㄱ. 패널 또는 상소기구는 문제된 조치가 대상협정과 일치하지 않는다고 결론내리는 경우, 해당 회원국에게 그 조치를 그 대상협정에 합치시키도록 권고한다.
ㄴ. 보상 및 양허의 정지는 판정의 최종적 이행조치이다.
ㄷ. 판정 불이행에 대한 대응방법으로, 위반되었다고 판정된 협정 이외의 다른 대상협정상의 양허의 정지가 가능하다.
ㄹ. 패소한 회원국이 판정을 이행하지 않는 경우, DSB는 금전배상을 명한다.

① ㄱ, ㄴ ② ㄱ, ㄷ ③ ㄱ, ㄹ
④ ㄴ, ㄹ ⑤ ㄷ, ㄹ

해설

ㄴ. 보상 및 양허의 정지는 판정 불이행에 대한 제재 또는 보복조치에 불과하며, 최종적 이행조치라고 볼수는 없다. DSB 권고와 판정의 완전한 이행(즉, 해당 국내법이나 제도, 정책 등을 WTO협정에 맞게 일치시키는 것)이 제재 또는 보복조치보다 우선한다. ㄹ. 판정 불이행시 DSB는 금전배상이 아니라 보상 및 양허의 정지허가를 명한다.

<답 ②>

059. 세계무역기구(WTO) 분쟁해결절차상 보상 및 양허의 정지에 관한 설명 중 옳지 않은 것은? 〈사시 2015년〉

① 보상은 자발적인 성격을 가지며, 대상협정과 합치하여야 한다.
② 대상협정에 합치시키도록 하는 권고의 완전한 이행이 우선되어야 하므로 보상 및 양허의 정지는 잠정적인 조치이다.
③ 보상 및 양허의 정지를 승인하는 최종적인 권한은 분쟁해결기구(DSB)에 있으며 이 승인은 회원국의 총의(consensus)로 이루어진다.
④ 양허의 정지 수준은 무효화 또는 침해의 수준에 상응하여야 한다.
⑤ 양허의 정지 수준에 이의가 있는 회원국은 분쟁해결양해(DSU)에 규정된 중재절차를 이용할 수 있다.

해설

③ 분쟁해결절차와 관련된 다른 절차들과 마찬가지로 보상 및 양허의 정지 승인은 역총의제에 의한다.

<답 ③>

060. 세계무역기구(WTO) 분쟁해결제도에 관한 설명 중 옳지 않은 것은? 〈사시 2016년〉

① 분쟁당사국은 패널설치요청에 앞서 반드시 협의를 요청하여야 한다.

② 패널은 분쟁당사국들이 5인으로 합의하지 않는 한 3인으로 구성된다.

③ 분쟁해결양해(DSU)의 규칙 및 절차가 「서비스무역에 관한 일반협정(GATS)」의 분쟁해결 규정과 충돌하는 경우 후자가 우선한다.

④ 보상 및 양허의 정지는 권고 및 판정이 합리적인 기간 내에 이행되지 않는 경우에 취할 수 있는 최종적인 조치이다.

⑤ 패널과 상소기구는 자신의 조사 결과와 권고에서 '대상협정'에 규정된 권리와 의무를 증가 또는 감소시킬 수 없다.

해설

보상 및 양허의 정지는 불이행에 대한 제재 또는 보복조치에 불과하며 최종적 조치라고 평가하기는 어렵다. <답 ④>

061. 세계무역기구(WTO)의 분쟁해결절차상 보상 및 양허의 정지에 대한 설명으로 옳지 않은 것은? 〈2016년 국가직 9급〉

① 분쟁해결기구(DSB)의 권고 및 판정이 합리적인 기간 내에 이행되지 않는 경우 취할 수 있는 잠정적인 조치이다.

② DSB는 대상협정이 양허의 정지를 금지하는 경우 이를 승인하지 아니한다.

③ 보상은 자발적인 성격을 띠며, 이를 행하는 경우 대상협정과 합치하여야 한다.

④ 양허의 정지는 일반적으로 무효화 또는 침해 수준과 관계없이 징벌적으로 가능하다.

해설

보복조치로서의 양허의 정지는 분쟁해결기구의 승인을 받아야 하는데, 그 내용은 제소국의 협정상의 혜택을 무효화하거나 침해하는 수준에 상응하도록 결정된다. <답 ④>

062. WTO 분쟁해결기구(DSB)의 권고 및 판정의 이행감시제도에 대한 설명으로 옳지 않은 것은? 〈기출문제 변형〉

① 패널보고서 또는 상소보고서 채택일로부터 30일 내에 DSB가 소집되어야 한다.

② DSB의 권고 또는 판정의 즉각 이행이 불가능한 경우 이행을 위한 합리적 기간을 부여할 수 있다.

③ 패소국이 DSB의 권고 또는 판정을 불이행할 경우 승소국은 별도의 DSB 허가 없이 보복조치를 취할 수 있다.

④ 보상 및 양허 또는 기타 의무의 정지는 그 자체로 최종목표가 아니라 잠정적 성격의 조치이다.

해설

제소국은 승소하여 DSB에서 승소판정을 최종인가 받더라도 합리적 이행기간의 도과를 기다려야 하며 이 이행기간이 지나도 이행이 이루어지지 않으면 DSB로부터 보복조치 승인허가를 받아야 한다. 물론, 이 경우에도 역총의제가 적용되므로 사실상 자동적 보복조치 권한이 있는 것이나 다름없으나 형식적으로는 DSB의 사전허가가 필요하다. <답 ③>

063. WTO의 상소심(항소심)제도에 대한 설명으로 옳지 않은 것은?

① 패널사건에 대한 상소는 분쟁당사국만이 할 수 있으며 제3자는 상소할 수 없다.

② 상소기구 위원의 임기는 4년이며 1차에 한하여 연임할 수 있다.

③ 상소기구 심의과정은 공개되지 아니하며 상소기구보고서도 DSB에서 역총의제에 의해 채택된다.

④ 상소절차는 상소 후 150일을 초과할 수 없다.

해설

원칙적으로 상소심은 분쟁당사국의 상소결정 통고일부터 상소기관보고서 회람시까지 60일을 초과할 수 없으며 일정한 예외가 있으나 어떠한 경우에도 90일을 초과할 수 없다. <답 ④>

064. 위반청구(violation complaint)와 비위반청구(non-violation complaint)의 차이를 설명한 것으로 옳지 않은 것은?

① 위반청구의 경우에 의무위반사실만 입증하면 무효화 또는 침해는 추정된다.

② 반면에 비위반청구의 제소국은 관련 대상협정에 저촉되지 않은 조치에 관한 제소를 옹호하기 위한 상세한 정당성을 제시하여야 한다.

③ 비위반청구의 경우는 위반청구와는 달리 제소국이 승소한 경우에도 패소당사자는 그 조치를 철회할 의무는 없다.

④ 비위반청구의 두 가지 유형, 즉 GATT 제23조 1항 (b)(대상협정에 저촉되지 않은 조치에 근거한 제소), (c)(어떤 다른 사정의 존재에 근거한 제소)는 모두 적극적 총의에 의하여 패널보고서가 채택된다.

해설

어떤 다른 사정의 존재에 근거한 제소만이 역만장일치제가 아닌 적극적 총의가 필요하다. 또한 위반제소에서 중재(arbitration)는 침해된 이익의 수준만을 결정하나, 비위반제소에서는 이러한 수준뿐 아니라, 상호 만족할 만한 해결에 도달할 수단과 방법을 제시할 수도 있다. 단, 이러한 해결수단이 당사국을 구속하는 것은 아니다(서용현). <답 ④>

065. 세계무역기구(WTO)의 분쟁해결에서 비위반제소(non-violation complaints)에 대한 설명으로 옳지 않은 것은? 〈사시 2009년〉

① 비위반제소를 다룬 사례로 '일본-필름 사건'(Japan-Measures Affecting Consumer Photographic Film and Paper)이 있다.
② 이익이 무효화 또는 침해되었다는 판정이 내려지는 경우 피소국은 문제된 조치를 철회하여야 한다.
③ 비위반제소는 위반제소와 병행하여 제기될 수 있다.
④ 피소국의 조치로 인해 대상협정상의 이익이 무효화 또는 침해되어야 한다.
⑤ 이익의 무효화 또는 침해와 피소국의 조치간에 인과관계가 존재하여야 한다.

해설

비위반제소의 경우 이익의 무효화 또는 침해 판정이 내려져도 문제의 조치를 철회할 의무는 없는 것으로 규정되어 있다. <답 ②>

066. 세계무역기구(WTO) 설립협정 및 그 부속서에 부합하는 상황을 모두 고른 것은? (다음에 언급되는 국가들은 모두 WTO 회원국임) 〈사시 2016년〉

ㄱ. A국의 甲기업은 B국에 자사 상품을 수출하던 중, B국이 수량제한조치를 취하여 큰 손실을 입게 되었다. 이에 甲기업은 B국을 WTO에 직접 제소하여 승소하였다.
ㄴ. C국은 GATT 제24조에 부합하는 방법으로 D국과 자유무역협정(FTA)을 체결하여 D국 상품에 대해 관세를 철폐하였으나 E국의 동종 상품에 대해서는 기존 관세를 유지하였다. 이에 E국은 C국이 최혜국대우 의무를 위반하였다고 주장하며 WTO에 제소하여 승소하였다.
ㄷ. F국은 서면에 의한 탈퇴통보 접수일로부터 6개월 후에 G국에 대해 내국민대우 의무를 위반하는 조치를 취하였다.
ㄹ. H국은 I국이 자국 상품을 차별하는 조치를 취한 데 대응하여 제재조치를 독자적으로 취하였다.
ㅁ. J국은 K국의 행위가 반덤핑협정 위반에 해당하지 않음에도 불구하고 K국의 행위가 자신의 이익을 무효화 또는 침해하였다는 이유만으로 K국을 WTO에 제소하였다.

① ㄱ, ㄷ ② ㄱ, ㄹ ③ ㄴ, ㄹ ④ ㄴ, ㅁ ⑤ ㄷ, ㅁ

해설

ㄱ. 민간기업이 WTO에 직접 제소할 수는 없다. ㄴ. GATT에 부합하는 자유무역협정은 최혜국대우의 예외로 인정되므로 E국이 승소할 수 없다고 본다. ㄷ. WTO탈퇴는 통보서면이 WTO 사무총장에게

접수된지 6개월 후에 효과가 발생한다. 그 시기가 지나면 내국민대우 등 WTO/GATT 의무에 구속되지 않는다. ㄹ. 독자적인 제재조치는 인정되지 못한다. WTO 분쟁해결 절차를 거쳐야 한다. ㅁ. 이른바 비위반 제소에 해당한다. <답 ⑤>

제5절 미국과 유럽연합의 통상법

제6절 신무역의제

001. 무역규제에 있어 환경관세장벽 논의의 타당성은 어디로부터 연유하는가?

① 환경비용의 차이는 숨겨진 보조금이라는 점
② 환경기준의 차이로 비롯되는 환경비용의 차이가 산업경쟁력에 영향을 줄 정도로는 아니라는 점
③ 환경용량을 무시하고 규제기준의 차이에 의해서만 상계관세를 부과하는 것은 불합리하다는 점
④ 환경상계관세의 적용은 객관적 타당성 · 과학적 근거에서 논란의 소지가 있다는 점

해설

개도국이 환경규제를 느슨하게 하는 것은 곧 해당산업에 대한 보조금이라고 볼 수 있는 여지도 있기 때문에 이에 대하여 상계관세를 부과하여야 한다는 논의가 있다. <답 ①>

002. 무역과 환경에 대한 설명으로 옳지 않은 것은?

① GATS 제14조에서도 환경보호를 위한 예외가 인정되어 있다.
② Tuna-Dolphin 사건에서는 미국의 수입금지결정이 GATT에 위반된다고 판시하였다.
③ WTO 부속협정 중에서는 TBT협정, SPS협정 등이 직접적으로 관련된다.
④ 'Eco-Labelling' 제도는 무역과 환경과는 무관하다.

해설

선진국의 경우, 예컨대 'Dolphin-Safe'라는 라벨을 참치 캔에 부착시킬 경우 이러한 라벨이 없는 제품에 대한 무역에 있어서의 차별이 될 수 있다. <답 ④>

003. 다음 WTO협정 중 투자와 직접적으로 관련된 협정으로 보기 힘든 것은?

① GATS ② TRIPs
③ TRIMs ④ TBT협정

해설

GATS협정이 규율하는 서비스거래의 형태 중 상업적 주재와 자연인의 이동은 투자와 관련이 있고, TRIPs협정도 지적재산권의 최소보호기기준을 제공하고 있고 국내적인 집행절차에 관한 규정이 있다는 점에서 투자와 관련이 있다. TRIMs협정도 투자와 관련이 있으며, 보조금협정도 정부의 투자인센티브 중 일부는 동 협정 제1조에서 정의하고 있는 보조금의 정의를 충족하는 경우가 있다는 점에서 투자관련협정으로 볼 수 있다. 그러나 TBT협정을 투자관련협정으로 보기는 힘들다. 이 외에도 정부 조달협정도 외국이 공급자 또는 외국기업이 일부지분을 갖고 있는 국내기업에 대한 차별을 금지하고 있고 상품뿐만 아니라 서비스도 동 협정의 규율대상이라는 점에서 투자관련협정으로 볼 수 있다. <답 ④>

004. 최근 국제통상체제의 변화에 관한 다음 기술 중 잘못된 것은 무엇인가?

① WTO를 중심으로 한 다자주의 체제가 점차 위협받고 있으며 양자주의 내지 지역주의가 확산되고 있는 모습이다.
② TPP를 비롯한 Mega-FTA 체결 확산은 다자주의 체제에 새로운 위협으로 다가오고 있다.
③ 이러한 국제통상 체제의 변화는 각국이 국제통상법규를 준수하고 이행하는 것을 보다 용이하게 하는 장점은 있다.
④ 2013년 12월 발리에서 개최된 제9차 각료회의에서 무역원활화협정 등 일부 도하라운드 이슈가 타결되어 다자주의를 부활시키기 위한 새로운 움직임이 최근 감지되고 있다.
⑤ 최근 FTA 체결 건수가 지속적으로 늘고 있어 양자주의 및 지역주의 움직임은 당분간 더욱 확산될 것으로 보는 관측이 우세하다.

해설

FTA 체결의 확산으로 지역주의 및 양자주의가 점차 자리를 잡으며 복수의 통상협정이 중복적, 중첩적으로 적용되는 현상을 보이고 있다. 이에 따라 여러 상이한 협정상 요건을 모두 충족하여야 하고 때로는 협정별로 서로 부합하지 않는 조항을 담고 있는 경우도 있어 이에 참여하는 국가들 입장에서는 국제통상법규를 준수하는 것이 보다 복잡하고 어려운 작업으로 변화하고 있다. <답 ③>

005. WTO 기술장벽협정(TBT협정) 및 관련 분쟁에 관한 다음 설명 중 잘못된 것은 무엇인가?

① TBT협정은 상품의 포장, 규격 및 표기와 관련하여 적용되는 WTO 부속협정이다.
② TBT협정의 적용과 관련하여 최근 다양한 분쟁이 제기되고 있으며 특히 GATT협정과의 관련성이 중요한 법적 쟁점으로 대두되고 있다.

③ 상품의 포장에 적용되는 특정 표기와 관련하여 그러한 표기를 요구하는 법령 자체에 외국 상품을 차별하기 위한 의도가 표시되어 있지 않다면 실제 시장에서 외국 상품이 현실적으로 차별적인 효과를 입게 되더라도 그 자체가 TBT협정 위반으로 간주되지는 않는다.

④ GATT협정 제3조에 규정된 내국민 대우 그리고 제20조에 규정된 일반적 예외와, TBT협정 제2.1조에 규정된 비차별 의무는 서로 밀접한 관련을 갖고 있다.

⑤ GATT협정과 TBT협정은 서로 밀접한 관련을 갖고 있기는 하나 각각 상이한 별도의 법적 의무를 부과하고 있다.

해설

GATT협정과 TBT협정은 서로 밀접한 연관성을 갖고 있기는 하나 별도의 의무를 부과하는 WTO 부속협정이다. 따라서 GATT조항을 위반하는지 또는 위반하지 않는지 여부는 반드시 TBT협정에 대한 위반 내지 비위반을 결정하지는 않는다. 다만 양 협정은 밀접하게 연관되어 있으며 특히 GATT 제3조, 20조는 TBT 2.1조에 상응하는 내용을 담고 있다. GATT협정 제3조 위반 문제와 마찬가지로 TBT협정 제2.1조 위반을 평가함에 있어서도 실제 법령에 차별적 대우 내용이 규정되어 있거나 또는 그러한 의도가 내재되어 있지 않은 경우에도 그러한 조치를 실제 시장에 적용하였을 때 차별적 효과가 발생하는 상황이라면 TBT 제2.1조에 대한 위반을 구성할 가능성이 높다. <답 ③>

006. 국제투자분쟁 해결절차란 관련 투자협정에 따라 외국인 투자자와 투자유치국 정부가 상호간 분쟁을 국제법원을 통하여 직접 해결하는 제도이다. 다음 중 국제투자분쟁 해결절차에 관한 설명으로 잘못된 것은 무엇인가?

① 해외투자의 증가로 인해 국제투자분쟁의 횟수가 여러 영역에 걸쳐 급격히 증가하는 추세를 보이고 있으며, 이에 따라 투자분쟁해결 절차에 회부되는 건수 역시 증가하였다.

② 국제투자분쟁 해결절차는 외국인 투자자 개인의 투자유치국 정부에 대한 직접 제소권을 허용하고 있다는 측면에서 기존의 국제분쟁해결절차와 구별되고 있다.

③ 국제투자분쟁의 해결은 반드시 협정상의 근거가 있어야만 하는 것은 아니며, 국제관습법에 일정한 근거가 있다면 개시될 수 있는 제도이다.

④ 국제투자분쟁해결절차는 외국인 투자자를 보호하기 위한 중요한 절차적 보호장치로 이해되고 있다.

⑤ 대부분의 투자협정에서는 이러한 투자분쟁해결절차가 도입되어 있다.

해설

외국인 투자자와 투자유치국 정부간 분쟁해결절차는 오로지 투자협정에 따라 도입되는 절차이다. 국제관습법에 이러한 절차가 존재하는 것은 아니다. 대부분의 투자협정에는 이러한 분쟁해결절차가 도입되어 있다.

<답 ③>

007. 다음은 국제법상 수용(expropriation)에 관한 설명이다. 올바른 기술은 무엇인가?

① 국제법상 수용이란 자국 내에 있는 외국인 투자자의 재산권을 정부가 직접 박탈하는 경우만을 의미한다.
② 국제법상 수용이 허용되는 요건은 국가 간 이견으로 인하여 확립되어 있지 않다.
③ 투자유치국의 조치가 소위 '간접수용'에 해당하면, 직접수용과는 달리 투자재산에 대한 보상의무는 발생하지 않는다.
④ 한미 FTA 투자 챕터 등 우리나라가 최근 체결한 투자협정에서는 간접수용에 관한 상세한 규정을 두고 있는 추세이다.
⑤ 간접수용보다 직접수용 사례가 최근에 더 많이 발견되고 있다.

해설

최근 투자분쟁에서 '수용' 관련 문제가 중요한 쟁점으로 부각되고 있다. 여기에서 제기되는 쟁점은 주로 '간접수용'과 관련된 사안이며 직접수용과 관련된 사안은 최근에는 흔히 발견되지는 않는다. 간접수용에 해당하더라도 이에 대하여 보상의 의무 등이 발생하는 것은 직접수용과 동일하다. 어떠한 경우에 간접수용에 해당하는지 여부를 판단하는 요건에 대하여는 대체로 국제사회의 공감대가 형성되어 있다.

<답 ④>

008. 투자분쟁해결절차에 대한 다음 설명 중 잘못된 기술은 무엇인가?

① 투자분쟁해결절차는 개인도 제한된 범위 내에서 국제법적 주체가 될 수 있음을 보여주는 대표적인 사례이다.
② 투자분쟁해결절차는 국제관습법상 권리는 아니며 오로지 투자협정 (International Investment Agreements: IIAs)의 체결을 통하여만 창출되는 조약상의 권리이다.
③ 투자분쟁해결절차는 체약 당사국 정부의 주요 공공정책에 대한 국제법원을 통한 평가를 제도화한다는 점에서 최근 국제사회의 주요 관심사가 되고 있다.
④ 투자분쟁해결절차의 도입으로 이제 개인은 "국제법의 주체"와 관련한 모든 측면에서 국가와 동일한 권리와 의무를 갖게 되었다.
⑤ 투자분쟁해결절차의 도입에도 불구하고 국가 대 국가간 분쟁해결절차 역시 투자협정에 여전히 존재하고 있다.

해설

투자분쟁해결절차의 도입이 개인의 국제법적 주체성을 강화하는 추세를 보여주는 하나의 사례인 것은 맞다. 그러나 이는 여전히 제한적인 측면에서의 주체성에 불과하며 국가와 같이 모든 측면에서 개인이 국제법적 주체성을 갖는다는 것을 보여주는 것은 아니다. <답 ④>

009. 투자협정에 대한 다음 설명 중 잘못된 기술은 무엇인가?

① 투자협정은 대부분 양자협정으로 존재하고 있다.
② 투자협정은 때로는 자유무역협정의 한 영역으로 포함되기도 한다.
③ 대다수의 투자협정은 외국인 투자자와 투자유치국 정부간 중재절차라는 독특한 분쟁해결절차를 도입하고 있다.
④ 투자협정에 포함되는 조항의 수가 점차 증가하고 있으며 이들 협정이 다루는 내용도 점차 복잡다단하여지는 현상을 보이고 있다.
⑤ 다자간 차원에서 투자협정을 체결하고자 시도하였던 바는 아직은 존재하지 않는다.

해설

국제투자협정체제는 3,300여개에 이르는 양자협정으로 구성되어 있다. Energy Charter 협정이나 NAFTA와 같이 다자간 내지 복수국간 투자협정도 존재하기도 하나 대부분은 양자협정으로 존재한다. 우리나라가 체결한 투자협정은 2012년 한중일 투자협정을 제외하고는 모두 양자협정이다. 우리나라는 100여건의 투자협정을 그간 체결하였다. WTO와 같이 다자간 차원에서 투자협정을 체결하고자 하는 시도는 간헐적으로 이루어져 왔다. 가장 대표적인 것이 1997년 OECD 주도의 Multilateral Agreement on Investment 체결 시도이다. <답 ⑤>

사항색인

[ㅈ]

〈구문색인〉

정영진(鄭永珍)

서울대학교 법과대학 및 동대학원 졸업
사법시험, 행정고시, 외무고시 합격
Attorney, Steptoe & Johnson LLP (D.C.)
Yale대학교 법학석사(LLM) 및 법학박사(JSD)
Visiting Professor, Duke Law School
Adjunct Professor, Georgetown law school
Arbitrator, World Bank ICSID Arbitration Panel
한국 및 미국 New York주 변호사
현재 金·張 法律事務所 변호사

[주요논문]

What to do with the Dilemma facing the State of Necessity Defense under the Investment Treaties and How to Interpret the NPM Clause?, *The Journal of World Investment & Trade*, vol.12, June 2011 (2011) (공저)

Korean Chapter, in *Competition Laws Outside the United States*, Second Edition, Volume Ⅱ, American Bar Association (2011) (공저)

The KFTC's Foray into the Intersection between Competition Law and Intellectual Property Law: A Path Towards Convergence or Divergence, *IBA Competition Law International*, November 2011.

e-mail youngjin.jung@kimchang.com

이재민(李在珉)

서울대학교 법과대학 법학사, 법학석사, 법학박사
Boston College Law School (J.D.)
Georgetown University Law Center (LL.M.)
제26회 외무고등고시 합격
한양대학교 법학전문대학원 교수
현재 서울대학교 법학전문대학원 교수

e-mail jaemin@snu.ac.kr

황준식(黃俊植)

서울대학교 법과대학 졸업
제31회 외무고시 합격
Columbia 대학교 및 NYU 법학석사(LLM)
현재 외교부 근무

[주요논문]

"A Sense and Sensibility of Legal Obligation: Customary International Law and Game Theory," *Temple International and Comparative Law Journal*, vol.20 (2006)

"Where Does Inequality Come From? An Analysis of the Korea-United States Status of Forces Agreement,"(공저) *American University International Law Review*, vol.18 (2003)

"국가안보, 법치주의, 그리고 '대테러전쟁'", 국제법평론 통권 제33호 (2011)

"국내적 인권과 국제적 인권? 인권 개념의 이중성에 대한 소고", 한양법학 통권 제35집 (2011)

e-mail deeplomat@gmail.com

제16판

국제법 [이론 · 판례 및 문제해설]

1997년 7월 25일 초 판 제 1 쇄발행
2019년 3월 30일 제16판 제 2 쇄발행

편저자 정영진·이재민·황준식
발행인 이명재·이종은
발행처 **신 조 사**
서울특별시 마포구 독막로 295 삼부골든타워 212호
전화 (02) 713-0402 FAX (02) 713-0403
등록 1994. 7. 4. 제17-179호(倫)
E-mail: sinjosa@sinjosa.co.kr http: //www.sinjosa.co.kr

편저자와 협의하여 인지첩부를 생략함

정가 45,000원 **ISBN 979-11-86377-24-6**